제9판

민사집행법

김 홍 엽

박영사

Civil Execution Law

Ninth Edition

by

HONG-YUP KIM

Professor of Law, Sungkyunkwan University

Seoul, Korea

Parkyoung Publishing&Company

2025

제 9 판 머리말

민사집행법 제 8 판이 발간된 지 1년 반 만에 제 9 판을 발간하게 되었다. 이번 개정판은 책의 내용이 대폭 보완되었다. 제 8 판까지는 민사집행법 전반을 균형 있게 언급하되 중요한 쟁점들에 대해서는 보다 상세히 설명하는 저술 방침을 견지했다. 그러나 새로운 쟁점들 및 기존 쟁점들과 관련한 부수적 쟁점들이 최근 들어 실제 분쟁상황에서 더욱 다양하게, 그리고 빈번하게 발생하고 있어 가능한 한 이들 쟁점들을 폭넓게 그리고 심도 있게 다룰 필요성을 느끼게 되었다. 이에 따라 추가할 많은 내용들을 어떻게 체계적이고 입체적으로 설명할 것인지, 어느 정도로 치밀하고 상세하게 언급할 것인지 고민이 적지 않았다. 제기된 문제점들이 그 이론적 함의(含意)와 실무상 비중을 달리하므로, 제한된 지면에 그 경중(輕重)에 따라 언급할 내용의 양을 적절히 조율하면서 전체적으로 균형 잡힌 서술이 될 수 있도록 하였다.

민사집행법 분야에서 예규가 법규범성 유무를 떠나 실무처리의 가이드라인으로 매우 중요하게 작용하는 상황에서 예규의 제·개정 등 변화를 정확히 추적하고 이론과 판례 차원에서 평가하고 실무적 영향을 진단함으로써 실무와 이론이 제대로 가교(架橋)될 수 있도록 하였다. 한편 최근 민사집행법 연구가 보다 활발히 이루어지고 있어, 이러한 연구 성과들을 분석하여 적절히 언급함으로써 논점을 보다 정확하게 파악할 수 있게 하고, 논의의 발전방향을 가늠할 수 있도록 하였다.

제 9 판은 제 8 판의 내용을 전반적으로 보충하는 바람에 이에 따라 책의 쪽수가 상당히 많이 늘어나게 되었다. 나름 일목요연하게 기술(記述)한다는 저술 방향을 고수하려고 했으나, 다루는 쟁점들이 늘어남에 따라 양적 증가가 불가피하게 되었다. 다만 민사집행법이 익숙하지 않은 초학자들에게도 다양한 쟁점들에 대한 설명이 정확하게 이해될 수 있도록 가능한 한 체계적으로 알기 쉽게 언급하도록 노력했다.

이번 개정판을 준비하면서 고(故) 이시윤 선생님에 대한 추모의 마음이 끊이지 않았다. 민사소송법과 민사집행법 분야에서 너무나 큰 산이셨던 선생님이 우리 곁을 떠나셔서 슬픈 마음을 가눌 길이 없었다. 선생님께서 평생을 추구하신 민사절차법에 관한 선생님의 염원(aspiration)이 실현되도록 후학으로서 더욱 더 분발하려고 한다.

그동안 저자의 개정판이 이어지도록 많은 관심과 배려를 해주신 ㈜박영사 안종만 회장님과 안상준 대표님, 그리고 저자의 책들을 누구보다 아끼고 섬세하게 챙겨주신 조성호 이사님, 이번 개정판 작업이 평소보다 몇 갑절 더 힘드셨는데도 한결같은 마음으로 정성을 다해주신 김선민 이사님께 깊은 감사의 말씀을 드린다. 서재에서 지내는 일상(日常)에 대한 깊은 이해와 사랑으로 학자로서의 정체성을 잃지 않고 연구에 매진할 수 있도록 도와준 가족 한 사람 한 사람에게 더할 수 없이 고마운 말을 건네고 싶다. 더불어 저자의 책을 아껴주신 모든 분들께 심심한 감사의 말씀을 드린다. 저자로서의 보답은 더욱 완성도 높은 연구와 저술 활동이라는 사명감을 거듭 되새겨 본다.

2025. 8.

저 자 씀

제 8 판 머리말

민사집행법 제 7 판이 나온 지 1년 6개월 만에 제 8 판을 내게 되었다. 민사절차법에 관하여 이론과 실무에 대한 관심과 연구 결과를 한 해 한 해 정리하고 이를 책으로 담아내는 작업은 벅차지만 보람 있는 일이다. 이번 개정판 역시 제 7 판 이후의 민사집행법에 관한 대법원 판결들을 하나하나 분석하면서 민사집행법 체계 내에서 정확히 담아내려고 했다. 판례이론을 새롭게 정립한 경우, 판례이론을 확장하거나 정치하게 다듬어가는 등 판례이론을 발전시킨 경우, 판례이론을 재확인하고 있는 경우, 판례이론이 집행법원과 하급심법원에 정착될 수 있도록 세심한 지적을 하고 있는 경우 등 다양한 취지의 판례들을 그 비중과 영향들을 꼼꼼히 살펴보면서 기술했다.

A. 판례이론에 대한 비판의 여지가 많은 가운데 전원합의체 판결을 통하여 거듭 판례의 입장을 확인한 경우로서, 민사집행법 제267조에서의 '담보권 소멸'의 의미에 관하여 위 조항이 담보권의 소멸시기를 언급하지 않고 있더라도 위 조항은 경매개시결정이 있은 뒤에 담보권이 소멸했음에도 경매가 계속 진행되어 매각된 경우에만 적용하는 것으로 해석하는 것이 타당한지 문제(대판(전) 2022. 8. 25. 2018다205209)

B. 판례이론을 새롭게 정립한 경우로서, ① 사법보좌관의 집행절차상 집행법원의 업무에 관하여 법관의 재판상 직무행위에 관한 손해배상책임 여부에 관한 법리를 적용할 수 있는지 문제(대판 2023. 6. 1. 2021다202224), ② 강제집행이 신청의 취하 또는 집행처분의 취소 등으로 그 목적을 달성하지 못하고 끝난 경우 집행법원에 집행비용의 부담 및 집행비용액 확정 재판을 신청할 수 있는지 여부(대결 2023. 9. 1. 2022마5860), ③ 배당이의한 채권자가 다른 채권자의 채권이 소멸시효로 소멸되었다고 주장하는 경우 채무자를 대위하여 청구이의의 소를 제기해서는 안 되며, 배당이의의 소를 제기하고 이러한 사유를 공격방어방법으로 제출해야 하는지 문제(대판 2023. 8. 18. 2023다234102), ④ 경매절차상 제 3 자가 채무자나

소유자로부터 배당받을 권리를 양수한 경우 그 제 3 자가 배당이의의 소의 계속 중 소송목적인 권리 또는 의무의 전부 또는 일부를 승계했다고 보아 참가승계를 허용할 것인지 문제(대판 2023. 2. 23. 2022다285288), ⑤ 채권압류 및 전부명령의 발령 및 발송 후 채무자에 대한 회생절차에서 있은 포괄적 금지명령의 효력이 발생한 이후 제 3 채무자에게 채권압류 및 전부명령이 송달된 경우 채권압류 등의 효력 문제(대판 2023. 5. 18. 2022다202740), ⑥ 부대체적 작위채무 또는 부작위채무의 집행에서 간접강제결정이 이루어진 경우 채무자가 위반한 채무를 이행했음을 들어 간접강제결정 자체에 대해서도 청구이의의 소를 제기할 수 있는지 문제(대판 2023. 2. 23. 2022다277874)

C. 판례이론을 보다 구체화하고 있는 경우로서, ① 배당이의의 소의 수소법원이 피고에 대한 배당액을 삭제하면서 채권자인 원고가 배당받을 금액을 정하지 않고 배당표를 다시 만들고 다른 배당절차를 밟도록 명한 경우 원고의 채권의 소멸시기 문제(대판 2022. 11. 30. 2021다287171), ② 집행채권자의 채권자에 의해 집행채권이 압류 또는 가압류된 상태에서 집행채무자에 대한 강제집행이 진행되어 집행채권자에게 적법하게 배당이 이루어졌는데 집행채권자의 다른 채권자들이 집행채권자의 배당금지급청구권을 압류 또는 가압류함으로써 집행법원 등이 압류경합을 이유로 집행공탁을 할 때 공탁사유신고서에 집행채권자에 대한 압류 또는 가압류명령이 기재되지 않아 집행채권자의 채권자들 중 일부가 채권배당절차에서 배당을 받지 못하는 경우 구제방법(대판 2022. 9. 29. 2019다278785), ③ 2인 이상의 채권자에게 금전채권이 불가분적으로 귀속되었는데 불가분채권자들 가운데 한 사람을 집행채무자로 한 압류 및 전부명령이 이루어진 경우 다른 불가분채권자의 권리행사, 또는 불가분채권의 목적인 금전채권의 일부에 대해서만 압류 및 전부명령이 이루어진 경우 불가분채권자의 나머지 부분에 대한 권리행사의 문제(대판 2023. 3. 30. 2021다264253), ④ 근저당권자가 경매신청을 하면서 경매신청서의 청구금액 등에 장래 발생될 것이 예상되는 원금채권을 기재했거나 그 구체적인 금액을 밝혔다는 사정만으로 경매신청 당시에 발생하지 않는 장래의 원금채권까지 피담보채권액에 추가하거나 경매절차상 청구금액을 확장할 수 있는지 문제(대판 2023. 6. 29. 2022다300248)

D. 판례이론이 해당 사안에 어떻게 적용하는지를 보여주는 경우로서, ① 청

구이의의 소에서의 이의사유와 관련하여, 장래의 이행을 명한 확정판결에 대해 이후의 사정변경이 이에 해당하는지 문제(대판 2023. 4. 27. 2019다302985), 또는 동시이행관계에서 이행의 제공이 있음을 전제로 상대방의 이행을 명한 확정판결에 대해 이후의 이행제공의 중지가 이에 해당하는지 문제(대판 2023. 4. 27. 2022다302497), ② 경매개시결정등기 전에 성립된 유치권이 변제기 유예로 소멸되었으나 점유 개시 중 경매개시결정등기가 마쳐지고 그 후 변제기가 재차 도래하여 유치권의 성립요건을 다시 충족하게 된 경우 그 유치권에 의해 경매절차의 매수인에게 대항할 수 있는지 문제(대판 2022. 12. 29. 2021다253710), ③ 채권압류명령 등 발령 당시 피압류채권이 이미 제 3 자에 대한 대항요건을 갖추어 양도되어 그 명령이 무효가 되었으나 그 후 사해행위취소소송에서 채권양도계약을 취소하고 채권의 복귀를 명하는 판결이 확정된 경우 무효로 된 채권압류명령 등이 다시 유효로 되는지 문제(대판 2022. 12. 1. 2022다247521)

E. 판례이론의 정확한 이해가 요구됨을 보여주는 경우로서, ① 집행문부여에 대한 이의의 소에 부수한 잠정처분신청의 관할과 관련하여 집행권원이 조정조서인 경우 '제 1 심 판결법원'의 문제(대결 2022. 12. 15. 2022그768), ② 주주가 회사의 이행보조자 또는 수임인에 불과한 명의개서대리인(한국예탁결제원)을 상대로 주주명부의 열람·등사가처분을 신청할 수 있는지 문제(대결 2023. 5. 23. 2022마6500)

F. 판례이론에 따른 하급심의 조치나 지침 제공의 경우로서, ① 채무불이행자명부 등재말소신청과 관련하여 채무소멸사실의 증명방법의 문제(대결 2023. 7. 14. 2023그610), ② 집행에 관한 이의신청 재판의 성질 및 판단자료(대결 2022. 6. 30. 2022그505), ③ 유치권의 행사가 신의칙에 반하는 정도에 이르렀다고 평가되는 특별한 사정이 있는 경우에는 유치권자가 경매절차에서 매수인에게 대항할 수 없으므로 이러한 특별한 사정의 존재 여부에 관한 실질적 심리·판단의 문제(대판 2022. 7. 14. 2019다271685), ④ 유치권자가 선행절차에서 유치권으로 대항할 수 없었으나 후행절차의 경매개시결정등기가 마쳐지기 전에 점유를 개시하여 유치권을 취득한 경우 선행절차를 승계하여 속행된 후행절차에서 집행법원이 경매절차를 적정하게 진행할 수 있도록 취해야 할 조치의 문제(대판 2022. 7. 14. 2019다271685), ⑤ 채권자가 가압류신청에서 진정한 채권액보다 지나치게 과다한 가액을 주장하여 그 가액대로 가압류결정이 된 후 본안소송에서 피보전권리가 없는 것으로 확인된

부분이 있는 경우 이러한 부당가압류신청에 따른 불법행위에 기한 손해배상청구소송에서 가해자의 책임제한의 문제(대판 2023. 6. 1. 2020다242935) 등을 들 수 있다.

한편 관련 법률 및 시행령의 개정, 특히 임차인의 보호를 위하여 당해세라도 임차인의 확정일자보다 늦은 법정기일의 경우에는 임대차보증금을 우선 배당하는 국세기본법 및 지방세기본법의 개정(2022. 12. 31. 개정, 2023. 1. 1. 시행 국세기본법 35조 7항, 2023. 5. 4. 개정 · 시행 지방세기본법 71조 6항)과 소액임차인의 최우선변제 기준을 상향 조정한 주택임대차보호법 시행령(2023. 2. 21. 개정 · 시행) 등을 비롯하여 '부동산등에 대한 경매절차 처리지침'(2023. 6. 29. 개정 · 시행) 등 민사집행절차와 관련된 주요 재판예규 등의 개정 등을 반영했다. 민사집행법에 관한 학술지 등에 게재된 중요 연구결과들도 분석하여 언급했다. 민사집행법 분야에 대한 연구가 상대적으로 활발하지 않은 상태에서 판례를 평석한 연구자료들을 소개하면서 논의의 여지가 있는 부분은 가능한 한 조심스럽게 지적했다.

민사집행법 개정판을 계속 낼 수 있는 건 졸저를 아끼는 분들의 덕분이다. 그런 사랑에 제대로 보답하는 것은 나름 치열하게 민사집행법 등 민사절차법을 연구해 가는 것 외에는 없다. 로스쿨에서 제자들을 가르치면서 조금이라도 민사절차법에 관심과 매력을 갖도록 강조하는 직접적인 방법 외에는 연구 결과를 담은 좋은 책 등을 펴내가는 것이다. 며칠 전 대법원 법원도서관에 들렀을 때 연구자로서의 삶을 반추하고 연구자로서의 초심을 다시금 가다듬었다.

한결같이 저자를 섬세하게 배려해주시는 박영사 안종만 회장님께 감사드린다. 박영사 70주년(1952-2022)을 기념하는 '박영사 70년사' 책자를 받아들고 훌륭한 출판사와 인연이 된 것에 감사했다. 저자의 책에 대하여 변함없는 애정을 갖고 갈무리해주시는 조성호 이사님, 오랜 세월 같이하면서 저자의 책이 세상에 모습을 드러내게 산파역을 해주신 김선민 이사님께 감사드린다. 서재가 수행 공간처럼 편안함을 줄 수 있도록 마음을 모아 격려와 성원을 아끼지 않는 가족에게 더없이 감사한 마음이다. 늘 공부하는 모습으로 남아 있도록, 그리고 그런 모습 흐트러지지 않도록 마음을 다잡는다.

2024. 1.

저 자 씀

제 7 판 머리말

지난 해 1월 민사집행법 제 6 판을 낸지 1년 5개월 만에 제 7 판을 내게 되었다. 1년 여 기간이지만 그동안 민사집행법 관련의 법률과 시행령, 규칙 등의 변경사항이 여느 때보다 많았고, 판례도 상대적으로 부쩍 늘어났다. 개정원고를 출판사에 넘긴 뒤에도 새로운 판결 등이 이어지는 상황에서 시간에 쫓기지만 이번 개정판에 담아내려는 욕심에서 개정 작업은 더욱 힘들었다.

그 사이 민사집행법의 개정(2022. 1. 4. 개정 · 시행, 제84조 제 1 항)이 한 차례 있었으나 한글화 작업에 따른 용어의 변경(감안 → 고려)에 지나지 않았다. 그러나 관련 법률의 개정, 특히 국세징수법 · 지방세징수법 및 국세기본법 · 지방세기본법 등의 개정이 잇달았고 이 모든 개정 법률들이 2022. 1.부터 시행되었다. 자칫 방심하면 놓치기 쉬운 관련 법률들의 개정 등에 만전을 기하는 것도 만만찮은 일이다.

주택임대차보호법 시행령이 개정(2021. 5. 11. 개정 · 시행)되어 소액임차인의 최우선변제 기준의 변경이 있었다. 민사집행규칙 개정 가운데, 추심명령이 있은 뒤 집행채권자의 승계가 있는 경우 법원사무관 등이 이를 제 3 채무자에 통지하도록 하는 내용의 개정(2020. 12. 28. 개정 · 시행, 제161조의2 신설)은 제 3 채무자의 권리 보호의 면에서 의미 있는 입법조치라고 볼 수 있다.

민사 및 가사소송의 사물관할에 관한 규칙의 개정(2022. 1. 28. 개정, 2022. 3. 1. 시행, 제 4 조 제 2 호)으로 본안사건에서 단독판사의 사물관할의 범위가 확대되고, 이와 동시에 가압류 · 가처분에서의 단독판사 사물관할의 범위 및 가압류와 다툼의 대상에 관한 가처분에서의 지방법원 합의부 항고심 관할의 범위가 확대되었는데, 이러한 근본적인 제도의 변화에 대해서는 보다 치밀하게 평가할 필요성이 제기된다.

민사집행절차에 관한 예규들의 변경도 있었다. 특히 재판예규인 '지급보증위탁계약체결문서의 제출에 의한 담보제공과 관련한 사무처리요령'(재판예규 제1787

호)이 개정(2021. 11. 26. 개정 · 시행)되어 강제집행의 일시정지 등을 위한 담보제공 방식에 있어서 종전에는 원칙적으로 현금공탁만 가능하도록 한 것을, 법원이 구체적 사정에 맞게 보증서 제출에 의한 담보제공 여부를 정하도록 하고 있는 점 등에서 실무상으론 매우 의미 있는 변화라고 보여진다. 한편 '부동산 등의 인도집행절차 등에 있어서 업무처리지침'이 제정(재판예규 제1773호, 2021. 3. 22. 제정, 2021. 4. 1. 시행)되어 집행관이 부동산 등의 인도집행시 집행현장에서 채무자 등의 인권을 존중해야 하고, 특히 아동, 노약자, 임산부 등 인도집행으로 인하여 인권침해를 받을 가능성이 큰 사람에 대하여 그 특성에 따라 세심한 배려를 해야 함을 강조함으로써 집행관의 집행현장에서 직무수행 중 지켜야 할 인권존중의 기본원칙을 명확히 제시하고 있는 점에서 매우 신선한 충격을 준다. 앞으로 이러한 재판예규가 제대로 지켜지고 있는지 관심을 가지고 지켜볼 필요가 있다.

지난 1년 여 동안의 판례의 태도를 분석하면 판례가 민사집행절차상 제도의 운용 방향에 대하여 보다 전향적(前向的)인 입장을 취하고 있음을 알 수 있다. 특히 ① 동산담보권자가 담보권설정자의 일반채권자의 신청에 의한 유체동산 강제집행절차에서 이중압류나 배당요구 없이도 배당참가를 할 수 있다는 판결(대판 2022. 3. 31. 2017다263901)은, '동산 · 채권 등의 담보에 관한 법률'상 이에 관한 별도의 규정을 두고 있지 않는 입법 불비의 상황에서 이를 해소하기 위해 신설된 민사집행규칙(2014. 7. 5. 개정 · 시행) 제132조의2(집행관이 담보등기부를 통하여 동산담보권의 존재 여부를 확인하여 담보등기가 되어 있는 경우 담보권자에게 이중압류나 배당요구를 하는 등 배당절차에 참여할 수 있음을 고지하도록 함)과의 충돌을 피해가면서 타당한 결론을 도출하기 위한 논리를 적극적으로 제시하고 있으며(다만 앞으로 위 규정이 위 판결로 인하여 별다른 제도적 효용을 갖지 못하여 사문화될 가능성을 배제할 수 없으므로 입법 정비의 방향에 관해서도 세심한 언급이 있었으면 하는 아쉬움도 가져본다), ② 강제집행에서 우선변제권 있는 임금 및 퇴직금 채권자가 배당요구를 할 때 배당요구의 종기까지 그 자격을 소명하는 서면(체불 임금등 · 사업주확인서 등)을 배당요구서에 붙여 제출해야 하는데 배당요구의 종기를 넘겨 이들 서면을 제출한 경우에도 배당표 확정시까지 보완한 것으로 보고 우선배당을 받을 수 있다는 판결(대판 2022. 4. 28. 2020다299955)은 민사집행규칙 제48조 제 2 항과의 저촉 문제를 집행절차의 안정성이라는 절차법적 요청과 근로자의 임금채권을 보호해야 하는 실체법적 요청의 형량이라는 해석 논리로 극복하고 있으며, ③ 효력정지가처분,

특히 계약의 해제 · 해지의 효력정지가처분과 관하여 보전의 필요성 판단에 신중할 것을 촉구하며(대결 2022. 2. 28. 2021마6668), ③ 가압류취소결정에 대하여 채권자가 즉시항고할 경우 효력정지결정을 받아둘 필요성에 대해서도 주의를 환기하고 있다(대판 2022. 3. 17. 2019다226975).

최근 들어 민사집행법에 관한 판례의 설시에서 보다 설득력을 가지게끔 매우 치밀하게 견해의 대립 내용을 판시하고 있는 점이 두드러진다. 판결절차에서 부작위채무 또는 부대체적 작위채무의 이행을 명하면서 동시에 간접강제를 명할 수 있는지 여부에 관한 전원합의체 판결[대판(전) 2021. 7. 22. 2020다248124]에서는 종전 판례의 입장을 확인하면서도 반대의견이 제시하고 있는 쟁점들에 대하여 열띤 논쟁 상황을 언급하고 있는 점이 고무적으로 비춰졌다.

한편 종래 개별 사안에 대한 원심 판단의 당부의 제한적 판시에서 벗어나 보다 체계적으로 논리를 전개함으로써 그동안 판례의 태도에 관하여 잘못된 이해가 가능할 수도 있었던 부분들을 해소해가려는 판결 등도 예전보다 많아졌다. 부작위채무와 부대체적 작위채무의 가처분과 함께 간접강제결정이 있는 경우 그 집행을 위하여 조건성취를 증명하여 조건성취집행문을 받아야 하는지, 그렇지 않으면 조건이 있는 경우로 보지 않고 통상집행문을 받아서 할 수 있는지에 관하여 종래 특히 부대체적 작위채무에서 문제가 되었는데 이에 대하여 판단 기준을 명확히 하고 있는 판결들(대판 2021. 6. 24. 2016다268695, 2022. 2. 11. 2020다229987)은 주목에 값간다.

나아가 판례는 하급심 판사들이 잘못된 판단을 하기 쉬운 민사집행절차에서의 중요한 쟁점 등에 대해서도 거듭 판례의 입장을 재확인하고 있다. ① 외국법원의 3배 징벌적 손해배상(triple punitive damages) 판결에 관한 승인 · 집행, ② 채무불이행자명부등재결정에 대한 즉시항고사유, ③ 집행증서의 집행력 배제를 위한 청구이의의 소에서의 일부인용판결, ④ 배당이의의 소에서의 배당수령권의 존부, ⑤ 특히 채권집행에서의 집행공탁과 변제공탁에서의 배당가입차단효 여부, 제3채무자의 집행공탁 후 다른 채권자의 이중압류신청과 배당요구 취급 여부, 채권자경합시 배당요구채권자가 배당요구할 법원, 추심채권자가 추심신고할 법원, 추심소송에서의 추심권 일부포기의 법적 성질 및 재판상 화해(확정된 화해권고결정) 등의 기판력의 주관적 범위, ⑥ 가압류취소결정에 따라 가압류등기가 말소된 상태에서 가압류취소결정에 대한 즉시항고시 항고의 이익 유무 등 다양한 쟁점에 관하여 보다 구체적인 논리를 제시함으로써 판례이론을 축적해가고 있음은 무척 다행한 일이다.

특히 지난 1여 년 동안 민사집행절차에 관한 판례 가운데 집행관의 집행처분의 적법성 및 적정성과 관련하여 여러 건에 걸쳐 매우 상세히 언급하고 있는 점 [① 강제집행의 목적물이 아닌 동산이 있는 경우 이를 제거하여 인도집행할 책무(대결 2022. 4. 14. 2021그796), ② 집행목적물인 건물에 집행권원에 표시되지 않은 증축 또는 부속부분이 있는 집행대상의 확정(대결 2021. 1. 12. 2020그752), ③ 작위채무에 관한 가처분 결정의 공시집행방법(대결 2022. 4. 5. 2018그758) 등]은 집행관의 구체적 집행행위에 대한 지침 제시의 역할과 더불어 국민의 법 생활에 직접적으로 영향을 미치는 집행행위에 관하여 법원이 매우 꼼꼼히 들여다보고 있음을 느끼게 한다. 이러한 판례의 태도는 앞서 본 바와 같은 '부동산 등의 인도집행절차 등에 있어서 업무처리지침'의 제정 취지와도 부합한다.

이번 개정판에서는 법령상 한글화 작업의 취지에 부합하기 위하여 가능한 한 쉽게 읽힐 수 있도록 전면적으로 표현을 점검하였다. 지엽적인 것으로 치부할 수 있으나 저자로서는 정체성(identity)에 관계되는 일이어서 개정 작업에 물리적으로 추가적인 노력이 요구되었다. 앞서 본 바와 같이 일본식 용어인 '감안'을 '고려'로 바꾸는 데 불과하지만 이를 위해 민사집행법을 개정하는 입법 태도에 대하여 저자는 매우 긍정적으로 평가한다.

민사집행법은 다른 법의 경우도 마찬가지이겠지만 특히 체계적 지식 없이는 이해하기 매우 어려운 법 분야이다. 법률을 배워가는 사람이나, 법률을 실무적으로 적용하는 사람이나, 법률을 전문적으로 연구하는 사람 모두 민사집행법에 관한 이론 및 실무에 관하여 꾸준히 관심을 가지고, 제도 및 그 운용의 변화와 흐름을 정확히 추적하고 탐구(explore)하지 않는 한 정확한 지식을 갖추기 어렵다. 이러한 문제의식이 저자로 하여금 긴장의 끈을 놓치지 않고 거듭 자신을 다잡아 나가게 한다.

저자로서는 저술한 책을 적절한 시기에 개정할 수 있는 것이 무척이나 다행스러운 일이다. 저자의 의지와 의욕만으로 이루어지지 않는 개정의 기회를 연중행사처럼 제공해 준 ㈜박영사에게 무한히 감사드린다. 얼마 전 '법률신문'의 법의 날 특집(2022. 4. 25.자)에서 '출판을 통한 법률문화 창달'이라는 제목의 인터뷰 기사가 게재될 정도로 법조계와 학계의 신망을 두루 받고 계시는 안종만 회장님의 훌륭한 법서에 대한 철학과 애정에 늘 존경의 마음을 갖게 된다. 오랫동안 한결같이 격려 아끼지 않으시는 안상준 대표님, 저자의 책에 대하여 각별한 관심을 가지고 세심하게 배려해주시는 조성호 이사님, 그리고 편집 과정에서 3교지에 이르기까지 그 사이사이에 새로 선고·결정되는 판례를 분석하여 반영할 수 있도록 거듭 손을 대는 저자의 입장을 이해해주시고 완벽한 편집에 최선을 다해주신 김선민 이사님께 깊이 감사드린다.

하루 귀가 후 생활의 대부분을 서재에서 보내야 하는 저자를 이해하고 따뜻하게 감싸주고 격려해준 가족 모두에게 감동의 마음으로 감사하고 있다. 늘 저자의 책을 가까이 두고 아끼는 많은 분들에게는 기대에 어긋나지 않도록 최선을 다하고자 다시 한 번 다짐하는 것으로 고마운 마음을 대신해 본다.

2022. 5.

저 자 씀

제 6 판 머리말

민사집행법 제 5 판이 발간된 지 2년 가까이 되었다. 그 사이 민사소송법 제 9 판이 발간되어 민사절차법 전체로 보면 매년 개정 작업을 한 셈이 되었다. 제 5 판 발간 직후 저자는 다시 법원으로 돌아와 상임조정위원 조정 업무를 담당하게 되었다. 민사 분쟁해결 시스템을 직접 경험하면서 연구 결과를 검증하고 새로운 연구 방향과 과제를 찾고 연구에 착수할 수 있는, 이론과 실무의 선순환 작업을 계속하고 있다. 가장 적절하고 효율적인 분쟁해결 시스템의 추구는 우리나라 민사 사법제도에 관한 정확한 통찰을 요구하는 일이어서 늘 어려움을 느낀다. 특히 민사집행법은 구체적인 권리실현 단계에서의 매우 실제적 문제들을 다루고 있어, 절차법적 이념에 입각한 새로운 제도의 모색이 더욱 어렵게 느껴진다.

이번 개정판 작업의 기본 입장은 여느 개정 때의 경우와 마찬가지이다. 제 5 판 발간 이후 개정된 관련 법령, 규칙 및 예규 등을 반영하고, 새로운 판례 및 학설 등을 분석하여 기존 내용을 보완하였다.

먼저 주식 등의 집행과 관련하여 2019. 9. 16.부터 시행된 '주식·사채 등의 전자등록에 관한 법률'을 분석하여, 상장주식 등과 비상장주식 등을 구별하고, 전자등록주식 등과 예탁유가증권 등, 그리고 실물유가증권 등을 구별하여 구체적으로 언급하였다. 국세기본법, 국세징수법, 지방세기본법, 지방세징수법은 수시로 개정이 이루어지므로 그 개정 내용을 추적하여 법령 근거 및 내용 등의 언급에 세심한 주의를 기울였다. 한편 담보권 실행을 위한 경매절차와 관련하여, 종전의 '금융회사부실자산 등의 효율적 처리 및 한국자산관리공사 설립에 관한 법률'이 2019. 11. 26. '한국자산관리공사 설립 등에 관한 법률'로 법명 등의 변경이 있어, 이를 반영하였다. 한편 2019. 4. 1.부터 시행된 민사집행법 시행령의 개정으로 최저생계비가 185만 원으로 변경됨에 따라 채권집행에서 압류금지채권의 범위와 관련하여 월 급여 액수를 구간별로 나누어 예시를 통하여 쉽게 이해할 수 있도록 하였다.

2020. 7. 1.부터 시행된 사법보좌관규칙의 개정으로 부동산집행에서의 인도명령·관리명령, 채권집행에서의 특별현금화명령 등은 종래 판사의 업무에서 사법보좌관의 업무로 바뀌었다. 사법보좌관규칙의 개정을 통한 사법보좌관 업무의 확대가 과연 타당한지는 사법정책적 측면과 더불어 법규범 선택의 측면에서 보다 심도 있는 논의를 요한다.

제 5 판 이후 나온 판례 가운데 대부분은 기존 판례의 입장을 확인하거나 발전적으로 해석하는 것이었으나, 배당절차에서 배당이의를 하지 아니한 채권자에게 부당이득반환청구권을 인정할 것인지에 관한 전원합의체 판결[대판(전) 2019. 7. 18. 2014다206983]은 모처럼 집행절차에 관하여 대법관들의 입장이 첨예하게 대립하고, 다수의견도 구체적인 논리의 개진에 적극성을 보여 매우 신선하게 다가온 판결로서 주목된다. 위 전원합의체 판결에 대하여 배당이의를 하지 아니한 채권자에게 부당이득반환청구권을 인정하여야 할 제도상 문제점 및 실체상 문제점 등에 대한 인식을 분석하고, 이에 따른 절차의 불안정에 대한 제도 개선의 방향 등에 관한 논의를 상세하게 언급하였다.

이번 개정판에는 전자사법(e-Justice)과 관련하여 집행절차에서 전산정보처리조직에 의한 처리가 어떻게 행해지고 있는지도 언급하였다. 그리고 일본 등에서 비교법적 관점에서 우리나라 제도 가운데 매우 성공적 제도로서 평가하면서 관심을 보이고 있는 한국형 post-judgment discovery 제도인 재산명시절차 등에 대해서도 상당 부분 설명을 추가하였다. 나아가 부동산이나 채권 등 가압류신청시 가압류목적물의 특정 요부에 관한 학계의 논의에 대해서는 그 특정의 필요성을 가압류집행신청 등 실무상 문제점까지 짚어가며 분석하였다. 한편 가압류와 가처분의 경합 문제는 판례가 이에 대해 일반적 판시를 통한 명확한 태도 표명을 하지 않고 있어 체계적 이해에 어려움을 야기하고 있으나, 판례 입장을 새로운 각도에서 보다 종합적이고 체계적으로 분석하였다.

민사절차법의 핵심은 민사사법제도를 이용하는 시민의 사법접근성(access to justice)을 실질적으로 보장하는 것이다. 특히 우리나라 전자사법이 전자문서의 이용 단계에서부터 점차적으로 분쟁해결 시스템에서의 솔루션 개발 단계로 확대를 시도하는 차세대 전자소송제도, 즉 열린 지능형 법원(Open Intelligent Court)의 구

축을 계획하고 있는 현재의 상황에서는 더욱 그러하다. 저자는 2020. 10. 모 학술대회에서 '4차 산업혁명 시대 분쟁해결 시스템의 발전 방안'을 주제로 기조발제를 한 바 있다. 이를 준비하면서, 빅데이터와 인공지능 등으로 대변되는 4차 산업혁명 시대에서의 분쟁해결 시스템을 보다 one-stop shop으로 통합 사법서비스(joined-up service)를 제공하되, 접근 가능하고(accessible) 이용 가능한(available) 가장 적절하고 효율적인 사법제도가 무엇인지를 연구 목표의 화두로써 챙길 것을 거듭 다짐하였다. 바쁜 실무에서 연구를 게을리 하지 않는 것은 말처럼 쉬운 일이 아니다. 운명이려니 생각하고 공부의 끈을 늦추지 않는 것밖에 달리 묘수가 없다. 민사집행법에 발을 들여놓은 것이 운명이므로 그 운명을 기꺼이 받아들이려고 한다.

코로나 상황에서 출판 사정을 가늠하기 어려워 조심스럽게 개정 여부를 염두에만 두고 있었음에도, 한 해도 거르지 않고 개정 작업을 요청받을 때면 숙연함마저 느낀다. 초심을 잃지 않고 무엇이 기대에 부응하는 것인지를 새기는 것으로 마음의 부담을 덜어낸다. 무엇보다 ㈜박영사 안종만 회장님께 감사의 말씀을 드린다. 그리고 늘 가까이서 성원해 주시는 조성호 이사님, 책으로 나오기까지 글자 한자 한자 놓치지 않고 세심한 신경을 기울여 주신 김선민 이사님 등께 깊이 감사드린다.

적당히 타협하고 싶은 유혹에 흔들리지 않도록 삶의 의미를 관조하면서 연구에 매진할 수 있는 것은 저자의 의지만으로 가능한 일이 아니다. 서재에서 하루를 마감할 수 있는 일상의 평온함을 주는 아내를 비롯한 가족들에게 경건한 마음으로 고마움을 전한다. 머리말의 맺음은 또 다른 시작의 알림이다. 더욱 분발할 마음을 가다듬는다.

2020. 10.

저 자 씀

제 5 판 머리말

민사집행법은 다른 법 분야와 달리 그 중요성에 비해 체계적으로 이해하기 어려운 분야에 속한다. 민사 분쟁의 절차에서 민사집행법이 차지하는 비중이 거의 절대적이라고 할 수 있지만 평소 이에 관한 학습이 부족한 경우가 많아 실무가로서도 막상 문제에 부딪치면 정확한 결론을 도출하는 데 매우 힘들어하는 경향이 있다. 실무서들은 민사집행절차를 관통하는 원리에 대한 체계적 이해를 목적으로 하기보다는 정형화된 문제의 실무적 처리에 치중하여 문제 해결에 미흡할 수밖에 없는 한계가 있다.

이번 민사집행법 개정판에서는 민사집행법에 걸친 다양한 문제의 상호 관련성을 실제 문제 해결을 위하여 보다 심도 있게 규명하고자 노력하였다. 예컨대 가압류가 된 부동산에 대한 경매절차에서 가압류채권자의 지위를 통합적으로 이해할 수 있도록 각 단계별로 보다 상세하게 언급하였으며, 민사집행절차에서 실무적으로 간과하기 쉬워 이로 인하여 당사자에게 불이익을 초래할 수 있는 부분들과 이를 회피할 수 있는 대처방안들을 상세하게 언급하였다.

민사집행제도의 개선을 위하여 민사집행법 개정 법률안이 발의되었으나 국회의 임기만료로 자동폐기가 된 여러 제도들이 아직 새로이 입법발의가 되지 않고 있는 상황에 대하여 안타까운 마음에서 이를 지적하고 조속한 개선을 촉구하였다. 사법개혁 작업의 와중에서도 민사집행제도의 개선에 대한 꾸준한 관심과 노력이 이어지고 결실을 맺기를 바라는 마음이다.

민사집행법 제 5 판의 본문 내용의 쪽수가 같은 무렵 발간될 민사소송법 제 8 판의 본문 내용의 쪽수에 비하면 그 반에도 이르지 아니하나, 민사집행절차를 망라하여 알차고 짜임새 있게 담아내려고 하였다. 어려운 문제도 법적 원리를 파악하면 툭 트이듯 쉽게 이해될 수 있다. 따라서 아득하게만 보일 수 있는 민사집행법이 가깝게 느껴질 수 있도록 알기 쉽게 서술하고 표현하도록 애썼다. 물론 제 4

판 발간 후 민사집행법과 관련된 법령과 규칙, 나아가 예규 등의 개정을 모두 반영하였으며, 판례 및 연구 자료들을 분석하여 각 해당 부분에 포함시켰다.

이번 민사집행법 제 5 판의 개정 작업은 민사소송법 제 8 판의 개정 작업과 맞물려 이루어졌다. 이미 각오하고 다짐을 한 작업이므로 힘들지만 보람으로 임할 수 있었다. 이러한 보람이 가능할 수 있었던 것은 출판사의 협조 덕분이다. 여러 권의 책의 개정판을 한 해도 거르지 않고 낼 수 있도록 저자를 늘 지켜보시고 아껴주시는 박영사 안종만 회장님, 저자의 책들을 보살피고 갈무리하는 마음으로 한 권의 책이 나오면 또 다른 개정판을 계획하시는 조성호 이사님, 두 권 개정판을 동시에 진행하는 치열함 속에서도 물 흐르듯 작업을 이어가면서 저자가 그 물결에 서핑 하듯 기분 좋게 이끌려 갈 수 있도록 애써주신 편집부 김선민 부장님께 거듭 감사의 마음을 전한다.

연구가 일상이 된 저자를 위한 일상의 후원자는 가족이다. '가족은 힘이다'라는 말은 저자에게 매 순간 기능하는 실증된 격언이다. 가족 한 사람 한 사람 합장(合掌)하는 마음으로 떠올리며 깊이 감사한다.

저자는 학문과 실무를 넘나들면서 민사사법제도와 민사절차법을 고뇌하고, 연구하고, 저술하고, 그리고 가르친다. 이러한 모습들이 책으로도 결실을 맺어 한 해 한 해 쌓여가는 과정들이 저자에게 늘 경건함을 일깨워준다. 앞으로도 이러한 과정을 빚어내는 역할을 아름답게 이어갈 각오를 다져본다. 민사집행법 연구가 풍성하지 못한 우리의 법문화에서 누군가에 의한 작은 노력들이 모여, 보다 튼실한 민사집행법의 연구 풍토가 앞당겨지길 바라는 마음이다. 국민과 함께하는 민사집행제도의 발전을 기원하면서 머리말을 맺는다.

2018. 12.

저 자 씀

제 4 판 머리말

민사집행법 제 3 판을 발간하고 2년여가 지났다. 관련 법령과 규칙 등이 한해가 멀지 않게 바뀌는 상황에서 매년 개정판을 내어야 하는 것이 어쩌면 저자의 숙명일지 모른다. 그럼에도 민사집행법 제 3 판 발간 후 민사소송법 제 6 판과 통합민사법을 발간하는 일들로 한해를 거르게 되었다. 늘 그렇듯이 제 3 판으로 가르치면서 점검한 결과를 제 4 판에 담아내었다. 물론 2년 사이에 개정된 관련 법률, 규칙 및 예규들을 반영하고, 중요한 판례들을 분석하여 포함시켰다. 서술한 부분 중 보다 알기 쉽게 언급하여야 할 부분들은 새로이 체계화하여 정리하였다.

저자의 임무는 저술하는 내용의 치밀성과 정확성을 기함에 있다. 강제집행과 보전처분을 아우르는 민사집행법을 단권으로 압축하여 양을 조절하되 짜임새 있고, 깊이가 있는 저술을 하는 것은 매우 어려운 일이다. 민사집행법을 제대로 깨치기 위해서는 끊임없는 연구와 실무 감각이 요구된다. 민사집행법은 민사절차법을 아름답게 마무리하는 유종(有終)의 미(美)의 학문이다. 민사집행법이 보다 친근한 법으로서 다가갈 수 있도록 늘 연구자로서의 자세를 가다듬는다.

새로운 개정판이 거듭 나올 수 있도록 많은 관심과 격려를 아끼지 않으신 ㈜박영사 안종만 회장님, 그리고 출판계획과 진행에서 섬세하게 배려해주신 조성호 이사님, 편집에서 요구되는 정성의 전형을 보여주신 편집부 김선민 부장님 등께 감사의 말씀을 드린다.

아울러 실무와 학문을 넘나드는 법조인과 학자로서의 삶을 이해하고 자랑스럽게 생각해주는 가족 모두에게 사랑과 고마운 마음을 전한다. 늘 배우고, 깨치고, 가르치는 즐거움은 학자로서 지탱할 수 있게 하는 자양분(滋養分)이다. 그런 즐거움에 힘입어 다시 연구자의 모습으로 돌아간다.

2017. 7.

성균관대학교 법학관 연구실에서

저 자 씀

제 3 판 머리말

제 2 판을 발간하고 2년이 되었다. 책은 쓰기도 힘들거니와 책을 쓴 후에도 산고(産苦)에 못지 않게 힘든 과정을 겪는다. 세상에 나오게 된 책은 이제 다시 학문과 실무의 임상실험의 대상이 된다. 늘 내용의 정확성에 대한 강박관념으로 파고들고, 뚫고, 닦지 않으면 안 되는 것도 이 때문이다.

책을 낸 후 다시 개정판을 낼 때까지 관계 법령과 규칙들 및 예규들이 쉴 새 없이 바뀌며, 판례도 쌓이게 된다. 민사집행법처럼 관계 법령들을 많이 다루어야 할 법 분야가 쉽게 떠오르지 않을 정도이다. 개정안이 국회에 상정되어 있는 경우에는 그 추이를 계속 지켜보아야 한다. 이들 법령·규칙, 판례 등을 철저히 follow-up 하여야 하는 일은 이를 반영하여 책의 완결성을 지향하여야 하는 저자의 몫이다.

제 3 판에서는 그동안 이루어진 개정 법령·규칙 등은 물론이고 관련 예규들까지, 그리고 판례들을 나름대로 망라하여 철저하게 분석하여 반영하였다. 민사집행법 전반에 걸쳐 중요한 부분을 빠뜨리지 않고 심도 있게 분석하는 것은 여간 어려운 작업이 아니다. 마음 같으면 더 많은 지면을 할애해서라도 더욱 상세히 기술하고 싶은 부분도 많이 있었다. 그러나 전체 체계 내에서 해당 논점의 비중을 고려하여 균형 있고 짜임새 있는 책으로 만들어야 한다는 저자로서의 방침을 준수하려고 하였다. 학자로서 소박한 마음(素心)은 적절한 쪽수로 양의 부담은 덜되, 내용은 깊이가 있는 알찬 책이 되도록 한다는 것이다. 따라서 늘 논점을 서술함에 있어서 논의 상황, 논리적 타당성 및 결론의 정당성을 염두에 두되, 이를 만연히 언급하는 일이 없이 절제(節制)를 거듭하였다.

한편 보다 심도 깊은 논의를 위해서 적절한 공간을 이용하여 박스로 묶어 처리하되, 이해의 편의를 위하여 내용별로 제목을 달아, 어렵게 읽혀질 수 있는 내용이 한눈에 들어오도록 최선을 다하였다. 늘 그렇듯이 표현에도 나름 세심한 신경을 썼다. 용어의 사용에 있어서 정확한 개념에 입각한 통일적 표현으로 형식(technicalities)에서도 철저함을 유지하려고 하였다.

민사집행법은 학문적 논의가 실무에 의하여 검증되고, 실무상 문제점이 학문적 검토에 의하여 feed-back되는 학문과 실무가 융합된 분야이다. 이렇듯 중요한 민사집행법이지만 우리나라의 경우 그 연구자가 많지 않다. 민사소송법과 너무나 가까운데도 민사소송법학자 가운데 민사집행법에 관심을 가진 분들이 드문 편이다. 당위적으로는 가까이 있어야 함에도, 현실적으로는 너무 멀리 있는 민사집행법을 생각하면 마음이 안쓰럽다. 그러나 세태가 어찌 되었건 민사집행법은 의연히 민사집행법이다. 민사집행법을 자랑스럽게 연구하고 가르치는 것은 학자로서의 홍복(洪福)이다. 다만 이러한 학자의 즐거움은 깨어 있고, 깨치려는 치열한 구도(求道)의 자세에서 가능하다는 것을 알기에, 늘 긴장하면서 초심을 되새긴다. 간절하게 묻고, 가깝게 생각하는 것(博學而篤志, 切問而近思)을 게을리 하지 않을 것을 다짐한다.

지난 학기부터 시작된 연구년이 1년인데도 6개월 만에 다시 강의를 맡게 되었다. 연구년이라고 하더라도 토요일을 포함하여 거의 매일 연구실에서 보내어야 하였다. 늘 분주하여 한가로움을 갖지 못하였다. 마음의 여유가 없어 오히려 학문에 장애가 되지 않을까 두려운 마음이 앞섰다. 그러나 민사집행법은 치열하게 붙잡고 있지 아니하면 어느새 슬며시 빠져나갈 정도로 정치(精緻)한 법 분야이다.

강의실과 연구실, 그리고 서재를 오가는 단순한 생활 속에서도 늦추지 않고 공부를 할 수 있는 것은 가족의 덕분이다. 힘들 때는 고마운 것에 대하여 진정으로 고마워하며, 그리운 것에 대하여 진정으로 그리워하며 이를 이겨나간다. 판사 초임 때부터 운명처럼 민사절차법과 길들이게 되어 어느덧 서로가 서로에게 편한 사이가 되어 지금에 이르렀다. 세월의 햇수가 얼마나 되었는지 이제 손주와 같이 동심(童心)으로 어울리는 일상이 된 세월을 맞았다(민조, 어리지만 가끔 진지하게 생각하는 표정을 짓고, 정이 많아 안아주면 손으로 어깨를 토닥거려 주는 해맑은 너의 모습을 보면 무한힐링된단다).

개정판을 내는 일은 저자의 몫만이 아니다. 제 3 판 발간도 출판사의 흔쾌한 제의에서 비롯되었다. 매년 같이 개정하는 민사소송법 책만으로도 무어라 감사의 말씀을 드려야 할지 모르는 상황에서 민사집행법 책에도 이토록 세심한 배려를 해주신데 대하여 저자로서 할 수 있는 일은 좋은 책에 대한 기대에 부응하는 일임을 잘 알고 있다. 제 3 판의 발간을 흔연히 허락하여 주신 박영사 안종만 회장님, 그리고 이를 기획하고 추진해주신 조성호 이사님, 그리고 판례를 일일이 검색하여 숫자 하나 잘못 되었는지를 점검할 정도로 편집에 혼신의 노력을 아끼지 않으신 편집부 김선민 부장님 등 모든 분께 머리 숙여 감사의 말씀을 드린다.

이제 제 4 판의 발간으로 다시 독자들에게 인사를 드릴 날까지 "오늘 배우지 않더라도 내일이 있다고 말하지 말라(勿謂今日不學而有來日)"는 권학문(勸學文)을 떠올리며 민사집행법 공부의 마음을 다져본다.

2015. 4.

성균관대학교 법학관 연구실에서

저 자 씀

제 2 판 머리말

민사집행법 초판을 낸 지 1년 반 가까이 되어 제 2 판을 내게 되었다. 먼저 민사집행법 초판에 대하여 아낌없는 성원과 관심, 그리고 따뜻한 애정을 보여주신 많은 분들께 이 자리를 빌려 감사의 말씀을 드리고자 한다.

민사집행법은 민사소송법이라는 민사절차법과 민법이라는 민사실체법 등과 밀접하게 연계된 법 분야로서 단순히 단계적으로 접속한 정도를 넘어 실질적으로 교착하고 있다. 따라서 민사법에 있어서 민사집행법이 차지하는 비중과 중요성은 재언을 요하지 않는다. 민사집행법이 민사절차법과 민사실체법 어느 분야에서도 필수불가결한 법 분야임에도 현실은 그러하지 아니한 것 같다. 민사집행법은 실무에 대한 실제적 이해 없이는 거의 접근하기 어려울 뿐 아니라, 실무적 이해가 있다고 하더라도 민사절차법과 민사실체법의 체계에 대한 이론적 이해 없이는 그 파악이 매우 어렵기 때문이다. 그러나 민사집행법의 공부가 어렵다고 하여 마냥 이를 밀쳐 둘 수 없는 실정이다. 민사집행법은 민사절차법의 두 날개이며, 민사실체법의 두 팔과 같은 존재이기 때문이다.

저자는 민사집행법 제 2 판을 저술함에 있어서 초판에서의 체계를 그대로 유지하되 그 내용을 다시 철저히 점검하여 제한된 지면에서나마 그 깊이와 넓이 면에서 학술서와 더불어 실무지침서의 역할을 할 수 있도록 하였다. 초판 발간 이후 선고된 민사집행법 관련 판례 및 논문 등의 자료들을 거의 빠짐없이 분석하여 이를 반영하였다. 특히 법령의 변경은 물론 예규 등의 변경들까지도 놓치지 않고 반영하였다. 새로운 법령의 변경 등으로 기존의 판례 및 연구 성과를 다시 점검하여 철저를 기하여야 할 부분이 상당히 많았고, 이를 정확하게 갈무리해내는 작업 역시 만만치 않았다. 항상 지적하는 말이지만 법령의 변경 등이 판례에 제대로 반영되지 않고, 반영되더라도 그 속도감이 매우 떨어져서 차제에 구체적 사례를 들어 이 문제를 짚고 넘어가야겠다는 생각을 떨칠 수 없다. 법률 선진화를 위하여 사법서비스의 외연적 확대 못지않게, 재판 본래의 내재적 충실화가 무엇보다 중요함에도 불구하고 사법에서도 단기성과적 집착이 눈에 띄게 많지 않은가 하는 의구심이 있는 것은 저자의 단견의 소치였으면 한다.

민사집행법을 연구하면 할수록 민사집행법의 중요성을 더 깨치게 된다. 저자가 판사 초임 때부터 민사소송법과 인연을 맺었는데, 그 후 경매담당판사, 민사항고재판장 등으로 민사집행법과 인연을 맺은 후로는 민사소송법과 더불어 민사집행법의 정치함과 세련됨에 흠뻑 빠지게 되었다. 한편 민사실체법의 정확한 이해를 위한 추진체와 같은 민사집행법의 매력은 민법 등 연계 법 분야에 대한 지속적인 연구의 성장동력을 마련해 주었다. 민사집행법 공부의 요체는 한시라도 이를 놓치지 않는 데 있기에, 연구의 시간 배정에 있어서도 그 시간이 촘촘히 할애가 되어야 할 정도로 정말 손이 많이 가야 함을 절실히 느끼게 된다.

제 2 판을 저술함에 있어서 용어 하나까지, 토씨 하나까지 정성을 기울였다. 다시 한번 판결의 사건번호 등을 점검하였으며, 오・탈자가 있는지 거듭 읽으면서 챙겼다. 문맥과 표현에 있어서도 운율까지 고려하여 문장력을 다듬으려고 애를 썼다. 그러나 마음과 같지 않게 나타날 수 있는 부족한 부분은 또다시 심기일전하여 다듬어 나가려고 한다.

법원에서 있을 때에는 재판을 정확히 하는 것이 본연의 일로서, 당해 사건에 대하여 정확한 증거판단을 통한 사실인정과 법령의 적용으로 정의와 형평에 맞는 결론을 선고하는 것이었다. 그러나 학교에 있으면서 하는 일은 관련 쟁점에 관한 이론과 실무에 있어서 적용될 수 있는 구체적인 체계를 세우고 정확한 내용을 담아내는 일이다. 어느 쪽이나 힘들지 않는 일이 없었다. 재판을 할 때에는 승패를 선고하다 보니 억울한 당사자가 생기지 않도록 하여야 한다는 사명감에 혼신의 힘을 기울여야 하였으며, 학문을 할 때에는 앞으로 재판을 하는 데 실질적인 판단의 근거를 마련하여야 한다는 사명감에 역시 노심초사하였다. 법조와 법학에 몸을 담으면서 법이 너무 중요하고 어렵다는 사실을 절감하게 된다. 지금까지도 그렇거니와 앞으로도 법과의 인연에 충실한 삶을 살고자 한다. 민사집행법 제 2 판을 내면서도 평소 꿈꾸었듯이 좋은 책으로 좋은 분들을 만나는 희열을 맛보고자 한다.

초판과 같이 제 2 판을 냄에 있어서 출판사에 대하여 맨 먼저 고마운 마음을 전하고자 한다. 제 2 판 출간에 대하여 말조차 끄집어내기 송구스러울 정도로 우리나라 법학서 출판의 어려움을 잘 알기에 제 2 판 출간의 때를 기다리면서 준비만 하고 있었다. 이러한 상황에서 제 2 판 발간으로 초판을 업그레이드할 수 있는 기회를 주신 박영사 안종만 회장님께 진심으로 감사의 말씀을 드린다. 그리고 출판의 실제적인 계획을 세우시고 가능한 한 빠른 시일 내에 제 2 판이 발간될 수 있도록 힘써주신 전략기획팀 조성호 부장님, 그리고 한결같이 저자의 책의 편집에 전력투구해 주신 노현 부장님, 그리고 엄주양 대리님 등께 마음 깊이 감사의 말씀을 드린다.

그리고 마지막으로 가족에 대한 감사의 말을 뺄 수 없다. 새벽 운동을 마치고 정갈한 마음으로 늘 기도를 드리는 아버님, 어머님께 법조계와 법학계의 삶을 충실히 살 수 있게 도와주신 데 대하여 늘 눈물로써 감사드린다. 하루 연구 작업의 끝에 찾아오는 신체적 피곤함을 늘 따뜻하게 위로하고 격려하는 아내 서화종과 아빠가 학문에 전념할 수 있도록 마음으로 성원하는 효정, 태욱에게도 감사하다는 말을 하여야겠다.

이제 다시 제 3 판의 머리말로 제 책을 읽어보실 분들을 만나 뵐 날까지 의관을 정제하는 선비의 마음으로 돌아가고자 한다.

2013. 2.

성균관대 법학관 연구실에서

저 자 씀

머 리 말

그동안 벼르고 있었던 민사집행법의 교재를 발간하게 되어 감회가 새롭다. 그동안 민사집행법 분야에서 판사와 변호사로서 실무를 경험하고 교수로서 연구한 결과를 한 권의 책으로 내놓을 수 있게 되어 늦었지만 그나마 다행으로 생각하고 있다.

민사소송법과 민사집행법은 분리된 두 학문분야가 아닌 불가분의 일체로서, 민사집행법은 민사소송법과 더불어 민사절차법의 두 개의 축 가운데 하나를 차지하는 법분야이다. 그럼에도 불구하고 민사소송법과 달리 민사집행법은 민사소송법의 주변적 학문분야로 치부되어 온 느낌을 지울 수 없다.

민사집행법에 대한 연구의 중요성이 상대적으로 간과된 결과 이를 연구하는 학자의 수가 민사소송법보다 매우 적고, 그 연구의 수준 내지 성과도 상대적으로 열악한 형편이다. 실무계의 사정도 마찬가지이다. 실무계에서 민사집행법은 경매나 보전처분의 실무를 담당하는 제한된 사람만이 직접적인 관심을 가지는 분야로 인식되어 왔다. 어느 정도 민사실무를 접하다 보면 민사소송법도 그런대로 알 수 있다는 착각에 빠져들기 쉽듯이, 민사집행법의 분야에서는 그러한 현상이 더욱 심각하여 이러한 잘못된 인식은 민사집행법에 대한 체계적 이해와 연구에 걸림돌이 되어 왔다.

민사집행법에 대한 연구가 극히 제한된 일부 학자 및 실무가에 맡겨져 있는 안타까운 실정과 맞물려 민사집행법상 많은 중요한 문제점에 대한 고찰이 제대로 이루어지지 아니한 채 민사집행법에 대한 연구는 상당 부분 실무적 관점에서 기술적 해결에 치중되어 왔다. 민사집행법 학계의 연구성과의 부족으로 이러한 연구성과마저도 법원의 실무운영에 비중 있게 반영되고 있지 않고 있다. 특히 법원의 법령 및 규칙 등의 규범체계와 규범력에 대한 이해 및 인식은 다른 법분야에 비하여 상대적으로 뒤쳐진 느낌을 받지 않을 수 없다.

특히 사법보좌관제도의 시행과 더불어 대법원규칙인 사법보좌관규칙과 법률인 민사집행법간의 충돌과 마찰, 부정합과 부조화 등은 매우 심각한 상황이다. 법률과 규칙의 이러한 긴장관계에서 겉으로 표방을 하지는 않으나 실제에 있어서는 법률보다 규칙이 우선적 규범력을 가지는 것으로 인식되고 있는 경우도 있어 그 심각성이 민사집행법의 위기라고 진단할 수 있을 정도에 이르렀다. 차제에 학계나 실무계 모두가 민사집행법의 체계적인 연구의 필요성에 대한 인식을 새롭게 하고, 공감대를 형성하여 심기일전하여야 한다.

민사집행법은 민사절차법에 있어서 민사소송법의 앞·뒷 대목에 해당한다. 민사집행법 중 민사집행절차는 민사소송법 등에 의하여 취득한 집행권원에 기한 강제집행절차 내지 담보권실행절차라는 사후적 절차에 속하며, 보전처분절차는 이러한 집행권원에 기한 강제집행의 실효성을 담보하는 권리보전의 사전적 절차에 속하므로, 결국 민사집행법은 민사절차법에서 팔다리 역할을 한다. 나아가 민사집행에 있어서 배당절차를 비롯하여 특히 담보권실행절차는 물권법과 직접적으로 맞닿아 있어 민사집행법은 민사실체법과의 매개 내지 연결적 절차를 이루고 있다.

따라서 민사집행법은 민사소송법과 민사실체법과 상호유기적 체계 하에서 연구되어야 한다. 민사소송법 등 많은 문제점들이 민사집행법과의 연관 하에서 접근되고 연구되어야 함에도 민사소송법 학계에서는 민사집행실무의 중압감 때문에 아예 연구 자체의 시도조차 포기하는 경우가 흔한 현상이 되었다. 그러다보니 민사집행과 관련된 민사소송법의 많은 문제점들에 대하여 실제적 관점에서 승인되기 어려운 견해들도 제대로 검증되지 아니한 채 그대로 산재하고 있다.

저자는 민사집행법이 조만간 제대로 평가받고 자리매김하기를 기대하고 있고, 이러한 기대가 실현될 것으로 전망하고 있다. 물론 현행 사법시험이나 내년부터 시행될 변호사시험에서 민사집행법이 시험과목으로 들어가지 아니한 상태에서 당장 가능한 것은 아니지만 법분야 중 가장 실제적인 민사집행법이 지금처럼 낙후적이고 미온적 상태에 계속 그대로 머물러 있지 않을 것이라는 낙관을 조심스럽게 가져보는 것은 추이에 대한 근거 있는 관찰의 결과이다.

머리말에서부터 민사집행법의 우울한 현실을 털어놓았으나, 이는 민사집행법을 연구하는 사람으로 이를 타개하고자 하는 의지와 결의를 다지는 계기로 삼고 스스로를 채찍질하기 위한 것이다.

저자가 민사집행법의 현실을 표피적으로나마 조심스럽게 진단할 수 있도록 민사집행법에 대하여 조그만 식견이라도 가질 수 있었던 것도 민사집행법 연구의 지평을 열고 개척하신 선구적 역할을 하신 분들의 학은에 기인한 것이다. 제대로 된 교재조차 없는 시절에 짜임새 있는 민사집행법 교재를 발간하여 민사집행법 공부의 표본을 제시한 이영섭 전대법관님, 방순원 전대법관님과 김광년 변호사님, 한종렬 교수님, 그리고 민사집행법의 많은 문제점들에 대하여 새로운 각도에서 볼 수 있도록 신선한 견해들을 참신하게 제시하셨던 이재성 전대법관님과 박두환 변호사님, 보전처분절차에 대한 체계적 연구서를 처음으로 선보이신 김상원 전대법관님, 그리고 이를 심화발전시킨 권성 전재판관님, 민사절차법으로서의 민사집행법의 진면목을 유감 없이 보여주신 우리나라 민사절차법 발전에 한 획을 그으신 이시윤 선생님, 그 모든 분들의 학은에 말할 수 없는 존경과 감사의 마음을 간직하고 있다. 나아가 실무계에서 주석민사집행법의 저술을 맡아 심도 깊은 연구와 그 결과를 체계화하는 데 역할을 하신 많은 분들, 그리고 법원실무제요 중에서도 가장 실무적 표본서로 권위를 인정받고 있는 법원실무제요 민사집행의 발간에 관여하신 분들께도 감사하고 있다. 최근 대법원 민사집행법 커뮤니티에서 민사집행실무에서 제기된 많은 쟁점들을 균형감 있고 신속하게 연구하고 이를 시의적절하게 정리하여 민사집행법실무연구라는 책으로 발간하고 있어 이와 같은 효율적인 연구시스템에도 경의를 표하고 싶다.

민사집행법을 연구하면 할수록 그 세계가 담아내는 공간과 깊이가 넓고도 깊어 학문의 세계에 몸담고 있는 저자로서는 두려운 마음이 항상 가슴 한 가운데 자리잡고 있다. 저자는 이 책의 발간으로 민사집행법에 대한 사랑을 더욱 키워가야 한다는 다짐을 새롭게 하고 있다. 민사집행법에 아직 다가오지 않고 먼발치에 머물고 있지만 언젠가는 마음을 내어 성큼 다가올 많은 사람들과 이미 민사집행법과 인연이 된 많은 사람들에 대하여, 물살 빠른 개울에 징검다리의 역할이라도 함으로써 저자의 민사집행법과의 인연을 갈무리해 나가려고 한다.

민사집행법의 실무와 연구의 연륜은 어느덧 깊어가고 있으나, 학문에 있어서 어렴풋이나마 빛을 보았으면 하는 소담스런 소망도 실현하기 어려우니, 천학비재라는 말이 저자를 두고 하는 말인 듯 느껴진다. 그러나 정확하게 알고, 정확하게 알리려고 하는 학문적 열정으로 쓴 책이니만큼 잘못이 있더라도 그 동기만은 정상참작되리라고 생각하면서 조심스럽게 책을 내놓는다. 물론 잘못을 저지르지 않도록 스스로 더욱 가혹하게 학문에 매진하려고 한다.

올 한해 민사소송법 개정판의 발간으로도 쉴 틈이 없었는데, 민사집행법까지 발간하게 되어 하루도 마음 편한 날이 없었다. 마인드 컨트롤로 겨우 수습을 하였지만 잠시의 휴식으로 재충전을 하여야겠다는 정당한 욕구마저 눌러 가라앉혀야 하였다. 학문적 진리를 추구하는 학문적 정열은 무엇과도 바꿀 수 없는 충분히 보람 있는 일임을 알기에 여전히 평소의 습관적 행동을 벗어나기 어려웠다.

힘들 때 학생들의 모습을 떠올린다. 우리의 법조계를 짊어지고 갈 그들의 모습을 보면 더 정확히 가르쳐야겠다는 결의를 다지게 된다. 진지하게 생각하고 문제점을 찾고 풀어나가는 그들의 모습에서 우리 법조의 장래를 본다. 더 좋은 강의를 하기 위해서도 더욱 반듯한 책을 써야겠다는 생각을 하게 된다. 이 기회에 교수로서 나의 강의를 듣고 좋은 질문들을 하여 준 학생들에게 감사의 마음을 전한다.

이 책이 나올 수 있었던 것은 출판사의 아량에 크게 힘입었다. 출판계의 사정을 잘 모르는 입장에서도 한 해에, 그것도 몇 달 되지 않아 두 권의 책을 연거푸 발간한다는 것은 이례적이라고 생각되는데도 너무나 기꺼이 그 발간에 응해주었다. 이러한 출판사의 고마움에 더욱 좋은 책으로 보답하리라는 결의를 다진다. 수시로 연락을 하여 저자가 법에 지칠 때면 예술과 문화에 대한 관심을 가지게끔 하여 다시 법에의 열정을 태울 수 있도록 신경을 써주신 박영사의 안종만 회장님, 이 책의 기획을 맡아 제대로 모양새를 갖추도록 큰 틀을 잡아나가는 데 물심양면으로 도와주신 기획부 조성호 부장님, 저자의 책들로 인하여 늘상 주말을 반납하다시피 일에 몰두하여 저자가 감사하다는 말을 건네는 것조차 송구스럽게 만드신 편집부 노현 부장님, 그리고 책의 출간에 보이지 않는 곳에서 노력을 하셨던 많은 분들께 감사의 말씀을 드립니다.

민사소송법 책의 표지와 같이 민사집행법 책 역시 이 책을 보는 많은 분들께 행운이 있으시길 진정으로 기도하는 마음에서 아내가 찍고 편집한 네잎 클로버 사진으로 표지 등을 만들었다. 하루 종일 연구와 강의 등으로 눈이 침침해지고 손가락이 붓고 굳어지는 일상에서도 마음의 고삐를 늦추지 않고 저술에 전념할 수 있도록 섬세한 배려와 따뜻한 격려를 아끼지 아니한 아내 서화종에게 감사한 마음을 표하고자 한다. 그리고 박사과정을 마쳤음에도 다시 로스쿨에 입학하여 나의 책들로 공부할 딸 효정, 그리고 멀리 유학을 가 있어도 아빠에게 불쑥 문자메시지로 무리하지 마시라고 챙겨주는 아들 태욱에게도 아빠로서 뿌듯한 마음으로 이 책을 주고 싶다.

머리말의 마지막에 이르면 아버님, 어머님 생각에 항상 가슴 뭉클하고 눈가에 어느덧 눈물이 고인다. 아버님은 평생 엄격함과 절제, 철저함과 완벽함으로 치열한 삶을 사셨다. 아버님께서 몸소 보여주신 가르침은 저자가 법조인과 교수로서 법과 학문을 대하는 태도의 근저를 이루었다. 그리고 어머님은 온화함과 포용, 그리고 인내의 미덕을 가르쳐 주셨다. 지금도 어머님께서 학업성취발원의 기도를 하시는 모습이 눈에 어려 선하다. 학문의 성취가 어렵더라도 적어도 두 분의 가르침과 기도의 마음에 어긋나지 않도록 다시금 옷깃을 여미듯 경건히 학문적 자세를 가다듬는다. 아버님, 어머님께 더할 수 없는 감사의 마음으로 이 책을 올립니다.

2011. 6.
성균관대 법학관 연구실에서
저 자 씀

제 1 편 총 론

제 1 장 민사집행

제 2 장 민사집행의 주체

제 3 장 민사집행의 객체(대상)

제 2 편 강제집행

제 1 장 강제집행의 요건

제 2 장 강제집행의 진행

제 3 장 위법집행과 부당집행에 대한 구제

제 5 장 비금전집행

제 3 편 담보권실행 등을 위한 경매

제 4 편 보전처분

제 1 장 일 반 론

제 2 장 가압류절차

제 3 장 가처분절차

약 어 표

[참고문헌약어표]

강대성	강대성, 신민사집행법(2014년)
권창영 · 박영호 · 구태회	권창영 · 박영호 · 구태회, 민사보전, 민사집행실무총서(Ⅲ)(제 2 판, 2023년)
김상수	김상수, 민사집행법(제 4 판, 2015년)
김 연	김연, 민사보전법(2010년)
김일룡	김일룡, 민사집행법강의(2018년)
김홍엽(민사소송)	김홍엽, 민사소송법(제12판, 2024년)
박두환	박두환, 민사집행법(제 2 판, 2003년)
박영호 · 김선형	박영호 · 김선형, 부동산경매(Ⅰ), 민사집행실무총서(Ⅰ)(제 2 판, 2023년)
박영호 · 양진수 · 이동기	박영호 · 양진수 · 이동기, 채권집행, 민사집행실무총서(Ⅱ)(제 2 판, 2023년)
방순원 · 김광년	방순원 · 김광년, 민사소송법(하)(제 2 전정판, 1993년)
법원실무제요 민사집행	사법연수원, 법원실무제요 민사집행(2020년)
사법연수원	사법연수원 보전소송(2020년)
서울고등법원, 민사판례해설	서울고등법원 판례공보스터디, 민사판례해설
손진홍	손진홍, 채권집행실무(2019년)
손흥수	손흥수, 채권집행, 민사집행실무총서(Ⅱ)(2017년)
오시영	오시영, 민사집행법(2007년)
오창수	오창수, 민사집행법요해(제 2 판, 2020년)
이시윤 · 조관행	이시윤 · 조관행, 민사집행법(제 9 개정판, 2025년)
이영섭	이영섭, 신민사소송법(하)(제 7 개정판, 1972년)

전병서	전병서, 민사집행법(제 6 판, 2025년)
주석서	편집대표 민일영, 주석민사집행법(제 5 판, 2024년)
한종렬	한종렬, 민사소송법(하)(1998년)

[법령약어표]

가담	가등기담보 등에 관한 법률
가소	가사소송법
가소규칙	가사소송규칙
공증	공증인법
규칙	민사집행규칙
민	민법
민소	민사소송법
민소규칙	민사소송규칙
민인	민사소송 등 인지법
민인규칙	민사소송 등 인지규칙
민조	민사조정법
법	민사집행법
부등	부동산등기법
비송	비송사건절차법
사보규	사법보좌관규칙
소심	소액사건심판법
상	상법
소촉	소송촉진 등에 관한 특례법
시행령	민사집행법 시행령
어음	어음법
중재	중재법
채무회생	채무자 회생 및 파산에 관한 법률
형소	형사소송법

PART 1 총 론

제 1 장 민사집행

제 1 절 민사집행의 의의와 종류

제 1 관 민사집행의 의의

Ⅰ. 민사집행의 분류

민사집행은 통상 좁은 의미의 민사집행과 넓은 의미의 민사집행으로 나누어 볼 수 있다.

1. 좁은 의미의 민사집행

좁은 의미의 민사집행은 종국적인 집행절차로서 강제집행, 담보권실행 등을 위한 경매를 말한다. 여기서 **담보권실행 등을 위한 경매**란 담보권실행을 위한 경매와 유치권 등에 의한 경매를 말한다. 한편 **유치권 등에 의한 경매**는 유치권에 의한 경매와 민법·상법 그 밖의 법률의 규정에 의한 경매를 말한다(법 274조). 유치권 등에 의한 경매를 **넓은 의미의 형식적 경매**라고 하며, 민·상법 그 밖의 법률의 규정에 의한 경매를 **좁은 의미의 형식적 경매**라고 한다. 유치권에 의한 경매는 구 경매법상 담보권실행을 위한 경매절차에 의하도록 했으나, 1990. 1. 13. 구 민사소송법 개정시 형식적 경매절차에 따라 실시하도록 변경했는데, 민사집행법도 이를 따르고 있다.

2. 넓은 의미의 민사집행

넓은 의미의 민사집행은 좁은 의미의 민사집행에 잠정적 집행절차인 보전처분절차를 포함한 것을 말한다(법 1조).

Ⅱ. 민사집행법의 체계

민사집행법의 체계는 총칙(1편), 강제집행(2편), 담보권실행 등을 위한 경매(3편, 담보권실행을 위한 경매 및 유치권 등에 의한 경매), 보전처분(4편)으로 되어 있다. 보전처분절차는 **보전처분재판절차**와 **보전처분집행절차**로 나눌 수 있는데, 보전처분집행절차는 강제집행절차를 준용하고 있으므로(법 291조 · 301조) 보전처분절차를 민사집행법에서 규정하고 있다. 일본의 경우는 보전처분절차를 별도의 법률인 민사보전법에서 규율하고 있다.

Ⅲ. 민사집행의 성질

1. 소송사건인지 여부

민사집행의 성질을 **소송사건**으로 보아야 할 것인지, **비송사건**으로 보아야 할 것인지에 관하여 논의가 있다. 판결절차는 청구권의 관념적 형성을 그 본질로 하는 데 반하여 민사집행절차는 그 사실적 형성을 그 본질로 하므로 민사집행절차는 비송사건으로 보아야 한다는 견해가 있으나,[1] 민사집행절차도 판결절차와 더불어 일종의 소송절차의 형태로서 행해지는 법률적 절차로 대립당사자의 구조를 띠고 있으며[다만 좁은 의미의 민사집행절차에서의 당사자의 대립은 판결절차에서와 같은 대등한 관계가 아니고 채권자의 우월적 · 능동적 지위가 인정된다], 합목적적 재량의 여지가 극히 제한되어 있으므로 **소송사건**으로 보아야 한다.[2]

2. 준용규정

민사집행의 성질을 소송사건으로 보는 전제에서 민사집행법에 특별한 규정이 있는 경우를 제외하고는 민사집행 및 보전처분의 절차에 관해서는 민사소송법의 규정을 준용한다(법 23조 1항). 따라서 비송사건절차법의 준용 여지가 없다.

---

1) 이영섭, 22쪽; 강대성, 28쪽; 박진수, 주석서(1), 11쪽.
2) 이시윤 · 조관행, 20쪽; 방순원 · 김광년, 35쪽.

제2관 민사집행의 종류

Ⅰ. 강제집행

1. 의 의

(1) **강제집행절차**는 집행권원을 취득한 집행채권자의 신청에 의하여 국가의 집행기관이 집행채권자를 위하여 집행권원에 표시된 사법상의 이행청구권을 강제적으로 실현하는 법적 절차이다. 일반적인 **강제경매절차**는 채무자 소유의 재산을 압류하여 현금화한 후 그 매각대금으로 채권자의 금전채권의 만족을 얻게 함을 그 목적으로 한다.

(2) 강제경매상 **매각의 성질**에 대하여 집행관이 국가기관으로서 경매처분을 하여 사법상의 권리관계를 설정하는 것이라고 보는 공법상의 처분설 등이 있으나, 통설 및 (기본적) 판례는 매수인과 소유자인 채무자 사이의 매매라고 본다(**사법상 매매설**).[1)]

(3) 벌금·과료·몰수·추징 등의 재산형이나 과태료 등의 경우에도 민사상의 강제집행방식에 의한 집행이 인정된다(법 60조, 형소 477조). 공법상 청구권의 집행인데도 편의상 강제집행의 방법에 의하도록 한 것으로 이를 **형식적 강제집행**이라고 한다.

▣ 강제경매의 법적 성질에 관한 논의

(1) 사법상 매매설의 입장

1) 강제경매의 법적 성질에 관하여 **사법상 매매설**을 취하는 입장에서는, ① 강제경매 역시 재산권을 원시취득하는 것이 아니라 **승계취득**을 하는 점, ② 매수인이 자유로운 의사에 의하여 매수 여부 및 매수가격을 결정하는 점, ③ 민법상 **매도인의 담보책임의 규정**(민 578조, 580조 2항)이 적용되는 점 등을 들어 그 성질이 사법

---

1) 대판 1991. 10. 11. 91다21640, 1993. 5. 25. 92다15574. 한편 미성년자의 매수신청을 무효라고 본 것에는, 대결 1969. 11. 19. 69마989 등. 유체동산의 경매에서 매수인의 선의취득을 인정한 것에는, 대판 1998. 3. 27. 97다32680이 있다. 윤경, "부동산경매절차의 실무상 제문제," 전문분야 법관연수자료집(재판자료 112집, 2007.), 10쪽 이하; 고규정, "판례로 본 부동산경매절차에서 명의인과 매수대금 부담자 사이의 법률관계," 판례연구(부산판례연구회) 21집(2010. 2.), 597쪽 이하.

상의 매매와 다르지 않다고 본다.

2) 사법상 매매설의 입장에서는, 매각기일의 공고를 (매각조건의 내역을 공시하여 하는) 매매에 관한 청약의 유인으로, 매수신청을 매수의 청약으로, 매각허가결정을 그에 대한 승낙으로 보아 이에 의하여 매매의사의 합치가 이루어지고 매수인은 매각부동산에 관한 대금지급의무를 지게 되며, 대금지급을 함으로써 소유권을 취득하는 것으로 일반적으로 설명하고 있다. 나아가 매각허가결정 후의 매수인을 위한 매각부동산의 관리, 인도, 소유권이전 등의 등기촉탁 등의 각 절차도 실질적으로 이 매매계약을 전제로 하여 행해지는 매도인 측의 파생적·부수적 절차로 이해한다.

(2) 사법상 매매설의 문제점

강제경매는, ① 처분권자가 매도인이 아닌 국가기관으로 매도인의 의사와 무관하게 처분이 행해진다는 점, ② 강제경매가 실행되면 매매와 달리 일정한 경우에는 경매부동산에 관한 법적 제한(일정한 제한물권, 가압류 등)이 소멸됨으로써 매수인의 부담을 털어준다는 점 등에서 사법상 매매와 **구별**된다.

이러한 점에서 강제경매의 법적 성질을 한편으로는 공법상의 처분으로 파악하면서 다른 한편으로는 사법상 매매의 성질과 효과를 아울러 가진다고 보는 **절충설**(양설설)이 유력하게 대두되고 있다.

(3) 판례의 태도

1) **판례**는 경매의 법적 성질을 **기본적**으로는 **사법상 매매**로 이해한다.[1)]

2) 다만 **판례**는, 경매가 사법상 매매의 성질을 보유하고 있기는 하나, 매매는 당사자 사이의 의사합치에 의하여 체결되는 것인 반면 **경매**는 매도인의 지위에 있는 채무자의 의사와 무관하게 국가기관인 법원에 의하여 실행되어 재산권이 이전되는 **특수성**이 있다고 본다(이러한 점에서 판례는 학설상 **절충설**의 입장과 일맥상통하다).[2)]

즉 판례는, 경매의 이러한 특수성으로 인해 경매절차에 관여하는 채권자와 채무자, 매수인 등의 이해관계를 합리적으로 조정하고 국가기관에 의하여 시행되는 경매절차의 안정도 도모할 필요가 있고, 따라서 일반 매매를 전제로 한 담보책임 규정을 경매에 그대로 적용하는 것은 부당하므로 **민법**이 570조부터 584조까지 매도인의 담보책임을 규정하면서 **578조**와 **580조 2항**에서 '경매'에 관한 **특칙**을 두고 있다고 이해한다.[3)]

---

1) 대판 2021. 10. 28. 2016다248325. 한편 민법 578조 1항·2항은 매매의 일종인 경매에서 목적물의 하자로 인하여 매수인이 경매의 목적인 재산권을 완전히 취득할 수 없을 때에 매매의 경우에 준하여 매도인의 위치에 있는 경매의 채무자나 채권자에게 담보책임을 부담시켜 매수인을 보호하기 위한 규정으로 본 것으로, 대판 1991. 10. 11. 91다21640, 1993. 5. 25. 92다15574.

2) 판례 가운데, 경매가 **사법상 매매**의 성질을 보유하고 있기는 하나 다른 한편으로는 법원이 소유자의 의사와 관계없이 그 소유권을 처분하는 **공법상 처분**의 성질을 아울러 가진다고 본 것으로는, 대결 1994. 4. 22. 93마719, 대판 2012. 11. 15. 2012다69197, 2014. 5. 29. 2014다10359.

3) **민법 578조**와 **580조 2항**이 말하는 **'경매'**는 민사집행법상의 강제집행이나 담보권실행을 위한

2. 판결절차와의 구별

(1) 강제집행절차는 집행권원의 내용을 실현하는 절차로서, 집행권원을 만드는 절차인 판결절차와 구별된다. 판결절차와 강제집행절차는 담당하는 기관 및 규율하는 법이 분리되어 있다.[1)]

(2) 판결절차가 곧바로 강제집행절차로 이어지는 것은 아니다. ① 판결절차 가운데 강제집행절차와 관련이 없는 경우로서, 확인판결과 형성판결에는 집행력이 없으며, 이행판결에서도 강제집행에 적합하지 않는 것이 있다(예컨대 부부의 동거를 명하는 판결이나 고용계약에 기한 노무의 이행을 명하는 판결). ② 판결절차가 아님에도 강제집행절차와 관련이 있는 경우로서, 확정된 지급명령, 집행증서, 제소전 화해조서, 조정조서 등도 강제집행절차로 연결된다. ③ 판결절차에 의하여 강제집행절차도 완료되는 경우로서, 의사진술을 명하는 판결(법 263조)이 있다. ④ 판결절차와 강제집행절차가 병행되는 경우로서, 가집행선고가 있는 판결을 들 수 있다. ⑤ 강제집행절차를 배제하기 위한 경우로서, 청구이의의 소(법 44조), 제 3 자이의의 소(법 48조), 집행문부여에 대한 이의의 소(법 45조) 등이 있다. ⑥ 판결절차와 강제집행절차를 조절하는 방법으로서, 집행정지 등의 잠정처분(법 46조, 48조 3항)이 있다.

3. 강제집행의 종류

(1) 법전상의 분류

금전집행에는 부동산집행, 선박 등 집행, 동산집행[유체동산에 대한 강제집행, 채권과 그 밖의 재산권에 대한 강제집행을 포함한다. 민법과 달리 민사집행법에서 **동산**이란 유체동산 및 채권과 그 밖의 재산권을 포함한다] 등이 있으며, **비금전집행**에는 물건

경매 또는 국세징수법상의 공매 등과 같이 국가나 그를 대행하는 기관 등이 법률에 기하여 목적물 권리자의 의사와 무관하게 행하는 매도행위만을 의미한다. 대판 2016. 8. 24. 2014다80839.

1) **소액사건**에서 판결기관과 집행기관을 분리하지 않고, 가사사건의 경우처럼 **이행확보제도**의 도입이 필요하다는 주장이 제기되고 있다. 이시윤·조관행, 9쪽. **가사사건**에서는 가정법원은 판결, 심판, 조정조서 또는 확정된 조정을 갈음하는 결정에 의하여 금전의 지급 등 재산상의 의무 또는 유아의 인도의무를 이행해야 할 사람이 정당한 이유 없이 그 의무를 이행하지 않을 때에는 당사자의 신청에 의해 일정한 기간 내에 그 의무를 이행할 것을 명할 수 있는 **이행명령제도**를 두고 있으며(가소 64조), **증권관련집단소송사건**에서는 제 1 심 수소법원이 분배에 관한 법원의 처분·감독 또는 협력 등을 관할하도록 규정하고 있다(증권관련 집단소송법 39조).

인도를 구하는 청구권의 집행, 작위·부작위를 구하는 청구권의 집행, 의사표시를 구하는 청구권의 집행 등이 있다.

(2) 강제집행의 대상에 의한 분류

강제집행은 거의 대부분 **물적 집행**이나, 재산명시절차에서의 감치(법 68조, 명시기일 불출석 등의 경우 20일 이내)와 같은 **인적 집행**의 경우도 있다.

(3) 민사집행법에 의한 집행 여부에 의한 분류

특정채권자의 채권을 위하여 채무자의 개별재산을 대상으로 하는 집행인 **개별집행**으로서 민사집행법이 적용되는 집행이 있으며, 총채권자의 채권을 위하여 채무자의 재산 일반을 대상으로 하는 집행인 **일반집행**으로서 '채무자 회생 및 파산에 관한 법률'이 적용되는 집행이 있다. 일반집행은 포괄집행이라고 하기도 한다.[1)]

(4) 강제집행의 방법에 의한 분류

채무의 성질상 금전채무 및 물건의 인도채무와 같이 **직접강제**에 의한 경우, 부작위채무 또는 부대체적 작위채무와 같이 **간접강제**에 의하는 경우[늦어진 기간에 따라 일정한 배상을 하도록 명하거나 즉시 손해배상을 하도록 명할 수 있다(법 261조 1항)], 부작위채무의 위반에 의한 물적 상태의 제거 또는 대체적 작위채무(민 389조 2항 후단, 3항)와 같이 **대체집행**에 의하는 경우[채무자로부터 비용을 지급받아 채권자나 제 3 자로 하여금 채무자를 대신하여 강제집행을 하게 하는 집행방법이다(법 260조)] 등이 있다.

(5) 강제집행의 효과에 의한 분류

집행력 있는 정본에 기한 집행인 **본집행**, 가집행선고가 있는 판결에 기한 집행인 **가집행**,[2)] 가압류·가처분결정에 기한 집행인 **보전집행** 등이 있다.

---

1) 판례는, '포괄집행적 효력'이라는 표현을 사용하기도 한다. 대판 2003. 4. 25. 2000다64359.

2) 판례에 의하면, 가집행선고가 있는 판결에 기한 강제집행은 확정판결에 기한 경우와 같이 '본집행'이라고 판시하고 있는 것이 있으나(대판 1990. 12. 11. 90다카19098,19104,19111, 1993. 4. 23. 93다3165), 이는 상소심판결에 의하여 가집행선고의 효력이 소멸되거나 집행채권의 존재가 부정된다고 하더라도 그에 앞서 이미 완료된 집행절차나 이에 기한 매수인의 소유권취득의 효력에는 아무런 영향을 미치지 않는다는 의미에서 언급한 데 불과하다. 윤진수, "가집행선고의 실효와 경락인인 가집행 채권자의 부당이득반환의무," 민사재판의 제문제 6권(1991. 11.), 175쪽 이하.

Ⅱ. 담보권실행을 위한 경매(임의경매)

1. 의 의

담보권실행을 위한 경매란 담보권(저당권, 가등기담보권, 질권, 전세권 등)에 내재된 현금화권리(경매권)를 실행하여 피담보채권의 만족을 얻는 절차를 말한다(법 264조 이하). 아래의 **형식적 경매**를 포함하여 **담보권실행 등을 위한 경매**라고 하며, 이를 실무상 **임의경매**라고도 한다.[1)]

2. 강제집행절차와의 구별

(1) 강제집행은 채무자의 일반재산에 대하여 행해지는 데 반하여, 담보권실행을 위한 경매는 담보로 제공된 특정 물건(특정담보재산)에 대하여 행해진다. 강제집행은 집행권원이 요구되나, 담보권실행을 위한 경매에는 집행권원이 요구되지 않으며 **담보권증명서류**가 있으면 된다.

(2) 강제집행절차에서 **집행권원** 자체가 **무효** 또는 **부존재**인 경우에는 매수인은 소유권을 취득하지 못하나, 집행권원이 **유효**한 경우에는 **집행권원에 표시된 청구권**이 부존재 또는 소멸된 경우에도 매수인은 소유권을 취득한다.

이에 반하여 담보권실행을 위한 경매절차에서 담보권이 애당초 **부존재**하거나 원인무효인 경우에는 매수인은 소유권을 취득하지 못하나, 담보권이 **소멸**된 경우에는 법 267조의 '매수인의 부동산 취득은 담보권 소멸로 영향을 받지 아니한다'는 규정의 해석과 관련하여 논의가 있다. **판례**는 경매개시결정 전・후에 따라 그 이전에 소멸한 경우에는 매수인은 소유권을 취득하지 못하고, 그 이후에 소멸한 경우에는 매수인은 소유권을 취득한다고 본다. 이에 관해서는 해당 부분에서 본다.

---

1) 임의경매는 법령상의 용어가 아니나 집행권원을 요하는 집행인 강제집행과 대비하여 집행권원을 요하지 않는 경매라는 의미로 실무상 사용되고 있다.

Ⅲ. 형식적 경매

1. 의 의

형식적 경매란 유치권에 의한 경매, 민법·상법 그 밖의 법률이 규정하는 바에 따른 경매를 말한다. 재산의 보관·정리, 가격보존 등의 목적으로 그 목적물을 현금화하기 위한 것으로 이를 **유치권 등에 의한 경매**라고 한다. 형식적 경매는 담보권실행을 위한 경매의 예에 의한다(법 274조).

2. 전형적인 담보권실행을 위한 경매와의 구별

(1) 유치권에 의한 경매는 전형적인 담보권실행을 위한 경매와는 구별된다. 유치권에는 우선변제권이 없다. 유치권에 의한 경매도 원칙적으로 강제경매나 담보권실행을 위한 경매와 마찬가지로 목적부동산 위의 부담을 소멸시키는 것을 법정매각조건으로 하여 실시되고, 우선채권자뿐만 아니라 일반채권자의 배당요구도 허용되며, 유치권자는 일반채권자와 동일한 순위로 배당받을 수 있다.[1]

(2) 민법의 규정에 의한 경매에는 공유물분할을 위한 경매(민 269조 2항), 청산을 위한 경매(민 1037조, 1051조 3항 등) 등이 있으며, 상법의 규정에 의한 경매에는 상사매매에서 자조(自助)매각으로서의 경매(상 67조), 단주(端株)의 매매(상 443조 1항, 461조 2항) 등이 있다.

(3) 그 밖의 법률이 규정하는 바에 따른 경매를 **'특별법에 의한 경매'**라고 하는데, 여기에는 '공장 및 광업재단저당법', '입목에 관한 법률', '농업·농촌 및 식품산업 기본법' 등에 의한 경매를 말하며, 각 해당 특별법의 적용을 받는다.

Ⅳ. 보전처분

1. 의 의

보전처분이란 장래의 집행에 대비하는 절차로서, 가압류·가처분절차를 말한다. **가압류·가처분재판절차**와 **가압류·가처분집행절차**를 통틀어 **집행보전절차**라

1) 대결 2011. 6. 15. 2010마1059, 대판 2011. 8. 18. 2011다35593.

고 한다. 일본의 경우 별도로 단행법인 민사보전법을 두고 있다.

2. 종 류

가압류절차는 금전채권이나 금전으로 환산할 수 있는 채권의 집행보전절차를 말하며, **가처분절차**는 그 밖의 권리나 법률관계의 집행보전절차를 말한다. 가처분은 금전채권 외의 청구권의 보전을 목적으로 하는 가처분인 **다툼의 대상에 관한 가처분**(법 300조 1항), 잠정적으로 법적 지위를 정하는 가처분인 **임시의 지위를 정하기 위한 가처분**(법 300조 2항)으로 나누어진다.

제 2 절 민사집행법과 그 이상

Ⅰ. 민사집행법

1. 법원(法源)

(1) 민사집행법의 법원(法源)으로서 민사집행법 등 관련 법률, 민사집행법 시행령, 민사집행규칙, 사법보좌관규칙 등[1]이 있다. 민사집행절차에 관해서는 원래 민사소송법과 경매법의 적용을 받았으나 1990. 9. 1. 경매법이 폐지되어 민사소송법에 의해 규율되었다. **민사집행법**은 2002. 1. 26. 제정(2002. 7. 1. 시행)되어 12차례 개정을 거쳐 현재 2024. 9. 20. 개정(2025. 1. 31. 시행) 법률이 시행되고 있다(**2025. 1. 31. 개정** 민사집행법은 **2026. 2. 1. 시행**된다). **민사집행법 시행령**은 2005. 7. 26. 제정(2005. 7. 28. 시행)되어 두 차례 개정을 거쳐 현재 2019. 3. 5. 개정(2019. 4. 1. 시행) 시행령이 시행되고 있다. **민사집행규칙**은 22차례 개정을 거쳐 현재 2025. 6. 26. 개정(2025. 7. 12. 시행) 규칙이 시행되고 있다.

(2) 2005. 3. 24. 법원조직법 54조를 개정하여 2005. 7. 1.부터 사법보좌관제도가 시행되고 있다. 사법보좌관에 대해서는 위 법률의 규정 외에 대법원규칙인 **사법보좌관규칙**(2025. 6. 26. 개정, 2025. 7. 12. 시행)이 적용된다.

---

1) 한편 법규범성이 없으나 실무상 업무지침을 정하고 있는 **대법원예규** 등이 있다. 예컨대 재판예규 제1853호 '부동산등에 대한 경매절차 처리지침'(재민 2004-3, 2023. 6. 29. 개정・시행), 재판예규 제1229호 '보전처분 신청사건의 사무처리요령'(재민 2003-4, 2008. 6. 12. 개정, 2008. 7. 1. 시행) 등.

(3) 민사소송 등에서의 전자문서 이용 등에 관한 법률에 따라 2015. 3. 23.부터 집행관이 집행하는 유체동산에 대한 강제집행을 제외하고 원칙적으로 민사집행법 사건(항고심 · 재항고심 제외)에 관하여 **전자집행제도**가 시행되었다.[1)]

2. 민사소송법과의 관계

(1) 민사집행법에 특별한 규정이 있는 경우를 제외하고는 민사집행 및 보전처분의 절차에 관해서는 민사소송법의 규정을 준용한다(법 23조 1항).

(2) 민사집행법은 **송달**과 관련하여 민사소송법과 다른 **특칙**을 두고 있다[① 채무자가 외국에 있거나 있는 곳이 분명하지 않는 경우 집행행위에 속한 송달 · 통지의 생략에 관한 법 12조, ② 집행절차에서 외국으로 송달이나 통지를 하는 경우 외국송달의 특례에 관한 법 13조, ③ 집행에 관하여 법원에 신청이나 신고를 한 사람 또는 법원으로부터 서류를 송달받은 사람의 주소 등이 바뀐 경우 신고의무에 관한 법 14조 등].

담보권실행을 위한 경매절차에서, 예컨대 채권자 또는 채권회수 수임인(채권회수를 위탁한 금융회사 등의 대리인)으로서 **한국자산관리공사**가 경매신청한 경우, 경매신청 당시의 등기부나 주민등록표에 기재된 주소에 발송함으로써 송달된 것으로 보며, 등기부 및 주민등록표에 주소가 기재되어 있지 않고 주소를 법원에 신고하지 않은 때에는 공시송달의 방법으로 할 수 있는 특례가 있다(한국자산관리공사 설립 등에 관한 법률 45조의2).

Ⅱ. 민사집행법의 이상 및 신의칙

1. 의　　의

민사집행절차는 공정(공평과 적정) · 신속 · 경제의 이상이 실현되어야 한다.[2)] 따라서 이러한 이상에 따라 신속한 집행을 보장하고 부당한 집행을 방지하는 한편, 채권자 · 매수인 · 채무자 등의 보호 및 이익을 조정해야 한다. 민사집행절차에

---

1) '민사소송 등에서의 전자문서 이용 등에 관한 법률' 3조 5호, 부칙 1항, '민사소송 등에서의 전자문서 이용 등에 관한 규칙' 부칙(제2568호, 2014. 11. 27.) 3조 1항.

2) 강제집행절차에서는 판결절차에서보다 신속성의 요청이 더욱 강하다. 헌재 2005. 3. 31. 2003헌바92 결정. 한편 적정 · 공평 · 신속 · 경제의 이상 중에서도 적정 · 공평의 이상보다는 신속 · 경제의 이상이 강조되어야 한다는 견해로는, 정영환, "민사집행제도의 이상에 관한 소고," 민사집행법연구 3권(2007. 2.), 13쪽 이하.

도 **신의칙**이 적용되므로(법 23조 1항, 민소 1조), 집행당사자와 이해관계인은 신의에 따라 성실하게 집행절차를 수행해야 한다.[1] 따라서 형식적으로는 권리행사라 하여도 그것이 권리의 사회성과 적법성의 관념에 비추어 도저히 허용할 수 없는 정도의 것이라면 그 권리의 행사는 부인되어야 한다.[2]

2. 신의칙의 적용모습

(1) 집행상태의 부당형성

매수인이 법 138조 3항에 의한 대금지급을 허용받기 위하여 재매각명령 후 시행된 첫 번째 재매각기일에서 의도적으로 소란행위를 하거나 이를 조종하는 등으로 매각불능의 결과를 초래한 후 두 번째 재매각기일 3일 이전에 위 법조 소정의 매각대금 등을 지급한다 하더라도 이는 권리의 정당한 행사라 할 수 없고, 따라서 그 대금지급은 허용되어서는 안 된다.[3]

(2) 집행상 권능의 남용

집행권원에 기한 집행이 현저히 부당하고 상대방으로 하여금 그 집행을 수인하도록 하는 것이 정의에 반함이 명백하여 사회생활상 용인할 수 없다고 인정되는 경우에는 그 집행은 권리남용으로 허용되지 않는다.[4][5]

(3) 선행행위와 모순되는 행위

무효인 집행증서(예컨대 집행채무자 측 무권대리인의 촉탁에 의하여 작성된 집행증서)상에 집행채무자로 표시된 사람이 그 집행증서를 집행권원으로 한 매각절차가 진행되고 있는 동안에 집행증서의 무효를 주장하여 매각절차를 저지할 수 있었음에도 불구하고 그러한 주장을 일체 하지 않고 이를 방치하고, 오히려 집행증서가 유효임을 전제로 변제를 주장하여 매각허가결정에 대한 항고절차를 취했으며 매

---

1) 일반조항의 도피가능성의 우려가 염려되는 것을 부인할 수 없으나, 집행법분야에서 신의칙의 확대가 요청된다는 견해로는, 성중탁, "민사집행에서의 신의칙의 적용모습," 법률신문 3487호(2006. 6.), 15쪽.

2) 대판 1997. 12. 23. 96재다226, 1999. 5. 28. 98재다275. 허위조작, 잔재주, 배신행위 등이 성행되는 민사집행영역에서 신의칙의 적절한 대응은 '빛과 소금'과 같은 기능으로 집행윤리의 확보에 큰 도움이 될 것이라는 견해로는, 이시윤·조관행, 37쪽.

3) 대결 1992. 6. 9. 91마500.

4) 대판 2001. 11. 13. 99다32899, 2014. 5. 29. 2013다82043 등.

5) 다른 고액의 배당요구채권자(배당요구의 종기까지 배당요구를 한 채권자, 법 88조, 148조 2호)가 있어 경매신청채권자에게 배당될 금액이 소액에 그친다고 하더라도 그러한 사유만으로는 그 경매신청이 경매신청권의 남용에 해당한다고 볼 수 없다. 대결 1997. 6. 10. 97마814.

각허가결정의 확정 후에 **매각대금까지 배당받았다면**, 특별한 사정이 없는 한 집행채무자로 표시된 사람은 매수인에 대하여 그 집행증서가 유효하다는 신뢰를 부여한 것으로서 객관적으로 보아 매수인으로서는 이와 같은 신뢰를 갖는 것이 상당하다. 따라서 그 후 집행채무자로 표시된 사람이 매수인에 대하여 집행증서의 무효임을 이유로 이에 기하여 이루어진 강제경매도 무효라고 주장하는 것은 신의칙에 위반되는 것이라고 보아야 한다.[1)]

이와 달리, 의사무능력자인 채무자(소유자)가 근저당권설정계약의 무효를 주장하면서도 그 근저당권에 기한 담보권실행을 위한 경매절차의 배당절차를 통하여 그에게 배당된 돈을 수령하는 등의 행위가 객관적으로 보아 매수인으로 하여금 위 경매절차가 유효하다는 신뢰를 갖게 하는 정도에 이르러서, 그 후 그 경매절차의 무효를 주장하는 것이 금반언의 원칙 또는 신의칙 위반에 해당한다고 볼 수 있는 사정이 있는 경우에는 의사무능력자인 채무자가 매수인을 상대로 다시 근저당권의 무효를 주장하면서 소유권이전의 말소를 구하는 소를 제기할 수 없지만, **아직 배당금을 수령하지 않은** 의사무능력자인 채무자가 배당절차에서 근저당권설정계약의 무효를 주장하여 배당이의를 하는 것이 부당하다고 할 수는 없다.[2)]

제 3 절 다른 절차와의 구별

Ⅰ. 도산절차

1. 의 의

도산절차란 '채무자 회생 및 파산에 관한 법률'상 회생절차, 간이회생절차,[3)] 파산절차, 개인회생절차 등을 말한다.

---

1) 대판 1992. 7. 28. 92다7726, 1993. 12. 24. 93다42603, 2000. 2. 11. 99다31193 등; 민경도, "선행행위와 모순되는 행위라고 하여 신의칙에 위배된다고 본 사례," 사법행정 389호(1993. 5.), 76쪽 이하.

2) 대판 2006. 9. 22. 2004다51627.

3) 채무자 회생 및 파산에 관한 법률이 2014. 12. 30. 개정(2015. 7. 1. 시행)되어, 총액 **50억원** 이하의 범위에서 대통령령(15조의3)으로 정하는 금액(50억원) 이하의 채무를 부담하는 **소액영업소득자**에 대하여 **간이회생절차**(제 9 장)를 신설했다. 간이회생절차에서는 관리인을 선임하지 않을 수 있으며[위 법률 293조의6 본문, 이 경우 채무자(개인이 아닌 경우에는 그 대표자를 말한다)를 관리인으로 본다], 회생위원의 자격이 있는 사람을 간이조사위원으로 선임할 수 있다(위 법률 293조의7).

2. 강제집행절차와의 관계

(1) 회생절차의 경우

1) 회생절차는 **회생절차개시결정을 한 때**부터 효력이 있다(채무회생 49조 3항). 회생절차개시결정이 있는 때에는 채무자 회사의 업무의 수행과 재산의 관리 및 처분을 하는 권한은 관리인에게 전속하게 되고(채무회생 56조 1항), 이해관계인의 회사에 대한 개별적 권리행사는 금지된다.

2) 회생절차개시결정을 한 때부터 강제집행, 보전처분, 소송절차에 영향을 미치는 것이 원칙이나, **회생절차개시결정 전**이라도 **회생절차개시신청**이 있는 경우 이해관계인 사이의 공평, 경영상의 혼란방지와 기업의 존속을 위하여 이해관계인의 신청에 의하거나 직권으로 회생절차개시신청에 대한 결정이 있을 때까지 채무자의 업무와 재산에 관하여 가압류·가처분 그 밖의 **필요한 보전처분**을 명할 수 있고(채무회생 43조 1항), 강제집행, 가압류·가처분 또는 담보권실행을 위한 경매절차 등(강제집행 등)의 **중지명령**을 할 수 있다(채무회생 44조). 파산절차 및 개인회생절차에서도 같은 취지의 규정을 두고 있다(파산절차에 관해서는 채무회생 323조 1항, 개인회생절차에 관해서는 채무회생 592조 1항).

한편 이러한 중지명령만으로는 회생절차의 목적을 충분히 달성하지 못할 우려가 있다고 인정할 만한 특별한 사정이 있는 때에는 이해관계인의 신청에 의하거나 직권으로 회생절차개시신청에 대한 결정이 있을 때까지 모든 회생채권자 및 회생담보권자에 대하여 회생채권 또는 회생담보권에 기한 강제집행 등의 금지를 명하는 **포괄적 금지명령**을 할 수 있다(채무회생 45조). 포괄적 금지명령이 있는 때에는 채무자의 재산에 대하여 이미 행해진 회생채권 또는 회생담보권에 기한 강제집행 등은 중지된다(채무회생 45조 3항).[1)]

3) **회생절차**에서 **회생절차개시결정**이 있으면 회생채권 및 회생담보권에 기한 강제집행 등은 금지·중지되고(채무회생 58조 1항 2호, 58조 2항 2호),[2)] **회생계획**

1) 포괄적 금지명령에 의하여 금지되거나 중지되는 '회생담보권에 기한 강제집행 등'에는 양도담보권의 실행행위도 포함된다. 대판 2011. 5. 26. 2009다90146.

2) 채무자 소유 부동산에 관하여 경매절차가 진행되어 부동산이 매각되고 매각대금이 납부되었으나 배당기일이 열리기 전에 채무자에 대하여 회생절차개시결정이 있었다면, 집행절차는 중지되고, 만약 이에 반하여 집행이 이루어졌다면 이는 무효이다. 경매절차가 회생법원이 한 포괄적 금지명령과 회생절차개시결정에 의하여 중지되었다가 회생계획인가결정으로 인해 효력을 상실했는데 이는 포괄적 금지명령 이전에 경매절차에서 부동산이 매각되고 매각대금이

인가결정이 있는 때에 중지한 절차는 그 효력을 잃게 된다(채무회생 256조 1항).[1]

4) **개인회생절차**에서 **개인회생절차개시결정**이 있으면 채권자목록에 기재된 개인회생채권에 기하여 개인회생재단에 속하는 재산에 대하여 한 강제집행, 가압류·가처분은 **중지·금지**된다(채무회생 600조 1항 2호). **개인회생절차개시결정 전**이라도 **개인회생절차개시신청**이 있는 경우 이해관계인의 신청에 의하거나 직권으로 개인회생절차개시결정이 있을 때까지 강제집행 등의 **중지명령·금지명령**을 할 수 있다(채무회생 593조 1항 2호). 회생절차상 포괄적 금지명령에 관한 규정은 개인회생절차에 준용된다(채무회생 593조5항).

한편 **변제계획인가결정**이 있는 때에 변제계획 또는 변제계획인가결정에서 다르게 정하지 않는 한 개인회생채권에 기한 강제집행, 가압류·가처분은 그 효력을 잃는다(채무회생 615조 3항). 개인회생재단에 속한 재산에 대한 담보권실행을 위한 경매는 변제계획의 인가결정일 또는 개인회생절차폐지결정의 확정일 가운데 먼저 도래하는 날까지 중지·금지되며(채무회생 600조 2항), 그 이후 개인회생재단에 속하는 재산상에 존재하는 담보권 또는 전세권 등에 관한 별제권에 기하여 담보권실행 등을 위한 경매를 속행할 수 있다(채무회생 586조·412조).

▣ 회생채무자의 부동산이 경매절차에서 매각될 수 있는 경우

회생절차가 개시된 경우 특별한 사정이 없는 한 회생채권자 및 회생담보권자는 회생절차에 의하지 않고서는 변제받을 수 없다(채무회생 131조 본문, 141조 2항). 그러나 회생채무자의 부동산이라고 하여 절대적으로 강제집행 또는 담보권실행을 위한 경매가 불가능한 것은 아니다. 회생담보권이라도 회생계획에서 **경매절차실행의 권한을 부여**한 경우(**경매절차속행명령**, 채무회생 58조 5항)에는 담보권실행을 위한 경매가 가능하고, 임금채권 등과 같은 **공익채권**은 회생절차에 의하지 않고 수시로 변제할 수 있으므로(채무회생 180조 1항),[2] 이에 근거하여 공익채권에 기한

모두 납부되었다고 하여 달리 볼 것은 아니다. 대판 2018. 11. 29. 2017다286577.

1) 회생계획인가결정이 있는 때에는 회생계획이나 채무자 회생 및 파산에 관한 법률에 의해 인정된 권리를 제외하고는 채무자는 모든 회생채권과 회생담보권에 관해 그 책임을 면하고(**면책**, 채무회생 251조), 회생채권자·회생담보권자의 권리는 **회생계획**에 따라 변경된다(**권리변경**, 채무회생 252조 1항). 여기서 말하는 **면책**이란 채무 자체는 존속하지만 채무자에 대하여 이행을 강제할 수 없다는 의미이고, **권리변경**이란 채무와 구별되는 책임만이 변경되는 것이 아니라 회생계획의 내용대로 권리가 실체적으로 변경된다는 의미이다. 대판 2018. 11. 29. 2017다286577.

2) **개인회생절차**에서 개인회생재단채권도 개인회생절차에 의하지 않고 수시로 변제한다고 하

강제집행이나 배당요구가 가능하다. 한편 공익채권에 기하여 부동산에 관한 경매가 실행되는 때에도 그 부동산에 관한 회생담보권은 그 효력을 잃지 않으므로 회생담보권자는 그 부동산의 매각대금에서 우선변제를 받을 수 있다.[1)]

(2) 파산절차의 경우

1) 파산절차는 **파산선고를 한 때**부터 그 효력이 있다(채무회생 311조).[2)] **파산채권**은 파산절차에 의하지 않고는 행사할 수 없다(채무회생 424조). 즉 파산선고에 의하여 파산채권자의 개별적 권리행사는 금지된다. 또한 파산선고 전에 파산채권에 기하여 **파산재단에 속하는 재산**에 대하여 행해진 강제집행, 가압류 또는 가처분은 파산재단에 대해서는 그 효력을 잃는다(채무회생 348조 1항 본문).[3)] 다만 **파산관재인**은 파산재단을 위하여 강제집행절차를 **속행**할 수 있다(채무회생 348조 1항 단서).[4)] 파산은 경제적 회생을 주된 목적으로 하는 것이 아니라 파산선고시부터 채무자의 재산의 현금화 및 배당 즉 청산을 주된 목적으로 하고, 파산선고시부터 최종적 효력이 생기므로 파산선고의 시점에서 민사집행이 모두 실효하는 것으로

여 회생절차에서의 공익채권과 마찬가지로 본다(채무회생 583조 2항, 475조). 따라서 채무자는 개인회생재단채권에 관하여 해당 변제기에 따라 변제해야 하고, 그 변제를 지체하는 때에는 강제집행을 당할 수 있다. 서울회생법원 재판실무연구회, 개인파산·회생실무(5판, 2019년), 539쪽. 다만 **파산절차**에서 재단채권은 파산절차에 의하지 않고 수시로 변제한다고 규정(채무회생 475조)하고 있음에도 불구하고 파산채권이나 재단채권 모두 파산절차에 의하지 않고는 변제받을 수 없고[파산관재인은 선량한 관리자의 주의의무에 따라(채무회생 361조 1항) 재단채권을 수시로 변제한다], 따라서 파산채권이나 재단채권에 기하여 독립하여 강제집행을 하거나 배당요구를 할 수 없다고 본다. 법원실무제요 민사집행(3), 187쪽.

1) 회생채무자의 경우 채무자 회생 및 파산에 관한 법률 180조 2항에 '공익채권은 회생채권과 회생담보권에 우선하여 변제한다.'고 규정하고 있으나, 이 조항은 공익채권이 회생채무자의 일반재산으로부터 변제를 받는 경우에 우선한다는 의미이지, 회생담보권이 설정된 특정재산의 매각대금으로부터도 우선변제를 받는 의미가 아니다. 법원실무제요 민사집행(3), 186쪽.

2) 파산신청만 하고 파산선고가 나지 않은 상태인 것만으로는 집행장애사유에 해당하지 않는다. 대결 1998. 8. 13. 99마2198,2199.

3) 따라서 파산채권에 기하여 파산재단에 속하는 재산에 대한 별도의 강제집행은 원칙적으로 허용되지 않는다. 대결 2007. 7. 12. 2006마1277, 2010. 7. 28. 2010마862.

4) 위 단서 규정에 따라 강제집행절차가 속행된 경우 별제권자에게 배당하고 남은 나머지 전부, 즉 집행비용을 포함한 잔금 전액은 파산관재인이 채무자 회생 및 파산에 관한 법률상 절차에 따라 각 재단채권자에게 안분변제할 수 있도록 **파산관재인**에게 교부해야 한다. 대판 2003. 6. 24. 2002다70129, 대결 2023. 10. 26. 2023그17. 이러한 법리는 강제집행절차에 따른 매각이 종료된 후 배당이의 등으로 아직 배당이 이루어지지 않은 부분이 있는 경우에도 마찬가지로 적용되고, 이는 파산채권자가 제기한 배당이의소송에서 그 청구를 인용하는 판결이 확정된 경우라고 하여 다르지 않다. 대결 2023. 10. 26. 2023그17.

정하고 있다.[1)]

2) 파산신청은 그 자체로 강제집행 등에 영향을 미치지 않으나, 법원은 **파산선고 전**이라도 이해관계인의 신청에 의하거나 직권으로 채무자의 재산에 관하여 가압류 · 가처분, 그 밖에 필요한 보전처분을 명할 수 있다(채무회생 323조 1항). 이러한 보전처분에는 회생절차상 **포괄적 금지명령**도 포함된다고 본다.

(3) 도산절차와 집행장애사유

도산절차가 집행절차에서 **집행장애사유**로 되는 경우 집행장애사유는 집행개시의 소극적 요건이므로, 집행기관이 직권으로 조사하여 집행장애사유를 발견한 경우 집행을 개시할 수 없고, 속행 중인 집행절차를 정지해야 한다. 집행개시 전부터 집행장애사유가 있는 때에는 집행의 신청을 각하 또는 기각해야 하며, 만일 집행장애사유가 존재함에도 간과하고 강제집행을 개시한 다음 이를 발견한 때에는 이미 한 집행절차를 직권으로 취소해야 한다.[2)]

Ⅱ. 체납처분절차

1. 의 의

(1) 국세 · 지방세 체납처분도 압류, 현금화, 배분의 3단계의 절차를 거친다. 다만 강제집행절차에서 요구되는 집행권원은 요구되지 않는다. 강제집행절차가 경합하는 일반채권에 대한 할당 변제에 의한 사법적 해결을 주목적으로 함에 비하여, 체납처분절차는 행정기관에 의한 조세채권의 신속한 만족을 주목적으로 한다.[3)]

(2) 체납처분의 집행기관은 관할 **세무서장**(국세의 경우)이나 **지방자치단체의**

---

1) 조재건, "도산절차와 소송절차 · 강제집행 · 보전처분," 재판실무연구(광주지방법원) 2000년(2001. 1.), 70쪽 이하. 회생절차개시 및 인가, 파산선고 등이 집행절차 등에 미치는 효과가 지나치게 복잡다양하다. 설범식, "도산절차가 소송절차 등에 미치는 영향," 실무연구자료(대전지방법원) 3권(1999. 4.), 47쪽 이하.

2) 대결 2000. 10. 2. 2000마5221. 실무상으로는 별도의 집행취소결정을 하지 않고 기입등기말소촉탁 등 **외관제거**를 하면 족한 것으로 보고 있다. 법원실무제요 민사집행(1), 283쪽 이하. 따라서 회생채무자의 관리인, 파산관재인, 개인회생채무자가 회생개시결정이나 파산결정을 첨부하여 집행취소신청을 하는 경우 집행법원은 위와 같은 외관제거조치를 취하면 된다고 본다. 문유석, "통합도산법상 도산절차가 집행절차에 미치는 영향," 전문분야 법관연수자료집(중)(재판자료 112집), 441쪽 이하.

3) 대판 1999. 4. 27. 97다43253, 2007. 4. 12. 2004다20326.

장(지방세의 경우)이 되지만, 그가 직접 공매 등을 하지 않고 **한국자산관리공사**에 공매 등을 대행을 시킬 수 있다. 이 경우 공매는 세무서장(국세의 경우)이나 지방자치단체의 장(지방세의 경우)이 한 것으로 본다(**2021. 12. 21. 개정, 2022. 1. 1. 시행 국세징수법** 103조 1항, **2022. 1. 28. 개정 · 시행 지방세징수법** 103조의2 1항).[1)]

2. 강제집행절차와의 관계

(1) 현행법상 체납처분절차와 민사집행절차는 **별개의 절차**로서 양 절차 상호간의 관계를 조정하는 법률의 규정이 없으므로 한 쪽의 절차가 다른 쪽의 절차에 간섭할 수 없는 반면, 양 절차에서 각 채권자는 서로 다른 절차에서 정한 방법으로 그 다른 절차에 참여할 수밖에 없다.[2)] 일본의 경우는 이미 1957년 강제집행과 체납처분의 절차조정법을 제정하여 시행하고 있다.

(2) 체납처분압류가 있는 부동산에 대해서도 민사집행법에 의한 경매절차를 진행할 수 있고(따라서 강제경매신청이 있으면 경매개시결정을 해야 한다), 반대로 민사집행법에 의한 경매절차가 진행 중인 부동산에 대해서도 체납처분에 의한 공매절차를 진행할 수 있다. 그 결과 공매절차와 경매절차 중 어느 한 절차에서 소유권을 취득한 사람이 진정한 소유자가 된다.[3)] 따라서 예컨대 공매절차에서 먼저 매각대금의 납부가 이루어지면, 경매절차는 그 효력을 잃게 되므로 경매절차를 취소해야 한다.[4)]

---

1) 이동욱 · 이영준, "한국자산관리공사 압류재산 공매실무상 제문제," 민사집행법연구 1권(2005. 2.), 13쪽 이하; 이동욱, "한국자산관리공사의 전자입찰을 통한 압류재산 공매 실무상 제문제," 민사집행법연구 2권(2006. 2.), 13쪽 이하.

2) 대판 2002. 12. 24. 2000다26036; 김경종, "강제집행등과 체납처분의 절차조정법의 입법필요성에 관한 고찰," 민사집행법연구 3권(2007. 2.), 29쪽 이하; 김찬돈, "강제집행과 체납처분이 경합한 경우의 교부청구에 관한 법적 고찰," 법조 57권 2호(2008. 2.), 304쪽 이하.

3) 대판 1999. 5. 14. 99다3686, 2002. 12. 24. 2000다26036. 가압류집행의 목적물을 갈음하여 **가압류해방금이 공탁**된 경우 공탁금회수청구권에 대하여 **민사집행법에 의한 가압류**와 **체납처분에 의한 압류**가 경합된 때에는 공탁규칙 58조 1항에 따른 압류의 경합 등으로 집행법원에 사유신고를 할 사정이 발생했다고 볼 수 없으므로, 공탁관이 위 규정에 따라 공탁신고를 했다고 하더라도, 이러한 사유신고는 요건을 갖추지 못한 것으로서 이로써 배당요구의 종기가 도래하거나 그 후의 배당요구를 차단하는 효력이 발생한다고 볼 수 없다. 대판 2007. 4. 12. 2004다20326, 2012. 5. 24. 2009다88112.

4) 단 경매절차에 따른 경매개시결정은 공매절차에서 이를 말소시키므로 법원이 별도로 말소촉탁을 할 필요는 없다. 법원실무제요 민사집행(2), 62쪽.

3. 강제집행절차상 조세채권의 행사

(1) 교부청구

1) 체납자에 대하여 민사집행법에 따른 강제집행 및 담보권실행 등을 위한 경매가 시작된 경우에는 관할 세무서장(국세의 경우) 또는 지방자치단체의 장(지방세의 경우)은 그 절차에서의 배당요구의 종기까지 **체납액의 교부**를 청구(**교부청구**) 해야 한다(국세징수법 59조, 지방세징수법 66조). 교부청구는 이미 진행 중인 민사집행절차에 가입하여 체납된 조세의 배당을 구하는 것으로 민사집행절차에서의 배당요구와 같은 성질의 것이다.[1)]

2) 민사집행절차에서 경매개시결정등기 뒤에 체납처분에 의한 압류등기가 마쳐진 경우라면 국가는 배당요구의 종기까지 배당요구로서 교부청구를 해야만 배당을 받을 수 있다. 부동산에 관한 **경매개시결정등기 이전**에 체납처분에 의한 압류등기가 마쳐져 있는 때에는 집행법원으로서도 조세채권의 존재와 그의 내용을 알 수 있으나, **경매개시결정등기 뒤**에야 체납처분에 의한 압류등기가 마쳐진 때에는 조세채권자인 국가가 집행법원에 대하여 배당요구를 해 오지 않는 이상 집행법원으로서는 위와 같은 조세채권이 존재하는지 여부조차 알지 못하므로, 경매개시결정등기 이전에 체납처분에 의한 압류등기가 마쳐져 있는 경우와는 달리 그 개시결정등기 후에 체납처분에 의한 압류등기가 마쳐지게 된 때에는 조세채권자인 국가로서는 집행법원에 매각기일까지 배당요구로써 **교부청구**를 해야만 배당을 받을 수 있다고 보아야 하기 때문이다.[2)]

(2) 참가압류

1) 관할 세무서장(국세의 경우) 또는 지방자치단체의 장(지방세의 경우)은 압류하려는 재산이 이미 강제집행절차 등에서 압류가 되어 있는 경우에는 **교부청구를 갈음하여** 참가압류통지서를 그 재산을 **이미 압류하고 있는 집행기관**(**선행의 압류기관**)에 송달함으로써 압류에 참가할 수 있다. 이를 **참가압류**라고 한다(국세징수법 61조 1항, 지방세징수법 67조 1항).[3)] 참가압류하려는 집행재산이 권리의 변동에 등

---

1) 대판 1993. 3. 26. 92다52733, 2001. 11. 27. 99다22311.

2) 대판 2001. 5. 8. 2000다21154, 2002. 9. 27. 2002다22212, 대결 2021. 4. 9. 2020마7695.

3) 조재연, "강제집행과 체납처분의 경합," 강제집행・임의경매에 관한 제문제(하)(재판자료 36집, 1987. 7.), 107쪽 이하.

기 또는 등록을 필요로 하는 것일 때에는 참가압류의 등기 또는 등록이 촉탁·기입된다(국세징수법 61조 3항, 지방세징수법 67조 3항).

2) 참가압류는 선행의 압류기관이 그 재산에 대한 **압류를 해제**한 때에는 소급하여 압류의 효력이 생긴다(국세징수법 62조 1항, 지방세징수법 68조 1항).

▣ **체납처분절차상 압류선착주의**

(1) 의 의

1) 체납처분절차에서는 **압류선착주의**가 적용된다. 국세기본법 36조 1항은, 국세 체납처분에 의하여 납세자의 재산을 **압류**한 경우에 다른 국세·체납처분비 또는 지방세의 **교부청구**(국세징수법 59조 또는 지방세징수법 67조에 따라 참가압류를 한 경우를 포함한다)가 있으면 압류에 관계되는 국세 또는 강제징수비는 교부청구된 다른 국세·강제징수비와 지방세에 우선하여 징수한다고 하여 이른바 **압류선착주의**를 규정하고 있다. 지방세의 경우도 마찬가지이다(지방세기본법 73조 1항). 그 취지는 다른 조세채권자보다 조세채무자의 자산 상태에 주의를 기울이고 조세 징수에 열의가 있는 징수권자에게 우선권을 부여함에 있다.[1)]

2) 압류선착주의는 **압류**와 **교부청구** 사이에 압류가 우선한다는 원칙이며, 압류와 압류 사이에 먼저 행해진 대로 압류가 우선한다는 원칙이 아님을 유의해야 한다. 예컨대 1순위 압류, 2순위 압류, 3순위 압류가 있는 경우 **2, 3순위의 압류**는 1순위 압류가 소멸되지 않는 한 **참가압류**로서 **교부청구의 효력**만이 있으므로,[2)] **1순위 압류**는 우선권이 있으나 **2, 3순위 압류**는 서로 교부청구로서 같은 순위로 안분배당된다.[3)]

3) 압류선착주의에서 의미하는 '압류'는 참가압류는 포함되지 않는다. 참가압류는 앞서 본 바와 같이 선행압류가 해제되는 때에 압류의 효력이 생기기 때문이다. 즉 참가압류와 교부청구 사이에는 참가압류가 우선하는 것이 아니며, 그 시간적 선

---

1) 대판 2003. 7. 11. 2001다83777, 2005. 11. 24. 2005두9088; 이창형, "조세징수에 있어서 이른바 압류선착주의의 취지 및 구 민사소송법에 의한 강제집행절차를 통하여 조세가 징수되는 경우에도 압류선착주의가 적용되는지 여부," 대법원판례해설 47호(2003년 하반기), 200쪽 이하.

2) 체납처분에 의한 **선행압류**가 되어있는 재산에 체납처분을 하고자 하는 자는 **교부청구** 또는 **참가압류**의 방식으로 선행의 체납처분절차에 참가할 수 있을 뿐이다. 따라서 이미 압류한 채권에 관하여 다시 행한 압류는 교부청구 또는 참가압류의 효력밖에는 인정되지 않으므로, 압류의 경합 문제는 발생하지 않는다. 대판 2007. 4. 12. 2004다20326.

3) 즉 압류선착주의는 1, 2, 3순위 압류가 차례로 있을 때 1, 2, 3의 압류순서대로 우선권이 있다는 의미가 아니라, 1순위 압류권자만이 진정한 압류권자이며, 참가압류권자이자 교부청구권자에 불과한 2, 3순위 압류권자에 대하여 우선권이 있다는 의미이다. 법원실무제요 민사집행(3), 110쪽.

후에 관계없이 모두 동등한 효력을 갖는다.

(2) 적용범위

1) 압류선착주의는 **조세채권 사이**의 우선순위를 정하는 데 적용할 수 있을 뿐 조세채권과 공시를 수반하는 담보물권 사이의 우선순위를 정하는 데 적용할 수는 없다.[1]

2) 압류선착주의는 부동산 자체에 부과된 조세와 가산세인 당해세에 대해서는 적용되지 않는다.[2] 당해세 우선의 원칙은 조세 상호 간에도 적용되기 때문이다.[3] 한편 압류선착주의는 공과금(국민연금법상의 국민연금보험료, 산업재해보상보험법상의 산업재해보상보험료 등) 상호 간, 공과금과 조세 상호 간에는 준용되지 않는다.[4]

3) 압류선착주의는 조세가 **체납처분절차**를 통하여 징수되는 경우뿐만 아니라 **강제집행절차**를 통하여 징수되는 경우에도 적용된다.[5]

제 4 절 민사집행의 기본원칙

1. 처분권주의

(1) 보전처분절차를 포함한 민사집행절차에서는 처분권주의가 적용된다(법 23조 1항, 민소 203조). 강제경매나 담보권실행을 위한 경매의 신청시 신청서에 집행채권이나 피담보채권의 일부만을 청구금액으로 신청했을 경우에는 다른 특별한 사정이 없는 한 신청채권자의 청구금액은 그 기재된 채권액을 한도로 확정된다. 따라서 그 후에는 원칙적으로 신청채권자가 채권계산서에 청구금액을 확장하여 제출하는 등의 방법에 의하여 청구금액을 확장할 수 없다.[6] 이에 관해서는 해당 부분에서 상세히 보기로 한다.

---

1) 공시를 수반하는 담보물권이 설정된 부동산에 관하여 담보물권설정일 이전에 법정기일이 도래한 조세채권과 담보물권설정일 후에 법정기일이 도래한 조세채권에 기한 압류가 모두 이루어진 경우, 당해세를 제외한 조세채권과 담보물권 사이의 우선순위는 그 법정기일과 담보물권 설정일의 선후에 의하여 결정하고, 이와 같은 순서에 의하여 매각대금을 배분한 후, 압류선착주의에 따라 각 조세채권 사이의 우선순위를 결정해야 한다. 대판 2005. 11. 24. 2005두9088.

2) 대판 2007. 5. 10. 2007두2197.

3) 대판 2005. 11. 24. 2005두9088.

4) 대판 2005. 5. 27. 2004다44384, 2008. 10. 23. 2008다47732.

5) 대판 2003. 7. 11. 2001다83777.

6) 대판 1998. 7. 10. 96다39479, 2001. 6. 12. 2000다51209, 2007. 5. 11. 2007다14933 등.

(2) 집행절차상 집행법원의 재판에 대한 항고절차에서는 원칙적으로 항고법원은 항고장 또는 항고이유서에 적힌 이유에 대해서만 조사한다(법 15조 7항).

(3) 배당이의소송의 경우 처분권주의의 원칙상 그 청구취지에는 배당기일에 신청한 이의의 범위 내에서 배당표에 기재된 피고의 배당액 중 부인할 범위를 명확히 표시할 것이 요구된다.[1)]

▣ **집행계약**

집행계약이란 강제집행의 방법과 범위에 관하여 법규에서 정한 바와 달리 정하는 집행관계인 사이의 합의를 말한다.

(1) 법률상 명문의 규정을 두고 있는 경우

1) 집행계약에 관하여 법률상 명문의 규정을 두고 있는 경우 그 집행계약의 효력은 집행법상 직접 발생한다고 본다. 따라서 집행기관이 이를 **직권으로** 고려해야 한다. 여기에는 ① 강제집행을 하지 않는다거나 강제집행신청이나 위임을 취하한다는 취지의 화해조서(조정조서) 또는 공정증서에 의한 합의(법 49조 6호), ② 집행증서상 강제집행을 승낙한다는 취지의 서류에 의한 합의(법 56조 4호). ③ 매각조건변경의 합의(법 110조), ④ 배당표작성에서 이해관계인과 채권자 사이의 합의(법 152조 2항), ⑤ 유체동산에 대한 강제집행에서 압류채권자와 채무자 사이의 매각장소변경의 합의(법 203조 1항 단서) 등이 있다.

2) 집행계약이 집행법상 계약인 경우 이를 무시한 처분에 대해서는 이해관계인은 **집행에 관한 이의신청**(법 16조) 또는 **즉시항고**(법 15조)로 다툴 수 있다.

(2) 법률상 명문의 규정을 두고 있지 않는 경우

1) 집행계약에 관하여 법률상 명문의 규정을 두고 있지 않는 경우 이러한 집행계약을 허용할 것인지 논의가 있다. 채권자에게 유리한 **집행확장계약**은 채무자에게 보장하는 최소한도의 이익을 침해할 수 있기 때문에 허용되지 않으나, 채무자에게 유리한 **집행제한계약**은 허용된다고 본다(통설 · 판례).

2) 법상 허용되는 집행제한계약의 법적 성질에 관하여 집행법상 효력을 생기게 하는 집행법상 계약이라고 보는 견해도 있으나,[2)] 사법상 채무를 생기게 하는 데 그치는 **사법상 채권계약**으로 봄이 상당하다.[3)]

3) 집행제한계약을 무시한 처분에 대해서는 집행법상 위법이 아니므로 집행에 관한 이의신청이나 즉시항고로 다툴 수 없으며, **청구이의의 소**(법 44조)에 준하여

1) 대판 2000. 6. 9. 99다70983.

2) 강대성, "집행계약에 관한 소고 — 집행제한계약의 법적성질을 중심으로 —," 민사법학 6호(1986. 12.), 285쪽 이하; 황경남, "집행계약," 강제집행 · 임의경매에 관한 제문제(재판자료 35집, 1987. 7.), 97쪽.

3) 이시윤 · 조관행, 44쪽; 방순원 · 김광년, 232쪽; 박두환, 199쪽.

다툴 수 있다. **판례**도, **부집행합의**는 실체상의 청구의 실현에 관련하여 이루어지는 사법상 채권계약이라고 봄이 상당하고, 이를 위반하여 한 집행은 실체상 부당한 집행이라 할 수 있으므로 **법 44조**가 **유추적용**되거나 **준용**되어 **청구이의의 사유**가 된다고 본다.[1)]

다만 부집행합의가 화해조서(조정조서) 또는 공정증서에 기재된 경우에는 법률상 명문의 규정을 두어 **집행취소사유**가 된다(법 49조 6호, 50조 1항).

4) 강제집행 당사자 사이에 그 신청을 취하하기로 하는 약정은 사법상으로는 유효하다 할지라도 이를 위배했다 하여 직접 소송으로 그 취하를 청구하는 것은 공법상 권리의 처분을 구하는 것이어서 할 수 없다.[2)]

2. 직권주의

(1) 민사집행법에 특별한 규정이 있는 경우를 제외하고 민사집행절차에 관하여 민사소송법을 준용한다는 **법 23조 1항**의 규정은 이러한 경우에 그 성질에 반하지 않는 범위 내에서 민사소송법을 준용한다는 취지이다. 민사집행절차상 즉시항고의 재판에 관하여 변론주의의 적용이 제한됨을 규정한 법 15조 7항 단서 등과 같이 민사집행절차에서는 직권주의가 강화되어 있다(이는 법 268조에 의하여 담보권실행을 위한 경매절차에서도 준용된다). 따라서 예컨대 경매개시결정에 대한 이의신청의 재판절차에는 민사소송법상 재판상 자백이나 자백간주에 관한 규정은 준용되지 않는다.[3)]

(2) 집행개시요건은 직권조사사항이다. 집행개시 이후에도 인수주의와 잉여주의의 선택, 경매취소, 부동산매각불허가, 압류금지동산・채권 등 직권조사해야 할 경우가 있다.

3. 형식주의

(1) 집행기관은 집행권원, 집행문, 집행권원 등의 채무자에의 송달 등 집행요건과 집행개시요건 등 형식적 사항을 심사하며, 집행권원의 합법성・정당성은 심사하지 않는다. 특히 경매절차에서 요구되는 신속성・명확성 등은 획일적으로 적용되어야 한다.

---

1) 대판 1993. 12. 10. 93다42979, 1996. 7. 26. 95다19072.
2) 대판 1966. 5. 31. 66다564.
3) 대결 2015. 9. 14. 2015마813.

(2) **판례**는, ① 경매절차에서 입찰자가 기일입찰표의 보증금액(매수신청의 보증금액으로 집행법원이 달리 정하지 않는 한 최저매각가격의 1/10에 해당하는 금액)란에 정해진 액수에 미치지 못하는 금액을 기재하고 이를 매수신청의 보증으로 제공하여 집행관이 차순위매수신고인을 최고가매수신고인으로 결정한 사안에서, 입찰자가 제공한 보증의 미달액이 극히 근소하다고 하여 그 적용을 달리할 것이 아니며,[1] ② 경매절차에서 **법인 대표자의 자격**은 **등기사항증명서**에 의하여 증명해야 하며 법인의 인감의 동일성을 증명하는 서류일 뿐 대표자의 자격을 증명하는 서류로 볼 수 없는 법인인감증명서로 증명할 수 없다고 보고 있다.[2]

4. 신속주의

(1) 민사집행절차에서는 즉시항고시 항고장 제출일부터 10일 내에 항고이유서를 원심법원에 제출해야 한다(법 15조 3항). 즉 민사집행절차에서도 **항고이유서 제출강제주의**가 적용된다. 항고이유서를 제출하지 않는 경우 또는 항고이유서를 제출하더라도 구체성이 없는 경우에는 항고각하결정을 해야 한다(법 15조 5항, 규칙 13조). 이러한 항고이유서 제출강제주의는 사법보좌관의 처분에 대하여 이의신청을 먼저 해야 하는 경우에도 마찬가지로 적용된다(사보규 4조 4항). 이에 관해서는 해당 부분에서 상세히 보기로 한다.

(2) 집행의 신속을 위하여, 확정된 지급명령·이행권고결정이나 배상명령 등에 대해서는 **집행문**을 요구하지 않는다. 한편 집행의 신속을 위하여 **집행정지**의 경우 변제수령증서에 의한 집행정지는 그 정지기간을 2월로 하고, 변제유예(연기)증서에 의한 집행정지는 2회로 국한하되, 그 정지기간은 통산 6월을 넘을 수 없도록 하고 있다(법 51조).

(3) 매각허가결정에 대한 즉시항고는 이해관계인이 매각허가에 대한 이의신청사유가 있는 경우 등에만 할 수 있는데(법 130조 1항·2항), 다른 이해관계인의 권리에 관한 이유로 이의를 신청하지 못한다(법 122조). 매각허가결정에 불복하는 모든 항고인(사법보좌관처분에 대한 이의신청인)에 대하여 보증금을 공탁할 의무를 지움으로써 무익한 항고를 제기하여 절차를 지연시키는 것을 방지하기 위하여 매각허가결정에 대하여 항고를 하고자 하는 사람은 보증으로 매각대금의 10분의 1

1) 대결 2008. 7. 11. 2007마911.
2) 대결 2014. 9. 16. 2014마682.

에 해당하는 금전 또는 법원이 인정한 유가증권을 공탁해야 한다(법 130조 3항).

5. 서면주의

(1) 민사집행의 신청 등은 서면으로 해야 한다(법 4조). 재산명시신청 등의 절차도 독립한 집행절차로 보므로 재산명시신청, 채무불이행자명부등재신청, 재산조회신청도 서면으로 해야 한다(규칙 25조 1항, 31조 1항, 35조 1항). 다만 집행기관은 신청서의 제목 등에 구속되지 않고 신청 등 행위를 합목적적으로 해석해야 한다.

(2) **판례**는, 채무자가 압류금지채권의 목적물이 입금된 예금채권을 압류당한 다음에 압류명령의 전부 또는 일부의 취소를 구하는 내용의 서면을 집행법원에 제출한 경우에 집행법원으로서는 위와 같은 서면에 즉시항고나 이의신청 등의 다른 제목이 붙어 있다 하더라도 특별한 사정이 없는 한 이를 법 246조 2항에 정한 압류명령의 취소신청으로 보고 이에 대한 판단을 해야 한다고 보고 있다.[1)]

6. 고가매각의 원칙

집행목적물을 고가로 매각하기 위하여, 기일・기간입찰제(법 103조 2항), 차순위매수신고제도(법 114조)를 채택했다.

---

1) 대결 2008. 12. 12. 2008마1774.

제 2 장 민사집행의 주체

제 1 절 집행기관

집행기관은, 강제집행권을 관장하는 기관으로 **집행관**, **집행법원**, **제 1 심법원**으로 3원화되어 있다(비집중주의). 한편 체납처분절차에서 압류재산의 공매는 **국세**의 경우 집행대행기관인 한국자산관리공사가 하며, **지방세**의 경우 한국자산관리공사 또는 지방세조합이 한다(국세징수법 103조 1항, 지방세징수법 103조의2 1항).

Ⅰ. 집 행 관

1. 의 의

(1) 집행관은 집행관법 2조에 따라 재판의 집행 등을 담당하면서 그 직무행위의 구체적인 내용이나 방법 등에 관하여 전문적 판단에 따라 합리적인 재량을 가진 독립된 단독의 사법기관이다.[1] 집행관은 4년 단임제이며(집행관법 4조 2항),[2] 사건당사자가 지급하는 수수료로 수입을 충당한다(집행관법 19조 1항). 집행관에 대해서는 민사집행법, 집행관법, 집행관법 시행규칙, 집행관규칙, 집행관수수료규칙이 적용된다.

(2) 집행관은 (실질적 의미에서의) 국가공무원의 지위에 있으므로, 집행관의 위법집행에 대해서는 국가배상법이 적용된다.[3] 고의 또는 중과실이 있는 경우 집행관 자신도 배상책임을 진다. 국가가 배상책임을 지는 경우 집행관에게 구상할 수

---

1) 대판 2021. 9. 16. 2015도12632, 2023. 4. 27. 2020도34.

2) 집행관은 지방법원장이 10년 이상의 법원주사보, 등기주사보, 검찰주사보, 마약수사주사보(7급) 이상의 직급으로 근무했던 사람 중에서 대법원규칙이 정하는 정원 내에서 임명한다(집행관법 3조, 4조 1항・2항).

3) 대판 1966. 7. 26. 66다854, 1968. 5. 7. 68다326. 이에 대하여, 집행관을 국가의 강제집행사무를 위탁받은 사인인 수탁사인(受託私人)으로서, 국가배상법 2조 1항의 '공무를 위탁받은 사인'에 해당한다는 견해로는, 추신영, "집행관의 법적 지위," 민사집행법연구 10권(2014. 2.), 178쪽 이하.

있으므로, 궁극적으로는 집행관 개인에게 책임이 귀속된다.[1)2)]

2. 집행관의 직분관할

(1) 집행관이 **집행기관**으로서 하는 집행으로는, **유체동산**에 대한 강제집행과 담보권실행 등을 위한 경매, 유체동산에 대한 가압류집행(법 189조 이하, 272조 · 274조 · 296조), **유체동산 · 부동산 · 선박**의 인도집행(법 257조 · 258조) 등이 있다.

(2) 한편 집행관은 **집행법원의 보조기관**으로서 집행법원의 집행에 부수하는 권한을 갖는다.

3. 집행관의 권한 등

(1) 집행관은 채권자로부터 집행개시를 구하는 강제집행신청인 '**집행위임**'을 받아 직무를 수행한다.[3)] 집행관은 **집행조서**를 작성해야 한다(법 10조, 집행조서의 기재사항에 관해서는 규칙 6조에서 정하고 있다).[4)] 집행관은 채권자를 위한 임의변제수령권(법 42조)을 가지며, 채권자의 특별수권이 있는 때에는 대물변제의 수령, 화해, 기한의 유예, 반대의무의 제공 등 채권자의 임의대리인으로서의 업무를 수행한다.

---

1) 대판(전) 1996. 2. 15. 95다38677.

2) 집행관이 독립단독의 사법기관으로서 스스로 법령을 해석하고 집행할 권한이 있고, 특히 유체동산집행은 개시부터 종료까지 집행관의 고유권한으로서 남을 가망이 있는지 여부도 스스로 판단하는 것이라고 하더라도, 집행관은 유체동산집행에 관한 법률전문가로서 집행의 근거로 삼는 법령에 대한 해석이 복잡 · 미묘하여 워낙 어렵고, 이에 대한 학설 · 판례조차 귀일되어 있지 않는 등의 특별한 사정이 있는 경우가 아니라면 유체동산집행에 관한 관계 법규나 필요한 지식을 충분히 갖출 것이 요구된다. 따라서 압류하려는 물건이 현금화 가능성이 있는지 여부는 통상적인 거래관행과 사례를 기초로 합리적으로 판단해야 하는 것으로, 만일 집행관으로서 **당연히 알아야 할 관계 법규**를 알지 못하거나 **필요한 지식**을 갖추지 못했으며 또한 조사를 게을리하여 법규의 해석을 그르쳤고 이로 인하여 타인에게 손해를 가했다면 불법행위가 성립된다. 대판 2003. 9. 26. 2001다52773; 이우재, "유체동산집행에 관한 집행기관인 집행관의 주의의무," 대법원판례해설 46호(2003년 하반기), 481쪽 이하.

3) 채권자의 집행관에 대한 집행위임은 비록 법 16조 3항, 42조 1항, 43조 등에 '위임'으로 규정되어 있더라도 이는 집행개시를 구하는 신청을 의미하는 것이지 일반적인 민법상 위임이라고 볼 수는 없다. 대판 2023. 4. 27. 2020도34.

4) 집행관이 작성하는 집행조서는 경매의 방식에 관한 규정이 지켜졌는지 여부의 심사에서 유일한 증거방법이 된다. 대결 1961. 5. 24. 4294민재항162, 1982. 12. 17. 82마577 등. 이에 대하여, 집행조서는 변론조서의 경우(민소 158조)와 달리 집행에 관한 유일한 증거방법으로서의 법정증명력을 갖는 것이 아니며, 증인 그 밖의 증거방법에 의하여 반대증명이 가능하다고 보는 견해로는, 이시윤 · 조관행, 59쪽; 강대성, 77쪽; 박두환, 38쪽.

(2) 집행관은 집행실시의 절차상 강제권을 가진다. 즉 집행관은 저항을 배제할 수 있고(경찰 등에게 원조를 요청할 수 있다. 법 5조 2항, 집행관법 17조 2항),[1] 수색권을 발동할 수 있다. 특히 미등기 건물의 조사를 위해 건물에 출입하여 채무자나 건물점유자에게 질문을 하거나 문서를 제시하도록 요구할 수 있고, 건물에 출입하기 위하여 필요한 때에는 잠긴 문을 여는 등의 적절한 처분을 할 수 있다(법 82조).

(3) 당사자 또는 이해관계인은 집행관의 집행실시에 대하여 집행법원에 집행에 관한 이의신청을 할 수 있다(법 16조). 다만 집행관이 독립한 집행기관이 아니라 집행법원 또는 제 1 심법원의 보조기관으로 그 권한을 행사한 경우(예컨대 부동산매각기일의 실시, 매각부동산의 현황조사 등)에는 직접 이의신청을 할 수 없다.

Ⅱ. 집행법원

1. 의 의

집행기관으로서 집행법원은 법률에 특별히 지정되어 있지 않으면 집행절차를 실시할 곳이나 실시한 곳을 관할하는 지방법원이 된다(법 3조 1항). 재판적은 **전속관할**이다(법 21조). 집행법원의 업무는 지방법원 단독판사 또는 사법보좌관이 담당한다.

2. 집행법원의 직분관할

(1) 사법보좌관 담당의 업무

1) 사법보좌관은 2005. 3. 24. 법원조직법 54조의 개정에 따라 2005. 7. 1.부터 집행절차의 상당 부분의 업무를 담당하고 있다. 사법보좌관은 집행절차에서 법원의 업무 중 상대적으로 쟁송성이 없거나 희박한 업무를 담당한다.[2][3]

---

1) 집행관 스스로가 어느 정도의 위력을 사용하여 그 저항을 간단히 배제할 수 있는 경우라면 굳이 경찰 등의 원조를 받을 필요는 없이 스스로 이를 배제할 수 있다. 대판 1993. 10. 12. 93도875.

2) 법원조직법과 사법보좌관규칙은 법원사무관 또는 등기사무관 이상의 직급으로 5년 이상 근무한 사람, 법원주사보 또는 등기주사보 이상 직급으로 10년 이상 근무한 사람 중 법원공무원중앙인사위원회에서 사법보좌관 후보로 선발된 후 후보자교육을 이수해야 사법보좌관이 될 수 있도록 자격을 제한하고 있다(법조 54조 4항, 사보규 10조 · 11조).

3) 사법보좌관제도의 합헌성에 관해서는, 헌재 2009. 2. 26. 2007헌바8 결정, 2020. 12. 23. 2019헌바35 결정.

2) 구체적인 업무의 내용에 관해서는 **사법보좌관규칙**(2025. 6. 26. 개정, 2025. 7. 12. 시행)이 정하고 있다.[1] 예컨대 집행문부여, 채무불이행자명부등재, 재산조회(재산명시절차는 해당하지 않는다), 부동산강제경매(일정한 경우를 제외하고 대부분의 경우이다), 유체동산집행 중 압류물의 인도 및 특별현금화명령, 채권 그 밖의 재산권에 대한 강제경매(일정한 경우를 제외한다), 담보권실행을 위한 경매(일정한 경우를 제외한다), 유치권 등에 의한 경매, 제소명령절차, 가압류 · 가처분의 집행취소절차 등의 업무를 담당한다.

한편 종전에는 판사의 업무이었던 부동산집행에서의 인도명령 · 관리명령, 채권집행에서 특별현금화명령 등도 2020. 7. 1.부터 **사법보좌관**의 업무가 되었다(**2020. 5. 1. 개정, 2020. 7. 1. 시행 사법보좌관규칙**은 개정 전 2조 1항 7호 나목과 같은 항 9호 나목을 삭제했다). 그러나 부동산집행에서 경매개시결정에 대한 이의신청, 채권집행에서 채권추심액의 제한허가, 압류금지채권의 범위변경 등은 **판사**의 업무이다.

(2) 지방법원 단독판사 담당의 업무

지방법원 단독판사는 재산명시신청절차, 선박 · 항공기에 대한 집행절차, 강제관리, 가압류 · 가처분 등 업무를 담당한다. 한편 집행법원은 집행관, 사법보좌관에 대한 협력 · 감독기관으로서의 직분 및 그 밖에 지방법원 단독판사의 부수적인 직분을 담당하고 있다.

(3) 집행법상의 지방법원과 시 · 군법원의 사물관할의 조정

소액사건을 본안으로 하는 경우의 보전처분, 소액사건의 범위 내의 집행권원에 기초한 집행문부여의 소, 청구이의의 소 또는 집행문부여에 대한 이의의 소는 시 · 군법원의 관할이다(법 22조 1호 · 4호의 반대해석).

3. 집행법원의 재판

(1) 집행법원의 재판의 형식은 결정으로 하나, 제 3 자이의의 소 등의 경우는 판결로 한다. 결정절차에서 ① 반드시 심문을 해야 하는 경우(**필수적 심문**), ② 원칙적으로 심문을 요하되 특별한 사정이 있는 경우에는 심문을 열지 않을 수 있는

---

1) 사법보좌관의 직무권한을 민사집행법 등 해당 법률에 직접 명시적으로 규정해야 한다는 견해로는, 강구욱, "사법보좌관제도의 입법연혁과 개선방안에 관한 일고," 민사집행법연구 21권(송천이시윤박사 추모기념, 2025. 2.), 236쪽.

경우(**원칙적 심문**), ③ 일정한 사람에 한해 심문을 하는 경우(**심문의 제한**), ④ 심문을 해서는 안 되는 경우(**심문의 금지**) 등이 있다.

(2) **집행절차에 관한 집행법원의 재판**에 대해서는 특별한 규정이 있는 경우에 한하여 즉시항고를 할 수 있다(법 15조 1항). 집행법원의 집행절차에 관한 재판으로서 즉시항고를 할 수 없는 경우에는 집행에 관한 이의신청을 할 수 있다(법 16조 1항). 사법보좌관의 처분 가운데 집행법원의 집행절차에 관한 재판으로서 즉시항고를 할 수 없는 것은 법 16조 1항의 규정에 따른 집행에 관한 이의신청에 의해야 한다(사보규 3조 2호). 사법보좌관의 처분 가운데 판사가 처리하는 경우 항고·즉시항고 또는 특별항고의 대상이 되는 처분은 즉시항고에 앞서 이의신청을 해야 한다(사보규 4조 1항).

Ⅲ. 제 1 심법원

1. 의 의

제 1 심법원은 **제 1 심 수소법원**을 말한다. 여기서 제 1 심 수소법원이란 집행권원을 만든 소송절차의 계속 중에 있거나 계속되어 있던 법원을 말한다. 판결절차와 집행절차를 분리하고 있는 현행법하에서 제 1 심법원을 **예외적**으로 집행기관 또는 집행공조기관으로 한 것은 제 1 심법원이 사건 내용을 잘 알고 있으며, 소송기록을 갖고 있는 법원으로 하여금 신중하게 처리하기 위함이다.

2. 직분관할

제 1 심법원은 ① 비금전채권집행에서의 대체집행(법 260조, 민 389조), 간접강제(법 261조) 등, ② 외국에서 강제집행을 할 경우의 촉탁(법 55조 1항·2항) 등을 담당한다. 청구이의의 소, 집행문부여에 대한 이의의 소, 집행문부여의 소 및 이에 따른 잠정처분을 할 수 있는 권한은 **판결기관**으로서의 **직분**이며, 집행기관으로서의 직분이라고 볼 수 없다.

제 2 절 집행당사자

Ⅰ. 의 의

집행절차에서도 소송절차와 마찬가지로 당사자의 개념이 허용된다. 강제집행절차에서 대립하는 두 당사자를 채권자(또는 **집행채권자**), 채무자(또는 **집행채무자**)라고 한다. 강제집행절차의 경우 민사집행법이 형식상 집행채권자와 집행채무자를 대립시키고 있는 점에서 집행당사자의 개념을 인정하는 데 달리 문제가 없다. 한편 담보권실행을 위한 경매는 비송사건으로서 개개의 절차상의 사항에 관하여 이해관계인은 인정되지만 대립당사자는 인정되지 않는다고 보는 견해도 있으나,[1] 강제집행절차와 같이 대립당사자의 개념을 인정해야 한다.

Ⅱ. 당사자의 확정

1. 당사자확정의 기준

(1) 강제집행절차에서 당사자는 **집행력 있는 정본**(집행문이 부여된 집행권원의 정본)이 누구를 위하여 누구에 대하여 부여되었는지의 표시에 의하여 확정된다(법 29조 2항, 39조 1항, **표시설**). 즉 집행당사자가 누구인지는 원칙적으로 (집행문의 부여가 필요한 경우에는) **집행문의 부여**로 확정된다. 따라서 집행권원의 채무자와 동일성이 없는 사람 등 집행의 채무자적격을 가지지 않는 사람이라도 그에 대하여 집행문을 내어 주었으면 집행문부여에 대한 이의신청 등에 의하여 취소될 때까지는 그 집행문에 의한 집행의 채무자가 된다.[2] 다만 **집행문의 부여 없이도** 집행력이 있는 집행권원인 경우(예컨대 확정된 이행권고결정 · 지급명령 등의 경우)에는 그 **집행권원**에 표시된 당사자가 채권자 또는 채무자가 된다.

(2) 담보권실행을 위한 경매절차에서는 경매신청서의 기재사항인 채권자 · 채무자 및 소유자로 표시되어 있는 사람이 당사자이며, 보전처분절차에서는 보전처분(가압류 · 가처분명령)에 채권자 · 채무자로 기재되어 있는 사람이 당사자이다.

---

1) 송창영, "경매당사자의 변동과 경매절차의 승계," 강제경매 · 임의경매에 관한 제문제(상)(재판자료 35집, 1987. 7.), 563쪽 이하.

2) 대판 2016. 8. 18. 2014다225038.

(3) 소수주주가 이사, 감사 등을 상대로 제기한 **주주대표소송**의 경우(상 403조 3항, 542조의6 6항) 비록 집행권원상으로는 **회사**에게 손해배상금을 지급하도록 하고 있으나, **원고 주주** 역시 집행권원상 당사자로서 집행당사자가 될 수 있다.[1)]

2. 실질적 당사자개념의 허용 여부

(1) 집행당사자와 관련하여 실질적 당사자의 개념을 허용할 것인지 여부가 문제가 된다. 특히 **법인격부인**과 관련하여 판결의 집행력을 실질적 당사자에게 확장할 수 있는지에 관하여, 법인격이 부인되는 경우를 **법인격의 남용**과 **법인격의 형해화**로 구별하여 전자의 경우는 집행력의 확장을 부정하나, 후자의 경우는 집행력의 확장을 인정하는 견해도 있으나,[2)] 형식적 당사자인 명목상 회사와 실질적 당사자인 배후의 주체는 별개의 법인격을 가진 당사자로서 형식적 당사자에 대한 판결의 집행력이 실질적 당사자에게 미치지 않는다고 보아야 하며, 절차의 형식성·명확성·안정성을 중시하는 집행절차의 특수성에 비추어 보아도 그렇다.[3)] **판례**도 같은 입장이다.

(2) **판례**는, (원고가 B회사를 상대로 승소확정판결을 받았음에도 A회사에 대한 승계집행문 부여가 거절되자 A회사를 상대로 (승계)집행문부여의 소를 제기한 사례에서) A회사와 B회사가 기업의 형태·내용이 실질적으로 동일하고, A회사는 B회사의 채무를 면탈할 목적으로 설립된 것으로서 A회사가 B회사의 채권자에 대하여 B회사와

---

1) 대결 2014. 2. 19. 2013마2316. 주주대표소송은 제3자 소송담당에 해당하고 법률의 규정에 의하여 인정되는 **법정소송담당**의 경우이지만 다른 법정소송담당의 경우와 달리 원고 주주가 급부를 받을 당사자가 아니라 권리귀속주체인 **회사**가 급부를 받을 당사자가 된다. 집행권원상 집행력이 미치는 회사가 스스로 급부를 받을 권리의 주체(관리처분권의 주체)로서 집행당사자적격을 가지는 것은 당연하나, **원고 주주** 역시 집행권원상 원고로서의 집행당사자적격을 가지는 것으로 볼 것인지 여부 및 이와 관련하여 ① 원고 주주가 집행당사자적격을 가진다고 하더라도 그 집행방법이 금전채권의 집행인지, 그렇지 않다면 피고로 하여금 회사에 대하여 금전채무이행을 하도록 하는 작위채무의 집행으로 볼 것인지 여부, ② 강제집행절차에서의 배당절차, 즉 배당금지급절차는 어떻게 되는지 여부, ③ 집행채권자가 원고 주주인 경우 배당이의절차 및 위법집행이나 부당집행에서의 당사자가 누가 되는지 여부 등 많이 문제가 있다. 이러한 문제점들에 대하여, 주주대표소송의 소송구조론, 법적 성질론 및 상법의 해석론의 입장에서 접근하여 논의하고 있는 견해로는, 김효정, '민사집행절차상 집행당사자적격의 특수문제', 민사집행법연구 16권(2020. 2.), 76쪽 이하.

2) 이시윤·조관행, 73쪽.

3) 김홍엽(민사소송), 140쪽. 법인격의 형해화·남용을 구별하여 전자의 경우에는 집행력을 확장시킬 수 있다는 견해는 법인격의 형해화·남용의 구별이 본안절차도 아닌 집행절차상 용이하게 판별가능함을 전제로 하는 것으로 **집행문부여의 소**(법 33조) 등에서 심리대상이 될 수 있는지도 의문이다.

는 별개의 법인격을 가지는 회사라는 주장을 하는 것이 신의칙에 반하거나 법인격을 남용하는 것으로 인정되는 경우에도 권리관계의 공권적인 확정 및 그 신속·확실한 실현을 도모하기 위하여 절차의 명확·안정을 중시하는 소송절차 및 강제집행절차에서는 그 절차의 성격상 B회사에 대한 판결의 기판력 및 집행력의 범위를 A회사에까지 확장하는 것은 허용되지 않는다고 한다.[1)]

Ⅲ. 당사자능력과 소송능력

1. 당사자능력

(1) 집행채권자 또는 집행채무자로 되기 위해서는 당사자능력이 있어야 한다. 당사자능력이 없는 사람 또는 그에 대한 집행은 무효이다. 예컨대 어떠한 단체가 실제로 존재하지 않음에도 불구하고 그 단체가 존재하고 그 대표자로 표시된 사람이 대표자 자격이 있는 사람인 것으로 오인하여 보전처분결정(가압류·가처분)이 내려졌다고 하더라도, 그 단체가 실제로 존재하지 않는다면 그 보전처분결정은 누구에게도 효력을 발생할 수 없는 무효인 결정이다.[2)]

(2) 죽은 사람에 대한 보전처분이 무효인지에 관하여, **판례**는, 보전처분의 신청 당시 살아 있었으나 **보전처분의 결정 당시** 죽은 경우는 유효이나, **신청 당시** 이미 죽은 경우에는 무효라고 본다. **판례**는, 이미 죽은 사람을 채무자로 한 처분금지가처분신청은 부적법하고 그 신청에 따른 처분금지가처분결정이 있었다고 해도 그 결정은 당연무효로서 그 효력이 상속인에게 미치지 않으므로,[3)] 채무자의 상속인은 일반승계인으로서 무효인 그 가처분결정(의 집행)에 의하여 생길 외관(등

---

1) 대판 1995. 5. 12. 93다44531. 법인격부인과 판결효의 확장문제에 관해서는, 정규상, "법인격부인법리와 판결의 효력의 확장문제 — 일본에서의 논의를 중심으로 —," 성균관법학(성균관대학교 법학연구소) 2호(1988. 12.), 133쪽 이하.

2) 따라서 그 후 보전처분결정에서 단체의 대표자로 표시된 사람이 그 단체의 이름으로 보전처분취소신청을 했을지라도 법원으로서는 그 당사자능력에 관하여 별도로 조사·판단해야 하는 것이지, 무효인 보전처분결정이 외형상 존재한다는 사실만으로 그 구속을 받아 실제로 존재하지 않는 단체를 당사자능력이 있는 것으로 취급해야 하는 것은 아니다. 대판 1994. 11. 11. 94다14094 등. 한편 이러한 법리는 당사자능력이 없는 단체를 상대로 보전처분결정이 내려진 다음 그 단체의 대표자로 표시된 사람이 그 단체의 이름으로 보전처분결정에 대하여 이의신청을 하거나 즉시항고를 제기한 경우에도 마찬가지로 적용되고, 이와 같이 당사자능력이 없는 단체가 제기한 보전처분결정에 대한 이의신청 또는 즉시항고는 부적법한 것으로서 각하되어야 한다. 대결 2008. 7. 11. 2008마520.

3) 대판 1982. 10. 26. 82다카884, 대결 1991. 3. 29. 89그9 등.

기·등록)을 제거하기 위한 방편으로 가처분결정에 대한 이의신청으로써 그 취소를 구할 수 있다고 본다.

2. 소송능력

(1) 집행당사자가 스스로 집행절차에 관여하여 집행기관에 대하여 집행법상의 **소송행위**를 하려면 **소송능력**이 있어야 한다.

(2) **채무자**는 수동적으로 집행을 받는 입장에 있으며 능동적으로 집행행위에 관여하지 않는 것이 보통이므로 **원칙적**으로 소송능력을 요하지 않는다. 다만 **예외적**으로 **채무자에게 알려야 할** 집행행위를 실시하거나, 채무자가 **능동적으로 소송행위를 해야 하는** 경우, 예컨대 ① 집행법원의 결정 등의 채무자 수령이 집행행위의 요건인 경우[강제경매개시결정이나 강제관리개시결정의 송달(법 83조 4항, 163조), 압류명령의 송달(법 227조 2항) 등], ② 집행행위를 하기 위하여 채무자의 심문이 필요한 경우[특별현금화명령 허가 전의 채무자심문(법 241조 2항), 금전채권 외의 채권에 기초한 강제집행에서 대체집행이나 간접강제의 결정 전의 채무자심문(법 262조)], ③ 즉시항고(법 15조 1항)나 집행에 관한 이의신청(법 16조 1항)을 하는 경우 등에서 채무자가 **제한능력자**(피한정후견인의 경우 한정후견인의 동의를 받아야 할 범위 내에서)이거나 **의사능력이 없는 때**에는 **법정대리인**이 있어야 하고, 채무자에게 법정대리인이 없거나 법정대리권을 행사할 수 없는 때에는 채권자는 집행법원에 **특별대리인**의 선임신청을 해야 한다(법 23조 1항, 민소 62조 1항, 62조의2 1항). 소송능력에 흠이 있는 사람의 행위는 적법한 추인이 있으면 행위시에 소급하여 그 효력이 있다(법 23조 1항, 민소 60조).

Ⅳ. 집행당사자적격과 변동

1. 집행당사자의 적격

(1) 집행당사자적격자

1) **집행당사자적격**은 어느 특정한 집행절차에서 누가 **정당한 집행당사자**인지, 즉 누가 집행적격자 또는 피집행적격자인지의 문제이다. 즉 누구를 위하여 또는 누구에 대하여 집행문을 내어 주어야 하는지의 문제이다.

2) 집행당사자적격이 없는 사람에 대한 강제집행은 **실체법상 효력**이 없다.

판례는, 집행권원에 표시된 채무자의 상속인이 **상속을 포기**했음에도 불구하고, 집행채권자가 그 사람에 대하여 상속을 원인으로 한 승계집행문을 부여받아 그 사람의 채권에 대한 압류 및 전부명령을 신청하고, 이에 따라 집행법원이 채권압류 및 전부명령을 하여 그 결정이 확정되었다고 하더라도, 채권압류 및 전부명령이 **집행채무자적격이 없는 사람**을 **집행채무자**로 하여 이루어진 이상, 피전부채권의 전부채권자에게의 이전이라는 **실체법상의 효력**은 발생하지 않으며, 이는 집행채무자가 상속포기사실을 들어 **집행문부여에 대한 이의신청 등**으로 집행문의 효력을 다투어 그 효력이 부정되기 이전에 채권압류 및 전부명령이 이루어져 확정된 경우에도 마찬가지라고 한다.[1]

(2) 집행당사자적격의 범위

1) 원칙적으로 집행당사자적격의 범위는 집행권원의 **집행력이 미치는 주관적 범위**에 따라 결정된다. 예컨대 판결의 경우 집행력이 미치는 범위는 기판력의 주관적 범위(민소 218조)와 일치한다. 따라서 해당 판결의 당사자(원·피고 등) 및 기판력이 미치는 제 3 자도 집행당사자적격이 있다.

2) 인낙조서, 화해조서, 조정조서, 확정된 이행권고결정이나 지급명령의 집행력이 미치는 범위도 판결의 경우와 동일하다. 집행증서의 집행력이 미치는 범위는 증서상의 채권자·채무자, 증서작성 후의 포괄·특정승계인(법 57조, 31조)이다.

2. 집행당사자의 변동

(1) 강제집행절차의 경우

(a) 집행문부여 전의 경우

집행권원의 성립 후 **집행문의 부여 전**에 당사자의 사망이나 그 밖의 승계로 집행권원에 기재된 집행당사자의 적격에 변동이 생긴 때에는 새로운 적격을 취득한 사람을 위하여 또는 그 사람에 대하여 애당초 승계집행문을 부여받아야 한다.

---

1) 대판 2002. 11. 13. 2002다41602. 집행법상의 적법성의 문제와 실체법상의 유효성의 문제로 나누어 고찰하는 입장에서, 기본적으로 집행채권자적격이 없는 사람을 집행채권자로 하여 실시한 강제집행은 중요한 요건의 흠결로서 절차법상으로는 유효하나, 실체법상의 효력은 발생할 수 없다고 보는 견해로는, 유남근, "상속포기자에 대하여 승계집행문 부여 후 행하여진 집행절차의 효력," 판례연구(부산판례연구회) 15집(2004. 2.), 843쪽 이하.

(b) 집행문부여 후의 경우

1) 집행당사자적격자의 변동이 **집행문부여 후에 생긴 경우**에도 **원칙적**으로 새로운 적격자를 위하여 또는 그 사람에 대하여 다시 승계집행문을 받아야 한다. 예컨대 강제집행이 개시된 후 **채권자가 승계된 경우**에 승계인이 자신을 위하여 강제집행의 속행을 신청하는 때에는 승계집행문이 붙은 집행권원의 정본을 집행기관에 제출해야 한다(규칙 23조 1항). 승계집행문이 붙은 집행권원의 정본이 제출된 때에는 법원사무관 등 또는 집행관은 그 취지를 채무자에게 통지해야 한다(규칙 23조 2항).

판례는, 채권자가 집행권원에 기하여 채권압류 및 추심명령을 받은 후 그 집행권원상의 채권을 양도했다고 하더라도 양수인은 **승계집행문을 부여**받음으로써 비로소 **집행채권자로 확정**되는 것이므로, 양수인이 기존 집행권원에 대하여 승계집행문을 받지 않았다면 양도인이 여전히 집행채권자의 지위에 압류채권을 추심하거나 압류명령신청을 취하할 수 있다고 한다.[1)]

2) **예외적**으로 **집행개시 후 채무자**가 죽거나(법 52조 1항), 법인, 법인 아닌 사단·재단이 합병 등으로 소멸한 때와 같이 채무자의 지위에 **포괄승계**가 있는 경우 또는 신탁재산에 대한 집행개시 후 채무자인 수탁자가 바뀐 경우(신탁법 21조)나 선박을 압류한 뒤에 선장이 바뀐 경우(법 179조 2항)에는 승계집행문이 없이도 **그 채무자**에 속하는 **책임재산**에 대하여 그대로 집행을 계속할 수 있다.

3) **집행개시 후 채무자**가 **죽은** 경우 승계집행문 없이 **'상속재산'**에 대하여 진행할 수 있으므로(법 52조 1항), **승계인의 고유재산**은 집행대상이 되지 않는다.[2)] 다만 상속재산의 경우에도 승계집행문 없이 할 수 있는 강제집행은 현재 집행대상이 되어 있는 상속재산에 한하는지에 관하여 논의가 있으나, 예외규정인 법 52조 1항을 확장해석하는 것은 부당하므로 **집행대상**이 되어 있는 **상속재산**에 한하여 허용된다고 본다.[3)]

---

1) 대판 2014. 11. 13. 2010다63591.

2) 대판 2016. 5. 24. 2015다250574.

3) 이 경우 이미 압류한 재산이 아닌 다른 상속재산에 대해서도 승계집행문을 부여받지 않고 집행을 할 수 있는지에 관하여 동일한 규정을 두고 있었던 일본(구 민사소송법 552조 1항)에서는 적극설과 소극설이 대립하고 있었으나, 통설은 적극설을 취하고 있었다. 그러나 일본은 이러한 논의를 없애기 위하여 위 규정 중 우리나라의 '상속재산'(법 52조 1항)에 해당하는 '유산에 대하여'라는 문언을 삭제했는데(일본 민사집행법 41조 1항), 이는 채무자의 사망 당시 개시되어 있던 강제집행에 한하여 이를 속행할 수 있다는 점을 명백히 하기 위해서이다. 서기

4) 집행개시 뒤에 당사자가 죽은 경우에도 집행절차를 **중단**시키는 효과가 생기지 않는다. 소송절차의 중단은 쌍방심리주의를 관철시키기 위한 제도이므로 대립당사자 구조에 의한 재판의 적정보다는 절차의 신속을 앞세우는 강제집행절차나 담보권실행을 위한 경매절차에는 적용되지 않기 때문이다.[1] 따라서 집행절차개시 뒤 당사자가 죽더라도 집행은 **속행**되며, 예컨대 채무자가 죽었다고 하더라도 채무자의 상속인은 수계절차 없이 당연히 채무자의 지위에서 집행절차에 참여할 수 있다.

집행법원도 **채무자에게 알려야 할 집행행위**[예컨대 채무자에게 통지나 송달을 하거나(법 83조 4항, 189조 3항, 219조, 227조 2항, 255조 등), 채무자의 심문이나 출석이 필요한 경우(법 241조) 등]에 대해서는 **상속인**에게 알리면 족하다. 상속재산에 관한 집행절차상 채무자에게 알려야 할 집행행위를 실시할 경우에 상속인이 없거나 상속인이 있는 곳이 분명하지 않고 이를 갈음할 유언집행자나 상속재산관리인 등도 없는 때에는 집행법원은 집행채권자의 신청에 따라 상속재산 또는 상속인을 위하여 **특별대리인**을 선임해야 한다(법 52조 2항). 이 경우 민사소송법 62조 2항부터 5항까지의 규정을 준용한다(2016. 2. 3. 개정, 2017. 2. 4. 시행 법 52조 3항). 이러한 경우 특별대리인의 선임 및 개임에 관한 법원의 사무는 **사법보좌관**의 업무이다(사보규 2조 1항 14호 다목).

(2) 담보권실행을 위한 경매절차의 경우

1) 담보권실행의 경매절차가 개시된 뒤 채무자 또는 소유자가 죽은 경우에는 절차가 그대로 속행된다(법 275조 · 52조).

2) **판례**는, 담보권실행을 위한 경매는 저당권 등 담보권설정등기에 표시된 채무자 및 담보부동산의 소유자와의 관계에서 그 절차가 진행되므로 그 절차의 개시 전 또는 진행 중에 채무자나 소유자가 죽었다고 하더라도 그 재산상속인들이 경매법원에 대하여 죽은 사실을 밝히고 경매절차를 수계하지 않는 이상, 경매법원이 이미 죽은 등기부상의 채무자나 소유자와의 관계에서 경매개시결정을 하고 그 절차를 속행하여 담보부동산의 매각을 허가했다고 하더라도 그 경매개시결

석, "당사자의 사망이 재판 및 집행절차에 미치는 영향," 인권과 정의 266호(1998. 10.), 50쪽 이하.

1) 강제집행절차에 대해서는, 대판 1970. 11. 24. 70다1894. 담보권실행을 위한 경매절차에 대해서는, 대결 1969. 11. 28. 69마845, 1975. 11. 12. 75마338 등.

정이나 허가결정이 위법이라고 할 수 없다고 본다.1)

따라서 이와 같이 담보권실행을 위한 경매절차에서는 이미 죽은 사람을 채무자 또는 소유자로 표시하여 경매신청을 하고 이에 따라 법원이 경매개시결정을 했다고 하더라도, 이러한 잘못은 당사자표시상 분명한 흠으로 경정결정(법 23조 1항, 민소 211조 1항)에 의하여 시정될 수 있는 성질에 지나지 않고 경매개시결정의 효력 자체에는 아무런 영향이 없다고 본다.2)

(3) 보전처분절차의 경우

1) 보전처분절차가 개시된 후 **채무자가 죽은** 경우에는 절차가 속행된다.

2) 가압류 · 가처분결정의 **피보전권리**에 관하여 채권자 측 또는 채무자 측의 **승계인**이 있는 경우에 ① **가압류 · 가처분의 집행 전**이면 **승계집행문을 받아** 가압류 · 가처분집행을 할 수 있으며(법 292조 1항, 301조), ② **가압류 · 가처분의 집행 후**면 **승계집행문 없이** 자신이 피보전권리의 승계인임을 증명하여 가압류 · 가처분에 의한 **보전의 이익**을 자신을 위하여 주장할 수 있다.3)

3) **판례**는, 여러 보증인이 있는 경우에 어느 보증인이 자기의 부담부분을 넘은 변제를 한 때에는 다른 보증인에 대하여 구상권을 행사할 수 있고(민 448조 2항, 425조), 그 구상권의 범위 내에서 **종래 채권자**가 가지고 있던 채권 및 그 담보에 관한 권리는 법률상 당연히 그 변제자에게 **이전**되므로(민 482조 1항), 채권자가 어느 공동보증인의 재산에 대하여 가압류결정을 받은 경우에, 그 피보전권리에 관하여 채권자를 대위하는 **변제자**는 **채권자의 승계인**으로서, **가압류집행이 되기 전**이라면 법 292조 1항에 따라 승계집행문을 부여받아 가압류집행을 할 수 있고, **가압류집행이 된 뒤**에는 위와 같은 승계집행문을 부여받지 않더라도 가압류에 의한 보전의 이익을 자신을 위하여 주장할 수 있다고 보고 있다.4)

---

1) 대결 1966. 2. 14. 65마6, 1969. 9. 23. 69마581, 1975. 11. 12. 75마338.

2) 대결 1964. 8. 28. 64마478, 1966. 9. 7. 66마676, 1969. 5. 8. 67마95.

3) 이에 대하여, 승계인이 승계집행문을 부여받지 않으면 집행기관으로서는 보전집행과 본집행의 당사자의 동일성을 알 수 없어 승계인의 법적 지위가 불완전하게 된다는 이유 등으로 승계집행문이 필요하다는 견해로는, 권창영 · 박영호 · 구태회, 188쪽.

4) 대판 1993. 7. 13. 92다33251.

Ⅴ. 대 리

1. 변호사대리의 원칙의 적용 여부

(1) **집행관**에 의한(집행관이 실시하는) 집행절차에는 임의대리인의 자격에 제한이 없다.

그러나 **집행법원**이나 **제 1 심법원** 관할의 집행절차에서는 원칙적으로 변호사만이 대리인이 될 수 있다. 다만 ① 집행법원이 사법보좌관 아닌 단독판사인 경우, 또는 ② 제 1 심법원이 단독판사인 사건 가운데(소송목적의 값을 기준으로 하는 단독사건에서) 소송목적의 값이 1억 원 이하인 사건인 경우에는 변호사 아닌 사람도 당사자와 일정한 관계(친족관계 또는 고용관계 등)에 있는 사람은 법원의 허가를 받아 대리인이 될 수 있다(법 23조 1항, 민소 88조 1항, 민소규칙 15조). 이 경우 변호사가 아닌 대리인은 소송대리허가신청서(민소규칙 15조 3항) 및 민사소송규칙 15조 2항의 소송대리인이 될 수 있는 자격을 소명하는 자료(당사자의 배우자 또는 4촌 이내의 친족임을 소명하는 가족관계증명서, 주민등록표등본 또는 당사자와 고용관계 등에 있음을 소명하는 재직증명서 등)를 제출하여 소송대리허가를 받아야 한다.

(2) 판결절차의 각 심급의 소송대리인은 특별수권이 없어도 그 판결에 따른 강제집행 및 가압류·가처분에서 당연히 대리권을 가진다(법 23조 1항, 민소 90조 1항).[1] 판결 등 집행권원에 대리인으로 표시가 되어 있는 때에는 대리권의 증명이 필요가 없다. 따라서 새로이 위임장을 제출할 필요가 없다.

2. 법무사 및 공인중개사의 대리권한의 범위

(1) 법무사는 민사집행법에 따른 경매사건과 국세징수법이나 그 밖의 법령에 따른 공매사건에서의 재산취득에 관한 상담, 매수신청 또는 입찰신청을 대리할 수 있다(법무사법 2조 1항 5호).[2][3]

---

1) 보전처분 채무자의 신청에 의한 제소명령은 기본적으로 보전처분절차에 부수하는 것으로서 보전처분의 유지 여부를 결정하기 위한 것에 불과한 점, 보전처분의 신청을 대리한 소송대리인은 그 보전처분에 대한 이의신청이 있는 경우에 그 이의신청절차에서도 소송대리권이 있는 것으로 해석되는 점 등에 비추어 보면, 보전처분의 신청절차에서 이루어진 소송위임의 효력은 그에 기한 제소명령신청사건에도 미친다. 대결 2003. 8. 22. 2003마1209.

2) 법무사의 입찰대리권은 변호사의 법률행위 대리권을 보완하고 보충하는 법무사의 고유한 대리권이라는 견해로는, 정승열, “법무사의 입찰대리권,” 법조 54권 2호(2005. 2.), 176쪽 이하.

3) 한편 법관이 아닌 사법보좌관에 의해 처리되는 절차에서 변호사소송대리의 원칙의 완화를

(2) 개업공인중개사(공인중개사법에 의하여 중개사무소의 개설등록을 한 사람을 말한다. 공인중개사법 2조 4호) 역시 앞서의 사건 등에서 부동산에 대한 권리분석 및 취득의 알선과 매수신청 또는 입찰신청의 대리를 할 수 있다(공인중개사법 14조 2항).

주장하는 견해로는, 강구욱, "비송사건에 대한 법무사의 절차대리권에 관한 연구 — 민사집행사건과 개인회생, 파산사건을 중심으로 —," 민사집행법연구 19권 1호(2023. 2.), 13쪽 이하.

제 3 장 민사집행의 객체(대상)

Ⅰ. 책임재산

1. 의 의

(1) 일반적으로 집행대상이 되는 것은 집행개시 당시의 채무자에 속하는 총재산(물건 또는 권리)이다. 이를 **책임재산**이라 한다. 책임재산은 채무자의 일반재산이어야 하고, 집행개시 당시의 재산이어야 하며, 압류금지재산이 아니어야 한다. 법 64조 2항에서 강제집행의 대상이 되는 재산은 바로 책임재산을 말한다.

(2) 책임재산은 주로 금전채권의 집행에서 문제가 된다. 금전채권의 집행에서는 집행권원에 어떠한 제한이 붙어 있지 않으면 금전으로 현금화되는 채무자에 속한 모든 재산이 그 대상이 된다. 특정물인도청구권의 경우 채무자의 점유물이나 채무자의 제 3 자에 대한 특정물의 인도청구권이 집행대상이 되나, 특정물인도청구권이 이행불능으로 인해 손해배상청구권으로 바뀐다면 금전채권으로 전환되므로 결국 채무자의 일반재산이 집행대상으로 된다.

2. 범 위

(1) 물적 범위

1) 채무자에게 귀속하는 금전적 가치가 있는 모든 재산이 책임재산이 된다. ① 채무자의 재산이어야 하므로 집행권원 또는 집행문에 표시되지 않는 실체법상의 채무자나 제 3 채무자의 재산은 집행대상이 되지 않는다. ② 금전적 가치가 있는 채권, 물권, 유체동산, 부동산 등이 책임재산이 되나, 법률상 금전으로 현금화할 수 없는 물건이나 권리(예컨대 아편, 위조통화와 같은 불융통물), 독립한 재산적 권익을 내용으로 하지 않는 권리(예컨대 취소권, 해제권 등), 채무자의 인격권이나 채무자에게 속하는 일신전속권(예컨대 부양료청구권 등)은 집행대상이 되지 않는다.

2) 책임재산에 속한다고 하더라도 책임재산에 속하는 물건이나 권리가 개별적으로 집행대상이 되며, 파산절차에서와 같은 포괄적 집행은 허용되지 않는다.

다만 공장재단(공장 및 광업재단 저당법 10조 1항)의 경우에는 기업에 속하는 특정재산의 집단이 집행대상이 된다.

3) 채무자의 책임재산 가운데 어떤 종류의 것을 어떤 순서로 집행할 것인지는 오로지 채권자의 선택에 맡겨져 있다. 다만 **유체동산**의 경우 채권자는 유체동산이 있는 장소만을 선택할 따름이며(규칙 131조 3호), 집행관이 채권자의 이익을 해치지 않는 범위 안에서 채무자의 이익을 고려하여 압류할 유체동산을 선택한다(규칙 132조).

▣ 소유권유보부매매에서의 책임재산의 문제

소유권유보부매매는 **동산**의 매매시 매매목적물을 인도하면서 대금완납시까지 소유권을 매도인에게 유보하기로 특약한 것을 말하며, 이러한 내용의 계약은 동산의 매도인이 매매대금을 다 수령할 때까지 그 대금채권에 대한 담보의 효과를 취득·유지하려는 의도에서 비롯된다.[1] 이러한 소유권유보부매매에서 매도인이 **자신에게 유보된 동산**을 **압류**할 수 있는지가 문제가 된다. 매수인이 할부금을 다 내지 않는 경우 매도인은 계약을 해제하고 매수인에 대하여 소유권에 기하여 목적물을 반환받을 수 있지만, 할부금을 받을 목적으로 집행증서나 지급명령 등의 **집행권원**을 통하여 비록 **매도인 소유이지만** 매수인이 점유하고 있는 목적물을 압류할 수 있다고 본다. 따라서 이러한 경우에는 채권자 소유의 물건이 책임재산이 된다.[2]

(2) 시적 범위

1) 책임재산은 집행을 개시할 당시 채무자에 속하는 재산이어야 하므로, 집행개시 전에는 채무자의 소유이었으나 집행개시 당시 이미 유효하게 처분한 재산은 과거의 재산으로 집행의 대상이 되지 않는다. 채무자의 처분행위에 의하여 책임재산이 감소 또는 소멸할 우려에 대비하여 가압류나 가처분의 집행보전조치를 취해 두어야 한다. 처분행위가 사해행위인 경우에는 **채권자취소소송**(민 406조)을

---

1) 부동산과 같이 등기에 의하여 소유권이 이전되는 경우에는 등기를 대금완납시까지 미룸으로써 담보의 기능을 할 수 있기 때문에 굳이 소유권유보부매매의 개념을 원용할 필요성이 없으며, 일단 매도인이 매수인에게 소유권이전등기를 마쳐 주었다면 특별한 사정이 없는 한 매수인에게 소유권이 귀속된다. 한편 자동차·중기·건설기계 등은 비록 동산이기는 하나 부동산과 마찬가지로 등록에 의하여 소유권이 이전되고, 이러한 등록이 부동산등기와 마찬가지로 소유권이전의 요건이므로, 역시 소유권유보부매매의 개념을 원용할 필요성이 없다. 대판 2010. 2. 25. 2009도5064, 2014. 4. 10. 2013다61190.

2) 이시윤·조관행, 87쪽.

제기하여 책임재산을 회복시켜 놓아야 하며, 담합에 의한 사해소송으로 책임재산을 감소 또는 소멸시키려고 할 때에는 **독립당사자참가소송**(**사해방지참가**, 민소 79조 1항 후단)을 제기하여 이를 방지할 수 있다.[1)]

2) 집행을 개시할 당시에 취득하지 않은 재산은 책임재산이라고 할 수 없으나, 기한부 채권 · 조건부 채권 등 **장래의 채권**도 그 기초되는 법률관계가 구체적으로 확정되어 있고, 가까운 장래에 채권의 발생 · 확정이 상당한 정도로 기대되는 경우에는 집행대상이 된다.

3) 채무자가 한 법률행위를 취소하거나, 해제 · 해지하여 재산을 취득할 수 있는 경우에는 채권자는 채권자대위권(민 404조)에 의하여 채무자의 책임재산으로 귀속시킬 수 있다.

3. 책임재산 귀속의 조사

(1) 판단기준

집행기관으로서는 특정한 물건이나 권리가 책임재산인지 여부를 단지 귀속의 개연성을 인정할 수 있는 **외관과 징표**에 의해서만 판단하여 집행할 수 있다. ① **부동산 및 선박**에 대해서는 채무자 소유임을 표시하는 등기사항증명서(미등기의 경우에는 채무자 소유임을 증명할 서류)에 의하여(법 81조 1항, 172조), ② **유체동산**에 대해서는 채무자가 목적물을 소지하는지 여부에 의하여(법 189조 1항)[채무자의 소유라고 하더라도 제 3 자가 소지하는 때에는 제 3 자가 거부하는 한 압류하지 못한다(법 191조)], ③ **채권과 그 밖의 재산권**에 대해서는 집행채권자의 신청에 의해서만 판단한다(법 225조).

(2) 책임재산 아닌 재산에 대한 집행의 경우

제 3 자 소유의 재산이 압류되는 경우에는 제 3 자는 **제 3 자이의의 소**(법 48조)에 의하여 구제를 받을 수 있다.

---

1) 다만 원고의 피고에 대한 청구의 원인행위가 사해행위라는 이유로 원고에 대하여 사해행위취소를 청구하면서 독립당사자참가(사해방지참가)신청을 하는 경우 독립당사자참가인의 청구가 그대로 받아들여진다 하더라도 원고와 피고 사이의 법률관계에는 아무런 영향이 없고(사해행위취소의 상대적 효력에 의하여, 사해행위취소의 판결을 받은 경우 취소의 효과는 채권자와 수익자 또는 전득자 사이에만 미치며, 채권자와 채무자 사이에서 취소로 인한 법률관계가 형성되거나 취소의 효력이 소급하여 채무자의 책임재산으로 복구되는 것은 아니기 때문이다), 따라서 그러한 참가신청은 사해방지참가의 목적을 달성할 수 없으므로 부적법하다. 대판 2014. 6. 12. 2012다47548.

Ⅱ. 유한책임

1. 의 의

유한책임에는 물적 유한책임과 인적 유한책임이 있다. **물적 유한책임**은 채무자의 고유재산과는 독립된 재산에 대한 책임을 말하는 데 반하여, **인적 유한책임**은 채무자의 책임이 일정한 금액 한도에서 제한된다(다만 이 경우 집행대상이 되는 재산에는 제한이 없다).

2. 한정승인의 경우

(1) 상속채무의 이행을 구하는 소송에서 한정승인의 주장을 하지 않은 경우

1) **한정승인**에 의한 책임의 제한은 상속채무의 존재 및 범위의 확정과는 관계가 없고 다만 판결의 집행대상을 상속재산의 한도로 한정함으로써 판결의 집행력을 제한할 뿐이다. 특히 채권자가 피상속인의 금전채무를 상속한 상속인을 상대로 그 상속채무의 이행을 구하여 제기한 소송에서 채무자가 한정승인사실을 주장하지 않으면, 책임의 범위는 현실적인 **심판대상**으로 되지 않아 주문에서는 물론 이유에서도 판단되지 않으므로 그에 관해서는 기판력이 미치지 않는다.

따라서 채무자가 한정승인을 하고도 채권자가 제기한 소송의 사실심 변론종결시까지 그 사실을 주장하지 않는 바람에 책임의 범위에 관하여 아무런 유보가 없는 판결이 선고되어 확정되었다고 하더라도, 채무자는 그 후 위 한정승인사실을 내세워 **청구이의의 소**를 제기하는 것이 허용된다.[1)]

2) 다만 위와 같은 기판력에 의한 실권효의 법리는 채무의 상속에 따른 책임의 제한 여부만이 문제되는 한정승인과 달리 상속에 의한 채무의 존재 자체가 문제되어 그에 관한 확정판결의 주문에 당연히 기판력이 미치게 되는 **상속포기**의 경우에는 적용되지 않는다.[2)]

---

1) 대판 2006. 10. 13. 2006다23138; 심우용, "청구이의사유로서의 한정승인," 대법원판례해설 63호(2006년 하반기), 400쪽 이하; 김홍엽(민사소송), 878쪽; 박두환, 81쪽; 방순원·김광년, 151쪽; 강대성, 145쪽. 반대견해로는, 이시윤·조관행, 92쪽. 한편 기판력의 시적범위와의 관계에서 원칙적으로 청구이의사유가 되지 않지만, 집행단계에서 집행을 구하는 것 자체가 신의칙에 위반되는 것이라면 강제집행을 불허하는 것으로 처리하는 것이 타당하다는 견해로는, 김상수, "한정승인과 청구이의의 소," 법조 57권 7호(2008. 7.), 284쪽 이하.

2) 대판 2009. 5. 28. 2008다79876.

(2) 상속채무의 이행을 구하는 소송에서 한정승인의 주장을 한 경우

1) 상속채무의 이행을 구하는 소송에서[1] 피고의 한정승인 항변이 받아들여져서, 원고 승소판결인 집행권원 자체에 **'상속재산의 범위 내에서만'** 금전채무를 이행할 것을 명하는 이른바 유한책임의 취지가 **명시되어** 있음에도 불구하고, 책임재산(상속재산)이 아닌 상속인의 고유재산임이 명백한 재산에 대하여 집행을 한 경우 상속인은 **집행에 관한 이의신청**(법 16조)을 하거나 **제 3 자이의의 소**(법 48조)를 제기할 수 있다.

2) **판례**는 앞서와 같은 **유한책임의 집행권원**임에도 불구하고 상속인의 고유재산임이 명백한 임금채권 등에 대하여 압류 및 전부명령이 발령되었을 경우에, 상속인으로서는 책임재산이 될 수 없는 재산에 대하여 강제집행이 행해졌음을 이유로 **제 3 자이의의 소**를 제기하거나, 그 채권압류 및 전부명령 자체에 대한 **즉시항고**(법 227조 4항, 229조 6항)를 제기하여 불복하는 것은 별론으로 하고, 청구이의의 소(법 44조)에 의하여 불복할 수는 없다고 보고 있다.[2]

▣ 한정승인이 이루어진 경우 상속채권자가 상속재산에 관하여 한정승인자로부터 담보권을 취득한 고유채권자에 대하여 우선적 지위를 주장할 수 있는지 여부

(1) **대판(전) 2010. 3. 18. 2007다77781**은, ① 법원이 한정승인신고를 수리하게 되면 피상속인의 채무에 대한 상속인의 책임은 상속재산으로 한정되고, 그 결과 상속채권자(피상속인에 대한 채권자)는 특별한 사정이 없는 한 상속인의 고유재산에 대하여 강제집행을 할 수 없는데, 민법은 한정승인을 한 상속인(한정승인자)에 관하여 그가 상속재산을 **은닉**하거나 **부정소비**한 경우 단순승인을 한 것으로 간주하는 것(민 1026조 3호) 외에는 상속재산의 처분행위 자체를 직접적으로 제한하는 규정을 두고

---

1) 상속의 한정승인은 채무의 존재를 한정하는 것이 아니라 단순히 그 책임의 범위를 한정하는 것에 불과하기 때문에, 상속의 한정승인이 인정되는 경우에도 상속채무가 존재하는 것으로 인정되는 이상, 법원으로서는 상속재산이 없거나 그 상속재산이 상속채무의 변제에 부족하다고 하더라도 상속채무 전부에 대한 이행판결을 선고해야 하고, 다만 그 채무가 상속인의 고유재산에 대해서는 강제집행을 할 수 없는 성질을 가지고 있으므로, 집행력을 제한하기 위하여 이행판결의 주문에 상속재산의 한도에서만 집행할 수 있다는 취지를 명시해야 한다. 대판 2003. 11. 14. 2003다30968.

2) 나아가 만약 그 채권압류 및 전부명령이 이미 확정되어 강제집행절차가 종료된 후에는 집행채권자를 상대로 부당이득의 반환을 구하되, 피전부채권 중 실제로 추심한 금전 부분에 관해서는 그 상당액의 반환을 구하고, 아직 추심하지 않은 부분에 관해서는 그 채권 자체의 양도를 구하는 방법에 의할 수밖에 없다. 대판 2005. 4. 15. 2004다70024, 대결 2005. 12. 19. 2005그128.

있지 않기 때문에[1] 한정승인으로 발생하는 위와 같은 책임제한 효과로 인하여 한정승인자의 상속재산 처분행위가 당연히 제한된다고 할 수는 없고, ② 또한 민법은 한정승인자가 상속재산으로 상속채권자 등에게 변제하는 절차는 규정하고 있으나(민 1032조 이하), 한정승인만으로 상속채권자에게 상속재산에 관하여 한정승인자로부터 물권을 취득한 제 3 자에 대하여 우선적 지위를 부여하는 규정은 두고 있지 않으며, 민법 1045조 이하의 재산분리제도와 달리 한정승인이 이루어진 상속재산임을 등기하여 제 3 자에 대항할 수 있게 하는 규정도 마련하고 있지 않다는 이유를 들어, **한정승인자로부터 상속재산에 관하여 저당권 등의 담보권을 취득한 사람과 상속채권자** 사이의 **우열관계**는 민법상의 일반원칙에 따라야 하고, 상속채권자가 한정승인의 사유만으로 우선적 지위를 주장할 수는 없다고 본다. 그리고 이러한 이치는 한정승인자가 그 저당권 등의 피담보채무를 상속개시 전부터 부담하고 있었다고 하여 달리 볼 것은 아니라는 입장이다.

(2) 위 전원합의체 판결의 **다수의견**에 대하여, 한정승인자의 상속재산은 상속채권자의 채권에 대한 책임재산으로서 상속채권자에게 우선적으로 변제되고 그 채권이 청산되어야 하며, 그 반대해석상 한정승인자의 고유채권자는 상속채권자에 우선하여 상속재산을 그 채권에 대한 책임재산으로 삼아 이에 대하여 강제집행할 수 없다고 보는 것이 형평에 맞으며, 한정승인제도의 취지에 부합한다는 **반대의견**이 있다.

(3) 한정승인자의 근저당권자와 상속채권자 사이의 우열관계를 정하는 문제는 상속재산에 대하여 한정승인의 재산분리 효과가 대세적으로 얼마나 인정될 수 있는지 문제로 귀결된다. 이러한 대세효는 우리 법제가 도입하고 있는 공시의 원칙과 긴장관계를 야기한다. **다수의견**은 한정승인제도의 존재의미를 상속인으로 위한 것으로 보아 가능한 한 공시의 원칙을 관철하려는 입장인 데 반하여, **반대의견**은 한정승인제도의 존재의미를 상속채권자를 위한 것으로 보아 공시의 원칙의 후퇴를 유연하게 받아들이는 입장이다.[2] 결국 위 전원합의체 판결은 상속채권자의 정당한 이익의 보호와 거래의 안전보호라는 상충되는 가치를 비교형량한 결과 거래의 안전보호에 더 비중을 두는 결론을 선택한 것으로 이해된다.[3][4]

---

1) 민법 1026조 1호는 '상속인이 상속재산에 대한 처분행위를 한 때에는 상속인이 단순승인을 한 것으로 본다.'고 규정하고 있으나, 이는 상속인이 한정승인 또는 상속포기를 하기 전의 경우에 적용됨을 유의해야 한다. 가정법원에 한정승인 또는 상속포기의 **신고**를 했다 하더라도 이를 **수리**하는 가정법원의 **심판이 고지**되기 전이라면 여기서 말하는 '한정승인 또는 상속포기를 하기 전'에 해당한다. 대판 2016. 12. 29. 2013다73520.

2) 이원범, "한정승인이 이루어진 경우 상속채권자가 상속재산에 관하여 한정승인자로부터 담보권을 취득한 고유채권자에 대하여 우선적 지위를 주장할 수 있는지 여부," 민사재판의 제문제 23권(2015년), 395쪽 이하.

3) 박종훈, "한정승인과 상속채권자의 우선변제권," 판례연구(부산판례연구회) 22집(2011. 2.), 739쪽 이하; 정구태, "상속채권자와 한정승인자의 근저당권자 간의 우열 문제," 고려법학(고려대학교 법학연구원) 64호(2012. 3.), 84쪽; 나진이, "상속재산에 관한 강제집행절차에 있어 한정승인자의 고유채권자와 상속채권자 사이의 우열관계," 민사판례연구(민사판례연구회) 34권

(4) 위 전원합의체 판결에 의하면 한정승인자는 상속재산에 관하여 완전한 처분권을 가지게 된다. 즉 한정승인에 의한 재산분리 효과에서 한정승인자의 상속재산에 대한 처분제한의 효과가 인정된다고 보기 어렵다. 다만 민법은 한정승인자가 **부당한 재산감소행위**를 하여 상속재산을 **'부정소비'**를 하는 경우 단순승인으로 간주되는 불이익(민 1026조 3호)을 받게 되므로, 한정승인자가 자신의 채권자에게 근저당권 등 담보권을 설정해 주는 행위는 정당한 사유가 없는 배신행위로서, 근저당권 등 담보권설정행위에 의하여 상속채권자에 대한 책임재산인 상속재산의 재산적 가치의 감소를 초래하는 부정소비에 해당할 수 있으므로, 단순승인으로 간주되어 **상속인의 고유재산**이 책임재산이 될 수 있다.

▣ 한정승인이 이루어진 경우 담보권을 취득하지 않은 한정승인자의 고유채권자가 상속채권자에 대하여 우선적 지위를 주장할 수 있는지 여부

(1) **판례**는 한정승인자의 고유채권자가 상속재산에 관하여 저당권 등의 **담보권을 취득했다는 등 사정이 없는 이상**, 한정승인자의 고유채권자는 상속채권자가 상속재산으로부터 그 채권의 만족을 받지 못한 상태에서 상속재산을 고유채권에 대한 책임재산으로 삼아 이에 대하여 강제집행을 할 수 없다고 보는 것이 **형평의 원칙**이나 **한정승인제도의 취지**에 부합하며, 이는 한정승인자의 고유채무가 **조세채무**인 경우에도 그것이 상속재산 자체에 대하여 부과된 조세나 가산금, 즉 **당해세에 관한 것이 아니라면** 마찬가지라고 보고 있다.[1)]

(2) 판례에 따르면 한정승인이 이루어진 경우 상속재산에 관한 집행절차에서는 **당해세가 아닌 한** 조세채권 역시 한정승인자에 대한 일반채권과 동일하게 취급된다. 따라서 상속채권자는 한정승인자에 대한 일반채권자 및 조세채권자(당해세가 아닌 경우)에 우선하지만, 한정승인자에 대한 담보권자인 채권자에 대해서는 우선하지 않으며, 한정승인자에 대한 담보권자인 채권자에 대해서는 국세기본법과 지방세기본법에서 규정하고 있는 우열의 문제는 고려될 여지가 없게 된다.[2)]

(3) 한편 상속부동산에 관하여 법 274조 1항에 따른 형식적 경매절차(상속인은

(2012. 2.), 678쪽.

4) 한편 원칙적으로 한정승인자의 담보권자를 우선하되, 담보권 설정 당시 한정승인자의 채권자가 한정승인이 있었던 사실을 안 경우, 즉 상속채권자가 한정승인자의 채권자의 악의를 증명한 경우에는 상속채권자가 우선하도록 해야 한다는 견해(**절충설**)로는, 이영철, "한정승인이 이루어진 경우 상속채권자와 상속인의 근저당권자간의 우열관계," 재판과 판례(대구판례연구회) 23집(2015년), 436쪽.

1) 대판 2016. 5. 24. 2015다250574; 김형석, "한정승인의 효과로서 발생하는 재산분리의 의미," 가족법연구 22권 3호(2008년), 495쪽 이하.

2) 문영화, "한정승인자의 조세채권자가 상속재산에 대한 강제집행에서 배당을 받을 수 있는지 여부," 가족법 주요판례 10선(2017년), 134쪽.

상속채무의 변제를 위해 상속재산의 전부나 일부를 매각할 필요가 있는 때에는 민사집행법에 의하여 경매를 신청할 수 있다. 민 1037조)가 진행된 것이 아니라,[1] 담보권실행을 위한 경매절차가 진행된 경우에는 통상의 담보권실행을 위한 경매절차에서와 동일한 방법으로 배당을 실시해야 하므로, 비록 한정승인절차에서 한정승인(한정승인신고심판청구에 따라 한정승인신고수리) 후 한정승인공고에 따라 상속채권자로 신고한 사람이라고 하더라도 집행권원을 얻어 그 경매절차에서 배당요구를 함으로써 일반채권자로서 배당받을 수 있다.[2]

3. 신탁재산의 경우

신탁법상 수탁자가 변경된 경우 신탁사무의 처리에 관하여 생긴 채권은 **신탁재산의 한도 내에서** 신수탁자에 대해서도 행사할 수 있다(신탁법 53조 1항 · 2항). 이는 신수탁자가 전수탁자의 채무를 승계하되 신탁재산의 한도 내에서 책임을 부담하도록 한 것으로,[3] 채권자의 신수탁자에 대한 이행판결의 주문에는 신수탁자의 고유재산에 대한 강제집행을 할 수 없도록 집행력을 배제하기 위하여 **신탁재산의 한도**에서 지급을 명하는 취지를 명시해야 한다.[4]

Ⅲ. 압류금지 · 제한재산

1. 법정압류금지재산

법정압류금지재산으로 법 195조(유체동산) · 246조(채권) 등에서 규정하고 있다. 한편 사립학교법(28조 2항 · 3항), 신탁법(22조 1항), 전통사찰의 보존 및 지원에

---

1) 이러한 형식적 경매는 담보권실행을 위한 경매나 강제경매와 달리 특정재산의 가격보존이나 정리를 위하여 하는 것으로 담보권실행을 위한 경매절차의 예에 따라 경매를 진행하도록 되어 있다.

2) 대판 2010. 6. 24. 2010다14599. 한편 한정승인이 이루어진 상속재산에 대하여 담보권실행을 위한 경매만 진행되는 경우는 물론 한정승인에 따른 형식적 경매와 담보권실행을 위한 경매가 경합된 경우에도 담보권실행을 위한 경매절차를 진행하여, 통상의 담보권실행을 위한 경매와 마찬가지로 법 148조에서 정한 채권자들에게 배당순위에 따라 배당해야 하며, 한정승인에 따른 변제절차를 고려하여 배당을 실시할 것은 아니다. 위 대법원판결의 원심판결인 수원지방법원 2010. 1. 8. 선고 2009나26876 판결.

3) 대판 2007. 6. 1. 2005다5812,5829,5836 등.

4) 채권자의 신수탁자에 대한 이행판결의 주문에 신탁재산의 한도를 금액으로 특정하여 표시할 경우 그 주문의 기재로는 신수탁자의 신탁재산뿐 아니라 자신의 고유재산으로도 변제해야 할 위험이 있으므로, 신탁재산의 한도를 금액으로 특정할 필요 없이 그 주문에 신탁재산의 한도에서만 지급을 명하는 취지를 따로 명시해야 한다. 대판 2010. 2. 25. 2009다83797.

관한 법률(14조), 건설산업기본법(88조), 자동차손해배상 보장법(40조), 주택법(61조) 등에서도 이에 관한 규정을 두고 있다.

▣ 사립학교의 기본재산에 대한 압류의 허용 여부

(1) 사립학교의 교육용 기본재산의 경우

1) 사립학교법 28조 2항은 학교법인의 교육에 직접 사용하는 **교지**(校地), **교사**(校舍) **등의 재산**(**교육용 기본재산**)에 대해서는 관할청의 허가 유무에 불문하고 매도하거나 담보에 제공할 수 없도록 규정하고 있으므로(교육에 필수불가결한 재산이 처분됨으로써 그 학교의 존립 자체가 위태롭게 되는 것을 방지하고자 하는 데에 그 목적이 있다) 이에 대하여 압류가 허용되지 않는다.1)

2) **판례**도, 사립학교법 28조 2항, 같은 법 시행령 12조가 학교교육에 직접 사용되는 학교법인의 재산 중 교지·교사 등은 이를 매도하거나 담보에 제공할 수 없다고 규정하고 있는 취지는, 그것이 매매계약의 목적물이 될 수 없다는 데에 그치는 것이 아니고 매매로 인한 소유권이전 가능성을 전부 배제하는 것이라 할 것이고 강제집행의 목적물이 될 수 없고, 이와 같이 **강제집행의 목적대상**이 될 수 없는 이상, 장차의 강제집행을 보전하기 위한 보전처분인 **가압류의 목적대상**도 될 수 없다고 본다.2)3)

(2) 사립학교의 수익용 기본재산의 경우

1) 그러나 그 **외의 사립학교의 기본재산**(**수익용 기본재산**)에 대해서는 관할청의 허가를 받아야 한다는 제한이 있을 뿐 처분 자체가 금지되어 있는 것은 아니며, 한편 압류는 채무자로 하여금 처분을 금지하게 하는 효력이 있을 따름이므로 이에 대한 압류는 허용된다.4)

2) **판례**는, 사립학교법 28조 1항·2항, 같은 법 시행령 12조에 의하면, 학교법인이 매도하거나 담보에 제공할 수 없는 교지, 교사 등을 제외한 기본재산에 대해서

1) 대결 1972. 4. 14. 72마330, 1972. 4. 27. 72마328, 대판 1996. 11. 15. 96누4947.

2) 대판 2004. 9. 13. 2004다22643; 이창형, "사립학교 교육에 직접 제공되는 유치원의 원지·원사(園地園舍)가 가압류의 목적대상이 될 수 있는지 여부," 대법원판례해설 52호(2004년 하반기), 93쪽 이하.

3) 학교법인이 그 의사에 의하여 기본재산을 양도하는 경우 뿐만 아니라 강제경매절차에 의하여 양도되는 경우에도 관할청의 허가가 없다면 그 양도행위가 금지된다. 따라서 학교법인의 기본재산이 관할청의 허가 없이 강제경매절차에 의하여 매각되어 이에 관하여 매각을 원인으로 하여 매수인 명의의 소유권이전등기가 마쳐졌다 하더라도 그 등기는 적법한 원인을 결여한 원인무효의 등기이다. 대판 1994. 1. 25. 93다42993, 대결 2002. 9. 30. 2002마2209. 한편 사회복지법인의 기본재산에 대해서도 같은 취지로는, 대결 2003. 9. 26. 2002마4353; 문광섭, "사회복지법인의 기본재산에 대한 경매와 보건복지부장관의 허가 및 민법 제365조의 저당지상 건물에 대한 일괄경매 등의 관계," 대법원판례해설 67호(2007년 상반기), 673쪽 이하.

4) 김천수, "사립학교 기본재산 압류등기말소청구," 대법원판례해설 45호(2003년 상반기), 37쪽 이하.

는, 학교법인이 이를 매도, 증여, 임대, 교환 또는 용도변경하거나 담보에 제공하고자 할 때 또는 의무의 부담이나 권리의 포기를 하고자 할 때에는 관할청의 허가를 받아야 한다고 제한하고 있을 뿐이므로, **관할청의 허가를 받을 수 없는 사정**이 **확실하다고 인정**되는 등의 **특별한 사정이 없는 한**, 이러한 기본재산에 대한 압류는 허용된다고 보고 있다.1)

3) 다만 관할청의 허가를 받을 수 없는 사정이 확실하다고 인정되는 경우에는 허가대상 재산에 대한 압류가 허용되지 않으므로 채무자는 위와 같은 사정을 소명하여 경매개시결정에 대한 이의신청을 하여 구제받을 수 있다.2)

▣ 신탁법상 신탁재산에 대한 압류의 허용 여부

(1) 의 의

1) 신탁 전의 원인으로 발생한 권리 또는 신탁사무의 처리상 발생한 권리에 기한 경우를 제외하고는 신탁재산에 대해서는 강제집행, 담보권실행 등을 위한 경매, 보전처분(가압류·가처분) 또는 국세 등 체납처분을 할 수 없음이 원칙이다(신탁법 22조 1항). 신탁법상 신탁재산은 수탁자의 고유재산으로부터 분리되어 독립성을 갖게 되므로,3) 원칙적으로 수탁자의 채권자가 신탁재산에 대하여 강제집행 등을 할 수 없으며, 위탁자의 채권자도 강제집행 등을 할 수 없다. 다만 신탁 전의 원인으로 발생한 권리 또는 신탁사무의 처리상 발생한 권리에 기한 경우에는 강제집행 등이 가능하다(신탁법 22조 1항 단서)

2) 이에 위반하여 이루어진 강제집행 등 또는 국세 등 체납처분이 당연무효로 되는 것은 아니고,4) 이를 위반한 강제집행 등에 대해서는 위탁자, 수익자나 수탁자는 민사집행법상 제3자이의의 소(법 48조)를 준용하여 이의를 제기할 수 있으며, 이를 위반한 국세 등 체납처분에 대해서는 국세 등 체납처분에 대한 불복절차에 준하여 이의를 제기할 수 있다(신탁법 22조 2항·3항).

(2) 신탁 전의 원인으로 발생한 권리에 기한 경우

강제집행이 허용되는 **신탁 전의 원인으로 발생한 권리**란 신탁 전에 이미 신탁부동산에 저당권설정등기, 압류등기, 가압류·가처분등기 등이 마쳐져 있어 신탁 전에 이미 신탁재산에 대하여 경매 등을 실행할 수 있는 권리가 있었던 경우, 즉 **신탁재산 그 자체를 목적으로 하는 채권**이 발생된 경우를 말하며, 신탁 전에 위탁자에 관하여 발생한 모든 채권이 포함되는 것은 아니다.5) 신탁대상재산이 위탁자에게 상속

1) 대결 2002. 9. 30. 2002마2209, 대판 2003. 5. 16. 2002두3669, 대결 2004. 9. 8. 2004마408.
2) 법원실무제요 민사집행(2), 53쪽.
3) 대결 2002. 12. 6. 2002마2754.
4) 대판 2000. 12. 8. 2000다57405.
5) 대판 1987. 5. 12. 86다545,86다카2876.

됨으로써 부과된 국세라 하더라도 신탁법상 신탁이 이루어지기 전에 압류를 하지 않은 이상 그 조세채권이 '신탁 전의 원인으로 발생한 권리'에 해당된다고 볼 수 없다.[1]

(3) 신탁사무의 처리상 발생한 권리에 기한 경우

신탁사무의 처리상 발생한 권리란 신탁설정 후에 수탁자가 신탁재산의 관리·처분 등 신탁사무를 처리하는 과정에서 이로 인하여 발생한 권리로 제 3 자가 취득한 권리를 말한다. 신탁재산에 대한 조세채권이나 신탁재산에 속하는 공작물 등의 하자에서 생기는 불법행위에 기한 손해배상책임 등 **신탁재산 자체에서 연유하는 권리**도 포함된다. 한편 신탁업무를 수행하고 있는 수탁자의 통상적인 사업활동상의 행위로 인하여 제 3 자에게 손해가 발생한 경우 피해자인 제 3 자가 가지는 불법행위에 기한 손해배상채권도 이에 포함한다.[2] '신탁사무의 처리상 발생한 권리'에는 **수탁자**를 채무자로 하는 것만이 포함되며, 위탁자를 채무자로 하는 것은 포함되지 않는다.[3]

2. 도산절차의 재산

도산절차의 재산에 대해서는 강제집행을 할 수 없다. 예컨대 파산채권자는 파산재단에 속하는 재산(채무회생 348조 1항), 회생절차개시결정 후의 채무자의 재산(채무회생 58조 1항 2호), 개인회생절차개시결정 후의 개인회생재단에 속하는 재산(채무회생 600조 1항 2호) 등에 대해서는 강제집행을 할 수 없다.[4]

3. 압류범위의 제한

유체동산의 압류에서는 집행력 있는 정본에 적은 청구금액의 변제와 집행비용의 변상에 필요한 한도 안에서 해야 하며(법 188조 2항), 압류물을 현금화해도 집행비용 외에 남을 것이 없는 경우에는 집행하지 못한다(법 188조 3항). 부동산에 대한 금전채권의 집행에서 과잉매각의 금지(법 124조 1항)나 남을 가망이 없는 경우의 경매취소(법 102조)도 마찬가지 취지로 본다.

---

1) 대판 1996. 10. 15. 96다17424.

2) 대판 2007. 6. 1. 2005다5843.

3) 신탁법상 신탁재산은 대내외적으로 소유권이 수탁자에게 완전히 귀속되고 위탁자와의 내부관계에서 그 소유권이 위탁자에게 유보되어 있는 것이 아닌 점, 신탁법 22조 1항은 신탁의 목적을 원활하게 달성하기 위하여 신탁재산의 독립성을 보장하는 데 그 입법취지가 있는 점 등을 고려할 때 그렇다. 대판 2012. 4. 12. 2010두4612, 2012. 7. 12. 2010다67593.

4) **판례**는, '채무자 회생 및 파산에 관한 법률'에 강제집행을 허용하는 특별한 규정이 있다거나 같은 법률의 해석상 강제집행을 허용해야 할 특별한 사정이 있다고 인정되지 않는 한 파산재단에 속하는 재산에 대한 별도의 강제집행은 허용되지 않으며, 이는 재단채권에 기한 강제집행에서도 마찬가지라고 한다. 대결 2007. 7. 12. 2006마1277. 한편 임금채권 등 재단채권에 기한 강제집행도 파산선고로 그 효력을 잃는다고 한 것으로는, 대결 2008. 6. 27. 2006마260.

강제집행 PART 2

제 1 장 강제집행의 요건

강제집행을 하기 위해서는, ① 당사자적격이 있는 집행채권자가, ② 우리나라의 재판권에 속하는 민사집행사항에 관하여,[1] ③ 관할기관에 강제집행신청을 해야 하며, ④ 이러한 강제집행신청은 권리보호이익을 갖추어야 하는 등 **강제집행의 적법요건**을 갖추어야 한다. 한편 집행법원은 강제집행의 개시나 속행시 집행장애사유에 대하여 직권으로 그 존부를 조사해야 하고, 집행개시 전부터 그 사유가 있는 경우에는 집행의 신청을 각하 또는 기각해야 하며, 만일 집행장애사유가 존재함에도 간과하고 강제집행을 개시한 다음 이를 발견한 때에는 이미 한 집행절차를 직권으로 취소해야 한다.[2]

제 1 절 집행권원

Ⅰ. 의　　의

(1) **집행권원**은 사법상의 일정한 급부청구권의 존재와 범위를 표시함과 동시에 강제집행으로 그 청구권을 실현할 수 있는 법률상 집행력을 인정한 공문서를 말한다. 집행권원은 강제집행을 하는 데에 없어서는 안 될 기초이다. 집행권원에 의하여 집행력의 주관적 범위 및 객관적 범위가 정해진다.

따라서 집행권원의 내용을 특정할 수 없는 경우, 예컨대 **판결주문이 불특정**한 경우에는 신소를 제기할 수 있다(불특정한 범위 내에서 기판력에 저촉되지 않는다). 다만 판결주문의 불특정이 아닌 판결내용에서 표현상의 분명한 잘못이 있는 경우

---

1) 집행절차상 재판권 면제에 관해서는, 김홍엽(민사소송), 40쪽.

2) 대결 2000. 10. 2. 2000마5221, 2008. 11. 13. 2008마1140. 예컨대 항소법원이 채무자의 공탁금을 담보로 가집행선고 있는 제 1 심판결에 따른 **강제집행**을 항소심 판결선고시까지 **정지하는 결정**을 했다면, 그 후 채권자의 신청에 따라 이루어진 공탁금회수청구권에 대한 채권압류 및 전부명령은 유효한 집행권원에 의한 것이 아니므로 집행법원은 이를 취소하고 그 신청을 기각해야 한다. 대결 2008. 9. 3. 2008마892.

에는 판결경정사항(민소 211조)이 된다.

(2) 무효인 집행권원에 기한 집행행위는 법정요건에 흠이 있는 경우로서 절차상 무효일 뿐만 아니라, 실체상 무효가 된다. 다만 실체법상 청구권이 없음에도 법원을 속여 편취한 집행권원(예컨대 사위(詐僞)판결)의 경우에도 강제경매절차에서 매수인은 소유권을 취득한다.[1] 이 경우 집행당사자 사이에 부당이득 · 손해배상의 문제가 발생한다.

(3) 집행권원에 의한 집행청구권에 기하여 집행을 하기 위해서는 **원칙적으로 집행문**을 부여받아야 한다[**예외적으로** 집행문을 부여받을 필요가 없는 경우도 있다. 이에 관해서는 뒤에서 보기로 한다]. 즉 강제집행은 원칙적으로 집행문이 있는 집행권원 정본(**집행력 있는 정본**)이 있어야 한다(법 28조).

Ⅱ. 각종의 집행권원

1. 확정된 종국판결

(1) 확정판결

(a) 의 의

1) 여기서 확정판결이란 이행의무를 강제집행절차에 의하여 실현할 수 있는 효력인 좁은 의미의 집행력이 있는 이행판결에 한한다. 따라서 강제집행 외의 방법에 의하여 판결의 내용에 적합한 상태를 실현할 수 있는 효력이 있는 넓은 의미의 집행력 있는 이행판결, 확인판결, 형성판결은 집행권원이 될 수 없다.

2) 판결은, ① 선고와 동시에 확정되는 경우(선고를 하는 상고기각판결, 불상소 합의가 있는 경우의 제 1 심 판결), ② 송달과 동시에 확정되는 경우(선고를 하지 않는 상고기각판결, 즉 심리불속행으로 인한 상고기각판결, 상고이유서 부제출로 인한 상고기각판결), ③ 상소기간의 만료시 확정되는 경우(상소기간의 도과, 상소의 취하, 상소각하판결 또는 상소장각하명령의 확정 등), ④ 상소권의 포기시 확정되는 경우 등이 있다.[2]

---

1) 확정된 종국판결에 근거하여 경매절차가 진행된 경우 그 뒤 그 확정판결이 재심소송에서 취소되었다고 하더라도 그 경매절차를 미리 정지시키거나 취소시키지 못한 채 경매절차가 계속 진행된 이상 매각대금을 다 낸 매수인은 경매목적물의 소유권을 적법하게 취득한다. 대판 1996. 9. 6. 96다26589, 1996. 12. 20. 96다42628.

2) 이에 관하여 상세한 설명으로는, 김홍엽(민사소송), 839쪽.

(b) 판결확정증명

1) 판결의 확정증명은 당사자의 신청에 의하여, 원칙적으로 제 1 심법원의 법원사무관 등이 내어 준다(민소 499조 1항). 기록이 상급심에 있을 때에는 상급법원의 법원사무관 등이 그 확정부분에 대해서만 내어 준다(민소 499조 2항).

2) 판결확정증명은 집행의 요건이 아니나, 확정되어야 그 효력이 생기는 재판에 관하여 집행문부여신청을 하는 때 기록상 명백한 경우가 아니면 그 재판이 확정되었음을 증명하는 서면(**판결확정증명서**)을 붙여야 한다(규칙 19조 2항).

(c) 확정판결에 기한 집행과 잠정처분

1) 확정판결에 대하여 추후보완상소 또는 재심의 소의 제기시에는 집행을 정지하기 위하여 집행정지의 잠정처분을 받아야 한다(민소 500조 1항). 강제집행의 개시 전·후를 불문하나, 강제집행이 종료된 뒤에는 허용되지 않는다. 이 경우에는 부당이득이나 불법행위에 의한 구제만이 가능하다.

2) 소유권이전등기판결과 같이 의사진술을 명하는 판결의 경우는 원칙적으로 (동시이행 등 조건이 붙어 있지 않는 한) 판결이 확정되면 의사의 진술이 있는 것으로 간주되어 이로써 집행이 종료되기 때문에(법 263조 1항) 집행정지신청이 허용되지 않는다.

3) 잠정처분의 신청은 추후보완상소 또는 재심의 소의 관할법원에 해야 한다. 집행정지신청에 대한 결정에 대해서는 불복할 수 없다(민소 500조 3항). 따라서 특별항고에 의해야 한다(민소 449조). 일시정지·취소결정이 났을 때에 그 재판정본을 집행기관에 제출하여 정지·취소를 구할 수 있다(법 49조).

(2) 가집행선고 있는 종국판결

(a) 의 의

가집행선고 있는 종국판결은 미확정 종국판결에 대하여 확정된 경우와 마찬가지로 미리 집행력을 주는 형성적 재판이다. 이는 상급심에서 본안판결이 취소·변경되는 것을 해제조건으로 집행의 효력이 발생한다.[1] 가집행선고 있는 종

---

1) 대판 1993. 10. 8. 93다26175,26182, 1995. 12. 12. 95다38127, 2004. 2. 27. 2003다52944. 상급심에서는 가집행의 결과를 참작할 것이 아니며, 이를 참작함이 없이 본안청구의 당부를 판단해야 한다. 예컨대 가집행선고 있는 경우에는 집행관이 금전을 추심하거나 또는 매각대금을 영수해도 채무자로부터 지급받은 것으로 보지 않는다(법 201조 2항 단서, 208조 단서). 대판 1993. 10. 8. 93다26175,26182, 2000. 7. 6. 2000다560. 다만 이는 해당 소송절차에서 취소·변경대상이 되는 본안판결이 존재하는 경우에 만약 가집행에 기한 이행상태를 판결자료로 채용

국판결은 집행권원이 된다(법 24조).

(b) 가집행선고를 붙일 수 있는 판결

1) 가집행선고는 좁은 의미의 집행력을 가지는 이행판결에 한한다는 것이 판례의 태도이다.[1] 그러나 통설은 강제집행에 적합하지 않는 판결이라도 넓은 의미의 집행력을 부여할 필요가 있기 때문에 강학상 확인판결·형성판결에도 가집행선고를 붙일 수 있다고 본다.[2]

2) 형성판결에서도 법률에 특별한 규정이 있거나 그 성질이 허용하는 경우에는 가집행을 붙일 수 있다. 예컨대 청구이의의 소, 제 3 자이의의 소에서 이미 잠정처분으로 내린 명령을 취소·변경 또는 인가판결을 할 때 직권으로 가집행선고를 한다(법 47조 2항, 48조 3항). 가집행선고는 직권으로 한다.[3][4]

(c) 가집행선고 있는 판결의 효력

1) 가집행선고 있는 판결은 즉시 집행력이 발생한다. 이에 대해서는 집행정지신청을 할 수 있다(민소 501조). 집행정지신청은 서면으로 해야 한다(민소규칙 144조).

2) 가집행선고는 가집행선고만을 바꾸거나 본안판결을 바꾸는 한도에서 선고와 동시에 그 효력을 상실한다(민소 215조 1항).[5] 바뀐 뒤에는 더 이상 가집행선고

한다면 가집행선고에 기한 집행 때문에 그 본안청구에 관하여 승소의 종국판결을 얻을 길이 막히게 되는 이상한 결과가 되어 실제상 불합리하기 때문이지 가집행선고 있는 판결에 기한 집행이 종국적인 것임을 부인하는 것은 아니다. 대판 1995. 4. 21. 94다58490,58506.

1) 대판 1966. 1. 25. 65다2374.

2) 김홍엽(민사소송), 941쪽.

3) 민사집행법이 2005. 7. 28. 개정·시행되기 이전에는 가압류·가처분의 취소는 판결로써 했다. 이 경우 가처분취소는 명문의 규정(구 민소 302조)에 따라 가집행선고를 했으며, 가압류취소에 대해서는 명문의 규정을 두지 않았으나 실무상 가처분과 같이 가집행선고를 했다. 가집행선고 있는 가압류·가처분 취소판결에 대하여 상소를 하면서 효력정지할 수 있었다(구 민소 289조). 그러나 위 개정 후 민사집행법에서는 가압류·가처분취소는 판결이 아닌 **결정**의 방식으로 하고, 결정은 고지함으로써 발생하므로 가집행선고의 문제가 제기되지 않는다.

4) 민법상 재산분할청구권은 이혼을 한 당사자 한쪽이 다른 쪽에 대하여 재산분할을 청구할 수 있는 권리로서 이혼이 성립한 때에 그 법적 효과로서 비로소 발생한다. 따라서 당사자가 이혼이 성립하기 전에 이혼소송과 병합하여 재산분할청구를 하고, 법원이 이혼과 동시에 재산분할을 명하는 판결을 하는 경우에도 이혼판결은 확정되지 않은 상태이므로, 그 시점에서 가집행을 허용할 수는 없다. 대판 1998. 11. 13. 98므1193.

5) 가집행선고 있는 승소판결이 선고된 뒤에 청구를 교환적으로 변경한 경우 가집행선고도 실효한다. 변경 전 청구는 취하되었다고 할 것이고, 따라서 이에 붙여진 가집행선고도 실효한다고 보아야 하기 때문이다. 대판 1995. 4. 21. 94다58490,58506.

에 의한 집행을 할 수 없다. 이미 개시된 집행이라도 바뀐 판결의 정본을 집행기관에 제출하여 집행의 정지·취소를 시킬 수 있다(법 49조 1호, 50조).[1]

3) 가집행선고가 실효하는 경우에도 그 효력은 장래에 향하여 발생하며 소급하는 것이 아니므로(**가집행선고실효의 장래효**), 그 실효 이전에 이미 집행이 종료된 경우 집행을 취소할 여지가 없게 되어 그 효력에 아무런 영향이 없다. 따라서 강제집행절차에서 매수인은 소유권을 취득하며,[2] 당사자 사이에는 부당이득반환·손해배상의 문제가 생길 뿐이다. 다만 가집행선고 있는 제 1 심판결이 항소심에서 취소되면 가집행선고는 실효되지만, 취소된 항소심판결이 상고심에서 파기되면 가집행선고의 효력은 다시 회복한다. 이 경우 특별한 다른 사정이 없는 한 집행권원인 가집행선고가 있는 제 1 심판결에 기하여 집행개시나 집행의 속행을 할 수 있다.[3]

(3) 집행판결(결정)

(a) 의 의

집행판결(결정)은 외국재판 또는 중재판정에 관하여 이를 근거로 강제집행을 할 수 있음을 선언하는 판결(결정)이다(외국재판의 경우에는 **집행판결**, 중재판정의 경우에는 **집행결정**). 집행판결의 성질에 관하여 형성판결설, 확인판결설, 이행판결설 등 견해의 대립이 있다. **형성판결설**이 통설이다. 형성판결설에 의하면 외국판결 등과 집행판결이 결합된 것이 집행권원이 된다.[4]

(b) 외국법원의 확정재판 등에 대한 집행판결

1) 외국법원의 확정판결 또는 이와 동일한 효력이 인정되는 재판(외국법원의 확정재판 등)에 기초한 강제집행은 대한민국 법원에서 **집행판결**로 그 적법함을 선고해야 할 수 있다(2014. 5. 20. 개정·시행 법 26조 1항).[5]

---

1) 대결 2000. 7. 19. 2000카기90, 2006. 4. 14. 2006카기62; 황병하, "가집행선고부 판결 중 상고심에서 불복이 없는 부분에 기한 강제집행의 정지," 대법원판례해설 35호(2000년 하반기), 180쪽 이하.

2) 가집행선고 있는 판결에 기한 강제집행은 확정판결에 기한 경우와 같이 본집행이므로 상소심 판결에 의하여 가집행선고의 효력이 소멸되거나 집행채권의 존재가 부정된다 하더라도 그에 앞서 이미 완료된 집행절차나 이에 기한 매수인의 소유권취득의 효력에는 아무런 영향을 미치지 않으며, 다만 강제경매가 반사회적 법률행위의 수단으로 이용된 경우에는 그러한 강제경매의 결과를 용인할 수 없다. 대판 1990. 12. 11. 90다카19098,19104,19111, 1993. 4. 23. 93다3165.

3) 대결 1964. 3. 31. 63마78, 1993. 3. 29. 93마246,247.

4) 이영섭, 63쪽; 한종렬, 62쪽; 이시윤·조관행, 121쪽; 김상수, 74쪽.

5) 외국법원의 확정재판 등에 대해서는 **집행판결제도**만 두고 있을 뿐 승인판결제도를 별도로 두고 있지 않으나, 외국중재판정에 대해서는 집행결정제도와 함께 **승인결정제도**를 두고 있다

집행판결제도는, 재판권이 있는 외국의 법원에서 행해진 재판에서 확인된 당사자의 권리를 우리나라에서 강제적으로 실현하고자 하는 경우에 다시 소를 제기하는 등 이중의 절차를 강요할 필요 없이 그 외국의 판결을 기초로 하되 단지 우리나라에서 그 판결의 강제실현이 허용되는지 여부만을 심사하여 이를 승인하는 집행판결을 얻도록 함으로써 당사자의 원활한 권리실현의 요구를 국가의 독점적·배타적 강제집행권 행사와 조화시켜 그 사이에 적절한 균형을 도모하려는 취지에서 나온 것이다.[1)]

2) 여기서 '**외국법원의 확정재판 등**'은 재판권을 가지는 외국의 사법기관이 그 권한에 기하여 사법상(私法上)의 법률관계에 관하여 대립적 당사자에 대한 상호 간의 심문이 보장된 절차에서 종국적으로 한 재판으로서 구체적 급부의 이행 등 그 강제적 실현에 적합한 내용을 가지는 것을 의미하며, 그 재판의 명칭이나 형식 등이 어떠한지는 문제되지 않는다.[2)]

외국법원의 판결에는 가집행선고 있는 판결은 포함하지 않는다. 확인판결 또는 형성판결의 포함 여부(즉 넓은 의미의 집행력이 있는 경우)에 대해서는 논의가 있다. 실무상 이행판결 외에 확인판결이나 형성판결도 넓은 의미의 집행력을 가지는 경우에는 집행판결을 요한다고 본다. 다만 민사소송법 217조 1항의 요건을 갖추고 있는 **외국법원의 이혼판결**에 대해서는 집행판결이 면제된다.[3)] 집행판결이 면제되는 것은 외국법원의 이혼판결에 한정되며, 외국법원의 혼인취소·혼인무효나 이혼무효판결을 받은 경우에는 다시 국내법원의 집행판결을 받아야만 가족관계등록의 신고 및 정정신청을 할 수 있다.[4)]

(2016. 5. 29. 개정, 2016. 11. 30. 시행 중재 37조). 즉 중재당사자는 강제집행 전에 미리 해당 중재판정이 우리나라 법상 승인요건을 갖추었음을 확인받기 위하여 법원에 승인결정을 구할 수도 있다.

1) 대판 2010. 4. 29. 2009다68910. 집행판결의 소송물은 외국판결을 근거로 우리나라에서 집행력의 부여를 구하는 청구권이고, 외국판결의 기초가 되는 실체적 청구권이 아니다. 대판 2020. 7. 23. 2017다224906.

2) 대판 2010. 4. 29. 2009다68910. 외국법원의 판결 자체는 아니지만 외국법원의 **재판의 과정**에서 이루어진 **화해조서** 등(예컨대 미국의 경우 pre-trial 단계에서 이루어진 **court settlement** 등) 확정판결과 동일한 효력이 부여되는 경우에는 외국법원의 확정재판 등에 포함된다고 본다. 김홍엽(민사소송), 862쪽.

3) 가족관계등록예규 제419호 '외국법원의 이혼판결에 의한 가족관계등록사무 처리지침'(2015. 1. 8. 개정, 2015. 2. 1. 시행).

4) 호적선례 제1-200호 '외국법원의 혼인무효 또는 취소판결에 기한 호적신고절차'(1983. 3. 30. 제정), 호적선례 제3-580호 '외국법원의 혼인무효판결에 의한 호적정리절차'(1994. 6. 16. 제정).

3) 외국법원의 확정재판 등은 **민사소송법 217조 1항**의 요건을 갖추어야 한다(법 27조 2항 2호).[1]

민사소송법 217조 1항 2호에서 규정한 **적법한 송달**은 공시송달이나 이와 비슷한 송달에 의한 경우가 아니어야 하는데, **판례**는 종전에는 이러한 송달은 보충송달이나 우편송달(발송송달)이 아닌 통상의 송달방법에 의한 송달이라고 보았다가, **최근 판례를 변경**하여 외국재판 과정에서 **보충송달** 방식으로 송달이 이루어졌더라도 그 송달이 방어에 필요한 시간적 여유를 두고 적법하게 이루어졌다면 위 규정에 따른 적법한 송달로 보아야 한다는 입장을 취하고 있다.[2]

외국법원의 확정재판 등이 **징벌적 손해배상(punitive damages)**과 같이 손해전보의 범위를 초과하는 배상액의 지급을 명하는 경우에는 **민사소송법 217조의2**(2014. 5. 20. 민사소송법 개정시 신설되었다)에 따라 적정 범위로 **제한**하여 **승인**할 수 있다. 다만 외국법원의 확정재판 등이 당사자가 실제로 입은 손해를 전보하는 **전보적 손해배상(compensatory damages)**을 명하는 경우에는 손해액이 과다하다는 이유로 그 승인을 제한할 수 없다.[3][4][5]

한편 외국판결이 편취되었다는 사유는 원칙적으로 외국판결에 대한 승인 및 집행을 거부할 사유에 해당하지 않는다. 다만 피고가 판결국 법정에서 사기적인 사유를 주장할 수 없었고 또한 처벌을 받을 사기적인 행위에 대하여 유죄판결과 같은 고도의 증명이 있어야 승인 및 집행거부의 사유가 된다.[6]

---

1) 이에 관한 상세한 설명으로는, 김홍엽(민사소송), 864쪽 이하.

2) 대판(전) 2021. 12. 23. 2017다257746.

3) 대판 2015. 10. 15. 2015다1284, 2016. 1. 28. 2015다207747; 김진오, "징벌적 배상이 아닌 전보배상을 명한 외국판결의 경우, 인용된 손해배상액이 과다하다는 이유로 승인을 제한할 수 있는지 여부," 대법원판례해설 105호(2016년), 316쪽 이하.

4) **판례**는, 피고가 원고들의 독점적 식료품 수입·판매계약을 방해하고 불공정한 경쟁방법을 사용했다는 이유로 미국 하와이주 법에 따라 원고들이 입은 손해의 **3배 배상**을 명하는 하와이주 판결에 대하여 원고들이 집행판결을 구하는 사건에서, 위 하와이주 판결상 손해배상의 대상으로 삼은 행위는 우리나라 공정거래법의 규율 대상에 해당할 수 있는데, '독점규제 및 공정거래에 관한 법률'에서도 실제 손해액의 3배 내에서 손해배상을 허용하는 법조항을 두고 있으므로, 위와 같은 법리에 비추어 실제 손해액의 3배에 해당하는 손해배상을 명한 위 하와이주 판결을 승인하는 것이 우리나라 손해배상제도의 원칙이나 이념·체계 등에 비추어 도저히 허용될 수 없는 정도라고 할 수 없다고 한다. 대판 2022. 3. 11. 2018다231550.

5) 우리나라의 경우 이미 앞서 언급한 '독점규제 및 공정거래에 관한 법률'뿐만 아니라 '하도급거래 공정화에 관한 법률', '제조물책임법' 등에서 **3배 배상(triple damages)** 제도를 도입했을 뿐만 아니라 '자동차관리법'(2020. 2. 4. 개정, 2021. 2. 5. 시행), '중대재해 처벌 등에 관한 법률'(2021. 1. 26. 제정, 2022. 1. 27. 시행) 등에서는 **5배 배상** 제도까지 도입했다.

6) 대판 2004. 10. 28. 2002다74213; 장상균, "외국판결의 집행요건," 대법원판례해설 51호(2004

4) 집행판결청구소송은 채무자의 보통재판적이 있는 곳의 지방법원이 관할하며, 보통재판적이 없는 때에는 민사소송법 11조의 규정에 따라 청구의 목적 또는 담보의 목적이나 압류할 수 있는 채무자의 재산이 있는 곳의 지방법원이 관할한다(법 26조 2항).[1] 이러한 **토지관할**은 전속관할이다(법 21조). **사물관할**은 외국법원의 확정재판 등에서 인정된 권리의 가액(그 2분의 1이 소송목적의 값이다)에 의한다(민인규칙 16조 1호 가목).

5) 집행판결은 외국판결의 옳고 그름을 조사할 수 없다(법 27조 1항). 외국법원의 확정재판 등이 확정되었는지, 민사소송법 217조 1항의 요건을 갖추었는지 두 요건만 심리하며(**직권조사사항**, 민소 217조 2항), 요건불비시 소를 각하한다.[2]

6) 집행판결에 의하지 않고 국내에서 이행의 소를 제기할 수 있는지 여부에 관하여 논의가 있으나, 외국법원의 확정재판 등은 우리나라에 승인될 수 있으면 기판력이 생기므로 같은 소송을 국내에 제기하면 기판력에 저촉되어 부적법하게 되어 기판력에 저촉되므로 허용되지 않는다고 본다.

7) 외국법원의 확정재판 등에 표시된 청구권이 그 변론종결 뒤에 소멸・기한유예 또는 변경 등 사유가 발생한 경우에 청구이의의 소를 별도로 제기하여 집행력을 배제시킬 수 있는지(**청구이의설**), 그렇지 않으면 **집행판결청구소송**에서 **항변**으로도 주장할 수 있는지(**항변설**) 논의가 있다. 법원은 이와 같은 청구이의사유를 집행판결을 구하는 소송과정에서 상대방 당사자가 제한적으로나마 **항변으로 주장**할 수 있도록 하는 것이 이미 구속력 있는 판결의 강제집행절차의 한 과정인 집행판결절차에서 집행판결 후 청구이의의 소 등으로써만 다투게 하는 것보다는 당사자에게 편리하고 경제적인 측면도 있으므로 허용된다고 본다.[3]

8) 법원은 심리결과 원고가 외국법원의 확정재판 등이 확정된 것을 증명하지 않거나 그 확정재판 등이 민사소송법 217조의 조건을 갖추지 않은 때에는(승인 및

년 하반기), 502쪽; 김동윤, "외국판결의 승인 및 집행요건으로서의 공서," 인권과 정의(대한변호사협회지) 353호(2006. 1.), 146쪽.

1) 외국법원의 확정재판 등이 가정법원의 심판사항을 내용으로 하는 경우에도 집행판결청구소송의 관할법원은 가정법원이 아니라 지방법원이다. 대판 1982. 12. 28. 82므25.

2) 집행판결을 청구하는 소도 소의 일종이므로, 통상의 소송에서와 마찬가지로 당사자능력 등 소송요건을 갖추어야 한다. 대판 2015. 2. 26. 2013다87055.

3) 서울고등법원 2001. 2. 27. 선고 2000나23725 판결; 이영섭, 65쪽; 한종렬, 63쪽; 이시윤・조관행, 134쪽; 박두환, 119쪽; 채동헌, "청구이의 사유와 외국중재판정에 대한 집행판결 거부," 중재 300호(2001. 6.), 111쪽 이하. 한편 청구이의의 소로써만 다툴 수 있다는 견해로는, 방순원・김광년, 70쪽.

집행거부사유가 존재하는 때에는) 소를 각하해야 한다(법 27조 2항). 민사소송법 217조의2에 따라 외국법원의 손해배상에 관한 확정재판 등이 승인될 수 없는 때에도 마찬가지로 소를 각하한다.

집행판결청구가 이유 있다고 인정될 때에는 그 외국법원의 확정재판 등을 명시하여 집행할 수 있음을 선언하는 집행판결을 한다. 집행판결은 형성판결이나 **넓은 의미의 집행력**을 부여하기 위하여 집행판결에 **가집행선고**를 붙일 수 있다.[1)] 집행판결에 가집행선고가 있거나 확정되면 집행권원이 되며, 일반판결과 같이 집행을 하기 위해서는 집행문의 부여가 필요가 있다.

판례는, 뒤에서 보는 중재판정에 대한 **집행결정절차**에서 중재판정의 성립 이후 민사집행법상 청구이의의 사유가 발생한 경우에 이를 항변으로 주장하여 중재판정의 집행을 거부할 수 있다고 보고, 이렇게 해석하는 것이 당사자로 하여금 집행결정의 확정 이후에 별도의 청구이의소송을 통하여 다투도록 하는 것보다 소송경제에 부합하다고 보고 있으므로,[2)] **집행판결절차**에서도 마찬가지의 입장일 것으로 보인다.

(c) 중재판정에 대한 집행결정

1) 중재판정은 **양쪽 당사자 사이**에 법원의 **확정판결과 동일한 효력**을 가진다(중재 35조). 중재판정은 사인(私人)인 중재인의 판단에 의한 것이어서, 그 성립과 내용에 흠이 있는 경우가 많으므로 중재판정 취소사유(중재 36조 2항)가 있는지 여부에 관한 판단 후에 강제집행을 하도록 하기 위해서는 **집행결정**이 필요하다. 따라서 중재판정의 집행은 법원의 집행결정에 따라 한다(**2016. 5. 29. 개정, 2016. 11. 30. 시행** 중재 37조 2항).[3)]

2) 국내 중재판정의 경우 중재법 38조에 열거된 사유가 없는 한 승인 또는 집행이 되어야 하고(중재 38조), '외국 중재판정의 승인 및 집행에 관한 협약'(뉴욕

---

1) 판결주문은 일반적으로 "위 당사자 사이의 00국 00법원 00호 00사건에 관하여 위 법원이 (언제) 선고한 판결에 기초한 강제집행을 허가한다. 소송비용은 피고가 부담한다. 제 1 항은 가집행할 수 있다."이다.

2) 대결 2024. 11. 28. 2023마6248.

3) 위 중재법 개정 전에는 **집행판결**에 의하도록 했다. 그러나 위 중재법 개정으로 중재판정의 집행은 당사자의 신청에 따라 법원에서 **집행결정**으로 이를 허가해야 할 수 있도록 했다. 중재판정에 대한 승인 역시 결정으로 하도록 했다. 중재판정의 집행을 판결이 아닌 결정으로 함으로써 신속하게 집행권원을 획득할 수 있도록 하여, 우리나라 중재제도를 국제기준에 맞게 선진화함으로써 중재 친화적인 환경을 조성하기 위한 것이다. 이러한 집행결정 등에 대해서는 **즉시항고**를 할 수 있으나, 원칙적으로 집행정지의 효력을 가지지 않는다(중재 37조 6항 · 7항).

협약)의 적용을 받는 외국 중재판정 역시 협약에 열거된 거부사유에 해당하는 경우에 한하여 승인 및 집행이 거부될 수 있다(중재 39조 1항).[1] 그러나 국내 중재판정에 대하여 단지 중재판정취소의 소가 제기된 것만으로는 집행결정을 구하는 신청을 저지할 수 있는 사유가 되지 못한다.[2]

3) 집행결정절차에서는 중재판정의 옳고 그름에 대하여 심사·판단할 수 없으며, 오로지 **중재판정 취소사유의 유무**에 대해서만 판단한다. 취소사유가 있으면 **신청기각결정**을 하고, 취소사유가 없으면 **집행결정**을 한다. 집행결정 후에는 원칙적으로 중재판정취소의 소를 제기할 수 없다.

4) 한편 중재합의 당사자 사이에 **보전처분에 관한 합의**(중재 10조)가 없는 경우에도 중재판정부는 어느 한쪽 당사자의 신청에 따라 필요하다고 인정하는 때에는 **임시적 처분**을 내릴 수 있는데(중재 18조·18조의2), 이 경우 중재판정부가 내린 임시적 처분에 기초한 강제집행을 하려고 하는 당사자는 법원에 이를 집행할 수 있다는 결정(**집행결정**)을 구하는 신청을 구할 수 있다(중재 18조의7). 이 경우 임시적 처분의 집행결정절차에서는 중재법이 정하는 **임시적 처분의 승인·거부사유** 내에서만 판단해야 하고(중재 18조의8 1항), 임시적 처분의 실체에 대해서는 심리해서 안 된다(중재 18조의8 2항).

▣ 외국 중재판정과 집행결정

(1) 외국 중재판정에 대하여 집행결정을 받을 수 있는지 여부는, '외국 중재판정의 승인 및 집행에 관한 협약'(Convention on the Recognition and Enforcement of Foreign Arbitral Awards, 일명 뉴욕협약(The New York Convention), 우리나라는 1973. 5. 9. 가입)의 적용 여부에 따라 구별된다.

(2) 위 **협약의 적용을 받는 경우**에는 그 협약에 의한다(중재 39조 1항). 우리나라는 위 협약에 가입하면서, 다른 가입국가의 영토 안에서 내려진 중재판정에 한하여, 또한 우리나라 법상 상사관계의 분쟁에 한하여 위 협약을 적용할 것으로 유보했다. 뉴욕협약 5조 2항은 공공질서위반을 중재판정의 승인 또는 집행거부사유의 하나로 규정했다. 외국의 중재판정에 대하여 그 판정이 성립된 이후 채무소멸과 같은 집행법상 **청구이의사유**가 발생하여 중재판정서에 근거한 강제집행절차를 밟아나가도록 허용하는 것이 우리 법의 기본적 원리에 반한다는 사정이 **집행재판의 변**

1) 대결 2024. 11. 28. 2023마6248.
2) 대판 2001. 10. 12. 99다45543,45550.

론과정에서 드러난 때에는, 법원은 뉴욕협약 5조 2항 (나)호의 공공질서 위반에 해당하는 것으로 보아 그 중재판정의 **집행을 거부**할 수 있다.[1][2]

(3) 위 **협약의 적용을 받지 않는 경우**에는 외국법원의 확정재판 등에 대한 집행판결절차(민소 217조, 217조의2, 법 26조 1항, 27조)를 준용한다(중재 39조 2항).

2. 집행증서

(1) 의 의

1) 집행증서란 **공증인**[3]이 작성한 공정증서로서, 법정요건을 갖추어 집행력이 인정된 것을 말한다. 즉 집행증서는 공정증서에 **집행승낙의 문구**[4]가 기재된 것이다(법 56조 4호).[5]

2) **어음·수표의 집행증서**는 공증인이 어음·수표에 첨부하여 **강제집행을 승**

1) 대판 2003. 4. 11. 2001다20134, 대결 2024. 11. 28. 2023마6248. 판례는, 이렇게 보는 것이 별도의 청구이의소송을 통하여 다투도록 한 것보다 **소송경제에 부합**다고 보고 있다. 앞서의 대판 2003. 4. 11. 2001다20134는 2016. 5. 29. 중재법이 개정되기 전 중재판정의 집행을 위하여 판결의 형식에 의하여 집행판결을 하도록 정한 우리 법제에 비추어 타당하다는 점도 아울러 그 이유로 들고 있는 데 대하여, **대결 2024. 11. 28. 2023마6248**은 위 개정 중재법에서 중재판정의 집행허가를 판결에서 결정에 의하도록 변경한 후에도 중재판정의 집행에 관한 심사기준은 개정 전후로 큰 차이가 없어 당사자들은 종전과 같이 변론기일이나 적어도 심문기일에서 주장과 증명을 해야 하므로(대결 2021. 10. 15. 2020마7667) **청구이의사유**를 **항변으로 주장**하는 것이 결정절차에 적합하지 않다고 보기도 어렵다고 판시하고 있다.

2) 그러나 채무자가 중재합의에 따른 중재절차에서 중재판정이 성립하기 이전에 상대방에 대하여 중재합의의 대상이 되는 별개의 채권을 내세워 상계 주장을 했으나, 그 상계 주장이 받아들여지지 않았다면, 중재판정의 성립 이후 다시 같은 상계 주장을 이유로 그 중재판정에 기초한 강제집행의 허용이 우리법의 기본적 원리에 반한다거나, 뉴욕협약 5조 2항 (나)호의 공공질서 위반에 해당한다고 보아 중재판정의 집행을 거부할 수는 없다. 대판 2010. 4. 29. 2010다3148.

3) '**공증인**'이란 공증에 관한 직무를 수행할 수 있도록 법무부장관으로부터 임명을 받은 사람('임명공증인')과 법무부장관으로부터 공증인가를 받은 변호사법상 법무법인, 법무법인(유한), 법무조합 등('인가공증인')을 말한다(공증 1조의2 1호 참조). 한편 2005. 1. 27. 변호사법 개정 시 공증인가 합동법률사무소의 근거규정을 폐지했으나, 당시 부칙 6조에 의하여 개정 전 규정에 의하여 인가를 받은 공증인가 합동법률사무소는 종전의 규정에 의하여 공증인의 업무에 속하는 업무를 수행할 수 있도록 했다.

4) 집행승낙문구는 채무자가 강제집행을 승낙한 취지가 적혀 있는 것을 말한다. 공증인법에는 '강제집행을 인낙한다는 취지를 적은 공정증서'라고 한다(공증 56조의2 1항). 판례는 '집행인낙의 의사표시'라고 한 것도 있다. 대판 2002. 5. 31. 2001다64486, 2006. 3. 24. 2006다2803 등.

5) 대판 2020. 11. 26. 2020두42262에서는 **집행증서**가 법령상 용어가 아니고 강제집행을 승낙하는 의사표시가 기재되어 민사집행법에 따른 강제집행의 집행권원이 되는 공정증서를 **강학상·실무상** 지칭하는 용어라고 보고 있으나, 민사집행규칙 22조 1항·2항에서는 '집행증서'라는 용어를 사용하고 있다.

낙한다는 취지를 적은 공정증서를 말한다(공증 56조의2 1항).[1] 어음 · 수표의 집행증서는 그 발행인과 수취인, 양도인과 양수인 또는 그 대리인의 촉탁이 있을 경우에 한하여 작성할 수 있다(공증 56조의2 2항). 어음 · 수표의 집행증서는 법 56조에도 불구하고 그 어음 또는 수표에 공증된 발행인, 배서인 및 공증된 환어음을 공증인수(公證引受)한 지급인에 대해서는 집행권원으로 본다(공증 56조의2 4항). 즉 집행권원에 관한 공증인법의 규정은 민사집행법의 규정에 대한 특칙이다.[2]

(2) 요 건

1) 집행증서는 일반적으로 일정한 금액의 지급이나 대체물 또는 유가증권의 일정한 수량의 급여를 목적으로 하는 청구에 한하여 인정된다(법 56조 4호). 다만 **공증인법**이 2013. 5. 28. **개정**(2013. 11. 29. 시행)되어, **건물 · 토지**, **특정동산**(대통령령으로 정하는 동산, 공증인법 시행령 37조의2)**의 인도** 또는 **반환**을 구하는 경우에도 집행증서를 작성할 수 있도록 **대상을 확대**하되, 사회적 약자인 임차인의 보호를 강화하기 위하여 **임차건물 반환**에 관한 집행증서는 임대차관계의 종료에 따라 건물을 반환하기 전 **6월** 이내에만 작성할 수 있도록 제한하면서 임대인이 상환할 **보증금 반환**도 **함께 포함**되어야 가능하도록 했다(공증 56조의3 신설).[3]

2) 금전이나 대체물에 관한 일정한 청구에 관해서는 이를 특정할 수 있는 구체적 기재가 있어야 한다. 예컨대 이자청구의 경우는 이율 · 기간 등의 기재가 있

---

1) 공증인이 **어음 · 수표**에 대한 집행증서를 작성할 때에는 **어음 · 수표의 원본**을 붙여 **증서의 정본**을 작성하고, 그 어음 · 수표의 사본을 붙여 **증서의 원본** 및 **등본**을 작성한 후, **증서의 정본**은 어음 · 수표상의 **채권자**에게 내주고, **증서의 등본**은 어음 · 수표상의 **채무자**에게 내주며, **증서의 원본**은 **공증인**이 보존한다(공증 56조의2 3항).

2) 통상 공증인법에 의한 어음에 대한 집행증서를 **어음공정증서**라 한다. 공증인이 바로 어음에 부착하여 집행증서를 작성한다는 데에 어음공정증서의 특징이 있다. 민사집행법에 따라 어음 · 수표에 대한 집행증서를 작성할 수 있으나, 이에 기한 어음채권은 배서에 의하여 양도할 수 없는 데 반하여(지명채권 양도방법에 의해서만 양도할 수 있다), 공증인법에 기한 어음채권은 배서에 의하여 양도할 수 있다. 따라서 공증인법에 의한 어음에 대한 집행증서는 집행력의 확보로 그 어음의 신용을 높이게 된다. 김교창, "공증어음에 관한 제문제," 대한공증협회지 창간호(2008년), 6쪽 이하.

3) 공증인법 개정 전 논의로는, 전병서, "집행증서의 대상범위의 확대," 법조 56권 12호(2007. 12.), 256쪽 이하; 장재형, "집행증서의 범위의 확대에 관한 실증적 분석과 검토," 인권과 정의 423호(2012. 2.), 81쪽 이하. 한편 공증인법 개정 후 논의로는, 정동윤, "집행증서의 대상의 확대: 공증인법의 개정을 중심으로," 법조(통권 689호)(2014. 2.), 5쪽 이하. 한편 집행증서의 대상이 되는 청구권의 범위를 특정물 또는 부동산의 인도청구를 포함하여 원칙적으로 집행할 수 있는 모든 청구에까지 확대하는 방향성에 찬성하는 견해로는, 전병서 · 조윤원, "집행증서의 대상범위 확대에 관한 재검토," 민사집행법연구 19권 1호(2023. 2.), 355쪽 이하.

어야 한다.

3) **판례**는, 강제집행에서 채권자가 채무자에 대하여 가지는 집행채권의 범위는 집행권원에 표시된 바에 의하여 정해지므로, 집행권원인 집행증서정본상 차용원금채권 및 이에 대한 그 변제기까지의 이자 외에 변제기 후 다 갚을 때까지의 지연손해금채권에 대하여 아무런 표시가 되어 있지 않는 한 그 지연손해금채권에 대해서는 강제집행을 청구할 수 없다고 본다.[1]

▣ 백지어음에 대한 집행증서 허용 여부

(1) 백지어음은 어음행위자가 후일 어음소지인으로 하여금 어음요건의 일부를 보충시킬 의사로써[2] 고의로 이를 기재하지 않고 어음이 될 서면에 기명날인 또는 서명하여 어음행위를 한 미완성의 어음을 말한다.[3] 어음행위가 성립하려면 어음법상 정해진 어음요건을 모두 갖춘 서면에 서명·날인해야 하나, 수취인 또는 어음소지인에게 보충권을 위임한 상태에서 어음요건 중 일부를 백지로 한 채 어음을 발행하는 것도 가능하고, 이러한 경우 어음소지인이 어음채권을 행사하기 위해서는 흠결된 어음요건을 모두 보충해야 한다.[4]

(2) 백지어음에 대한 보충 이전에는 어음채권이 성립하지 않아 백지어음인 채로 집행력 있는 정본을 부여받았다 해도 어음채권이 실체상 부존재하므로 채무자는 그 집행력의 배제를 위하여 청구이의의 소를 제기할 수 있다[특히 액면이 백지로 된 어음에 대한 공정증서는 작성 당시 그 금액을 명시적으로 특정할 방법이 없으므로 일정성의 요건을 충족시키지 못한 것이 되어 유효한 집행증서가 될 수 없다].

한편 백지어음에 대하여 집행증서를 작성한 다음 어음채권자가 자신이 소지한 증서정본에 부착된 어음원본에 백지를 보충한 경우도 애당초 집행증서 작성 당시

---

1) 대결 1994. 5. 13. 94마542,543; 고영한, "채무명의인 집행력 있는 공정증서정본상 지연손해금채권에 대하여 아무런 표시가 없는 경우 지연손해금채권에 대한 강제집행청구 가부 등," 대법원판례해설 21호(1994년 상반기), 317쪽 이하.

2) 어음의 요건 가운데 만기가 적혀 있지 않더라도 일람출급의 어음으로 보며(어음 2조 1호, 76조 1호), 발행지가 적혀 있지 않더라도 발행인의 명칭에 부기한 곳을 발행지로 보며(어음 2조 3호, 76조 3호), 지급지가 적혀 있지 않더라도 환어음의 경우에는 지급인의 명칭에 부기한 곳을 지급지 및 지급인의 주소로, 약속어음의 경우에는 발행지를 지급지 및 발행인의 주소로 보게 되므로(어음 2조 2호, 76조 2호), **백지어음**이라고 할 때에는 주로 어음의 요건 가운데 **지급받을 자** 또는 지급받을 자를 지시할 자의 명칭(어음 1조 6호, 75조 5호)이나 **발행일**(어음 1조 7호, 75조 6호) 등이 백지인 경우를 말한다.

3) 백지어음은 백지에 대한 보충권과 백지보충을 조건으로 한 어음상의 청구권을 표창하는 유가증권이다. 따라서 후일 어음요건이 보충되어야 비로소 완전한 어음이 되고, 그 보충이 있기까지는 미완성어음에 지나지 않는다. 대판 1998. 9. 4. 97다57573, 대판(전) 2010. 5. 20. 2009다48312.

4) 윤경, "어음·수표소송의 요건사실과 입증책임," 사법연수원논문집 2집(2004. 12.), 131쪽 이하.

어음채권이 존재하지 않았으므로, 이로써 집행권원이 된다고 볼 수 없다.[1] 따라서 공증인법 56조의2 소정의 어음은 **완성된 어음**만을 의미하고, 백지어음은 해당되지 않는다.

(3) 효 력

1) 집행증서는 **집행력**만 인정되며 확정판결과 같은 기판력이 인정되지 않는다.[2] 따라서 채권자는 집행증서에 있는 청구권에 관해서도 확인의 소 또는 이행의 소를 제기할 수 있다. 집행증서에 기재된 청구권이 당초부터 **부존재·불성립**하거나 **무효**인 경우, 또는 집행증서 작성 전에 **소멸**한 경우에도 **청구이의의 소**를 제기할 수 있다(법 59조 3항).

집행증서에 대한 **청구이의의 소**를 **제기하지 않고** 집행증서의 작성원인이 된 채무에 관하여 **채무부존재확인의 소**를 제기한 경우, 그 **목적이 오로지 집행증서의 집행력 배제에 있는 것이 아닌 이상** 청구이의의 소를 제기할 수 있다는 사정만으로 채무부존재확인소송이 확인의 이익이 없어 부적법하다고 볼 수 없다.[3]

2) 집행증서에 대하여 **청구이의의 소**와 **더불어 채무부존재확인의 소**가 제기된 경우(청구의 병합의 경우) 원고가 권리 또는 법률상 지위에 현존하는 불안과 위험을 제거하는 가장 유효·적절한 수단인 청구이의의 소를 제기했다면 그와 함께 제기된 채무부존재확인의 소는 확인의 이익이 없다.[4]

3) **동산양도담보계약**에 대한 집행증서에 기한 강제경매는 실질적으로는 담보권실행을 위한 것으로 본다.[5] 이에 관해서는 뒤에서 보기로 한다.

---

1) 채권자가 **집행증서정본**에 부착된 **어음원본**에 백지를 보충한다 하더라도 **증서원본**에 부착된 **어음사본**에는 여전히 백지인 상태로 남게 되므로 증서원본과 정본의 기재가 다르게 되어 그 증서정본은 공증인법상 증서정본의 기재사항에 위배되는 것으로, 이러한 경우 증서정본으로서의 효력이 인정되지 않으므로, 이에 대하여 채무자는 집행문부여에 대한 이의신청의 방법으로 다툴 수 있다. 이진성, "집행증서," 강제경매·임의경매에 관한 제문제(상)(재판자료 35집, 1987. 7.), 43쪽 이하.

2) 대판 1992. 4. 14. 92다169.

3) 대판 2013. 5. 9. 2012다4381.

4) 대판 2019. 11. 28. 2019다235733.

5) 대판 1994. 5. 13. 93다21910, 1999. 9. 7. 98다47283, 2005. 2. 18. 2004다37430.

▣ 집행증서 작성상 집행승낙의 의사표시에 착오, 또는 사기 · 강박 등의 흠에 관한 민법규정의 유추적용 여부

집행증서의 작성에 착오, 또는 사기 · 강박 등의 흠이 있는 경우 민법 규정을 유추적용할 것인지에 대해서는 논의가 있다. 집행증서상의 **집행승낙의 의사표시**는 공증인에 대한 채무자의 단독의사표시로서 성규(成規)의 방식에 따라 작성된 증서에 의한 소송행위로서, 소송행위는 소송절차의 안정을 기하기 위하여 표시주의 · 외관주의의 원칙상 일단 외관상 표시된 소송행위에 관해서는 **특별한 경우**[예컨대 형사상 처벌받을 다른 사람의 행위(민소 451조 1항 5호 **유추적용**)로 말미암아 이루어지고 이에 대하여 유죄확정판결을 받는 등의 경우] 외에는 착오 또는 사기 · 강박 등의 의사표시상 흠이 있더라도 그 효력이 좌우되지 않는다는 것이 **통설**이다.

이에 대하여, 집행승낙의 의사표시는 집행권원의 형성을 위한 1회적인 단독적 소송행위로서 실체상 법률행위와 밀접한 관련을 가지는 행위이므로 이에 대하여 일률적으로 엄격히 표시주의를 관철한다면 채무자의 이익을 부당하게 희생시키는 결과가 될 수 있어, 법적 안정성을 해치지 않는 범위 내에서 민법규정을 유추적용해야 한다는 **반대견해**도 있다.[1][2]

▣ 집행증서 작성상 집행승낙의 의사표시에 표현대리 및 쌍방대리금지에 관한 민법규정의 유추적용 여부

(1) 표현대리의 문제

판례는, 집행증서가 집행권원으로 집행력을 가질 수 있도록 하는 집행승낙의 의사표시는 공증인에 대한 소송행위로서 이러한 소송행위에는 민법상 표현대리 규정이 유추적용 또는 준용될 수 없다고 본다.[3] 따라서 집행승낙의 의사표시의 상대방이라고 할 수 없는 채권자가 그 대리인에게 집행증서 작성에 관한 촉탁의 대리권이 있다고 믿음에 있어 정당한 사유가 있다고 하더라도 그 의사표시에 관하여 당

---

1) 일본 최고재 1969. 9. 18 판결; 부구욱, "약속어음 공정증서에 관한 제문제," 재판자료 31집(1986. 7.), 560쪽 이하; 이진성, "집행증서," 강제경매 · 임의경매에 관한 제문제(상)(재판자료 35집, 1987. 7.), 43쪽 이하.

2) 이러한 반대견해의 입장에서, 법률행위에 흠이 있는 집행증서라 할지라도 일응 집행권원으로서의 절차요건에는 흠이 없으므로 그 집행력 배제를 위해서는 집행문부여에 대한 이의에 의할 수는 없고, 오로지 내용인 법률행위의 무효(실체상의 청구권의 부존재)를 이유로 하여 청구이의의 소에 의하여 구제를 구해야 하며, 다만 집행증서의 내용인 법률행위에 무효 · 취소 원인 등의 흠이 있는 경우에는 동시에 집행승낙행위에서도 동일한 흠이 있을 때가 적지 않으므로 그 경우에는 집행승낙행위 그 자체의 무효를 주장하여 집행문부여에 대한 이의를 할 수 있다는 견해로는, 안종혁, "공정증서의 하자와 시정," 변호사(서울지방변호사회) 30집(2000. 1.), 248쪽 이하.

3) 대판 1983. 2. 8. 81다카621, 1984. 6. 26. 82다카1758, 1994. 2. 22. 93다42047.

연히 민법 126조 등이 유추적용 또는 준용된다고 할 수 없다.

(2) 쌍방대리의 문제

1) 집행승낙의 의사표시는 소송행위이므로 쌍방대리금지에 관한 민법 124조의 규정이 적용되는 것은 아니나, 그 법의(法意)는 준용된다고 본다. 다만 쌍방대리 등 금지에 관한 위 규정은 본인의 이익보호를 위한 것이므로 채무의 이행에 준하는 형식적·기계적 행위로서 본인의 불이익을 초래할 염려가 없는 행위에 대해서는 준용될 여지가 없다고 본다.[1)]

2) 집행증서 가운데 **건물·토지 또는 특정동산**(공증인법 시행령 37조의2가 정하는 동산)의 **인도·반환**을 목적으로 하는 청구에 관한 **집행증서**의 경우에는 **공증인법상 명문의 규정**을 두어 이러한 집행증서 작성을 촉탁할 때에는 어느 한 당사자가 다른 당사자를 대리하거나 어느 한 대리인이 당사자 양쪽을 대리하는 것을 금지하고 있으므로, 쌍방대리가 허용되지 않는다(공증 56조의3 2항)

그러나 공증인법에서는 **그 밖의 집행증서**의 작성을 촉탁하는 경우 쌍방대리를 금지하는 명문의 규정을 두고 있지 않다.

판례는, 집행약관을 포함하여 계약조항이 이미 당사자 사이에 결정되어 있고 집행증서 작성의 대리인이 단지 위 계약조항을 집행증서에 작성하기 위한 대리인이고 새로이 계약조항을 결정하는 것이 아니라면 이러한 대리관계는 민법 124조의 법의(法意)에 반하는 것이 아니라고 보고 있다.[2)] 즉 판례는, 민법 124조도 본인의 허락이 없는 사람이 한 자기계약과 쌍방대리를 금지하고 있을 뿐이고, 본인의 허락이 있는 경우에는 자기계약과 쌍방대리가 금지되지 않을 뿐만 아니라, 채무자의 **'계약체결에 관한 의사표시** 및 **강제집행을 승낙하는 의사표시'**와 **'집행증서 작성을 촉탁하는 의사표시'**는 구분해야 하므로, 전자의 의사표시를 채무자 본인이 직접 한 이상, 단지 후자의 의사표시에 관한 대리권만을 위임하여 촉탁대리인이 집행증서 작성을 촉탁하도록 하는 것은 민법 124조의 법의에 위배되지 않는다는 입장이다.[3)]

(4) 집행증서의 무효

(a) 의 의

집행증서가 무효인 경우 무효인 집행증서에 기한 **강제집행**은 집행채무자에 대한 관계에서 **무효**이다.[4)] 다만 일정한 경우에는 채무자가 집행증서가 무효이고 그에 기한 강제집행절차가 개시된 사실을 알면서도 아무런 조치도 취하지 않은 채 매각

---

1) 부구욱, "약속어음 공정증서에 관한 제문제," 재판자료 31집(1986. 7.), 560쪽 이하.
2) 대판(전) 1975. 5. 13. 72다1183.
3) 대판 2020. 11. 26. 2020두42262.
4) 대판 1989. 12. 12. 87다카3125, 1997. 4. 25. 96다52489, 대결 1998. 8. 31. 98마1535,1536.

허가결정이 확정되는 것을 방치한 때에는 **신의칙**상 그 무효를 주장할 수 없다.[1)]

(b) 형식적 무효와 실체적 무효

1) 집행증서의 무효는 집행증서의 성립요건에 흠(**형식적 흠**)이 있는 경우(**형식적 무효**)와 집행증서에 기재된 청구권의 원인인 법률행위에 실체법상 무효·취소사유가 되는 흠(**실체적 흠**)이 있는 경우(**실체적 무효**)로 나누어 볼 수 있다.

2) **형식적 흠**이 있는 때에는 그 집행증서 자체가 당연무효로서 집행력을 가질 수 없고,[2)] 이에 대해서는 집행문이 부여될 수 없다. 만일 집행문이 부여된 때에는 채무자는 **공증인의 처분**인 **집행문부여에 대한 이의신청**(법 59조 2항)으로써 집행력의 배제를 구할 수 있다.

이에 반하여, **실체적 흠**이 있는 때에는 그 집행증서가 실체적으로는 무효이지만 집행증서로서의 성립요건을 갖춘 이상 형식적으로나마 유효한 집행증서로서 집행력을 가지고 있고, 따라서 이에 대하여 유효하게 집행문이 부여될 수 있으므로 채무자로서는 **청구이의의 소**에 의하여 그 집행력의 배제를 구해야 한다.[3)] 집행증서에 대한 청구이의의 소에서는 법 44조 2항의 규정이 배제되는 결과(법 59조 3항), 청구권이 당초부터 불성립·부존재 또는 무효라는 것도 청구이의사유로 된다.

▣ 집행증서가 본인 명의를 모용하거나 무권대리인의 촉탁에 의하여 작성된 경우와 그 구제방법

(1) 문제의 제기

본인 명의를 모용하거나 무권대리인이 위조된 위임장에 기하여 집행증서의 작성

---

1) 대판 1992. 7. 28. 92다7726, 1993. 12. 24. 93다42603; 김홍엽(민사소송), 26쪽.

2) 집행증서가 집행권원으로서 집행력을 가질 수 있도록 하는 집행승낙의 의사표시는 공증인에 대한 소송행위이므로, 무권대리인의 촉탁에 의하여 집행증서가 작성된 때에는 집행권원으로서의 효력이 없다. 대판 2001. 2. 23. 2000다45303,45310, 2006. 3. 24. 2006다2803, 2016. 12. 29. 2016다22837. 한편 회생채무자의 관리인이 일체의 소송행위에 대하여 법원의 허가를 받도록 명한 회생절차개시결정에 반하여 법원의 허가를 받지 않은 채 집행증서를 작성한 경우, 채무자 회생 및 파산에 관한 법률 61조 1항 9호가 정하는 바에 따라 그 집행증서는 무효라고 볼 수밖에 없다. 대판 1999. 9. 7. 98다47283.

3) 집행증서에 표시된 청구권의 기초가 되는 법률행위에 무효사유가 있다고 하더라도 그 강제집행절차가 청구이의의 소 등을 통하여 적법하게 취소·정지되지 않은 채 계속 진행된 경우 그 강제집행절차가 반사회적 법률행위의 수단으로 이용되었다는 등의 특별한 사정이 없는 한 강제집행절차의 효력 자체를 부정할 수 없다. 대판 2005. 4. 15. 2004다70024, 2016. 3. 24. 2015다248137; 박관근, "전부명령이 확정된 후 그 집행권원(집행증서)의 기초가 된 약속어음 발행행위에 무효사유가 있는 것으로 판명된 경우, 전부채권자의 부당이득반환의무와 그 반환방법 및 이러한 청구권을 대위행사하는 방법," 대법원판례해설 54호(2005년 상반기), 263쪽 이하.

을 촉탁한 경우와 같이, 집행증서 작성의 촉탁 및 집행승낙의 의사표시의 흠이 되는 동시에 청구권이 본인에 대한 관계에서 성립되지 않는 사유로도 될 수 있는 경우가 있어 **형식적 흠**과 **실체적 흠**의 구별이 반드시 명백한 것은 아니다.[1)]

(2) 견해의 대립

이에 대하여, ① 본인임을 모용하거나 무권대리인의 촉탁에 기하여 작성된 집행증서에 관해서는 그것이 집행권원의 요건을 갖추지 않고 있기 때문에 집행문을 부여할 수 없음에도 불구하고 집행문이 부여된 때에는 집행문부여에 대한 이의신청을 할 수 있음은 물론이지만, 집행증서에 표시된 실체적 청구권의 무효라는 관점에서 청구이의의 소로써 해당 집행증서의 집행력을 다투는 것도 가능하고 어느 방법에 의할지는 신청인이 자유로이 선택할 수 있다는 견해(**병용설**)이다.[2)] ② 집행증서의 무효원인이 되는 사유가 성질상 동시에 집행증서에 표시된 실체적 청구권의 무효사유로도 되는 경우에는 청구이의의 소에 의해야 하고, 그 밖의 경우에는 집행문부여에 대한 이의에 의해야 한다는 견해(**무효원인별적용설**) 등이 있다.[3)]

(3) 검 토

① 기록의 조사만으로 **용이하게 판단**할 수 있는 흠은 **집행문부여에 대한 이의신청**에 따른 결정절차에서 심리하도록 하고, ② 기록의 조사만으로 **용이하게 판단하기 어려운** 흠은 그 집행증서의 내용이 되는 실체상 권리에 흠이 있든지, 집행증서가 집행권원으로 되기 위한 집행력 등 전제요건에 흠이 있든 **청구이의의 소**를 제기하도록 하여 변론절차에 의하여 심리함이 상당하다.

예컨대 본인 명의를 **모용**하거나 **무권대리인의 촉탁**에 의하여 작성한 집행증서여서 무효라고 주장하는 경우 이러한 무효사유에 대하여, ① 사문서위조 등의 유죄확정판결 등이 존재하는 등 **간단하게 소명**할 수 있는 때에는 **집행문부여에 대한 이의신청**으로도 구제될 수 있으며, ② 집행증서에 기하여 **집행문이 부여되기 전**이어서 집행문부여에 대한 이의신청을 할 수 없거나, 집행문이 부여되었더라도 이러한 무효사유를 밝혀내기 위하여 판결절차에서 **변론**을 열어 **증거조사를 할 필요**가 있는 때에는 **청구이의의 소**를 제기하여 구제될 수 있다.

다만 집행문부여에 대한 이의신청을 한 경우 심리절차상 이러한 무효사유를 제대로 소명하지 못하여 그 이의신청이 기각되었다고 하더라도 이러한 판단에는 기판력이 발생하는 것이 아니므로 다시 청구이의의 소를 제기하여 집행력의 배제를 구

---

1) 김능환, "하자 있는 집행증서의 효력," 민사집행에 관한 제문제(상)(재판자료 71집, 1996. 6.), 7쪽 이하.

2) 정원태, "소외인이 신청인 명의를 모용하여 공정증서를 작성하고, 그 후 위 공정증서에 집행문이 부여된 경우 신청인의 구제방법," 대법원판례해설 32호(1999년 상반기), 324쪽 이하; 이진성, "집행증서," 강제경매 · 임의경매에 관한 제문제(상) 재판자료 35집(1987. 7.), 43쪽 이하.

3) 박두환, 95쪽.

할 수 있다.[1)]

(4) 판례의 태도

판례는, ① 집행증서상의 **명의**를 **모용**당했다고 주장하는 채무자는 집행증서에 채무자 본인의 집행촉탁 및 집행승낙의 의사가 결여되었음을 내세워 **집행문부여에 대한 이의신청**으로써 무효인 집행증서에 대하여 부여된 집행문의 취소를 구하는 것도 가능하고, 이 경우 이의신청을 심리하는 법원으로서는 임의적 변론을 거쳐 결정의 형식으로 그 당부를 판단하면 족하며, 반드시 심문 또는 변론절차를 열거나 제출된 자료만으로 소명이 부족하다 하여 신청인에게 추가 소명의 기회를 주어야 하는 것은 아니며,[2)] ② 집행권원인 집행증서가 **무권대리인**의 **촉탁**에 의하여 작성되어 당연무효라고 할지라도 그러한 사유는 형식적 흠이기는 하지만 집행증서의 기재 자체에 의하여 용이하게 조사·판단할 수 없는 것이므로 **청구이의의 소**에 의하여 그 집행을 배제할 수 있다고 본다.[3)]

3. 판결 외의 결정·명령

판결 외의 결정·명령이 집행권원이 되는 경우로는 다음과 같다.

(1) 항고로만 불복할 수 있는 재판

결정·명령의 내용이 급여를 명하는 경우로서, 항고로만 불복할 수 있는 재판은 집행권원이 된다(법 56조 1호). 예컨대 소송비용액확정결정, 부동산인도명령 등이 있다.

---

1) 권창영, "집행문부여에 대한 이의제도와 청구이의의 소의 상호관계," 법조 729호(2018. 6.), 367쪽; 황용경, "집행증서의 하자 내지 남용에 대한 구제방안," 경남법조(창원지방변호사회) 6집(2004. 10.), 42-43쪽.

2) 대결 1999. 6. 23. 99그20. 한편 대법원은 무권대리인의 촉탁에 기하여 작성된 것으로 무효인 때에는 채무자는 청구이의의 소에 의하여 강제집행 불허의 재판을 구할 수 있다는 입장(대판 1989. 12. 12. 87다카3125)을 취했으나, 위 결정(대결 1999. 6. 23. 99그20)에 의하여 청구이의의 소와 집행문부여에 대한 이의신청이 모두 가능하고 어느 방법에 의할지는 당사자가 자유로이 선택할 수 있다는 입장(병용설)을 채택했다고 보는 견해로는, 법원실무제요 민사집행(1), 223쪽; 홍동기, 주석(1), 539쪽. 그러나 위 결정의 사안은 집행증서상의 명의 모용 여부, 즉 채무자인 신청인의 명의를 사칭한 신청외인의 촉탁에 의하여 집행증서가 작성된 경우로서 채무자 명의로 집행증서가 작성되었으나 촉탁한 대리인의 무권대리 여부가 문제가 된 경우의 사안과는 다르다.

3) 대결 1994. 5. 13. 94마542,543, 1998. 8. 31. 98마1535, 1536 등. 한편 위 결정들에 의하면, 무권대리인의 촉탁에 기하여 작성된 집행증서에 대하여 청구이의의 소를 제기할 수 있음은 의문의 여지가 없으나, 위 결정들이 청구이의의 소가 아닌 집행문부여에 대한 이의신청이 불가능함을 명백히 한 것이라고까지는 보기 어렵다는 견해로는, 정원태, "소외인이 신청인 명의를 모용하여 공정증서를 작성하고, 그 후 위 공정증서에 집행문이 부여된 경우 신청인의 구제방법," 대법원판례해설 32호(1999년 상반기), 324쪽 이하.

(2) 확정된 지급명령

지급명령(민소 462조)은 확정되면 확정판결과 같은 효력을 가지므로(민소 474조), 집행권원이 된다(법 56조 3호). 지급명령은 사법보좌관의 업무이다(법조 54조 2항 1호, 사보규 2조 1항 2호). 지급명령의 정본을 송달받은 날부터 2주 내 이의신청을 하지 않으면 확정된다(민소 470조). 이의신청을 했다 하더라도 그 후 이의신청을 취하하거나, 이의신청에 대한 각하결정이 확정된 경우도 마찬가지이다(민소 474조).

(3) 확정된 이행권고결정

소액사건에서 이행권고결정(소심 5조의3 이하)은 확정되면 확정판결과 같은 효력을 가지므로(소심 5조의7 1항), 집행권원이 된다. 이행권고결정은 사법보좌관의 업무이다(법조 54조 2항 1호, 사보규 2조 1항 3호).

(4) 확정된 화해권고결정

화해권고결정(민소 225조)은 확정되면 재판상 화해와 같은 효력이 있으므로(민소 231조), 집행권원이 된다.

(5) 확정된 조정을 갈음하는 결정

조정을 갈음하는 결정(민조 30조 · 32조) 역시 확정되면 재판상 화해와 같은 효력이 있으므로(민조 34조 4항), 집행권원이 된다.

(6) 배상명령

확정된 배상명령 또는 가집행선고 있는 배상명령이 기재된 유죄판결서의 정본은 강제집행에 관해서는 집행력 있는 민사판결정본과 같은 효력이 있으므로(소촉 34조 1항), 집행권원이 된다.

(7) 가압류 · 가처분명령

가압류 · 가처분은 그 집행에 대하여 원칙적으로 강제집행에 관한 규정을 준용하므로(법 291조 · 301조), 집행권원이 된다.

4. 그 밖에 확정판결과 같은 효력을 가지는 것

그 밖에 확정판결과 같은 효력을 가지는 것으로 다음의 경우가 있다. ① 재판상 화해조서[제 3 자가 참가한 화해의 경우에는 제 3 자에 대해서도 집행력을 가진다. 민소 220조], ② 청구인낙조서(민소 220조), ③ 조정조서[민사조정, 가사조정, 재판상 화해와 같은 효력을 가지는 각종 분쟁조정위원회의 조정 등, 민조 28조 · 29조, 가소 59조, 소비자기본법 67조 4항 등], ④ 형사피고사건의 피고인과 피해자 사이에 민사상 다툼(해당 피고사건과 관련된 피해에 관한 다툼을 포함하는 경우로 한정한다)에 관하여 합의한 경우 그 합의가 기재된 공판조서(소촉 36조 5항), ⑤ 확정된 회생채권 및 회생담보권을 기재한 회생채권자표나 회생담보권자표(채무회생 168조),[1] 확정된 채권을 기재한 파산채권자표(채무회생 460조), 확정된 개인회생채권을 기재한 개인회생채권자표(채무회생 603조 3항)[2] 등이 있다.

5. 검사의 집행명령

형사소송법상 벌금 · 과료 · 몰수 · 추징 등 재산형이나 과태료, 소송비용, 비용배상, 가납의 재판(형소 477조), 민사절차상 및 비송사건절차법상의 과태료 재판(법 60조, 비송 249조) 등에 대하여 하는 검사의 집행명령은 집행력 있는 집행권원과 같은 효력이 있다(형소 477조 2항, 법 60조 2항, 질서위반행위규제법 42조 1항).[3]

---

1) 회생절차개시 이전부터 회생채권 또는 회생담보권에 관한 집행권원이 있었다 하더라도, **회생계획인가결정이 있은 후**에는 채무자 회생 및 파산에 관한 법률 252조에 의하여 모든 권리가 변경 · 확정되고 종전의 회생채권 또는 회생담보권에 관한 집행권원에 의하여 강제집행 등을 할 수 없으며, **회생채권자표**와 **회생담보권자표**의 기재만이 집행권원이 된다. 대결 2017. 5. 23. 2016마1256.

2) 여기서 확정판결과 동일한 효력이란 **기판력이 아닌 확인적 효력**을 가지고 회생절차 등 내부에서 불가쟁의 효력이 있다는 의미에 지나지 않는다. 대판 2004. 8. 20. 2004다3512, 3529, 2017. 6. 19. 2017다204131, 2024. 3. 28. 2019다253700. 따라서 애당초 존재하지 않는 채권이 확정되어 이러한 채권자표에 기재되어 있더라도 이로 인하여 채권이 있는 것으로 확정되는 것이 아니므로 채무자로서는 **청구이의의 소** 등 **별개의 소송절차**에서 그 채권의 존재를 다툴 수 있다. 대판 2013. 9. 12. 2013다29035, 29042, 2017. 6. 19. 2017다204131. 한편 회생채권자표가 명백히 잘못된 때에는 회생법원의 **경정결정**에 의하여 이를 바로 잡을 수 있고, 회생절차 내부에서는 더 이상 다툴 수 없다고 하여도 채무자 회생 및 파산에 관한 법률에서 마련하고 있는 절차 외의 다른 절차에 의해 다투는 것까지 금지되는 것은 아니어서 **무효확인의 판결**을 얻어 바로 잡을 수 있고(대판 2003. 5. 30. 2003다18685, 2016. 3. 24. 2014다22957 등), 회생채권자표가 작성된 회생절차가 종료된 후라도 채무자가 **회생채권자표 기재에 관한 무효확인의 소**를 제기하는 것이 그 회생채권자표 기재 회생채권에 관한 권리관계의 불안이나 위험을 제거하기 위하여 유효적절한 수단이 되는 경우에는 이를 허용할 수 있다. 대판 2024. 3. 28. 2019다253700.

3) 가납명령 등의 집행절차에 민사집행법을 그대로 준용하기보다는 신속한 가납명령 등의 집행을 위한 별도의 강제집행절차에 관한 규정을 마련할 필요가 있다는 견해로는, 조광훈, "가납판결 집행에 관한 연구," 법조 55권 9호(2006. 9.), 277쪽 이하.

제 2 절 집 행 문

Ⅰ. 의 의

(1) 집행문이란 집행권원에 집행력이 현재 있다는 것과 누가 집행당사자인지를 공증하기 위하여 집행문부여기관이 집행권원의 정본의 끝에 덧붙여 적는 공증문언을 말한다(법 29조 1항). 집행문에는 "이 정본은 피고 아무개 또는 원고 아무개에 대한 강제집행을 실시하기 위하여 원고 아무개 또는 피고 아무개에게 준다" 라고 적고 법원사무관 등이 기명날인해야 한다(법 29조 2항).

(2) 집행문이 붙은 집행권원의 정본을 **집행력 있는 집행권원의 정본** 또는 **집행력 있는 정본**(집행정본)이라 한다. 집행문 제도의 목적은 집행기관이 아닌 공증기관(집행문부여기관)이 집행기관으로 하여금 집행권원에 집행력이 있는지 여부와 그 범위를 쉽게 판단하게 하여 신속한 집행을 꾀하려는 데 있다. 집행문으로써 집행기관은 집행력의 유무를 심사하지 않고 바로 집행에 착수할 수 있다.[1] 이러한 면에서 집행문은 집행권원 형성기관과 집행기관을 연결하는 가교의 역할을 한다. 집행력 있는 정본은 **강제집행신청** 및 **강제집행속행**의 요건이다.[2]

(3) 집행문이 없거나 있어도 무효인 상태(법원사무관 등의 기명날인이 없는 집행문 등)에서 행해진 강제집행은 **절대무효**로 이에 기한 매수인 명의의 소유권이전등기는 원인무효로 말소의 대상이 된다.[3] 집행기관이 그 흠결을 안 때에는 집행을 개시 또는 속행해서는 안 되며 이에 대한 집행처분은 직권으로 취소해야 한다.[4]

Ⅱ. 집행문부여의 예외

일정한 경우에는 집행문의 부여에 대하여 **예외**가 인정된다. 다만 이러한 경

1) 이명환, "집행문부여에 관한 소송," 재산법연구(한국재산법학회) 12권 1호(1995. 12.), 89쪽 이하.

2) 따라서 강제집행신청시 제출한 집행력 있는 정본은 집행종료시까지 이를 반환해서는 안 된다. 법원실무제요 민사집행(2), 37쪽; 유제민, 주석서(2), 27쪽.

3) 대판 1978. 6. 27. 78다446; 박우동, "집행문이 부여되지 않은 채무명의에 기하여 한 강제집행의 효력," 판례회고(서울대학교) 7호(1979. 11.), 164쪽 이하.

4) 조병선, "집행문 부여에 대한 고찰," 사법논집 17집(1986. 12.), 302쪽 이하.

우에도 집행권원에 **조건**이 붙어 있거나 **승계인**이 있는 때에는 집행문(**조건성취집행문·승계집행문**)의 부여가 필요하다.

1. 간이신속한 집행이 요구되는 경우

여기에는 확정된 지급명령(법 58조 1항), 확정된 이행권고결정(소심 5조의8 1항), 가압류·가처분명령(법 292조 1항, 301조) 등이 있다. 다만 가처분 가운데 채무자에게 **부대체적 작위**를 명하는 가처분과 **부작위**를 명하는 가처분에서는 이와 동시에 간접강제결정을 할 수 있는데(**동시결정형**, 법 301조·291조·261조), 이 경우 간접강제결정 자체는 가처분과 별도의 **독립된 집행권원**이므로 이에 대하여 집행문을 부여받아야 한다(단순집행문을 받아야 하는지, 조건성취집행문을 받아야 하는지는 해당 가처분절차에서 상세히 살펴보기로 한다).

2. 법문상 '집행력 있는 집행권원'[1] 또는 '집행력 있는 민사판결정본'과 같은 효력이 있는 것으로 인정되는 문서의 경우

여기에는 주택임대차분쟁조정위원회 작성의 조정서(주택임대차보호법(2016. 5. 29. 개정, 2016. 12. 1. 시행) 27조), 과태료의 재판(법 60조 2항, 비송 249조, 질서위반행위규제법 42조)이나 형사소송법상 재산형 등의 집행을 위한 검사의 집행명령(형소 477조 2항), 확정된 배상명령이나 가집행선고가 있는 배상명령이 기재된 유죄판결서(소촉 34조 1항) 등이 있다.

3. 집행절차 중에 행해지는 부수적 집행인 경우

여기에는 강제관리개시결정에 기한 부동산의 점유집행(법 166조 2항), 채권압류명령에 기한 채권증서의 인도집행(법 234조 2항), 자동차에 대한 경매개시결정에 기한 자동차인도명령의 집행(규칙 111조 1항), 선박에 대한 경매개시결정에 기한 선박국적증서 등 인도명령의 집행(규칙 195조 2항), 대체집행에서 필요한 비용을 미리 지급할 것을 채무자에게 명하는 결정의 집행(법 260조 2항) 등이 있다.

다만 매각부동산의 **인도명령**(법 136조 1항)에 대하여 집행문이 필요한지에 관

---

1) 법문상 '집행력 있는 집행권원과 같은 효력이 있다'는 의미는 집행권원과 같은 효력을 갖게 하여 민사집행법에 따라 집행할 수 있다는 원칙을 정한 것에 불과한 것으로 보고, 이러한 경우에도 원칙적으로 집행문이 필요하다는 반대견해로는, 남기정, "채무명의에 집행문을 붙이지 않는 경우," 법조 44권 11호(1995. 11.), 169쪽 이하.

하여, 인도명령의 발령 후 승계사유[신청인 또는 상대방의 일반승계 또는 매수인이 소유권을 양도하는 것 같은 특정승계의 경우, 상대방의 점유가 다른 사람에게 승계된 경우 등]가 발생했을 때 민사소송법 218조 1항, 민사집행법 25조 · 31조를 유추적용하여 승계집행문을 부여받아야 집행할 수 있다는 데는 이론이 없으나, 인도명령에 대하여 **집행문**이 필요한지에 대해서는 논의가 있다. 인도명령의 성질을 집행처분으로 보는 입장에서는 집행문이 필요 없다고 보고 있으나,[1] 인도명령의 성질을 집행권원(항고로만 불복할 수 있는 재판, 법 56조 1호)으로 보는 입장에서는 인도명령에 대하여 달리 집행문이 필요 없다고 하는 규정이 없는 이상 **집행문**이 **필요**하다고 본다. 이에 관해서는 해당 부분에서 본다.

4. 넓은 의미의 집행인 의사의 진술을 명하는 판결

예컨대 부동산등기절차의 이행을 명하는 판결 등의 경우는 판결이 확정됨으로써 의사를 진술한 것으로 보므로(법 263조 1항) 이로써 집행이 완료되어 집행문이 필요하지 않다. 다만 반대의무가 이행된 뒤에 권리관계의 성립을 인낙하거나 의사를 진술할 것인 경우에는 법 30조 2항과 32조의 규정에 따라 집행문을 내어 준 때에 그 효력이 생긴다(법 263조 2항).

Ⅲ. 집행문의 종류

1. 단순집행문

단순집행문은 집행권원이 단순한 경우로서, ① 형식 · 내용이 유효한 집행권원이 존재하고, ② 그 집행권원의 집행력이 발생 · 존속하고 있으며, ③ 집행권원의 내용이 집행가능하며, ④ 당사자가 특정되어 있어야 내어 주는 집행문이다.

2. 조건성취집행문

(1) 의 의

조건성취집행문은 집행권원에 **조건**이 붙어 있는 경우, 예컨대 정지조건, 불

1) 김상수, 98쪽. 한편 인도명령이 완전히 독립된 집행권원이 아닌 일종의 파생적 · 부수적 간이절차에 따른 명령이라는 이유로 집행문이 필요하지 않다는 견해로는, 남기정, "채무명의에 집행문을 붙이지 않는 경우," 법조 44권 11호(1995. 11.), 169쪽 이하.

확정기한, 선이행관계 등(그 밖에 즉시 집행을 저지할 모든 사실을 포함한다)[1]이 붙어 있는 경우 **정지조건의 성취**, **불확정기한의 도래**, **선이행관계의 반대의무의 이행** 등이 이루어졌음을 **채권자**가 증명하는 때에 한하여 재판장(사법보좌관)의 명령에 의하여 내어 주는 집행문이다(법 30조 2항, 32조, 사보규 2조 1항 4호).

예컨대 집행권원이 되는 조정조항에 일정 기한까지 자신의 반대의무를 이행했는데도 상대방이 금전지급의무를 이행하지 않을 것을 조건으로 하여 위 금전에 대한 지연손해금을 가산하여 지급하기로 약속한 의무는 집행에 조건을 붙인 경우로서 그 집행문을 부여하기 위해서는 재판장(사법보좌관)의 명령이 있어야 하고, 채권자는 그 조건의 이행을 증명해야 한다.[2]

(2) 조건성취집행문을 받지 않는 경우

1) **확정기한의 도래**, **동시이행관계의 반대의무의 이행 또는 이행의 제공**,[3] **담보의 제공** 등은 조건성취집행문의 부여요건이 아니라, **집행개시요건**이다. 다만 채무자의 **의사표시의무**가 반대의무의 이행 등 조건에 걸린 경우는 **집행문부여요건**이다(법 263조 2항).[4]

2) 집행권원에 **실권약관**(기한이익상실약관)이 붙어 있는 경우[5] **채권자**가 채무자의 불이행의 사실 또는 청구를 한 사실을 증명할 필요가 없고, **채무자 측**에서 할부금 등 지급관계에 관한 **증명책임**을 부담한다. 따라서 채권자는 단순집행문을 발부받으면 된다.[6] 채무자가 할부금 등을 지급한 경우에는 **청구이의의 소**를 제기하여 집행을 막을 수 있다.[7]

---

1) 법원실무제요 민사집행(1), 232쪽.

2) 대판 2010. 8. 19. 2009다60596.

3) 반대의무의 이행과 상환으로 이행을 명하는 재판을 집행권원으로 하는 집행에 관해서는 집행문부여시에 채권자의 반대의무를 이행한 것을 증명하도록 하면 이는 채권자로부터 **동시이행의 이익을 박탈**하여 선이행을 하도록 하는 결과가 되므로 집행문부여시에는 반대의무의 이행을 증명할 필요가 없고 **집행 전**에 집행기관에 반대의무의 이행 또는 이행의 제공을 증명하면 충분하다. 대결 1961. 7. 31. 4294민재항437, 대판 1962. 2. 15. 4294민상708.

4) 집행권원상 의사표시를 해야 하는 채무가 반대급부의 이행 등 조건이 붙은 경우에는 채권자가 그 조건 등의 성취를 증명하여 재판장(사법보좌관)의 명령에 의하여 집행문을 받아야만 **의사표시 간주의 효과**가 발생한다. 대판 2012. 3. 15. 2011다73021, 2024. 10. 31. 2024다232523.

5) 화해조서·조정조서 등의 집행권원에 '할부금의 지급을 1회라도 게을리 한 때에는 기한의 이익을 상실하고 즉시 잔액을 지급한다'든지, '임차인이 계속하여 2개월 이상의 차임을 지체한 때에는 임대인은 바로 임대차계약을 해지하고 건물의 인도를 청구할 수 있다'는 등의 약관이 있는 경우가 있다.

6) 방순원·김광년, 90쪽; 이시윤·조관행, 151쪽; 강대성, 101쪽; 전병서, 85쪽.

7) 법원실무제요 민사집행(1), 234쪽; 민일영, "청구이의의 소에 관한 실무상 문제점," 강제집

3. 승계집행문

(1) 의 의

1) 승계집행문은 집행권원에 표시된 채권자의 승계인을 위하여 또는 집행권원에 표시된 채무자의 승계인에 대한 집행을 위하여 내어 주는 집행문이다(법 31조 1항 본문). 승계집행문 부여의 요건은 집행권원에 표시된 당사자에 관하여 실체법적인 승계가 있었는지 여부이다.[1]

2) 강제집행절차에서는 권리관계의 공권적인 확정 및 그 신속·확실한 실현을 도모하기 위하여 절차의 명확·안정을 중시해야 하므로,[2] 집행권원을 가진 채권자의 지위를 승계한 사람이라고 하더라도 기존 집행권원에 기하여 **강제집행을 신청하려면** 법 31조 1항(법 57조의 규정에 따라 준용되는 경우를 포함한다)에 의하여 승계집행문을 부여받아야 한다. 집행권원에 의한 **강제집행이 개시된 뒤** 신청채권자의 지위를 승계한 경우라도 승계인이 자기를 위하여 강제집행의 **속행을 신청**하기 위해서는 승계집행문이 붙은 집행권원의 정본을 제출해야 한다(규칙 23조 1항). 이러한 경우 법원사무관 등 또는 집행관은 그 취지를 채무자에게 통지해야 한다(규칙 23조 2항).

3) 민사집행법은 판결이 그 판결에 표시된 당사자 외의 사람에게 효력이 미치는 때에는 그 사람에 대하여 또는 그 사람을 위하여 집행을 할 수 있으며, 그 집행을 위하여 집행문을 내어 주는 데 대해서는 **승계집행문**에 관한 규정을 **준용**

행·임의경매에 관한 제문제(상)(재판자료 35집, 1987. 7.), 203쪽 이하. 일본 최고재 판결도 같은 입장이다. 일본 최고재 1966. 12. 15 판결, 1968. 2. 20 판결. 이에 대하여, 채권자가 법 30조 2항에 따라 채무자의 소정의 할부금·차임의 부지급을 증명하여 집행문(**조건성취집행문**)을 부여받아야 하며 채무자는 이에 대하여 **집행문부여에 대한 이의의 소**(법 45조)로써 다툴 수 있다는 입장에서 채권자가 채무자의 불이행을 증명할 필요가 있는데 사안에 따라 되도록 증명을 간이화하는 방향으로 실무상 운용해야 한다는 견해로는, 남기정, "실권약관부 채무명의에 대한 집행문 부여에 있어서의 입증책임," 사법논집 3집(1972. 12.), 526쪽.

1) 대판 2016. 6. 23. 2015다52190.

2) 대판 2015. 1. 29. 2012다111630, 2019. 1. 31. 2015다26009 등. 따라서 그 기초되는 채무가 판결에 표시된 채무자 외의 사람이 실질적으로 부담해야 하는 채무라거나, 그 채무가 발생하는 기초적인 권리관계가 판결에 표시된 채무자 외의 사람에게 승계되었다고 하더라도, 판결에 표시된 채무자 외의 사람이 판결에 표시된 채무자의 포괄승계인이거나, 그 판결상의 채무 자체를 특정하여 승계하지 않는 한, 판결에 표시된 채무자 외의 그 사람에 대하여 새로이 그 채무의 이행을 소구하는 것은 별론으로 하고, 판결에 표시된 채무자에 대한 판결의 기판력 및 집행력의 범위를 그 채무자 외의 사람에게 확장하여 승계집행문을 내어 줄 수는 없다. 대판 1995. 5. 12. 93다44531, 2002. 10. 11. 2002다43851, 2015. 1. 29. 2012다111630.

하고 있으므로(법 25조 1항 · 2항) 집행력이 제 3 자에게 미치는 경우에 제 3 자가 강제집행을 하기 위해서는 승계집행문을 받아야 한다.

4) 승계집행문은 승계가 **법원에 명백한 사실**이거나, **증명서로 증명한 때**에 한하여 내어 준다(법 31조 1항 단서). 승계가 법원에 명백한 사실인 때에는 이를 집행문에 적어야 한다(법 31조 2항). 승계집행문에는 "이 정본은 (재판장 또는) 사법보좌관의 명령에 의하여 피고 아무개의 승계인 아무개(주민등록번호 또는 주소)에 대한 강제집행을 실시하기 위하여 원고 아무개에게 준다"라고 적는다.[1)]

▣ 부동산의 등기청구권, 또는 부동산이나 유체동산의 인도청구권 등에 관한 집행권원에 대하여 어떤 경우에 승계집행문을 내어 주어야 할 것인지 여부

(1) 문제의 상황

이러한 경우 집행청구권이 물권적 청구권인지 채권적 청구권인지 여부, 승계인이 집행채권자에 대항할 수 있는 실체법상 항변권이 있는지 유무를 불문하고, 확정판결의 경우 사실심의 변론종결 후, 청구인낙이나 화해조서 · 조정조서의 경우 그 조서작성 후, 확정된 화해권고결정이나 조정을 갈음하는 결정의 경우 그 결정의 확정 후, 집행증서의 경우 집행증서의 작성 후 승계가 있으면 승계집행문을 내어 주어야 하는지 여부(즉 확정판결의 경우 **민사소송법 218조 1항의 승계인인지 여부**)가 문제가 된다.

(2) 실질설과 형식설의 입장

1) 이에 대하여, 집행청구권이 **물권적 청구권**으로 승계인이 채무자에 대하여, 또는 집행채권자가 채무자의 승계인에 대하여 대항할 수 있어야 하며, 나아가 집행청구권이 물권적 청구권이라고 하더라도 채무자의 승계인에 대하여 **실체법상 대항**할 수 없는 때[**부동산소송**에서 통정허위표시, 비진의 의사표시, 착오로 인한 의사표시, 사기 · 강박에 의한 의사표시에서 선의의 제 3 자이거나, **유체동산소송**에서 선의취득한 제 3 자인 경우]가 아닌 경우에 한하여 승계집행문을 내어 주어야 한다는 입장(**실질설**)과 집행채권자의 집행청구권이 물권적 청구권인지 채권적 청구권인지 여부 및 채무자의 승계인에 대하여 실체법상 대항할 수 없는 때가 아닌지 여부를 불문하고 일단 승계가 있는 경우에는 승계집행문을 내어 주어야 한다는 입장(**형식설**)이 대립되어 있다.

2) **판례**는 집행청구권이 물권적 청구권으로 승계인이 채무자에 대하여, 또는 집행채권자가 채무자의 승계인에 대하여 대항할 수 있는 경우에 한하여 그 승계인에

---

1) 승계집행문에는 승계인의 주민등록번호 등(주민등록번호, 주민등록번호가 없는 사람의 경우에는 여권번호 또는 등록번호, 법인 아닌 사단이나 재단의 경우에는 사업자등록번호 · 납세번호 또는 고유번호를 말한다) 또는 주소를 적어야 한다(규칙 20조 3항).

게 집행력이 미친다고 보는 입장(**실질설**)을 취하고 있다.

3) **실질설**의 입장에서는 집행채권자가 승계인에 관하여 승계집행문을 받지 못하는 경우에는 집행문부여거절에 대한 이의신청(법 34조)이나 집행문부여의 소(법 33조)를 제기하여 구제되며, **형식설**의 입장에서는 집행채권자에게 승계집행문을 내어준 경우에는 집행문부여에 대한 이의신청(법 34조)이나 집행문부여에 대한 이의의 소(법 45조)를 제기하여 구제된다.

(3) 실질설의 타당성

1) 실질설에 의하면 제 3 자가 실체법상 대항할 수 있는 권리가 있는지 여부에 관하여 실체적 판단이 이루어지기 전에는 집행력이 미치는 승계인인지가 판명되지 않는다는 문제점이 있으나, 이는 구소송물이론을 취한 현행 민사소송법 체계에서는 부득이한 일이며, 더구나 제 3 자가 실체법상 대항할 수 있는 권리가 있음에도 불구하고 앞서 본 바와 같이 소제기 등 권리 구제의 부담을 주는 것은 부당하므로 **실질설**이 **타당**하다고 본다.[1)]

2) 형식설은 민사소송법 218조 2항의 추정승계인 규정을 그 논거로 하고 있으나, 위 규정은 확정판결의 경우 **승계사실 자체**가 변론종결 전에 있었는지, 그 뒤에 있었는지 분명하지 않은 경우 **승계시기**를 어떻게 볼 것인지에 관한 법률상 추정 규정에 불과하므로 위 규정만을 들어 입론하는 것은 무리이다.

(2) 승계집행문을 받아야 할 경우

(a) 공동상속의 경우

1) 상속재산인 채권이 **불가분채권**인 경우에는 공동상속인들 중 한 사람이 자기를 위하여 전부 급부에 관한 승계집행문의 부여를 구하는 것이 허용되지 않으며 반드시 전원을 위하여 승계집행문의 부여를 구해야 한다.[2)] 이 경우 그 취지를 승계집행문에 기재한다.

2) 상속재산인 채권이 **가분채권**인 경우에는 공동상속인들은 자신의 상속분에

---

1) 이에 관한 상세한 언급은 김홍엽(민사소송), 908쪽 이하. 법원실무제요 민사집행(1), 182쪽은 판례의 태도에 관한 아무런 분석이나 언급 없이 형식설을 취하고 있다.

2) 예컨대 판례는 공동상속인들의 건물철거의무는 그 성질상 불가분채무이므로 각자가 그 지분의 한도 내에서 건물 전체의 철거의무를 지게 된다고 보고 있다(대판 1980. 6. 24. 80다756). 토지소유자는 공유관계에 있는 공동상속인들 소유의 건물에 관하여 일부 상속인들에 대해서만 각 소유지분 범위 내에서 철거를 명하는 확정판결을 받은 경우 나머지 상속인들을 상대로 그 소유지분 범위에서 철거를 명하는 확정판결을 받아 **건물 전체**에 대하여 철거에 관한 **집행권원**을 확보해야 **철거집행**이 가능하다. 따라서 건물 전체에 대한 철거집행을 위해서는 상속인 전원에 대한 승계집행문이 필요하다. 법원실무제요 민사집행(1), 237쪽; 홍동기, 주석서(2), 154쪽.

대해서만 승계집행문의 부여를 구할 수 있다. 이 경우 승계집행문에는 상속분 또는 그에 기초한 구체적인 액수를 기재한다.

(b) 채권양도 · 채무인수의 경우

1) 집행권원상 채권양도를 받은 사람은 승계인으로서 승계집행문의 부여를 구할 수 있다. 이 경우 채권양도사실 이외에 대항요건(민 450조 1항)인 양도인의 채무자에 대한 통지나 채무자의 승낙의 사실을 증명해야 한다. 예컨대 채권자가 집행권원에 기하여 압류 및 추심명령을 받은 후 그 집행권원상의 채권(**집행채권**)을 양도했다고 하더라도 그 채권의 양수인이 기존 집행권원에 대하여 **승계집행문**을 부여받지 않았다면, 집행채권자의 지위에서 압류채권을 추심할 수 있는 권능이 있다고 볼 수 없다.[1)]

2) 집행권원상 채무인수를 한 사람은 승계인으로서 그 사람에 대하여 승계집행문의 부여를 구할 수 있다. 여기서 채무인수는 채무자의 채무를 소멸시켜 당사자인 채무자의 지위를 승계하는 이른바 **면책적 채무인수**를 말한다.[2)]

(c) 변제자대위의 경우

1) 집행권원에 표시된 채무자를 위하여 집행권원에 표시된 채권자에게 변제(대위변제)한 사람은 법률에 의하여 채권자를 대위하므로(민 480조 1항, 481조) 채권자의 승계인으로서 승계집행문의 부여를 구할 수 있다.

2) 연대채무자나 보증인이 주채무자와 함께 공동당사자가 된 집행권원의 경우 연대채무자나 보증인이 채권자에게 변제하고 다른 연대채무자 또는 주채무자에게 구상권을 행사하여 채권자의 승계인으로서 승계집행문을 구할 수 있다.[3)]

---

1) 대판 2008. 8. 11. 2008다32310. 법 248조에 따라 공탁이 이루어져 배당절차가 개시된 다음 **집행채권**이 **양도**되고 채무자에게 양도통지를 했더라도, 양수인이 **승계집행문을 부여받아 집행법원에 제출하지 않은 이상**, 집행법원은 여전히 배당절차에서 양도인을 배당금채권자로 취급할 수밖에 없다. 이러한 상태에서는 양수인이 집행법원을 상대로 자신에게 배당금을 지급하여 달라고 청구할 수 없다. 양수인이 집행채권의 양수사실을 집행법원에 소명했다고 하더라도 마찬가지이다. 집행채권의 양도와 채무자에 대한 양도통지가 있었더라도, **승계집행문의 부여 · 제출 전에는** 배당금채권은 여전히 **양도인의 책임재산**으로 남아있게 된다. 따라서 승계집행문의 부여 · 제출 전에 **양수인의 채권자**가 위 배당금채권에 대한 압류 및 전부명령을 받았다고 하더라도, 이는 무효라고 보아야 한다. 대판 2019. 1. 31. 2015다26009.

2) 중첩적 채무인수는 당사자의 채무는 그대로 존속하며 이와 별개의 채무를 부담하는 것에 불과하므로 여기서 말하는 채무인수에 해당하지 않는다. 대결 2010. 1. 14. 2009그196, 대판 2015. 1. 29. 2012다111630, 2016. 5. 27. 2015다21967.

3) 이들 구상권을 행사하기 위하여 대위하는 사람은 승계집행문부여신청을 하면서 승계의 증명서로서 채권자로부터 교부받은 집행력 있는 정본(전부변제의 경우) 또는 영수증을 제출해야

그런데 ① 채권자로부터 변제자에게로 이전되는 권리가 한 사람의 채무자에 대한 권리 등의 경우처럼 채무자의 부담부분을 따질 필요가 없거나 달리 부담부분별로 분할하여 소구할 필요가 없는 때에는 바로 승계집행문을 부여받아 그 권리를 행사할 수가 있다. ② 그러나 구상권을 행사할 수 있는 각 채무자의 부담부분이 따로 있고 그 **집행권원**에서 **각 채무자의 부담부분**을 확정하고 있지 않은 때에는 집행권원에 의한 승계집행문을 부여받는다 해도 그가 구상하고자 하는 부분에 대한 집행을 할 수는 없으므로, 실제로 구상할 수 있는 부담부분 등 그 구상범위를 확정하기 위하여 별도의 구상금청구소송을 제기해야 한다(이러한 소송은 그 소의 이익이 있다).[1)]

(d) 선정당사자의 경우

1) 선정당사자가 당사자인 집행권원에서는 **선정자**는 집행권원에 그 표시된 당사자 외의 사람으로 그 효력이 미치는 경우이므로(민소 218조 3항, 법 25조 1항), 집행권원에서 **선정당사자가 채권자로 표시된 경우** 선정당사자가 단독으로 일괄하여 강제집행을 신청할 수 있지만, 선정자가 강제집행을 신청하기 위해서는 승계집행문을 부여받아야 한다. 한편 집행권원에서 **선정당사자가 채무자로 표시된 경우**에는 선정자에 대하여 승계집행문을 부여받아야 선정자에 대한 강제집행을 신청할 수 있다.[2)]

2) 집행권원에 선정자의 권리 · 의무에 관한 내용이 명확히 기재되어 있는 때에는 선정자가 곧바로 집행당사자가 될 수 있으므로 통상의 승계집행문으로 충분하지만, 이러한 기재가 없는 때에는 승계집행문에 집행당사자와 권리 · 의무의 범위를 밝혀야 한다.[3)]

(e) 주주대표소송의 경우

주주대표소송의 경우(상 403조 3항, 542조의6 6항) 집행권원에서 피고가 **회사에게** 손해배상금을 지급하라고 명하고 있고, 이러한 집행권원의 집행력은 회사에게 미치므로(제 3 자 소송담당의 경우, 민소 218조 3항) 회사는 승계집행문을 부여받아(법

한다. 법원실무제요 민사집행(1), 239쪽.

1) 대판 1991. 10. 22. 90다20244.

2) 김홍엽(민사소송), 1079쪽.

3) 법원실무제요 민사집행(1), 242쪽.

25조 2항 · 1항) 스스로 집행을 할 수 있다.[1)]

(f) 소송비용부담의 재판에서 의무자의 승계의 경우

소송비용부담의 재판 이후에 비용부담 의무자의 승계가 있는 경우, 그 승계인을 상대로 **소송비용액확정신청**(민소 110조 1항)을 하기 위해서는 승계집행문을 부여받아야 한다. 따라서 소송비용부담의 재판이 있은 후에 비용부담의 의무자가 사망하자 승계집행문을 부여받지 않고 그 상속인들을 상대로 소송비용액확정신청을 한 경우, 그 신청은 소송비용부담의 재판의 당사자가 아닌 사람들에 대하여 한 것으로 부적법하다.[2)]

(g) 소송중단을 간과한 판결의 집행의 경우

판결절차에서 소송계속 중 소송중단사유가 있음에도 소송대리인이 있어 **중단되지 않은 채** 진행되어 구당사자 명의로 판결이 선고된 경우에는 소송수계인을 당사자로 **판결경정**(민소 211조)을 하면 된다.[3)]

그러나 소송계속 중 소송중단사유로 인하여 소송절차가 중단되었음에도 법원이 소송절차의 **중단을 간과하고** 변론이 종결되어 판결이 선고된 경우[판결은 소송에 관여할 수 있는 적법한 수계인의 권한을 배제한 결과가 되는 절차상 위법은 있지만 그 판결이 당연무효라 할 수는 없고, 다만 그 판결은 대리인에 의하여 적법하게 대리되지 않았던 경우(대리권의 흠)와 마찬가지로 보아 판결확정 전이면 상소에 의하여, 판결확정 후이면 재심의 소에 의하여 그 취소를 구할 수 있을 뿐이다. 민소 424조 1항 4호, 451조 1항 3호 **각 유추적용**], 이와 같이 구당사자가 당사자로 표시된 판결에 기하여 구당사자의 승계인을 위한 또는 구당사자의 승계인에 대한 강제집행을 실시하기 위해서는 법 31조를 준용하여 **승계집행문**을 부여함이 상당하다.[4)]

Ⅳ. 집행문부여절차

1. 법원사무관 등에 의한 부여

(1) 집행문은 집행권원의 성립이 **소송계속을 전제로 하는 경우**에는 원칙적으

1) 김효정, '민사집행절차상 집행당사자적격의 특수문제', 민사집행법연구 16권(2020. 2.), 81쪽; 법원실무제요 민사집행(1), 242쪽.

2) 대결 2009. 8. 6. 2009마897, 2024. 4. 9. 2023마7825.

3) 대판 2002. 9. 24. 2000다49374.

4) 대결 1998. 5. 30. 98그7; 김홍엽(민사소송), 625쪽 · 626쪽.

로 신청에 따라 제 1 심법원의 법원사무관 등이 내어 준다. 다만 소송기록이 상급심에 있을 때에는 그 심급의 법원사무관 등이 내어 준다(법 28조 2항). 집행권원의 성립이 **소송계속을 전제로 하지 않는 경우**, 예컨대 조정조서(조정신청사건에서 조정이 성립된 경우), 제소전 화해조서, 항고로만 불복할 수 있는 재판(법 56조 1호), 또는 집행개시 전 당사자의 승계가 있는 경우의 가압류·가처분결정 등에서도 해당 사건기록을 보관하는 법원의 법원사무관 등이 집행문을 내어 준다.[1] 집행문을 부여할 법원에 **판결원본**이 없는 경우에는 **판결정본**에 기하여 집행문을 부여한다.[2][3]

집행증서의 경우 그 증서를 보존하는 공증인이 집행문을 부여한다(법 59조 1항). 다만 공증인은 집행증서를 작성한 날부터 **7일**[공증인법 56조의3에 따른 건물이나 토지의 인도 또는 반환에 관한 집행증서인 경우에는 **1월**]이 지나지 않으면 집행문을 부여할 수 없다(공증 56조의4 1항).[4] **공증인법 56조의3**에 따른 집행증서의 경우 그 집행증서를 보존하는 공증인이 그 공증인의 사무소가 있는 곳을 관할하는 지방법원 **단독판사**의 **허가**를 받아 부여한다(공증인의 집행문부여에 관한 단독판사의 허가절차에 관해서는, 규칙 22조). 이 경우 지방법원 단독판사는 허가 여부를 결정하기 위하여 필요하면 당사자본인이나 그 대리인을 심문할 수 있다(공증 56조의3 4항).

(2) 확정되어야 그 효력이 있는 재판에 관해서는 기록상 명백한 경우가 아니면 그 재판이 확정되었음을 증명하는 서면을 붙여야 한다(규칙 19조 2항).

(3) 집행권원에 표시된 청구권의 일부에 대하여 집행문을 내어 주는 때에는 강제집행을 할 수 있는 **범위**를 집행문에 적어야 한다(규칙 20조 1항). 예컨대 집행권원의 일부 조항에 한하여 또는 하나의 조항 중 가분적 일부에 한하든지, 채권자 또는 채무자의 승계가 있는 경우 권리의 일부를 승계한 채권자 또는 의무의

1) 법원실무제요 민사집행(1), 229쪽.

2) 재판예규 제871-46호 '판결정본에 기하여 집행문을 부여하는 요령'(재민 85-3, 2002. 6. 27. 개정, 2002. 7. 1. 시행).

3) 법원이나 법원조정위원회 이외의 각종 조정위원회, 심의위원회, 중재위원회 또는 중재부나 그 밖의 분쟁조정기관이 작성한 화해조서, 조정조서, 중재조서, 조정서 등 명칭의 여하를 불문하고 재판상 화해와 동일한 효력이 있는 문서에 대한 집행문은 그 조서를 작성한 조정위원회의 소재지를 관할하는 지방법원(그 소재지가 지방법원 지원의 관할구역에 속하는 경우에는 그 지방법원의 본원을 말한다)의 법원사무관 등이 조서를 작성한 조정위원회로부터 조서등본을 송부받아 신청인이 제출한 조서정본과 위 조정등본을 대조하여 일치함을 확인한 후 집행문을 내어 준다. '각종분쟁조정위원회 등의 조정조서 등에 대한 집행문부여에 관한 규칙'(2002. 6. 28. 개정, 2002. 7. 10. 시행) 2조·3조·6조, 7조 1항.

4) 한편 집행증서에 채무의 전부변제나 계약의 전부해소 사실이 부기되어 있는 때에는 집행문을 부여할 수 없다. 공증 56조의4 2항, 35조의2 1항.

일부를 승계한 채무자에 한한다면 그 범위 등을 명확히 적어야 한다. 만일 집행문에 집행문을 내어 주는 **청구권의 범위**에 관하여 적혀 있지 않은 때에는 집행권원이 되는 모든 조항의 전체에 관하여 집행문이 부여된 것으로 본다.

집행권원에 채권자 · 채무자의 주민등록번호 등이 적혀 있지 않은 때에는 집행문에 채권자 · 채무자의 주민등록번호 등을 적어야 한다(규칙 20조 2항).[1] 승계집행문의 경우에는 집행문에 승계인의 주민등록번호 등을 적어야 한다(규칙 20조 3항).

(4) 집행문을 내어 주는 경우에는 **집행권원의 원본 또는 정본**(예컨대 판결원본 또는 상소심 판결정본)에 원고 또는 피고에게 이를 내어 준다는 취지(승계집행문인 경우에는 그 취지와 승계인의 이름)와 그 날짜를 적고, 법원사무관 등이 기명날인을 해야 한다(법 36조). 집행권원에 표시된 청구권의 **일부**에 대하여 집행문을 내어주는 때(규칙 20조 1항)에는 강제집행을 할 수 있는 **범위**도 적어야 한다(규칙 21조 1항 2호). 집행문을 부여할 법원에 **판결원본이 없어** 판결정본에 기하여 집행문을 부여하는 경우에는 집행문을 부여한 취지 등은 해당 판결정본에 기재한다.[2]

한편 상대방을 심문하지 않고 여러 통의 집행문을 내어 주거나 다시 집행문을 내어 준 때에는 상대방에게 그 사유를 통지해야 한다(법 35조 2항). 여러 통의 집행문을 내어 주거나 다시 집행문을 내어 주는 때에는 그 사유를 원본과 집행문에 적어야 한다(법 35조 3항).

2. 집행문부여의 명령

(1) 조건성취집행문, 승계집행문의 부여 및 여러 통(수통)의 집행문이나 다시(재도) 집행문을 내어 줄 때에는 **재판장**의 **명령**이 있어야 하는데(법 32조 · 35조),[3]

---

1) 2014. 11. 27. 민사집행규칙의 개정(2015. 1. 1. 시행)으로, 2014. 8. 13. '재판서 양식에 관한 예규'(재일 2003-12, 2015. 1. 1. 시행)의 개정에 따라 재판서에 주민등록번호를 기재하지 않는 대신 집행문에 주민등록번호를 기재하여 당사자의 동일성을 확인하는 방안을 마련했다. 소송절차에서 채무자의 주민등록번호가 수집되어 재판사무시스템에 입력된 경우에는 집행문부여담당자는 해당 정보를 조회하여 집행문에 기입할 수 있으나, 소송절차에서 채무자의 주민등록번호가 수집되지 않은 경우에는 채권자가 집행권원과 주소보정명령서를 주민센터에 제시하고 채무자의 주민등록초본을 발급받아 이를 법원에 제출해야 한다. 박유경, "민사소송 및 집행절차에서의 개인정보 보호에 관한 연구," 사법정책연구원(2020년), 53쪽.

2) 재판예규 제871-46호 '판결정본에 기하여 집행문을 부여하는 요령'(재민 85-3, 2002. 6. 27. 개정, 2002. 7. 1. 시행).

3) 집행문부여는 집행문부여기관이 독자의 권한과 책임을 하는 것이어서, 이러한 경우에도 재판기관과는 독립된 기관이 부여하는 것은 당연하므로, 이를 보증하는 의미에서 재판장(사법보좌관)의 명령이 꼭 필요한 것인지에 대하여 의문을 제시하는 견해로는, 조원석, "집행문부여에 있

사법보좌관규칙으로 **사법보좌관**이 집행문부여명령을 할 수 있도록 했다(사보규 2조 1항 4호). 재판장 또는 사법보좌관의 집행문부여명령은 독립된 재판이 아니라 법원의 내부적 지시에 불과하므로 그 명령에 대해서는 별도로 항고 등으로 다툴 수 없고, 집행문부여의 권한을 가진 법원사무관 등의 처분에 대한 이의신청으로 다툴 수 있을 뿐이다.[1]

(2) 조건성취집행문이나 승계집행문은 재판장 또는 사법보좌관의 명령이 있어야 내어 주는데, 재판장 또는 사법보좌관은 그 명령에 앞서 서면이나 말로 채무자를 심문할 수 있다(법 32조 1항 · 2항). 이러한 명령은 집행문에 적어야 한다(법 32조 3항). 한편 집행권원이 집행증서인 경우 공증인의 집행문부여절차에서는 조건성취집행문이나 승계집행문이라도 재판장(사법보좌관)의 명령을 받을 필요 없이 공증인이 독자적으로 심사하여 집행문을 내어 줄 것인지 여부를 판단한다(공증인의 집행문부여절차에 관해서는 법 32조 · 35조가 준용되지 않는다. 법 57조, 59조 1항).

Ⅴ. 집행문부여 등과 그 구제

1. 집행문부여 등에 대한 이의신청

(1) 의 의

1) 집행문부여 등에 대한 이의신청은 **집행문부여에 대한 이의신청**과 **집행문부여거절에 대한 이의신청**이 있다(법 34조). 집행문부여에 대해서는 유효한 집행권원의 부존재, 집행력의 부존재 · 소멸 등을 이유로 이의신청을 할 수 있다. 집행문부여거절에 대해서는 조건의 성취, 승계나 그 밖의 집행력확장사유가 증명되었다는 이유로도 이의신청을 할 수 있다. 집행문을 내어 달라는 신청에 관한 **공증인의 처분**에 대해서도 이의신청을 할 수 있다(법 59조 2항).

2) 이의신청에 대한 **관할법원**은 **법원사무관 등의 처분**이면 그가 속한 법원 단독판사이고(법 34조 1항), **공증인의 처분**이면 그 공증인의 사무소가 있는 곳을 관할하는 지방법원 단독판사이다(법 59조 2항).

어서 재판장의 명령을 요하는 경우," 사법연구자료 15집(1988. 5.), 349쪽 이하. 일본 민사집행법 27조 · 28조에는 재판장의 명령을 요구하는 규정을 두고 있지 않다.

1) 대결 1967. 10. 13. 67마530.

(2) 재　판

1) 집행문부여 등에 관한 이의신청 가운데 집행문부여에 대한 이의신청은 어떤 사람을 집행채무자로 한 집행문이 부여된 경우에 그 집행문에 표시된 채무자가 집행문부여의 위법을 이유로 집행문부여의 취소 등 시정을 구하기 위하여 제기하는 이의를 말하므로, 판결에 표시된 채무자의 승계인에 대한 집행을 위하여 집행문이 부여된 경우에는 승계인만이 이의를 할 수 있으며, 판결에 표시된 원래의 채무자는 이에 대한 이의를 할 수 없다.[1)]

2) 집행문은 제 1 심법원의 법원사무관 등이 부여하되 소송기록이 상급심에 있는 때에는 그 법원의 법원사무관 등이 내어 주는 것이므로, 제 1 심법원의 법원사무관 등은 그 법원에서의 소송절차가 종료되고 **상소**에 의하여 **소송기록을 상급심법원에 송부한 후**에는 집행문부여의 권한을 잃게 되고, 따라서 제 1 심법원의 법원사무관 등이 한 집행문부여거절처분에 대한 이의신청은 이와 같이 그 거절처분을 한 법원의 법원사무관 등이 **집행문부여의 권한을 잃은 뒤**에는 특별한 사정이 없는 한 **신청의 이익**이 없어 부적법하다.[2)]

3) **집행문부여에 대한 이의신청시** 집행에 관한 이의신청에서의 **잠정처분**에 준하는 결정을 할 수 있다. 따라서 집행문부여에 대한 이의신청에 대한 재판에 앞서 채무자에게 담보를 제공하게 하거나 제공하게 하지 않고 집행을 일시정지를 명하거나, 채권자에게 담보를 제공하게 하고 그 집행을 계속하도록 명하는 등 잠정처분을 할 수 있다(법 34조 2항, 16조 2항).

4) **집행문부여나 부여거절에 대한 이의신청**에 관한 재판은 실질적으로 **넓은 의미의 강제집행절차**이므로 그에 대해서는 일반 소송절차에 대한 규정인 민사소송법 439조 · 442조에 따른 **통상항고나 재항고**에 의하여 불복할 수 없고, **강제집행절차상 불복방법**에 의해야 한다. 그런데 민사집행법상 집행문부여나 부여거절에 대한 이의신청에 관한 재판에 대해서는 **즉시항고**를 할 수 있다는 **특별한 규정**이 없을 뿐만 아니라[집행절차에 관한 집행법원의 재판에 대해서는 특별한 규정이 있어야만 즉시항고를 할 수 있다(법 15조 1항)] 해석상 그와 동일시할 수 있는 경우도 아니므로 **즉시항고**는 할 수 없다. 또한 집행문부여나 부여거절에 대한 이의신청에 관한 재판은 **집행법원의 재판이 아니며** 집행법원이 본안법원의 재판을 재판의 대

---

1) 대결 2002. 8. 21. 2002카기124.

2) 대결 2000. 3. 13. 99마7096.

상으로 삼을 수도 없으므로 **집행에 관한 이의신청**(법 16조 1항)으로 불복할 수도 없어 결국 불복절차가 없기 때문에 **특별항고(법 23조 1항**, 민소 449조)만이 가능하다.[1)2)]

2. 집행문부여의 소

(1) 의　　의

1) 집행채권자가 집행문부여 단계에서 **조건의 성취**나 **승계**에 관한 필요한 문서(**증명서**)를 제출하여 **증명할 수 없는 때**에는 집행문을 내어 달라는 소를 제 1 심 법원에 제기할 수 있다(법 33조). 즉 집행문부여의 소는 채권자가 집행문을 부여받기 위하여 증명서로써 증명해야 할 사항에 대하여 그 증명을 할 수 없는 경우에 증명방법의 제한을 받지 않고 그러한 사유에 근거하여 집행력이 현존하고 있다는 점을 주장·증명하여 판결로써 집행문을 부여받기 위한 소로서,[3)] 집행에 조건이 붙어 있어 조건의 성취를 주장하거나 채권자 또는 채무자의 승계사실을 주장하면서 집행문 부여를 구하는 경우에 제기할 수 있다. 따라서 이를 증명할 수 있음에도 집행문부여의 소를 제기하는 것은 소의 이익이 없어 각하해야 한다.

집행문부여의 소는 법원사무관 등에게 집행문을 내어 줄 것을 신청하여 거절된 때에 제기할 수도 있고, 아예 이러한 신청을 하지 않고 곧바로 법원에 제기할 수도 있다.[4)]

---

1) 대결 1995. 5. 13. 94마2132, 1997. 6. 20. 97마250, 2017. 12. 28. 2017그100 등. **특별항고**는 법률상 불복할 수 없는 결정·명령에 재판에 영향을 미친 헌법 위반이 있거나, 재판의 전제가 된 명령·규칙·처분의 헌법 또는 법률의 위반 여부에 대한 판단이 부당하다는 것을 이유로 하는 때에 한하여 허용되는 것이므로(민소 449조 1항), 결정이 법률에 위반되었다는 등의 사유만으로는 재판에 영향을 미친 헌법 위반이 있다고 할 수 없어 특별항고사유가 되지 못한다. 대결 2008. 8. 21. 2007그49.

2) 이에 관하여 통상항고설, 집행에 관한 이의신청설, 즉시항고설, 불복불가설(특별항고설), 집행문부여의 소 등 제기설 등의 학설 대립을 소개하고, 실무상 **통상항고설**을 취할 경우 남항고로 인한 절차의 지연과 불확정성으로 인하여 심각한 문제점이 있음에 비하여 **불복불가설(특별항고설)**을 취할 경우 신속과 경제라는 강제집행제도의 이상에 부합하도록 원칙적으로 불복을 불허하되 반드시 구제받아야 할 사안의 경우에만 예외적으로 비상한 구제절차를 허용하게 되어 훨씬 합리적이므로, 불복불가설(특별항고설)이 가장 타당하다는 견해로는, 강용현, "집행문부여에 대한 이의에 관한 재판에 대한 불복방법," 민사재판의 제문제(하)(송천이시윤박사화갑기념, 1995. 10.), 372쪽 이하. 일본은 집행문부여에 대한 이의에 관한 재판에 관해서는 불복을 불허함을 명문으로 규정하고 있다(일본 민사집행법 32조 4항).

3) 대판 2012. 4. 13. 2011다93087, 2022. 2. 11. 2020다229987.

4) 전병서, 102쪽; 이무상, "간접강제결정의 집행에 있어 집행문부여절차," 민사집행법연구 21권(송천이시윤박사 추모기념, 2025. 2.), 146쪽.

2) 집행문부여의 소는 집행문부여의 요건이 존재하며 집행문부여가 적법하다는 것을 선언하는 판결을 구하는 **확인의 소**이다(통설).[1]

▣ **집행문부여의 소를 제기하지 않고 승계인을 상대로 별소를 제기할 수 있는지 여부**

(1) 전소에서 승소확정판결을 받은 원고와 동일인인지 여부가 명확하지 않아(**집행당사자의 동일성이 명확하지 않는 경우**) 전소 확정판결상 피고의 변론종결 뒤의 승계인에 대하여 승계집행문을 받기 어려운 때에는 원고는 (승계)집행문부여의 소를 제기하지 않고 승계인을 상대로 별소를 제기할 수 있다. 예컨대 원고가 등기말소를 명한 확정판결의 원고와 동일인인지 여부가 명백하지 않은 때에는 확정판결의 변론종결 뒤의 승계인인 피고에 대하여 법 31조의 규정에 의하여 법원사무관 등으로부터 승계집행문을 부여받기는 어려우며, 또 집행문부여의 소를 제기하더라도 패소될 수도 있다. 따라서 그와 같은 경우에는 **집행문부여의 소** 외에 원고가 피고를 상대로 **별도의 소송**으로 소유권이전등기의 말소를 구할 소의 이익을 부정할 수 없다.[2]

(2) **판례**는, 이와 달리 승계사실이 명확하지 않거나 승계사실을 증명할 수 없음에 불과한 때에는 (승계)집행문부여의 소를 제기하여 승계집행문을 부여받음이 원칙이나, 이미 승계인을 상대로 **별소**를 제기하여 승계인과의 사이에 승계 여부에 대해 상당한 정도의 공격방어 및 법원의 심리가 진행됨으로써 사실상 집행문부여의 소가 제기되었을 때와 큰 차이가 없다면 소의 이익이 없다고 섣불리 단정해서는 안 된다는 입장이다.[3]

(2) 집행채권자가 제기한 집행문부여의 소에서 집행채무자가 청구이의사유로 항변할 수 있는지 여부

1) 집행문부여의 소에서 채무자가 집행채권의 부존재 등 실체상 청구권에 관한 사유(청구이의사유)로 항변할 수 있는지에 관하여 논의가 있다.

이에 대하여, ① 집행문부여의 소와 청구이의의 소는 그 기능이나 목적이 다르며 집행문제도는 집행력의 존재를 공증하는 것으로 집행력의 발생 또는 확장의

---

1) 이시윤·조관행, 160쪽; 전병서, 104쪽; 강대성, 63쪽; 오시영, 127쪽; 김일룡, 141쪽; 이명환, "집행문부여에 관한 소송," 재산법연구(한국재산법학회) 12권 1호(1995. 12.), 89쪽 이하. 한편 확인의 소와 형성의 소의 성질을 모두 가진다는 견해로는, 김상수, 108쪽.

2) 대판 1994. 5. 10. 93다53955.

3) 대판 2022. 3. 17. 2021다210720. 만약 이 경우 법원이 소의 이익이 없다는 이유로 후소를 각하하고 원고로 하여금 다시 집행문부여의 소를 제기하도록 하는 것은 당사자로 하여금 그 동안의 노력과 시간을 무위로 돌리고 사실상 동일한 행위를 반복하도록 하는 것이어서 당사자에게 가혹할 뿐만 아니라 신속한 분쟁해결이나 소송경제의 측면에서 타당하다고 보기 어렵다는 것을 그 이유로 들고 있다.

요건인 조건의 성취나 승계가 다투어지는 경우에도 다를 바 없으므로, 채무자에게 그 위법이나 부당을 주장하는 기회도 별도로 부여해야 한다는 견해(**소극설**), ② 수소법원이 판결절차에 의하여 집행력의 존부를 확정할 경우에 집행력의 존재에 관한 형식적 사유와 실체적 사유를 구별할 필요가 없고 집행력을 배제함으로써 그에 의하여 집행문의 부여를 위법으로 하게 할 수 있는 실체상의 이의도 참작하는 것이 절차의 합목적적이고 실제적인 분쟁해결의 관점에서도 타당하다는 견해(**적극설**) 등이 대립되어 있다.[1)]

소극설에 의하면 청구이의사유가 존재하여 집행이 실체상 시인될 수 없는 경우에도 청구이의의 소를 별도로 제기하지 않는 한 집행은 허용하는 결과가 되나, 피고인 채무자가 집행문부여의 소의 소송절차에서 청구이의의 소를 **반소**로써 제기함으로써 이러한 문제를 피할 수 있으므로 양설은 실제상 큰 차이가 없다.[2)] 다만 이론상 **소극설**의 입장이 보다 설득력이 있다.[3)]

2) **판례**는, 집행문부여의 소와 청구이의의 소를 각각 인정한 취지에 비추어 보면, 집행문부여의 소에서의 심리대상은 조건의 성취 또는 승계사실을 비롯하여 집행문부여의 요건에 한하는 것으로 보아야 하므로, 채무자가 법 44조에 규정된 청구이의의 소에서의 이의사유를 들어 **청구이의의 반소**를 제기하지 않은 채 이를 **단순히 항변으로만** 집행문부여의 소에서 주장하는 것은 허용되지 않는다고 보고 있다.[4)]

▣ 집행문부여의 소에서 원고의 청구범위 중 일부에 대해서만 집행력의 존재가 인정되는 경우 법원이 집행문부여를 명하는 방법

집행문부여기관은 집행권원에 표시된 청구권의 일부에 대하여 집행문을 내어 주는 경우 강제집행을 할 수 있는 범위를 특정하여 집행문에 적어야 하고(규칙 20조

---

1) 적극설 중에서도, ① 채무자는 집행문부여의 소에서 청구이의사유를 주장할 수 있으나 그 소송종료 후에는 변론종결 전에 생긴 사유를 청구이의의 소의 원인으로 주장할 수 없다는 **실권긍정설**, ② 그와 같은 경우 주장할 수 있다고 하는 **실권부정설**, ③ 집행문부여의 소에서 다툰 경우에는 나중에 다시 주장할 수 없다고 하는 **절충설** 등이 있다. 이명환, "집행문부여에 관한 소송," 재산법연구(한국재산법학회) 12권 1호(1995. 12.), 89쪽 이하.

2) 이시윤 · 조관행, 161쪽.

3) 박두환, 178쪽; 전병서, 105쪽; 강대성, 64쪽; 김상수, 109쪽. 적극설의 입장으로는, 방순원 · 김광년, 194쪽.

4) 대판 2012. 4. 13. 2011다93087; 호제훈, "청구이의의 소의 이의사유를 집행문부여의 소에서 주장할 수 있는지 여부," 대법원판례해설 91호(2012년 상반기), 392쪽 이하.

1항), 한편 채권자가 집행문부여의 소에서 승소한 판결을 제출하여 집행문을 내어 달라고 신청하는 때에는 집행문부여의 요건에 대한 조사·판단 없이 그 판결에 의하여 집행문을 부여해야 한다. 따라서 집행문부여의 소에서 집행문부여를 구하는 원고의 청구범위 중 일부에 대해서만 집행력의 존재가 인정되는 경우 법원은 집행문부여기관이 집행권원에 표시된 청구권 중 그 집행력이 인정되는 일부에 대해서만 집행문을 내어 줄 수 있도록 강제집행을 할 수 있는 범위를 특정하여 집행문부여를 명해야 한다.[1]

3. 집행문부여에 대한 이의의 소

(1) 의 의

1) **조건성취집행문**이나 **승계집행문**이 부여된 경우 채무자가 집행문부여에 관하여 증명된 사실에 의한 집행권원의 집행력을 다투거나 인정된 승계에 의한 집행권원의 집행력을 다투기 위해 집행문부여에 대한 이의의 소를 제기할 수 있다(법 45조).[2]

2) 집행문부여에 대한 이의의 소의 성질은 집행문이 부여된 집행권원에 의한 강제집행을 허용해서는 안 된다는 취지의 판결을 구하는 (**소송법상**) **형성의 소**로 본다.[3]

3) 집행문부여에 대한 이의의 소는 집행권원이 판결인 경우 **제 1 심 판결법원**에 제기해야 한다(법 45조 본문, 제44조 1항). 이는 직분관할로서 성질상 **전속관할**에 속한다.[4] 예컨대 지방법원 **합의부**가 제 1 심으로 재판한 판결(화해, 청구의 인낙, 조정 등 포함)을 대상으로 한 (승계)집행문부여에 대한 이의의 소는 그 재판을 한 지방법원 **합의부**의 전속관할에 속한다.[5]

---

1) 대판 2009. 6. 11. 2009다18045.

2) 따라서 집행권원에 관하여 이미 집행문을 내어 주었다가 다시 내어 달라는 신청을 받고 다시 내어 준 것일 뿐 집행권원에 붙은 조건이 성취되었음을 이유로 집행문을 내어 준 경우 또는 집행권원의 채권자 또는 채무자의 승계인에 대하여 집행문을 내어 준 경우가 아니라면, 집행문부여에 대한 이의신청을 할 수 있을 뿐 집행문부여에 대한 이의의 소를 제기할 수 없다. 대판 2016. 8. 18. 2014다225038, 2021. 6. 24. 2016다268695.

3) 이시윤·조관행, 162쪽; 전병서, 110쪽. 한편 확인의 소의 성질을 가진다고 보는 견해로는, 강대성, 70쪽; 오시영 131쪽. 확인의 소와 형성의 소의 성질을 모두 가진다는 견해로는, 김상수, 111쪽.

4) 여기서 '제 1 심 판결법원'이란 집행권원인 판결에 표시된 청구권, 즉 판결에 기초한 강제집행에 의하여 실현될 청구권에 관하여 재판을 한 법원을 말한다. 대결 2022. 12. 15. 2022그768.

5) 대판 2019. 12. 27. 2019다265482, 2020. 10. 29. 2020다205806.

4) 집행문부여에 대한 이의의 소의 판결이 확정되면 강제집행의 정지 또는 취소의 신청을 할 수 있다(법 49조 1호, 50조 1항).

(2) 이의사유

1) 집행문부여에 대한 이의의 소의 이의사유는 집행권원에 표시된 **조건의 불성취**와 당사자에 관한 **승계의 부존재**이다.[1] 따라서 그 외의 사유로만 집행문부여의 위법함을 주장하는 때에는 집행문부여에 대한 이의신청만으로 가능하다.

2) 집행문부여에 대한 이의의 소에서 조건의 성취와 승계와 관련하여 **실체적 요건**의 흠 외에 **형식적 요건**의 흠(집행권원의 부존재, 집행문의 방식위반 등)을 주장할 수 있다. 따라서 실체상의 이의로서는 이유가 없는 것으로 판명되더라도 형식적 요건에 흠이 있으면 이 소를 인용하여 집행문부여를 취소해야 한다(통설).[2]

3) 조건의 성취나 승계사실을 이의신청으로 다툴 수도 있으므로(법 45조 단서) 조건의 불성취나 당사자에 관한 승계의 부존재를 이의사유로 하는 경우에는 채무자는 집행문부여에 대한 이의의 소와 집행문부여에 대한 이의신청 가운데 어느 것을 선택해도 무방하다.

판례는, 집행채권자가 집행채무자의 상속인들에 대하여 승계집행문을 부여받았으나 상속인들이 적법한 기간 내에 상속을 포기함으로써 그 승계인적격이 없는 경우에 상속인들은 그 집행정본의 효력 배제를 구하는 방법으로서 집행문부여에 대한 이의신청을 할 수 있는 외에 집행문부여에 대한 이의의 소를 제기할 수도 있다고 한다.[3]

4) 집행문부여에 대한 이의의 소에서 조건의 성취나 승계사실에 대한 **증명책임**은 집행채권자인 피고에게 있다.[4] 따라서 집행문부여에 대한 이의의 소에서 법원은 증거관계를 살펴 과연 집행권원에 표시된 조건의 성취가 있었는지 여부 또는 집행권원에 표시된 당사자에 관하여 실체법적인 승계가 있었는지 여부의 사실관계를 심리한 후 조건의 성취나 승계사실이 충분히 증명되지 않거나 오히려 그 반대사실이 증명되는 경우에는 조건성취집행문이나 승계집행문을 취소하고 이러

---

1) 해제조건의 성취는 청구이의의 소에 의해야 한다. 권창영, "집행문부여에 대한 이의제도와 청구이의의 소의 상호관계," 법조 통권 729호(2018. 6.), 351쪽.

2) 방순원 · 김광년, 98쪽; 이시윤 · 조관행, 162쪽; 전병서, 110쪽; 강대성, 69쪽; 김상수, 112쪽; 오시영, 132쪽; 김일룡, 143쪽.

3) 대판 2003. 2. 14. 2002다64810.

4) 대판 2015. 1. 29. 2012다111630.

한 집행문에 기한 강제집행을 불허해야 한다.[1)]

▣ **집행채무자가 제기하는 집행문부여에 대한 이의의 소와 청구이의의 소의 관계**

(1) 문제의 상황

집행문부여에 대한 이의의 소(조건의 성취 또는 승계라는 집행적격을 다투어 해당 집행문이 부여된 개개의 집행권원의 정본에 기한 집행력의 배제를 목적으로 한다)와 청구이의의 소(채무자가 집행권원에 표시된 청구권에 관한 실체상의 이유를 주장하여 집행권원의 집행력을 배제하는 것을 목적으로 한다)는 모두 실체상의 원인을 이의사유로 한다. 따라서 채무자가 집행문부여에 대한 이의의 소를 제기하면서 청구이의의 소의 이의사유를 주장할 수 있는지, 그리고 반대로 청구이의의 소를 제기하면서 집행문부여에 대한 이의의 소의 이의사유를 주장할 수 있는지에 관하여 논의가 있다.

(2) 견해의 대립

① **소권경합설**은 양소는 제도상 그 목적을 달리하는 별개의 소로 보아 양소의 이의사유를 동시에 주장하는 경우에는 소제기시 병합청구(**청구의 병합**)를 하든지, 소제기 후 청구의 변경(**추가적 변경**)을 해야 한다는 입장이다. ② **법조경합설**은 양소는 본질적으로 공통성을 가지고 있으므로 집행문부여에 대한 이의의 소는 청구이의의 소의 한 모습에 불과하므로 하나의 소에서 주장한 후 별소를 제기하면 기판력이 미친다고 본다. ③ **절충설**은 양소는 별개의 것이나 양소가 근본적으로는 이질적이 아니며, 집행에 관한 분쟁해결의 1회성의 요청에 비추어 어느 한쪽 소송에서 다른 쪽의 이의사유를 주장할 수 있고 다만 동시제출을 강제할 수 없으므로 별소를 제기하는 것이 당연히 허용된다는 입장이다.[2)3)]

(3) 검 토

집행문부여에 대한 이의의 소와 청구이의의 소는 집행의 배제를 목적으로 하는 채무자의 구제방법인 점에서는 공통되나 그 성질을 달리하는 독립된 별개의 소로 보아야 하므로, **소권경합설**이 타당하다.[4)] **판례**도, 집행문부여의 요건인 **조건의 성취 여부**는 집행문부여와 관련된 집행문부여의 소 또는 집행문부여에 대한 이의의 소에서 주장·심리되어야 할 사항이지, 집행권원에 표시되어 있는 청구권에 관하여

---

1) 대판 2016. 6. 23. 2015다52190.

2) 양소를 통합하는 것이 바람직하다는 입장에서 입법론적으로 법조경합설의 견지에서 재검토를 주장하는 견해로는, 이명환, "집행문부여에 관한 소송," 재산법연구(한국재산법학회) 12권 1호(1995. 12.), 89쪽 이하.

3) 절충설의 입장에서도, 청구이의의 소에서 집행문부여에 대한 이의사유를 하나라도 주장하여 패소했으면 그 이의사유의 전부가 실권된다는 견해로는, 이시윤·조관행, 163쪽.

4) 방순원·김광년, 101쪽; 박두환, 182쪽; 전병서, 114쪽; 강대성, 71쪽; 오시영, 135쪽; 홍동기, 주석서(1), 648쪽; 권창영, "집행문부여에 대한 이의제도와 청구이의의 소의 상호관계," 법조 통권 729호(2018. 6.), 365쪽.

생긴 이의를 내세워 그 집행권원이 가지는 집행력의 배제를 구하는 청구이의의 소에서 심리되어야 할 사항은 아니라고 보고 있다.[1)]

(3) 소의 이익

1) 집행문부여에 대한 이의의 소는 집행문이 부여된 후 강제집행이 종료될 때까지 제기할 수 있는 것으로서 강제집행이 종료된 이후에는 이를 제기할 이익이 없다. 예컨대 집행력 있는 집행권원에 의해 집행채권의 일부에 관하여 채권의 압류 및 전부명령이 발해진 경우에 전부명령에 포함된 집행채권과 관련해서는 그 **전부명령의 확정**으로 집행절차가 종료하게 되므로 그 부분에 관한 한 집행문부여에 대한 이의의 소를 제기할 이익이 없다.[2)]

2) 집행문부여에 대한 이의의 소는 집행문부여로써 강제집행이 종료되고 더 이상 집행의 문제가 남지 않는 때에는 이를 제기할 이익이 없다. 예컨대 집행권원상 **의사표시를 해야 하는 채무**가 반대급부의 이행 등 조건이 붙은 경우 이러한 조건이 성취되지 않았는데도 등기신청의 의사표시를 명하는 판결 등의 집행권원에 집행문이 잘못 부여된 때에는 그 집행문부여는 무효이나, 집행문부여로써 강제집행이 종료되고 더 이상 집행의 문제는 남지 않으므로, 채무자로서는 집행문부여에 대한 이의의 소를 제기할 이익이 없다.[3)]

3) 집행문부여에 대한 이의신청이 **인용**된 경우 집행문부여에 대한 이의의 소를 제기할 이익이 없으나, 집행문부여에 대한 이의신청이 **기각** 또는 **각하**된 경우에는 집행문부여에 대한 이의의 소를 제기할 수 있다.

4) 집행문부여에 대한 이의의 소에서 **청구를 기각**하는 판결이 확정된 후 집행문부여에 대한 이의신청을 제기할 수 없다. 본소의 판결이 확정된 경우에는 기판력이 생기므로 같은 이유로 이의신청을 할 수 없기 때문이다. 그러나 집행문부

---

1) 대판 2012. 4. 13. 2011다92916.

2) 대판 2003. 2. 14. 2002다64810, 2014. 5. 29. 2013다82043. 다만 전부명령에 포함되지 않아 만족을 얻지 못한 나머지 집행채권 부분에 관해서는 아직 압류사건이 존속하게 되므로 강제집행절차는 종료되었다고 볼 수 없다. 한편 추심명령의 경우에는 그 명령이 발령되었다고 하더라도 그 이후 배당절차가 남아 있는 한 아직 강제집행이 종료되었다고 할 수 없다. 대판 2003. 2. 14. 2002다64810.

3) 이 경우 채무자로서는 집행문부여에 의하여 간주되는 등기신청에 관한 의사표시가 무효라는 것을 주장하거나 그에 기초하여 이루어진 등기의 말소 또는 회복을 구하는 소를 제기해야 한다. 대판 2012. 3. 15. 2011다73021.

여에 대한 이의의 소가 부적법하여 **소를 각하**하는 판결이 확정된 후 집행문부여에 대한 이의신청을 할 수 있다.[1)]

(4) 재 판

1) 집행문부여에 대한 이의의 소는 강제집행을 계속하여 진행하는 데에는 영향을 미치지 않는다(법 46조 1항). 집행채무자가 강제집행의 속행을 저지하기 위해서는 집행문부여에 대한 이의의 소를 제기한 후 법원으로부터 강제집행의 정지를 명하는 **잠정처분**을 받아 집행기관에 제출해야 한다(법 46조 · 45조). 잠정처분은 원칙적으로 집행문부여에 대한 이의의 소가 계속 중인 수소법원이 관할한다(이는 수소법원의 직분관할로서 성질상 **전속관할**이다).[2)] 이에 따른 **잠정처분**에 관해서는 뒤에서 볼 청구이의의 소의 경우와 마찬가지이다(법 46조 2항 이하).

2) 집행문부여에 대한 이의의 소에서 이의사유의 존부는 **변론종결시**를 기준으로 판단해야 한다. 따라서 조건이 성취되지 않았음에도 집행문이 부여된 경우 변론종결 당시에 조건이 성취되었다면 그 흠이 치유된다.

3) 조건의 성취 또는 승계의 유무를 모두 이의사유로 삼는 경우에는 이들을 **동시에 주장**해야 한다(법 45조, 44조 3항).

4) 법원은 청구가 이유 있다고 인정하는 때에는 그 집행력 있는 정본에 기한 집행을 불허한다는 판결을 한다. 법원은 판결시 일정한 **잠정처분**을 하거나, 이미 내린 잠정처분을 취소 · 변경 또는 인가할 수 있다(법 47조 1항). 이에 대해서는 **가집행선고**를 해야 한다(법 47조 2항).

---

1) 대판 2016. 8. 18. 2014다225038.

2) 대결 2022. 12. 15. 2022그768.

제 2 장 강제집행의 진행

제 1 절 강제집행의 개시

Ⅰ. 강제집행의 개시요건

1. 의 의

집행기관이 현실로 집행을 개시하기 위해 갖추어야 할 요건을 **집행개시요건**이라 한다. 집행개시요건은 집행을 개시할 때 갖추어야 함은 물론이나 집행절차의 진행 중에 그것이 흠결된 때에는 그 속행을 위해 다시 갖추어야 할 경우도 있다. 예컨대 집행절차의 진행 중에 채권자가 교체된 때에는 새로운 채권자가 승계집행문을 부여받아 이를 채무자에게 송달하지 않으면 집행절차를 속행할 수 없다. 집행개시요건 가운데 그 요건이 존재하지 않으면 집행에 착수할 수 없는 **적극적 요건**과 그 요건이 존재하면 집행을 착수할 수 없는 **소극적 요건**(**집행장애**)이 있다. 집행기관은 독립하여 자기의 책임으로 집행개시요건을 조사하여 그 요건에 흠이 있으면 보정을 명하고, 보정하지 않으면 집행신청을 배척한다. 집행개시요건을 갖추지 못했음에도 이를 간과하여 한 집행에 대해서는 채무자나 그 밖의 이해관계인은 집행에 관한 이의신청(법 16조)이나 즉시항고(법 15조)에 의하여 취소를 구할 수 있다. 한편 절대무효가 되는 경우도 있다.

2. 집행권원 등의 송달

강제집행을 하기 위하여 집행개시 전에 또는 늦어도 집행개시와 동시에 집행권원 등(집행권원, 조건성취집행문·승계집행문, 증명서)이 채무자에게 송달되어야 한다. 법원이 집행기관인 경우에는 동시송달이 있을 수 없으므로 항상 집행개시 전에 송달되어야 한다.

(1) 집행권원의 송달

1) 집행권원을 채무자에게 송달해야 한다(법 39조 1항).[1] 송달해야 할 것은 집행권원 그 자체이며, 집행문이 붙은 집행권원의 정본(집행력 있는 정본)이 아니다. 집행권원이 판결이거나 화해조서인 경우에는 그 **정본**을 송달한다(법 210조 2항). 집행권원이 공증인이 작성한 집행증서인 경우에는 정본 외 **등본**의 송달도 가능하다(공증 56조의5 1항). 채무자에게 집행권원을 송달하도록 한 것은 집행권원의 존재와 내용을 미리 채무자에게 알려 방어의 기회를 주기 위함이다.

2) 판결이나 지급명령과 같이 법원사무관 등이 미리 직권으로 송달한 것이라면(민소 210조, 469조 1항) 다시 송달할 필요가 없다. 화해조서 · 인낙조서정본 및 조정조서정본도 같다(민소규칙 56조, 민조 38조 2항).[2] 집행증서의 경우 공증인법 46조 또는 50조에 따라 증서의 정본 또는 등본을 발급받은 사람에 대해서는 그 증서의 정본 또는 등본이 송달된 것으로 보므로(공증 56조의5 1항 단서) 다시 송달할 필요가 없다.

가압류 · 가처분명령의 집행(법 292조 3항, 301조), 비송사건절차법상의 비용의 재판에 따른 집행(비송 29조 2항 단서), 과태료의 재판에 대한 검사의 명령의 집행(형소 477조 2항 단서, 질서위반행위규제법 42조 2항 단서), 벌금 등의 형사재판에 대한 검사의 명령의 집행(형소 477조 3항 단서) 등의 경우에는 송달이 필요 없다.

3) 송달방법은 일반적인 소송서류 송달방법(민소 174조 이하)에 따른다. 집행증서의 송달에 관해서는 공증인법 56조의5, 민사집행규칙 22조의2에 특칙이 있다.

4) 집행권원의 송달 여부는 집행기관이 조사해야 할 사항이나, 채권자는 송달증명서 등으로 송달을 증명할 필요가 있다. 송달증명서는 송달사무담당기관인 법원사무관 등에게 청구하여 교부받는다.[3]

---

1) 집행권원의 송달을 헌법적 관점에서 채무자의 보호, 즉 채무자의 절차적 기본권인 법적심문청구권의 보장을 위한 조치로 보는 견해로는, 장석조, "집행절차에 있어서의 채무자 보호," 민사집행에 관한 제문제(상)(재판자료 71집, 1996. 6.), 49쪽 이하.

2) 집행증서의 송달방법에 관하여 공증인법 46조 또는 50조의 규정에 따라 증서의 정본 또는 등본을 교부받은 사람에 대해서는 그 증서의 정본 또는 등본의 송달이 있는 것으로 보는데(공증 56조의4 1항 단서), 제출된 집행증서 자체에 위 교부가 있었다는 취지의 기재(공증증서에 집행채무자에게 집행증서의 정본 또는 등본을 교부했다는 문구)가 있는 경우가 대부분이다. 대결 1980. 3. 12. 80마78. 집행증서에 기한 강제집행의 경우에도 집행증서의 송달이 필요하다는 견해로는, 이재성, "공정증서에 의한 강제집행과 채무명의의 송달의 요부," 민사재판의 이론과 실제 4권(1981. 3.), 173쪽 이하.

3) 현재의 실무는 재판사무시스템을 통하여 송달 · 확정일자 등에 관한 증명을 전산발급하고

(2) 집행문 등본의 송달 여부

집행문은 원칙적으로 채무자에게 송달할 필요가 없다. 다만 집행이 채권자의 담보제공 이외의 **조건**에 달린 경우(**조건성취집행문**) 또는 **승계집행문**을 내어 주는 때에는 **집행권원** 외에 이에 덧붙여 적은 **집행문**을 집행개시 전 또는 집행개시와 동시에 채무자 또는 그 승계인에게 그 **등본**을 송달해야 한다(법 39조 2항). 이러한 경우에는 집행문이 집행권원의 내용을 보충하는 역할을 하기 때문에 채무자에게 방어의 기회를 주기 위함이다.[1)]

(3) 증명서 등본 등의 송달 여부

1) 채권자가 조건성취집행문 또는 승계집행문을 발부받기 위하여 증명서로써 **조건의 이행사실** 또는 **승계사실**(법원에 명백한 사실이 아닌 때)을 증명한 때에는 그 **증명서의 등본**도 아울러 채무자에게 송달해야 한다(법 39조 3항). 역시 채무자에게 방어의 기회를 주기 위함이다.

반대의무의 이행과 상환으로 이행을 명하는 집행권원의 경우 반대의무의 이행 또는 이행의 제공은 집행문부여요건이 아니라 **집행개시요건**이므로(의사표시의무가 반대의무의 이행 등 조건에 걸린 경우에는 **집행문부여요건**이다) 법 39조 3항의 '증명서에 의하여 집행문을 내어 준 때'에 해당하지 않을 뿐만 아니라, 달리 담보제공증명서에 관한 법 40조 2항과 같이 이러한 경우에도 **송달**을 요한다는 규정을 두고 있지 않으므로 반대의무의 이행 등의 증명서의 등본을 집행개시 전 또는 집행과 동시에 송달할 필요가 없다.[2)]

2) 집행이 채권자의 **담보제공**에 매인 때(예컨대 담보제공을 조건으로 가집행선고를 한 경우)에는 채권자는 집행기관(집행법원, 집행관)에게 **담보를 제공한 증명서류**(공탁서, 그 밖의 법원의 담보제공증명서, 법 19조 2항)를 **제출**해야 하는데(법 40조 2항

있다. 법원실무제요 민사집행(1), 270쪽.

1) 법 39조 2항은 강제집행을 받는 채무자에게 법원이 조건성취·승계 등의 사실을 인정하여 집행문을 부여했다는 사실을 알림으로써 강제집행이 적법한 개시요건을 갖추었음을 확인시키고 나아가 집행채무자에게 집행문부여에 대한 이의신청이나 집행문부여에 대한 이의의 소 등 방어방법을 강구할 기회를 주기 위한 취지의 것이다. 따라서 집행채무자가 강제집행의 개시 전에 이러한 집행문에 대하여 불복절차를 밟을 수 있도록 충분한 기간을 두고 이러한 집행문을 송달하는 것이 집행채무자 보호의 관점에서는 바람직하다. 다만 그러한 기간을 두지 않고 강제집행의 개시에 근접하여 이러한 집행문을 송달케 한 후 강제집행을 개시했다고 하여 이를 반드시 위법하다고 볼 수 없다. 대판 2012. 6 14. 2010다41256(집행관에 의한 부동산인도집행의 개시 5분 전에 승계집행문의 등본을 송달하고 인도집행에 착수한 사안이다).

2) 법원실무제요 민사집행(1), 276쪽.

전문), 이 경우의 집행은 그 **증명서류의 등본**을 채무자에게 이미 송달했거나 동시에 송달하는 때에만 개시할 수 있다(법 40조 2항 후문).[1] 앞서와 같이 채무자에게 집행에 관한 이의신청(법 16조) 등 불복의 기회를 주기 위함이다.

(4) 집행권원, 조건성취집행문 · 승계집행문, 증명서의 송달방법

1) 집행권원 중 **판결 등 법원이 작성하는 것**은 법원사무관 등이 그 송달사무를 처리한다(민소 175조 1항). 이러한 송달은 집행행위에 속한 송달이 아니므로 채무자가 외국에 있거나 있는 곳이 분명하지 않은 때에도 송달이나 통지가 생략되지 않는다(법 12조의 적용이 없다). 집행권원 가운데 **공증인이 작성하는 집행증서**의 정본이나 등본의 송달은 우편이나 민사집행규칙 22조의2가 정하는 방법에 의한다(공증 56조의5 1항).

2) **조건성취집행문 · 승계집행문**, **증명서**의 경우 집행문이 **법원사무관 등에 의하여 부여된 때**에는 채권자의 신청이 있어야만 그 기록을 보관하고 있는 법원사무관 등이 그 등본을 작성하여 송달한다. (집행권원인 집행증서에 대하여) 집행문이 **공증인에 의하여 부여된 때**에는 채권자의 신청을 받아 공증인이 송달담당기관(송달사무처리자)으로서 우편에 의한 송달을 수행하나(공증 56조의2 2항), 경우에 따라서는 채권자의 위임에 의하여 집행관이 송달담당기관 겸 송달실시기관으로서 송달을 한다.[2] 그러나 외국송달이나 공시송달이 필요한 때에는 채권자가 공증인의 직무상 주소를 관할하는 지방법원에 이를 신청해야 하는데, 외국송달의 경우에는 민사소송법 191조에 규정된 방법에 의하고, 공시송달의 경우에는 민사소송법 194조 내지 196조 및 민사소송규칙 54조에 정해진 방법에 의한다(규칙 22조의2 6항).

(5) 집행권원, 조건성취집행문 · 승계집행문, 증명서 등을 채무자에게 송달하지 않고 진행한 경우 집행행위의 효력

(a) 집행권원을 송달하지 않은 경우

1) 집행권원을 채무자에게 송달하지 않고 절차가 개시된 경우 집행에 관한 이의신청을 하여 취소할 수 있다. 이러한 조치를 취하지 않고 진행된 경우 집행

---

1) 채권자가 집행법원에 집행신청과 동시에 **공탁서**를 제출하는 때에는 별도로 담보제공증명서를 제출할 필요가 없으므로, 법원은 채권자의 신청에 의하여 공탁서의 등본을 작성하여 송달할 수 있다. 법원실무제요 민사집행(1), 274쪽.

2) 이때에는 채권자가 집행문, 증명서의 등본을 공증인으로부터 발급받아 직접 집행관에게 그 송달을 위임한다. 법원실무제요 민사집행(1), 272쪽; 홍동기, 주석서(1), 561쪽.

행위의 효력에 대해서는, ① 무효가 된다는 견해(**절대무효설**), ② 본래는 무효이나 압류 후라도 송달을 추후보완하면 유효하다는 견해(**보충설**)[송달 자체를 보완해야 하며 단순한 이의권의 포기로서는 유효해지지 않는다. 한편 이의권의 포기가 있어도 흠이 치유된다는 견해도 있다], ③ 채무자가 집행에 관한 이의신청이나 즉시항고로써 **취소를 구하지 않는 한** 유효하며, 집행에 관한 이의신청이나 즉시항고로써 취소를 구하는 때에도 **취소되기까지 송달**이 되면(또는 **이의권의 포기**가 있으면) 흠이 치유된다는 견해(**취소설**)가 있다.[1)]

집행권원을 사전에 또는 동시에 송달하도록 한 것은 채무자를 보호하기 위한 것으로 채무자가 적극적으로 이를 다투는 때에 한하여 이를 보호하면 되고, 채권자평등주의를 채택하고 있는 현행법에서는 강제집행 종료 후의 법률상태의 안정을 도모하기 위하여 **취소설**이 타당하다.[2)] 다만 채권자평등주의의 예외로서 집행채권자에게 우선권이 인정되는 **전부명령**의 경우에는 **무효**라고 보아야 한다.[3)]

2) **판례**는 어떠한 경우이든 원칙적으로 집행권원의 송달 없이 이루어진 집행행위는 무효라고 본다(**절대무효설**). **판례**는, ① [지급명령에 가집행선고를 붙일 수 있고, 지급명령에 가집행선고가 붙여지면 그 지급명령이 채무자에게 송달되지 않더라도 집행권원이 되는 1990. 1. 13. 개정 전 구 민사소송법하에서] 강제집행의 집행권원이 된 지급명령의 정본 등이 채무자의 거짓 주소로 송달되었다면 그 집행권원의 효력은 집행채무자에게 미치지 않고, 이에 기인하여 이루어진 강제경매는 집행채무자에 대한 관계에서는 효력이 없으며,[4)] ② 채권압류 및 전부명령의 기초가 된 집행권원인 가집행선고가 붙은 판결정본이 상대방의 거짓 주소로 송달되었다면 그 송달은 부적법하여 무효이고, 상대방은 아직도 판결정본의 송달을 받지 않은 상태에 있으므로 그 판결정본에 기하여 행해진 채권압류 및 전부명령은 집행개시의 요건으로서의 집행권원의 송달 없이 이루어진 것으로서 무효라고 본다.[5)]

---

1) 윤경, "부동산경매절차의 실무상 제문제," 전문분야법관연수자료집(하)(재판자료 112집, 2007년), 10쪽 이하.

2) 이시윤·조관행, 166쪽; 전병서, 108쪽; 강대성, 96쪽; 오시영, 187쪽; 김일룡, 147쪽.

3) 오시영, 187쪽; 김일룡, 147쪽. 한편 전부명령에 대하여 즉시항고를 할 수 있다는 이유로 이 경우에도 취소설을 취하는 견해로는, 박두환, 189쪽.

4) 대판 1973. 6. 12. 71다1252. 현행 지급명령제도하에서는 지급명령이 채무자의 거짓 주소로 송달되어 송달이 무효가 된 경우에는 지급명령이 확정될 수 없어 집행권원 자체가 될 수 없으므로, 이는 집행권원의 송달의 문제가 아님을 유의해야 한다.

5) 대판 1987. 5. 12. 86다카2070.

(b) 조건성취집행문 · 승계집행문 등본 또는 증명서 등본 등을 송달하지 않고 진행한 경우 집행행위의 효력

조건성취집행문 · 승계집행문 등본이나 증명서 등본 등을 송달하지 않고 한 집행행위의 효력에 대해서는 앞서 본 집행권원의 송달이 없는 경우와 마찬가지로 보아야 한다. **판례** 역시 이 경우를 집행권원의 송달이 없는 경우와 달리 무효로 보지 않고 있다. 예컨대 채무자의 승계인들에 대하여 집행문을 부여한 뜻을 덧붙여 적은 화해조서정본을 송달한 증명 없이 화해조서정본에 따른 강제집행에 의하여 소유권이전등기가 행해졌다면 이는 위법하지만 이로써 곧 위 소유권이전등기가 무효인 것은 아니라고 본다.[1] 담보를 제공하는 것이 집행의 조건으로 되어 있음에도 **담보의 제공 없이** 집행을 한 때에는 무효이나, 담보를 제공했음에도 불구하고 그 **증명서등본의 송달 없이** 한 집행은 당연무효가 아니라,[2] 채무자의 집행에 관한 이의신청(법 16조) 등에 의하여 취소되기 전에 송달하면 그 흠이 치유된다고 본다.[3]

3. 그 밖의 집행개시요건

(1) 일반적 경우

집행권원에 **확정기한**이 있는 경우(법 40조 1항), **담보의 제공을 조건**으로 하는 경우(법 40조 2항 전문, 30조 2항 단서), **반대의무의 이행** 또는 **이행의 제공**이 필요한 경우(법 41조 1항), 본래적 급부의 집행불능에 대비한 **대상판결**(代償判決)인 경우(법 41조 2항)[4][5] 등에서는, 확정기한의 도래, 담보제공의 여부, 반대의무의 이행

---

1) 대판 1980. 5. 27. 80다438. 집행문의 송달 없이 한 경우 매각허가에 대한 이의신청사유가 되어 직권으로 매각불허가결정을 해야 한다는 견해로는, 노정희, "직권에 의한 경락(낙찰)불허사유," 민사집행에 관한 제문제(하)(재판자료 72집, 1996. 6.), 81쪽 이하.

2) 대판 1965. 5. 18. 65다336.

3) 이영섭, 139쪽; 방순원 · 김광년, 107쪽; 강대성, 97쪽; 법원실무제요 민사집행(1), 274쪽.

4) 채권적 청구권에 기하여 물건의 인도를 구함과 동시에 그 집행불능에 대비한 전보배상을 구하여 이를 인용하는 판결[**대상(代償)판결**]이 확정된 경우, 물건의 인도에 관한 강제집행이 불능인지 여부는 특별한 사정이 없는 한 집행법상 요건에 따라 적법하게 개시된 강제집행절차에서 그 목적이 달성되지 못했는지 여부로 판단하면 충분하다. 대판 2024. 7. 25. 2021다201061.

5) 대상적(代償的) 급부로서 이행지체로 인한 전보배상을 구하여 본래적 급부의 이행과 함께 대상적 급부의 이행을 명한 판결이 선고되고, 그에 기초하여 본래적 급부에 대한 강제집행에 착수했으나 그것이 집행불능이 되어 대상적 급부청구권이 발생하면, 채권자는 본래적 급부에 대한 수령을 거절할 수 있게 되므로(민 395조), 그 후 채무자가 임의로 본래적 급부를 제공하

또는 이행의 제공, 본래청구의 집행불능 등에 대하여 집행문부여단계에서 집행문부여기관의 판정에 맡길 필요 없이 그 판정이 용이하기 때문에 집행기관이 이를 판정하도록 하면 되므로, 이들은 **집행개시요건**이 된다.

(2) 반대의무의 이행 등이 집행개시요건인지 문제가 되는 경우

1) 반대의무의 이행 등과 관련하여 이를 집행개시의 요건으로 하지 않고 **집행문부여요건으로 하는 경우**가 있다. 잔대금의 이행제공을 받음과 동시에 소유권이전등기의무의 이행을 명하는 판결(의사진술을 명하는 판결)의 경우 그 판결이 확정된 뒤에 채권자가 그 반대의무를 이행한 사실을 증명하고 재판장 또는 사법보좌관의 명령에 따라 집행문을 받았을 때 의사표시의 효력이 생기므로(법 263조 2항), 반대의무의 이행제공은 집행개시의 요건이 아니라, 집행문부여의 요건이다[이러한 경우 현실적인 강제집행절차가 개시될 수 없어 집행기관이 반대의무의 이행을 심사할 수 없다].

2) 반대의무의 이행 자체가 **집행문부여요건이나 집행개시요건이 아닌 경우**도 있다. **임차인**이 임차주택(상가건물)에 대하여 보증금반환청구소송의 확정판결 그 밖에 이에 준하는 집행권원에 따라서 **강제경매신청**하는 경우에는 법 41조에도 불구하고 반대의무의 이행이나 이행의 제공은 집행개시의 요건으로 하지 않으므로(주택임대차보호법 3조의2 1항, 상가건물 임대차보호법 5조 1항),[1] 그 판결주문 등에 건물의 인도와 동시이행으로 보증금 지급을 명했다고 해도 반대의무의 이행 또는 이행의 제공 여부를 따질 것 없이 경매개시결정을 할 수 있다(다만 이 경우에도 임차인이 배당금을 수령할 때는 **인도확인서**를 제출해야 한다). 임차주택(상가건물)을 인도함과 동시에 임대보증금의 지급을 명하는 판결의 경우 임차인이 경매신청을 위하

더라도 채권자가 이를 수령하는 등의 특별한 사정이 없는 한 그로써 바로 본래적 급부에 관한 의무이행의 효력이 발생한다고 볼 수 없다. 대판 1990. 12. 11. 90다카27129, 2010. 7. 29. 2010다35497,35503, 2024. 7. 25. 선고 2021다239905 등. 한편 가집행선고 있는 판결의 집행력은 추후 본안판결 또는 가집행선고가 취소·변경될 것을 해제조건으로 그 선고 즉시 발생하므로, 본래적 급부의 이행과 함께 대상적 급부의 이행을 명한 판결이 확정되기 전에 그 가집행선고 있는 판결에 기하여 한 본래적 급부에 대한 강제집행이 집행불능에 이른 때에도 이후 위 판결 또는 가집행선고가 취소·변경되지 않는 한 그 집행불능의 시점에 대상적 급부청구권이 발생한다. 대판 2024. 7. 25. 2021다239905.

1) 대항력(인도 + 주민등록, 또는 인도 + 부가가치세법 등에 의한 사업자등록신청) 또는 우선변제권(대항력의 요건 + 계약서상의 확정일자 또는 관할세무서장으로부터 확정일자)의 요건은 그 대항력 취득시에만 구비하면 족한 것이 아니고 그 대항력을 유지하기 위해서도 계속 존속하고 있어야 한다. 대판 2003. 7. 25. 2003다25461. 즉 배당요구의 종기까지 존속하고 있어야 한다. 대판 2006. 1. 13. 2005다64002, 2006. 10. 13. 2006다56299.

여 주택(상가건물)을 인도하고 나면 임차인은 주택임대차보호법이나 상가건물 임대차보호법이 정한 대항력이나 우선변제권을 상실하기 때문이다.

3) 한편 담보권실행을 위한 경매에서 **전세권자**가 전세권에 기하여 **경매신청**을 하는 경우 반대의무의 제공이 필요하므로 반대의무의 이행 여부는 경매개시요건이 된다. 즉 전세권자가 전세권에 기하여 경매신청을 하는 경우 전세권자의 전세목적물인도의무 및 전세권설정등기말소의무와 전세권설정자의 전세금반환채무가 동시이행관계에 있으므로(민 317조), 전세권자인 채권자가 전세목적물에 대한 경매를 신청하려면 우선 전세권설정자에 대하여 전세목적물의 인도의무 및 전세권설정등기말소의무의 이행제공을 하여 전세권설정자를 이행지체에 빠뜨려야 한다.[1]

Ⅱ. 집행장애

1. 집행장애사유

집행권원 등의 송달 등 집행개시요건을 갖추었다고 하더라도 일정한 사유(도산절차의 개시, 집행정지·취소서류의 제출 등)가 있으면(발생하면) 집행의 개시 또는 속행을 할 수 없는 경우가 있다(이를 **집행장애사유** 또는 **소극적 집행개시요건**이라 한다).

2. 집행장애사유의 조사

(1) 집행법원은 강제집행의 개시나 속행시 집행장애사유에 대하여 직권으로 그 존부를 조사해야 하고, **집행개시 전**부터 그 사유가 있는 때에는 집행의 신청을 각하 또는 기각해야 하며, 만일 집행장애사유가 존재함에도 간과하고 강제집행을 개시한 다음 이를 발견한 때에는 이미 한 집행절차를 직권으로 취소해야 한다.[2] 한편 집행개시 당시에는 집행장애사유가 없었더라도 **집행종료 전** 집행장애사유가 발생한 때에는 만족적 단계에 해당하는 집행절차를 진행할 수 없으므로 **이미 한 집행절차**를 **직권**으로 **취소**해야 한다.[3] 집행장애사유가 있음에도 이를 간

---

1) 대결 1977. 4. 13. 77마90.

2) 대결 2008. 9. 3. 2008마892, 2008. 11. 13. 2008마1140, 대판 2016. 9. 28. 2016다205915.

3) 예컨대 전부명령은 확정되어야 그 효력이 발생하므로(법 229조 7항), 전부명령이 제 3 채무자에게 송달되었으나 확정되기 전 즉시항고절차 단계에서 집행채권이 압류되는 등으로 집행장애사유가 발생한 경우 특별한 사정이 없는 한 항고법원은 전부명령을 직권으로 취소해야 한다. 대결 2023. 1. 12. 2022마6107.

과한 집행처분이라는 이유로 그 **집행처분을 취소하는 재판**에 대해서는 **즉시항고**로 불복할 수 있다(법 17조).[1] 이 점이 뒤에서 볼 집행취소사유인 법 49조 1호의 서류가 제출되었음을 이유로 집행절차를 취소하는 경우 즉시항고가 허용되지 않는 것(법 50조 2항)과 대비된다.[2]

▣ 강제경매절차진행 중 집행장애사유 발생의 구체적 예

① 파산채권에 기한 강제경매에서 채무자에 대한 파산선고(채무회생 348조 1항 본문, 다만 파산관재인은 파산재단을 위하여 강제집행절차를 속행할 수 있다. 채무회생 348조 1항 단서),[3] ② 재단채권에 기한 강제경매에서 채무자에 대한 파산선고,[4] ③ 회생채권에 기한 강제경매에서 채무자에 대한 회생절차개시결정, 또는 채권자목록에 기재된 개인회생채권에 기한 강제경매에서의 채무자에 대한 개인회생절차개시결정(채무회생 58조 1항, 600조 1항 2호) 등은 집행장애사유가 된다. 다만 회생절차상 공익채권(채무회생 179조 1항), 또는 개인회생절차상 개인회생재단채권(채무회생 583조)에 기한 강제경매에서 채무자에 대한 회생절차개시결정 또는 개인회생절차개시결정은 집행장애사유가 되지 않는다.[5]

(2) **집행채권자의 채권자**가 집행권원에 표시된 집행채권을 압류·가압류 또는 처분금지가처분을 한 경우에는 압류 등의 효력(**처분금지적 효력**)으로 집행채권자의 추심·양도 등의 처분행위와 채무자의 변제가 금지되고 이에 위반되는 행위는 집행채권자의 채권자에게 대항할 수 없게 되어 집행기관은 **압류 등이 해제되지 않는 한** 집행할 수 없으므로 **집행장애사유**가 된다. 다만 이러한 경우에도 집행채권을 압류 또는 가압류한 집행채권자의 **채권자를 해하는 것**이 **아닌 집행절차**는 집행채권에 대한 압류 또는 가압류의 효력에 반하는 것이 아니므로 허용된다.[6]

집행채권자의 채권자가 **집행채권**에 대하여 **압류**를 한 후 **집행채권자**가 자신

---

1) 대결 2013. 7. 16. 2013마967.

2) 민동근, "채무자회생법 제593조 제 1 항에 따른 금지명령의 민사집행절차상 취급," 민사집행법 실무연구(V)(재판자료 141집, 2021년), 324쪽.

3) 대결 2010. 7. 28. 2010마862.

4) 대결 2007. 7. 12. 2006마1277.

5) 이 경우 회생절차에서 채무자가 아닌 관리인이 선임되었으면 회생채무자의 관리인을 집행채무자로 하여 경매절차를 진행하면 된다. 다만 집행권원상 당사자가 회생채무자로 되어 있는 때에는 관리인에 대한 승계집행문 등본과 승계사실증명서 등본의 송달증명서를 제출해야 한다. 법원실무제요 민사집행(2), 49쪽.

6) 대결 2000. 10. 2. 2000마5221, 대판 2016. 9. 28. 2016다205915, 2022. 9. 29. 2019다278785.

의 채무자를 상대로 그 채무자의 (제 3 채무자에 대한) 채권에 대하여 **채권압류명령**을 받았다고 하더라도, 채권압류명령은 비록 강제집행절차에 나아간 것이기는 하나 **채권추심명령**이나 **채권전부명령**과는 **달리** 집행채권의 현금화나 만족적 단계에 이르지 않는 보전적 처분으로서 집행채권을 압류한 채권자를 해하는 것이 아니므로 집행채권에 대한 압류의 효력에 반하는 것이라고 볼 수 없다. 따라서 집행채권에 대한 압류는 집행채권자가 그 채무자를 상대로 한 채권압류명령에는 집행장애사유가 될 수 없다.[1][2]

한편 **집행채권자의 채권자**가 **집행채권**에 대하여 **압류**를 한 후 **집행채권자**가 **부동산강제경매**를 신청한 경우의 조치에 관하여, ① 배당절차까지 속행하되 압류채권자(집행채권자의 채권자)의 채권 상당액을 공탁해야 한다는 견해, ② 부동산 압류 및 매각절차는 허용되고 배당절차만 정지된다는 견해, ③ 압류절차만 허용될 뿐 현금화절차로 나갈 수 없다는 견해, ④ 압류절차마저도 허용될 수 없다는 견해가 있으나,[3] 앞서 본 바와 같이 집행채권자의 채권자를 해하는 것이 아닌 집행절차는 허용되므로, 집행채권자의 채권이 배당절차에서 배당금의 지급으로 소멸하지 않는다면 집행채권에 대한 압류 등의 효력에 반하는 것이 아니어서 허용된다고 본다. 따라서 ①의 견해가 타당하다.

---

1) 대결 2000. 10. 2. 2000마5221, 대판 2016. 9. 28. 2016다205915; 윤윤수, "집행채권의 압류와 강제집행," 민사집행에 관한 제문제(상)(재판자료 71집, 1996. 6.), 159쪽 이하.

2) 추심명령은 그 성질상 채권의 귀속을 변경시키거나 바로 채권의 만족을 주는 것은 아니나 추심명령이 내려지면 추심채권자는 압류한 채권을 추심할 수 있고, 추심한 경우 추심신고(법 236조 1항)를 할 때까지 다른 압류·가압류 또는 배당요구가 없으면 (피압류채권의 소멸에 따른 변제의 효과로) 집행채권이 소멸하는 결과가 발생하여 집행채권에 대하여 압류·가압류 또는 처분금지가처분을 한 집행채권자의 채권자를 해할 위험이 있으므로 **추심명령**도 **허용되지 않는다**. 법원실무제요 민사집행(4), 357쪽. 이에 대하여, 집행채권에 대한 압류가 피압류채권에 대한 추심명령에 대한 집행장애사유가 된다고 보아 추심명령을 직권으로 취소해야 할 것인지 여부에 관하여 조심스럽게 접근할 필요가 있다는 견해로는, 박진수, 서울고등법원, 민사판례해설 Ⅳ-하, 923쪽.

3) 실무에서는 배당까지 하여 이를 공탁해야 한다는 견해가 우세하다고 한다. 법원실무제요 민사집행(1), 287쪽; 홍동기, 주석서(1), 570쪽.

제 2 절 강제집행의 정지 · 취소

Ⅰ. 집행의 정지

1. 의 의

(1) **집행의 정지**란 하나의 집행권원에 기한 전체로서의 강제집행의 개시나 속행, 또는 이미 개시된 집행절차를 속행할 수 없는 상태를 말한다. **집행의 취소**란 하나의 집행권원에 기한 전체로서의 강제집행의 진행 중 이미 실시한 집행처분의 효력을 상실시키는 집행기관의 행위를 말한다. **집행의 제한**은 집행채권의 일부, 다수채권자 중 일부, 집행목적물의 일부 또는 집행행위 중 일부에 대해서만 집행절차를 정지(취소)하는 집행의 범위의 감축으로서 성질상 양적인 일부정지(일부취소)와 다름이 없다. 이 경우 그 정지(취소)의 원인이 미치지 않는 청구나 다른 집행행위에 관해서는 계속 진행해야 한다.

(2) 강제집행의 정지 · 취소의 원인에는 크게 **집행정지(취소)서류의 제출(법정서류의 제출)**과 **법정사실의 발생**의 두 가지로 분류된다. 그 밖에 일반적인 가처분으로는 집행을 정지 · 취소시킬 수 없다.[1)]

▣ 회생절차상 포괄적 금지명령이 법정사실의 발생에 의한 정지사유인지 법정서류제출에 의한 정지사유인지 여부

채무자 회생 및 파산에 관한 법률 45조 3항은 **포괄적 금지명령**이 있는 때에는 이미 행한 강제집행 등이 중지된다고 규정하고 있다. 이에 대하여, 포괄적 금지명령을 회생절차의 개시 등과 마찬가지로 집행장애사유인 **법정사실의 발생**으로 볼 것인지, 민사집행법 49조의 **집행정지서류**로 볼 것인지 논의가 있으나,[2)] 포괄적 금지명

1) 대결 1969. 3. 5. 68그7, 1986. 5. 30. 86그76. 담보권실행을 위한 경매에서도 마찬가지이다. 대결 2004. 8. 17. 2004카기93.

2) 회생절차나 개인회생절차에서의 강제집행 등의 중지 · 금지명령(채무회생 44조 1항 2호, 593조 1항 2호)등을 법 49조의 집행정지서류로 보는 것과 같은 맥락에서 집행절차의 중지 · 금지를 명하고 있는 포괄적 금지명령의 집행절차에서의 법적 성질을 중지 · 금지명령과 달리 보아야 할 이유가 크지 않으며, 집행을 당연무효로 하는 법정사실의 발생에 의한 집행장애사유의 존재는 필요최소한으로 인정해야 할 필요가 있다는 등의 이유로 포괄적 금지명령을 법정서류의 제출에 의한 정지사유로 보아야 한다는 견해로는, 최신호, "도산법 관련 대법원판결이 집행절차에 미치는 영향 — 최근 대법원판결과 집행실무 변화를 중심으로 —," 민사집행법 실무연구(Ⅴ)(재판자료 141집, 2021년), 428쪽 · 429쪽.

령은 채무자에게 송달될 때 당연히 집행정지의 효력이 발생하므로(채무회생 46조 2항), 파산선고, 회생절차개시 등과 마찬가지로 집행장애사유인 **법정사실의 발생**에 해당된다고 보아야 한다. 따라서 집행법원은 **직권으로** 집행절차를 **정지**해야 한다. 채무자는 직권발동을 촉구하는 의미로 포괄적 금지명령 및 채무자에 대한 송달증명서를 집행법원에 제출하면 충분하고, 포괄적 금지명령에 위반한 집행행위는 별도로 정본을 집행법원에 제출하지 않더라도 무효이다.[1] **판례**도 강제집행 진행 중 회생절차에서 포괄적 금지명령이 있는 경우 채무자 회생 및 파산에 관한 법률 46조 2항에 따라 채무자에게 포괄적 금지명령이 송달된 때부터 효력이 발생하므로 채무자의 재산에 대하여 이미 행해진 회생채권 등에 기한 강제집행은 **바로 중지**된다고 보고 있어,[2] 포괄적 금지명령을 법정사실의 발생으로 보고 있다.

2. 집행정지서류의 제출

(1) 집행정지서류의 제출에 의한 강제집행의 정지는 채무자 또는 제 3 자가 집행정지서류(법 49조)를 **집행기관**에 제출하여[3] 집행정지처분을 시키는 것을 말한다. **집행정지서류** 가운데 법 49조 1호, 3호, 5호, 6호의 경우 이들 서류가 집행법원에 제출되면 집행정지된 상태에서 집행법원의 집행취소가 행해지므로 이들 서류를 **집행취소서류**라고도 한다[따라서 법 49조에서 정하는 법정서류를 '**집행정지서류 등**'이라고도 부른다(규칙 50조)].

(2) 집행기관에 집행정지서류가 제출된 경우 집행기관의 집행정지조치는 사실상의 부작위로 더 이상의 집행절차로 나아가지 않는 것으로 족하다.[4] 강제집행

---

1) 임치용, "회생절차 중요 판례 해설," 민사재판의 제문제(민사실무연구회) 24권(2016년), 198쪽 이하; 김희중, "2015년 상반기 도산법 관련 대법원 판례 소개," 도산법연구(사단법인 도산법연구회) 6권 2호(2015년), 23쪽. 회생법원 실무도 마찬가지이다. 서울회생법원 재판실무연구회, 회생사건실무(상)(2019년), 124쪽.

2) 대판 2015. 4. 9. 2014다229832, 대결 2016. 6. 21. 2016마5082, 대판 2023. 5. 18. 2022다202740. 한편 하급심 판결 가운데 서울고등법원 2013. 6. 28. 선고 2013나12442 판결, 서울고등법원 2017. 4. 18. 선고 2016나2061816 판결은, "포괄적 금지명령 및 회생절차개시결정에 의한 강제집행정지의 효력은 … 획일적으로 정한 법률의 규정에 따라서 발생하는 것으로서 법정 집행장애사유에 해당하므로 별도로 그 정본을 제출하지 않더라도 집행법원에 대하여 당연히 그 효력이 미친다."고 하여 명시적으로 집행장애사유설을 따르고 있다. 민동근, "채무자회생법 제593조 제 1 항에 따른 금지명령의 민사집행절차상 취급," 민사집행법 실무연구(Ⅴ)(재판자료 141집, 2021년), 323쪽.

3) 매각허가결정에 대한 항고가 제기되어 경매기록이 상급법원에 있는 동안에는 실무상 기록이 있는 상급법원에 제출한다. 법원실무제요 민사집행(1), 301쪽; 홍동기, 주석서(1), 721쪽.

4) 대결 2005. 8. 12. 2004마225. 집행정지는 실제로 강제집행을 실시하고 있는 집행기관이 사실상 집행을 정지하는 행동으로 나타나는데, **집행관이 집행기관인 경우**에는 압류나 경매절차

의 정지는 집행이 개시된 후에 하는 것이 일반적이지만, 집행신청 후 집행이 착수되기 전에 장래의 집행개시를 저지하는 것도 이에 포함된다.[1)]

(3) 강제집행은 정지명령 또는 정지의 효과가 수반되는 재판의 성립이나 그 확정과 동시에 당연히 정지되는 것은 아니다. 집행정지결정이 있는 경우에도 결정 즉시 당연히 집행정지의 효력이 생기는 것이 아니며, 그 정지결정의 정본을 집행기관에 **제출함으로써** 집행정지의 효력이 생긴다. 따라서 그 제출이 있기 전에 이미 행해진 압류 등의 집행처분에는 영향이 없다.[2)] 집행기관이 집행관인 경우에는 집행관에게 제출해야 한다.

(4) 집행정지서류만 제출하면 되므로 반드시 정지를 구하는 취지의 서면을 함께 제출해야 하는 것은 아니다[다만 **실무**에서는 집행정지신청서를 제출하는 것이 통례이다].[3)] 집행정지신청서가 제출되었다고 하더라도 강제집행의 필수적 정지를 촉구하는 의미 이상은 없으므로 이러한 신청에 대한 기각결정은 위법하며 집행법원이 강제집행을 계속 진행할 때에는 집행에 관한 이의신청(법 16조)에 의하여 불복할 수 있을 따름이다.[4)]

(5) 집행정지 · 취소는 원칙적으로 그 집행처분을 한 집행기관이 한다. 부동산집행 및 채권집행 등에서는 사법보좌관의 업무이다(사보규 2조 1항 14호 가 · 나목). 다만 채권압류 및 전부명령 등에 대한 항고심에서 항고인이 가집행선고 있는 판결을 취소한 항소심의 판결의 사본을 제출했다면 항고심으로서는 항고인으로 하여금 그 정본을 제출하도록 한 후 즉시항고를 받아들여 채권압류 및 전부명령 등을 취소해야 한다.[5)]

(6) 매각허가결정에 대한 즉시항고가 제기되어(사법보좌관의 처분에 대한 이의신청으로써) 집행기록이 항고법원에 있는 동안에는 원칙적으로 항고법원에 집행정

를 사실상 실행하지 않음으로써, **집행법원이 집행기관인 경우**에는 정지를 선언하는 재판 또는 채권자의 집행신청의 각하 또는 집행완결을 막는 조치를 하거나 절차를 속행하지 않음으로써 정지한다.

1) 민일영, "집행정지서류의 제출에 의한 부동산경매절차의 정지에 관한 일고," 민사재판의 제문제 7권(1993. 6.), 344쪽 이하.

2) 대결 1966. 8. 12. 65마1059, 2010. 1. 28. 2009마1918, 2013. 3. 22. 2013마270.

3) 법원실무제요 민사집행(1), 301쪽.

4) 대결 1983. 7. 22. 83그24, 1986. 3. 26. 85그130.

5) 대결 2004. 7. 9. 2003마1806, 2008. 10. 9. 2006마914.

지서류를 제출해야 하고, 이를 집행법원에 제출하면 항고법원에 추송해야 한다.[1)]

(7) 집행정지서류가 제출되었음에도 불구하고 집행기관이 집행을 정지하지 않고 집행처분을 한 때에는 이해관계인은 집행에 관한 이의신청을 하거나, 별도로 이에 대하여 즉시항고를 할 수 있다는 규정을 두고 있는 경우에는 즉시항고에 의하여 그 시정을 구할 수 있다. 그러나 이러한 불복절차를 취하지 않아 강제집행절차가 그대로 완결되면 그 집행행위에 의하여 발생된 법률효과를 부인할 수 없다.[2)]

3. 법정사실의 발생

(1) 집행기관이 예컨대 집행력 있는 정본의 무효와 같이 집행을 **당연무효**로 하는 **집행요건의 흠**을 발견하거나, 회생절차개시결정[회생절차개시결정이 있는 경우 채무자의 재산에 대하여 이미 행한 회생채권 또는 회생담보권에 기한 강제집행 등의 절차는 중지된다(채무회생 58조 2항 2호)], 파산선고[파산선고가 있는 경우 파산채권에 기하여 파산재단에 속하는 재산에 대하여 행해진 강제집행 등은 파산재단에 대하여 그 효력을 잃는다(채무회생 348조 1항)] 등과 같은 **집행장애사유의 존재**를 발견한 때에는 **직권으로**(신청이나 서류의 제출 등을 기다리지 않고) 집행을 정지해야 한다.

(2) 집행요건의 흠이 있다고 하더라도 단지 **취소할** 수 있는 것에 불과한 때에는 원칙적으로 취소의 재판의 정본이 제출되지 않는 한 직권으로 정지할 수 없다.[3)]

Ⅱ. 집행정지서류

1. 의　　의

집행정지서류에 대해서는 **법 49조**가 상세히 규정하고 있다. **담보권실행 등을**

---

1) 오종윤, "집행정지사유 및 효력," 민사집행에 관한 제문제(상)(재판자료 71집, 1996. 6.), 191쪽 이하.

2) 대판 1992. 9. 14. 92다28020, 대결 1995. 2. 16. 94마1871 등. 채무자가 집행법원에 집행정지서류를 제출한 이후 집행법원이 채무자에게 전부명령을 송달했다고 하더라도 그 송달이 유효함을 전제로 하여 채무자가 전부명령을 송달받은 이상 그 송달일부터 항고기간(사법보좌관의 처분에 대한 이의신청기간)이 진행되며, 채무자가 즉시항고(사법보좌관의 처분에 대한 이의신청)를 하지 않은 채 항고기간이 지났다면 전부명령은 확정된다. 대판 2022. 7. 28. 2022다218509.

3) 법원실무제요 민사집행(1), 302쪽.

위한 경매절차에서의 정지 · 취소에 관해서는 **법 266조**에서 별도로 규정하고 있다.

(1) 집행할 판결 또는 그 가집행을 취소하는 취지나, 강제집행을 허가하지 않거나 그 정지를 명하는 취지 또는 집행처분의 취소를 명한 취지를 적은 집행력 있는 재판의 정본(**1호**)

1) 여기에서 ① **집행할 판결을 취소하는 재판**이란 가집행선고 있는 판결을 상소심에서 취소하는 판결이나, 재심에서 확정판결을 취소하는 판결을 말한다. 준재심에 의하여 화해조서 · 조정조서를 취소하는 경우와 같이 판결 이외의 집행권원을 취소하는 재판도 이에 해당한다(법 57조). ② **가집행선고를 취소하는 재판**이란 항소심에서 본안판결의 당부를 심판하기 전에 가집행선고만을 취소하는 판결(민소 215조 3항)을 말한다. ③ **강제집행을 허가하지 않는 재판**이란 집행문부여에 관한 이의신청을 인용한 결정(법 34조 1항), 즉시항고 또는 집행에 관한 이의신청을 인용한 결정(법 15조 · 16조), 청구이의의 소나 집행문부여에 대한 이의의 소 또는 제 3 자이의의 소를 인용한 종국판결(법 44조 · 45조 · 46조)과 같이 집행 또는 집행행위의 위법을 확정하고 그 종국적 불허를 선언하는 취지의 재판을 말한다.[1] 한편 회생절차에서 중지된 회생채권 또는 회생담보권에 기한 강제집행에 대해서 하는 취소명령(채무회생 44조 4항), 개인회생절차에서 중지 · 금지된 회생채권에 기한 강제집행에 대해서 하는 취소명령(채무회생 593조 4항)도 이에 해당한다. ④ **강제집행의 정지를 명하는 재판**이란 앞서의 ③의 재판 가운데 집행의 일시적 불허

---

1) 대결 2022. 6. 7. 2022그534. 위 대법원결정의 사안은 다음과 같다. 채권자 갑이 신청한 부동산 강제경매절차에서 을이 최고가매수신고를 하여 매각허가결정을 받았는데, 그 후 채무자 병이 채권자 갑을 상대로 제기한 집행권원인 확정판결에 대한 청구이의의 소에서 법원이 강제집행정지결정을 한 다음 '집행권원에 기한 강제집행을 불허한다.'는 화해권고결정을 하여 그 결정이 확정되자, 사법보좌관이 위 화해권고결정 정본이 법 49조 1호, 50조 1항에서 정한 집행취소서류라는 이유로 을에 대한 매각허가결정을 취소하고 강제경매신청을 기각한다는 결정을 하였다. 이에 대해 대법원은, ① 위 화해권고결정의 '집행권원에 기한 강제집행을 불허한다.'는 내용은 형성소송인 청구이의의 소의 재판대상으로 당사자가 자유롭게 처분할 수 있는 사항이 아니어서, 그 문구 그대로 확정되더라도 집행권원에 기한 강제집행을 허가하지 않는 효력은 생기지 않고, 집행권원이 확정판결로서 갖는 집행력은 여전히 남아 있게 된다. 따라서 위 화해권고결정 정본은 법 49조 1호에서 정한 '강제집행을 허가하지 아니하는 취지를 적은 집행력 있는 재판의 정본'에 해당하지 않는다. ② 다만 화해권고결정의 문구를 **부집행합의**가 이루어졌다는 뜻으로 새길 여지가 있고, (뒤에서 보는 바와 같이) 당사자 사이에 강제집행을 하지 않기로 하는 합의를 담은 화해조서 정본도 집행취소서류(법 49조 6호, 50조 1항)가 되나, 그 서류를 매각허가결정이 있은 뒤에 제출한 경우에는 매수인의 동의를 받아야 집행취소의 효력이 생기는 것인데도(법 93조 3항 · 2항), 위 화해권고결정 정본이 법 49조 1호에서 정한 집행취소서류임을 전제로 한 사법보좌관의 처분이 정당하다고 본 원심결정은 수긍하기 어렵다.

를 선언한 재판을 말한다. 변제기한의 일시적 유예를 이유로 청구이의의 소를 인용한 판결, 기한도래 전의 집행개시를 이유로 집행에 관한 이의신청을 인용한 결정도 이에 해당한다. ⑤ **집행처분의 취소를 명한 재판**이란 청구이의의 소, 집행문부여에 대한 이의의 소, 제 3 자이의의 소에 부수하여 행해지는 잠정처분(법 46조 · 47조 · 48조)이나 재심 또는 추후보완상소의 제기나 상소제기에 부수하여 행해지는 집행정지에 관한 재판(법 500조 · 501조) 중 이미 실시한 집행처분의 취소를 명한 재판을 말한다.

2) 한편 앞서의 재판에 관한 **집행력 있는 재판의 정본**이란 집행할 수 있는 재판의 정본을 의미하며 집행문이 부여된 이른바 집행력 있는 정본을 의미하는 것이 아니므로 집행문의 부여가 있어야 하는 것은 아니다.

(2) 강제집행의 일시정지를 명한 취지를 적은 재판의 정본(**2호**)

여기에는 재심 또는 추후보완상소로 말미암은 집행정지(민소 500조), 가집행선고가 붙은 판결에 대한 상소의 제기 또는 정기금판결에 대한 변경의 소의 제기 등으로 말미암은 집행정지(민소 501조 · 500조), 즉시항고 또는 집행에 관한 이의신청을 제기함으로 말미암은 집행정지(법 15조 6항, 16조 2항), 청구이의의 소 또는 제 3 자이의의 소 등의 제기로 말미암은 집행정지(법 46조 2항, 48조 3항) 등이 있다. 한편 회생절차개시신청시 이에 대한 결정이 있을 때까지 회생채권 또는 회생담보권에 기한 강제집행 등에 대해서 하는 중지명령(채무회생 44조 1항 2호), 개인회생절차개시신청시 이에 대한 결정이 있을 때까지 개인회생채권에 기한 강제집행 등에 대해서 하는 중지 · 금지명령(채무회생 593조 1항 2호)도 이에 해당한다.

(3) 집행을 면하기 위한 담보제공증명서류(**3호**)

여기에는 법원이 가집행선고를 하면서 채무자에 대하여 채권 전액을 담보로 제공하고 가집행을 면제받을 수 있다는 것을 선고한 경우(민소 213조 2항)에 그 담보를 제공했다는 증명서(법 19조 2항) 등이 있다. 가압류의 집행을 정지시키거나 집행한 가압류를 취소시키기 위한 해방금액(법 282조)의 공탁에 관해서는 법 299조가 별도로 규정하고 있다.

(4) 집행할 판결이 있은 뒤에 채권자가 변제를 받았거나, 의무이행을 미루도록 승낙한 취지를 적은 증서(변제수령증서 · 변제유예증서, **4호**)

1) 여기에서 집행할 판결이 있은 뒤란 판결이 집행권원인 경우에는 판결이

확정된 뒤가 아니라 판결이 **선고**된 뒤를 말하며, 판결 이외의 집행권원인 경우, 예컨대 확정된 이행권고결정이나 지급명령에서는 그 **고지** 뒤, 집행증서에서는 그 작성 뒤, 화해조서 · 인낙조서에서는 화해나 인낙이 **성립**된 뒤를 말한다.[1)]

2) 4호 증서 가운데 **변제수령증서**를 제출하여 강제집행이 정지되는 경우 그 정지기간은 **2월**로 한다(법 51조 1항). 한편 이러한 증서 가운데 **변제유예증서**를 제출하여 강제집행이 정지되는 경우 그 정지는 **2회**에 한하며 통산하여 **6월**(그 기간이 연속해야 하는 것은 아니다)을 넘길 수 없다(법 51조 2항).[2)] 채권자가 변제를 받았으나 경매신청을 취하하지 않고 있는 경우, 또는 채권자가 의무이행을 미루도록 승낙한 경우 집행을 종국적으로 저지하기 위해서는 청구이의의 소(법 44조)를 제기해야 하나, 채권자가 작성한 위와 같은 증서가 있으면 채무자를 보호하기 위하여 일단 집행을 정지할 수 있도록 했다.[3)]

(5) 집행할 판결, 그 밖의 재판이 소의 취하 등의 사유로 효력을 잃었다는 것을 증명하는 조서등본 또는 법원사무관 등이 작성한 증서(집행권원 실효증명조서등본 등, **5호**)

1) 여기에는 가집행선고가 붙은 판결 선고 후에 상소심에서 소의 취하가 있는 경우 그 취하가 있었음을 증명하는 조서등본(변론준비기일이나 변론기일에서 말로 소를 취하한 경우)이나 법원사무관 등이 작성한 소취하증명서 등이 있다.

2) 제 1 심에서 가집행선고가 붙은 판결을 받아 그 판결에 기해 강제경매를 신청한 다음 **항소심**에서 **조정**이나 **화해**가 성립한 경우 이러한 취지의 조정조서정본이나 화해조서정본은 원칙적으로 5호의 증서에 해당하지 않는다. 다만 항소심에서 조정이나 화해가 성립한 경우라도 그 조정이나 화해의 내용이 강제집행의 기초가 된 부분의 효력을 상실하게 한 때에는 5호의 증서에 해당한다.[4)]

---

1) 민일영, "집행정지서류의 제출에 의한 부동산경매절차의 정지에 관한 일고," 민사재판의 제문제 7권(1993. 6.), 351쪽. 이에 대하여, 판결이 있은 뒤를 변론종결 뒤라고 보는 견해로는, 오종윤, "집행정지사유 및 효력," 민사집행에 관한 제문제(상)(재판자료 71집, 1996. 6.), 214쪽.

2) 화해가 진행 중임을 이유로 하는 경매연기신청서는 변제유예증서에 해당되지 않으나 실무상 2회 정도에 한하여 경매기일을 연기해 주기도 한다. 법원실무제요 민사집행(1), 297쪽; 홍동기, 주석서(1), 714쪽.

3) 법원실무제요 민사집행(1), 296쪽; 홍동기, 주석서(1), 713쪽.

4) 제 1 심판결 및 그 가집행선고의 효력은 조정이나 화해에서 제 1 심판결보다 인용범위가 줄어든 부분에 한하여 실효되고 그 나머지 부분에 대해서는 여전히 효력이 미치기 때문이다. 대결 2011. 11. 10. 2011마1482.

3) 한편 조서등본 또는 법원사무관 등이 작성한 증서가 아닌 다른 공문서나 사인이 작성한 사문서는 이에 해당하지 않는다.[1]

(6) 강제집행을 하지 않는다거나 강제집행의 신청이나 위임을 취하한다는 취지를 적은 화해조서의 정본 또는 공정증서의 정본(부집행합의나 강제집행신청취하합의 기재의 화해조서정본 등, **6호**)

여기에는 **조정조서**도 포함한다. 그러나 공증인, 법무법인 · 법무법인(유한) 또는 법무조합이 사서증서를 인증한 것은 이에 포함되지 않는다.[2] 이미 성립된 집행권원의 효력을 무효로 한다는 취지나 그 청구권을 전부포기한다는 취지의 화해조서 등이 새로이 작성된 경우 이를 앞서의 5호에 정한 사유로 볼 수도 있지만 실무상 대체로 6호에 해당하는 것으로 보고 있다.[3]

▣ 변제수령증서와 집행정지의 문제

(1) 의 의

변제수령증서는 원칙적으로 **채권자**가 집행채권에 대한 채무 전부의 변제사실을 적은 영수증, 은행 온라인 송금증서, 변제증서 등을 말한다. **채권자 이외의 사람**이 작성한 서면도 이와 같이 볼 수 있는 것이면 된다. 다만 채권자 이외의 사람이 작성한 서면일 경우에는 그 성립과 내용의 진정이 인정되는 경우에만 허용되므로, 채권자 · 채무자를 심문하는 등의 방법으로 이를 확인할 수도 있다. 이러한 증서는 반드시 공정증서이거나 공증인이 인증한 증서일 필요가 없으며, 사서증서라도 집행기관이 그 내용을 진정한 것으로 인정하는 것이면 된다.

(2) 해당 여부

1) 변제 이외의 집행채권의 소멸사유에 해당하는 채권자의 **채무면제 · 채권포기 · 상계의 의사표시** 등을 적은 서면도 이에 해당한다. **집행채권**이 **양도**되거나 집행채권에 대한 **전부명령**이 내려진 경우에는 채무자는 채권자에게 그 채무를 변제하지 않아도 되므로, 집행채권에 대한 양도증서나 채권자의 양도통지서, 또는 전부명령(정본임을 요구하지 않는다)도 이에 해당한다고 본다.

2) **변제공탁서**는 채권자의 의사가 명확히 표현된 것이 아닐 뿐만 아니라, 공탁원인의 존부 및 이에 따른 공탁의 유효 여부를 조사할 필요가 있으므로 이에 해당하지 않는다.[4] 채무자가 **집행절차**에서 **채무 전액** 및 **집행비용**을 변제공탁한 경우에

---

1) 손진홍, 부동산집행의 이론과 실무(2015년), 1559쪽; 법원실무제요 민사집행(1), 299쪽.

2) 법원실무제요 민사집행(1), 299쪽.

3) 서울고등법원, 민사판례해설 Ⅳ-상, 131쪽.

4) 다만 공탁물수령자로서 공탁통지서를 받은 사람이 공탁금을 **이의 없이 수령**했다면 그 공

는 **청구이의의 소**를 제기하면서 수소법원으로부터 **집행정지결정**을 받아(법 46조 2항), 이를 집행기관에 제출하여 집행을 정지시킬 수 있다(법 49조 2호).

2. 제출시기

(1) 부동산에 대한 집행에서 집행정지서류의 제출시기는 매수인의 부동산취득시기 및 경매개시결정에 대한 이의신청의 종기인 **매각대금을 다 낸 때**까지이다(규칙 50조 1항).

(2) 다만 강제경매절차에서 매각허가결정이 있은 후에 법 49조 소정의 서류가 제출되었다고 하더라도 이러한 사유는 이미 적법하게 이루어진 매각허가결정의 효력을 좌우할 수 있는 항고이유가 될 수 없다고 본다.[1)]

▣ 집행정지서류 등의 구체적 제출시기

(1) 법 49조 1호 · 2호 · 5호 서류의 경우

1) 법 49조 1호 · 2호 또는 5호의 서류는 매수인이 **매각대금을 내기 전**까지 제출하면 된다(규칙 50조 1항). 그 가운데 **1호 · 5호의 서류**가 제출된 때에는 이미 실시한 **집행처분을 취소**해야 한다(법 50조 1항 전단). 한편 그 가운데 **2호의 서류**가 제출된 때에는 이미 실시한 집행처분을 **일시적으로 유지**해야 한다(법 50조 1항 후단).

2) 매각허가결정이 있은 뒤에 법 49조 2호의 서류가 제출된 때에는 매수인은 매각대금을 낼 때까지 **매각허가결정의 취소신청**을 할 수 있다. 이 신청에 관한 결정에 대해서는 즉시항고를 할 수 있다(규칙 50조 2항). 매각허가결정 후에 2호의 서류를 제출하면서 즉시항고를 제기하거나 항고심에서 위 서류를 제출한 때에는 다른 이유에서 매각허가결정을 취소하는 경우를 제외하고는 항고에 관한 재판을 정지한다.[2)]

(2) 법 49조 3호 · 4호 · 6호 서류의 경우

법 49조 3호 · 4호 또는 6호의 서류는 **매수신고가 있기 전**까지 제출해야 하고,

탁의 취지에 따라 수령한 것이 되어 그에 따른 법률효과가 발생하므로(대판 1979. 11. 13. 79다1336, 1984. 11. 13. 84다카465, 1987. 4. 14. 85다카2313), **공탁서** 및 **공탁금출급증명서**(공탁규칙 59조 1항)는 위 4호의 변제수령증서에 해당한다.

1) 대결(전) 1978. 12. 19. 77마452; 박우동, "민소법 제510조 소정의 서류가 경락허가결정의 항고심에 제출된 경우에 있어서의 법원의 조치," 민사재판의 제문제 2권(1980. 12.), 357쪽 이하; 이주홍, "집행의 정지 · 취소," 강제집행 · 임의경매에 관한 제문제(상)(재판자료 35집, 1987. 7.), 287쪽 이하.

2) 이에 대하여, 다른 항고이유가 없으면 항고기각의 결정을 해야 하고 다만 확정 후 다른 절차의 진행이 정지될 뿐이라는 견해로는, 법원실무제요 민사집행(1), 303쪽; 홍동기, 주석서(1), 725쪽.

매수신고가 있은 뒤에는 원칙적으로 위 서류의 제출에 관하여 최고가매수신고인 또는 매수인과 차순위매수신고인의 **동의**를 받아야 그 효력이 있다(법 93조 3항 · 2항).

(3) 법 49조 각호 서류가 매각대금을 낸 뒤 제출된 경우

매수인이 **매각대금**을 **낸 뒤**에 법 49조 각호 가운데 어느 서류가 제출된 때에는 절차를 계속하여 진행해야 한다(규칙 50조 3항). 이 경우 배당절차가 실시되는 때에는 그 채권자에 대하여 다음 각호의 구분에 따라 처리해야 한다.

1) 1호 · 3호 · 5호 또는 6호의 서류가 제출된 때에는 그 채권자를 배당에서 **제외**한다.

2) 2호의 서류가 제출된 때에는 그 채권자에 대한 배당액을 **공탁**한다.

3) 4호의 서류가 제출된 때에는 그 채권자에 대한 배당액을 **지급**한다.

Ⅲ. 집행의 취소

(1) 집행의 취소는 강제집행절차의 진행 중에 집행기관이 이미 실시한 집행처분의 전부나 일부의 효력을 상실시키는 것을 말한다. ① **집행취소서류**가 제출된 경우(법 50조 1항 전단), ② 예납할 집행비용(민사집행에 필요한 비용으로 법원이 정하는 금액, **예납액**)을 미리 내지 않은 경우(법 18조 2항), ③ 부동산이 없어지거나 매각 등으로 말미암아 권리를 이전할 수 없는 사정이 명백하게 된 경우(법 96조 1항), ④ 남을 가망이 없고 압류채권자가 매수신청과 보증을 제공하지 않는 경우(법 102조 2항), ⑤ 집행기관이 집행개시요건의 흠결이나 집행장애사유의 존재와 같이 집행처분의 무효에 해당하는 사유를 발견했을 경우에는 집행처분을 취소해야 한다.

(2) 집행처분의 취소는 당사자 또는 제 3 자의 신청에 의하는 것이 원칙이나, 취소사유가 집행기관에 명백한 때에는 직권에 의하여 취소할 수 있다. 신청에 의하는 경우에는 취소원인이 된 서면을 제출해야 한다.[1)]

(3) 집행처분을 취소하는 경우에는 강제집행절차를 취소하는 결정을 한다[실무상 예컨대 '이 사건 부동산에 대한 강제경매절차를 취소한다'는 주문으로 행해진다]. 그 재판이 **신청에 의한 경우**에는 그 신청인과 상대방에게, **그 밖의 경우**에는 강제집행신청인과 상대방에게 **고지**한다(규칙 7조 1항 2호 · 3호).

(4) **집행처분을 취소하는 재판**은 **원칙적**으로 확정되어야 효력이 발생하고,

---

1) 법원실무제요 민사집행(1), 311쪽.

이에 대해서는 **즉시항고**가 허용된다(법 17조 1항 · 2항). 그러나 법 49조 1호 · 3호 · 5호 · 6호의 **집행취소서류의 제출**에 의한 집행처분을 취소하는 재판은 그 재판의 고지에 의하여 곧바로 효력이 발생하며 이에 대해서는 즉시항고가 허용되지 않고(법 50조 2항), 이에 대하여 불복하려면 **집행에 관한 이의신청**을 해야 한다.[1)]

제 3 절 집행비용, 담보의 제공, 보증, 공탁

Ⅰ. 집행비용

1. 의 의

(1) **집행비용**은 민사집행에 필요한 비용으로 **집행준비비용** 및 **집행실시비용**을 포함한다. 집행준비비용은 민사집행을 준비하기 위하여 지출한 비용을 말하며, 집행실시비용은 집행신청 이후에 채권자와 집행기관이 집행절차의 속행을 위하여 필요한 비용을 말한다.[2)] 집행비용에 관한 법 53조 1항은 **담보권실행을 위한 경매절차**에서도 준용된다(법 275조).[3)]

(2) 강제집행에 필요한 집행비용은 별도의 집행권원 없이도 그 집행의 기본이 되는 해당 집행권원에 근거하여 해당 집행절차에서 배당재단으로부터 각 채권액에 우선하여 배당받을 수 있다(법 53조 1항).[4)] 여기서 집행비용이란 집행채권자가 강제집행의 준비와 실시를 위해 지출한 비용의 전부가 포함되는 것이 아니라

---

1) 예컨대 ① 가처분결정을 취소하는 재판정본이 제출되어 간접강제결정을 취소하는 결정을 한 경우, 또는 ② 가집행선고 있는 제 1 심판결에 기한 부동산 강제경매절차 진행 중 항소심에서 조정을 갈음하는 결정이 확정되고 그 결정정본이 제출되어 강제경매절차를 취소하는 결정을 한 경우에 이에 불복하는 당사자는 집행에 관한 이의신청으로써 다투어야 하고, 비록 집행법원에 불복하여 제출한 서면에 '즉시항고장'이라고 적혀 있더라도 집행에 관한 이의신청을 한 것으로 보고 처리해야 한다(①에 관해서는 대결 2000. 3. 17. 99마3754, ②에 관해서는 대결 2011. 11. 10. 2011마1482). 대결 2011. 11. 10. 2011마1482.

2) **집행준비비용**에는 집행개시의 요건을 충족시키기 위한 집행권원의 송달비용, 집행문부여비용이나 증명서교부비용 등이 포함되며, **집행실시비용**에는 집행신청의 수수료(첩용인지), 서기료, 집행수수료, 압류물의 보존비용(법 198조 2항), 통지 · 통고비용, 증인 · 감정인 · 관리인의 일당 · 보수 등이 포함된다. 법원실무제요 민사집행(1), 115쪽.

3) 담보권실행을 위한 경매에서도 매각에 따라 소유권을 취득한 매수인은 소유권이전등기를 넘겨받기 위해 지출한 비용과 취득세 · 등록면허세 등을 자기가 부담해야 하는데, 이는 경매를 신청한 채권자가 매수인이 된 때에도 마찬가지이다. 대판 2022. 4. 14. 2017다266177.

4) 대판 1989. 9. 26. 89다2356, 2011. 2. 10. 2010다79565, 2012. 5. 24. 2011다105195.

강제집행에 필요한 비용으로서 **배당재단**으로부터 **우선변제**를 받을 **집행비용**만을 의미하며, 해당 경매절차를 통하여 모든 채권자를 위하여 체당(替當)한 비용으로서의 성질을 띤 집행비용(**공익비용**)에 한한다.[1)]

▣ 집행비용의 내용상 분류

(1) 재판상 비용과 당사자비용

집행비용은 재판상 비용과 당사자비용으로 나눌 수 있다. **재판상 비용**은 채권자가 인지, 현금 등으로 법원이나 집행관에게 납부해야 하는 비용을 말하고, **당사자비용**은 채권자가 법원이나 집행관 이외의 사람에게 직접 지출한 비용을 말한다. 따라서 앞서의 집행준비비용과 집행실시비용에 각각 재판상 비용과 당사자비용이 있을 수 있다.

(2) 공익비용과 그 밖의 비용

집행비용은 또한 공익비용과 그 밖의 집행비용으로 나눌 수 있다. 공익비용은 채권자 전원의 공동이익을 위하여 한 행위에 든 비용으로 민사집행법상 **절차비용**이라고도 한다(법 102조 1항). **공익비용**에 해당하는 집행비용이 바로 강제집행의 진행에 필요한 비용으로 모든 채권에 **우선하여** 변상을 받을 수 있다. 공익비용의 예로는, 집행개시요건을 충족시키기 위한 집행권원의 송달비용이나 집행문부여신청비용, 강제집행신청비용, 압류비용, 현금화비용, 배당비용 등이 있다. 이에 반하여 공익비용이 아닌 **그 밖의 집행비용**은 특정채권자에게만 이익이 되는 비용으로 그 채권자가 배당받을 본래의 채권과 **같은 순위**로 배당받는다. 그 밖의 집행비용의 예로는, 배당요구서나 채권계산서 제출에 든 비용 등이 있다.

주의할 것은 이미 개시된 경매개시결정이 있는 부동산에 대하여 다시 강제경매신청을 한 경우(즉 **이중경매개시결정**이 있는 경우)에는 선행절차가 취소되거나 선행경매신청이 취하되지 않는 한 후의 경매신청비용은 모든 채권자의 공동이익이 아니므로 우선적으로 배당받을 수 없다는 점이다.

(3) 가압류집행에 대해서는 강제집행에 관한 규정이 준용되므로(법 291조) 가압류집행에 소요된 비용은 집행비용이 된다. 다만 가압류집행단계에서는 현금화 등에 의한 종국적 만족이 따르지 않기 때문에 가압류집행에 관한 비용을 추심할 수 없으므로, 우선 집행채권자가 그 비용을 예납하고 가압류가 본압류로 이전하

1) 배당요구를 하기 위해 지출한 비용은 모든 채권자를 위하여 대지급한 비용이 아니므로 여기서 말하는 집행비용에는 포함되지 않고, 그 채권자의 채권금액에 산입하여 배당하게 된다. 법원실무제요 민사집행(3), 169쪽; 홍동기, 주석서(1), 757쪽.

여 **본집행을 할 때** 집행비용의 일부로 우선적으로 변상을 받는다.[1)]

▣ 채무자의 책임재산으로의 원상회복을 위한 채권자취소소송 및 이와 관련하여 지출한 소송비용 등이 집행비용에 해당하는지 여부

대판 2011. 2. 10. 2010다79565는, 채권자취소소송에 의하여 사해행위의 목적이 된 재산이 채무자의 책임재산으로 원상회복되고 그에 대한 강제집행절차가 진행된 사안에서, 채권자취소소송을 위하여 지출한 소송비용, 사해행위취소를 원인으로 한 말소등기청구권 보전을 위한 부동산처분금지가처분비용, 사해행위로 마쳐진 소유권 이전등기의 말소비용은 위 집행에 의하여 우선적으로 변상받을 수 있는 '강제집행에 필요한 비용'에 해당하지 않는다고 본다.

그 이유로, ① 원칙적으로 판결 등의 **집행권원 성립 이전**에 **채권자가 지출한 비용**은 민사집행의 준비를 위하여 필요한 비용에 포함되지 않는 점, ② 채권자가 사해행위의 취소와 함께 책임재산의 회복을 구하는 채권자취소소송에서는 수익자(또는 전득자)만 피고적격이 있고 채무자는 피고적격이 없어 **수익자**(전득자)가 소송비용을 부담하는 반면, 강제집행에 필요한 비용은 채무자가 부담하여 그 **부담 주체**가 다른데, 채권자취소소송을 위하여 지출한 소송비용 등을 집행비용에서 우선적으로 상환하면 수익자(전득자)가 부담하는 소송비용을 채무자의 책임재산에서 우선상환하는 셈이 되는 점을 들고 있다.[2)]

▣ 상속인 명의로의 상속대위등기비용이 집행비용에 해당하는지 여부

(1) **대판 2021. 10. 14. 2016다201197**은, 부동산을 목적으로 하는 담보권실행을 위한 경매절차에서 그 경매신청 전에 부동산의 소유자가 사망했으나 그 상속인이 상속등기를 마치지 않아 경매신청인이 경매절차의 진행을 위하여 부득이 **상속인을 대위**하여 **상속등기**를 마쳤다면 그 상속등기를 마치기 위해 **지출한 비용**은 담보권실행을 위한 경매를 직접 목적으로 하여 지출된 비용으로 그 경매절차의 준비 또는 실시를 위하여 필요한 비용이고, 나아가 그 경매절차에서 모든 채권자를 위해 대지급한 **공익비용**이므로 집행비용에 포함한다고 보고 있다.

(2) 한편 위 판결 이전에 **대결 1996. 8. 21. 96그8**은, 채권자가 채권자대위권을 행사하여 채무자 앞으로 상속등기를 한 다음 그 상속등기비용에 대하여 상환청구를 한 사안에서, '강제집행을 직접 목적으로 하여 지출된 비용으로 볼 수 없다'는 이유

1) 대판 2006. 11. 24. 2006다35223. 다만 현실적으로 지출한 비용이라고 하더라도 해당 집행과 무관하거나 집행에 필요가 없는 것은 이에 해당하지 않는다. 대결 2005. 2. 18. 2004마1043, 2005. 11. 18. 2005마772.

2) 조용현, "민사집행법 제53조 제 1 항에서 정하는 '강제집행에 필요한 비용'의 의미," 대법원판례해설 87호(2011년 상반기), 262쪽 이하.

로 별도로 그 비용의 상환을 구하는 소를 제기하든지 지급명령을 신청하여 그 지급을 구할 수 있다고 보았다.

그러나 위 대결 1996. 8. 21. 96그8의 사안은 상속채권자(피상속인의 채권자)가 경매신청인이 아니라 **상속인의 일반채권자**가 강제집행을 위해 상속인을 대위하여 상속재산인 부동산에 관하여 상속등기를 마쳤으나 **그 부동산이 경매로 매각되지 않고 강제집행절차가 종료**된 후 그 일반채권자가 상속인에게 상속등기비용의 지급을 구하는 사안으로 위 대판 2021. 10. 14. 2016다201197과 사안을 달리하고 있음에 유의해야 한다(위 대판 2021. 10. 14. 2016다201197은 그 판결이유에서 이를 분명히 하고 있다).[1)]

(3) 위 대판 2021. 10. 14. 2016다201197은 경매신청인이 **상속채권자**인 **담보권 실행을 위한 경매**에서 경매신청 전 소유자(채무자)가 사망했는데 상속인이 상속등기를 하지 않아서 경매신청인이 상속인을 대위해서 상속등기를 마친 경우 그 지출비용이 해당 경매절차에서 우선 변상을 받을 수 있는 집행비용에 해당한다는 점을 명확히 하고 있다. 위 판결의 입장은 경매신청인이 **상속채권자**이거나 **상속인의 일반채권자**이거나 관계없이, 그리고 강제경매절차이거나 담보권실행을 위한 경매절차이거나 관계없이 동일하게 적용되는 것으로 보아야 한다.

(4) 강제경매와 담보권실행을 위한 경매에서 경매목적물은 채무자의 소유이어야 하고, 등기사항증명서 등에 의하여 증명되어야 하며(법 81조 1항 1호, 268조), 채무자 소유인 점에 대한 증명이 없으면 경매신청이 각하되게 되므로, 상속대위등기비용은 경매절차를 진행시키기 위하여 반드시 필요한 비용으로 모든 채권자들을 위하여 지출한 비용으로 집행비용(공익비용)으로 보는 것이 합리적이므로, 판례의 입장은 타당하다.[2)]

2. 집행비용의 예납

(1) 집행비용은 뒤에서 보는 바와 같이 종국적으로 채무자(소유자)의 부담으로 되지만(법 53조 1항, 275조), 집행절차 내에서 회수할 수 없는 경우도 있으므로

---

1) 이봉민, "담보권 실행을 위한 경매절차에서 상속대위등기비용이 집행비용에 해당하는지 여부," 대법원판례해설 129호(2022년), 498쪽 이하. 대결 1996. 8. 21. 96그8 이전의 집행실무는 대체로 상속대위등기비용을 집행비용을 보았는데 위 결정 이후에 간행된 법원실무제요 민사집행(1), 113쪽에서는 채권자대위권 행사로 인한 비용은 강제집행을 직접 목적으로 하여 지출된 것이 아니므로 집행비용이 아니라고 언급하고 있다.

2) 공동상속인 가운데 1인에 대한 일반채권자가 부득이 공동상속인 전원에 대하여 상속대위등기를 마친 경우 집행비용으로 인정되는 범위는 상속대위등기비용 가운데 채무자인 공동상속인의 상속분에 한하여 집행비용으로 인정될 수 있을 것으로 보인다는 견해로는, 서울고등법원, 민사판례해설 Ⅲ-상, 468쪽.

채권자로 하여금 일정한 소요경비를 **미리 내게** 한 후 배당 등의 절차단계에서 이를 **청산**하도록 한다.

(2) 집행법원이 집행기관이 경우 집행법원에 민사집행신청을 하는 때에는 채권자는 집행에 필요한 비용으로 법원이 정한 금액을 미리 내야 하고, 법원이 부족한 비용을 미리 내라고 명한 때에도 채권자는 그 금액을 미리 내야 한다(법 18조 1항, 291조 · 301조).

(3) 채권자가 법원으로부터 **예납명령**을 받고도 **예납기간** 내에[1] 예납해야 할 비용을 미리 내지 않으면 집행기관인 집행법원은 결정으로 **집행신청을 각하**하거나 **집행절차를 취소**할 수 있다(법 18조 2항). 예납기간이 지났다고 하더라도 집행신청을 각하하거나 집행절차를 취소하기 전에 예납한 때에는 신청을 각하하거나 절차를 취소할 수 없다. 예납불이행으로 집행신청을 각하하거나 집행절차를 취소하는 결정에 대해서는 **즉시항고**를 할 수 있다(법 18조 3항). 한편 집행기관인 집행관인 경우 집행관은 위임에 응하지 않거나 사무를 행하지 않을 수 있다(집행관수수료규칙 25조).[2]

3. 집행비용의 부담

(1) 집행비용은 집행채권자가 예납해야 하나, 배당절차에서 최우선적으로 배당받으므로 종국적으로는 **집행채무자**가 부담한다(법 53조 1항). 다만 강제집행의 기초가 된 **집행권원**이 **파기**(**소급적**으로 **실효**)된 때(예컨대 가집행선고 있는 판결이 상급심에서 취소 · 파기되거나 확정판결이 재심의 소에 의하여 취소되거나, 화해조서 · 인낙조서 · 조정조서 등이 준재심의 소(민소 461조)에 의하여 취소되는 경우 등이 이에 해당한다. 그러나 청구이의의 소에 의하여 집행이 배제되는 때에는 기초가 된 판결 등이 소급하여 실효된 경우가 아니므로 채무자가 당연히 비용의 변상을 구할 수는 없다)에는, **집행채권자**가 채무자로부터 추심한 비용 및 채무자가 지출한 필요한 비용을 채무자에게 **변상**해야 한다(법 53조 2항).

한편 **담보권실행 등을 위한 경매절차**에서는 실체법상 비용부담(예컨대 변제비

---

1) 실무상 5일 내지 7일의 예납기간을 정하여 예납명령을 발한다. 다만 예납기간은 재정기간이므로 이를 연장할 수 있다(법 23조 1항, 민소 172조 1항).

2) 다만 집행채권자가 소송구조를 받은 때(민소 129조, 집행관수수료규칙 25조 1항 단서) 또는 대체집행에서 채권자의 신청에 의하여 법원이 미리 채무자에게 집행비용을 지급할 것을 명한 때(법 260조 2항)에는 예납할 필요가 없다. 법원실무제요 민사집행(1), 120쪽.

용은 원칙적으로 채무자의 부담이다. 민 573조)과는 별도로 경매목적물의 귀속 주체인 **소유자**가 경매비용을 부담한다. 담보권실행 등을 위한 경매에서도 법 53조가 준용되는데(법 275조) 법 53조의 문언 자체에 의하더라도 '그 집행에 의하여 우선적으로 변상'을 받도록 되어 있기 때문이다.

(2) 앞서와 같이 법 53조 1항의 규정에 따라 **집행채무자**가 부담해야 할 집행비용으로서 **그 집행절차**에서 **변상받지 못한 비용**과 법 53조 2항의 규정에 따라 **집행채권자가 변상해야 할 금액**은 당사자의 신청을 받아 집행법원이 결정(**집행비용액확정결정**)으로 정한다(규칙 24조 1항). 여기서 그 집행절차에서 집행비용을 변상받지 못한 경우란 본래의 강제집행이 **금전채권**의 집행인데도 해당 집행절차에서 변상받지 못한 경우[1] 및 본래의 강제집행이 **비금전채권** 즉 인도집행과 같은 금전채권 외의 채권에 기초한 집행이어서 애당초 해당 집행절차에서 변상받을 수 없는 경우[2] 등을 포함한다.

한편 집행채권자가 법 53조 2항에 따라 채무자에게 변상해야 할 금액에 대해서는 앞서와 같이 집행권원을 취소하는 재판이 확정된 후에 그 재판에 기하여 집행법원에 집행비용의 변상을 구하는 집행비용액확정결정을 신청하는 방법 외에 집행권원 중 가집행선고 있는 판결에 기한 집행의 경우에는 민사소송법 215조 2항에 따라 상소심재판에서 손해배상의 신청에 의할 수 있고, 그 밖의 집행권원에 기한 집행의 경우에는 이에 준하여 기초된 집행권원의 취소를 구하는 소송절차에서 집행비용의 변상을 구하는 신청을 할 수 있다.[3]

(3) **집행비용액확정결정절차**에서의 법원의 사무는 사법보좌관이 행한다(사보규 2조 1항 1호). 집행비용액확정의 신청 및 결정에 대해서는 소송비용액확정의 신청 및 결정에 관한 민사소송법 규정(110조 2항·3항, 111조 1항, 115조)이 준용된다(규칙 24조 2항).[4] 이러한 집행비용을 소송으로 청구하거나, 지급명령의 방법으로

---

1) 집행절차에서 추심할 집행비용 가운데 일부를 누락한 때에는 본래의 강제집행이 완결되기 전이면 집행기관이 계산을 정정하여 추심할 수 있으나, 집행이 완료되어 집행권원의 정본을 채무자에게 반환한 후에는 집행비용액확정결정을 받아서 추심할 수밖에 없다. 법원실무제요 민사집행(1), 138쪽; 홍동기, 주석서(1), 764쪽.

2) 부동산인도강제집행의 집행비용에 대한 집행비용액확정결정이 없는 경우에 그 집행비용은 부동산인도강제집행의 집행권원인 확정판결(인도 및 부당이득반환 등)에 기한 강제경매(금전집행)절차에서도 추심할 수 없다. 대판 2006. 10. 12. 2004재다818.

3) 법원실무제요 민사집행(1), 154쪽; 홍동기, 주석서(1), 771쪽.

4) 따라서 집행법원은 집행비용액을 결정하기 전에 상대방에게 비용계산서의 등본을 교부하고

지급을 구하는 것은 소의 이익이 없어 허용되지 않는다.[1)]

(4) 강제집행이 **신청의 취하** 또는 **집행처분의 취소** 등으로 집행 본래의 목적을 달성하지 못하고 끝난 경우 그때까지의 절차와 그 준비에 든 비용은 원칙적으로 법 53조 1항에서 정한 비용에 해당하지 않으므로 **원칙적으로** 그 비용은 채권자가 부담한다(법 53조 1항에 의해 집행채무자가 강제집행에 필요한 비용을 부담하는 것은 **강제집행이 그 목적으로 달성하여 끝난 경우**이다).[2)]

다만 **판례**는, 이러한 경우에도 해당 강제집행이 그 목적을 달성하지 못하고 끝나게 된 사정을 고려하지 않은 채 그 비용을 일률적으로 집행채권자에게 부담시키는 것은 형평에 반하여 부당하므로, 이때에는 (법 53조 1항이 아닌) 법 **23조 1항**에 의하여 준용되는 **민사소송법 114조**에 근거하여 당사자는 그 집행이 끝날 당시에 집행이 계속된 법원에 **집행비용의 부담 및 집행비용액확정 재판**을 신청할 수 있다고 본다.[3)]

(5) 집행비용액확정결정은 집행종료 후의 재판으로서 법 15조 1항의 '집행절차에 관한 집행법원의 재판'에 해당하지 않고, 그 결정에 대해서는 **규칙 24조 2항**에 의하여 준용되는 **민사소송법 110조 3항**에 따라 **민사소송법상의 즉시항고**가 허

이에 대한 진술을 할 것을 최고하여(법 23조 1항, 민소 111조 1항), 집행비용액확정결정에 관한 의견진술의 기회를 주어야 한다. 대결 2019. 7. 25. 2019마5407.

1) 대결 1996. 8. 21. 96그8.

2) 채권자가 집행신청의 **일부를 취하**하거나 집행처분의 **일부가 취소**된 경우 등에서는 그 일부의 집행에 소요된 비용도 원칙적으로 채권자가 부담한다. 법원실무제요 민사집행(1), 137쪽; 홍동기, 주석서(1), 762쪽.

3) 이 경우 법원은 당사자의 신청에 따라 해당 비용이 지출된 시기, 집행채권자가 이를 지출할 필요성, 강제집행과의 관련성 및 강제집행이 끝나게 된 원인이나 경위 등 여러 사정을 종합하여 집행비용을 부담할 당사자와 그 부담액을 정할 수 있다. **대결 2023. 9. 1. 2022마5860**(건물일부철거 및 대지인도를 명하는 집행권원을 얻은 신청인이 대체집행 수권결정을 받아 집행관에게 강제집행신청서를 제출했는데, 집행관은 피신청인에게 수회 철거 고지를 했으나 피신청인의 자진철거 약속에 따라 상당한 기간 철거집행에 들어가지 않으면서 신청인에게 철거집행에 필요한 안전도검사를 실시할 것을 요구하여 신청인이 안전진단용역 실시를 위해 비용을 지출한 사안이다). 위 대법원결정은 일본 최고재판소 2017. 7. 20. 결정과 같은 취지이다. 한편 기존의 실무는 집행절차가 도중에 신청취하나 절차취소로 종료된 때에는 그 구체적 사정을 고려하지 않고 '집행 본래의 목적 실현이 이루어진 경우라고 보기 어려우므로 그때까지의 비용은 필요 없는 것이 되어 집행비용으로 처리되기 어렵다.'고 판단해 왔는데, 위 결정은 기존의 실무와 달리 이 경우에도 집행비용부담 및 집행비용액확정결정을 통해 간이한 절차로 채무자에게 그 비용을 부담시킬 수 있는 길을 열어두었다. 임정윤, "강제집행이 목적을 달성하지 못하고 끝난 경우의 집행비용액 부담 및 확정결정," 대법원판례해설 137호(2023년 하), 416쪽 이하; 전병서, "집행비용에 관한 분석적 검토," 민사집행법연구 21권(송천이시윤박사 추모기념, 2025. 2.), 117쪽.

용될 뿐이다. 따라서 이러한 결정에 대한 즉시항고에는 항고이유서 제출에 관한 법 15조 3항 · 5항이 적용될 수 없다.[1)]

▣ 집행절차의 승계에 따른 집행비용채권의 승계 여부

집행채권자의 변동에 따른 집행절차의 승계에는 일반승계와 특정승계의 경우가 있다. **일반승계**에서는 수계 전의 집행비용이 승계인에게 승계되며 특히 상속인이 여러 사람인 때에는 각 상속분에 응하여 분할하여 승계된다. **특정승계**에서는 집행채권만이 승계되는 경우인지, **집행채권**뿐만 아니라 **집행비용채권**까지 승계되는 경우인지에 따라 달리 보아야 한다. 예컨대 압류채권자의 채권자가 압류채권자의 채무자에 대한 채권을 압류하여 **전부명령**을 받은 후에 압류채권자의 승계인으로 승계집행문을 받아 강제경매를 승계하는 때에는 **집행비용채권**까지 승계한 것이 아니므로 원칙적으로 **수계 전의 비용**에 대해서는 승계인이 배당받을 수 없다. 그러나 기본채권의 **양수인**이 승계집행문을 받아 강제경매를 승계한 경우에 양수인이 집행비용채권도 양도받은 때에는 당연히 수계 전의 비용도 승계인에게 승계된다. 수계 전의 집행비용을 승계인에게 배당하지 않는 경우에는 피승계인(경매신청채권자)이 배당받을 수 있다.

Ⅱ. 담보의 제공

1. 의 의

(1) 담보의 제공은 채권자가 집행을 실시하거나, 채무자 또는 제 3 자가 집행의 정지나 취소를 구하든지 집행을 면하기 위한 경우 등에서 상대방이 입는 손해를 담보하기 위한 것이다. 담보의 제공은 채권자나 채무자의 보통재판적이 있는 곳의 지방법원 또는 집행법원에 할 수 있다(법 19조 1항).

1) **채권자 · 채무자**가 제공하는 담보로는, 예컨대 ① 재심 또는 추후보완상소에 의한 집행정지나 취소 및 상대방이 하는 집행의 실시(민소 500조 1항), ② 가집행선고가 붙은 판결에 대한 상소에 의한 집행정지나 취소 및 상대방이 하는 집행의 실시(민소 501조, 500조 1항), ③ 즉시항고나 집행에 관한 이의신청 또는 집행문부여 등에 관한 이의신청에 의한 집행정지 및 상대방이 하는 집행의 속행(법 15조 6항 단서, 16조 2항, 34조 2항), ④ 청구이의의 소나 집행문부여에 대한 이의의 소에

1) 대결 2011. 10. 13. 2010마1586.

의한 집행정지나 취소 및 상대방이 하는 집행의 속행(법 46조 2항 · 3항) 등을 하는 때의 담보 등이 있다.

2) **제 3 자**가 제공하는 담보로는, 예컨대 ① 제 3 자이의의 소에 의한 집행정지나 취소(법 48조 3항, 46조 2항), ② 제 3 자가 제기한 집행에 관한 이의신청에 의한 집행정지(법 16조 2항), ③ 매수인의 신청에 의한 부동산관리명령으로서의 인도명령(법 136조 2항 · 3항) 등을 하는 때의 담보 등이 있다.

3) **담보액**은 담보권리자의 손해를 담보하는 것 뿐만 아니라 소명을 갈음하는 점 및 담보권리자의 장래 집행의 확실성 · 편의를 확보하는 점까지 고려하여 결정된다.

(2) 담보의 제공은 법원의 허가를 얻어 금융기관이나 보험회사의 **지급보증위탁계약체결문서**의 제출로도 가능하다(규칙 18조, 민소규칙 22조 1항). 재판상 담보공탁의 경우에는 법원의 담보제공을 명하는 재판에 의하여 비로소 담보를 제공할 의무가 구체화되므로 **담보제공명령**(담보액과 담보제공의 기간을 결정)이 있어야만 공탁을 할 수 있다.[1)]

(3) 반드시 담보제공명령을 받은 당사자만이 담보를 제공해야 한다고 볼 근거가 없으므로(민사소송법과 민사집행법에는 당사자에 한하여 담보제공을 할 수 있다는 규정이나 제 3 자가 이를 하는 것을 금지하는 규정이 없다), 담보제공명령을 받은 당사자뿐 아니라 **제 3 자** 역시 당사자를 대신하여 담보를 공탁한다는 취지를 **공탁서에 기재**함으로써 유효하게 당사자를 위한 담보를 제공할 수 있다.[2)] 이 경우 제 3 자는 법원의 허가나 담보권리자의 동의를 받을 필요가 없다.[3)]

(4) 각별 또는 공동의 표시가 없는 때에 **담보권리자**가 여럿인 경우에는 **준공유**와 마찬가지의 관계가 생기고, **담보제공자**가 여럿인 경우에는 **균등한 비율**에 의하여 각별로 제공한 것으로 본다. 따라서 여러 공탁자가 공탁하면서 공탁서에 각자의 공탁금액을 나누어 적지 않고 공동으로 하나의 공탁금액을 적은 경우에 공탁자들은 균등한 비율로 공탁한 것으로 보아야 하고, 공탁자들 내부의 실질적인 분담금액이 다르다 하더라도 이는 공탁자들 내부 사이에 별도로 해결해야 할 문제이다.[4)]

---

1) 대결 2010. 8. 24. 2010마459.
2) 대결 2019. 12. 13. 2019그695; 법원실무제요 민사집행(1), 172쪽; 황병하, 주석서(1), 294쪽.
3) 법원실무제요 민사집행(5), 113쪽.
4) 대판 2012. 3. 29. 2011다79562, 2015. 9. 10. 2014다29971.

예컨대 제 3 자가 공동공탁자 가운데 한 사람의 공탁금회수청구권에 대하여 압류 및 추심명령을 받은 경우에 그 압류 및 추심명령은 공탁자 사이에 균등한 비율에 의한 공탁금액의 한도 내에서 효력이 있으므로, 강제집행정지를 위한 공탁금을 전액 출연한 공탁자는 담보공탁금에 대한 담보취소에 따른 공탁금회수청구권을 행사함에 있어서 위 압류채권자에 자금부담의 실질관계로 이유로 대항할 수 없다.[1]

▣ 보증서(지급보증위탁계약체결문서, 즉 공탁보증보험증권) 제출에 의한 담보제공 등이 허용되지 않는 경우

1) ① 민사소송법 299조 2항의 규정에 따른 소명을 갈음하는 보증, ② 매각허가결정에 대한 항고에서의 보증(법 130조 3항, 268조 · 269조), ③ 가압류해방금액(법 282조)의 각 경우에는 **성질상** 보증서 제출이 허용되지 않는다(즉 **현금공탁**만이 허용된다).

2) ① 가집행선고 있는 판결에 대하여 상소제기가 있는 때의 강제집행의 일시정지를 위한 담보, ② 청구이의의 소의 제기가 있는 때의 강제집행의 일시정지를 위한 담보, ③ 그 밖에 담보제공의 성질상 ①, ②에 준하는 경우 등에서도 **일반적으로(통상)** 보증서 제출이 허용되지 않고 현금공탁이 요구된다. 다만 법원은 **보증서 제출**에 의한 **담보제공의 허가 여부**를 결정하기 위하여 신청인에게 **강제집행의 확실성 등이 확보**되어 강제집행의 **일시정지에 따른 손해액만**을 담보할 필요가 있음을 소명하는 자료의 제출을 요구하여 법원이 구체적 사정에 맞게 보증서 제출에 의한 담보제공허가 여부를 정할 수 있다.[2] 즉 보증서에 의하여 담보되는 범위는 담보권리자의 손해액에 한정되고 이를 초과하는 부분에 대해서까지 미치는 것이 아니므로 보증서 제출에 의한 담보제공을 허가하지 않는 것이 일반적이나, 이미 **압류의 효력이 발생**하여 강제집행의 확실성 등이 확보됨에 따라 **강제집행의 일시정지**에 따른 **손해액만을 담보할 필요**가 있는 때에는 보증서 제출에 의한 담보제공을 허가한다.[3]

2. 담보권자의 지위

(1) 민사집행법상 담보에는 특별한 규정이 없는 한 소송비용의 담보에 관한 민사소송법 122조 · 123조 · 125조 및 126조의 규정을 준용한다(법 19조 3항). 따라

1) 대판 2015. 9. 10. 2014다29971.

2) 재판예규 제1787호 '지급보증위탁계약체결문서의 제출에 의한 담보제공과 관련한 사무처리요령'(재민 2003-5, **2021. 11. 26. 개정, 시행**) 5조, 5조의2. **위 예규 개정 전**에는 강제집행의 일시정지를 위한 담보제공방식을 원칙적으로 현금공탁만 가능하도록 정하고 있었다.

3) 법원실무제요 민사집행(1), 162쪽.

서 **담보권리자**(담보제공의 상대방)는 담보물에 대하여 **질권자**와 같은 우선권을 갖는다(법 19조 3항, 민소 123조). 이 경우 피담보채권은 **손해배상청구권**이다.

(2) 담보제공으로 **현금공탁**(**담보공탁**)을 한 경우 **담보권리자**(피공탁자)는 담보물(공탁금)에 대하여 질권자와 동일한 권리가 있으므로 **다음과 같은 방법**으로 그 **권리를 실현**한다.[1]

1) 담보권리자가 공탁관에게 피담보채권에 관한 확정판결 등 공탁원인사실에 기재된 피담보채권이 발생했음을 증명하는 서면을 제출하든지 또는 담보제공자(공탁자)의 동의서를 첨부하여 이를 공탁관에게 제출하여 공탁금에 대하여 **직접 출급청구**를 할 수 있다.

2) 담보권리자가 공탁자에 대한 질권자로서 채권에 대한 **담보권실행의 방법**(민 354조, 법 273조)으로, 공탁자의 **공탁금회수청구권**을 압류하고 추심명령이나 확정된 전부명령을 받아 **공탁금출급청구**를 할 수 있다. 이 경우에는 담보취소결정을 받을 필요가 없다.

3) 담보권리자가 공탁자에 대한 집행권원에 기초한 채권에 대한 **강제집행의 방법**(법 229조)으로, 공탁자의 공탁금회수청구권을 **압류**하고 **추심명령**이나 **확정된 전부명령**을 받은 후(**공탁자를 대위**하여 **담보취소신청**을 하고 **담보권리자**로서 **담보취소에 동의**하여) **담보취소결정**을 받아 **공탁금회수청구**를 할 수 있다.[2] 이 경우 그 실질은 공탁금출급청구와 다르지 않다. 실무상으로는 이 방법이 주로 이용된다.[3]

4) 다만 피공탁자가 앞서의 1), 2), 3)에 따른 공탁금출급청구(청구서의 표시를 '공탁금회수청구'라고 한 때에도 같다)를 하더라도 피공탁자가 담보권을 실행함으로써 가지게 되는 공탁금출급청구권에 대하여 **피공탁자의 채권자**가 **압류**나 **가압류**를 한 때에는(압류채권목록 또는 가압류채권목록의 기재를 피공탁자가 담보권을 실행함

---

1) 행정예규 제952호 '재판상 담보공탁금의 지급청구절차 등에 관한 예규'(2013. 3. 13. 개정, 2013. 3. 20. 시행) 4.가·나, 5.

2) 이 경우에도 그 **담보공탁금의 피담보채권**을 **집행채권**으로 하는 것인 이상, 담보권리자의 위와 같은 담보취소신청은 어디까지나 담보권을 포기하고 (공탁자의) 일반채권자로서 강제집행을 하는 것이 아니라 오히려 적극적인 담보권실행에 의하여 그 공탁금회수청구권을 행사하기 위한 방법에 불과하다고 보는 것이 합리적이므로 이는 **담보권의 실행방법**으로 인정된다. 대판 2004. 11. 26. 2003다19183, 2019. 12. 12. 2019다256471, 2021. 11. 11. 2018다250087. 따라서 이 경우에도 질권자와 동일한 권리가 있으므로 그에 **선행**하는 (공탁자의 다른) 일반채권자의 **압류 및 추심명령**이나 **전부명령**으로 이에 **대항할 수 없다**. 대판 2004. 11. 26. 2003다19183, 2021. 11. 11. 2018다250087.

3) 법원실무제요 민사집행(5), 116쪽.

으로써 갖는 공탁금회수청구권으로 한 경우도 같다) 피공탁자에게 공탁금을 지급하지 않는다.[1)]

(3) 담보제공으로 **지급보증위탁계약체결문서**(**보증서**)를 제출한 경우 담보권리자는 공탁보험증권에 기재된 보통약관에 정한 바에 따라 보험증권(또는 사본)이나 회사가 교부한 공탁보증보험계약의 체결사실을 증명하는 서면과 담보권리자가 담보제공자를 상대로 손해배상액에 관한 집행권원을 취득한 후 그 집행권원을 증명할 수 있는 서류를 첨부하여 손해배상액을 직접 보험자에게 보험금으로서 청구하여 그 권리를 실현한다.[2)]

3. 담보취소결정

(1) 담보제공자가 담보사유의 소멸, 담보권자의 동의, 권리행사최고기간의 넘김 등 **담보취소사유**가 발생한 경우에는 담보를 되돌려받기 위하여 담보제공결정을 한 법원 또는 그 기록을 보관하고 있는 법원[3)]에 **담보취소신청**을 하여 **담보취소결정**을 받아야 한다(법 19조 3항, 민소 125조, 민소규칙 23조).

(2) 담보취소결정에 대해서는 즉시항고를 할 수 있다(법 19조 3항, 민소 125조 4항). 다만 권리행사최고의 신청을 기각하는 결정이나 담보취소의 신청을 기각하는 결정에 대해서는 즉시항고할 수 있다는 명문의 규정이 없으므로 민사집행법 23조 1항, 민사소송법 439조에 의하여 통상항고로만 불복할 수 있다.[4)]

Ⅲ. 보증 등

1. 보 증

(1) 보증은 집행절차의 유지와 제도의 남용을 방지하기 위한 것으로, 상대방이 입게 될 손해를 담보하기 위한 것이 아니다. 보증은 모두 배당재단의 형성을 확보하기 위하여 제공된 것으로 그 성질이 담보와 전혀 다르다. 보증에 관해서는

---

1) 행정예규 제952호 '재판상 담보공탁금의 지급청구절차 등에 관한 예규'(2013. 3. 13. 개정, 2013. 3. 20. 시행) 6.다.

2) 대판 1999. 4. 9. 98다19011; 법원실무제요 민사집행(5), 116쪽.

3) 여기서 '담보제공결정을 한 법원 또는 그 기록을 보관하고 있는 법원'은 수소법원을 가리키고, 이는 직분관할로서 성질상 **전속관할**에 속한다. 대결 2011. 6. 30. 2010마1001.

4) 대결 2006. 10. 13. 2006마755, 2011. 2. 21. 2010그220.

집행법상 담보에 관한 규정이 적용될 여지가 없으며 개별적으로 규정하는 바에 따라 처리된다.

(2) 이러한 보증에는, 예컨대 ① 부동산경매절차에서 최저매각가격으로는 남을 가망이 없다고 인정될 때 경매절차의 속행을 위하여 압류채권자가 제공하는 충분한 보증(법 102조 2항, 104조 1항), ② 부동산경매절차에서 최저매각가격의 1/10의 금액을 집행관에게 제공해야 하는 매수신청인의 보증(법 113조, 규칙 63조), ③ 부동산경매절차에서 매각허가결정에 대한 즉시항고시 매각대금의 1/10의 금액을 공탁해야 하는 항고인의 보증(법 130조 3항) 등이 있다.

2. 공　탁

(1) 공탁은 채권자·채무자, 제 3 채무자 또는 집행관이 상대방에 생길 **손해의 담보라는 목적 외 다른 목적**으로, 예컨대 이행의 강제를 면하든지 손해를 피하기 위하여, 또는 절차의 완결을 위한 이행으로서 집행의 목적물이나 이를 갈음하는 금전을 공탁하는 것을 말한다. 공탁은 채권자나 채무자의 보통재판적이 있는 곳의 지방법원 또는 집행법원에 할 수 있다(법 19조 2항). 이를 강학상 (넓은 의미에서) **집행공탁**이라 한다.

(2) 이러한 공탁에는, 예컨대 ① 채무자가 가압류집행의 정지나 취소를 위한 해방금액의 공탁(법 282조·299조), ② 제 3 채무자가 채권집행에서 하는 권리공탁 또는 의무공탁(법 248조), ③ 추심채권자의 추심금의 공탁(법 236조 2항), ④ 집행관이 유체동산경매절차에서 배당협의가 불성립된 때 또는 여러 채권자를 위하여 동시에 금전을 압류한 경우에 하는 매각대금의 공탁(법 222조) 등이 있다.

(3) 이러한 공탁은 집행법상 담보의 제공과 전혀 다르나, 집행법상 담보의 제공의 방법으로 거의 공탁제도를 이용하고 있기 때문에 양자를 혼동하는 경향이 있다.[1)]

1) 법원실무제요 민사집행(1), 157쪽.

제 3 장 위법집행과 부당집행에 대한 구제

위법집행은 집행법상으로 위법인 경우를 말하며, **부당집행**은 집행법상으로는 적법하나 실체법상 위법한 경우(실체적 정당성이 침해된 경우의 집행)를 말한다. **위법집행의 구제방법**으로는 즉시항고, 집행에 관한 이의신청, 사법보좌관의 처분에 대한 이의신청 등이 있고, **부당집행의 구제방법**으로는 **채무자**를 위하여 청구이의의 소 또는 채무부존재확인의 소 및 저당권설정등기말소청구의 소(채무자는 손해배상청구나 부당이득반환청구도 할 수 있다) 등이 있으며, **제 3 자**를 위하여 제 3 자이의의 소가 있다.

제 1 절 위법집행에 대한 구제방법

Ⅰ. 즉시항고

1. 의 의

(1) 집행절차에 관한 집행법원의 재판에 대해서는 법에 특별한 규정이 있는 경우에 한하여 즉시항고가 허용된다(법 15조 1항).[1] 즉시항고는 즉시항고를 할 수 있는 사람(항고권자)이 해야 한다.[2] 가압류 · 가처분의 집행에 관해서는 강제집행에 관한 규정이 준용된다(법 291조 · 301조).

---

1) 집행력 있는 판결 정본에 기한 강제집행을 정지해달라는 신청을 기각한 결정에 대한 특별항고는 민사집행법 15조가 규정한 집행법원의 재판에 대한 불복에 해당하지 않고, **특별항고장을 각하한 원심재판장의 명령**에 대한 즉시항고는 **민사소송법상 즉시항고**에 불과하므로(민소 450조 · 425조, 399조 3항) 거기에 민사집행법 15조가 적용될 여지는 없다. 민사소송법상 항고법원의 소송절차에는 항소에 관한 규정이 준용된다(민소 443조 1항). 대결 2016. 9. 30. 2016그99.

2) 경매부동산에 대한 가처분권자는 매각허부결정에 대하여 즉시항고를 제기할 수 있는 이해관계인에 해당하지 않고, 이해관계인, 매수인, 매수신고인에 해당하지 않는 사람이 한 즉시항고는 부적법하다. 대결 1968. 3. 12. 68마137, 1994. 9. 30. 94마1534, 2008. 9. 18. 2008마1154.

(2) **사법보좌관**이 처리한 경우에는 즉시항고에 앞서 **이의신청절차**를 거쳐야 한다(법원조직법 54조 3항, 사보규 4조).

2. 즉시항고기간

항고인이 재판을 고지받은 날부터 1주의 불변기간 이내에 항고장을 **원심법원**에 제출해야 한다(법 15조 2항). 즉시항고를 할 수 있는 사람이 재판을 고지받아야 할 사람이 아닌 경우 즉시항고의 제기기간은 그 재판을 고지받아야 할 사람 **모두에게** 고지된 날부터 진행한다(규칙 12조).

3. 즉시항고이유

(1) 집행절차에 관한 집행법원의 재판에 대하여 즉시항고를 할 때에는 항고장에 그 이유를 민사집행규칙이 정하는 바에 따라 적어야 한다(법 15조 4항). 즉시항고의 이유로 원심재판의 취소와 변경을 구하는 사유를 구체적으로 적어야 하며, 이러한 사유가 법령위반이거나 사실오인인지 여부에 따라 이에 해당하는 구체적인 내용 및 사실을 구체적으로 적어야 한다(규칙 13조).

(2) 항고인은 항고장에 항고이유를 적지 않은 때에는 항고장을 **제출한 날부터** 10일 이내에 **항고이유서**를 **원심법원**에 제출해야 한다(**항고이유서 제출강제주의**)(법 15조 3항). 위 10일의 기간은 불변기간이 아니다. 따라서 항고이유서 제출기간이 지난 뒤에는 추후보완이 허용되지 않는다. 다만 민사소송법 172조 1항 본문에 의하면 법원은 불변기간을 제외한 법정기간을 늘이거나 줄일 수 있으므로, 항고이유서 제출기간을 늘이는 것은 가능하다. 따라서 당사자가 책임질 수 없는 사유로 말미암아 불변기간을 지킬 수 없었던 경우 소송행위의 추후보완을 할 수 있는 것과의 균형상 항고인이 책임질 수 없는 사유로 말미암아 항고이유서 제출기간을 지킬 수 없었던 경우 법원은 **제출기간이 지난 후에라도** 민사소송법 172조 1항에 의하여 항고이유서 제출기간을 **늘일 수 있다**.[1)]

▣ 민사소송법상 즉시항고와 항고이유서 제출강제주의

(1) 민사소송법상 **항고법원**의 소송절차에는 항소에 관한 규정이 준용된다(민소

---

1) 대결 2024. 6. 27. 2024마5813.

443조1항). 그런데 **2024. 1. 16. 개정 민사소송법(2025. 3. 1. 시행)**은 **항소이유서 제출강제주의**를 채택하여 항소장에 항소이유를 적지 않은 항소인은 소송기록의 **접수통지를 받은 날부터 40일** 이내에 **항소법원**에 항소이유서를 제출하도록 하였다(민소 402조의2 1항). 다만 항소인의 신청이 있는 경우 항소법원은 결정으로 위 제출기간을 **1회**에 한하여 **1개월 연장**할 수 있다(민소 402조의2 2항).[1] 항소인이 위 제출기간(연장된 경우에는 그 연장된 기간) 내에 항소이유서를 제출하지 않은 때에는 직권조사사항이 있거나 항소장에 항소이유가 적혀 있는 경우를 제외하고는 항소법원은 결정으로 항소를 각하해야 한다(**항소이유서 미제출**에 따른 **항소각하결정**, 민소 402조의3 1항). 위 결정에 대해서는 즉시항고를 할 수 있다(민소 402조의3 2항).

(2) 민사집행법상 즉시항고이나 집행절차에 관한 집행법원의 재판에 대한 즉시항고가 아닌 경우에는 법 15조가 적용되지 않으므로 민사소송법상 즉시항고의 규정이 준용되는데(법 23조 1항), **항고이유서 제출기간**, **항고이유서 제출법원** 등에 있어서 법 15조가 적용되는 경우와 뚜렷한 차이가 있다.

4. 재 판

(1) 항고법원은 항고이유서에 적힌 이유만에 대하여 조사한다. 다만 원심재판에 영향을 미칠 수 있는 법령위반 또는 사실오인이 있는지에 대해서는 직권으로 조사할 수 있다(법 15조 7항). 항고인이 항고이유서를 정해진 기간 안에 제출하지 않았거나 또는 항고이유서가 제출되었다 하더라도 그 기재가 구체성이 없는 등 민사집행규칙(13조)이 정하고 있는 바에 위반된 때 또는 즉시항고가 부적법하고 그 불비를 보정할 수 없음이 분명한 때에는 원심법원은 **결정**으로 그 즉시항고를 각하해야 한다(법 15조 3항 · 4항 · 5항 · 7항).

(2) 집행법원이 즉시항고를 각하해야 함에도 불구하고 이를 각하하지 않고 사건을 항고법원으로 송부한 경우에는 항고법원은 곧바로 즉시항고를 각하해야 한다.[2] 이와 같은 법리는 민사집행법상의 **재항고**에서도 마찬가지이다. **2008. 2. 18. 민사집행규칙**을 **개정**하여 집행절차에 관한 재항고사유 및 재항고에 관해서는 민사집행법 15조의 규정을 준용한다는 규정을 두었다(**규칙 14조의2**). 규칙으로 법에서 정할 재항고사유 및 이에 관한 적용규정을 정하는 것이 가능한지 의문이

---

1) 위 개정법 전에는 상고심에서 상고이유서 제출강제주의가 적용되는 것과 달리 항소심에서는 항소이유서 제출강제주의가 적용되지 않았으나 항소심재판의 신속하고 원활한 운영을 도모하기 위하여 위 개정법은 항소이유서 제출강제주의를 채택했다. 김홍엽(민사소송), 1202쪽.

2) 대결 2006. 3. 27. 2005마1023, 2008. 6. 17. 2008마768, 2008. 12. 22. 2008마1348.

다.[1] 이에 관해서는 뒤에서 다시 살펴본다.

(3) 집행절차에 관한 재판에 대한 즉시항고에는 집행정지의 효력이 없다(법 15조 6항 본문). 확정되어야만 효력이 생기는 경우(예컨대 매각허부결정, 전부명령 등)에는 즉시항고로 확정이 차단되므로 애당초 집행정지의 문제가 발생하지 않는다.

(4) 항고법원(재판기록이 원심법원에 남아 있는 때에는 원심법원)은 즉시항고에 대한 결정이 있을 때까지 **잠정처분**으로 **담보부**로 또는 **무담보**로 집행의 정지를 명하거나 집행절차의 전부 또는 일부의 정지를 명할 수 있고, **담보부**로 집행의 계속을 명할 수 있다(법 15조 6항 단서). 이러한 집행정지의 재판은 법원이 **직권으로** 하며 당사자에게 신청권이 있는 것이 아니다. 당사자의 집행정지신청은 단지 법원의 직권발동을 촉구하는 의미밖에 없다. 따라서 법원은 이러한 신청에 대하여 재판을 할 필요가 없고, 설령 법원이 신청을 거부하는 재판을 했다고 하더라도 이에 대한 불복신청은 허용되지 않으므로 부적법하다.[2]

▣ 민사집행법상 보전처분재판에서의 즉시항고와 민사집행법 15조의 적용 여부

(1) 보전처분신청을 인용하는 결정의 경우

가압류신청이나 가처분신청을 인용한 결정에 대해서는 채무자나 피신청인은 법 283조·301조에 의하여 그 보전처분을 발한 법원에 이의신청을 할 수 있을 뿐이고, 그 인용결정이 항고법원에 의하여 행해진 경우라 하더라도 이에 대하여 민사소송법 442조에 의한 재항고나 같은 법 444조의 즉시항고로는 다툴 수 없다.[3]

(2) 보전처분신청을 기각하는 결정 또는 보전처분에 대한 이의신청·취소신청에 대한 재판의 경우

가압류신청이나 가처분신청을 기각한 결정 또는 가압류·가처분에 대한 이의신청 또는 취소신청에 대한 재판은 집행절차에 관한 집행법원의 재판에 해당하지 않으므로 그에 대한 즉시항고에는 법 15조가 적용될 수 없고, **민사소송법의 즉시항고**에 관한 규정이 준용된다(법 23조 1항).

그런데 민사소송법상 **항고법원의 소송절차**에는 **항소에 관한 규정**이 준용된다(민소 443조 1항). 따라서 보전처분을 기각하는 결정 또는 보전처분에 대한 이의신

1) 민사집행규칙의 개정에도 불구하고 이러한 근거규정의 언급 없이 만연히 **민사집행법 15조**의 즉시항고에 관한 규정이 재항고의 경우에도 그대로 준용한다고 판시하고 있는 결정으로는, 대결 2015. 4. 10. 2015마106.

2) 대결 2017. 7. 18. 2017그42, 2019. 8. 30. 2019마259. 이 경우 특별항고도 허용되지 않는다. 대결 2004. 10. 14. 2004그69 등.

3) 대결 2005. 9. 15. 2005마726, 2008. 5. 13. 2007마573, 2008. 12. 22. 2008마1752.

청 · 취소신청에 대한 재판에 불복하는 즉시항고시에는 앞서와 같은 **민사소송법상 항고이유서 제출강제주의**가 적용된다(법 23조 1항).[1)]

▣ 보전처분절차상 즉시항고의 집행정지효 문제

(1) 법 15조 6항의 보전처분의 재판절차 적용 여부

즉시항고는 집행정지의 효력을 가지지 않는다는 법 15조 6항의 규정은 집행절차에 관한 집행법원의 재판에 관한 즉시항고에 한하여 적용된다(법 15조 1항). 따라서 집행절차가 아닌 **보전처분의 재판절차**(가압류 · 가처분결정에 대한 이의신청 · 취소신청에 대한 재판)상 즉시항고는 원칙적으로 민사소송법상 즉시항고에 관한 규정이 준용되는데(법 23조 1항), 이 경우에도 **민사집행법상 특별한 규정**을 두어 민사소송법 447조(즉시항고는 집행을 정지시키는 효력을 가진다)의 **준용을 배제**하고 있으므로 집행정지의 효력을 가지지 않는다(**집행부정지의 원칙**)[**가압류**의 경우에는 법 286조 7항 단서, 287조 5항 단서, 288조 3항 등에서, **가처분**의 경우에는 301조에서 민사소송법 447조의 준용을 배제하는 규정을 두고 있다].

결국 가압류 · 가처분의 취소결정에 대한 즉시항고의 경우는 **효력정지결정**을 받아야만 그 효력을 정지시킬 수 있다(법 289조 1항, 301조).[2)]

(2) 법 15조 6항의 보전처분의 집행절차 적용 여부

한편 보전처분절차 가운데 **보전처분의 집행절차**상 즉시항고는 법 15조 3항에서 말하는 집행절차에 관한 집행법원의 재판에 대한 즉시항고에 해당하므로 법 15조 6항에 의하여 집행정지의 효력을 가지지 않는다.

Ⅱ. 집행에 관한 이의신청

1. 의 의

(1) 집행법원(판사의 업무 또는 사법보좌관의 업무)의 집행절차에 관한 재판으로서 즉시항고를 할 수 없는 것과, 집행관의 집행처분, 그 밖에 집행관이 지킬 집행절차에 대해서는 집행법원에 이의를 신청할 수 있다(법 16조 1항). 집행에 관한 이의신청은 감독기관인 집행법원에 의한 심사를 거침으로써 감독권 발동을 구하는

---

1) 앞서 본 바와 같이 2024. 1. 16. 민사소송법 개정 전에는 항소이유서의 제출기간에 관한 규정을 두고 있지 않아 결과적으로 항고이유서 제출강제주의가 적용되지 않았다. 따라서 항고인이 항고이유서를 제출하지 않았다거나 그 이유를 적어 내지 않았다는 이유로 그 즉시항고를 각하할 수 없었다. 대결 2006. 5. 22. 2006마313, 2006. 9. 28. 2006마829, 2008. 2. 29. 2008마145.

2) 대판 2022. 3. 17. 2019다226975.

신청으로서 의미가 있다.[1] 집행에 관한 이의신청은 집행당사자 또는 이해관계가 있는 제 3 자(이의신청권자)가 해야 한다.[2]

(2) **집행법원의 집행절차에 관한 재판**이란 집행신청에 의하여 **개시된 구체적인 집행절차**에 관한 집행법원의 판단행위를 가리킨다. 따라서 집행이 개시되기 전의 절차는 포함되지 않으므로 예컨대 집행문을 내어달라는 신청이 거절된 때에는 집행에 관한 이의신청을 할 수 없다.[3]

(3) **집행관의 집행처분**이란 집행관이 독립한 집행기관으로 하는 법률효과를 수반하는 처분을 말하며, 집행관이 집행법원 또는 수소법원의 보조기관으로서 행한 처분인 예컨대 부동산매각기일의 실시, 매각부동산의 현황조사 등은 포함하지 않는다.[4] 한편 **집행관이 지킬 집행절차**란 집행관이 집행처분 외에 집행에서 지켜야 할 절차를 말한다. 예컨대 법률효과를 수반하지 않는 집행관의 사실행위(법 7조 2항에 따른 저항배제를 위한 원조 등)가 위법인 경우, 집행관이 집행기록의 열람을 거부하는 경우 등이다.[5][6]

2. 이의사유

(1) 집행에 관한 이의신청은 **집행** 또는 **집행행위**에서의 형식적 **절차상의 흠**이 있는 경우에 할 수 있으며, 집행의 기본이 되는 집행권원 자체에 대한 실체적 권리관계에 관한 사유나 그 집행권원의 성립과 소멸에 관한 절차상의 흠은 어느 것이나 집행에 관한 이의사유로 삼을 수 없다.[7]

이와 달리 **담보권실행을 위한 경매**에서 경매개시처분(부동산 · 선박 · 자동차에

---

1) 대결 2022. 6. 30. 2022그505.

2) 대결 2010. 7. 26. 2010마458.

3) 법원실무제요 민사집행(1), 103쪽; 황병화, 주석서(1), 250쪽.

4) 박두환, 59쪽; 황병하, 주석서(1), 252쪽.

5) 법원실무제요 민사집행(1), 105쪽.

6) **판례**는, 집행관은 집행에 착수할 당시의 외관 · 징표는 물론 집행권원을 확인함으로써 적어도 집행대상이 집행권원에 표시된 범위에 포함된 것인지 여부를 판단해야 하며, 집행권원이 되는 결정서의 주문 자체에 집행장소나 집행대상이 명확히 기재되지 않은 경우에는 그 결정의 이유를 살펴 **집행장소**나 **집행대상**을 **확인**할 필요가 있고, 그와 같이 객관적으로 확인되는 특정 집행장소나 집행대상 이외의 장소나 대상을 상대로 집행을 하는 것은 위법하므로, 그 집행처분이나 집행절차의 위법 여부에 관하여 불복의 이익이 있는 사람은 법 16조에 따라 집행에 관한 이의신청을 할 수 있다고 본다. 대결 2022. 4. 5. 2018그758.

7) 대결 1987. 3. 24. 86마카51.

대해서는 경매개시결정, 동산에 대해서는 압류)에 대해서는 명문으로 담보권의 부존재 · 소멸 등 **실체적 이유**도 이의사유로 할 수 있도록 하고 있다(법 265조 · 269조 · 270조 · 272조). 담보권실행을 위한 경매절차에서 경매법원 스스로 담보권의 존재 여부를 조사 · 판단하여 경매를 개시하는 것은 아니나, 경매개시처분에 대하여 하는 집행에 관한 이의신청에 청구이의의 소에 준하는 역할을 맡기기 위하여 예외적으로 이러한 사항을 이의사유로 삼은 것이다.[1)]

(2) 집행에 관한 이의신청은 집행기관의 처분에 대한 불복방법이므로 집행법원 또는 집행관이 스스로 **조사 · 판단할 수 있는 사항**에 한하여 이를 할 수 있다. 실체상의 사항도 집행법원 또는 집행관이 조사 · 판단할 수 있는 사항인 한 집행에 관한 이의사유가 된다.[2)]

3. 이의신청시기

집행에 관한 이의신청에서는 즉시항고와 같은 신청기간의 제한이 없다. 그러나 집행에 관한 이의신청은 집행절차를 시정하여 적정한 집행절차를 실시할 수 있는 이의신청의 이익이 있고 또한 존속하고 있는 동안에 해야 한다. 따라서 집행에 관한 이의신청은 원칙적으로 집행처분이 있은 뒤부터 그 종료 이전까지 할 수 있다.[3)] 다만 특별한 사정이 있어 위법한 집행처분의 실시가 확정적으로 예상되는 예외적인 경우에는 사전에도 이의신청을 할 수 있다.[4)]

4. 재 판

(1) 집행에 관한 이의신청에 대한 재판은 **판사**가 한다. 집행에 관한 이의신청에는 집행정지의 효력이 없다. 집행법원은 이의신청에 대한 재판에 앞서 집행의 일시정지 등 잠정처분을 할 수 있다(법 16조 2항). 집행법원은 그 심리에 있어 이의신청에 대한 재판 당시까지 제출된 이의사유 주장과 모든 자료를 종합하여 이의사유의 당부를 판단할 수 있다.[5)]

---

1) 황병하, 주석서(1), 256쪽.

2) 법원실무제요 민사집행(1), 106쪽; 황병하, 주석서(1), 253쪽.

3) 대결 1996. 7. 16. 95마1505, 2010. 7. 26. 2010마458.

4) 대결 1969. 11. 20. 64마579.

5) 대결 2022. 6. 30. 2022그505.

(2) 집행절차를 취소한 집행관의 처분에 대한 이의신청을 기각·각하하는 결정 또는 집행관에게 집행절차의 취소를 명하는 결정에 대해서는 즉시항고를 할 수 있다(법 17조 1항). 이와 같은 결정은 집행채권자의 권리실현의 중단을 의미하므로 예외적으로 즉시항고를 허용하고 있다.[1]

▣ 집행관의 집행처분에 대한 이의신청과 재항고상 문제

(1) 판례의 태도와 규칙 14조의2 규정

대결 2010. 7. 2. 2010그24는 집행관의 집행처분에 대한 이의신청을 인용하여 집행절차를 취소한 집행법원의 결정에 대해서는 즉시항고로 불복할 수 있는데(법 17조 1항), 이러한 즉시항고에 따른 항고심의 결정에 대해서는 법 23조 1항에 의하여 준용되는 민사소송법 442조에 따라 재항고로 불복할 수 있다고 보고 있다.

그러나 **2005. 7. 28. 규칙 개정시 14조의2**(**재항고**)를 **신설**하여 집행절차에 관한 항고법원의 결정 등으로서 즉시항고를 할 수 있는 재판에 대해서는 재판에 영향을 미친 **헌법·법률·명령 또는 규칙의 위반**을 이유로 드는 때에만 재항고할 수 있으며(1항), 이러한 재항고에 관해서는 **법 15조의 규정을 준용**하도록 하고 있다(2항)[규칙으로 재항고이유 및 재항고절차에 관하여 규정하는 것은 대법원의 규칙제정권의 범위를 넘어선 것으로 문제가 있다]. 따라서 **판례**가 앞서의 경우 민사소송법 442조의 규정에 따라 재항고를 할 수 있다고 본 것은 부당하다.[2]

(2) 구체적 차이점

민사소송법 442조의 규정에 따라 재항고를 해야 한다고 보는 경우에는 민사집행법 15조가 준용되지 않고, **민사소송법 443조 2항**에 따라 상고에 관한 규정을 준용하게 된다. 따라서 재항고장에 재항고이유를 적지 않은 때에는 대법원으로부터 재항고기록의 접수통지를 받은 날부터 20일 이내에 대법원에 재항고이유서를 제출해야 하며(민소 443조 2항, 426조·427조) 그 기간 내에 재항고이유서를 제출하지 않은 때에는 **재항고기각결정**을 해야 한다(민소 443조 2항, 429조).

이에 반하여 이러한 재항고에 법 15조의 규정이 준용된다고 보는 경우에는 재항고장에 재항고이유를 적지 않았다면 재항고장을 제출한 항고법원에 재항고장을 제출한 날부터 10일 이내에 재항고이유서를 제출해야 하며(법 15조 3항), 그 기간 내에 재항고이유서를 제출하지 않은 때에는 **재항고각하결정**을 해야 한다(법 15조 5항).

(3) 집행에 관한 이의신청에 대한 재판이 법 17조 1항의 요건에 해당하지 않

1) 법 17조 1항이 위헌이 아니라는 것에는, 헌재 2011. 10. 25. 2010헌바486 결정.

2) 위 **규칙 개정 전** 위 대결 2010. 7. 2. 2010그24와 같은 취지의 결정으로는 대결 2004. 11. 26. 2004그107.

아 즉시항고의 대상이 되지 않는 경우에는 특별항고(법 23조 1항, 민소 449조)로서만 불복할 수 있다.[1)]

Ⅲ. 사법보좌관의 처분에 대한 이의신청

1. 의 의

사법보좌관이 하는 처분 중 판사가 하는 경우 즉시항고 등(항고·즉시항고 또는 특별항고)의 대상이 되는 처분에 대해서는 **먼저 사법보좌관의 처분에 대한 이의신청**을 해야 한다(사보규 4조 1항). 사법보좌관이 하는 처분 중 판사가 하는 경우에도 즉시항고 등의 대상이 되지 않는 처분에 대해서는 집행에 관한 이의신청(법 16조 1항)에 따라 불복할 수 있다(사보규 3조 2호).

2. 이의신청이 있는 경우의 조치

사법보좌관규칙 4조에서는 즉시항고 등의 대상이 되는 처분에 대한 이의신청에 대한 절차를 규정하고 있다.

(1) 이의신청기간

사법보좌관의 처분 가운데 판사가 처리하는 경우 항고·즉시항고 또는 특별항고의 대상이 되는 처분에 대한 이의신청은 그 처분을 고지받은 날부터 7일 이내에 해야 한다(불변기간이다. 사보규 4조 3항).

(2) 사건의 송부

1) 이의신청이 있는 경우 사법보좌관은 이의신청사건을 **지체 없이** 판사에게 **송부**해야 한다(사보규 4조 5항).[2)] 사법보좌관의 처분에 대한 이의신청단계에서는

---

1) 대결 2009. 5. 20. 2009그70, 2015. 4. 7. 2014그351, 2016. 6. 21. 2016마5082.

2) 이는 사법보좌관 스스로 자신의 처분을 경정할 수 있는 권한을 인정하지 않고 판사로 하여금 이의신청사건을 처리하도록 함으로써 판사가 사법보좌관의 처분에 대한 후견적·감독적 기능을 행사하도록 하기 위한 것이다. 법원행정처, 사법보좌관규칙(수정안) 제정 이유(2003년), 26쪽. 한편 사법보좌관이 스스로 재도의 고안(再度의 考案)으로 자신이 한 처분을 경정할 수 있으나, 지체 없이 판사에게 송부하도록 하는 규칙 4조 5항의 취지에 따라 재도의 고안은 이의신청 접수일부터 2일 이내에 신속하게 하는 것만 허용된다고 보는 견해로는, 정준영, "사법보좌관제도와 사법보좌관의 업무," 민사집행법연구 2권(2006. 2.), 209쪽 이하; 황병하, "사법보좌관의 처분에 대한 불복과 이의 신청," 법조 56권 3호(2007년), 181쪽; 서울중앙지방법원, 사법보좌관업무편람 2006(2006년), 237쪽. 이에 대하여, 사법보좌관 처분의 경정기간을 이의신청 접수일부터 '2일'이라고 하나 그 기준의 근거를 찾을 수 없을 뿐만 아니라, 무엇보다

민사소송 등 인지법이 정하는 **인지액**을 납부할 필요가 없다(사보규 4조 4항). 그 이후 판사가 이의신청이 이유 없다고 인정하여 사법보좌관의 처분을 인가하고 항고법원에 송부할 경우에는 인지를 붙여야 한다(사보규 4조 6항 6호).

2) 사법보좌관의 처분에 대한 이의신청에서도 이의신청의 요건 및 절차 등에 관해서는 그 성질에 반하지 않는 한 해당 법률에서 정하고 있는 불복절차에 관한 규정을 준용하므로(사보규 4조 10항), 이의신청시에도 이의신청절차의 성질에 반하지 않는 한 민사집행법의 (즉시)항고절차에 따른 요건을 갖추어야 한다. 따라서 즉시항고 등의 대상이 되는 사법보좌관의 처분에 대한 이의신청을 할 당시에 **인지액의 납부 외**에는 항고절차의 요건이 되는 서류 등을 민사집행법 등의 규정에 따라 제출해야 한다.

(3) 송부받은 판사의 조치

(a) 이의신청의 적법 여부에 대한 심사

1) 사건을 송부받은 판사는 이의신청에 이의신청대상이 되는 처분의 표시와 그 처분에 대한 이의신청취지를 밝히지 않은 경우 보정명령을 내리고(사보규 4조 6항 1호) 흠이 보정되지 않거나 이의신청기간을 넘긴 때에는 이의신청을 각하한다(사보규 4조 6항 2호).

2) 이의신청의 각하의 경우 이러한 각하결정은 해당 항고·즉시항고·특별항고에 대한 각하재판으로 본다(사보규 4조 6항 2호). 이에 대해서는 해당 법률이 정하는 절차에 따라 불복할 수 있다(사보규 4조 7항).

(b) 이의신청의 당부에 대한 심사

1) 사건을 송부받은 판사는 이의신청이 이유 있는 때에는 사법보좌관의 처분을 경정한다(사보규 4조 6항 3호). 이에 대해서는 해당 법률이 정하는 절차에 따라 불복할 수 있다(사보규 4조 7항).

2) 판사가 처리할 경우 특별항고의 대상이 되는 처분에 대한 이의신청은 이유 없으면 이의신청을 각하해야 한다(사보규 4조 6항 4호).

3) 판사가 처리할 경우 항고 또는 즉시항고의 대상이 되는 처분에 대한 이의

도 사법보좌관 스스로 자신의 처분을 경정할 수 있다고 보는 것은 사법보좌관규칙 4조 5항의 규정에 반하는 것임은 두말할 나위 없이 자명하다는 견해로는, 강구욱, "사법보좌관제도의 입법연혁과 개선방안에 관한 일고," 민사집행법연구 21권(송천이시윤박사 추모기념, 2025. 2.), 233쪽.

신청이 이유 없으면 사법보좌관의 처분을 인가하고, 이의신청사건을 항고법원에 송부해야 한다(사보규 4조 6항 5호). 이 경우 이의신청에 인지액이 납부되지 않은 때에는 상당한 기간을 정해 이의신청인에게 보정을 명하고 이의신청인이 보정하지 않는 때에는 이의신청을 각하한다(사보규 4조 6항 6호).[1] 이에 대해서는 해당 법률이 정하는 절차에 따라 불복할 수 있다(사보규 4조 7항).

(c) 항고법원의 조치

항고법원은 이의신청을 판사의 인가처분에 대한 항고 또는 즉시항고로 보아 재판절차를 진행하게 된다(사보규 4조 6항 5호 · 6호, 9항).

▣ 사법보좌관의 처분에 대한 불복제도

(1) 사법보좌관의 처분과 이의신청제도

법원조직법 54조 3항 후단은 "사법보좌관의 처분에 대해서는 대법원규칙으로 정하는 바에 따라 법관에게 이의신청을 할 수 있다"라고 규정하고 있다. 법관이 아닌 사법보좌관의 처분에 대하여 헌법상 법관에 의한 재판을 받을 권리를 보장하기 위한 것이다. 사법보좌관규칙은 3조에서 "지급명령 등의 처분에 대한 불복"을, 4조에서 "즉시항고 등의 대상이 되는 처분에 대한 이의신청"을 규정하고 있다.

(2) 개별적 이의신청절차

1) 사법보좌관의 처분 가운데 지급명령 등의 처분에 대한 불복은 개별 법률에서 해당 처분에 대한 불복방법이 이의신청이고, 그 이의신청에 대하여 같은 심급의 판사가 심사하도록 규정하고 있는 경우에는 해당 법률에서 규정하는 이의신청절차를 그대로 따르도록 했다.

2) 사법보좌관의 처분 가운데 그러한 처분을 판사가 했더라면 항고 · 즉시항고 또는 특별항고의 대상이 되는 처분을 사법보좌관이 한 경우 그에 대한 불복은 '이의신청'의 방법에 의한다. 이에 대해서는 같은 심급의 판사가 심사하여 직접 처리하거나 항고법원에 송부하는 등의 절차를 밟게 된다.[2]

(3) 이의신청과 항고이유서 제출강제주의

1) 법 15조 2항에 의한 항고장 제출기간과 달리 법 15조 3항에 의한 **항고이유서 제출기간**을 불변기간으로 명시하는 법률 규정은 없으므로, 법 15조 3항에 의한 항고이유서 제출기간은 불변기간이라 할 수 없다.[3]

2) **2014. 9. 1. 사법보좌관규칙이 개정**(2015. 3. 23. 시행)되기 **전**에는, 사법보좌관의 처분(예컨대 매각허가결정)에 대한 이의신청사건을 송부받은 단독판사가 그

---

1) 대결 2008. 6. 23. 2007마634.

2) 황병하, "사법보좌관의 처분에 대한 불복과 이의신청," 법조 56권 3호(2007. 3.), 163쪽 이하.

3) 대판 1970. 1. 27. 67다774, 대결 1981. 1. 28. 81사2 등.

이의신청이 이유 없다는 이유로 사법보좌관의 처분을 인가하고 이와 병행하여 상당한 기간을 정해 이의신청인에게 법 15조 3항에 정해진 항고이유서의 제출을 명한 경우 보정명령에서 정해진 상당한 기간 내에 항고이유서의 제출이 있다면 이의신청서를 제출한 날부터 10일 이내에 항고이유서를 제 1 심법원에 제출하지 않았다는 이유로 항고를 각하할 수는 없도록 했다.[1]

그러나 앞서와 같이 **사법보좌관규칙이 개정**되어 즉시항고 등의 대상이 되는 사법보좌관의 처분에 대한 이의신청을 할 때 **인지** 외에 항고절차의 요건이 되는 서류 등은 민사집행법 등의 규정에 따라 제출하도록 했다(4조 4항). 따라서 사법보좌관의 처분을 인가할 때 항고의 요건이 되는 항고이유서 제출 등은 보정을 명할 대상에 해당되지 않는다(4조 6항 6호).

제 2 절 부당집행에 대한 구제방법

Ⅰ. 청구이의의 소

1. 의의 및 성질

(1) 청구이의의 소는 채무자가 확정된 종국판결 등 **유효한 집행권원**에 표시된 청구권에 관한 **실체상 사유**, 즉 청구권의 소멸·저지사유나 예외적으로 부존재·무효사유를 들어 집행력을 배제하기 위한 것이다(법 44조).[2] 청구이의의 소는 집행권원의 집행력 자체의 배제를 구하는 소이다[**판결주문**에는, '어떠한 **집행권원**(예컨대 피고의 원고에 대한 서울중앙지방법원 2022. 4. 25. 선고 2021가합0000 판결)에 기한 강제집행은 이를 불허한다'라고 표시한다. 집행권원 자체의 집행력의 배제를 구하는 것이므로 '어떠한 집행력 있는 정본에 기한 강제집행은 불허한다'라는 표현은 부적절하다]. 따라서 이미 집행된 개개의 구체적인 집행행위의 불허를 구하는 것은 허용되지 않

---

1) 대결 2009. 4. 10. 2009마519, 2011. 2. 7. 2011마54. 사법보좌관제도하에서 법 15조 3항에 서 정한 즉시항고에 따른 항고이유서 제출기간의 해석에 관해서는, 김홍엽, "민사집행법상 즉시항고 및 재항고," 민사재판의 제문제 15권(2006. 12.), 299쪽 이하.

2) 청구이의의 소는 **유효한 집행권원**을 그 대상으로 한다. 대판 2016. 4. 15. 2015다201510, 2024. 12. 12. 2024다273869 등. 따라서 제 1 심판결이 공시송달의 방법으로 송달되어 확정된 후 추후보완항소가 제기되고, 항소심이 추후보완항소를 각하하지 않은 채 제 1 심판결 선고 뒤의 사정으로 판결로써 소송종료선언을 하여 그 판결이 확정되었다면, 이로써 제 1 심판결의 형식적 확정력은 소멸되므로, 제 1 심판결은 유효한 집행권원이라 할 수 없으므로 이에 대하여 집행력의 배제를 구하는 청구이의의 소를 제기할 수 없다. 대판 2024. 12. 12. 2024다273869.

는다.[1)]

가집행선고가 있는 종국판결은 집행권원이지만 상소로써 이의사유를 다툴 수 있으므로 청구이의의 소에 의하여 집행력의 배제를 구할 수 없다.[2)] 한편 집행권원이 있다고 하더라도 집행권원으로 작용하기 이전에 그 집행력의 배제를 구하는 청구이의의 소의 제기는 허용되지 않는다.[3)]

(2) 청구이의의 소는 집행권원에 기한 강제집행을 장래에 향하여, 정지・취소시키는 형성적 효과를 갖는다고 보아 소송법상 **형성의 소**로 본다(**형성소송설**).

(3) 담보권실행을 위한 경매를 신청할 수 있는 권리의 존부를 다투는 경우에 그 경매절차를 정지하기 위해서는, ① **법 268조**에 의하여 준용되는 **법 86조 1항**의 규정에 의하여 경매개시결정에 대한 이의신청을 하고, **법 86조 2항**의 규정에 따라 **매각절차의 일시정지결정**을 받거나, ② 그 담보권의 효력을 다투는 소를 제기하고, **법 275조**에 의하여 준용되는 **법 46조 2항**의 규정에 따라 **매각절차의 일시정지결정**을 받아 그 절차의 진행을 정지시킬 수 있다. 그러나 이 경우 직접 경매의 불허를 구하는 소를 제기할 수는 없다.[4)]

판례는 담보권의 효력을 다투는 소(**채무부존재확인의 소**, **저당권말소등기청구의 소**)를 법 44조의 **청구이의의 소에 준하는** 것(**채무이의의 소**)으로 보고 있다.[5)]

---

1) 대판 1971. 12. 28. 71다1008.

2) 대판 1995. 6. 30. 95다15827.

3) 파산절차에서 파산채권으로 확정되어 **파산채권자표**에 기재되면 그 채권자표의 기재는 '채무자 회생 및 파산에 관한 법률' 460조에 의하여 파산채권자 전원에 대하여 확정판결과 같은 효력을 가진다. 그런데 위와 같이 확정된 채권자표의 기재가 확정판결과 같은 효력을 갖는다고 하더라도 채권자는 **파산절차가 종결**된 후에 이르러서야 비로소 위 법률 535조 2항에 의하여 채권자표의 기재에 의거하여 강제집행을 할 수 있을 뿐이다[확정된 채권자표의 기재는 파산절차가 종결되기 전까지는 파산채권자들 사이에 배당액을 산정하기 위한 배당률을 정하는 기준이 되는 금액일 뿐, 배당과 관련해서는 집행권원으로서 아무런 작용을 하는 것이 아니다]. 따라서 파산절차가 종결되지 않는 한 중간배당금의 지급에 따라 확정파산채권이 일부 소멸했다고 하더라도 파산관재인이 이를 청구이의의 소의 사유로 삼아 확정파산채권에 관한 채권자표의 기재에 대한 집행력의 배제를 구할 수 없다. 대판 2007. 10. 11. 2005다45544,45551. 위 판결의 해설로는, 김연하, 대법원판례해설 72호(2007년 하반기), 189쪽 이하.

4) 대판 1987. 3. 10. 86다152, 2002. 9. 24. 2002다43684, 2018. 11. 15. 2018다38591.

5) 대결 1976. 3. 15. 75그7, 대판 1987. 3. 10. 86다152, 대결 1993. 1. 20. 92그35.

2. 청구이의사유

(1) 집행채권의 소멸 · 저지 등 또는 위법집행

1) 청구이의사유는 집행권원에 표시된 집행채권의 **전부** 또는 **일부**의 **소멸 · 저지**(집행권원이 기판력이 있는 경우, 예컨대 판결, 화해조서 · 인낙조서 · 조정조서 등)나 **부존재 · 무효**(집행권원이 기판력이 없는 경우, 예컨대 집행증서, 확정된 지급명령 · 이행권고결정 등)이다.[1] 집행력의 일부만이 소멸했음이 밝혀진 때에는 소멸한 범위에서 일부인용 판결을 해야 하고 청구를 전부기각해서는 안 된다.[2]

2) 집행권원상 청구권의 변제기가 아직 도래하지 않은 경우 아직 도래하지 않은 부분에 관하여 일시적으로 집행력을 배제하는 구하는 것은 청구이의사유가 된다. 이 경우 집행력을 아직 도래하지 않은 변제기까지 일시적으로 배제하는 것을 넘어서 전부배제해서는 안 된다.[3]

3) 집행권원인 **동시이행판결**의 **반대의무 이행** 또는 **이행제공**은 집행개시의 요건으로서 집행개시와 관련된 경매개시결정에 대한 이의신청절차 등 **집행에 관한 이의신청절차**에서 주장 · 심리되어야 할 사항이지, 집행권원에 표시되어 있는 청구권에 관하여 생긴 이의를 내세워 그 집행권원이 가지는 집행력의 배제를 구하는 청구이의의 소에서 심리되어야 할 사항은 아니다. 따라서 동시이행판결의 채무자로서는 그 집행력의 배제를 구하는 청구이의의 소에서 채권자가 반대의무의 이행 또는 이행제공을 하지 않았다는 주장을 청구이의사유로 내세울 수 없다.[4]

---

1) 집합건물의 관리단과 관리위탁계약을 체결하고 포괄적인 관리업무를 위탁받은 위탁관리업자 갑 회사가 구분소유자인 을을 상대로 관리비청구소송을 제기하여 승소 확정판결을 받았다가 을이 사망하자 상속인인 병 등에 대하여 승계집행문을 부여받아 병 등이 소유한 부동산에 대하여 강제경매개시결정을 받았는데, 병 등이 선행소송의 사실심 변론종결 후에 갑 회사의 관리위탁계약이 종료되어 갑 회사가 선행소송의 판결에 관한 집행당사자적격을 상실했다고 주장하면서 청구이의의 소를 제기한 사안에서, 위 체납관리비채권은 집합건물의 **관리단에 귀속**하는 것이고, 관리위탁계약이 종료되었다고 하여 **관리비채권의 귀속주체**가 변동되었다거나 갑 회사가 **관리비채권**을 가지고 있다가 **상실**하게 된 것으로 볼 수 없다는 이유로, 이와 달리 갑 회사가 집행당사자적격을 상실하여 청구이의의 소에서 정한 이의이유가 있다고 본 원심판단에 법리오해의 잘못이 있다고 한 판결로는, 대판 2024. 9. 12. 2023다225979.

2) 대판 1967. 12. 26. 67다2249.

3) 대판 2017. 3. 30. 2016다47409, 2022. 4. 14. 2021다299372. 실무상 집행권원의 집행력을 영구적으로 배제하지 않고 변제기 유예 등의 사유로 집행력의 일시적 배제를 명하는 경우의 주문 기재례는 다음과 같다. "피고의 원고에 대한 …에 기한 강제집행은 2025. 12. 20.까지 이를 불허한다." 법원실무제요 민사집행(1), 348쪽.

4) 대판 2024. 6. 13. 2024다231391.

4) **여러 개의 사해행위취소소송**에서 각 가액배상을 명하는 판결이 선고되어 확정된 경우 수익자가 어느 채권자에게 자신이 배상할 가액의 일부 또는 전부를 반환한 때에는 다른 채권자에 대하여 각 사해행위취소판결에서 **가장 다액으로 산정된 공동담보가액**에서 자신이 **반환한 가액을 공제한 금액**을 **초과하는 범위**가 청구이의사유가 된다.[1)]

5) 청구이의의 소는 부당한 강제집행이 행해지지 않도록 하려는 데 있으므로, 예컨대 판결에 의하여 확정된 청구가 그 판결의 변론종결 뒤에 변경·소멸된 경우뿐만 아니라 판결을 집행하는 자체가 불법한 경우에도 이를 허용함이 상당하다.[2)] 이러한 경우의 불법은 해당 판결에 의하여 **강제집행에 착수**함으로써 외부에 나타나 비로소 청구이의의 원인이 된다.[3)] 따라서 **부집행합의** 또는 **집행신청취하합의**가 있는 경우도 이에 포함한다.

▣ 확정된 지급명령에 대한 청구이의의 소에서의 증명책임

확정된 지급명령의 경우 뒤에서 보는 바와 같이 그 지급명령의 청구원인이 된 청구권에 관하여 지급명령의 발령 전에 생긴 불성립이나 무효 등의 사유를 그 지급명령에 대한 청구이의의 소에서 주장할 수 있고(법 58조 3항), 이러한 청구이의의 소에서 청구이의사유에 관한 **증명책임**도 일반 민사소송에서의 증명책임분배의 원칙에 따라야 한다. 따라서 확정된 지급명령에 대한 청구이의의 소에서 원고가 피고의 채권이 성립하지 않았음을 주장하는 경우에는 **피고**에게 채권의 발생원인사실을 증

---

1) 사해행위목적물의 가액에서 일반채권자들의 공동담보로 되어 있지 않은 부분을 공제한 잔액이 **공동담보가액**이다. 여러 개의 사해행위취소소송에서 각 가액배상을 명하는 판결이 선고되어 확정된 경우 각 채권자의 피보전채권액을 합한 금액이 이러한 공동담보가액을 초과한다면 수익자가 채권자들에게 **반환해야 할 가액**은 공동담보가액이 된다. 그럼에도 수익자는 공동담보가액을 초과하여 반환하게 되는 범위 내에서 이중으로 가액을 반환하게 될 위험에 처할 수 있게 되는데, 이때 각 사해행위취소판결에서 산정한 공동담보가액의 액수가 서로 달라 수익자에게 이중지급의 위험이 발생하는지를 **판단하는 기준**이 되는 **공동담보가액**은, 여러 개의 사해행위취소판결에서 인정한 각 공동담보가액 가운데 **다액(多額)의 공동담보가액**에 해당하는 금액이라고 본다. **판례**는, 이를 산정한 사해행위취소소송의 사실심 변론종결 당시의 객관적인 사실관계와 명백히 다르고 해당 소송에서의 공동담보가액의 산정 경위 등에 비추어 그 가액을 그대로 인정하는 것이 심히 부당하다고 보이는 등의 특별한 사정이 없는 한 그렇게 보는 것이 채권자취소권제도의 취지 및 채권자취소송에서 변론주의 원칙 등에 부합한다고 한다. 대판 2022. 8. 11. 2018다202774; 임정윤, "여러 개의 사해행위취소 및 가액배상 판결이 확정된 다음 가액배상액 중 일부를 반환한 수익자가 청구이의의 소로 집행력의 배제를 구할 수 있는 범위," 대법원판례해설 133호(2022년 하), 398쪽.

2) 대판 1998. 5. 26. 98다9908, 2023. 4. 27. 2019다302985.

3) 대판 1984. 7. 24. 84다카572.

명할 책임이 있고, **원고**가 그 채권이 통정허위표시로서 무효라거나 변제에 의하여 소멸되었다는 등 권리발생의 장애 또는 소멸사유에 해당하는 사실을 주장하는 경우에는 원고에게 그 사실을 증명할 책임이 있다.[1)]

(2) 신의칙 위반 또는 권리남용의 경우

1) **강제집행**이 신의칙 위반 또는 권리남용에 해당하는 경우도 청구이의사유에 포함한다. **판례**는, 확정판결의 내용이 실체적 권리관계에 배치되는 경우 그 판결에 의하여 집행할 수 있는 것으로 확정된 권리의 성질과 내용, 판결의 성립 경위, 판결의 성립 후 집행에 이르기까지의 사정, 그 집행이 당사자에게 미치는 영향 등 여러 사정을 종합하여 볼 때, 그 **확정판결에 기한 집행**이 현저히 부당하고 상대방으로 하여금 그 집행을 수인(受忍)하도록 하는 것이 정의에 반함이 명백하여 사회생활상 용인할 수 없다고 인정되는 것과 같은 **특별한 사정**이 있는 때에는 그 집행은 **권리남용**으로서 허용되지 않고, 그러한 경우 집행채무자는 청구이의의 소에 의하여 그 집행의 배제를 구할 수 있다고 본다.[2)]

실체상의 권리라도 그 행사가 권리남용에 해당되는 때에는 권리행사로서 인정받지 못하고 그 **권리의 실현이 저지**되는데, 이는 청구권의 소멸사유는 아니지만 청구권의 행사를 저지하는 실체상의 청구에 관한 사유로서 이러한 청구권에 기한 **집행**은 **변론종결 뒤에 생긴 사유**가 되므로 판례의 입장은 정당하다.[3)]

2) 확정판결의 내용이 실체적 권리관계에 배치된다는 점은 확정판결에 기한 집행이 권리남용이라고 주장하며 그 집행의 불허를 구하는 원고가 **주장 · 증명**해야 한다.[4)]

(3) 이의사유의 존재시기

1) 집행권원 가운데 **확정판결의 경우** 청구이의사유는 사실심 **변론종결 뒤**(변

---

1) 대판 2010. 6. 24. 2010다12852.

2) 대판 2001. 11. 13. 99다32899, 2008. 11. 13. 2008다51588, 2009. 5. 28. 2008다79876; 권혁재, "부당판결의 집행에 대한 청구이의의 소," 민사집행법연구 1권(2005. 2.), 38쪽 이하.

3) 김홍엽(민사소송), 936쪽. 한편 판례의 태도에 의하면 본안심리의 단계에서 고려하기 어려운 사정들을 집행단계에 반영함으로써 이해관계를 조율할 수 있다는 측면에서 효율적일 수도 있으나, 구체적 타당성을 앞세워 청구이의의 소를 쉽게 허용할 경우 집행권원을 취득한 권리자의 신뢰를 저버리고 또 한 번의 소송을 거치도록 하는 결과가 되어 법적 안정성에 대한 중대한 침해가 될 수 있다는 점도 간과해서는 안 된다는 견해로는, 송방아, "집행 과정에서의 불합리를 제거하기 위한 수단으로서의 청구이의의 소," 법조 72권 4호(2023년), 179쪽 이하.

4) 대판 2014. 5. 29. 2013다82043, 2017. 9. 21. 2017다232105.

론 없이 한 판결의 경우에는 판결이 선고된 뒤)에 생긴 사유에 한한다(법 44조 2항). 변론종결시를 기준으로 확정된 권리관계를 변론종결 이전의 사유를 들어 다투는 것은 확정판결의 기판력에 저촉되기 때문이다.[1] 변론종결 전에 생긴 사정은, 가령 채무자가 그러한 사정이 있음을 과실 없이 알지 못하여 변론종결 전에 이를 주장하지 못한 것이라 해도, 청구이의의 사유로 삼을 수 없다.[2]

2) 집행권원 가운데 **기판력은 없고 집행력만 있는 경우**에는 집행권원이 만들어지기 전의 사유를 청구이의사유로 삼을 수 있다. 기판력이 없는 집행권원에 대한 청구이의의 소에서는 기판력의 시적 범위에 따른 제한이 적용되지 않기 때문이다.[3] 따라서 확정된 지급명령·이행권고결정, 배상명령과 같이 집행력만 있고 기판력이 없는 경우에는 처음부터 청구권의 성립에 흠이 있는 경우에도 청구이의의 소를 제기할 수 있다. 집행증서의 경우에도 마찬가지이다.

▣ **판례상 변론종결 뒤의 청구이의사유로 본 경우**

(1) 변론종결 뒤 상계권 행사의 경우

당사자 양쪽의 채무가 서로 상계적상에 있다 하더라도 그 자체만으로 상계로 인한 채무소멸의 효력이 생기는 것은 아니고, 상계의 의사표시를 기다려 비로소 상계로 인한 채무소멸의 효력이 생기는 것이므로, 채무자가 집행권원인 확정판결의 변론종결 전에 상대방에 대하여 상계적상에 있는 채권을 가지고 있었다 하더라도 집행권원인 확정판결의 변론종결 뒤에 이르러 비로소 상계의 의사표시를 한 때에는 당사자가 집행권원인 확정판결의 변론종결 전에 자동채권의 존재를 알았는가 몰랐는가에 관계없이 적법한 청구이의사유가 된다.[4]

(2) 변론종결 뒤 채무 일부에 대한 공탁금 수령의 경우

확정판결의 변론종결 전에 이루어진 채무의 일부에 대한 공탁에서 채권자가 변론종결 뒤 그 공탁금을 수령함으로써 변제의 효력이 발생한 경우에는 그 한도 내에서 적법한 청구이의사유가 된다.[5]

(3) 변론종결 뒤 채권자취소권이 소멸된 경우

채권자취소소송에서 피보전채권이 인정되어 사해행위취소 및 원상회복을 명하는 판결이 확정되었다고 하더라도, 그에 기하여 **재산이나 가액의 회복을 마치기 전**

1) 대판 1998. 5. 26. 98다9908, 2023. 4. 27. 2019다302985.
2) 대판 2005. 5. 27. 2005다12728, 2014. 3. 27. 2011다49981 등.
3) 대판 2017. 6. 19. 2017다204131.
4) 대판 1998. 11. 24. 98다25344, 2005. 11. 10. 2005다41443. 이에 관한 상세한 설명은, 김홍엽(민사소송), 875쪽 이하.
5) 대판 2009. 10. 29. 2008다51359.

에 **피보전채권이 소멸**하여 채권자가 더 이상 채무자의 책임재산에 대하여 강제집행을 할 수 없게 되었다면, 이는 위 판결의 집행력을 배제하는 적법한 청구이의사유가 된다.[1] 사해행위 이후에 피보전채권이 소멸한 경우는 책임재산을 보전할 필요성이 없어지게 되어 채권자취소권이 소멸하는 것으로 보아야 하므로, 이는 집행권원에 표시된 청구권에 관하여 생긴 실체상의 사유에 해당하기 때문이다.[2]

(4) 변론종결 뒤 한정승인 주장의 경우

상속인이 한정승인(민 1019조 1항 · 3항)을 하고도, 채권자가 피상속인의 금전채무를 상속한 상속인을 상대로 그 상속채무의 이행을 구하여 제기한 소송의 사실심 변론종결시까지 그 사실을 주장하지 않는 바람에 **책임의 범위**에 관하여 아무런 유보가 없는 판결이 선고되어 확정되었다고 하더라도, 상속인은 그 후 한정승인사실을 내세워 청구이의의 소를 제기하는 것이 허용된다.[3]

(5) 변론종결 뒤 면책 주장의 경우

개인채무자가 파산절차에서 한 면책신청에 따라 **면책결정**이 확정되어 채무자가 채무를 변제할 **책임이 면제**되었음에도 불구하고(채무회생 556조, 564조 내지 566조) (파산)채권자가 채무자를 상대로 그 채무의 이행을 구하여 제기한 소송의 사실심 변론종결시까지(무변론판결의 경우에는 판결선고시까지) 그 사실을 주장하지 않는 바람에 책임의 면제에 따른 **책임의 범위**에 관하여 아무런 유보 없는 판결이 선고되어 확정되었다고 하더라도, 특별한 사정이 없는 한 채무자는 그 후 위 면책사실을 내세워 청구이의의 소를 제기하는 것이 허용된다.[4]

---

1) 대판 2017. 10. 26. 2015다224469.

2) 심영진, "사해행위 취소 및 원상회복을 명하는 판결이 확정되었으나 재산이나 가액의 회복을 마치기 전에 피보전채권이 소멸한 경우 판결의 집행력을 배제하는 적법한 청구이의의 이유가 되는지 여부," 대법원판례해설 113호(2017년 하반기), 45쪽 이하.

3) 대판 2006. 10. 13. 2006다23138, 2009. 5. 28. 2008다79876, 2019. 12. 12. 2019다254123. 한정승인에 의한 책임의 제한은 소송물인 상속채무의 존재 및 범위의 확정과는 관계없고 다만 판결의 집행대상을 상속재산의 한도로 한정함으로써 판결의 집행력이 미치는 집행대상의 범위(집행력)를 제한할 뿐이기 때문이다. 이에 관한 상세한 설명은, 김홍엽(민사소송), 878쪽 이하.

4) 대판 2022. 7. 28. 2017다286492. 면책결정에 따라 발생한 책임의 소멸은 소송물인 채무의 존부나 범위의 확정과는 직접적인 관련이 없으며, 이미 면책결정을 통해 강제집행 위험을 벗어난 개인채무자로 하여금 그 집행을 다시 수인하도록 하는 것은 면책제도의 취지에 반하고 확정된 면책결정의 효력을 잠탈하는 결과를 가져오며, 전소에서 개인채무자의 면책 주장 여부에 따라 개인채무자가 일부 파산채권자에 대해서만 파산절차에 의한 배당 외에 추가로 책임을 부담하게 된다면, 파산채권자들 사이의 형평을 해치게 되어 집단적 · 포괄적으로 채무를 처리하면서 개인채무자의 재기(再起)를 지원하는 개인파산 및 면책제도의 취지에 반하게 되기 때문이다. 이에 관한 상세한 설명은, 김홍엽(민사소송), 880쪽 이하.

▣ 확정된 지급명령 또는 이행권고결정과 청구이의사유

(1) 확정된 지급명령의 경우

지급명령에 적용되는 민사소송법 474조는 확정된 지급명령은 확정판결과 같은 효력을 가진다고 규정하고 있으나, 확정판결에 대한 청구이의의 사유를 변론이 종결된 뒤(변론 없이 한 판결의 경우에는 판결이 선고된 뒤)에 생긴 것으로 한정하고 있는 민사집행법 44조 2항과는 달리, 민사집행법 58조 3항은 지급명령에 기한 강제집행에서 "청구에 관한 이의의 주장에 대하여는 제44조 제 2 항의 규정을 적용하지 아니한다"고 규정하고 있으므로, 지급명령에서는 **지급명령발령 전**에 생긴 **청구권의 불성립**이나 **무효** 등의 사유를 그 지급명령에 관한 청구이의의 소에서 주장할 수 있다.[1)]

(2) 확정된 이행권고결정의 경우

소액사건심판법 5조의7 1항 1호는 이행권고결정은 피고가 2주 이내에 이의신청을 하지 않으면 확정판결과 같은 효력을 가진다는 취지로 규정하면서도, 한편 같은 법 5조의8 3항은 이행권고결정에 기한 강제집행에서 "청구에 관한 이의의 주장에 관하여는 민사집행법 44조 2항의 규정에 의한 제한을 받지 아니한다"고 규정하고 있으므로, 확정된 이행권고결정에 대한 청구이의의 소에서는 이행권고결정 이후의 청구권의 소멸이나 청구권의 행사를 저지하는 사유뿐만 아니라, **이행권고결정 전**의 **청구권의 불성립**이나 **무효** 등도 그 이의사유가 된다.[2)]

3. 신청 및 재판

(1) 관할법원

1) 청구이의의 소의 관할법원은, ① 집행권원이 **확정판결**(소송상 화해나 조정, 청구의 인낙 등 그 밖에 확정판결과 같은 효력을 가지는 것을 포함한다)이면 **제 1 심판결법원**(법 44조 1항, 57조, 56조 5호),[3)] ② 집행권원이 **지급명령**이면 그 지급명령을 내린 지방법원[그 청구가 합의사건인 경우에는 그 법원이 있는 곳을 관할하는 지방법원 합의부(법 58조 5항)], ③ 집행권원이 **집행증서**이면 채무자의 보통재판적(채무자의 주소

---

1) 확정된 지급명령에는 기판력이 인정되지 않는다. 대판 2004. 5. 14. 2004다11346, 2009. 7. 9. 2006다73966.

2) 대판 2006. 1. 26. 2005다54999. 확정된 이행권고결정에는 기판력이 인정되지 않는다. 대판 2009. 5. 14. 2006다34190; 문정일, "확정된 이행권고결정에 대한 준재심의 소," 대법원판례해설 79호(2009년 상반기), 364쪽 이하.

3) 제 1 심판결 법원이란 집행권원인 판결에 표시된 청구권, 즉 판결에 기초한 강제집행에 의하여 실현될 청구권에 대하여 재판을 한 법원을 가리킨다. 대판 2019. 12. 27. 2019다265482, 대결 2024. 7. 11. 2024그613 등.

지 등)의 지방법원(법 59조 4항 본문)이다.[1]

시 · 군법원에서 성립된 화해 · 조정[조정은 재판상 화해와 동일한 효력이 있다(민조 29조). 확정된 조정을 갈음하는 결정도 마찬가지이다(민조 34조 4항)], 또는 확정된 지급명령에 관한 청구이의의 소로서 집행권원에서 인정된 권리가 소액사건심판법의 적용대상이 아닌 사건은 시 · 군법원이 있는 곳을 관할하는 지방법원 또는 지방법원 지원이 관할한다(법 22조 1호).

2) 이러한 관할법원은 직분관할로서 **전속관할**에 속한다. 따라서 제 1 심법원인 지방법원 합의부가 재판한 판결, 또는 제 1 심법원인 지방법원 합의부의 항소심인 고등법원이 한 판결을 대상으로 하는 청구이의의 소는 그 재판을 한 지방법원 합의부의 전속관할에 속한다.[2][3]

3) **사물관할**을 정하는 **소송목적의 값**은, ① 채무소멸 등을 이의사유로 하여 **영구적**인 집행력의 배제를 구하는 경우에는 집행력 배제의 대상인 집행권원에서 인정된 권리의 가액에 의하며(민인규칙 16조 3호), ② 기한의 유예 등을 이의사유로 하여 **일시적**인 집행력의 배제를 구하는 경우에는 연기된 기간 중 물건 또는 금전을 이용할 수 있는 이익을 금전적으로 평가한 액에 의한다.[4]

(2) 당사자적격

1) 청구이의의 소에서 **원고적격**이 있는 사람은 집행권원에 채무자로 표시된 사람, 그 승계인 그 밖의 원인으로 채무자에 대신하여 집행력을 받는 사람이다(법 25조 1항 본문). 이러한 사람의 채권자도 채권자대위권에 기해 청구이의의 소를 제기할 수 있다.[5]

2) 청구이의의 소에서 **피고적격**이 있는 사람은 집행권원에 채권자로 표시된 사람, 그 승계인 그 밖에 집행권원에 기초하여 강제집행을 신청할 수 있는 사람이다.

판례는, 집행권원상의 청구권(**집행채권**)이 양도되어 대항요건을 갖춘 경우 집행당사자적격이 양수인으로 **변경**되고 양수인이 **승계집행문을 부여받음에 따라** 집

---

1) 대판 2019. 11. 28. 2019다235733.
2) 대판 2017. 4. 7. 2013다80627, 2019. 10. 18. 2019다231953, 대결 2024. 7. 11. 2024그613 등.
3) 회생채권자표에 대한 청구이의의 소는 회생계속법원의 전속관할에 속한다(채무회생 255조 3항). 여기서 **회생계속법원**이란 회생사건이 계속되어 있는 회생법원을 말하는데(채무회생 60조 1항), 회생절차가 종료되거나 폐지된 후에는 회생절차가 계속되었던 회생법원을 가리킨다. 대판 2019. 10. 17. 2019다238305.
4) 법원실무제요 민사집행(1), 346쪽.
5) 대판 1992. 4. 10. 91다41620.

행채권자는 양수인으로 **확정**되는 것이므로, 승계집행문의 부여로 인하여 양도인에 대한 기존 집행권원의 **집행력**은 **소멸**되어, 그 후 양도인을 상대로 제기한 청구이의의 소는 **피고적격**이 없는 사람을 상대로 한 소이거나, 이미 집행력이 소멸한 집행권원의 집행력 배제를 구하는 것으로 **소의 이익**이 없어 부적법하다고 한다.[1)]

(3) 소의 이익

1) 청구이의의 소는 집행문을 부여받기 전·후를 불문하나, **집행이 종료된 후**에는 소의 이익이 없다(배당절차가 남아 있는 경우에는 집행이 종료된 것이 아니다).[2)] 이 경우 부당이득반환청구나 손해배상청구만이 가능하다.

예컨대 집행권원인 집행증서가 무권대리인의 촉탁에 기하여 작성된 것으로서 무효인 때에는 채무자는 청구이의의 소로써 강제집행 불허의 재판을 구할 수 있되, 그 집행증서에 기한 강제집행이 일단 전체적으로 종료되어 채권자가 만족을 얻은 뒤에는 더 이상 청구이의의 소로써 그 강제집행 불허를 구할 이익은 없다.[3)]

2) **의사의 진술을 명하는 판결**이 확정된 경우 그와 동시에 의사를 진술한 것과 동일한 효력이 발생하여(법 263조 1항) 위 확정판결의 강제집행은 이로써 완료되며 집행기관에 의한 별도의 집행절차가 필요한 것이 아니므로, 특별한 사정이 없는 한 위 확정판결 이후에 집행절차가 계속됨을 전제로 하여 그 집행권원이 가지는 집행력의 배제를 구하는 청구이의의 소는 허용될 수 없다.[4)]

(4) 재 판

1) 청구이의의 소에서 이의사유가 여러 가지인 때에는 **동시에 주장**해야 한다(법 44조 3항). 채무자가 제출할 수 있는 모든 이의사유를 하나의 청구이의의 소에 집중하도록 하는 데 그 취지가 있다.[5)] 하나의 이의사유를 내세워 패소한 후 다른

---

1) 대판 2008. 2. 1. 2005다23889. 양도인이 집행문을 부여받지 않은 상태에서, **양수인이 승계집행문을 받은 경우**에는 양도인이 다시 집행문을 부여받을 가능성이 없으므로, 이러한 면에서도 양도인을 상대로 한 청구이의의 소는 소의 이익이 없다. 유남근, "승계집행문이 부여된 경우 당초 발행된 집행문의 효력, 집행당사자 적격 및 청구이의의 소의 당사자적격," 판례연구(부산판례연구회) 21집(2010. 2.), 777쪽 이하.

2) 대판 1997. 10. 10. 96다49049, 2014. 5. 29. 2013다82043.

3) 대판 1989. 12. 12. 87다카3125, 1997. 4. 25. 96다52489.

4) 대판 1995. 11. 10. 95다37568.

5) 민일영, "청구이의의 소에 관한 실무상 문제점," 강제집행·임의경매에 관한 제문제(상)(재판자료 35집, 1987. 7.), 203쪽 이하.

이의사유를 내세워 다시 청구이의의 소를 제기함은 기판력에 의하여 허용되지 않는다.

2) 청구이의의 소는 강제집행을 계속하여 집행하는데 영향을 미치지 않는다(법 46조 1항). 청구이의의 소가 제기된 경우 ① 이의를 주장한 사유가 법률상 정당한 이유가 있다고 인정되고, ② 사실에 대한 소명이 있을 때에는 **수소법원**은 **당사자의 신청**에 따라 판결이 있을 때까지 **담보부**로 또는 **무담보**로 강제집행의 정지를 명할 수 있고, **담보부**로 집행의 계속을 명하거나 실시한 집행처분의 취소를 명할 수 있는 등 **잠정처분**을 할 수 있다(법 46조 2항).[1] 여기서 수소법원은 청구이의의 소가 계속 중인 법원을 말하므로, **제 1 심법원**뿐만 아니라 상소가 제기된 경우 **상소심법원**도 수소법원으로서 잠정처분을 할 수 있다. 이는 수소법원의 직분관할로서 성질상 전속관할에 해당한다.[2] 이러한 잠정처분은 청구이의의 소가 계속 중임을 요한다. 이러한 집행정지요건이 결여되었음에도 불구하고 제기된 집행정지신청은 부적법하다.[3]

이러한 잠정처분은 변론 없이 한다. 합의부인 수소법원의 결정을 기다릴 여유가 없는 **급박한 경우**에는 **수소법원의 재판장**이 잠정처분을 명할 수 있다(법 46조 3항). 한편 수소법원의 재판을 얻을 시간적 여유가 없는 **급박한 경우**에는 **집행법원**은 잠정처분을 명할 수 있다(법 46조 4항 전문). 다만 집행법원이 하는 경우 이는 수소법원을 대신하는 것이 아니라 수소법원의 재판이 있기까지 임시로 하는 것이므로 집행법원은 상당한 기간 이내에 이에 관한 **수소법원**의 재판서를 제출하도록 명해야 한다(법 46조 4항 후단). 위 기간 내에 수소법원의 재판서를 제출하지 않으면 집행법원의 별도 결정이 없더라도 집행법원의 처분은 **당연실효**가 된다. 따라서 위 기간을 넘긴 때에는 채권자의 신청에 따라 강제집행을 계속하여 진행한다(법 46조 5항).

이러한 잠정처분에 관한 재판에 대해서는 불복할 수 없다는 명문의 규정은 없지만, **판례**는 민사소송법 500조 3항을 유추적용하여 **불복신청을 할 수 없고**, 민

---

1) 청구이의의 소에서 주장하는 이의사유가 확정판결의 변론종결 뒤에 생긴 것을 원인으로 하는 것이 아닌 때에는 법 46조 2항에 정한 법률상 정당한 이유가 있는 경우라 할 수 없다. 대결 1989. 11. 30. 89그38.

2) 대결 2022. 12. 15. 2022그768, 2024. 7. 11. 2024그613.

3) 대결 1981. 8. 21. 81마292, 2003. 9. 8. 2003그74 등. 예컨대 집행증서에 대하여 청구이의의 소를 제기하지 않고 채무부존재확인의 소를 제기한 것만으로는 이러한 잠정처분을 할 요건을 갖추었다고 할 수 없다. 대결 2015. 1. 30. 2014그553.

사소송법 449조의 **특별항고**만 할 수 있다고 본다.[1)]

3) 수소법원은 **청구이의의 소의 판결**에서 앞서와 같은 잠정처분을 할 수 있으며, **이미 한 잠정처분**에 대하여 **취소·변경** 또는 **인가**할 수 있다(법 47조 1항). 이러한 사항에 대하여 직권으로 **가집행선고**를 해야 한다. 이에 대해서는 불복할 수 없다(법 47조 2항·3항).[2)]

4) 법원은 청구가 이유 있는 경우에는 채권자에 대해 집행권원에 기한 강제집행의 불허를 선고하고, 청구가 이유 없는 경우에는 청구기각판결을 해야 한다(그 후에는 손해배상·부당이득반환청구를 할 수 없다). 청구이의의 소에 대하여 **집행채권**이 **가분적**일 때에는 **일부인용판결**을 할 수 있다.[3)] 예컨대 집행권원에 표시된 본래의 채무가 변제나 공탁에 의하여 소멸되었다고 하더라도 채무자가 변상해야 할 **집행비용**이 상환되지 않은 이상 해당 집행권원의 집행력 전부의 배제를 구할 수는 없으므로[4)] 변상해야 할 집행비용이 있는 경우 **일부인용판결**을 해야 한다.[5)]

다만 건물철거판결에 대하여 건물철거의무는 일체로서 집행되어야 할 의무이고 가분적인 것이라 할 수 없으므로 일부인용판결을 할 수 없다.[6)]

5) 법률관계의 변경·형성을 목적으로 하는 형성소송인 청구이의의 소는 집행권원이 가지는 집행력의 배제를 목적으로 하는 것으로서 그 판결이 확정되더라도 해당 **집행권원의 원인**이 된 **실체법상 권리관계**에 기판력이 미치지 않는다.[7)] 한편 형성판결의 효력을 개인 사이의 합의로 창설할 수는 없으므로, 형성소송의 판결과 같은 내용으로 재판상 화해, 또는 이와 동일한 효력이 있는 조정을 갈음하는 결정을 할 수 없으며, 재판상 화해를 하거나 조정을 갈음하는 결정이 확정되더라도 판결을 받은 것과 같은 효력은 생기지 않는다.[8)]

---

1) 대결 2001. 2. 28. 2001그4, 2005. 12. 19. 2005그128.

2) 법 47조 3항은 '제 2 항의 재판에 대하여는 불복할 수 없다'고 규정하고 있는데, 여기서 '제 2 항의 재판'은 제 2 항의 가집행선고가 붙은 제 1 항의 취소·변경 또는 인가 재판을 말한다. 홍동기, 주석서(1), 662쪽.

3) 대판 2009. 10. 29. 2008다51359.

4) 집행개시 후 **집행채권**이 변제나 그 밖의 사유로 소멸된 때라도 **집행비용채권**이 남아 있으면 본안의 집행권원에 기하여 집행비용의 추심을 위해서만 강제집행을 속행할 수 있다. 대판 1989. 9. 26. 89다2356, 1992. 4. 10. 91다41620.

5) 대판 1992. 4. 10. 91다41620, 2012. 5. 24. 2011다105195 등.

6) 대판 1987. 9. 8. 86다카2771.

7) 대판 2013. 5. 9. 2012다108863, 2023. 11. 9. 2023다256577.

8) 대판 2012. 9. 13. 2010다97846, 대결 2022. 6. 7. 2022그534, 대판 2023. 11. 9. 2023다256577.

▣ 집행증서의 집행력의 일부배제를 구하는 청구이의의 소와 그 재판

(1) 집행증서의 집행력의 일부배제를 구하는 청구이의사유로 볼 수 있는 경우

1) **집행증서상 청구권**은 의무의 **단순이행**으로 하는 것인데 그 청구권이 반대의무의 이행과 상환으로 이루어져야 하는 **동시이행관계에 있으므로** 집행증서에 기한 집행이 불허되어야 한다는 주장은, 집행증서상으로는 단순이행의무로 되어 있는 청구권이 **반대의무와 동시이행관계의 범위 내에서만** 집행력이 있고, 그것을 초과하는 범위에서의 집행력은 배제되어야 하는 것을 의미하므로 이러한 사유는 본래 집행권원에 표시된 청구권의 변동을 가져오는 청구이의의 이유가 된다.[1]

2) 한편 **집행증서상 청구권**은 **기한의 제한**이 없는데 그 청구권에 **기한이 있으므로** 집행증서에 기한 집행이 불허되어야 한다는 주장은, 집행증서상으로는 기한이 없는 청구권이 **기한이 도래한 범위 내에서만** 집행력이 있고, 그것을 초과하는 범위에서의 집행력은 배제되어야 하는 것을 의미하므로 이러한 사유는 본래 집행권원에 표시된 청구권의 변동을 가져오는 청구이의의 이유가 된다.[2]

(2) 앞서의 청구이의의 소에서 청구의 일부인용판결(집행력의 일부배제판결)을 해야 할 경우

1) 앞서 (1)의 1)의 경우 청구이의의 재판에서 집행권원상의 청구권과 동시이행관계에 있는 반대의무의 존재가 인정되는 경우 법원으로서는 집행권원의 집행력의 전부를 배제하는 판결을 해서는 안 되며, 집행청구권이 **반대의무와 동시이행관계에 있음을 초과하는 범위**에서 집행력을 배제를 판결(**집행력의 일부배제판결, 청구의 일부인용판결**)을 해야 한다.[3]

2) 앞서 (1)의 2)의 경우 청구이의의 재판에서 집행권원상의 청구권에 변제기의 존재가 인정되는 경우 법원으로서는 집행권원의 집행력의 전부를 배제하는 판결을 해서는 안 되며, 집행청구권의 **변제기가 도래할 때**까지만 **일시적**으로 **집행력을 배제**하는 판결(**집행력의 일부배제판결, 청구의 일부인용판결**)을 해야 한다.[4]

---

1) 대판 2013. 1. 10. 2012다75123,75130.

2) 대판 2000. 1. 28. 99다54790, 2022. 4. 14. 2021다299372.

3) 대판 2013. 1. 10. 2012다75123,75130.

4) 대판 2017. 3. 30. 2016다47409, 2022. 4. 14. 2021다299372(이는 **분할납부약정**에 의한 변제기의 정함이 있고, **기한이익상실약정**이 있는 경우에도 마찬가지이다. 따라서 이미 변제기가 도래한 부분의 집행력 및 장래 변제기가 도래하는 청구권에 대한 변제기 이후 집행력은 허용되어야 하고, 분할납부약정 및 기한이익상실약정에 따라 정해지는 변제기가 도래할 때까지만 일시적으로 집행력을 배제하는 판결을 해야 한다). 집행권원이 확정판결인 경우 변론종결일 당시 기한이익의 상실이 없더라도, 장래 기한이익의 상실이 발생하는 경우 장래 변제기가 변경될 수 있으므로, 기한이익상실약정에 따라 정해지는 장래의 변제기가 도래할 때까지만 일시 집행이 불허되어야 한다. 문현호, "공정증서가 작성된 약속어음의 원인채권에 분할납부 약정, 기한이익 상실 약정이 있는 경우 청구이의의 소에서 배제될 집행력의 범위," 대법원판례해설 131호(2022년 상), 239쪽.

Ⅱ. 제 3 자이의의 소

1. 의의 및 성질

(1) 제 3 자이의의 소는 제 3 자가 강제집행의 목적물에 대하여 소유권이 있다고 주장하거나 목적물의 양도나 인도를 막을 수 있는 권리가 있다고 주장하는 때에 채권자를 상대로 그 강제집행에 대하여 제기하는 소를 말한다(다만 채무자가 그 이의를 다투는 경우에는 채무자를 **공동피고**로 할 수 있다. 법 48조 1항).

제 3 자이의의 소는 집행채무자 아닌 제 3 자의 재산에 대한 강제집행시 부당집행의 배제를 위한 구제방법이다[**판결주문**에는, '어떠한 **집행력 있는 정본**(예컨대 피고가 갑에 대한 서울중앙지방법원 2022. 4. 25. 선고 2021가합0000 판결의 집행력 있는 정본)에 기하여 언제 어떤 **집행재산**(예컨대 2022. 9. 20. 별지 목록 기재 물건)에 대하여 한 강제집행은 이를 불허한다'라고 표시한다]. 제 3 자이의의 소는 집행권원에 기한 집행의 가능성을 배제하기 위하여 인정되는 집행문부여에 대한 이의의 소나 청구이의의 소와 달리, 특정재산에 대한 현실적인 집행을 배제하기 위한 것이다.

(2) 제 3 자이의의 소는 **담보권실행을 위한 경매**(법 275조) 및 **가압류 · 가처분 절차**(법 291조 · 301조)에서도 인정된다.

(3) 제 3 자이의의 소는 제 3 자의 집행목적물에 대한 소유권의 존부를 확정하는 것이 아니라 **집행이의권**의 존부를 확정하는 데 불과하므로 그 소의 성질은 소송법상 **형성의 소**로 본다(**형성소송설**).[1)]

2. 이의원인 일반

(1) 법 48조 1항의 이의원인

1) 제 3 자이의의 소는 이의의 원인으로 제 3 자가 이미 개시된 집행의 목적물에 대하여 소유권이 있다고 주장하거나 목적물의 양도나 인도를 막을 수 있는 권리가 있다고 주장함으로써 그에 대한 집행의 배제를 구하는 것이므로, 그 소의 원인이 되는 권리는 **집행채권자에 대항할 수 있는 것**이어야 한다(법 48조 1항).[2)] 원칙적으로 제 3 자의 권리가 **압류 당시에 존재**해야 한다.

---

1) 대판 1977. 10. 11. 77다1041; 이시윤 · 조관행, 219쪽, 전병서, 189쪽.

2) 대판 2007. 5. 10. 2007다7409, 2013. 3. 14. 2012다107068.

2) 제 3 자이의의 소는 등기청구권을 포함하여 **모든 재산권**을 대상으로 하는 집행에 대하여 적용된다. 따라서 등기청구권에 대하여 압류명령이 있은 경우에 집행채무자 아닌 제 3 자가 자신이 진정한 등기청구권의 귀속자로서 자신의 등기청구권의 행사에서 위 압류로 인하여 **장애**(사실상 장애)를 받는다면 그 등기청구권이 자기에게 귀속함을 주장하여 집행채권자에 대하여 제 3 자이의의 소를 제기할 수 있다.[1)]

(2) 신의칙에 기한 경우

신의칙상 제 3 자이의의 소가 허용되거나, 허용되지 않는 경우가 있다. **판례**는, ① 채권자가 채권을 확보하기 위해 제 3 자의 부동산을 채무자에게 명의신탁하도록 한 다음 그 부동산에 대하여 강제집행을 하는 따위의 행위는 신의칙에 비추어 허용할 수 없으므로 그 제 3 자는 제 3 자이의의 소를 제기할 수 있으나,[2)] ② 실질적 회사의 선박에 대한 가압류집행에 대하여 편의치적(便宜置籍)으로 한 형식적 회사가 제 3 자이의의 소를 제기하는 것은 허용되지 않는다고 본다.[3)]

3. 개별적 이의원인

(1) 소 유 권

(a) 의 의

1) 제 3 자가 소유자라고 주장하면서 제 3 자이의의 소를 제기하기 위해서는 압류 당시에 이미 인도·등기 등 물권변동의 성립요건이나 양도통지 등의 대항요건을 갖추어야 한다. **판례**는, 채권적 청구권인 이전등기청구권을 가짐에 불과한 경우 예컨대 취득시효가 완성되었다는 사실만으로 이의사유로 내세울 수 없다고 보고 있다.[4)]

---

1) 대판 1997. 8. 26. 97다4401, 1999. 6. 11. 98다52995; 문일봉, "제 3 자에게 귀속하는 채권에 대한 압류와 제 3 자이의의 소," 판례월보 347호(1999. 8.), 17쪽 이하.

2) 대판 1981. 7. 7. 80다2064.

3) 예컨대 선박회사인 갑, 을, 병이 외형상 별개의 회사로 되어 있지만 갑 회사 및 을 회사는 선박의 실제상 소유자인 병 회사가 병 회사 소속의 국가와는 별도의 국가에 해운기업상의 편의를 위하여 형식적으로 설립한 회사들로서 그 명의로 선박의 적을 두고 있고(이른바 편의치적), 갑, 을, 병 회사가 실제로는 사무실과 경영진 등이 동일하다면, 이러한 지위에 있는 갑 회사가 법률의 적용을 회피하기 위하여 병 회사가 갑 회사와는 별개의 법인격을 가지는 회사라는 주장을 내세우면서 제 3 자이의의 소를 제기하는 것은 신의칙에 위반하거나 법인격을 남용하는 것으로 허용될 수 없다. 대판 1988. 11. 22. 87다카1671, 1989. 9. 12. 89다카678.

4) 대판 1980. 1. 29. 79다1223; 진성규, "제 3 자이의의 소에 있어서의 이의사유," 대법원판례해설 2권 1호(1980년), 253쪽 이하.

2) 가등기 가운데 일반가등기(소유권이전을 위한 순위보전의 가등기)는 순위보전의 효력만 있고 본등기와 동일한 물권적 효력은 없으므로 제 3 자이의의 소를 제기할 수 없다.[1)]

(b) 압류나 가압류집행 후 소유권을 취득한 경우

1) 압류나 가압류집행 후 소유권을 취득한 경우 원칙적으로 제 3 자이의의 소가 허용되지 않는다.[2)]

판례는, 강제경매개시결정 후(경매개시결정등기에 따른 압류의 효력이 발생한 후) 소유권을 취득한 제 3 자는 집행채권이 변제 그 밖의 사유로 소멸된 경우에도 청구이의의 소에 의하여 집행권원의 집행력이 배제되지 않는 이상 그 경매개시결정은 취소될 수 없고 그 결정이 취소되지 않는 동안에는 집행채권이 변제되었다는 사유만으로 소유권을 이유로 집행채권자에게 대항할 수 없으므로 제 3 자이의의 소에 의하여 그 강제집행의 배제를 구할 수 없다고 한다.[3)]

2) 다만 법이 보호할 수 없는 **반사회적 행위**에 해당하는 집행이거나, **가장채권에 의한 집행권원**을 이용한 집행 등의 경우에는 압류나 가압류집행 후에 소유권을 취득하더라도 제 3 자이의의 소를 제기할 수 있다.

판례는, 제 3 자이의의 소의 원인이 되는 권리는 집행채권자에게 대항할 수 있는 것이어야 하고, 그 대항 여부는 그 권리의 취득과 집행의 선후에 의하여 결정되는 것이 보통이므로 그 권리가 **집행 당시에 이미 존재**해야 하는 것이 일반적이지만 **집행 후에 취득한 권리**라고 하더라도 특별히 권리자가 이로써 집행채권자

---

1) 가등기권자는 집행채무자를 상대로 본등기절차이행의 소를 제기하고, 이를 본안으로 하여 처분금지가처분을 받아 사실상 집행절차를 정지시킬 수밖에 없다. 일본의 최고재판소 판결은 소유권이전청구권보전의 가등기를 거친 원고가 본등기의 경유를 조건으로 하여 강제집행의 불허를 구한 사안에 관하여 제 3 자이의의 소처럼 새로운 법률관계의 형성을 구하는 소는 그러한 법률관계가 현재의 사실관계에 기하여 즉시 확정되어지는 경우에만 허용되는 것이 원칙이고, 장래의 사실의 발생을 조건으로 하는 장래의 형성의 소는 그러한 청구를 허용할 특별한 사정이 있는 경우를 제외하고는 허용되지 않는다고 해석함이 상당하다고 보고 있다. 일본 최고재 1974. 9. 30. 판결.

2) 피고의 **가압류신청**이 가압류신청 당시 **사망한 사람**을 상대로 한 것이라면 사망한 사람 명의의 그 가압류결정은 **무효**이고, 무효의 가압류결정에 기한 가압류집행에 대해서는 그 집행 이후 소유권을 취득한 원고도 그 집행채권자인 피고에 대하여 그 소유권의 귀속을 주장하여 대항할 수 있으므로, 원고는 제 3 자이의의 소에 의하여 위 집행의 배제를 구할 수 있다. 대판 1982. 10. 26. 82다카884.

3) 대판 1982. 9. 14. 81다527; 박재윤, "경매개시 후 집행채권을 대위변제한 제 3 취득자와 제 3 자이의의 소의 가부," 민사판례연구(민사판례연구회) 6권(1984. 4.), 229쪽 이하.

에게 대항할 수 있는 경우라면 그 권리자는 그 집행의 배제를 구하기 위하여 제 3 자이의의 소를 제기할 수 있다고 본다.[1]

따라서 일반적으로는 경매개시결정등기 후의 소유권취득자는 집행채권자에게 대항할 수 없으며 강제집행의 기초가 되는 집행권원의 허위 · 가장 여부를 다툴 적격이 없으나, 집행 후에 취득한 권리라 할지라도 특별히 권리자가 이로써 집행채권자에게 대항할 수 있는 경우라면 그 권리자는 그 집행의 배제를 구하기 위하여 제 3 자이의의 소를 제기할 수 있다.[2]

(c) 소유권에 대항할 수 있는 권리에 기한 강제집행의 경우

소유권에 대항할 수 있는 이용권(지상권, 임차권)에 기한 목적물인도의 강제집행시 소유권에 기한 제 3 자이의의 소를 제기할 수 없다. 예컨대 집행이 지상권에 기초한 토지인도청구에 관한 것일 때에는 토지소유권이 침해를 받지 않으므로 소유권을 근거로 이 소를 제기할 수 없다.

(d) 공유물 · 합유물에 대한 강제집행의 경우

공유물 · 합유물에 대한 강제집행의 경우 다른 공유자 · 합유자는 보존행위로 제 3 자이의의 소를 제기할 수 있다. 다만 부부공유의 유체동산에 대해서는 다른 배우자의 보호방법(법 206조 1항의 배우자의 지분우선매수권의 행사, 법 221조 1항의 배우자의 자기지분 상당액의 지급요구권의 행사 등)이 보장되므로, 제 3 자이의의 소는 소의 이익이 없다.[3]

(e) 부동산명의신탁의 경우

1) 부동산명의신탁의 경우는 명의신탁의 유형에 따라 나누어 보아야 한다. **부동산 실권리자명의 등기에 관한 법률** 8조 · 4조 등에 의하면, ① **양자간 등기명**

1) 대판 1988. 9. 27. 84다카2267, 1996. 6. 14. 96다14494, 1997. 8. 29. 96다14470.

2) 부동산을 갑이 은행으로부터 을의 이름으로 매수하고 을은 그 즉시 갑에게 그 소유권을 양도하여 주기로 약정했는데, 을이 갑에 대한 위 소유권이전등기의무를 면탈하기 위하여 갑에 대한 양도절차의 이행을 거부하자 갑이 은행을 상대로 처분금지가처분을 했는데도 을은 위 은행을 상대로 소유권이전등기소송을 제기하여 그 승소의 확정판결을 받아서 병의 을에 대한 가장채권에 기한 병의 집행권원을 이용하여 을 명의로의 대위에 의한 소유권이전등기를 마침과 동시에 강제경매를 하게 하기에 이르렀고 병이 이에 적극적으로 가담한 것이라면 이는 법이 보호할 수 없는 반사회적인 행위로서 이중매매의 매수인이 매도인의 배임행위에 적극적으로 가담한 경우 등과 마찬가지의 법리가 적용되어 무효이고, 갑은 위 강제집행절차에서 그 무효를 주장하고 제 3 자(소유권자)로서 그 집행의 배제를 구할 수 있다. 대판 1988. 9. 27. 84다카2267.

3) 박동섭, "제 3 자이의의 소의 당사자 적격," 법조 45권10호(1996. 10.), 5쪽 이하.

의신탁의 경우는 소유권이 신탁자에게 있고[명의신탁약정이 무효로 되어 명의신탁자로부터 명의수탁자로의 소유권이전등기는 무효이기 때문이다. 다만 **종중**, **배우자** 또는 **종교단체**가 신탁자로서 명의신탁약정이 유효하게 될 때에는 소유권은 수탁자에게 있다], ② **3자간 등기명의신탁**(신탁자가 매매계약의 당사자)의 경우는 소유권이 매도인(원소유자)에게 있으며[명의신탁약정이 무효로 되고, 매도인으로부터 매수인이 아닌 명의수탁자로의 소유권이전등기는 무효이기 때문이다], ③ **계약명의신탁**(수탁자가 매매계약의 당사자)의 경우는 매도인이 악의라면 소유권이 매도인(원소유자)에게 있고, 매도인이 선의라면 소유권이 수탁자에게 있다[명의신탁약정은 무효이나, 매도인으로부터 매수인인 명의수탁자로의 소유권이전등기는 매도인의 선의·악의 여부에 따라 유효·무효가 결정되기 때문이다].

2) 따라서 위 세 경우 중 수탁자를 집행채무자로 하는 강제집행에서 명의신탁자가 제 3 자로서 제 3 자이의의 소를 제기할 수 있는지의 문제가 되는 경우는 **양자간 등기명의신탁**으로서 **명의신탁약정**이 **무효**로 되는 경우에 국한된다.[1]

이 경우 명의신탁자가 소유권을 주장하여 제 3 자이의의 소를 제기하는 것은 신의칙에 반하는 것은 아니나,[2] 명의신탁자가 명의신탁약정의 무효를 들어 제 3 자인 **집행채권자**에게 대항할 수 없으므로('부동산 실권리자명의 등기에 관한 법률' 4조 3항, 이 조항에서 말하는 '제 3 자'에는 집행채권자인 **압류채권자**도 포함된다)[3] 제 3 자이의의 소가 허용되지 않는다.

---

1) 양자간 등기명의신탁으로서 명의신탁약정이 유효하게 된 때에는 소유권이 수탁자에게 있으므로 명의신탁자(종중, 배우자 또는 종교단체)는 명의신탁을 이유로 제 3 자에게 그 소유권을 주장할 수 없고, 특별한 사정이 없는 한 신탁자가 수탁자에 대하여 가지는 명의신탁해지를 원인으로 한 소유권이전등기청구권은 집행채권자에게 대항할 수 있는 권리가 될 수 없으므로, 명의신탁자는 명의신탁된 부동산에 관하여 제 3 자이의의 소의 원인이 되는 권리를 가지고 있지 않다. 대판 2007. 5. 10. 2007다7409.

2) 강행법규에 위반한 사람이 스스로 그 약정의 무효를 주장하는 것이 신의칙에 위반되는 권리의 행사라는 이유로 그 주장을 배척한다면 이는 오히려 강행법규에 의하여 배제하려는 결과를 실현시키는 셈이 되어 입법취지를 완전히 몰각하게 되므로 달리 특별한 사정이 없는 한 위와 같은 주장은 신의칙에 반하는 것이라고 할 수 없다. 대판 2011. 3. 10. 2007다17482, 2016. 6. 23. 2013다58613.

3) 명의신탁약정이 무효가 되고, 이에 따라 행해진 등기에 의한 부동산의 물권변동이 무효가 되는 경우 그 무효는 제 3 자에게 대항하지 못하는데(부동산 실권리자명의 등기에 관한 법률 4조 3항), 여기서 **'제 3 자'**란 수탁자가 물권자임을 기초로 그와의 사이에 새로운 이해관계를 맺는 사람을 말하고, 여기에는 소유권이나 저당권 등 물권을 취득한 사람뿐만 아니라 **압류채권자** 또는 **가압류채권자**도 포함되며, 제 3 자의 선의·악의를 묻지 않는다. 대판 2000. 3. 28. 99다56529, 2009. 3. 12. 2008다36022, 2013. 3. 14. 2012다107068.

(2) 점 유 권

1) 점유권자는 채권자에 대하여 집행을 수인할 이유가 없다면, 집행에 의하여 점유권이 방해를 받게 되는 경우에는 제 3 자이의의 소를 제기할 수 있다. 점유권은 직접점유이거나 간접점유이거나 불문한다. 부동산의 강제경매는 제 3 자의 관리 이용을 방해하지 않으므로(법 83조 2항) 점유권은 이의원인이 되지 않는다. 따라서 점유권에 기한 제 3 자이의의 소는 주로 유체동산집행에서 문제가 된다.

2) 제 3 자가 점유하는 유체동산에 대하여 그의 승낙 없이 압류가 이루어진 때에는[제 3 자 점유의 유체동산에 대한 압류는 제 3 자의 승낙을 요한다(법 191조)] 제 3 자는 집행에 관한 이의신청도 할 수 있다.

판례는, 점유이전금지가처분의 대상이 된 목적물의 소유자가 그 의사에 기하여 가처분채무자에게 직접점유를 하게 한 경우에는 그 점유에 관한 현상을 고정시키는 것만으로 소유권이 침해되거나 침해될 우려가 있다고 할 수는 없고 소유자의 간접점유권이 침해되는 것도 아니므로, 간접점유자에 불과한 소유자는 직접점유자를 가처분채무자로 하는 점유이전금지가처분의 집행에 대하여 제 3 자이의의 소를 제기할 수 없다고 한다.[1)]

(3) 제한물권

(a) 용익물권의 경우

지상권, 지역권, 전세기간이 만료되지 않은 전세권(전세기간이 만료되지 않는 한 전세권의 용익물권적 권능은 그대로 존속한다), 대항력 있는 임차권 등 **점유 · 사용**을 내용으로 하는 물권은 **강제경매**에서 그 권리행사에 방해받지 않으므로(법 83조 2항) 이의원인이 되지 않는다. 그러나 목적물의 사용수익을 목적으로 하는 집행인 **강제관리**에서는 용익물권이 침해될 수 있으므로 이러한 경우에는 이의원인이 된다.

(b) 담보물권의 경우

질권, 유치권 등 점유를 수반하는 담보물권은 강제집행에서 점유가 침해되는

---

1) 대판 2002. 3. 29. 2000다33010; 황정근, "유체동산의 직접점유자를 가처분채무자로 하는 점유이전금지가처분의 집행에 대하여 그 간접점유자인 소유자가 제 3 자이의의 소를 제기할 수 있는지 여부," 대법원판례해설 40호(2002년 상반기), 613쪽 이하. 처분금지가처분의 집행이 이루어지지 않은 목적물의 소유자는 점유이전금지가처분이 집행되더라도 그 권리를 자유롭게 처분하거나 행사할 수 있다(대결 1996. 6. 7. 96마27, 대판 1987. 11. 24. 87다카257,258).

경우에는 이의원인이 된다. 그러나 저당권, 전세기간이 만료된 전세권(전세기간이 만료되면 전세권의 용익물권적 권능은 소멸하고 담보물권적 권능만 남게 된다), 우선특권 등은 **우선변제권**이 그대로 유지되므로 이의원인이 되지 않는다. 다만 이 경우에도 담보가치의 감소시에는 이의원인이 된다.[1)]

(4) 비전형담보

(a) 가등기담보의 경우

1) 가등기담보권이 설정된 부동산에 대하여 설정자의 일반채권자가 강제경매 등의 집행을 한 경우에, 강제경매 등의 **신청 전**에 가등기담보권자가 이미 소정의 절차를 거쳐 **청산금을 지급한 때**(지급할 청산금이 없는 경우에는 청산기간이 지난 뒤)에는 가등기담보권자는 가등기에 기초한 본등기를 마치기 전이라도 제 3 자이의의 소를 제기할 수 있다. 이 경우 청산금을 지급한 때(지급할 청산금이 없는 경우에는 청산기간이 지난 때)에는 가등기담보권자는 가등기에 기초한 본등기를 청구할 수 있기 때문이다(가담 14조).[2)] 다만 가등기담보권자보다 선순위 저당권자 등이 담보권실행을 위하여 경매신청을 한 경우에는 제 3 자이의의 소를 제기할 수 없다.

2) 강제경매 등의 신청이 가등기담보권자가 **청산금을 지급하기 전인 때**에는 가등기담보권자는 채권신고에 따라 매각대금의 배당 또는 변제금의 교부를 받을 수 있고(가담 16조) 가등기담보권은 그 부동산의 매각으로 소멸하므로, 제 3 자이의의 소를 제기할 수 없다.

(b) 양도담보의 경우

1) 양도담보가 설정된(양도담보권자 명의로 소유권이전등기가 되어 있는 경우) **부동산**에 대하여 강제경매 등 집행을 한 경우는 **가등기담보 등에 관한 법률**의 적용을 받는 양도담보인지 여부를 구별해야 한다.

먼저 **양도담보권자의 일반채권자와 양도담보설정자와의 관계**에서, ① 가등

---

1) 이시윤 · 조관행, 224쪽.

2) 가등기담보 등에 관한 법률 13조 · 15조에 의하면, 이러한 청산절차를 거치기 전에 강제경매 등의 신청이 행해진 경우 담보가등기권자는 그 가등기에 기한 본등기를 청구할 수 없고, 그 가등기가 부동산의 매각에 의하여 소멸하되 다른 채권자보다 자기 채권을 우선변제받을 권리가 있을 뿐이다. 대결 2010. 11. 9. 2010마1322. 가등기담보권자는 청산금을 지급하고 본등기절차를 취할 수 있게 된 경우를 제외하고는 경매절차를 배제하고 가등기에 기한 본등기를 할 수 없기 때문에 '가등기담보 등에 관한 법률'은 경매절차우선주의를 채택한 것으로 볼 수 있다는 견해로는, 이효종, "변칙담보와 부동산경매," 강제집행 · 임의경매에 관한 제문제(하)(재판자료 36집, 1987. 7.), 277쪽 이하.

기담보 등에 관한 법률의 **적용을 받는 경우**에는 (비록 양도담보권자 명의로 소유권 이전등기가 마쳐져 있다고 하더라도) 양도담보권자는 일종의 담보물권자로 취급되므로, 양도담보권자의 일반채권자가 목적물을 압류했다면 양도담보설정자는 소유자로서 제 3 자이의의 소를 제기할 수 있다[한편 양도담보권자가 파산하든지, 그에 대하여 개인회생절차가 개시되면 양도담보설정자는 소유자로서 **환취권**을 가진다(채무회생 407조 · 585조)]. ② 이에 반하여 가등기담보 등에 관한 법률의 **적용을 받지 않는 경우**에는 양도담보권자가 소유권을 가지고 있으므로(양도담보권자에게 신탁적으로 소유권이 이전된다), 양도담보권자의 일반채권자가 목적물을 압류하더라도 양도담보설정자는 제 3 자이의의 소를 제기할 수 없다[양도담보권자가 파산을 하는 등의 때에도 양도담보설정자는 환취권을 행사할 수 없다].

한편 **양도담보설정자의 일반채권자와 양도담보권자와의 관계**는, ① 가등기담보 등에 관한 법률의 **적용을 받는 경우**에는 양도담보설정자에게 소유권이 있으므로, 양도담보설정자의 일반채권자가 목적물을 압류하더라도 양도담보권자로서는 제 3 자이의의 소를 제기할 수 없다[양도담보설정자가 파산하든지, 그에 대하여 개인회생절차가 개시된 때에는 소유권이 없는 양도담보권자로서는 환취권을 행사할 수 없고, **별제권**을 가진다(채무회생 411조 · 414조)]. ② 이에 반하여 가등기담보 등에 관한 법률의 **적용을 받지 않는 경우**에는 양도담보권자가 소유권을 가지고 있으므로, 양도담보설정자의 일반채권자가 목적물을 압류했다면 양도담보권자는 소유자로서 제 3 자이의의 소를 제기할 수 있다[양도담보설정자가 파산을 하는 등의 경우에도 양도담보권자는 환취권을 행사할 수 있다(채무회생 407조)].

2) 부동산에 대한 양도담보에서는 양도담보권자에게 소유권이전등기가 되어 있어 양도담보설정자인 채무자의 일반채권자가 그 부동산에 대하여 집행을 하는 경우를 예상하기 어려우므로, 실무상 주로 **동산**의 양도담보(가등기담보 등에 관한 법률의 적용이 없다)에서 문제가 된다.[1)]

---

1) 금전채무를 담보하기 위하여 채무자가 그 소유의 동산을 채권자에게 양도하되 점유개정의 방법으로 인도하고 채무자가 이를 계속 점유하기로 한 경우에는, 특별한 사정이 없는 한 동산의 소유권은 신탁적으로 이전됨에 불과하여 채권자와 채무자 사이의 대내적 관계에서 채무자는 의연히 소유권을 보유하나 대외적인 관계에서 채무자는 동산의 소유권을 이미 채권자에게 양도한 무권리자가 된다(**신탁적 소유권이전설**). 따라서 채무자가 다시 다른 채권자와 사이에 양도담보설정계약을 체결하고 점유개정의 방법으로 인도를 하더라도, 나중에 설정계약을 체결한 채권자는 양도담보권을 취득할 수 없다. 대판 2004. 6. 25. 2004도1751, 2004. 10. 28. 2003다30463 등. 판례의 입장인 신탁적 소유권이전설을 취하지 않고 **담보물권설**을 취하는 입장에서는, 양도담보설정자는 담보제공의무의 부담하에 그 잔여 담보가치의 범위 내에서 이중의

판례는, 동산에 관하여 양도담보계약이 이루어지고 **양도담보권자**가 점유개정의 방법으로 인도를 받았다면(즉 양도담보설정자가 여전히 점유하고 있으면) 그 청산절차를 마치기 전이라 하더라도 담보목적물에 대한 사용수익권은 없지만 제 3 자(양도담보설정자의 일반채권자)에 대한 관계에서는 그 물건의 소유자임을 주장하여 제 3 자이의의 소를 제기함으로써 그 강제집행의 배제를 구할 수 있다고 한다.[1)]

(c) 소유권유보부매매의 경우

1) 소유권유보부매매(할부매매)는 양도담보와 매우 유사한 이른바 **변칙적 담보**의 기능을 가진다. 양도담보에서 채무자가 피담보채권을 담보하기 위하여 채권자에게 담보목적으로 소유권을 이전하지만 이를 계속하여 점유·사용하는 것과 마찬가지로, 소유권유보에서도 매매대금을 지급할 의무가 있는 매수인이 자기 채무의 담보로서 매도인으로부터 취득할 소유권을 매도인에게 유보하고 매매목적물을 인도받아 점유·사용한다.[2)3)]

소유권유보부매매의 목적물은 매수인의 직접점유하에 있으므로 매수인의 채권자는 이 목적물이 매수인의 책임재산을 구성하는 것으로 알고 강제집행을 하는 경우 매도인은 유보된 소유권에 기하여 제 3 자이의의 소를 제기할 수 있다.[4)]

담보설정이 가능하고 그러한 경우에 제 2, 제 3 의 양도담보권자는 그 설정의 선후에 의하여 우선변제를 받게 된다고 본다. 김천수, "양도담보의 법리의 기본적 고찰 — 동산양도담보의 이중설정을 중심으로 —," 민사판례연구(민사판례연구회) 28권(2006. 2.), 139쪽 이하; 김형석, "강제집행·파산절차에서 양도담보권자의 지위," 민사재판의 제문제 18권(2009. 12.), 52쪽 이하.

1) 대판 1994. 8. 26. 93다44739, 2004. 12. 24. 2004다45943; 정동윤, "동산양도담보권자의 제 3 자 이의소권," 법률신문 2367호(1994. 12.), 14쪽 이하; 이균용, "집행증서를 소지한 동산양도담보권자가 양도담보권설정자의 일반채권자가 신청한 강제집행의 배제를 구하지 아니하고 이중 압류의 방법으로 배당절차에 참가하여 양도담보권설정자의 일반채권자에 우선하여 배당을 받을 수 있는지 여부," 대법원판례해설 51호(2004년 하반기), 130쪽 이하.

2) 그러나 양도담보에서는 채무자인 소유권자가 담보목적으로 목적물에 대한 소유권을 채권자(양도담보권자)에게 이전하지만, 이와 반대로 소유권유보부매매에서는 채권자인 소유권자가 채무자에게 목적물을 인도하여 채무자인 매수인이 점유·사용하는 것이므로 소유권유보를 양도로 파악하는 것은 타당하지 않다. 양형우, "소유권유보부 동산매매계약의 법적 성질과 그 목적물의 소유권귀속관계," 판례월보 372호(2001. 9.), 18쪽 이하.

3) **회생절차**에서 회생절차개시는 채무자에 속하지 않는 재산을 채무자로부터 환취할 권리에 영향을 미치지 않으나(채무회생 70조), 동산의 소유권유보부매매의 경우 매도인이 유보한 소유권은 **담보권**의 실질을 가지므로 담보목적의 양도와 마찬가지로 매수인에 대한 회생절차에서 회생담보권으로 취급함이 타당하고, 매도인은 매매목적물인 동산에 대하여 **환취권**을 행사할 수 없다. 대판 2014. 4. 10. 2013다61190.

4) 일본 최고재 1974. 7. 18. 판결; 이성훈, "소유권유보부매매에 있어서의 매도인과 매수인의 지위," 리스와 신용거래에 관한 제문제(상)(재판자료 63집, 1994. 10.), 409쪽 이하.

2) **판례**는, 동산의 매매계약을 체결하면서, 매도인이 대금을 모두 지급받기 전에 목적물을 매수인에게 인도하지만 대금이 모두 지급될 때까지는 목적물의 소유권은 매도인에게 유보되며 대금이 모두 지급된 때에 그 소유권이 매수인에게 이전된다는 내용의 이른바 **소유권유보의 특약**을 한 경우, 목적물의 소유권을 이전한다는 당사자 사이의 물권적 합의는 매매계약을 체결하고 목적물을 인도한 때 이미 성립하지만 대금이 모두 지급되는 것을 정지조건으로 하므로, 목적물이 매수인에게 인도되었다고 하더라도 특별한 사정이 없는 한 매도인은 대금이 모두 지급될 때까지 매수인뿐만 아니라 제 3 자에 대해서도 유보된 목적물의 소유권을 주장할 수 있다고 한다.[1)]

판례는, 매수인이 소유권유보부매매의 목적물을 다른 사람의 직접점유를 통해 간접점유하던 중 그 사람의 채권자가 그 채권의 실행으로 그 목적물을 압류한 사안에서, 매수인은 그 강제집행을 용인해야 할 별도의 사유가 있지 않는 한 소유권유보매수인 또는 정당한 권원 있는 간접점유자의 지위에서 법 48조 1항에 정한 '목적물의 인도를 막을 수 있는 권리'를 가진다고 본다.[2)]

(d) 리스계약의 경우

리스계약에서 **금융리스**[특정인을 대상으로 그가 특정하여 사용하기 위하여 지정하는 물건을 리스하는 것으로 범용성(汎用性)이 없다] 가운데 **완급리스**(full payout lease, 리스기간 중에 투하자본의 전액을 리스료로 회수하는 경우)의 경우는 이의원인이 된다.[3)] 마찬가지로 **운용리스**[리스의 목적이 리스이용자의 금융에 있지 않고 물건 자체의

---

1) 대판 1996. 6. 28. 96다14807 등. 이와 같은 법리는 소유권유보의 특약을 한 매매계약이 매수인의 목적물 판매를 예정하고 있다 하더라도 다를 바 없다. 대판 1999. 9. 7. 99다30534, 2007. 6. 1. 2006도8400.

2) 대판 2009. 4. 9. 2009다1894.

3) **금융리스**는 금융리스업자가 금융리스이용자 선정의 기계, 시설 등 금융리스물건을 공급자로부터 취득하거나 대여받아 금융리스이용자에게 일정 기간 이용하게 하고 그 기간 종료 후 물건의 처분에 관해서는 당사자 사이의 약정으로 정하는 물적 금융을 말한다(상법 168조의2). 금융리스는 금융리스업자가 금융리스이용자에게 금융리스물건을 취득 또는 대여하는 데 소요되는 자금에 관한 금융의 편의를 제공하는 것을 본질적 내용으로 한다. 대판 1996. 8. 23. 95다51915, 2019. 2. 14. 2016다245418,245425,245432. **운용리스**는 금융리스가 특정의 이용자를 대상으로 하는 것인 데 대하여, 물건의 소유자가 불특정다수인을 상대로 자동차, 컴퓨터, 복사기, 건설기계 등 가동률이 높은 범용기종을 리스하는 것을 말한다. 경제적으로는 금융리스가 금융적 성격이 강하다면 운용리스는 서비스 제공기능이 강하다. 정무원, "리스물건에 의한 제 3 자의 손해와 리스회사의 책임," 리스와 신용거래에 관한 제문제(상)(재판자료 63집, 1994. 10.), 131쪽 이하.

사용에 있는 것으로 범용성이 있다]의 경우에도 이의원인이 된다.

(5) 채무자에 대한 채권적 청구권

집행목적물을 집행채무자로부터 반환받을 수 있는 채권적 청구권을 가지고 있는 사람이 제 3 자이의의 소를 제기할 수 있는지에 관해서는 경우를 나누어 보아야 한다.

(a) 집행목적물이 채무자의 재산에 속하지 않는 경우

1) 집행목적물이 채무자의 재산에 속하지 않는 경우 즉 제 3 자가 채무자에게 목적물을 임대차, 사용대차, 임치, 위임 등 계약에 따라 점유·사용하게 한 경우 그 채무자에 대한 채권자가 그 목적물을 압류하는 등으로 강제집행을 하게 되면 제 3 자는 제 3 자이의의 소를 제기할 수 있다. 이 경우 달리 소유권 등 물권을 가지고 있다고 주장할 필요가 없다.[1] 예컨대 전차인의 채권자가 전대차목적물을 압류한 경우 전대인(임차인)은 제 3 자이의의 소를 제기할 수 있다.

2) **판례**는, 집행목적물이 채무자의 소유에 속하지 않는 경우에는 집행채무자와 사이의 계약관계상 집행채무자에 대하여 목적물의 반환을 구할 채권적 청구권을 가지고 있는 제 3 자는 집행에 의한 양도나 인도를 막을 이익이 있으므로 그 채권적 청구권도 제 3 자이의의 소의 이의원인이 될 수 있다고 한다.[2]

(b) 집행목적물이 채무자의 재산에 속하는 경우

집행목적물이 채무자의 재산에 속하는 경우에는 제 3 자가 채무자와의 사이에 매매, 증여, 임대차계약 등에 근거하여 채무자에 대하여 인도나 이전등기를 청구할 권리가 있다고 하더라도 이러한 **채권적 청구권**만으로는 채권자에 대항할 수 없으므로 제 3 자이의의 소를 제기할 수 없다.[3] 예컨대 매수인이 매매목적물에 대하여 소유권이전등기를 하기 이전에 매도인의 채권자가 매매목적물을 압류한 경우 매수인은 제 3 자이의의 소를 제기할 수 없다.

(6) 처분금지가처분

1) 처분금지가처분이 된 부동산에 대하여 다른 채권자로부터 강제집행이 있

---

1) 박동섭, "제 3 자이의의 소의 당사자적격," 법조 45권 10호(1996. 10.), 5쪽 이하.

2) 대판 2003. 6. 13. 2002다16576, 2013. 3. 28. 2012다112381; 김상수, "채권적 청구권과 제 3 자이의의 소의 이의원인," 법률신문 3202호(2003. 9.), 14쪽.

3) 대판 1980. 1. 29. 79다1223; 진성규, "제 3 자이의의 소에 있어서의 이의사유," 대법원판례해설 2권 1호(1980년), 253쪽 이하.

을 때 가처분권리자가 그 가처분의 존재를 이유로 제3자이의의 소를 제기할 수 있는지에 관하여 논의가 있다.

처분금지가처분에 위배된 채무자의 임의처분은 금지되며 강제집행에 의한 강제처분도 하나의 처분으로 이와 마찬가지이므로, 가처분권리자에게 대항할 수 없다는 입장에서 가처분권리자는 제3자이의의 소를 제기할 수 있다고 보는 견해(**적극설, 가처분우위설**)도 있으나,[1] 가처분에 위반된 처분행위의 효력을 부인할 수 있는 것은 가처분권리자가 본안소송에서 승소확정판결을 얻어 실체법상의 권리의 존재가 확정되거나 이와 동일시할 수 있는 경우에 한한다고 보아야 하므로,[2] 가처분권리자는 제3자이의의 소를 제기할 수 없다고 봄이 상당하다[**부정설**(소극설), **강제집행우위설**].

2) 다만 가처분권리자가 본안소송에서 승소확정판결을 받으면 그 강제집행에 우선하여 강제집행의 결과를 부인할 수 있기 때문에,[3] 실무에서는 최선순위 처분금지가처분이 있는 부동산에 대하여 일단 강제집행을 개시하여 압류절차까지만 진행하고, 그 후 경매절차를 **사실상 정지**하여 본안소송의 결과에 따라 가처분의 운명이 최종적으로 결정될 때까지 기다린다.[4]

4. 신청 및 재판

(1) 관할법원

1) 제3자이의의 소의 관할법원은 **집행법원**이다(법 48조 2항). 시·군법원에서 한 보전처분(가압류·가처분)의 집행에 대한 제3자이의의 소의 관할법원은 시·군법원이 있는 곳을 관할하는 지방법원 또는 지방법원 지원이다(법 22조 2호). 이는 **전속관할**이다(법 21조).

2) 소송물이 단독판사의 관할에 속하지 않을 때에는 집행법원이 있는 곳을 관할하는 지방법원의 합의부가 이를 관할한다(법 48조 2항 단서). **소송목적의 값**은 집행권원에서 인정된 권리의 가액을 한도로 한 원고의 권리의 가액에 의한다(민인

---

1) 박동섭, "제3자이의의 소의 당사자적격," 법조 45권 10호(1996. 10.), 5쪽 이하.

2) 대판 1963. 4. 4. 63다44, 1992. 2. 14. 91다12349, 대결(전) 1993. 2. 19. 92마903; 김문호, "강제집행에 있어서 경매부동산에 대한 처분금지가처분 권리자가 경매절차의 이해관계인인지의 여부," 법조 25권 1호(1976. 1.), 91쪽 이하.

3) 이를 들어 강제집행우위설을 **가처분상대적우위설**이라고 부르기도 한다. 법원실무제요 민사집행(2), 56쪽.

4) 법원실무제요 민사집행(1), 362쪽.

규칙 16조 4호).

(2) 당사자적격

1) 제 3 자이의의 소에서 **원고적격**이 있는 사람은 집행의 목적물에 대하여 소유권이 있다고 주장하거나 목적물의 양도 또는 인도를 막을 수 있는 권리가 있음을 주장하는 제 3 자이다. **제 3 자**란 집행권원 또는 집행문에 채권자, 채무자 또는 그 승계인으로 표시된 사람 **이외의** 사람을 말한다.[1] 따라서 승계집행문으로 인하여 피고의 승계인으로 표시된 사람이 그 집행권원의 집행력의 배제를 구하는 소는 제 3 자이의의 소라 할 수 없다.[2]

2) 제 3 자이의의 소에서 **피고적격**이 있는 사람은 **압류채권자**이다. 채무자가 그 이의를 다투는 때에는 **채무자**를 **공동피고**로 할 수 있다(법 48조 1항 단서).

(3) 소의 이익

1) 제 3 자이의의 소는 강제집행의 목적물에 대하여 소유권이나 양도 또는 인도를 저지하는 권리를 가진 제 3 자가 그 권리를 침해하여 **현실적으로 진행되고 있는 강제집행**에 대하여 이의를 주장하고 **집행의 배제**를 구하는 소이므로, 해당 강제집행이 종료된 후에 제 3 자이의의 소가 제기되거나 또는 제 3 자이의의 소가 제기된 당시 존재했던 강제집행이 소송계속 중 종료된 때에는 소의 이익이 없어 부적법하다.[3] 따라서 부동산에 대한 강제집행절차에서 매수인이 **매각대금을 지급하기 이전**에 제 3 자이의의 소의 승소판결을 받아 그 판결정본을 집행기관에 제출해야 하며, 매수인이 매수대금을 지급하고 경매목적물을 인도받은 이후에는 집행기관에 제 3 자이의의 소의 승소판결을 제출하더라도 해당 경매목적물에 대한 집행의 배제를 구할 수 없다고 본다.

2) 다만 예컨대 **유체동산**에 대한 강제집행절차에서 매각절차는 종료되었으나 배당절차는 아직 종료되지 않은 경우, 경매목적물의 매수인이 **선의취득**의 효과로서 유효하게 경매목적물의 소유권을 취득한다면 경매절차에서 **집행관이 영수한 매각대금**은 **경매목적물의 대상물**(代償物)로서 제 3 자이의의 소에서 승소한 사람이

1) 대판 1992. 10. 27. 92다10883, 2016. 8. 18. 2014다225038.

2) 대판 1992. 10. 27. 92다10883.

3) 경매신청이 취하되면 압류의 효력이 소멸하여 경매절차는 당연히 종료되므로 제 3 자이의의 소가 제기된 당시 강제집행절차가 진행 중이었으나 소송계속 중 경매신청이 취하된 경우에도 소의 이익이 없게 된다. 대판 1996. 11. 22. 96다37176, 2016. 6. 9. 2016다207973 등.

그 대상물에 대하여 권리를 주장할 수 있으므로, **매각절차**가 종료되었다고 하더라도 **배당절차**가 종료되지 않은 이상 제 3 자이의의 소는 여전히 소의 이익이 있다.[1)]

(4) 재 판

1) **제 3 자이의의 소가 제기되는 경우** 청구이의의 소의 경우와 마찬가지로 **잠정처분**(집행정지 · 속행 · 취소)을 할 수 있다(법 48조 3항, 46조). 본안의 심리는 집행청구권의 존부에 있지 않으며, 원고 주장의 이의사유의 존부에 한정된다. 인용확정판결의 기판력은 **집행이의권** 자체에 있으며, 이의사유로 주장한 실체적 권리 또는 법률관계에는 미치지 않는다. 따라서 집행채무자의 소유권의 존부가 확정되는 것은 아니며,[2)] 소유권의 존부를 확정하기 위해서는 집행채무자를 **공동피고**로 하여 중간확인의 소(민소 264조)를 제기해야 한다.

2) 수소법원은 **제 3 자이의의 소의 판결에서** 앞서와 같은 **잠정처분**을 할 수 있고, 이미 한 잠정처분을 취소 · 변경 또는 인가할 수 있다(법 48조 3항 본문, 47조 1항). 다만 집행처분을 취소할 때에는 담보를 제공하게 하지 않을 수 있다(법 48조 3항 단서). 이러한 잠정처분, 잠정처분의 취소 · 변경 또는 인가에 대하여 직권으로 **가집행선고**를 해야 하며, 이에 대해서는 불복할 수 없다(법 48조 3항 본문, 47조 2항 · 3항).

3) 법원은 청구가 이유 있는 경우에는 채권자에 대해 특정한 집행재산에 행해진 강제집행의 불허를 선고하고, 청구가 이유 없는 경우에는 청구기각의 판결을 해야 한다.

---

1) 대판 1997. 10. 10. 96다49049. 판례의 태도에 대하여, 유체동산 매각만 종료된 상태에서 제 3 자이의의 소에서 승소판결을 받은 양도담보권자는 판결정본과 그 확정증명서를 제출하면 집행기관인 집행관으로부터 피담보채권의 범위 내에서 매각대금을 바로 반환받을 수 있다는 입장에 선 것으로 보여지나, 과연 제 3 자이의의 소에서 승소판결을 받은 유체동산 양도담보권자가 그에 기하여 바로 집행기관에 대하여 매각대금의 지급을 구할 수 있는지, 만약 그것이 어렵다면 다른 어떤 절차를 밟아 이를 반환받아야 하는 것인지 등 문제점이 많다는 지적으로는, 손흥수, "매각절차는 종료하고 배당절차만 남은 상태에서 제 3 자이의의 소에서 승소한 유체동산 양도담보권자에 대한 매득금 반환 절차," 법조 55권 10호(2006. 10.), 203쪽 이하.

2) 대판 1959. 11. 12. 4292민상296, 1977. 10. 11. 77다1041.

Ⅲ. 부당이득과 손해배상

1. 채권자·채무자의 책임

(1) 강제집행의 경우

1) 부당한 강제집행의 경우, 집행절차가 종료되었다면 부당이득 또는 불법행위로 인한 손해배상을 청구할 수 있다. 부당한 가집행의 경우는 민사소송법 215조에서 원상회복 및 무과실 손해배상의 책임을 규정하고 있다.

예컨대 집행관이 채무자 아닌 제 3 자 소유의 유체동산을 압류한 경우에 채권자가 압류 당시 그 압류목적물이 제 3 자의 재산임을 알았거나 알지 못한 데 과실이 있다면 집행관이 채무자 아닌 제 3 자의 재산을 압류함으로써 받은 제 3 자의 손해에 대하여 불법행위자로서 배상책임을 진다.[1)]

2) **판결의 편취**(사위(詐僞)판결)의 경우에는 원칙적으로 재심의 소에 의하여 확정판결을 취소한 연후에 부당이득이나 손해배상을 청구할 수 있다.[2)] 다만 손해배상청구를 제기할 경우 확정판결에 기한 강제집행에서 당사자의 절차적 기본권이 근본적으로 침해된 상태에서 판결이 선고되었거나, 확정판결에 재심사유가 존재하는 등 확정판결의 효력을 존중하는 것이 정의에 반함이 명백하여 이를 묵과할 수 없는 때에는 그 자체로서 불법행위가 구성되므로 별도의 재심의 소가 필요하지 않다(**제한적 재심불요설**).[3)4)]

---

1) 이 경우 불법 압류집행시의 목적물의 시가를 넘는 일실이익액은 불법행위의 직접적인 대상에 대한 손해가 아닌 간접적·소극적 손해로서 이는 특별한 사정으로 인한 손해에 해당하므로 가해자가 그와 같은 사정을 알았거나 알 수 있었을 것이라고 인정되는 경우에만 배상책임이 있다. 대판 2003. 7. 25. 2002다39616.

2) 부당이득·손해배상청구를 하기 위하여 재심의 소를 제기해야 하는 경우에 재심의 소에 부당이득·손해배상청구를 병합할 수 있는지 여부에 관하여, 분쟁의 1회적 해결을 위하여 가능한 것으로 보는 견해가 있으나(이시윤·조관행, 232쪽), 재심의 소에 재심대상판결의 취소를 전제로 한 통상의 민사상 청구를 병합할 수 없다고 봄이 상당하므로(대판 1971. 3. 31. 71다8, 1997. 5. 28. 96다41649, 2009. 9. 10. 2009다41977), 허용되지 않는다고 본다. 김홍엽(민사소송), 939쪽.

3) 대판 2010. 2. 11. 2009다82046,82053, 2013. 4. 25. 2012다110286, 2019. 2. 28. 2018다272735. 편취된 판결에 기한 강제집행이 불법행위로 되는 경우가 있다고 하더라도 당사자의 법적 안정성을 위해 확정판결에 기판력을 인정한 취지, 그리고 확정판결의 효력을 배제하기 위해서는 그 확정판결에 재심사유가 존재하는 경우에 재심의 소에 의하여 그 취소를 구하는 것이 원칙적인 방법인 점에 비추어 볼 때 불법행위의 성립을 쉽게 인정해서는 안 된다. 대판 1995. 12. 5. 95다21808, 2007. 5. 31. 2006다85662.

4) 청구이의의 소가 제기되지 않은 채 집행이 종료된 경우 불법행위가 성립하는지 여부에 관

(2) 담보권실행을 위한 경매의 경우

1) 근저당권실행을 위한 경매절차가 진행되던 중, **채무자**가 채권자를 상대로 근저당권설정등기의 말소를 구하는 본안소송을 제기하는 한편 이를 근거로 법 275조에 따라 법 44조의 청구이의의 소에 준하여 법 46조 2항에 의한 잠정처분으로서 경매절차를 정지하는 **잠정처분**을 받음으로써 그에 따라 **경매절차가 정지**되었는데 그 후 위 본안소송에서 채무자의 패소판결이 선고 · 확정되었다면, 그 법률관계는 뒤에서 보는 부당한 보전처분집행의 경우와 유사하다.

2) 이러한 잠정처분에 의하여 경매절차가 정지되고 그로 인하여 채권자가 입은 손해에 대하여 특별한 반증이 없는 한 잠정처분을 신청한 채무자에게 고의 또는 과실 있음이 추정되고, 따라서 부당한 경매절차정지로 인한 손해에 대하여 이를 배상할 책임이 있다.[1)]

(3) 보전처분집행의 경우

1) 부당한 보전처분의 경우, 채권자가 본안소송에서 **패소**했다면 그 집행으로 인하여 채무자가 입은 손해에 대해서는 가압류 · 가처분채권자에게 고의 · 과실이 없다는 특별한 사정이 없는 한 배상할 책임이 있다.

즉 가압류 · 가처분은 법원의 재판에 의하여 집행되는 것이기는 하나, 그 실체상 청구권이 있는지 여부는 본안소송에 맡기고 단지 소명에 의하여 채권자의 책임 아래 하는 것이므로, 그 집행 후에 집행채권자가 본안소송에서 **패소확정**되었다면 가압류 · 가처분의 집행으로 인하여 채무자가 입은 손해에 대해서는 특별한 반증이 없는 한 집행채권자에게 고의 또는 과실이 있다고 **사실상 추정**되고, 따라서 그 부당한 집행으로 인한 손해에 대하여 이를 배상할 책임이 있다(**과실책임설** 가운데 **과실추정설**, 과실추정설 가운데 **사실상 추정설**의 입장이다).[2)]

하여 불법행위의 위법성 요건 판단에 권리남용 여부의 판단기준이 적용된다면 청구이의의 소가 허용될 경우에 불법행위가 성립할 여지가 높으며, 청구이의의 소로써 강제집행을 저지할 수 있었음에도 이를 소홀히 한 집행채무자의 책임은 과실상계로써 손해배상의 범위에서 참작할 수 있다는 견해로는, 김도형, "실체적 권리관계에 반하는 확정판결의 집행과 관련된 판례의 태도 ― 불법행위의 성립 및 청구이의의 소를 중심으로 ―," 실무연구자료(대전지방법원) 7권(2006. 1.), 243쪽 이하.

1) 대판 2001. 2. 23. 98다26484; 노태악, "부당 잠정처분으로 인한 불법행위의 성부와 손해배상의 범위," 대법원판례해설 36호(2001년 상반기), 217쪽 이하.

2) 대판 2002. 9. 24. 2000다46184, 2014. 7. 10. 2012다29373, 2023. 6. 1. 2020다242935 등. 판례의 판시상으로는 채권자의 고의 · 과실이 추정되기 위해서는 본안의 패소확정판결이 있어야 하는 것이 아닌가 하는 의문을 가질 수 있으나, 판례의 사안은 본안의 채권자 패소확정판

한편 채권자가 가압류신청에서 진정한 채권액보다 **지나치게 과도한** 가액을 주장하여 그 가액대로 가압류결정이 된 후 본안소송에서 피보전권리가 없는 것으로 확인된 부분의 범위 내에서는 채권자의 고의 · 과실이 추정된다.[1]

2) **본안판결이 확정되기 전이라도** 그 본안사건의 심리절차나 그에 준하는 심리절차에서 가압류청구금액에 **크게 미치지 못하는** 피보전권리만이 인정되는 경우에는 역시 특별한 반증이 없는 한 집행채권자에게 그 가압류집행으로 인한 손해에 대하여 고의 또는 과실이 있다고 추정되어 부당한 가압류집행으로 인한 손해배상책임을 인정할 수 있다.[2] 다만 변제나 포기 등의 후발적 사정에 의하여 피보전권리나 보전의 필요성이 소멸된 경우는 그렇지 않다.

▣ 판례상 부당한 보전처분집행에 따른 손해배상책임의 구체적 경우

(1) 가압류의 경우

(a) **부동산에 대한 가압류의 경우**

부당한 가압류집행으로 그 가압류목적물의 처분이 지연되어 소유자가 손해를 입었다면 가압류신청인은 그 손해를 배상할 책임이 있으나, 가압류집행 당시 부동산

결 후에 손해배상소송이 제기된 경우이어서 그렇게 판시된 것으로, 본안소송이 제기된 바 없이 손해배상소송이 곧바로 제기된 경우라도 해당 손해배상소송에서의 심리결과 보전처분의 부당성이 판명되었다면, 채권자의 고의 · 과실을 추정하는 것이 타당하다는 견해로는, 장철익, "부당한 보전처분으로 인한 손해배상책임," 민사판례연구(민사판례연구회) 26권(2004. 2.), 29쪽 이하.

1) **판례**는, 이 경우 불법행위에 따른 손해배상을 산정할 때에 손해부담의 공평을 기하기 위해 **가해자의 책임**을 **제한**할 수 있으므로, 보전처분과 본안소송에서 판단이 달라진 경위와 대상, 해당 판단요소들의 사실적 · 법률적 성격, 판단의 난이도, 당사자의 인식과 검토 여부 등 관여 정도를 비롯하여 여러 사정에 비추어 채권자에게 가압류집행으로 인하여 채무자가 입은 손해의 전부를 배상하게 하는 것이 **공평의 이념**에 반하는 것으로 평가된다면 채권자의 **손해배상책임**을 **제한**할 수 있다고 본다. 대판 2023. 6. 1. 2020다242935. 특히 이러한 **책임제한 법리**는 부당한 보전처분으로 인한 손해배상책임에 있어서 집행채권자의 과실로 집행채무자에게 손해가 발생했고, 집행채무자에게 달리 과실이 없거나 책임을 제한할 만한 손해의 확대 등에 기여한 부분이 없음에도 그 보전처분으로 발생한 손해 전부를 집행채권자에게 분배하는 것이 공평의 원칙상 부당해 보이는 경우에 적용될 수 있다는 견해로는, 이현경, "부당한 가압류에 의한 손해배상책임에서의 고의 · 과실 추정의 번복 및 책임제한," 대법원판례해설 135호(2023년 상), 404쪽.

2) 대판 2009. 5. 28. 2008다90026. 채권자가 가압류신청 당시 그 주장하는 채권이 있다고 믿을 만한 **상당한 이유**가 있었다고 인정되는 경우에는 고의 · 과실의 추정이 번복되어 부당한 가압류를 이유로 한 손해배상책임은 인정되지 않는다. 대판 1999. 9. 3. 98다3757, 2011. 7. 14. 2011다13241. 한편 집행채권자의 과실을 인정하여 책임을 인정하되 손해의 공평 · 타당한 분담의 견지에서 과실상계, 그 밖의 책임제한이 이루어질 수도 있다. 문광섭, "타인의 예금채권에 대한 가압류와 손해배상책임," 민사집행법연구 6권(2010. 2.), 222쪽.

소유자가 그 부동산을 사용 · 수익하는 경우에는 그 부동산의 **처분이 지체되었다고 하더라도** 그로 인한 손해는 그 부동산을 계속 사용 · 수익함으로 인한 이익과 상쇄되어 결과적으로 부동산의 처분이 지체됨에 따른 손해가 없다고 할 수 있다.

만일 그 부동산의 **처분지연으로 인한 손해**가 그 부동산을 계속 사용 · 수익하는 이익을 초과한다면 이는 **특별손해**라고 할 수 있다.[1)]

(b) **채권에 대한 가압류의 경우**

법원이 가압류결정에서 특정된 대상채권을 가압류채무자의 채권이라고 기재하여 제 3 채무자에게 그 채권에 관한 지급을 금지할 것을 명하고 있고 또 그러한 가압류가 **절차법상**으로는 **유효**한 이상(**실체법상 무효**라고 하더라도), 그 집행이 취소되거나 대상채권의 진정한 채권자가 제기하는 제 3 자이의의 소(법 291조 · 48조) 등을 통하여 그 가압류의 부당함이 밝혀질 때까지는 제 3 채무자로서는 가압류의 절차적 · 외관적 효력과 이중지급의 위험 등의 이유 때문에 가압류결정에서 채권자로 지목되어 있는 가압류채무자는 물론 진정한 채권자인 제 3 자에 대해서도 채무를 이행하는 것이 매우 어려워질 수밖에 없으며, 적극적으로 그 채무액을 공탁할 수도 있게 된다.

따라서 제 3채무자가 위와 같은 가압류결정이 있었다는 이유로 **진정한 채권자**인 제 3 자에게 그 채무의 이행을 거절하는 때에는 진정한 채권자인 제 3 자로서는 결과적으로 위와 같은 부당한 가압류로 인하여 자신의 채권을 제때에 회수하지 못하는 손해를 입게 된다.[2)] 이 경우 그 손해는 위 부당한 가압류와 상당인과관계가 있는 것이므로, 비록 가압류가 법원의 재판에 의하여 집행되는 것이기는 하지만, 그 부당한 가압류에 관하여 고의 또는 과실이 있는 가압류채권자로서는 그 가압류집행으로 인하여 진정한 채권자인 제 3 자가 입은 위와 같은 손해를 배상할 책임이 있다.[3)]

(2) 가처분의 경우

부동산의 등기청구권을 보전하기 위한 처분금지가처분이 부당하게 집행되었다면 이러한 처분금지가처분은 처분금지에 관하여 상대적 효력을 가지는 것으로서 그 집행 후에도 채무자는 해당 부동산에 대한 사용 · 수익을 계속하면서 여전히 이를

---

1) 대판 2001. 1. 19. 2000다58132, 2001. 11. 13. 2001다26774, 2009. 7. 23. 2008다79524.

2) 부당한 채권가압류의 집행으로 인하여 가압류채무자가 제 3 채무자로부터 제때 채권액을 지급받지 못하는 손해를 입은 경우 가압류채무자는 가압류채권자에 대하여 그 손해의 배상을 구할 수 있으나, 부당한 채권가압류의 집행이 있었다 하더라도 이러한 집행이 계속되는 동안 **기한의 미도래**나 **조건의 불성취** 등의 사유로 인해 가압류채무자가 제 3 채무자로부터 채권액을 **바로 지급받을 수 없는 사정**이 있었다면 가압류채무자가 부당한 채권가압류의 집행으로 인하여 어떤 손해를 입었다고 할 수는 없다. 대판 2006. 6. 15. 2006다10408.

3) 대판 2009. 2. 26. 2006다24872[가압류채권자인 피고가 가압류채무자인 소외 조합의 예금채권(책임재산)이 아닌 제 3 자인 원고의 예금채권을 대상채권으로 가압류결정을 받고 이를 집행한 사안이다. 가압류채권자인 피고는 이 사건 예금은 소외 조합이 제 3 자인 원고 명의를 빌어 개설한 것으로 진정한 권리자는 소외 조합이라고 주장하면서 가압류신청을 했다].

처분할 수 있다.

따라서 비록 위 가처분의 존재로 인하여 처분기회를 상실했거나 그 대가를 제때 지급받지 못하는 불이익을 입었다고 하더라도 그것이 해당 부동산을 보유하면서 얻는 점용이익을 초과하지 않는 한 손해가 발생했다고 보기 어렵다. 설사 점용이익을 초과하는 불이익을 입어 손해가 발생했다 하더라도 그 손해는 특별한 사정에 의하여 발생한 손해(**특별손해**)로서 가처분채권자가 그 사정을 알았거나 알 수 있었을 때에 한하여 배상책임을 진다.[1)]

2. 국가 등 배상책임

(1) 법관 또는 사법보좌관의 법령위반의 경우

1) 법관의 재판에 법령의 규정을 따르지 않은 잘못이 있다 하더라도 이로써 바로 그 재판상 직무행위가 국가배상법 2조 1항에서 말하는 위법한 행위로 되어 국가의 손해배상책임이 발생하는 것은 아니며, 그 국가배상책임이 인정되려면 해당 법관이 위법 또는 부당한 목적을 가지고 재판을 했다거나, 법이 법관의 직무수행상 준수할 것을 요구하고 있는 기준을 현저하게 위반하는 등 법관이 그에게 부여된 권한의 취지에 명백히 어긋나게 이를 행사했다고 인정할 만한 특별한 사정이 있어야 한다.[2)]

특히 재판에 대하여 불복절차 또는 시정절차가 마련되어 있는 경우 법관이나 다른 공무원의 귀책사유로 불복에 의한 시정을 구할 수 없었다거나 그와 같은 시정을 구할 수 없었던 부득이한 사정이 없는 한, 그와 같은 시정을 구하지 않은 사람은 원칙적으로 국가배상법에 의한 권리구제를 받을 수 없다.[3)]

---

1) 대판 1998. 9. 22. 98다21366, 2001. 1. 19. 2000다58132. 구체적 사안에서 부동산소유자가 사용수익하여 **점용이익이 있는 경우**에는 특별한 사정이 없는 한 손해배상책임이 없으나, 부동산소유자에게 **점용이익이 없는 경우**에는 처분대금에 대한 법정이율에 의한 이자 상당의 금원은 통상손해가 된다. 대판 2001. 11. 13. 2001다26774 등; 박철, "부동산에 대한 처분금지가처분의 집행과 당해 부동산의 처분 지연으로 인한 손해," 대법원판례해설 38호(2001년 하반기), 155쪽 이하; 이성훈, "부동산에 대한 부당한 처분금지가처분집행으로 인한 손해배상의 범위," 재판실무(창원지방법원) 2집(2005. 9.), 213쪽 이하; 이기택, "부당한 부동산처분금지가처분으로 인한 통상손해," 민사재판의 제문제 10권(2000. 4.), 451쪽 이하.

2) 대판 2001. 4. 24. 2000다16114, 2001. 10. 12. 2001다47290, 2003. 7. 11. 99다24218; 송덕수, "경매담당 법관의 배당표 작성상 잘못과 국가배상책임연구," 법학논집(이화여자대학교 법학연구소) 6권 2호(2001. 12.), 201쪽 이하; 황정근, "법관의 직무행위와 국가배상책임," 대법원판례해설 46호(2003년 하반기), 351쪽 이하; 박준용, "법관의 재판에 대한 국가배상책임이 인정되기 위한 요건," 판례연구(부산판례연구회) 16집(2005. 2.), 359쪽 이하.

3) 대판 2003. 7. 11. 99다24218, 2016. 10. 13. 2014다215499, 2022. 3. 17. 2019다226975.

2) **판례**는, 사법보좌관이 법원조직법 54조 2항 2호, 사법보좌관규칙 2조 1항 10호의 각 규정에 기초하여 법 254조 및 256조에 의해 준용되는 149조에 따라 배당표원안을 작성하고 확정하는 업무를 행하는 것은 배당절차를 관할하는 집행법원의 업무에 해당하므로 이러한 업무를 행하는 사법보좌관의 행위는 **재판상 직무행위**에 해당하고, 나아가 채권자는 사법보좌관이 작성한 배당표에 대하여 이의하고 배당이의의 소를 제기하는 등의 불복절차를 통하여 시정할 수 있으므로, 사법보좌관의 이러한 직무상 행위에 대한 국가의 손해배상책임에 대해서도 **법관의 재판상 직무행위**와 손해배상책임의 여부에 관한 앞서의 법리가 마찬가지로 적용된다고 보고 있다.[1)]

(2) 경매공무원 또는 집행관의 법령위반의 경우

1) 경매법원 공무원 또는 집행관에 대한 국가배상책임이 인정되기 위하여 고의 또는 중대한 과실이 있어야 하며, 여기서 중대한 과실은 거의 고의에 가까운 현저한 주의를 결여한 상태임을 요한다.[2)] 집행관의 국가배상책임의 인정 여부에 관해서는 이미 집행기관에 관한 설명에서 살펴보았다.

2) 경매법원 공무원에 대한 국가배상책임의 인정 여부에 관하여 **판례**는, 경매법원 공무원의 이해관계인 통지 등에 관한 절차상의 잘못은 매수인의 손해발생과 상당인과관계가 있으며, 이는 경매법원의 매각허가결정, 대금지급기한의 지정 및 그 실시, 소유권이전등기의 촉탁 등의 재판행위가 개입되어 있다고 하여 달리 볼 것은 아니므로, 경매법원 공무원이 이해관계인에 대한 기일통지를 잘못한 것이 원인이 되어 매각허가결정이 취소된 경우, 그 사이 매각대금을 내고 소유권이전등기를 마친 매수인에 대한 국가배상책임이 인정된다고 한다.[3)]

---

1) 대판 2023. 6. 1. 2021다202224.

2) 고의에 가까운 현저한 주의의 결여란 통상 요구되는 정도의 상당한 주의를 요하지 않더라도 약간의 주의를 한다면 손쉽게 위법·유해한 결과를 예견할 수 있는 경우임에도 만연히 이를 간과한 경우를 말한다. 대판 1996. 8. 23. 96다19833.

3) 매수인이 매각이 적법·유효한 것으로 믿고 매각대금 및 등기비용 등을 지출함에 따른 손해를 입은 경우이다. 대판 2008. 7. 10. 2006다23664. 이 경우 국가는 매수인이 입은 손해로서 지출한 매각대금 상당액을 배상해야 한다(매수인의 국가에 대한 손해배상청구권은 그 손해발생일인 매각대금의 지급일에 발생하고 그때 이행기가 도래하는 것이므로 국가는 그날부터 다 갚는 날까지 민법 소정의 연 5%의 비율에 의한 지연이자를 지급해야 한다). 대판 2007. 12. 27. 2005다62747.

제 4 장 금전집행

제 1 절 재산명시절차 등

재산명시절차 등은 채권자의 금전채권 만족을 위한 전제로서 채무자의 책임재산을 파악하고 채무이행을 간접적으로 강제할 목적으로 하는 제도로서, ① 재산명시절차, ② 재산조회, ③ 채무불이행자명부등재로 이루어진다. 금전채권에 기초한 강제집행의 실효성을 확보하기 위하여 구 민사소송법상 재산명시절차와 채무불이행자명부등재제도를 두고 있었으나, 민사집행법은 이들 제도를 대폭 정비하여 재산명시 등을 신청할 수 있는 집행권원의 범위를 확대하고, 재산명시절차 및 채무불이행자명부등재절차를 정비했으며, 재산명시명령 위반자에 대한 감치제도를 신설하고, 재산조회제도를 신설했다.[1)]

Ⅰ. 재산명시절차

1. 의 의

(1) 재산명시절차는 채무자가 일정한 집행권원에 기한 금전채무를 이행하지 않는 경우에 법원이 그 채무자로 하여금 강제집행의 대상이 되는 재산관계를 명시한 재산목록을 제출하게 하여 이를 공개하고 그 진실성에 관하여 선서하게 하는 법적 절차이다.

(2) 재산명시절차는 다른 강제집행절차에 선행하거나 보조적・부수적인 절차가 아니라 그 자체가 **독립적인 절차**이다.[2)] 즉 재산명시절차는 집행권원상의 청구

---

1) 가사소송법(2009. 5. 8. 개정, 2009. 11. 9. 시행)은 재산분할・부양료・양육비 청구사건에서 이행확보제도로서 재산명시・재산조회(48조의2・3) 등을 도입했다. 가사소송법상 재산명시신청은 집행권원을 요구하지 않고 있다는 점에서 민사집행법상 그것과 성질을 달리한다. 정현수, "개정 가사소송법상 양육비 이행확보제도에 관한 일고," 인권과 정의 404호(2010. 4.), 62쪽 이하.

2) 이시윤, "최근의 민소법의 판례동향과 강제집행법상의 명시선서절차의 문제점," 판례월보 243호(1990. 12.), 9쪽 이하; 진성규, "재산명시절차 및 채무불이행자명부," 사법논집 21집

권을 강제적으로 실현하는 좁은 의미의 강제집행절차는 아니지만 강제집행을 실시할 단계에서 강제집행의 실효성을 확보하기 위하여 민사집행법이 규정한 절차로서 넓은 의미의 민사집행절차의 하나이다. 따라서 이를 개시하기 위하여 다른 강제집행의 신청의 경우와 마찬가지로 집행력 있는 정본과 집행개시의 요건을 갖추어야 한다.

이에 대하여 **판례**는, 재산명시절차는 특정 목적물에 대한 구체적 집행행위 또는 보전처분의 실행을 내용으로 하는 압류 또는 가압류·가처분과 달리, 어디까지나 집행목적물을 탐지하여 강제집행을 용이하게 하기 위한 강제집행의 **보조절차나 부수절차**, 또는 강제집행의 준비행위와 강제집행 사이의 **중간적 단계의 절차**에 불과하다고 보고 있다.[1)]

(3) 재산명시절차에 관해서는 법 61조부터 69조까지에서 상세히 규정하고 있다. 재산명시신청 → 재산명시명령 → 재산명시기일의 실시 및 제재의 순서로 이루어진다. 재산명시절차는 **판사**의 임무이다(사보규 2조 1항 5호·6호).

2. 재산명시신청 및 재판

(1) 재산명시신청

1) 재산명시신청이 인용되기 위해서는, ① 금전의 지급을 목적으로 하는 집행권원에 기초하여 강제집행을 개시할 수 있는 채권자가 집행력 있는 정본과 강제집행을 개시하는 데 필요한 문서를 갖춘 경우(법 61조 1항 본문, 61조 2항)[다만 가집행선고가 붙은 판결 또는 가집행선고가 붙어 집행력을 가지는 집행권원의 경우는 제외한다(법 61조 1항 단서)], ② 채무자의 재산을 쉽게 찾을 수 없는 경우(법 62조 2항), ③ 집행권원에 표시된 금전채권의 완전변제에 이르지 않은 경우 등의 요건을 충족해야 한다.

2) 채무자의 재산을 쉽게 찾을 수 없어야 하므로, 집행대상이 될 채무자의 재산의 소재가 이미 공개되어 있거나 채권자가 약간의 노력만 하면 집행대상재산을 발견할 수 있는 경우가 아니어야 한다. 채무자의 재산을 쉽게 찾을 수 있다고 인정할 만한 사유가 기록상 뚜렷이 나타나 있는 경우(예컨대 채무자가 이미 다른 채권자의 재산명시신청에 응하여 재산목록을 제출했거나, 채권자의 채권을 만족시키는 데 충

(1990. 12.), 343쪽 이하.

1) 대판 2001. 5. 29. 2000다32161.

분한 집행대상재산을 제출했음을 증명한 경우 등)가 아닌 한 재산명시명령을 발한다.[1] 채무의 변제에 이르지 않았다는 사실에 대해서는 채권자가 재산명시신청시 이를 소명해야 하는 것은 아니며, 채무자가 재산명시명령에 대하여 이의신청을 하면서 이를 주장할 수 있을 따름이다.[2]

(2) 관할법원

재산명시신청의 관할법원은 채무자의 보통재판적이 있는 곳의 법원이다(법 61조 1항). 따라서 원칙적으로 민사소송법 3조 내지 6조의 규정에 의하여 그 관할법원이 정해지고, 이 규정에 의하여 관할법원을 정할 수 없는 때에는 대법원이 있는 곳을 관할하는 지방법원(서울중앙지방법원)이 그 관할법원이 된다(민소규칙 6조). 이는 **전속관할**이다(법 21조). 사물관할에 대해서는 특별한 규정이 없으면 단독판사의 관할에 속한다. 시·군법원은 재산명시신청 사건을 처리할 수 없다(법 34조).

(3) 재산명시명령 등

1) 재산명시신청이 정당한 이유가 없거나, 채무자의 재산을 쉽게 찾을 수 있다고 인정한 때에는 법원은 결정으로 **재산명시신청**을 **기각**해야 한다(법 62조 2항). 재산명시명령을 내리기 전에 **집행정지·취소서류**(법 49조)가 제출된 때에도 재산명시신청을 기각해야 한다. 재산명시신청을 기각한 결정은 채권자에게만 고지하면 된다(규칙 7조 2항). 재산명시신청에 대한 **기각결정**에 대해서는 즉시항고를 할 수 있다(법 62조 8항).

2) 재산명시신청에 정당한 이유가 있는 때에는 법원은 채무자에게 **명시기일**에 출석하여 재산상태를 명시한 **재산목록**을 제출하도록 명할 수 있다(**재산명시명령**, 법 62조 1항). 재산명시명령은 **채권자 및 채무자**에게 **송달**해야 한다.[3] 채무자에게 송달시 명시의무위반에 대한 감치 및 벌칙을 함께 **고지**해야 한다(법 62조 4항).

---

1) 이근영, "재산명시절차," 민사집행소송, 재판실무연구(2)(2008년), 48쪽; 유형웅, 주석서(1), 846쪽.

2) 법원실무제요 민사집행(1), 373쪽.

3) 재산명시신청을 하고 그 결정이 채무자에게 송달된 경우 소멸시효중단사유인 '**최고**'로서의 효력만 인정된다. 따라서 재산명시결정에 의한 소멸시효중단의 효력은 그때부터 6월 내에 다시 소를 제기하거나 압류 또는 가압류·가처분을 하는 등 민법 174조에 규정된 절차를 속행하지 않는 한 상실된다. 대판 1992. 2. 11. 91다41118, 2001. 5. 29. 2000다32161, 2012. 1. 12. 2011다78606.

3) 재산명시명령의 송달은 **우편송달** 및 **공시송달**의 방법으로는 할 수 없다(법 62조 5항). 재산명시명령의 송달은 법 23조 1항에 따라 준용되는 민사소송법 178조 1항에 의하여 정본이 아닌 **등본**으로도 가능하다.[1] 재산명시명령이 채무자에게 송달되지 않는 때에는 법원은 상당한 기간을 정하여 그 기간 이내에 채무자의 주소를 보정하도록 명해야 한다(법 62조 6항). 채권자가 **보정명령**을 받고도 이행하지 않는 때에는 법원은 **재산명시명령을 취소**하고 **재산명시신청을 각하**해야 한다(법 62조 7항). 재산명시신청을 각하하는 결정에 대해서는 **즉시항고**를 할 수 있다(법 62조 8항). 한편 채무자가 재산명시명령을 송달받은 뒤 송달장소를 바꾼 때에는 그 취지를 법원에 신고해야 하며, 그러한 신고를 하지 않는 경우 달리 송달할 장소를 알 수 없는 때에는 종전에 송달받은 장소에 우편송달(발송송달)을 할 수 있다(법 62조 9항).

4) **채무자**는 재산명시명령을 송달받은 날부터 **1주 이내**에 **이의신청**을 할 수 있다(법 63조 1항). 채무자가 채무를 전부 이행한 **변제증서**를 제출한 경우 일반적인 강제집행에서는 집행정지사유에 불과하지만(법 49조 4호), 재산명시신청에서는 신청요건을 흠결하게 하는 사유(소극적 요건)에 해당하여 이의사유가 된다. 따라서 이러한 변제증서가 제출된 때에는 재산명시신청의 속행을 정지하는 것만으로는 부족하고 이의신청을 받아들여 재산명시명령을 취소해야 한다. 한편 변제 이외의 청구이의의 소의 원인이 되는 사유는 재산명시명령에 대한 이의사유가 되지 못하여, 청구이의의 소를 제기한 후 집행을 정지하는 **잠정처분**(법 46조)을 받아 법 49조 2호의 집행정지서류로 제출하여 재산명시절차의 속행을 정지시킬 수 있을 뿐이다.[2] **판례**는, 피상속인에 대한 집행권원에 승계집행문을 부여받아 상속인을 상대로 재산명시신청을 한 사안에서 상속인의 한정승인은 상속인의 고유재산에 관한 이의사유로 보고 있다.[3] 채무자가 이의신청을 한 때에는 법원은 이의신청사유를 조사할 **기일**을 정하고 채권자와 채무자에게 이를 통지해야 한다(법 63조 2항).

5) 이의신청이 정당한 이유가 있는 때에는 법원은 결정으로 **재산명시명령을 취소**해야 한다(법 63조 3항). 이의신청에 정당한 이유가 없거나 채무자가 정당한 사유 없이 기일에 출석하지 않는 때에는 법원은 결정으로 **이의신청을 기각**해야

---

1) 대결 2003. 10. 14. 2003마1144.

2) 법원실무제요 민사집행(1), 379쪽.

3) 대결 2016. 1. 19. 2015마1009.

한다(법 63조 4항). 재산명시명령취소결정과 이의신청기각결정에 대해서는 **즉시항고**를 할 수 있다(법 63조 5항).

3. 재산명시기일

(1) 재산명시기일의 지정

재산명시명령에 대하여 채무자의 이의신청이 없거나 법원이 이를 기각한 때에는 법원은 재산명시를 위한 기일(**재산명시기일**)을 정하여 **채무자**에게 **출석**하도록 **요구**해야 한다(채무자는 출석의무가 있다).[1] 이 기일은 **채권자**에게도 **통지**해야 한다(법 64조 1항, 규칙 27조 1항). 채권자는 재산명시기일에 출석하지 않아도 된다(규칙 27조 3항, 채권자는 출석의무가 없다).

(2) 재산명시기일의 진행

1) 채무자는 명시기일에 법원에 채무자의 현재의 책임재산과 채무자의 과거(재산명시명령이 송달되기 전 일정기간에 걸친 과거로, **유상양도**는 1년 이내, **무상처분**은 2년 이내)의 재산을 명시한 **재산목록**을 제출해야 한다(법 64조 2항, 규칙 27조 1항 2·3호). 재산목록에 적을 사항과 범위는 대법원규칙으로 정한다(법 64조 3항). 민사집행규칙 28조 2항에는 재산목록에 적어야 할 재산에 대하여 상세히 규정하고 있다. 제 3 자에게 명의신탁한 재산도 재산목록에 적어야 한다(규칙 28조 3항). 민사집행법의 재산명시절차에 따라 채무자가 법원에 제출할 재산목록에는 실질적인 가치가 있는지 여부와 상관없이 강제집행의 대상이 되는 재산을 모두 기재해야 한다.[2]

2) 재산명시기일에 출석한 채무자가 3월 이내에 변제할 수 있음을 소명한 때에는 법원은 그 기일을 **3월 범위** 내에서 연기할 수 있다.[3] 한편 채무자가 **새 기**

---

1) 채무자가 소송대리인을 선임한 경우에도 출석요구서는 채무자 본인에게 송달해야 한다. 규칙 27조 2항.

2) 재산명시절차에서 채무자가 특정 채권을 실질적 재산가치가 없다고 보아 재산목록에 기재하지 않은 채 제출한 행위는 민사집행법상 거짓의 재산목록제출죄에 해당한다. 대판 2007. 11. 29. 2007도8153.

3) 채권자가 재산명시신청을 해도 채무자의 불응 또는 재판기간 경과 등으로 신청 후 수개월이 지나야 재산명시명령을 받는 상황에서, 채무자의 소명이 있었다는 이유로 재산명시기일을 3개월까지 연장할 수 있도록 하는 것은 채무자에게 재산을 처분할 시간적 여유를 주어 채권자의 권리를 침해할 수 있다는 이유로, 재산명시기일에 출석한 채무자가 1월 이내에 변제할 수 있음을 소명한 경우에 그 기일을 1월의 범위에서 연장할 수 있도록 하는 **민사집행법 일부개정안**이 제21대 국회에 계류되었으나(제안자 양정숙 의원 등 10인, 제안일자 2021. 4. 13., 의안번호 2109452) 임기만료(2024. 5. 29)로 자동폐기되었다.

일에 채무액의 3분의 2 이상을 변제했음을 증명하는 서류를 제출한 때에는 다시 **1월 범위** 내에서 연기할 수 있다(법 64조 4항).

3) 채무자는 명시기일에 재산목록의 기재사항이 완전하게 갖추진 경우 그 재산목록이 진실하다는 것을 **선서**해야 한다(법 65조 1항). 채무자가 법인, 법인 아닌 사단이나 재단인 경우에는 그 대표자 또는 관리인이 선서해야 하며, 채무자가 제한능력자로서 소송무능력자인 경우에는 **법정대리인**이 선서해야 한다.[1] 즉 이 경우 제한능력자의 재산을 관리할 지위에 있는 친권자나 후견인 등 법정대리인이 출석의무, 재산목록 작성·제출의무 및 선서의무를 부담하며, 법정대리인이 명시기일 불출석, 재산목록 제출거부, 선서거부, 거짓의 재산목록 제출 등을 한 경우에는 뒤에서 보는 바와 같이 감치나 형벌까지 부담한다.[2]

4) 채무자에 대한 강제집행을 개시할 수 있는 채권자는 재산목록의 열람 또는 복사를 청구할 수 있다(법 67조).

(3) 재산명시기일의 불출석 등의 경우

1) 채무자가 정당한 사유 없이[3] **명시기일에 불출석**하거나, **재산목록제출을 거부**하거나 **선서를 거부한** 경우에는 **20일 이내**의 **감치**에 처한다(법 68조 1항).[4] 감치재판절차는 법원의 **감치재판개시결정**에 따라 개시된다. 이 경우 **감치사유**가 발생한 날부터 **20일**이 지난 때에는 감치재판개시결정을 할 수 없다(규칙 30조 2항). 감치재판절차를 개시한 후 감치결정 전에 채무자가 재산목록을 내거나 그 밖에 감치에 처하는 것이 상당하지 않다고 인정되는 때에는 법원은 **불처벌결정**을

1) 이에 대하여, 선서는 일신전속적 행위로서 대리에 친하지 않으므로 법정대리인이 있어도 법정대리인에 의해 대리될 수 없다는 견해로는, 이시윤·조관행, 244쪽; 전병서, 219쪽.

2) 다만 법정대리인이 없는 경우 특별대리인을 선임하여 명시절차를 감행하는 것은 허용되지 않는다고 보는 것이 일반적이며, 실무례이다. 이근영, "재산명시절차," 민사집행소송, 재판실무연구(2)(2008년), 41·42쪽; 진성규, "재산명시절차 및 채무불이행자명부," 사법논집 21집(1990년), 353쪽; 법원실무제요 민사집행(1), 372쪽; 유형웅, 주석서(1), 837쪽.

3) 여기서 '**정당한 사유**'는 민사소송법 173조 1항의 '당사자가 책임질 수 없는 사유'보다 완화된 개념이다. 예컨대 갑작스런 질병·사고나 교통기관의 두절, 천재지변 등으로 재산명시기일에 출석하지 못한 경우에는 그 불출석에 '정당한 사유'가 있는 것으로 본다. 법원실무제요 민사집행(1), 397쪽.

4) 민사집행법 제정시 민사채무불이행에 대한 간접강제수단을 가지고 있는 재산명시신청에 성실히 응하지 않은 채무자에 대하여 바로 형벌을 가하는 것이 부당하다는 반성적 고려에서 **감치규정**을 신설했다. 대판 2002. 8. 27. 2002도2086, 2002. 9. 24. 2002도4300. 한편 재산명시기일 불출석 등의 경우 채무자감치의 최장기간인 '**20일**'은 민사소송법 311조 2항에서 규정하고 있는 증인감치의 최장기간인 '7일'과 비교하여 상당히 장기이다. 법원실무제요 민사집행(1), 396쪽.

해야 한다(규칙 30조 3항). 감치재판개시결정과 불처벌결정에 대해서는 불복할 수 없다(규칙 30조 2항). 법원은 감치재판기일에 채무자를 소환하여 감치사유에 대하여 정당한 사유가 있는지 여부를 심리해야 한다(법 68조 3항). **감치결정**에 대해서는 **즉시항고**를 할 수 있다(법 68조 4항). 확정된 감치결정은 **3월** 이내(**집행기간**)에 집행해야 한다(규칙 30조 8항, '법정 등의 질서유지를 위한 재판에 관한 규칙' 21조 5항). 채무자가 **감치의 집행 중**에 재산명시명령을 이행하겠다고 신청한 때에는 법원은 바로 **명시기일**을 열어야 한다(법 68조 5항). 채무자가 위 명시기일에 출석하여 재산목록을 내고 선서하거나 신청채권자에 대한 채무를 변제하고 이를 증명하는 서면을 낸 때에는 법원은 바로 **감치결정을 취소**하고 그 **채무자를 석방**하도록 명해야 한다(법 68조 6항). 위 명시기일은 신청채권자에게 통지하지 않고도 실시할 수 있으나, 이 경우 앞서의 감치결정취소 및 채무자석방 사실을 채권자에게 통지해야 한다(법 68조 7항).

2) 채무자가 **거짓의 재산목록을 낸 때**에는 3년 이하의 징역 또는 500만원 이하의 벌금에 처한다(법 68조 9항)[채무자가 법인, 또는 법인 아닌 사단이나 재단인 경우에 관해서는 법 68조 10항에 의한다].

Ⅱ. 재산조회

1. 의 의

재산명시절차가 채무자로 하여금 그 보유재산을 명시하도록 하여 이를 통해 강제집행할 재산을 찾는 절차인 반면, 재산조회제도는 채무자의 협조 없이 법원이 적극적으로 개입함으로써 **공공기관 등**의 전산망자료를 이용해 채무자의 재산을 찾는 절차이다. 재산조회절차도 재산명시절차와 마찬가지로 넓은 의미의 민사집행절차의 하나이다. 재산조회에 관하여 법 74조부터 77조까지에서 상세히 규정하고 있다. 한편 재산조회에 관해서는 대법원규칙으로 **재산조회규칙**(2018. 12. 31. 개정, 2019. 1. 1. 시행)이 있다. 재산조회는 **사법보좌관**의 업무이다(사보규 2조 1항 6호).

2. 재판 등

(1) 조회신청

재산조회는, ① 채무자의 명시의무위반[명시기일의 불출석, 재산목록의 제출거부,

선서의 거부, 거짓의 재산목록 제출 등, 법 68조 1항 각호의 사유 및 9항의 사유]이 있거나, ② 채무자가 제출한 재산목록상의 재산만으로는 집행채권의 만족을 얻기에 부족한 경우, 또는 ③ 재산명시명령이 채무자에게 송달되지 않아 채권자가 주소보정명령을 받고도 채무자의 주소불명으로 이를 이행할 수 없었던 경우에 한다.[1)]

(2) 관할법원

재산조회절차의 관할법원은 재산명시절차를 실시한 법원이고(법 74조 1항), 이는 전속관할이다(법 21조).

(3) 조회절차

1) 법원은 **채권자의 신청**에 따라 채무자 개인의 재산 및 신용에 관하여 전산망을 관리하는 공공기관, 금융기관, 단체 등에 채무자 명의의 재산을 조회한다(법 74조 1항).[2)] 특히 예금채권에 관한 재산조회는 해당 금융기관에 일괄조회할 수는 있으나, 모든 금융기관에 모든 예금채권을 포괄조회할 수는 없다. 다만 같은 협회 등에 소속된 다수의 금융기관에 대한 재산조회는 협회 등을 통하여 할 수 있는데(규칙 37조 2항), 재산조회를 받은 금융기관의 장은 소속 협회 등의 장에게 해당 사항에 관한 정보와 자료를 제공해야 하고, 그 협회 등의 장은 제공받은 정보와 자료를 정리하여 한꺼번에 제출해야 한다(규칙 37조 3항).

법원은 제출된 조회회보서와 자료에 흠이 있거나 불명확한 점이 있는 때에는 다시 조회하거나 자료의 재제출을 요구할 수 있다(규칙 37조 6항). 재산조회의 결과는 채무자 제출의 재산목록에 준하여 관리한다(법 75조 1항).

2) 재산조회신청을 인용하는 때에는 별도의 결정을 따로 할 필요가 없다. 재산조회신청에 대한 소명이 없는 때에는 신청을 기각한다. 신청을 인용한 재산조회, 또는 신청을 기각한 결정에 대해서는 즉시항고를 할 수 있다는 규정이 없으므로 집행에 관한 이의신청(법 16조)을 할 수 있다.[3)] 이러한 집행에 관한 이의신청은 사법보좌관의 처분에 대한 이의신청으로 한다(사보규 3조 2호, 4조 2항).

---

1) 2005년 개정 민사집행법(2005. 1. 27. 개정, 2005. 7. 28. 시행)에서는 채무자가 도주한 경우 재산명시절차를 종료할 수 없어 채무자 명의의 재산에 대하여 재산조회가 불가능하게 되므로 이를 개선하여 채무자가 도주한 때에도 재산조회를 할 수 있도록 했다(법 74조 1항 1호).

2) 한편 2009년 개정 가사소송법은 재산명시절차에 따라 제출된 재산목록만으로는 재산분할·부양료·양육비 청구사건의 해결이 곤란하다고 인정할 경우에는 직권으로도 재산조회를 할 수 있도록 했다(가소 48조의3).

3) 법원실무제요 민사집행(1), 448쪽; 유형웅, 주석서(1), 929쪽.

3) 조회받은 기관·단체의 장이 정당한 사유 없이 거짓 자료를 제출하거나 자료 제출을 거부하는 때에는 결정으로 500만원 이하의 과태료에 처한다(법 75조 2항). 이러한 결정에 대해서는 즉시항고할 수 있다(법 75조 3항).

Ⅲ. 채무불이행자명부등재

1. 의 의

채무불이행자명부등재제도는 채무를 이행하지 않는 불성실한 채무자의 인적 사항을 공개함으로써 명예와 신용의 훼손과 같은 불이익을 가하고 이를 통해 채무의 이행에 노력하게 하는 **간접강제의 효과**를 거둠과 아울러 일반인으로 하여금 거래상대방에 대한 **신용조사를 용이**하게 하여 거래의 안전을 도모하게 함을 목적으로 하는 제도이다.[1][2] 채무불이행자명부등재절차도 재산명시절차 및 재산조회절차와 마찬가지로 집행권원을 실현하기 위한 넓은 의미의 민사집행절차의 하나이다. 채무불이행자명부에 관하여 법 70조부터 73조까지에서 상세히 규정하고 있다. 채무불이행자명부등재는 **사법보좌관**의 업무이다(사보규 2조 1항 5호).

2. 재판 등

(1) 등재신청

채권자는 ① 채무자가 금전의 지급을 명한 집행권원[3]이 생긴 후(**집행권원이 확정된 후**, 또는 **집행권원을 작성한 후**)[4][5] **6월 이내**에 채무를 이행하지 않거나, 또

---

1) 대결 2010. 9. 9. 2010마779; 김종백, "재산명시제도와 채무불이행자명부," 민사집행에 관한 제문제(상)(재판자료 71집, 1996. 6.), 261쪽 이하.

2) 채무불이행자명부등재제도는 재산명시제도만큼 채권자의 만족에 직접적인 효과가 없는 것으로 인식되어 현재와 같이 국민이 외면하고 있는 상황에서는 특단의 조치가 없는 한 이 제도의 이용이 활성화되기는 어려울 것으로 판단되므로, 독일의 경우와 같이 재산명시의무를 위반한 채무자나 감치명령을 받은 채무자는 별도의 신청 없이 채무불이행자명부에 등재할 수 있도록 하는 제도의 검토가 바람직하다는 견해로는, 양병회, "재산명시절차 및 채무불이행자명부제도의 개선," 법조 48권 11호(1999. 11.), 140쪽 이하.

3) **가집행선고**가 붙은 판결 또는 가집행선고가 붙어 집행력을 가지는 집행권원의 경우는 **제외**한다(법 70조 1항 1호 단서).

4) 금전의 지급을 명한 판결 또는 지급명령이 확정된 경우에는 그 집행권원이 확정된 후를 말하며, 민사소송법 220조의 조서 또는 민사조정조서가 작성된 경우에는 그 집행권원을 작성한 후를 말한다.

5) 채무불이행자명부등재신청은 재산명시신청의 경우와 달리 집행력 있는 집행권원 정본을 요구하지 않으므로 집행력 있는 집행권원 정본을 위하여 집행문이 필요한 경우라도 법원은 채

는 ② 채무자가 재산명시절차에서 **감치**를 받을 사유(법 68조 1항 각호의 사유)나 **형사처벌**을 받을 사유(법 60조 9항의 사유)에 해당하는 경우에는 이러한 사유를 소명하여 채무불이행자명부 등재신청을 할 수 있다(법 70조 1항 · 2항).

(2) 관할법원

등재신청사유가 집행권원이 생긴 후 6월 이내에 채무를 이행하지 않는 것인 때에는 채무자의 보통재판적이 있는 곳의 법원이 관할법원이고, 등재신청사유가 재산명시절차에서 재산명시기일 불출석, 재산목록 제출 또는 선서 거부, 거짓의 재산목록 제출인 때에는 재산명시절차를 실시한 법원이 관할법원이 된다(법 70조 3항). 이러한 관할은 전속관할이다(법 21조). 시 · 군법원은 채무불이행자명부등재신청사건을 처리할 수 없다(법 70조 3항, 61조 1항, 법조 34조).

(3) 등재절차

1) 법원은 채권자의 등재신청에 **정당한 이유가 있는 때**에는 채무자를 채무불이행자명부에 올리는 결정을 해야 한다(법 71조 1항). 법원은 채권자의 **등재신청**에 **정당한 이유가 없거나, 쉽게 강제집행할 수 있다**고 인정할 만한 명백한 사유가 있는 때에는 결정으로 이를 **기각**해야 한다(법 71조 2항). 여기서 '쉽게 강제집행할 수 있다고 인정할 만한 명백한 사유'란 채무자가 보유하고 있는 재산에 대하여 많은 시간과 비용을 투입하지 않고서도 강제집행을 통하여 채권의 만족을 얻을 수 있다는 점이 특별한 노력이나 조사 없이 확인 가능하다는 것을 의미하고, 그 사유의 존재에 관해서는 채무자가 이를 증명해야 한다.[1]

2) 등재결정은 채권자 및 채무자에게, 등재신청기각결정은 채권자에게 고지해야 한다(규칙 7조 1항 2호, 2항). 등재신청에 대한 결정에 대해서는 **즉시항고**를 할 수 있다(법 71조 3항 전문). 등재결정에 대한 **즉시항고사유**는 **절차적 사유**에 한정되지 않고, 채무가 존재하지 않거나 변제 그 밖의 사유로 소멸했다는 등의 **실체적 사유**도 이에 포함된다.[2] 채무불이행자명부등재절차는 넓은 의미의 민사집행절차이

권자에게 집행문을 부여받아 오라고 요구해서는 안 된다. 재판예규 제866-14호 '채무불이행자명부 등재신청사건의 처리에 관한 지침'(재민 91-6, 2002. 6. 26. 개정, 2002. 7. 1. 시행).

1) 대결 2010. 9. 9. 2010마779.

2) 대결 2022. 5. 17. 2021마6371(따라서 등재결정이 내려진 경우 채무자는 위와 같은 실체적 사유를 증명함으로써 등재결정에 대하여 즉시항고를 제기할 수 있고, 뒤에서 보는 바와 같이 등재결정이 확정된 뒤에는 이와 별도로 그 사유를 증명하여 채무불이행자명부에 그 이름을 말소하는 결정을 신청할 수도 있다). 위 결정에 대하여, 그동안 등재신청에 대한 재판을 할

기는 하나 (재산명시절차 및 재산조회절차와 달리) 집행절차에 관한 집행법원의 재판에 대한 즉시항고에 관한 법 15조가 적용되지 않는다. 따라서 등재신청에 대한 결정(**등재결정** 및 **등재신청기각결정**)에 대한 즉시항고는 **민사소송법상 즉시항고**에 관한 규정이 준용된다고 보아야 한다(법 23조 1항, 민소 444조). 다만 **법 71조 3항 후문**은 민사소송법상 즉시항고의 경우 집행을 정지시키는 효력을 가진다는 민사소송법 447조의 규정을 배제하고(준용하지 않고) 있으므로, 등재신청에 대한 결정에 대하여 즉시항고를 하더라도 집행정지의 효력이 없고, 명부등재 및 비치는 집행된다.

3) 채무를 이행하지 않거나 재산명시의무를 위반한 불성실한 채무자의 명단을 법원에 비치하고(법 72조 1항), 채무자의 주소지 시·군·읍·면장 및 금융기관의 장 등에 그 부본을 보낸다(법 72조 2항). 채무불이행자명부나 그 부본은 언제든지 보거나 복사할 것을 신청할 수 있다(법 72조 3항).

(4) 말소절차

1) 변제, 그 밖의 사유로 채무가 소멸되었다는 것이 **증명**된 때에는 법원은 **채무자의 신청에 따라** 채무불이행자명부에서 그 이름을 **말소하는 결정**(등재말소신청을 인용한 결정)을 해야 한다(법 73조 1항). 채무가 소멸했다는 것은 **채무자**가 증명해야 하고, 이를 **증명하는 방법**에는 제한이 없으며, 확정판결 등 집행권원의 집행력이 발생한 후에 채무의 소멸사유가 생긴 것을 증명하는 것으로 충분하다.[1)] 채무불이행자명부에 오른 다음 해부터 10년이 지난 때에는 법원은 **직권으로** 명부에 오른 이름을 말소하는 결정을 해야 한다(법 73조 3항).

2) 말소결정은 채권자와 채무자에게, 말소신청기각결정은 채권자에게 고지해야 한다(규칙 7조 1항 2호, 2항). **말소결정**에 대해서는 즉시항고를 할 수 있다(법 73조 2항 본문). 앞서 본 바와 같이 채무불이행자명부등재절차에 관해서는 법 15조가 적용되지 않고 민사소송법상 즉시항고에 관한 규정이 준용되나 법 73조 2항 후문

때에는 특별한 사정이 없는 한 채무자심문 등을 통해서 채무의 이행 여부를 확인하도록 하고, 채무의 소멸이 확인되는 경우에는 채무불이행자명부 등재신청을 기각하도록 한 실무와 궤를 맞추어 채무의 변제와 같은 실체적 사유를 즉시항고사유로 주장할 수 있도록 하여 채무자의 권리구제의 가능성을 높였다는 점에서 의의가 있다는 견해로는, 서울고등법원, 민사판례해설 Ⅳ-상, 63쪽.

1) 따라서 채무불이행자명부 등재신청의 기초된 집행권원이 확정판결 또한 이와 동일한 효력이 있는 것이라고 하더라도 이에 대하여 청구이의의 소를 제기하여 승소확정판결을 받아야 하는 것은 아니다. 대결 2023. 7. 14. 2023그610.

은 민사소송법 447조를 배제하고 있으므로 말소결정에 대하여 즉시항고를 하더라도 등재말소는 그대로 진행된다. 한편 **말소신청기각결정**에 대해서는 별도로 즉시항고를 할 수 있다는 규정을 두고 있지 않으므로 민사소송법상 통상항고(민소 439조)로 다툴 수 있다.[1)]

3) 말소결정이 있는 경우 채무자의 주소지 시·군·읍·면장 및 금융기관의 장 등에 그 부본을 보내어 그 명부의 부본에 오른 이름을 말소하게 해야 한다(법 73조 4항·5항). 말소된 채무불이행자명부는 채무자 본인 또는 그 대리인에 한하여 열람 또는 복사하게 할 수 있다.[2)]

제 2 절 부동산강제집행

제 1 관 일 반 론

Ⅰ. 의 의

(1) 채권자의 금전채권의 만족을 위한 강제집행은 집행대상인 재산의 종류에 따라 부동산집행, 선박 등 준부동산집행, 유체동산집행, 채권집행 등으로 나누어진다. 부동산집행은 부동산의 매각을 목적으로 하는 **강제경매**와 부동산의 수익을 목적으로 하는 **강제관리**로 나누어진다. 두 가지의 경우 어느 한쪽만을 이용할 수도 있고 함께 이용할 수도 있다(채권자의 선택에 따른다. 법 78조 3항). 강제경매가 일반적이다. 부동산집행은 다른 금전집행과 같이 압류·현금화·만족이라는 3단계를 거친다.

1) 이에 대하여, **말소신청기각결정**에 대해서는 민사소송법상 통상항고로 불복할 수 없고, 집행에 관한 이의신청만으로 다툴 수 있다는 견해가 있다. 법원실무제요 민사집행(1), 430쪽. 이러한 견해는 채무불이행자명부등재절차가 넓은 의미의 민사집행절차로 보아야 하므로 집행절차에 관한 집행법원에 관한 재판으로서 즉시항고를 할 수 없는 때에는 법 16조의 집행에 관한 이의신청에 의해야 한다는 입장이다. 법원실무제요 민사집행(1), 77쪽. 그러나 이러한 견해에 의하면 채무불이행자명부등재절차에서 등재신청절차 및 등재말소신청절차에서의 즉시항고 역시 법 15조가 적용된다고 보는 경우 등재신청에 대한 결정 및 등재말소결정에 대한 즉시항고에 대하여 법 71조 3항 후문 및 73조 2항 후문과 같이 **민사소송법 447조의 배제규정**을 별도로 둘 필요가 없게 된다. 왜냐하면 법 15조가 적용되는 즉시항고인 경우에는 법 15조 6항 본문에 의하여 집행정지의 효력을 가지고 있지 않기 때문이다. 따라서 법 71조 3항 후문 및 73조 2항 후문의 규정을 두는 것은 채무불이행명부등재절차에 대해서는 법 15조 및 법 16조가 적용되지 않음을 전제로 하는 것으로 보아야 한다.

2) 재판예규 제1738호 '채무불이행자명부의 관리에 관한 사무처리지침'(재민 91-4, 2020. 4. 1. 개정·시행) 3조 나항.

▣ 토지 또는 건물 외 부동산강제집행의 대상

(1) 공장 · 광업재단의 경우

공장 · 광업재단은 부동산으로 취급되어(공장 및 광업재단 저당법 12조 1항, 54조), 부동산강제집행의 대상이 된다. 따라서 공장 · 광업재단을 구성하는 기계 · 기구 등 동산이라 하더라도 유체동산강제집행의 대상이 될 수 없으며, 그 저당권의 목적물인 토지, 건물, 광업권 등과 함께 부동산강제집행의 대상이 된다.

(2) 광업권 · 어업권의 경우

광업권 · 어업권은 부동산이나 토지에 관한 규정이 준용되므로(광업법 10조 1항, 수산업법 16조 2항), 부동산강제집행의 대상이 된다. 공동광업권자의 광업권의 지분은 다른 공동광업권자의 동의 없이는 양도하거나 저당권 등의 목적으로 할 수 없으므로(광업법 30조 2항) 그 지분은 부동산강제집행의 대상이 되지 않는다.[1]

(3) 수목의 경우

토지 위에 생립(生立)하고 있는 채무자 소유의 미등기 수목은 토지의 구성부분으로서 토지의 일부로 간주되어 특별한 사정이 없는 한 토지와 함께 경매된다.[2] 다만 '입목에 관한 법률'에 따라 등기된 입목(입목에 관한 법률 23조)이나 명인방법(明認方法)을 갖춘 수목은 부동산으로 보게 되므로 독립하여 거래의 객체가 되고(입목에 관한 법률 3조 1항 · 2항), 따라서 부동산강제집행의 대상이 된다.[3]

(4) 지상권의 경우

지상권과 그 공유지분은 금전채권에 기초한 강제집행에서 부동산으로 본다(규칙 40조). 지상권은 부동산의 공유지분과 마찬가지로(법 139조) 부동산 자체는 아니지만 부동산을 목적으로 하는 권리로서 등기의 대상이 되므로 부동산강제집행의 대상으로 했다.

(5) 전세권의 경우

전세권에 대하여 설정된 저당권은 부동산집행절차에 의하여 실행한다. 저당권은 담보물권을 목적으로 할 수 없으므로, 전세권에 대하여 저당권이 설정된 경우(**전세권저당권**) 그 전세권이 존속기간의 만료로 종료되면 전세권을 목적으로 하는 저당권은 당연히 소멸된다.[4] 즉 전세권의 존속기간이 만료되면 전세권의 용익물권적 권능이 소멸하기 때문에 더 이상 전세권 자체에 대하여 저당권을 실행할 수 없게 된다. 따라서 이러한 경우는 민법 370조 · 342조 및 민사집행법 273조에 의하여 저당권의 목적물인 전세권을 갈음하여 존속하는 것으로 볼 수 있는 전세금반환채권에 대하여 추심명령 또는 전부명령을 받거나, 제 3 자가 전세금반환채권에 대하여 실시

---

1) 재판예규 제35호 '공동광업권 지분의 강제경매 가부'(재민 63016, 1963. 4. 2. 제정 · 시행).

2) 따라서 그 수목의 가액을 포함하여 경매대상토지를 평가하여 이를 최저경매가격으로 공고해야 한다. 대결 1976. 11. 24. 76마275, 1998. 10. 28. 98마1817.

3) 대결 1998. 10. 28. 98마1817.

4) 대판 1999. 9. 17. 98다31301, 2008. 4. 10. 2005다47663.

한 강제집행절차에서 배당요구를 하는 등의 방법으로 우선변제를 받을 수 있을 뿐이다.[1] 이에 대해서는 전세권에 설정된 저당권과 **물상대위**에서 살펴보기로 한다.

(6) 자동차 · 건설기계 · 소형선박 · 항공기의 경우

자동차관리법에 따라 등록된 **자동차**에 대한 강제집행은 민사집행규칙에 특별한 규정이 없으면 부동산에 대한 강제경매의 규정에 따르며(법 187조, 규칙 108조), 건설기계관리법에 의하여 등록된 **건설기계** 및 자동차 등 특정동산 저당법 3조 2호에 따른 **소형선박**(선박등기법이 적용되지 않는 소형선박)에 대한 강제집행은 민사집행규칙상 자동차에 대한 강제집행에 관한 규정을 준용한다(법 187조, 규칙 130조 1항). 항공안전법에 따라 등록된 **항공기**(자동차 등 특정동산 저당법 3조 4호에 따른 항공기 및 경량비행기)에 대한 강제집행은 선박에 대한 강제집행의 예에 따라 실시한다(법 187조, 규칙 106조).

(2) 부동산집행의 경우 부동산이 있는 곳의 지방법원의 전속관할에 속한다(법 79조 1항, 21조). 법률 또는 민사집행규칙에 따라 부동산으로 보는 경우 및 부동산에 관한 규정이 준용되는 경우는 그 등기·등록을 한 곳의 지방법원이 관할한다(규칙 41조). 강제경매절차는 **사법보좌관**의 업무이나(사보규 2조 1항 7호), 강제관리절차는 **지방법원 단독판사**의 업무이다.

Ⅱ. 압 류

1. 압류의 효력 일반

(1) 의 의

부동산에 대한 강제경매에서는 통상의 방법에 따른 채무자의 관리·이용권을 허용한다(강제관리의 경우는 이를 허용하지 않는다). 그러나 부동산에 대한 압류 후에는 채무자가 부동산을 양도하거나 용익권·담보권을 설정하더라도 채무자의 처분은 집행절차상 그 효력이 없다(**처분금지적 효력**).

(2) 유치권과의 관계

1) 유치권은 뒤에서 보는 바와 같이 특별한 사정이 없는 한 그 성립시기에 관계없이 경매절차에서 매각으로 소멸하지 않는다. 다만 강제경매개시(**경매개시결정등기**) 이후 경매부동산에 관하여 **유치권**을 취득한 경우 매수인에 대하여 대항할

1) 대결 1995. 9. 18. 95마684, 대판 2008. 3. 13. 2006다29372,29389.

수 있는지 여부에 관하여, 유치권으로 매수인에게 대항할 수 있다는 **긍정설**과 매수인에게 유치권으로 대항할 수 없다는 **부정설**의 대립이 있으나,[1] **판례**는 부정설의 입장을 취하고 있다.[2] 즉 판례는 **집행절차의 법적 안정성**을 보장할 목적으로 부동산에 관하여 경매개시결정등기가 된 뒤에 비로소 부동산의 **점유**를 **이전**받거나 **피담보채권**이 **발생**하여 유치권을 취득한 경우에는 경매절차의 매수인에 대하여 유치권을 행사할 수 없다고 본다.[3][4]

2) **판례**는, 채무자 소유의 건물 등 부동산에 **경매개시결정등기가 마쳐져** 압류의 효력이 발생한 후에 채무자가 위 부동산에 관한 **압류의 효력이 발생하기 전**에 이미 **피담보채권**인 **공사대금채권을 취득**한(**이미** 공사대금채권의 **변제기가 도래한**) 채권자에게 그 **점유를 이전**함으로써 그로 하여금 유치권을 취득하게 한 경우, 그와 같은 점유의 이전은 목적물의 교환가치를 감소시킬 우려가 있는 **처분행위에 해당하여** 법 92조 1항, 83조 4항에 따른 **압류의 처분금지적 효력**에 저촉되므로 점유자로서는 위 유치권을 내세워 그 부동산에 관한 경매절차의 매수인에게 대항

---

1) **긍정설**은 그 근거로, 유치권의 피담보채권은 대부분 공익적 성질을 가진 것으로서 보호의 필요성이 크다는 점, 유치권은 등기에 의하여 대항력을 구비할 방법이 없어 다른 등기와의 선후관계 판단이 곤란하다는 점, 유치권은 채무자의 처분행위에 의하여 생기는 것이 아니므로 처분금지적 효력을 지닌 압류 이후에 취득한 유치권이라도 압류채권자에게 대항할 수 있고 따라서 매수인이 이를 인수해야 한다고 봄이 상당하다는 점을 들고 있다. 이에 대하여, **부정설**은 그 근거로, 압류의 효력발생 전의 부동산의 적법한 권원에 의한 점유자(대항력의 유무는 묻지 않는다)가 압류의 효력발생 후에 취득한 유치권에 관하여 매수인은 이를 인수하지 않으면 안 되나, 압류의 효력발생 후에 매각부동산의 점유를 한 사람의 경우 채무자의 처분행위에 의하여 그 점유를 취득한 사람이거나 불법점유자에 해당할 것이 명백하므로 그 점유 자체가 경매절차상 보호할 가치가 없어 매수인이 유치권을 인수할 필요는 없다는 점을 들고 있다.

2) 대판 2009. 1. 15. 2008다70763 등.

3) 대판(전) 2014. 3. 20. 2009다60336, 대판 2022. 12. 29. 2021다253710 등. 판례는 부동산에 관하여 이미 경매절차가 개시되어 진행되고 있는 상태에서 비로소 그 부동산에 유치권을 취득한 경우에도 아무런 제한 없이 경매절차의 매수인에 대한 유치권의 행사를 허용하면 **경매절차에 대한 신뢰**와 **절차적 안정성**이 크게 위협받게 됨으로써 경매목적부동산을 신속하고 적정하게 현금화하기가 매우 어렵게 되고, 그러한 경우에까지 압류채권자를 비롯한 다른 이해관계인들의 희생 아래 유치권자만을 우선 보호하는 것은 **집행절차의 안정성**이라는 측면에서 받아들일 수 없다고 한다.

4) 채무자 소유의 부동산에 **경매개시결정등기가 마쳐져** 압류의 효력이 발생한 이후에 채권자가 채무자로부터 위 부동산의 **점유를 이전받고** 이에 관한 공사 등을 시행함으로써 채무자에 대한 **공사대금채권** 및 이를 피담보채권으로 한 유치권을 취득한 경우도 같이 보고 있다. 이 경우 경매개시결정등기가 마쳐져 있음을 채권자가 알았는지 여부 또는 이를 알지 못한 것에 관하여 과실이 있는지 여부 등은 채권자가 그 유치권으로써 매수인에게 대항할 수 없다는 결론에 아무런 영향을 미치지 못한다. 대판 2006. 8. 25. 2006다22050; 윤경, "압류효력 발생 후 유치권을 취득한 자, 경락인에게 대항 못해," 법률신문 3445호(2006. 3.), 10쪽.

할 수 없다고 보고 있다.[1)]

한편 **판례**는, 채무자 소유의 건물에 관하여 증·개축 등 공사를 도급받은 수급인이 **경매개시결정등기가 마쳐지기 전**에 채무자로부터 그 건물의 **점유를 이전**받았다 하더라도 경매개시결정등기가 마쳐져 압류의 효력이 발생한 후에 공사를 완공하여 **피담보채권**인 **공사대금채권을 취득**함으로써(공사대금채권의 **변제기가 도래**하여) 그때 **비로소** 유치권이 성립한 경우에는, 수급인은 그 유치권을 내세워 경매절차의 매수인에게 대항할 수 없다고 보고 있다.[2)]

▣ 경매개시결정등기 전에 성립된 유치권이 변제기 유예로 소멸되었으나 점유를 계속하던 중 경매개시결정등기가 마쳐지고, 그 후 변제기가 재차 도래하여 유치권의 성립요건을 다시 충족하게 된 경우 그 유치권으로 경매절차의 매수인에게 대항할 수 있는지 여부

판례는, 피고가 경매개시결정등기 전후로 계속하여 경매목적물을 점유함으로써 피고의 공사대금채권의 변제기가 변제기 유예 이전에 이미 도래하여 피고가 경매개시결정등기 전에 유치권을 취득했다면 경매개시결정등기 후 변제기가 재차 도래함으로써 피고가 **다시** 유치권을 취득했다고 볼 여지가 있는데, 이 경우 다시 취득한 유치권의 행사를 허용하더라도 경매절차의 이해관계인에게 예상하지 못한 손해를 주지 않고 집행절차의 안정성을 해치지 않아 **유치권의 행사를 제한할 필요가 없으므로** 피고는 경매절차의 매수인인 원고에게 유치권으로 대항할 수 있다고 본다.[3)]

---

1) 대판 2005. 8. 19. 2005다22688. 이는 어디까지나 경매개시결정등기가 마쳐져 압류의 효력이 발생한 후에 채무자가 해당 부동산의 점유를 이전함으로써 제 3 자가 취득한 유치권으로 압류채권자에게 대항할 수 있다고 한다면 경매절차에서의 매수인이 매수가격 결정의 기초로 삼은 현황조사보고서나 매각물건명세서 등에서 드러나지 않는 유치권의 부담을 그대로 인수하게 되어 경매절차의 공정성과 신뢰를 현저히 훼손하게 될 뿐만 아니라, 유치권 신고 등을 통해 매수신청인이 위와 같은 유치권의 존재를 알게 되는 경우에는 매수가격의 즉각적인 하락이 초래되어 책임재산을 신속하고 적정하게 현금화하여 채권자의 만족을 얻게 하려는 **민사집행제도의 운영에 심각한 지장**을 줄 수 있으므로, 위와 같은 상황하에서는 채무자의 제 3 자에 대한 점유이전을 압류의 처분금지적 효력에 저촉되는 **처분행위**로 봄이 상당하다는 취지에서이다. 대판 2011. 11. 24. 2009다19246.

2) 대판 2011. 10. 13. 2011다55214, 2013. 6. 27. 2011다50165.

3) 대판 2022. 12. 29. 2021다253710. 위 판결의 사안은, 경매개시결정등기 전후로 피고가 부동산을 계속 점유하면서 집행법원에 유치권을 신고했고, 현황조사보고서에 이러한 사정이 기재되기도 했으며 유치권이 존재한다는 판결까지 선고·확정되어 매수인 등이 유치권이 존재한다는 점을 알고 있었던 것으로 보이고 달리 거래당사자가 유치권을 자신의 이익을 위하여 고의로 작출했다는 사정을 찾아볼 수 없는 경우이다. 위 판결은, 변제기 유예 전에 공사대금채권의 변제기가 도래하여 피고가 경매개시결정등기 전에 유치권을 취득한 적이 있고 경매개시결정등기 이후 변제기가 재차 도래함으로써 다시 유치권을 취득한 것인지 등을 더 심리하지 않은 채, 이와 달리 변제기 유예로 경매개시결정등기 당시 피고의 공사대금채권이 변제기

3) 앞서와 달리 부동산에 **가압류등기가 마쳐져** 있을 뿐 **현실적인 매각절차가 이루어지지 않고 있는** 상황하에서는 채무자의 점유이전으로 인하여 제 3 자가 유치권을 취득하게 된다고 하더라도 이를 **처분행위로 볼 수는 없다**.[1] 따라서 가압류 후에 성립한 유치권으로 유치권자는 가압류채권자 또는 매수인에게 대항할 수 있다.[2]

4) 부동산에 관하여 **체납처분에 의한 압류**(**체납처분압류**)가 되어 있다고 하여 경매절차에서 이를 그 부동산에 관하여 경매개시결정에 따른 압류가 행해진 경우와 같이 볼 수 없다. 따라서 체납처분압류가 되어 있는 부동산이라고 하더라도 경매절차가 개시되어 경매개시결정등기가 되기 전에 부동산에 관하여 유치권을

에 있지 않았다는 이유만으로 피고가 유치권을 주장할 수 없다고 판단한 원심판결을 파기했다. 위 판결의 의의를, 경매절차에 대한 신뢰와 법적 안정성에 대한 구체적인 고려 없이 경매개시결정등기 후에 성립한 유치권의 대항력을 부정하는 하급심 판단에 대하여, 대법원이 경매개시결정등기 후에 성립한 유치권의 효력을 제한하는 이유가 '**경매절차에 대한 신뢰**'와 '**법적 안정성**'이라는 점을 다시 한 번 명확히 하고, 경매개시결정등기 후에 성립한 유치권이 경매절차에 대한 신뢰와 법적 안정성을 해하는 것인지를 구체적으로 판단하여 경매절차에 대한 신뢰와 법적 안정성을 해하지 않고 신의칙에도 반하지 않는 경우에는 **원칙으로 돌아가** 경매절차의 매수인에게 그 유치권을 주장할 수 있다는 점을 확인했다는 점에서 찾고 있는 견해로는, 이창민, "경매개시결정 전에 변제기 유예로 유치권을 상실했으나 점유 계속 중 경매개시결정이 되었고 그 후 변제기가 재차 도래하여 유치권이 성립한 경우 그 유치권으로 경매절차의 매수인에게 대항할 수 있는지," 대법원판례해설 133호(2022년 하), 457쪽. 한편 위 판결의 논리에 대하여, 이미 성립된 유치권은 피담보채무의 변제기를 유예했다는 사정만으로 소멸한다고 단정할 수 없으며, 변제기 유예의 합의에 이미 성립된 유치권이 소멸시키기로 하는 의사가 포함되어 있다고 보는 것은 의사표시의 해석원칙에도 부합하지 않으므로, 결국 기존의 유치권은 그대로 존속한다고 보아야 한다는 입장에서 위 판결의 논리에 동의하지 않지만, 위 판결이 경매절차의 이해관계인 보호의 관점에서 구체적 타당성에는 부합한다고 보는 견해로는, 하인준 · 김제완, "피담보채무의 변제기 유예가 유치권에 미치는 법적 효과 — 대상판결: 대법원 2022. 12. 29. 선고 2021다253710 판결 —," 법학연구(전북대학교 법학연구소) 통권 76집(2024. 12.), 353쪽 이하.

1) 대판 2011. 11. 24. 2009다19246; 하상혁, "가압류 후에 성립한 유치권으로 가압류채권자에게 대항할 수 있는지 가부," 특별법연구 10권(전수안대법관퇴임기념, 2012년), 986쪽 이하. 우선변제권을 가지는 선순위 저당권이 설정 당시 파악한 교환가치의 침해에도 불구하고 그 뒤에 성립한 유치권의 효력을 인정하면서 일반채권자가 한 가압류에 그 이상의 효력을 부여하는 것은 부당하므로, 가압류등기 후에 성립한 유치권에 관한 판례 태도는 저당권등기 후 성립한 유치권의 취급에 관한 판례 입장에서 당연한 결론으로 볼 수 있다는 견해로는, 황진구, "체납처분압류가 되어 있는 부동산에 유치권을 취득한 경우 경매절차의 매수인에게 유치권을 행사할 수 있는지 여부," 사법(사법발전재단) 29호(2014. 9.), 391쪽.

2) 대판 2011. 11. 24. 2009다19246의 사안은 가압류에서 이전되는 압류에 의한 경매절차가 아니라 다른 채권자, 즉 가압류채권자가 아닌 채권자에 의하여 경매절차가 개시된 경우에 관한 것이나, 가압류등기 후 유치권을 취득한 사람은 그 이후 **가압류에서 이행되는 본압류**에 따른 경매절차에서도 매수인에게 대항할 수 있다고 보아야 한다. 법원실무제요 민사집행(2), 486쪽.

취득한 유치권자는 경매절차의 매수인에게 유치권을 행사할 수 있다.[1)]

판례의 입장[대판(전) 2014. 3. 20. 2009다60336]에 의하면 체납처분압류가 있더라도 매각절차인 공매절차가 이와 동시에 또는 이에 이어 이루어지는 것이 아니며, 민사집행절차인 경매절차가 또한 이와 별개의 절차로 이루어진다는 전제에서 유치권 성립 당시 '현실적인 매각절차가 개시되었는지 여부'를 기준으로 매수인에게 대항할 수 있는지 여부를 판단하고 있다. 그런데 위 전원합의체 판결의 사안 이후 개정된 국세징수법(2011. 4. 11. 개정, 2012. 1. 1. 시행)은 **공매공고에 대한 등기제도**를 신설했으므로, ① 체납처분압류가 있더라도 **공매절차개시**(**공매공고등기시**) **이전**에 성립한 유치권의 경우에는 공매절차의 매수인에게 대항할 수 없으나, ② 체납처분압류에 이어 **공매공고등기**가 마쳐져 **공매절차가 개시**되거나 **경매개시결정등기**가 마쳐져 **경매절차가 개시**된 후에 성립한 유치권의 경우에는 공매절차의 매수인 또는 경매절차의 매수인에게 대항할 수 없다고 보아야 한다.[2)]

▣ 판례상 압류 후 경매목적물인 부동산의 점유이전이 압류의 처분금지적 효력에 저촉되는 처분행위인지 여부에 관한 판단기준

(1) 문제의 상황

압류 후 **처분금지적 효력**에 반하는 **처분행위**란 앞서 본 바와 같이 압류 후 해당 부동산을 양도하거나 이에 대해 용익물권, 담보물권 등을 설정하는 행위를 말하고, 특별한 사정이 없는 한 **점유의 이전**과 같은 **사실행위**가 이에 해당하지 않음은 분명

---

1) **대판(전) 2014. 3. 20. 2009다60336.** 위 전원합의체 판결의 **다수의견**은 체납처분압류와 동시에 매각절차인 공매절차가 개시되는 것이 아니며, 체납처분압류가 반드시 공매절차로 이어지는 것도 아니며, 또한 체납처분절차는 민사집행절차와 서로 별개의 절차로서 공매절차와 경매절차가 별도로 진행되므로 부동산에 관하여 체납처분압류가 되어 있다고 하여 경매절차에서 이를 그 부동산에 관하여 경매개시결정에 따른 압류가 행해진 경우와 마찬가지로 볼 수 없다는 입장이다. 이에 대하여 **반대의견**은, 국세징수법에 의한 체납처분절차는 압류로써 개시되고, 체납처분에 의한 부동산 압류의 효력은 민사집행절차상 경매개시결정등기로 인한 부동산 압류의 효력과 같다고 보아, 조세체납자 소유 부동산에 체납처분압류등기가 마쳐져 압류의 효력이 발생한 후에 조세체납자가 제 3 자에게 그 부동산의 점유를 이전하여 유치권을 취득하게 하는 행위는 체납처분압류권자가 체납처분압류에 의하여 파악한 목적물의 교환가치를 감소시킬 우려가 있는 처분행위에 해당하여 체납처분압류의 처분금지적 효력에 저촉되므로 유치권으로써 공매절차의 매수인에게 대항할 수 없다는 입장이다. 황진구, "체납처분압류가 있는 부동산에 대하여 취득한 유치권의 효력," 양승태대법원장 재임 3 년 주요판례평석(사법발전재단, 2015), 276쪽 이하; 김기수, "체납처분완료 후 경매개시 전에 취득한 유치권의 대항력," 재판과 판례(대구판례연구회) 23집(2014. 12.), 133쪽 이하; 최환주, "경매절차상 체납처분압류와 그 후 발생한 유치권의 우열관계," 대한변협신문 524호(2014. 12. 22.), 12쪽.

2) 법원실무제요 민사집행(2), 486쪽.

하다. 따라서 압류 전 채권을 취득한 채권자가 압류 후 채무자의 점유이전으로 유치권을 취득한 경우 이는 압류의 처분금지적 효력에 반하는 것이 아니어서 유치권의 효력에 아무런 제한이 따를 수 없음이 원칙이다.

(2) 판례의 입장

1) 판례는 이러한 점유이전을 **압류와 관련해서는** 처분행위로 보고, **가압류와 체납처분압류와 관련해서는** 처분행위로 보지 않고 있다. 판례는 압류의 경우 이로써 경매절차가 진행되나, 가압류의 경우는 이로써 경매절차가 진행되지 않으며, 체납처분압류 역시 이로써 공매절차가 개시되거나 공매절차로 이어지는 것이 아니므로, 압류의 경우에는 **경매절차 안정성**의 필요에 따라 유치권의 효력을 제한할 필요가 있으나, 가압류나 체납처분압류의 경우는 그러하지 않다는 입장에 서있다.

2) 이러한 판례의 태도가 **논리성**에서는 철저하지 못한 면은 있으나[이러한 판례의 태도의 문제점은 체납처분압류에 관한 대판(전) 2014. 3. 20. 2009다60336의 반대의견에서 지적하고 있는 바와 같다], 민사집행제도의 운영을 위한 **정책적 결단**에 의한 것으로 이론적 한계에도 불구하고 결론에서는 수긍할 수 있다.

▣ 저당권설정 후 민사유치권을 취득하는 경우에 유치권자가 매수인에게 대항할 수 있는지 여부

(1) 견해의 대립

1) 이 경우 **통설**은 유치권의 성립시기의 선후에 상관없이 유치권이 저당권에 우선한다고 보고 있다. 유치권은 우선변제적 효력을 가지고 있지 않으므로, 이론상으로는 저당권과의 경합, 즉 우열의 문제는 생기지 않고, 다만 유치권자는 법 91조 5항에 의하여 사실상으로는 우선변제를 받게 된다고 한다.

2) 이에 대하여, 유치권의 담보물권으로서의 특성과 담보물의 교환가치에 대한 저당권자의 신뢰이익 존중이라는 측면에서, 저당권이 설정된 부동산임을 알면서도, 기존 공사대금채권을 회수할 목적으로 해당 부동산의 점유를 취득하거나, 저당권이 설정된 부동산의 점유를 취득한 뒤 이미 목적물에 관하여 저당권이 설정되어 있는 사실을 알면서도 해당 부동산에 필요비나 유익비를 지출한 경우에는 민법 320조 2항을 유추적용하여 장차 경매절차에서 해당 부동산을 매수한 사람을 상대로 하여 유치권을 내세워 대항하는 것은 허용되지 않는다고 해석하는 것이 타당하다고 보는 견해가 있다.[1)]

---

1) 이와 같이 해석하지 않을 경우, 만일 건물의 건축주가 건물의 건축공사 수급인과 통모하여, 위 수급인이 건물을 점유하고 있지 않은 상태에서 건물을 저당물로 제공하여 자금을 차용한 뒤에 위 수급인으로 하여금 건물을 점유하게 하거나, 저당권이 설정된 건물의 건축주가 폭력배 등의 제3자와 공모하여 건물에 대한 저당권실행의 원활한 진행을 방해할 목적으로 제3자로 하여금 건물을 점유하고, 필요비나 유익비 등을 지출하게 하는 것과 같은 일종의 도덕적

또 다른 입장으로, ⓐ 부동산에 비용을 먼저 투입하고 저당권이 설정된 후 점유를 취득하여 유치권을 취득하는 경우, ⓑ 점유를 먼저 취득한 후 저당권이 설정되고 그 부동산에 비용을 투입하여 유치권을 취득하는 경우, ⓒ 저당권이 설정된 후에 점유를 취득하여 비용을 투입하여 유치권을 취득하는 경우로 **나눈 후, ⓑ형과 ⓒ형에서는** 저당권이 설정되고 난 후에 목적물의 가치를 상승시켜 그 가치가 목적물에 현존하고 있기 때문에 그 상승된 가치만큼을 유치권자에게 반환시키는 것이 공평의 원리에서도 타당하고 또 저당권자를 해하지도 않으며, 민법 367조에 비추어 보더라도 유치권으로 대항할 수 있다고 보아야 하나, ⓐ**형에서는** 저당권자가 전혀 예상하지 못한 불측의 손해를 저당권자에게 가하고 채무자와 유치권자의 통모에 의한 담보질서를 교란하게 한다는 문제가 있으므로, 이 경우 저당권자가 담보권실행을 위한 경매신청을 하여 경매법원이 경매개시결정을 한 후에 임대차계약 등으로 점유를 취득한 때에는 압류의 처분금지적 효력에 저촉되는 유치권으로 보아 매수인에게 대항할 수 없다고 보아야 한다는 견해[1]가 있다.

(2) 판례의 태도

1) **판례**는, 경매로 인한 압류의 효력이 발생하기 전에 유치권을 취득한 경우에는 그 유치권의 취득시기가 근저당권설정 이후라거나 유치권의 취득 전에 설정된 근저당권에 기하여 경매절차가 개시되었다고 하더라도 유치권자는 부동산경매절차의 매수인에 대항할 수 있다고 보고 있다. 즉 판례는, 유치권의 경우 특별한 사정이 없는 한 그 성립시기에 관계없이 경매절차에서 매각으로 소멸하지 않고, 그 성립시기가 저당권설정 후라고 하여 달리 볼 것은 아니라는 입장이다.[2]

2) 다만 **판례**는, 유치권자는 저당권자에 대해서도 그 성립의 전후를 불문하여 우선적으로 자기 채권의 만족을 얻을 수 있으므로 유치권의 성립 전에 저당권을 취득한 사람 입장에서는 **목적물의 담보가치**를 자신이 애초 예상·계산했던 것과는 달리 **현저히 하**락하는 경우가 발생할 수 있으므로, 유치권제도에는 거래당사자가 자신의 이익을 위하여 유치권을 만들어냄으로써 유치권 인수주의에 따른 **사실상**

해이를 유발할 가능성이 크기 때문이라고 한다. 강민성, "민사집행과 유치권 — 이미 가압류 또는 압류가 이루어졌거나, 저당권이 설정된 부동산에 관하여 취득한 점유 또는 견련성 있는 채권으로써 경매절차에서 그 부동산을 매수한 사람을 상대로 유치권을 내세워 대항하는 것이 허용되는지 여부에 관하여 —," 사법논집 36집(2003년), 51쪽 이하.

1) 다만 저당권설정 후 압류등기 전에는 다른 방법으로 규제를 함은 별론으로 하더라도 단순히 저당권설정 후에 한 점유라고 하여 그 점유를 불법이라고 볼 수 없는 이상 유치권의 성립을 부정하기는 곤란하다고 한다. 김원수, "압류(가압류)의 효력이 발생한 이후에 유치권을 취득한 자가 매수인(경락인)에게 대항할 수 있는지 여부," 판례연구(부산판례연구회) 18집(2007. 2.), 659쪽 이하.

2) 대판 2009. 1. 15. 2008다70763, 2014. 4. 10. 2010다84932. 판례의 태도에 대하여 헌법합치적 해석 등을 논거로 저당권설정 후 압류의 효력 발생 전에 성립한 유치권은 저당권에 대항할 수 없다고 반대하는 견해로는, 문병찬, "유치권의 대항력의 소고," 사법논총(사법연수원 교수논문집) 10집(2013. 2.), 39쪽 이하.

최우선순위담보권으로 지위를 부당하게 이용하고 **전체 담보권질서를 왜곡할 위험**이 있음을 인정하고 있다.[1)]

따라서 판례는, 앞서의 인식에 기초하여 유치권이 부동산담보거래에 주는 일정 부분의 부담은 감수할 수밖에 없으나, 위와 같은 부담에도 불구하고 유치권의 행사가 **이해관계인들의 이익을 부당하게 침해**하거나 **경매절차의 적정한 진행**을 **위법하게 발생**하여 **신의칙**에 반하는 정도에 이르렀다고 평가되는 **특별한 사정**이 있는 경우에는 유치권자가 경매절차의 매수인에 대항할 수 없는 것으로 볼 여지를 남기고 있다.[2)]

(3) 민사유치권과 상사유치권이 경합하는 경우

한편 뒤에서 보는 바와 같이 민사유치권이 동시에 상사유치권을 충족하고 있는 경우(민법 320조 1항과 상법 58조를 모두 충족하고 있는 경우), 즉 피담보채권이 '채무자 소유'인 부동산에 '관하여' 생긴 경우 어느 기준에 따라 대항 여부를 판단해야 하는지 문제가 될 수 있다. 민사유치권은 피담보채권과 목적물 사이의 견련관계를 이유로 인정되는 것이며, 유치권 취득 당시 이미 선행저당권이 설정되어 있다고 하더라도 선행저당권자에 비하여 유치권자를 보호할 필요가 있으므로 **민사유치권에 관한 법리**에 따라 처리하는 것이 타당하다.[3)]

▣ 저당권설정 후 상사유치권을 취득한 경우에 유치권자가 매수인에게 대항할 수 있는지 여부

(1) 종전 판례의 태도(신의칙에 의한 해결)

종전 판례의 태도는 이 경우에 **신의칙**에 의하여 이를 해결하고자 했다. 즉 판례는, 채무자가 채무초과의 상태에 이미 빠졌거나 그러한 상태가 임박함으로써 채권자가 원래라면 자기 채권의 충분한 만족을 얻을 가능성이 현저히 낮아진 상태에서 이미 채무자 소유의 목적물에 저당권 그 밖의 담보물권이 설정되어 있어서 유치권의 성립에 의하여 저당권자 등이 그 채권 만족상의 불이익을 입을 것을 잘 알면서 자기 채권의 우선적 만족을 위하여 취약한 재정적 지위에 있는 채무자와의 사이에 의도적으로 유치권의 성립요건을 충족하는 내용의 거래를 일으키고 그에 기하여 목적물을 점유하게 됨으로써 유치권이 성립했다면, 유치권자가 그 유치권을 저당권자 등에 대하여 주장하는 것은 다른 특별한 사정이 없는 한 신의칙에 반하는 권리행사 또는 권리남용으로서 허용되지 않는다고 보았다.[4)]

---

1) 대판 2011. 12. 22. 2011다84298, 2014. 12. 11. 2014다53462, 2022. 7. 14. 2019다271685.
2) 대판 2022. 7. 14. 2019다271685.
3) 법원실무제요 민사집행(2), 488쪽.
4) 대판 2011. 12. 22. 2011다84298.

(2) 현재 판례의 태도(상사유치권의 성질에 의한 해결)

최근 판례의 태도는 상사유치권의 경우 대상이 되는 목적물을 **'채무자 소유의 물건'**(상 58조)에 한정한 취지에서 매수인에 대항하지 못한다고 보고 있다. 즉 채무자 소유의 부동산에 관하여 이미 선행저당권이 설정되어 있는 상태에서 채권자의 상사유치권이 성립한 경우, 상사유치권자가 **선행저당권자**, 또는 선행저당권에 기한 담보권실행을 위한 경매절차에서 부동산을 취득한 **매수인**에 대한 관계에서 상사유치권으로 대항할 수 없다고 본다(**대항관계설**).

상사유치권은 민사유치권과 달리 피담보채권이 '목적물에 관하여' 생긴 것일 필요는 없지만 유치권의 대상이 되는 물건은 '채무자 소유'일 것으로 제한되어 있다(상 58조). 상사유치권이 채무자 소유의 물건에 대해서만 성립한다는 것은, 상사유치권은 성립 당시 채무자가 목적물에 대하여 보유하고 있는 담보가치만을 대상으로 하는 제한물권이라는 의미를 담고 있다. 따라서 유치권 성립당시에 이미 목적물에 대하여 제 3 자가 권리자인 제한물권이 설정되어 있다면, 상사유치권은 그와 같이 제한된 채무자의 소유권에 기초하여 성립할 뿐이고, 기존의 제한물권이 확보하고 있는 담보가치를 사후적으로 침탈하지는 못한다고 보아야 한다. 결국 채무자 소유의 부동산에 관하여 이미 선행저당권이 설정되어 있는 상태에서 채권자의 상사유치권이 성립한 경우, 상사유치권자는 채무자 및 그 이후 채무자로부터 부동산을 양수하거나 제한물권을 설정받은 자에 대해서는 대항할 수 있지만, 선행저당권자 또는 선행저당권에 기한 담보권실행을 위한 경매절차에서 부동산을 취득한 매수인에 대한 관계에서는 상사유치권으로 대항할 수 없다.[1)]

2. 압류효력의 객관적 범위

압류효력의 객관적 범위는 저당권이 미치는 범위(민 358조)와 일치한다. 따라서 압류의 효력은 법률에 특별한 규정이 없는 한 압류부동산에 부합된 물건과 종물에 미친다.[2)]

1) 대판 2013. 2. 28. 2010다57350. 통상의 건축도급계약에서 건축부지를 대상으로 처음의 저당권자가 최우선의 담보권자로 등기되어 있는 경우 그 이후에 지상에 해당 건물을 건축했던 수급인이 공사대금 미지급을 이유로 상사유치권을 주장하는 것은 저당권자의 기대를 외면하는 것으로 합리적이지 않으므로, 수급인의 이익 및 선행저당권자의 이익이 경합하게 되는 때에는 상사유치권의 성립일과 저당권설정등기일을 비교하여 상사유치권의 지위를 검토하는 **대항관계설**의 법리가 타당하다는 견해로는, 이찬양, "민사법적 시각에서 건축부지를 둘러싼 저당권과 상사유치권의 관계에 관한 재해석," 동북아법연구 17권 2호(2023. 7.), 344쪽; 박진근, "건축계약상 수급인의 유치권 제한," 민사법학 39권 1호(2007년), 323쪽; 손종학, "건축부지에 대한 건축수급인의 상사유치권 성립 여부," 가천법학 50권 2호(2009년), 412쪽.

2) 구분건물의 전유부분에 대한 소유권보존등기만 마쳐지고 대지지분에 대한 등기가 마쳐지기 전에 전유부분만에 대해 내려진 압류의 효력은 대지사용권의 분리처분이 가능하도록 규약으

3. 압류효력의 주관적 범위

(1) 상대적 무효와 절차상대효설 및 개별상대효설

(a) 의 의

압류효력의 주관적 범위와 관련하여 채무자의 처분행위는 **상대적 무효**이다(절대무효가 아니다). 즉 채무자와의 관계에서는 여전히 유효하다. 상대적 무효라고 보는 경우 어떠한 범위 내에서(집행절차상 누구에 대하여) 무효라고 볼 것인지 **견해의 대립**이 있다. 압류는 압류채권자뿐만 아니라 집행절차에 참가하는 다른 채권자 전원의 이익을 위한 것인 만큼 압류의 효력도 그 전원에 대하여 미친다는 전제에서, 압류 후에 채무자가 한 처분행위는 **압류채권자**뿐만 아니라 **집행절차에 참가한 모든 채권자**와의 관계에서 무효라고 보는 입장이 있다. 이를 **절차상대효설**이라고 한다. 이에 대하여 압류는 압류채권자가 자신의 채권의 만족을 위하여 압류목적물을 집행절차에서 현금화하는 것인 만큼 압류의 효력은 그 목적달성에 필요한 한도 내에서만 미친다는 전제에서, 압류 후에 채무자가 한 처분행위는 **압류채권자에 대해서만** 대항할 수 없을 뿐 처분 후의 다른 이중압류채권자나 배당요구채권자와의 관계에서는 완전히 유효하다는 입장이 있다. 이를 **개별상대효설**이라고 한다.

(b) 민사집행법상의 입장 및 판례 · 실무상 태도

압류의 처분금지적 효력에 관하여 절차상대효설을 취할 것인지, 개별상대효설을 취할 것인지는 입법정책적인 문제이다. 일본 민사집행법은 절차상대효설을 취하고 있다.[1] 우리나라의 민사집행법은 일본의 민사집행법과는 달리 개별상대효설과 절차상대효설 가운데 어느 입장을 특별히 뒷받침하는 조항들을 두고 있지 않으므로 결국 해석론에 맡겨져 있다.[2] **판례**는 개별상대효설을 취하고 있

로 정했다는 등의 특별한 사정이 없는 한, 종물이나 종된 권리인 그 대지권까지 미친다. 대판 2006. 10. 26. 2006다29020; 배호근, "구분건물의 전유부분에 대한 소유권보존등기만 경료되고 대지지분에 대한 등기가 경료되기 전에 전유부분만에 대해 내려진 가압류결정의 효력이 그 대지권에 미치는는지 여부," 대법원판례해설 63호(2006년 하반기), 46쪽 이하.

1) 일본 민사집행법은 ① 목적물의 매각대금으로 채권자들을 만족시키고도 잉여금이 있으면 매각시의 소유자(신소유자)가 아닌 채무자(전소유자)에게 교부하도록 하고 있고(84조 2항, 107조 2항, 121조, 139조 2항), ② 가압류등기와 본압류등기 사이에 등기된 저당권자는 그 본압류에 의하여 개시된 경매절차에서 선행의 가압류채권자가 본안소송에서 패소하거나 가압류가 실효하는 경우에 한하여 배당을 받을 수 있도록 하고 있다(87조 1항 4호, 87조 2항, 91조 1항 6호, 92조 2항).

2) 민일영, "가압류의 상대적 효력," 저스티스 32권 2호(1999. 6.), 86쪽 이하.

고,[1] 실무상으로도 개별상대효설의 입장에서 처리하고 있다.[2]

(2) 절차상대효설과 개별상대효설의 구체적 차이점

(a) 절차상대효설의 경우

① 절차상대효설에 의하면 압류 후 **저당권을 설정**한 경우 저당권자는 압류채권자뿐만 아니라 집행절차에 참가한 이중압류채권자나 배당요구채권자에 대해서도 저당권이 유효하다고 주장할 수 없다. ② 절차상대효설에 의하면 압류 후 **소유권을 양도**한 경우 제 3 취득자는 압류채권자뿐만 아니라 (채무자의) 다른 채권자에 대해서도 이를 주장할 수 없고, 따라서 여전히 채무자의 재산으로 취급하여 다른 채권자의 이중압류나 배당요구가 가능하다.[3]

(b) 개별상대효설의 경우

① 개별상대효설에 의하면 압류 후 **저당권설정**이 가능하고, 저당권자는 압류채권자에 대해서만 대항할 수 없을 뿐이며, 그 저당권설정 후의 집행절차에 참가한 이중압류채권자 또는 배당요구채권자보다 우선변제를 받을 수 있다. ② 개별상대효설에 의하면 압류 후 **소유권양도**가 가능하고, 제 3 취득자는 압류채권자 외에 (채무자의) 다른 채권자에 대해서는 유효하게 소유권을 주장할 수 있으므로 (채무자의) 다른 채권자는 이에 대하여 이중압류나 배당요구를 할 수 없다.[4]

Ⅲ. 매각에 의한 부동산상 부담의 처리

1. 소멸주의와 인수주의

경매절차상 매각에 의하여 목적부동산 위의 물적 부담을 어떻게 처리할 것인지에 관하여, ① 매각에 의하여 이러한 부담을 소멸시키고 매수인이 부담 없는

---

1) 대판 1987. 6. 9. 86다카2570, 2005. 7. 29, 2003다40637, 2008. 2. 28. 2007다77446 등.

2) 우리나라의 경우 구 민사소송법 시대부터 지금까지 개별상대효설에 따른 해석론을 유지하고 있는 상황에서 섣불리 절차상대효설로 전환하는 것은 법적 안정성, 예측가능성에 중대한 침해를 가져올 염려가 있다는 지적으로는, 부상준, "부동산가압류의 처분금지적 효력," 청연논총(사법연수원 교수논문집) 10집(2013. 2.), 34쪽.

3) 강대성, 179쪽; 김상수, 150쪽. 한편 가압류의 경우에는 개별상대효설을, 본압류의 경우에는 절차상대효설을 취하는 견해로는, 이시윤 · 조관행, 262쪽; 유남석, "가압류의 처분금지적 효력," 대법원판례해설 31호(1998년 하반기), 338쪽 이하.

4) 박두환, 289쪽; 오시영, 392쪽; 석호철, "경매개시결정의 효력," 강제경매 · 임의경매에 관한 제문제(상)(재판자료 35집, 1987. 7.), 630쪽.

부동산을 취득하게 하는 입장(**소멸주의**, **소제**(消除)**주의**), ② 목적부동산에 압류채권자의 채권에 우선하는 채권에 관한 부담이 있는 경우 매각에 의하여 그 부담을 소멸시키지 않고 매수인이 이를 인수하는 입장(**인수주의**)이 있다.

(1) 저당권, 전세권 등

(a) 의 의

저당권·가등기담보권은 매각에 의하여 무조건 소멸한다(법 91조 2항, 가담 15조). 저당권 등의 피담보채권의 변제기의 도래 여부를 불문한다. 그러나 지상권, 지역권, 전세권, 등기된 임차권, 대항요건을 갖춘 임차권[1]과 같은 **용익권**은 저당권, 압류채권, 가압류채권에 대항할 수 없는 **후순위**의 경우에는 매각에 의하여 소멸하나(법 91조 3항), 저당권설정등기 전이나 압류·가압류등기 전의 선순위의 경우, 즉 이에 대항할 수 있는 경우에는 소멸할 까닭이 없으므로 매수인이 인수한다(법 91조 4항 본문). 이와 같은 용익권을 매수인이 인수하는 것이 법정매각조건이 된다.

(b) 최선순위 전세권의 경우

저당권 등에 대항할 수 없는 (후순위) 전세권과 달리 **최선순위 전세권**의 경우 전세기간이 만료되었는지 불문하고 전세권자가 배당요구를 하면 매각으로 소멸한다(법 91조 4항 단서). 즉 전세권자가 배당요구를 하지 않는 한 최선순위 전세권은 매수인에게 인수되며, 반대로 배당요구를 하면 존속기간에 상관없이 소멸한다.[2] 경매법원이 매각으로 인하여 매수인에게 인수되는 전세권에 대하여 그 전세권자에게 배당을 한 경우 전세권자는 후순위 권리자에 대한 부당이득반환의무를 부담한다.[3]

(c) 최선순위 전세권자의 지위와 대항력을 갖춘 임차인의 지위를 겸유한 경우

주택에 관하여 최선순위로 전세권설정등기를 마치고 등기부상 새로운 이해관계인이 없는 경우 전세권설정계약과 계약당사자, 계약목적물 및 보증금(전세금액) 등에서 동일성이 인정되는 임대차계약을 체결하여 주택임대차보호법상 대항요건을 갖추었다면, **전세권자**로서의 지위와 주택임대차보호법상 대항력을 갖춘 **임차인**으로서의 지위를 함께 가지게 된다.[4] 그런데 전세권자로서의 지위와 주택임대

1) 미등기·무허가 건물의 경우도 마찬가지이다. 대판 1987. 3. 24. 86다카164 등.

2) 대판 2010. 6. 24. 2009다40790, 2015. 10. 29. 2015다30442, 2015. 11. 17. 2014다10694.

3) 대판 2007. 1. 11. 2006다59762.

4) 임대인과 임차인이 임대차계약을 체결하면서 임대차보증금을 전세금으로 하는 전세권설정

차보호법상 임차인으로서의 지위를 함께 가지고 있는 사람이 그 가운데 **임차인**으로서의 지위에 기하여 경매법원에 **배당요구**를 했다면 배당요구를 하지 않은 전세권에 관해서는 배당요구가 있는 것으로 볼 수 없다. 주택임차인이 그 지위를 강화하고자 별도로 전세권설정등기를 마치더라도 주택임대차보호법상 임차인으로서 우선변제를 받을 수 있는 권리와 전세권자로서 우선변제를 받을 수 있는 권리는 근거규정 및 성립요건을 달리하는 별개의 권리이기 때문이다.[1] 따라서 전세권은 매각으로 소멸되지 않고 매수인에게 인수된다.

앞서와 같이 전세권자로서의 지위와 주택임대차보호법상 임차인으로서의 지위를 함께 가지는 경우 **최선순위 전세권자**로서 **배당요구**를 하여 전세권이 매각으로 소멸되었다 하더라도 주택임대차보호법상 임차인으로서 변제받지 못한 나머지 보증금에 기하여 대항력을 행사할 수 있고, 그 범위 내에서 임차주택의 매수인은 임대인의 지위를 승계한 것으로 보아야 한다.[2][3]

등기를 경료한 경우 임대차보증금은 전세금의 성질을 겸하게 되므로, 당사자 사이에 다른 약정이 없는 한 임대차보증금의 반환의무는 민법 317조에 따라 전세권설정등기의 말소의무와도 동시이행관계에 있다. 대판 2011. 3. 24. 2010다95062.

1) 대판 2010. 6. 24. 2009다40790. 이에 대하여, 주택임대차보호법상 임차인으로서 우선변제를 받을 수 있는 권리와 전세권자로서 우선변제를 받을 수 있는 권리는 근거규정 및 성립요건을 달리하는 별개의 권리라고 하더라도 이는 동일한 목적을 가진 것으로서 집행절차에서 위 두 가지 지위를 겸유하는 사람이 어느 하나의 지위를 특정하여 배당요구를 한 경우 이는 자신의 실체적인 권리를 완전히 행사하려는 의사이지 그 가운데 어느 하나만 행사하려는 것이 아니므로 해당 절차에서 배당을 했어야 하고, 만약 배당을 받지 못했다면 배당이의를 하거나 부당이득반환청구를 하여 한꺼번에 해결하는 것이 타당하다는 견해로는, 이우재, "2010년 분야별 중요판례분석(3) 민사집행법," 법률신문 3921호(2011. 3. 24.), 13쪽.

2) 동일인이 같은 주택에 대하여 전세권과 대항력을 함께 가지므로 대항력으로 인하여 전세권 설정 당시 확보한 담보가치가 훼손되는 문제는 발생하지 않는다. 대결 2010. 7. 26. 2010마900. 이에 대하여, 주택임대차보호법상의 우선변제권을 법정담보물권으로 보는 이상 담보물건의 객관적 교환가치를 초과하는 과다한 보증금의 경우에도 경매절차에서 배당받지 못한 보증금은 매수인이 승계한다는 결과가 되어 주택임대차보호법을 악용한 집행방해의 우려가 있다는 견해로는, 이우재, 위 평석, 13쪽.

3) 한편 최선순위 전세권자가 부동산에 관한 제 1 경매절차에서 배당요구를 했으나 전세권자로 배당을 받지 못했다면 위 전세권은 제 1 경매절차에 따른 부동산의 매각으로 소멸되었으므로 설령 전세권설정등기가 말소되지 않았다고 하더라도 제 2 경매절차에서는 전세권자로서 배당받을 수 없다. 대판 2015. 10. 29. 2015다30442(갑이 부동산에 관한 제 1 경매절차에서 전세권자 및 임차권자로서 배당요구를 했다가 소액임차인으로서만 배당받았는데, 제 2 경매절차에서도 배당요구를 하여 전세권자로서 배당받자, 제 1 경매절차의 매수인에게서 위 부동산을 매수하여 소유권이전등기를 마친 을이 배당이의의 소를 제기한 사안에서, 대법원은 갑의 전세권이 제 1 경매절차에 따른 부동산의 매각으로 소멸되었다고 판단했다).

■ 최선순위 우선변제권 있는 임차권과 순위보전의 가등기 사이의 특수문제

(1) 최선순위 확정일자를 갖춘 임차인이 배당요구를 한 경우 그 확정일자 이후에 경료된 소유권이전등기청구권의 순위보전을 위한 가등기(**순위보전의 가등기**)가 말소대상인지 여부가 문제된다. 주택임대차보호법 3조의2 2항은 대항요건(주택인도와 주민등록·전입신고)과 임대차계약증서상의 확정일자를 갖춘 주택임차인은 후순위 권리자 그 밖의 일반채권자보다 우선하여 보증금을 변제받을 권리가 있음을 규정하고 있는데, 이는 임대차계약증서에 확정일자를 갖춘 경우에는 부동산담보권에 유사한 권리를 인정한다는 취지이다.[1)]

(2) 따라서 저당권설정 후 경료된 순위보전의 가등기가 매각에 의하여 소멸하는 것과 마찬가지로, 담보권과 유사한 지위에 있는 확정일자를 갖춘 임차권이 성립한 후에 경료된 순위보전의 가등기는 매각에 의하여 당연히 소멸한다고 본다.[2)]

■ 최선순위 저당권과 대항력 있는 임차권 사이의 특수문제

(1) 선순위 저당권 > 대항력 있는 임차권 > 압류등기의 순으로 된 경우, 선순위 저당권이 소멸하면 대항력 있는 임차권도 소멸한다. 대항력의 구비 여부는 경매절차에 의하여 소멸하게 되는 최선순위 저당권, 압류·가압류채권을 기준으로 하므로, 경매절차에 의하여 소멸하는 선순위 저당권보다 뒤에 임차권등기되었거나 대항력을 갖춘 임차권은 함께 소멸하며, 이러한 임차권으로 매수인에게 대항할 수 없다.[3)]

(2) 그런데 매수인이 매각대금 지급 전에 채무자가 선순위 저당채무를 모두 변제하면 선순위 저당권이 소멸하고, 대항력 있는 임차권만이 압류등기에 우선하게 된다. 따라서 매수인은 대항력 있는 임차권을 인수하게 되어, 매수인으로서는 뜻밖의 타격을 입게 된다. 이러한 사정은 매각허가에 대한 이의신청사유로서 **법 121조 6호**에서 규정하고 있는 '부동산에 관한 중대한 권리관계가 변동된 사실'에 해당한다. 이러한 경우 매수인은 **매각대금을 낼 때까지** 매각허가결정의 취소신청(법 127조)을 할 수 있으며,[4)] **매각대금을 모두 낸 때에는** 민법 578조 3항에 따라 매수인이 입은 손해에 대하여 채무자에게 손해배상을 청구할 수 있다.[5)]

---

1) 대판 1992. 10. 13. 92다30597.

2) 이 경우 순위보전의 가등기가 말소되지 않는다면 임차인의 우선변제권이 현저히 침해되는 결과가 되는데, 임차인이 자신의 권리확보를 했음에도 그 이후 임대인의 법률행위(가등기설정행위)에 의하여 이러한 임차인의 권리가 침해되는 것은 부당하다. 윤경, "경매절차에서 최선순위 확정일부 임차인이 배당요구를 한 경우 그 확정일자 이후에 경료된 소유권이전등기청구권의 보전을 위하여 가등기는 말소대상인지 여부," 민사집행법연구 1권(2005. 2.), 89쪽 이하. 이 경우 순위보전의 가등기가 말소되지 않는다고 보는 견해로는, 법원실무제요 민사집행(2), 383쪽.

3) 대판 2000. 2. 11. 99다59306, 2001. 1. 5. 2000다47682.

4) 대결 2005. 8. 8. 2005마643.

5) 대판 2003. 4. 25. 2002다70075; 조원철, "강제경매절차에 있어서 채무자의 담보책임," 대법

(2) 가처분, 순위보전의 가등기, 등기된 환매권

(a) 의 의

처분금지가처분, 순위보전의 가등기, 등기된 환매권은 용익권에 준하여 등기순위에 의하여 소멸 여부가 결정된다. 예컨대 제1, 2순위의 근저당권설정등기 사이에 소유권이전등기청구권의 순위보전을 위한 가등기가 경료된 부동산에 대한 경매절차에서 매각허가결정이 확정되고 매각대금이 완납된 경우 위 가등기 및 그에 기한 본등기상의 권리는 모두 소멸하고, 위 각 등기는 법 144조 1항 2호에 규정된 매수인이 인수하지 않는 부동산의 부담에 관한 기입에 해당하여 말소촉탁의 대상이 되며, 이와 같은 매각허가결정의 확정으로 인한 물권변동의 효력은 그에 관한 등기에 관계없이 이루어진다.[1)]

한편 **토지소유자**가 그 지상 건물소유자에 대한 **건물철거 및 토지인도 청구권**을 보전하기 위하여 **건물에 대한 처분금지가처분**을 한 때에는 처분금지가처분등기가 건물에 관한 경매개시결정등기 또는 담보권설정등기 이후에 이루어졌더라도 매각으로 소멸되지 않는다.[2)] 이는 위 가처분이 건물 자체에 대한 소유권이전등기 또는 제한물권 등의 설정등기 등 일정한 권리를 보전하기 위한 것이 아니기 때문이다.[3)]

(b) 최선순위 처분금지가처분이 있는 경우와 집행법원의 조치

최선순위 처분금지가처분등기가 있는 경우에는 그 가처분등기가 매각허가에 의하여 소멸되지 않아 가처분채권자가 본안소송에서 승소하게 되면 매수인이 경매의 효력을 가지고 가처분채권자에게 대항할 수 없게 되므로 매수인은 소유권을

원판례해설 44호(2003년 상반기), 336쪽 이하. 한편 매각허가결정이 확정될 당시 선순위 저당권의 소멸로 인하여 역시 소멸할 것이 예정되어 있었던 임차권의 대항력은 매각허가결정 이후 선순위 저당권이 변제 등의 사유로 소멸했다고 하더라도 존속할 수 없고, 여전히 소멸하는 것으로 다루어야 한다는 입장에서 판례의 태도를 비판하고 있는 견해로는, 김병선, "부동산경매에서 중간임차권의 취급과 매수인의 구제," 사법행정 49권 6호(2008. 6.), 62쪽.

1) 대결 1988. 4. 28. 87마1169, 대판 1989. 7. 25. 88다카6846, 2007. 12. 13. 2007다57459.

2) 따라서 집행법원은 가처분이 있을 경우 직권으로 가처분집행법원으로부터 가처분결정서 등본을 송부받아 **피보전권리**를 명백히 하여 이를 매각물건명세서 등에 적어야 하고, 이에 해당하는 때에는 법원사무관 등은 말소촉탁을 하지 않도록 해야 한다. 법원실무제요 민사집행(2), 452쪽.

3) 위와 같이 압류나 근저당권설정등기 이후에 마쳐진 위 가처분등기가 경매절차에서 매각대금 지급 후에도 말소되지 않은 채 남아 있다고 해서 가처분채권자가 이를 들어 가처분채무자에 대한 당사자 항정의 효과(**당사자항정효**)를 주장할 수 없고, 처분금지가처분에도 불구하고 **매수인**은 건물소유권을 취득한다. 대판 2022. 3. 31. 2017다9121.

상실하게 된다. 반대로 만약 가처분채권자가 본안소송에서 패소하여 그 가처분이 취소되면 그 경매는 완전히 유효하게 된다. 따라서 최선순위 처분금지가처분등기가 되어 있다는 이유만으로 경매신청을 기각할 수 없으므로 이 경우에는 경매개시결정 후 경매개시결정등기만을 촉탁한 단계에서 그 이후의 절차를 **사실상 중지**하고 가처분에 대한 이의신청·취소신청의 재판 또는 본안소송의 결과에 따라 처리하는 것이 타당하다.[1]

(c) 최선순위 가등기가 있는 경우와 집행법원의 조치

담보가등기와 달리 소유권이전등기청구권의 순위보전을 위한 가등기는 선순위 담보권이나 가압류가 없는 이상(**최선순위 가등기**) 말소되지 않고 매수인에게 그 부담이 인수된다.[2] 따라서 최선순위 가등기에 대해 채권신고가 되지 않아 담보가등기인지 순위보전의 가등기인지 알 수 없는 경우 집행법원으로서는 일단 이를 **순위보전의 가등기**로 보아 매수인에게 그 부담이 인수될 수 있다는 취지를 매각물건명세서에 기재한 후 그에 기하여 경매절차를 진행하면 족하고, 반드시 그 가등기가 담보가등기인지 순위보전의 가등기인지 밝혀질 때까지 경매절차를 중지해야 하는 것은 아니다.[3]

그런데 강제경매절차 진행 중 **최선순위 가등기에 기한 본등기**가 마쳐진 때에는 가등기의 순위보전의 효력에 의하여 결국 압류 이전의 소유권이 제 3 자에게 이전된 경우와 마찬가지로 그 매각절차를 속행할 수 없게 되므로, 집행법원은 법 96조 1항에 의하여 **경매절차를 취소**해야 한다. 따라서 **매각대금 납부 전**에 이미 본등기가 마쳐진 경우에는 이러한 사정이 대금납부 전에 밝혀진 때에는 경매절차를 취소하고 매수인으로 하여금 대금납부의무를 면하게 해야 한다. 한편 매각대금 납부 후 본등기가 마쳐져 매수인이 소유권을 상실한 경우 비록 법 96조의 경매절차취소사유에 해당하지 않지만, 매각대금의 **배당 전**에는 민법 578조·576조를 유추적용하여 매수인이 **담보책임**을 **추급**할 수 있고, 그 담보책임 추급방법으

1) 실무상으로는 최선순위 처분금지가처분등기가 있는 경우 집행법원은 신청채권자에게 가처분의 효력 유무 등을 파악하여 대위말소 등의 적절한 조치를 취하도록 보정명령을 하고 있다. 한편 실무상 법 301, 288조 1항 3호에 따라 처분금지가처분의 집행 후 3년간 본안소송을 제기하지 않아 처분금지가처분결정에 대한 취소를 구할 수 있다고 보이는 때에는 경매절차를 그대로 진행하는 경우도 있다고 한다. 법원실무제요 민사집행(2), 56쪽.

2) 대판 2022. 5. 12. 2019다265376.

3) 대결 2003. 10. 6. 2003마1438; 심준보, "최우선 순위의 가등기 목적이 담보인지 순위보전인지 불분명한 경우 집행법원이 취할 조치," 대법원판례해설 46호(2003년 하반기), 187쪽 이하.

로 법 96조를 유추적용하여 집행법원에 매매계약을 해제하고 납부한 매각대금의 반환을 청구할 수 있다고 본다.[1)2)]

(3) 유 치 권

(a) 의 의

유치권은 매각에 의하여 소멸되지 않는다.[3)] 즉 법은 담보물권 중 우선변제권이 없는 유치권에 관해서는 인수주의를 취하고 있다. 따라서 매수인은 유치권에 의하여 담보되는 채권을 변제할 책임이 있다(법 91조 5항). 여기에서 '변제할 책임이 있다'는 의미는 부동산상의 부담을 승계한다는 취지로서 인적채무까지 인수한다는 취지는 아니므로, 유치권자는 매수인에 대하여 그 피담보채무의 변제가 있을 때까지 유치목적물인 부동산의 인도를 거절할 수 있을 뿐이고, 그 피담보채권의 변제를 청구할 수 없다.[4)]

▣ 민사유치권 관련 민사집행법 개정안에 대한 검토

(1) 개정안의 내용

1) **민사유치권**에 관하여 원칙적으로 **등기된 부동산**에 관해서는 유치권을 허용하지 않고 **미등기 부동산**에 관하여 한시적으로 이를 허용하는 민법·민사집행법 개정안이 2013. 7. 17. 정부 제안으로 국회에 제출되었으나, 제19대 국회의 임기종료(2016. 5. 29.)로 자동폐기되었다.

2) 그 주된 내용은 ① 민사유치권에 관한 민법 320조를 개정하고, ② 유치권자의 **저당권설정청구권**에 관한 민법 372조의2를 신설하며, ③ 경매절차에서 **배당요구채권자**에 **저당권설정청구의 소**를 제기한 유치권자를 포함하도록 민사집행법 88조 1

1) 대결 1997. 11. 11. 96그64.

2) 경매절차에서 소유권이전등기청구권의 가등기가 마쳐진 부동산을 매수인이 대금을 납부하여 소유권을 취득했으나 가등기에 기한 본등기가 마쳐지지 않은 때에는 아직 매수인이 그 부동산의 소유권을 상실한 것이 아니므로 민법 578조에 의한 손해배상책임이 성립되었다고 볼 여지가 없다. 대판 1999. 9. 17. 97다54024.

3) 유치권의 성립요건이자 존속요건인 유치권자의 점유는 직접점유이든 간접점유이든 관계없으나, 다만 유치권은 목적물을 유치함으로써 채무자의 변제를 간접적으로 강제하는 것을 본체적 효력으로 하는 권리인 점 등에 비추어, 그 직접점유자가 채무자인 경우에는 유치권의 요건으로서의 점유에 해당하지 않는다. 대판 2008. 4. 11. 2007다27236. 따라서 담보권실행의 경매개시결정등기가 경료되기 이전에 채무자의 직접점유를 통하여 건물을 간접점유함으로써는 유치권을 취득할 수 없다. 결국 이러한 때에는 유치권에 기하여 경매절차상 매수인의 건물인도청구에 대항하는 것이 허용되지 않는다.

4) 대판 1996. 8. 23. 95다8713; 서기석, "유치권자의 경락인에 대한 피담보채권의 변제청구권의 유무," 대법원판례해설 26호(1996년 하반기), 84쪽 이하.

항을 개정하며, ④ 경매로 인한 부동산 매각시 유치권이 소멸하는 **소멸주의**를 채택하는 내용으로 민사집행법 91조 2항을 개정하며, ⑤ 저당권설정청구의 소를 제기한 유치권자에 대한 배당금액은 공탁하도록 민사집행법 160조 1항 3호, 161조 2항을 개정하는 것이다.

(2) 개정안의 문제점

1) 민법 개정안은 부동산 유치권의 규제 필요성에 따른 조치로서 그 동안 유치권의 문제점, 특히 **가장유치권(허위유치권)**의 폐해에 대한 민법 개정의 필요성의 논의를 반영한 것이다.

2) 그러나 민법 개정안이 채택하고 있는 기본적 입장의 타당성은 별론으로 하고, 민사집행법 개정안이 담고 있는 민사집행절차상 유치권의 취급에 대해서는 충분한 검토를 거쳐 마련된 것으로 보기에는 많은 문제점이 있다. 또한 이로 인하여 민사실체법상 유치권자의 지위가 현실적인 권리실현절차인 경매절차에서 그대로 실현되기에는 현행 민사집행법 원리 및 체계와의 부조화가 예상되므로, 추후 이에 대한 치밀한 연구가 이루어질 필요성이 있다.[1)]

(b) 최고가매수신고인이 있는 경우 유치권 신고와 집행법원의 조치

부동산경매절차에서 매수신고인이 매각부동산에 관하여 유치권이 존재하지 않는 것으로 알고 매수신청을 하여 이미 최고가매수신고인으로 정해졌음에도 그 이후 **매각결정기일까지** 사이에 **유치권의 신고**가 있는 경우, 그 유치권이 성립될 여지가 없음이 명백하지 않다면, 집행법원으로서는 장차 매수신고인이 인수할 매각부동산에 관한 권리의 부담이 현저히 증가하여 법 121조 6호가 규정하는 매각허가에 대한 이의신청사유가 발생된 것으로 보아 이해관계인의 이의신청 또는 직권으로 매각을 허가하지 않는 결정(**매각불허가결정**)을 해야 한다.[2)] 한편 압류의 효력발생 후 유치권을 취득한 사람은 매수인에게 대항할 수 없음은 이미 본 바와 같다.

■ 경매절차에서의 유치권신고와 처리례

(1) 유치권신고와 소명

1) 경매절차에서 유치권자는 뒤에서 보는 바와 같이 집행법원에 스스로 부동산

1) 이에 관한 상세한 비판으로는, 김홍엽, "민사유치권 관련 민사집행법 개정안에 대한 비판적 고찰," 성균관법학(성균관대학교 법학연구소) 25권 4호(2013. 12.), 147쪽 이하.

2) 대결 2005. 8. 8. 2005마643, 2007. 5. 15. 2007마128; 이동훈, "매각기일부터 매각허가기일까지 사이에 성립 및 범위가 불분명한 유치권의 신고가 있는 경우 집행법원이 취하여야 할 조치 등," 대법원판례해설 67호(2007년 상반기), 221쪽 이하.

위의 권리자로서 권리를 증명하여 이해관계인으로서의 권리를 행사할 수 있다. 그러나 경매절차에서 유치권자의 **유치권신고**는 **의무가 아니다**. 경매절차에서 진정한 유치권자는 유치권신고 여부와 관계없이 매수인에게 대항할 수 있다. 따라서 유치권자의 편의에 따라 유치권신고 여부가 결정되고, 이에 따라 최저매각가격에 큰 영향을 미치게 된다.[1]

2) 경매절차에서 **유치권신고가 있는 경우** 먼저 유치권자 등에게 점유개시시기, 피담보채권액 등을 소명하도록 한다.

(2) 유치와 경매법원의 조치

경매법원은 유치권신고가 언제 접수되는지에 따라 아래와 같은 조치를 한다.

1) 유치권신고가 **매각기일 이전**에 접수되는 경우에는 매각물건명세서에 유치권 신고가 있으나 그 성립 여부는 명확하지 않다는 내용을 기재하여 매각을 한다.[2]

2) 유치권신고가 매각기일부터 **매각결정기일 전까지** 사이에 접수되는 경우에는 유치권이 성립할 여지가 전혀 없다는 점이 명백하지 않는 한 매각물건명세서 작성에 중대한 흠이 있는 것으로 보아 매각을 불허가하고 새 매각을 한다(법 121조 5호).[3]

3) 유치권신고가 매각결정기일부터 **매각허부결정 확정시까지** 사이에 접수되는 경우에는 최고가매수신고인으로부터 매각허가에 대한 이의신청(법 121조 6호)을 하거나 매각허가결정에 대한 즉시항고(법 129조)를 받아 매각허가결정을 취소하고 새 매각을 한다.

4) 유치권신고가 매각허가결정 확정 후부터 **대금지급시까지** 사이에 접수되는 경우에는 매수인으로부터 **매각허가결정의 취소신청**(법 127조 1항)을 받아 매각허가결정을 취소하고 새 매각을 한다.[4]

(4) 법정지상권, 분묘기지권 등

법정지상권(또는 관습법상 법정지상권),[5] 분묘기지권(**취득시효형 분묘기지권**의 경

1) 이에 대하여, 유치권이 있는 부동산경매의 문제점을 해소하기 위하여 부동산경매절차에서 유치권신고를 **의무화**하되 경매부동산의 매수인은 배당요구의 종기까지 신고한 유치권에 한하여 유치권자에게 그 피담보채무를 변제할 책임이 있는 것으로 법 91조 5항과 84조 2항을 개정해야 한다는 견해로는, 오시영, "부동산유치권 강제집행에 대한 문제점과 입법론적 고찰," 토지법학(한국토지법학회) 제23-2호(2007년), 245쪽 이하; 최동홍, "부동산경매에서 유치권신고의 의무화," 법조 통권 643호(2010. 4.), 223쪽 이하.

2) 차문호, "유치권의 성립과 경매," 사법논집 42집(2006년), 345쪽 이하.

3) 이동훈, "매각기일부터 매각허가기일까지 사이에 성립 및 범위가 불분명한 유치권의 신고가 있는 경우 집행법원이 취하여야 할 조치 등," 대법원판례해설 67호(2007년 상반기), 221쪽 이하.

4) 대결 2001. 8. 22. 2001마2652.

5) 대법원은 강제경매의 목적이 된 토지 또는 그 지상 건물의 소유권이 강제경매로 인해 매수인에게 이전되는 경우에 건물의 소유를 위한 관습법상 법정지상권이 성립하는지의 문제는 그 매수인이 소유권을 취득하는 매각대금의 완납시가 아니라 **압류**(가압류가 본압류로 이행된 경우에는 **가압류**)의 **효력이 발생하는 때**를 기준으로 토지와 지상 건물이 동일인에게 속했는지

우에는 **2001. 1. 13. 전**에 **설치된 분묘**에 대하여 발생한 것에 한한다)[1][2] 등에서는, 저당권설정등기나 압류·가압류등기 전에 이들 권리가 발생한 경우 매수인이 이를 인수한다. 법정지상권(또는 관습상 법정지상권)의 경우 건물로서의 요건을 갖추고 있는 이상 무허가 건물이거나 미등기 건물이거나를 가리지 않는다.[3]

(5) 경매개시결정등기 외의 압류·가압류등기

압류채권자 아닌 사람에 의한 압류·가압류는 매각에 의하여 소멸된다. 부동산에 대한 가압류등기(**구가압류등기**) 후 가압류목적물의 소유권(**전소유자의 소유권**)이 제 3 자에게 이전되고 그 후 **제 3 취득자**(신소유자)의 **채권자**가 경매를 신청하여 매각된 경우, 가압류채권자는 그 매각절차에서 해당 가압류목적물의 매각대금 중 가압류결정 당시의 **청구금액**을 한도로 배당을 받을 수 있고,[4] 이 경우 전소유자를 채

여부를 판단해야 한다고 하여, 종전의 판례(대판 1970. 9. 29. 70다1454, 1971. 9. 28. 71다1631)를 변경했다. **대판(전) 2012. 10. 18. 2010다52140**. 강제경매개시결정 이전에 가압류가 있는 때에는 그 가압류가 강제경매로 인해 본압류로 이행돼 가압류집행이 본집행에 포섭됨으로써 당초 본집행이 있었던 것과 같은 효력이 있으므로, 경매의 목적이 된 부동산에 대해 가압류가 되고 그것이 본압류로 이행돼 경매절차가 진행될 경우에는 애초 가압류가 효력을 발생하는 때를 기준으로 토지와 그 지상 건물이 동일인에게 속했는지 여부를 판단해야 한다는 입장이다. 신용호, "부동산강제경매로 인한 관습상 법정지상권의 성립요건 중 토지와 건물의 동일인 소유 여부에 관한 판단 기준시점," 양승태대법원장 재임 3 년 주요판례평석(사법발전재단, 2015), 99쪽 이하.

1) **장사 등에 관한 법률** 27조 3항은 토지소유자의 승낙이 없는 한 무단분묘를 설치하는 사람은 토지소유자에 대하여 토지사용권이나 그 밖에 분묘의 보존을 위한 권리를 주장할 수 없도록 규정하고 있다. 장사 등에 관한 법률 **부칙**(제8489호, 2007. 5. 25.) 2조 2항에 의하면 위 27조 3항의 규정은 **매장 및 분묘 등에 관한 법률**의 개정 법률 시행일인 **2001. 1. 13. 이후에 설치되는 분묘**부터 적용하도록 하고 있다. 따라서 2001. 1. 13. 이후 위 강행규정에 반하는 분묘기지권은 발생할 수 없게 되었다. **대법원**은 타인 소유의 토지에 분묘를 설치한 경우에 20년간 평온·공연하게 분묘의 기지를 점유하면 지상권과 유사한 관습상의 물권인 **분묘기지권을 시효로 취득한다**는 점은 오랜 세월 동안 지속되어 온 관습 또는 관행으로서 법적 규범으로 승인(관습법의 하나로 인정)되어 왔음을 들어 이러한 법적 규범이 **장사 등에 관한 법률 시행일인 2001. 1. 13. 이전에 설치된 분묘**에 관하여 현재까지 유지되고 있다고 보고 있다. **대판(전) 2017. 1. 19. 2013다17292[반대의견**은 2001. 1. 13. 당시 아직 20년의 시효기간이 지나지 않은 분묘의 경우에는 법적 규범의 효력을 상실한 분묘기지권의 시효취득에 관한 종전의 관습을 가지고 분묘기지권의 시효취득을 주장할 수 없다는 입장이다].

2) **취득시효형 분묘기지권**의 경우 외에도 자기 소유 토지에 분묘를 설치한 토지를 양도한 경우(양도 당시에 분묘를 이장하지 않겠다는 특약을 하지 않은 경우)에 성립하는 **양도형 분묘기지권**과 토지의 소유자가 분묘 수호·관리권자에게 분묘의 설치를 승낙한 경우에 성립하는 **승낙형 분묘기지권**이 있다. 분묘기지권은 **지상권 유사의 물권**이다. 대판 2000. 9. 26. 99다14006, 2015. 7. 23. 2015다206850, 2021. 5. 27. 2020다295892.

3) 대판 1988. 4. 12. 87다카2404, 2004. 6. 11. 2004다13533.

4) 대판 2006. 7. 28. 2006다19986 등.

무자로 한 가압류등기는 말소촉탁의 대상이 될 수 있다(**말소긍정 · 배당설**).[1]

그러나 **경우에 따라서는** 집행법원이 전소유자를 채무자로 하는 가압류등기의 부담을 매수인이 인수하는 것을 전제로 하여(이를 **특별매각조건**으로 하여) 가압류채권자를 배당절차에서 배제하고 매각절차를 진행시킬 수도 있으며, 이와 같이 매수인이 **가압류등기의 부담**을 **인수**하는 것을 전제로 매각절차를 진행시킨 경우에는 가압류의 효력이 소멸되지 않으므로 집행법원의 말소촉탁의 대상이 될 수 없다. 따라서 전소유자를 채무자로 하는 가압류등기가 이루어진 부동산에 대하여 매각절차가 진행되었다는 사정만으로 가압류의 효력이 소멸되었다고 단정할 수 없고, 구체적인 매각절차를 살펴 집행법원이 가압류등기의 부담을 매수인이 인수하는 것을 전제로 하여 매각절차를 진행했는지 여부에 따라 가압류효력의 소멸 여부를 판단해야 한다.[2]

2. 잉여주의

(1) 경매부동산의 매각대금으로 집행비용과 압류채권자의 채권에 우선하는 채권을 변제하면 남을 것이 없는 경우에는 부동산의 매각을 허용하지 않는다(**잉여주의**)(법 91조 1항, 102조). 남을 것이 없으면 압류채권자에게 돌아갈 것이 없게 되어 무익한 집행이 되기 때문이다.

(2) 경매절차의 진행 중 이러한 사유가 밝혀지면 강제집행취소사유가 된다(법 102조). **담보권실행을 위한 경매**에도 잉여주의의 원칙이 적용된다(법 268조).

---

1) **체납처분에 의한 압류등기** 후 소유권이 제 3 자에게 이전되고 그 후 제 3 취득자(신소유자)의 채권자가 경매신청을 하여 매각된 경우에도 (가압류의 경우와 마찬가지로) 체납처분에 의한 압류권자에게도 배당하고, 그 압류등기도 말소할 수 있다고 본다. 법원실무제요 민사집행(2), 454쪽.

2) 대판 2007. 4. 13. 2005다8682; 이규진, "부동산 신소유자의 채권자가 경매신청을 한 경우 선순위가압류등기가 말소촉탁의 대상이 되는지 여부," 대법원판례해설 67호(2007년 상반기), 724쪽 이하; 홍성욱, "경매에서의 가압류권자의 지위," 재판실무연구(수원지방법원) 3권(2006. 1.), 69쪽 이하; 박재혁, "가압류 후 처분된 부동산 신권리자의 채권자가 신청한 경매와 가압류 말소," 법률신문 3756호(2009. 6.), 15쪽.

Ⅳ. 채권자가 경합하는 경우의 처리

1. 입 법 례

집행절차에서 채권자가 경합하는 경우 최초의 압류채권자와 그 집행절차에 참가한 다른 채권자에 대하여 각각 어떠한 지위를 부여해야 하는지에 관해서는 다음 세 가지의 입장이 있다.

(1) 평등주의

실체법상 우선권이 인정되지 않는 채권자들, 예컨대 압류채권자나 배당요구한 일반채권자를 시간적 선후에 관계없이 모두 평등하게 취급하여 각 채권액에 비례하여 현금화한 돈을 배당해야 한다는 입장이다.

(2) 우선주의

압류의 시간적 선후에 따라 최초 압류채권자가 현금화한 돈으로부터 전액 변제받고, 다음 순위의 채권자가 나머지로부터 변제받아야 한다는 입장이다.[1] 국세징수법은 조세징수에 관하여 압류우선주의를 채택하고 있다.[2]

(3) 군단(群團)우선주의

평등주의와 우선주의를 절충하여, 채권자들이 집행절차에 가입한 시기를 기준으로 채권자집단을 구성하여, 선(先)집단에 대하여 후(後)집단에 우선하는 지위를 부여한다는 입장이다. 즉 최초에 압류한 채권자와 그 뒤 일정기간 내에 집행에 가입한 채권자를 제 1 의 군단으로 하여 그 뒤의 집행가입한 채권자로 구성된 제 2

---

1) 평등주의와 우선주의는 시대사조와 관계가 있다는 지적이 있다. 평등주의는 개인의 자유경쟁에 맡기지 않고 국가가 전체 채권자에게 평등하게 변제받도록 하게 한다는 사회주의적 시대사조와 잘 조화되는 반면에, 우선주의에서 우선권은 당사자가 기선을 제압함으로써 얻어지므로 개인의 자유경쟁에 중점을 두는 개인주의적·자유주의적 시대사조와 잘 어울린다는 견해로는, 김홍규, “금전채무집행에 있어서 우선주의, 평등주의, 군단우선주의 비교연구,” 민사법의 제문제(온산방순원선생고희기념, 1984. 4.), 537쪽 이하. 도산법에서는 평등의 이념을 최대한 추구해야 하지만 개별 채권자의 개별만족을 추구하는 민사집행법에서는 자유의 이념이 상대적으로 더 중시됨이 타당하며, 우선주의가 민사실체법과 더 조화되므로 입법론상 우월할 수밖에 없다는 견해로는, 전원열, “민사집행법상 평등주의의 재검토,” 법조 69권 3호(2020년), 7쪽 이하. 한편 우선주의가 가지는 집행절차를 단순화하고 간명하게 할 수 있는 이점이 있으므로 개별 강제집행의 영역에서 우선주의의 채택을 주장하는 견해로는, 김경욱, “민사집행에 있어서 압류채권자에 대한 평등주의와 우선주의,” 민사집행법연구 8권(2012년), 123쪽.

2) 대판 2003. 7. 11. 2001다83777.

이후의 군단에 대한 관계에서는 우선하나, 군단 내부에서는 평등배당해야 한다는 입장이다.[1)]

2. 민사집행법의 입장

민사집행법은 **평등주의**를 채택했다.[2)] 다만 ① 배당요구자격자를 집행력 있는 정본을 가진 채권자 등으로 한정하고(법 88조 1항), ② 배당요구의 시기, 즉 배당참가시기를 제한함으로써[첫 매각기일 이전으로 배당요구의 종기를 정하고 있다(법 84조 1항)] 평등주의의 폐단을 시정하고 있다.

▣ **현행법이 평등주의의 입법례를 채택한 이유**

(1) 각 입법례의 문제점

평등주의의 입법에 대해서는, 비록 평등주의가 실체법상의 채권자평등주의를 절차법적으로 관철하는 제도이기는 하나 다수의 이해관계인이 집행절차에 참가하게 됨으로써 절차가 지나치게 복잡해지고, 재산 발견을 위하여 노력한 압류채권자의 노력이 무시된다는 것이 결정적인 단점으로 지적되고 있다. 그러나 우선주의나 군단우선주의 또한 특정 채권자가 채무자와 통모할 경우 선량한 채권자들을 해할 염려가 있다거나, 집행절차에의 참여시기 전후라는 사소하고도 우연한 차이에 의하여 권리실현의 여부(배당의 여부)가 좌우된다는 점 등의 단점을 가지고 있다.

(2) 현행법상 평등주의 채택 이유

앞서와 같이 평등주의나 우선주의, 군단우선주의 모두 장단점을 가지고 있으므로, 결국 입법적으로 선택할 문제인 것으로 본다. 그런데 평등주의를 포기하고 우선주의나 군단우선주의를 채택하는 것은 기존의 법감정에 맞지 않는 생소한 제도를 도입하는 것이어서 절차의 혼란을 초래할 우려가 있다[평등주의는 구 민사소송법이 의용된 1912. 4. 1. 이후 오랜 시간 제도로서 정착되어 일반 국민도 이에 익숙해져 있다]. 따라서 현행 민사집행법은 배당의 순위 등에 관한 문제에서 구 민사소송법의

---

1) 김연, "금전채권집행상의 평등주의와 가압류채권자의 지위," 민사소송 2권(1999. 2.), 547쪽 이하.

2) 평등주의는 민사집행법이 취하는 체제와 어울린다고 할 수 없을 정도로 많은 문제점을 내포하고 있다는 지적으로는, 김연, "금전채권집행상의 평등주의와 가압류채권자의 지위," 민사소송 2권(1999. 2.), 547쪽 이하. 한편 우리 민사집행법에 독일(ZVG 10조)과 같이 우선순위를 정하는 규정이 없다고 하더라도 배당에 참가한 채권자들의 채권 사이에 우선순위를 정하는 데는 아무런 지장도 없다고 보고, 법 145조 2항에 규정된 바와 같이 민법·상법, 그 밖의 법률에 의해 그것을 정하면 된다[집행채권자의 채권은 그 압류(본압류로 이전된 가압류 포함) 후 담보권을 취득한 사람이나 단순 배당요구채권자의 채권 등에 대해 우선권을 인정한다]는 견해로는, 강구욱, "민사집행법상 채권자평등주의의 허상과 실상," 민사집행법연구 18권 2호(2022년), 366쪽 이하.

평등주의의 원칙을 유지하면서 그 적용범위를 제한함으로써 그 단점을 보완해 나가는 방안을 채택했다.[1)]

▣ 평등주의의 폐단의 시정과 배당요구의 종기

(1) 배당요구의 종기의 기능

평등주의의 폐단을 방지하기 위한 하나의 방법으로 배당요구의 허용시기를 제한하는 방법이 있다. 배당요구를 할 수 있는 시기를 늦추는 경우 경매절차의 불안정을 초래하게 되어 일반 국민이 경매절차에 참가하는 것을 꺼리게 되는 폐단이 발생하게 되며,[2)] 압류채권자의 노력도 상대적으로 무시되게 된다. 다른 한편 배당요구를 할 수 있는 시기를 과도하게 앞당기는 경우 배당요구를 할 수 없어 배당에 참가할 수 없는 다른 채권자가 채무자의 다른 재산을 압류할 우려가 있어 채무자의 보호에 문제가 생길 수 있다.

(2) 현행법상 배당요구의 종기

구 민사소송법에서는 경락기일(현행법상 매각결정기일에 해당함)까지 배당요구를 할 수 있도록 했으나, 민사집행법에서는 첫 매각기일 이전으로 배당요구의 종기를 정하도록 하여 배당요구를 할 수 있는 시기를 앞당겼다. 민사집행법에서는 배당요구의 종기를 첫 매각기일 이전으로 하되 법원이 따로 배당요구의 종기를 정하여 공시하는 방법을 채택했다.[3)]

---

1) 법원행정처, 민사집행법해설, 96쪽.

2) 매각기일 후에도 배당요구가 가능하도록 하는 경우에는 배당요구가 없으면 매수인에게 인수될 권리에 관하여 매각기일 후에 배당요구가 이루어짐으로써 매수인이 그 가액만큼 부당한 이익을 얻기도 하고, 선순위 담보권이 매각기일 후에 소멸됨으로써 그 후순위 용익물권 등이 예기치 않게 매수인에게 인수되는 등 경매시에 매수인에게 인수될 권리를 확정할 수 없게 되기도 하며, 또한 매각기일 이후에 행해진 우선변제권이 있는 사람의 배당요구에 의하여 남을 가망이 없는 것으로 되어 경매절차가 취소(법 102조 1항)되기도 한다. 법원행정처, 민사집행법해설, 97쪽.

3) 배당요구의 종기를 압류일에 가깝게 정할수록 우선주의와 비슷한 결과를 가져오며, 배당요구의 종기를 매각기일에 가깝게 정할수록 평등주의에 비슷하게 된다. 이러한 점에서 배당요구 종기제도를 운영하는 법원의 태도에 따라서 평등주의의 단점이 상당부분 보완될 수 있다는 견해로는, 강대성, 174쪽. 이에 대하여, 현행 민사집행법에 의하더라도 평등주의의 폐단이 근본적으로 시정된 것은 아니고, 평등주의에 대한 비판론이 아직도 우세하므로, 우선주의로 법제를 바꾸든지, 아니면 독일식으로 강제집행을 하고자 하는 채권자가 채무자의 부동산에 강제저당(Zwanghypothek)을 쉽게 하는 방안을 고려해 볼 수 있다는 견해로는, 이시윤·조관행, 282쪽.

제 2 관 강제경매

Ⅰ. 강제경매의 개시

1. 강제경매의 신청

(1) 의 의

1) 강제경매를 신청하기 위해서는 ① 채권자·채무자와 법원, ② 경매의 목적물인 부동산의 표시, ③ 경매의 이유가 된 일정한 채권과 집행할 수 있는 일정한 집행권원 등 세 가지를 기재한 **신청서**를 작성하여 관할법원에 제출해야 한다(법 80조). 신청서와 함께 강제집행개시의 요건을 갖추었음을 증명할 서류, 즉 집행권원의 송달증명서(법 39조 1항), 집행문(조건성취집행문·승계집행문) 등본 및 증명서(조건성취사실·승계사실) 등본의 각 송달증명서(법 39조 2항), 담보를 제공한 증명서류 및 그 증명서류 등본의 송달증명서(법 40조 2항), 반대의무의 이행 또는 이행제공의 서면(법 41조 1항), 대상(代償)청구권에 기한 집행인 경우 집행불능증명서(법 41조 2항)를 제출함은 물론 그 밖에 집행력 있는 집행권원의 정본과 채무자의 소유로 등기된 부동산의[1] 등기사항증명서 등을 **첨부서류**로 제출해야 한다(법 81조 1항 1호·2호). 집행에 필요한 비용(**집행비용**)으로서 법원이 정하는 금액도 미리 내야 한다(법 18조).[2]

2) **경매신청**은 집행채권에 관하여 **최고**(민 174조)로서의 시효중단의 효력이 있다.[3]

(2) 관할법원

1) 부동산에 대한 집행법원은 그 **부동산이 있는 곳**의 지방법원의 **전속관할**이다(법 79조 1항, 21조). 부동산이 여러 지방법원의 관할구역에 있는 때에는 각 지방법원에 관할권이 있다. 이 경우 법원이 필요하다고 인정한 때에는 사건을 다른

---

1) 채무자가 상속했으나 아직 상속등기를 마치지 않은 때에는 민법 404조, 부동산등기법 23조 3항, 28조 1항에 의하여 대위에 의한 상속등기를 한 다음 상속인에 대하여 강제경매신청을 할 수 있다. 등기예규 제1432호 '채권자대위에 의한 등기절차에 관한 사무처리지침'(2011. 10. 12. 개정, 2011. 10. 13. 시행).

2) 경매신청서에는 인지(5,000원)를 붙여야 한다(민인 9조 3항). '민사소송 등에서의 전자문서 이용 등에 관한 법률'에 따라 전자로 신청한 경우에는 그 금액의 10분의 1이 감액된 4,500원의 인지를 붙인다(민인 16조 1항·2항).

3) 대판 2001. 8. 21. 2001다22840.

관할 지방법원으로 이송할 수 있다(법 79조 2항). 여러 개의 부동산이 별개의 지방법원의 관할구역 내에 흩어져 있는 때에는 각 법원별로 관할이 생기며 하나의 절차에서 경매할 수 없지만, 법원은 각각 경매신청된 여러 개의 재산 또는 다른 법원이나 집행관에 계속된 경매사건의 목적물에 대하여 **일괄매각의 결정**(법 98조 1항·2항)을 한 다음, 다른 법원 또는 집행관으로부터 그 목적물에 대한 경매사건을 **이송**받아 **병합**할 수 있다(법 99조).

2) 민사집행법 또는 민사집행규칙에 따라 부동산으로 보거나 부동산에 관한 규정이 준용되는 경우의 강제집행은 그 등기 또는 등록을 하는 곳의 지방법원이 관할한다(규칙 41조).

3) 관할권 없는 법원에 강제경매신청을 한 때에는 법원은 직권으로 관할의 유무를 조사한 후 관할권이 없다고 인정되면 관할지방법원에 **이송**해야 한다(법 23조 1항, 민소 34조 1항). 따라서 관할권이 없다는 이유로 신청을 각하해서는 안 된다.

(3) 채무자 소유로 등기되지 않은 부동산의 경우

채무자의 소유로 등기되지 않은 부동산(**미등기 부동산**)에 대해서는 즉시 채무자 명의로 등기할 수 있다는 점을 증명할 서류, 즉 채무자의 소유임을 증명하는 서면 등을 붙여야 한다(법 81조 1항 2호). 미등기 부동산의 경우 집행법원의 경매개시결정등기의 촉탁이 있으면 **등기관**은 **직권**으로 그 부동산의 **소유권보존등기**를 해야 하므로(부등 66조 1항), 경매신청서 중 부동산표시란에 **미등기**라는 취지를 덧붙여 적어야 한다.

(a) 미등기 토지의 경우

미등기 토지에 관하여 채무자의 명의로 등기할 수 있음을 증명할 서류는 토지대장·임야대장, 소유권확인판결, 수용증명서 등이다(부등 65조).[1] 제 3 자 명의로 등기가 마쳐진 부동산은 미등기 부동산에 해당하지 않는다. 제 3 자 명의로 등기되어 있는 부동산에 관해서는 사실상 그 부동산이 채무자의 소유라고 하더라도 채무자 명의로 등기가 회복되지 않는 한 경매신청을 할 수 없다.[2]

---

1) 대결 1995. 12. 11. 95마1262.

2) 따라서 채권자가 그 부동산에 관하여 채무자의 제 3 채무자에 대한 소유권이전등기청구권을 압류하고 법 244조 2항에 정한 권리이전명령을 받았다고 하더라도 그에 따라 제 3 채무자로부터 채무자 명의로 소유권이전등기가 마쳐지지 않은 이상 이와 달리 볼 수 없다. 대결 2007. 5. 22. 2007마200.

(b) 미등기 건물의 경우

1) 미등기 건물인 경우에는 법 81조 1항 2호 단서에 따라 즉시 채무자 명의로 등기할 수 있음을 증명할 서류를 붙일 수 없는 경우라 하더라도 **건축허가** 또는 **건축신고**된 것과 **사회통념상 동일**하다고 인정되는 때에는 강제집행이 허용되는데, 그 동일성 판단을 위하여 ① 그 건물이 채무자의 소유임을 증명할 서류(건축물대장, 소유권확인판결, 지방자치단체장의 소유권확인증명서 등, 부등 65조),[1] ② 그 건물의 지번 · 구조 · 면적을 증명할 서류, ③ 그 건물에 관한 **건축허가**(**건축허가사항**인 경우, 건축법 11조, 20조 1항) 또는 **건축신고**(**건축신고사항**인 경우, 건축법 14조)를 증명할 서류들을 붙여야 한다(법 81조 1항 2호 단서).

2) 채권자는 공적 장부를 주관하는 **공공기관**에 앞서의 사항들(법 81조 1항 2호 단서의 사항들)을 **증명**해 줄 것을 **청구**할 수 있다(**증명청구**, 법 81조 2항).

3) 앞서의 사항들 가운데 건물의 지번 · 구조 · 면적을 증명하지 못하는 때에는, 채권자는 경매신청과 동시에 그 조사를 **집행법원**에 신청할 수 있으며, 이 경우 법원은 **집행관**에게 그 **조사**를 하게 해야 한다(**조사명령**, 법 81조 3항 · 4항).[2]

미등기 건물의 조사명령을 받은 집행관은 위와 같은 조사를 위하여 건물을 출입할 수 있고(이를 위하여 필요한 때에는 잠긴 문을 여는 등 적절한 처분을 할 수 있다. 법 82조 2항), 채무자 또는 건물을 점유하는 제 3 자에게 질문하거나 채무자 또는 제 3 자가 보관하는 관계 자료를 열람 · 복사하거나 제시하게 할 수 있다(법 82조 1항). 집행관은 건물의 지번 · 구조 · 면적을 실측하기 위하여 필요한 때에는 감정인, 그 밖의 필요한 사람으로부터 조력을 받을 수 있다. 집행관이 이러한 조사를 하기 위하여 필요한 비용은 **집행비용**으로 하며, 집행관이 조사를 마칠 때에는 비용 내역을 바로 법원에 신고해야 한다.[3]

---

1) 따라서 적법하게 건축허가나 건축신고를 마친 건물이 사용승인을 받지 못한 경우에 한하여 부동산집행을 위한 보존등기를 할 수 있다. 대판 2013. 9. 13. 2011다69190.

2) 현장조사를 하게 될 집행관이 건물의 지번이나 면적은 몰라도 건물의 구조가 건축허가상의 설계도면과 다르게 시공된 경우를 어느 정도 파악해낼 수 있을지 의문이라는 견해가 있다. 위법건축물의 예방이라는 취지에서는 등기부 표시란에 표시하는 것으로 만족해야지 건물의 구조까지 조사하여 허가내용과 건물현상이 다른 경우 경매신청을 각하한다고 하는 것은 집행관 및 집행법원에 과도한 부담을 지우는 것이 되며, 건축행정상의 이익을 사법부 공무원이 떠맡는 결과가 되어 찬성하기 어렵다는 입장이다. 김상일, "건축중인 건물, 미등기건물, 무허가건물에 대한 강제집행," 명지법학(명지대학교 법학연구센터) 2호(2002. 8.), 7쪽 이하.

3) 재판예규 제1853호 '부동산등에 대한 경매절차 처리지침'(재민 2004-3, 2023. 6. 29. 개정 · 시행) 5조.

4) 법 81조 1항 2호 단서의 규정에 따라 채권자가 제출한 서류 또는 규칙 42조 1항의 규정에 따라 집행관이 제출한 서면에 의하여 경매신청한 미등기 건물의 지번 · 구조 · 면적이 건축허가 또는 건축신고된 것과 동일하다고 인정되지 않는 때에는 **강제경매신청**을 **각하**해야 한다(규칙 42조 2항).

판례는, 경매법원으로부터 미등기 건물에 대한 경매개시결정등기를 촉탁받은 등기관이 갖는 심사권한의 범위에 관하여, 등기관은 실체법상의 권리관계와 일치하는지 여부를 심사할 실질적 심사권한은 없으나 신청서 및 그 첨부서류와 등기기록에 의하여 등기요건에 합당한지 여부를 심사할 **형식적 심사권한**은 있으므로,[1] 법원이 집행관에 의한 현황조사를 거쳐 경매신청이 된 미등기 건물이 경매의 대상이 되는 건물이라고 판단하여 경매개시결정을 하고 등기관에게 경매개시결정등기를 촉탁한 경우라도, 등기관으로서는 그 촉탁서 및 첨부서류에 의하여 등기요건에 합당한지 여부를 심사할 권한이 있고, 그 심사결과 등기요건에 합당하지 않으면 경매개시결정등기의 촉탁을 각하해야 한다고 보고 있다.[2]

▣ 부동산강제집행의 대상으로서 등기적격이 있는 미등기 건물

(1) 등기적격이 있는 건물로서 사용가능한 미등기 건물 및 부분적 미완성 건물

1) 완성상태이나 사용승인[준공검사에 따른 사용승인서 발부(건축법 22조)]을 받지 아니한 건물(이를 **사용가능 미등기 건물**이라 한다) 및 미완성상태이나 그 정도가 부분적인 정도에 불과한 건물(이를 **부분적 미완성 건물**이라 한다)에는 **등기적격**이 있다. 물론 **적법한** 미등기 건물을 말하며 **무허가**인 **미등기 건물**은 포함하지 않는다.[3]

2) **사용가능 미등기 건물**이란 건축허가 또는 건축신고된 내용과 같은 정도의 구조 · 면적까지 건축되었고, 뿐만 아니라 내부공사 · 전기공사 · 급수공사 등 본래 허가받은 용도로 사용될 수 있을 정도로 건축되어 즉시 사용승인을 받고 등기할 수 있거나, 사소한 흠 등을 보완하면 사용승인을 받고 등기할 수 있는 상태에 있는 건물을 말한다.

3) **부분적 미완성 건물**이란 건축허가 또는 건축신고된 내용과 같은 정도의 구조 · 면적까지 건축되었으나, 내부공사 · 전기공사 · 급수공사 등의 부대시설이 되지 아니하여 본래 허가받은 용도로 사용할 수 없는 건물을 말한다.[4]

---

1) 대결 1995. 1. 20. 94마535 등.

2) 대결 2008. 3. 27. 2006마920.

3) 즉 법 81조 1항 2호 단서에 따른 미등기 건물에 대한 경매신청은 모든 미등기 건물에 대하여 허용되는 것이 아니라 적법한 건축허가나 건축신고를 마쳤으나 사용승인이 나지 않은 경우에 허용된다.

4) 이우재, "미완성건물의 경매방안 시론," 민사재판의 제문제 14권(2005. 12.), 45쪽 이하.

(2) 판례가 인정하는 등기적격이 있는 미등기 건물의 구체적 경우

1) 판례는, ① 건물이 이미 완성되었으나 단지 사용승인만을 받지 않아 그 보존등기를 마치지 못한 상태에 있다면 위와 같이 완성된 건물은 부동산등기법상 당연히 등기적격이 있으므로 부동산강제집행의 대상이 되며,[1] ② 완공되지 않아 보존등기가 마쳐지지 않았거나 사용승인이 되지 않은 건물이라고 하더라도 채무자의 소유로서 건물로서의 실질과 외관을 갖추고 그의 지번 · 구조 · 면적 등이 건축허가 또는 건축신고의 내용과 **사회통념상 동일**하다고 인정되는 경우에도 등기적격이 있어 부동산강제집행의 대상으로 삼을 수 있다고 한다.[2]

2) 판례는 **구체적 사안**에서, ① 해당 건물이 위생설비 · 전기설비 · 냉난방설비 등의 부대설비는 전혀 설치되지 않았고 창호공사 · 타일공사 등도 이루어지지 않았으나, 외벽 · 내벽 · 천장 · 바닥 등 골조공사 등은 종료된 상태로서 건축허가의 내역과 같이 지하 1층, 지상 4층 건물로서의 외관을 갖추고 있는 경우라면 건물의 현상은 건축허가서에 나타난 지번 · 구조 · 면적과 별 차이가 없을 수도 있어 보이고 공사진행의 정도도 상당하여 현재의 상태로도 부동산경매의 대상이 될 여지가 없지 않다고 보는 반면,[3] ② 해당 아파트가 각 동별로 14층 또는 15층으로 건축허가를 받았으나 각 동별로 10층 또는 13층까지만 골조공사가 진행된 채 전체 공사가 중단된 경우에는 등기적격이 없다고 보았다(즉 골조공사 중의 건물에 불과한 경우이다).[4]

(3) 등기적격이 없는 건물로서 골조공사 중의 건물

이에 반하여, 토지로부터 독립된 별도의 부동산으로 볼 수 있으나[독립한 부동산으로서의 건물이라고 하기 위해서는 최소한 기둥과 지붕, 그리고 주벽이 이루어지는 등 독립된 부동산으로서의 요건이 갖추어져야 한다],[5] 건축허가 또는 건축신고된 구조 · 면적을 갖추지 못한 건물(이를 **골조공사 중의 건물**이라 한다)은 등기적격이 없다.

---

1) 대결 1994. 4. 12. 93마1933.

2) 대결 2009. 5. 19. 2009마406. 물론 이 경우 보전처분의 대상으로도 삼을 수 있다. 대결 2011. 6. 2. 2011마224.

3) 따라서 해당 건물의 현상과 건축허가의 내용과의 차이, 아직 공사가 이루어지지 않은 부분의 내용 등에 관하여 자세히 심리한 후 그에 의하여 밝혀진 사실을 토대로 하여 해당 건물이 부동산경매의 대상이 될 수 있는지에 관하여 판단해야 한다. 대결 2005. 9. 9. 2004마696.

4) 대결 2009. 5. 19. 2009마406.

5) 대판 2001. 1. 16. 2000다51872, 2003. 5. 30. 2002다21592,21608, 2004. 2. 13. 2003다29043. 물론 전체적으로 미완성 건물이나 완성된 건물부분만으로도 **구분소유권의 대상**이 될 수 있는 경우에는 독립된 건물로서의 요건을 갖추었다고 본다. **판례**는 "비록 피고가 매각을 원인으로 토지의 소유권을 취득할 당시 신축건물의 지상층 부분이 골조공사만 이루어진 채 벽이나 지붕이 설치된 바 없다 하더라도, 지하층 부분만으로도 구분소유권의 대상이 될 수 있는 구조라는 점에서 신축건물은 매각 당시 미완성 상태이기는 하지만 독립된 건물로서의 요건을 갖추었다고 봄이 상당하다"고 한다. 대판 2003. 5. 30. 2002다21592,21608; 조원철, "독립된 부동산으로서의 건물의 요건," 대법원판례해설 44호(2003년 상반기), 345쪽 이하.

(4) 골조공사 중의 건물에 관한 강제집행의 방법

1) 완성 또는 부분적 미완성 건물(완성단계에 이른 독립된 미완성 건물)은 부동산경매방법에 의하며, 독립한 부동산으로 취급할 수 없어 아예 토지의 부합물에 불과한 것은 토지와 함께 경매하면 된다[즉 그 건축물이 독립한 건물이 아니라면 건물에 대한 별도의 경매개시결정의 유무와 상관없이 이는 토지의 부합물이므로 토지로서 경매가 유효하다]. 그러나 완성단계에 이른 부분적 미완성 건물은 아니나 독립한 부동산으로서 토지의 부합물로는 되지 않는 경우, 즉 **골조공사 중의 건물**에 대해서는 어떻게 취급할 것인지 문제가 된다.

2) **판례**는, 등기할 수 없는 토지의 정착물로서 독립하여 거래의 객체가 될 수 있는 것은 유체동산으로 본다는 법 189조 2항 1호의 해석과 관련하여, 이러한 경우 "유체동산의 집행의 대상이 되는 정착물은 토지에의 정착성은 있으나 현금화한 후 **토지로부터 분리**하는 것을 전제로 하여 거래의 대상으로서의 가치를 가지는 것이라고 보아야 하므로, 물리적으로 완성되지 않은 건물은 독립하여 거래의 대상이 될 수 있는 것이라고 볼 수 없어 유체동산집행의 대상이 될 수 없다"고 보고 있다.[1)]

이러한 입장은 골조공사 중의 건물에 대해서는 유체동산에 대한 강제집행을 할 수 없어 결국 **그 밖의 재산권에 대한 강제집행**(법 251조)으로 가능하다는 취지로 받아들일 수 있다.

3) 이에 대하여, 위 규정의 '독립하여'의 의미를 일반적인 거래의 실정이나 관념에 비추어 그 자체만으로도 거래의 대상이 될 수 있는 경우도 포함된다고 해석하고, '등기할 수 없는'의 의미를 등기적격이 없는 경우에 한정할 것이 아니라 '채권자의 입장에서 부동산등기법상 보존등기가 불가능한 경우'도 포함되는 것으로 해석한다면 건축 중인 건물도 '등기할 수 없는 토지의 정착물'로 보아 유체동산집행의 대상이 된다고 할 수 있다는 견해도 있다.[2)]

(4) 구분소유의 건물(구분건물)의 경우

(a) 구분건물의 요건

건물의 구분소유권도 독립하여 강제경매의 대상이 된다. 1동의 건물 중 구분된 각 부분이 구조상·이용상 독립성을 가지고 있는 경우에 그 각 부분을 1개의

---

1) 대결 1995. 11. 27. 95마820.

2) 다만 유체동산집행을 허용하더라도 '건축 중인 건물'의 소유자를 확정하는 문제, 매수인의 소유권취득의 문제, 건물완공과 그에 따른 소유권보존등기의 문제 등이 발생할 여지가 있으므로 결국은 입법적인 해결이 필요하다고 본다. 안영진, "강제집행의 대상으로서의 등기할 수 없는 토지의 정착물 ― 건축 중의 건물에 대한 강제집행의 문제를 중심으로 ―," 사법논집 27집(1996. 12.), 355쪽 이하; 홍기태, "미완성건물에 대한 강제집행의 방법," 민사판례연구(민사판례연구회) 19권(1997. 2.), 504쪽 이하.

구분건물로 하는 것도 가능하고, 그 1동 전체를 1개의 건물로 하는 것도 가능하기 때문에, 이를 구분건물로 할 것인지 여부는 특별한 사정이 없는 한 소유자의 의사에 의하여 결정된다. 즉 구분건물이 되기 위해서는 객관적 · 물리적인 측면에서 구분건물이 구조상 · 이용상의 독립성을 갖추어야 하고, 그 건물을 구분소유권의 객체로 하려는 의사표시 즉 **구분행위**가 있어야 한다.[1)]

(b) 증축된 건물의 경우

건물이 증축된 경우에 증축부분의 기존건물에의 부합 여부는 증축부분이 기존건물에 부착된 물리적 구조뿐만 아니라, 그 용도와 기능면에서 기존건물과 독립한 경제적 효용을 가지고 거래상 별개의 소유권의 객체가 될 수 있는지 여부 및 증축하여 이를 소유하는 사람의 의사 등을 종합하여 판단해야 한다.[2)] 따라서 소유자가 기존건물에 증축을 한 경우에도 증축부분이 구조상 · 이용상의 독립성을 갖추었다는 사유만으로 당연히 구분소유권이 성립된다고 할 수는 없고, 소유자의 **구분행위**가 있어야 비로소 구분소유권이 성립된다.[3)]

(c) 구분점포(특히 오픈상가)의 경우

1동의 건물의 일부분이 구분소유권의 객체가 될 수 있기 위한 구조상의 독립성은 주로 소유권의 목적이 되는 객체에 대한 물적 지배의 범위를 명확히 할 필요성 때문에 요구되므로, 구조상의 구분에 의하여 구분소유권의 객체 범위를 확정할 수 없는 경우에는 구조상의 독립성이 있다고 할 수 없다.

특히 상가건물 가운데 구분소유권의 기초가 되는 **경계벽 자체가 없이** 단지

---

1) 여기서 구분행위는 건물의 물리적 형질을 변경하지 않고 건물의 특정부분을 구분하여 별개의 소유권의 객체로 하려는 법률행위로서, 시기나 방식에 특별한 제한이 있는 것은 아니고 처분권자의 구분의사가 객관적으로 외부에 표시되면 충분하다. 구분건물이 물리적으로 완성되기 전에도 건축허가신청이나 분양계약 등을 통하여 장래 신축되는 건물을 구분건물로 하겠다는 **구분의사**가 **객관적으로 표시**되면 구분행위의 존재를 인정할 수 있다. 그러나 구조와 형태 등이 1동의 건물로서 완성되고 구분행위에 상응하는 구분건물이 객관적 · 물리적으로 완성되어야 그 시점에 구분소유가 성립한다. 대판 2018. 6. 28. 2016다219419,219426, 2022. 3. 31. 2017다9121,9138.

2) 대판 1994. 6. 10. 94다11606, 1996. 6. 14. 94다53006, 2002. 10. 25. 2000다63110 등; 이동준, "저당건물의 증 · 개축 또는 합동 · 합체의 경우 저당권의 효력과 경매절차에의 영향," 판례연구(부산판례연구회) 5집(1995. 1.), 65쪽 이하.

3) 이 경우에 소유자가 기존건물에 마쳐진 등기를 이와 같이 증축한 건물의 현황과 맞추어 1동의 건물로서 증축으로 인한 건물표시변경등기를 경료한 때에는 이를 구분건물로 하지 않고 그 전체를 1동의 건물로 하려는 의사였다고 봄이 상당하다. 대판 1999. 7. 27. 98다35020; 김득환, "1동 건물의 증축 부분이 구분건물로 되기 위한 요건," 대법원판례해설 33호(1999년 하반기), 279쪽 이하.

바닥면적을 기준으로 한 선 또는 표지에 기초한 **개방형 구분점포**(전 매장이 오픈된 대형판매점을 통상 **오픈상가**라 한다)가 상가건물의 구분소유권의 객체가 되기 위해서는 집합건물의 소유 및 관리에 관한 법률(**2020. 2. 4. 개정, 2021. 2. 5. 시행**, 1조의2)에서 정하는 요건을 갖추어야 한다.[1)]

이러한 구분소유권의 객체로서 적합한 물리적 요건을 갖추지 못한 건물의 일부는 그에 관한 구분소유권이 성립할 수 없으므로, 건축물대장상 독립한 별개의 구분건물로 등재되고 등기부상에도 구분소유권의 목적으로 등기되어 있어 이러한 등기에 기초하여 경매절차가 진행되어 매각허가를 받고 매각대금을 다 내었다고 하더라도, 그 등기는 그 자체로 무효이므로 매수인은 소유권을 취득할 수 없다.[2)]

(5) 압류금지부동산의 경우

압류금지부동산[학교부지 · 교사 등(사립학교법 28조), 전통사찰('전통사찰의 보존 및 지원에 관한 법률' 14조) 등]에 대해서는 경매신청을 할 수 없다. 압류는 할 수 있으나 처분시 관할청의 허가를 요하는 경우에는 관할청의 허가를 받을 수 없는 사정이 확실하다고 인정되는 등의 **특별한 사정**이 없는 한, 압류가 허용되므로 경매신청을 할 수 있다.[3)] 다만 원칙적으로 매각결정기일까지 허가를 얻어야 한다. 허가가 없는 경우 매수인은 소유권을 취득하지 못한다.

(6) 경매신청시 채권의 일부청구와 청구금액의 확장 여부

1) 강제경매에서 채권의 일부청구를 한 후 그 경매절차개시 후 청구금액(청구채권의 금액)을 확장하는 것은 허용되지 않는다. 압류의 상대적 효력의 객관적 범위를 **개별상대효설**로 보는 한 애당초 일부채권에 생긴 압류의 효력을 그대로 유지하면서 양적 범위를 증대시키는 집행채권의 확장은 허용될 수 없기 때문이다.[4)]

---

1) ① 구분점포의 용도가 건축법(2조 2항 7호 · 8호)의 판매시설 및 운수시설이어야 하며, ② 경계를 명확하게 알아볼 수 있는 표지를 바닥에 견고하게 설치해야 하며, ③ 구분점포별로 부여된 건물번호표지를 견고하게 붙여야 한다.

2) 대결 2008. 9. 11. 2008마696, 2010. 1. 14. 2009마1449 등.

3) 대결 2002. 9. 30. 2002마2209, 대판 2003. 5. 16. 2002두3669.

4) 경매개시결정에 의하여 압류의 효력이 발생한 후에 채무자가 경매부동산을 처분하여 그 등기를 경료한 다음 경매신청채권자의 청구금액 확장신청이 있는 경우, **먼저 한 강제경매사건이 강제경매절차에 의하지 않고 종료**하게 되면, 청구금액 확장신청 이전에 소유권이전등기를 마친 **제 3 취득자**는 그 소유권취득을 **확장신청인**에게 **대항**할 수 있다. 대결 1983. 10. 15. 83마393 [집행채권자가 집행권원 중 일부금액을 청구금액으로 하여 경매신청한 사안에서, 경매신청인이 청구금액을 확장하는 신청 이전에 경매부동산에 관하여 소유권이전등기를 마친 제 3 취득자가 경매신청 당시의 **청구금액**을 대위변제하고(청구금액과 경매절차비용을 변제공탁하고),

청구금액의 확장을 불허하는 것은 일부청구시 집행비용예납액과 등록면허세 등 세금을 줄여보려는 편법행위를 막는 면도 있다.

2) 일부청구 후 청구금액의 확장이 허용되지 않으므로, 일부청구를 한 신청채권자에게 실체법상 우선변제권이 인정된다 하더라도 그 청구금액을 확장하는 채권계산서만을 제출했을 뿐 **배당요구의 종기**까지 **이중경매를 신청**하는 등의 조치를 취하지 않은 경우에는 매각대금 중 그 일부청구금액을 초과하는 금원을 배당받은 다른 채권자를 상대로 부당이득반환을 청구하는 것은 허용되지 않는다.

3) 강제경매에서 청구금액을 확장하여 잔액의 청구를 하더라도(이러한 잔액의 청구가 **배당요구의 종기**까지 행해진 경우라면) **배당요구의 효력**밖에는 없다.[1] 따라서 이 경우에는 경매신청인이 채권의 일부를 **압류채권**으로, 다른 일부를 **배당요구채권**으로 구분하여 배당받게 된다.

4) 강제경매의 경우에는 **일부변제의 부기문**(附記文, 일부변제되었음을 덧붙여 쓴 집행문)이 기재된 집행권원의 정본을 반환받아 집행채권에 대하여 **다시 강제집행**을 할 수 있다.

2. 강제경매신청의 재판

(1) 경매개시결정 등

1) 강제경매신청이 있는 경우 경매법원은 강제집행의 일반적 요건 및 강제경매에 특히 필요한 요건 등에 관하여 형식적 심사를 하여[2] 경매신청이 **부적법**하거나 **이유 없다**고 인정하면 강제경매신청을 **각하**(경매신청이 부적합한 경우)하거나[3] **기각**(경매신청이 이유 없는 경우)하는 결정을 한다[이에 대해서는 즉시항고를 할

집행권원 중 위 청구금액 부분에 대한 집행력을 배제하는 **청구이의의 소**를 제기하여 승소판결이 확정되자 집행법원에 그 판결정본을 법 49조 1호 소정의 '강제집행을 허가하지 아니하는' 서류로 제출했다. 집행법원은 이에 따라 **강제경매개시결정을 취소**하고 강제경매신청을 기각했는데, 원심과 대법원은 이러한 집행법원의 조치가 정당하다고 판단했다].

1) 대결 1983. 10. 15. 83마393. 이에 대하여, 확장신청이 있는 경우에는 이를 배당요구로 볼 것이 아니라, 확장부분에 관한 제 2 의 경매신청이 있는 것으로 보아 처리하는 것이 타당하다는 견해로는, 박재윤, "강제집행 청구금액의 확장과 제 3 취득자에 대한 효력," 사법행정 26권 5호(1985. 5.), 70쪽 이하.

2) 강제집행의 적법 여부는 집행력 있는 정본의 유무와 그 송달 여부, 집행개시요건의 존부, 집행장애사유의 존부 등과 같이 강제집행에 착수할 당시 집행기관이 조사하여 지켜야 할 사항에 관한 흠이 있는지 여부로 판단해야 하고, 집행채권의 소멸 등과 같은 실체상 사유는 강제집행의 적법 여부와는 무관하다. 대판 2024. 7. 25. 2021다201061.

3) 신청요건을 갖추지 못한 흠이 있는 경우 그 **흠이 보정될 수 없는 것**인 때에는 신청을 각

수 있다(법 83조 5항)]. 심리결과 경매신청의 요건을 갖추었다고 인정하면 **경매개시결정**을 한다. 경매개시결정시 **압류**를 명해야 한다(법 83조 1항). 강제경매신청에 대한 재판은 **사법보좌관**의 업무이다(사보규 2조 1항 7호).

2) 경매개시결정은 **채무자에게 송달**해야 한다. 경매개시결정은 채무자의 **주소지가 분명하지 않거나, 외국에 있는 때**에도 반드시 채무자에게 송달해야 한다. 법 12조는 채무자의 주소지가 분명하지 않거나 외국에 있는 때에는 집행행위에 속한 송달을 하지 않아도 된다고 규정하고 있으나, 경매개시결정의 송달은 집행법원의 집행행위인 재판의 고지방법으로 행해지는 것으로서 여기서 말하는 집행행위에 속한 송달이라고 할 수 없으므로 법 12조는 적용되지 않는다.[1] 경매개시결정이 채무자에게 송달되지 않아서 경매신청인에게 **주소보정**을 명했으나 경매신청인이 이에 불응하는 경우 **경매개시결정**을 **취소**하고 **경매신청**을 **각하**하며, 그 결정이 확정되면 **기입등기의 말소**를 **촉탁**한다.[2]

3) 경매개시결정을 채무자에게 송달함이 없이 경매절차를 진행할 수 없다. 만약 경매개시결정을 채무자에게 송달함이 없이 집행절차를 진행한 경우 그 집행은 경매개시결정이 효력을 발생하지 않은 상태에서 이루어진 것으로 당연히 **무효**이다.[3] 경매개시결정은 비단 압류의 효력을 발생시키는 것일 뿐만 아니라 경매절차의 기초가 되는 재판이어서 채무자가 아닌 이해관계인으로서도 채무자에 대한 경매개시결정 송달의 흠을 매각허가결정에 대한 **항고사유**로 삼을 수 있다.[4]

4) 강제관리개시결정이 된 부동산에 대하여 강제경매개시결정이 있는 때에는 법원사무관 등은 강제관리의 압류채권자, 배당요구를 한 채권자와 관리인에게 그 취지를 통지해야 한다(규칙 43조).[5]

하하고, **보정될 수 있는 것**인 때에는 그 보정을 명하고 보정결과에 따라 경매개시결정을 하거나 신청을 각하한다.

1) 다만 법 13조에 따라, 채무자가 외국에 있어 외국으로 송달해야 하는 경우에는 송달과 함께 대한민국 안에 송달이나 통지를 받을 장소와 영수인을 정하여 상당한 기간 내에 신고하도록 명할 수 있고, 그 기간 내에 신고가 없는 때에는 **그 이후의 송달**이나 **통지**를 하지 않을 수 있다.

2) 박영호 · 김선형, 595쪽; 법원실무제요 민사집행(2), 83쪽; 유제민, 주석서(2), 73쪽.

3) 따라서 경매개시결정이 채무자에게 송달되기 전에 매각대금의 지급을 명하고 이에 따라 매각대금을 지급한 것은 집행절차를 속행할 수 없는 상태에서의 대금지급으로서 부적법하여 대금지급의 효력을 인정할 수 없다. 대결 1991. 12. 16. 91마239, 1995. 7. 11. 95마147.

4) 대결 1997. 6. 10. 97마814.

5) 강제관리개시결정이 된 부동산에 관하여 강제경매개시결정이 있는 사실을 강제관리사건의 압류채권자나 관리인 등이 알지 못하는 경우에는 강제경매절차로 인하여 강제관리사건이 취

(2) 경매개시결정의 효력 등

(a) 압류의 효력의 발생시기 등

1) 경매개시결정은 **법원사무관 등**이 그 사유를 등기관에게 **촉탁**하여 등기부에 기입(**경매개시결정등기**)하도록 한다(법 94조).[1] **경매신청인**은 경매개시결정등기를 하기 위하여 채권금액이 1,000분의 2에 해당하는 등록면허세(지방세법 28조 1항 1호 라목)와 그 등록면허세의 100분의 20에 해당하는 지방교육세를 **납부**해야 한다(지방세법 151조 1항 2호).[2] **등기관**은 경매개시결정등기를 한 뒤 그 등기사항증명서를 법원에 보내어야 한다(법 95조).[3]

2) 경매개시결정에 의한 **압류의 효력발생시**는 채무자에게 그 결정이 송달된 때 또는 경매개시결정등기가 된 때 중 **먼저 된 때**이다(법 83조 4항).

(b) 경매개시결정등기(압류등기)와 경매개시결정의 채무자에의 송달

실무상 법원사무관 등이 경매개시결정에 대한 기입등기를 **촉탁하여** 등기관으로부터 법 95조에 따른 **등기사항증명서** 또는 **이를 갈음하는 통지서**를 송부받은 날부터 일정한 기간(3일) 이내에, 또는 기입등기를 촉탁하고 그때부터 상당한 기간(보통 1주 정도)이 지난 후에 경매개시결정정본을 **채무자**에게 **송달**한다.[4] 따라서

소될 수도 있다는 사실을 예측하지 못한 피해를 가져올 우려가 있기 때문에, 위와 같은 통지를 하도록 하였다. 법원행정처, 민사집행규칙해설(2002년), 138쪽 이하; 법원실무제요 민사집행(2), 84쪽; 유제민, 주석서(2), 76쪽.

1) 실무상 집행법원에서 경매개시결정등기를 촉탁하는 경우 전산정보처리조직에 의하여 **전자촉탁방식**으로 한다. 즉 해당 법원과 등기소 사이에 연계된 서버를 이용하여 전자적 방법으로 촉탁한다. 재판예규 제1513호 '집행법원의 등기촉탁에 관한 업무처리지침'(재민 2013-1, 2015. 3. 11. 개정, 2015. 3. 23. 시행). 다만 전자촉탁할 사건의 부동산목록에 **미등기 부동산**이 포함되어 있을 때에는 미등기 부동산에 관하여 종전과 같이 **우편 등의 방법**으로 촉탁한다. 법원실무제요 민사집행(2), 68쪽.

2) 등록면허세를 납부하지 않으면 등기관이 등기촉탁을 각하해야 하므로(부등 22조 2항, 29조 10호) 경매신청인이 등록면허세 영수필확인서를 제출하지 않는 때에는 법원은 등기촉탁을 하지 않을 수 있고(법 23조 1항, 민소 116조 2항), 경우에 따라서는 이미 이루어진 집행절차를 취소할 수 있다(법 18조 2항).

3) 실무상 집행법원으로부터 전산정보처리조직에 의하여 경매개시결정등기를 촉탁받아 등기관이 그 등기를 완료한 때에는 촉탁서에 기재된 등기사항증명서 발급 연월일 이후 변동사항이 있는지 여부에 관한 **정보**를 집행법원에 **전송**함으로써 **등기사항증명서의 송부**를 **갈음**한다. 등기예규 제1373호 '경매개시결정등기 후의 등기사항증명서 송부에 갈음할 통지서'(2011. 10. 11. 개정, 2011. 10. 13. 시행) 3조.

4) 관련 예규상으로는 경매개시결정등기가 완료되고 나서 **등기완료통지서**를 등기관으로부터 송부받은 날부터 3일 이내에 채무자에게 송달하도록 되어 있다. 재판예규 제1636호 '부동산경매사건의 진행기간 등에 관한 예규'(재민 91-5, 2017. 1. 20. 개정 · 시행). 그러나 **전자촉탁**을

실무상 **경매개시결정등기**로 압류의 효력이 발생하게 되므로 경매개시결정등기를 **압류등기**라 부른다.

(c) 실무례와 달리 경매개시결정이 채무자에게 먼저 송달되어 압류의 효력이 발생한 경우 제 3 자의 압류채권자에 대한 대항 여부

1) 경매개시결정등기 전에 경매개시결정이 채무자에게 먼저 송달되어 **압류의 효력이 발생하는 경우**에도 제 3 자는 매각부동산에 대하여 권리를 취득할 때에 경매신청 또는 압류가 있다는 것을 알았을 때에는 압류에 대항하지 못한다. 즉 ① **경매개시결정등기 후**에 제 3 자가 매각부동산에 대하여 권리를 취득할 때에는 제 3 자의 선의·악의를 불문하고 압류의 효력이 제 3 자에게 미치므로 압류채권자에게 대항하지 못하나, ② 채무자에게 경매개시결정을 송달한 후(압류의 효력이 발생한 후) **경매개시결정등기 전**에 제 3 자가 권리를 취득한 때에는 제 3 자가 경매신청 또는 압류가 있다는 것을 몰랐으면 압류의 효력을 부인하여 압류채권자에게 대항할 수 있고, 경매신청 또는 압류가 있다는 것을 알았으면 압류채권자에게 대항할 수 없다(법 92조 1항).

2) 경매신청을 한 압류채권자가 매각부동산에 저당권 등 담보물권을 가지고 있는 경우 이러한 담보물권을 실행하지 않고 집행권원에 기하여 강제경매신청을 하더라도 그 채권자가 담보물권의 효력으로 우선변제를 받게 되는 권리가 없어지는 것은 아니므로, 압류 후 경매개시결정등기 전에 소유권을 취득한 제 3 자는 소유권을 취득할 때에 경매신청 또는 압류가 있다는 것을 알지 못했더라도 압류채권자에 대항할 수 없다(법 92조 2항). 물론 경매신청시 제 3 자가 이미 소유권등기를 경료하고 있는 경우에는 채권자의 경매신청은 각하되므로(강제집행으로서는 제 3 자 소유의 재산에 경매신청을 할 수 없다), 채권자는 담보권실행을 위한 경매절차에 의할 수밖에 없게 된다.[1]

3) **압류의 효력이 발생하기 전**이라면(채무자에게 경매개시결정이 송달되기 전이거나 경매개시결정등기 전이라면) 제 3 자가 경매신청이 있었음을 알았더라도 압류채권자에게 대항할 수 있다.

하는 경우에는 등기완료통지서를 따로 송부받지 않으므로 전산시스템상 등기완료정보가 뜨면 등기결과조회를 해서 등기완료통지서를 출력하여 기록에 첨부한 다음 그 후 3일 이내에 채무자에게 송달하면 된다. 법원실무제요 민사집행(2), 79쪽.

1) 황진구, 주석서(2), 251쪽.

(d) 압류의 효력의 내용

1) 경매개시결정에 의한 압류의 효력인 처분금지적 효력(**개별상대효**)에 대해서는 이미 본 바와 같다.

2) 경매개시결정에 따라 압류의 효력이 발생하면 (애당초 경매신청에 따라 **최고**로서의 시효중단의 효력이 발생했던 때인) **경매신청시**로 **소급**하여 집행채권에 관하여 (**압류**로서의) 시효중단의 효력이 생긴다(민 174조, 168조 2호). 채권자의 신청에 의한 경매개시결정에 따라 연대채무자들 가운데 한 사람의 소유 부동산이 압류된 경우, 이로써 위 채무자에 대한 채권의 소멸시효는 중단되지만 압류에 의한 시효중단의 효력은 다른 연대채무자에 미치지 않으므로, 이러한 압류에 의한 시효중단의 효력은 다른 연대채무자에게 주장할 수 없다. 다만 채권자에 의한 경매신청에 민법 174조에서 정한 **최고**로서의 효력을 가지고 있고, 연대채무자에 대한 **이행청구**는 다른 연대채무자에게도 효력이 있으므로[1] 채권자가 6월 내에 다른 연대채무자를 상대로 **재판상 청구**를 했다면 그 다른 연대채무자에 대한 채권의 소멸시효가 중단되지만, 이로 인하여 중단된 시효는 위 경매절차가 종료된 때가 아니라 **재판이 확정된 때**부터 새로 진행된다.

압류에 의한 시효중단의 효력은 압류가 해제되거나 **집행절차가 종료**될 때까지 계속된다[즉 압류가 해제되거나 집행절차가 종료된 때 시효중단사유가 종료하며, 시효가 중단될 때까지 경과한 시효기간은 이를 산입하지 않고 중단사유가 종료한 때부터 새로이 시효기간이 진행한다(민 178조 1항)].[2] 이는 경매개시결정등기가 말소등기촉탁절차 없이 경매개시결정등기가 여전히 남아 있다고 하더라도 마찬가지이다.[3]

3) 압류는 부동산에 대한 채무자의 관리·이용에 영향을 미치지 않는다(법 83조 2항). 다만 채무자의 관리·이용권의 범위를 벗어나는 경우, 예컨대 새로운 임대차계약의 체결은 허용되지 않는다.

---

1) 대판 2001. 8. 21. 2001다22840.

2) 대판 2015. 11. 26. 2014다45317, 2017. 4. 28. 2016다239840. 다만 점유로 인한 부동산소유권의 **취득시효**에서는 부동산에 대한 압류·가압류가 있어도 이는 금전채권의 강제집행을 위한 수단이거나 그 보전수단에 불과하여 취득시효기간의 완성 전에 부동산에 압류·가압류조치가 이루어졌다고 하더라도 이로써 종래의 점유상태의 계속이 파괴되었다고 할 수 없으므로 이는 취득시효의 중단사유가 될 수 없다. 대판 2019. 4. 3. 2018다296878.

3) 대판 2015. 11. 26. 2014다45317.

3. 경매개시결정에 대한 이의신청과 이해관계인

(1) 의 의

1) 경매개시결정에 대하여 이해관계인은 이의신청을 할 수 있다(법 86조 1항). 경매개시결정은 사법보좌관이 하는 처분이나, 이에 대하여 즉시항고를 할 수 없으므로 법 16조 1항의 규정에 따른 이의신청으로 불복할 수 있다(사보규 3조 2호). 경매개시결정에 대한 이의신청사건은 지방법원 단독판사가 담당한다(사보규 2조 1항 7호 가목). 이와 달리 강제경매신청의 기각·각하결정에 대해서는 즉시항고를 할 수 있으므로(법 83조 5항) 먼저 사법보좌관에 대한 이의신청을 해야 한다(사보규 4조 1항).

2) 이의신청은 매각대금이 모두 지급되기 전까지 할 수 있다(법 86조 1항). 따라서 매수신청이 있은 후의 이의신청에서도 최고가매수신고인 등의 동의를 필요로 하지 않는다.[1]

3) 경매개시결정에 대한 이의신청은 경매개시결정에 대한 **형식적인 절차상 흠**에 대한 불복방법이므로, 실체적 권리관계에 관한 사유 즉 집행채권의 부존재·소멸 등 실체상의 이유로는 이의신청을 할 수 없다(이 경우에는 청구이의의 소에 의해야 한다).[2] 그러나 **담보권실행을 위한 경매**에서는 강제경매의 경우와 달리 담보권의 부존재·소멸 등의 실체상 이유도 이의사유로 할 수 있다.[3]

(2) 이의신청권자로서의 이해관계인

이의신청권자는 이해관계인이다(법 86조 1항). 법 90조에 열거된 사람만이 이해관계인이다. 위 규정은 이해관계인을 **제한적으로** 열거하고 있다. 따라서 위 조항에 열거된 이해관계인의 범위에 속하지 않는 사람은 그 매각절차에 관하여 사실상 이해관계가 있는 사람이라도 매각절차에서 이해관계인으로 취급받지 못한다.

(a) 압류채권자, 집행력 있는 정본에 의한 배당요구채권자(법 90조 1호)

1) 압류채권자는 **경매신청을 한 채권자**를 말한다. **이중압류채권자**를 포함한다.

---

1) 대결 2000. 6. 28. 99마7385.

2) 대결 1994. 8. 27. 94마147, 2004. 9. 8. 2004마408.

3) 따라서 매각부동산의 소유자가 경매개시결정에 대하여 저당권의 부존재를 주장하여 이의신청을 한 경우에는 집행법원은 그 권리의 부존재 여부를 심리하여 이의신청이유의 유무를 판단해야 한다. 대결 1991. 1. 21. 90마946, 2008. 9. 11. 2008마696. 위 결정들에서 '즉시항고', '항고법원', '항고이유'의 판시 부분은 '이의신청', '집행(경매)법원', '이의신청이유'의 오기이다.

2) 집행력 있는 정본에 의하여 배당요구를 한 채권자가 이해관계인이 되므로, 집행력 있는 정본을 가진 채권자라도 배당요구를 하지 않는 경우에는 이해관계인이 아니다.[1)] 배당요구는 배당요구서에 집행력 있는 **정본** 외에 그 **사본**을 붙여서도 할 수 있으므로(규칙 48조 2항), 집행력 있는 정본이 아닌 그 사본에 의하여 배당요구를 했다고 하더라도 이해관계인이 된다.[2)]

3) 소유권이전에 관한 **순위보전의 가등기권자**(**일반가등기권자**)도 경매 등 절차의 이해관계인으로 본다(가담 16조 3항, 채권신고의 여부와 관계없이 이해관계인이다). 가등기만으로는 담보가등기인지, 순위보전의 가등기인지 알 수 없으므로, **모든 가등기권리자**를 경매절차에서의 이해관계인으로 본다.

4) **가압류채권자**는 법 90조에 열거된 사람에 해당하지 않으므로 이해관계인이 아니다.[3)4)] **가처분채권자**가 이에 포함되는지에 관하여 논의가 있으나, **판례**는 가처분채권자가 포함되지 않는다고 보고 있다.[5)]

(b) **채무자 및 소유자**(법 90조 2호)

공유자도 이해관계인에 해당한다. 경매개시결정등기 뒤에 소유권이전등기를 마친 사람은 법 90조 2호의 소유자가 아니나, 그 권리를 증명하면 법 90조 4호의 이해관계인이 된다. 매각부동산에 관하여 소유권회복의 등기를 할 수 있는 확정판결이 있다 하더라도 이에 기한 등기를 갖추고 집행법원에 권리신고를 하기 전에는 이해관계인이 아니다.[6)] 담보권실행을 위한 경매에서 경매신청이 되지 않은 저당권의 피담보채권의 채무자는 법 90조 2호의 채무자에 해당하지 않는다.

---

1) 대판 1999. 4. 9. 98다53240.

2) 대결 2002. 10. 29. 2002마580.

3) 대판 1999. 4. 9. 98다53240, 2004. 7. 22. 2002다52312.

4) 가압류채권자는 이해관계인이 아니지만 민사소송법 162조 1항에 해당하는 사람(이해관계를 소명하는 경우 소송기록을 열람할 수 있는 제 3 자)으로서 ① 매각기일 공고 전에 경매기록의 열람 및 복사를 할 수 있고, ② 배당기일을 통지받으며, ③ 배당기일에 출석하여 배당이의를 할 수 있다.

5) 대결 1967. 12. 29. 67마1156, 1968. 1. 15. 67마1204, 1975. 10. 22. 75마377. 이에 대하여, 처분금지가처분의 효력이 절대적인 것이 아니고 추후 본안소송에서 승소하는 것을 조건으로 처분금지적 효력이 절대화된다는 점에서 가등기권리자와 흡사하므로, 처분금지가처분의 채권자도 이해관계인으로 보아야 한다는 견해로는, 한상호, "경매절차의 이해관계인," 강제경매·임의경매에 관한 제문제(상)(재판자료 35집, 1987년), 583쪽 이하.

6) 대결 1991. 4. 18. 91마141.

(c) 등기부에 기입된 부동산 위의 권리자(법 90조 3호)

'등기부에 기입된 부동산 위의 권리자'란 경매개시결정 시점이 아닌 **경매개시결정등기 시점**을 기준으로 그 당시 이미 등기되어 등기부(등기기록)에 나타난 사람을 말하며,[1] 용익물권자(전세권자, 지상권자, 지역권자), 담보물권자(저당채권에 대한 질권자, 저당권자, 담보가등기권자[2])), 환매권자, 등기임차권자, 순위보전의 가등기권자(가담 16조 3항) 등이 이에 해당한다. 이들을 **'등기된 권리자'**라 한다.

(d) 부동산 위의 권리자로서 그 권리를 증명한 사람(법 90조 4호)

1) '부동산 위의 권리자'란 **경매개시결정등기 이전**에 매각부동산에 대하여 **등기 없이도 제 3 자에게 대항**할 수 있는 권리를 가진 사람을 말한다. 따라서 유치권자, 점유권자, 건물등기 있는 토지임차인, 주택임대차보호법 3조 1항 내지 3항에 따라 인도 및 주민등록을 마친 주택임차인(3조 2항 및 3항의 법인을 포함한다), 상가건물임대차보호법 3조 1항에 따른 인도 및 사업자등록신청(부가가치세법 8조, 소득세법 168조 또는 법인세법 111조)을 마친 상가건물임차인, 법정지상권자, 분묘기지권자는 집행법원에 이러한 **권리를 신고**함으로써 스스로 그 **권리를 증명**해야(즉 권리를 증명하여 신고해야) 이해관계인이 된다.[3][4] 이들을 **'등기되지 않은 권리증명자'**라고 한다.

2) **경매개시결정등기 후**의 제 3 취득자, 담보권자, 용익권자, 지상권자, 임차권등기명령에 의한 등기권자 등도 여기에 해당한다. 즉 경매개시결정등기 후 그 목적부동산에 대한 권리취득자(제 3 자취득자)는 등기를 하고 그 사실을 집행법원에 증명하면 이해관계인이 된다. 경매개시결정등기 후에 그 부동산에 관하여 권리를 취득한 사람이 있다고 하더라도 집행법원으로서는 이러한 사실을 알 수 없으므로

1) 대결 1998. 12. 23. 98마2987.

2) '가등기담보 등에 관한 법률'의 시행으로 가등기담보권은 완전한 담보권으로서의 실체를 갖게 되었으므로, 담보가등기권자는 이해관계인이다.

3) 이해관계인이 되는 임차인은 주택임대차보호법 3조 1항 내지 3항의 규정에 의하여 주택의 인도 및 주민등록을 마친 임차인이면 족하고, 우선변제권(확정일자까지 받은 임차인이나 소액임차인)까지 있어야 하는 것은 아니다. 대결 1995. 6. 5. 94마2134.

4) 주택임대차보호법상의 대항요건을 갖춘 임차인이라고 하더라도 **매각허가결정 이전**에 경매법원에 **스스로** 그 권리를 증명하여 신고하지 않는 한 집행관의 현황조사결과 임차인으로 조사·보고되어 있는지 여부와 관계없이 이해관계인이 될 수 없다. 재판예규 제1833호 '임차인에 대한 경매절차사실 등의 통지'(재민 98-6, 2022. 12. 26. 개정·시행)에 따른 통지는 법률상 규정된 의무가 아니라 당사자의 편의를 위하여 경매절차와 배당제도에 관한 내용을 안내하여 주는 것에 불과하므로, 이해관계인 아닌 임차인이 위와 같은 통지를 받지 못했다고 하여 경매절차에 위법이 있다고 다툴 수 없다. 대결 1999. 8. 26. 99마3792, 2004. 11. 9. 2004마94, 대판 2008. 11. 13. 2008다43976.

그 사람은 이해관계인인 '등기부에 기입된 부동산 위의 권리자'가 아니고, 다만 그가 집행법원에 그러한 사실을 증명한 때에는 '부동산 위의 권리자로서 그 권리를 증명한 사람'에 해당한다.[1)]

3) 최우선변제권을 가지는 **소액임차권자**가 법 90조 4호의 이해관계인이 되는지 관하여, 소액임차권자는 보증금반환청구권에 관한 우선변제권의 권리를 주는 것만으로 그 보호에 충분하므로, 굳이 법률상 이해관계인으로 포함시킬 필요가 없고, 실무처리에서도 번거로우므로 소액임차권자는 법 90조 4호의 이해관계인으로 취급하지 않음이 타당하다는 견해도 있을 수 있으나, 소액보증금의 최우선변제권은 임차목적의 주택·상가에 대하여 (근)저당권으로 담보된 채권이나 조세채권 등에 우선하여 변제받을 수 있는 일종의 법정담보물권을 부여한 것이므로, 그에 관한 **권리신고**를 하면 법 90조 4호의 이해관계인으로 봄이 타당하다.[2)]

판례는, 대항력 있는 임차인과 달리 배당요구를 한 임금채권자는 비록 배당절차에는 참가하지만 부동산 위의 권리자는 아니므로 이해관계인에 해당하지 않는다고 본다.[3)]

4) 부동산 위의 권리자로 그 권리를 증명하기 위한 권리신고는 매각허부결정의 선고시까지 해야 법 90조 4호의 이해관계인이 된다. 따라서 이해관계인으로 매각허가결정에 대하여 즉시항고(사법보좌관의 처분에 대한 이의신청)를 하기 위해서는 **매각허가결정이 있을 때까지** 그러한 사실을 증명해야 하고, 매각허가결정이 있은 뒤에 즉시항고장을 제출하면서 그러한 사실을 증명하는 서류를 제출한 때에는 법 90조 4호의 이해관계인이라고 할 수 없다.[4)]

한편 매각허가결정이 있을 때까지 이러한 권리신고를 했다고 하더라도 그 신고자(예컨대 유치권자)가 매각허가결정에 대하여 즉시항고를 하기 위해서는 **신고서 접수 이후 매각허가결정이 있을 때까지 그 권리의 취득·존속에 관한 사실**을 집행법원에 **증명**해야 한다.[5)]

---

1) 대결 1980. 10. 15. 80마157, 1986. 9. 24. 86마608, 1994. 9. 13. 94마1342; 양태종, "부동산 경락불허가에 있어서 기입등기 이후의 제3취득자의 항고인적격(강제경매의 경우)," 대법원판례해설 6호(1986년 하반기), 187쪽 이하.

2) 재판예규 제866-41호 '주택임대차보호법 제8조에 관한 질의응답'(재민 84-1, 2002. 6. 26. 개정, 2002. 7. 1. 시행) 문.3.; 법원실무제요 민사집행(2), 120쪽; 유제민, 주석서(2), 198쪽.

3) 대결 2003. 2. 19. 2001마785.

4) 대결 2005. 3. 29. 2005마58.

5) 집행법원은 법 104조 2항에 따라 매각기일과 매각결정기일을 법 90조 각호에서 정한 이해

5) 부동산 위의 권리자로서 권리만 신고하고 그 증명을 하지 않고 있는 경우에도 이러한 권리신고자도 매각허가결정이 있을 때까지 권리의 존재에 관해서 증명할 수 있으므로, 일단 매각기일 등의 통지대상이 되는 이해관계인으로 보아 통지절차를 거치는 것이 필요하다. 한편 **매각물건명세서**에는 유치권신고가 있었다는 내용과 유치권 성립 여부는 불분명하다는 취지를 명확히 기재하는 것이 필요하다.[1)]

▣ 권리신고와 배당요구의 관계

(1) 권리신고와 이해관계인 관계

앞서 본 바와 같이 **부동산 위의 권리자**로서 그 권리를 증명해야 비로소 이해관계인이 되는 경우(법 90조 4호) 집행법원으로서는 이에 해당하여 이해관계인이 될 사람의 존재를 알 수 없기 때문에, **이해관계인**이 되기 위해서는 그 권리를 집행법원에 신고하고 스스로 증명해야 한다(법 90조 4호).[2)] 이를 **권리신고**라고 한다. **매각허가결정의 선고시**까지 권리신고를 해야 이해관계인으로서의 권리를 행사할 수 있다.

(2) 배당요구와 이해관계인 관계

이러한 권리신고를 한 것만으로는 당연히 배당을 받게 되는 것은 아니며 별도의 배당요구를 해야 한다(법 148조 2호). 이러한 배당요구는 **배당요구의 종기**까지 해야 한다. 예컨대 주택임대차의 **임차인**이 대항력과 우선변제권의 요건을 모두 갖춘 경우 **우선변제권을 선택**하여 행사하는 때에는 배당요구를 해야 배당받을 수 있는 채권자가 되는데, 이러한 배당요구는 배당요구의 종기까지 해야 하는 반면, 이와 달리 이해관계인이 되기 위해서는 별도의 권리신고를 해야 한다. 이 경우 배당요구의 종기까지 배당요구를 하지 않는 경우 배당을 받을 채권자는 될 수 없지만 매각허가결정의 선고시까지 권리신고를 하여 그 권리(대항력을 갖춘 임차권)를 증명한다면 이해관계인이 된다. **최우선변제권을 가지는 소액임차권**도 앞서와 같이 부동산 위의 권리자로서 이해관계인이 되나, 이러한 소액임차인이 권리신고를 했다고 하더라도

관계인에게 통지해야 하는데, 이때 유치권 신고자가 법 90조 4호의 이해관계인인 '부동산 위의 권리자로서 그 권리를 증명한 사람'에 해당하기 위해서는 신고서 접수 이후 매각허가결정이 있을 때까지 **유치권의 취득·존속**에 관한 사실을 집행법원에 **증명**해야 한다. 대결 2024. 4. 5. 2023마7986.

1) 매각물건명세서에 유치권의 성립 여부에 관한 판단이 포함되어 있어서는 안 된다. 대결 2024. 4. 5. 2023마7986.

2) 따라서 압류가 경합된 후행의 경매신청기록에 이해관계인으로 표시되었다고 하더라도 권리취득자가 그 사실을 집행법원에 증명했다고 볼 수 없어 강제집행절차에서의 이해관계인이 될 수 없다. 대결 1994. 9. 14. 94마1455.

배당요구를 별도로 해야 배당요구채권자로 배당받을 채권자가 된다.[1] 한편 소액임차인이 배당요구의 종기까지 배당요구를 하지 않은 경우에도 매각허가결정이 있을 때까지 그 권리를 증명하여 권리를 신고를 한다면 이해관계인이 된다.[2]

4. 경매개시결정에 대한 이의신청의 재판

(1) 이의신청과 잠정처분

이의신청을 하더라도 집행정지의 효력은 없고, 다만 잠정처분을 받을 수 있을 뿐이다(법 86조 2항, 16조 2항). 경매개시결정에 대한 이의신청을 받은 법원이 이러한 **잠정처분**을 하는 것은 그 이의신청에 대한 재판을 하기 전에만 허용된다.[3] 이의신청은 이의신청에 대한 재판이 있기 전까지 취하할 수 있으나, 재판이 있은 뒤에는 취하할 수 없으며, 취하하더라도 아무런 효력이 없다.[4]

(2) 이의신청에 대한 재판

1) 이의신청이 이유 없는 경우에는 **이의신청을 기각**한다. 이의신청이 이유 있는 경우에는 **경매개시결정을 취소**한다. 이의신청에 대한 재판에 대하여 이해관계인은 **즉시항고**를 할 수 있다(법 86조 3항). 즉시항고를 하더라도 집행정지의 효력은 없고, 다만 **잠정처분**을 받을 수 있을 뿐이다(법 86조 3항, 15조 6항 단서). 이러한 잠정처분은 항고법원, 또는 재판기록이 원심법원에 있는 때에는 원심법원이 한다. 이 때의 잠정처분은 앞서의 법 86조 2항, 16조 2항에 근거한 것이 아님에 주의해야 한다.[5]

2) 경매개시결정의 취소결정이 확정되면 법원사무관 등은 직권으로 경매개시결정등기를 말소하도록 등기관에게 촉탁해야 한다(법 141조).

5. 경매신청의 취하

(1) 경매신청인은 매수인이 매각대금을 다 낼 때까지 경매신청을 취하할 수

---

1) 재판예규 제866-41호 '주택임대차보호법 제 8 조에 관한 질의응답'(재민 84-1, 2002. 6. 26. 개정, 2002. 7. 1. 시행) 문.5.

2) 실무상 법원 내에 비치된 권리신고 및 배당요구신청서 양식[전산양식 A3440-A3441]을 이용하도록 안내하고 있다. 법원실무제요 민사집행(3), 61쪽.

3) 대결 2011. 5. 27. 2011그64.

4) 대결 2004. 3. 26. 2003마1481.

5) 대결 2011. 5. 27. 2011그64.

있다. 경매신청의 취하는 서면 또는 말로 한다. **매수신고**가 **있기 전**이라면 임의로 경매신청을 취하할 수 있으나 매수신고가 **있은 뒤**라면 ① 최고가매수신고인(**매각허부결정 전** 경매신청의 취하의 경우) 또는 매수인(**매각허가결정 뒤** 경매신청의 취하의 경우) 및 ② 차순위매수신고인(차순위매수신고인이 있는 경우) 등의 **동의**가 있어야 한다(법 93조 2항). 다만 **이중경매신청**이 **배당요구의 종기가 지나기 전**에 있는 경우라면 매수신고가 있은 뒤 압류채권자가 경매신청을 취하하더라도 법 105조 1항 3호의 기재사항이 바뀌지 않는 때에는 앞서의 동의가 요구되지 않는다(즉 법 93조 2항을 적용하지 않는다. 규칙 49조 1항). 경매개시결정이 상대방에게 송달된 후 경매신청이 취하된 때에는 법원사무관 등은 상대방에게 그 취지를 통지해야 한다(규칙 16조).

(2) 경매신청이 취하되면 압류의 효력은 소멸한다(법 93조 1항). 적법한 경매신청의 취하가 있는 경우 법원사무관 등은 직권으로 등기관에게 경매개시결정등기의 말소를 촉탁해야 한다(법 141조).[1] 등록면허세와 그 밖의 말소등기의 촉탁에 관한 비용은 경매신청을 한 채권자가 부담한다(규칙 77조). 배당요구채권자는 압류채권자의 경매신청의 취하에 대비하여 **이중압류**를 해야 한다(이중압류를 함으로써 법 87조 2항에 따라 경매절차를 계속 진행할 수 있다).

6. 경매절차의 취소

(1) 목적부동산이 없어지거나 매각 등으로 말미암아 권리를 이전할 수 없는 사정이 명백하게 된 때에는 집행법원은 강제경매의 절차를 반드시 취소해야 한다(법 96조 1항).[2] **경매절차의 취소사유**는 크게 매각부동산의 멸실, 매각부동산에 관한 채무자의 소유권 상실, 법령상 강제집행의 금지 등으로 나누어 볼 수 있다. ① **매각부동산의 멸실**에는 그 멸실시기가 경매개시결정 전・후인지 불문한다. ② 매각부동산에 관한 **채무자의 소유권 상실**에는 채무자 명의의 소유권이전등기가 먼저 이루어진(**최선순위 순위보전**의) 가등기에 기한 본등기의 경료로 직권으로 말소

1) 압류가 경합되어 있는 경우에 먼저 경매개시결정된 경매신청이 취하되더라도 뒤의 경매개시결정에 의하여 경매절차는 속행되나, 먼저 경매개시결정된 사건에 따른 경매개시결정등기는 바로 말소촉탁을 해야 한다. 법원실무제요 민사집행(3), 292쪽; 박진수, 주석서(2), 868쪽.

2) 공매절차에서 매수대금이 완납된 이후 압류나 공매절차의 단순한 흠(예컨대 독촉장의 송달 등)을 이유로 그 공매처분을 취소할 수 없다. 대판 2006. 5. 12. 2004두14717; 권순익, "공매절차에서 매수대금이 완납된 이후에 그 압류나 공매절차에 하자가 있었음을 이유로 공매처분을 취소할 수 있는지의 여부," 대법원판례해설 61호(2006년 상반기), 171쪽 이하.

되는 경우 등이 포함된다.[1] ③ **법령상 강제집행의 금지**에는 매각부동산이 공장재단·광업재단의 일부임이 밝혀진 경우, 또는 채무자에 대하여 회생·파산절차 등이 개시된 사실이 밝혀진 경우(다만 별제권을 가지는 담보권실행을 위한 경매에서는 그렇지 않다) 등이 포함된다. 이러한 취소사유는 매수인이 매각대금을 다 내기 전까지 발생한 것이어야 한다.

(2) 이해관계인이 집행법원에 대하여 법 96조 1항에 의한 경매절차의 취소신청을 했다고 하더라도 이와 같은 취소신청은 집행법원의 **경매절차취소를 촉구하는 의미**를 가질 뿐이다. 집행법원이 경매절차를 취소해야 할 사정이 명백함에도 불구하고 취소결정을 하지 않을 때에는 집행에 관한 이의신청(법 16조)에 의하여 불복을 신청할 수 있다(따라서 특별항고의 대상이 되지 않는다).[2]

(3) 경매절차의 취소결정은 채권자와 채무자에게 **고지**해야 한다(규칙 72조 1항 2호). 실무상 최고가매수신고인 또는 매수인도 취소결정에 이해관계가 있는 사람으로 보아 이들에게 취소결정을 고지하고 있다.[3]

(4) 경매절차의 취소결정에 대해서는 즉시항고를 할 수 있다(법 96조 2항). 위 취소결정은 확정되어야 효력이 있다(법 17조 2항). 경매절차의 취소결정이 확정되면 법원은 등기관에게 **경매개시결정등기**의 **말소**를 **촉탁**해야 한다.[4]

Ⅱ. 채권자가 여럿이 있을 때(채권자의 경합의 경우)의 집행절차

1. 이중경매개시결정(압류의 경합)

(1) 의 의

1) 강제경매절차를 개시하는 결정을 한 부동산에 대하여 다른 경매의 신청이 있는 때에는 집행법원은 다시 경매개시결정(**이중경매개시결정**)을 한다. 법 87조 1항은 강제경매개시결정 또는 담보권실행을 위한 경매개시결정을 한 부동산에 대

1) 경매개시결정등기 뒤의 권리변동사항 중 경매절차진행에 장애가 될 사실이 있는 경우에 법 95조에 의하여 경매법원에 등기사항증명서를 송부해야 한다. 등기예규 제1345호 '경매개시결정등기 후의 등기변동이 있는 경우의 조치'(2011. 10. 11. 개정, 2011. 10. 13. 시행).

2) 대결 1997. 11. 11. 96그64.

3) 법원실무제요 민사집행(2), 127쪽.

4) 이러한 말소등기의 촉탁에 관한 비용(등록면허세, 지방교육세, 등기신청수수료 등)은 경매신청을 한 **채권자**가 부담한다(규칙 77조).

하여 다른 강제경매의 신청이 있는 때의 이중경매개시결정에 관하여 규정을 하고 있으나, 강제경매개시결정을 한 부동산에 대하여 담보권실행을 위한 경매의 신청이 있는 경우에도 법 87조 1항이 준용된다.[1]

▣ 공동경매의 의미

1) 이중경매와 구별해야 할 개념으로 **공동경매**의 개념이 있다. 공동경매란 여러 압류채권자를 위하여 동시에 실시하는 경매를 말한다. 공동경매는 여러 채권자가 **동시에 경매신청**을 하거나, 또는 아직 경매개시결정을 하지 않고 있는 동안에 같은 부동산에 대하여 다른 채권자가 경매신청을 하여 동일한 절차로 진행하는 경매이다.

2) 공동경매의 경우 여러 개의 **경매신청을 병합**하여 **한 개의 경매개시결정**을 해야 하며, 그 여러 채권자는 **공동의 압류채권자**가 된다. 그 경매절차는 단독으로 경매신청을 한 경우를 준용한다(법 162조). 매각절차는 각 채권자를 위하여 개별적으로 진행되므로 각 채권자는 독립하여 그 이익을 받게 되고, 어느 한 채권자에 대한 집행정지·취소사유가 있든지, 어느 한 채권자의 경매취하는 다른 채권자에게 아무런 영향을 미치지 않는다.[2]

2) 이중경매개시결정이 있는 경우 집행법원은 기입등기를 촉탁하고(법 94조), 이중경매개시결정을 채무자에게 **송달**해야 하며(법 83조 4항),[3] 먼저 경매개시결정을 한 경매절차(**선행절차**)의 이해관계인에 대한 **통지**를 해야 한다(법 89조).[4] 이중경매개시결정이 있는 때에도 선행경매개시결정의 효력이 유지되는 한 **선행절차**에 따라 경매한다(법 87조 1항).[5] 선행절차의 경매신청이 취하되거나 그 절차가 취소

1) 대결 1991. 4. 13. 91마131.

2) 법원실무제요 민사집행(2), 88쪽.

3) 이중경매개시결정을 채무자에게 송달하지 않고 **후행절차를 진행하여** 매각대금을 받은 때에는 매수인의 소유권취득이라는 매각의 효력은 부정되며, 이 경우 집행법원이 매각대금의 완납 후에 사후적으로 이중경매개시결정을 채무자에게 송달했다고 하여 그 결론이 달라지는 것은 아니다. 대결 1995. 7. 11. 95마147, 대판 1994. 1. 28. 93다9477. 이와 달리, 이중경매개시결정을 채무자에게 송달하지 않고 **선행절차를 진행해도** 선행절차에서 경매개시결정이 채무자에게 송달되었다면 아무런 지장이 없다. 법원실무제요 민사집행(2), 91쪽.

4) 실무에서는 절차의 편의상 이중경매개시결정등기가 된 후 선행사건의 압류채권자와 채무자, 후행사건의 압류채권자에게 통지하고, 그 밖의 이해관계인에게는 통지하지 않고 기다렸다가 선행경매가 취소되면 그때에 가서 이해관계인에게 통지를 하고 있다. 법원실무제요 민사집행(2), 91쪽.

5) 이 경우 먼저 개시결정한 경매신청이 취하되거나 그 절차가 취소 또는 정지되지 않는 한 **후행절차**를 진행하는 것은 **위법**이나, 이와 같이 위법한 경매절차라 할지라도 그 절차의 진행이 저지됨이 없이 그대로 진행되어 매각허가결정이 확정되고 매수인이 그 대금까지 모두 내

된 경우, 또는 선행절차가 정지된 경우에는 선행절차를 승계하여 **후행절차**에 따라 진행한다.[1]

■ 이중경매개시결정이 있는 경우 남을 가망의 판단기준

강제경매개시결정 후 압류채권자에 우선하는 저당권자 등이 경매신청을 하여 이중경매개시결정이 되어 있는 때에는 선행 및 후행의 경매개시결정을 받은 채권자들 가운데 최우선순위 권리자의 권리를 기준으로 하여 남을 가망이 있는지 여부를 판단한다.[2] 따라서 선행경매신청채권자를 기준으로 해서는 남을 가망이 없더라도, 후행경매신청채권자가 저당권자 등으로서 선행경매신청채권자보다 우선하는 권리를 가진 사람이라면 후행경매신청채권자의 채권을 기준으로 남을 가망 여부를 판단하고, 남을 가망이 있으면 선행절차를 그대로 진행해야 한다.

다만 이중경매개시결정이 소유자에게 송달되지 않았다면 그 경매절차는 이중경매절차가 아니라 선행절차에 기한 하나의 경매절차라고 봄이 상당하므로, 선행절차는 이중경매개시결정에 따른 최우선순위 권리자의 권리가 아닌 선행절차만으로 법 102조에서 정한 남을 가망이 있는지 여부를 판단해야 한다.[3]

(2) 선행절차의 취하·취소

1) 선행절차의 경매신청이 취하되거나 그 절차가 취소된 때에는 집행법원은 잉여주의에 관한 **법 91조 1항의 규정에 어긋나지 않는 한도** 안에서, 즉 후행압류채권자의 채권에 우선하는 채권을 해하지 않는 한도 안에서 후행절차에 따라 경매를 계속 진행해야 한다(법 87조 2항). 예컨대 선행압류등기와 후행압류등기 사이에 저당권설정등기가 경료된 경우 저당권자는 후행압류채권자에 대해서는 우선권이 있기 때문에[저당권자는 선행압류채권자에 대해서는 우선권이 없으므로 배당순위에서 선행압류채권자와 같은 순위이다] 후행압류채권자에 우선하는 부동산 위의 부담(저당권)이 증가하게 되므로, 법 91조의 잉여주의에 반하는지 여부를 심사하여 남을 가

었다면 매각부동산의 소유권은 그 절차상의 위법에도 불구하고 그 대금을 냄으로써 매수인에게 적법하게 이전된다. 대결 1976. 6. 30. 75마97. 이러한 이치는 그 매각허가결정이 선행절차에서 매각허가결정이 먼저 선고되고 난 뒤에 비로소 선고된 것이라고 하여 달라지는 것은 아니다. 대결 2000. 5. 29. 2000마603.

1) 선행절차에서 경매채권자가 주소변경신고를 했다면 선행절차가 취소되었다고 하더라도 그 주소변경신고는 후행절차에 의하여 속행된 경매절차에서 당연히 효력이 있다. 대판 2001. 7. 10. 2000다66010.

2) 대결 1998. 1. 14 97마1653, 2001. 12. 28. 2001마2094.

3) 대결 2005. 11. 29. 2004마485.

망이 없다고 인정하는 때에는 법 102조의 절차를 밟아야 한다.

한편 **판례**는, 유치권자가 선행절차에서 유치권으로 대항할 수 없었으나 후행경매개시결정등기가 마쳐지기 전에 점유를 개시하여 유치권을 취득한 경우 취하된 선행절차를 인계하여 속행된 후행절차의 매수인에 대해서는 신의칙에 반한다고 평가되는 등의 특별한 사정이 없는 한 유치권을 행사할 수 있는데, 집행법원으로서는 취하된 선행절차를 승계하여 속행된 후행절차에서 매수인에게 대항할 수 있는 유치권이 생겼으므로 이를 포함하여 달라진 부분에 대하여 **다시 현황조사**를 명하여 **매각물건명세서 기재를 정정**하는 등 경매절차가 적정하게 진행될 수 있도록 적절한 조치를 취할 필요가 있다고 한다.[1)]

2) 선행절차의 경매신청이 취하되거나 그 절차가 취소된 경우 **후행절차의 경매개시결정**이 **선행절차**의 **배당요구의 종기 뒤의 신청**에 의한 것인 때에는 집행법원은 **새로이 배당요구**를 할 수 있는 **종기**를 정해야 한다. 다만 이미 법 84조 2항 또는 4항의 규정에 따라 배당요구 또는 채권신고를 한 사람에 대해서는 같은 항의 고지 또는 최고를 하지 않는다(법 87조 3항).[2)]

(3) 선행절차의 정지

1) 선행절차가 **정지**된 경우 후행절차의 속행은 **후행 압류채권자의 신청**(절차속행신청)이 있어야 한다. 다만 **후행절차의 경매개시결정**은 **선행절차의 배당요구의 종기**까지 행해진 **신청**에 의한 것이어야 한다(법 87조 4항). 배당요구의 종기 뒤의 신청에 의한 이중경매개시결정에 따라 절차를 속행할 수 있게 한다면, 다시 배당요구의 종기를 정해야 하고, 따라서 배당받을 채권자의 범위도 바뀌게 되어 정지사유가 해소된 뒤의 **경매절차가 불안정**해지기 때문이다.

2) 선행절차가 **정지**되더라도 그 후 선행절차가 **취소**되는 경우 **법 105조 1항 3호의 기재사항**, 즉 등기된 부동산에 대한 권리 또는 가처분으로서 매각으로 효력을 잃지 않는 것(인수주의에 의하는 것)에 관한 기재사항이 **바뀔 때**에는 후행절차의 속행에 관한 법 87조 2항의 규정에 불구하고 후행절차를 속행해서는 안 된

---

1) 대판 2022. 7. 14. 2019다271685.

2) 이는 선행절차에서 배당요구를 한 채권자에 대해서는 후행절차가 진행되는 경우 다시 배당요구를 하지 않아도 후행절차에서 배당요구를 한 것으로 취급하겠다는 의미일 뿐이고, 선행절차에 한 배당요구의 효력이 후행절차에서 인정된다고 하여 그러한 배당요구의 효력에 해당 부동산에 대한 처분금지적 효력 등 압류의 일반적인 효력이 포함된다는 뜻은 아니다. 대판 2014. 1. 16. 2013다62315.

다(법 87조 4항 단서).[1]

예컨대 선행절차의 경매개시결정과 후행절차의 경매개시결정 사이에 부동산에 관한 **용익권**(지상권 · 지역권 · 전세권 및 등기된 임차권 등, 다만 **전세권**에 관하여 배당요구를 한 경우는 제외)이나 **처분금지가처분**의 등기가 되어 있고, 선행절차가 집행정지되어 후행절차가 진행되는 도중에 선행절차의 경매개시결정이 취소되면 이러한 용익권 또는 가처분은 법 105조 1항 3호의 이른바 매각으로 그 효력을 잃지 않는 등기된 부동산의 권리 또는 가처분에 해당하게 되는 경우에는 집행정지 중인 선행절차에서 경매개시결정이 취소되는지 여부는 매수인의 지위에 중대한 영향을 미치게 된다. 따라서 정지 중인 선행절차의 경매개시결정의 취소여부에 따라 매각조건이 달라지게 되어 권리관계가 불확실한 때에는 선행절차가 정지되더라도 **후행절차**를 **즉시 속행할 것이 아니라**, 선행절차의 집행정지사유가 소멸하거나(이 경우 선행절차에 따라 진행한다) 먼저 한 경매개시결정이 취소될 때(이 경우 후행절차에 따라 진행한다)까지 기다려야 한다.

3) 그러나 선행절차의 경매개시결정과 후행절차의 경매개시결정 사이에 **저당권**의 등기가 되어 있는 경우에는 선행절차의 경매개시결정이 나중에 취소되더라도 그 저당권이 매각으로 소멸하는 것은 마찬가지이므로 이는 매각조건의 변동이 아니어서[즉 배당받을 사람의 범위에 변동이 있을 뿐이며, 법 105조 1항 3호의 기재사항이 바뀌는 경우가 아니다] 후행절차를 속행할 수 있다. 다만 이로 인하여 후행절차의 압류채권자의 채권에 우선하는 채권을 해하는 경우(법 91조 1항)에는 법 102조의 절차를 취해야 한다.

(4) 이중경매신청의 기한

이중경매신청은 매수인이 매각대금을 다 내어 경매부동산의 소유권이 매수인에게 이전될 때까지 할 수 있다(**대금완납시설**). 매각허가결정 뒤에도 경매신청이 취하되거나 그 절차가 취소되는 경우가 있고, 매수인이 대금을 내지 않아 다시 경매를 해야 할 경우도 있기 때문이다.[2] 법 87조 3항 · 4항도 대금완납시설을 전제로 규정하고 있다.[3] 다만 선행절차의 배당요구의 종기까지 이중경매신청을 하지 않으면 후행압류채권자는 압류채권자의 자격으로 배당받을 채권자가 될 수 없

---

1) 구법하에서는 민사소송규칙에서 같은 취지로 규정하고 있었다(구 민소규칙 146조의2).

2) 김용석, "이중경매에 있어서 선행경매신청이 취하된 경우 그 입찰보증금의 반환 여부," 실무연구자료(대전지방법원) 4권(2000. 5.), 161쪽 이하.

3) 이시윤 · 조관행, 298쪽.

으며(법 148조 1호), 선행절차가 집행정지된 때에도 후행절차에 의한 경매진행을 위해 속행신청을 할 수 없다(법 87조 4항).

(5) 이중경매개시결정과 절차진행

법 87조 1항은 이중경매개시결정이 있는 경우 법원은 선행절차에 따라 경매한다고 규정하고 있으므로, 이해관계인의 범위도 선행절차를 기준으로 정해야 한다.[1] 법원사무관 등은 선행절차가 정지된 때에는 후행절차의 속행을 신청할 수 있도록 후행절차의 압류채권자에게 그 취지를 통지해야 한다(규칙 47조). 선행절차가 정지되어 후행절차의 속행신청이 있는 경우 후행절차의 속행신청에 대한 재판에 대해서는 즉시항고를 할 수 있다(법 87조 5항).

▣ 압류의 경합과 집행비용

(1) 선행절차에 의하여 진행되는 경우

압류가 경합된 경우 뒤의 경매신청에 소요된 비용(예컨대 경매신청서서기료, 등록면허세, 인지대, 등기신청수수료, 제출비용, 송달료 등)은 배당요구에 소요된 비용과 마찬가지로 우선변제를 받을 수 있는 집행비용이 아니다.

(2) 선행절차가 취하·취소되어 후행절차에 의하여 진행되는 경우

선행절차가 취하·취소되어 후행절차가 진행된 때에는 후행사건의 **경매신청비용 포함 모든 비용**이 집행비용으로 우선변제된다. 위와 같은 경우 선행절차에서 지출된 비용은 원칙적으로 집행비용으로 되지 않으나, 다만 그 절차비용 중 후행절차에서 그대로 이용된 절차에 관한 비용, 예컨대 감정평가비용, 현황조사비용 등 모든 채권자의 이익을 위하여 지출된 **공익비용**은 당연히 **선행절차의 신청채권자**에게 우선변제된다.[2] 따라서 선행절차에서 현황조사가 종료되어 그것이 후행절차에서 그대로 이용된 때에는 후행경매신청인의 조사신청비용은 집행비용으로 되지 않는다.[3]

(3) 선행절차가 정지되어 후행절차에 의하여 진행되는 경우

선행절차가 집행정지되어 후행절차가 진행된 때에는 집행정지시까지의 선행절

---

1) 선행절차의 배당요구의 종기 뒤에 설정된 후순위 근저당권자로서 그 배당요구의 종기까지 아무런 권리신고를 하지 않은 배당요구의 종기 뒤의 이중경매신청인은 선행절차에서 이루어진 매각허가결정에 대하여 즉시항고를 제기할 수 있는 이해관계인이 아니다. 대결 2005. 5. 19. 2005마59. 위 결정에 대한 해설로는, 김수일, 대법원판례해설 54호(2005년 상반기), 501쪽 이하.

2) 법원실무제요 민사집행(3), 169쪽·292쪽. 따라서 집행법원은 그러한 경우 선행절차의 신청채권자에게도 계산서제출의 최고 및 배당기일의 통지를 해야 하며, 배당기일에 출석하지 않는 때에는 그 비용액을 공탁해야 한다(법 160조 2항).

3) 법원실무제요 민사집행(1), 117쪽.

차에서 지출된 비용은 우선변제된다. 이 경우 선행절차의 비용은 모든 채권자를 위하여 대지급한 **공익비용**으로서 집행정지된 채권이 궁극적으로 집행이 불허되더라도 우선변제된다.

2. 배당요구

(1) 의 의

1) 배당요구는 다른 채권자에 의하여 개시된 집행절차에 참가하여 동일한 재산의 매각대금에서 **변제를 받으려는** 집행법상의 행위를 말한다.[1] 배당에 참가하기 위해서는 배당요구를 해야 하는 경우와 배당요구를 하지 않아도 되는 경우가 있다.

2) 배당요구는 권리신고와 다르다. **권리신고**는 부동산 위의 권리자가 집행법원에 신고를 하고 그 권리를 증명하는 것으로써 이해관계인이 되는 데 그치고 이로써 당연히 배당을 받게 되는 것은 아니다. 한편 **배당요구**는 다른 채권자의 강제집행절차에 편승하는 종속적 행위라는 점에서 이중경매신청과 다르다.

3) 이중경매개시결정 후 선행절차에서 경매신청이 취하되거나 그 절차가 취소되어 후행경매개시결정에 따른 경매절차로 진행하는 경우 선행절차의 결과는 후행절차에 유효한 범위에서 그대로 승계되어 이용되므로,[2] 선행절차에서 한 배당요구의 효력은 후행절차에서도 인정된다.

(2) 배당요구를 해야 배당에 참가할 수 있는 채권자(법 88조 1항)

(a) 집행력 있는 정본을 가진 채권자

1) 집행권원을 가지지 않은 일반채권자는 이에 해당되지 않는다. 이러한 일반채권자는 뒤에서 보는 바와 같이 경매부동산에 대하여 가압류를 하여 이른바 경합압류채권자로서 배당에 참가하게 되는 것은 별론으로 하고, 별도의 배당요구를 할 자격이 없다.[3]

---

1) **판례**는, 채권자로서는 배당요구를 하기 전의 단계에서는 채무자의 책임재산으로부터 액수 미상의 돈을 분배받으리라는 **잠재적**이고 **추상적**인 **기대**를 가질 뿐이나, 채권자가 배당요구를 하여 배당절차에 참가하고 경매절차의 진행으로 배당요구의 종기가 지나면 특정 금액의 배당금을 자신에게 귀속시킬 수 있는 **구체적인 권리**를 가지게 되는 것으로 본다. 대판(전) 2019. 7. 18. 2014다206983.

2) 대결 1980. 2. 7. 79마417, 대판 2001. 7. 10. 2000다66010 등.

3) 대판 2003. 12. 11. 2003다47638.

2) 약속어음이 수취인 겸 소지인의 발행인에 대한 **장래 발생할 구상금채권**을 담보하기 위하여 발행된 것인 경우 소지인이 위 약속어음에 관하여 강제집행을 승낙하는 취지가 기재된 공정증서(집행증서)를 작성받았다 하더라도, 배당요구의 종기까지 아직 구상금채권이 발생하지 않았다면, 달리 특약이 없는 한 소지인은 위 집행증서에 기하여 강제집행을 개시할 수도 없고, 따라서 배당요구할 수도 없다.[1)]

3) 집행력 있는 정본을 가진 채권자가 하는 **배당요구**는 민법 168조 2호의 **압류에 준하는** 것으로서 배당요구에 관련된 채권에 관하여 **소멸시효중단의 효력**이 있다.[2)] 배당요구에 따른 시효중단의 효력은 **배당절차의 종료시**, 즉 **배당표가 확정될 때**까지 **존속**한다. 배당이의가 있으면 배당이의소송이 종료되어야 배당표가 확정되므로 그때까지 시효중단의 효력이 존속한다.

따라서 채권자가 배당요구 등의 방법으로 권리를 행사하여 강제경매절차에 참가하고, 그 권리행사로 인하여 소멸시효가 중단된 채권에 대하여 **일부만 배당**받은 것으로 배당표가 작성되고, 다시 **그 배당액** 가운데 **일부**에 대해서만 **배당이의**가 있어 그 이의의 대상이 된 부분을 제외한 나머지 부분, 즉 **배당액 가운데 이의가 없는 부분**과 **배당받지 못한 부분**의 **배당표가 확정**이 되었다면, 이로써 그와 같이 배당표가 확정된 부분에 관한 권리행사는 종료되고 그 부분에 대하여 중단된 소멸시효는 그 종료시점부터 다시 진행된다. 그리고 위 채권 가운데 **배당이의의 대상이 된 부분**은 그에 관하여 적법하게 배당이의의 소가 제기되고 그 소송이 완결된 후 그 결과에 따라 종전의 배당표가 그대로 확정 또는 경정되거나, 새로 작성된 **배당표가 확정**되면 그 시점에서 권리행사가 종료되고 그때부터 다시 소멸시효가 진행한다.[3)]

(b) 첫 경매개시결정등기 뒤에 가압류를 한 채권자

1) 뒤에서 보는 바와 같이 가압류채권자 중 첫 경매개시결정등기 전에 가압

---

1) 집행을 받을 사람이 일정한 시일에 이르러야 그 채무를 이행하게 되어 있는 때에는 그 시일이 지난 뒤에 강제집행을 개시할 수 있는데(법 40조 1항), 소지인으로서는 발행인에 대하여 구상금채권이 발생하지 않은 기간 중에는 약속어음상의 청구권을 행사할 수 없고 구상금채권이 현실로 발생한 때에 비로소 이를 행사할 수 있기 때문이다. 대판 2016. 1. 14. 2015다233951.

2) 대판 2002. 2. 26. 2000다25484, 2009. 3. 26. 2008다89880, 2022. 5. 12. 2021다280026.

3) 대판 2009. 3. 26. 2008다89880.

류를 한 채권자는 배당요구를 하지 않더라도 당연히 배당을 받을 수 있으나(법 148조 3호), 첫 경매개시결정등기 뒤에 가압류를 한 채권자는 경매신청채권자에 대항할 수 없고 집행법원도 가압류된 사실을 알 수 없으므로 배당요구를 해야만 배당을 받을 수 있다.

2) 여기서 배당요구를 할 수 있는 가압류를 한 채권자란 단순히 가압류결정을 받은 채권자가 아니라 해당 경매부동산에 대하여 **가압류집행**(**가압류등기**)을 마친 가압류채권자를 가리키므로, 만일 가압류집행 전에 가압류결정만을 제출하여 미리 배당요구를 했다면 그 배당요구는 부적법하다. 다만 그 뒤에 가압류집행이 됨으로써 배당요구의 흠이 치유되나, 이 경우에도 가압류집행은 배당요구의 종기까지는 이루어져야 한다.[1)]

(c) 민법 · 상법, 그 밖의 법률에 의하여 우선변제권이 있는 채권자

1) 최종 3개월분의 임금채권자와 재해보상채권자, 최종 3년간의 퇴직금채권자를 비롯한 근로관계채권자, 국민건강보험료 · 산업재해보험료 채권자 등, 소액보증금채권자를 비롯한 임차주택 · 상가건물의 확정일자를 갖춘 임차보증금채권자 등은 배당요구해야 한다(이에 관해서는 배당에 관한 부분에서 상세히 살펴본다).[2)]

판례는, 근로기준법상 우선변제권이 있는 **임금채권자**가 경매절차 전에 경매부동산을 **가압류**한 경우에는 (첫 경매개시결정등기 전에 등기된 가압류채권자는 배당요구를 하지 않아도 당연히 배당에 참가할 수 있지만) 배당요구의 종기까지 그러한 임금채권을 **소명**하지 않아도 **배당표가 확정되기 전까지** 소명하면 **우선변제**를 받을

1) 대판 2003. 8. 22. 2003다27696. 종래 가압류결정을 얻은 채권자 중 일부는 채무자에게 송달을 시도했다가 송달되지 않으면 주소보정명령에 응하지 않은 채 송달불능된 상태에서 배당을 받는 경우가 있었고, 법원도 주소보정명령을 하지 않은 채 방치하는 관행이 없지 않아 있었는데, 위 판결은 법원이나 가압류결정을 얻은 사람에 대하여 주의를 환기하고 있다는 지적으로는, 이우재, "배당요구를 할 수 있는 가압류채권자의 의의," 대법원판례해설 46호(2003년 하반기), 556쪽 이하.

2) 민법 367조는 저당물의 제3취득자가 그 부동산의 보존 · 개량을 위하여 필요비 또는 유익비를 지출한 때에는 민법 203조 1항 · 2항에 의하여 저당물의 경매대가에서 우선상환을 받을 수 있다고 규정하고 있다. 이러한 **민법 367조에 의한 우선상환**은 제3취득자가 경매절차에서 배당받는 방법으로(배당요구의 종기까지 **배당요구**를 해야 한다) 민법 203조 1항 · 2항에서 규정한 내용에 관하여 경매절차의 **매각대금**에서 우선변제를 받을 수 있다는 것이지 이를 근거로 제3취득자가 직접 저당권설정자, 저당권자 또는 경매절차 매수인 등에 대하여 비용상환을 청구할 수 있는 권리가 인정되는 것은 아니다. 따라서 제3취득자는 민법 367조에 의한 비용상환청구권을 피담보채권으로 주장하면서 유치권을 행사할 수 없다. 대판 2023. 7. 13. 2022다265093.

수 있다고 보고 있다. 따라서 우선변제권이 있는 채권이라는 사실에 대해서는 ① 다른 채권자의 배당이의가 없는 경우에는 **배당기일의 실시가 끝날 때**까지 소명해야 하며, ② 다른 채권자의 배당이의가 있어 배당이의의 소가 제기된 경우에는 **배당이의의 소**의 **사실심 변론종결시**까지 소명해야 한다.[1]

2) 주택임대차보호법 3조의2 2항은 제 3 자에 대한 **대항요건**과 **확정일자**를 갖춘 임차인은 민사집행법에 의한 경매시 임차주택의 현금화대금에서 후순위 권리자 그 밖의 채권자보다 **우선하여** 보증금을 변제받을 권리가 있다고 규정하고 있다.

원래 주택임대차보호법이 1999. 1. 21. **개정**(1999. 3. 1. 시행)되기 **전**에는 같은 법 3조 1항에서 위 규정과 같은 취지의 규정을 두면서 "임차인이 해당 주택의 양수인에게 대항할 수 있는 경우에는 임대차가 종료한 후가 아니면 보증금의 우선변제를 청구하지 못한다"는 단서규정을 두고 있었다.

당시 판례는, 우선변제권이 있는 주택임차인이라고 하더라도 주택의 양수인에게 대항할 수 있는 경우에는 임대차가 종료된 후가 아니면 경매절차에서 우선순위에 따른 배당을 받을 수 없으나, 한편 임차주택이 경매되는 경우에 주택의 양수인에게 대항할 수 있는 임차인이 임대차기간이 만료되지 않았음에도 경매법원에 배당요구를 하는 것은 스스로 더 이상 임대차관계의 존속을 원하지 않음을 명백히 표시하는 것이어서 다른 특별한 사정이 없는 한 이를 임대차해지의 의사표시로 볼 수 있고, 집행법원이 법 89조에 따라 임대인에게 배당요구사실을 통지하여 임차인의 해지의사가 경매법원을 통하여 임대인에게 전달되면 이때 임대차관계는 해지로 종료되며(**해지권긍정설**), 임차인이 경매법원에 배당요구를 했다는 사실만으로는 곧바로 임대차관계가 종료되지 않는다는 입장이었다.[2] 이에 따라 **관련예규**도 대항력과 우선변제권 있는 주택임차인이 임대기간이 종료되지 않았음에도 불구하고 배당요구를 한 때 집행법원은 임대인인 채무자 또는 소유자에 대하여 배당요구사실을 통지하도록 했다.[3]

그러나 1999. 1. 21. 주택임대차보호법 **개정** 당시 위 단서규정이 삭제되고, **3**

---

1) 김용상, 위 판례해설 229쪽; 이우재, 민사집행법에 의한 배당의 제문제(2008년), 720쪽.

2) 대판 1998. 9. 18. 97다28407, 1998. 10. 27. 98다1560, 1998. 10. 27. 98다1560; 박치봉, "대항력 있는 주택임차인의 임차기간 만료전의 배당요구 — 경매절차의 경쟁구조와 관련하여 —," 재판과 판례(대구판례연구회) 6집(1997. 12.), 198쪽 이하.

3) (폐지된) 재판예규 제540호 '대항력과 우선변제권이 있는 주택임차인의 배당요구시 업무처리요령'(재민 97-10, 1997. 10. 29. 제정).

조의5를 신설하여 현재 규정("임차권은 임차주택에 대하여 민사집행법에 따른 경매가 행하여진 경우에는 그 임차주택의 경락에 따라 소멸한다. 다만 보증금이 모두 변제되지 아니한, 대항력이 있는 임차권은 그러하지 아니하다")과 같은 취지로 규정했다. 이에 따라 앞서의 **관련예규**도 **폐지**되었다.[1] 따라서 현재로서는 우선변제권의 행사에 임대차의 종료가 요구되지 않게 되었다.

▣ 주택임차인 등에 대한 경매절차진행사실의 통지 요부

실무상 경매법원은 집행관의 현황조사보고서 등의 기재에 의하여 주택임차인 또는 상가건물임차인으로 판명된 사람, 임차인인지 여부가 명백하지 않은 사람, 임차인으로 권리신고를 하고 배당요구를 하지 않은 사람에 대하여 통지서를 송부하여 주택임대차보호법 3조 1항 내지 3항이 정하는 대항요건과 임대차계약서(같은 법 3조 2·3항의 경우에는 법인과 임대인 사이의 임대차계약서)상의 확정일자를 갖춘 임차인 또는 같은 법 8조 1항이 정하는 소액임차인이거나, 상가건물 임대차보호법 3조가 정하는 대항요건을 갖추고 임대차계약서상의 확정일자를 받은 임차인 또는 같은 법 14조에 의한 소액임차인이라도 배당요구의 종기까지 배당요구를 해야만 우선변제를 받을 수 있음을 고지하고 있다.[2]

3) 주택임대차보호법상의 대항력과 우선변제권을 모두 가지고 있는 임차인이 보증금을 반환받기 위하여 **보증금반환청구소송**의 확정판결 등 **집행권원**을 얻어 임차주택에 대하여 스스로 **강제경매**를 **신청**했다면 특별한 사정이 없는 한 대항력과 우선변제권 중 우선변제권을 선택하여 행사한 것으로 보아야 하고, 이 경우 우선변제권을 인정받기 위하여 배당요구의 종기까지 별도로 배당요구를 해야 하는 것은 아니다.[3] 따라서 이와 같이 우선변제권이 있는 임차인이 집행권원을 얻어 스스로 강제경매를 신청하는 방법으로 우선변제권을 행사하고, 그 경매절차에서 집행관이 현황조사 등을 통하여 경매신청채권자인 임차인의 우선변제권이 **확**

---

1) 재판예규 제713호 '대항력과 우선변제권 있는 주택임차인의 배당요구시 업무처리요령(재민 97-1) 폐지예규'(1999. 4. 16. 폐지).

2) 재판예규 제1833호 '임차인에 대한 경매절차진행사실 등의 통지'(재민 98-6, 2022. 11. 26. 개정·시행).

3) 대판 2013. 11. 14. 2013다27831. 배당요구절차에서 분명하게 드러나지 않은 우선변제권자의 등장으로 일반채권자들이 피해를 입거나 매각조건이 불분명한 상태에서 경매에 의해 저가로 매각되는 경우를 대비하여 집행법원으로서는 사전에 석명권을 적절히 행사하여 매각조건을 분명하게 할 필요가 있다. 법원실무제요 민사집행(3), 61쪽.

인되어, 그러한 내용이 현황조사보고서, 매각물건명세서 등에 **기재**된 상태에서 경매절차가 진행되어 매각이 이루어졌다면, 특별한 사정이 없다면 경매신청채권자인 임차인은 배당절차에서 후순위 권리자나 일반채권자보다 **우선하여** 배당받을 수 있다.

▣ 임차권과 분리된 임차보증금반환채권만을 양수한 경우와 배당요구 가부

(1) **판례**는, 채권양수인이 우선변제권을 행사할 수 있는 주택임차인으로부터 임차보증금반환채권을 양수한 경우, **임차권과 분리**된 **임차보증금반환채권**만을 양수한 이상 그 채권양수인이 주택임대차보호법상의 우선변제권을 행사할 수 있는 임차인에 해당한다고 볼 수 없으므로, 위 채권양수인은 임차주택에 대한 경매절차에서 주택임대차보호법상의 임차보증금 우선변제권자의 지위에서 배당요구를 할 수 없고, 이는 채권양수인이 주택임차인으로부터 다른 채권에 대한 담보목적으로 임차보증금반환채권을 양수한 때에도 마찬가지라고 보고 있다. 다만 이와 같은 경우에도 채권양수인이 일반 금전채권자로서의 요건을 갖추어(집행력 있는 정본에 기한 채권자) 배당요구를 할 수 있다고 본다.[1] 한편 **2013. 8. 13. 주택임대차보호법**의 **개정**을 통하여, **금융기관 등**이 임차인의 임차보증금반환채권을 양수한 경우 그 우선변제권을 승계할 수 있으므로 경매절차에서 배당요구를 하여 우선변제권을 행사할 수 있도록 하였다.

(2) 주택임대차보호법에 따른 대항력을 갖춘 임차인이 임대인의 동의를 얻어 적법하게 **임차권**을 **양도**하거나 **전대**한 경우 임차권양수인은 원래의 임차인이 가지는 우선변제권을 **행사**할 수 있고, 전차인은 원래의 임차인이 가지는 우선변제권을 **대위행사**할 수 있다(이에 관해서는 배당절차상 배당순위에서 살펴보기로 한다).[2]

(3) 따라서 임차권과 분리된 임차보증금반환채권의 양수만을 주장하는 것인지 아니면, 임차권의 양수를 주장하는 것이 분명하지 않은 때에는 보정명령 등을 통하여 주택임대차보호법상 우선변제권자의 지위에서 배당요구를 할 수 있는지를 판단해야 한다.[3]

(d) 첫 경매개시결정등기 뒤에 등기된 저당권자·담보가등기권자 등

1) 첫 경매개시결정등기 뒤 저당권·담보가등기가 마쳐진 경우의 저당권자·담보가등기권자는 배당요구를 해야 한다. 부동산에 관한 경매개시결정등기 전에 저

1) 대판 2010. 5. 27. 2010다10276.
2) 대판 2010. 6. 10. 2009다101275.
3) 대판 2016. 5. 27. 2016다5504; 법원실무제요 민사집행(3), 13쪽.

당권등기나 담보가등기가 마쳐져 있는 경우에는 집행법원으로서도 그 피담보채권의 존재와 내용을 알 수 있으나, 경매개시결정등기 뒤에야 이러한 등기가 마쳐진 때에는 저당권자나 가등기담보권자가 집행법원에 배당요구를 해 오지 않는 이상 집행법원으로서는 위와 같은 피담보채권이 존재하는지 여부조차 알지 못하므로, 경매개시결정등기 뒤에 이러한 등기가 마쳐지게 된 경우에는 저당권자나 가등기담보권자가 배당요구의 종기까지 배당요구를 해야만 배당을 받을 수 있다.[1)]

2) 첫 경매개시결정등기가 된 뒤에 **체납처분에 의한 압류등기**(국세징수법 31조, 지방세징수법 33조) 또는 참가압류등기(국세징수법 61조, 지방세징수법 67조)가 된 경우에는 조세채권자인 국가 또는 지방자치단체의 장은 집행법원에 배당요구의 종기까지 배당요구로써 **교부청구**를 해야만 배당을 받을 수 있다.[2)] 조세, 그 밖에 공과금을 주관하는 공공기관이 뒤에서 보는 바와 같이 집행법원의 채권신고의 최고에 따라 채권신고서만 제출하고 별도의 교부청구를 하지 않은 때에도 **배당요구의 원인사실 및 액수 등**을 **특정**하기에 충분한 정도의 내용을 기재한 **채권신고서를 배당요구의 종기 이전**에 집행법원에 제출했다면 이로써 적법한 방식에 의한 **배당요구**를 했다고 본다.[3)]

3) **저당권설정청구권**을 보전하기 위한 **처분금지가처분의 등기**가 이미 되어 있는 부동산에 관하여 **경매개시결정등기**가 이루어지고, 그 뒤 가처분채권자가 본안소송의 승소확정으로 그 피보전권리의 실현을 위한 **저당권설정등기**를 한 경우 비록 가처분발령법원의 말소등기촉탁으로 위 가처분등기가 말소되었다고 하더라도 여전히 가처분등기 후에 이루어진 경매개시결정등기에 따른 압류로 가처분채권자의 저당권 취득에 대항할 수 없다.[4)] 따라서 이 경우 가처분채권자인 저당권자는 배당요

---

1) 압류 후 담보권자의 경우에도 법 88조 1항의 민법 · 상법 그 밖의 법률에 의하여 우선변제청구권에 해당된다고 보아 배당요구를 하면 배당에 참가할 수 있다. 배태연, "부동산의 압류 · 가압류 후에 설정된 담보물권의 효력과 배당우선순위 — 개정 민사소송법 제605조 제 1 항에 대한 입법론적 비판과 정당한 해석론의 시도 및 새로운 입법론의 제안 —," 사법논집 21집(1990. 12.), 389쪽 이하. 이에 대하여, 법 88조 1항에서 말하는 우선변제청구권에는 약정담보물권은 포함하지 않는다고 보아 압류 후 담보권자는 배당요구할 수 있는 채권자에 해당하지 않는다고 보는 견해로는, 윤윤수, "압류와 가압류 — 그 처분금지적 효력의 차별화의 가능성을 중심으로 —," 판례연구(부산판례연구회) 3집(1993. 2.), 471쪽 이하; 남기정, "개정강제집행법상 배당참가채권자의 범위," 법조 39권 10호(1990. 10.), 133쪽 이하.

2) 대판 2001. 5. 8. 2000다21154, 2002. 9. 27. 2002다22212, 대결 2021. 4. 9. 2020마7695.

3) 따라서 그 채권신고서에 '배당요구신청서'라는 제목을 달지 않았다는 등의 사정만을 가지고 적법한 방식에 의한 배당요구를 하지 않은 것으로는 볼 수 없다. 법원실무제요 민사집행(2), 136쪽.

4) 대판 2015. 7. 9. 2015다202360, 2022. 6. 30. 2018다276218.

구를 하지 않더라도 압류채권자(경매신청채권자)에 우선하여 배당을 받을 수 있다.

(3) 배당요구를 하지 않아도 당연히 배당에 참가하는 채권자

(a) 경매신청채권자(법 148조 1호)

1) 경매절차의 개시원인이 된 **경매신청**을 한 **채권자**뿐만 아니라, **선행절차의 배당요구의 종기**까지 **이중경매신청**을 한 **채권자**도 별도의 배당요구를 하지 않아도 배당을 받는다. **이중경매신청(신청서 접수)**이 배당요구의 종기까지 이루어진 때에는 비록 그에 기한 압류의 효력이 배당요구의 종기 뒤에 발생했다고 하더라도 배당받을 채권자로 취급된다.[1)]

여기서 배당요구의 종기란 첫 경매개시결정에 따른 압류의 효력이 생긴 때 정한 것(법 84조 1항), 또는 그 배당요구의 종기가 연기된 때에는 그 연기된 종기를 말한다. 한편 이중경매신청이 있는데 먼저 경매개시결정을 한 경매신청이 취하되거나 그 절차가 취소되어 뒤의 경매개시결정에 따라 절차를 계속 진행하게 된 결과 법 87조 3항 본문에 의하여 새로이 배당요구의 종기를 정한 때에는 가장 뒤에 도래한 것이 여기서 말하는 배당요구의 종기가 된다.[2)]

2) 이중경매신청채권자가 선행절차의 배당요구의 종기 뒤에 이중경매신청을 한 때에는 별도로 법 148조 2호 내지 4호에 해당하는 경우가 아니라면 이중경매신청이 받아들여진 경우에도 배당받을 수 없다.

3) 압류가 경합되었다가 먼저 개시된 사건(선행사건)이 취하·취소된 경우에 선행사건의 경매신청인이 지출한 절차비용 가운데 뒤에 개시된 사건(후행사건)에 그대로 이용된 절차에 관한 비용(예컨대 감정평가비용, 현황조사비용 등)은 공익비용으로서 매각대금에서 당연히 우선적으로 상환을 받을 수 있으므로, 선행사건의 경매신청인도 법 148조 1호의 압류채권자에게 해당한다.[3)]

(b) 첫 경매개시결정등기 전에 등기된 가압류채권자(법 148조 3호)

1) 첫 경매개시결정등기 전에 가압류집행(가압류등기)을 한 채권자는 배당요구를 하지 않아도 배당을 받는다. 따라서 이에 해당하는 가압류채권자가 채권계산서를 제출하지 않았다 하더라도 배당에서 제외해서는 안 된다.[4)]

---

1) 법원실무제요 민사집행(3), 30쪽.
2) 법원실무제요 민사집행(3), 30쪽.
3) 법원실무제요 민사집행(3), 30쪽.
4) 대판 1995. 7. 28. 94다57718.

2) 여기서 **첫 경매개시결정등기**란 이중경매개시결정이 있는 경우에 현재 존속 중인 경매사건 중 가장 먼저 경매개시결정된 사건의 경매개시결정등기를 말한다. 따라서 이중경매개시결정이 있는 사건에서 먼저 경매개시결정이 된 사건(**선행절차**)이 **정지되었을 뿐인 경우**에는 선행절차의 경매개시결정등기 후에 가압류집행(가압류등기)을 한 채권자는 설령 그 가압류등기가 뒤에 경매개시결정이 된 사건(**후행절차**)의 경매개시결정등기보다 먼저 등기되었고, 또한 후행절차가 진행되더라도 (**첫 경매개시결정등기가 있는 상태**에서 진행되는 한 첫 경매개시결정등기 뒤에 등기된 가압류채권자이므로) 배당요구의 종기까지 배당요구를 하지 않으면 배당을 받을 수 없다. 이와 달리 **선행절차가 취하 · 취소**되어 **존재하지 않게 된 경우**에는 (**첫 경매개시결정등기가 말소**되어 존재하지 않는다) 뒤의 경매개시결정에 따른 경매개시결정등기가 법 148조 3호의 첫 경매개시결정등기가 되므로 그 전에 가압류집행을 한 가압류채권자는 배당요구를 하지 않더라도 배당을 받을 수 있다. 뒤에서 보는 **법 148조 3호 · 4호의 경우**에도 마찬가지의 법리가 적용된다.

(c) 첫 경매개시결정등기 전에 등기된 저당권, 전세권, 그 밖의 우선변제권으로서 매각으로 소멸되는 권리를 가진 채권자(법 148조 4호)

1) 이들은 매각으로 당연히 소멸하나(소멸주의, 법 91조 2항 · 3항) 배당요구가 없더라도 순위에 따라 배당을 받을 수 있다.

2) **근저당권자**가 근저당권의 **채권최고액을 초과하는 부분**으로서 우선변제적 효력이 미치지 않는 채권에 관하여 다른 가압류채권자 등 우선변제권이 없는 일반채권자와 같은 순위로 안분(按分)비례하여 배당하기 위해서는 근저당권에 기한 경매신청이나 채권계산서의 제출이 있는 것만으로는 안 되며, 그 채권최고액을 초과하는 채권에 관하여 별도로 적법한 배당요구를 했거나 그 밖에 달리 배당을 받을 수 있는 채권으로서의 필요한 요건을 갖추어야 한다.[1]

3) **담보가등기권자**는 그 등기의 기재만으로는 순수한 순위보전의 가등기인지, 담보가등기인지를 알 수 없으므로 **채권신고**를 하는 경우에만 배당요구 없이도 배당을 받을 수 있다(가담 16조 2항).[2] 한편 제 3 자가 채무자를 위하여 담보권의 피담보채무를 **대위변제**하여 채무자에 대하여 구상권을 취득하는 경우 그 **구상**

1) 대판 1998. 4. 10. 97다28216; 박성인, "근저당권자에게 채권최고액을 제외한 잔여 경락대금을 교부받을 권리의 유무," 판례와 실무(인천지방법원) 2004년(2004. 12.), 78쪽 이하.

2) 대판 2021. 2. 25. 2016다232597.

권의 범위 내에서 종래 채권자가 가지고 있던 채권과 그 담보권은 동일성을 유지한 채 법률상 당연히 변제한 제 3 자에게 이전하는데, 이때 채권자가 배당요구 없이도 당연히 배당받을 수 있었던 때에는 대위변제자는 따로 배당요구를 하지 않아도 배당받을 수 있다.[1)]

4) **최선순위 용익권**(지상권, 지역권, 전세권 및 등기된 임차권, 법 91조 4항 본문)은 **배당요구**를 한 **최선순위 전세권**을 **제외**하고는 인수의 대상이 되므로(법 91조 4항 본문), 배당요구의 유무에 불문하고 배당에 참가할 수 없다. **최선순위 전세권**은 배당요구에 의하여 소멸한다(법 91조 4항 단서). 이러한 점에서 전세권은 담보권의 성질을 겸유하고 있다. 최선순위 전세권은 존속기간의 만료로 전세권이 소멸되더라도 배당요구를 하여 전세금의 우선변제를 청구하지 않는 한 전세금의 우선변제권(민 303조 1항 후단)만으로도 법 91조 4항의 저당권 등에 대항할 수 있는 권리에 해당한다. 따라서 최선순위 전세권은 오로지 전세권자의 배당요구에 의해서만 소멸되고, 전세권자가 배당요구를 하지 않는 한 전세권은 매수인에게 인수되며, 반대로 배당요구를 하면 존속기간에 상관없이 전세권은 소멸한다.[2)]

▣ 최선순위 전세권의 기간의 만료로 발생한 전세금반환채권에 대하여 압류를 한 경우와 배당요구의 가부

최선순위 전세권자는 앞서 본 바와 같이 전세권이 실체법상 소멸했는지와 상관없이 경매절차에서 배당요구를 해야만 전세권이 매각으로 소멸하고 배당받는 것이 원칙이다. 이는 ① 전세권에 대하여 저당권(**전세권저당권**)이 설정되어 있거나, ② 전세권이 기간만료로 소멸한 후 전세금반환채권에 대한 전세권자의 채권자인 **제 3 자의 압류** 등이 있더라도 마찬가지이다. 이 경우에도 **전세권자**가 **배당요구**하거나 **전세권자의 채권자**가 **대위하여 배당요구**를 해야만 매각으로 소멸한다. ②의 경우 전세금반환채권에 대하여 압류를 했다고 하여 이를 배당요구로 볼 수 없다. 배당요구는 배당요구를 할 수 있는 채권자의 채권변제를 위한 것인데 반하여 전세금반환채권에 대한 배당에 따른 배당금채권에 대한 압류는 이러한 배당금채권을 압류한 집행채권자의 변제를 위한 집행행위(현금화조치)에 불과하기 때문이다. 따라서 경매절차에서 배당요구를 하지 않은 채권자의 채권을 압류한 채권자는 별도로 경매법원에 **채권자대위권의 요건**을 갖추어 배당요구를 해야 한다.[3)]

---

1) 대판 2006. 2. 10. 2004다2762, 2021. 2. 25. 2016다232597.

2) 대판 2010. 6. 24. 2009다40790.

3) 전세권이 존속기간의 만료 등으로 종료한 경우라면 최선순위 전세권자의 채권자는 채권자

5) 임차권등기명령에 의한 임차권등기가 첫 경매개시결정등기 전에 등기된 경우의 임차인도 법 148조 4호에 준하여 별도의 배당요구를 하지 않아도 배당받을 채권자에 속한다(법 148조 4호 준용).[1]

(d) 첫 경매개시결정등기 전에 등기된 체납처분에 의한 압류권자

1) 첫 경매개시결정등기 전에 체납처분에 의한 압류등기가 된 경우에는 교부청구(국세징수법 59조, 지방세징수법 66조)를 하지 않더라도 당연히 그 등기로써 배당요구와 같은 효력이 생기므로,[2] 별도의 교부청구가 없어도 배당을 받게 된다.

2) 다만 체납처분에 의한 압류등기 이후에 발생한 체납세액은 배당요구의 종기까지 교부청구를 해야 하고, 배당요구의 종기 이후 배당기일까지 사이에 비로소 교부청구된 세액은 배당할 수 없다.[3]

(4) 대위변제자와 배당요구 여부

1) 배당에 참가할 채권을 대위변제했거나 공동저당권에 대한 이시배당의 결과 차순위채권자가 대위하는 경우 등(민 368조 2항, 위 규정이 유추적용되는 경우도 마찬가지이다)에서 피대위자가 배당을 받기 위하여 배당요구가 필요하다면(배당요구채권자인 경우) 피대위자가 별도로 대위할 범위에 관하여 배당요구를 하지 않고 있는 한 대위권자가 배당요구의 종기까지 배당요구를 해야 한다. 그러나 피대위자가 배당요구채권자 아닌 배당참가채권자로서 피대위자가 배당요구를 할 필요가 없거나, 피대위자가 배당요구채권자이지만 피대위자가 이미 배당요구를 했다면 대위권자는 따로 배당요구를 하지 않더라도 배당표가 확정되기 전까지 대위할 권리가 있음을 소명하면 된다.[4]

2) 한편 대위변제자가 배당요구를 할 때는 피대위자의 배당요구의 자격 외에

대위권에 기하거나, 전세금반환채권에 대하여 압류 및 추심명령을 받은 다음 그 추심권한에 기하여 자기 이름으로 전세권에 대한 배당요구를 할 수 있다. 다만 최선순위 전세권자의 채권자가 위와 같이 채권자대위권이나, 추심권한에 기하여 전세권에 대한 배당요구를 할 때에는 채권자대위권 행사의 요건을 갖추었다거나, 전세금반환채권에 대하여 압류 및 추심명령을 받았다는 점 및 이와 함께 그 전세권이 존속기간의 만료 등으로 종료했다는 점에 관한 소명자료를 배당요구의 종기까지 제출해야 한다. 대판 2015. 11. 17. 2014다10694; 박준의, "전세권을 둘러싼 집행관계," 사법논집 76집(2023년), 532쪽.

1) 대판 2005. 9. 15. 2005다33039.

2) 대판 2002. 1. 25. 2001다11055.

3) 대판 2004. 11. 12. 2003두6115, 2012. 5. 10. 2011다44160.

4) 대판 2002. 12. 10. 2002다48399, 2005. 9. 29. 2005다34391, 2007. 9. 7. 2005다70816 등.

변제자대위에 관한 요건, 즉 대위변제사실뿐만 아니라 임의대위의 경우 피대위자의 승낙(민 480조 1항) 등 대위권행사의 요건도 소명해야 하고, 또한 피대위자가 집행력 있는 정본을 가진 사람인 경우에는 그 정본에 승계집행문을 받아야 한다.[1)]

(5) 배당요구절차

(a) 배당요구와 배당

1) 배당요구채권자는 배당요구의 종기까지 배당요구를 한 경우에 한하여 비로소 배당을 받을 수 있다. 따라서 적법한 배당요구를 하지 않은 경우에는 실체법상 우선변제권이 있는 채권자라고 하더라도 그 매각대금으로부터 배당을 받을 수 없다.[2)]

2) 배당요구의 종기까지 배당요구한 채권자라고 할지라도 **채권의 일부금액**만을 배당요구한 경우라면, **배당요구의 종기 뒤**에는 배당요구하지 않은 채권을 **추가**하거나 **확장**할 수 없다.[3)] 배당요구의 종기까지 추가로 배당요구를 하지 않은 채권이 이자 등 부대채권이라도 마찬가지이다. 다만 **경매신청서**, 또는 배당요구의 종기 이전에 제출된 **배당요구서**에 배당기일까지의 **이자 등 지급을 구하는 취지**가 **기재**되어 있다면 배당대상이 된다.[4)]

3) 배당요구를 한 채권자는 배당요구의 종기가 지난 뒤에는 절차의 안정을 위하여(매수인이 부담해야 할 부담이 바뀌지 않도록 하기 위하여) 이를 철회하지 못한다(법 88조 2항).

(b) 배당요구의 방식

1) 배당요구는 **채권**(**이자 · 비용**, 그 밖의 **부대채권**을 포함한다)의 **원인**과 **액수**를 적은 서면(**배당요구서**)으로 해야 한다(규칙 48조 1항).[5)] 채권의 원인은 채무자에 대하여 배당요구채권자가 가지는 원인채권을 특정할 수 있을 정도로 기재하면 충분하다. 다만 집행력 있는 정본에 의하지 않은 배당요구인 경우에는 채무자로 하여

1) 대판 2007. 4. 20. 2005다64033.

2) 대판 1998. 10. 13. 98다12379, 2002. 1. 25. 2001다11055 등.

3) 대판 2012. 5. 10. 2011다44160, 2015. 6. 11. 2015다203660.

4) 대판 2012. 5. 10. 2011다44160.

5) 배당요구는 채권의 원인과 액수를 기재한 서면에 의하여 집행법원에 배당을 요구하는 취지가 표시되면 된다. 따라서 채권자가 경매목적부동산에 관한 경매개시결정등기 뒤에 가압류결정을 받은 다음 채권의 액수를 적은 서면에 가압류결정을 첨부하여 경매법원에 제출했다면 채권의 원인과 액수를 적어 배당을 요구하는 취지가 표시된 것으로 보아야 하고, 그 서면의 제목이 '권리신고'라고 되어 있다고 하여 달리 볼 것은 아니다. 대판 1999. 2. 9. 98다53547.

금 채권이 어느 것인지를 식별할 수 있을 정도로 그 채권의 원인에 관한 구체적인 표시가 필요하다.[1)]

2) 배당요구를 할 경우 배당요구서에는 집행력 있는 정본 또는 그 사본,[2)] 그 밖에 배당요구의 자격을 **소명하는 서면**을 **첨부**해야 한다(규칙 48조 2항).[3)]

판례는, 근로기준법 및 근로자퇴직급여 보장법에 의하여 우선변제권을 갖는 **임금 및 퇴직금 채권의** 경우 민사집행절차의 안정성 보장의 절차법적 요청과 근로자의 임금채권 등 보호의 실체법적 요청을 비교형량해 보면 우선변제청구권 있는 임금 및 퇴직금 채권자가 배당요구의 종기까지 **배당요구의 자격**에 관한 **소명자료**를 제출하지 않았다고 하더라도 **배당표가 확정되기 전**까지 이를 보완했다면 우선배당을 받을 수 있다고 해석해야 한다고 본다.[4)]

(c) 배당요구서의 제출과 법원의 조치

1) 배당요구서가 제출되면 집행법원은 배당요구서에 적힌 내용과 첨부서류에 의하여 배당요구의 형식적 요건에 관하여 심사를 하여, 심사결과 배당요구의 요건을 갖추지 못하여 부적법한 경우(예컨대 집행력 있는 정본을 가진 채권자라는 사실에 대한 소명이 없거나, 집행력 있는 정본 없이 배당요구가 가능한 우선변제청구권 있는 채권이 아닌 채권으로 배당요구를 한 경우) 보정이 가능한 때에는 일단 보정을 명하

---

1) 대판 2008. 12. 24. 2008다65242, 2015. 6. 11. 2015다203660. 예컨대 퇴직금의 경우 퇴직금은 본질적으로 후불적 임금의 성질을 지닌 것이라는 점을 고려할 때, 배당요구서에 채권의 원인을 '**임금**'이라고만 기재했다고 하더라도 그 임금에 '**퇴직금**'도 포함되어 있을 수 있으므로 이를 신중하게 판단할 필요가 있다. 그러나 배당요구서의 기재 내용 및 첨부서류에 의하면 배당요구한 임금채권에 퇴직금이 포함되어 있지 않은 것이 분명하다면 그 배당요구에 퇴직금채권에 대한 배당요구가 포함되어 있다고 볼 수 없는 것은 당연하고, 배당요구의 종기 뒤에 제출한 채권계산서에 퇴직금채권을 추가하여 기재했다거나 당초 배당요구한 임금채권의 액수가 근로기준법 38조 2항에 따라 최우선변제되는 최종 3개월분의 임금을 초과하는 것이어서 최우선변제되지 않고 남아 있는 부분이 있다고 해도 마찬가지이다. 대판 2008. 12. 24. 2008다65242.

2) 대결 2002. 10. 29. 2002마580. 집행력 있는 정본의 **사본**만을 붙여 배당요구를 한 경우에도 배당을 받을 채권자에게는 배당액지급증을 교부하는 동시에 그가 가진 집행력 있는 정본을 받아 채무자에게 교부하거나(**전부배당시**) 배당액을 적어서 돌려주어야 하므로(**일부배당시**)(법 159조 2항・3항), 배당요구채권자는 배당을 받을 단계에서는 집행력 있는 **정본**을 제출하게 된다.

3) 확정된 지급명령의 채권자가 집행력 있는 정본을 가진 채권자로서 적법하게 배당요구를 하기 위해서는 지급명령의 정본이나 사본을 배당요구의 종기까지 제출해야 한다. 대판 2014. 4. 30. 2012다96045.

4) 대판 2022. 4. 28. 2020다299955(원고들은 경매법원에 배당요구서를 제출하면서 체불임금확인서, 근로소득원천징수증 등 첨부서류는 '**추후 첨부 예정**'이라고 기재했다. 원고들은 배당요구의 종기가 지난 뒤에 경매법원에 체불 임금등・사업주확인서를 제출했다).

고, 보정이 없으면 각하해야 한다. 실무상 부적법한 배당요구가 있더라도 별도로 각하결정을 하지 않고 관계된 채권자를 배당표에서 제외하고(그 채권을 배당표에 기재하지 않고) 배당을 실시하는 처리방식을 취하고 있다.[1] 법원이 별도로 각하결정을 하거나 배당요구한 채권을 배당표에서 제외하고 배당을 실시하는 조치를 취한 때에는 이에 대하여는 집행에 관한 이의신청(법 16조)을 할 수 있다.

2) 한편 법원은 앞서의 형식적 요건의 심사와 더불어 배당요구한 채권의 실체적 존부 및 범위에 관해서도 집행기록에 나타난 자료를 토대로 심사나 조사를 할 수 있으며, 그 결과 그 채권이 진정한 것이 아닌 것으로 판단되는 때에는 배당에서 제외할 수 있다.[2] 부적법한 배당요구에 기하거나 실체적 권리관계와 달리 배당표가 작성된 때에는 배당표에 대한 이의를 진술할 수 있다(법 151조).

3) 법원은 배당요구가 있는 때에는 그 사유를 **이해관계인**에게 **통지**해야 한다(법 89조).[3] 다만 이해관계인이라 하더라도 배당절차와 이해관계가 없는 사람, 예컨대 매각에 의하여 소멸하지 않고 존속하는 용익권자 등에게는 통지를 하지 않아도 된다.[4] 이해관계인에게 통지하도록 하는 것은 배당받을 사람의 범위가 변경됨을 집행절차에 참가하고 있는, 해당 배당요구채권자 외의 다른 채권자에게 알려 주어 채권의 존부와 액수를 다툴 수 있도록 하려는 데 그 목적이 있다. 따라서 이러한 통지를 누락했다고 하더라도 배당요구의 효력에는 아무런 영향이 없다.[5]

(d) 배당요구를 하지 않은 경우와 부당이득반환청구 여부

배당요구채권자가 적법한 배당요구를 하지 않아 그를 배당에서 제외하는 것으로 배당표가 작성·확정되고 그 확정된 배당표에 따라 배당이 실시되었다면 그가 적법한 배당요구를 한 경우에 배당받을 수 있었던 금액 상당의 금원이 후순위 채권자에게 배당되었다고 하여 이를 법률상 원인이 없는 것이라고 할 수 없으므로, 후순위 채권자를 상대로 부당이득반환을 청구할 수 없다.[6]

---

1) 법원실무제요 민사집행(3), 20쪽; 유제민, 주석서(2), 172쪽.
2) 법원실무제요 민사집행(3), 21쪽.
3) 실무상 적법한 배당요구가 있는 때부터 3일 이내에 한다. 재판예규 제1636호 '부동산경매사건의 진행기간 등에 관한 예규'(재민 91-5, 2017. 1. 20. 개정·시행).
4) 법원실무제요 민사집행(3), 21쪽; 유제민, 주석서(2), 187쪽.
5) 대판 2001. 9. 25. 2001다1942.
6) 대판 2002. 1. 22. 2001다70702, 2005. 8. 25. 2005다14595, 2020. 10. 15. 2017다216523.

Ⅲ. 매각준비절차

1. 배당요구의 종기의 결정 및 공고 등

(1) 의 의

1) 집행법원은 절차에 필요한 기간을 고려하여 **첫 매각기일 이전**으로 **배당요구의 종기**를 정하여 공고한다(**2022. 1. 4. 개정 · 시행** 법 84조 1항 · 2항). 배당요구의 종기의 **결정** 및 **공고**는 경매개시결정에 따른 **압류의 효력**이 생긴 때부터 **1주 이내**에 해야 한다(법 84조 3항).[1]

2) 실무상 배당요구의 종기는 특별한 사정이 없는 한 그 **결정일**부터 2월 이상 3월 이하의 범위 안에서 정하며, 이를 인터넷 법원경매공고란(www.courtauction.go.kr) 또는 법원게시판에 게시하는 방법으로 공고하도록 하고 있다.[2] 한편 **실무상** 배당요구의 종기는 통상 **첫 매각기일**의 **1월 이내**로 정한다.[3]

3) 후행경매절차가 선행경매절차의 배당요구의 종기 이후의 신청에 의한 것일 때에는 새로 배당요구의 종기를 정해야 한다(법 87조 3항).

(2) 배당요구의 종기의 고지

1) 법원은 **법 91조 4항 단서**의 **전세권자** 및 **법원에 알려진 법 88조 1항**의 **채권자**에게 이를 **고지**해야 한다(법 84조 2항). 실무상 이들에 대한 고지는 배당요구의 종기의 결정과 **동시에** 하며,[4] 기록에 표시된 주소에 등기우편으로 발송하는 방법으로 한다.[5] 배당요구를 하지 않아도 배당받을 수 있는 법 148조 3호 · 4호의 채권자는 당연히 배당을 받게 되어 배당요구의 종기와 무관하므로 법원은 이러한 채권

---

1) 실무상 등기완료통지를 받은 날부터 3일 이내에 한다. 재판예규 제1636호 '부동산경매사건의 진행기간 등에 관한 예규'(재민 91-5, 2017. 1. 20. 개정 · 시행).

2) 재판예규 제1853호 '부동산등에 대한 경매절차 처리지침'(재민 2004-3, 2023. 6. 29. 개정 · 시행) 6조 1항 · 2항.

3) 법원실무제요 민사집행(2), 129쪽. 현행 부동산경매절차에서 배당요구의 종기가 실무적으로 매우 짧게 운영되고 있고 그 안내제도도 불충분하여 우선변제권이 있는 임차인이나 근로자 등이 배당요구의 종기를 도과하여 배당을 받지 못하는 일이 발생하고 있으므로, 배당요구의 종기를 안내하는 제도를 집행관의 현황조사제도와 연계시켜 보다 실질적으로 개선해야 한다는 견해로는, 이천교, "배당요구 종기제도와 실무," 민사집행법연구 5권(2009. 2.), 105쪽 이하.

4) 법원실무제요 민사집행(2), 130쪽.

5) 재판예규 제1853호 '부동산등에 대한 경매절차 처리지침'(재민 2004-3, 2023. 6. 29. 개정 · 시행) 6조 3항.

자에게 배당요구의 종기를 고지하지 않으며, 그 대신 뒤에서 보는 바와 같이 법원 사무관 등이 배당요구의 종기까지 채권의 유무, 그 원인 및 액수 등을 법원에 신고하도록 최고해야 한다(법 84조 4항).

2) 법 91조 4항 단서의 전세권자(**최선순위 전세권자**)에게 배당요구의 종기를 고지하는 이유는, 저당권·압류채권·가압류채권에 대항할 수 있는 최선순위 전세권은 매각으로 소멸되지 않고 매수인이 인수하지만 이 경우 전세권자가 법 88조에 따라 배당요구를 하면 매각으로 소멸하므로(법 91조 3항·4항), 전세권자에게 배당요구의 종기를 고지함으로써 그 기간 안에 배당요구를 할 것인지 여부를 선택하도록 기회를 보장할 필요가 있기 때문이다.

3) 법 88조 1항의 채권자에게 배당요구의 종기를 고지하는 이유는 법 88조 1항의 채권자로서는 배당요구를 해야만 배당받을 수 있으므로, 법원이 경매절차상 이러한 채권자들을 알게 되었다면 이들에게 배당에 참여할 수 있는 공평한 기회를 보장하기 위해서이다.

(3) 배당요구의 종기의 연기

1) 법원은 **특별히 필요하다고 인정하는 경우**에는 배당요구의 종기를 **연기**할 수 있다(법 84조 6항). 법 84조 6항은 합리적인 배당요구의 종기제도를 토대로 하여 법원이 채권자의 배당참가기회를 봉쇄하는 것이 적당하지 않다고 판단되는 특별한 사정이 있는 경우 경매절차를 불안하게 하거나 기존 배당요구채권자의 이익을 해하지 않는 범위 내에서 배당요구의 종기를 연기할 수 있도록 하여 오히려 채권자를 두텁게 보호하는 규정이다.[1)]

2) 배당요구의 종기의 연기는 원칙적으로 배당요구의 종기가 지나기 전에 해야 한다. 배당요구의 종기의 연기도 배당요구의 종기의 경우와 마찬가지로 이에 대해 공고 및 고지를 해야 하며, 뒤에서 볼 채권신고의 최고를 해야 하나, 이미 배당요구 또는 채권신고를 한 사람에 대해서는 이러한 고지 또는 최고를 하지 않는다(법 84조 7항).

3) 배당요구의 종기를 연기하기 위해 특별히 필요하다고 인정하는 경우인지 여부는 ① 경매절차의 진행 경과, ② 연기신청인이 배당요구의 종기를 지키지 못한 데에 귀책사유가 있는지 여부, ③ 위 종기를 지키지 못한 기간의 크기, ④ 채

---

1) 헌재 2005. 12. 22. 2004헌마142 결정, 대결 2007. 11. 29. 2007그62.

권자 등 이해관계인이나 경매절차에 미치는 영향 등을 고려하여 판단한다. 배당요구의 종기의 연기신청을 인용하거나 기각하는 집행법원의 결정은 법 84조 6항에 따른 재량에 의한 것이다.[1)]

4) 실무상 법령에 정해진 경우(예컨대 후행경매개시결정이 선행절차의 배당요구의 종기 뒤의 신청에 의한 경우, 법 87조 3항)나 특별한 사정이 있는 경우(예컨대 채무자에 대하여 경매개시결정이 송달되지 않는 경우, 감정평가나 현황조사가 예상보다 늦어지는 경우 등)가 아니면 배당요구의 종기를 새로 정하거나 정해진 종기를 연기하지 않는다.[2)]

5) 배당요구의 종기를 연기하는 때에도 배당요구의 종기를 최초의 배당요구 종기결정일부터 6월 이후로 연기를 하지 않고 있다.[3)]

2. 채권신고의 최고

(1) 의 의

1) 법원사무관 등은 **첫 경매개시결정등기 전**에 등기된 **가압류채권자**(법 148조 3호), 저당권·전세권, 그 밖의 우선변제청구권으로서 **첫 경매개시결정등기 전**에 등기되었고 매각으로 소멸하는 것을 가진 **채권자**(법 148조 4호) 및 **조세, 그 밖의 공과금**을 주관하는 공공기관에 대하여 채권의 유무, 그 원인 및 액수(원금·이자·비용, 그 밖의 부대채권을 포함한다)를 **배당요구의 종기**까지 법원에 신고하도록 **최고**해야 한다(법 84조 4항).[4)] 여기서 그 밖의 우선변제청구권으로서 첫 경매개시결정등기 전에 등기되었고 매각으로 소멸하는 것을 가진 채권자에는 첫 경매개시결정

---

1) 대결 2005. 7. 12. 2005마477, 2008. 6. 12. 2008그72, 대판 2013. 7. 25. 2013다204324. 이상덕, "배당요구종기 연기의 법적 성질," 법조 649호(2010. 10.), 261쪽 이하.

2) 주택임차인이 배당요구의 종기의 연기신청을 하면서 임차인통지서를 송달받지 못했다거나 배당요구의 종기를 알지 못했다고 주장할 때 집행법원은 발송송달로 임차인통지서의 송달절차가 종료되고, 배당요구의 종기를 지키지 못한 임차인이 배당금에서 우선변제를 받지 못해 그의 주거권이 보장되지 못할 수 있다는 점을 고려하여, 임금채권자 등이 연기를 신청할 때보다 유연하게 연기의 가부를 판단하고 있다는 보고로는, 이혜정, "경매절차의 개선방안 — 주택임대차관계의 현황조사 절차를 중심으로 —," 사법정책연구원(2023. 8.), 252쪽.

3) 재판예규 제1853호 '부동산등에 대한 경매절차 처리지침'(재민 2004-3, 2023. 6. 29. 개정·시행) 6조 5항.

4) 실무상 배당요구의 종기결정일(법 84조 3항)부터 3일 이내에 한다. 재판예규 제1636호 '부동산경매사건의 진행기간 등에 관한 예규'(재민 91-5, 2017. 1. 20. 개정·시행). 채권신고의 최고도 민사집행절차상의 최고 가운데 하나로서 상당하다고 인정하는 방법으로 할 수 있다. 대판 2008. 9. 11. 2007다25278. 통상 배당요구의 종기결정과 동시에 서면으로 최고(**최고서**)를 한다. 법원실무제요 민사집행(2), 134쪽.

등기 전에 등기된 주택임차권자, 상가건물임차권자, 담보가등기권자 등이 있다. 이 규정은 담보권실행 등을 위한 경매절차에도 준용된다(법 268조).

가등기담보 등에 관한 법률 16조 1항은 소유권이전에 관한 가등기가 되어 있는 부동산에 관하여 경매개시결정이 있으면 집행법원은 가등기권리자에 대하여 해당 가등기가 담보가등기인 때에는 그 내용 및 채권(이자 그 밖의 부수채권을 포함한다)의 존부·원인 및 금액을, 해당 가등기가 담보가등기가 아닌 때에는 그 내용을 법원에 신고할 것을 **적당한 기간**을 정하여 **최고**하도록 정하고 있다.[1][2] 위 법률상 적당한 기간의 정함에 있어서는, 법 84조 4항이 구체적으로 **배당요구의 종기**까지라고 규정하고 있으므로 이에 따라야 한다.[3]

2) 앞서의 채권자들에게 채권신고를 최고하는 것은 우선채권의 유무, 금액을 신고받아 이를 변제하고도 남을 가망이 있는지 여부(법 102조)를 확인함과 동시에 매각조건을 결정하여 불필요한 경매절차를 진행하지 않도록 하기 위한 것일 뿐만 아니라, 그들에게 배당요구(또는 교부청구)를 할 수 있는 기회를 부여하여 채권회수나 조세징수를 용이하게 하려는 데에 그 목적이 있다.

3) 조세, 그 밖의 공과금을 주관하는 공공기관에 대하여 조세채권 등의 신고

---

1) 등기기록상 **담보가등기**의 경우 등기목적(소유권이전담보가등기)과 등기원인(대물반환예약)에 이에 따른 표시가 된다. 등기예규 제1632호 '가등기에 관한 업무처리지침'(2018. 3. 7. 개정·시행) 2.다. 그러나 어떤 가등기가 담보가등기인지 여부는 그 등기기록의 표시나 등기를 할 때 주고받은 서류의 종류에 의하여 형식적으로 결정할 것이 아니고 거래의 실질과 당사자의 의사해석에 따라 결정해야 한다. 대판 2014. 5. 29. 2012다24996,25005, 2016. 10. 27. 2015다63138,63145.

2) 가등기담보 등에 관한 법률 16조 1항의 가등기권리자에 대한 채권신고의 최고는 민사집행절차상 최고에 해당하는데, 그 방법에 관하여 위 법률 등에서 특별한 규정을 두고 있지 않으므로, 가등기권리자에 대한 채권신고의 최고는 **규칙 8조 1항**에 따라 **상당하다고 인정되는 방법**으로 할 수 있다고 보아야 한다. 대판 2025. 3. 27. 2024다291102(집행법원은 가등기권자인 피고에게 담보가등기인 경우 기한 내에 채권신고를 하라는 취지의 최고서를 피고의 등기부상 주소지로 등기우편에 의한 발송송달로 송달했으나 피고가 이를 송달받지 못했는데, 피고가 배당요구의 종기를 넘긴 후 채권계산서를 제출하여 집행법원이 피고에게 배당하는 내용의 배당표를 작성하자 후순위로서 배당을 받지 못한 원고가 피고를 상대로 배당이의의 소를 제기했다. 이에 대하여, 원심은, 담보가등기권리자인 피고가 집행법원이 발송한 최고서 내용을 알 수 있는 객관적 상태에 놓였다고 볼 수 없는 이상 기간 내에 채권신고를 하지 못했다고 하더라도 배당받을 권리를 상실하지 않았다고 판단했다. 대법원은, 피고가 **변경된 주소를 등기하지 않아** 집행법원이 부득이 최고서를 피고의 등기부상 주소지로 등기우편에 의해 발송한 것은 민사집행절차상 최고로서 상당하다고 인정되는 방법 중 하나에 해당하여 적법하고, 담보가등기권리자임을 주장하는 피고가 집행법원이 정한 채권신고기간 안에 신고를 하지 않은 이상 피고는 배당받을 자격을 상실했다고 보아, 이와 달리 판단한 원심판결을 파기했다).

3) 법원실무제요 민사집행(2), 140쪽.

를 최고하는 것은 이러한 공공기관이 교부청구를 하지 않는 한 당연히 배당에 참여할 수 있는 것이 아니므로(경매개시결정등기 이전에 체납처분에 의한 압류등기를 하지 않는 한 교부청구를 해야만 배당을 받을 수 있다)

신고하는 것만으로는 특별한 의미가 없으나, **교부청구의 기회**를 부여하기 위한 통지의 성질을 가진다는 점에서 의미가 있다. 이러한 최고는 실무상 경매할 부동산의 소유자의 주소지를 관할하는 **세무서**와 부동산 소재지의 **시**(자치구가 없는 경우) · **자치구 · 군 · 읍 · 면**, **관세청**[공장 및 광업재단 저당법상 저당권자의 신청에 의한 담보권실행을 위한 경매사건의 경우와 집행채무자(담보권실행 등을 위한 경매에서는 소유자)가 회사인 경우], 소유자의 주소지를 관할하는 **국민건강보험공단** 등에게 보낸다.[1]

판례는, 집행법원이 공과금을 주관하는 공공기관에 대하여 채권의 유무와 그 한도를 일정기간 안에 통지할 것을 최고하지 않았더라도 매각허가결정에 아무런 영향이 없다고 한다.[2]

4) 최고시기에 관해서는 법상 달리 규정을 두고 있지 않으나, 배당요구의 종기결정일(법 84조 3항)부터 적어도 3일 이내에 최고해야 한다.[3] 실무상 배당요구의 종기 결정과 동시에 최고를 하고 있다.[4]

(2) 채권신고를 하지 않은 경우와 법원의 조치

1) 채권신고의 최고를 받고도 채권신고를 하지 않은 경우 원칙적으로 채권자의 권리에는 아무런 영향이 없다. 채권신고를 하지 않은 채권자의 채권액은 등기사항증명서 등 집행기록에 있는 서류와 증빙에 따라 계산한다. 첫 경매개시결정등기 전에 등기된 가압류의 채권자가 채권신고를 하지 않은 경우 실무상 가압류의 청구금액을 채권금액으로 보고 있다.[5] 한편 첫 경매개시결정등기 전에 등기된 근저당권의 근저당권자가 채권신고를 하지 않은 경우 실무상 등기기록에 적힌 채권최고액을 현실의 채권액으로 보아 배당한다.[6] 이 경우 **채권불신고에 따른 실권**

---

1) 재판예규 제1853호 '부동산등에 대한 경매절차 처리지침'(재민 2004-3, 2023. 6. 29. 개정 · 시행) 6조 4항.

2) 대결 1979. 10. 30. 79마299.

3) 재판예규 제1636호 '부동산경매사건의 진행기간 등에 관한 예규'(재민 91-5, 2017. 1. 20. 개정 · 시행).

4) 법원실무제요 민사집행(2), 134쪽.

5) 법원실무제요 민사집행(3), 129쪽; 박영호 · 김선형, 755쪽.

6) 대판 2006. 9. 28. 2004다68427. 한편 조세, 그 밖의 공과금을 주관하는 공공기관이 경매개시결정등기 이전에 체납처분에 의한 압류등기를 한 때에는 교부청구를 한 효력이 있는 것으

효로서, 다시 채권액을 추가하지 못한다(법 84조 5항).

2) 다만 가등기담보 등에 관한 법률 16조 2항은 압류등기 전에 경료된 **담보가등기권리**가 매각에 의하여 소멸하는 때에는 **채권신고를 한 경우**에 한하여 그 채권자는 매각대금의 배당 또는 변제금의 교부를 받을 수 있다고 규정하고 있으므로, 이에 해당하는 담보가등기권자가 배당요구의 종기까지 채권신고를 하지 않으면 **매각대금의 배당을 받을 권리**를 **상실**한다.[1)]

(3) 채권신고와 시효중단의 효력 유무

1) 채권신고에 시효중단의 효력을 인정할 것인지에 대한 논의가 있으나, 판례는 이를 긍정하고 있다.

판례는, 저당권으로서 첫 경매개시결정등기 전에 등기되었고 매각으로 소멸하는 것을 가진 채권자는 담보권실행을 위한 경매신청을 할 수 있을 뿐만 아니라 다른 채권자의 신청에 의하여 개시된 경매절차에서 배당요구를 하지 않아도 당연히 배당에 참가할 수 있는데, 이러한 채권자가 채권의 유무, 그 원인 및 액수를 법원에 신고하여 권리를 행사했다면 그 **채권신고**는 민법 168조 2호의 **압류**에 준하는 것으로서 신고된 채권에 관하여 **소멸시효를 중단하는 효력**이 생긴다고 보고 있다.[2)] 채권신고로 인한 시효중단의 효력은 앞서 본 배당요구로 인한 시효중단의 효력과 마찬가지로 **배당절차의 종료시**, 즉 **배당표가 확정될 때까지** 존속한다.[3)]

2) **경매신청**이 **취하**되면 특별한 사정이 없는 한 압류로 인한 소멸시효중단의 효력이 소멸하는 것(민 175조, 법 93조 1항)과 마찬가지로 위와 같이 첫 경매개시결정등기 전에 등기되었고 매각으로 소멸하는 저당권을 가진 채권자의 **채권신고**로

로 보아야 하고, 이 경우 조세, 그 밖의 공과금을 주관하는 공공기관이 배당표작성 당시까지 체납된 세액을 계산할 수 있는 증빙서류를 제출하지 않았더라도 집행법원은 압류등기촉탁서에 의한 체납세액을 조사하여 배당해야 한다. 대판 1997. 2. 14. 96다51585. 이와 같은 경우에 비록 배당요구의 종기 이전에 체납세액의 신고가 있었다고 하더라도 국가 또는 지방자치단체는 그 후 배당표가 작성될 때까지는 이를 보정하는 증빙서류 등을 다시 제출할 수 있다. 한편 경매법원으로서는 특별한 사정이 없는 한 배당요구의 종기 전의 신고금액을 초과한 금액에 대해서도 위 압류등기상의 청구금액의 범위 내에서는 배당표작성 당시까지 제출한 서류와 증빙 등에 의하여 국가가 배당받을 체납세액을 산정해야 한다. 대판 2002. 1. 25. 2001다11055; 법원실무제요 민사집행(2), 115쪽 · 166쪽; 서규영, “과세에 따른 체납처분에 의한 압류등기가 마쳐진 상황에서 낙찰기일을 경과한 후에 당초 신고금액을 초과하는 금액을 다시 신고한 경우의 법률관계,” 판례연구(서울지방변호사회) 16집(상)(2002년), 98쪽 이하.

1) 대판 2008. 9. 11. 2007다25278, 2025. 3. 27. 2024다291102.

2) 대판 2010. 9. 9. 2010다28031.

3) 대판 2009. 3. 26. 2008다89880.

인한 **소멸시효중단의 효력**도 소멸한다.[1)]

이와 달리 **법 102조 2항**에 따라 남을 가망이 없다는 이유로 **경매절차**가 **취소**된 경우에는 압류로 인한 소멸시효중단의 효력이 소멸하지 않고, 마찬가지로 첫 경매개시결정등기 전에 등기되었고 매각으로 소멸하는 저당권을 가진 채권자의 **채권신고**로 인한 **소멸시효중단의 효력**도 소멸하지 않는다.[2)]

3. 매각될 부동산에 대한 침해행위 방지를 위한 조치

(1) 가격감소행위 등과 법원의 조치

1) 경매개시결정을 한 뒤에는 법원은 직권으로 또는 이해관계인의 신청에 따라 매각될 부동산에 대한 침해행위를 방지하기 위하여 필요한 조치를 취할 수 있다(법 83조 3항). 일반적으로 경매절차개시결정에 따른 압류가 되더라도 매각대금이 완납될 때까지는 채무자의 사실적인 이용·수익의 권능은 박탈되지 않지만, 채무자가 부동산의 가액을 감소시키는 행위를 할 때에는 경매의 실효성을 확보하기 위하여 일종의 **보전처분**으로서 이러한 조치를 취할 수 있다.[3)]

2) 채무자·소유자 또는 부동산의 점유자가 부동산의 가격을 현저히 감소시키거나 감소시킬 우려가 있는 행위(**가격감소행위 등**)를 하는 때에는, 법원은 **압류채권자**[배당요구의 종기가 지난 뒤에 강제경매 또는 담보권실행을 위한 경매신청을 한 압류채권자를 제외한다] 또는 **최고가매수신고인**의 **신청**에 따라 **매각허가결정이 있을 때까지 담보부로** 또는 **무담보로** 그 행위를 하는 사람에 대하여 가격감소행위 등을

---

1) 이러한 채권신고에 채무자에 대하여 채무의 이행을 청구하는 의사가 직접적으로 표명되어 있다고 보기 어렵고 채무자에 대한 통지절차도 갖추고 있지 않으므로 **별도의 소멸시효중단사유**인 **최고의 효력**은 인정되지 않는다. 따라서 경매신청이 취하된 후 6월 내에 채권신고를 한 채권자가 소제기 등의 재판상 청구를 했다고 하더라도 민법 170조 2항에 의하여 소멸시효중단의 효력이 유지된다고 할 수 없다. 대판 2010. 9. 9. 2010다28031; 조용현, "사채의 상환청구권과 이자에 대한 지연손해금의 소멸시효기간," 대법원판례해설 85호(2010년 상반기), 330쪽 이하; 김매경, "소멸시효에 관한 몇 가지 쟁점들," 재판실무연구(수원지방법원) 4권(2011. 12.), 11쪽 이하.

2) 민법 175조는 압류가 '권리자의 청구에 의하여 또는 법률의 규정에 따르지 아니함으로 인하여 취소된 때에는 시효중단의 효력이 없다'고 규정하고 있는데, 이는 그러한 사유가 압류채권자에게 권리행사의 의사가 없음을 객관적으로 표명하는 행위이거나 또는 처음부터 적법한 권리행사가 있었다고 볼 수 없는 사유에 해당한다고 보기 때문이므로, 법률의 규정에 따른 적법한 압류가 있었으나 이후 남을 가망이 없는 경우의 경매취소를 규정한 법 102조 2항에 따라 경매절차를 취소한 때에는 민법 175조가 정한 소멸시효중단의 효력이 없는 경우에 해당한다고 볼 수 없다. 대판 2015. 2. 26. 2014다228778.

3) 법원실무제요 민사집행(2), 110쪽.

금지하거나(**금지명령**), 일정한 행위를 할 것을 명할 수 있다(**작위명령**)(**규칙 44조 1항**).

부동산을 점유하는 채무자 · 소유자 또는 부동산의 점유자로서 그 점유권원으로써 압류채권자 · 가압류채권자 또는 법 91조 2항부터 4항까지의 규정에 따라 소멸되는 권리를 갖는 사람에 대하여 대항할 수 없는 사람이, 앞서의 금지명령 또는 작위명령에 **위반한 때**(규칙 44조 2항 전단), 또는 가격감소행위 등을 하는 경우에 이러한 명령만으로는 부동산 가격의 현저한 감소를 방지할 수 없다고 인정되는 **특별한 사정**이 있는 때(규칙 44조 2항 후단)에는, 법원은 **압류채권자** 또는 **최고가매수신고인**의 **신청**에 따라 **매각허가결정이 있을 때**까지 **담보부로** 그 명령에 위반한 사람 또는 그 행위를 한 사람에 대하여 부동산의 점유를 풀고 집행관에게 보관하게 할 것을 명할 수 있다(**집행관보관명령**)(**규칙 44조 2항**). 즉 집행관보관명령은 **원칙적**으로는 금지명령 · 작위명령에 위반한 때에 발해지는 **제 2 차적 보전처분**이나, 다만 **예외적**으로 특별한 사정이 있는 경우에는 금지명령 · 작위명령이 없이도 발해지는 **제 1 차적 보전처분**이다.

3) 앞서의 신청은 경매개시결정 후부터 매각허가결정이 있을 때까지 하여야 한다. 매각허가결정 후 부동산을 인도할 때까지는 법 136조 2항에 의하여 관리인에게 부동산을 관리하게 하는 보전처분(**관리명령**)이 가능하다. 금지명령 · 작위명령 · 집행관보관명령의 관할법원은 경매개시결정을 한 법원이다. 앞서와 본 바와 같이 금지명령 · 작위명령은 담보를 제공하게 하거나 제공하지 않고 할 수 있으나, **집행관금지명령**은 반드시 담보를 제공하게 하고 해야 한다. 법원은 채무자 · 소유자 외의 점유자에 대해서는 그 점유자를 심문해야 한다(**필수적 심문**, 규칙 44조 3항 본문). 다만 그 점유자가 압류채권자 · 가압류채권자 또는 법 91조 2항 내지 4항의 규정에 따라 소멸되는 권리를 갖는 사람에 대하여 대항할 수 있는 권원에 의하여 점유하고 있지 않음이 명백한 때 또는 이미 그 점유자를 심문한 때에는 그렇지 않다(규칙 44조 3항 단서). 금지명령 · 작위명령 · 집행관보관명령은 신청채권자와 그 상대방에게 고지해야 한다(규칙 7조 1항 2호). 이러한 명령이 있은 후에 사정의 변경이 있는 때에는 법원은 신청에 의하여 그 결정을 취소하거나 변경할 수 있다(규칙 44조 4항). 이러한 취소 · 변경결정은 확정되지 않으면 효력이 생기지 않는다(규칙 44조 6항).

4) **금지명령 · 작위명령**은 뒤에서 보는 바와 같이 즉시항고로 독립하여 불복할 수 있는 재판으로서 집행권원에 해당하므로(법 56조 1호), 이를 집행하기 위해

서는 그 명령의 정본을 상대방에 **송달**해야 하며, **집행문**도 부여받아야 한다. 집행기간은 매각허가결정이 있을 때까지이다. 한편 **집행관보관명령**은 금지명령 · 작위명령과 마찬가지로 집행권원에 해당하지만 그 발령요건이나 집행절차에서 보전처분에 준하는 성격을 가지고 있으므로[1] 집행관보관명령의 집행은 그 결정이 상대방에게 송달되기 전에도 집행할 수 있다(규칙 44조 8항). 또한 매각허가결정이 있기 전이라도 결정이 신청인에게 고지된 날부터 **2주의 집행기간**이 지나면 집행할 수 없다(규칙 44조 7항). 집행관보관명령은 발령 후 당사자의 승계가 없는 한 **집행문 없이** 집행할 수 있다.[2]

5) 앞서의 금지명령 · 작위명령과 집행관보관명령에 대하여 즉시항고할 수 있다(규칙 44조 5항).

(2) 미지급 지료 등의 지급

1) 건물에 대한 경매개시결정이 있는 때에 그 건물을 소유하기 위하여 토지의 지상권 또는 임차권에 관하여 채무자가 지료나 차임을 지급하지 않는 때에는, **압류채권자**(배당요구의 종기가 지난 뒤에 강제경매 또는 담보권실행을 위한 경매신청을 한 압류채권자를 제외한다)는 **법원의 허가**를 받아 채무자를 대신하여 미지급된 지료 또는 차임을 변제할 수 있다(규칙 45조 1항).

건물에 대한 압류의 처분금지적 효력은 그 건물에 부수하는 부지의 사용권(지상권 · 임차권)에도 미치나, 채무자의 임의처분이 아닌 채무자(지상권자)의 지료미지급으로 인한 지상권의 소멸청구(민 287조) 또는 채무자(임차권자)의 차임미지급으로 인한 임대차계약의 해지(민 641조 · 640조)는 압류의 처분금지적 효력에 미치지 않으므로, 채무자가 갖는 지상권이 소멸되지 않게 하든지, 또는 임대차계약이 해지되지 않도록 하기 위함이다.

2) 지급허가를 얻은 압류채권자는 부지소유자에게 지급허가재판의 정본 또는 등본을 제출하여 지료 또는 차임을 지급할 수 있다. 다만 지급허가를 얻은 압류채권자라고 하여 지료 등을 지급할 법률상 의무를 부담하게 되는 것은 아니다.

3) 지급허가재판에 의하여 부지소유자에게 지료 등을 수령할 법률상 의무가 새로이 부가되는 것은 아니므로, 예컨대 부지 소유자가 이미 지상권의 소멸청구

1) 법원실무제요 민사집행(2), 114쪽.

2) 법 136조 1항의 규정에 따른 인도명령은 집행문을 부여받아야 집행할 수 있는 점과 비교된다. 유제민, 주석서(2), 94쪽.

(민 287조)나 임대차계약의 해지(민 641조)에 의하여 실체법상 지료나 차임의 수령의무가 소멸한 경우에는 비록 지료 등의 지급허가재판이 있다고 하더라도 이를 수령할 의무가 있는 것은 아니다.

4) 법원의 허가를 받아 지급한 지료 또는 차임은 집행비용으로 한다(규칙 45조 2항).

▣ **매각될 부동산에 대한 침해방지조치의 구조**

부동산경매에서, ① 경매개시결정 뒤 **매각허가결정 전까지** 사이에는 압류채권자 및 최고가매수신고인이 법 83조 3항, 규칙 44조(침해방지조치)에 의하여, ② 매각허가결정 뒤 **대금지급 전까지** 사이에는 압류채권자 및 매수인이 법 136조 2항(관리명령)에 의하여, ③ 대금지급 뒤 **부동산인도 전까지** 사이에는 매수인이 법 136조 1항(인도명령)에 의하여, 매각될 부동산에 대한 침해를 방지하기 위한 보전처분절차를 취할 수 있다.

4. 집행관의 부동산현황조사

(1) 법원은 경매개시결정을 한 뒤에 **바로** 집행관에게 부동산의 현상, 점유관계, 차임 또는 보증금의 액수, 그 밖의 현황에 관하여 조사하도록 명해야 한다(**현황조사명령**, 법 85조 1항). 경매절차에서 부동산현황조사는 매각부동산의 현황을 정확히 파악하여 일반인에게 그 부동산의 현황과 권리관계를 공시함으로써 매수희망자가 필요한 정보를 쉽게 얻을 수 있게 하여 예상 밖의 손해를 입는 것을 방지하고자 함에 있다.[1)]

(2) 집행관은 법원의 현황조사명령에 따라 현황을 조사한 사건의 표시, 부동산의 표시, 조사의 일시·장소 및 방법, 법 85조 1항에 규정된 사항과 그 밖에 법원이 명한 사항 등에 대하여 조사한 내용을 기재한 **현황조사보고서**를 조사의 목적이 된 부동산의 현황을 알 수 있도록 도면·사진 등을 붙여 정해진 날까지 법원에 제출해야 한다(규칙 46조 1항·2항). 집행관이 작성하여 집행법원에 제출하는 현황조사보고서는 물적 부담에 관한 매각조건의 확정이나 최저매각가격의 결정에 필요한 권리 및 사실관계의 기초적 판단자료와 부동산 인도명령의 허부에 대한 판단자료를 제공하고, 매각물건명세서 작성의 기초가 될 뿐만 아니라 임차인의

1) 대결 2004. 11. 9. 2004마94, 2008. 3. 17. 2007마1638, 대판 2008. 11. 13. 2008다43976.

우선변제권 · 대항력의 유무를 정하는 데 중요한 자료가 된다.[1)]

(3) 집행관은 현황조사보고서를 정확하고 충실히 기재해야 한다.[2)] 집행관이 현황조사시 기울여야 할 통상의 주의의무를 현저하게 결여한 중대한 과실이 있는 경우에는 국가는 국가배상법상 손해배상책임을 진다.[3)]

5. 감정인의 평가

(1) 집행법원은 **감정인**을 선정하여 부동산을 평가하게 해야 한다(**평가명령**, 법 97조 1항 전단).[4)] 매각부동산을 평가할 감정인의 자격에 대하여 특별한 제한을 두고 있지 않으므로 특별한 사정이 없는 한 집행법원으로서는 매각부동산을 평가할 능력을 갖추었다고 인정되는 사람이면 누구에게나 평가를 명할 수 있다.[5)] 통상 **감정평가사** 중에서 선임한다.[6)]

(2) 감정인은 평가의 결과를 기재한 서면(규칙 51조 1항의 사항을 적은 평가서)을 부동산의 모습과 그 주변의 환경을 알 수 있는 도면 · 사진 등을 붙여 평가명령에서 정한 기일까지 법원에 제출해야 한다(규칙 51조 1항 · 2항). 법원은 감정인의

---

1) 이창한, “현황조사보고서 등의 작성시 임대차 관련내용의 충실한 기재,” 부동산입찰제도 실무상 제문제(1997. 10.), 309쪽 이하.

2) 집행관이 부실한 내용의 현황조사보고서를 제출한 경우 집행법원은 추가조사나 재조사 명령을 내려 충실한 현황조사보고서가 작성되도록 유의해야 한다. 한편 집행관의 현황조사를 돕기 위하여 채무자 등에게 경매개시결정을 송달할 때 집행관의 현황조사에 협조하여 줄 것을 촉구하는 안내문을 발송하는 것도 고려할 수 있다. 이경춘, “현황조사보고서, 감정평가서 및 입찰물건명세서의 개선,” 부동산입찰제도 실무상 제문제(1997. 10.), 51쪽 이하.

3) 대판 2003. 2. 11. 2002다65929. **판례**는, 집행법원의 명령에 따른 집행관의 현황조사과정에 직무상 과실의 위법이 있고, 그 때문에 임차인인 원고가 경매절차의 진행에 관한 통지를 집행법원으로부터 받지 못하여 그 결과 우선변제권의 행사에 필요한 조치를 취하지 못해 손해를 입게 되었다 하더라도 그러한 사정만으로는 법 90조 4호에 따른 권리신고절차를 취하지 않아 경매절차상 이해관계인이 아니게 된 임차인에 대한 관계에서 **불법행위**를 구성한다거나 그 스스로 우선변제권의 행사에 필요한 법령상 조치를 취하지 않음으로써 발생한 임차인의 손해와 사이에 **상당인과관계**가 있다고 할 수는 없다고 보고 있다. 대판 2008. 11. 13. 2008다43976.

4) 실무상 경매개시결정을 하면 곧바로 평가명령을 한다.

5) 경매법원이 집행관에게 부동산의 평가를 명하고 그 평가액을 참작하여 최저매각가격을 정한 것을 위법한 것이라고는 할 수 없다. 대결(전) 1994. 5. 26. 94마83; 김충섭, “집달관의 경매부동산 감정평가,” 국민과 사법(윤관대법원장퇴임기념, 1999. 1.), 662쪽 이하.

6) 실무상 감정평가 및 감정평가사에 관한 법률에 따른 감정평가사무소 개설신고한 감정평가사 또는 감정평가법인의 소속 감정평가사로서, 일정한 절차에 따라 법원의 ‘감정인선정전산프로그램’의 ‘감정인명단’에 등재된 사람 중에서 일정한 수를 무작위로 추출하여 감정인선정전산프로그램에 의하여 감정인을 선정한다. 재판예규 제1888호 ‘감정인등 선정과 감정료 산정기준 등에 관한 예규’(재민 2008-1, 2024. 12. 30. 개정, 2025. 1. 1. 시행) 4조.

평가가 합리적 근거가 없거나 평가시에 당연히 고려해야 할 사정을 고려하지 않고 평가하여 이를 최저매각가격으로 삼을 수 없다고 인정되는 때에는 **재평가**를 명할 수 있다.[1] 감정인의 평가 자체에 대해서는 직접 불복할 수 없고, 그 이후에 그러한 평가결과를 토대로 최저매각가격을 결정한 경우 이에 대하여 뒤에서 보는 바와 같이 불복할 수 있다.

(3) 감정인의 부실평가(고의 또는 과실로 감정평가 당시의 적정가격과 현저한 차이가 있게 감정평가를 하는 등)로 손해가 생긴 경우 **감정평가 및 감정평가사에 관한 법률**(28조 1항) 등에 의한 배상책임을 부담한다.[2]

6. 최저매각가격의 결정

(1) 집행법원은 감정인의 평가액을 참작하여 최저매각가격을 정해야 한다(법 97조 1항 후단). **최저매각가격**은 경매를 실시할 때에 목적물의 가격을 기준으로 하여 미리 일정한 한도액을 정해 놓고 그 미만의 가격에 의한 매수신청은 허가할 수 없는 가격을 말한다. 최저매각가격제도를 채택하고 있는 이유는 부동산이 그 시세보다 훨씬 저가로 매각되게 되면 이해관계인의 이익을 해치게 되므로 공정·타당한 가격을 유지하여, 부당하게 싼 가격으로 매각되는 것을 방지함과 동시에 매수신고를 하려는 사람에게 기준을 제시함으로써 매각이 공정하게 이루어지도록 하기 위해서이다.[3]

(2) 최저매각가격은 경매의 실시 여부, 새 매각, 재매각 등 **경매절차의 기준이 되는 금액**으로서 목적물에 대한 평가액을 참작하여 법원이 재량으로 정한다.[4] 특별한 사정이 없는 한 **감정인의 평가액**이 최저매각가격이 된다.[5] 따라서 평가

1) 다만 첫 최저매각가격을 결정한 후 상당한 시일이 지나고 부동산가격에 변동이 있다고 하더라도 평가의 전제가 된 중요한 사항이 변경된 경우와 같은 특별한 사정이 없는 한 법원이 감정인으로 하여금 부동산 가격을 재평가하도록 해야 하는 것은 아니다. 대결 1998. 10. 28. 98마1817.

2) 박형남, "감정평가과오에 대한 법적책임 — 전문가책임의 관점에서 —," 법조 47권 11호(1998. 11.), 33쪽 이하.

3) 대결 2003. 8. 21. 2003마1352.

4) 법원은 최저매각가격을 정할 때에 별도로 결정서를 작성하지 않고 매각기일공고에 최저매각가격을 기재하면 된다. 다만 실무상 감정가와 다르게 최저매각가격을 정하거나 또는 정해진 저감률을 벗어난 가격으로 정하는 때에는 **예외적**으로 결정서를 작성하여 결정된 가격의 산정 근거를 밝히고 있다. 법원실무제요 민사집행(2), 182쪽; 정진아, 주석서(2), 357쪽.

5) 대판 1998. 9. 22. 97다36293 등.

액을 증감하여 최저매각가격을 정하기 위해서는 그럴만한 합리적인 이유가 있어야 한다. 실무상 일반적으로 감정인의 평가액이 최저매각가격으로 정해지므로, 최저매각가격 이상의 매수신청이 없어 경매가 유찰되는 사례가 빈번히 발생하고 있다.[1)]

(3) 매각기일에 유찰이 되어 새 매각을 하여야 하는 경우에는 법 91조 1항의 규정에 어긋나지 않는 한도에서 법원은 최저매각가격을 상당히 낮추고 새 매각기일을 정해야 한다(법 119조).

(4) 최저매각가격은 매각기일공고에 이를 기재해야 하고(법 106조 5호), 이는 **법정매각조건**으로서 이해관계인 전원의 합의가 있어도 변경할 수 없으며(법 110조 1항), 최저매각가격의 결정에 **중대한 흠**이 있는 때에는 집행에 관한 이의신청사유가 되거나(법 16조),[2)] 매각허가에 대한 이의신청사유 및 직권에 의한 매각불허가 사유가 되며(법 121조 5호, 123조 2항), 매각허가결정에 대한 즉시항고사유(법 130조 1항)가 된다.

7. 매각물건명세서의 작성 · 비치

(1) 집행법원은 부동산의 표시, 부동산의 점유자와 점유의 권원, 점유할 수 있는 기간, 차임 또는 보증금에 관한 관계인의 진술, 등기된 부동산에 대한 권리 또는 가처분으로서 매각으로 효력을 잃는 것, 매각에 따라 설정된 것으로 보게 되는 지상권(법정지상권 또는 관습법상의 법정지상권)의 개요 등에 관한 사항을 적은 매각물건명세서를 작성해야 한다(법 105조 1항).

(2) 집행법원은 **매각물건명세서**의 그 **사본**을 **현황조사보고서** 및 **평가서**의 **사본**과 함께 법원에 **비치**하여 누구든지 볼 수 있도록 해야 한다(법 105조 2항, 규칙 55조 본문). 매각물건명세서에는 최저매각가격과 함께 매각목적물의 감정평가액을 표시해야 한다.[3)]

---

1) 최저매각가격 이상의 매수신청을 유도하기 위하여, '기존의 최저매각가격'을 '**매각기준가격**'으로, '매각기준가격에서 20% 감액한 가액'을 '**최저매각가격**'으로 2분화하여 현행법상의 최저매각가격을 하향 조정하는 규정들을 두는 **민사집행법 개정안**이 2013. 10. 8. 정부 제안으로 국회에 제출되었으나, 제19대 국회의 임기종료(2016. 5. 29.)로 자동폐기되었다. 일본 민사집행법(60조)에서도 '매각기준가액'과 '매수가능가액'으로 나누어 법원에서 정한 가액을 조정하는 방식을 취하고 있다.

2) 법원실무제요 민사집행(2), 182쪽.

3) 재판예규 제1853호 '부동산등에 대한 경매절차 처리지침'(재민 2004-3, 2023. 6. 29. 개정 ·

매각물건명세서 등의 사본은 매각기일(기간입찰의 방법으로 진행하는 경우에는 입찰기간의 개시일)마다 그 1주 전까지 법원에 비치해야 한다(규칙 55조 본문).[1] 다만 법원은 상당하다고 인정하는 때에는 매각물건명세서 · 현황조사보고서 및 평가서의 기재 내용을 **전자통신매체**로 공시함으로써 그 사본의 비치를 갈음할 수 있다(규칙 55조 단서).[2] 실무상 매각물건명세서의 기재 내용을 전자통신매체로 공시하고 있다.[3]

집행법원이 매각물건명세서를 작성하고 그 사본 등을 비치하여 일반인이 볼 수 있도록 한 것은 경매절차에서 매각부동산의 현황을 가능한 한 정확히 파악하여 일반인에게 그 현황과 권리관계를 공시함으로써 매수희망자가 매각부동산에 필요한 정보를 쉽게 얻을 수 있도록 하여 예측하지 못한 손해를 입는 것을 방지하기 위해서이다.[4]

(3) 집행법원으로서는 매각부동산에 관한 이해관계인이나 그 현황조사를 실시한 집행관 등으로부터 제출된 자료를 기초로 매각부동산의 현황과 권리관계를 되도록 정확히 파악하여 이를 매각물건명세서에 기재해야 한다.

만일 경매절차의 특성이나 집행법원이 가지는 기능의 한계 등으로 인하여 매각부동산의 현황이나 관리관계를 정확히 파악하는 것이 곤란한 경우에는 그 부동산의 현황이나 권리관계가 불분명하다는 취지를 매각물건명세서에 그대로 기재함으로써 매수신청인 스스로의 판단과 책임하에 매각부동산의 매수신고가격이 결정될 수 있도록 해야 한다.[5] 예컨대 인수 여부가 불분명한 임차권에 관한 주장이 제기된 경우에는 매각물건명세서의 임대차 기재란에 그 임차권의 내용을 적고 비고란에 "아무개가 주장하는 임차권은 존부(또는 대항력 유무)가 불분명함"이라고 적는다.[6]

시행) 8조 3항.

1) 3-4회 매각기일 및 매각허가결정기일을 일괄하여 지정한 경우에도 매각물건명세서는 매각기일마다 1주 전까지 작성 · 비치해야 한다. 재판예규 제969호 '수회 매각 및 매각결정기일 일괄 지정방식에 의한 부동산매각절차 진행시 유의사항'(재민 98-11, 2004. 8. 24. 개정, 2004. 9. 1. 시행) 7.나.

2) 다만 이 경우에도 사건 단위로 열람할 수 있도록 해야 한다. 재판예규 제1853호 '부동산등에 대한 경매절차 처리지침'(재민 2004-3, 2023. 6. 29. 개정 · 시행) 13조 2항 단서.

3) 법원실무제요 민사집행(2), 185쪽.

4) 대결 1999. 11. 15. 99마4498, 2004. 11. 9. 2004마94, 2008. 6. 2. 2006마807, 2010. 11. 30. 2010마1291.

5) 대판 2008. 1. 31. 2006다913, 2010. 6. 24. 2009다40790.

6) 재판예규 제1853호 '부동산등에 대한 경매절차 처리지침'(재민 2004-3, 2023. 6. 29. 개정 ·

(4) 매각물건명세서 기재에는 공신력이 인정되지 않는다. 따라서 매각물건명세서의 작성에 의하여 매각조건이 결정되거나 실체법상의 권리관계에 영향을 미치는 것이 아니므로, 그 기재 내용과 관계없이 본래 존속될 물적 부담은 존속하고 소멸할 것은 소멸한다.[1]

(5) 매각물건명세서의 작성에 **중대한 흠**이 있는 때에는 매각허가에 대한 이의신청사유 및 직권에 의한 매각불허가사유가 되며(법 121조 5호, 123조 2항), 매각허가결정에 대한 즉시항고사유가 된다(법 130조 1항).

(6) 집행법원이나 경매담당공무원이 위와 같은 직무상의 의무를 위반하여 매각물건명세서에 매각부동산의 현황과 권리관계에 관한 사항을 제출된 자료와 다르게 작성하거나 불분명한 사항에 관하여 잘못된 정보를 제공함으로써 매수인의 매수신고가격 결정에 영향을 미쳐 매수인으로 하여금 불측의 손해를 입게 했다면, 국가는 이로 인하여 매수인에게 발생한 손해에 대한 배상책임을 진다.[2]

8. 남을 가망이 없을 경우와 경매취소

(1) 의 의

법원은 최저매각가격으로 압류채권자의 채권에 우선하는 부동산의 모든 부담과 절차비용을 변제하면 남을 것이 없겠다고 인정한 때에는 압류채권자에게 이를 **통지**해야 한다(**잉여주의**, 법 91조 1항, 102조 1항). **담보권실행을 위한 경매**에도 적용된다(법 268조). 절차진행 중에도 집행법원은 남을 것이 없음을 압류채권자에게 통지해야 한다. 이는 압류채권자가 집행에 의하여 변제를 받을 가망이 전혀 없는데도 무익한 경매가 행해지는 것을 막고 또 우선채권자가 그 의사에 반한 시기에 투자의 회수를 강요당하는 것과 같은 부당한 결과를 피하기 위한 것으로 우선채

시행) 8조 2항.

1) 대결 1994. 1. 15. 93마1601, 2000. 2. 16. 98마2837; 박두환, 347쪽; 강대성, 318쪽; 구태회, 주석서(2), 504쪽.

2) 대판 2008. 1. 31. 2006다913, 2010. 6. 24. 2009다40790. 예컨대 원고가 매각허가취소결정 및 매각물건명세서상의 불분명한 기재와 경매담당공무원의 잘못된 답변으로 최선순위 전세권자인 소외인보다 후순위로 이루어진 나머지 전세권설정등기가 매각으로 인하여 모두 말소되는 것으로 오인한 상태에서 매수신고가격을 결정함으로써 그 각 전세권을 인수해야 하는 예상하지 못한 손해를 입게 된 경우에는 국가는 경매담당공무원 등의 직무의무 위반행위로 인하여 원고가 입게 된 손해를 배상할 책임이 있다. 문광섭, "경매절차와 국가배상책임," 대법원 판례해설 77호(2008 하반기), 249쪽 이하.

권자나 압류채권자를 보호하기 위한 것이다.[1]

(2) 남을 가망 여부의 판단기준

절차비용은 항상 매각대금으로부터 우선변제받으므로 우선채권에 해당한다.[2] 법 102조에서 말하는 압류채권자의 채권에 우선하는 부동산의 모든 **부담**이란 경매부동산의 매각대금에서 압류채권자에 우선하여 변제해야 하는 채권으로서 해당 매각절차에서 밝혀진 것을 말한다.[3] 여기에는 다음과 같은 것이 있다.

1) **선순위 저당권**으로 담보되는 채권은 우선채권에 해당한다. 저당권은 매각으로 소멸하고 매각대금으로부터 배당받을 수 있기 때문이다(법 91조 2항). 이때 우선채권의 범위는 원칙으로 피담보채권의 원본과 이자 및 원본의 이행기를 넘긴 뒤 1년분의 지연손해금이다(민 360조). **원본채권액**은 원칙적으로 등기된 금액이다. 그러나 기록상 등기된 채권액 이하의 금액이 실제의 채권액으로 밝혀진 때에는 이에 의한다. **이자**나 **지연손해금**에 관하여 우선권을 인정받기 위해서는 그에 관한 **약정**을 등기해야 한다(부등 75조 1항 4호 · 6호). **근저당권**의 경우 근저당권자의 신고액이나 집행당사자가 증명하는 피담보채권액을 우선채권액으로 하되 이러한 실제의 채권액이 밝혀지지 않는 한 등기된 채권최고액을 우선채권액으로 한다.[4]

---

1) 따라서 법 102조는 채무자나 그 목적부동산 소유자의 법률상 이익이나 권리를 보호하기 위한 규정은 아니다. 대결 1984. 8. 23. 84마454, 1987. 10. 30. 87마861, 2005. 11. 29. 2004마485 등; 이효종, "부동산강제경매에 있어서 잉여주의에 위반한 사유로 인한 채무자의 항고," 대법원판례해설 1호(1981년), 243쪽 이하. 한편 채권자의 강제집행신청에 대하여 남을 가망이 없음을 이유로 한 경매취소결정은 신속한 재판을 받을 권리와 평등권을 침해하는 것이 아니다. 헌재 2007. 3. 29. 2004헌바93 결정.

2) 절차비용은 이미 지출되었음이 기록상 명백하게 나타난 인지, 경매개시결정등기의 등록면허세와 지방교육세, 등기신청수수료, 감정료, 현황조사비용, 송달료, 각종 증명서 작성비용 등 뿐만 아니라 장차 경매절차를 완결할 때까지 지출될 것이 예상되는 경매수수료 등 모든 비용을 포함하여 법원이 산정해야 한다. 법원실무제요 민사집행(2), 222쪽; 정진아, 주석서(2), 423쪽.

3) 집행채무자가 수개의 공유지분을 순차로 취득하고, 압류채권자가 집행채무자의 공유지분 전부에 관하여 강제집행을 하는 경우 그 수개의 공유지분 각각에 대한 권리관계가 다르다고 하더라도 이는 하나의 목적물에 대한 강제집행이므로, 공유지분 전부 중 일부만을 매각한다면 남을 가망이 없는 때에도 나머지 지분의 매각대금에서 일부라도 배당받을 가능성이 있다면 공유지분 전부에 대한 경매가 남을 가망이 있는 경매라고 보아야 한다. 대결 2012. 12. 21. 2012마379, 2013. 11. 19. 2012마745.

4) 법 102조는 우선채권자가 압류채권자와 동일인인 경우를 제외하고 있지 않으며, 우선채권자의 지위에 기하여 이중경매신청을 함으로써 선행경매절차의 계속적인 진행을 구하는 의사를 적극적으로 표시하지 않은 경우에는 법 102조에 우선채권자에 대한 보호기능이 없다고 할 수 없으므로, 담보권실행을 위한 경매의 신청채권자가 경매절차 진행 중에 신청채권과 별개의 선순위 채권 및 근저당권을 양수받은 경우에도 선순위 근저당권의 피담보채권액을 선순위 채권액의 계산에 포함시켜 법 102조에 따른 남을 가망이 있는지 여부를 계산해야 한다. 대결

▣ 공동저당권의 경우와 선순위채권액의 계산방법

공동저당권의 목적이 된 여러 개의 부동산 중 1개만이 **이시매각**되는 경우 또는 여러 개의 부동산이 **이시분할(개별)매각**되는 경우 각 매각부동산에 관하여 피담보채권 전액이 우선채권이 된다. 공동저당권의 목적인 된 여러 개의 부동산이 동시에 **일괄매각**되는 경우 그 피담보채권액 전액이 한 번만 우선채권의 범위에 산입되며, 각 부동산마다의 피담보채권액을 합산한 액이 우선채권액으로 되지 않는다. 공동저당권의 목적이 된 여러 개의 부동산이 일괄매각이 아니더라도 한 절차에서 함께 **공동매각**하는 경우 함께 매각되는 각 부동산이 부담해야 할 부담부분을 계산하여 남을 가망 여부를 판단해야 하고, 어느 한 부동산에만 전액을 우선채권으로 계산해서는 안 된다.[1)]

▣ 근저당권자가 집행권원을 가진 집행채권자인 경우와 선순위채권액의 계산방법

근저당권자가 집행권원을 가지고 강제경매를 신청한 경우에는 먼저 경매개시결정을 송달하면서 채권자에게 근저당권의 피담보채권과 집행권원상 채권(집행채권)의 동일성 여부를 밝히도록 보정을 명한다. 그 결과 집행채권과 근저당권의 피담보채권이 **동일한 채권**인 경우에는 근저당권의 피담보채권액을 선순위채권의 계산에서 **제외하여** 남을 가망 여부를 판단하며, 그 근저당권에 의하여 배당을 받을 수 있는 한 경매를 그대로 진행한다. 그러나 집행채권과 근저당권의 피담보채권이 **별개인 채권**인 경우에는 근저당권의 피담보채권액을 선순위채권액의 계산에 포함시켜 남을 가망 여부를 판단하고, 집행채권에 관하여 배당을 받을 수 없다면 집행채권자에게 남을 가망이 없다는 통지를 한다.[2)]

2) **선순위 전세권**으로 매각으로 소멸할 전세권인 경우(법 91조 3항) 그 전세금반환채권은 우선채권에 해당한다. **최선순위 전세권**은 매각으로 소멸하지 않으므로(법 91조 4항 본문) **원칙적**으로는 우선채권에 포함시키지 않지만, **예외적**으로 최선순위 전세권자가 배당요구의 종기까지 배당요구를 하면 최선순위 전세권이라도 매각으로 소멸하므로(법 91조 4항 단서) 우선채권에 해당한다. 다만 최선순위 전세권이 **전세기간의 만료**나 합의해지 등으로 **종료**한 경우라면 **최선순위 전세권자의 채권자**는 전세권이 설정된 부동산에 대한 경매절차에서 **채권자대위권**에 기하거나

2010. 11. 26. 2010마1650.

1) 법원실무제요 민사집행(2), 218쪽.

2) 대결 2010. 11. 26. 2010마1650; 법원실무제요 민사집행(2), 218쪽 · 219쪽; 정진아, 주석서(2), 416쪽.

전세금반환채권에 대하여 압류 및 추심명령을 받은 다음 **추심권한**에 기하여 자기 이름으로 전세권에 대한 배당요구를 할 수 있고,1) 이러한 배당요구에 따라 최선순위 전세권은 매각으로 소멸하므로 우선채권에 해당한다.

3) **선순위 가등기담보권**으로 담보되는 채권은 **담보가등기**로 **채권신고**된 때에만 우선채권에 해당한다(가담 16조 2항)[권리자가 채권을 증명하여 집행법원에 신고하지 않으면 담보가등기인지, 순수한 순위보전의 가등기인지 알 수 없기 때문이다].

4) **국세 · 지방세**,2) 국민건강보험료, 국민연금보험료, 고용보험료, 산업재해보험료, 지방자치단체의 사용료 · 수수료 등 **공과금**은 실체법상 우선권이 인정되므로, 그 순위가 압류채권자의 권리에 우선하는 때에는 우선채권에 해당한다.

5) **임금**, **퇴직금**, 재해보상금 그 밖의 **근로관계로 인한 채권**도 배당요구를 한 경우 우선채권에 해당한다.

6) 주택임대차보호법 8조 1항의 요건을 갖춘 **소액보증금** 중 일정액 및 같은 법 3조의2 2항의 요건을 갖춘 **임차보증금**은 배당요구가 있는 한 여기의 우선채권에 해당한다(상가건물 임대차보호법 5조 2항의 임차인도 같다).3) 소유권보존등기가 되지 않은 **미등기 건물**의 경우도 마찬가지이다.4)

첫 경매개시결정등기 전에 임차권등기명령에 의하여 임차권등기를 한 임차인은 법 148조 4호의 '저당권 · 전세권, 그 밖의 우선변제청구권으로서 첫 경매개시결정등기 전에 등기되었고 매각으로 소멸하는 것을 가진 채권자'에 준하여 별도로 배당요구를 하지 않아도 당연히 배당받을 채권에 속하는 것으로 보아야 하므로,5) 배당요구가 없더라도 압류채권자의 채권에 우선하는 채권액에 포함시켜야

---

1) 이때 최선순위 전세권이 존속기간 만료 등으로 종료했다는 점에 관한 소명자료를 함께 제출해야 한다. 대판 2015. 11. 17. 2014다10694.

2) 부동산에 관한 **경매개시결정등기 이전**에 체납처분에 의한 압류등기가 마쳐져 있는 경우에는 우선채권에 해당하나, 이러한 압류의 등기가 없거나 **경매개시결정등기 뒤**에야 체납처분에 의한 압류등기가 마쳐진 경우에는 교부청구 또는 참가압류를 해야만 배당에 참가할 수 있으므로, 교부청구 또는 참가압류를 하지 않은 경우에는 우선채권에 해당하지 않는다. 윤경, "부동산경매절차의 실무상 제문제," 전문분야법관연수자료집(하)(재판자료 112집, 2007년), 10쪽 이하.

3) 이들 채권의 경우 배당요구가 없으면 우선배당을 받을 수 없으므로, 현황조사보고서의 기재에 의하여 그 보증금의 액수가 판명되었다 하여도 아직 이들 채권자로부터 배당요구가 없다면 남을 가망의 유무를 판단할 때에는 압류채권자의 채권에 우선하는 채권액에 포함시켜서는 안 된다. 법원실무제요 민사집행(2), 221쪽; 정진아, 주석서(2), 420쪽.

4) 대판(전) 2007. 6. 21. 2004다26133.

5) 대판 2005. 9. 15. 2005다33039.

한다.[1)]

7) 저당권설정등기 후에 목적부동산의 **제 3 취득자**는 그 부동산의 보전 · 개량을 위하여 필요비 · 유익비를 지출한 때에 가지는 **비용상환청구권**은 저당물의 매각대금에서 우선상환을 받을 수 있으므로, 이러한 제 3 취득자가 필요비 · 유익비를 지출한 경우 경매절차(강제경매, 담보권실행을 위한 경매)에서 **배당요구를 하면** 그 비용상환청구권도 우선채권에 해당한다.[2)]

(3) 압류채권자가 남을 가망이 있음을 증명한 경우

법원은 남을 가망이 없겠다고 인정한 때에는 압류채권자에게 이를 통지해야 한다(법 102조 1항).[3)] 이러한 통지를 받은 압류채권자가 **통지를 받은 날**부터 **1주 이내**에 최저매각가격으로 압류채권자의 채권에 우선하는 부동산의 모든 부담과 절차비용을 변제하고 남을 것이 있다는 사실을 **증명**한 때에는 법원은 경매절차를 속행해야 한다(규칙 53조). 압류채권자는 최저매각가격이 지나치게 낮게 결정되었다거나, 우선채권액이 법원이 계산한 금액보다 적다는 등에 관하여 증명하는 방법으로 할 수 있다.[4)]

그러나 압류채권자가 앞서의 통지를 받은 날부터 **1주 이내**에 이러한 증명을 하지 않거나 그 증명으로써 부족한 때에는(그럼에도 불구하고 뒤에서 보는 바와 같이 그 기간 내에서 매수신청 및 보증의 제공이 없는 때에는) 법원은 경매절차를 취소해야 한다. 위 취소결정에 대해서는 즉시항고(사법보좌관처분에 대한 이의신청으로)를 할 수 있다(법 102조 3항). 취소결정은 확정되어야 효력이 생긴다(법 17조 2항). 취소결정에 대하여 즉시항고를 하고 항고심에서 남을 가망이 있음을 증명한 때에는 취소결정을 취소하고, 경매절차를 속행해야 한다.

(4) 압류채권자가 매수신청 및 보증의 제공을 한 경우

1) 법원으로부터 남을 가망이 없다는 통지를 받은 압류채권자가 통지를 받은 날부터 **1주** 이내에 우선하는 부담과 비용을 변제하고 **남을 만한 가격**을 정하여 그 가격에 맞는 매수신고가 없을 때에는 자기가 **그 가격으로 매수**하겠다고 **신청**

1) 법원실무제요 민사집행(2), 221쪽; 정진아, 주석서(2), 420쪽.

2) 법원실무제요 민사집행(2), 221쪽; 정진아, 주석서(2), 422쪽.

3) 이러한 통지는 법원이 매각절차에 제출된 자료를 토대로 형식적으로 남을 가망의 여부를 판단하게 되지만 그 자료가 완전한 것은 아니므로 법원이 남을 가망이 없다고 판단한 때에도 압류채권자에게 이를 다툴 수 있는 기회를 부여한 것이다. 법원실무제요 민사집행(2), 225쪽.

4) 법원실무제요 민사집행(2), 226쪽.

하면서 **충분한 보증**을 제공해야 한다(법 102조 2항). 여기서 충분한 보증액이 될 수 있는 금액은 법원이 정한다. 실무상 '저감된 최저매각가격'과 압류채권자의 '매수신청금액'의 차액을 보증액으로 정한다.[1)2)]

2) 법원은 압류채권자가 이러한 매수신청 및 충분한 보증을 제공하지 않는 경우 **경매절차**를 **취소**해야 한다. 한편 법원은 압류채권자가 제공한 보증이 충분하지 못하다고 인정하면 압류채권자에게 **추가보증의 제공**을 명할 수 있고 이에 응하지 않으면 **경매절차를 취소**해야 한다(법 102조 2항). 위 취소결정에 대해서는 즉시항고를 할 수 있다(법 102조 3항).

3) 위 1주의 **매수신청기간**은 (법정기간 가운데) 불변기간이 아니므로 집행법원은 그 기간을 늘이거나 줄일 수 있다(법 23조 1항, 민소 172조 1항). 위 기간이 지난 뒤라도 경매절차취소결정이 있기 전에 매수신청 및 보증제공이 있으면 경매절차를 속행해야 한다.[3)]

(5) 남을 가망이 없음에도 경매절차가 진행된 경우

1) 경매절차를 진행하여 매각절차를 종결했더라도 집행법원은 그 잘못을 발견한 때에는 **매각불허가결정**을 해야 한다.

최저매각가격이 압류채권에 우선하는 채권과 절차비용의 합산액에 미달하는데도 법 102조 소정의 조치를 취하지 않은 채 경매절차를 진행한 경우 그 흠이 치유되는지에 관하여 **판례**는, 최고가매수신고인의 매수가액이 우선채권 총액과 절차비용을 초과하는 한 위 절차위반의 흠이 치유되지만, 그 매수가액이 우선채권 총액과 절차비용에 미달하는 때에는 경매법원은 매각불허가결정을 해야 하며, 경매법원이 절차를 그대로 진행했다고 하여 매수가액이 우선채권 총액과 절차비용에 미달함에도 불구하고 위 법조항 위반의 흠이 치유된다고는 할 수 없다고 본다.[4)]

2) 남을 가망이 없음에도 매각불허가결정을 하지 않고 매각허가결정을 한 경

---

1) 법원실무제요 민사집행(2), 228쪽. 압류채권자의 매수신청금액과 같거나 적어도 우선채권의 총액과 같은 금액이어야 한다는 견해로는, 박두환, 324쪽.

2) 보증의 제공은 현금, 법원이 상당하다고 인정하는 유가증권, 또는 지급보증위탁계약에 의한 보증서에 의한다. 다만 법원은 상당하다고 인정하는 때에는 보증의 제공방법을 제한할 수 있다(규칙 54조 1항). 한편 법원은 압류채권자의 신청에 따라 결정으로 공탁한 담보물을 바꾸도록 명할 수 있다(규칙 54조 2항, 민소 126조).

3) 대결 1975. 3. 28. 75마64[1주의 기간을 일종의 재정(裁定)기간으로 보고 있다].

4) 대결 1995. 12. 1. 95마1143.

우에 압류채권자와 우선채권자만이 즉시항고를 할 수 있으며, 채무자는 즉시항고를 할 수 없다.[1] 매각허가결정이 확정되고 매수인이 대금을 납부한 뒤에는 법 102조의 절차를 밟지 않은 흠을 이유로 매수인의 소유권 취득을 부정할 수 없다.[2]

Ⅳ. 매각기일과 매각결정기일의 지정·공고 및 통지 등

1. 매각기일과 매각결정기일의 지정·공고

(1) 매각기일 등의 지정 및 공고

1) **매각기일**은 집행법원이 매각부동산에 대하여 매각을 실시하는 기일이며, **매각결정기일**은 매각이 실시되어 최고가매수신고인이 있을 때에 매각허가 여부의 결정을 선고하는 기일이다. 매각결정기일은 매각기일부터 1주 이내로 정해야 한다(법 109조 1항). 이는 훈시규정이다.[3]

2) 법원은 최저매각가격으로 압류채권자의 채권에 우선하는 부동산 위의 모든 부담과 절차비용을 변제하고 남을 것이 있다고 인정하거나 압류채권자가 법 102조 2항의 신청을 하고 충분한 보증을 제공한 때에는 직권으로 매각기일과 매각결정기일을 **지정**하여 **공고**한다(법 104조 1항).[4] 법원은 매각기일(기간입찰의 방법으로 진행하는 경우에는 입찰기간의 개시일)의 **2주 전까지** 뒤에서 볼 일정한 사항을 적어 **매각기일**을 **공고**해야 한다(법 104조 1항, 규칙 56조). 이는 훈시규정이 아니므로, 정해진 매각기일의 2주 전까지 공고를 하지 않는 때에는 집행법원은 매각기일을 변경해야 한다. 이 기간을 지키지 않은 채 매각이 실시된 때에는 매각불허가사유가 된다.[5]

---

1) 대결 1987. 10. 30. 87마861.

2) 김택수, "잉여의 가망이 없을 경우의 경매취소," 강제집행·임의경매에 관한 제문제(하)(재판자료 36집, 1987. 7.), 35쪽 이하.

3) 대결 1984. 8. 23. 84마454.

4) 매각기일 또는 입찰기간 등의 공고는 **인터넷 법원경매공고란**(www.courtauction.go.kr) 또는 **법원게시판**에 게시하는 방법으로 한다. 첫 매각기일 또는 입찰기간 등을 공고하는 때에는 위 공고와는 별도로 **공고사항의 요지**를 **신문**에 게재해야 한다. 다만 '신문공고에 관한 예규'(재일 2002-7) 3조에 따른 대행기관을 통하여 신문공고 업무를 처리할 수 없는 등 신문공고를 할 수 없는 **부득이한 사유**가 있는 경우에는 신문에 게재하지 않을 수 있다. 법원사무관 등은 앞서의 절차와 별도로 **공고사항의 요지**를 매각기일 또는 입찰기간 개시일의 **2주 전까지 인터넷 법원경매공고란**에 게시해야 한다. 재판예규 제1853호 '부동산등에 대한 경매절차 처리지침'(재민 2004-3, 2023. 6. 29. 개정·시행) 7조.

5) 법원실무제요 민사집행(2), 244쪽; 정진아, 주석서(2), 454쪽.

▣ **배당요구의 종기의 결정·공고·통지일과 매각기일·매각결정기일 결정·공고·통지일의 관계**

(1) 이미 살펴 본 바와 같이 **배당요구의 종기**의 결정 및 공고는 경매개시결정에 따른 압류의 효력 발생일부터 1주 이내에 하여야 한다(법 84조 3항). 한편 **최초 매각기일·매각결정기일**의 지정·공고(신문공고에는 신문공고의뢰), **이해관계인에 대한 통지**는 배당요구의 종기부터 1월 안에 해야 한다.[1] 한편 이러한 최초 매각기일·매각결정기일의 지정·공고 등은 매각기일의 2주 전까지 해야 한다.

(2) 실무상 법원은 압류의 효력이 발생한 것을 확인한 후 배당요구의 종기의 결정 및 공고·고지, 채권신고의 최고를 함께한다. 그리고 앞서 본 바와 같이 배당요구의 종기와 최초의 매각기일과의 사이에 시간적 간격(실무상 1월 이내로 한다)이 크지 않도록 할 필요가 있으므로, 현황조사보고서와 평가서는 적어도 배당요구의 종기 이전에 충분히 도착할 수 있도록 해야 한다. 통상 법원은 조세·공과금을 주관하는 공공기관에 대한 최고, 현황조사 및 최저매각가격결정 등의 절차를 끝내고 경매절차를 취소할 사유가 없는 때에는 직권으로 매각기일을 정하여 공고한다.[2]

3) 매각기일 등의 지정은 원칙적으로 매각을 실시할 때마다 해야 하나, 실무례는 집행법원이 부동산매각절차를 수회 매각기일 및 매각결정기일을 일괄지정하는 방식에 의하여 진행하는 것이 부적절하다고 판단되지 않는 한 수회 **일괄지정하는 방식**으로 진행한다. 일괄지정할 매각 및 매각결정기일의 횟수는 통상 **3회 또는 4회 정도**로 한다.[3]

4) 채권자 또는 채권자의 동의를 얻은 채무자는 **매각기일의 변경**을 신청할 수 있다(다만 법원은 이에 구속되지 않는다). 실무상 **채권자**, 또는 채권자의 동의를 얻어 **채무자**가 매각기일의 변경을 신청하는 경우 **상당한 이유**가 있다고 인정되면 1회 연기기간을 1-2월 정도로 하여 2회까지 변경을 허가하고 있고, 채무자 또는 소유자(담보권실행을 위한 경매의 경우)가 변경신청을 하는 경우에는 채권자의 동의가 없는 한 변경을 허가하지 않고 있다.[4]

다만 수회 매각기일과 매각결정기일을 **일괄지정하는 방식**에 의하여 진행하는

---

1) 재판예규 제1636호 '부동산경매사건의 진행기간 등에 관한 예규'(재민 91-5, 2017. 1. 20. 개정·시행).

2) 법원실무제요 민사집행(2), 237쪽.

3) 재판예규 제969호 '수회 매각 및 매각결정기일 일괄 지정방식에 의한 부동산매각절차 진행 시 유의사항'(재민 98-11, 2004. 8. 24. 개정, 2004. 9. 1. 시행) 4조.

4) 법원실무제요 민사집행(2), 239쪽; 법원공무원교육원, 민사집행실무(2024년), 278쪽.

경우에는 **부득이한 사유**가 없는 한 당사자의 기일변경신청을 허용하지 않는다[부득이한 사유로 인하여 직권으로 또는 당사자의 신청에 따라 일괄지정된 기일을 변경하는 때에는 새로 수회 매각기일 및 매각결정기일을 지정한다].[1)]

매각기일을 종결한 뒤에 **매각결정기일**이 **변경**된 때에는 최고가매수신고인·차순위매수신고인 및 이해관계인(법 90조에 정한 이해관계인)에게 변경된 기일을 **통지**해야 한다(규칙 73조 1항). 이러한 통지는 집행기록에 표시된 주소지에 등기우편으로 발송하는 방법으로 한다(규칙 73조 2항).

(2) 매각기일과 매각결정기일의 통지

1) 법원은 매각기일과 매각결정기일을 **이해관계인**에게 **통지**해야 한다(법 104조 2항). 이러한 통지는 집행기록에 표시된 이해관계인의 주소(예컨대 등기사항증명서, 권리신고서 또는 배당요구신청서상 주소)에 대법원규칙이 정하는 방법인 **등기우편**으로 **발송**할 수 있다(법 104조 3항, 규칙 9조).[2)] 여기서 말하는 이해관계인의 주소는 집행기록에 의하여 알 수 있는 주소 중 최근의 주소여야 한다.[3)] 등기우편에 의한 발송방법은 우편송달에 해당하므로 그 발송시에 송달의 효력이 있다(민소 189조).[4)] 따라서 등기기록에 기입된 부동산의 권리자가 등기기록상 주소변경등기를 게을리하여 종전의 등기기록상 주소에 등기우편으로 송달된 매각기일의 통지를 받지 못했다 하더라도 그 발송시에 효력이 발생한다. 매각기일과 매각결정기일을 공고 외에 이에 추가하여 이해관계인에게 개별적으로 통지하는 이유는 공고만으로는 이해관계인에게 고지하는 것이 충분하지 못하다는 점을 고려하여 개별적으로 이러한 기일에 관하여 통지를 함으로써 경매절차에 참여할 기회를 부여하기 위해서이다.[5)]

---

1) 재판예규 제969호 '수회 매각 및 매각결정기일 일괄 지정방식에 의한 부동산매각절차 진행시 유의사항'(재민 98-11, 2004. 8. 24. 개정, 2004. 9. 1. 시행) 6조.

2) 등기우편에 의한 발송송달은 매각절차의 신속한 진행을 위하여 보통의 송달방법과는 다른 특례가 인정됨에 따른 것에 불과하여, 법원으로서는 적절하다고 인정되는 송달방법을 택하여 그 통지를 송달하면 충분하므로, 위 규정과 달리 보통의 송달방법에 의하여 **교부송달**을 실시하거나, 요건을 갖추어 **공시송달**을 실시했다고 하여 그 송달의 효력을 부인할 수 없다. 대결 1995. 4. 25. 95마35.

3) 대결 1993. 7. 6. 93마549.

4) 대결 1994. 7. 30. 94마1107. 따라서 등기기록에 기입된 부동산의 권리자가 사망하여 이해관계인의 지위를 승계한 상속인들이 등기기록상 상속등기를 게을리하여 매각기일의 통지가 이미 사망한 등기기록상 권리자의 주소에 등기우편으로 송달된 때에도 마찬가지이다. 대결 1995. 9. 6. 95마372,373.

5) 대결 1999. 11. 15. 99마5256, 2004. 11. 9. 2004마94.

▣ 수회 매각기일 및 매각결정기일 일괄지정방식과 이해관계인 통지

3-4회의 매각기일 및 매각결정기일을 일괄하여 지정하는 경우에는 이해관계인에 대한 통지를 일괄하여 한다. 일괄지정 이후 새로이 이해관계인의 지위를 취득한 사람에 대해서는 별도의 기일통지를 해야 하고, 일괄지정 당시의 이해관계인에 대한 기일통지만으로써 이를 갈음할 수는 없다.[1] 한편 일괄지정방식에 의한 경매절차에서 선행기일에 매각불능이 되어 그 다음 기일을 실시하는 경우 다시 기일을 통지할 필요 없이 그 통지절차가 (기존의 이해관계인에 대하여 이미 일괄하여 통지함으로써) 이미 완료된 것이므로 **매각불능이 된 선행 기일 이후**에 새로운 권리신고로 새로이 이해관계인의 지위를 취득한 사람이 생겼다고 하더라도 매각불능이 된 **선행기일의 바로 다음 기일**에 관한 한 위 권리신고를 한 이해관계인에 대하여 기일통지를 누락했더라도 이를 위법한 것이라고 볼 수 없다.[2]

2) 이해관계인에 대한 기일통지를 누락한 경우 특별한 사유가 없는 한 그와 같은 기일통지 없이는 강제집행을 적법하게 속행할 수 없고 이러한 기일통지의 누락은 매각허가에 대한 이의신청사유 및 매각불허가사유가 되며(법 121조 1호, 123조 2항),[3] 또한 매각허가결정에 대한 즉시항고사유(법 129조 · 130조)가 된다.

▣ 채무자 등 이해관계인이 외국에 있는 경우 등과 매각기일 등의 통지

(1) 채무자가 외국에 있거나 있는 곳이 분명하지 않는 경우

채무자가 외국에 있거나 있는 곳이 분명하지 않는 때에는 집행행위에 속한 송달이나 통지를 하지 않아도 되므로(법 12조), 이 경우 매각기일 및 매각결정기일을 통지하지 않아도 된다.

(2) 채무자 외 이해관계인이 외국에 있거나 있는 곳이 분명하지 않는 경우

등기사항증명서상 공유자 등 이해관계인의 주소가 외국으로 기재되어 있는 등 외국에 살고 있는 경우 매각기일 및 매각결정기일의 통지는 법 104조 2항에 의한 통지로 이는 규칙 8조 4항('**규칙에 규정된 통지**'인 경우 통지를 받을 사람이 외국에 있거나 있는 곳이 분명하지 않는 때에는 통지하지 않아도 된다)의 적용이 배제되는 '**법에 규정된 통지**'이다. 따라서 **채무자**가 외국에 살고 있는 경우와 달리 통지를 생

---

1) 대결 1999. 11. 15. 99마5256.

2) 대결 1999. 11. 15. 99마5256, 2000. 1. 31. 99마7663. 예컨대 4회 매각기일 및 매각결정기일을 일괄하여 지정하고 1회 기일에 매각불능이 된 후 2회 기일 이전에 새로운 권리신고가 이루어진 경우 2회 기일통지절차는 이미 완료되었으므로, 권리신고를 한 이해관계인에게는 **3회와 4회**의 매각기일 및 매각결정기일만 **일괄통지**하면 된다.

3) 대결 1995. 12. 5. 95마1053, 1999. 11. 15. 99마5256.

략할 수 없다.1)2)

(3) 외국으로 송달하는 경우의 특례

이해관계인에게 매각기일 및 매각결정기일을 통지하기 위하여 외국으로 송달하는 경우에 송달과 함께 대한민국 안에 송달이나 통지를 받을 장소와 영수인을 정하여 상당한 기간 내에 신고하도록 명할 수 있고, 그 기간 내에 신고가 없는 때에는 그 후의 송달이나 통지를 하지 않을 수 있다(법 13조). 신고해야 할 장소는 집행법원의 소재지로 국한되지 않고, 대한민국 내라면 어느 곳도 가능하다.3)

2. 매각기일공고 내용에 적어야 할 사항

매각기일공고 내용에 적어야 할 사항으로 부동산의 표시, 부동산의 점유관계, 최저매각가격, 일괄매각결정, 매수신청인 자격제한, 매수신청의 보증금액과 보증제공방법 등에 관하여 **법 106조** 및 **규칙 56조**에서 정하고 있다.4) 부동산의 식별을 오인케 하거나 평가를 그르치게 할 정도의 공고,5) 최저매각가격을 누락한

---

1) 위와 같이 발송의 방법이 규칙에 위임된 사정만으로 위 통지를 규칙 8조 4항에 따라 통지의 생략이 가능한 '규칙에 규정된 통지'로 볼 수는 없다. 대결 2010. 6. 14. 2010마363.

2) 실무상 채권신고최고나 공유자통지 등의 단계에서 미리 이해관계인에게 외국송달을 하면서 국내에 송달이나 통지를 받을 장소 등을 신고하도록 하고 있다. 법원실무제요 민사집행(2), 255쪽.

3) 국내에 송달이나 통지를 받을 장소를 신고하지 않은 경우라도 송달·통지를 반드시 생략할 필요는 없고, 법원도 그때그때의 상황에 따라 송달·통지 생략 여부를 결정할 수 있다. 법원실무제요 민사집행(2), 255쪽.

4) 매각기일공고 내용에 적어야 할 사항으로 **법 106조**에 정하고 있는 것으로는, ① 부동산의 표시(1호), ② 강제집행으로 매각한다는 취지와 그 매각방법(2호), ③ 부동산의 점유자, 점유의 권원, 점유하여 사용할 수 있는 기간, 차임 또는 보증금약정 및 그 액수(3호), ④ 매각기일의 일시·장소, 매각기일을 진행할 집행관의 이름 및 기간입찰의 방법으로 진행할 경우에는 입찰기간·장소(4호), ⑤ 최저매각가격(5호), ⑥ 매각결정기일의 일시·장소(6호), ⑦ 매각물건명세서, 현황조사서 및 평가서의 사본을 매각기일 전에 법원에 비치해 누구든지 볼 수 있도록 제공한다는 취지(7호), ⑧ 등기부에 기입할 필요가 없는 부동산에 대한 권리를 가진 사람은 채권을 신고해야 한다는 취지(8호), ⑨ 이해관계인은 매각기일에 출석할 수 있다는 취지(9호)이다. 한편 **규칙 56조**에 정하고 있는 것으로는, ① 법 98조의 규정에 따라 일괄매각결정을 한 때에는 그 취지(1호), ② 규칙 60조의 규정에 따라 매수신청인의 자격을 제한한 때에는 그 제한의 내용(2호), ③ 법 113조의 규정에 따른 매수신청의 보증금액과 보증제공의 방법(3호)이다.

5) 대결 1999. 10. 12. 99마4157. 매각기일의 공고에서 부동산의 표시를 요구하고 있는 것은 매각목적물의 특정과 매각목적물에 대한 객관적 실제가격을 평가할 자료를 이해관계인에게 주지케 하자는 데 그 뜻이 있으므로, 예컨대 매각기일의 신문공고시 매각부동산의 표시부분에서 매각부동산 중 건물부분에 관하여 실제면적보다 극히 미미한 면적의 차이가 있는 정도로는, 이해관계인에게 목적물을 오인하게 하거나 평가를 그르치게 할 정도의 위법한 표시라고 볼 수는 없다. 대결 1994. 11. 11. 94마1453.

공고,[1] 또는 최저매각가격의 10분 2가 아닌 다른 금액으로 보증금액을 정하는 **'결정'** 없이 다른 금액으로 한 공고[2] 등은 **위법공고**이므로 매각허가에 대한 이의신청사유 및 매각불허가사유(법 121조 7호, 123조 3항)가 된다. 따라서 법원은 이와 같은 위법한 공고를 간과하여 매각기일을 진행했을 경우 형식상 유효한 최고가매수가격의 신고가 있었더라도 매각결정기일에 매각을 불허하는 결정을 하고 새 매각기일을 정하여 적법한 매각기일공고를 한 후에 매각을 실시해야 한다.[3]

Ⅴ. 매각조건

1. 의 의

매각조건은 법원이 매각부동산을 매각하여 매수인에게 취득시키는 조건을 말한다. 매각조건에는 법정매각조건과 특별매각조건이 있다. **법정매각조건**은 민사집행법이 정한 매각조건으로 **모든 매각절차**에 **공통적**(획일적)으로 적용되는 매각조건이다(**매각조건법정주의**). 이에 대하여 **특별매각조건**은 **개별 경매절차**에서 **특별히** 정한 매각조건을 말한다. 매각조건 중 법정매각조건은 매각기일에 이해관계인에게 알릴 필요가 없다.

2. 특별매각조건

(1) 의 의

1) 특별매각조건은 법원이 법정매각조건에 대하여, ① 이해관계인 전원의 합의에 의하여 최저매각가격 외의 매각조건을 바꾸는 경우의 그 매각조건, 또는 ② 거래의 실상을 반영하거나 경매절차를 효율적으로 진행하기 위하여 필요하다고 인정하여 직권으로 모든 매각조건을 바꾸거나 새로운 매각조건을 설정하는 경우의 그 매각조건을 말한다.

2) 법정매각조건의 변경은 이해관계인의 합의에 의한 경우이거나 직권에 의한 경우이거나 **배당요구의 종기까지** 이루어져야 한다(법 110조 2항, 111조 1항).

3) 특별매각조건은 집행관이 매각기일에 그 매각조건의 내용을 고지해야 한

1) 대결 1994. 11. 30. 94마1673.
2) 대결 2023. 3. 10. 2022마6559.
3) 대결 2023. 3. 10. 2022마6559.

다(법 112조). 한편 특별매각조건은 매각허가결정에 그 조건을 적어야 한다(법 128조 1항).

(2) 매각조건의 변경

(a) 이해관계인의 합의에 의한 매각조건의 변경

1) 이해관계인의 합의에 의한 매각조건의 변경은 **최저매각가격 외**에는 매수인에 대한 소유권이전과 같은 경매의 근본에 관한 매각조건이 아닌 한 가능하다(법 110조 1항). 예컨대 매각대금을 내는 시기나 방법, 부동산의 담보권·용익권의 인수·소멸에 관한 매각조건 등은 합의로 바꾸는 것이 가능하다(여기서 합의는 **전원의 동의**를 말한다).

2) **합의할 이해관계인**은 법 90조 각 호에 정한 사람 가운데 배당요구의 종기까지 이해관계인이 된 사람으로 해당 매각조건의 변경에 따라 자기의 권리에 영향을 받는 사람이다. **자기의 권리에 영향을 받는다**는 것은, 예컨대 부동산 위의 권리자의 경우 그가 가지는 권리의 소멸이나 인수의 조건이 변경되는 것을 의미하고, 배당을 받을 채권자의 경우 매각조건의 변경으로 배당이 감소될 염려가 있는 것을 의미한다.[1] 따라서 부동산 위의 저당권을 존속시키기로 하는 합의에서는 그 저당권자만이 이해관계인이고 그보다 후순위의 저당권자는 이해관계인이 아니다.[2]

3) 법원이 직권으로 정한 특별매각조건을 이해관계인의 합의에 의하여 변경하는 것은 허용되지 않는다. 다만 합의하여 변경한 특별매각조건을 다시 합의에 의하여 변경하는 것은 허용된다.

4) 이해관계인의 합의가 유효하게 성립된 경우에는 법원은 **이해관계인의 신청**에 의하여 **매각조건변경결정**을 해야 한다. 합의에 의한 매각조건의 변경에는 불복이 허용되지 않는다.

(b) 직권에 의한 매각조건의 변경

1) 법원이 직권으로 매각조건을 변경하는 때에는 **경매의 근본**에 관한 **매각조건**을 제외하고는, 이해관계인의 합의로 바꿀 수 없는 최저매각가격까지도 바꾸는데 수긍할 만한 합리적 이유가 있는 경우라면 바꿀 수 있다(법 111조 1항).[3]

---

1) 구태회, 주석서(2), 534쪽.

2) 법원실무제요 민사집행(2), 260쪽.

3) 대결 1994. 11. 30. 94마1673.

2) 이해관계인의 합의에 의하여 정한 특별매각조건도 직권에 의한 매각조건의 변경이 가능한 법정매각조건에 관한 것인 한 법원이 이를 직권으로 변경할 수 있다.[1] 직권으로 매각조건을 변경할 경우 법원은 집행관에게 경매부동산에 대하여 필요한 조사를 하게 할 수 있다(법 111조 3항, 규칙 58조).

3) 직권으로 한 **매각조건변경결정**에 대하여 이해관계인은 즉시항고를 할 수 있다(법 111조 2항).[2]

Ⅵ. 일괄매각

1. 의　　의

법원은 **여러 개의 부동산**의 위치 · 형태 · 이용관계 등을 고려하여 이를 일괄매수하게 하는 것이 알맞다고 인정하는 경우에는 직권으로 또는 이해관계인의 신청에 따라 일괄매각하도록 결정할 수 있다(법 98조 1항). 법원은 부동산을 매각할 경우에 그 위치 · 형태 · 이용관계 등을 고려하여 금전채권을 제외한 **다른 종류의 재산**을 그 부동산과 함께 일괄매수하는 것이 알맞다고 인정하는 경우에도 마찬가지이다(법 98조 2항).

일괄매각은 **담보권실행을 위한 경매**에도 준용된다(법 제268조). 담보권실행을 위한 경매에서는 민법 365조를 비롯한 특칙에 따라 당연히 일괄매각해야 할 경우가 있다. 이에 관해서는 해당 부분에서 본다.

2. 일괄매각의 판단기준

(1) 여러 부동산 상호간의 견련성

1) **개별매각**이 원칙이지만,[3] 법은 여러 개의 부동산 등을 동일인에게 매수시키는 것이 위치 · 형태 · 이용관계 등으로 보아 **견련성**(경제적 · 유기적 일체성)이 있어 이를 일괄매수하여 이용하게 하는 것이 경제적 효용을 증대시키고 높은 가격으로 매각할 수 있는 경우에는 **일괄매각**하도록 하고 있다.

---

1) 구태회, 주석서(2), 534쪽.

2) 구법(구 민소 623조 2항)에서는 법원이 직권으로 하는 매각조건의 변경에 대해서는 최저경매가격의 변경을 제외하고는 불복을 허용하지 않았다.

3) 따라서 여러 개의 부동산을 동시에 매각하는 집행법원이 일괄매각결정을 한 바 없다면 그 부동산들은 개별매각이 된다. 대결 1994. 8. 8. 94마1150.

2) 법 98조 1항에서 일괄경매의 요건으로 여러 개의 부동산의 상호 간 이용관계 등에서 견련성을 요구하고 있는 것은 일괄경매 여부를 전적으로 집행법원의 재량에 맡기게 되면 당사자나 사회적 관점에서 일괄경매가 불필요한 경우에도 경매절차의 간이화를 위하여 안이하게 일괄경매의 방법이 채택될 우려가 있고, 불필요하게 일괄경매를 하게 되면 최저경매가격이 지나치게 높아지게 되어 오히려 매수희망자를 감소시키는 결과가 될 수 있기 때문이다. 이러한 이용관계상 견련성은 집행법원이 일괄경매의 상당성을 판단하는 요건의 예시가 아니고, 일괄경매의 상당성을 판단하는 **유일한 기준**이 된다.[1)]

(2) 집행법원의 재량성과 그 한계

1) 매각부동산이 2개 이상 있는 경우 개별매각을 할 것인지 일괄매각을 할 것인지 여부는 집행법원의 자유재량에 의하여 결정할 성질의 것이다.

2) 그러나 ① 토지와 그 지상건물이 동시에 매각되는 경우, ② 공장건물과 대지, 기계설비 등이 하나의 기업시설을 구성하고 있는 경우, ③ 2필지 이상의 토지를 매각하면서 분할경매에 의하여 일부 토지만 매각되면 나머지 토지가 맹지(盲地) 등이 되어 값이 현저히 하락하게 될 경우 등과 같이 분할경매를 하는 것보다 일괄경매를 하는 것이 해당 물건 전체의 효용을 높이고 그 가액도 현저히 고가로 될 것이 명백히 예측되는 경우 등에는 일괄경매를 하는 것이 부당하다고 인정할 특별한 사유가 없는 한 일괄경매의 방법에 의하는 것이 타당하다. 따라서 이러한 경우에도 이를 분할경매하는 것은 그 부동산이 유기적 관계에서 갖는 가치를 무시하는 것으로서 집행법원의 재량권의 범위를 넘어 위법한 것이 된다.[2)]

3) 여러 개의 재산을 일괄매각하는 경우에 그 가운데 일부의 매각대금으로 모든 채권자의 채권액과 강제집행비용을 변제하기에 충분하면 다른 재산의 매각을 허가해서는 안 된다(법 101조 3항 본문). 이 경우 채무자는 그 재산 가운데 매각할 것을 지정할 수 있다(법 101조 4항). 다만 토지와 그 위의 건물을 일괄매각하는

---

1) 대결 2001. 8. 22. 2001마3688.

2) 대결 2001. 8. 22. 2001마3688, 2004. 11. 9. 2004마94. **판례**는, **농지**와 **농지가 아닌 토지**를 일괄매각할 수 있는지 여부에 관하여, 농지와 농지가 아닌 토지는 특별한 사정이 없는 한 그 상호간의 이용관계에서 견련성이 없으며, 농지법상의 농지인 경우에는 매수인의 자격이 법령에 의하여 제한되므로 농지와 농지가 아닌 토지를 일괄하여 매각하게 되면 농지취득자격증명을 받을 수 없는 사람은 매수신고를 할 수 없게 되어 매수희망자를 제한하게 되므로, 경매목적인 토지 중 일부 토지만이 농지에 해당하는 경우에는 일괄매각의 요건을 갖추지 못한 것으로 본다. 대결 2004. 11. 30. 2004마796.

경우나 재산을 분리하여 매각하면 그 경제적 효용이 현저하게 떨어지는 경우 또는 채무자의 동의가 있는 경우에는 다른 재산의 매각을 허가할 수 있다(법 101조 3항 단서).

3. 일괄매각 여부의 결정

(1) 결정절차

1) 일괄매각의 일반적인 요건을 충족하는 경우에 법원은 자유재량으로 일괄매각 여부를 결정한다. 이해관계인은 일괄매각을 신청할 수 있으나(법 98조 1항·2항) 이는 법원을 구속하지 못한다.

2) 일괄매각결정은 그 목적물에 대한 매각기일 이전까지 할 수 있다(법 98조 3항).

(2) 일괄매각사건의 병합

1) 법원은 경매신청된 여러 개의 재산 또는 다른 법원이나 집행관에 계속된 경매사건의 목적물에 대해서도 일괄매각결정을 할 수 있다(법 99조 1항). 법은 일괄매각의 대상인 개개의 물건에 대하여 압류채권자나 소유자가 다른 경우 등에도 일괄매각결정할 수 있도록 했다(법 99조 1항).

2) 이때에는 다른 법원 또는 집행관은 일괄매각결정을 한 법원에 경매사건을 이송해야 한다(법 99조 2항). 이 경우 법원은 그 경매사건들을 병합한다(법 99조 3항). 일괄매각사건의 경우 **전속관할의 예외**로서 민사소송법 25조의 관련재판적의 규정이 준용된다(법 100조 본문). 다만 등기할 수 있는 선박에 관한 경매사건은 그렇지 않다(법 100조 단서).

4. 일괄매각과 배당절차

(1) 원 칙

여러 개의 재산, 예컨대 대지와 건물을 일괄경매하더라도 배당절차는 기본적으로 개별경매의 그것과 다르지 않으므로, 대지와 건물을 개별경매하는 때와 마찬가지로 **대지에 대한 권리자**는 대지의 매각대금에서, **건물에 대한 권리자**는 건물의 매각대금에서 각 배당을 받아야 한다.

(2) 일괄매각 부동산상 채권자 등이 다른 경우

1) 일괄매각에서는 각 재산의 매각대금이 전체로서 하나로 정해지므로 각 재산마다 배당순위를 달리하는 채권자가 있는 경우에는 각 재산에 대한 매각대금을 특정해야 한다. 이 경우 각 재산의 대금액은 총대금액을 각 재산의 최저매각가격 비율에 따라 나눈 금액으로 한다(법 101조 2항). 따라서 일괄매각의 경우에 각 재산의 매각대금에서 배당받을 채권자가 다른 때에는 매각 전에 미리 최저매각가격의 비율을 정해야 한다.

2) 대지와 건물을 일괄매각하는 경우 각 재산의 매각대금에서 배당받을 채권자 및 채권이 다른 때에는 **각 부동산**의 매각대금마다 구분하여 이른바 **개별배당재단**을 형성한 후 각 대금마다 **따로 배당표**를 작성해야 한다.[1)]

3) 배당표에 대한 이의는 각 물건마다 작성된 배당표를 대상으로 따로 처리되어야 한다. 비록 대지와 건물에 대한 배당표가 하나로 작성되었다고 하더라도 이는 대지의 매각대금에 대한 배당표와 건물의 매각대금에 대한 배당표의 각 채권자의 배당액이 합산되어 하나로 작성된 것에 불과하다. 따라서 대지의 매각대금이 모두 대지에 대한 권리자들에게 배당되었는데, 다만 그들 사이의 배당순위만 문제되는 경우 대지에 대한 선순위 채권자로서 배당을 받지 못한 사람은 대지에 대한 후순위 채권자로서 선순위 채권자에 우선하여 배당받은 채권자를 상대로 배당이의를 할 수 있다.[2)]

Ⅶ. 매각실시절차

1. 매각기일의 실시

(1) 매각방법

1) 매각기일은 집행관이 주재한다. 부동산의 매각은 집행법원이 정한 **매각방법**에 따른다.[3)] 집행관은 뒤에서 보는 호가(呼價)경매 또는 기일입찰의 방법에 의

---

1) 법원실무제요 민사집행(2), 212쪽; 대판 2004. 2. 27. 2003다17682.

2) 이 경우 후순위 채권자가 건물의 매각대금으로부터 배당을 받을 수 있어서 결과적으로 후순위 채권자의 배당액에 변경이 없을 것이라고 하여 결론이 달라지지 않는다. 대판 2003. 9. 5. 2001다66291, 2004. 2. 27. 2003다17682; 이우재, “일괄매각된 부동산의 각 매각대금으로부터 배당받을 채권자가 다른 경우의 배당표의 작성방법 및 배당이의방법,” 대법원판례해설 46호(2003년 하반기), 506쪽 이하.

3) 실무에서는 매각명령을 발하면서 매각방법을 함께 지정하고 있다. 이해관계인은 매각방법

한 매각기일에는 매각물건명세서, 현황조사보고서 및 평가서의 사본을 볼 수 있게 하고, 특별매각조건이 있는 때에는 이를 고지하며, 법원이 정한 매각방법에 따라 매수가격을 신고하도록 최고해야 한다(법 112조).

2) 매각방법은 ① **호가경매**[매각기일에 매수신청의 액을 서로 올려가는 방법], ② **기일입찰**[특정한 매각기일에 특정한 입찰장소에서 입찰받아 그날 개찰하며, 1/10 보증금과 함께 투찰하는 방법], ③ **기간입찰**[일정한 입찰기간 이내에 입찰표를 직접 또는 우편으로 법원에 제출하도록 하여 입찰하게 하고, 별도로 정한 매각기일(개찰기일)에 개찰하는 방법, **입찰기간**은 1주 이상 1월 이하의 범위 안에서 정하고, **매각기일**은 입찰기간이 끝난 후 1주 안의 날로 정한다(규칙 68조). 보증금은 보증보험회사 등의 보증서로도 갈음이 가능하다(규칙 70조 2호)] 등 세 가지 방법이 있다(법 103조).

호가경매에 관해서는 규칙 72조에서, 기일입찰에 관해서는 규칙 61조부터 67조까지에서, 기간입찰에 관해서는 규칙 68조부터 71조까지에서 상세히 규정하고 있다.

3) **기간입찰**은 신법에서 새로이 도입한 것으로, 일반인이 널리 경매에 참여함으로써 고액의 매각을 기대할 수 있고, 원격지 거주자 등도 매수에 참가할 수 있어 매수의 범위가 확대되며, 다른 사람의 매수신청 유무 및 그 신청액을 알거나 짐작하는 데서 야기되는 경매브로커의 횡포를 완전히 봉쇄할 수 있을 뿐 아니라, 매각장소의 질서유지도 상대적으로 용이하다는 점 등의 장점이 있다. 그러나 기간입찰제를 실제 시행한 몇 개의 법원에서 앞서 든 기간입찰제의 장점이 별 효과가 없는 반면 업무부담만 가중되는 것으로 드러나자 현재 이를 실시하는 법원이 없는 것으로 알려지고 있다.[1)2)] 따라서 현재로서는 **기일입찰**이 일반적으로 시행되고 있다.

가운데 하나를 지정하여 시행하도록 신청할 수 있으나, 집행법원이 이에 구속되는 것은 아니다. 그러나 모든 이해관계인의 합의가 있으면 이를 존중하여 그 방법을 채택하는 것이 타당하다. 법원실무제요 민사집행(2), 236쪽.

1) 박영호, "기간입찰제 시행에 대한 평가와 전망," 민사소송(한국민사소송법학회지) 12권 1호(2008. 5.), 416쪽.

2) 기간입찰의 가장 큰 단점으로, 입찰기간 동안 입찰표를 제출받아 매각기일까지 보관・관리하는 등 절차가 복잡하여 집행관의 업무가 증가하고, 보관금취급점이나 보증기관에 의하여 입찰표의 정보가 외부에 유출될 염려가 있는 등 이로 인해 경매의 근간이 흔들리게 된다는 점이 지적되고 있다. 이시윤・조관행, 326쪽; 박진수, 주석서(1), 81쪽; 구태회, 주석서(2), 561쪽.

(2) 기일입찰의 절차

1) 기일입찰에서 집행관은 매각기일에 매각사건목록을 작성하여 매각물건명세서·현황조사보고서 및 평가서의 사본과 함께 경매법정, 그 밖에 매각을 실시하는 장소에 비치 또는 게시해야 한다. 집행관은 매각기일에 매각절차를 개시하기 전에 매각실시방법의 개요를 설명해야 한다. 집행관은 특별매각조건이 있는 때에는 매수신고의 최고 전에 그 내용을 명확하게 고지해야 한다.[1)]

2) **기일입찰**에서 입찰은 매각기일에 입찰표를 집행관에게 제출하는 방법으로 한다(규칙 62조 1항).[2)] 집행관이 **입찰을 최고**(입찰표의 제출을 최고)하는 때에는 **입찰마감시각**과 **개찰시각**을 **고지**해야 한다. 다만 입찰표의 제출을 최고한 후 1시간이 지나지 않으면 입찰을 마감하지 못한다(규칙 65조 1항). 집행관은 입찰표를 개봉할 때에 입찰목적물, 입찰자의 이름 및 입찰가격을 불러야 한다(규칙 65조 3항). 기일입찰에서 입찰은 집행관이 입찰의 마감을 선언함으로써 마감한다.[3)]

(3) 매각기일조서의 작성 등

1) 집행관은 매각기일에 매각을 실시한 때에는 매각기일조서를 작성해야 한다(법 116조).[4)] 부동산의 매각절차가 적법하게 행해졌는지 여부는 법 23조 1항에 의하여 준용되는 민사소송법 158조에 따라 매각기일조서의 기재만이 유일한 증명자료가 된다.[5)]

---

1) 재판예규 제1853호 '부동산등에 대한 경매절차 처리지침'(재민 2004-3, 2023. 6. 29. 개정·시행) 27조·29조.

2) 그 **구체적 절차**는 다음과 같다. ① 기일입찰표에 필요사항을 기재하여 이를 작성한다. ② 현금(또는 자기앞수표)에 의한 매수신청보증은 매수신청보증봉투(흰색 작은 봉투)에 넣어 1차로 봉하고 날인한 다음 입찰표와 함께 기일입찰봉투(황색 큰 봉투)에 넣어 다시 봉하여 날인한다. 다만 지급위탁의 보증서에 의한 매수신청보증은 보증서를 매수신청보증봉투(흰색 작은 봉투)에 넣지 않고 입찰표와 함께 기일입찰봉투(황색 큰 봉투)에 함께 넣어 봉하여 날인한다. ③ 기일입찰봉투의 입찰자용 수취증 절취선상에 집행관의 날인을 받고 집행관의 면전에서 입찰자용 수취증을 떼어 내 따로 보관하고 기일입찰봉투를 입찰함에 투입한다. 입찰자용 수취증은 나중에 입찰에서 떨어졌을 때 그것과 상환하여 매수신청보증금을 반환받는다. 재판예규 제1853호 '부동산등에 대한 경매절차 처리지침'(재민 2004-3, 2023. 6. 29. 개정·시행) 31조 5호.

3) 재판예규 제1853호 '부동산등에 대한 경매절차 처리지침'(재민 2004-3, 2023. 6. 29. 개정·시행) 32조 2항.

4) 매각기일조서에는 작성자인 집행관이 기명날인 또는 서명해야 하고(법 10조 2항 6호), 그 밖에 최고가매수신고인 및 차순위매수신고인과 출석한 이해관계인은 조서에 서명날인해야 하며, 그들이 서명날인할 수 없을 때에는 집행관이 그 사유를 적어야 한다(법 116조 2항). 집행관은 위 사람들에게 서명날인에 앞서 조서를 읽어 주거나 보여 주고, 그들이 이를 승인하고 서명날인한 사실을 조서에 적어야 한다(법 10조 2항 5호).

5) 대결 1994. 8. 22. 94마1121.

2) 집행관은 매각기일부터 3일 이내에 **매각기일조서**를 경매기록과 함께 법원사무관 등에게 **인도**해야 한다(법 117조). 매수신청이 없는 상태에서 매각을 종결한 때에는 매각불능조서와 경매기록만 인도하면 된다. 집행관은 매수의 **보증으로 받아 돌려주지 아니한 것**을 매각기일부터 3일 이내에 법원사무관 등에게 인도해야 한다(법 117조). 여기서 '돌려주지 아니한 것'이란 최고가매수신고인이나 차순위매수신고인으로부터 제공받은 보증뿐만 아니라 최고가매수신고인 등이 아닌 매수신고인으로부터 제공받은 보증으로서 그 매수신고인이 반환을 청구하지 않은 것도 포함한다.

2. 최고가매수신고인의 결정 등

(1) 최고가매수신고인

1) **최고가매수신고**를 한 사람이 **둘 이상**인 때에는 집행관은 그 사람들에게 다시 입찰하게 하여(**추가입찰**) 최고가매수신고인을 정한다. 이 경우 입찰자는 전의 입찰가격에 못 미치는 가격으로는 입찰할 수 없다(규칙 66조 1항). 다시 입찰하는 경우에 입찰자 모두가 입찰에 응하지 않거나[전의 입찰가격에 못 미치는 가격으로 입찰한 경우에는 입찰에 응하지 않은 것으로 본다] 두 사람 이상이 다시 최고의 가격으로 입찰한 때에는 추첨으로 최고가매수신고인을 정한다(규칙 66조 2항).[1)]

2) 법원으로부터 남을 가망이 없다는 통지를 받은 압류채권자가 법 102조 2항에 따라 압류채권자가 매수신청을 한 때에는 그 매수신청가격 이상의 매수신고가 없으면 압류채권자를 최고가매수신고인으로 정한다.

(2) 차순위매수신고인

1) **최고가매수신고인 외**의 **매수신고인**은 매각기일을 마칠 때까지 집행관에게 최고가매수신고인이 대금지급기한까지 그 의무를 이행하지 않으면 자기의 매수신고에 대하여 매각을 허가하여 달라는 취지의 신고를 할 수 있다(법 114조 1항).

2) 차순위매수신고는 그 신고액이 **최고가매수신고액**에서 그 **보증금액**을 **뺀 금액**을 **넘는 때**에만 할 수 있다(법 114조 2항). 차순위매수신고액이 최고가매수신고액에서 최고가매수신고인이 제공한 보증금액을 넘는 때에는 최고가매수신고인

---

1) 앞서의 추첨을 하는 경우 입찰자가 출석하지 않거나 출석을 하더라도 추첨을 하지 않는 때에는 집행관은 법원사무관 등 적당하다고 인정하는 사람으로 하여금 대신 추첨하게 할 수 있다(규칙 66조 3항).

이 매각대금을 지급하지 않아 보증금을 배당할 금액에 편입시키더라도 배당에 참가하는 채권자나 채무자 등 이해관계인의 입장에서는 최고매수신고가격을 금액으로 하는 때보다 불이익이 없기 때문이다.

3) 집행관은 최고가매수신고인의 성명과 그 가격을 부르고 차순위매수신고를 최고한 뒤, 적법한 차순위매수신고가 있으면 차순위매수신고인을 정하여 그 성명과 가격을 부른 다음 매각기일을 종결한다고 고지해야 한다(법 115조 1항).

4) 차순위매수신고를 한 사람이 **둘 이상**인 때에는 신고한 매수가격이 높은 사람을 차순위매수신고인으로 정한다(법 115조 2항 전문). 신고한 매수가격이 같은 때에는 추첨으로 차순위매수신고인을 정한다(법 115조 2항 후문).

5) 차순위매수신고인은 뒤에서 보는 바와 같이 매수인이 대금을 모두 지급한 때 매수의 책임을 벗게 되고 즉시 매수신청의 보증을 돌려줄 것을 요구할 수 있다(법 142조 6항).

▣ **최고가매수신고인 · 차순위매수신고인이 외국 주소를 가진 경우 송달영수인 신고**

(1) 최고가매수신고인과 차순위매수신고인은 대한민국 안에 주소 · 거소와 사무소가 없는 때에는 대한민국 안에 송달이나 통지를 받을 장소와 영수인을 정하여 법원에 신고해야 한다(법 118조 1항). 위 신고를 하지 않은 때에는 법원은 그에 대한 송달이나 통지를 하지 않을 수 있다(법 118조 2항).

(2) 위 신고는 집행관에 말로 할 수 있다(법 118조 3항 전문). 즉 송달영수인 신고는 매각기일조서를 집행법원 담당사무관 등에게 인도하기 전까지는 집행관에게 할 수 있다. **매각기일**에 말로 신고한 때에는 매각기일조서에 이를 적어야 한다(법 118조 3항 후문). **매각기일 후**에 서면신고를 한 때에는 그 서면을 매각기일조서에 붙이면 되고, 말로 하는 신고는 그 취지의 조서를 작성하여 매각기일조서에 붙인다.[1)]

(3) 나머지 매수신고인

매각기일의 종결이 고지되면 최고가매수신고인과 차순위매수신고인을 제외한 **다른 매수신고인**은 앞서의 고지에 따라 매수의 책임을 벗게 되고, 즉시 매수신청의 보증을 돌려줄 것을 신청할 수 있다(법 115조 3항).[2)]

---

1) 법원실무제요 민사집행(2), 313쪽.

2) 입찰절차의 종결을 고지한 때에는 최고가매수신고인 및 차순위매수신고인 외의 입찰자 본인인지 여부를 확인한 후 그 입찰자에게 매수신청보증을 즉시 돌려준다. 재판예규 제1853호

(4) 허가할 매수가격신고가 없는 경우와 집행관의 조치

기일입찰 또는 호가경매의 방법에 의한 매각기일에서 **매각기일을 마감할 때까지** 허가할 매수가격의 신고가 없는 때에는 집행관은 즉시 매각기일의 마감을 취소하고 **최저매각가격**을 **저감**(低減)함이 **없이** 같은 방법으로 매수가격을 신고하도록 **최고**할 수 있다(법 115조 4항). 즉 **당일 제 2 회**의 매각을 시도할 수 있다(**1기일 2회 매각제도**). 제 2 회 매각의 최고에 대하여 매수가격의 신고가 없어 매각기일을 마감하는 때에는 매각기일의 마감을 다시 취소하지 못한다(법 115조 5항).[1]

3. 매각장소와 집행관의 질서유지

(1) 매각기일은 법원 안에서 진행해야 한다. 다만 집행관은 법원의 허가를 얻어 다른 장소에서 매각기일을 진행할 수 있다(법 107조).

(2) 집행관은 다른 사람의 매수신청을 방해한 사람, 부당하게 다른 사람과 담합하거나 그 밖에 매각의 적정한 실시를 방해하는 사람 등에 대하여 매각장소에 들어오지 못하도록 하거나, 매각장소에서 내보내거나, 매수신청을 하지 못하게 하는 등 **매각장소에서 질서유지**의 권한을 가진다(법 108조). 집행관은 앞서의 조치를 취하기 위하여 필요한 때에는 법원의 원조를 요청할 수 있다(규칙 57조 2항).

4. 매수신청

(1) 의 의

1) 매각부동산을 매수하려는 사람은 매수신청을 해야 한다. 호가경매에서는 매수신청의 액을 올려가는 방법으로 하며(규칙 72조 1항), 기일 · 기간입찰에서는 입찰행위로 매수신청을 한다.

2) 매수신청은 민사집행법이 정하는 소송행위이기는 하나, 법 23조 1항에 의하여 준용되는 소송대리인의 자격에 관한 민사소송법 87조의 재판상 행위라고 볼 수 없으므로 변호사가 아닌 **임의대리인**에 의해서도 가능하며 법원의 허가를 받을 필요

'부동산등에 대한 경매절차 처리지침'(재민 2004-3, 2023. 6. 29. 개정 · 시행) 42조.

1) 매수가격의 신고가 없어 바로 매각기일을 마감하거나 제 2 회 매각의 최고에 대하여 매수가격의 신고가 없어, 매각기일을 최종적으로 종결하는 때에는 집행관은 사건을 입찰불능(기일입찰의 경우)으로 처리하고, "000호 사건은 입찰자가 없으므로 입찰절차를 종결합니다"라고 고지한다. 재판예규 제1853호 '부동산등에 대한 경매절차 처리지침'(재민 2004-3, 2023. 6. 29. 개정 · 시행) 35조 3항.

도 없다.[1] **법무사**와 법원에 매수신청대리인으로 등록된 **개업공인중개사**는 매수신청대리인 자격이 있다(법무사법 2조 1항 5호, 공인중개사법 14조 2항, 공인중개사의 매수신청대리인 등록 등에 관한 규칙 2조 · 3조). **대리인**은 매수신청시 그 대리권을 증명하는 문서(대리위임장 등)를 집행관에게 제출해야 한다(규칙 62조 4항, 71조, 72조 4항).[2]

(2) 매수신청의 당사자

(a) 매수신청능력

매수신청을 하기 위해서는 권리능력과 행위능력이 있어야 한다.

1) **자연인**인 경우 **미성년자**와 **피성년후견인**은 스스로 매수신청을 할 수 없고 **법정대리인**(미성년자인 경우 친권자 또는 후견인, 피성년후견인인 경우 성년후견인)에 의해서만 매수신청을 할 수 있으며, **피한정후견인**도 매수신청이 한정후견인의 동의가 필요한 행위의 범위 내라면 **법정대리인**(대리권 있는 한정후견인)에 의해서만 매수신청을 할 수 있다(법 23조 1항, 민소 55조 2항).[3]

2) **법인**인 경우 법인 대표자의 자격을 증명하는 문서를 집행관에게 제출해야 한다(규칙 62조 3항, 72조 4항). **법인 아닌 사단이나 재단**인 경우 대표자나 관리인이 있으면 매수신청을 할 수 있다(법 23조 1항, 민소 52조, 부등 26조).[4]

(b) 매수신청자격

1) **채무자**, 매각절차에 관여한 **집행관**, 매각부동산을 평가한 **감정인**(감정평가법인이 감정인인 때에는 그 감정평가법인 또는 소속 감정평가사) 등은 매수신청을 할 수 없다(규칙 59조). 특히 채무자에게 매수신청자격을 주지 않는 것은 채무자가 부동산을 매수할 자력이 있다면 압류채권자에게 변제하는 것이 마땅하며, 만일 변제할 자력이 없다면 매각대금도 지급하지 못할 가능성이 있을 뿐만 아니라, 채무자가 매수인이 되면 압류채권자가 경매절차에서 만족을 얻지 못할 때에는 같은

1) 대결 1985. 10. 12. 85마613.

2) 집행관은 대리인이 매수신청을 하는 때에는 정당한 **대리권**이 있는지 유무를 확인해야 한다. 재판예규 제1853호 '부동산등에 대한 경매절차 처리지침'(재민 2004-3, 2023. 6. 29. 개정 · 시행) 30조 1항.

3) 집행관은 매수신청인에게 주민등록증, 그 밖의 신분을 증명하는 서면(주민등록표 등 · 초본)을 제출하게 하여 매수신청인이 **본인**인지 여부 및 **매수신청능력**이 있는지 여부를 확인해야 한다. 재판예규 제1853호 '부동산등에 대한 경매절차 처리지침'(재민 2004-3, 2023. 6. 29. 개정 · 시행) 30조 1항.

4) 이 경우 ① 정관이나 그 밖의 규약, ② 대표자나 관리인임을 증명하는 서면, ③ 대표자나 관리인의 주민등록표 등 · 초본 등의 서류를 제출해야 한다(부동산등기규칙 48조). 법원실무제요 민사집행(2), 268쪽.

집행권원으로 다시 그 부동산을 압류할 수 있게 되어 집행절차가 복잡하게 될 우려도 있기 때문이다.[1)]

2) 집행법원의 법관, 사법보좌관 및 법원사무관 등(참여사무관 등)은 민사소송법상 제척 · 기피조항[법관의 경우는 법 23조 1항, 민소 41조 1호, 사법보좌관의 경우는 사보규 9조 1항, 민소 41조 1호, 참여사무관 등의 경우는 법 23조 1항, 민소 50조 1항]이 준용되어 매수신청이 금지된다.[2)] **재매각절차**에서 **전매수인**도 매수신청을 할 수 없다(법 138조 4항).

3) 집행법원은 법령의 규정에 따라 취득이 제한되는 부동산에 관해서는 매수신청을 할 수 있는 사람을 정해진 자격을 갖춘 사람으로 제한하는 결정을 할 수 있다(규칙 60조).

(c) 공동매수신청

1) 부동산매각절차에서 여러 사람이 매각부동산을 공유 또는 합유로 소유할 목적으로 매수신청을 할 수 있다. 공동으로 입찰하는 때에는 입찰표에 각자의 지분을 분명하게 표시해야 한다(규칙 62조 5항).

2) **공동매수신고인**은 각자 매수할 지분을 정해 매수신고를 했더라도 일체로서 그 권리를 취득하고 의무를 부담하는 관계에 있다. 따라서 그 공동매수신고인에 대해서는 **일괄하여** 매각허부결정을 해야 하고, 공동매수신고인의 일부에 매각불허가사유가 있으면 **전원에 대하여** 매각불허가결정을 해야 한다.[3)]

(d) 명의신탁관계

1) 부동산매각절차에서 부동산을 매수하려는 사람이 매수대금을 자신이 부담하면서 다른 사람의 명의로 매각허가결정을 받기로 약정하여 그에 따라 매각허가가 이루어진 경우, 그 명의인이 매각부동산의 소유권을 취득한다.

2) 매수자금을 부담한 사람과 명의인 사이에는 **명의신탁관계**(**계약명의신탁관계**)가 성립한다.[4)] 그러나 소유권을 대외적으로나 대내적으로 모두 매수인이 취득

---

1) 법원행정처, 민사집행규칙해설(2002년), 189쪽.

2) 법원실무제요 민사집행(2), 274쪽.

3) 대결 2001. 7. 16. 2001마1226.

4) 대판 2006. 11. 9. 2006다35117, 2008. 11. 27. 2008다62687, 2024. 4. 4. 2023다304650 등. 경매는 본질적으로 사법상 매매로서의 성질을 가지고 있으므로, 경매절차에 의한 부동산취득의 경우도 일반 매매와 달리 볼 특별한 이유가 없을 뿐만 아니라, 경매절차에서 명의인과 매수대금 부담자 사이에도 명의신탁관계를 인정하는 것이 당사자의 진정한 의사에 부합한다. 만약 경매의 경우 명의신탁관계가 성립되지 않는다고 보아 '부동산 실권리자명의 등기에 관한

하되 매수인과 다른 사람과의 합의에 따라 정산하기로 하는 관계라면 명의신탁관계가 존재하지 않는다고 보아야 한다.[1]

3) 명의인인 수탁자는 매수자금을 부담한 신탁자에게 **매수대금**을 부당이득으로 반환해야 한다. 계약명의신탁약정이 '부동산 실권리자명의 등기에 관한 법률' 시행 후에 이루어진 때에는 명의신탁자는 애초부터 해당 부동산의 소유권을 취득할 수 없었으므로, 계약명의신탁약정의 무효로 인하여 명의신탁자가 입은 손해는 해당 부동산 자체가 아니라 명의수탁자에게 제공한 매수자금이고, 따라서 명의수탁자는 해당 부동산 자체가 아니라 명의신탁자로부터 제공받은 **매수자금 상당액**을 부당이득했다고 보아야 하기 때문이다.[2]

(3) 관할청의 증명·허가서류의 제출시기

1) 경매목적물을 취득하는 데 관할청의 증명·허가가 필요한 경우에는[3] **매각허가결정 전**이나[4] 늦어도 **항고심 심리종결시**까지는 제출해야 한다.[5]

법률'이 적용될 여지가 없다고 보게 되면, 계약명의신탁이 주로 행해지는 경매의 경우를 위 법률의 적용대상에서 제외하게 되어 위 법률의 실효성을 반감시키는 결과가 된다. 고규정, "판례로 본 부동산경매절차에의 명의인과 매수대금 부담자 사이의 법률관계," 판례연구(부산판례연구회) 21집(2010. 2.), 579쪽 이하.

1) 대판 2002. 3. 15. 2000다7011,7028, 2010. 11. 25. 2009두19564.

2) 대판 2005. 1. 28. 2002다66922 등. 이때 명의수탁자가 소유권이전등기를 위하여 지출해야 할 취득세·등록면허세 등을 명의신탁자로부터 제공받았다면, 이러한 자금 역시 계약명의신탁약정에 따라 명의수탁자가 해당 부동산의 소유권을 취득하기 위하여 매매대금과 함께 지출된 것이므로, 해당 부동산의 매매대금 상당액 이외에 명의신탁자가 명의수탁자에게 지급한 **취득세, 등록면허세 등**의 **취득비용**도 특별한 사정이 없는 한 계약명의신탁약정의 무효로 인하여 명의신탁자가 입은 손해에 포함되어 명의수탁자는 이 역시 명의신탁자에게 부당이득으로 반환해야 한다. 대판 2010. 10. 14. 2007다90432.

3) 경매대상토지가 농지인 경우 이에 관한 경매절차에서 농지취득자격증명의 제출은 매각허가요건에 해당한다. 대결 1999. 2. 23. 98마2604, 2004. 2. 25. 2002마4061, 대판 2018. 7. 11. 2014두36518. 한편 담보권실행을 위한 경매절차에서, **농지의 (근)저당권자**로서 담보권실행을 위한 경매를 신청하여 매각기일을 2회 이상 진행해도 매수인이 없어 그 후 매각기일에 참가하여 담보농지의 매수인이 된 농지법 13조 1항 각호의 어느 하나에 해당하는 (근)저당권자에게는 농지취득자격증명이 요구되지 않는다. 농지법 6조 2항 6호, 8조 1항 1호; 등기예규 제1635호 '농지의 소유권이전등기에 관한 사무처리지침'(2018. 3. 7. 개정·시행) 3.아.

4) 집행법원이 '최고가매수신고인은 **매각결정기일**까지 이 사건 경매대상토지에 관한 농지취득자격증명서를 제출할 것'을 **특별매각조건**으로 정한 경우 최고가매수신고인이 매각결정기일까지 농지취득자격증명을 제출하지 않았다면 이는 법 121조 2호의 매각불허가사유에 해당하고, 최고가매수신고인이 농지취득자격증명서의 발급에 필요한 모든 요건을 갖추었음에도 행정청이 부당히 위 증명서의 발급을 거부하여 이를 제출하지 못한 경우(행정청의 농지취득자격증명신청 반려처분이 위법한 처분으로서 이에 대한 행정소송이 제기된다면 취소될 것이 충분히 예상되는 경우)에도 마찬가지이다. 대결 2014. 4. 3. 2014마62.

5) 농지에 관한 경매절차에서 농지취득자격증명 없이 매각허가결정 및 대금납부가 이루어지고

판례는, 집행법원에 의하여 농지취득자격증명을 제출하지 않았음을 이유로 매각불허가결정이 내려진 이후 그 결정에 대한 **항고심 계속 중**에 농지취득자격증명이 제출된 경우에는 항고법원으로서는 이와 같은 사유까지 고려하여 매각불허가결정의 당부를 판단해야 한다고 한다.[1] 다만 **재항고심**은 사후심·법률심이므로 농지취득자격증명의 흠결을 이유로 한 매각불허가결정에 대한 재항고를 하면서 비로소 농지취득자격증명을 발급받았다는 사유는 적법한 재항고이유가 될 수 없다.[2]

2) **부동산 거래신고 등에 관한 법률[2016. 1. 19. 제정, 2017. 1. 20. 시행**. 위 법률 제정 전에는 '국토의 계획 및 이용에 관한 법률'에 토지거래허가구역 내 토지거래에 대한 허가규정을 두었다]상 **토지거래허가구역 내 토지**에 관한 경매절차에서는 토지거래허가에 관한 위 법률 11조가 적용되지 않는다(위 법률 14조 2항 2호).

(4) 매수신청의 보증

1) 매수신청인은 민사집행규칙이 정하는 바에 따라 **집행법원이 정하는 금액과 방법**에 맞는 **보증**을 집행관에게 제공해야 한다(법 113조). 매수신청의 보증은 진지한 매수의사가 없는 사람의 매수신청을 배제하여 매각의 적정성을 보장한다. 매수인이 대금을 지급하지 않는 때에는 그 보증금을 몰취한다.[3] 매수신청의 보증금액(**매수신청보증금**, **매수보증금**)은 **최저매각가격의 1/10**로 하되(**법정매각조건**), 법원은 상당하다고 인정하는 때에는 보증금액을 이와 달리 정할 수 있다(**특별매각조건** 규칙 63조 1항·2항, 71조).

2) **기일입찰**에서의 보증제공방법으로 ① 현금, ② 금융기관이 발행한 자기앞수표(지급제시기간이 끝나는 날까지 5일 이상의 기간이 남아 있는 것), ③ 지급보증위탁계약이 매수신청을 하려는 사람과 은행 등 사이에 체결되었다는 사실을 증명하는 문서(**지급보증위탁계약체결문서**) 가운데 어느 하나를 입찰표에 함께 제공해야 한다(규칙 64조 본문). 따라서 입찰기일 외에서는 보증의 제공을 할 수 없고, 입찰표를

그에 따른 소유권이전등기가 이루어졌다 하더라도 농지취득자격증명을 발급받지 못한 이상 소유권을 취득할 수 없다. 다만 그 후에 농지취득자격증명을 추후보완하면 소유권을 취득한다. 대판 2008. 2. 1. 2006다27451, 2018. 7. 11. 2014두36518.

1) 대결 2004. 2. 25. 2002마4061; 박창수, "농지취득자격증명의 법적 성질과 매매, 경매 및 소유권이전등기의 효력에 대한 종합적 고찰," 저스티스 84호(2005. 4.), 70쪽 이하.

2) 대결 2005. 10. 7. 2005마697.

3) 대결 2023. 3. 10. 2022마6559.

제출하기 전이나 그 후에 하는 것도 허용되지 않는다.[1] 다만 법원은 상당하다고 인정하는 때에는 이러한 **보증제공방법**을 **제한**할 수 있으나(규칙 64조 단서), 이러한 제한이 없는 한 이러한 것들을 함께 사용하는 방법(예컨대 일부 금액은 현금, 나머지 금액은 지급보증위탁계약을 체결하는 방법)도 허용된다.[2]

3) **기간입찰**에서의 보증제공방법으로 ① 법원의 예금계좌에 일정액의 금전을 입금했다는 내용으로 금융기관이 발행한 증명서, ② 지급보증위탁계약이 체결되었다는 사실을 증명하는 문서 가운데 어느 하나를 입찰표와 같은 봉투에 넣어 집행관에게 제출하거나 등기우편으로 부치는 방식으로 제공해야 한다(규칙 70조). 이러한 보증제공방법에 다른 제한이 없으므로 이러한 것들을 함께 사용하는 방법도 허용된다. 기간입찰에서 매수신청보증은 입찰표와 같은 봉투에 넣어 집행관에게 제출하거나 등기우편으로 부치는 방식으로 제공해야 한다(규칙 70조).

4) 기일입찰이나 기간입찰에서는 **보증의 변경**이 허용되지 않는다[남을 가망이 없는 때의 보증에서는 보증의 변경이 허용되는 것(규칙 54조 2항)과 비교된다].

5) 법원은 **매각기일**(기간입찰의 방법으로 진행하는 경우에는 입찰기간의 개시일)의 **2주 전**까지 매수신청의 보증금액과 보증제공방법을 **공고**해야 한다(규칙 56조 3호).[3]

6) **매수신청의 보증의 특례**로서, **한국자산관리공사**가 민사집행법에 의한 매각절차에서 매수신고인이 되려거나 한국자산관리공사 설립 등에 관한 법률 26조 1항 1호의 업무를 수행하기 위하여 채권의 회수를 위탁한 금융회사 등을 대리하여 매수신고인이 되려는 경우에는 한국자산관리공사의 **지급확약서**를 담보로 제공할 수 있으며(한국자산관리공사 설립 등에 관한 법률 45조), **농업협동조합자산관리회사**가 경매절차에서 매수신고인이 되려는 경우에는 농업협동조합자산관리회사의 **지급확약서**를 담보로 제공할 수 있다(농업협동조합의 구조개선에 관한 법률 32조).

7) 기일입찰에서 입찰자가 입찰표와 함께 집행관에게 제출한 보증이 최저매각가격의 1/10 또는 집행법원이 정한 기준에 미달하는 때에는 법 113조, 규칙 63조·64조의 각 규정에 따라 그 입찰자에게 매수를 허가할 수 없으므로, 집행관으

---

1) 입찰표에 정해진 보증이 제공되어 있는지 여부는 개찰 후 집행관이 확인하게 되며, 개찰 결과 적법한 보증이 제공되어 있지 않은 때에는 그 입찰은 무효로 처리된다. 법원실무제요 민사집행(2), 290쪽.

2) 법원실무제요 민사집행(2), 291쪽.

3) 한편 기일입찰의 경우 집행관은 매각기일에 입찰을 개시하기 전에 참가자들에게 기일입찰표의 기재방법과 더불어 매수신청보증의 제공방법 등에 관하여 고지해야 한다. 재판예규 제1853호 '부동산등에 대한 경매절차 처리지침'(재민 2004-3, 2023. 6. 29. 개정·시행) 31조.

로서는 그 입찰표를 무효로 처리하고 차순위자를 최고가매수신고인으로 결정해야 한다.[1]

(5) 유찰된 경우

1) 허가할 매수가격의 신고가 없이 **매각기일이 최종적으로 마감된 때, 즉 유찰**(流札)**된 때**에는 법 91조 1항에서 정하고 있는 **잉여주의에 어긋나지 않는 한도**에서 법원은 최저매각가격을 상당히 낮추고 **새 매각기일**을 정해야 한다(법 119조 전문, **새 매각**). 이에 관해서는 최초의 매각기일·매각결정기일의 지정·공고에 관한 규정이 전부 적용된다. 다만 매각기일 등을 일괄지정하는 방식으로 정한 경우에는 별도 지정하지 않는다.

매각기일이 적법하게 열린 경우에 한하므로, 적법한 매각기일의 공고가 없거나 매각기일이 변경된 경우는 이에 해당하지 않는다.[2] **허가할 매수가격의 신고가 없는 경우**란 매수가격의 신고가 전혀 없었던 때는 물론 신고한 매수가격이 최저매각가격에 미달한 때 및 법 113조에 따라 적법한 보증을 제공하지 않아 적법한 매수가격의 신고라고 볼 수 없는 때를 포함한다.[3]

2) 이 경우 실무상 대체로 **20%** 또는 **30%**씩 저감하고 있다(다만 앞서 본 바와 같이 잉여주의에 어긋나지 않는 한도 내에서만 저감이 가능하다. 법 119조). 집행법원이 매각절차의 진행과 각 이해관계인의 이해를 비교·교량하여 자유재량에 의하여 최저매각가격의 저감 정도를 정할 수 있다.[4] 그러나 새 매각으로 인한 매각목적물의 최저매각가격 저감시 합리적이고 객관적인 타당성을 갖추지 못할 정도로 과도하게 가격을 낮춘 최저매각가격의 저감절차는 위법하여 무효이다.[5][6] 최저매각

---

1) 대결 1998. 6. 5. 98마626 등. 이러한 원칙은 입찰절차에서 요구되는 신속성·예측가능성 등을 고려할 때 획일적으로 적용되어야 하고, 입찰자가 제공한 보증의 미달액이 극히 근소하다고 하여 그 적용을 달리하지 않으며, 그와 같은 획일적인 취급이 매수신청 보증제도의 취지에 어긋난다고 할 수도 없다. 대결 2008. 7. 11. 2007마911(최저매각가격인 1,411,437,000원의 1/10에 상당하는 141,143,700원을 매수신청의 보증으로 제공해야 함에도 위 금액에서 20원이 부족한 141,143,680원만을 보증으로 제공한 사례이다).

2) 매각기일을 변경한 경우 그 후의 최저매각가격을 저감할 수 없다. 다만 법원이 착오로 그 최저매각가격을 저감한 후의 매각기일에서도 매각불능이 되고, 그 후에 매각되는 때에는 위 착오로 저감한 절차의 흠은 치유된다. 대결 1970. 10. 13. 70마618.

3) 법원실무제요 민사집행(2), 326쪽.

4) 대결 1969. 1. 9. 68마982, 1997. 4. 24. 96마1929.

5) 대결 1994. 8. 27. 94마1171.

6) 최저매각가격의 저감 자체가 잘못된 때에는 비록 새 매각기일에서 최고가매수신고된 가격이 저감되기 전의 최저매각가격 이상이었다 하더라도 그 매각절차는 위법하다. 대결 1969. 9.

가격의 저감결정에 대해서는 독립된 불복방법이 없다.[1] 다만 매각결정기일에서 매각허가에 대한 이의신청 또는 매각허가결정에 대한 즉시항고(사법보좌관의 처분에 대한 이의신청)로 불복할 수 있다.

3) 새 매각기일에서도 허가할 매수가격의 신고가 없으면 허가할 매수가격의 신고가 있을 때까지 최저매각가격의 저감 및 새 매각기일의 지정절차를 **되풀이**해야 한다(법 119조 후문). 다만 최저매각가격을 계속 저감한 결과 압류채권자의 채권에 우선하는 채권에 관한 부동산의 부담과 절차비용을 변제하면 남을 가망이 없게 된 경우(**법 91조 1항에 해당하는 경우**)에는 법원은 법 102조(남을 가망이 없을 경우의 경매취소)의 절차를 취해야 한다.

▣ 새 매각을 실시해야 할 경우

새 매각은 매각을 실시했으나 매수인이 결정되지 않았기 때문에 다시 기일을 지정하여 실시하는 경매를 말한다. 이에 대하여, **재매각**은 매각허가결정이 확정되어 매수인이 결정되었음에도 불구하고 매수인이 대금을 지급하지 않았기 때문에 실시되는 경매를 말한다. 새 매각을 실시해야 할 경우로는, ① 매각기일에 허가할 매수가격의 신고가 없는 경우(법 119조), ② 매각기일에 법원이 최고가매수신고인에 대하여 매각을 허가할 수 없는 사유가 있어 매각불허가결정을 하거나, 항고심에서 매각허가결정이 취소된 경우(법 125조), ③ 매수가격의 신고 후에 천재지변, 그 밖에 자기가 책임을 질 수 없는 사유로 부동산이 현저하게 훼손된 사실 또는 부동산에 관한 중대한 권리관계가 변동되어 최고가매수신고인이나 매수인의 신청에 의하여 매각불허가결정을 하거나 매각허가결정을 취소한 경우(법 121조 6호, 127조 1항) 등이 있다.[2]

5. 공유물지분 등에 대한 경매에서의 우선매수권에 기한 매수신고

(1) 공유자의 우선매수권에 기한 매수신고

(a) 절차의 특수성

1) **공유물지분**을 경매하는 경우에는 채권자의 채권을 위하여 채무자의 지분에 대한 경매개시결정이 있음을 등기부에 기입하고 **다른 공유자**에게 그 경매개시

---

23. 69마514.

1) 대결 1971. 7. 19. 71마215.

2) 법원실무제요 민사집행(2), 325쪽.

결정이 있다는 것을 **통지**해야 한다(**공유자통지제도**, 법 139조 1항 본문).[1][2] 다만 상당한 이유가 있는 때에는 통지하지 않을 수 있다(법 139조 1항 단서). 공유자통지는 채무자에 대한 경매개시결정의 송달과는 성질을 달리하므로 이 통지가 없더라도 경매개시결정의 효력에 영향이 없고, 매각허가결정에 대한 즉시항고사유 등이 된다. 한편 공유자는 이해관계인으로 매각기일 및 매각결정기일을 통지해야 하는데 다른 공유자들이 그 매각기일을 통지받지 못한 경우에는 매각허가결정에 대한 즉시항고사유 등이 된다.[3]

2) 공유물지분의 경매에서 **최저매각가격**은 공유물 전부의 평가액을 기본으로 채무자의 지분에 관하여 정해야 한다. 다만 그와 같은 방법으로 정확한 가치를 평가하기 어렵거나 그 평가에 부당하게 많은 비용이 드는 등 특별한 사정이 있는 경우에는 그렇지 않다(법 139조 2항).

3) 법 139조 및 140조의 규정은 공유물지분을 경매하는 경우에 다른 공유자의 우선매수권을 보장하는 규정으로서 **공유물 전부**에 대한 경매에서는 그 적용의 여지가 없다. 공유물지분의 경매라고 하더라도 경매신청을 받은 **해당 공유자**는 우선매수권을 행사할 수 없다.[4]

4) 공유자의 우선매수권제도는 공유자가 공유물 전체를 이용·관리하기 위하여 다른 공유자와 협의를 해야 하고(민 265조), 그 밖에 다른 공유자와 인적인 유대관계를 유지할 필요가 있다는 점 등을 고려하여 공유지분의 매각에서 새로운 사람이 공유자로 되는 것보다는 기존의 공유자에게 우선권을 부여하여 그 공유지

---

1) 밀접한 유대관계가 유지되는 공유자는 경매절차가 진행 중임을 알 것이므로 공유자통지를 통해 경매개시결정이 있음을 알릴 필요가 없고, 모른 경우라면 밀접한 유대관계가 없는 공유자라 할 것이므로 절차지연을 초래하고 다른 매수신고인들을 희생시켜 가면서까지 공유자의 우선매수권을 인정하여 보호할 필요가 없다는 이유로 공유자통지제도의 폐지를 주장하는 견해로는, 유경중, "부동산공유자의 경매통지와 우선매수권제도의 실무상 문제점," 민사집행법연구 10권(2014. 2.), 402쪽.

2) 실무례에서는, 누가 공유자가 되더라도 이해관계가 없다고 판단되는 공유관계인 경우 예컨대 아파트, 상가 또는 다세대주택의 전유부분의 대지권에 해당하는 '**대지권의 목적인 토지의 공유지분**'에 관한 공유관계, 토지의 지분과 건물의 지분을 가지고 있으나 실제로는 특정부분을 소유하는 **구분소유적 공유관계**이고 그 공유지분이 이러한 특정부분에 대한 구분소유적 공유관계를 표상하고 있는 경우 등에서는 공유자통지를 할 필요가 없다고 보고 이들에게 경매개시결정의 통지는 물론 매각기일의 통지도 하지 않고 있다. 법원실무제요 민사집행(2), 141쪽.

3) 대결 1998. 3. 4. 97마962.

4) 대결 2008. 7. 8. 2008마693,694. 따라서 경매법원이 다른 공유자에게 경매개시결정이 있다는 것을 통지하지 않았다 하더라도 경매신청을 받은 해당 공유자는 위와 같은 사유를 매각허가결정에 대한 항고이유로 주장할 수 없다. 대결 1992. 3. 13. 91마758.

분을 매수할 수 있는 기회를 줌으로써 부동산의 합리적 이용을 가능케 하기 위한 것이다. 다만 공유자의 우선매수권제도는 다른 매수신고인들의 희생을 전제로 하는 것이므로 앞서의 제도적 취지를 고려하더라도 가급적 **제한적으로 운용**할 필요가 있다.[1)]

(b) 우선매수권 행사의 방법

1) 공유물지분에 대한 경매에서 공유자는 매각기일까지 법 113조에 따라 **보증을 제공하고** 최고매수신고가격과 같은 가격으로 채무자의 지분을 우선매수 하겠다는 **신고**를 할 수 있다(법 140조 1항). **매각기일 전에도** 우선매수신고를 할 수 있다. 여기서 매각기일까지란 **집행관이 매각기일을 종결한다는 고지**를 하기 전까지를 말한다(규칙 76조 1항). 미리 우선매수권을 행사했다고 하더라도 매각기일의 종결의 고지 전까지 보증을 제공하지 않으면 **우선매수권 행사의 효력**은 발생하지 않는다.

판례는, 공유자의 우선매수신고 및 보증의 제공은 집행관이 입찰의 종결을 선언하기 전까지이면 되고 입찰마감시각까지로 제한되지 않는다고 본다.[2)] 따라서 공유자는 집행관이 법 115조 1항에 따라 최고가매수신고인의 이름과 가격을 부르고 매각의 종결을 고지하기 전까지 최고가매수신고가격과 동일 가격으로 매수할 것을 신고하고 즉시 보증의 제공을 하면 우선매수권 행사로 인한 효력이 발생한다.[3)]

2) 집행법원이 여러 개의 부동산을 **일괄매각**하기로 결정한 경우(법 98조), 집행법원이 일괄매각결정을 유지하는 이상 **매각부동산** 중 **일부**에 대한 **공유자**는 특별한 사정이 없는 한 매각부동산 전체에 대하여 공유자의 우선매수권을 행사할 수 없다.[4)5)]

---

1) 대결 2006. 3. 13. 2005마1078.

2) 대결 2002. 6. 17. 2002마234.

3) 대결 2000. 1. 28. 99마5871.

4) 대결 2004. 10. 14. 2004마581, 2006. 3. 13. 2005마1078; 강윤구, "집행법원이 여러 개의 부동산을 일괄매각하기로 결정한 경우, 매각대상 부동산 중 일부에 대한 공유자가 매각대상 부동산 전체에 대하여 공유자의 우선매수권을 행사할 수 있는지 여부 등," 대법원판례해설 60호(2006년 상반기), 189쪽 이하. 공유자의 우선매수권은 어디까지나 공유자가 최고가매수신고인과 같은 가격으로 매수를 원할 경우에 공유자에게 우선권을 주어 그에게 매각을 허가한다는 의미이지 그 이상의 특전을 인정하는 것은 아니므로, 일괄매각대상의 일부에 대한 공유자라 하여 다른 일반의 매수참가자들보다 매각대상 전체에 관하여 우월적으로 취급해야 할 합리적인 이유가 없기 때문이다.

5) 한편 만약 여러 사정을 종합적으로 고려하여 합리적이라고 볼 수 있는 경우에만 일부 부동

▣ 경매절차상 공유자 우선매수권 제도의 문제점

(1) 매수가격의 하락으로 인한 경매대상 부동산 소유자(채무자) 및 채권자의 손실의 초래

공유자의 우선매수권에 대해서는 경매절차상 유찰을 유도하고, 경매절차를 지연시킨다는 지적이 계속 제기되고 있다.[1] 즉 공유자는 매각기일 전에 **공유자우선매수신고서**만 접수하고 보증을 제공하지 않을 수 있는데(**매각기일 전의 우선매수권 행사**), 이 경우에도 매각물건명세서에는 '공유자우선매수신고 있음'으로 기재되어 일반인들은 입찰을 기피하게 된다. 이로 인하여 매수신고인이 나타나지 않을 경우 우선매수권을 신청한 공유자는 매수신청보증금을 끝까지 납부하지 않는 방법으로 경매를 유찰시키는 것이 가능해지며, 공유자는 이러한 과정을 반복하면서 계속해서 가격을 떨어뜨리게 된다. 여러 차례 최저매각가격을 저감하여 진행하는 매각기일에 다른 매수신고인이 나타나면 비로소 매수신청보증금을 납부하고 법원으로 하여금 공유자에게 매각을 허가하도록 하는 등 이로 인하여 경매대상 부동산의 공유지분권자인 채무자 및 채권자의 손실을 초래하게 된다.[2]

(2) 민사집행법 개정안

공유자의 우선매수권이 악용되는 사례를 방지하기 위하여 우선매수신고의 횟수를 **한 차례**로 **한정**하고, 매각기일의 종결 고지시까지 보증을 제공하지 않거나 우선매수신고를 철회하는 경우 **그 이후**의 매각절차에서는 우선매수신고를 **금지**하는 규정을 두는 **민사집행법 개정안**(법 140조 개정안)이 2013. 10. 8. 정부 제안으로 국회에 제출되었으나, 제19대 국회의 임기종료(2016. 5. 29.)로 자동폐기되었다.[3]

산의 공유자에게 전체 부동산에 대한 우선매수권을 인정해야 한다는 입장도 있을 수 있으나, 이러한 견해에 의할 경우 집행법원이 전체 부동산을 공유자에게 일괄 귀속시킬 합리적 필요성이 있는지 여부를 일일이 심사하여 매수인을 결정해야 하는 결과가 되어 매각절차의 신속과 획일적 처리를 저해할 우려가 있다. 이에 대하여, 판례에 의하면 일괄매각에서 일부 부동산 공유자에 대한 우선매수권을 사실상 봉쇄하고 있다고 볼 수 있으므로, 오히려 '합리적인 필요가 있는 경우'인지를 따져서 판단한다면 사회경제적인 면에서나, 관계 당사자들의 이해득실의 면에서 구체적 타당성이 있을 것으로 보는 견해가 있다. 김광년, "부동산공유자의 우선매수권과 일괄경매," 판례연구(서울지방변호사회) 21집(2010. 9.), 135쪽 이하.

1) 조민석, "부동산 강제경매에 있어서 공유자의 우선매수권의 효용성," 법학연구(전북대학교 법학연구소) 28집(2009. 7.), 205쪽 이하.

2) 공유자 우선매수권의 대표적 남용사례로, 거듭된 사전(事前)우선매수신청서 제출, 지분쪼개기, 극소지분으로 우선매수 시도, 일괄매각에서의 우선매수 시도 등을 들 수 있다. 조광범 · 서성수, "부동산경매에서의 공유자우선매수제도의 문제점과 개선 방안에 관한 연구 — 사례연구를 중심으로 —," 아시아태평양융합연구교류논문집 11권 1호(통권 81호)(2025년), (1), 87쪽 이하.

3) 공유자의 우선매수권남용 등이 우선매수권제도 자체의 존폐문제라기보다 현행 법 140조 1항 규정의 미비에 따른 운영상의 문제로 보고, 대체로 위 민사집행법 개정안과 같은 입장의 견해로는, 정영환 · 최광선, "공유자 우선매수권 제도의 문제점과 개선방안," 민사집행법연구 13권(2017년), 125쪽 이하.

(3) 실 무 례

실무에서는 공유자의 우선매수권 행사에 따른 매수신고가 매수신청보증금의 미납으로 실효되는 경우 그 공유자의 우선매수권 행사를 제한하는 특별매각조건을 다는 경우가 많다.[1)]

(c) 우선매수권 행사의 효과

1) 공유자의 우선매수권은 공유자에게 최고매수신고가격으로 매수할 수 있는 기회를 부여하기 위한 것이므로,[2)] 집행법원은 최고가매수신고가 있더라도 그 공유자에게 매각을 허가해야 한다(법 140조 2항). 공유자가 우선매수권을 행사한 경우에 최고가매수신고인은 더 높은 매각가격을 제시할 수 없다.[3)] 다른 매수신고인이 없는 때에는 **최저매각가격**을 최고매수신고가격으로 본다(규칙 76조 2항).[4)] 여러 사람의 공유자가 우선매수하겠다는 신고를 하고 법 140조 2항의 절차를 마친 때에는 특별한 협의가 없으면 공유지분의 비율에 따라 채무자의 지분을 매수하게 한다(법 140조 3항).

2) 공유자가 우선매수신고를 한 경우에는 **최고가매수신고인**을 법 114조의 **차순위매수신고인**으로 본다(법 140조 4항).[5)] 공유자의 우선매수신고에 따라 최고가

---

1) 법원실무제요 민사집행(2), 314쪽.

2) 대결 2000. 1. 28. 99마5871.

3) 최고가매수신고인으로 하여금 해당 매각기일에서 더 높은 매각가격을 제시하도록 하는 것은 경매의 본질에 반하는 것이며, 공유자와 최고가매수신고인만이 참여하여 더 높은 매각가격을 제시할 수 있는 새로운 매각기일 등에 관한 아무런 절차적 규정이 없기 때문이다. 대결 2004. 9. 24. 2004마496,497, 2004. 10. 14. 2004마581.

4) 공유자가 매각기일 전에 우선매수신고를 했으나 다른 매수신고인이 없는 경우 공유자는 그 매각기일이 종결되기 전까지 보증을 제공하고 우선매수권 행사의 효력을 발생시킬 수 있으나, 보증을 제공하지 않고 우선매수권 행사의 효력을 발생시키지 않는 것도 선택할 수 있다. 다만 다른 특별한 사정이 없는 한 공유자가 우선매수신고를 하고도 그 매각기일에 보증을 제공하지 않는 것만으로는 우선매수권을 행사할 법적 지위를 포기하거나 상실하는 것으로 볼 수 없다. 대결 2011. 8. 26. 2008마637.

5) 매각기일에 최고가매수신고를 한 사람이 있었지만 우선매수권이 있는 공유자라 자처하는 사람이 우선매수신고를 하여 집행관이 그 사람을 우선매수신고를 한 공유자로 보고, 그리고 해당 매각기일에 최고가매수신고를 한 사람을 차순위매수신고인으로 보아 매각기일을 종결한다고 고지했으나, 우선매수권이 있는 공유자라 자처하는 사람이 공유자로서 적법하게 매수신고를 한 것이 아니라고 밝혀진 경우 집행법원은 매각기일에 **최고가매수신고**를 한 사람에게 **매각허가결정**을 선고하면 되고 이와는 별도로 공유자라 자처하는 사람에게 매각불허가결정을 해야 하는 것은 아니다. 이 경우 매각허가결정의 주문 내용에 공유자라 자처하는 사람에게 매각을 불허가한다는 취지의 기재가 있다 하더라도 이를 별도의 매각불허가결정으로 볼 수 없다. 대결 2008. 7. 8. 2008마693,694.

매수신고인은 자신을 차순위매수신고인으로 취급해 달라는 신고나 의사표시 없이 바로 위 규정에 따라 차순위매수신고인이 된다. 이 경우 최고가매수신고인은 자신의 의사와 관계없이 우연한 사정에 따라 최고가매수신고인이 되지 못하게 될 뿐 아니라, 나아가 차순위매수신고인이 되어 매수의 보증도 돌려받지 못하는 불합리한 지위에 있게 되므로 최고가매수신고인은 집행관이 매각기일을 종결한다는 **고지를 하기 전까지** 차순위매수신고인의 **지위를 포기**할 수 있다(규칙 76조 3항). 최고가매수신고인이 차순위매수신고인의 지위를 포기한 때에는 집행관은 매각기일조서에 그 취지를 적어야 한다(규칙 67조 1항 6호).

(2) 구 임대주택법상 임대주택에 대한 경매에서의 우선매수권에 기한 매수신고

구 임대주택법[구 임대주택법은 2015. 8. 28. 법률 제13499호 **민간임대주택에 관한 특별법**으로 전부개정(2015. 12. 19. 시행)되었는데, 위 전부개정 당시 특별법 부칙 8조에서 위 특별법 시행 당시 종전의 임대주택법 2조 8호의 **부도임대주택** 등에 관해서는 **종전의 임대주택법 관련 규정**에 따르도록 하고 있다]상 **부도임대주택**에 대한 경매에서 해당 **임대주택**의 **임차인**은 매각기일까지 민사집행법 113조에 따라 보증을 제공하고 최고매수신고가격과 같은 가격으로 **채무자**인 **임대사업자**의 임대주택을 우선매수하겠다는 신고를 할 수 있다(구 임대주택법 22조). 경매법원은 해당 임대주택의 임차인에게 이를 고지해야 한다.[1)2)]

Ⅷ. 매각결정절차

1. 의 의

집행법원은 매각결정기일에 매각기일에서의 최고가매수신고인에 대하여 매

---

1) 재판예규 제1833호 '임차인에 대한 경매절차진행사실 등의 통지'(재민 98-6, 2022. 12. 26. 개정·시행). 임대주택법상 임차인의 우선매수청구에 관한 실무상 문제점에 관해서는 손홍수, 민사집행법연구 Ⅰ(2012년), 41쪽.

2) 이러한 구 임대주택법상 임대주택 임차인의 우선매수청구권은, ① **공공주택 특별법**에 따라 **공공주택사업자**에게 양도된 것으로 보거나, ② **부도공공건설임대주택 임차인 보호를 위한 특별법**에 따라 **주택매입사업시행자**에게 양도된 것으로 보는 경우가 있는데[①의 경우는 부도임대주택의 임차인이 공공주택사업자에게 매입을 동의해야 하며, ②의 경우는 부도공공건설임대주택의 임차인대표회의 등이 주택매입사업시행자에게 매입을 요청해야 한다], 이들 각 경우 공공주택사업자나 주택매입사업시행자는 민사집행법 113조에서 정한 **보증의 제공 없이 우선매수신고**를 할 수 있다[①의 경우는 공공주택 특별법 41조 1항·2항, ②의 경우는 부도공공건설임대주택 임차인 보호를 위한 특별법 12조].

각을 허가하거나 허가하지 않는 매각허부결정을 한다(법 126조). 최고가매수신고인은 매각허가결정을 받아야 **매수인**이 된다.[1] 집행법원이 최고가매수신고인임이 명백한 사람에 대하여 특별한 사정 없이 매각허부결정을 하지 않을 때에는 최고가매수신고인은 집행에 관한 이의신청(법 16조)에 의하여 불복할 수 있다.[2]

2. 매각결정기일에서의 진술(매각허가에 관한 이의신청)

(1) 의 의

1) 집행법원은 매각결정기일을 통지받고 **매각결정기일**에 출석한 **이해관계인**에게 매각허가에 관한 **의견진술**을 하게 해야 한다(법 120조 1항). 여기서 이해관계인은 법 90조에서 정하고 있는 이해관계인뿐만 아니라 최고가매수신고인 또는 자기에게 매각을 허가할 것을 구하는 **다른 매수신고인**도 포함된다. **재매각**의 매각결정기일에 **전매수인**은 이의신청권이 없다. 다만 전매수인에 대한 매각대금의 지급기한의 통지가 부적법한데도 대금미지급을 이유로 재매각명령을 한 경우 이러한 재매각명령의 위법은 법 121조 1호의 '집행을 계속 진행할 수 없을 때'에 해당하므로, 전매수인은 이를 이유로 재매각명령에 따른 매각결정기일에서 이의신청을 하거나 매각허가결정에 대하여 즉시항고를 할 수 있다.[3]

의견진술은 매각결정기일에 출석하여 말로 하는 것이 원칙이나, 매각결정기일까지 서면으로 제출해도 무방하다.[4] 다만 실무상 매각결정기일에 이해관계인이 출석한다든지, 의견진술을 하는 경우는 거의 없다.[5]

2) 자신의 권리에 관한 이유로 **이의신청**을 할 수 있으며, 다른 이해관계인의 권리에 관한 이유로 이의신청할 수 없다(**이의신청의 제한**, 법 122조).

법 121조가 정한 각 이의사유는 이해관계인 개인의 권리와 관계없는 공익적

1) 매수인의 **지위양도**는 허용되지 않는다. 법원으로서는 양수인에 대하여 매각허가결정을 한 셈이 되고, 양수인으로서는 법정매각조건을 어기게 되는 결과가 될 뿐만 아니라, 부동산등기특별조치법 2조 2항(제 3 자에게 계약당사자의 지위를 이전하는 계약을 체결하고자 할 때에는 그 제 3 자와 계약을 체결하기 전에 먼저 체결된 계약에 따라 소유권이전등기를 신청해야 한다)에 위반하기 때문이다. 이시윤 · 조관행, 355쪽.

2) 대결 2008. 12. 29. 2008그205.

3) 대결 2001. 6. 4. 2000마7550.

4) 실무상 이해관계인이 서면을 제출하는 경우 이를 매각결정기일에서 진술(출석한 때) 또는 진술간주(불출석하는 때)시키고 있다. 구태회, 주석서(2), 622쪽.

5) 실무상 이해관계인은 구태여 매각결정기일에 출석하여 이의신청을 하기보다는 매각허부결정에 대하여 즉시항고(사법보좌관의 처분에 대한 이의신청을 통하여)하는 방법을 더 많이 활용한다. 구태회, 주석서(2), 624쪽.

규정 위배인 경우와 개인의 권리와 관계있는 사익적 규정 위배인 경우로 나누어지고, **공익적 규정을 위배한 경우** 이의신청이 없더라도 법원이 직권으로 참작하여 매각불허가결정을 해야 하므로 이의신청의 제한은 의미가 없고, **사익적 규정을 위배한 경우** 다른 이해관계인의 권리에 관한 위법을 가지고 이의사유로 주장하는 것은 이의신청인에게 아무런 이익이 없기 때문에 다른 이해관계인의 권리에 관한 사유로 이의신청을 하는 것을 금지하고 있는 것이다.[1)]

(2) 이의신청과 재판

1) 이의신청은 매각허가결정이 선고되기 전까지 할 수 있다(법 120조 2항). 이의신청은 독립한 신청이 아니므로 이의가 정당하지 않다고 인정한 때에는(매각결정기일조서에 기재함으로써 충분하고) 이의신청 자체에 대하여 응답할 필요가 없으며, **매각허가결정**을 한다. 이의신청이 받아들여지지 않은 경우 뒤에서 보는 바와 같이 매각허가결정에 대한 즉시항고로 불복할 수 있을 뿐이고, 이의신청이 받아들여지지 않은 데 대하여 별도로 불복할 수는 없다.

2) 집행법원은 매각허가에 대한 이의신청이 정당하다고 인정한 때에는 **매각불허가결정**을 한다(법 123조 1항).

3. 이의신청사유

법 121조는 **이의신청사유**로 7개의 사유를 정하고 있다. 이의신청사유는 **매각불허가사유**로도 된다. 구법(구 민소 633조)에서는 법 121조 7호(경매절차에 그 밖의 중대한 잘못이 있는 때)와 같은 규정을 두고 있지 않아, 구법상 이의신청사유의 규정이 제한적 열거규정인지, 예시적 규정인지에 관한 논의가 있었다.[2)]

(1) 강제집행을 허가·속행할 수 없을 때(1호)

1) '강제집행을 허가할 수 없을 때'란 강제집행의 적법요건의 흠, 집행요건인 집행권원이나 집행문의 흠, 법률상 양도·압류금지부동산에 대한 집행, 집행개시요건의 흠, 경매신청요건의 흠 등 집행절차 중에 집행법상 절차의 진행을 저해하

---

1) 대결 2004. 11. 9. 2004마94.

2) 구법하에서 판례 및 통설은 한정적 열거규정으로 보았다. 대결 1993. 8. 18. 93마896, 1994. 9. 22. 94마759, 1995. 3. 30. 94마1716; 노정희, "직권에 의한 경락(낙찰)불허사유," 민사집행의 제문제(하)(재판자료 72집, 1996. 6.), 81쪽 이하. 이에 대하여 이를 예시적 규정으로 이해하는 견해도 있었다. 민일영, "위법한 재경매와 직권에 의한 경락불허가의 적부," 민사재판의 제문제(하)(송천이시윤박사화갑기념, 1995. 10.), 442쪽 이하.

는 사유가 발생한 경우를 말한다. 이는 직권매각불허가사유이다.

2) '집행을 계속 진행할 수 없을 때'란 집행장애사유가 있는 경우를 말한다. 여기에는 법 49조 · 50조의 집행정지 · 취소사유의 존재,[1] 잉여주의 위반의 절차 진행, 경매신청의 취하 등을 비롯하여, 경매개시결정의 채무자에 대한 불송달, 매각기일 · 매각결정기일의 이해관계인에 대한 불통지, 경매부동산의 일부의 수용 또는 멸실[2] 등도 해당한다.

판례는, 집행법원이 이해관계인에게 매각기일 및 매각결정기일을 통지하지 않은 채 경매절차를 속행하여 매각이 이루어지게 했다면, 이해관계인이 이러한 기일통지를 받지 못했더라도 매각기일을 스스로 알고 그 기일에 출석하여 매각에 참가함으로써 자신의 권리보호에 필요한 조치를 취할 수 있었다는 등의 사정이 없는 한 그 이해관계인은 이로 인하여 법이 보장하고 있는 **절차상의 권리**를 **침해**당한 **손해**를 받았다고 보아야 하므로 매각허가결정에 대하여 **즉시항고**를 할 수 있고, 이 경우 매각기일 또는 매각결정기일을 통지받지 못함으로 인하여 그 이해관계인에게 구체적 또는 추상적으로 **재산상의 손해**가 **발생**한 때에 한하여 그 이해관계인이 즉시항고를 할 수 있는 것은 아니라고 본다.[3]

한편 집행법원이 이해관계인에게 매각기일 등의 통지를 하지 않아 이해관계인이 매각허가결정에 대한 즉시항고기간을 지키지 못했다면 특별한 사정이 없는

---

1) **판례**는, 법 49조 1호 소정의 '그 정지를 명하는 취지를 적은 집행력 있는 재판의 정본'이 제출된 경우는 법 121조 1호 후단의 '집행을 계속 진행할 수 없을 때'에 해당하여 매각허가에 대한 이의신청사유에 해당하고, 이러한 사유는 매각허가가 있을 때까지 신청해야 하며(법 120조 2항), 이러한 사유가 있는 경우 집행법원은 직권으로 또는 당사자의 이의신청에 따라 매각을 허가하지 않는 결정을 해야 하고(법 123조), 여기에 집행법원의 재량이 허용될 여지는 없다고 한다. 대결 2009. 3. 12. 2008마1855(강제경매절차의 제 1 회 매각기일에서 최고가매수신고가 있었으나 매각결정기일 전에 채무자가 집행법원에 집행정지결정 정본을 제출한 사안에서, 최고가매수신고인이 집행법원에 그 지위를 벗어날 의사를 명백히 하지 않는 한 집행법원이 매각불허가결정을 할 것이 아니라 매각허부결정 자체를 미루는 데에 그쳐야 한다고 판단한 원심결정을 파기한 사례이다).

2) 대결 1993. 9. 27. 93마480.

3) 대결 1999. 11. 15. 99마5256, 2000. 1. 31. 99마7663, 2001. 3. 22. 2000마6319, 대결(전) 2002. 12. 24. 2001마1047. 한편 판례 가운데, **채무자**가 매각기일 및 매각결정기일 등을 통지받지 못해 경매절차에 참가할 수 없었던 상황에서 경매목적물이 제 3 자에게 매각되어 경매목적물의 소유권을 상실하게 되었다는 이유로 **손해배상**을 청구한 사안에서, 채무자는 이해관계인이기는 하지만 다른 이해관계인과 달리 스스로 매수신청을 할 수 없다는 사정(규칙 59조)을 고려하면 특별한 사정이 없는 이상 채무자에게 매각기일과 매각결정기일 등을 통지하지 못했다는 절차상의 위법사유만으로는 그로 인하여 원고에게 어떠한 손해가 발생했다고 볼 수 없다고 본 것으로는, 대판 2001. 7. 10. 2000다66010.

한 그 이해관계인은 즉시항고를 추후보완할 수 있다. 이러한 추후보완은 매각대금이 완납되고 배당절차가 종료됨으로써 매각절차가 완결되었다 하더라도 허용된다.[1] 추후보완항고로 매각허가결정이 취소되어 매수인에게 손해가 발생한 경우 집행법원 공무원의 과실로 인한 국가의 배상책임이 인정된다.[2]

3) **담보권실행을 위한 경매**에서 담보권이나 피담보채권의 부존재나 소멸, 이행기의 연기 등의 실체상 흠은 여기에 해당하나(법 265조),[3] **강제집행**에서 집행채권의 부존재나 소멸, 이행기의 연기 등과 같은 실체상 흠은 여기에 해당하지 않는다(청구이의사유가 된다).[4]

(2) 최고가매수신고인이 부동산을 매수할 능력이나 자격이 없는 때(2호)

1) '부동산을 **매수할 능력**이 없는 때'란 ① 미성년자, ② 피성년후견인, ③ 부동산의 취득시 한정후견인의 동의를 얻어야 하는 피한정후견인으로서 대리권 있는 한정후견인의 동의가 없는 경우 등(법 23조 1항, 민소 55조 1항 · 2항)과 같이 독립하여 법률행위를 할 수 없는 사람이 독립하여 매수신청을 한 때를 말한다.[5]

2) '부동산을 **매수할 자격**이 없는 때'란 법률의 규정에 따라 **매각부동산을 취득할 자격**이 없거나, 그 부동산을 취득하려면 **관할청**의 **증명**이나 **인 · 허가**를 받아야 함에도 이를 받지 못한 때를 말한다.[6][7]

---

1) 대결(전) 2002. 12. 24. 2001마1047.

2) 대판 2007. 12. 27. 2005다62747.

3) 대결 2008. 8. 12. 2008마807.

4) 대결 1991. 1. 21. 90마946, 2008. 9. 11. 2008마696; 김능환, "신강제집행법 시행상의 문제점," 민사재판의 제문제 17집(1995. 4.), 380쪽 이하.

5) 대결 2004. 11. 9. 2004마94.

6) 대결 2004. 11. 9. 2004마94, 2009. 10. 5. 2009마1302.

7) **판례**는, 사회복지사업법 23조 3항 1호의 규정에 의하면 사회복지법인이 기본재산을 매도하기 위해서는 원칙적으로 시 · 도지사의 허가를 받아야 하고(법 개정 전에는 보건복지부장관의 허가를 받도록 하고 있다), 이는 경매절차에 의한 매각의 경우에도 마찬가지이므로(대판 1977. 9. 13. 77다1476, 대결 2003. 9. 26. 2002마4353 등), 사회복지법인의 기본재산에 대하여 실시된 부동산경매절차에서 최고가매수신고인이 그 부동산취득에 관하여 시 · 도지사의 허가를 얻지 못했다면 법 121조 2호 소정의 '최고가매수신고인이 부동산을 매수할 자격이 없는 때'에 해당하므로 경매법원은 그에 대한 매각을 불허해야 한다. 그리고 이는 사회복지법인이 시 · 도지사의 허가를 받아 토지 및 건물에 대하여 공동근저당권을 설정했다가 건물을 철거하고 새 건물을 신축하여, 민법 365조의 '저당지상의 건물에 대한 경매청구권'에 기하여 위 신축건물에 대한 경매가 진행된 경우라도 마찬가지이므로, 위 신축건물의 매각에 관하여 별도로 시 · 도지사의 허가가 없다면 최고가매수신고인에 대한 매각은 허가될 수 없다고 보아야 한다는 입장이다. 대결 2007. 6. 18. 2005마1193; 문광섭, "사회복지법인의 기본재산에 대한 경매와 보건복지부장관의 허가 및 민법 제365조의 저당지상 건물에 대한 일괄경매 등의

법률의 규정에 따라 매각부동산을 취득할 자격이 없는 사람에는, ① 채무자(규칙 59조 1호),[1] ② 재매각에서 전매수인(법 138조 4항), ③ 매각절차에 관여한 집행관 및 그 친족(규칙 59조 2호, 집행관법 15조 1항), ④ 매각부동산을 평가한 감정인(감정평가법인이 감정인인 때에는 그 감정평가법인 또는 소속 감정평가사, 규칙 59조 3호) 등이 있다.

매각부동산을 취득하려면 **관할청의 증명이나 인 · 허가 등을 받아야 함에도 이를 받지 못한 경우**로는 예컨대 농지매각에서 농지취득자격증명(**2021. 8. 17. 개정 · 시행** 농지법 8조 1항 · 6항)을 받아야 함에도 이를 받지 못한 경우[2] 등이 이에 해당한다.[3]

3) 관할청의 증명 · 허가 등은 매각허부결정시까지 보완하면 이의사유가 되지 않는다.[4]

(3) 부동산을 매수할 자격이 없는 사람이 최고가매수신고인을 내세워 매수신고를 한 때(3호)

이는 부동산을 매수할 자격이 없는 사람이 법 121조 2호의 규정을 회피하기 위하여 탈법행위로서 다른 사람의 명의를 빌려 최고가매수신고를 하는 경우를 방지하기 위한 것이다. 다만 부동산경매절차에서 부동산을 매수하려는 사람이 매수

관계," 대법원판례해설 67호(2007년 상반기), 673쪽 이하.

1) **판례**는, 갑이 남편인 을과 부동산을 공유하던 중 을이 사망하자 을의 재산을 상속한 후, 을이 생전에 부동산의 공유지분에 설정한 근저당권의 실행으로 매각절차가 진행되자 부동산의 공유자로서 우선매수신청을 한 사안에서, 갑은 위 매각절차에서의 채무자로서 매수신청이 금지된 사람이므로 법 121조 2호에 정한 '부동산을 매수할 자격이 없는' 사람에 해당한다고 보았다. 대결 2009. 10. 5. 2009마1302.

2) 따라서 농지에 관한 경매절차에서 농지취득자격증명의 발급은 **매각허가요건**에 해당한다. 대결 1999. 2. 23. 98마2604, 2004. 2. 25. 2002마4061, 대판 2018. 7. 11. 2014두36518.

3) **최고가매수신고인**은 사립학교의 기본재산(수익용 기본재산)의 처분에 관한 허가신청을 대위할 수 없다. 강제경매절차에서 최고가매수신고인은 매각결정기일에 매각허가를 받을 **경매절차상의 권리**가 있을 뿐 직접 집행채권자나 채무자에게 어떠한 권리를 가진다고 할 수 없으므로, 최고가매수신고인이 채무자인 **학교법인을 대위하여** 관할청에 **허가신청을 할 수 없다**. **판례**도, 학교법인이 기본재산의 처분을 위하여 관할청의 허가를 신청할 것인지 여부는 특별한 사정이 없는 한 학교법인의 의사에 맡겨져 있고, 채무자인 학교법인이 다른 재산이 없어 기본재산을 처분하지 않고는 채무의 변제가 불가능하더라도 학교법인으로부터 기본재산을 양수한 사람도 아니고 금전채권자에 불과한 사람에게는 강제이행청구권의 실질적인 실현을 위해 필요하다는 사유만으로 기본재산의 처분을 희망하지도 않는 **학교법인을 상대로** 관할청에 대하여 기본재산에 대한 처분허가신청절차를 이행할 것을 청구할 권한은 없으므로, 학교법인의 금전채권자로서는 **학교법인을 대위하여 관할청에** 학교법인의 기본재산의 처분허가신청을 할 수 없다고 본다. 대판 1998. 8. 21. 98다19202,19219, 2001. 12. 28. 2001다24075, 2011. 12. 8. 2011두14357.

4) 대결 1968. 2. 22. 67마169.

자격이 있음에도 매수대금을 자신이 부담하면서 다른 사람의 명의로 매각허가결정을 받기로 약정하여 그에 따라 매각허가가 이루어진 경우, 매각부동산의 소유권을 취득하는 사람은 매수인이다. 한편 명의인인 매수인과 매수대금의 실질적 부담자 사이에는 **명의신탁관계**(**계약명의신탁관계**)가 성립한다.

(4) 최고가매수신고인, 그 대리인 또는 최고가매수신고인을 내세워 매수신고를 한 사람이 법 108조 각 호 중 어느 하나에 해당되는 때(4호)

이는 경매절차에 부당하게 관여하거나 부정하게 경쟁하는 경우를 방지하기 위한 것이다. 채무자가 최고가매수신고인의 명의를 빌려 매수신청을 하는 것은 최고가매수신고인이 부당하게 다른 사람과 담합하거나 그 밖에 매각의 적정한 실시를 방해한 경우에 해당한다(법 108조 2호).

판례는, 공유자가 법 140조의 우선매수권제도를 이용하여 채무자의 지분을 저가에 매수하기 위하여 여러 차례에 걸쳐 우선매수신고만 하여 일반인들이 매수신고를 꺼릴 만한 상황을 만들어 놓은 뒤, 다른 매수신고인이 없는 때에는 매수신청보증금을 내지 않는 방법으로 유찰이 되게 했다가 최저매각가격이 그로 인하여 저감된 매각기일에 다른 매수신고인이 나타나면 그때 비로소 매수신청보증금을 내어 법원으로 하여금 공유자에게 매각을 허가하도록 하는 것은 법 121조 4호, 108조 2호의 "최고가매수신고인이 매각의 적정한 실시를 방해한" 경우에 해당하는 매각불허가사유가 있다고 본다.[1)]

(5) 최저매각가격의 결정, 일괄매각의 결정 또는 매각물건명세서의 작성에 중대한 흠이 있는 때(5호)

1) '최저매각가격의 결정에 중대한 흠이 있는 때'란 최저매각가격의 결정이 법에 정한 절차를 위반하여 이루어지거나, 감정인의 자격 또는 평가방법에 위법사유가 있어 이에 기초한 결정이 위법한 것으로 되는 등의 경우를 말한다. 매각목적물의 일부를 누락하고 평가하여 최저매각가격의 결정에 중대한 흠이 생긴 경우, 최저매각가격의 저감이 잘못된 경우 등도 여기에 해당한다.

단순히 감정인의 평가액과 이에 의하여 결정한 최저매각가격이 매우 저렴하다는 사유는 이의신청사유가 될 수 없으나, 감정에 의하여 산정한 평가액이 감정평가의 일반적 기준에 현저하게 반한다거나 사회통념상 현저하게 부당하다고 인정되는

---

1) 대결 2010. 3. 4. 2008마1189, 2011. 8. 26. 2008마637.

경우에는 그러한 사유만으로도 최저매각가격의 결정에 중대한 흠이 있는 것으로 본다.[1)]

2) '일괄매각의 결정에 중대한 흠이 있는 때'란 일괄매각의 결정절차 또는 결정 자체에 중대한 위법이 있는 경우를 말한다.

3) '매각물건명세서의 작성에 중대한 흠이 있는 때'란 매각물건명세서에 기재할 사항에 중대한 흠, 또는 그 기재 내용에 중대한 잘못이 있거나 현황조사를 생략하는 등 그 작성절차에 중대한 흠이 있는 경우를 말한다. '매각물건명세서의 작성에 중대한 흠이 있는 때'에 해당하는지 여부는 그 흠이 일반 매수희망자가 매수의사나 매수신고가격을 결정함에 있어 어떠한 영향을 받을 정도의 것이었는지를 중심으로 하여 부동산경매와 매각물건명세서 제도의 취지에 비추어 구체적인 사안에 따라 합리적으로 판단해야 한다.[2)] 예컨대 매각부동산의 임대차관계의 실체를 제대로 반영하지 않은 부동산현황조사와 매각물건명세서작성의 흠은 법 121조 5호에 정한 매각불허가사유에 해당한다.[3)]

판례는, 집행법원이 매각물건명세서를 작성할 때에 착오로 매수인이 인수하지 않을 부담(매각에 의하여 그 효력이 소멸되는 가처분등기)인데도 인수할 부담으로 기재했다면 매각물건명세서의 작성에 중대한 흠이 있는 때에 해당한다고 본다.[4)5)]

---

1) 대결 1995. 7. 12. 95마454, 2004. 11. 9. 2004마94.

2) 대결 2000. 1. 19. 99마7804, 2024. 4. 5. 2023마7896.

3) **판례**는, 임대차관계에서 '상가건물 임대차보호법'에 의한 대항력을 갖춘 것으로 보여지고, 보증금의 수액도 낙찰가액에 비하여 상당한 금액에 이르는 경우에는, 집행관의 현황조사는 그 직무와 권한에 의하여 이루어지고 점유자의 사업자등록신청 여부는 집행관이 쉽게 파악할 수 있는 내용에 속하므로 그 조사결과는 일반인으로부터 상당한 신뢰를 받게 되는 점 및 부동산현황조사와 매각물건명세서 작성의 목적 등에 비추어 볼 때, 위와 같은 매각물건명세서 작성의 흠은 최고가매수신고인의 매수의사와 매수신고가격의 결정에 영향을 미쳤다고 봄이 상당하므로, 법 121조 5호에 정한 매각불허가사유에 해당한다고 보고 있다. 대결 2008. 3. 17. 2007마1638.

4) 부동산에 관한 가처분 중 매각에 의하여 그 효력이 소멸되지 않는 것이 어떤 것인지는 법정매각요건으로서 매각을 실시할 때 명확히 해 두어야 하는 사항인 점, 매각에 의하여 그 효력이 소멸되는 가처분을 그 효력이 소멸되지 않는 것으로 매각물건명세서에 기재했다면 그러한 흠으로 인하여 부당한 매각가격의 저감이 초래될 수 있는 점, 또한 매각물건명세서제도의 취지가 매수희망자가 매각부동산에 대하여 필요한 정보를 쉽게 얻을 수 있도록 하고 그럼으로써 널리 매수희망자를 모집하게 하는 한편 매각의 신용을 유지케 함에 있는 점 등을 그 근거로 한다. 대결 1993. 10. 4. 93마1074. 위 결정에 대한 해설로는, 윤우진, 대법원판례해설 21호(1994년 상반기), 331쪽 이하.

5) 일부 기계·기구가 존재하지만 매각목적물에서 누락된 것임에도 이러한 사실을 간과한 채 제대로 조사되지 않은 현황조사보고서·감정평가서를 기초로 매각물건명세서를 작성하고 최저매각가격을 결정한 것이라면, 구체적 사안에 따라 그 흠이 일반매수희망자의 매수의사나 매수신고가격을 결정하는 데에 어떠한 영향을 미칠 정도의 것이었는지 여부를 기준으로 하여, 최

(6) 천재지변, 그 밖에 책임질 수 없는 사유로 인한 부동산의 현저한 훼손 또는 부동산에 관한 중대한 권리관계의 변동 사실이 밝혀진 때[1](6호)

1) '부동산이 현저하게 훼손된 사실'에는 단순한 부동산의 **물리적 훼손**의 현저성 뿐만 아니라, **교환가치의 감소**의 현저성도 포함된다.[2] **현저성**의 정도는 사회적 및 경제적 면에서 평가될 성질의 것이다. 한편 여기서 '부동산의 현저한 훼손'에는 경매개시결정이 취소되는 등의 사유로 매수인이 해당 목적물의 **소유권을 취득할 수 없게 된 경우**도 포함된다.[3]

2) '부동산에 관한 중대한 권리관계가 변동된 사실'이란 부동산에 **물리적 훼손이 없는 경우라도** 선순위 근저당권의 존재로 후순위 처분금지가처분(또는 가등기)이나 대항력 있는 임차권 등이 소멸하거나 또는 부동산에 관하여 유치권이 없는 것으로 알고 매수신청을 하여 매각허가결정을 받았으나, 그 뒤에 선순위 근저당권의 소멸로 인하여 처분금지가처분(또는 가등기)이나 임차권의 대항력이 존속하는 것으로 변경되거나, 또는 부동산에 관하여 유치권이 존재하는 사실이 새로 밝혀지는 경우와 같이 매수인이 소유권을 취득하지 못하거나 또는 매각부동산의 부담이 현저히 증가하여 매수인이 인수할 권리가 중대하게 변동되는 경우를 말한다.[4][5]

고가매수신고인의 매수가격을 상당액 증액시킬 수 있었다고 판단된다면 일응 중대한 흠이라고 보아야 한다는 견해로는, 기세운, "경매물건명세서작성 및 최저경매가격결정의 중대한 하자 — 특히 공장저당권의 효력이 미치는 경매물건의 일부를 누락하고 진행된 경락허가결정의 위법성 판단의 기준과 관련하여 —," 재판실무연구(광주지방법원) 2001년(2002. 1.), 79쪽 이하.

1) 경락허가에 대한 이의사유를 규정하고 있는 구 민사소송법 633조에서는 법 121조 6호와 같은 규정을 두고 있지 않고, 단지 구 민사소송법 639조 1항에 "매수가격의 신고 후에 천재·지변 기타 자기가 책임을 질 수 없는 사유로 인하여 부동산이 훼손된 때에는 최고가매수인은 경락불허가신청을, 경락인은 대금을 납부할 때까지 경락허가결정의 취소신청을 할 수 있다. 다만 부동산의 훼손이 경미한 때에는 그러하지 아니하다"라는 규정을 두고 있었다. 그러나 **현행법**은 121조 6호에서 부동산에 관한 중대한 권리관계의 변동의 경우에 대한 **명시적 규정**을 두고 있다.

2) 따라서 매각기일 실시 후 매각절차가 장기간 정지되어 있는 사이에 부동산의 가격이 크게 하락한 경우에도 훼손의 한 형태로 고려된다. 구태회, 주석서(2), 657쪽.

3) 대결 2005. 3. 29. 2005마58.

4) 대결 2005. 8. 8. 2005마643, 2008. 6. 17. 2008마459, 2010. 11. 9. 2010마1322.

5) 한편 담보가등기에 기한 본등기가 강제경매절차의 매각기일 후에 이루어지고, 가등기에 기한 본등기가 **강제경매신청 전**에 **청산절차**를 거친 것이라는 증명이 없는 경우 그 담보가등기권자는 그 가등기에 기한 본등기를 청구할 수 없고(가등기담보 등에 관한 법률 3조·4조에 의하면 담보가등기의 경우 청산금의 평가액을 채무자 등에게 통지한 후 채무자에게 정당한 청산금을 지급하거나 지급할 청산금이 없는 때에는 채무자가 그 청산의 통지를 받은 날부터

판례는, 선순위 근저당권의 존재로 후순위 임차권이 소멸하는 것으로 알고 부동산을 낙찰받았으나, 그 후 채무자가 후순위 임차권의 대항력을 존속시킬 목적으로 선순위 근저당권의 피담보채무를 모두 변제하고 그 근저당권을 소멸시키고도 이 점에 대하여 매수인에게 아무런 고지도 하지 않아 매수인이 대항력 있는 임차권이 존속하게 된다는 사정을 알지 못한 채 대금지급기한 안에 매각대금을 지급했다면 채무자는 민법 578조 3항의 규정에 의하여 매수인이 입게 된 손해를 배상할 책임이 있다고 한다.[1)]

(7) 경매절차에 그 밖의 중대한 잘못이 있는 때(7호)

'경매절차에 그 밖의 중대한 잘못이 있는 때'란 앞서 열거한 사유 외에 이해관계인의 이익이 침해되거나 매각절차의 공정성을 해칠 우려가 있는 중대한 절차 위반의 사유를 말한다.[2)] 이해관계인의 이익을 침해하지 않는 경미한 흠만이 있는 경우에는 이에 해당하지 않는다. 여기에는 매각기일 및 매각결정기일의 지정·공고방법과 기간의 부준수(구법에는 '경매기일공고가 법률의 규정에 위반한 때'를 별도의 이의사유로 규정했다. 구 민소 633조 5호),[3)] 집행관이 매수신청의 담보로 최저매각가격의 1/10에 미달하는 금액을 영수한 후 그를 최고가매수신고인으로 부르는 경우,[4)] 부동산경매에서 집행관이 최고가매수신고인의 성명과 그 매수가격을 부르지 않고 매각기일의 종결을 고지한 경우[5)] 등이 포함된다.

2월의 청산기간이 경과해야 하는 청산절차를 거친 후에게 그 가등기에 기한 본등기를 청구할 수 있다. 이를 위반하여 담보가등기에 기한 본등기가 이루어졌다면 그 본등기는 무효이다), 그 가등기가 부동산의 매각에 의하여 소멸하되 다른 채권자보다 자기채권을 우선변제받을 권리가 있을 뿐인 이상, 가등기에 기한 본등기가 경료되었다는 사정만을 들어서 부동산에 관한 중대한 권리관계의 변동이 있다고 볼 수 없다. 대결 2010. 11. 9. 2010마1322.

1) 대판 2003. 4. 25. 2002다70075; 조원철, "강제경매절차에 있어서 채무자의 담보책임," 대법원판례해설 44호(2003년 상반기), 336쪽.

2) 대결 2024. 4. 5. 2023마7896.

3) 대결 2001. 8. 30. 99마7372. 매각기일공고가 법률의 규정에 위반한 때에는 그 위반의 원인이 집행법원의 잘못 때문인지, 이해관계인의 잘못 때문인지 불문하므로, 집행법원의 잘못으로 매각기일공고가 법률의 규정에 위반한 때에도 직권으로 매각을 허가하지 않아야 하고 따라서 그 규정에 따라 매각을 허가하지 않은 집행법원의 결정을 신의칙 위반이라고 할 것은 아니다. 대결 1999. 10. 12. 99마4157. 다만 여러 차례의 매각기일에서 매수가격의 신고가 없어 매각불능으로 된 후 그 다음 기일에서 매수가격의 신고가 이루어진 경우, **해당 매각기일**의 공고에 법규 위반이 없음에도 이전 매각기일의 공고가 법률의 규정을 위반한 것은 법 121조 7호의 매각불허가사유에 해당하지 않는다. 대결 2008. 5. 20. 2008마463,464,465,466.

4) 대결 1969. 11. 14. 69마883.

5) 대판 1981. 6. 9. 80사38. 다만 차순위매수신고인의 성명과 매수가격은 매각기일의 종결시까지 적법한 차순위매수신고를 한 사람이 있는 경우에 한하여 부르면 되므로, 그때까지 적법

4. 매각허가·불허가결정

(1) 결정절차

1) **매각결정기일**에 **매각허가·불허가결정**을 해야 한다. 집행법원은 매각결정기일에 출석한 이해관계인에게 매각허가에 관한 의견을 진술하게 하여(법 120조 1항) 이를 참고로 하는 외에 이미 살펴본 직권으로 매각불허가사유(법 123조 2항)의 유무를 기록에 의하여 조사한 다음 매각허가 여부의 재판을 한다.

2) 법 121조에 의한 이해관계인의 **이의신청**이 **정당하다고 인정**하는 경우에는 법원은 매각불허가결정을 한다(법 123조 1항). 이러한 이의신청이 없더라도 법원이 **직권으로 조사한 결과** 법 121조에서 규정하고 있는 사유가 있다고 인정하는 경우에는 매각불허가결정을 해야 한다(법 123조 2항 본문). 다만 법 121조 2호 또는 3호에 해당하는 경우에는 부동산을 매수할 능력이나 자격의 흠이 제거되지 않은 때[매수할 능력이 없는 경우 법정대리인의 추인으로 보정하거나, 자격이 없는 경우 관할청의 증명이나 인·허가 등을 취득하여 보완하여 그 흠을 제거할 수 있다]에 한하여 이러한 매각불허가결정을 한다(법 123조 2항 단서).

3) 한 개의 부동산의 매각대금으로 모든 채권자의 채권액과 집행비용을 변제하기에 충분한 경우 다른 부동산에 대해서는 매각불허가결정을 한다(**과잉매각금지의 원칙**, **초과압류금지의 원칙**, 법 124조 1항 본문). **과잉매각**을 이유로 매각부동산의 일부를 매각불허가결정을 한 경우 매각불허가결정이 확정된 부동산에 대해서는 법원사무관 등이 등기관에게 경매개시결정등기의 말소를 촉탁한다(법 141조).[1] 과잉경매로 인한 채무자의 불이익은 매각단계에서 매각을 허가하지 않음으로써 막을 수 있으므로 매각실시 전 단계에서 부동산의 최저매각가격과 각 채권자의 채권 및 집행비용을 비교하여 그중 일부 부동산만 경매해도 그 채권 등의 변제에 충분하다고 인정된다고 하더라도 일부 부동산에 대해서만 경매를 실시할 것인지 아니면 나머지 부동산에 대해서도 함께 경매를 실시할 것인지 여부는 집행법원의

한 차순위매수신고를 한 사람이 없는 경우에는 집행관이 최고가매수신고인의 성명과 매수가격만을 불렀다고 하여 매각허가결정이 위법하다고 할 수 없다. 대결 1996. 8. 19. 96마1174.

1) 과잉매각을 이유로 매각부동산의 일부에 대하여 한 매각불허가결정이 확정되었다고 하여 곧바로 말소촉탁을 하는 것이 아니라, 매각이 허가된 부동산에 대한 매각대금이 완납된 후에 말소촉탁을 해야 한다. 매각허가된 부동산에 대하여 매수인이 대금을 내지 않아 재매각을 하는 경우 과잉매각의 금지에 따라 매각불허가된 부동산도 필요에 따라서는 다시 매각에 붙일 수도 있기 때문이다. 법원실무제요 민사집행(2), 351쪽 이하.

재량에 속한다.[1]

4) 매각기일 종료 후 매각허가결정 선고 전에 집행법원에 법 49조 2호에서 정한 **집행정지서류**(강제집행의 일시정지를 명한 취지를 적은 재판의 정본)로 **집행정지결정 정본이 제출**된 때에는 법 121조 1호 후단에 따라 **매각불허가결정**을 해야 한다.[2] **매수인**은 매각대금을 낼 때까지 **매각허가결정의 취소신청**을 할 수 있다(규칙 50조 2항 전문).[3] 이 신청에 대해서는 즉시항고를 할 수 있다(규칙 50조 2항 후문). 채무자가 매각허가결정이 있은 뒤에 이러한 서류를 제출한 때에는 매각허가결정의 확정을 저지할 수 없으나 경매절차를 필수적으로 정지해야 하고 매각허가결정 확정 후 대금지급기한을 지정하는 것은 위법하다.[4] 집행법원이 매각허가결정의 확정에 따른 대금지급기한을 정할 경우 **이해관계인**은 법 16조에서 정한 집행에 관한 이의신청에 의하여, **매수인**은 앞서 본 바와 같이 규칙 50조 2항에 의한 매각허가결정의 취소신청에 의하여 각 그 시정을 구할 수 있다.[5]

5) 매각허부결정은 사법보좌관의 업무이다. 매각허부결정은 **선고**해야 한다(법 126조 1항). 선고로써 **고지의 효력**이 발생한다(규칙 74조). 이해관계인에게 결정정본을 송달할 필요가 없다. 매각허부결정을 선고하도록 하고, 그 선고한 때 고지의 효력이 생기도록 한 것은 매각허부결정에 대하여 즉시항고를 할 수 있는 이해관계인의 범위가 넓으므로 이해관계인 모두에게 개별적으로 결정을 고지하고 그에 따라 즉시항고기간(사법보좌관의 처분에 대한 이의신청기간)이 개별적으로 진행되도록 하는 것은 절차의 안정이라는 측면에서 바람직하지 않기 때문이다.[6] 매각허가결정은 선고하는 외에 공고해야 한다(법 128조 2항). 공고는 법원게시판 게시, 관보·공보 또는 신문 게재, 전자통신매체를 이용한 공고 가운데 어느 하나의 방법으로 한다(규칙 11조 1항). 매각불허가결정에는 불허가의 이유를 적어야

---

1) 대결 1998. 10. 28. 98마1817. 과잉경매를 했는지 여부는 항고심의 직권조사사항이라고 할 수 없다. 대결(전) 1978. 4. 20. 78마45; 김형선, "과잉경매여부가 항고심의 직권조사사항인지의 여부," 사법행정 19권 10호(1978. 10.), 70쪽 이하.

2) 대결 2009. 3. 12. 2008마1855.

3) 채무자 회생 및 파산에 관한 법률상의 중지명령(채무회생 44조 1항, 593조 1항) 등이 제출된 때에는 실무상 위 중지명령 등을 법 49조 2호 서류에 준하여 취급하고 있으므로 매각허가결정의 취소신청을 할 수 있다. 법원실무제요 민사집행(2), 343쪽.

4) 대결 1995. 2. 16. 94마1871.

5) 이러한 불복절차 없이 매수인이 대금지급기한 내에 매각대금을 다 낸 이상 매수인은 부동산에 관한 소유권을 적법하게 취득한다. 대판 1992. 9. 14. 92다28020.

6) 법원행정처, 민사집행규칙해설, 232쪽.

한다.[1)]

6) 매각허부결정은 **확정되어야** 효력을 가진다(법 126조 3항). 따라서 즉시항고하면 확정이 차단된다.

7) 매각불허가결정이 확정된 때에는 최고가매수신고인, 차순위매수신고인과 매각허가를 주장한 매수신고인은 매수에 관한 책임이 면제되므로(법 114조 1항, 133조), 즉시 보증금반환청구권이 생긴다.[2)]

(2) 매각허가 · 불허가결정에 대한 즉시항고(이의신청)

(a) 항고사유

1) 매각허가결정에 대한 즉시항고(사법보좌관의 처분에 대한 이의신청)는 앞서 본 바와 같은 매각허가에 대한 이의신청사유가 있다거나, 그 결정절차에 중대한 잘못이 있다는 것을 이유로 드는 때에만 할 수 있다(법 130조 1항).

2) 민사소송법상 재심사유(민소 451조 1항 각 호)는 앞서의 즉시항고사유에 불구하고 매각허가 · 불허가결정에 대한 즉시항고사유가 된다(법 130조 2항).

(b) 항고권자

1) **이해관계인**은 매각허가 또는 불허가의 결정에 대하여 **손해를 볼 경우**에만 즉시항고를 할 수 있다(법 129조 1항). 또 매각허가에 정당한 이유가 없거나 허가결정에 적은 것 외의 조건으로 허가해야 한다고 주장하는 **매수인** 또는 매각허가를 주장하는 **매수신고인**도 즉시항고를 할 수 있다(법 129조 2항). 이들 경우에 매각허가를 주장하는 매수신고인은 그 신청한 가격에 대하여 구속을 받는다(법 129조 3항).

(aa) 매각허가결정에 대하여 즉시항고를 제기할 수 있는 **이해관계인**이란 법 90조 각 호에서 열거하는 사람을 말하고, 집행절차에 관하여 사실상의 이해관계를 가진 사람이라 하더라도 위 규정에서 열거한 사람에 해당하지 않는 경우에는 집행절차에서의 이해관계인이라고 할 수 없다.[3)] 가압류채권자 · 가처분채권자가 이해관계인이 아님은 이미 경매개시결정에 대하여 이의신청을 할 수 있는 이해관계인에서 살펴본 바와 같다.

---

1) 재판예규 제1853호 '부동산등에 대한 경매절차 처리지침'(재민 2004-3, 2023. 6. 29. 개정 · 시행) 50조 · 51조.

2) 그 반환(출급)절차는 법원보관금취급규칙(2024. 12. 31. 개정, 2025. 2. 3. 시행) 13조에 정하고 있다.

3) 대결 2005. 9. 15. 2005마59.

(bb) 선행사건의 배당요구의 종기 이후에 설정된 후순위 근저당권자로서 선행사건의 배당요구의 종기까지 아무런 권리신고를 하지 않은 이중경매신청인은 선행사건의 매각허가결정에 대하여 즉시항고를 제기할 수 있는 이해관계인에 해당하지 않는다.[1] 또한 매각허가결정이 있은 후에 그에 대하여 즉시항고장(이의신청서)을 제출하면서 비로소 법 90조 4호에서 정한 권리자로서 그 권리를 증명하는 서류를 제출한 때에도 법 90조에서 정한 이해관계인이라 할 수 없으므로 그 항고는 부적법하다.[2]

2) 법 90조 각 호에서 열거한 사람에 해당하지 않는 사람이 한 매각허가결정에 대한 즉시항고(이의신청)는 부적법하고 또한 보정할 수 없음이 분명하므로 법 15조 5항에 의하여 집행법원이 결정으로 즉시항고(이의신청)를 각하해야 하고, 집행법원이 항고각하결정을 하지 않은 채 항고심으로 기록을 송부한 경우에는 항고심에서 즉시항고(이의신청)를 각하해야 한다.[3]

(c) 항고절차

1) 매각허부결정에 대한 즉시항고는 매각결정기일에 이해관계인이 출석했는지 불문하고 매각허부결정 선고일부터 **1주 이내**에 제기해야 한다(법 15조 2항).

2) 사법보좌관이 한 매각허부결정에 대한 **즉시항고에 앞서** 사법보좌관의 처분에 대한 **이의신청절차**를 거쳐야 한다(법조 54조 3항, 사보규 4조 1항). 이 경우 인지를 붙일 필요가 없다(2014. 9. 1. 개정, 2015. 3. 23. 시행 사보규 4조 4항). 이에 대해서는 사법보좌관의 처분에 대한 이의신청에서 이미 살펴보았다.

매각허가결정에 대하여 즉시항고(사법보좌관의 처분에 대한 이의신청)를 하고자 하는 사람은 항고장(이의신청서)에 **보증**으로 **매각대금의 10분의 1**에 해당하는 금전 또는 법원이 인정하는 유가증권을 공탁했음을 증명하는 서류를 붙여야 한다(**항고보증금제도**, 법 130조 3항 · 4항). 이는 무익한 항고제기로 절차가 지연되는 것을 방지하기 위하여 **항고권남용**, 즉 남항고(濫抗告)가 아님을 담보하기 위한 보증

---

1) 대결 2005. 5. 19. 2005마59; 김수일, "이중경매개시결정이 있으나 선행사건의 집행절차에 따라 경매가 진행되는 경우 선행사건의 배당요구 종기 이후에 설정된 후순위 근저당권자로서 선행사건의 배당요구 종기까지 아무런 권리신고를 하지 아니한 이중경매신청인이 선행사건의 매각허가결정에 대하여 즉시항고를 제기할 수 있는 이해관계인에 해당하는지 여부," 대법원판례해설 54호(2005년 상반기), 501쪽 이하.

2) 대결 1994. 9. 13. 94마1342.

3) 대결 2005. 5. 19. 2005마59.

금을 공탁하도록 한 것이다.[1)]

3) 사법보좌관의 매각허부결정에 대한 이의신청에 대해서는 **판사**가 결정한다. 사법보좌관은 이의신청을 받은 때에는 **이의신청사건**을 지체 없이 소속법원의 판사에게 **송부**해야 한다(사보규 4조 5항).[2)]

(aa) 이의신청서에 **매각허부결정의 표시**와 이에 대한 **이의신청의 취지**를 밝히지 않은 흠이 있는 경우에는 상당한 기간을 정하여 그 기간 내에 흠을 보정하도록 명한다(사보규 4조 6항 1호). 이의신청인이 앞서의 기간 내에 보정하지 않은 때와 이의신청기간을 넘긴 때에는 결정으로 **이의신청**을 **각하**한다. 이 경우 각하결정은 즉시항고에 대한 각하재판으로 본다(사보규 4조 6항 2호).

(bb) 이의신청이 **이유 있다고 인정**하는 경우 판사가 매각허부결정을 **경정**한다(사보규 4조 6항 3호).

(cc) 이의신청이 **이유 없다고 인정**하는 경우 판사가 매각허부결정을 **인가**하고 이의신청사건을 항고법원으로 송부한다(사보규 4조 6항 5호). 위 **인가결정**은 이의신청인에게 **고지**한다(사보규 4조 6항 5-2호).[3)] 위 인가결정에 대해서는 불복할 수 없다(사보규 4조 8항).

4) 판사는 이의신청사건을 항고법원에 송부하기 전에 이의신청인에게 **인지**의 **보정**을 명하고, 이의신청인이 이에 응하지 않는 경우에는 **이의신청**을 **각하**해야 한다(사보규 4조 6항 6호).[4)] 인지를 보정하지 않는 경우의 이의신청의 각하의 방식

---

1) 항고보증공탁은 남항고에 따른 경매절차지연을 방지하기 위한 것으로 항고인은 뒤에서 보는 바와 같이 승소 여부에 따라 공탁한 금액의 전부 또는 일부를 반환받을 수 있어 피해를 최소화할 수 있고, 항고인에게 남항고 아님을 소명하는 것을 갈음하여 이를 담보하는 보증금을 공탁하도록 하는 것은 많은 사건의 신속한 처리가 필요한 집행절차에서 수긍할 수 있는 합리적 방법이다. 헌재 2018. 1. 25. 2016헌바220 결정. 한편 회생절차폐지결정에 대한 즉시항고시 항고보증금제도에 관하여 **판례**는, 항고보증금을 둔 것은 회생법원의 이러한 결정에 대하여 부정적 이해관계를 가진 사람들의 항고권남용으로 절차가 지연될 경우 야기될 수 있는 다른 이해관계인들의 손해를 방지하기 위하여 항고권을 합리적으로 제한하고자 함에 있다고 본다. 대결 1999. 7. 26. 99마2081, 2011. 2. 21. 2010마1689.

2) 이에 대하여, 매각허가결정에 대한 이의신청이 접수된 경우 사법보좌관은 자신의 매각허가결정이 옳다고 생각하는 때에는 지체 없이 판사에게 송부하고, 그렇지 않고 매각허가결정에 잘못이 있다고 생각하는 때에는 신속하게 **재도의 고안**으로 자신이 한 처분을 경정할 수 있다는 헌법재판소 결정으로는, 헌재 2025. 1. 23. 2021헌바100 결정.

3) 즉시항고장(이의신청서)의 우측 상단에 아무런 문언의 기재 없이 행해진 판사의 날인만으로 사법보좌관이 한 처분에 대한 단독판사 등의 판단행위로서 사법보좌관규칙 4조 6항 5호에 따른 '인가'결정이 있었다고 보기 어렵다. 대결 2021. 9. 9. 2021마167.

4) 대결 2011. 2. 7. 2011마54, 2011. 4. 14. 2011마38; 호제훈, "사법보좌관의 매각허가결정에 대한 이의신청사건을 송부받은 단독판사 등이 이의신청시 민사집행법 제130조 제 3 항의 보증

은 **이의신청서각하명령**(**항고장각하명령**)으로 한다(법 23조 1항, 민소 443조 1항, 399조 2항). 이에 대해서는 즉시항고를 할 수 있다(민소 399조 3항).

5) 판사는 이의신청서(항고장)에 **보증제공서류**를 붙이지 않은 경우에는 법 130조 3항·4항에 따라 이의신청서(항고장)를 받은 날부터 1주 이내에 **이의신청서각하결정**(**항고장각하결정**)을 해야 한다. 이에 대해서는 즉시항고를 할 수 있다(법 130조 5항).

판사는 이의신청서(항고장)를 제출한 날부터 **10일 이내**에 **항고이유서**가 제출되지 않은 경우에는 법 15조 5항에 따라 **이의신청각하결정**(**항고각하결정**)을 해야 한다. 이에 대해서는 즉시항고를 할 수 있다(법 15조 8항).

6) 이러한 판사가 하는 앞서의 이의신청의 각하 등은 집행법원이 자기 몫으로 판단하는 **1차적인 처분**으로서, 그에 대한 불복방법인 즉시항고는 성질상 최초의 항고일뿐, 재항고가 아니다.[1]

(d) 항고법원의 재판

1) 이의신청사건을 항고법원에 **송부**하는 경우 항고법원은 이의신청을 단독판사가 한 인가처분에 대한 **즉시항고**로 보고 재판을 한다(사보규 4조 9항).[2] 이의신청사건을 송부받은 판사가 이의신청인이 보정명령에 응하지 않았음에도 이의신청을 각하하지 않은 채 항고법원으로 사건을 송부한 경우에는 항고법원은 곧바로 즉시항고를 각하한다.[3]

2) 항고법원은 항고장 또는 항고이유서에 적힌 이유에 대해서만 조사한다. 다만 원심재판에 영향을 미칠 수 있는 법령위반 또는 사실오인이 있는지에 대하여 직권으로 조사할 수 있다(법 15조 7항).

3) 항고법원이 집행법원의 결정을 **취소**하는 경우에 그 매각허부결정은 **집행법원**이 하게 되는데(법 132조), 사법보좌관이 한 매각허부결정에 대하여 판사가 이를 인가한 것을 항고법원이 그 인가를 취소했다면 집행법원의 사법보좌관이 아닌

금을 공탁하였음을 증명하는 서류가 붙어 있지 아니한 경우 취하여야 할 조치," 대법원판례해설 87호(2011년 상반기), 316쪽 이하; 윤배경, "민사집행에 있어서 사법보좌관의 결정에 대한 이의신청에 대한 보정기간 허여의 문제점," 법률신문 3955호(2011. 7.), 11쪽.

1) 대결(전) 1995. 1. 20. 94마1961, 대결 1995. 5. 15. 94마1059,1060 등.

2) 따라서 항고법원은 결정서상 '제 1 심결정'의 표시에서 사법보좌관의 결정이 아닌 **단독판사의 결정**을 기재해야 한다. 대결 2008. 12. 24. 2008마1608.

3) 대결 2006. 3. 27. 2005마1023, 2008. 6. 17. 2008마768, 2008. 12. 22. 2008마1348.

판사가 이에 따라 매각허부결정을 한다. 항고법원의 항고인용은 곧 판사의 인가처분취소를 의미할 뿐이고 그 이의신청은 여전히 유지되고 있으므로 집행법원의 판사는 상급법원인 항고법원의 재판의 기속력에 의하여 이의신청이 이유 있음을 전제로 사법보좌관규칙 4조 6항 3호에 따라 사법보좌관이 한 처분을 경정하는 재판을 해야 하기 때문이다.[1)]

4) **채무자 및 소유자**가 한 즉시항고가 **기각된 때**에는 항고인은 보증으로 제공한 금전이나 유가증권을 돌려줄 것을 요구하지 못한다(법 130조 6항).[2)]

채무자 및 소유자 외의 사람이 한 즉시항고가 **기각된 때**에는 항고인은 보증으로 제공한 금전이나 유가증권을 현금화한 금액 가운데 항고를 한 날부터 항고기각결정이 확정된 날까지의 **매각대금**에 대한 **연 12%**의 이율에 의한 금액(보증으로 제공한 금전이나, 유가증권을 현금화한 금액을 한도로 한다)에 대해서는 돌려줄 것을 요구할 수 없다(법 130조 7항 본문, 규칙 75조). 다만 보증으로 제공한 유가증권을 현금화하기 전에 위의 금액을 항고인이 지급한 때에는 항고인은 그 유가증권을 돌려줄 것을 요구할 수 있다(법 130조 7항 단서, 규칙 80조 2항 단서). 이 경우 항고인이 지급한 금전은 배당할 금액에 산입해야 한다(법147조 1항 4호, 규칙 80조 2항).

항고인이 항고를 취하한 경우에도 앞서와 같이 돌려받지 못한다(법 130조 8항). 다만 항고가 기각되더라도 경매신청이 취하되거나 매각절차가 취소된 때에는 항고인은 보증을 돌려받을 수 있다. 항고인이 돌려받지 못한 보증금액은 나중에

---

1) 물론 이 경우 이의신청사유, 곧 항고사유에 대한 항고법원의 판단이 있다고 하더라도 다른 매각불허가사유가 있을 경우 그에 따라 다시 매각불허가결정을 하는 것은 가능하다. 법원도서관, 민사집행법실무연구(2)(재판자료 117집, 2009. 3.), 111쪽.

2) 항고를 제기한 것 자체가 원시적으로 부당한 경우가 아니라 항고심에 이르러 비로소 **매각허가결정의 흠이 치유**되었다는 이유로 **항고가 기각**된 경우까지 예외 없이 항고보증금을 돌려줄 것을 요구하지 못한다. 이는 즉시항고를 할 정당한 이유가 있는 소유자 등까지 무차별적으로 항고를 포기하게 하는 결과가 되어 부당할 수 있는지 문제가 된다. 이에 대하여, **헌법재판소**는, ① 항고심으로서는 결정시를 기준으로 항고이유를 판단하므로 매각허가결정 후 항고심 재판까지 사이에 생긴 사유를 항고이유로 주장할 수 있고 반대로 매각허가결정 당시에는 항고이유가 있었더라도 항고심 결정시까지 상대방은 흠을 치유할 수도 있다고 보아야 하며 항고인은 이를 고려하여 항고 여부를 결정할 수 있는 점, ② 법 130조 6항은 경매절차를 지연시키고자 하는 감추어진 목적을 가지고 항고를 남용하는 것을 막는 데 그 취지가 있는데 내심에 감추어진 목적은 형식상 내세우는 항고사유의 내용만 가지고는 판별할 수 없기 때문에 일률적으로 항고보증금의 반환을 요구하지 못하도록 하는 것은 수긍할 수 있는 점, ③ 기각사유를 따져 항고보증금의 반환 여부를 결정하도록 하지 않는 것은 신속한 권리실현과 채권자의 이익보호를 위한 방법 중 하나인 점 등을 고려할 때, 법 130조 6항이 항고권자에게 지나치게 가혹하거나 불합리한 결과를 초래한다고 보기 어렵다는 입장이다. 헌재 2025. 1. 23. 2021헌바100 결정.

배당할 금액에 산입된다(법 147조 1항 3호 · 4호).

(e) 매각허가 · 불허가결정에 대한 추후보완항고(이의신청)

1) 매각허부결정에 대하여 이해관계인이 책임질 수 없는 사유로 말미암아 즉시항고기간(불변기간)을 지킬 수 없었던 경우에는 추후보완항고(사법보좌관의 처분에 대한 추후보완이의신청)를 할 수 있다(법 23조 1항, 민소 173조).

2) 매각허가결정에 대한 추후보완항고가 **받아들여지면** 매각허가결정은 **확정되지 않고**[매각허가결정은 확정되어야 효력을 가짐(법 126조 3항)은 이미 본 바와 같다] 따라서 그 이전에 이미 매각허가결정이 확정된 것으로 알고 집행법원이 대금지급기한을 정하여 매수인으로 하여금 매각대금을 납부하도록 했더라도 이는 적법한 매각대금의 납부가 될 수 없다.[1)2)] 따라서 매수인은 매각부동산의 소유권을 취득할 수 없다.[3)]

3) 매각허가결정에 대한 추후보완항고는 배당절차가 종료됨으로써 매각절차가 완결된 후에도 허용된다.[4)] 따라서 매각허가결정이 확정되어 매각대금이 납부되고 배당절차까지 종료되어 매각절차가 완결되었다고 하여 그 후에는 추후보완항고에 의하여 매각허가결정을 취소할 수 없는 것은 아니다.[5)]

(3) 매각허가결정의 취소

1) 부동산의 현저한 훼손 사실 또는 부동산에 관한 중대한 권리관계의 변동 사실이 **매각허가결정의 확정 뒤**에 밝혀진 경우에는 매수인은 집행법원이 정한 대금지급기한 내 **매각대금을 낼 때**까지 **매각허가결정의 취소신청**을 할 수 있다(법 127조 1항, 121조 6호). 이러한 경우에 매수인으로 하여금 매각허가결정의 취소신청을 할 수 있도록 허용함으로써 매수인의 불이익을 구제하기 위한 것이다.[6)] 다만 매수인이 대금지급기한까지 매각대금을 지급하지 않아 집행법원이 재매각명령을 한 이후에는 전매수인은 매각허가결정의 취소신청을 할 수 없다.[7)] 한편 재매각명

1) 대결 1998. 3. 4. 97마962, 대결(전) 2002. 12. 24. 2001마1047.

2) 따라서 그 후에 채무자가 채무원리금과 비용을 변제공탁하고 경매개시결정에 대하여 이의신청을 하는 것은 적법하다. 대결 1968. 11. 5. 68마1090.

3) 대판 2007. 12. 27. 2005다62747.

4) 대결 1968. 11. 5. 68마1090, 대결(전) 2002. 12. 24. 2001마1047.

5) 위 대결(전) 2002. 12. 24. 2001마1047은 배당종료 후에는 추후보완항고를 인정하지 않은 대결 1969. 10. 27. 69마922를 변경했다.

6) 대결 2009. 5. 6. 2008마1270.

7) 대결 2009. 5. 6. 2008마1270.

령이 취소된 경우에는 전매수인도 매각허가결정의 취소신청을 할 수 있다. 재매각명령으로 효력이 상실된 매각허가결정이 재매각명령의 취소결정에 의하여 회복되어, 종전 매수인은 그 지위와 권리를 회복하게 되기 때문이다.

매수인이 매각대금을 낸 후에는 비록 부동산의 현저한 훼손 등이 매각대금을 내기 전에 생긴 것이라고 하더라도 민법상 담보책임(민 570조 내지 577조)에 의하여 민법 578조에 따라 대금감액신청을 하는 것은 별론으로 하고 법 127조 1항에 의한 매각허가결정의 취소신청을 할 수 없다.

한편 매각절차의 진행이 법 49조 2호의 집행정지서류의 제출로 인하여 정지되어 매각결정기일과 대금지급기한 사이에 오랜 기간이 지나는 바람에 매각부동산의 가격이 현저히 떨어진 경우에도 매수인은 법 127조 1항을 준용하여 매각허가결정의 취소를 구할 수 있으나, 규칙 50조 2항에 따라 매각허가결정에 대한 취소를 신청하는 방법이 주로 이용된다.[1]

2) 매각허가결정의 취소신청에 관한 결정에 대해서는 **즉시항고**를 할 수 있다(법 127조 2항). 매각허가결정의 취소신청에 대한 결정은 사법보좌관의 업무에 속한다(사보규 2조 1항 7호). 따라서 이 결정에 대하여 즉시항고를 하기 위해서는 사법보좌관의 처분에 대한 이의신청절차를 거쳐야 한다.

3) 매각허가결정을 취소한 경우에는 감정인에게 부동산을 재평가하게 하여 **최저매각가격의 결정부터** 새로이 하는 **새 매각**을 진행한다(법 134조·97조). 다만 법 121조 6호 가운데 부동산이 현저하게 훼손되어 매각목적물로서의 존재를 상실하거나, 최저매각가격으로는 남을 가망이 없는 경우에는 새 매각절차를 밟을 여지가 없으므로 **경매절차를 취소**한다(법 96조 1항, 102조 2항).

(4) 매각대금의 감액결정

매각허가결정의 확정 후 매각대금의 지급기한이 지정되기 전에 매각목적물의 **일부가 멸실**되었으나 매수인이 **나머지 부분**이라도 매수할 의사가 있어서 집행법원에 대하여 **매각대금의 감액신청**을 한 경우 집행법원은 민법상 쌍무계약에서의 위험부담 및 하자담보책임의 이론을 적용하여 **감액결정**을 하는 것이 허용된다.[2]

1) 법원실무제요 민사집행(2), 346쪽.

2) 대결 1979. 7. 24. 78마248, 2004. 12. 24. 2003마1665 등. 한편 매각목적물의 일부가 '멸실'된 때란 물리적인 멸실뿐만 아니라 경매개시결정이 취소되는 등의 사유로 매수인이 해당 목적물의 소유권을 취득할 수 없게 된 경우도 이에 포함된다고 봄이 상당하다. 대결 2005. 3. 29. 2005마58. 대금감액결정과 관련하여 그 신청 및 재판, 불복절차에 관한 실무상 문제점의 지적으로

(5) 매각불허가결정이 확정된 경우와 집행법원의 조치

1) 매각불허가결정이 확정되어 다시 매각을 명해야 할 경우(예컨대 ① 집행법원이 애당초 한 매각불허가결정이 확정된 경우, ② 집행법원의 매각허가결정이 즉시항고에 따라 항고법원에 의하여 취소되고, 집행법원이 매각불허가결정을 하여 확정된 경우, ③ 집행법원이 애당초 한 매각허가결정이 확정되어 대금지급까지 마친 후 추후보완항고에 따라 항고법원에 의하여 매각허가결정이 취소되고, 집행법원이 매각불허가결정을 하여 확정된 경우 등)에서 매각불허가사유가 종국적으로 매각을 불허하거나 일시정지해야 할 사유가 아니고 다시 매각을 허용할 수 있는 때에는 직권으로 **새 매각기일**을 정해야 한다(법 125조 1항). 다만 법 121조 6호의 사유로 새 매각기일을 열게 된 때에는 **최저매각가격의 결정부터** 새로이 하는 **새 매각**을 진행한다(법 125조 2항).

2) 최고가매수신고인에 대한 매각이 불허된 경우에는 **차순위매수신고인**(법 114조)이 있다고 하더라도 그에 대하여 매각허가결정을 해서는 안 되고, **새 매각**을 실시해야 한다.[1)]

Ⅸ. 대금지급 등

1. 대금지급절차

(1) 대금지급기한의 지정

1) 매각허가결정이 확정되었을 때에는 법원은 매각대금의 지급기한을 정하고, 이를 매수인과 차순위매수신고인에게 통지해야 한다(법 142조 1항). 이는 매수인 등이 대금지급의 준비를 할 수 있는 기간을 부여하기 위해서이다. 채무자 등 이해관계인에 대해서까지 이를 통지해야 하는 것은 아니다.[2)]

구법하에서는 **대금지급기일제도**를 채택했으나(구 민소 654조), 매수인의 불안정한 지위를 조속히 해소하고 경매를 활성화하여 적정가격에 매각을 유도하는 효과를 기하기 위하여 현행법은 **대금지급기한제도**를 채택했다.[3)]

는, 박준의, "경매절차에 있어서 담보책임의 일환인 대금감액신청과 이를 둘러싼 집행실무상의 제문제," 민사집행법연구 10권(2014. 2.), 279쪽 이하.

1) 대결 2011. 2. 15. 2010마1793.

2) 대결 1992. 11. 11. 92마719.

3) 대금지급기일제도는 매수인으로 하여금 매수자금을 마련할 시간적 여유를 주기 위한 것이었으나, 오히려 채무자 등이 그 기일 전에 채무를 변제하고 집행취소문서를 제출하는 등으로

2) 대금지급기한은 **매각허가결정**이 **확정**된 날부터 **1월** 안의 날로 정한다. 다만 경매사건기록이 상소법원에 있는 때에는 그 기록을 송부받은 날부터 1월 안의 날로 정해야 한다(규칙 78조).[1)]

3) 집행법원의 매각허가결정에 대하여 이해관계인으로부터 즉시항고가 제기되어 매각허가결정이 확정되지 않은 경우 집행법원은 대금지급기한을 지정할 수 없으며, 설사 매각허가결정의 확정 전의 일자로 대금지급기한의 지정이 있었다고 하더라도 그 기한지정은 아무런 효력이 없고(매수인이 매각대금을 지급했다고 하더라도 이는 적법한 매각대금의 지급이라고 할 수 없다), 따라서 그 기한에 매수인이 매각대금을 납부하지 않았다 하더라도 매각허가결정이 그 효력을 상실하는 것은 아니다.[2)3)]

(2) 대금지급기한의 효과

1) **매수인**은 대금지급기한까지는 어느 때라도 매각대금을 집행법원에 지급할 수 있다(법 142조 2항).

2) **채무자**가 대금지급기한까지 채무를 변제한 경우 ① 강제경매에서는 청구이의의 소로, ② 담보권실행을 위한 경매에서는 경매개시결정에 대한 이의신청으로 집행을 취소시킬 수 있다.[4)]

경매절차가 취소되는 경우에는 매수인은 결국 그 부동산의 소유권을 취득하지 못하게 됨으로써 매수인의 지위가 불안정하게 될 뿐만 아니라, 매수인이 하루빨리 매각대금을 지급하고 부동산의 소유권을 취득해야 할 사정이 있는 경우에는 그 지정된 대금지급기일까지 기다려야 하는 문제점이 있었다. 법원행정처, 민사집행법해설, 186쪽.

1) 실무상 매각허가결정이 확정된 날 또는 상소법원으로부터 기록송부를 받은 날부터 3일 안에 집행법원이 대금지급기한을 정한다. 재판예규 제1636호 '부동산경매사건의 진행기간 등에 관한 예규'(재민 91-5, 2017. 1. 20. 개정・시행).

2) 대판 1992. 2. 14. 91다40160.

3) 매각허가결정이 일단 확정되어 매각대금의 지급이 있었다고 하더라도 **이해관계인의 추후보완에 의한 항고제기**가 항고법원에서 **허용**되었다면, 비록 다른 이유로 **추후보완항고에 의한 항고가 기각**되고 또한 **재항고도 기각**되었다고 하더라도 그 대금지급은 적법한 지급이라고 할 수 없다. 대결 1998. 3. 4. 97마962, 대결(전) 2002. 12. 24. 2001마1047, 대판 2007. 12. 27. 2005다62747. 따라서 이 경우 집행법원은 재항고기각결정에 의하여 매각허가결정이 확정된 후에 **다시 대금지급기한을 정해야** 하고 매수인은 그 기간까지 다시 대금을 지급해야 한다. 다만 이 경우 매수인이 이미 지급한 대금을 반환하지 않고 있는 사이에 새로 법원이 대금지급기한을 정하면 대금지급기한을 정한 시점에 대금지급의 효력이 발생한다. 법원실무제요 민사집행(2), 403쪽.

4) 대판 2001. 11. 27. 2001두6746; 김찬돈, "공매절차가 개시되어 매각결정이 있은 후 매수인이 매수대금을 납부하기 전에 체납자가 체납국세 등을 완납한 경우, 매각결정을 취소하여야 하는지 여부 등," 대법원판례해설 39호(2001년 하반기), 23쪽 이하.

(3) 대금지급방법

1) 매수인은 현금(금융기관이 발행한 자기앞수표는 현금에 준한다)으로 대금을 지급해야 한다.[1]

2) 매수신청의 보증으로 **금전**이 제공된 경우에는 그 금전을 매각대금에 넣는다(법 142조 3항). 매수신청의 보증으로 **금전 외의 것**이 제공된 경우로서 매수인이 매각대금 중 보증액을 뺀 나머지 금액만을 낸 때에는, 법원은 보증(법 102조 2항에 따라 제공된 잉여보증을 포함한다)을 현금화하여 그 비용을 뺀 금액을 보증액에 해당하는 매각대금 및 이에 대한 지연이자에 충당한다(법 142조 4항).

3) 대금지급기한까지는 **분할지급**이 허용되나, 그 기한까지 매각대금 전액을 지급해야 한다.[2]

(4) 특별지급방법

(a) 채무인수방법

1) 특별지급방법으로, 매수인은 배당표의 실시에 관하여 **매각대금의 한도**에서 **관계채권자**의 승낙을 얻어 대금납부를 갈음하여 채무자의 채권자에 대한 채무를 매수인이 인수하고 그 채무액만큼 매각대금을 덜 납부할 수 있다. **각 채권자가 개별적으로** 자기의 배당받을 채권의 한도 내에서 승낙을 할 수 있으므로, 매수인은 승낙을 얻은 일부 채권자의 채무만을 인수하여 **그 채권자의 배당액**만큼 매각대금을 덜 지급하면 된다(**채무인수방법**, 법 143조 1항). 이때 인수되는 채무의 액수는 배당기일에 채권자가 매각대금에서 배당받을 채권액을 한도로 하므로 배당기일에서야 비로소 인수액이 확정된다.[3]

매수인이 해당 채무를 인수한 경우 매수인이 현금으로 해당 부분의 매각대금을 내는 것과 효과가 같다. 이러한 채무인수를 승낙한 관계채권자는 인수된 채무액 범위에서 채권의 만족을 얻게 되고, 그 범위에서 채무자의 채무도 소멸하게

---

1) 매수인은 사법보좌관의 **법원보관금 납부명령서**를 법원사무관 등으로부터 교부받아 각 법원별로 지정된 금융기관의 취급점(지점 또는 출장소)에 납부하면, 납부받은 취급점이 지체 없이 그 출납공무원과 법원사무관 등에게 수납내역을 전송한다. 법원실무제요 민사집행(2), 420쪽.

2) 한편 **여럿이 공동으로 매수한 경우** 각자 매수한 지분에 해당하는 금액을 지급할 수 있다. 다만 공동매수인은 매각대금 전액에 대하여 **불가분채무**를 부담하므로 다른 공동매수인이 자기의 부담부분에 해당하는 금액을 지급하지 않은 경우 결국 해당 부동산 전부에 대하여 매각대금을 지급하지 않은 것이 된다. 법원실무제요 민사집행(2), 419쪽.

3) 대판 2018. 5. 30. 2017다241901.

되므로, 이러한 채무인수는 **면책적 채무인수**이다.[1)]

2) 채무인수신청을 받아들이는 경우에는 대금지급기한을 정함이 없이 바로 배당기일을 정한다. 매수인은 매각대금과 인수한 채무액과의 **차액**을 **배당기일에 지급**해야 한다.

3) 법 138조 3항에 따라 전매수인이 재경매절차의 취소를 구하기 위하여 법정의 대금 등을 지급하는 경우 채무인수방법에 의한 특별지급방법은 허용될 수 없다. 채무인수방법에 의할 경우 인수되는 채무의 액수는 배당기일에 채권자가 배당받을 채권액을 한도로 하므로 배당기일에서야 비로소 인수액이 확정되는 것이고, 인수액이 지급할 법정의 대금 등에 미달할 경우의 부족분이나 배당기일에 이의가 제기된 인수채권에 대한 추가납부 또는 담보제공의 문제가 있어 그 이행 여부에 따라 경매절차가 불안정해질 수가 있기 때문이다.[2)]

(b) 차액지급방법

1) 다른 특별지급방법으로, 매수인이 매각대금에서 배당을 받을 채권자인 경우에는 **매각결정기일이 끝날 때**까지 매수인이 채권자로서 배당받아야 할 금액을 제외한 나머지의 금액을 지급하겠다는 **신고**를 하고, **배당기일**에 이를 낼 수 있다(**차액지급방법**, 법 143조 2항). 여기서 매수인이 배당받아야 할 금액은 매수인이 배당요구한 채권의 금액이 아니라, 매수인이 배당기일에 **실제로 배당받을 수** 있는 금액을 말한다.

2) 차액지급의 신고가 있는 경우 매각허가결정이 확정되면 대금지급기한을 정함 없이 바로 배당기일을 정한다. 매수인이 실제 매각대금으로 내어야 할 금액(매각대금에서 매수보증으로 제공한 금전을 제외한 금액)이 배당받아야 할 금액보다 적은 경우에는 달리 차액으로 지급할 금액도 있을 수 없으나, 그 반대의 경우라면 매수인은 **차액**을 **배당기일에 지급**해야 한다.

3) 매수인이 배당표에 배당받는 것으로 기재되어 있다고 하더라도 그 배당액을 현실로 수령할 수 없어 뒤에서 보는 바와 같이 배당기일에 배당액을 지급하지 않고 **공탁해야 할 경우**에는 차액지급이 허용되지 않는다. 다만 일단 차액납부가

---

1) 대판 2018. 5. 30. 2017다241901.

2) 대결 1999. 11. 17. 99마2551; 고원석, "민사소송법 제660조 제 1 항 소정의 채무인수방식에 의한 대금납부가 전경락인이 같은 법 제648조 제 4 항에 따라 재경매를 취소하기 위하여 행하는 대금지급에 이용될 수 있는지 여부(소극)," 대법원판례해설 33호(1999년 하반기), 373쪽 이하.

허용된 이상 나중에 매수인의 채권의 전부 또는 일부가 부존재하는 것으로 밝혀지더라도 대금지급의 효력에는 아무런 영향을 미치지 않는다.[1]

4) 차액지급의 신고(**차액지급신고서의 제출**)는 **매각결정기일**이 끝날 때까지 해야 하므로, 그 뒤에 한 신고는 부적법하다.[2]

(c) 관계인의 이의와 대금의 납부

1) 매수인이 **채무인수**했다고 하더라도 그 채권자의 채권에 대하여 다른 채권자가 **이의**를 했을 때에는 그 이의의 결과 여하에 따라 그 채권 자체가 부정될 수도 있으므로, 매수인은 **배당기일이 끝날 때**까지 이에 해당하는 **대금**을 내야 한다(법 143조 3항). 이를 내지 않으면 **재매각**을 명한다.

2) 매수인이 자기가 **배당받아야 할 금액을 공제**한 나머지 매각대금을 지급했다고 하더라도 매수인의 채권에 대하여 다른 채권자가 **이의**를 했을 때에는 채무인수의 경우와 마찬가지로 그 차액지급을 허용하는 것이 곤란하므로, 매수인은 **배당기일이 끝날 때**까지 이에 해당하는 **대금을** 내야 한다(법 143조 3항).[3] 이를 내지 않으면 **재매각**을 명한다. 다만 매수인이 이의 있는 금액을 현금으로 지급할 의사를 표시한 경우에는 배당기일을 속행할 수도 있다.

3) 여기에서 **이의**는 그 실질이 배당에 관한 이의이므로, **채무자**는 법원에 배당표원안이 비치된 이후 배당기일이 끝날 때까지 서면으로도 이의할 수 있으나(법 151조 1항 · 2항), **다른 채권자**는 반드시 배당기일에 출석하여 이의를 진술해야 한다(법 151조 3항).

4) 앞서의 '**이에 해당하는 대금**'이란 매수인이 인수한 채무액 또는 채권자인 매수인의 배당액에 대하여 다른 채권자가 이의를 한 범위의 금액을 말한다. **전액**에 대하여 이의가 있는 때에는 매수인은 그 전액을, **일부**에 대하여 이의가 있는 때에는 그 일부금액을 납부해야 한다.

---

1) 대판 1990. 2. 27. 88다카6549, 1991. 2. 8. 90다16177; 박진수, 주석서(2), 904쪽.

2) 법원실무제요 민사집행(2), 421쪽.

3) 차액지급의 경우 매수인이 배당받아야 할 금액에 대하여 이의가 있는데도 법원이 대금을 현실적으로 지급받지 않고 그 차액지급에 따라 배당절차를 마친 경우에도 경매절차의 안정 등을 고려할 때 배당이의 있는 채권액을 공탁하지 않고 지급한 것과 같이 대금지급의 효력이 발생한 것으로 보아야 한다. 이의를 한 사람이 배당이의의 소에서 승소한 때에는 매수인을 상대로 부당이득반환을 구하는 등의 방법으로 구제받을 수 있다. 이에 대하여, 차액지급의 경우 매수인이 배당받아야 할 금액에 대한 이의는 차액지급을 저지하는 효력을 가져 법원이 차액지급처리를 하더라도 무효이므로 대금을 지급하지 않은 것이 되어 재매각해야 한다는 견해도 있다. 법원실무제요 민사집행(2), 423쪽.

2. 대금지급과 그 효과

(1) 대금지급과 소유권취득

1) 매수인이 매각대금을 모두 지급한 때에는 부동산 소유권을 취득한다(법 135조). 민법 187조의 법률의 규정에 의한 소유권의 취득이므로 등기시에 소유권을 취득하는 것이 아니다. 이러한 소유권의 취득은 성질상 **승계취득**이다.[1][2]

2) 매수인이 취득한 부동산 소유권의 범위는 **매각허가결정서에 적힌 부동산과 동일성**이 인정되는 범위 내에서 그 소유권이 미치는 범위와 같다. 따라서 **매각부동산의 구성부분, 종물 및 종된 권리**(건물을 위한 지상권, 요역지를 위한 지역권 등)는 매각허가결정서에 기재되어 있지 않더라도 매수인이 소유권을 취득하는 범위에 포함된다.

따라서 ① 증축부분이 기존건물에 부합하여 기존건물과 분리해서는 별개의 독립물로서의 효용을 갖지 못하는 이상 기존건물에 대한 경매절차에서 매각목적물로 평가되지 않았다고 하더라도 매수인은 그 부합된 증축부분의 소유권을 취득하며,[3] ② 집합건물에서 건축자의 대지소유권에 관하여 부동산등기법에 따른 구분건물의 대지권등기가 마쳐지지 않았다고 하더라도 전유부분에 관한 경매절차가 진행되어 그 경매절차에서 전유부분을 매수한 매수인은 전유부분과 함께 대지사용권을 취득한다.[4]

3) 그러나 ① 토지에 대한 경매절차에서 그 지상건물을 토지의 종물이나 부합물로 보고 경매를 진행하여 매각된 경우에는 매수인은 그 지상건물의 소유권을

---

1) 대판 2008. 2. 15. 2006다68810, 68827, 2013. 11. 28. 2013도459.

2) **판례**는, 집합건물의 소유 및 관리에 관한 법률 18조에 따라 경매절차에서 구분건물의 매수인이 체납관리비를 승계하는데 이는 경매절차에서 취득하는 구분건물과 대가관계에 있다고 보기 어려우므로, 경매절차에서 구분건물의 매수인은 체납관리비의 승계 여부와 관계없이 매각대금을 다 내면 매각의 목적인 권리를 취득하고, 전소유자가 체납한 공용부분 관리비의 채무를 인수하는 것은 경매절차에서 매각되는 구분건물을 취득하기 위한 법정매각조건에도 해당하지 않는다고 본다. 즉 체납관리비는 매수인이 경매부동산을 취득하기 위하여 인수한 채무라기보다는 경매부동산을 취득함에 따라 비로소 부담하게 된 채무에 불과하다고 본다. 대판 2022. 12. 1. 2022두42402.

3) 대판 1981. 11. 10. 80다2757,2758, 1991. 4. 12. 90다11967, 1992. 12. 8. 92다26772,26789.

4) 집합건물에서 구분소유자의 대지사용권은 규약으로써 달리 정하는 등의 특별한 사정이 없는 한 전유부분과 종속적 일체불가분성이 인정되어 전유부분에 대한 경매개시결정과 압류의 효력은 종물 또는 종된 권리인 대지사용권에도 미치기 때문이다. 대판 2001. 9. 4. 2001다22604, 2008. 9. 11. 2007다45777, 2013. 3. 29. 2011다79210.

취득하지 못하며,[1] ② 경매의 대상이 아닌 부동산이 경매절차에서 경매신청된 다른 부동산과 함께 감정평가되어 매각기일에 공고되고 경매된 결과 매수인에게 매각되고 그 후 매수인에 대한 매각허가결정이 확정되었다고 하더라도 채권자에 의하여 경매신청되지도 않고, 집행법원으로부터 경매개시결정을 받지도 않은 독립된 부동산에 대한 매각은 당연무효이므로 매수인은 그 부동산에 대한 소유권을 취득할 수 없다.[2]

4) 매수인은 대금지급으로 **인도명령신청권**을 취득한다(법 136조 1항). **경매개시결정에 대한 이의신청**은 대금납부할 때까지 해야 한다(법 86조 1항).

▣ 집행법원에 집행정지서류가 제출되었음에도 불구하고 집행법원이 대금지급기한을 지정한 경우 대금지급의 효과

(1) 집행정지 없이 대금지급기한의 지정 등 절차진행의 위법 여부

집행법원이 매각허가결정이 된 후 매각대금이 지급되기 이전에 법 49조의 강제집행정지서류가 제출되어 강제경매절차를 필수적으로 정지해야 함에도 이를 무시하고, 대금지급기한을 지정하고 이에 따라 매수인이 매각대금을 모두 냈다면 이러한 대금지급기한의 지정 등은 위법하다.

(2) 앞서의 경우 매수인이 매각대금의 지급에 따라 소유권을 취득하는지 여부

법 135조, 규칙 50조 1항의 각 규정취지에 비추어 매각대금이 완납된 이후에는 이해관계인이 이러한 위법한 처분들에 관하여 집행에 관한 이의신청(법 16조), 나아가 즉시항고(법 15조)에 의하여 그 시정을 구할 수 없으며, 또한 집행처분의 취소신청(법 50조)도 할 수 없다.[3] 따라서 경매절차의 정지사유가 있었다고 하더라도 그 경매절차가 정지되지 않은 채 계속 진행되어 매각대금이 완납된 이상 매수인이 매각부동산의 소유권을 적법하게 취득한다.[4] 결국 매각부동산의 소유자는 집행법원의 위법한 경매절차의 진행을 이유로 매각부동산에 관한 매수인 명의의 소유권이전등기가 원인무효라고 내세워 그 말소등기절차의 이행을 구할 수는 없다.

---

1) 대판 1974. 2. 12. 73다298, 1990. 10. 12. 90다카27969.

2) 대판 1991. 12. 10. 91다20722; 이교림, "경매의 대상이 아닌 부동산이 경매절차에서 다른 부동산과 함께 경매된 결과 경락인에게 경락되고 경락인에 대한 경락허가결정도 확정된 경우 경락인은 그 부동산의 소유권을 취득하는가?," 대법원판례해설 16호(1991년 하반기), 288쪽 이하.

3) 대결 1995. 2. 16. 94마1871. 한편 대판 1992. 9. 14. 92다28020, 2022. 7. 28. 2022다218509 등은, 강제집행의 정지사유가 있음에도 불구하고 집행법원이 이를 정지하지 않은 채 대금지급기한을 정하고, 대금납부를 받는 등 경매절차를 진행하는 경우에는 이해관계인은 집행에 관한 이의신청, 나아가 즉시항고에 의하여 그 시정을 구할 수 있는데, 이러한 불복절차 없이 경매절차가 그대로 완결된 경우에는 그 집행행위에 의하여 발생된 법률효과는 부인할 수 없다고 했으나, 그 논거에서 문제가 있다.

4) 대판 2001. 2. 23. 2000다57801.

5) 매수인은 취득한 부동산에 **권리의 흠**이 있는 경우 일반매매에 준하여 추탈담보책임을 추궁할 수 있다(손해배상청구에 관한 특칙, 민 578조 3항). 다만 목적물에 흠이 있는 경우 원칙적으로 담보책임은 추궁하지 못한다(민 580조 2항).

(2) 집행채권의 부존재·소멸 등의 경우와 대금지급의 효과

1) 압류채권자의 **집행채권**이 부존재·소멸한 경우에도 매수인의 소유권취득에는 아무런 영향이 없다. 확정판결에 기한 경매절차에서 확정판결이 그 후 재심의 소에서 취소되었다고 하더라도 경매절차를 정지·취소시키지 않은 이상 매수인의 소유권취득에는 아무런 영향이 없다. 가장채권에 기초한 집행권원으로 한 매각허가결정도 유효하다.[1)]

2) 이에 반하여 **집행권원** 자체가 무효·부존재한 경우 매수인은 소유권을 취득하지 못한다.

(3) 매각부동산이 채무자 아닌 제 3 자 소유인 경우와 대금지급의 효과

1) 매각부동산이 채무자의 소유가 아닌 경우 매수인은 소유권을 취득하지 못한다.[2)] 이 경우 경매절차는 무효가 된다.

2) **판례**는, 매수인이 강제경매절차를 통하여 부동산을 매수하여 대금을 완납하고 그 앞으로 소유권이전등기를 마쳤으나, 그 후 강제경매절차의 기초가 된 채무자 명의의 소유권이전등기가 **원인무효의 등기**이어서 매각부동산에 대한 소유권을 취득하지 못하게 된 경우, 이와 같은 **강제경매**는 **무효**이므로 매수인은 경매채권자에게 매각대금 중 그가 배당받은 금액에 대하여 일반 부당이득의 법리에 따라 반환을 청구할 수 있고, **민법 578조 1항·2항**에 따른 경매의 **채무자**나 **채권자**의 **담보책임**은 **인정될 여지가 없다**고 본다.[3)] 즉 **매각부동산**이 채무자 또는 물상보증인이 아닌 **제 3 자의 소유**임이 확인되면 비록 매각허가결정이 확정되고 매각대금의 지급으로 매수인 앞으로 소유권이전등기가 마쳐졌다고 하더라도 경매절차가 무효이므로 매수인은 소유권을 취득할 수 없다는 입장이다.[4)]

---

1) 대판 1968. 11. 19. 68다1624.

2) 강문종, "경락으로 인한 소유권이전," 강제집행·임의경매에 관한 제문제(하)(재판자료 36집, 1987. 7.), 185쪽 이하.

3) 민법 578조 1항·2항에 의한 담보책임은 매매의 경우와 마찬가지로, 경매절차는 **유효**하게 이루어졌으나 경매의 목적이 된 권리의 전부 또는 일부가 타인에게 속하는 등의 흠으로 매수인이 완전한 소유권을 취득할 수 없거나 이를 잃게 되는 경우에 인정되는 것이기 때문이다. 대판 1991. 10. 11. 91다21640, 1993. 5. 25. 92다15574, 2004. 6. 24. 2003다59259.

4) 김학준, "경매절차의 무효와 담보책임," 대법원판례해설 49호(2004년 상반기), 172쪽 이하.

따라서 매각대금을 납부했으나 소유권을 취득하지 못한 매수인의 구제방법으로서, **경매절차가 유효인 경우**에는 매매계약의 유효를 전제로 담보책임이 성립하는 것처럼 경매에서도 담보책임이 성립하나,[1] **경매절차가 무효인 경우**에는 매각허가결정과 대금납부의 효력이 없으므로 매수인이 납부한 대금은 아무런 법률상 원인이 없이 지급한 금원으로서 매수인은 **배당 전**이면 집행법원에 대하여, **배당이 실시된 이후**이면 배당받은 채권자를 상대로 **부당이득반환**을 구할 수 있다.[2]

경매에서 매매에 관한 담보책임 규정을 적용하도록 한 것은 경매가 국가기관에 의하여 강제적으로 진행되기는 하지만 그 실질은 사법상 매매이기 때문이고, 담보책임이 매매계약의 유효를 전제로 하여 성립하는 것처럼 경매에서도 경매가 유효한 경우에만 담보책임이 성립한다.

이에 대하여, 채무자의 소유가 아닌 부동산에 대한 경매가 이루어진 경우에 그 경매를 무효로 볼 것인지 여부는 사법상 매매의 경우와 마찬가지로 논리의 문제가 아니라 입법정책의 문제이며, 경매에서 담보책임의 성립 여부는 사법상 매매를 유추하여 판단해야 하고 경매절차의 무효라는 개념을 사용할 필요가 없으므로[사법상 매매에서는 민법 569조에 의하여 타인의 권리의 매매가 허용되고, 이 경우 민법 570조 · 571조에 따른 매도인의 담보책임이 인정된다], 경매에서 채무자가 형식적인 소유자에 불과한 경우에는 민법 578조에 기한 담보책임이 인정되어야 하고, 부당이득반환의 법리가 적용될 여지가 없다는 반대입장도 설득력 있게 주장되고 있다.[3]

---

1) **판례**는, 경매를 원인으로 한 매수인 명의의 소유권이전등기가 원인무효로 말소되어 매수인이 그 소유권을 취득할 수 없게 되고 채무자 겸 소유자가 무자력이어서 매각대금을 배당받은 채권자가 매각대금을 매수인에게 반환했다면, 이는 계약해제에 따른 원상회복에 기인한 것으로서 이로 인하여 채권자는 채무자에 대하여 새로이 부당이득반환청구권을 취득하는 것이 아니라 배당으로 인한 당초 채권의 변제가 효력이 없어지게 됨에 따라 당초의 채권이 변제되지 않고 남아 있다고 보아야 한다는 입장이다. 대판 1988. 12. 6. 87다카2787; 박장우, "경락을 원인으로 한 소유권이전등기가 원인무효로 말소되어 채권자가 배당받은 경락대금을 경락인에게 반환한 경우 그 배당으로 인한 변제의 효력," 대법원판례해설 11호(1990년), 9쪽 이하.

2) 윤경, "2004년 분야별 중요판례분석 (7) 민사집행," 법률신문 3356호(2005. 4. 21.), 8쪽.

3) 양창수, "채무자 소유 아닌 부동산에 대한 경매와 담보책임," 법률신문 3296호(2004. 9.), 14쪽 이하; 이규철, "경매의 목적이 된 권리가 타인에게 속한 경우와 담보책임," 재판과 판례(대구판례연구회) 16집(2007. 12.), 272쪽 이하; 송인권, "매매와 매도인의 담보책임 — 채무자가 형식적으로는 경매목적물의 소유자로 등재되어 있으나 실질적으로는 소유권을 취득하지 못한 경우를 중심으로 —," 저스티스 91호(2006. 6.), 197쪽 이하; 오시영, "채무자 소유 아닌 부동산 경매와 담보책임과의 관계," 민사법학 42호(2008년), 317쪽 이하. 한편 타인 소유 부동산이 경매된 경우 경매절차의 유 · 무효와 상관없이 민법 578조가 적용되어야 한다는 전제에

(4) 대금지급 후의 법원의 조치

(a) 등기의 직권촉탁

1) 매수인의 대금지급시 집행법원의 법원사무관 등은 여러 가지 등기를 촉탁한다(법 144조 1항).[1] 이러한 등기에는 매수인 명의의 소유권이전등기(1호), 매수인이 인수하지 않는 부동산의 부담에 관한 기입의 말소등기(소멸주의에 의해 소멸되는 권리에 관한 말소등기, 2호),[2] 경매개시결정등기의 말소등기(3호) 등이 있다.[3]

2) 집행법원은 부동산에 관한 경매절차에서 매각에 의한 소유권이전등기를 촉탁하는 경우에 **서면촉탁**에 의한다. 다만 전자기록사건에서 매수인이 전자촉탁을 신청하는 경우에는 **전자촉탁**(해당 법원과 등기소 사이에 연결된 서버를 이용한 전자적 방법에 의한 촉탁)에 의한다.[4]

3) 매수인이 매각대금을 모두 낸 후 법원사무관 등이 매수인 앞으로 소유권이전등기를 촉탁하는 경우(서면촉탁의 경우) 그 등기촉탁서상의 **등기원인**은 강제경매로 인한 매각으로, 등기원인인 **일자**는 매각대금을 모두 낸 날로 적어야 한다.[5]

4) 이러한 등기촉탁시 등기에 드는 비용(**등기촉탁비용**)은 매수인이 부담한다(법 144조 2항).[6] **실무상**은 매수인이 제세공과금을 납부한 후[7] 소유권이전등기 등

서, ① 물상보증인이 타인 소유 부동산을 담보로 제공한 경우 원인무효인 해당 저당권을 근거로 개시된 경매는 무효이지만 경매무효 관련 판례법리가 적용되지 않고, 민법 578조이 특별규정으로 우선적용되며, ② 물상보증인이 타인 소유 부동산을 담보로 제공한 뒤 물상보증인의 일반채권자에 의하여 경매절차가 개시된 경우 그 경매는 유효이므로 민법 578조 1항이 적용된다는 견해로는, 최준규, "경매와 담보책임 재론 — 물상보증인이 담보물을 제공한 경우를 중심으로 —," 사법(사법발전재단) 60호(2022년), 383쪽 이하.

1) 등기촉탁을 하려면, 주민등록등본, 등록면허세 영수필통지서 및 영수필확인서, 국민주택채권매입필증 등의 서류를 첨부해야 하기 때문에, 실제로는 **매수인**으로부터 위 서류들이 **제출**되었을 때 **촉탁**하게 된다.

2) 이때 매수인이 인수하지 않은 부동산의 부담에 관한 기입인지 여부는 **법원사무관 등**이 **등기기록**과 **경매기록**에 따라 **판단**한다. 등기된 사항에 무효 또는 취소의 원인이 있다고 하더라도 매수인은 소송으로 그 등기의 효력을 다툴 수 있을 뿐이고, 법 144조 1항에 따른 말소촉탁을 구할 수 없으며, 법원사무관 등의 처분에 대한 이의의 방법으로 그 말소의 촉탁을 구할 수도 없다. 대결 2018. 1. 25. 2017마1093.

3) 재판예규 제1899호 '집행법원의 등기촉탁에 관한 업무처리지침'(재민 2013-1, 2025. 1. 21. 개정, 2025. 1. 31. 시행); 재판예규 제1762호 '집행법원의 소유권이전등기촉탁에 관한 업무처리지침'(재민 2015-3, 2020. 12. 2. 개정, 2020. 12. 10. 시행).

4) 재판예규 제1762호 '집행법원의 소유권이전등기촉탁에 관한 업무처리지침'(재민 2015-3, 2020. 12. 2. 개정, 2020. 12. 10. 시행) 3조.

5) 등기촉탁서에는 매각허가결정등본을 붙여야 한다. 재판예규 제1853호 '부동산등에 대한 경매절차 처리지침'(재민 2004-3, 2023. 6. 29. 개정·시행) 52조 1항.

6) 매수인은 대금지급과 동시에 **등기촉탁비용**을 법원사무관 등에게 지급해야 한다. 등기촉탁비

의 촉탁을 **신청**하는 경우에 이러한 촉탁을 한다.[1] 다만 이러한 신청은 신청권에 기한 신청이 아니라 **직권발동을 촉구**하는 의미에서의 신청에 불과하므로 법원사무관 등은 매수인에게 소유권이전등기 등에 필요한 비용의 납부를 최고한 후 소유권이전등기 등을 촉탁해야 한다.

5) 매수인이 매각대금을 모두 내었음에도 법원사무관 등이 그에 따른 후속조치로서 등기촉탁을 거절하는 경우 **법원사무관 등의 처분에 대한 이의신청**을 할 수 있고(법 23조 1조항, 민소 223조), 그 이의신청을 **기각한 결정**에 대해서는 **통상항고**에 의하여 불복할 수 있으나(법 23조 1항, 민소 439조),[2] 그 이의신청을 **인용한 결정**에 대해서는 통상항고를 할 수 없으므로 **특별항고**로써 불복할 수 있을 따름이다(법 23조 1항, 민소 449조).[3]

▣ 말소촉탁할 등기에 대금지급 뒤 마쳐진 압류 또는 가압류의 등기도 포함되는지 여부

부동산의 권리를 취득한 제 3 자가 그 취득할 때에 경매신청 또는 압류가 있음을 알았을 경우에는 압류에 대항하지 못하는 것이므로(법 92조 1항) 경매개시결정등기가 이루어진 뒤에 마쳐진 **제 3 취득자 명의**의 **소유권이전등기**는 매수인에게 대항하지 못하는 것으로서 매수인이 인수하지 않는 부동산 위의 부담의 기입에 해당하여 매수인이 매각대금을 모두 낸 때에는 법원이 직권으로 그 말소를 촉탁해야 하며(법 144조 1항), 그 **제 3 취득자**를 **채무자**로 하여 이루어진 **압류** 또는 **가압류**의 등기는 매각대금을 모두 냄으로써 실효된다. 따라서 제 3 취득자를 채무자로 한 압류 또는 가압류의 등기가 매수인이 매각대금을 모두 낸 뒤 매수인 명의로 매각을 원인으로 한 소유권이전등기가 마쳐지기 전에 이루어진 경우에도 이러한 등기는 매수인이 인수하지 않는 부동산 위의 부담으로서 직권말소촉탁의 대상이 된다.[4]

용으로는 등기신청수수료, 촉탁서송부비용, 등기관이 등기필정보통지서를 법원 및 매수인에게 각 송부하는 비용 등이 있다. 법원실무제요 민사집행(2), 472쪽.

7) 이러한 등기를 촉탁하기 위해서는 매수인의 주민등록표 등·초본, 취득세·등록면허세 영수필확인서나 지방세인터넷납부시스템을 통하여 취득세·등록면허세를 납부하고 출력한 취득세·등록면허세 납부확인서, 국민주택채권 매입총액 및 발행번호의 제공이 필요하다. 법원실무제요 민사집행(2), 437쪽.

1) 매수인이 등기촉탁비용을 지급하지 않는 때에는 등기촉탁을 하지 않으며, 상당한 기간이 지난 후에는 그대로 기록보존조치를 취한다. 법원실무제요 민사집행(2), 473쪽.

2) 대결 2009. 10. 16. 2009그90.

3) 대결 2013. 5. 6. 2013마325.

4) 대판 2002. 8. 23. 2000다29295.

(b) 신청인 지정의 사람에 대한 등기촉탁서의 교부

매각대금을 지급할 때까지 매수인과 부동산을 담보로 제공받으려고 하는 사람이 대법원규칙으로 정하는 바에 따라 **공동**으로 **신청**한 경우, 앞서의 등기의 촉탁은 등기신청의 대리를 업(業)으로 할 수 있는 사람으로서 신청인이 지정하는 사람에게 **촉탁서**를 **교부**하여 등기소에 제출하도록 하는 방법으로 하도록 한다(이 경우 신청인이 지정하는 사람은 지체 없이 그 촉탁서를 등기소에 제출해야 한다. 법 144조 2항). 규칙 78조의2는 등기촉탁 공동신청의 방식 등에 관해서 규정하고 있다.

이는 경매절차에서 법원이 매수인 명의의 소유권이전등기를 촉탁하기 이전에는 매각대금 중 잔금대출을 위한 저당권을 설정할 수 없으므로 매수인이 금융기관 등으로부터 잔금대출을 받을 경우 금융기관 등은 당일 소유권이전등기 및 저당권등기를 마칠 것을 전제로 대출을 하고 있는데, 이 과정에서 당일 저당권등기를 마치기 위하여 법원직원에 대한 신속한 소유권이전등기촉탁의 청탁 등 부작용이 발생할 수 있으므로 등기촉탁 전에 안심하고 잔금대출을 할 수 있는 제도를 마련하기 위한 것이다.

3. 대금부지급과 그 효과

(1) 재매각명령에 따른 매각허가결정의 효력상실

매수인의 대금부지급시 뒤에서 보는 재매각명령이 나면 확정된 매각허가결정은 효력을 상실한다.[1] 이 경우 매수인은 다시 매수신청을 할 수 없으며, 이미 낸 보증금을 돌려받지 못한다(법 138조 4항). 즉 매수신청의 보증제도는 진지한 매수의사가 없는 사람의 매수신청을 배제하여 매각의 적정성을 보장하기 위한 것이므로, 매수인이 대금지급기한까지 그 의무를 완전히 이행하지 않아 진행되는 재매각절차에서는 전매수인은 매수신청의 보증을 돌려줄 것을 요구하지 못하도록 한 것이다.[2]

(2) 차순위매수신고인에 대한 매각허부결정 등

1) **차순위매수신고인**이 있는 경우, 매수인이 대금지급기한까지 그 의무를 이행하지 않은 때에는 차순위매수신고인에게 매각을 허가할지 결정해야 한다(다만

1) 대결 2009. 5. 6. 2008마1270.

2) 이는 재매각절차의 진행 중에 부동산의 일부에 관한 권리관계가 변동되어 법원이 직권으로 최저매각가격을 변경했더라도 마찬가지이다. 대결 2008. 9. 12. 2008마1112.

법 142조 4항의 경우에는 그렇지 않다. 법 137조 1항).[1)]

2) 차순위매수신고인에 대한 **매각허가결정**이 있는 때에는 매수인은 매수신청의 보증을 돌려줄 것을 요구하지 못한다(법 137조 2항). 위 보증금은 배당할 금액에 포함된다.

3) 매수인이 대금을 모두 지급한 때에는 차순위매수신고인은 매수책임에서 벗어나게 되고, 즉시 매수신청의 보증금을 돌려받을 수 있다(법 142조 6항). 차순위매수신고인은 매수인이 매각대금을 내지 않을 경우에 대비하여 정하는 것이기 때문이다(법 114조).

4. 재 매 각

(1) 의 의

매수인이 매각대금을 내지 않고, 차순위매수신고인도 없는 경우 법원은 직권으로 재매각을 명해야 한다(법 138조 1항). 재매각의 매각조건에는 종전의 매각조건, 즉 종전에 정한 최저매각가격, 그 밖의 매각조건 등을 적용한다(법 138조 2항). 실무상 직권으로 **매수신청의 보증금액**을 변경하여 최저매각가격의 2/10로 증액하여 시행한다(규칙 63조 2항).[2)]

(2) 재매각절차의 취소

1) 종전 매수인이 재매각기일로 지정된 날의 **3일 전까지** 매각대금 및 **연 12%**의 이율에 따른 지연이자와 절차비용을 지급한 때에는 재매각절차를 취소해야 한다(법 138조 3항, **2019. 8. 2. 개정, 2019. 9. 1. 시행** 규칙 75조). 이는 재매각절차가 전매수인의 대금지급의무의 불이행에 기인하는 것이어서 종전 매수인이 법정의 대금 등을 완전히 지급하려고 하는 이상 구태여 번잡하고 시일을 요하는 재매각절차를 반복하는 것보다는 최초의 매각절차를 되살려서 그 대금 등을 수령하는 것이 경매의 목적에 합당하기 때문이다.[3)]

2) 재매각기일로 지정된 날의 3일 전까지란, 예컨대 재매각기일이 9. 8.이면

1) 매수인이 대금을 내지 않음으로써 배당할 금액의 일부가 되는 매수신청의 보증금(최저매각가격의 1/10)과 차순위매수신고인의 매수신고액의 합계가 최고가매수신고인의 매수신고액을 초과하므로(법 114조 2항), 재매각을 실시하지 않고 해당 매각절차를 속행할 수 있도록 한다는 데 그 취지가 있다. 대결 2011. 2. 15. 2010마1793.

2) 법원실무제요 민사집행(2), 288쪽·388쪽.

3) 대결 1999. 11. 17. 99마2551, 1992. 6. 9. 91마500.

같은 달 5.까지이다. 다만 그 날이 토요일이면 같은 달 7.까지이며, 그 날이 일요일(공휴일)이면 같은 달 6.까지이다(법 23조 1항, 민소 170조, 민 161조).[1] **실무례**는 위 3일 전의 날 이후라도 재매각기일 전에 매수인이 대금지급을 원할 경우 재매각기일을 변경하여 대금지급을 허가한다.[2]

3) 전매수인이 재매각절차의 취소를 구하기 위하여 법정의 대금을 지급하는 경우 법 143조 1항에서 규정하고 있는 채무인수방법에 의한 특별지급방법은 허용되지 않음은 이미 본 바와 같다.

4) 재매각취소결정이 있으면 일단 효력이 상실된 매각허가결정이 부활하고 매수인은 확정적으로 소유권을 취득하게 된다(대금은 이미 지급되었으므로 별도로 대금지급기한을 정할 필요가 없다). 매수인이 지급한 대금 등은 배당할 금액이 된다. 집행법원은 재매각절차를 취소한 경우 즉시 배당기일을 정하고 배당기일을 통지해야 한다(법 146조).

5. 인도명령

(1) 의 의

집행법원은 매수인이 **대금을 낸 뒤 6월 이내**에 신청하면 채무자·소유자 또는 부동산 점유자에 대하여 부동산을 매수인에게 인도하도록 명할 수 있다(법 136조). 이를 **인도명령**이라 한다. 이는 매각부동산을 점유하는 채무자·소유자 또는 대항력 없는 점유자가 소유권을 취득한 매수인에게 인도하지 않는 경우 별도의 소송을 제기할 필요 없이 신속하게 인도받을 수 있도록 하기 위함이다.[3]

---

1) 기간의 계산은 민법의 규정에 따른다(법 23조 1항, 민소 170조 1항). 기간의 말일이 토요일·공휴일인 때에는 기간은 다음 날 만료된다(민 161조). 토요일은 공휴일이 아니나, 민법 161조가 2007. 12. 21. 개정되어 2008. 3. 22.부터 민법과 민사소송법(민사집행법)의 기간계산에서 토요일도 공휴일과 같이 취급되게 되었다.

2) 이때 재매각기일의 통지를 위한 송달을 이미 했다면 절차비용을 포함시켜 납부받아야 한다. 법원실무제요 민사집행(2), 392쪽. 다만 전매수인의 고의성이 엿보이고 또 재매각을 실시하면 보다 고가로 재매각될 것이 확실시되는 경우에까지 3일 전의 요건을 갖추지 못한 대금지급을 받아 주어야 하는 것은 아니므로, 구체적인 사안에 따라 법원이 재매각절차의 본뜻에 비추어 합목적적으로 처리함이 상당하다.

3) 절차의 촉진을 위하여 매각허가결정을 집행권원으로 인도집행을 할 수 있도록 현행 인도명령제도를 재검토할 필요가 있다는 견해로는, 이시윤·조관행, 357쪽.

(2) 매수인에게 대항할 수 있는 권원이 있는 경우

(a) 점유자가 대항할 수 있는 권원이 있는 경우

점유자가 매수인에게 대항할 수 있는 권원에 의하여 점유하고 있는 것으로 인정되는 경우에는 인도명령을 신청할 수 없다(법 136조 1항 단서). 점유자가 매수인에게 대항할 수 있는 권원을 가지는 경우로는 예컨대 매수인에게 인수되는 용익권, 유치권을 보유하고 있는 경우나 매각 후 매수인과 새로 임대차계약을 체결하는 등 새로운 약정에 의하여 점유권원을 취득한 경우 등이 있다.

▣ 점유자가 매수인에게 대항할 수 있는 권원이 없다고 본 사례

① 자신은 임차인이 아니며(목적부동산에 관하여 임대차계약을 체결한 사실이 없을 뿐만 아니라 장래에도 임대차계약을 체결하지 않을 것이며), 부동산에 관하여 일체의 권리를 주장하지 않겠다는 내용의 **확인서**를 작성하여 준 경우, 그 후 대항력을 갖춘 임차인임을 내세워 이를 매수인의 인도명령을 다투는 것은 금반언 및 신의칙에 위배되어 허용되지 않는다. 채권자는 임차인이 없는 것으로 알고 담보가치를 높게 평가하여 대출하고, 경매절차에서도 임차보증금을 고려하지 않은 가격으로 매각되기 때문이다.[1] ② 주택의 경매절차에서 매수인이 권리신고 및 배당요구를 한 주택임차인의 배당순위가 1순위 근저당권자보다 우선한다고 신뢰하여 임차보증금 전액이 매각대금에서 배당되어 자신이 임차보증금채무를 인수하지 않는다는 전제 아래 매수가격을 정하여 낙찰을 받아 그 주택에 관한 소유권을 취득했다면, 설령 그 주택임차인이 1순위 근저당권자가 무상거주확인서를 작성해 준 사실이 있어 임차보증금을 배당받지 못하게 되었더라도 그러한 사정을 들어 주택의 인도를 구하는 매수인에게 주택임대차보호법상 대항력을 주장하는 것은 금반언 및 신의칙에 위배되어 허용되지 않는다.[2]

(b) 채무자 또는 소유자가 대항할 수 있는 권원이 있는 경우

인도명령이 매수인에게 실체상의 권리 이상의 권리를 부여하는 것은 아니므로, 채무자나 소유자라도 실체상의 점유권원을 가지는 경우에는 법 136조 1항 단

---

1) 대결 2000. 1. 5. 99마4307(채무자가 동생 소유의 아파트에 관하여 근저당권을 설정하고 대출을 받으면서 채권자에게 확인서를 작성해 준 사안이다). 한편 근저당권자가 담보로 제공된 건물에 대한 담보가치를 조사할 당시 대항력을 갖춘 임차인이 그 사실을 부인하고 임차보증금에 대한 권리주장을 않겠다는 내용의 **확인서**를 작성해 준 경우, 그 후 그 건물에 대한 경매절차에 참가하여 **배당요구**를 하는 것이 신의칙에 반한다고 본 것으로는, 대판 1997. 6. 27. 97다12211.

2) 대판 2017. 4. 7. 2016다248431.

서를 유추적용하여 매수인의 인도명령신청을 거절할 수 있다. 따라서 매도인은 그 매매의 효과로서 매수인에 대하여 그 매도 부분에 관한 점유이전의무를 지므로 매수인이 대금납부 후 소유자, 채무자 그 밖에 인도명령의 상대방이 될 수 있는 점유자에게 매매 등 소유권을 양도하는 행위를 한 경우에는 인도명령을 신청할 수 없다.[1)]

(3) 인도명령과 집행문부여

1) 인도명령은 집행처분이 아니라 **집행권원**이다(인도명령은 **항고로만 불복할 수 있는 재판**이다. 법 136조 5항, 56조 1호).[2)] 인도명령은 간이·신속한 절차에 의하여 매수인으로 하여금 부동산을 인도받을 수 있도록 기판력이 없는 집행권원을 부여한 것이다.[3)] 인도명령을 집행하기 위해서는 **집행문**을 부여받아야 한다(법 56조 1호, 법 57조·30조).[4)] **인도명령 성립후** 당사자의 **승계**가 있는 경우(예컨대 인도명령의 발령 후 신청인 또는 상대방에 관하여 일반승계사유가 발생한 경우, 상대방의 점유가 다른 사람에게 승계된 경우) 신청인의 승계인을 위하여 또는 상대방의 승계인에 대하여 **승계집행문**을 부여받아(법 56조 1호, 57조·31조) 강제집행을 할 수 있다.[5)]

2) 상대방은 실체상의 이유로 인도명령의 집행력을 배제하기 위하여 청구이의의 소를 제기할 수 있다.

(4) 인도명령신청

1) 매수인이 **대금을 낸 뒤 6월 이내**에 집행법원에 대하여 집행관으로 하여금 매각부동산을 강제로 매수인에게 인도케 하는 내용의 **인도명령신청**을 해야 한다.[6)] 6월이 지난 뒤에는 점유자를 상대로 별도의 인도소송을 제기해야 한다.

---

1) 대결 1999. 4. 16. 98마3897.

2) 대결 2015. 4. 10. 2015마19. 한편 집행처분으로 본 것으로는, 대판 1971. 4. 30. 71다458.

3) 대결 2015. 4. 10. 2015마19.

4) 박두환, 160쪽; 조병선, "집행문 부여에 대한 고찰," 사법논집 17집(1986. 12.), 320쪽 이하; 법원실무제요 민사집행(2), 493쪽.

5) 박재윤, "부동산경매절차에서의 인도명령과 관리명령," 법학논집(취봉김용철선생고희기념, 1993. 12.), 799쪽 이하.

6) 채무자, 소유자 또는 현황조사보고서 등 기록상 명백한 점유자를 상대방으로 하여 신청하는 때에는 특별한 증빙서류의 제출을 요하지 않으나, 가령 채무자의 일반승계인을 상대방으로 하는 때에는 가족관계증명서 또는 등기사항증명서를 제출해야 한다. 한편 기록상 드러나지 않는 점유자를 상대방으로 하는 때에는 애당초 채무자에 대한 인도명령에 기하여 인도집행을 실시했으나 제 3 자의 점유로 집행불능이 되었다는 집행관이 작성한 부동산인도집행불능조서(집행불능조서) 등본 또는 주민등록표 등본 등 그 점유사실을 증명할 수 있는 서면을 제출해

2) 매수인이 인도명령에 의하여 간이 · 신속하게 부동산을 인도받을 수 있다고 하더라도 인도명령에 의하지 않고 채무자 등을 상대로 소로써 부동산의 인도청구를 하는 것을 배제할 수 없다. 즉 인도명령제도를 이유로 매수인의 인도청구소송의 소의 이익을 부정할 수 없다.[1] 한편 매수인이 소로써 같은 부동산에 관하여 채무자 등을 상대로 인도를 구하는 소를 제기하여 그 인도청구를 인용하는 **판결이 확정**되어 **기판력 있는 집행권원**을 얻게 된 때에는 더 이상 인도명령을 신청할 이익이 없게 된다.[2]

(a) 신 청 인

1) 인도명령의 신청인은 매수인 또는 그 **일반승계인**이다. 따라서 상속 또는 회사의 합병 등에 의하여 매수인의 지위를 승계한 일반승계인은 매수인과 동일한 집행법상 권리를 가지므로 그 사실을 증명하여 인도명령을 신청할 수 있다.

2) 매수인으로부터 매각부동산을 양수한 **특정승계인**은 매수인의 집행법상의 권리까지 승계하는 것은 아니기 때문에 인도명령을 신청할 권리를 가지지 않는다.[3] 즉 **매수인**은 매각부동산을 양도한 경우에도 매수인으로서의 **인도명령신청권**을 잃지 않으며, 특정승계인은 양수한 부동산에 대하여 소유권이전등기를 마쳤다고 하더라도 인도명령신청을 할 수 없다.[4] 이 경우 매수인을 대위하여 인도명령을 신청하는 것도 허용되지 않으므로,[5] 특정승계인이 부동산의 점유를 취득하기 위해서는 점유자를 상대로 **별도로 소송**을 제기할 수밖에 없다.

(b) 상 대 방

1) 인도명령의 상대방은 **채무자**, **소유자**, **채무자 · 소유자의 일반승계인**, 부동산의 **점유자**이다(법 136조 1항 본문). 뒤에서 보는 바와 같이 매각허가결정 후 관리명령에 기하여 관리인이 부동산의 점유를 취득했으면 매수인은 대금지급 후 직접

야 한다. 법원실무제요 민사집행(2), 489쪽.

1) 대판 1971. 9. 28. 71다1437.

2) 대결 2013. 12. 27. 2011마1204. 한편 인도를 명하는 가집행선고 있는 판결이 있고 본안소송의 계속 중인 때에도 인도명령을 신청할 이익이 있다고 본다. 각 제도의 취지와 근거가 다르기 때문이다. 법원실무제요 민사집행(2), 490쪽.

3) 대결 1966. 9. 10. 66마713.

4) 대결 1970. 9. 30. 70마539.

5) 매수인의 인도명령신청권은 매수인이라는 집행법상의 지위에 기하여 인정된 것으로 그 행사에 의하여 집행절차가 실질적으로 종료되므로, 매수인의 **행사상 일신전속권**(민 404조 1항 단서)에 해당한다. 박진수, 주석서(2), 765쪽.

관리인에 대하여 자기에게 인도할 것을 구할 수 있으므로 채무자 등에 대하여 인도명령을 신청할 이익이 없다. 그러나 아직 관리인이 부동산의 점유를 취득하지 못한 사이에 대금지급이 있었다면 매수인은 채무자 등에 대하여 인도명령을 구할 수 있다.[1)]

2) 채무자, 채무자의 일반승계인, 소유자가 인도명령의 상대방이 되기 위해서는 **점유**(직접점유나 간접점유)를 요건으로 하지 않는다. **채무자**가 부동산을 직접점유하고 있지 않는 경우에는 매수인이 인도명령에 기하여 **법 258조**(부동산 등의 인도의 집행)에 의한 인도집행을 할 수 없고, 오직 채무자가 직접점유자에 대하여 인도청구권을 가지고 있을 때에 한하여 **법 259조**(목적물을 제 3 자가 점유하는 경우의 인도의 집행)에 의하여 인도청구권을 넘겨받는 방법으로 **집행**할 수 있을 뿐이다.[2)]

3) **채무자**의 실체상의 집행채무가 제 3 자에게 **특정승계**되더라도 경매절차상의 채무자의 지위가 이전되는 것은 아닐 뿐만 아니라, 압류의 효력발생 후 채무자가 한 **부동산**의 **양도**는 압류채권자에게 대항할 수 없고 채무자의 절차상 지위에 아무런 변화를 초래하지 않으므로, 그러한 특정승계 등의 경우에도 **채무자가 여전히** 인도명령의 상대방이 된다.

4) 인도명령의 상대방이 되는 **소유자**는 **경매개시결정 당시**의 매각부동산의 소유명의자이다(인도명령신청 당시의 소유자는 매각대금을 다 내어 소유권을 취득한 매수인이다). 즉 여기서 소유자란 경매개시결정에 소유자로 표시되고 집행절차상 형식적 당사자인 소유자의 지위에 있는 사람을 의미하며, 실체상의 개념으로 소유권자를 가리키는 것은 아니다.[3)]

5) **점유자**가 매수인에게 대항할 수 있는 권원을 가지지 않은 이상 그 점유가 **압류의 효력의 발생 전·후**인지를 불문한다(구 민소 647조 1항은, '압류의 효력이 발생한 후에 점유를 시작한' 점유자에 한정했으나,[4)] 신법은 그 제한을 없애고 상대방을 확장했다). 따라서 예컨대 압류의 효력이 발생하기 전에 매각부동산의 소유자 등으로부터 매각부동산을 임차하여 점유를 시작했으나 매수인에게 대항할 수 없는 점유

---

1) 법원실무제요 민사집행(2), 477쪽; 박재윤, "부동산 경매절차에서의 인도명령과 관리명령," 법학논집(취봉김용철선생고희기념, 1993년), 799쪽 이하.

2) 법원실무제요 민사집행(2), 479쪽.

3) 법원실무제요 민사집행(2), 479쪽; 박진수, 주석서(2), 771쪽.

4) 구법하에서의 판례는, "인도명령의 상대방은 매각목적물의 소유자나 채무자 이외에도 매각허가결정 후의 일반승계인, 경매개시결정에 인한 압류의 효력발생 후의 특정승계인 및 불법점유자를 포함한다"고 보았다. 대결 1973. 11. 30. 73마734.

자도 인도명령의 상대방이 된다. 다만 여기에서의 점유는 **직접점유**만이 해당하며, 간접점유는 해당하지 않는다.

(5) 인도명령의 재판 등

1) 인도명령의 관할법원은 **집행법원**(해당 부동산에 대한 경매사건이 현재 계속되어 있거나 또는 과거에 계속되어 있었던 법원)의 **전속관할**이다. 인도명령은 **판사**의 업무이었다가 **2020. 7. 1.**부터 **사법보좌관**의 업무로 되었다(**2020. 5. 1. 개정, 2020. 7. 1. 시행 사법보좌관규칙**은 개정 전 2조 1항 7호 나목을 삭제했다).

2) **점유자**에 대해서는 **심문을 해야 하나**, ① 그 점유자가 매수인에게 대항할 수 있는 권원에 의하여 점유하고 있지 않은 불법점유임이 명백한 때, 또는 ② 이미 점유자를 심문한 때에는 **심문하지 않을 수 있다**[즉 점유자의 경우에도 심문하지 않아도 되는 예외를 두고 있다. 구 민사소송법 647조 4항에 의하면 점유자인 경우에는 어떠한 경우에도 심문을 해야 하는 등 그 절차가 엄격했다]. 한편 **채무자·소유자**에 대해서는 **심문을 하지 않는다**(법 136조 4항). 채무자·소유자의 일반승계인에 대해서도 마찬가지이다.

신청인은 상대방의 점유사실만 소명하면 되고, 그 점유가 신청인에게 대항할 수 있는 권원에 의한 것임은 이를 주장하는 상대방이 소명해야 한다.[1]

3) 인도명령의 재판형식은 **결정**이다(법 136조 5항). 매수인이 대금을 낸 뒤 6월이 지난 뒤에 인도명령을 신청하는 경우에는 부적법하므로 이를 **각하**하며, 인도명령신청이 이유 없는 경우에는 이를 **기각**한다.[2] 인도명령신청이 이유 있어 이를 인용하는 경우에는 **인도명령**을 한다(주문은 '피신청인은 신청인에게 별지 목록 기재 부동산을 인도하라.'는 식으로 한다).[3][4] 매수인이 매각대금을 낸 뒤에 채무자로부터

---

1) 대결 2017. 2. 8. 2015마2025.

2) 다만 인도명령의 신청에 관한 재판에는 실체적 확정력이 없으므로(대판 1981. 12. 8. 80다2821), 각하와 기각을 엄격히 구별할 필요는 없다. **판례**도, 신청이 부적법하여 각하되어야 할 것임에도 불구하고 신청을 기각한 것은 잘못이나 신청을 배척한 결론에서는 정당하므로, 위와 같은 표현상의 잘못을 들어 원심결정을 특별히 파기할 것은 아니라고 보고 있다. 대결 1981. 8. 21. 81마292, 1995. 6. 21. 95두26.

3) 실무상 상대방이 부동산의 특정부분만을 점유하고 있는 때에는 **점유부분**을 **특정**하여 인도명령을 발한다. 이 경우 점유부분을 특정하기 위하여 정확한 실측도면을 요하는 것이 아니므로 감정인의 감정서나 집행관의 현황조사보고서에 첨부된 도면을 이용하여 특정해도 된다. 법원실무제요 민사집행(2), 492쪽.

4) 인도명령은 특별한 사정이 없는 한 신청일부터 3일 안에 해야 한다. 재판예규 제1636호 '부동산경매사건의 진행기간 등에 관한 예규'(재민 91-5, 2017. 1. 20. 개정·시행).

법 49조의 집행정지서류가 제출되더라도 매수인의 권리에 영향을 주지 못하므로 인도명령을 발하는 데 아무런 지장이 없다.[1]

인도명령신청에 대한 재판은 매각부동산의 인도명령을 청구할 수 있는지 여부를 판단함에 그치고 실체법상의 법률관계를 확정하는 것은 아니므로, 그것을 인용하는 경우이든 기각하는 경우이든 매수인의 소유권에 기한 인도청구권의 존부에 관해서는 기판력을 갖지 않는다.[2]

4) 인도명령에 대한 불복사유는 인도명령 발령의 전제가 되는 절차적 요건의 흠, 인도명령 심리절차의 흠, 인도명령 자체의 형식적 흠, 인도명령의 상대방이 매수인에 대하여 부동산의 인도를 거부할 수 있는 점유권원의 존재에 한정되며, 경매절차 고유의 절차적 흠은 인도명령에 대한 불복사유가 될 수 없다.[3]

5) 인도명령에 대하여 **즉시항고**할 수 있다(법 136조 5항). 인도명령은 앞서 본 바와 같이 판사의 업무이었다가 **사법보좌관**의 업무로 되었으므로 즉시항고를 하는 경우 사법보좌관의 처분에 대한 **이의신청**을 해야 한다[이의신청에 따른 절차에 대해서는 사법보좌관의 매각허부결정에 대한 이의신청절차에서 본 바와 같다].

6) 인도명령은 확정되어야 효력이 생기는 재판으로 규정되어 있지 않으므로 고지되면 즉시 집행력이 생긴다.[4] 인도명령에 대하여 즉시항고를 하더라도 이러한 즉시항고에는 **집행정지의 효력**을 가지지 않는다(법 15조 6항 본문). **항고법원**(재판기록이 원심법원에 남아 있는 때에는 원심법원)은 **집행정지의 재판**을 할 수 있으나(법 15조 6항 단서), 이러한 재판은 항고법원이 **직권으로** 하며, 당사자에게 집행정지신청권이 없다. 따라서 항고인이 집행정지신청을 하더라도 이는 법원의 직권발동을 촉구하는 의미밖에 없다.[5] 이에 대해서는 위법집행에 대한 구제방법상 즉시항고에서 살펴보았다.

7) 인도명령에 기한 집행이 이미 마쳐졌다면 항고를 하더라도 그 항고는 불

---

1) 법원실무제요 민사집행(2), 492쪽.

2) 대판 1981. 12. 8. 80다2821.

3) 따라서 예컨대 신청인이 피신청인에 대한 대여약정을 일부 이행하지 않았고 이로 인하여 피신청인이 신청인에게 손해배상청구권이 있다는 주장은 부동산의 인도를 거부할 수 있는 점유권원이 될 수 없어 인도명령에 대한 불복사유가 될 수 없으며, 이를 전제로 한 신의칙 위반 또는 권리남용 주장 역시 인도명령에 대한 불복사유가 되지 않는다. 대결 2015. 4. 10. 2015마19.

4) 대결 2008. 10. 29. 2007마452.

5) 대결 2019. 8. 30. 2019마259.

복의 대상을 잃게 되므로 더 이상 항고의 이익이 없게 된다.[1] 이러한 경우 실체법상 이유로 **청구이의의 소**를 제기할 수 있다.

8) 인도명령의 집행력은, 예컨대 처가 **채무자**인 경우 처와 같은 세대를 구성하며 독립된 생계를 영위하지 않는 가족과 같이 그 채무자와 동일시되는 남편에게도 미친다.[2] 회사가 채무자인 경우 점유보조자인 그 직원에게도 미친다.

9) 인도명령이 내려졌음에도 상대방이 임의로 인도하지 않으면 신청인은 **집행관**에게 위임하여 법 258조 1항(부동산 등의 인도청구의 집행)에 따라 인도집행을 하게 된다(법 136조 6항). 인도명령은 집행권원이므로 집행을 받을 사람에게 집행권원을 송달하는 것이 집행개시요건이므로(법 39조 1항), 신청인 및 상대방에게 인도명령 정본을 송달해야 한다.[3] 인도명령의 집행 자체에 존재하는 위법에 대해서는 **집행에 관한 이의신청**(법 16조)에 의하여 다툴 수 있다.

6. 관리명령

(1) 매수인의 인도청구권을 보전하기 위하여 **매각허가결정 후** 인도받기까지 **매수인** 또는 **채권자**의 **신청**에 따라 법원이 선임하는 **관리인**에게 그 부동산을 관리하게 할 수 있다(법 136조 2항). **관리명령**은 **판사**의 업무이었다가 **2020. 7. 1.**부터 인도명령과 함께 **사법보좌관**의 업무로 되었다(**2020. 5. 1. 개정, 2020. 7. 1. 시행 사법보좌관규칙**은 개정 전 2조 1항 7호 나목을 삭제했다).

(2) 관리명령을 신청할 수 있는 사람은 **매수인**과 **채권자**이다(법 136조 2항). 여기서 채권자는 **집행채권자**를 말한다. 매각대금을 다 낸 뒤에는 매수인은 직접 자기에게 인도할 것을 구하는 인도명령을 신청할 수 있으므로 관리명령을 신청할 수 없다. 관리명령의 신청은 매각허가결정이 된 뒤 인도할 때까지 사이에 할 수 있다. 관리명령은 **보전처분**이므로 매각허가결정에 대한 즉시항고가 있더라도 항고법원에 의하여 허가결정이 취소되지 않는 한 관리명령을 신청할 수 있다.[4] 한편 매각허가결정 후 매각절차가 집행정지된 때라도 관리명령을 신청할 수 있다.

---

1) 대결 2005. 11. 14. 2005마950 등. 부동산인도명령에 대하여 즉시항고하면서 집행정지신청을 했으나 그 집행정지 전에 집행이 종료되어 더 이상 항고를 유지할 이익이 없게 되었다고 한 사례로는, 대결 2008. 2. 5. 2007마1613, 2010. 7. 26. 2010마458.

2) 대판 1998. 4. 24. 96다30786, 대결 2019. 4. 19. 2019그510.

3) 다만 상대방에게 송달할 정본을 신청인에게 교부하여, 집행관으로 하여금 집행시에 상대방에게 송달하게 하여도 무방하다. 법원실무제요 민사집행(2), 493쪽.

4) 법원실무제요 민사집행(2), 395쪽.

(3) 관리명령은 앞서 본 인도명령과 마찬가지로 집행법원의 **전속관할**에 속한다. 신청인은 신청서에 매각부동산을 매수인에게 인도할 때까지 법원이 상당하다고 인정하는 관리인(또는 신청인이 추천하는 사람)을 선임하여 관리를 명하도록 신청하는 취지를 적어야 한다. 관리인에 대한 보수나 관리에 소요되는 비용은 신청인이 부담하므로 신청인은 이를 **예납**해야 한다. 관리명령은 송달 그 밖의 적당한 방법으로 신청인과 상대방에게 **고지**해야 한다.[1)]

(4) **관리인**이 부동산을 관리하기 위해서는 부동산을 점유할 필요가 있으므로 이를 **인도받아야** 한다. 관리인은 관리명령에 기하여 채무자·소유자에 대하여 매각부동산의 인도를 구하여 채무자가 임의로 인도하면 이를 인도받아 관리에 착수한다. 그러나 채무자가 관리인의 인도요구에 응하지 않으면 관리인은 관리명령만 갖고서는 인도를 강제할 수 없다. 관리인은 **매수인**이 매각대금을 다 내고 관리인의 관리하에 있는 매각부동산의 인도를 청구할 때에는 관리사무를 청산하고 그 부동산을 매수인에게 인도해야 한다.

(5) 법원의 관리명령이 있는 때라도 관리인이 부동산의 인도를 받지 못하여 관리에 착수할 수 없는 등 부동산의 관리를 위하여 필요하면 법원은 매수인 또는 채권자의 신청에 따라 담보부로 또는 무담보로 인도명령에 준하는 명령을 할 수 있다(법 136조 3항). 이를 **부동산관리를 위한 인도명령**이라고 한다. 법원은 이 신청이 이유 있다고 인정하는 때에는 인도명령을 발한다. 법원이 인도명령의 정본을 신청인에게 송달하면 신청인이 이에 기하여 집행관에게 집행을 위임하여(법 136조 6항) 법 258조에 따라 인도집행을 하도록 한다.[2)]

(6) 관리명령이나 부동산관리를 위한 인도명령은 그 성질상 집행절차의 **부수적·파생적 보전처분**에 해당하므로 당사자승계가 없는 한 **집행문이 없이** 집행할 수 있다. 관리명령이나 부동산관리를 위한 인도명령의 신청에 관한 재판에 대해서는 **즉시항고**를 할 수 있다(법 136조 2항·3항·5항). 이들 명령에 관한 재판은 사법보좌관의 업무이므로 즉시항고를 하는 경우 **사법보좌관의 처분에 대한 이의신청**을 해야 한다.

---

1) 실무상으로는 신청을 하지 않은 매수인이나 경매신청채권자에게도 고지를 하고 있다. 법원실무제요 민사집행(2), 398쪽.

2) 법원실무제요 민사집행(2), 399쪽.

X. 배당절차

1. 매각대금의 배당

(1) 의 의

매수인으로부터 대금이 지급되면 법원은 배당절차를 밟아야 한다(법 145조 1항). 매각대금으로 배당에 참가한 모든 채권자를 만족하게 할 수 없는 때에는 우선순위에 따른 배당절차가 개시된다.

(2) 배당에 충당될 금액

1) 배당에 충당될 금액에 관해서는 **법 147조 1항**, **규칙 79조**에서 상세히 규정하고 있다. 여기에는, ① **대금**(법 147조 1항 1호), ② **매수인이 대금지급기한이 지난 뒤 대금지급시 지급한 지연이자 등**(2호)으로서, 재매각명령이 있은 뒤 전매수인이 대금, 지연이자와 절차비용을 지급하여 재매각이 취소된 경우에 매수인이 낸 지연이자(법 138조 3항) 및 매수신청의 보증으로 금전 외의 것이 제공된 경우에 보증을 현금화하여 충당하기까지의 지연이자(법 142조 4항), ③ **항고의 보증 또는 지연이자**(3호 · 4호)로서, 채무자 및 소유자가 한 항고가 기각되거나 항고를 취하하여 돌려받지 못하는 항고의 보증이나(법 130조 6항 · 8항), 채무자 및 소유자 외의 사람이 한 항고가 기각되거나 항고를 취하하여 돌려받지 못하는 매각대금에 대한 지연이자 상당(다만 보증으로 제공한 금전이나 유가증권을 현금화한 한도에서)의 금액(법 130조 7항 · 8항), ④ **전매수인의 매수신청의 보증**(5호)으로서, 대금지급을 하지 않은 전매수인이 돌려받을 수 없는 매수신청의 보증[보증이 금전 외의 방법으로 제공되어 있는 때에는 보증을 현금화하여 그 대금에서 비용을 뺀 금액(법 138조 4항)] 또는 차순위매수신고인에게 매각허가결정이 있는 때에 매수인이 돌려받지 못하는 매수신청의 보증[보증이 금전 외의 방법으로 제공되어 있는 때에는 보증을 현금화하여 그 대금에서 비용을 뺀 금액(법 137조 2항)] 등이다.

2) **보증**이 **금전 외의 방법**으로 제공된 경우 **자기앞수표**는 별도의 현금화절차가 필요치 않으나, **지급보증위탁계약체결문서**는 법원이 은행 등에 대하여 정해진 금액의 납부를 최고하는 방법으로 현금화하며(규칙 80조 5항), **유가증권**은 법원이 집행관에게 현금화하게 하는데, 집행관은 법 210조 내지 212조의 규정을 준용하

여 유체동산집행방법으로 현금화한 후 바로 그 대금을 법원에 제출해야 한다(규칙 80조 3항 · 4항).[1]

2. 배당실시절차

(1) 배당기일의 지정 및 통지

매수인이 매각대금을 지급하면 법원은 배당에 관한 진술 및 배당을 실시할 기일을 정하고 이해관계인과 배당을 요구한 채권자에게 이를 통지해야 한다[다만 채무자가 외국에 있거나 있는 곳이 분명하지 않은 때에는 통지하지 않는다(법 146조)].

(2) 채권계산서 제출의 최고

1) 배당기일이 정해진 때에는(**법 84조 4항의 채권신고와 별도로**) 법원사무관 등은 **각 채권자(법 148조 각 호의 채권자)**에 대하여 채권의 **원금 · 배당기일까지의 이자**, 그 밖의 부대채권 및 집행비용을 적은 **채권계산서**를 1주 안에 법원에 제출할 것을 **최고**해야 한다(규칙 81조).[2] 배당표나 배당표원안의 작성을 위하여 비록 압류채권자의 신청서, 배당요구채권자의 배당요구서(규칙 48조), 등기사항증명서, 채권자가 제출한 채권신고서(법 84조 4항) 등 경매절차의 초기에 제출된 자료들이 있으나, 그 후 변제 등의 사정을 명백히 하고 이자 등의 계산을 할 필요가 있기 때문이다.

2) 채권계산서에 적을 사항은 배당표에 적을 사항과 동일하다(법 150조 1항).[3]

채권계산서에 적어야 할 사항으로 ① **원금**은 경매신청서, 채권신고서나 배당요구서 제출 당시의 원금액 중 변제 등으로 인하여 소멸된 것이 있으면 그만큼 감축한 금액을 적으며(예컨대 배당요구채권자의 경우 배당요구의 종기까지 적법하게 추가배당요구를 하지 않는 한 **배당요구서 제출 당시**의 **원금액**을 초과하지 못한다), ② **이자**는 배당기일까지의 이자를 포함한 금액을 적으며, ③ **부대채권**은 지연손해배상채

---

1) 이 경우 현금화비용은 보증을 제공한 사람이 부담한다. 규칙 80조 1항.

2) 구법에서는, 배당절차가 개시된 경우 배당표를 작성하기 전에 법원은 각 채권자에게 7일 이내에 원금, 이자, 비용, 그 밖의 부대채권의 계산서를 제출할 것을 최고하도록 하고 있다(구 민소 586조). 한편 위 기간을 지키지 않은 채권자의 채권은 배당요구서와 사유신고서의 취지와 그 증빙서류에 의하여 계산하며, 이 경우에는 다시 채권액을 보충하지 못하도록 하고 있다(구 민소 587조 2항).

3) **배당기일통지서**에 채권계산서를 1주 안에 제출할 것을 최고하는 취지를 부기(附記)하여 법원사무관 등의 이름으로 송달해도 된다. 채권계산서 제출최고의 주체는 **법원사무관** 등이고(규칙 81조), 배당기일통지의 주체는 **법원**이지만(법 146조 본문), 법원으로서는 당사자 그 밖의 관계인에 대한 통지를 법원사무관 등으로 하여금 그 이름으로 할 수 있기 때문이다(규칙 8조 5항).

권, 소송비용액확정절차에 의하여 확정된 본안 소송비용 등을 적는다. 한편 ④ **집행비용**은 채권계산서를 제출할 당시의 금액을 적는다.[1)]

3) 채권계산서 제출의 최고를 받은 채권자는 1주 안에 채권계산서를 제출해야 하나, 1주가 지난 뒤에 제출된 채권계산서도 배당표를 작성하는 데 도움이 되는 것은 마찬가지이므로(위 1주의 기간의 규정은 훈시규정이다) 무효 등의 문제는 생기지 않는다고 본다.[2)] 따라서 근저당권자가 법 84조 4항에 따른 집행법원의 채권신고의 최고에 따라 배당요구의 종기 전에 피담보채권액에 관한 채권계산서를 제출한 경우에도 그 후 배당표가 작성될 때까지는 피담보채권액을 **보정**하는 채권계산서를 다시 제출할 수 있으며, 이 경우 배당법원으로서는 특별한 사정이 없는 한 **배당표작성 당시까지** 제출된 채권계산서와 증빙 등에 의하여 그 근저당권자가 채권최고액의 범위 내에서 배당받을 채권액을 산정해야 한다.[3)]

(3) 배당표원안의 작성 및 비치

법원은 채권자와 채무자에게 보여주기 위하여 배당기일의 **3일 전**에 배당표원안(原案)을 작성하여 법원에 비치해야 한다(법 149조 1항). **배당표원안**은 집행법원이 채권자들이 제출한 계산서와 집행기록(경매신청서, 배당요구서, 등기사항증명서 등)을 기초로 하여 작성한 것으로, 배당기일에 채권자들로 하여금 배당에 관한 의견을 진술시키는 기초가 된다. 이러한 배당표원안은 배당표작성의 편의를 위한 것으로 **배당계획안**에 불과하므로 법률상 효력이 있는 것이 아니다.

(4) 배당표의 확정

1) 법원은 배당기일에 출석한 이해관계인과 배당을 요구한 채권자를 심문하여 배당표를 확정해야 한다(법 149조 2항). 심문결과 배당표원안에 추가·정정할 것이 있으면 추가·정정하여 **배당표**를 완성·확정한다.[4)]

2) 배당기일에 관계인들 사이에 **합의가 성립하거나 이의가 없을 때** 비로소

---

1) 법원실무제요 민사집행(3), 27쪽.

2) 법원실무제요 민사집행(3), 28쪽.

3) 대판 1999. 1. 26. 98다21946, 2000. 9. 8. 99다24911. 즉 법 148조 3호 및 4호의 채권자가 배당요구의 종기까지 제출한 계산서의 금액이 집행기록에 있는 서류와 증빙에 따라 계산한 금액보다 적더라도 배당요구의 종기 후에 다시 증액된 계산서나 증빙을 제출한 때에는 집행법원으로서는 특별한 사정이 없는 한 위 배당표작성 당시까지 제출한 계산서와 증빙에 의하여 배당받을 금액을 산정해야 한다. 대판 2002. 1. 25. 2001다11055, 2002. 11. 26. 2001다36696.

4) 법원실무제요 민사집행(3), 194쪽.

배당표로서 확정된다. 그 확정된 배당표에 따라 배당이 실시된다. 배당표에 대하여 이의가 있으면 그 이의 있는 부분에 한하여 배당표는 확정되지 않는다(법 152조 3항). 배당기일의 경과 및 내용은 **배당기일조서**에 명확히 적어야 한다(법 159조 4항).

(5) 배당표에 대한 이의

1) 사법보좌관이 작성한 배당표에 대해서는 법 151조의 규정에 따른 배당표에 대한 이의절차에 따라 불복할 수 있다(2017. 3. 31. 개정, 2017. 7. 1. 시행 **사보규 3조 4호 신설**).[1] 배당표에 대한 이의는 뒤에서 보는 바와 같이 채무자를 제외하고는 배당기일에 출석하여 진술할 것을 요한다. 따라서 채무자 외의 사람이 배당기일 전에 미리 이의서면을 제출했다 하더라도 배당기일에 출석하지 않는 이상 그 이의서면을 무시하고 배당을 실시한다.

2) 배당표에 대해서는, 배당기일에 출석한 **채무자**(여기서 '채무자'는 담보권실행을 위한 경매절차에서는 **소유자**를 포함한다)는 채권자의 **채권의 존부·범위** 또는 그 **채권의 순위**에 관하여 이의를 할 수 있다(**실체상의 이의**, 법 151조 1항). 다만 구법과 달리 신법은 채무자가 부득이한 사유로 **배당기일에 출석하지 못하는 경우**에 구제방법이 없는 것을 보완하기 위하여,[2] **채무자**는 법원에 **배당표원안이 비치**된 이후 배당기일이 끝날 때까지 채권자의 채권의 존부·범위·순위에 관하여 실체상의 사유가 있으면 **서면으로** 이의를 할 수 있도록 하고 있다(법 151조 2항). 채무자가 배당표원안이 비치된 이후 배당기일이 끝날 때까지 서면으로 이의한 때에는 배당기일에 출석하지 않았더라도 적법하게 이의를 한 것으로 보아야 하고, 비치된 배당표원안과 같이 배당을 실시하는 데 동의한 것으로 보아서는 안 된다.

3) 배당기일에 출석한 **채권자**는 자기의 **이해에 관계되는 범위** 안에서는 다른 채권자를 상대로 그의 채권의 존부·범위·순위에 관하여 이의할 수 있다(**실체상의 이의**, 법 151조 3항). 절차상의 이의와는 달리 실체상의 이의의 경우에는 경매법원은 그 이의의 **적법 여부** 외에는 그 당부를 스스로 심판할 수 없으며, 그 당부는

---

1) 2017. 3. 31. 사법보좌관규칙의 **개정 전**에는 사법보좌관이 작성한 배당표에 대한 이의신청이 있으면 배당기일을 중지하고 이의신청사건을 지체 없이 소속법원의 판사에게 송부하도록 규정하고 있었으나(5조), 위 **개정시** 이러한 규정을 **삭제**했다. 사법보좌관이 작성한 배당표에 대한 이의절차에 사법보좌관 및 법관이 중복하여 관여함으로써 발생하는 배당 이해관계인의 불편을 해소할 필요에서, 이의절차를 지급명령에 대한 이의절차와 같이 단순화하여 신속한 절차진행을 도모하기 위해서이다.

2) 법원행정처, 민사집행법해설, 200쪽.

뒤에서 보는 바와 같이 배당이의의 소 또는 청구이의의 소에 의하여 일반법원이 별도로 판결절차로 재판하게 된다(법 154조 1항 · 2항).[1]

배당기일에 출석하지 않은 채권자는 배당표와 같이 배당을 실시하는 데에 **동의**한 것으로 보게 되므로(법 153조 1항), 그 채권자에 관한 배당표는 확정된다. 따라서 채권자가 배당표에 대한 이의를 신청하려면 배당기일에 출석해야 하며, 배당기일에 출석하지 않은 채권자는 서면으로서 다른 채권자의 채권에 대하여 이의를 신청할 수 없다.[2] 한편 채권자가 기일에 출석하지 않은 다른 채권자의 채권에 관하여 이의를 한 때에는 출석하지 않은 채권자는 그 이의를 정당하다고 인정하지 않는 것으로 보게 된다(법 153조 2항).

4) **채무자**와 **채권자**는 **배당표의 작성과정**이나 **배당실시절차**에 위법이 있음을 이유로 이의를 할 수 있다(**절차상의 이의**). 배당표에 대한 절차상의 이의는 경매법원에 대하여 집행방법을 그르치지 말라고 사전에 촉구하는 의미를 지니는 데 불과하다. 법원은 이러한 이의가 정당하다고 인정하는 때에는 배당표의 기재를 경정하거나 배당기일을 연기하고, 경우에 따라서는 배당표작성절차를 다시 진행한다. 이러한 이의가 부당하다고 인정하는 때에는 이에 응하지 않고 배당을 실시한다.

5) 배당기일에서 이의에 관계된 채권자는 이에 대하여 진술해야 한다(법 152조 1항). 관계인이 이의를 정당하다고 인정하거나 다른 방법으로 합의한 때에는 이의권이 소멸되고 배당표는 확정되므로 이에 따라 **배당표를 경정**하여 배당을 실시해야 한다(법 152조 2항). 배당법원은 이의사유의 존부에 관하여 심리 · 판단할 수 없고, 이에 대해서는 배당이의의 소 등의 수소법원이 심리 · 판단한다.

(6) 배당이의의 소 또는 청구이의의 소의 제기

(a) 의 의

1) **채무자**가 **집행력 있는 집행권원의 정본을 가진 채권자**의 채권에 대하여 이의를 한 때에는 채무자는 **청구이의의 소**를 제기하고(법 154조 2항), 배당절차를 정지시키기 위하여 청구이의의 소를 제기한 법원으로부터 집행의 일시정지를 명하는 취지의 잠정처분을 받아 배당기일부터 **1주 이내**에 **집행법원**에 **청구이의의**

1) 오흥록, 주석서(2), 1038쪽.

2) 배당표에 대하여 채권자는 말로 이의신청을 해야 하며 서면에 의한 이의신청은 허용되지 않는 것으로 보아야 하므로, 채권자가 미리 이의신청서를 집행법원에 제출했다고 하더라도 그 채권자가 배당기일에 출석하지 않았거나 출석했어도 이미 제출한 이의신청서를 진술하지 않았다면 그 채권자는 이의신청을 하지 않은 것으로 보아야 한다. 대판 1981. 1. 27. 79다1846.

소를 제기한 사실을 **증명하는 서류**와 **집행정지재판의 정본**을 제출해야 한다(법 154조 3항).

집행력 있는 정본을 가진 채권자라고 하더라도 집행권원이 **가집행선고 있는 판결**인 경우 채무자로서는 그 판결이 확정된 후가 아니면 청구이의의 소를 제기할 수 없다(법 44조 1항). 한편 이 경우 채무자는 **상소로써** 채권의 존재 여부나 범위를 다투어 그 판결의 집행력을 배제시킬 수 있고 집행정지결정을 받을 수도 있으므로(민소 501조 · 500조), 확정되지 않은 가집행선고 있는 판결에 대하여 청구이의의 소를 제기할 수 없다는 이유로 채무자가 이러한 판결의 정본을 가진 채권자에 대하여 채권의 존재 여부나 범위를 다투기 위하여 배당이의의 소를 제기할 수 있는 것도 아니다.[1)]

2) **채무자**가 **집행력 있는 집행권원의 정본을 가지지 않은 채권자**(**가압류채권자를 제외**한다)의 채권에 대하여 이의를 하거나, **채권자**가 **다른 채권자**에 대하여(그 다른 채권자가 집행력 있는 집행권원의 정본을 가지고 있는지 여부에 상관없이) 이의를 한 때에는 그 이의를 한 당사자가 **배당이의의 소**를 제기하여(법 154조 1항), 배당기일부터 **1주 이내**에 **집행법원**에 **배당이의의 소**를 제기한 사실을 **증명하는 서류**를 제출해야 한다(법 154조 3항).

채권자가 다른 채권자의 채권에 대하여 배당이의를 하면서 이의사유로 **채무자를 대위하여** 집행권원의 정본을 가진 다른 채권자의 채권의 **소멸시효**가 **완성**되었다는 등의 주장을 한 경우에도 **배당이의의 소**를 제기해야 한다.[2)]

---

1) 대판 2015. 4. 23. 2013다86403, 2020. 10. 15. 2017다228441. 다만 채무자가 가집행선고 있는 판결을 가진 채권자를 상대로 채권의 존부와 범위를 다투기 위해 제기한 배당이의의 소는 **부적법**하지만, 배당이의의 소의 소송계속 중 가집행선고 있는 제 1 심판결이 항소심에서 전부 취소되고 그대로 확정된 경우에는 위와 같은 배당이의의 소의 **흠**은 **치유**된다고 본다. 이러한 배당이의의 소의 흠의 치유 여부는 특별한 사정이 없는 한 **사실심 변론종결시**를 기준으로 판단한다. 대판 2020. 10. 15. 2017다228441. 채무자가 제기한 배당이의소송의 계속 중 가집행선고 있는 판결이 상소심에서 취소되어 그대로 확정되더라도 그 흠이 치유될 수 없다면, 배당금을 수령할 실체적 권리가 없었음이 종국적으로 확정된 채권자로 하여금 종전 배당표에 따라 일단 배당금을 수령하게 한 다음 별도의 부당이득반환소송을 통해 해결할 수밖에 없게 되는데, 이는 이의된 채권자에 대한 배당실시가 종료되기 전인데도 불구하고 법적 분쟁을 일회적으로 해결하지 못하고 더욱 복잡하게 하는 문제가 있다는 견해로는, 박진수, "채무자가 가집행선고 있는 제 1 심판결을 가진 채권자를 상대로 채권의 존부와 범위를 다투기 위해 제기한 배당이의 소송 중 가집행선고 있는 제 1 심판결이 항소심에서 전부 취소되어 확정된 경우, 위와 같은 배당이의의 소의 하자가 치유되는지 여부," 대법원판례해설 125호(2020년 하), 293쪽.

2) **소멸시효**가 **완성**된 경우 채무자에 대한 일반채권자는 채권자의 지위에서 독자적으로 소멸시효의 주장을 할 수 없지만 자기의 채권을 **보전하기** 위하여 필요한 한도 내에서 채무자를 **대위하여** 소멸시효의 주장을 할 수 있다. 대판 2012. 5. 10. 2011다109500, 2023. 8. 18. 2023다

3) 앞서의 1주의 법정기간은 불변기간이 아니므로 **부가기간**을 붙일 수 없으며, **추후보완**도 허용되지 않는다. 이의의 소가 소정기간 내에 제기되었으나 그 소제기증명서를 소정기간이 지나서 제출한 경우에도 배당을 실시해야 한다. 뒤에서 보는 바와 같이 법 154조 3항은 구 민사소송법과 달리 1주 이내에 소제기를 증명하는 서류를 제출하지 못하면 배당이의를 취하한 것으로 간주하고 있기 때문이다.[1] 예컨대 집행력 있는 집행권원 정본을 가진 채권자에 대해 이의한 채무자는 배당기일부터 1주 이내에 **청구이의의 소제기 증명서류**와 아울러 그 소에 기한 **집행정지재판의 정본**을 집행법원에 제출해야 하고, 채무자가 그 가운데 어느 하나라도 제출하지 않으면 집행법원으로서는 채무자가 실제로 위 기간 내에 청구이의의 소를 제기하고 그에 따라 집행정지재판을 받았는지 여부와 관계없이 채권자에게 당초의 배당표대로 **배당을 실시**해야 한다. 그 경우 배당을 실시하고 있는 동안에 청구이의의 소에서 채권자가 패소한 판결이 확정되었다고 하여 달리 볼 것은 아니다.[2]

4) 이의를 한 채권자는 서면으로 또는 말로 이의를 철회(취하)할 수 있다. 이의가 철회되면 이의에 의하여 유보되었던 배당을 실시해야 한다. 한편 채권자 또는 채무자가 배당이의의 소를 제기한 후에 이의만 취하하고 배당이의의 소를 취하하지 않는 경우에는 배당이의의 소는 부적법하여 각하해야 한다.[3]

(b) 배당이의의 소 또는 청구이의의 소의 제기와 집행법원의 조치

1) 집행법원은 이의채권자가 소정의 기간 안에 관할법원에 이의의 소를 제기했는지, 그 소가 이의와 관계가 있는 **적법한 소**인지를 심사해야 한다. 소의 내용이 위와 같은 사항을 흠결한 때에는 그 소제기의 증명은 **배당실시를 유보하는 효**

234102. 위 대판 2023. 8. 18. 2023다234102의 **원심**은, 일반채권자는 독자적으로 소멸시효의 주장을 할 수 없고 채무자를 대위하여 소멸시효의 주장을 할 수 있는데, 배당요구채권자인 원고가 지급명령에 기초한 피고의 채권이 시효로 소멸했다고 주장하면서 배당기일에서 피고의 배당에 대하여 이의한 이상 원고는 채무자를 대위하여 청구이의의 소를 제기했어야 한다는 이유로 원고가 제기한 배당이의의 소가 부적법하다고 판단했다. **대법원**은, 배당요구채권자인 원고는 피고가 집행력 있는 집행권원의 정본을 가지고 있는지 여부에 상관없이 피고를 상대로 **배당이의의 소**를 제기해야 하고, 그 소송의 **공격방어방법**으로서 **채무자**를 **대위**하여 피고 채권의 소멸시효가 완성되었다는 등의 주장을 할 수 있다는 이유로 원심판결을 파기했다.

1) 대판 2011. 5. 26. 2011다16592. 한편 이 경우 아직 배당이 실시되지 않았으면 기간을 지킨 경우와 마찬가지로 취급하여 배당실시를 유보함이 상당하다는 견해도 있다. 법원실무제요 민사집행(3), 212쪽.

2) 대판 2011. 5. 26. 2011다16592, 2018. 8. 30. 2018다24813.

3) 법원실무제요 민사집행(3), 213쪽.

력이 없다. 소제기증명서가 접수되면, 소제기증명서뿐 아니라 소장 사본을 제출하도록 하여 **이의 있는 금액 전부**에 대하여 소가 제기되었는지를 조사하고 이의 있는 금액 가운데 제소되지 않은 금액에 대해서는 배당을 실시해야 한다.[1)]

2) 배당이의의 소가 제기된 때, 또는 청구이의의 소가 제기되어 그에 관한 집행정지재판의 정본을 제출한 때에는 그 **배당액**을 **공탁**한다(법 160조 1항 5호 · 3호).

3) 이의한 채권자나 채무자가 배당기일부터 1주 이내에 집행법원에 대하여 배당이의의 소를 제기한 사실을 증명한 서류를 제출하지 않거나, 또는 청구이의의 소를 제기한 사실을 증명한 서류와 그 소에 관한 집행정지재판의 정본을 **제출하지 않은 때**에는 **이의**가 **취하**된 것으로 보고 **배당**을 **실시**한다(법 154조 3항).[2)]

그러나 **이의한 채권자**가 위 기간을 넘긴 경우에도 배당표에 따라 배당을 받은 다른 채권자에 대하여 소로써 부당이득반환청구를 할 수 있는 권리 등을 행사하는 데 영향을 미치지 않는다(법 155조). 또한 **이의를 하지 않은 채권자**도 배당받아야 할 채권액의 범위에서는 배당을 받은 다른 채권자에 대하여 소로써 부당이득반환청구를 할 수 있다. 이에 관해서는 뒤에서 상세히 보기로 한다.

(7) 배당기일에서의 배당의 실시

(a) 의 의

1) 앞서와 같이 배당기일에 이의가 없는 때 등은 배당표에 의하여 배당을 실시한다. 배당기일에 이의가 완결되지 않은 때에는 배당이의가 없는 부분에 한하여 배당을 실시한다(법 152조 3항). 배당금의 교부절차 및 배당금의 공탁절차와 그 공탁금의 지급위탁절차 등은 **법원사무관 등**이 그 이름으로 실시한다(규칙 82조 1항). 배당절차의 주체는 집행법원으로, 확정된 배당표에 기한 배당을 실시하는 주체도 집행법원이지만 현실적으로 각 배당금수령채권자로부터 청구서 및 영수증을 제출받고 출급명령서를 작성 · 교부하는 등 배당금의 교부절차(배당재단이 법원보관금인 경우), 배당을 받아야 할 채권자의 채권에 관하여 공탁할 사유가 있는 때에 그에 대한 배당금의 공탁절차 및 공탁사유가 소멸된 때 그 공탁금의 지급위탁절차를 법원사무관 등의 이름으로 하도록 한 것이다.

---

1) 법원실무제요 민사집행(3), 212쪽.

2) 배당이의의 소 또는 청구이의의 소가 앞서의 기간 내에 제기되었으나 그 소제기증명서 등이 위 기간을 넘긴 뒤에 제출된 때에도 배당을 실시해야 한다. 법원실무제요 민사집행(3), 212쪽.

2) 배당액의 지급절차는 배당재단을 구성하는 돈이 **공탁금**인지 **법원보관금**인지에 따라 달라지며, 배당재단을 구성하는 돈이 본래 법원보관금인 경우라도 법 160조에 의하여 배당액이 공탁된 후에는 그 배당액의 성격도 공탁금으로 변경되므로 공탁금의 출급절차에 의해야 한다.[1)]

(b) 배당방법

1) 채권자에게 **채권의 전부**를 배당하는 경우 채권자에게 **배당액지급증**을 교부함과 동시에 그 채권자가 소지하고 있는 집행력 있는 정본을 제출케 하고 그것이 없는 때에는 채권증서를 제출케 하여, 위 집행력 있는 정본 또는 채권증서를 채무자에게 교부한다(법 159조 2항).

2) 채권자에게 **채권의 일부**를 배당하는 경우 채권자가 제출한 집행력 있는 정본 또는 채권증서에 배당액을 적은 다음 채권자에게 돌려주고 **배당액지급증**을 교부하는 동시에 채권자로부터 영수증을 제출받아 이를 채무자에게 교부한다(법 159조 3항).

3) 집행법원이 경매절차에서 외화채권자에 대하여 배당을 할 때에는 특별한 사정이 없는 한 배당기일 당시의 외국환시세를 우리나라 통화로 환산하는 기준으로 삼아야 한다.[2)]

(8) 배당금의 공탁

(a) 공탁사유

1) 배당기일에 이의가 완결되지 않은 부분 등은 배당을 유보하고 배당액을 공탁한다. 배당액을 직접 지급하지 않고 공탁해야 할 경우, 즉 당장 지급할 수 없거나 지급하는 것이 적당하지 않는 경우(공탁사유)에 대하여 **법 160조**에서 규정하고 있다.[3)]

---

1) 법원실무제요 민사집행(3), 249쪽.

2) 대판 2011. 4. 14. 2010다103642.

3) 집행법원이 배당기일을 진행하는 집행사건에서 담당 법원사무관 등은 배당기일에 채권자에게 교부하지 않은 **배당액** 및 채무자 또는 소유자가 배당기일에 출석하지 않아 교부되지 않은 **배당잔여액**에 관하여 배당기일부터 10일 이내에 각 배당 또는 교부받을 사람별로 공탁절차를 취해야 한다. 재판예규 제1835호 '집행사건에 있어서 배당액등의 공탁 및 공탁배당액등의 관리절차에 관한 예규'(재민 92-2, 2022. 12. 26. 개정 · 시행) 2조. 경매절차에서 채무자에게 교부할 배당잔여액(잉여금)을 공탁한 때에는 권리를 행사할 수 있는 공탁일부터 10년의 소멸시효기간이 진행한다. 행정예규 제948호 '공탁금지급청구권의 소멸시효와 국고귀속절차'(2013. 3. 13. 개정, 2013. 3. 20. 시행) 2.다.(2). 한편 부동산경매절차에서 채무자에 대한 송달이 공시송달의 방법으로 이루어짐으로써 채무자가 경매진행사실 및 잉여금의 존재에 관하여 사실

2) **법 160조 1항의 사유**로서, ① 채권에 정지조건 또는 불확정기한이 붙어 있는 때(**1호**), ② 가압류채권자의 채권인 때(**2호**), ③ 강제집행의 일시정지를 명한 취지를 적은 재판의 정본(법 49조 2호), 경매부동산의 담보권자에 대하여 담보권실행을 일시정지하도록 명한 재판의 정본(법 266조 1항 5호)이 제출되어 있는 때(**3호**), ④ 저당권설정의 가등기가 마쳐져 있는 때(**4호**), ⑤ 배당이의의 소가 제기된 때(**5호**), ⑥ 민법 340조 2항, 370조에 따른 배당금액의 공탁청구가 있는 때(**6호**) 등이 있다.

▣ 담보권자의 피담보채권에 대하여 배당금을 공탁할 경우

(1) 담보권은 피담보채권이 이행기에 도래하지 않으면 이를 실행할 수 없다. 그러나 이와 달리 담보권자가 강제경매절차에서 배당받을 권리자로서 배당에 참가하는 경우에는 정지조건이 성취되지 않았거나 기한이 도래하지 않아도 배당을 받게 된다. 그 이유는 다른 채권자에 의하여 개시된 경매절차에서도 부동산의 매각으로 인하여 담보권이 소멸하므로 배당을 받는 것까지 금지되는 것이 아니기 때문이다.

(2) 다만 담보권의 피담보채권의 이행기의 내용에 따라 배당절차에서는 배당액의 처리를 달리한다. 담보권의 피담보채권에 **정지조건** 또는 **불확정기한**이 붙어 있는 때에는 배당액을 공탁해야 한다(법 160조 1항 1호). 그러나 **확정기한**이 붙은 채권으로 확정기한이 도래하지 않은 채권에 대해서는 법률상 명문의 규정이 없다. 불확정기한이 붙은 채권에 관한 규정을 유추적용하여 배당액을 공탁한다는 견해와 법 160조 1항 1호의 반대해석상 배당액을 지급해야 한다는 견해가 대립되어 있다.[1]

3) **법 160조 2항의 사유**로서, 채권자가 배당기일에 출석하지 않은 때[다만 배당기일에 출석하지 않은 채권자가 배당액을 입금할 **예금계좌를 신고**한 때에는 공탁을 갈음하여 배당액을 그 예금계좌에 입금할 수 있다(규칙 82조 2항).]가 있다.[2]

상 알지 못했다 하더라도 소멸시효기간이 진행한다. 대결 2024. 4. 30. 2023그887.

1) 법원실무제요 민사집행(3), 53쪽.

2) 민사집행규칙 82조 2항이 공탁을 갈음하여 배당액을 그 예금계좌에 입금할 수 있다고 규정한 것은 공탁하는 것 외에 예금계좌입금의 방법이 있음을 규정한 것이고, 법원사무관 등에게 예금계좌에 입금할 것인지에 관한 재량을 부여한 것이 아니다. 따라서 배당금수령채권자가 자신의 예금계좌에 입금해 줄 것을 신청한 때에는 입금신청인이 출급지시 전에 계좌입금신청을 철회하지 않는 한 반드시 신고된 예금계좌에 입금하여 지급해야 하고, 신청인이나 그 대리인에게 직접 지급해서는 안 된다. **보관금**에 관해서는, 재판예규 제1889호 '법원보관금취급규칙의 시행에 따른 업무처리지침'(재일 97-2, 2025. 1. 13. 개정, 2025. 2. 3. 시행) 20조의2 1항. **공탁금**에 관해서는, 행정예규 제1391호 '계좌입금에 의한 공탁금출급·회수절차에 관한 업무처리지침'(2024. 4. 16. 개정·시행) 4조 4항.

(b) 공탁사유의 소멸

1) **공탁사유**가 **소멸**하면 그 공탁금을 **채권자**에게 지급한다(법 161조 1항 전단). 예컨대 채무자가 채권자를 상대로 청구이의의 소를 제기하면서 **판결선고시까지** 강제집행을 정지하도록 명하는 **잠정처분**을 받아 위 채권자에 대한 배당액이 법 160조 1항 3호에 따라 공탁된 경우 본안소송에서 강제집행을 허용하는 내용의 판결이 선고되면 잠정처분은 그 효력을 상실하여 공탁의 사유가 소멸하고, 채권자는 공탁금을 즉시 지급받을 수 있는 지위에 있게 된다. 따라서 채권자는 집행법원에 그 사실을 증명하여 공탁된 배당액을 지급받을 수 있다. 이 경우 특별한 사정이 없는 한 강제집행을 허용하는 **판결이 선고된 시점**에 공탁된 **배당액으로 충당되는 범위**에서 소멸한다고 보아야 한다.[1)]

2) 다만 공탁사유가 소멸하더라도 **채권자가 배당금을 받을 수 없는 사정**이 생긴 경우에는 채무자에게 교부하지 않고 **다른 채권자에게** 공탁된 배당금에 대하여 다시 배당절차를 실시하는 **추가배당**을 **해**야 한다(법 161조 1항 후단, 2항·3항). **추가배당**이란 종전 배당표상 배당받는 것으로 기재된 채권자에 대한 배당액의 전부 또는 일부를 해당 채권자가 배당받지 못하는 것으로 확정된 경우에 그 채권자의 배당액에 대하여 배당이의를 했는지 여부에 관계없이 배당에 참가한 모든 채권자들에 대하여 배당표를 바꾸어 배당순위에 따라 추가로 배당하는 절차를 실무상 일컫는 말이다.[2)]

이 경우 공탁된 배당금이 피공탁자에게 지급될 때까지는 배당절차가 종료되었다고 단정할 수 없을 뿐 아니라,[3)] 경매제도가 채무자의 재산으로부터 채권자의 만족을 얻게 하는 데에 근본목적을 두고 있는 만큼 만족을 받지 못한 채권자가 있는 데도 이를 제쳐둔 채 채무자에게 공탁된 배당금을 지급하는 것은 경매제도의 목적에 현저히 반하기 때문이다.

예컨대 ① 가압류채권자에 대한 배당액이 공탁된 후 **가압류집행이 취소**되거

---

1) 이 경우 어느 시점(판결선고시, 판결정본송달시, 실제 공탁금출급시)을 기준으로 변제의 효력이 발생하는지 문제가 될 수 있는데, 만약 판결정본송달시 또는 공탁금출급시에 변제의 효력이 발생한다고 보면 우연한 사정 또는 채권자의 의사에 따라 채무의 소멸시점이 늦추어질 수 있고, 그때까지 채무자는 지연손해금을 추가로 부담하게 되어 불합리하기 때문이다. 대판 2024. 11. 14. 2024다267871.

2) 법원실무제요 민사집행(3), 235쪽. 한편 추가배당의 구체적 방법과 절차에 관해서는, 손흥수, 민사집행법연구(Ⅰ)(2012년), 88쪽 이하.

3) 대판 2004. 4. 9. 2003다32681, 2022. 5. 12. 2021다280026.

나 가압류채권자가 **본안소송에서 패소확정판결**을 받는 등의 경우에는 그 공탁금은 채무자에게 교부할 것이 아니라 다른 채권자들에게 **추가배당**해야 하며,[1] ② 배당기일에 **불출석**한 근저당권자를 위하여 배당금을 공탁했으나 그 후 해당 **근저당권**의 **피담보채무**가 **소멸**한 것으로 밝혀진 경우에도 그 배당금에 대하여 **추가배당**해야 한다.[2]

▣ 채권자를 상대로 제기한 청구이의의 소에서 원고인 채무자 승소의 확정판결이 있는 경우와 추가배당

(1) 배당기일에 채무자가 채권자의 채권에 대하여 배당이의를 하고, 청구이의의 소를 제기한 다음 그 청구이의의 소에서 집행정지결정을 받아 집행법원에 제출하면 집행법원은 법 160조 1항 3호에 따라 공탁을 하게 되는데, 그 후에 청구이의의 소에서 채무자인 원고가 승소한 경우 법 161조 2항 1호에 기하여 추가배당을 한다.

(2) 배당기일에 채무자의 배당이의는 없었으나 채권자가 불출석하면 배당법원은 법 160조 2항에 따라 공탁을 하게 되는데, 채권자가 그 공탁금을 수령하기 이전에 채무자가 해당 채권자를 상대로 청구이의의 소를 제기하여 승소한 경우에는 법상 명시적 규정은 없으나 앞서 본 판례의 취지에 비추어[3] 추가배당을 하는 것이 타당하다.

(3) 배당기일부터 1주 이내에 청구이의의 소제기사실 증명서류 등이 제출되지 않았는데도 집행법원이 채권자에 대한 배당을 중지했다가 청구이의의 소의 결과에 따라 추가배당절차를 밟는 경우 채권자는 추가배당절차의 개시가 위법함을 이유로 법 16조에 따라 집행에 관한 이의신청을 할 수 있었으나, 채권자가 집행에 관한 이의신청 대신 추가배당표에 대하여 배당이의를 하고 당초 배당표대로 배당을 실시해 달라는 취지로 배당이의의 소를 제기했다면, 배당이의를 심리하는 법원은 소송경제상 당초 배당표대로 채권자에게 배당을 실시할 것을 명한다는 의미에서 추가배당표상 배당할 금액을 당초 배당표와 동일하게 배당하는 것으로 추가배당표를 경정해야 한다.[4]

3) 배당액이 공탁되었던 **가압류채권자**가 본안소송에서 **일부승소의 확정판결**을 받은 경우 집행법원으로서는 그 승소확정된 금액을 기준으로 배당액을 **재차**

1) 대판 1991. 1. 29. 90다카26072 등; 박두환, "가압류취소와 배당," 판례연구(서울지방변호사회) 5집(1992년), 263쪽 이하; 홍광식, "배당절차에서 가압류채권자의 채권을 위하여 그 몫에 해당하는 배당액이 공탁된 후 가압류결정이 취소되면 추가배당을 할 것인가 여부," 판례연구(부산판례연구회) 1집(1991. 2.), 403쪽 이하.

2) 대판 2001. 10. 12. 2001다37613.

3) 대판 2001. 10. 12. 2001다37613.

4) 대판 2011. 5. 26. 2011다16592.

조정하여 공탁된 배당액 중 그 **조정된 금액**만을 가압류채권자에게 지급하고 **나머지**는 다른 채권자들에게 배당하는 방식의 **추가배당**을 실시해야 한다.[1)]

4) 추가배당은 부동산집행절차에서 실시되었던 종전 배당절차의 계속이나, 다만 추가배당해야 할 금액만을 **배당재단**으로 한 배당절차이다. 추가배당절차를 진행하기 위하여 배당표를 변경하여 **추가배당표**를 작성한다. **추가배당기일**에 추가배당에 대하여 **배당이의**를 할 수 있으나 종전 배당기일에 주장할 수 없었던 사유만을 주장할 수 있다(법 161조 4항).

5) 공탁사유의 소멸에 따른 추가배당이 이루어지는 경우 배당요구채권자가 한 배당요구에 따른 **소멸시효중단의 효력**은 **추가배당표가 확정**될 때까지 계속된다.[2)]

▣ 가압류채권자의 확정된 채권액이 가압류 청구금액에 미치지 못하여 추가배당을 위한 배당액을 조정할 경우 조정의 기준이 되는 다른 배당채권자들과 가압류채권자의 채권액

(1) 가압류에 대한 본안의 확정판결에서 그 피보전채권의 원금 중 일부만이 남아 있는 것으로 확정된 경우라도, 특별한 사정이 없는 한 가압류 청구금액 범위 내에서는 그 **나머지 원금**과 **청구기초의 동일성**이 인정되는 **지연손해금**도 피보전채권의 범위에 포함된다. 따라서 이를 가산한 금액이 가압류 청구금액을 넘는지 여부를 가리고 만약 가압류 청구금액에 미치지 못하는 경우에는 그 금액을 기초로 배당액을 조정해야 한다.

(2) 가압류채권자에 대한 배당금 조정시에 **다른 배당채권자들**의 **잔존 채권원리금액**을 모두 다시 확인하기 쉽지 않으므로, 배당금 조정시에 다른 배당채권자들의 채권액은 **종전의 배당기일**에서의 채권원리금액을 기준으로 한다. 가압류채권자의 경우에도 종전의 배당기일까지의 지연손해금을 가산한 채권원리금액을 기준으로 한다.[3)]

(c) 공탁된 배당액의 처리

1) 채권자가 **전부를 받는 것**으로 확정된 경우에는, 배당법원의 **법원사무관 등**

1) 집행법원이 추가배당을 실시하지 않은 채 공탁된 배당액 전부를 가압류채권자에게 지급을 한 경우 가압류채권자는 실제로 지급받은 금액과 위와 같이 승소확정된 금액을 기준으로 하여 조정된 배당액과의 차액을 다른 채권자들에게 **부당이득**으로서 반환할 의무가 있다. 대판 2004. 4. 9. 2003다32681, 2013. 6. 13. 2011다75478.

2) 대판 2022. 5. 12. 2021다280026.

3) 대판 2013. 6. 13. 2011다75478.

은 배당액의 **지급위탁서**를 작성하여 **공탁관**에게 보내는 한편, **채권자**에게는 **배당액지급증**(지급증명서)을 교부한다. 채권자는 배당액지급증을 공탁관에게 제출하고 공탁금을 받는다(공탁규칙 43조). 이때 공탁관은 집행법원의 보조자로서 공탁금출급 사유 등을 심리함이 없이 배당법원의 지급위탁서에 따라 채권자에게 공탁금을 출급하게 된다.[1)2)]

▣ 배당액에 대한 이의가 있었던 채권 및 가압류채권의 소멸시기

(1) 배당액이 공탁된 뒤 배당이의의 소 등에서 이의된 채권에 관한 **전부 또는 일부 승소판결이 확정**되어 이의된 부분에 대한 **배당표가 확정**되면 이때 공탁사유가 소멸하게 되므로, 배당표가 확정되어야 비로소 채권자가 공탁된 배당금의 지급을 신청할 수 있다. 따라서 **배당표 확정 전**에는 채권자가 배당금을 수령하지 않았는데도 채권에 대해 변제의 효력이 발생하지 않는다.

한편 배당표가 일단 확정되면 채권자는 공탁금을 즉시 지급받아 수령할 수 있는 지위에 있는데, **배당표 확정 이후**의 어느 시점(가령 배당액지급증의 교부시 또는 공탁금의 출급시)을 기준으로 변제의 효력이 발생한다고 보게 되면, 채권자의 의사에 따라 채무의 소멸시점이 늦추어질 수 있고, 그때까지 채무자는 지연손해금을 추가로 부담하게 되어 불합리하다. 따라서 채무자가 공탁금출급을 곤란하게 하는 장애요인을 스스로 형성·유지하는 등의 특별한 사정이 없는 한 배당액에 대한 이의가 있었던 채권은 공탁된 배당액으로 충당되는 범위에서 **배당표의 확정시**에 소멸한다고 보아야 한다.

다만 배당표의 확정 전에 어떤 경위로든 채권자가 공탁된 배당금을 지급받아 수령하고 그 후 같은 내용으로 배당표가 확정된 경우에는, 채권자가 현실적으로 채권의 만족을 얻은 시점인 **공탁금의 수령시**에 변제의 효력이 발생한다.[3)]

(2) 예컨대 **가압류채권**의 경우 역시 특별한 사정이 없는 한 본안의 확정판결 등에서 지급을 명한 가압류채권자의 채권은 배당액으로 충당되는 범위에서 **본안판결 등의 확정시**, 즉 **배당표의 확정시**에 소멸한다.[4)]

---

1) 대판 2018. 3. 27. 2015다70822.

2) 집행법원이 공탁관에게 지급위탁서를 송부하고 채권자에게 자격증명서를 교부하는 사무는 공탁관의 공탁사두가 아니라 집행법원이 공탁된 배당잔여액의 출급을 위하여 집행절차에 부수하여 행하는 사무로 보아야 하므로 그 사무에 관한 집행법원의 처분에 대하여 불복하려면 공탁법 12조가 정한 공탁관의 처분에 대한 이의신청을 할 것이 아니라 민사집행법 16조가 정한 **집행에 관한 이의신청**을 해야 하고, 그 이의신청은 배당절차에 관한 집행법원의 처분을 대상으로 한 것이 아니라 공탁된 배당잔여액의 출급에 관한 집행법원의 처분을 대상으로 한 것이므로 배당절차가 종료되었다 하여 이의신청을 할 이익이 없다고 할 수 없다. 대결 1999. 6. 18. 99마1348.

3) 대판 2018. 3. 27. 2015다70822.

4) 대판 2014. 9. 4. 2012다65874 등; 조중래, "가압류채권자의 채권에 대하여 배당액이 공탁된

한편 이러한 법리는 위와 같은 **본안판결의 확정 이후**에 **채무자**에 대하여 **파산이 선고**되었다 하더라도 마찬가지로 적용된다. 따라서 본안판결의 확정시에 이미 발생한 채권 소멸의 효력은 채무자 회생 및 파산에 관한 법률 348조 1항에도 불구하고 그대로 유지된다.[1)]

2) 채권자가 **전부 또는 일부를 받지 못하는 것**으로 확정된 경우, ① 배당이의의 소의 판결이 확정된 때에는 그 판결주문에서 명한 대로 배당을 실시하거나 다른 배당절차를 밟으며(법 157조)[채무자가 배당이의의 소를 제기하여 승소한 경우에는 추가배당을 실시한다], ② 그 밖의 경우 예컨대 가압류가 취소되거나 근저당권의 피담보채무가 모두 없어진 때 등에는 **추가배당**을 실시한다(법 161조 2항·3항). 추가배당절차에서는 종전의 배당기일에서 주장할 수 없었던 사유, 즉 종전의 배당기일 뒤에 생긴 사유로만 이의할 수 있다(법 161조 4항).

▣ 사해행위에 의하여 설정된 근저당권(사해근저당권)에 기한 배당참가에서 배당금지급금지가처분이 있는 경우의 특수문제

(1) 채무자에 대한 공탁금출급청구권의 양도 및 국가에 대한 양도통지

1) 사해행위에 의하여 설정된 근저당권에 기하여 수익자가 배당에 참가하여 **배당표는 확정되었으나 수익자에게 배당금이 지급되기 전**에 채권자가 사해행위취소의 소를 본안소송으로 하여 근저당권자에게 배당하기로 한 **배당금에 대한 처분금지가처분**(**배당금지급금지가처분**)을 받은 경우 집행법원은 그 배당금을 **공탁**하게 된다(법 160조 1항 3호).

2) 채권자는 경매절차가 진행되어 매수인이 소유권을 취득하여 근저당권설정등기가 말소되었으므로 원물반환이 불가능하므로 **가액배상**의 방법으로 원상회복을 해야 한다.[2)] 그 원상회복의 방법은 수익자가 채무자에게 **공탁금출급청구권**(배당금지급

경우, 본안의 확정판결 등에서 지급을 명한 가압류채권자의 채권이 소멸하는 범위와 시기," 대법원판례해설 101호(2014년 하반기), 146쪽 이하.

1) 이러한 경우에 **가압류채권자**가 **공탁된 배당금**을 채무자의 **파산선고 후에 수령**하더라도 이는 본안판결 확정시에 이미 가압류채권의 소멸에 충당된 공탁금에 관하여 단지 수령만이 본안판결 확정 이후의 별도의 시점에 이루어지는 것에 지나지 않는다. 따라서 가압류채권자가 위와 같이 수령한 공탁금은 파산관재인과의 관계에서 민법상 부당이득에 해당하지 않는다. 대판 2018. 7. 24. 2016다227014. 한편 가압류채권자가 본안의 승소판결 확정 이후 공탁금을 수령하지 않고 있는 동안, **채무자의 파산관재인**이 채무자에 대하여 파산선고가 있었다는 이유로 공탁금을 출급했더라도 파산관재인은 본안판결이 확정된 가압류채권자에게 부당이득으로 이를 반환해야 한다. 대판 2018. 7. 26. 2017다234019.

2) 이미 배당이 종료되어 수익자가 배당금을 수령했다면 수익자로 하여금 배당금을 반환하도

청구권)을 **양도**하고, 그 **채권양도의 통지**를 제 3 채무자(국가)에게 하는 것이다.[1] 이 경우 채권자는 **사해행위취소의 소**에서 원상회복을 명하는 **청구취지**를 공탁금출급청구권의 양도와 그 채권양도의 통지를 명하는 것으로 **변경**할 수 있다.[2]

(2) 공탁금출급청구권에 대한 추가배당의 실시

근저당권자에게 배당하기로 한 배당금에 대하여 처분금지가처분결정이 있어 경매법원이 그 배당금을 공탁한 후에 그 근저당권설정계약이 사해행위로 취소된 경우, ① 공탁금의 지급 여부가 불확정상태에 있는 경우에는 공탁된 배당금이 피공탁자에게 지급될 때까지 배당절차는 아직 종료되지 않은 것이라고 볼 수도 있으므로 반드시 배당절차가 확정적으로 종료되었다고 단정할 수는 없다는 점, ② 채권자취소의 효과는 채무자에게 미치지 않고 채무자와 수익자와의 법률관계에도 아무런 영향을 미치지 않으므로, 취소채권자의 사해행위취소청구 및 원상회복청구에 의하여 채무자에게로 회복된 재산은 **취소채권자** 및 **다른 채권자**에 대한 관계에서 **채무자**의 **책임재산**으로 취급될 뿐 **채무자**가 직접 그 재산에 대하여 **어떤 권리를 취득하는 것**이 아니다. 따라서 그 **공탁금**은 **그 경매절차**에서 **적법하게 배당요구**했던 **다른 채권자들**에게 **추가배당**을 실시해야 한다.[3] 즉 공탁금출급청구권에 대하여 **새로운 채권집행절차가 아니라 추가배당절차**를 거쳐야 한다.[4][5]

록 명해야 한다. 대판 2001. 2. 27. 2000다44348, 2004. 1. 27. 2003다6200.

1) 대판 1997. 10. 10. 97다8687, 2004. 1. 27. 2003다6200, 2018. 4. 10. 2016다272311.

2) 대판 2004. 1. 27. 2003다6200.

3) 채무자의 특정한 채권자에 대한 담보권설정행위가 사해행위로 취소·확정된 때에는 취소채권자 및 그 취소의 효력을 받는 다른 채권자에 대한 관계에서는 무효이므로 그 **취소된 담보권자**는 별도의 배당요구를 하여 배당요구채권자로서 배당받지 않는 한 담보권자로서는 배당받을 수 없다. 대판 2009. 12. 10. 2009다56627. 따라서 집행법원이 추가배당을 실시할 경우에 배당받을 채권자는 경매절차에서 적법하게 배당요구한 채권자이어야 하는데, **수익자**가 근저당권자로서 경매법원에 채권계산서를 제출하기는 했지만 그 근저당권설정계약이 사해행위로서 취소된 때에는 이를 적법한 배당요구로 볼 수 없다. 대판 2002. 9. 24. 2002다33069, 2006. 8. 25. 2006다41747, 2007. 4. 13. 2006다84607 등; 임기환, "채권자취소권의 행사에 따른 원상회복의 방법으로서의 배당이의의 소," 민사판례연구(민사판례연구회) 28권(2006. 2.), 727쪽 이하.

4) 한편 추가배당의 실시에 대해서는 동의하나 그 이론적 근거에 관하여 달리 이해하는 견해가 있다. 공탁금출급청구권을 양도하는 경우 반환된 것은 금전 자체가 아니라 금전반환채권인데 거기서 바로 추가배당이 가능할 수 없으며, 배당금지급금지가처분이 있다면 이는 본안에서의 승소라는 조건이 있는 것과 동일하게 보아 법 160조 1항 1호에 해당하는 것으로 보고 결국 법 161조 2항 1호에 따라 추가배당을 실시해야 한다는 입장이다(즉 수익자의 배당금지급청구권이 채무자에게 양도되었기 때문에 추가배당을 실시하는 것은 아니라고 본다). 이우재, "사해행위취소의 효력과 배당절차에서의 취급—사해행위취소의 효력을 받는 '모든 채권자'의 범위와 관련된 문제—," 민사집행법연구 5권(2009. 2.), 176쪽 이하.

5) 이에 대하여, 이러한 판례의 법리에 의할 때 사해행위목적물에 대한 종전 경매절차에서 배당요구 등을 통해 채권의 만족을 얻을 수 없었던 채권자는 사해행위취소소송을 통해서도 채권의 만족을 얻을 수 없게 되는데, 채권자취소권은 사해행위를 통해 얻은 이익에 대하여 취소

(3) 취소채권자의 공탁금출급청구권에 대한 압류 및 추심명령 허용 여부

이 경우 그 공탁금출급청구권에 관한 **채권압류** 및 **추심명령**은 추가배당절차에서 배당되고 남은 **잉여금**에 한하여 효력이 있을 뿐이다. 따라서 취소채권자나 적법하게 배당요구했던 다른 채권자들로서는 추가배당 외의 다른 절차를 통하여 채권의 만족을 얻을 수는 없으므로, **취소채권자**라고 하더라도 공탁금출급청구권에 대한 채권압류 및 추심명령에 기하여 배당금을 우선 수령하는 것은 허용되지 않고, 취소채권자가 그와 같은 절차를 거쳐 배당금을 우선 수령했다면 적법하게 배당요구했던 다른 채권자들과의 관계에서 **부당이득**이 성립한다.[1)2)]

3. 배당받을 채권자의 범위

법 148조는 배당받을 채권자에 대하여 규정하고 있다. 이에 관해서는 배당에 참가할 수 있는 채권자에서 이미 살펴보았다. 이를 정리・보충하면 다음과 같다.

(1) 배당요구의 종기까지 경매신청을 한 압류채권자(1호)

여기에는 경매신청권자, 이중압류채권자가 포함된다.

(2) 배당요구의 종기까지 배당요구를 한 채권자(2호)

1) 여기에 해당하는 채권자들에 관해서는 법 88조 1항에서 규정하고 있다. 우선변제청구권자도 **배당요구**를 해야 한다. 첫 경매개시결정등기 뒤에 등기된 가압류채권자, 저당권자, 전세권자 등은 배당요구를 하거나 별도의 경매신청(이중압류)을 해야 한다.

채권자가 그 반환을 구하는 제도이지 사해행위목적물에 관하여 원래 인정되었어야 할 배당질서를 회복하기 위한 제도는 아니므로, 사해행위목적물에 관한 종전 경매절차에서의 현금화재산과 사해행위취소판결을 통해 원상회복된 책임재산은 별개의 배당재단이고, 따라서 이에 대한 이해관계인도 달라진다고 보아야 한다는 견해로는, 송방아, "저당권설정계약이 사해행위로 취소된 경우의 법률관계," 사법(사법발전재단) 70호(2024년), 227쪽 이하.

1) 대판 2002. 9. 24. 2002다33069, 2009. 5. 14. 2007다64310; 김민수, "근저당권설정계약이 사해행위로 취소되고 원상회복으로 배당금지급청구권에 대한 양도가 이루어진 경우 취소채권자가 채권의 만족을 얻는 방법," 민사판례연구(민사판례연구회) 32권(2010. 2.), 409쪽 이하.

2) 판례의 입장에도 불구하고 실무에서는 법 161조의 추가배당사유가 명확하지 않다는 이유로 취소채권자가 사해행위취소로 인한 승소판결을 받은 후 그 판결을 원인으로 한 채권압류 및 추심명령을 집행하여 공탁금을 수령해가고 있고, 이를 뒤늦게 안 다른 채권자들은 배당절차가 끝나더라도 부당이득금소송을 제기하는 등 분쟁상황이 이어 발생하고 있으며, 또한 위 공탁금에 대하여 사해행위취소 채권자와 다른 채권자가 압류 및 추심명령이 경합된 때에는 사유신고에 의한 채권집행절차를 통하여 채권의 만족을 얻는 경우도 종종 발생한다는 보고로는, 김유진, "사해행위취소의 효력과 부동산경매절차상 적용에 관한 연구 — 부동산경매절차가 진행중인 경우에 사해행위취소 판결의 효력을 실현하는 방안을 중심으로 —," 사법논집 62집(2017년), 121쪽・132쪽.

2) **첫 경매개시결정등기 뒤에** 체납처분에 의한 압류등기가 되고 배당요구의 종기까지 배당요구로서 **교부청구**(또는 교부청구를 갈음하는 참가압류)를 한 국가·지방자치단체도 포함된다.

3) 조세채권이 뒤에서 보는 바와 같이 법정기일에 관계없이 근저당권에 우선하는 **당해세**에 관한 것이라고 하더라도, 배당요구의 종기까지 **교부청구**한 금액만을 배당받을 수 있다.[1)]

(3) 첫 경매개시결정등기 전에 등기된 가압류채권자(3호)

1) 첫 경매개시결정등기 전에 등기된 가압류채권자는 배당요구를 하지 않더라도 당연히 배당요구를 한 것과 동일하게 취급되는 지위에 있다. 이러한 가압류채권자가 배당에 참가할 수 있는 채권액은 가압류결정상 **청구금액**에 한정된다. 즉 가압류채권자가 배당받을 금액은 가압류의 청구금액 범위 내에서 원금, 이자 및 비용이므로, 채권계산서에 적힌 채권액이 등기사항증명서나 가압류결정에 표시된 청구금액을 초과하는 때에는 청구금액을 채권금액으로 본다.[2)]

2) 부동산에 대하여 가압류등기가 먼저 되고 나서 **근저당권설정등기**가 마쳐진 경우에 경매절차의 배당관계에서 근저당권자는 선순위 가압류채권자에 대해서는 우선변제권을 주장할 수 없으므로 그 가압류채권자는 근저당권자 및 일반채권자와 같은 순위에서 채권액에 따른 안분비례에 의하여 평등배당을 받을 수 있다.[3)]

3) 다만 이러한 가압류의 청구채권이 우선변제권 있는 임금채권인 경우에는 **배당표 확정시**까지 이를 **소명**하여 우선배당을 받을 수 있다.[4)] 이는 가압류한 임

---

1) 당해세에 대한 부대세의 일종인 가산금 등의 경우에도, 교부청구 이후 배당기일까지의 가산금 등을 포함하여 지급을 구하는 취지를 배당요구의 종기 이전에 명확히 밝히지 않았다면, 배당요구의 종기까지 교부청구를 한 금액에 한하여 배당받을 수 있다. 대판 2012. 5. 10. 2011다44160; 임기환, "배당요구 종기까지 교부청구되지 아니한 당해세의 가산금 및 중가산금에 대한 배당의 가부," 대법원판례해설 91호(2012년 상반기), 577쪽 이하.

2) 법원실무제요 민사집행(3), 129쪽.

3) 대결 1994. 11. 29. 94마417. 따라서 가압류채권자는 채무자의 근저당권설정행위로 인하여 아무런 불이익을 입지 않으므로 채권자취소권을 행사할 수 없으나, 가압류채권자의 **실제 채권액**이 **가압류 청구금액**보다 많은 경우 그 초과하는 부분에 관해서는 가압류의 효력이 미치지 않아 그 범위 내에서는 채무자의 처분행위가 채권자들의 공동담보를 감소시키는 사해행위가 되므로 그 부분 채권을 피보전채권으로 삼아 당연히 채권자취소권을 행사할 수 있다. 대판 2008. 2. 28. 2007다77446; 양형우, "채무자의 근저당권설정행위와 가압류채권자의 채권자취소권," 홍익법학(홍익대학교) 10권 2호(2009년), 343쪽 이하.

4) 대판 2002. 5. 14. 2002다4870, 2004. 7. 22. 2002다52312. 위 판례의 태도에 입각하여 경매개시전 가압류집행이 있었고, 그 가압류의 피보전채권이 우선변제권이 있는 채권일 가능성이 있다고 판단되면 경매법원으로서는 가압류채권자의 우선변제권 주장·소명을 기다릴 것이 아

금채권자를 **대위하여** 배당받은 경우에도 마찬가지이다. 예컨대 사용자 소유의 부동산을 가압류한 임금채권자가 다른 부동산의 경매절차에서 우선특권에 따라 우선변제를 받고 이로 인하여 불이익을 받은 **저당권자**가 임금채권자가 가압류한 부동산의 경매절차에서 임금채권자를 대위하여 배당받는 경우에는 **배당표가 확정되기 전**까지 그 가압류의 **피보전채권**이 우선특권 있는 임금채권으로서 그 임금채권자를 **대위할 권리**가 있음을 **소명**하면 배당요구의 종기까지 배당요구를 하지 않았다고 하더라도 임금채권자를 대위하여 배당에 참가할 수 있다.[1)]

한편 첫 경매개시결정등기 전에 경매부동산을 가압류한 사람이 배당표 확정 전까지 가압류의 청구채권이 우선변제권 있는 임금채권임을 소명했으나 배당에서 제외된 채 배당표가 확정된 경우, 임금채권자가 부당이득반환청구를 할 수 있다.[2)]

4) 첫 경매개시결정등기 전에 등기된 가압류채권자로부터 그 피보전권리를 양수한 채권양수인은 승계집행문을 부여받지 않더라도[**가압류재판의 집행**, 즉 **가압류등기**가 된 **후 승계**가 있는 경우 승계집행문을 요하지 않는다(법 292조 1항 반대해석)] 배당표가 확정되기 전까지 집행법원에 **피보전권리를 양수**했음을 **소명**하여 가압류의 효력을 원용함으로써 가압류채권자의 승계인의 지위에서 배당받을 수 있다.[3)]

니라 적극적으로 석명권을 행사하여 우선변제권 유무를 가리는 것이 바람직하다는 견해로는, 박철, "경매개시 전에 부동산을 가압류한 임금채권자가 배당요구를 하지 않은 경우 배당순위," 대법원판례해설 40호(2002년 상반기), 624쪽 이하. 한편 위 판례의 태도에 대하여, 민사집행법이 배당요구의 방식에 관한 명문의 규정을 두고 있으며, 경매절차의 안정성을 강화하기 위하여 여러 제도를 새로 마련하고 있는 입법취지에 비추어 볼 때, 우선변제권자라고 하더라도 배당요구의 종기까지 우선변제권에 관한 소명을 하지 않는 한 우선배당을 받을 수 없다고 해석함이 타당하다는 견해로는, 박종훈, "경매개시 전에 부동산을 가압류한 임금채권자의 우선변제권 인정을 위한 요건," 판례연구(부산판례연구회) 16집(2005. 2.), 623쪽 이하.

1) 대판 2002. 12. 10. 2002다48399, 2005. 9. 29. 2005다34391 등.

2) 따라서 근로기준법상 우선변제권이 있는 임금채권자가 경매절차개시 전에 경매부동산을 가압류하고 배당표가 확정되기 전까지 그 가압류의 청구채권이 우선변제권 있는 임금채권임을 소명하였음에도 경매법원이 임금채권자에게 우선배당을 하지 않은 채 후순위 채권자에게 배당하는 것으로 배당표를 작성하고 그 배당표가 그대로 확정된 경우에는 배당을 받아야 할 사람이 배당을 받지 못하고 배당을 받지 못할 사람이 배당을 받은 것으로서 배당에 관하여 이의를 한 여부 또는 형식상 배당절차가 확정되었는지 여부에 관계없이 배당을 받지 못한 임금채권자는 배당을 받은 후순위 채권자를 상대로 부당이득반환청구권을 갖는다. 대판 1988. 11. 8. 86다카2949, 2004. 7. 22. 2002다52312; 김용상, "경매절차개시 전에 경매 목적 부동산을 가압류한 임금채권자가 배당표 확정 전에 가압류의 청구채권이 우선변제권 있는 임금채권임을 소명하였으나 배당에서 제외된 채 배당표가 확정된 경우, 그 임금채권자는 배당을 받은 후순위 채권자를 상대로 부당이득반환청구를 할 수 있는지 여부," 대법원판례해설 51호(2004년 하반기), 218쪽 이하.

3) 대판 1993. 7. 13. 92다33251, 1995. 7. 28. 94다57718, 2012. 4. 26. 2010다94090.

(4) 첫 경매개시결정등기 전에 등기된 저당권 · 전세권, 그 밖의 우선변제 청구권으로서 매각으로 소멸하는 것을 가진 채권자(4호)

이 경우 배당요구가 필요 없다. 압류 전의 담보가등기권자도 마찬가지이다. 한편 우선변제권이 있는 임금채권자가 현재 및 장래의 임금이나 퇴직금 채권을 피담보채권으로 하여 사용자의 재산에 관한 **근저당권을 취득한** 경우 배당요구의 종기까지 우선변제권 있는 임금채권임을 소명하지 않았다고 하더라도 **배당표가 확정되기 전**까지 피담보채권이 우선변제권이 있는 임금채권임을 소명하면 최종 3개월분의 임금이나 최종 3년간의 퇴직금 등에 관한 채권에 대해서는 선순위 근저당권자 등보다 우선배당을 받을 수 있다.[1)]

(5) 첫 경매개시결정등기 전에 체납처분압류를 한 압류권자

조세, 그 밖의 공과금을 주관하는 공공기관이 경매개시결정등기 이전에 체납처분에 의한 압류등기를 한 경우에는 교부청구를 한 효력이 있는 것으로 보아야 하고, 이 경우 별도의 배당요구가 없어도 배당을 받게 된다.

4. 배당순위

(1) 의 의

1) 집행비용을 먼저 제외한 나머지 금액을 민법 · 상법, 그 밖의 법률에 의한 우선순위에 따라 배당해야 한다(법 145조 2항). 강제집행에 필요한 비용은 채무자가 부담하고 그 집행에 의하여 우선적으로 변상을 받는다(법 53조 1항). 해당 강제집행절차에서 **변상을 받지 못한 비용**은 집행법원의 **집행비용액확정결정**을 받아야 하는데(규칙 24조 1항), 집행비용액확정절차에서는 변상할 집행비용의 수액을 정할 수 있을 뿐이고, 그 변상의무 자체의 존부를 심리 · 판단할 수는 없다.[2)]

2) 집행비용 다음 순위로는 저당권이 설정된 부동산(저당부동산)의 제 3 취득자가 그 부동산의 보존 · 개량을 위하여 지출한 **필요비 · 유익비**이다(민 367조). 제

1) 대판 2015. 8. 19. 2015다204762.

2) 따라서 채무자는 채권자가 제출한 비용계산서의 비용항목이 집행비용에 속하는지 여부 및 그 수액에 대하여 의견을 진술하고 소명자료를 제출할 수 있을 뿐이고, 집행비용액확정절차 외에서 이루어진 변제, 상계, 화해 등에 의하여 집행비용부담에 관한 실체상의 권리가 소멸되었다고 하더라도 이러한 사유는 집행비용액확정결정의 집행단계에서 청구이의의 소를 제기할 사유가 됨은 별론으로 하고 집행비용액확정절차에서 심리 · 판단할 대상은 될 수 없다. 대결 2009. 3. 2. 2008마1778.

3 취득자가 저당부동산에 관하여 지출한 필요비 · 유익비는 그 부동산의 가치의 유지 · 증가를 위하여 지출된 **일종의 공익비용**이기 때문에 특별히 우선적으로 상환받도록 하였다. 여기서 **제 3 취득자**란 저당부동산에 관한 지상권 · 전세권 · 대항력 있는 임차권 등을 취득한 사람만이 아니고, 소유권을 취득한 사람도 해당한다.[1)] 제 3 취득자가 필요비 · 유익비를 매각대금으로부터 상환받기 위하여 필요비에 관해서는 지출한 금액을, 유익비에 관해서는 지출한 금액 또는 부동산의 증가액을[2)] 증명하여 법원에 배당요구의 종기까지 **배당요구**를 해야 한다. 저당부동산의 제 3 취득자가 지출한 필요비 · 유익비의 우선상환은 저당권자의 신청에 의한 담보권실행을 위한 경매절차뿐만 아니라, 저당부동산이 매각되는 이상 다른 채권자에 의하여 개시되는 **강제경매절차에서도** 적용된다.

3) 배당순위는 압류부동산에 담보권이 설정되어 있는지 여부 및 담보권이 조세채권보다 우선하는지 여부 등에 따라 달라진다.

(2) 1순위

(a) 이에 해당하는 경우

최우선변제권인 우선특권이다. 예컨대 ① 최종 3개월분의 임금채권과 재해보상금채권(근로기준법 38조 2항),[3)] ② 최종 3년간의 퇴직급여 등 채권(근로자퇴직급여 보장법 12조 2항),[4)5)6)] ③ 임차주택의 소액보증금채권[보증금 중 일정 금액에 대하여, **대항요건**인 주택의 인도 및 주민등록을 갖춘 경우에 인정한다(주택임대차보호법 3조 1항

1) 대판 2004. 10. 15. 2004다36604.

2) 민법 203조 2항은 유익비에 관하여 점유물의 가액의 증가가 현존하는 경우에 한하여 회복자의 선택에 좇아 그 지출금액이나 증가액의 상환을 청구할 수 있도록 규정하고 있으나, 경매절차에서는 당연히 적은 쪽의 금액만을 상환받을 수 있다. 법원실무제요 민사집행(3), 136쪽.

3) 재판예규 제1652호 '근로자의 임금채권에 대한 배당시 유의사항'(재민 97-11, 2017. 5. 1. 개정, 2017. 5. 26. 시행)은, 다수의 근로자가 임금채권에 대하여 배당요구를 하는 경우(근로자 대표자를 선임하여 그의 명의로 배당요구를 하는 경우, 선정당사자제도를 이용하여 배당요구를 하는 경우) 등에 관하여 정하고 있다.

4) 여기서 '퇴직급여 등'이란 퇴직금, 확정기여형퇴직연금제도의 급여, 확정기여형퇴직연금제도의 부담금 중 미납금 및 이에 대한 지연이자, 개인형퇴직연금제도의 부담금 중 미납금 및 이에 대한 지연이자를 말한다(근로자퇴직급여 보장법 12조 1항).

5) 계속근로기간 1년에 대하여 30일분 이상의 평균임금(퇴직일 이전 3개월 동안에 해당 근로자에게 지급된 임금의 총액을 그 기간의 일수로 나눈 금액)을 적용하여 계산한다(근로자퇴직급여 보장법 12조 3항).

6) 2014. 12. 30. 채무자 회생 및 파산에 관한 법률을 개정(2015. 7. 1. 시행)하여, **파산절차**에서도 근로자가 행사하는 근로자의 최종 3개월분의 임금 · 재해보상금 및 최종 3년분의 퇴직금 채권에 대하여 최우선변제권을 인정했다.

내지 3항, 8조 1항)], ④ 임차상가건물의 소액보증금채권[보증금 중 일정 금액에 대하여, **대항요건**인 건물의 인도 및 사업자등록신청을 갖춘 경우에 인정한다(상가건물 임대차보호법 3조 1항, 14조 1항)] 등이다.

(b) 임금채권 등의 경우

1) 임금채권 등 우선변제권의 적용대상이 되는 **사용자의 총재산**이란 **근로계약의 당사자**로 임금채무를 **1차적으로 부담**하는 사업주인 사용자의 총재산을 의미한다.[1)]

2) 사용자가 재산을 **특정승계 취득하기 전**에 그 재산에 설정된 담보권(질권 또는 저당권)에 대해서는 앞서 본 임금채권 등의 우선변제권이 인정되지 않는다.[2)] 즉 **종전 소유자**가 담보권을 **설정한** 재산의 **소유권을 사용자가 이전받아** 임금채권 등이 발생한 경우에는 **담보권자가 우선**한다. 이는 담보권자가 담보권설정자가 아닌 양수인이 담보목적물에 대해 지는 부담에 의하여 담보권을 침해당할 수 없음에 근거한다. 그러나 **사용자**가 그 **사용자의 지위를 취득하기 전**에 그 자신이 **설정한** 담보권에 대해서는 임금채권자 등이 우선한다. 즉 **소유자의 변동이 없는 상태**에서 소유자가 담보권을 설정한 후 사용자의 지위를 취득하여 임금채권 등이 발생한 경우[담보권이 설정된 재산이 이전되지 않고, 단지 사용자 지위의 취득시기가 담보권설정 후인 경우]에는 **임금채권자 등이 우선**한다.[3)]

---

1) 대판 1999. 2. 5. 97다48388, 2006. 12. 21. 2006다65064. 따라서 사업이 여러 차례 도급에 의하여 행해지는 경우 하수급인이 직상수급인의 귀책사유로 하수급인의 근로자에게 임금을 지급하지 못하게 됨에 따라 직상수급인이 근로기준법 44조 1항에 의하여 하수급인의 근로자에 대하여 하수급인과 연대하여 임금을 지급할 책임을 지게 되더라도(도급인이 1차에 걸쳐 행해짐으로써 도급인과 수급인만이 있는 때에는 도급인이 직상수급인에 해당한다) 직상수급인과 하수급인의 근로자 사이에 묵시적인 근로계약관계의 성립을 인정할 수 있는 **특별한 사정이 존재하지 않는 이상** 직상수급인은 하수급인의 근로자에 대한 관계에서 근로계약의 당사자로서 임금채무를 1차적으로 부담하는 사업주인 사용자에 해당하지 않는다. 따라서 **직상수급인 소유의 재산**에 대한 강제집행절차에서 **하수급인의 근로자들**이 직상수급인 소유의 재산을 사용자의 총재산에 해당한다고 보아 이에 대하여 임금우선변제권을 주장할 수 없다. 대판 1997. 12. 12. 95다56798, 1999. 2. 5. 97다48388.

2) 대판 1994. 1. 11. 93다30938, 2004. 5. 27. 2002다65905.

3) 근로기준법 38조 2항, 근로자퇴직급여 보장법 12조 2항은 근로자의 최저생활을 보장하고자 하는 공익적 요청에서 일반 담보물권의 효력을 일부 제한하고 임금채권 등의 우선변제권을 규정한 것이므로, 합리적 이유나 근거 없이 그 적용대상을 축소하거나 제한하는 것은 허용되지 않는다. 그런데 근로기준법 38조 2항, 근로자퇴직급여 보장법 12조 2항에서 임금채권 등은 각 같은 조 1항에도 불구하고 사용자의 총재산에 대하여 질권 또는 저당권에 따라 담보된 채권에 우선하여 변제되어야 한다고 규정하고 있을 뿐, 사용자가 그 사용자 지위를 취득하기 전에 설정한 질권 또는 저당권에 따라 담보된 채권에는 우선하여 변제받을 수 없는 것으로 규

주의할 것은 종전 소유자가 담보권을 설정한 재산을 사용자가 이전받아 임금채권 등이 발생한 경우라고 하더라도 **형식적인 소유 주체의 변동**에 불과하고 **실질적인 동일성**이 인정되면 임금채권자 등이 우선한다는 점이다.[1)]

3) 최우선변제권이 있는 임금채권을 대신 변제한 사람은 채무자인 사용자에 대한 임금채권자로서 사용자의 총재산에 대한 강제집행절차나 담보권실행을 위한 경매절차가 개시된 경우 배당요구의 종기까지 **배당요구**를 하여 그 배당절차에서 저당권자나 일반채권자보다 우선하여 변제받을 수 있다.[2)] 다만 근로자인 임금채권자가 우선특권에 기하여 배당요구의 종기까지 적법한 배당요구를 했다면 대위권자는 배당요구의 종기까지 배당요구를 하지 않았다고 하더라도 **배당표가 확정되기 전**까지 그 임금채권자를 **대위할 권리**가 있음을 **소명**함으로써 임금채권자를 대위하여 배당에 참가할 수 있다.[3)]

▣ 우선변제권이 인정되는 임금채권 등의 구체적 범위

(1) 최종 3개월간 근무한 부분의 임금채권 등의 의미

1) '최종 3월분의 임금채권'은 최종 3개월 사이에 지급사유가 발생한 임금채권을 의미하는 것이 아니라, 최종 3개월간 근무한 부분의 임금채권을 말한다.[4)]

정하고 있지 않기 때문이다. 대판 2011. 12. 8. 2011다68777; 이지은, "사용자 재산에 설정된 저당권과 임금채권의 우선변제," 서울대 법학 163호(2012. 6.), 469쪽 이하.

1) 개인병원의 형태로 운영되던 사업을 의료법인의 형태로 전환하면서 근저당권의 목적물인 부동산 등 물적 시설을 의료법인에 출자하고 그에 따라 근로자들의 근로관계도 법인에게 단절 없이 승계된 경우와 같이 사업의 인적조직·물적시설이 그의 동일성을 유지하면서 일체로서 이전되어 형식적으로 경영 주체의 변동이 있을 뿐 개인병원과 의료법인 사이에 **실질적인 동일성**이 인정되는 때에는 담보된 재산만이 특정승계된 경우와 달라서, 고용이 승계된 근로자는 물론 법인 전환 후에 신규로 채용된 근로자들도 사용자가 재산을 취득하기 전에 설정된 담보권에 대하여 임금 등의 우선변제권을 가진다. 대판 2004. 5. 27. 2002다65905, 2004. 12. 24. 2003다39729.

2) 대판 1996. 2. 23. 94다21160.

3) 대판 2007. 9. 7. 2005다70816.

4) 대판 2002. 3. 29. 2001다83838. 따라서 구정, 추석, 연말의 3회에 걸쳐 각 기본급의 일정비율씩 상여금을 지급받고 그 상여금이 근로의 대가로 지급되는 임금의 성질을 갖는 경우, 근로기준법 소정의 우선변제권이 인정되는 상여금은 퇴직전 최종 3개월 사이에 있는 연말과 구정의 각 상여금 전액이 아니라 퇴직 전 최종 3개월의 근로의 대가에 해당하는 부분이다. 법원도서관, 민사집행법실무연구(2)(2009. 3. 5.), 147쪽 이하. 예컨대 기본급이 월 200만원이고, 상여금으로 설날, 추석, 연말 3회에 걸쳐 기본급 상당의 각 200만원을 지급받았다면 퇴직 전 최종 3개월 사이에 연말과 설날이 있었다면 최종 3월분의 임금은 1,000만원(기본급으로 600만원(200만원×3)에 상여금으로 400만원(200만원×2)을 더한 금액)이 아니라, 750만원(기본급으로 600만원에 상여금으로 150만원(200만원×3×3/12)을 더한 금액)이 된다.

2) 우선변제권이 인정되는 임금채권의 범위는 해당 임금채권에 대한 근로자의 배당요구 당시 근로자와 사용자의 근로계약관계가 이미 **종료되었다면** 그 종료시부터 소급하여 (연속된) 3개월 사이에 지급사유가 발생한 임금 중 미지급분을 말한다.[1] 그러나 배당요구 당시에도 근로관계가 **종료되지 않은** 근로자의 경우에는 배당요구 시점부터 소급하여 3개월 사이에 지급사유가 발생한 임금 중 미지급분을 말한다.[2]

3) 최종 3년간의 퇴직금도 앞서와 같이 보아야 하므로 배당요구의 종기일 이전에 퇴직금의 지급사유가 발생해야 한다.[3]

(2) 임금 등 채권에 지연손해금도 포함되는지 여부

임금 등 자체에 대해서만 우선변제권이 인정되고, 지연손해금에 대해서는 우선변제권이 인정되지 않는다.[4] 따라서 임금채권자들이 집행력 있는 정본에 기해 배당요구를 하는 경우에 **원금**만을 우선배당하고, **지연손해금**은 일반채권자와 안분배당을 한다.[5]

▣ 근로자의 임금채권 등의 우선변제권에 기한 배당요구시 첨부할 소명자료

(1) 확정판결 또는 체불금품확인서

근로자가 집행법원에 근로기준법 38조에서 정한 임금채권 및 근로자퇴직급여보장법 12조에서 정한 퇴직금채권의 우선변제권에 기한 배당요구를 하는 경우에는, 판결이유 중에 배당요구채권이 우선변제권 있는 임금채권이라는 판단이 있는 법원의 **확정판결**이나 노동부 지방사무소에서 발급한 **체불금품확인서** 중 하나를 제출해야 한다.

(2) 그 밖의 첨부서류

위 서류와 함께, ① 사용자가 교부한 국민연금보험료 원천공제계산서(국민연금법 90조 2항), ② 원천징수의무자인 사업자로부터 교부받은 근로소득에 대한 원천징수영수증(소득세법 143조), ③ 국민건강보험공단이 발급한 국민연금보험료 납부사실

---

1) 대판 1999. 4. 9. 98다47412, 2008. 6. 26. 2006다1930. 예컨대 2020년 7월분, 8월분, 9월분, 10월분의 급여 중 8월분을 지급받았다면 비록 7월분을 지급받지 못했다고 하더라도, 9월분, 10월분만 우선변제권이 인정되는 임금채권에 속한다.

2) 대판 2015. 8. 19. 2015다204762.

3) 대판 2015. 8. 19. 2015다204762.

4) **판례**는, 임금 등 채권의 최우선변제권은 근로자의 생활안정을 위한 사회정책적 고려에서 담보물권자 등의 희생 아래 인정되고 있는 점, 민법 334조·360조 등에 의하면 공시방법이 있는 민법상의 담보물권의 경우에도 우선변제권이 있는 피담보채권에 포함되는 이자 등 부대채권 및 그 범위에 관하여 별도로 규정하고 있음에 반하여, 근로기준법 등의 규정에는 최우선변제권이 있는 채권으로 **원본채권**만을 열거하고 있는 점 등에 비추어 볼 때, 임금 등에 대한 **지연손해금채권**에 대해서는 최우선변제권이 인정되지 않는다고 봄이 상당하다고 한다. 대결 2000. 1. 28. 99마5143.

5) 대결 2000. 2. 12. 99마5143.

확인서(국민연금법 88조), ④ 국민건강보험공단이 발급한 국민건강보험료 납부사실 확인서(국민건강보험법 69조), ⑤ 노동부 지방고용노동관서가 발급한 고용보험피보험자격 취득확인통지서(고용보험법 17조), ⑥ 위 ①에서 ⑤까지 기재 서면을 제출할 수 없는 부득이한 사정이 있는 때에는 사용자가 작성한 근로자명부(근로기준법 41조) 또는 임금대장(근로기준법 48조)의 사본[다만 이 경우에는 사용자가 사업자등록을 하지 않는 등의 사유로 위 ①에서 ⑤까지 기재 서면을 발급받을 수 없다는 사실을 소명하는 자료도 함께 제출해야 한다] 등의 서면 가운데 하나를 소명자료로 첨부해야 한다.[1)]

4) 임금채권보장법 7조에 따라 고용노동부장관(**근로복지공단**)이 근로자에게 **체당금**을 지급했을 때에는[2)] 그 **지급한 금액의 한도**에서 그 근로자가 해당 사업주에 대하여 미지급 임금 등을 청구할 수 있는 권리를 **대위**하게 되는데, 이 경우 임금 및 퇴직금 등 채권의 우선변제권은 대위되는 권리에 존속하게 된다(임금채권보장법 8조).

근로복지공단이 대지급금을 지급할 때에 임금채권보장법 7조 2항 단서에 따라 **상한액**을 **제한**하여 **일부**만 대신 지급한 경우, 예컨대 근로기준법 38조 2항 1호의 최종 3개월분의 임금, 근로자퇴직급여 보장법 12조 2항의 최종 3년간 퇴직금 중 근로복지공단이 상한액을 제한하여 일부만 대신 지급한 경우에는 **나머지 부분**에 대한 해당 **근로자의 임금우선변제권**과 근로복지공단의 **대지급금**에 대한 **대위권에 기한 우선변제권**이 병존하게 되는데, 이 경우에는 **해당 근로자의 우선변제권**이 근로복지공단의 대위권에 기한 우선변제권에 **우선**한다.[3)]

한편 근로복지공단이 임금채권보장법에 따라 **일부 근로자들**에게 최우선변제권이 있는 임금과 퇴직금 중 **일부를 대지급금**으로 지급하고 그에 해당하는 근로자의 임금 등 채권을 배당절차에서 대위행사를 하는 경우, **근로복지공단**이 **대위하는 채권**과 대지급금을 지급받지 못한 **다른 근로자들**의 최우선변제권이 있는 **임**

1) 재판예규 제1652호 '근로자의 임금채권에 대한 배당시 유의사항'(재민 97-11, 2017. 5. 1. 개정, 2017. 5. 26. 시행).

2) 고용노동부장관은 임금채권보장법 7조 1항·2항에 따라 일정한 경우 사업주를 대신하여 근로자에게 임금, 퇴직금, 휴업수당을 지급하는 데 이를 '**대지급금**'이라 한다. 종래의 '**체당금**'이란 명칭이 **2021. 4. 13. 개정** 임금채권보장법(2021. 10. 시행)에 의하여 개칭되었다. 한편 이러한 고용노동부장관의 대지급금 지급권한과 청구권 대위권한은 **근로복지공단**에 **위탁**되어 있다. 임금채권보장법 27조, 같은 법 시행령 24조 2항 1호·2호.

3) 대판 2011. 1. 27. 2008다13623, 2011. 2. 24. 2009다47937.

금 등 채권은 **같은 순위**로 배당을 한다.[1)]

▣ 사용자의 매각부동산이 여러 건인 경우 임금채권의 내용

(1) 임금 등에 대한 우선특권은 사용자의 총재산에 대하여 저당권 등에 의하여 담보된 채권, 조세 등에 우선하여 변제받을 수 있는 이른바 **'법정담보물권'**이다.[2)] 사용자 소유의 부동산이 여러 건인 경우 임금채권자는 마치 그 부동산 전부에 대한 공동저당권자와 유사한 지위에 서게 된다. 따라서 사용자 소유의 여러 건의 부동산이 같이 경매(**동시경매**)되어 그 매각대금을 동시에 배당(**동시배당**)하는 때에는 각 부동산의 매각대금에 비례하여 임금채권의 부담을 정해야 한다(민 368조 1항).

(2) 한편 사용자 소유의 여러 건의 부동산 중 일부가 먼저 경매(**이시경매**)되어 그 매각대금에서 임금채권자들이 우선특권에 의하여 우선변제를 받은 결과 **그 매각된 부동산의 저당권자**가 민법 368조 1항에 의하여 여러 건의 부동산으로부터 임금채권이 동시배당되는 경우보다 불이익을 받는 때에는 **같은 조 2항 후문**을 **유추적용**하여, 위 저당권자로서는 임금채권자가 위 여러 건의 부동산으로부터 동시에 배당받았다면 **다른 부동산의 매각대금**에서 **변제를 받을 수 있었던 금액**의 한도 내에서 선순위자인 **임금채권자를 대위**하여 다른 부동산의 경매절차에서 우선하여 배당(**이시배당**)받을 수 있다.

이때 임금채권자를 대위하는 **저당권자**는 임금채권자가 경매개시 이전에 경매목적물을 **가압류**했거나(즉 첫 경매개시결정등기 전에 가압류집행을 한 채권자이거나) 임금채권자 스스로 우선변제권에 기하여 배당요구의 종기까지 적법한 배당요구를 했다는 등의 특별한 사정이 없는 한 배당요구의 종기까지 **배당요구**를 한 때에 한하여 비로소 배당을 받을 수 있다. 그런데 **근로복지공단**이 개별 근로자가 해당 사업주에 대하여 가지는 임금 등 채권을 대위하여 행사함에 따라 어느 경매절차에서 우선배당을 받은 경우, 저당권자는 **근로복지공단이 대위한 해당 근로자의 임금 등 채권을 다시 대위하여** 다른 경매절차에서 우선하여 배당받을 수 있다. 이를 위해서는 해당 근로자 또는 그를 대위한 근로복지공단이 배당요구의 종기까지 배당요구를 하거나, 그렇지 않다면 저당권자 스스로 배당요구의 종기까지 대위할 임금채권에 대하여 자신을 위한 배당요구를 해야 한다.[3)]

---

1) 대판 2015. 11. 27. 2014다208378. 따라서 ① 최우선변제권이 있는 임금과 퇴직금을 **전부 지급**한 후 대위행사하는 **근로복지공단**과 **대지급금을 지급받지 않은** 최우선변제권이 있는 **다른 근로자**가 있는 경우 같은 순위로 안분비례에 따른 배당을 한다. ② 최우선변제권이 있는 임금과 퇴직금 중 **일부만을 지급**한 후 대위행사하는 **근로복지공단**, **나머지 부분**에 대한 **해당 근로자**, 대지급금을 **지급받지 않은** 취우선변제권이 있는 **다른 근로자**가 있는 경우 먼저 1차로 안분비례에 따른 배당을 한 후 2차로 나머지 부분에 대한 해당 근로자가 1차 배당에서 만족받지 못한 금액을 한도로 근로복지공단의 배당금을 흡수하는 배당(**안분후 흡수배당**)을 하게 된다. 법원실무제요 민사집행(3), 98쪽.

2) 대판 2000. 9. 29. 2000다32475, 2009. 11. 12. 2009다53017,53024 등.

3) 대판 2014. 6. 26. 2014다204857 등; 법원실무제요 민사집행(3), 99쪽.

5) 한편 사업주가 **파산선고**를 받은 때에도 근로자의 최우선임금채권을 보호하기 위하여 근로자의 최우선임금채권에 대해서는 파산재단에 속하는 재산에 대한 **별제권** 행사 또는 **체납처분**에 따른 현금화대금에서 다른 담보물권보다 우선하여 변제받을 권리를 인정하고 있다[채무회생 415조의2(2014. 12. 30. **신설**) 본문].[1] 다만 위 **같은 조 단서**에서는 뒤에서 볼 임금채권보장법 8조에 따라 **근로복지공단**이 해당 채권을 대위하는 경우에는 그렇지 않다고 규정하고 있으나, 이는 파산채무자인 사업주를 대신하여 미지급 임금을 지급하고 임금채권보장법 8조 2항에 따라 근로자의 권리를 대위하는 근로복지공단은 별제권 행사에 따른 경매절차에서 근로자와는 달리 배당금을 직접 받을 수 없다는 의미이며, 근로복지공단이 다른 담보물권자보다 우선하여 변제받을 권리를 부정한 것이 아니다.[2] 따라서 근로복지공단이 대지급금채권자로서 배당요구를 하면 조세채권자가 교부청구를 한 경우 등과 마찬가지로 그 배당금은 **파산관재인**에게 교부되고, 파산관재인을 통하여 변제받게 된다.[3]

(c) 소액보증금채권의 경우

1) 임차주택(상가건물)의 소액보증금채권은 **첫 경매개시결정등기 전**에 **대항요건**(주택의 경우 주택의 **인도**와 **주민등록**, 상가건물의 경우 상가건물의 **인도**와 **사업자등록신청**)을 갖추고 배당요구의 종기까지 **배당요구**를 한 경우에 인정된다. 주택임대차보호법(상가건물 임대차보호법)상 소액보증금채권에 대한 우선변제의 요건인 주택

---

1) 이는 별제권 행사에 따른 경매절차에서 종래 조세채권 등과 마찬가지로 파산관재인이 그 배당금을 교부받아 각 채권자에게 안분변제하여 온 방식에서 벗어나 근로자가 직접 우선변제권 있는 채권액을 우선하여 배당을 받고 그 배당금을 직접 수령할 수 있게 함으로써 최우선임금채권을 두텁게 보장하려는 것이다. 대판 2022. 8. 31. 2019다200737, 2022. 9. 29. 2021다269364, 2022. 12. 1. 2018다300586. 위 판결들 이전에 위 단서 규정이 대지급금 채권자의 별제권자에 대한 우선변제(배당순위의 우위)를 부정한 것이 아니고 배당금 직접수령 가부를 규정한 것으로 해석하는 것이 실체법과 채무자회생법 간의 조화로운 해석이고, 사용자의 파산상태에서 가능한 한 최우선 임금채권(대지급금채권 포함)을 보호하는 방향으로의 법해석이 사회적 타당성을 확보할 수 있으며 종래 실무의 태도와도 부합한다는 견해로는, 오태영, "파산재단에 속하는 부동산에 대한 경매와 배당에 관한 검토 — 별제권자(근저당권자 등)와 최우선 임금채권자(특히 체당금에 의한 대위변제자) 사이의 배당 관계를 중심으로 —," 민사집행법 실무연구(Ⅴ)(재판자료 141집, 2021년), 582쪽.

2) 만약 위 조항 신설 전과 달리 근로복지공단이 임금채권보장법 8조 2항의 규정에 따른 우선변제를 받을 권리(다만 그 배당금은 파산관재인에게 교부된다)조차도 행사할 수 없도록 하여 담보물권자가 파산으로 말미암아 파선 전보다 더 유리하게 되는 결과를 허용하고자 하는 취지는 아니라고 봄이 타당하다. 대판 2022. 8. 31. 2019다200737.

3) 대판 2022. 9. 29. 2021다269364, 2022. 12. 1. 2018다300586.

(상가건물)의 인도와 주민등록(사업자등록신청)의[1] **존속기간의 종기**는 **배당요구의 종기**까지이다.[2] 배당요구의 종기가 연기된 때에는 연기된 배당요구의 종기까지 존속해야 한다.[3]

판례는, 소액임차인을 보호하기 위하여 경매개시결정 전에만 대항요건을 갖추면 우선변제권을 인정하는 주택임대차보호법을 악용하여 부당한 이득을 취하고자 임대차계약을 체결한 경우에는 주택임대차보호법상의 보호대상인 소액임차인에 해당하지 않는다고 본다.[4]

한편 동일 목적물에 **임차권등기**가 되어 있는 경우 그 이후에 임차한 임차인은 소액보증금 최우선변제권이 없다(주택임대차보호법 3조의3 6항, 상가건물 임대차보호법 6조 6항). 민법 621조에 의한 임차권등기가 되어 있는 경우에도 마찬가지이다(주택임대차보호법 3조의4 1항, 상가건물 임대차보호법 7조 1항).

▣ 최우선변제권이 인정되는 진정한 소액임차인인지 여부가 문제되는 경우

(1) 주택임차인이란 해당 주택을 실제 주거용으로 사용·수익하기 위하여 임차한 사람을 뜻하는 것이므로, 임대차계약의 주된 목적이 주택을 사용·수익하려는 데 있는 것이 아니라 소액임차인으로 보호받아 기존채권을 회수하려는 데 있는 경

---

1) 상가건물 임대차보호법은 상가건물 임차인의 경우 대항요건을 '사업자등록을 한 때'로 규정하지 않고 '사업자등록을 신청한 때'로 규정하고 있다. 그러나 신청이란 1회적 행위이고 계속적인 행위나 상태를 의미하는 것이 아닌데다가, 사업자는 원칙적으로 사업개시일부터 20일 이내에 사업장 관할 세무서장에게 사업자등록을 신청해야 하며(부가가치세법 8조 1항), 신청을 받은 사업장 관할 세무서장은 사업자등록을 하고, 사업자등록증을 발급해야 하므로(부가가치세법 8조 7항), **사업자등록의 유지**를 **대항력의 존속요건**으로 보는 데 달리 문제가 없다. 법원실무제요 민사집행(3), 68쪽.

2) 주택임대차보호법 8조 1항에서 임차인에게 같은 법 3조 1항 소정의 주택의 인도와 주민등록을 요건으로 명시하여 그 보증금 중 일정액의 한도 내에서는 등기된 담보물권자에게도 우선하여 변제받을 권리를 부여하고 있는 점, 이러한 임차인은 배당요구의 방법으로 우선변제권을 행사하는 점, 배당요구시까지만 위 요건을 갖추어도 족하다고 한다면 동일한 임차주택에 대하여 주택임대차보호법 8조 1항 소정의 임차인 이외에 같은 법 3조의2 소정의 임차인이 출현하여 배당요구를 하는 등 경매절차상의 다른 이해관계인들에게 피해를 입힐 수도 있는 점 등에 비추어 볼 때, 공시방법이 없는 주택임대차에서 주택의 인도와 주민등록이라는 우선변제의 요건은 그 우선변제권 취득시에만 구비하면 족한 것이 아니고, 민사집행법상 **배당요구의 종기**까지 **계속 존속**하고 있어야 한다. 대판 1997. 10. 10. 95다44597, 2006. 1. 13. 2005다64002, 2007. 6. 14. 2007다17475; 민일영, "주택임차인의 우선변제를 위한 대항요건의 종기," 판례월보 338호(1998. 11.), 18쪽 이하.

3) 법원실무제요 민사집행(3), 59쪽.

4) 대판 2013. 12. 12. 2013다62223.

우에는 주택임대차보호법상의 소액임차인으로 보호받을 수 없다.[1] 다만 임대차의 주된 목적이 주택을 사용·수익하려는 데 있는 경우에는 채권자가 **기존의 금전채권**을 **임차보증금**으로 **전환**해 채무자와 임대차계약을 체결하여 거주했다고 하더라도 임차인으로 보호를 받을 수 있다.[2]

(2) 실제 임대차계약의 주된 목적이 주택을 사용·수익하려는 것인 이상, 처음 임대차계약을 체결할 당시에는 보증금액이 많아 주택임대차보호법상 소액임차인에 해당하지 않았지만 그 후 새로운 임대차계약에 의하여 정당하게 **보증금을 감액**하여 소액임차인에 해당하게 되었다면, 그 임대차계약이 통정허위표시에 의한 계약이어서 무효라는 등의 특별한 사정이 없는 한 그러한 임차인은 주택임대차보호법상 소액임차인으로 보호받을 수 있다.[3]

2) 임차보증금 중 **소액보증금**으로 최우선 배당을 받고 난 **나머지 보증금**은 임차인이 **확정일자**를 받아 우선변제청구를 선택하여 **배당요구**를 한 경우에는 4순위로, 그렇지 않은 경우에는 매수인이 이를 인수한다.[4]

3) **소액임차인**의 **최우선변제 기준**으로는, ① **주택임대차**는 예컨대 **서울**의 경우 보증금 **1억 6,500만원 이하**에 **5,500만원**, 수도권 과밀억제권역(서울 제외), 세종특별자치시, 용인시 및 화성시·김포시의 경우는 보증금 1억원 4,500만원 이하에 4,800만원 등(**2023. 2. 21. 개정·시행** 주택임대차보호법 시행령 10조 1항 1호·2호, 11조 1호·2호)[5]이며, ② **상가건물임대차**는 예컨대 **서울**의 경우 보증금 **6,500만원 이하**에 **2,200만원**, 수도권 과밀억제권역(서울 제외)의 경우는 보증금 5,500만원 이하에 1,900만원 등(2013. 12. 30. 개정, 2014. 1. 1. 시행 상가건물 임대차보호법 시행령 6조 1

---

1) 대판 2001. 5. 8. 2001다14733, 2009. 6. 11. 2009다12764 등.

2) 대판 2002. 1. 8. 2001다47535.

3) 대판 2008. 5. 15. 2007다23203.

4) 주택임대차보호법 8조 1항의 소액보증금 최우선변제권은 임차주택에 대하여 저당권에 의하여 담보된 채권 또는 조세채권 등에 우선하여 변제받을 수 있는 **일종의 법정담보물권**을 부여한 것이므로, 채무자가 채무초과상태에서 채무자 소유의 유일한 주택에 대하여 위 법조 소정의 임차권을 설정해 준 행위는 채무초과상태에서의 담보제공행위로서 채무자의 총재산의 감소를 초래하는 행위가 되며, 따라서 그 **임차권설정행위**는 **사해행위취소의 대상**이 된다. 대판 2005. 5. 13. 2003다50771; 신진화, "채무자가 채무초과 상태에서 주택임대차보호법 제8조의 소액보증금 최우선변제권 보호대상인 임차권을 설정해 준 행위가 사해행위취소의 대상이 되는지 여부," 재판과 판례(대구판례연구회) 15집(2007. 1.), 226쪽 이하.

5) ① 수도권 과밀억제권역에 포함된 지역과 군지역을 제외한 광역시, 안산시, 광주시, 파주시, 이천시 및 평택시는 보증금 8,500만원 이하에 2,500만원, ② 그 밖의 지역은 보증금 7,500만원 이하에 2,500만원이다(위 주택임대차보호법 시행령 10조 1항 3호·4호, 11조 3호·4호).

호・2호, 7조 1항 1호・2호)[1]이다.[2]

(d) 소액보증금채권 등과 다른 최우선채권과의 순위

1) 부동산경매의 배당절차에서 임차주택(또는 상가건물)의 소액보증금채권과 최종 3개월분 임금채권, 최종 3년간 퇴직금채권 및 재해보상금채권이 서로 **경합**하는 경우, 이들 채권은 모두 우선채권으로서 개별법상 다 같이 상호 간의 우열을 정하고 있지 않으며 개별법의 입법취지를 모두 존중할 필요가 있으므로 상호 동등한 순위의 채권으로 보아 배당을 실시해야 한다.[3]

2) 다만 **판례**는, **선박우선특권**(상 777조 1항)과 **임금우선특권**(근로기준법 38조 2항)은 법률의 규정에 의하여 다른 채권보다 우선하여 그 권리를 행사할 수 있는 이른바 법정담보물권인데, 상법과 근로기준법에 선박우선특권과 임금우선특권이 저당권・질권 및 다른 채권에 우선한다는 취지의 규정은 있으나 선박우선특권과 임금우선특권 상호 간의 순위에 관한 규정은 없어, 그 순위는 각 우선특권을 부여하게 된 공익상의 필요성을 비롯한 입법취지 등을 고려하여 합리적으로 정할 수밖에 없는데, 양 우선특권제도의 입법취지를 비교하면 **임금우선특권**을 더 강하게 보호할 수밖에 없으므로, 임금우선특권을 선박우선특권보다 **우선**시키는 것이 합리적인 해석이라고 한다(**임금우선특권우선설**).[4][5]

---

1) ① 수도권 과밀억제권역에 포함된 지역과 군지역을 제외한 광역시, 안산시, 용인시, 김포시 및 광주시는 보증금 3,800만원 이하에 1,300만원, ② 그 밖의 지역은 보증금 3,000만원 이하에 1,000만원이다(상가건물 임대차보호법 시행령 6조 3호・4호, 7조 1항 3호・4호).

2) 위 개정 주택임대차보호법 및 상가건물 임대차보호법의 각 시행령상 소액보증금 보호에 관한 각 규정은 각 시행 당시 존속 중인 주택임대차계약이나 상가건물임대차계약에 대해서도 적용하되, 위 **각 시행령 시행 전**에 임차주택이나 임차상가건물에 대하여 **담보물권**을 취득한 자에 대해서는 **각 종전의 규정**에 따른다[주택임대차보호법 시행령 부칙(33254호, 2023. 2. 21.) 2조, 상가건물 임대차보호법 시행령(25036호, 2013. 12. 30.) 부칙 4조].

3) 재판예규 제1831호 '부동산경매에서 우선채권간의 배당순위'(재민 91-2, 2022. 12. 26. 개정・시행).

4) 대판 2005. 10. 13. 2004다26799; 이원형, "선박우선특권 있는 채권과 임금우선특권 있는 채권의 배당에서의 우선순위," 대법원판례해설 57호(2005년 하반기), 463쪽 이하. 판례의 태도에 대하여, 판례가 임금우선특권을 선박우선특권에 비해 우선한다고 하며 들고 있는 논거가 부적절하며, 임금우선특권과 선박우선특권이 같은 순위에 있는 것으로 보는 것이 합리적이라는 견해로는, 김동진, "선박우선특권과 임금우선특권 사이의 순위," 판례연구(부산판례연구회) 18집(2007. 2.), 473쪽 이하.

5) 한편 선박우선특권에는 선박소유권의 이전으로 영향을 받지 않는 이른바 '추급권'이 있어(상 785조), 소유자가 누구인지 묻지 않고 그 선박에 승선한 선원이라면 우선특권이 인정되지만, 근로기준법상의 임금우선특권은 사용자의 총재산에 대하여 인정되는 것이라는 차이점이 있다. 따라서 **사용자**가 **선박을 취득하기 전**에 **설정된 담보물권**이 있는 때에는 그 담보물권

(3) 2순위

1) 조세 중 매각부동산에 부과된 국세 · 지방세이다(이를 **당해세**라고 한다). 예컨대 경매에 부쳐진 부동산 그 자체에 부과된 재산세는 당해세가 된다. **국세 가운데** 상속세, 증여세 및 종합부동산세 등과 **지방세 가운데** 재산세, 자동차세(자동차 소유에 대한 자동차세만 해당한다), 지역자원시설세(소방분에 대한 지역자원시설세만 해당한다) 및 지방교육세(재산세와 자동차세분에 부가되는 지방교육세만 해당한다) 등이 이에 해당한다. 다만 국세 및 지방세 가운데 앞서의 당해세의 법정기일이 임차인의 확정일자보다 늦은 경우 그 배분예정액에 한하여 주택임차보증금에 먼저 배분할 수 있다(**2022. 12. 31. 개정, 2023. 1. 1. 시행** 국세기본법 35조 3항, **2023. 5. 4. 개정 · 시행** 지방세기본법 71조 5항).

2) 당해세는 그 법정기일 전에 설정된 저당권 등으로 담보된 채권보다 우선하는데 이를 '**당해세우선의 원칙**'이라 한다. 다만 당해세라고 하더라도 배당요구의 종기까지 **교부청구**한 금액만을 배당받을 수 있다.

3) **매각부동산 자체**가 **증여**된 경우에 한하여 그 재산에 부과된 증여세가 당해세에 해당한다. 따라서 부동산을 매수한 후 소유권이전등기를 하지 않은 채 수증자 앞으로 직접 소유권이전등기를 한 것을 과세대상으로 삼아 부과된 증여세는 당해세에 해당하지만,[1] 매각부동산의 취득자금을 증여받은 것으로 추정하여 그 재산의 취득자금에 대하여 부과하는 증여세는 당해세라고 할 수 없다.[2] 한편 부동산에 대한 근저당권설정 이전에 이루어진 증여를 원인으로 하여 부과된 증여세는 위 부동산 자체에 관하여 부과된 것이고, 근저당권설정 당시 이미 등기기록상 증여를 원인으로 하여 근저당권설정자 명의로 소유권이전등기가 마쳐져 있었으므로 근저당권자로서는 장래 이 증여를 과세원인으로 하여 증여세가 부과될 것을 상당한 정도로 예측할 수 있으므로 위 증여세는 당해세에 해당한다.[3]

4) 저당권이 설정된 부동산이 양도되었을 경우 저당권설정자에게 부과된 당해세에 한하여 저당권에 우선할 수 있고, 양수인에게 부과된 증여세나 설정자의 사망으로 인하여 그 상속인에게 부과한 상속세와 같은 당해세는 기존의 저당권자

에 의하여 담보되는 부분은 임금우선특권을 행사할 수 있는 **사용자의 총재산**에서 **제외**되고 그 부분에 대해서는 임금우선특권이 인정될 수 없다. 법원실무제요 민사집행(3), 561쪽.

1) 대판 1999. 8. 20. 99다6135.

2) 대판 1996. 3. 12. 95다47831.

3) 대판 2001. 1. 30. 2000다47972.

에 우선하여 징수할 수 없다(**제한설**).[1]

(4) 3순위

1) 담보권에 앞서는 일반조세이다[이를 편의상 "**당해세 외 조세채권**"이라 한다. 한편 편의상 당해세를 포함하는 경우를 "**조세채권**"이라 한다]. 즉 **국세**나 **지방세**의 **법정기일**이 저당권·전세권의 **설정등기일**(확정일자를 갖춘 임차인 또는 등기된 임차인의 우선변제권의 발생일도 포함한다)보다 이전인 경우이다(국세기본법 35조 1항 3호, 지방세기본법 71조 1항 3호).[2] 국세의 법정기일은 국세기본법 35조 2항 1호 내지 7호에 따라, 지방세의 법정기일은 지방세기본법 71조 1항 3호 가목 내지 바목에 따라 각 결정된다.[3]

2) 체납처분에 의한 압류등기가 되어 있다고 하더라도 체납처분에 의한 압류는 사법상의 강제집행절차에서는 배당요구의 효력이 있음에 그치며, 배당에서 우선순위를 정하는 데 적용될 만한 다른 규정도 없는 이상 체납처분에 의한 압류등기 이후에 설정된 저당권 등 담보물권과의 우선순위도 앞서의 국세기본법 35조와

---

1) 대판 1991. 9. 24. 88다카8385, 1995. 4. 7. 94다11835 등. 이러한 법리는 저당부동산의 양도와 함께 설정자인 양도인, 양수인 및 저당권자 등 3자의 합의에 의하여 저당권자와 양도인 사이에 체결되었던 저당권설정계약상의 양도인이 가지는 계약상의 채무자와 설정자로서의 지위를 양수인이 승계하기로 하는 내용의 계약인수가 이루어진 경우라고 하더라도 달라지는 것은 아니다. 대판 2005. 3. 10. 2004다51153; 이우재, "저당부동산이 제 3 자에게 양도되면서 근저당권자와의 합의하에 채무자의 지위 승계를 내용으로 하는 계약인수가 이루어진 경우 양수인에 대한 조세채권과 근저당권부채권과의 우선순위," 대법원판례해설 54호(2006년), 541쪽 이하.

2) 당해세 외 조세채권과 담보물권 사이의 우선순위는 그 법정기일과 담보물권설정일의 선후에 의하여 결정하고, 이와 같은 순서에 의하여 매각대금을 배분한 후, 압류선착주의에 따라 각 조세채권 사이의 우선순위를 결정한다. 대판 2005. 11. 24. 2005두9088; 윤병철, "공시를 수반하는 담보물권이 설정된 부동산에 관하여 그 설정일 이전에 법정기일이 도래한 조세채권과 설정일 이후에 법정기일이 도래한 조세채권에 기한 압류가 모두 이루어진 경우, 각 조세채권과 담보물권 사이의 우선순위," 대법원판례해설 58호(2005년 하반기), 437쪽 이하.

3) 소유권이전청구권 보전의 **가등기** 이후에 국세·지방세의 **체납으로 인한 압류등기**가 마쳐지고 위 가등기에 기한 **본등기**가 이루어지는 경우, 등기관은 체납처분권자에게 부동산등기법 58조에 따라 **직권으로 등기말소통지**를 한다. 이 경우 체납처분권자가 해당 가등기가 담보가등기라는 점 및 그 국세 또는 지방세가 해당 재산에 관하여 부과된 조세라거나 그 국세 또는 지방세의 법정기일이 가등기일보다 앞선다는 점에 관하여 소명자료를 제출하여, 담보가등기인지 여부 및 국세 또는 지방세의 체납으로 인한 압류등기가 가등기에 우선하는지 여부에 관하여 이해관계인 사이에 실질적으로 다툼이 있으면, 가등기에 기한 본등기권자의 주장 여하에 불구하고 국세 또는 지방세 압류등기를 직권말소할 수 없다. 한편 이와 같은 소명자료가 제출되지 않은 경우에는 등기관은 가등기 후에 마쳐진 다른 중간등기들과 마찬가지로 국세 또는 지방세 압류등기를 직권말소해야 한다. 대결(전) 2010. 3. 18. 2006마571, 대결 2010. 4. 15. 2007마327; 문정일, "가등기에 의한 본등기를 할 때 중간등기의 직권말소," 대법원판례해설 83호(2010년 상반기), 414쪽 이하.

지방세기본법 71조에 따른다. 한편 **체납처분에 의한 압류등기 이후**에 발생한 체납세액과 담보물권과의 우선순위를 가릴 때에도 각 체납세액의 법정기일과 담보권의 설정등기일의 선후를 비교하여 그 우선순위를 결정해야 한다.[1)]

3) 부동산이 양도되어 제 3 자가 소유권을 취득한 경우 **양도 이전**에 양도인이 체납국세에 관하여 체납처분 등으로 **압류**를 한 바 없다면 양도인에 대한 체납국세에 관하여 교부청구를 하더라도 매각대금으로부터 우선변제를 받을 수 없다.[2)] 한편 **저당권이 설정된 부동산**이 **양도**되었을 경우 양수인인 제 3 자에게 부과된 조세는 그 법정기일이 저당권의 설정등기일 전이라고 하더라도 저당권에 대해서는 우선권이 없다.[3)]

(5) 4순위

(a) 이에 해당하는 경우

1) **조세채권에 뒤지는 담보권**이다. 저당권 · 가등기담보권 · 전세권(이들 사이에서는 등기의 선후에 따라 우선순위가 정해진다) 및 **확정일자**를 갖춘 임차주택이나 상가건물의 **임차보증금채권**이 이에 속한다.[4)] 확정일자를 갖춘 임차주택이나 상가건물의 임차보증금채권의 우선변제권이 인정되기 위해서는 임대차계약서에 확정일자를 갖춘 임차인으로서 ① 배당요구의 종기까지 **배당요구**를 해야 하고, ② 배당요구의 종기까지 **대항력**을 유지해야 한다. 한편 **대항요건**은 **소액보증금 최우선변제권의 경우와 달리** 첫 경매개시결정등기 이후에 갖춰도 된다.[5)]

2) **저당권들** 사이에는 저당권설정등기의 선후에 의하여 우선수위가 정해진다(민 333조 · 370조). **저당권**과 (매각으로 소멸되는) **전세권** 및 **등기된 임차권**의 순위도

---

1) 대판 2004. 11. 12. 2003두6115, 2012. 5. 10. 2011다44160.

2) 납세의무자의 소유가 아닌 재산에 의하여 국세를 징수할 수 없으므로 국세의 체납처분 등에 의하여 납세의무자의 재산이 압류되기 전에 제 3 자가 그 소유권을 취득했다면 그 재산에 대해서는 원칙적으로 국세의 우선징수권이 미치지 않기 때문이다. 대판 1983. 11. 22. 83다카1105, 2003. 7. 11. 2003다19435 등. 따라서 그러한 교부청구에 기하여 우선배당을 받았다면 이는 다른 배당받을 권리자에 대한 관계에서 부당이득이 된다. 대판 1998. 8. 21. 98다24396.

3) 대판 1972. 1. 31. 71다2266.

4) **확정일자**는 배당에서 우선변제권을 가질 수 있는 **기준일자**로서 대항요건과 확정일자 가운데 뒤의 날짜를 기준으로 다른 권리자와의 배당순서의 우열을 가리게 된다. 예컨대 주택임대차보호법상 주택의 임차인이 주택의 인도와 주민등록을 마친 당일 또는 그 이전에 임대차계약증서상 확정일자를 갖춘 경우 우선변제권의 발생시기는 주택의 인도와 주민등록을 마친 다음날이다. 대판 1999. 3. 23. 98다46938.

5) 법원실무제요 민사집행(3), 59쪽 · 89쪽.

그 등기의 선후에 의하여 정해진다.[1] 저당권과 **가등기담보권**의 선후도 그 등기의 선후에 의한다(가담 13조 후문). 다만 주택임대차보호법 3조의3과 상가건물 임대차보호법 6조에서 정한 임차권등기명령에 따른 임차권에서는 등기에 앞서 위 법률에서 정한 각 요건을 갖춘 경우에 그 요건을 갖춘 때를 기준으로 판단한다.

주택임차인이 주택소재지로 전입신고를 마치고 주택을 인도받아 일단 임차권의 대항력을 취득했으나 그 후 주택의 점유를 상실했다면 그 대항력은 점유상실 시에 소멸하나, 그 후 **임차권등기명령**에 따른 **임차권등기**를 마치면 대항력과 우선변제권은 임차권등기가 마쳐진 때부터 발생하므로, 대항력이 상실된 이후에 임차권등기가 마쳐졌더라도 이로써 소멸했던 대항력이 당초에 소급하여 회복되는 것이 아니라 그 **등기가 마쳐진 때**부터 그와는 동일성이 없는 **새로운 대항력**이 발생한다.[2] 따라서 이 경우 (임차인이 일단 대항력을 취득한 후) 위 임차권등기 이전에 설정된 근저당권은 그 이후에 마쳐진 임차권등기로 인하여 새로운 대항력을 갖추게 된 임차인의 임차권보다 선순위 권리에 해당한다.[3]

3) 한편 **주택임차인**은 담보권자와의 관계에서 주택임대차보호법의 적용을 받는 데 있어 임차보증금의 상한의 제한이 없지만, **상가건물임차인**은 임차보증금이 상가건물 임대차보호법상의 **상한을 넘는 경우**에는 처음부터 위 법의 적용대상이 아니다.[4]

▣ 임차권등기를 한 임차인의 우선변제권 행사의 요건

(1) ① 주택임대차보호법 3조의3 또는 상가건물 임대차보호법 6조에 따라 법원의 임차권등기명령에 의하여 등기되었거나 또는 민법 621조에 따라 등기된 임차권

---

1) 전세권의 목적부동산과 저당권의 목적부동산이 동일한 경우에 전세권자가 그 목적부동산을 위하여 지출한 필요비 또는 유익비 중 민법 367조에 해당하는 것(제 3 취득자의 비용상환청구권에 기하여 경매대가에서 우선상환되는 경우)은 집행비용 다음 순위의 우선변제권이 인정되고, 전세보증금의 범위에 포함되지 않는다. 법원실무제요 민사집행(3), 49쪽.

2) 대판 1998. 1. 23. 97다43468, 2002. 8. 13. 2000다61466, 2025. 4. 15. 2024다326398.

3) 대판 2025. 4. 15. 2024다326398.

4) 서울의 경우 9억원, 수도권정비계획법에 의한 수도권 중 과밀억제권역(서울 제외) 및 부산광역시의 경우 6억 9,000만원, 광역시(수도권정비계획법에 따른 과밀억제권역에 포함된 지역과 군지역, 부산광역시는 제외), 세종특별자치시, 파주시, 화성시, 안산시, 용인시, 김포시 및 광주시의 경우 5억 4,000만원, 그 밖의 지역의 경우 3억 7,000만원이다. 상가건물 임대차보호법 시행령 2조 1항. 한편 보증금 외에 차임이 있는 경우에는 그 차임액(차임액은 월 단위의 차임액으로 한다)에 대통령령이 정하는 비율(위 시행령 2조 3항에 의하면 1분의 100이다)을 곱하여 환산한 금액(이를 '**환산보증금**'이라 한다)을 포함해야 한다. 위 시행령 2조 2항 · 3항.

일 것(주택임대차보호법 3조의3 5항 본문, 3조의4 1항, 상가건물 임대차보호법 6조 5항 본문, 7조 1항, 다만 민법 621조에 따라 등기된 임차권 중 임차보증금이 상거건물 임대차보호법상의 상한을 넘는 경우에는 민법 621조 2항의 대항력만 인정되고 우선변제권이 인정되지 않으므로 제외된다), ② 그 외에 첫 경매개시결정등기 뒤에 임차권등기를 한 임차인은 배당요구의 종기까지 배당요구를 했을 것이라는 요건을 갖춘 때에는 우선변제권이 인정된다.

(2) **등기된 임차권**의 경우 법원의 임차권등기명령에 의하여 등기된 임차권인지, 민법 621조에 따라 등기된 임차권인지 묻지 않고 **등기된 때**를 기준으로 담보권과 유사한 우선변제권을 취득한다. 다만 임차인이 **임차권등기 전**에 이미 **확정일자를 갖춘 임차인**으로 **우선변제권을 취득**한 경우(배당요구의 종기까지 배당요구를 하고, 그때까지 대항력을 유지한 확정일자를 갖춘 임차인인 경우)에는 그 우선변제권은 그대로 유지되며, 임차권등기 이후에 대항요건을 상실하더라도 이미 취득한 우선변제권을 상실하지 않는다.

(3) **첫 경매개시결정등기 전에 등기된 임차권** 중 매각으로 소멸하는 담보권·압류·가압류보다 먼저 대항력을 갖춘 **최선순위 임차권**의 권리자가 배당을 받기 위해서는 별도로 배당요구를 하지 않아도 당연히 배당받을 채권에 속한다.[1)]

▣ 미등기 주택의 임차인이 임차주택 대지의 현금화대금에 대하여 주택임대차보호법상 우선변제권을 행사할 수 있는지 여부

(1) 임차주택의 대지의 경매시 우선변제권 인정 여부

주택임대차보호법상 대항요건 및 확정일자를 갖춘 임차인과 소액임차인은 임차주택과 그 대지가 함께 경매될 경우뿐만 아니라 임차주택과 별도로 그 대지만이 경매될 경우에도 그 대지의 현금화대금에 대하여 우선변제권을 행사할 수 있다. 이와 같은 우선변제권은 이른바 법정담보물권의 성격을 갖는 것으로서 임대차 성립시의 임차목적물인 임차주택 및 대지의 가액을 기초로 임차인을 보호하고자 인정되는 것이기 때문이다.[2)]

(2) 미등기 임차주택의 대지의 경매시 우선변제권 인정 여부

대항요건 및 확정일자를 갖춘 임차인과 소액임차인에게 우선변제권을 인정한 같은 법 3조의2 2항 및 8조 1항이 미등기 주택을 달리 취급하는 특별한 규정을 두고 있지 않으므로, 위에서 본 대항요건 및 확정일자를 갖춘 임차인과 소액임차인의 임차주택·대지에 대한 우선변제권에 관한 법리는 임차주택이 미등기인 경우에도 그대로 적용된다고 보아야 한다. 이와 달리 임차주택의 등기 여부에 따라 그 우선

---

1) 대판 2005. 9. 15. 2005다33039.

2) 대판 1996. 6. 14. 96다7595, 1999. 7. 23. 99다25532 등.

변제권의 인정 여부를 달리 해석하는 것은 합리적 이유나 근거 없이 그 적용대상을 축소하거나 제한하는 것이 되어 부당하고, 민법과 달리 임차권의 등기 없이도 대항력과 우선변제권을 인정하는 같은 법의 취지에 비추어 볼 때에도 타당하지 않다.[1)]

▣ 주택의 전대 또는 임차권의 양도의 경우 임차인의 대항력 및 우선변제권

(1) 임차물의 전대에서 임차인이 전차인의 점유와 주민등록으로 대항력을 취득하는지 여부

1) 주택임대차보호법 3조 1항에 정한 대항요건은 **임차인**이 해당 주택에 거주하면서 이를 직접점유하는 경우뿐만 아니라 **타인의 점유를 매개**로 하여 이를 **간접점유**하는 경우에도 인정될 수 있다.[2)]

2) 주택임차인이 임차주택을 직접점유하여 거주하지 않고 그곳에 주민등록을 하지 않은 경우라 하더라도, **임대인의 동의**를 받아(민 629조 1항) 적법하게 임차주택을 전대하고 그 전차인이 주택을 인도받아 자신의 주민등록을 마친 때에는, 이로써 해당 주택이 임대차의 목적이 되어 있다는 사실이 충분히 공시될 수 있으므로, **임차인**은 위 법에 정한 대항요건을 적법하게 갖추었다고 본다.[3)] 즉 주택의 전대차가 그 당사자 사이뿐만 아니라 임대인에 대해서도 주장할 수 있는 적법·유효한 것이라고 평가되는 경우에는, 전차인이 임차인으로부터 주택을 인도받아 자신의 주민등록을 마치고 있다면 이로써 주택이 임대차의 목적이 되어 있다는 사실은 충분히 공시될 수 있고 또 이러한 경우 다른 공시방법도 있을 수 없으므로, 결국 **임차인의 대항요건**은 전차인의 직접점유 및 주민등록으로써 적법·유효하게 유지·존속한다고 보아야 한다.[4)]

---

1) 다만 소액임차인의 우선변제권에 관한 주택임대차보호법 8조 1항이 그 후문에서 '이 경우 임차인은 주택에 대한 경매신청의 등기 전에' 대항요건을 갖추어야 한다고 규정하고 있으나, 이는 소액보증금을 배당받을 목적으로 배당절차에 임박하여 가장임차인을 급조하는 등의 폐단을 방지하기 위하여 소액임차인의 대항요건의 구비시기를 제한하는 취지이지, 반드시 임차주택과 대지를 함께 경매하여 임차주택 자체에 경매신청의 등기가 되어야 한다거나 임차주택에 경매신청의 등기가 가능한 경우로 제한하는 취지는 아니다. 대지에 대한 경매신청의 등기 전에 위 대항요건을 갖추도록 하면 입법취지를 충분히 달성할 수 있으므로, 위 규정이 미등기 주택의 경우에 소액임차인의 대지에 관한 우선변제권을 배제하는 규정에 해당한다고 볼 수 없다. 대판(전) 2007. 6. 21. 2004다26133(종전에 미등기 주택의 대지의 현금화대금에 대한 소액임차인의 우선변제권을 인정하지 않은 대판 2001. 10. 30. 2001다39657을 변경했다); 지영난, "미등기주택을 임차하여 주택임대차보호법상 대항력 및 확정일자를 갖춘 임차인이 그 주택 대지환가대금에 대한 우선변제권을 행사할 수 있는지 여부," 대법원판례해설 68호(2007년 상반기), 180쪽 이하; 최환주, "미등기 주택 임차인의 대지환가대금에 대한 우선변제권," 민사법학 43권 1호(2008. 12.), 83쪽 이하.

2) 대판 2001. 1. 19. 2000다55645 등.

3) 대판 1994. 6. 24. 94다3155, 대결 1995. 6. 5. 94마2134 등.

4) 이와 같이 해석하는 것이 임차인의 주거생활의 안정과 임차보증금의 회수확보 등 주택임대

3) 법인은 주택임대차보호법 3조 1항에서 정하는 주민등록을 할 수 없으므로 법인이 임차인이고 법인의 허락을 받은 자연인이 주민등록을 마쳤다 하여 이를 법인의 주민등록으로 볼 수 없다.[1] 그러나 주택도시기금을 재원(財源)으로 하여 저소득층 무주택자에게 주거생활 안정을 목적으로 전세임대주택을 지원하는 법인(한국토지주택공사법에 따른 한국토지주택공사, 지방공기업법 49조에 따라 주택사업을 목적으로 설립된 지방공사)이 주택을 임차한 후 지방자치단체의 장 또는 그 법인이 선정한 입주자가 그 주택을 인도받고 주민등록을 마쳤을 때에는 대항력이 인정된다(주택임대차보호법 3조 2항, 주택임대차보호법 시행령 2조). 중소기업에 해당하는 법인이 소속 직원의 주거용으로 주택을 임차하여 해당 법인이 선정한 직원이 주택을 인도받고 주민등록을 마친 경우도 마찬가지이다(주택임대차보호법 3조 3항 전문). 물론 위와 같이 대항력이 인정되는 법인에 대해서는 우선변제권이 인정될 있으나(주택임대차보호법 3조의2 2항, 3조의3 5항 등), 소액보증금의 최우선변제권은 인정되지 않는다(주택임대차보호법 8조 1항).

(2) 임차권의 양도나 임차물의 전대에서 임차인이 가지는 대항력 · 우선변제권을 양수인 · 전차인이 행사하는 방법

1) 주택임대차보호법 3조 1항에 의한 대항력을 갖춘 주택임차인이 임대인의 동의를 얻어 적법하게 임차권을 양도하거나 임차물을 전대한 경우에 양수인이나 전차인에게 **점유**가 **승계**되고, 주민등록이 단절된 것으로 볼 수 없을 정도의 기간 내에 **전입신고**가 이루어졌다면 비록 임차권의 양도나 임차물의 전대에 의하여 임차권의 공시방법인 점유와 주민등록이 **변경**되었다 하더라도 원래의 임차인이 갖는 임차권의 대항력은 소멸되지 않고 동일성을 유지한 채로 **존속**한다고 보아야 한다.

2) 이러한 경우 ① (**임차권의 양도**의 경우) 임차권의 양도에 의하여 임차권은 동일성을 유지하면서 양수인에게 이전되고 원래의 임차인은 임대차관계에서 탈퇴하므로 임차권 양수인은 원래의 임차인이 주택임대차보호법 3조의2 2항 및 같은 법 8조 1항에 의하여 가지는 우선변제권을 행사할 수 있고, ② (**임차물의 전대**의 경우) 전차인은 원래의 임차인(전대인)의 이러한 우선변제권을 **대위행사**할 수 있다.[2]

차보호법의 취지에 부합함은 물론이고, 또 그와 같이 해석한다고 해서 이미 원래의 임대차에 의하여 대항을 받고 있었던 제 3 자에게 불측의 손해를 준다거나 형평에 어긋나는 결과가 되는 것도 아니다. 대판 2007. 11. 29. 2005다64255 등. 위 판결의 해설로는, 문광섭, 대법원판례해설 71호(2007년 하반기), 247쪽 이하.

1) 대판 1997. 7. 11. 96다7236, 2004. 3. 11. 2003다50788 등.

2) 대판 2010. 6. 10. 2009다101275.

▣ 상가건물의 일부임차 또는 전대차 등의 경우 임차인의 대항력 및 우선변제권

(1) 상가건물의 일부임차시 임대차의 적법한 공시방법

상가건물의 일부분을 임차한 경우 그 사업자등록이 제 3 자에 대한 관계에서 유효한 임대차의 공시방법이 되기 위해서는 사업자등록신청시에 그 **임차부분**을 표시한 **도면**을 첨부해야 한다.[1] 다만 사업자등록이 상가건물 임대차에서의 공시방법으로 마련된 취지에 비추어 볼 때, 상가건물의 일부분을 임차한 사업자가 사업자등록시 임차부분을 표시한 도면을 첨부하지는 않았지만, 예컨대 상가건물의 특정 층 전부를 임차하거나 명확하게 구분되어 있는 특정 호실 전부를 임차한 후 이를 제 3 자가 명백히 인식할 수 있을 정도로 사업자등록사항에 표시한 경우, 또는 그 현황이나 위치, 용도 등의 기재로 말미암아 도면이 첨부된 것에 준할 정도로 임차부분이 어디인지를 객관적으로 명백히 인식할 수 있을 정도로 표시한 경우와 같이 **일반 사회통념상** 그 사업자등록이 **도면 없이도** 제 3 자가 해당 임차인이 임차한 부분을 **구분하여 인식할 수 있을 정도**로 특정이 되어 있다고 볼 수 있는 때에는 그 사업자등록이 제 3 자에 대한 관계에서 유효한 임대차의 공시방법으로 볼 수 있다.[2]

(2) 상가건물의 전대차 등으로 임차인이 사업을 개시하지 않거나 사실상 폐업한 경우 적법한 공시방법

상가건물을 임차하고 사업자등록을 마친 사업자가 임차건물의 전대차 등으로 해당 사업을 개시하지 않거나 사실상 폐업한 경우에는 그 사업자등록은 부가가치세법 및 상가건물 임대차보호법이 상가임대차의 공시방법으로 요구하는 적법한 사업자등록이라고 볼 수 없고(그 사업자가 폐업신고를 했다가 다시 같은 상호 및 등록번호로 사업자등록을 했다고 하더라도 상가건물 임대차보호법상의 대항력 및 우선변제권이 그대로 존속한다고 할 수 없다),[3] 이 경우 임차인이 상가건물 임대차보호법상의 대항력 및 우선변제권을 유지하기 위해서는 건물을 직접점유하면서 사업을 운영하는 **전차인**이 **그 명의**로 **사업자등록**을 해야 한다.[4]

▣ 임차인의 임차보증금 우선변제권에 기한 배당요구시 첨부할 소명자료

(1) 임차보증금채권자가 배당요구서에 붙여야 할 배당요구의 자격을 증명하는 서면은 주택 또는 상가건물 임대차계약서, 주택은 전입신고된 주민등록표 초·등본, 상가건물은 사업자등록신청이 된 서면(상가건물 임대차현황서, 사업자등록증이나 신청서면) 등이다.

---

1) 대판 2008. 9. 25. 2008다44238.

2) 대판 2011. 11. 24. 2010다56678.

3) 대판 2006. 1. 13. 2005다64002, 2006. 10. 13. 2006다56299.

4) 대판 2006. 1. 13. 2005다64002.

(2) 임대차계약서는 보증금의 변동이 있는 때에는 그 변동을 소명할 수 있는 모든 계약서를 제출해야 하고, 확정일자가 있음을 주장하는 경우에는 확정일자가 있는 것을 제출해야 한다. 임차목적물의 점유사실은 집행관의 현황조사로 소명되므로 따로 소명할 필요가 없으나, 집행관의 현황조사보고서에 누락된 때에는 따로 점유사실을 소명해야 한다.[1)]

(b) 우선변제권 있는 보증금 및 전세금의 공탁과 목적물의 인도

확정일자를 갖춘 임차보증금채권(대항력과 우선변제권을 겸유한 임차인으로 우선변제권을 선택하여 배당요구를 한 경우)이나 전세권(배당요구를 한 경우)의 경우에는 임차목적물이나 전세목적물을 인도했다는 **인도확인서**를 제출해야 보증금을 받을 수 있다(주택임대차보호법 3조의2 3항, 상가건물 임대차보호법 5조 3항).[2)]

즉 우선변제권 있는 보증금은 정지조건 있는 채권에 대한 배당액 교부방법(배당액의 공탁 · 공탁금의 지급, 법 160조 1항 1호, 161조)과 마찬가지로 목적물의 인도를 조건으로 배당액을 공탁하고 목적물의 인도를 증명한 때에 이를 지급하도록 하고 있다.[3)]

(c) 우선변제권 있는 보증금 전액의 배당 여부와 임차권 등의 소멸 여부

1) 주택임대차보호법이나 상가건물 임대차보호법상의 대항력과 우선변제권을 가지고 있는 임차인이 우선변제권을 선택하여 임차주택이나 상가건물에 대한 경매절차에서 **배당요구**를 하여 보증금 **전액을 배당받을 수 있는 경우**, **임차권의 소멸시기**는 임차인에 대한 **배당표의 확정시**이다.[4)]

대항력을 가진 임차인이 우선변제권을 가지고 있어 이에 기하여 배당요구를 했으나 보증금 **전액을 배당받지 못한 경우**에는 이를 반환받을 때까지 매수인에게

1) 법원실무제요 민사집행(3), 60쪽.

2) 대항력과 우선변제권을 겸유하고 있는 임차인은 배당요구를 했으나 그 잔액이 남아 있는 경우 매수인에게 대항할 수 있으므로 인도확인서는 필요하지 않다. 대판 1998. 7. 10. 98다15545.

3) 법원실무제요 민사집행(3), 256쪽 이하; 재판예규 제866-41호 '주택임대차보호법 제 8 조에 관한 질의회답'(재민 84-10, 2002. 6. 26. 개정, 2002. 7. 1. 시행).

4) 특별한 사정이 없는 한 임차인이 그 배당금을 지급받을 수 있는 때, 즉 임차인에 대한 배당표가 확정될 때까지는 임차권이 소멸하지 않는다고 해석함이 상당하다. 대판 2004. 8. 30. 2003다23885. 매수인이 매각대금을 납부하여 임차주택에 대한 소유권을 취득한 이후에 임차인이 임차주택을 계속 점유하여 사용 · 수익했다고 하더라도 임차인에 대한 배당표가 확정될 때까지의 사용 · 수익은 소멸하지 않는 임차권에 기한 것이어서 매수인에 대한 관계에서 부당이득이 성립되지 않는다. 대판 2004. 8. 30. 2003다23885.

대항하여 **임대차관계의 존속**을 주장할 수 있다.[1)2)] 즉 대항력을 가진 임차인인 경우 보증금이 전액 변제되지 않은 경우에는 그 임차권이 경매로 소멸되지 않는다(주택임대차보호법 3조의5, 상가건물 임대차보호법 8조). 따라서 매수인이 변제되지 아니한 나머지 보증금을 임차인에게 지급해야 매각부동산을 인도받을 수 있다.[3)]

여기서 **매수인에게 대항할 수 있는 보증금 잔액**(보증금 중 배당받지 못한 금액)은 보증금 가운데 경매절차에서 올바른 배당순위에 따른 배당이 실시될 경우의 배당액을 공제한 나머지 금액을 의미하며, 임차인이 배당절차에서 현실로 배당받은 금액을 공제한 나머지 금액을 의미하는 것은 아니다. 따라서 임차인이 배당받을 수 있었던 금액이 현실로 배당받은 금액보다 많은 경우에는 임차인이 그 차액에 관해서는 **과다배당**받은 **후순위 배당채권자**를 상대로 부당이득의 반환을 구하는 것은 별론으로 하고 **매수인**을 상대로 그 반환을 구할 수는 없다.[4)]

2) 이에 반하여 **최선순위 전세권**의 경우는 배당요구를 한 이상 매각에 의하여 전세권이 소멸한다(법 91조 4항). 즉 최선순위 전세권자가 배당요구를 한 이상 비록 그 배당금이 전세금채권액에 미달하더라도 그 전세권은 소멸한다.

(d) 우선변제권을 갖춘 임차인이 소액임차인의 지위를 겸유하는 경우의 배당방법

대항요건과 확정일자를 갖춘 임차인이 주택임대차보호법 8조 1항에 의하여 보증금 중 일정액의 보호를 받는 소액임차인의 지위를 겸하는 경우, 먼저 소액임차인으로서 보호받는 **일정액**을 우선배당하고 난 후의 **나머지 임차보증금채권액**에 대해서는 대항요건과 확정일자를 갖춘 임차인으로서의 순위에 따라 배당을 해야 한다.[5)]

---

1) 대판 1997. 8. 22. 96다53628, 1997. 8. 29. 97다11195, 1998. 7. 10. 98다15545 등.

2) 이 경우 보증금 전액을 배당받지 못한 임차인은 여전히 대항요건을 유지함으로써 임대차관계의 존속을 주장할 수 있으므로, 임차인이 대항력을 갖춘 후 임차주택을 양수한 사람은 그와 같이 존속되는 임대차의 임대인의 지위를 당연히 승계한다. 이는 주택임대차보호법 3조의2 7항에서 정한 금융기관이 임차인으로부터 보증금반환채권을 계약으로 양수함으로써 양수한 금액의 범위에서 우선변제권을 승계한 다음 경매절차에서 배당요구를 하여 보증금 중 일부를 배당받은 경우에도 마찬가지이다. 따라서 주택임대차의 대항요건이 존속되는 한 임차인은 보증금반환채권을 양수한 금융기관이 보증금 잔액을 반환받을 때까지 임차주택의 양수인을 상대로 임대차관계의 존속을 주장할 수 있다. 대판 2023. 2. 2. 2022다255126.

3) 이 경우 매수인은 임대인인 전소유자에게 구상권을 행사할 수 없다. 매수인이 임대인의 지위를 승계하여 나머지 보증금반환채무를 인수하고, 전소유자의 보증금반환채무는 소멸하므로(대판 1987. 3. 10. 86다카1114 등), 매수인이 나머지 보증금의 지급은 자기의 채무를 이행한 것에 불과하기 때문이다.

4) 대판 2001. 3. 23. 2000다30165.

5) 대항요건과 확정일자를 갖춘 임차인들 상호간에는 대항요건과 확정일자를 최종적으로 갖춘 순서대로 우선변제를 받을 순위를 정하게 된다. 대판 2007. 11. 15. 2007다45562.

▣ 나대지(裸垈地)에 대한 저당권의 설정 등과 주택임대차보호법의 적용법리

(1) 나대지에 설정된 저당권의 실행의 경우

주택임대차보호법 3조의2 2항 및 8조 3항의 각 규정과 같은 법의 입법취지 및 통상적으로 건물의 임대차에는 당연히 그 부지 부분의 이용을 수반하는 것인 점 등을 종합해 보면, 대지에 관한 저당권의 실행으로 경매가 진행된 경우에도 그 지상 건물의 소액임차인은 대지의 현금화대금 중에서 소액보증금을 우선변제받을 수 있다.

이와 같은 법리는 대지에 관한 **저당권설정 당시**에 이미 그 지상 건물이 존재하는 경우에만 적용될 수 있으며, **저당권설정 후**에 비로소 건물이 신축된 경우에까지 공시방법이 불완전한 소액임차인에게 우선변제권을 인정한다면 저당권자가 예측할 수 없는 손해를 입게 되는 범위가 지나치게 확대되어 부당하므로, 이러한 경우에는 소액임차인은 대지의 현금화대금에 대하여 우선변제를 받을 수 없다.[1)]

(2) 나대지에 설정된 저당권 및 그 후 그 지상 건물에 설정된 저당권의 실행(일괄경매)의 경우

대지에 관한 저당권설정 후에 비로소 건물이 신축되고 그 신축건물에 대하여 다시 저당권이 설정된 후 대지와 건물이 일괄경매된 경우, 주택임대차보호법 3조의2 2항의 확정일자를 갖춘 임차인 및 같은 법 8조 3항의 소액임차인은 **대지의 현금화대금**에서는 우선하여 변제를 받을 권리가 없다.

그러나 **신축건물의 현금화대금**에서는 확정일자를 갖춘 임차인이 신축건물에 대한 후순위 권리자보다 우선하여 변제받을 권리가 있고, 주택임대차보호법 시행령 부칙의 '소액보증금의 범위변경에 따른 경과조치'의 적용에서 신축건물에 대하여 **담보물권을 취득한 때**를 기준으로 소액임차인 및 소액보증금의 범위를 정해야 한다.[2)]

(e) 다른 순위와의 비교

이를 정리하면, ① **저당권 등으로 담보된 채권이 당해세 외 조세채권을 우선하는 경우**의 배당순위는, "저당권 등으로 담보된 채권 > 근로관계채권 > 당해세 외 조세채권"의 순위가 된다. 다만 당해세가 있는 경우에는 당해세는 항상 담보권 등에 우선하므로, "당해세 > 저당권 등으로 담보된 채권 > 근로관계채권 > 당해세 외 조세채권"의 순위가 된다. ② **당해세 외 조세채권이 저당권 등으로 담보된 채권에 우선하는 경우**의 배당순위는, "당해세 > 당해세 외 조세채권 > 저당권 등으로 담보된 채권 > 근로관계채권"의 순위가 된다.

---

1) 대판 1999. 7. 23. 99다25532 등.

2) 대판 2010. 6. 10. 2009다101275.

(6) 5순위

(a) 이에 해당하는 경우

1) 근로기준법 38조 2항의 임금 등을 제외한 임금, 근로자퇴직급여 보장법 12조 2항의 퇴직금을 제외한 퇴직금, 그 밖의 근로관계로 말미암은 채권이다(근로기준법 38조 1항, 근로자퇴직급여 보장법 12조 1항. 이를 편의상 '**근로관계채권**'이라 한다).

2) 이러한 근로관계채권은 저당권 등 담보권이 있는 경우 그 담보된 채권에는 후순위이나, **담보권이 없는 경우** 조세 등 채권(당해세를 포함한다)에는 우선하고, 다만 담보권이 있는 경우 담보권에 우선하는 조세 등에는 우선하지 못한다(근로기준법 38조 1항, 근로자퇴직급여 보장법 12조 1항). 따라서 배당에 참가한 채권 중 저당권 등에 의하여 담보된 채권이 있는 경우에는 근로관계채권은 항상 저당권 등에 의하여 담보된 채권의 후순위이고, 저당권 등에 의하여 담보된 채권이 없는 경우에는 근로관계채권은 항상 당해세를 포함한 조세 등 채권에 우선하게 된다.

(b) 다른 순위와의 비교

이를 정리하면, ① **당해세가 없는 경우**에는 "담보권 > 근로관계채권 > 조세채권"의 순위가 되든지 또는, "조세채권 > 담보권 > 근로관계채권"의 순위가 된다. ② **당해세가 있는 경우**에는 다시 담보권이 있는 경우와 담보권이 없는 경우를 나누어, **담보권이 있는 경우**에는, "당해세 > 담보권 > 근로관계채권 > 당해세 외 조세채권"이 되든지 또는, "당해세 > 당해세 외 조세채권 > 담보권 > 근로관계채권"의 순위가 되며, **담보권이 없는 경우**에는, "근로관계채권 > 조세채권(당해세 포함)"의 순위가 된다.

(7) 6순위

법정기일 등이 저당권, 전세권의 설정보다 이후인 그 밖의 조세채권이다(국세기본법 35조, 지방세기본법 71조).

(8) 7순위

1) 국세 및 지방세의 다음 순위로 징수하는 공과금 중 국민건강보험료(국민건강보험법 85조), 국민연금보험료(국민연금법 98조), 고용보험료 및 산업재해보상보험료(고용보험 및 산업재해보상보험의 보험료징수 등에 관한 법률 30조) 등이다.

2) 위 각 보험료의 납부기한이 전세권·저당권 등의 설정등기보다 앞서는 경우에는 보험료채권은 전세권·저당권 등에 의하여 담보되는 채권보다 우선한다.

이들 보험료는 국세 및 지방세의 다음 순위로서, 이들간의 순위는 동일하다.

판례 역시, 국민연금법 98조는 "연금보험료나 그 밖의 이 법에 따른 징수금을 징수하는 순위는 국민건강보험법에 따른 보험료와 같은 순위로 한다"고 규정하고 있고, 국민건강보험법 85조 본문에서는 "보험료등은 국세와 지방세를 제외한 다른 채권에 우선하여 징수한다"라고 규정하고 있으며, '고용보험 및 산업재해보상보험의 보험료징수 등에 관한 법률' 30조 본문은 "보험료와 이 법에 따른 그 밖의 징수금은 국세 및 지방세를 제외한 다른 채권보다 우선하여 징수한다"고 규정하고 있으므로, 결국 국민연금보험료의 징수순위와 산업재해보상보험료의 징수순위는 국세 및 지방세의 다음 순위로서 동일하다고 본다.[1)]

(9) 8순위

일반채권자의 채권이다.

5. 배당방법

(1) 물권들 사이

저당권, 전세권, 가등기담보권 등 물권들 사이에는 등기 선후에 따른다.

(2) 가압류채권들 사이

가압류와 가압류 사이의 관계와 같이 채권들 사이에는 채권자평등의 원칙이 적용된다. 즉 채권들 사이에는 그 성립시기를 따지지 않고 그 순위가 동등한 것으로 취급한다. 그리고 같은 순위자 사이의 배당은 자신의 채권액의 비율에 따라 평등배당(안분배당)을 하게 된다.

(3) 물권과 가압류채권 사이

(a) 원 칙

저당권 등의 물권과 가압류채권 등 채권 사이에는 물권이 우선한다(물권우선주의). 다만 예외적으로 가압류가 최선순위인 경우에는 그 선순위 가압류와 후순위 저당권 등 물권은 같은 순위로 취급하여 안분배당한다.

(b) 구체적 예시

1) 배당할 금액이 6,000만원이고, 등기순위에 따라 A 근저당권 피담보채권액 3,000만원, B 가압류채권액 2,000만원, C 근저당권 피담보채권액 2,000만원인 경

1) 대판 2005. 5. 27. 2004다44384.

우를 가정하면, 먼저 A 근저당권 피담보채권에 3,000만원을 우선 배당하고, B 가압류채권 및 C 근저당권에 대해서는 안분배당을 해야 하므로, 우선 배당하고 남은 3,000만원을 B 가압류채권과 C 근저당권 피담보채권으로 안분배당하면, B 가압류채권에 대해서는 1,500만원, C 근저당권 피담보채권에 대해서는 1,500만원을 배당하게 된다.

2) 배당할 금액이 6,000만원이고, 등기순위에 따라 A 가압류채권액 3,000만원, B 근저당권 피담보채권액 3,000만원, C 근저당권 피담보채권액 4,000만원인 경우를 가정하면, A 가압류채권은 B 근저당권, C 근저당권과 같은 순위인 데 반하여, B 근저당권은 C 근저당권보다 우선하는 순위이다. 먼저 안분배당하면 A 가압류채권은 1,800만원, B 근저당권 1,800만원, C 근저당권 2,400만원이 된다(**안분단계**). 여기서 B 근저당권이 3,000만원이 될 때까지 그보다 열후(劣後)한 C 근저당권으로부터 1,200만원을 흡수한다(**흡수단계**)(**안분후흡수설**, 통설 · 판례의 입장이다). 따라서 A 가압류채권에 대해서는 1,800만원, B 근저당권 피담보채권에 대해서는 3,000만원, C 근저당권 피담보채권에 대해서는 1,200만원을 배당하게 된다.[1)]

▣ 저당권 등의 물권과 가압류채권 등이 있는 경우의 배당에서 유의할 사항

(1) 가압류채권자와 우선변제권을 갖춘 임차보증금채권자와의 순위관계

주택임대차보호법 3조의2 2항은 임대차계약증서에 확정일자를 갖춘 경우에는 부동산 담보권에 유사한 권리를 인정한다는 취지이므로, 부동산 담보권자보다 선순위(담보권등기보다 먼저 가압류등기가 경료된) 가압류채권자가 있는 경우에 그 담보권자가 선순위 가압류채권자와 채권액에 비례한 평등배당을 받을 수 있는 것과 마찬가지로, 위 규정에 의하여 대항요건을 갖추고 증서상에 확정일자까지 부여받음으로써 우선변제권을 갖게 되는 임차보증금채권자도 선순위 가압류채권자와는 평등배당의 관계에 있게 된다.[2)]

---

1) 오용호, "부동산경매와 임차권," 강제집행 · 임의경매에 관한 제문제(하)(재판자료 36집, 1987. 7.), 339쪽 이하; 신동윤, "부동산경매에 있어서의 배당에 관한 문제점," 사법논집 23집(1992. 12.), 277쪽 이하. 안분후흡수설에 대한 비판적 견해로는, 강대성, "압류의 상대적 효력," 토지법학(한국토지법학회) 25권 2호(2009년), 131쪽 이하; 신태길, "배당순위가 충돌하는 경우의 배당에 관하여," 법조 52권 4호(2003. 4.), 201쪽 이하/법조 52권 5호(2003. 5.), 202쪽 이하; 이우재, "배당순위의 충돌과 조정에 관한 실무연구," 민사집행법실무연구(재판자료 109집, 2006. 2.), 308쪽 이하.

2) 대판 1992. 10. 13. 92다30597; 박종권, "가등기담보권자와 가압류채권자의 배당우선순위," Jurist 410호(2006. 6.), 606쪽 이하.

(2) 가압류채권자와 가등기담보권자와의 순위관계

담보가등기권자는 그 담보가등기가 경료된 부동산에 대하여 경매 등이 개시된 경우에 다른 채권자보다 자기 채권에 대하여 우선변제를 받을 권리가 있고, 이 경우 그 순위에 관해서는 그 담보가등기권리를 저당권으로 보고 그 담보가등기가 경료된 때에 저당권설정등기가 행해진 것으로 보게 된다(가담 13조). 따라서 가등기담보권에 대하여 선순위 및 후순위 가압류채권이 있는 경우 부동산경매에 의한 매각대금 중 경매비용을 제외한 나머지 금원의 배당에서 담보가등기권자는 선순위 가압류채권에 대해서는 우선변제권을 주장할 수 없어 그 피담보채권과 선순위 및 후순위 가압류채권에 대하여 1차로 채권액에 따른 **안분비례**에 의해 평등배당을 한다.[1)]

이 경우 담보가등기권자는 후순위 가압류채권에 대해서는 우선변제권이 인정되어 그 채권으로부터 받을 배당액으로부터 자기의 채권액을 만족시킬 때까지 이를 **흡수**하여 변제받을 수 있으며 선순위와 후순위 가압류채권이 동일인의 권리라 하여 그 결론이 달라지는 것이 아니다.[2)]

(3) 가압류채권자와 근저당권자 및 압류채권자와의 순위관계

가압류채권자와 근저당권자 및 근저당권설정등기후 강제경매신청을 한 압류채권자 사이의 배당관계에서, 근저당권자는 선순위 가압류채권자에 대해서는 우선변제권을 주장할 수 없으므로 1차로 채권액에 따른 **안분비례**에 의하여 평등배당을 받은 다음, 후순위 압류채권자에 대해서는 우선변제권이 인정되므로 압류채권자가 받을 배당액으로부터 자기의 채권액을 만족시킬 때까지 이를 **흡수**하여 배당받을 수 있다.[3)]

▣ 저당권설정등기청구권을 보전하기 위한 처분금지가처분등기 후 가압류등기가 이루어지고 그 후 저당권설정등기가 이루어진 경우의 우선순위

(1) 신청채권자가 매각대상부동산에 관한 근저당권설정등기청구권을 보전하기 위하여 처분금지가처분등기를 했는데, 위 가처분등기가 마쳐지고 이에 근거한 근저

---

1) 부동산에 대하여 가압류등기가 먼저 되고 나서 담보가등기가 마쳐진 경우에 그 담보가등기는 가압류에 의한 처분금지적 효력 때문에 그 집행보전의 목적을 달성하는 데 필요한 범위 안에서 가압류채권자에 대한 관계에서만 상대적으로 무효이며, 따라서 담보가등기권자는 그보다 선순위 가압류채권자에 대항하여 우선변제를 받을 권리는 없으나 한편 가압류채권자도 우선변제청구권을 가지는 것은 아니므로 가압류채권자보다 후순위 담보가등기권자라 하더라도 '가등기담보 등에 관한 법률' 16조 1항·2항에 따라 법원의 최고에 의한 채권신고를 하면 가압류채권자와 채권액에 비례하여 평등하게 배당받을 수 있다. 대판 1987. 6. 9. 86다카2570 등; 김주형, "가압류등기후에 이루어진 담보가등기의 효력," 대법원판례해설 8호(1987년 하반기), 239쪽 이하; 윤윤수, "압류와 가압류 ―그 처분금지적 효력의 차별화의 가능성을 중심으로―," 판례연구(부산판례연구회) 3집(1993. 2.), 471쪽 이하.

2) 대판 1992. 3. 27. 91다44407.

3) 대결 1994. 11. 29. 94마417.

당권설정등기가 되기 전에 다른 채권자가 동일 부동산에 가압류를 하였고, 그 후에 가처분채권자가 본안에서 승소하여 근저당권설정등기를 한 경우에 위 가처분의 피보전권리는 '매각대상부동산에 관한 근저당권설정등기청구권'이므로, 위 가처분 이후에 다른 채권자의 가압류등기가 이루어졌다고 하여 위 가처분의 효력에 반하는 것은 아니다.

따라서 위 가처분에 기한 근저당권설정등기가 되어도 가압류등기는 말소되지 않는다.[1] 다만 가처분에 기하여 근저당권설정등기를 마친 근저당권자로서는 가처분의 **순위보전의 효력**에 의하여 자신의 가처분보다 후순위인 가압류채권자에 대하여 우선배당을 주장할 수 있다. 즉 가처분에 기하여 근저당권설정등기를 마친 근저당권자의 경우 **순위기준일**은 근저당권설정등기일이 아니라 **가처분기입등기일**이다.

(2) 한편 소유권 외 권리(저당권 등)의 설정등기청구권을 보전하기 위한 처분금지가처분등기 후 그 피보전권리의 실현을 위한 저당권 등의 설정등기를 하는 때에는 가처분등기 후에 등기된 권리의 취득이나 처분의 제한으로 가처분채권자가 저당권 등의 취득에 대항할 수 없다는 점을 표시하기 위하여 그 설정등기가 가처분에 기초한 것이라는 뜻도 함께 등기하게 되어 있고(부등 95조),[2] 이와 같이 가처분의 피보전권리 실현을 위한 등기가 되면 가처분의 목적을 달성하여 효력을 잃고 그 가처분등기는 존치할 필요가 없게 된다. 따라서 저당권설정등기청구권을 보전하기 위한 처분금지가처분등기 후에 그 피보전권리의 실현을 위한 저당권설정등기가 되면, 그 후 **가처분등기가 말소되더라도** 여전히 가처분등기 후에 등기된 권리의 취득이나 처분의 제한으로 가처분채권자의 저당권 취득에 대항할 수 없다.[3]

(4) 국세 등 조세채권과 담보권 사이

국세나 지방세 등 조세채권과 담보권간의 순위관계는 조세의 '법정기일'과 담보권의 설정등기일을 비교하여 우선순위를 정한다.

6. 배당이의의 소

(1) 의의 및 성질

1) 배당이의의 소는 배당표에 배당을 받는 것으로 기재된 자의 배당액을 줄여 자신에게 배당이 되도록 하기 위하여 배당표의 변경 또는 새로운 배당표의 작성을 구

1) 등기예규 제1691호 '소유권 이외의 권리의 설정등기청구권을 보전하기 위한 처분금지가처분등기에 관한 사무처리예규'(2020. 7. 21. 개정, 2020. 8. 5. 시행).

2) 등기예규 제1691호 '소유권 이외의 권리의 설정등기청구권을 보전하기 위한 처분금지가처분등기에 관한 사무처리예규'(2020. 7. 21. 개정, 2020. 8. 5. 시행).

3) 대판 2013. 4. 26. 2012다203843, 2015. 7. 9. 2015다202360; 법원실무제요 민사집행(3), 54쪽.

하는 것이다.[1] 이러한 배당이의의 소는 **소멸주의**에 따른 경매절차에서 인정된다.[2]

2) 배당이의의 소의 성질은 배당에 이의가 있는 사람이 실체상의 권리의 존재를 전제로 하여 배당표의 취소·변경 또는 새로운 배당표의 형성을 구하는 소송법상 **형성소송**이라고 본다.[3] 배당이의의 소에서 원고의 청구를 인용한 판결에는 가집행선고를 붙이지 못한다.

3) ① **집행력 있는 집행권원의 정본을 가지지 않은 채권자**(가압류채권자를 제외한다)에 대하여 이의한 **채무자**,[4] ② **다른 채권자**에 대하여 이의한 **채권자**는 **배당이의의 소**를 제기해야 한다(법 154조 1항).[5]

4) **집행력 있는 집행권원의 정본을 가진 채권자**에 대하여 이의한 **채무자**는 **청구이의의 소**를 제기해야 한다(법 154조 2항).[6] 집행력 있는 정본을 가진 채권자라고 하더라도 집행권원이 **가집행선고 있는 판결**인 경우에는 청구이의의 소를 제기할 수 없을 뿐만 아니라, 배당이의의 소도 제기할 수 없음은 이미 배당실시절차에서 살펴본 바와 같다.

집행력 있는 집행권원의 정본을 가진 채권자가 우선변제권을 주장하며 **담보**

---

1) 대판 2006. 1. 26. 2003다29456.

2) **소멸주의**에 따른 경매절차에서는 우선채권자나 일반채권자의 배당요구와 배당을 인정하므로 그 절차에서 작성된 배당표에 대하여 배당이의의 소를 제기하는 것이 허용되지만, **인수주의**에 따른 경매절차에서는 배당요구와 배당이 인정되지 않고 배당이의의 소도 허용되지 않는다. 대판 2014. 1. 23. 2011다83691.

3) 현재 통설이다. 정호영, "배당이의의 소," 강제집행·임의경매에 관한 제문제(하)(재판자료 36집, 1987. 7.), 461쪽 이하. 한편 배당이의의 소를 실체적 배당이의권의 존부를 확인하는 실체법상의 소송으로 보는 견해도 있다. 정웅태, "배당이의의 소," 민사법연구(대한민사법학회) 창간호(1991. 9.), 191쪽 이하.

4) 구법에서는 **채권확정의 소**에 의하도록 했다. 경매신청이나 배당요구가 있는 경우 법원은 그 사유를 이해관계인에게 통지를 하는데, 집행력 있는 정본 없이 배당을 요구하는 채권자가 있는 때에는 채무자는 이러한 통지를 받은 날부터 5일 내에 그 채권의 인낙 여부를 법원에 신고해야 하며, 법원은 채무자로부터 채권을 인낙하지 않는다는 통지를 받거나 인낙한다는 통지를 받지 않았을 때에는 이를 그 채권자에게 통지해야 하며 채권자는 그 통지를 받은 날부터 5일 내에 채무자에 대하여 소를 제기하여 그 채권을 확정해야 한다(구 민소606조). 구법하에서 위 채권확정의 소는 부동산임차권자나 임금채권자 등 집행권원이 없고 담보물권자도 아니어서 배당요구에 의하지 않고는 그들 스스로 경매를 신청할 권능이 없는 우선채권자가 경매절차에 참가하는 경우에 허용되었다. 대판 2004. 3. 25. 2002다20742.

5) **판례**는, 허위의 근저당권에 대하여 배당이 이루어진 경우 통정한 허위표시는 당사자 사이에서는 물론 제 3 자에 대해서도 무효이고, 다만 선의의 제 3 자에 대해서만 이를 대항하지 못하므로, 배당채권자는 채권자취소소송으로써 통정허위표시를 취소하지 않더라도 그 무효를 주장하여 그에 기한 채권의 존부, 범위, 순위에 관한 배당이의의 소를 제기할 수 있다고 한다. 대판 2001. 5. 8. 2000다9611.

6) 대판 2005. 4. 14. 2004다72464, 2011. 7. 28. 2010다70018.

권에 기하여 배당요구를 한 경우에는 배당의 기초가 되는 것은 담보권이지 집행력 있는 집행권원의 정본이 아니므로, 채무자가 그 담보권에 대한 배당에 관하여 우선변제권이 미치는 피담보채권의 존부 및 범위 등을 다투고자 하는 때에는 배당이의의 소로 다투면 되고, 집행력 있는 집행권원의 정본의 집행력을 배제하기 위하여 필요한 청구이의의 소를 제기할 필요는 없다.[1)]

가압류채권자에 대하여 채무자는 배당이의를 할 수 없다. 가압류채권자에 대한 배당액은 공탁되고(법 160조 1항 2호), 가압류채권자가 이를 지급받기 위해서는 채무자를 상대로 집행권원을 얻어야 하기 때문이다. 가압류채권자에 대하여 채무자가 이의를 진술했다고 하더라도 이는 부적법한 것에 불과하다(따라서 배당이의의 소를 제기할 원고적격이 없다).[2)] 가압류채무자가 이의를 진술한 경우 가압류채권자는 채무자를 상대로 본안소송을 제기해야 한다. 가압류채권자가 본안소송을 제기하지 않고 방치하고 있는 경우 가압류채무자는 **가압류결정**에 대한 **이의신청**(법 283조) 또는 **취소신청**(법 287조 3항, 288조 1항)을 할 수 있다.

5) 배당기일부터 1주 이내에 집행법원에 배당이의의 소를 제기한 사실을 증명하는 서류를 제출하지 않으면 **이의가 취하**된 것으로 본다. 한편 앞서와 같이 청구이의의 소를 제기하는 경우에는 배당기일부터 1주 이내에 집행법원에 청구이의의 소를 제기한 사실을 증명하는 서류와 그 소에 관한 집행정지재판의 정본을 제출하지 않으면 **이의가 취하**된 것으로 본다(법 154조 3항).

6) 원・피고가 여러 사람인 경우에는 필수적 공동소송이 아니라 **통상의 공동소송**(민소 65조 후문)이 된다.[3)]

(2) 당사자적격

1) 배당이의의 소에서 **원고적격**이 있는 사람은, 적법하게 **배당이의**를 한 **채무자** 또는 **채권자**이다.

채무자는 배당기일에 출석하지 않고도 서면에 의한 이의가 허용되므로(법 151조 2항) 배당기일에 출석하여 배당이의를 하든지, 그렇지 않는 경우라도 서면

---

1) 대판 2011. 7. 28. 2010다70018, 2012. 9. 13. 2012다45702.

2) **판례**도, 가압류채무자는 채권자가 제기한 본안소송 등에서 가압류의 피보전채권의 존부나 변제기의 도래 등을 다투어 그 결과에 따라 법 161조에 의한 배당절차가 진행되도록 할 수 있을 뿐, 가압류채권자를 상대로 배당이의의 소를 제기할 수는 없다고 한다. 대판 2016. 8. 18. 2015다256503.

3) 대판 2022. 11. 30. 2021다287171.

에 의한 이의를 한 이상 원고적격이 인정된다. **담보권실행을 위한 경매**에서(채무자 외의 제 3 자가 **물상보증인**으로서 담보를 제공한 경우) 경매목적물의 **소유자**는 여기의 채무자에 포함된다.[1] **채권자**는 반드시 배당기일에 출석하여 배당이의를 해야만 원고적격이 인정된다. 채권자가 배당기일에 출석하지 않은 경우 배당표와 같이 배당을 실시하는 데에 동의한 것으로 본다(법 153조 1항).

배당요구의 종기까지 배당요구를 해야 배당을 받을 수 있는 채권자(**배당요구채권자**)의 경우 배당기일에 출석하여 배당표에 대한 실체상의 이의를 신청하려면 그가 실체법상 집행채무자에 대한 채권자라는 것만으로는 부족하고 배당요구의 종기까지 **적법하게 배당요구**를 했어야 하며, 적법하게 배당요구를 하지 못한 채권자는 배당기일에 출석하여 배당표에 대한 이의를 신청했다고 하더라도 이는 부적법한 이의신청에 불과하고 그 사람에게는 배당이의의 소를 제기할 **원고적격**이 없다.[2]

따라서 가등기권자인 원고의 배당수령권의 존부가 분명하지 않은 경우(원고 명의의 가등기가 담보가등기에 해당하는지 여부가 분명하지 않은 경우) 배당이의의 소의 법원은 원고가 담보권리자 또는 일반채권자로서 적법하게 배당받을 권리가 있는지 여부 및 일반채권자로 볼 경우 원고가 배당요구의 종기까지 적법하게 배당요구를 했는지 여부 등을 구체적으로 심리해야 한다.[3]

판례는, 제 3 자 소유의 물건이 채무자의 소유로 오인되어 집행목적물로서 매각된 경우에도 그 제 3 자는 경매절차의 이해관계인에 해당하지 않으므로 배당기일에 출석하여 배당표에 대한 실체상의 이의를 신청할 권한이 없으며, 따라서 제 3 자가 배당기일에 출석하여 배당표에 대한 이의를 신청했다고 하더라도 이는 부적법한 이의신청에 불과하고, 그 제 3 자에게 배당이의의 소를 제기할 원고적격이 없다고 한다.[4][5]

---

1) 대판 2015. 4. 23. 2014다53790, 2023. 2. 23. 2022다285288.

2) 대판 2003. 8. 22. 2003다27696, 2019. 6. 13. 2018다258289, 2020. 10. 15. 2017다216523 등.

3) 대판 2022. 3. 31. 2021다203760.

4) 대판 2002. 9. 4. 2001다63155.

5) **담보권실행을 위한 경매**에서 경매목적물의 소유자는 여기의 채무자에 포함됨은 앞서 본 바와 같다. 그런데 ① 진정한 소유자이더라도 경매개시결정등기 당시 **소유자로 등기되어 있지 않았다면** 법 90조 2호의 '소유자'가 아니고, 그 후 등기를 갖추고 집행법원에 권리신고를 하지 않았다면 같은 조 4호의 '부동산 위의 권리자로서 그 권리를 증명한 사람'도 아니므로, 경매절차의 이해관계인에 해당하지 않는다. 따라서 이러한 사람에게는 배당표에 대하여 이의를 진술할 권한이 없고, 그 이의를 진술했더라도 이는 부적법한 것에 불과하여 배당이의의 소를 제기할 원고적격이 없다. 반면에, ② 경매개시결정등기 당시 **소유자로 등기되어 있는** 사람은 설령

2) 배당이의의 소에서 **피고적격**이 있는 사람은 배당이의의 상대방으로서 **이에 동의하지 않은 채권자**이다(법 151조 1항). 즉 배당이의에 의하여 자기의 배당액이 줄어들게 되는 상대방 채권자이다.

배당절차에서 **선정당사자**가 선정되면 선정자들이 아닌 선정당사자만이 배당표에 대한 이의의 상대방이 된다. 채무자나 다른 채권자가 선정당사자를 상대로 그가 배당받은 것으로 적힌 **금액 전체**에 대하여 이의를 한 경우 이로 인하여 선정당사자와 선정자들 사이의 공동의 이해관계가 소멸하는 것은 아니므로, 선정자들이 집행법원에 대하여 선정행위를 취소했다거나 선정당사자가 사망했다는 등의 특별한 사정이 없는 한 선정자들이 아닌 선정당사자가 배당이의의 소의 피고적격을 가진다.[1)]

(3) 이의사유

1) 배당이의의 소는 배당표에 기재된 채권자의 채권의 존부·범위·순위 등에 관하여 실체상의 이의를 제기한 경우 그 관계된 채권자가 그 이의를 정당한 것으로 인정하지 않아 배당기일에 이의가 완결되지 않는 때에 인정되므로, 그 이의사유는 **실체상의 사유**에 한하며, 절차상의 사유는 포함하지 않는다.[2)3)]

2) 배당이의는 배당받은 각 채권자의 채권의 존부·범위·순위에 대한 것이지 배당액에 대한 것이 아니므로(법 151조 3항), 배당이의의 소에서 피고의 채권액이 그가 받은 배당액보다 많다고 하더라도 **배당의 기초가 된 채권액**(배당요구액)에 대하여 다툼이 있고, 그 채권액이 줄어들 경우 민사집행법상의 배당법리에 따라

진정한 소유자가 따로 있는 경우일지라도 그 명의의 등기가 말소되거나 이전되지 않은 이상 경매절차의 이해관계인에 해당하므로, 배당표에 대하여 이의를 진술할 권한이 있고, 나아가 그 후 배당이의의 소를 제기할 원고적격도 있다. 대판 2015. 4. 23. 2014다53790.

1) 따라서 위와 같은 특별한 사정이 없는 한 선정당사자를 상대로 그가 배당받는 것으로 적힌 금액 전체에 대하여 이의를 한 채무자나 다른 채권자는 선정당사자를 피고로 하여 배당이의의 소를 제기하여 **선정자들에게 귀속될 부분을 포함**한 선정당사자가 배당받는 것으로 적힌 금액 전체에 대하여 경정을 구할 수 있다. 대판 2015. 10. 29. 2015다202490.

2) 정호영, "배당이의의 소," 강제집행·임의경매에 관한 제문제(하)(재판자료 36집, 1987. 7.), 463쪽; 강대성, 397쪽; 전병서, 356쪽. 이에 대하여, 이의사유는 배당표를 변경할 일체의 사유로 보고, 피고의 채권의 존부·배당액 등의 실체상의 사유에 한하지 않고, 절차상 흠도 포함한다는 견해로는, 이시윤·조관행, 383쪽; 오창수, 326쪽.

3) 배당이의의 소에서 원고는 원고의 이익이 되도록 배당표의 변경을 가져오게 하는 모든 사유를 주장할 수 있다. 따라서 근저당권 등 양도행위가 통정한 허위의 의사표시로 이러한 허위의 근저당권에 대하여 배당이 이루어진 경우 통정한 허위의 의사표시는 당사자 사이에서는 물론 제 3 자에 대해서도 무효이고, 다만 선의의 제 3 자에 대해서만 대항하지 못할 뿐이므로(민 108조), 배당채권자는 근저당권 등 양도행위의 무효를 주장하여 그에 기한 채권의 존부·범위·순위에 관한 배당이의의 소를 제기할 수 있다. 대판 2016. 7. 29. 2016다13710.

배당하면 결과적으로 배당액이 줄어들 경우에는 배당이의를 할 수 있다.[1)]

3) 배당이의의 소에서 **원고**는 배당기일 후 그 **사실심 변론종결시**까지 발생한 사유를 **이의사유**로 주장할 수 있다. 따라서 예컨대 ① 배당기일 후 배당이의의 소의 소송계속 중에 가압류채권자의 채권액이 변제 등의 사유로 일부 소멸하여 그 잔존 채권액이 그 가압류청구금액에 미달하게 된 경우에도 이를 이의사유로 주장할 수 있고,[2)] ② 배당기일 후 배당이의의 소의 소송계속 중 채권자가 받은 가압류결정이 취소된 경우에도 이를 이의사유로 주장할 수 있으며,[3)] ③ 배당기일 후 배당이의의 소의 소송계속 중 채권자가 받은 가집행선고 있는 판결이 항소심에서 취소되어 그대로 확정된 경우에도 이를 이의사유로 주장할 수 있다.[4)]

4) **피고**는 배당이의의 소에서 원고의 청구를 배척할 수 있는 모든 주장을 방어방법으로 내세울 수 있다. 배당기일에 피고가 원고에 대하여 이의를 하지 않았다고 하더라도 피고는 원고의 청구를 배척할 수 있는 사유로서 원고의 채권의 존재 자체를 부인할 수 있다.[5)] 따라서 피고는 원고의 청구를 배척할 수 있는 사유로서 원고가 배당이의한 금원이 (피고가 배당요구했지만 배당에서 제외된) 피고의 다른 채권에 배당되어야 한다고 주장할 수 있고, 이는 피고가 그 다른 채권에 기하여 배당이의를 하지 않았더라도 마찬가지이다.[6)7)]

---

1) 대판 2007. 8. 23. 2007다27427.

2) 대판 2007. 8. 23. 2007다27427.

3) 대판 2015. 6. 11. 2015다10523.

4) 대판 2015. 6. 11. 2015다10523, 2020. 10. 15. 2017다228441.

5) 대판 2004. 6. 25. 2004다9398, 2012. 7. 12. 2010다42259.

6) 대판 2008. 9. 11. 2008다29697. 채무자가 제 3 채무자에 대한 채권을 특정 채권자에게 양도했다가 그 채권양도가 사해행위라는 이유로 취소판결이 확정되었으나, 그 채권자가 해당 채권에 대하여 채권압류 및 추심명령도 받아 둔 경우에는, 해당 채권에 대한 제 3 채무자의 혼합공탁에 따른 배당절차에서 그 채권자가 사해행위의 수익자인 해당 채권의 양수인의 자격으로는 배당받을 수 없으나, 압류 및 추심명령을 받은 채권자의 지위에서 배당받는 것은 가능하다. 대판 2014. 3. 27. 2011다107818; 이승원, "채권양수인이자 압류 및 추심권자인 수익자가 해당 채권의 배당절차에서 채권양수인으로서 배당받는 내용의 배당표가 작성되었고, 이에 채권자가 사해행위취소의 소와 배당이의의 소를 병합 제기," 올바른 재판 따뜻한 재판(이인복대법관 퇴임기념논문집, 2016), 99쪽 이하.

7) **판례**는, 어음할인에 의하여 대출금채무가 성립된 경우에 채권자의 어음반환의무와 채무자의 대출금변제채무가 성질상 동시이행의 관계에 있다고 하더라도, 이는 채무자로 하여금 이중지급의 위험을 면하게 하려는 데에 그 취지가 있는 것으로서 쌍무계약상의 채권·채무가 동시이행의 관계에 있는 것과는 성질을 달리하므로, 채무자가 위와 같은 동시이행의 항변권에 터잡아 경매절차의 배당기일에서 채권자가 대출금채권에 기하여 배당받는 것으로 배당표가 작성되는 것을 저지할 수는 없다고 한다. 대판 2008. 1. 18. 2005다10814.

(4) 재판절차

1) 배당이의의 소는 **배당을 실시한 집행법원**이 속한 **지방법원**의 **전속관할**이다(법 156조 1항 본문, 21조). **판례**는, 파산관재인이 부인권의 행사로서 **부인의 소**를 제기하면서 원상회복으로서 **배당이의의 소**를 제기한 경우에는 비록 부인의 소가 파산계속법원의 전속관할에 속하나(채무회생 396조 3항 · 1항), 법 156조 1항 본문, 21조에 따라 배당을 실시한 집행법원이 속한 지방법원에 전속관할이 있다고 보고 있다.[1)]

2) 배당이의의 소의 **소송물**이 단독판사의 관할에 속하지 않는 경우에는 지방법원의 합의부가 이를 관할한다(법 156조 1항 단서). 배당이의의 소에서 원고가 **소로 주장하는 이익**(민소 26조 1항)은 원고의 이의가 인용될 경우에 배당표의 변경 또는 새로운 배당표의 작성에 의하여 원고가 받게 되는 이익이다. 따라서 배당이의의 소에서 소송목적의 값의 계산은 ① **채권자가 원고일 경우**에는 이의로 상대방 채권자의 채권을 부인한 그 액수에 의할 것이 아니라 **배당증가액**, 즉 당초의 배당표에 의한 원고의 배당액과 변경되거나 새로운 배당표의 작성에 의한 배당액의 차액을 기준으로 해야 하며(규칙 16조 6호), ② **채무자가 원고일 경우**에는 **감소배당액**, 즉 피고에 대한 당초의 배당표에 의한 배당액과 새로운 배당표에 의한 배당액의 차액을 기준으로 해야 한다. 배당이의의 소에서 이자, 지연손해금, 비용의 청구에 대한 배당액 부분도 소송의 부대목적으로 되는 것은 아니므로 소송목적의 값에 합산해야 한다(법 23조 1항, 민소 27조 2항 반대해석). **여러 개**의 배당이의의 소가 제기된 경우에 한 개의 소를 **합의부**가 관할하는 때에는 그 밖의 소도 함께 관할한다(법 156조 2항). 전속관할의 경우에는 원래 합의관할(민소 29조), 변론관할(민소 30조)의 적용이 배제되나(민소 31조) 배당이의의 소에서는 **예외적**으로, 이의한 사람과 상대방이 이의에 관하여 단독판사의 재판을 받을 것을 **합의**한 경우에는 단독판사의 관할로 한다(**사물관할에 관한 합의관할**, 법 156조 3항).

3) 배당이의의 소가 제소기간인 1주를 지나서 제기된 경우에는 **소각하판결**을 해야 한다.[2)] 위 기간 내에서 배당이의의 소가 제기되었으나 기간이 지난 뒤에 그

---

1) **판례**는, 민사집행법과 채무자 회생 및 파산에 관한 법률의 각 관할 규정의 문언과 취지, 배당이의의 소와 부인의 소의 본질과 관계, 당사자 사이의 공평이나 편의, 예측가능성, 배당이의의 소와 부인의 소가 배당을 실시한 집행법원이 속한 지방법원이나 파산계속법원에서 진행될 때 기대가능한 재판의 적정 · 신속, 판결의 실효성 등을 고려하여 그렇다고 보고 있다. 대결 2021. 2. 16. 2019마6102.

2) 대판 2003. 8. 22. 2003다27139.

증명서류가 제출된 때에는 집행법원으로서는 원래의 배당표대로 배당을 실시하므로, 배당이의의 소의 수소법원으로서는 배당이의의 소가 배당표의 취소라는 소 본래의 목적을 잃어버려 **소의 이익이 없다**는 이유로 위 소를 각하해야 한다. 다만 이 경우에도 실체법상의 권리를 잃는 것은 아니므로 **부당이득반환청구**로 청구의 변경이 가능한다.[1)]

4) 채권자 또는 채무자가 배당이의의 소를 제기한 후 배당이의를 취하(철회)하면서도 배당이의의 소를 취하하지 않는 경우 배당이의의 소는 부적법한 것으로 각하해야 한다.[2)]

5) **이의한 사람**(**원고**)이 배당이의의 소의 **첫 변론기일**에 출석하지 않은 때에는 소를 취하한 것으로 본다(법 158조). 여기서 말하는 '첫 변론기일'에 '첫 변론준비기일'은 포함되지 않는다.[3)] 따라서 배당이의의 소에서 첫 변론준비기일에 출석한 원고라고 하더라도 첫 변론기일에 불출석하면 법 158조에 따라서 소를 취하한 것으로 볼 수밖에 없다.[4)] 첫 변론기일이므로 속행된 2회 이후의 기일에 불출석한 경우에는 소취하간주가 되지 않는다. 한편 피고의 출석 여부는 소취하간주 발생에 영향을 미치지 않는다.

6) 배당이의의 소에서 법원은 원고가 구하는 청구의 양적 범위 내에서 판단한다(**처분권주의**). 따라서 배당이의의 소의 **청구취지**는 그 소의 법률적 성질이나 처분권주의의 원칙에 비추어 볼 때 배당기일에 신청한 이의의 범위 내에서 배당표에 기재된 채권자의 배당액 중 **부인할 범위**를 명확히 표시할 것이 요구된다.[5)]

7) 배당이의의 소에서 배당이의사유에 관한 **증명책임**도 일반 민사소송에서의

---

1) 한편 증명기간 내에 소제기의 증명이 없으면 배당이의의 소는 집행법원의 배당절차에는 영향을 미치지 못하지만 소제기의 효력 자체에는 영향이 없다는 견해도 있다. 법원실무제요 민사집행(3), 216쪽.

2) 법원실무제요 민사집행(3), 213쪽.

3) 법 158조의 문언이 '첫 변론기일'이라고 명시하고 있을 뿐만 아니라, 변론준비절차는 변론이 효율적이고 집중적으로 실시될 수 있도록 당사자의 주장과 증거를 정리하기 위하여(민소 279조 1항) 마련된 제도로서 당사자는 변론준비기일을 마친 뒤의 변론기일에서 변론준비기일의 결과를 진술해야 하는 등(민소 287조 2항) 변론준비기일의 제도적 취지, 그 진행방법과 효과, 규정의 형식 등에 비추어 그렇다. 대판 2006. 11. 10. 2005다41856; 민유숙, "배당이의소송의 첫 변론준비기일에 불출석한 경우 민사집행법 제158조에 의한 소취하 간주의 효과가 발생하는지 여부," 대법원판례해설 63호(2006년 하반기), 421쪽 이하.

4) 대판 2007. 10. 25. 2007다34876.

5) 대판 2000. 6. 9. 99다70983.

증명책임분배의 원칙에 따른다.[1] 따라서 원고가 피고의 채권이 **성립하지 않았음**을 주장하는 경우에는 피고에게 **채권의 발생원인사실**을 증명할 책임이 있고, 원고가 그 채권이 통정허위표시로서 무효라거나 변제에 의하여 소멸되었음을 주장하는 경우에는 원고에게 그 장애 또는 소멸사유에 해당하는 사실을 증명할 책임이 있다.[2] 즉 **최종적**으로는 원고가 피고의 채권이 존재하지 않음을 증명할 책임이 있다.

다만 **원고가 채권자**인 배당이의의 소에서는 원고가 피고의 채권이 존재하지 않음을 주장·증명하는 것만으로 충분하지 않고, **원고 자신**이 피고에게 배당된 금원을 **배당받을 권리**가 있다는 점까지 주장·증명을 해야 한다. 채권자에게는 자기의 이해에 관계되는 범위 안에서만 다른 채권자를 상대로 그의 채권 또는 그 채권의 순위에 대하여 이의할 수 있는 **제한**이 있기 때문이다(법 151조 3항).[3]

그러나 **원고가 채무자**(담보권실행을 위한 경매에서는 **소유자**도 포함한다)인 배당이의의 소에서는 원고가 피고의 채권이 존재하지 않음을 주장·증명하는 것으로 충분하고, 자신이 피고에게 배당된 금원을 배당받을 권리가 있다는 점까지 주장·증명할 필요는 없다. 채무자에게는 채권자에 대한 앞서 본 바와 같은 제한이 없을 뿐만 아니라(법 151조 1항), 채무자가 배당이의의 소에서 승소하면 집행법원은 그 부분에 대하여 배당이의를 하지 않은 채권자를 위해서도 배당표를 바꾸어야 하므로(법 161조 2항 2호), 피고로 된 채권자에 대한 배당액 자체만 심리대상이기 때문이다.[4]

---

1) 대판 2007. 7. 12. 2005다39617, 2018. 2. 28. 2013다63950.

2) 대판 1997. 11. 14. 97다32178, 2007. 7. 12. 2005다39617, 2020. 8. 20. 2020다38952,38969; 오영준, "배당이의소송에서 배당이의사유에 관한 증명책임의 분배등," 대법원판례해설 71호(2008년 하반기), 680쪽 이하.

3) 대판 2012. 7. 12. 2010다42259, 2015. 4. 23. 2014다53790, 2021. 6. 24. 2016다269698.

4) 대판 2015. 4. 23. 2014다53790, 2023. 2. 23. 2022다285288. 따라서 채무자나 소유자가 배당이의의 소를 제기한 경우의 **소송목적물**은 **피고로 된 채권자**가 경매절차에서 **배당받을 권리의 존부·범위·순위**에 한정되는 것이지, **원고인 채무자나 소유자**가 경매절차에서 **배당받을 권리**까지 포함하는 것은 아니므로, **제 3 자**가 **채무자나 소유자로부터** 위와 같이 **배당받을 권리를 양수**했다고 하더라도 그 배당이의소송이 계속되어 있는 동안에 소송목적인 권리 또는 의무의 전부 또는 일부를 승계한 경우에 해당된다고 볼 수 없으므로 참가승계(민소 81조)를 할 수 없다. 대판 2023. 2. 23. 2022다285288.

▣ 사해행위에 의하여 설정된 근저당권(사해근저당권)에 기한 배당참가에서 배당이의의 소의 제기가 있는 경우의 특수문제

(1) 근저당권설정계약의 취소와 배당표의 경정 범위

1) 채권자가 배당기일에 출석하여 사해행위에 의하여 설정된 근저당권에 기하여 배당참가한 수익자의 배당부분에 대하여 이의를 했다면(**매각대금을 낸 후 배당표 확정 전**) 그 채권자는 **사해행위취소의 소**와 **병합**하여 원상회복으로서 **배당이의의 소**를 제기할 수 있다.[1)]

2) 이 경우 법원으로서는 배당이의의 소를 제기한 해당 채권자 외의 **다른 채권자**의 존재를 **고려할 필요 없이** 그 채권자의 채권이 만족을 받지 못한 한도에서만 근저당권설정계약을 취소하고 그 한도에서만 수익자의 배당액을 삭제하여 해당 채권자의 배당액으로 경정해야 한다.[2)3)]

(2) 경정된 배당표에 따른 배당의 실시와 부당이득반환의 문제

1) 확정된 배당표에 의하여 배당을 실시하는 것은 실체법상의 권리를 확정하는 것이 아니므로, 배당을 받아야 할 채권자가 배당을 받지 못하고 배당을 받지 못할 자가 배당을 받은 경우에는 배당을 받지 못한 채권자로서는 배당에 관하여 이의를 했는지 여부에 관계없이 배당을 받지 못할 사람이면서도 배당을 받았던 사람을 상대로 부당이득반환청구권을 가진다.

이 경우 배당을 받지 못한 그 채권자가 일반채권자라거나 **배당이의의 소**에서 승소하여 배당표를 경정한 것이 **사해행위취소판결**에 의한 것이라고 하여 달리 볼 것은 아니다(**배당이의 승소채권자 포함설**).[4)5)]

---

1) 대판 2011. 2. 10. 2010다90708, 2018. 4. 10. 2016다272311.

2) 대판 2004. 1. 27. 2003다6200; 고해진, "채권자취소와 배당이의의 소," 경영법무 90호(2001. 9.), 38쪽 이하. 수익자에 대한 배당금의 지급이 가처분 등으로 인하여 정지되어 있는 상태에서 저당권설정행위가 사해행위로 취소되는 경우 배당이의의 소가 제기되어 있지 않다면 집행법원은 수익자를 제외한 다른 배당요구채권자들에게 곧바로 추가배당을 실시할 수 있다는 견해로는, 임기환, "채권자취소권의 행사에 따른 원상회복의 방법으로서의 배당이의의 소," 민사판례연구 28권(2006. 2.), 727쪽 이하.

3) 채무자가 동시에 또는 다른 시기에 하나의 부동산에 관하여 여러 수익자들에게 여러 개의 근저당권을 설정해 준 결과 그와 같은 각각의 근저당권설정행위가 모두 사해행위가 되어 채권자가 그 수익자들 가운데 일부 또는 전부를 상대로 각 근저당권설정계약을 사해행위로서 취소하면서 그 원상회복으로서 배당이의의 소를 병합하여 제기함으로써 **여러 개의 소송이 계속 중**인 경우에도 마찬가지이다. 이 경우 각 소송에서 채권자의 청구에 따라 다른 소송의 결과를 참작할 필요 없이 사해행위취소 및 원상회복을 하는 판결을 선고해야 한다. 대판 2008. 11. 13. 2006다1442, 2009. 4. 23. 2007다61298.

4) 대판 2007. 2. 9. 2006다39546, 2007. 2. 22. 2006다21538 등; 손현찬, "수 개의 사해행위취소소송이 중첩된 경우의 법률관계," 재판과 판례(대구판례연구회) 15집(2007. 1.), 478쪽; 이호선, "배당이의하지 않은 채권자의 승소채권자를 상대로 한 부당이득반환청구," 재판과 판례(대구판례연구회) 29집(2020년), 93쪽.

5) 한편 배당이의의 소에서의 판결 또는 확정된 화해권고결정 등은 별개의 '법률상 원인'에 해

2) 이때 배당이의의 소를 제기한 채권자가 배당이의판결을 통하여 자신이 배당받아야 할 금액보다 초과하여 배당받은 경우 그 채권자는 그 초과부분을 적법하게 배당요구를 했으나 배당이의의 소에서 참여하지 못한 **다른 채권자**에게 부당이득으로서 반환할 의무가 있을 뿐 이를 사해행위를 한 채무자에게 반환할 의무는 없다.[1]

▣ **배당요구채권자 등이 사해근저당권자에 대하여 적법한 배당이의소의 소를 제기한 후 사해행위취소의 소를 병합하는 경우 사해행위취소의 소의 제소기간의 적용문제**

(1) 배당이의를 하면서 사해행위 주장을 하지 않은 경우

이 경우 배당이의의 소에서 사해행위취소의 소를 병합하는 **청구취지 및 청구원인변경신청서**(청구의 추가적 변경의 경우)를 **제출한 때**를 기준으로 사해행위취소의 소의 제소기간(예컨대 취소원인을 안 날부터 1년 내)이 지났는지 여부를 판단한다.

(2) 배당이의를 하면서 사해행위 주장을 한 경우

이 경우 배당이의의 소에서 청구취지변경신청서를 제출하면서 사해행위취소를 청구취지에 기재했다고 하더라도 이로써 새로운 소를 제기한 것이라고 볼 수 없고, **청구취지**를 **보충** 또는 **경정**한 것으로 보아야 하므로, **배당이의를 한 때**를 기준으로 사해행위취소의 소의 제소기간이 지났는지 여부를 판단한다.

배당이의를 하면서 사해행위 주장을 한 이상 배당이의의 소의 제기시 소장의 청구취지에서 배당표 경정청구만을 기재한 것은 소송물을 채권자취소소송에서의 원상회복청구에 한정하고자 한 것이 아니라 **착오**로 **사해행위취소청구**를 **누락**한 것으로 보아야 하기 때문이다.[2]

8) 배당이의의 소는 배당기일에 배당이의를 한 사람 및 그 상대방에게 당사자적격이 있으므로 이에 해당하지 않는 **제 3 자**는 독립하여 또는 원・피고와 공동하여 **당사자참가**할 수 없다. 다만 **채무자가 제기한** 배당이의의 소에 관해서는 배당기일에 배당이의를 하지 않은 채권자라도 원고가 승소하면 추가배당을 받을 수 있으므로 원고 측에 **보조참가**를 할 수 있다. 그러나 **채권자가 제기한** 배당이의의 소에 관해서는 다른 채권자는 보조참가할 이익이 없다. **채무자**는 원・피고 어느 쪽이든 보조참가를 할 수 있다.[3]

당하므로, 배당이의의 소를 통해 배당받은 채권자에 대해서는 부당이득반환청구를 할 수 없다는 견해(**배당이의 승소채권자 불포함설**)도 있다. 이우재, "부동산 및 채권집행에서의 배당의 제문제"(제 2 판, 2012년), 1427쪽.

1) 대판 2011. 2. 10. 2010다90708.

2) 대판 2019. 10. 31. 2019다215746.

3) 법원실무제요 민사집행(3), 222쪽.

9) 배당이의의 소에서도 **소송상 화해** 및 **청구의 포기 · 인낙**이 허용된다. 배당이의의 소의 소송물은 당사자가 임의로 처분할 수 있는 배당액에 관한 실체적 **배당수령권**일 뿐만 아니라,[1] 배당기일에서 관계된 채권자의 합의를 인정하고 있고, 합의가 성립되면 배당표를 경정하여 배당을 실시하는 것이 허용되기 때문이다(법 152조 2항).[2]

(5) 판결의 내용

1) 배당이의의 소가 소송요건을 갖추지 않은 경우(예컨대 원고가 배당표에 대하여 적법한 이의를 하지 않은 경우, 당사자적격이 없는 경우, 또는 주장 자체로 원고의 배당액이 늘어날 여지가 없어 소의 이익이 없는 경우 등)에는 그 소는 부적법하여 **소각하판결**을 한다. 소각하판결이 확정되면 처음부터 채권자가 이의를 했으나 이의소송을 제기하지 않은 것과 같은 것이 되어 당초의 배당표가 그대로 확정된다. 한편 배당이의의 소에서 원고의 배당이의가 이유 없는 때에는 **청구기각판결**을 한다. 청구기각판결이 확정되는 때도 당초의 배당표가 그대로 확정이 된다. 당초의 배당표가 그대로 확정된 때에는 이에 따라 **배당을 실시**한다.[3]

2) 배당이의의 소에 대한 판결에서는 배당액에 대한 **다툼이 있는 부분**에 관하여 **배당받을 채권자**와 **액수**를 정해야 한다(법 157조 전문). **원고가 채권자인 배당이의의 소의 판결**에서 다툼이 있는 배당부분에 관하여 배당을 받을 채권자와 그 수액을 정함에서는 피고의 채권이 존재하지 않는 것으로 인정되는 경우에도 배당이의를 하지 않은 다른 채권자의 채권을 참작할 필요가 없다[다른 채권자의 채권에 대한 배당이 비록 잘못되었다고 하더라도 적법히 배당된 것으로 보고 이를 고려하지 않는다]. 이 경우 다툼이 있는 배당부분을 **원고가 가지는 채권액의 한도** 내에서 구하는 바에 따라 **원고의 배당액**으로 하고, 그 나머지는 **피고의 배당액**으로 유지해야 한다(**흡수설, 피고설**).[4][5]

---

1) 대판 2000. 1. 21. 99다3501.

2) 법원실무제요 민사집행(3), 231쪽.

3) 배당이의의 소의 피고가 소각하판결이나 청구기각판결이 확정된 사실을 증명하는 서면을 제출하면서 배당액의 지급을 청구하는 때에는 그 피고인 채권자에게 배당액을 지급하거나, 또는 이미 공탁했으면 공탁관에게 **지급위탁서**를 **송부**하고, 해당 채권자에게 **지급증명서**를 **교부**한다.

4) 대판 1998. 5. 22. 98다3818, 2001. 2. 9. 2000다41844, 2007. 12. 27. 2007다52980; 민일영, "배당이의소송의 판결에 관한 소고," 인권과 정의 266호(1998. 10.), 86쪽 이하. 이에 대하여, 그 나머지는 채무자의 배당액으로 해야 한다는 견해도 있다. 배당이의의 소에서 배당에 참가

이와 같은 이치는 배당이의를 하지 않은 다른 채권자 가운데 **원고보다 선순위 채권자가 있다고 하여**(그 선순위 채권자가 배당이의를 했으면 그 선순위 채권자에게 배당할 것임에도 불구하고) 달라지는 것은 아니다.[1] 예컨대 근저당권설정계약을 사해행위로 취소하는 판결이 먼저 확정되고 그 근저당권자를 상대로 한 배당이의의 소가 뒤이어 진행되는 경우에, 배당이의의 소에서는 그 소를 제기하지 않은 다른 채권자의 존재를 고려할 필요 없이 그 소를 제기한 채권자의 채권이 만족을 받지 못한 **한도에서만** 근저당권자에 대한 배당액을 삭제하여 이를 그 채권자에 대한 배당액으로 경정하고 **나머지는** 근저당권자에 대한 배당액으로 남겨두어야 한다. 다만 이 경우 근저당권설정계약이 사해행위로 취소된 이상 그 근저당권자는 근저당권에 기하여 **배당받을 권리를 상실**하여 그에게 배당을 실시할 수 없는 명백한 사유가 생겼으므로, 경매법원으로서는 법 161조를 유추적용하여 배당이의의 소의 제기로 공탁된 배당액 중 그 소송결과 근저당권자에게 남게 된 부분을 부동산경매절차에서 적법하게 배당요구했던 다른 채권자들에게 **추가배당**해야 한다.[2]

한편 **채무자가 제기한 배당이의의 소**의 판결에서는 법원은 배당에 대하여 이의를 하지 않은 채권자를 위해서도 배당표를 바꾸어야 한다(법 161조 2항 2호). 따라서 피고의 배당액에서 감소된 부분을 구체적으로 어떻게 처리해야 할 것인지에 대해서도 명확히 할 필요가 있다.

3) 배당이의의 소에 대한 판결에서 배당액에 대한 다툼이 있는 부분에 관하여 **배당을 받을 채권자**와 그 **액수**를 정하는 것이 **적당하지 않다**고 인정한 때에는 판결에서 이의를 인용한 범위를 명시하고 배당법원에 대하여 **배당표를 다시 만들**

할 자격이 없다고 인정된 채권자(대부분 가장채권자이다)에게 배당 잔액을 보유하게 하는 것은 옳지 않으며, 다른 채권자가 이의를 진술하지 않았다 하여 피고의 채권을 승인하는 것으로 볼 수 없으므로, 배당 잔액을 권리가 없다고 인정된 피고에게 귀속케 하는 것보다는 이의를 진술하지 않은 채권자를 위한 공동의 책임재산으로 확보하는 취지에서 채무자에게 반환하는 것이 타당하다는 입장이다(**안분설, 채무자설**). 정호영, "배당이의의 소," 강제집행·임의경매에 관한 제문제(하)(재판자료 36집, 1987. 7.), 484쪽; 정웅태, "배당이의의 소," 민사법연구(대한민사법학회) 창간호(1991. 9.), 205쪽.

5) 따라서 피고의 채권이 전부 존재하지 않는다는 이유로 피고에 대한 배당액을 전부삭제를 명하면서 그 가운데 일부금액만 원고의 배당액에 추가하는 것으로 하여 원고에게 추가하고 남은 나머지 금액에 대하여 배당받을 채권자와 그 액수를 정하지 않거나 또는 그 나머지 금액을 다른 채권자에게 배당하는 것으로 하거나, 심지어 원고의 배당액에 얼마를 추가할 것인지조차 정하지 않는 것은 위법하다. 법원실무제요 민사집행(3), 232쪽.

1) 대판 2001. 2. 9. 2000다41844, 2004. 1. 27. 2003다6200.

2) 대판 2015. 10. 15. 2012다57699.

고(재조제하고) **다른 배당절차**를 밟도록 명해야 한다(법 157조 후문). 배당받을 채권자와 그 액수를 정하는 것이 부적당한 때로는, 배당이의의 소가 여러 개 계속되어 그 재판이 따로 진행되고 있기 때문에 계산이 복잡하여 집행법원이 하는 것이 적당하다고 인정되는 경우 등이 있다.

4) 채권자가 배당이의의 소를 제기하여 승소판결이 확정되면 그가 이의한 부분에 대한 배당표가 확정되고 특별한 사정이 없는 한 그의 **채권**은 배당액으로 충당되는 범위에서 배당표의 확정시에 **소멸**한다.[1] 그러나 배당이의의 소의 수소법원이 피고에 대한 배당액을 삭제하면서 채권자인 원고가 배당받을 금액을 정하지 않고 배당표를 다시 만들고 다른 배당절차를 밟도록 명한 경우에는, 그 판결에 따라 배당법원이 실시한 **재배당절차**에서 **다시 만든**(**재조제**한) **배당표가 확정**되어야 원고의 채권이 **소멸**한다.[2]

(6) 판결의 효력

1) **원고가 채권자**인 배당이의의 소의 판결의 효력은 해당 소송의 당사자에게만 미친다(**판결의 상대효**).[3] 원고의 청구가 인용되어 피고가 배당을 받을 수 없게 되었더라도 피고에게 배당되었던 금원을 원고에게 할당하는 데 그치고, 다른 채권자의 배당액에 대해서는 아무런 영향을 미치지 않게 된다. 따라서 판결확정후 해당 소송의 채권자들에 대해서만 **배당표를 변경**하여, **재배당**을 실시해야 한다. **재배당**이란 배당이의의 소의 결과에 따라 배당이의의 소의 원고와 피고 사이에서만 배당표를 바꾸어 배당을 실시하는 절차를 실무상 일컫는 말이다.[4]

2) **원고가 채무자**인 배당이의의 소의 판결의 효력은 다른 모든 채권자에게도 미친다(**판결의 절대효**). 채무자가 제기한 배당이의의 소에서 청구가 인용된 경우에 법원은 배당이의를 하지 않은 채권자를 위해서도 배당표를 바꾸어야 하므로(법 161조 2항 2호), 그 범위 내에서 다른 채권자에게도 판결의 효력이 미친다고 보아야

---

1) 대판 2018. 3. 27. 2015다70822, 2022. 11. 30. 2021다287171.

2) 따라서 채권자가 **여러 다른 채권자**를 상대로 배당이의의 소를 제기하고 **피고들 가운데 일부**에 대하여 승소판결이 확정되었으나(제 1 심 공동피고가 항소하지 않아 확정된 경우이다) 그 판결이 법 157조 후문에 따라 배당법원으로 하여금 배당표를 다시 만들도록 했을 뿐 채권자인 원고의 구체적인 배당액을 정하지 않은 때에는 아직 배당이의의 소를 통하여 달성하려는 목적이 전부 실현되었다고 할 수 없으므로, **나머지 채권자**를 상대로 한 소는 여전히 **소의 이익**(**권리보호의 이익**)이 인정된다. 대판 2022. 11. 30. 2021다287171.

3) 대판 1998. 5. 22. 98다3818, 2007. 3. 29. 2006다49130.

4) 법원실무제요 민사집행(3), 235쪽.

하기 때문이다.[1] 따라서 판결확정 후 종전 배당표상의 채권자에 대한 배당액 중 그에게 지급하지 못하게 된 금액을 다시 각 채권자의 채권순위 및 채권액에 비례하는 내용으로 **배당표를 재조제**하여, **추가배당**을 실시해야 한다.

▣ 배당표의 재조제

일단 작성된 배당표의 전부 또는 일부를 무시하고 그 부분에 대하여 **새로운 배당표를 작성**하는 행위를 실무상 **배당표의 재조제**(再調製)라고 한다. 배당표가 재조제되는 경우로는 크게 다음 세 가지가 있다.

(1) **배당표 작성**에 대한 **절차적 흠**을 이유로 제기된 집행에 관한 이의신청이 받아들여져 배당표가 전부취소되어 배당받을 모든 채권자를 위하여 처음부터 배당표를 다시 작성하는 것으로 최초의 배당절차로서 행해진다.

(2) **추가배당**을 위한 배당표의 재조제는 종전 배당표상의 채권자에 대한 배당액 중 그가 지급받지 못하게 된 금액을 다시 각 채권자의 채권순위 및 채권액에 비례하여 배당하는 것으로 이는 **배당표의 일부**를 **재조제**하는 경우에 해당한다. 배당이의의 소에서 승소한 때에 하는 추가배당이 이에 속한다.[2]

(3) 채권자가 제기한 **배당이의의 소**의 판결의 결과 **재배당**이 필요하게 된 경우(당사자들 사이에서만 재배당을 실시하면 되고 이의 없이 확정된 부분에 대해서는 배당표를 재조제할 필요가 없다)로서 여기에는, ① 앞서 본 바와 같이 배당이의의 소에 대한 판결에서 배당액에 대한 다툼이 있는 부분에 관하여 배당을 받을 채권자와 그 액수를 정하는 것이 적당하지 않다고 인정하여 판결에서 배당표를 다시 만들고 다른 배당절차를 밟도록 명한 경우(법 157조 후문), ② 각기 제기된 여러 개의 배당이의의 소의 판결주문에서 다툼이 있는 부분에 관하여 배당을 받을 채권자와 그 액수를 정했지만 각 판결주문에 따라 각 원고의 배당액에 증액할 금액의 합계액이 본래의 배당표상의 피고에 대한 배당액을 초과하는 때(여러 개의 판결이 선고된 결과 저촉부분이 있는 때로서 각 판결의 주문대로 배당표를 경정하여 지급하는 것이 불가능하다)에, 여러 개의 배당이의소송이 모두 완결될 때까지 기다렸다가 각 소송의 결과에 따라 배당을 실시하든지 또는 재배당절차에 들어가야 되는 경우 등이 있다.[3]

---

1) 정호영, "배당이의의 소," 강제집행·임의경매에 관한 제문제(하)(재판자료 36집, 1987. 7.), 461쪽 이하; 민일영, "배당이의소송의 판결에 관한 소고," 인권과 정의 266호(1998. 10.), 86쪽 이하.

2) 민사집행 전자소송 시행으로 인하여 원래의 배당표가 전자기록으로 저장되고 있으므로 추가배당표가 작성되더라도 원래의 배당표에 '추가배당실시'라는 표시를 부기할 수 있는 방법이 없다. 따라서 법원사무관 등은 지급위탁 등을 하기 전에 추가배당사실이 있는지 여부를 확인할 필요가 있다.

3) 법원실무제요 민사집행(3), 237쪽.

7. 부당이득반환청구

(1) 의 의

1) 확정된 배당표에 의하여 배당을 실시하는 것은 실체법상의 권리를 확정하는 것이 아니므로, **배당을 받아야 할 채권자**가 배당을 받지 못하고 배당을 받지 못할 사람이 배당을 받은 경우에는 **배당을 받지 못한 채권자**로서는 배당을 받지 못할 사람이면서도 배당을 받았던 사람을 상대로 부당이득반환청구권을 갖는다.[1] 배당요구 없이도 배당에 참가할 수 있는 채권자(예컨대 첫 경매개시결정등기 전에 등기된 저당권자 등), **배당요구를 해야만** 배당절차에 참가할 수 있는 경우(예컨대 임금채권자, 주택 등 임차보증금채권자) 배당요구를 한 채권자 등이 부당이득반환청구를 할 수 있다.[2]

판례도, 배당요구를 해야만 배당절차에 참여할 수 있는 채권자가 배당요구의 종기까지 배당요구를 하지 않은 채권액에 대하여 배당요구의 종기 이후에 추가 또는 확장하여 배당요구를 했으나 그 부분을 배당에서 배제하는 것으로 배당표가 작성·확정되고 그 확정된 배당표에 따라 배당이 실시되었다면, 그가 적법한 배당요구를 한 경우에 배당받을 수 있었던 금액 상당의 금원이 후순위 채권자에게 배당되었다고 하여 이를 법률상 원인이 없는 것이라고 할 수 없다고 보고 있다.[3]

2) 부당이득반환청구시 아직 배당금이 지급되지 않은 때에는 배당금지급청구권의 양도에 의한 부당이득의 반환을 구해야 하며, 그 채권 가액에 해당하는 금전의 지급을 구할 수는 없다. 한편 부당이득반환청구권의 보전은 가압류에 의할 것이 아니라 **배당금지급금지가처분**의 방법으로 해야 한다.[4]

(2) 채권자가 배당이의를 하지 않은 경우 부당이득반환청구권 인정 여부

1) **법 155조**는 **배당이의**를 했으나 법 154조 3항의 기간 내에 제소증명을 하

---

1) 대결 2013. 4. 26. 2009마1932.

2) 이영갑, "배당이의판결의 기판력과 부당이득반환청구," 판례연구(부산판례연구회) 12집(2001. 6.), 1057쪽 이하; 민일영·오종윤, "청구금액의 확장과 배당 후 부당이득반환청구의 허부 — 배당 후의 부당이득반환청구에 대한 의견서 —," 판례실무연구(비교법실무연구회) 1권(1997. 9.), 594쪽. 원칙적으로 판례의 입장에 찬동하나, 우선변제권 있는 주택임차인의 경우에는 달리 볼 여지도 있다는 견해로는, 서기석, "배당절차 종료 후 채권자의 부당이득반환청구," 대법원판례해설 27호(1996년 하반기), 146쪽 이하.

3) 대판 2000. 9. 8. 99다24911, 2002. 1. 22. 2001다70702, 2005. 8. 25. 2005다14595.

4) 대결 2013. 4. 26. 2009마1932.

지 못한 경우에도 우선권 등 권리를 행사할 수 있다고 규정하여 부당이득반환청구를 인정하고 있으나 **그 외의 경우**에 부당이득반환청구를 인정할 것인지 여부에 관해서는 명문의 규정이 없으므로, 배당이의를 하지 않은 경우에도 부당이득반환청구를 할 수 있는지 여부에 대해서는 **견해의 대립**이 있다.

이에 대하여, ① 배당을 포함한 집행절차의 안정을 위하여 배당절차가 종료한 뒤에는 배당이의를 하지 않은 채권자가 실체법상 권리를 주장하여 부당이득반환청구를 할 수 없으나, 다만 배당기일에 자기의 귀책사유가 아닌 이유로 이의를 진술하지 못한 경우(적법한 배당기일의 통지를 받지 못하여 배당이의를 할 기회를 부여받지 못한 경우)에까지 그 뒤에 부당이득반환청구를 하지 못하게 해서는 우선권을 내세우는 채권자에게 부당하게 불이익한 실권을 긍정하는 결과가 될 것이므로 이 경우에는 이의가 없어도 부당이득반환청구를 할 수 있다고 보아야 한다는 견해(**배당이의 필요설**),[1] ② 담보권자는 배당이의 없이 부당이득반환청구를 할 수 있으나, 일반채권자는 배당이의를 해야 부당이득반환청구를 할 수 있다는 견해가 있다(**이분설, 제한적 긍정설**).[2]

2) 그러나 배당표의 확정 및 그 실시는 단지 강제집행절차의 종료를 의미하는 것이며 실체법상의 권리를 확정하는 것이 아니므로, 부당이득반환청구가 **신의칙에 반한다거나 권리남용에 해당하지 않는 한** 배당이의를 하지 않은 채권자도 자기가 받을 수 있었던 배당액을 부당하게 수령한 다른 채권자에 대하여 부당이득반환을 청구할 수 있다고 보아야 한다(**배당이의 불요설**).[3]

판례도 이 경우 **담보권자인지 여부**, 또는 **배당이의를 했는지 여부**를 불문하고 부당이득반환청구를 인정하고 있다. 즉 **판례**는, 확정된 배당표에 의하여 배당을 실시하는 것은 실체법상의 권리를 확정하는 것이 아니므로 배당을 받아야 할 사람이 배당을 받지 못하고 배당을 받지 못할 사람이 배당을 받은 경우에는 배당에 관하여 이의를 했는지 여부(**배당이의 여부**) 또는 형식상 배당절차가 확정되었는지 여부(**배당표의 확정 여부**)에 관계없이 배당을 받지 못한 채권자는 배당받은

1) 조정래, "배당이의와 부당이득반환청구," 판례연구(부산판례연구회) 1집(1991. 12.), 413쪽 이하.

2) 배당이의를 할 수 있음에도 배당이의를 하지 않은 일반채권자에게 부당이득반환을 허용하지 않는다고 하여 가혹하지 않다는 것을 그 근거로 들고 있다. 이영섭, 189쪽; 방순원·김광년, 313쪽; 이시윤·조관행, 389쪽. **일본 판례**의 입장이기도 하다. 일본 최고재 1998. 3. 26. 판결.

3) 채영수, "배당이의와 부당이득반환청구," 대법원판례해설 10호(1988년 하반기), 95쪽 이하.

사람에 대하여 부당이득반환을 청구할 수 있다고 보며,[1] 배당을 받지 못한 그 채권자가 **일반채권자**라고 하여 달리 보지 않는다.[2]

▣ 대판(전) 2019. 7. 18. 2014다206983의 **체계적 분석**

(1) 법 155조의 대한 이해

다수의견은 법 155조는 채권자가 배당이의 등과 같은 일정한 절차를 밟지 않았는지 여부나 배당이의의 소의 소송계속이 소멸했는지 여부와 상관없이 그로 인해 자신의 실체법상 권리까지 잃게 되는 것이 아님을 확인한 규정으로 본다. 즉 법 155조는 **예시적 규정**에 불과한 것으로 본다.

이에 대하여 **반대의견**은 위와 같은 절차를 게을리했음에도 불구하고 소로 우선권 및 그 밖의 권리를 행사하는 데 영향이 없는 채권자의 범위를 '이의한 채권자'로 한정하고 있다고 보고, 그 문언대로 '이의한 채권자'에 대해서만 위 조항이 적용된다고 본다.

(2) 배당이의를 하지 않은 채권자에게 부당이득반환청구를 인정해야 할 배당절차의 제도상 문제점에 대한 인식

다수의견은 민사집행법에서는 배당에 참가한 채권자가 권리관계나 순위 등을 확인하고 배당이의 여부를 결정하는 데에 필요한 배당표원안의 열람기간도 최대 3일에 불과하므로(법 149조 1항), 배당기일 전에 배당표원안을 열람하지 못하거나 열람하더라도 짧은 기간 내에 배당표를 검토하여 이의를 하는 것이 쉽지 않다고 보고 있다. 특히 가장 임금채권자나 사해행위의 수익자인 근저당권자와 같이 배당을 받아서는 안 되는데도 배당채권자로서 기재된 경우인지를 가려내어 이의하고, 나아가 배당기일부터 1주 이내에 배당이의의 소를 제기한 후 이를 증명하는 서류를 제출하는 것(법 154조 1항 · 3항)은 더욱 어려운 일이라고 보고 있다. 따라서 배당표가 실체적 권리관계와 달리 작성될 여지가 크고, 배당표의 옳고 그름을 조사하거나 판단하는 데에 필요한 시간이나 정보가 충분히 확보되지 않는 배당절차의 제도상 또는 실무상 한계를 고려할 때, 배당절차가 종료되었다고 하여 배당요구를 하고 배당절차에 참가한 채권자의 부당이득반환청구권을 전면적으로 제한할 경우 진정한 권리

---

1) 대판 1988. 11. 8. 86다카2949, 2004. 4. 9. 2003다32681, 2008. 6. 26. 2008다19966.

2) 대판 2007. 3. 29. 2006다49130, 대판(전) 2019. 7. 18. 2014다206983, 대판 2020. 10. 15. 2017다216523. 한편 확정된 배당표에 따른 배당종결로써 실체적 권리가 좌우되지 않는다고 보더라도 부당배당에 기한 부당이득반환청구권은 침해부당이득의 문제로서 침해부당이득에서는 원칙적으로 배타적 권리가 침해된 사람이라야 자신의 손해를 주장할 수 있다는 입장에서 담보권자 및 우선변제권자와 달리 일반채권자는 비록 배당의 잘못으로 과소수령을 했다고 하더라도 원칙적으로 부당이득반환청구권을 취득하지 못한다고 보는 견해로는, 전원열, "민사집행절차상 배당요구 · 배당이의와 부당이득반환청구권," 저스티스 통권 제178호(2020. 6.), 212쪽 이하.

자가 부당하게 희생되는 것을 피할 수 없다고 본다.

이에 대하여 **반대의견**은 실체적 배당수령권의 존부는 최종적으로 배당이의소송 등을 통해 판단될 수밖에 없고, 집행절차 내에서는 아무리 충분한 시간과 정보를 제공하더라도 그 확인에 한계가 있을 수밖에 없으므로, 배당이의 등을 하지 않은 채권자의 부당이득반환청구를 제한하는 데 위와 같은 사정이 결정적인 장애사유가 될 수 없다고 본다. 오히려 반대의견은 민사집행사건의 기록의 보존기간은 '배당의 실시(지급 또는 공탁)가 완료된 때부터 3년'이므로[재판예규 제1749호 '재판서 · 사건기록 등의 보존에 관한 예규'(재일 2005-2, 2020. 6. 3. 개정 · 시행)], 적어도 기록보존기간이 경과한 이후의 부당이득반환청구소송에서 소송당사자들은 모두 불충분한 증거와 그로 인해 불명확한 법률관계를 감수해야 하는 심각한 문제가 있음을 지적하고 있다.

(3) 배당이의를 하지 않은 채권자에게 부당이득반환청구권을 인정해야 할 실체법상 문제점에 대한 인식

다수의견은 경매목적물의 매각대금이 잘못 배당되어 배당받을 권리 있는 채권자가 배당받을 몫을 받지 못하고 그로 인해 권리 없는 다른 채권자가 그 몫을 배당받은 경우에는, 배당금을 수령한 다른 채권자는 배당받을 수 있었던 채권자의 권리를 침해하여 이득을 얻은 것이 되므로, 확정된 배당표에 따라 배당이 실시되었다는 사정만으로 배당금을 수령한 다른 채권자가 그 이득을 보유할 정당한 권원, 즉 민법 741조가 규정한 '법률상 원인'이 있다고 할 수 없다고 본다.

반대의견은 배당기일에 출석하여 이의를 할 기회를 부여받은 채권자가 스스로의 선택에 따라 배당이의 등을 하지 않았다면 이 역시 채권자의 자주적인 태도 결정에 해당하고, 합의배당[배당을 실시할 때 1차적으로 합의에 의한 배당을 하고, 그러한 합의가 이루어지지 않을 경우 법률에서 정한 우선순위나 안분비례의 방법으로 배당한다(법 150조 2항)]에 준하여 그 배당결과에 '법률상 원인'이 없다고 볼 것은 아니라고 본다.

(4) 배당이의를 하지 않은 채권자에게 부당이득반환청구권을 인정함에 따른 절차의 불안정에 대한 제도개선의 방향

다수의견도 배당절차가 모두 종료되었음에도 민사집행법이 예정하지 않은 방법으로 배당결과를 사후적으로 뒤집을 수 있는 길을 열어놓은 것은 배당표에 의한 배당결과를 불안정하게 하고, 배당절차에 성실하게 참여한 다른 채권자나 이해관계인의 수고를 무시하는 결과를 초래할 염려가 있음을 인정하고 있다. 다만 배당절차의 전반적인 제도보완 없이 부당이득반환청구권의 행사만을 배제하는 것은 또 다른 문제의 시작이 될 염려가 있음을 들어 다음과 같은 **제도보완**이 필요한 부분을 지적하고 있다. ① 배당의 기초가 되는 배당표 작성이 실체적 권리관계에 부합할 수 있도록 관련 절차를 보완해야 한다. ② 배당절차의 종료로 실권되는 채권자의 절차보장을 위해 송달제도, 배당표원안 열람제도, 배당기일 운영방식 등을 개선하여 채권의

존부나 우선권 등에 대한 실질적인 조사가 이루어질 수 있어야 한다. ③ 확정된 배당표에 대해서는 배당절차에 참가한 채권자들 모두가 배당표에 구속되도록 하는 법령상의 근거를 마련하거나 법 155조의 개정 등의 작업이 필요할 수 있다.

(3) 배당이의의 소의 판결결과와 부당이득반환청구권 인정 여부

1) 배당이의의 소의 당사자가 아닌 배당요구채권자는 배당이의의 소의 판결에 기하여 경정된 배당표에 의하여 배당을 받은 다른 채권자를 상대로 하여 배당이 잘못되었다는 이유로 부당이득반환청구를 할 수 있다. 즉 어느 채권자가 배당이의의 소의 승소판결에 기하여 경정된 배당표에 따라 배당을 받은 경우에도, 그 배당이 배당이의의 소에서 패소확정판결을 받은 사람이 아닌 다른 배당요구채권자(적법하게 배당요구를 했으나 배당이의의 소에 참여하지 못한 다른 채권자)가 배당받을 몫까지도 배당받은 결과로 된다면 그 다른 배당요구채권자는 배당이의의 소의 승소판결에 따라 배당받은 채권자를 상대로 부당이득반환청구를 할 수 있다.[1)]

예컨대 첫 경매개시결정등기 전에 등기된 가압류채권자로부터 그 피보전권리를 양수한 **채권양수인**이 집행법원에 채권신고를 했으나 배당표가 확정되기 전까지 그 채권양수사실을 제대로 소명하지 못함에 따라 가압류채권자에게 배당된 경우에, **다른 배당참가채권자**가 그 가압류채권자의 피보전권리는 채권양수인에게 양도되어 이미 소멸했다는 이유로 가압류채권자에게 배당된 금액에 대하여 배당이의를 제기하고 **배당이의의 소를 통해** 가압류채권자에게 배당된 금액을 배당받는다면 위 **채권양수인**은 (배당이의판결을 통하여 배당받은) 그 채권자를 상대로 가압류채권자의 배당액에 관하여 부당이득반환청구를 할 수 있다.[2)]

2) 배당이의의 소에서 패소확정판결을 받은 당사자는 그 뒤 부당이득반환청구를 할 수 없다. 채권자가 제기한 배당이의의 소의 본안판결이 확정된 때에는

1) 대판 2007. 2. 9. 2006다39546, 2007. 2. 22. 2006다21538, 2011. 2. 10. 2010다90708. 이러한 태도는 기본적으로 배당이의의 소가 배당표를 확정시키는 한 과정에 불과하다는 인식을 토대로 한 것으로서 배당이의의 소에서 어렵게 승소한 채권자가 배당이의의 소에 대하여 구경만 하고 있던 다른 채권자에게 다시 부당이득반환의무를 지게 되는 결과를 야기하게 되었으므로, 이는 근본적으로는 법 155조의 해석론에 기인한 것으로서 장기적으로는 이에 대한 재검토가 필요하다는 지적이 있다. 이우재, "2007년 분야별 중요판례분석 — 민사집행," 법률신문 3635호(2008. 3.), 12쪽.

2) 대판 2012. 4. 26. 2010다94090; 김상훈, "첫 경매개시결정등기 전에 등기된 가압류의 피보전권리 양수인이 배당이의소송을 통해 배당받은 다른 채권자를 상대로 부당이득반환청구를 할 수 있는지 여부," 대법원판례해설 91호(2012년 상반기), 176쪽 이하.

이의가 있었던 배당액에 관한 실체적 **배당수령권**의 존부의 판단에 기판력이 생긴다. 배당이의의 소에서 패소의 본안판결을 받은 당사자가 그 판결이 확정된 후 상대방에 대하여 위 본안판결에 의하여 확정된 배당액이 부당이득이라는 이유로 그 반환을 구하는 소송을 제기한 경우 전소인 배당이의의 소의 본안판결에서 판단된 배당수령권의 존부가 후소의 소송물인 부당이득반환청구권의 성립 여부의 판단에서 **선결문제**가 된다. 따라서 당사자는 그 배당수령권의 존부에 관하여 위 배당이의의 소의 본안판결의 판단과 다른 주장을 할 수 없고(기판력의 작용상 **선결관계**), 법원도 이와 다른 판단을 할 수 없다.[1]

제 3 관 강제관리

Ⅰ. 의 의

(1) 부동산강제관리는 채권자로부터 부동산의 소유권을 박탈하지 않고 그 부동산의 수익을 가지고 금전채권의 만족을 얻는 부동산에 대한 강제집행방법이다(법 78조 2항). 즉 강제관리는 채무자 소유의 부동산으로부터 생기는 천연과실이나 법정과실 등의 수익을 집행대상으로 한다.

(2) 강제관리는 목적부동산을 압류하고 국가가 채무자의 관리·수익기능을 박탈하여, 관리인으로 하여금 그 부동산을 관리하게 하고 그 수익을 추심·현금화하여 변제에 충당하는 강제집행절차이다.[2] 건물의 경우 강제경매는 건물의 매각으로 인한 현금화를 목적으로 하나, 강제관리는 건물(예컨대 임대용 빌딩이나 아파트 등)의 임대수익을 수취하여 배당에 충당하는 것을 목적으로 한다. 부동산에 대한 강제경매를 원본집행이라고 하는 데 반하여, 강제관리는 **수익집행**이라고 한다. 강제관리는 거의 활용되지 않고 있는 실정이다.

(3) **부동산**에 한하여 강제관리가 인정된다. 부동산강제경매에 관한 규정이

---

1) 대판 2000. 1. 21. 99다3501; 이영갑, "배당이의 판결의 기판력과 부당이득반환청구," 판례연구(부산판례연구회) 12집(2001. 6.), 1057쪽 이하. 이러한 판례의 입장은 다른 집행법상의 이의소송에서도 같은 결론을 도출할 수 있게 되어, 집행관계소송에서 패소한 사람이 같은 당사자를 상대로 별소로써 부당이득 또는 손해배상을 청구하는 경우 동일한 분쟁의 반복을 저지할 수 있게 되었다는 면에서도 타당한 결론이라고 본다. 오종윤, "배당이의소의 성질과 기판력," 인권과 정의 287호(2000. 7.), 105쪽 이하.

2) 이창형, "부동산 강제관리절차의 취소사유," 사법연수원논문집 5집(2008. 1.), 183쪽 이하.

준용되는 선박, 자동차 · 건설기계 · 소형선박('자동차 등 특정동산 저당법' 3조 2호에 따른 소형선박을 말한다) 및 항공기에 대한 집행방법으로는 강제관리가 인정되지 않는다(법 172조 · 187조, 규칙 106조 · 130조).

(4) 강제관리는 강제경매 중 매각에 관한 규정을 뺀 나머지를 그대로 준용한다(법 163조). 강제관리는 집행력 있는 정본에 의한 강제집행뿐만 아니라 **가압류를 집행**할 때도 할 수 있으나(법 78조 4항, 294조), **담보권실행을 위한 경매**에는 그 적용이 없다(법 268조).[1)]

▣ 강제관리의 특수성

(1) 강제관리의 장 · 단점

1) 강제관리의 **장점**으로는, ① 목적부동산의 가격이 오를 가능성이 있어 당장 강제경매를 하기보다는 강제관리를 하여 수익을 거두면서 부동산의 가격이 오르게 되는 때를 기다려 강제경매를 신청하여 현금화할 수 있는 점, ② 강제관리는 부동산의 수익에 대한 집행으로 부동산 자체를 매각하는 것이 아니므로 강제경매에는 적합하지 않은 양도금지된 부동산 또는 다수의 담보권의 설정으로 법 102조에 의하여 남을 가망이 없어 경매할 수 없는 부동산도 강제관리의 대상이 될 수 있는 점 등을 들 수 있다.

2) 반면 강제관리의 **단점**으로는 상대적으로 소액인 부동산의 수익으로 다액의 채권자의 채권을 만족시키기 어려운 점, 전문관리인의 확보가 반드시 용이한 것만은 아니고, 관리인의 보수를 지급해야 하는 등 특별한 비용을 요한다는 점 등을 들 수 있다.

(2) 강제관리와 강제경매의 선택 또는 병합 여부

1) 채권자는 강제관리의 장 · 단점을 비교하여 강제경매나 강제관리의 두 가지 방법이 모두 가능한 경우 그 가운데 어느 하나를 **선택**할 수 있고, 두 가지 방법을 **함께 사용**하여 집행하게 할 수도 있다(법 78조 3항).[2)]

2) 만약 동시에 두 가지 방법을 모두 신청하는 경우 양 절차는 각각 독립하여 진행되어 강제경매에 의하여 부동산이 **매각될 때까지** 강제관리절차는 속행된다. 따라서 한편으로는 현금화절차가 진행되고 다른 한편으로는 그 부동산을 강제관리하여

---

1) 일본은 담보권실행을 위한 경매에서도 강제관리를 인정하는 제도를 도입하였다. 김상수, "저당권의 수익집행절차에 관한 연구 — 일본법을 중심으로 —," 민사소송 16권 1호(2012. 5.), 391쪽 이하.

2) 강제관리개시결정이 된 부동산에 대하여 강제경매개시결정이 있는 때에는 법원사무관 등은 강제관리의 압류채권자, 배당요구를 한 채권자와 관리인에게 그 취지를 통지해야 한다(규칙 43조).

수익금에서 채권의 변제를 받을 수 있다. 다만 강제경매절차상 매각에 의하여 압류부동산의 소유권이 매수인에게 이전된 뒤에는 강제관리를 할 수 없게 되므로, 이때에는 법원이 직권으로 강제관리절차를 취소한다(법 163조, 96조 1항).[1)]

Ⅱ. 강제관리의 실시

1. 강제관리의 신청 및 결정

(1) 강제관리는 **판사**의 업무이다. 강제관리신청서에는 법 163조에서 준용하는 법 80조에 규정된 사항 외에 수익의 지급의무를 부담하는 제 3 자가 있는 경우에는 그 제 3 자의 표시와 그 지급의무의 내용을 적어야 한다(규칙 83조).

(2) 강제관리개시결정은 채무자에게 수익을 지급할 **제 3 자**에게는 결정서를 송달해야 효력이 생긴다(법 164조 3항). 강제관리개시결정 정본을 송달받은 제 3 자는 그 수익을 채무자에게 지급하면 안 되고 관리인에게 지급해야 할 제한을 받게 된다. 따라서 제 3 자는 그 결정 정본을 송달받은 후에 그 수익을 채무자에게 지급해도 관리인에 대하여 그 지급의무를 면하지 못한다.[2)] 법원사무관 등은 강제관리개시결정을 한 사실을 조세, 그 밖의 공과금을 주관하는 공공기관에게 통지해야 한다(규칙 84조).

(3) 법원은 강제관리개시결정과 동시에 1인 또는 수인의 **관리인**을 임명한다. 다만 채권자는 적당한 사람을 관리인으로 추천할 수 있다(법 166조 1항, 규칙 85조 1항). 신탁회사, 은행, 그 밖의 법인도 관리인이 될 수 있다(규칙 85조 2항). 관리인은 집행법원의 보조기관이다. 관리인이 임명된 때에는 법원사무관 등은 압류채권자 · 채무자 및 수익의 지급의무를 부담하는 제 3 자에게 그 취지를 통지해야 한다(규칙 85조 3항).

관리인은 관리와 수익을 위하여 부동산을 점유할 수 있으며(이 경우 저항을 받으면 집행관에게 원조를 요구할 수 있다), 제 3 자가 채무자에게 지급할 수익을 추심할 권한이 있다(법 166조 2항 · 3항). 관리인은 매년 채권자 · 채무자와 법원에 계산서를 제출하여 보고할 의무가 있다(법 170조). 관리인이 여럿인 때에는 공동으로

1) 구태회, 주석서(2), 1023쪽; 김일룡, 355쪽.

2) 법원실무제요 민사집행(3), 444쪽.

직무를 수행하나, 법원의 허가를 받아 직무를 분담할 수 있다(규칙 86조 1항). 관리인이 여럿인 때에는 제 3 자의 관리인에 대한 의사표시는 그 가운데 한 사람에게 할 수 있다(규칙 86조 2항).

2. 배당절차

(1) 배당받을 채권자는 강제관리의 신청을 한 **압류채권자**와 집행법원이 정하는 각 기간의 종기까지 **배당요구를 한 채권자**이다(규칙 91조 1항). 구법에서는 집행력 있는 정본을 가진 채권자에 국한했으나, 신법에서는 강제관리개시결정등기 후의 가압류채권자, 법정우선변제권자도 배당요구를 할 수 있도록 했다(법 163조, 88조 1항).

(2) 관리인은 부동산수익에서 그 부동산이 부담하는 조세, 그 밖의 공과금을 뺀 뒤에 관리비용을 변제하고, 그 나머지 금액을 채권자에게 지급한다(법 169조 1항). 그 나머지 금액으로 각 채권자의 채권과 집행비용 전부를 변제할 수 있는 경우 관리인은 채권자에게 변제금을 교부하고 나머지가 있으면 채무자에게 교부해야 한다(규칙 91조 2항). 한편 그 나머지 금액이 모든 채권자를 만족하게 할 수 없는 때에는 관리인은 배당협의기일을 정하여 채권자 사이의 **배당협의**에 따라 배당을 실시해야 한다(법 169조 2항, 규칙 91조 3항). 채권자 사이에 배당협의가 이루어지지 못한 경우에 관리인은 바로 그 사유를 법원에 신고해야 하며, 이러한 신고가 있는 때에는 강제경매의 경우와 같이 배당표를 작성하고 이에 따라 관리인으로 하여금 채권자에게 지급하게 해야 한다(법 169조 3항 · 4항, 규칙 91조 5항).

Ⅲ. 강제관리의 정지 · 취소

(1) 집행정지서류(법 49조 2호 · 4호)가 접수된 경우에는 배당절차를 제외한 나머지 절차는 그 당시의 상태로 속행한다(규칙 88조 1항). 이 경우 관리인은 배당에 충당될 금전을 공탁하고, 그 사유를 법원에 신고해야 한다(규칙 88조 2항). 이 경우 공탁된 금전으로 채권자의 채권과 집행비용의 전부를 변제할 수 있는 때에는 법원은 배당절차를 제외한 나머지 절차를 취소해야 한다(규칙 88조 3항).

(2) 강제관리의 취소는 법원이 결정으로 해야 한다(법 171조 1항). 강제관리의

경우 집행기관과 목적부동산을 현실로 점유하고 수익을 추심하는 기관(관리인)이 다르므로 관리절차의 종료시기를 명확히 할 필요가 있기 때문이다.[1)]

(3) 채권자들이 부동산수익으로 전부 변제를 받았을 때에는 법원은 직권으로 강제관리의 취소결정을 한다(법 171조 2항). 채권자가 부동산수익 외에서 채무자 또는 제 3 자로부터 **전부 변제**를 받는 경우 채권자가 강제관리신청을 취하하지 않는 한 채무자는 청구이의의 소를 제기하여 승소판결을 집행법원에 제출함으로써(법 49조 1호) 강제관리의 취소를 구할 수 있다.[2)]

제 3 절 선박 등에 대한 강제집행(준부동산집행)

Ⅰ. 의 의

선박에 대한 강제집행절차에 대하여 법 172조 이하에서 규정하고 있다. 한편 자동차 · 건설기계, 소형선박('자동차 등 특정동산 저당법' 3조 2호에 따른 소형선박, 즉 선박등기법이 적용되지 않는 일정한 경우의 선박) 및 항공기('자동차 등 특정동산 저당법' 3조 4호에 따른 항공기 및 경량항공기)에 대한 강제집행은 민사집행법상 부동산, 선박, 동산 등에 대한 강제집행의 규정에 준하여 대법원규칙이 정하는 바에 따라 하도록 하고 있는데(법 187조), **민사집행규칙**은 선박에 대한 강제집행에 관하여 95조부터 105조까지에서, 항공기에 대한 강제집행에 관하여 106조 · 107조에서, 자동차에 대한 강제집행에 관하여 108조부터 129조까지에서, 건설기계 · 소형선박에 대한 강제집행에 관하여 130조에서 각 규정하고 있다.

이들 선박 · 항공기 등에 대한 강제집행을 **준부동산집행**이라고 하며,[3)] 강제경매만 적용되며, 강제관리는 적용되지 않는다. **선박 · 항공기** 등에 대한 강제집행은 **판사**의 업무이며, **자동차 · 건설기계 · 소형선박**에 대한 강제집행은 **사법보좌관**

---

1) 임정윤, 주석서(3), 63쪽.

2) 이창형, "부동산 강제관리절차의 취소사유," 청연논총(사법연수원 교수논문집) 5집(2008. 1.), 204쪽.

3) 선박 등은 부동산과 유사하다는 점에서 그에 대한 집행을 부동산에 대한 집행에 준하여 하고 있으나, 그 이동성으로 인하여 이를 포착하는 데 어려움이 있고, 시간의 경과에 따라 가치의 감소가 심하여 집행비용을 저감시킨다는 것이 중요한 문제이다. 안철상, "선박 및 자동차에 대한 집행," 민사집행에 관한 제문제(하)(재판자료 72집, 1996. 6.), 363쪽 이하.

의 업무이다(사보규 2조 1항 7호).

Ⅱ. 선박에 대한 강제집행

1. 강제집행할 수 있는 선박

선박에 대한 강제집행은 **등기할 수 있는 선박**에 한한다(법 172조). 등기할 수 있는 선박에 대해서는 **선박등기법 2조**가 정하고 있다[원칙적으로 **총톤수 20톤 이상**의 **기선**(機船)과 **범선**(帆船) 및 **총톤수 100톤 이상**의 **부선**(艀船)이다].[1)] 등기할 수 있는 선박이면 실제로 등기하지 아니한 선박이어도 무방하다. 등기할 수 있는 선박에 대한 강제집행은 원칙적으로 부동산의 강제경매에 관한 규정을 따른다(법 172조).[2)]

2. 선박집행신청과 압류

(1) 선박에 대한 강제경매신청서에는 규칙 95조 1항의 사항을 적어야 하고, 그 2항의 서류를 붙여야 한다.

(2) 선박에 대한 강제집행의 **집행법원**은 압류 당시에 그 선박이 있는 곳을 관할하는 지방법원이다(법 173조). 압류 당시 그 선박이 있는 곳이란 그 선박이 항구에 정박해 있는 경우를 말하며, 선박이 그 법원의 관할구역을 운행하고 있는 경우는 포함하지 않는다. 압류 당시 선박이 그 법원의 **관할 안**에 없었음이 판명된 때에는 그 절차를 취소해야 한다(법 180조). 압류된 선박이 **관할구역 밖으로** 떠난 때에는 집행법원은 선박이 있는 곳을 관할하는 법원으로 **사건을 이송**할 수 있다(법 182조 1항). 이러한 사건이송결정에 대해서는 불복할 수 없다(법 182조 2항).

(3) 총톤수 20톤 미만의 선박이 아닌 선박에 대해서는 **항해의 준비를 완료한**

---

1) 총톤수 20톤 이상인 부선 중 선박계류용 · 저장용 등으로 사용하기 위하여 수상에 고정하여 설치하는 부선은 등기 · 등록의 대상이 아니다(선박법 26조 4호 본문). 그러나 이러한 부선 중에서도 공유수면매립허가나 하천점유허가를 받은 수상호텔, 수상식당 또는 수상공연장 등 **부유식 수상구조물형 부선**은 **총톤수 100톤 이상**이면 등기 · 등록의 대상이다(선박법 26조 4호 단서). 대판 2020. 9. 3. 2018다273608.

2) **건조 중인 선박**에 대한 강제집행의 방법에 관해서는 민사집행법상 아무런 명문의 규정을 두고 있지 않다. 이 경우 건조 중의 선박을 선박으로 보아 선박강제집행의 방법에 의해야 한다는 견해(**선박집행설**)와 이를 유체동산으로 보아 유체동산강제집행의 방법에 의해야 한다는 견해(**동산집행설**)가 대립하고 있다. 강민철, "선박집행법의 현황과 문제점," 선박집행법 개선을 위한 워크숍(한국해법학회 · 한국민사집행법학회 주최, 2014. 3. 29.), 8쪽.

선박과 그 속구(屬具)는 압류(가압류)를 하지 못한다(상 744조 1항 본문). 다만 항해를 준비하기 위하여 생긴 채무에 대해서는 그렇지 않다(상 744조 1항 단서). 항해의 준비를 완료한 선박에 대한 압류를 허용하는 경우에는 여객이나 적하(積荷)의 소유자 등 이해관계인의 발항(發航)이 지연되는 등으로 인하여 예측하지 못한 손해를 입게 될 가능성이 있기 때문이다.[1)]

여기서 항해의 준비를 완료한 선박이란 일반적으로 선주, 선장, 선원 등이 선박을 즉시 출항시킬 사실상·법률상의 전제조건을 충족한 선박을 말한다. 압류의 제한의 종기는 **항해의 종료시**이다.[2)] 따라서 경매신청서에 집행의 목적인 선박이 항해의 준비를 완료하지 않았다는 사실을 증명하는 **항해준비미완료보고서**를 제출하도록 하고 있다.[3)]

(4) 법원은 경매개시결정을 한 때에 **집행관**에게 선박국적증서 그 밖에 선박운행에 필요한 문서(**선박국적증서 등**)를[4)] 선장으로부터 받아(**수취**하여) 법원에 제출하도록 명해야 한다(**선박국적증서 등의 수취·제출명령**, 법 174조 1항). 선박국적증서 등의 수취·제출명령은 채권자의 신청이 없어도 직권으로 한다. 보통 경매개시결정에 함께 적는다.[5)] 수취·제출명령은 집행법원의 집행관에 대한 직무명령이다. 이러한 명령의 집행은 경매개시결정이 송달되기 전에도 할 수 있다. 집행관이 선박국적증서 등을 받은 때에는 즉시 그 취지를 채무자·선장 및 선적항을 관할하는 해운관서의 장에게 통지해야 한다(규칙 96조). 집행관이 선박국적증서 등을 수취하려 했으나 그 목적을 달성하지 못한 때에는 그 사유를 법원에 서면으로 신고해야 한다(규칙 97조).

---

1) 법원실무제요 민사집행(3), 507쪽.

2) 부산지방법원, 선박집행실무(개정판, 2013. 12.), 36쪽; 한영표, "선박에 대한 가압류," 선박집행의 제문제(부산지방법원, 1999. 1.), 251쪽 이하.

3) 이러한 항해준비미완료보고서를 제출하지 않은 때에도 경매신청을 각하할 수 없다는 견해도 있다. 법원실무제요 민사집행(3), 517쪽. 항해의 준비가 완료되었는지 여부는 보통 가압류결정의 송달 및 선박국적증서 등의 수취를 위하여 선박이 소재하는 장소에 임한 집행관이 이를 인정하게 되므로 신청시에는 그 증명을 엄격히 요구할 것은 아니라는 견해로는, 최환, "선박가압류," 선박집행실무(부산지방법원, 2002. 12.), 19쪽 이하.

4) **선박국적증서**는 선박의 소유자가 선박의 등록신청을 하면 선적항을 관할하는 지방해양수산청장(지방해양수산청 해양수산사무소장을 포함한다)이 이를 선박원부에 등록하고 나서 신청인에게 발급하는 문서이다(선박법 8조 1항·2항). 한편 '**그 밖에 선박운행에 필요한 문서**'는 선원법 규정에 따라 갖추어 두어야 할 선원명부, 항해일지, 화물에 관한 서류와 선원법 시행규칙에 규정된 서류(선박검사증서, 해도, 기관일지, 속구목록, 승무정원증서) 등을 말한다.

5) 법원실무제요 민사집행(3), 524쪽.

(5) 선박압류의 효력은 ① 경매개시결정이 채무자에게 송달된 때, ② 경매개시결정이 등기된 때, ③ 집행관이 법원의 수취명령에 따라 선박국적증서 등을 수취한 때, 또는 ④ 법원의 감수·보존처분을 한 때 가운데 **가장 빠른 시점**에 발생한다(법 174조 2항, 178조 2항). 예컨대 법원의 선박국적증서 등의 수취·제출명령에 따라 경매개시결정이 송달되기 전에 집행관이 선박국적증서 등을 수취한 경우에는 그때에 압류의 효력이 생긴다. 선박국적증서 등의 수취는 사실상 경매개시결정에 의한 출항금지명령의 집행이라고 볼 수 있기 때문이다.

3. 압류선박의 정박과 선박운행허가

(1) 법원은 집행절차를 행하는 동안 선박이 압류 당시의 장소에 계속 머무르도록 명해야 한다(**정박명령**, 법 176조 1항). 선박을 부동산경매에서와 같이 채무자에게 그 이용과 관리를 맡기게 되면 출항해 버려 집행이 불가능해질 우려가 있으므로, 압류된 선박을 확보하고 그 항해로 인한 손상을 방지하기 위하여, 압류된 선박을 채무자의 점유 안에 있게 하는 한편 채무자에게 선박을 압류 당시의 장소(압류항)에 정박하게 하는 의무(**정박의무**)를 부과하고 있다.[1] 따라서 압류는 부동산에 대한 채무자의 관리·이용에 영향을 미치지 않는다는 법 83조 2항은 선박집행절차는 적용되지 않는다. 정박의무는 압류의 효력이 생김으로써 법률상 당연히 발생하고 별도로 법원의 명령이 있어야 발생하는 것은 아니다. 법 176조의 정박명령은 정박의무를 확인적으로 선언하는 것에 불과하다. 실무상 정박명령은 집행법원이 경매개시결정으로, 또는 경매개시결정과는 별도의 결정으로 선박을 압류항에 정박할 것을 명한다. 정박명령의 효력은 집행절차를 행하는 동안, 즉 압류의 효력이 발생한 때부터 소멸할 때까지 존속한다.[2]

(2) 법원은 영업상의 필요, 그 밖에 상당한 이유가 있다고 인정할 경우에는 채무자의 신청에 따라 선박의 운행을 허가할 수 있다(**선박운행허가결정**). 다만 이 경우 채무자는 채권자·최고가매수신고인·차순위매수신고인 및 매수인의 동의를 받아야 한다(법 176조 2항). 선박운행허가결정을 하는 때에는 운행의 목적·기간 및 수역 등에 관하여 적당한 제한을 붙일 수 있다(규칙 100조 1항). 선박운행허가

1) 이상원, "선박에 대한 강제집행에 관한 실무상 문제점," 강제집행·임의경매에 관한 제문제(하)(재판자료 36집, 1987. 7.), 493쪽 이하.

2) 법원실무제요 민사집행(3), 529쪽.

결정은 채권자 · 채무자 · 최고가매수신고인 · 차순위매수신고인 및 매수인에게 고지해야 한다(규칙 100조 2항). 이는 집행절차에서 재판을 고지받을 사람의 범위에 관한 일반규정인 규칙 7조에 대한 특칙이다(위 고지가 있은 날이 그들의 즉시항고기간의 기산점이 되기 때문이다). 선박운행허가결정에 따라 선박을 운행하는 경우 허가된 선박의 운행이 끝난 후 법원에 선박국적증서 등이 반환되지 않는 때에는 법원은 직권으로, 또는 이해관계인의 신청에 따라 집행관에게 선박국적증서 등을 **다시** 수취할 것을 명할 수 있다(규칙 101조 1항, **선박국적증서 등의 재수취명령**). 법원의 선박운행허가결정에 대해서는 즉시항고를 할 수 있다(법 176조 3항). 다만 선박운행허가결정은 확정되어야 효력이 생긴다(법 176조 3항). 선박운행허가결정의 확정은 실질적으로 선박집행절차의 일시정지 및 선박소유자에 대한 사용허가를 의미하므로, 집행법원은 보관 중인 선박국적증서 등을 채무자 또는 그의 대리인인 선장에게 반환해야 한다.[1)]

4. 선박집행신청 전의 선박국적증서 등의 인도명령

(1) 선박에 대한 **집행의 신청 전**에 선박국적증서 등을 받지 않으면 집행이 매우 곤란할 염려가 있을 경우 **선적이 있는 곳**을 관할하는 지방법원(선적이 없는 때에는 규칙 98조가 정하고 있다)은 채권자의 신청에 따라 채무자에게 **선박국적증서 등**을 집행관에게 **인도**하도록 명할 수 있다(**인도명령**)[급박한 경우에는 **선박이 있는 곳**을 관할하는 지방법원도 명할 수 있다(법 175조 1항)].

(2) 인도명령은 채권자의 신청에 따라 관할법원이 결정의 형식으로 발령한다. 인도명령은 성질상 일종의 **단행적 보전처분**에 해당하나, 담보의 제공을 요하지 않는다. 인도명령은 신청인에 대한 고지에 의하여 곧바로 **집행력**이 발생하고 집행문을 받을 것을 요하지 않는다. 인도명령이 신청인(채권자)에게 고지된 날부터 **2주**가 지나면 집행하지 못한다(법 175조 4항, 위 조항은 가압류집행기간에 관한 규정인 법 292조 2항 · 3항을 준용하고 있다).

인도명령신청에 따른 재판에 대해서는 **즉시항고**를 할 수 있다(법 175조 3항). 인도명령에 대한 즉시항고에는 법 15조 6항에 의한 집행정지의 효력이 인정된다. 인도명령이 강제집행절차에 선행하는 준비절차 또는 일종의 보전처분으로 법 15

---

1) 법원실무제요 민사집행(3), 531쪽.

조 1항의 집행절차에 관한 집행법원의 재판에 해당하지 않는다고 보는 입장에서는 민사소송법 447조가 준용되어 집행정지의 효력이 인정된다고 보나, 민사집행법에 인도명령에 대한 즉시항고시 민사소송법 447조를 배제하는 규정을 두지 않고 있는 현행법상 인도명령의 성질 및 제도의 취지를 고려하여 해석상 민사집행법 15조 6항이 적용된다고 본다.[1]

인도명령은 앞서 본 수취·제출명령과 달리 집행관에 대한 직무명령이 아니므로 인도명령을 받은 채권자가 집행관에게 **집행위임**을 해야 한다. 인도명령은 채권자의 신청을 받은 집행관이 채무자(그 대리인인 선장)로부터 선박국적증서 등을 인도받는 방법으로 **집행**한다. 집행관이 선박국적증서 등을 받은 때에는 즉시 그 취지를 채무자·선장 및 선적항을 관할하는 해운관서의 장에게 통지해야 한다(규칙 96조). 인도명령의 **신청비용** 및 결정의 **집행비용**은 공익비용으로서 비용을 예납한 집행채권자는 뒤에 신청한 선박집행의 배당절차에서 최우선적으로 그 비용을 변상받는다.[2]

집행관은 선박국적증서 등을 인도받은 날부터 **5일 이내**에 채권자로부터 선박집행신청을 했음을 증명하는 문서를 제출받지 못한 때에는 그 선박국적증서 등을 채무자에게 반환해야 한다(법 175조 2항). 채권자의 선박집행신청에 따라 법원이 경매개시결정을 할 때는 이미 인도명령이 집행되었다 하더라도 법 174조에 의한 선박국적증서 등의 수취·제출명령을 해야 한다. 따라서 인도명령이 있더라도 그 것만으로 압류의 효력이 발생하는 것은 아니며 경매개시결정에 부수된 **수취명령이 집행**되어 **선박국적증서 등이 수취된 때**에 **압류의 효력**이 생긴다.

5. 선박의 감수·보존처분

(1) 집행법원은 압류선박의 가치를 손상시키는 행위를 막고, 채무자의 선박점유를 박탈하기 위하여 채권자의 신청에 따라 선박을 감수·보존하는 데 필요한 처분을 할 수도 있다(법 178조 1항). 감수·보존처분의 내용은 집행관, 그 밖에 적당하다고 인정되는 사람을 **감수인** 또는 **보존인**으로 정하고 감수 또는 보존을 명하는 것이다(규칙 103조 1항). '**감수**'(監守)는 선박과 그 속구(屬具)의 소재의 변동을 방지하기 위한 조치이고(규칙 103조 2항), '**보존**'(保存)은 선박과 그 속구의 효용가

1) 법원실무제요 민사집행(1), 35쪽; 법원실무제요 민사집행(3), 539쪽.
2) 법원실무제요 민사집행(3), 539쪽.

치를 유지하기 위한 조치이다(규칙 103조 3항). 감수처분과 보존처분은 중복하여 할 수 있다(규칙 103조 4항).

(2) 감수·보존처분은 **경매개시결정 전**에도 할 수 있다(규칙 102조). 다만 적어도 **경매신청**과 **동시** 또는 그 **이후**이어야 하고 경매신청 이전에는 신청할 수 없다(법 178조의 법원은 집행법원을 의미하므로 경매신청이 있을 것을 전제로 하기 때문이다). 다만 선박에 대한 **가압류**의 경우에도 감수·보존처분을 할 수 있으므로(규칙 208조·102조·103조), 선박가압류신청을 하면서 동시에 감수·보존신청을 하여 선박경매개시결정 전부터 감수·보존처분을 할 수 있다. 감수·보존처분을 한 때에는 경매개시결정이 송달되기 전에도 **압류의 효력**이 생긴다(법 178조 2항). **감수·보존처분의 효력**은 경매절차에서 현금화가 종료된 대금지급시까지 유지된다. 따라서 대금지급시까지 감수·보존처분을 할 수 있다.[1] 법원의 결정에 따른 감수·보존비용은 감수인·보존인으로 집행관이 선정된 경우이든 선박관리회사가 선정된 경우이든 집행비용에 해당한다.[2]

6. 배 당

(1) 선박에 대한 강제집행의 배당순위에서 **선박우선특권**이 저당권보다 우선한다(상 777조 2항, 788조). 선박우선특권의 발생시기는 문제가 되지 않는다. 그 밖의 점에서는 부동산에 대한 강제집행과 동일하다. 선박우선특권 있는 채권자라도 당연히 배당받을 수 있는 것은 아니고, 배당요구의 종기 이전에 **배당요구**를 한 때에만 배당받을 수 있다. 선박의 우선특권, 저당권 및 선박에 관한 담보물권의 우선순위에 관해서는 선적국법에 따른다(국제사법 94조 1호·2호). 상법상 선박우선특권은 채권이 생긴 날부터 1년의 제척기간 내에 실행하지 않으면 소멸한다(상 786조). 따라서 선박우선특권 있는 채권자라고 주장하며 배당요구를 한 경우 배당요구일을 기준으로 제척기간을 넘겼는지 여부를 심사해야 한다. 한편 선박우선특권이 우리나라에서 실행되는 경우 앞서 본 바와 같이 선박우선특권의 성립 여부는 선적국에 의하지만(국제사법 94조 1호), 실행기간을 포함한 실행방법은 우리나

---

1) 이시윤·조관행, 398쪽; 박두환, 459쪽. 매각허가결정의 확정시까지로 보는 견해로는, 이상원, "선박에 대한 강제집행에 관한 실무상 문제점," 강제집행·임의경매에 관한 제문제(하)(재판자료 36집, 1987. 7.), 515쪽; 강대성, 239쪽.

2) 법원실무제요 민사집행(3), 554쪽.

라의 절차법에 의해야 하므로,[1] 외국선박에 대한 집행에서도 상법 786조의 제척기간이 적용된다.[2]

(2) **외국선박에 대한 가압류결정**을 받은 가압류채권자는 가압류집행을 마쳐야 배당요구를 할 수 있다. 가압류대상인 선박에 대하여 이미 경매신청채권자 등에 의하여 감수 · 보존처분이 되어 있다고 하더라도 이를 원용할 수 없고 **별도로** 가압류집행을 해야 한다.[3]

(3) 법 186조는 **외국선박에 대한 강제집행**에는 등기부에 기입할 절차에 관한 규정을 적용하지 않는다고 규정하고 있는데, 이는 국내에 외국선박의 등기부가 있을 수 없으므로 경매개시결정 등을 촉탁할 수 없다는 취지이지, 외국선박에 대한 집행절차에서 선박에 관한 등기사항을 포함한 등기부의 초본 또는 등본을 제출하도록 규정하고 있는 법 177조 1항 2호의 적용을 배제하는 근거가 되지 않는다. 외국선박에 대한 집행절차에서 선박에 관한 등기부초본이 현실적으로 제출되기 곤란하여 선박등기부상의 권리관계를 확인하기 어려운 사정이 있다고 하더라도, 이러한 사정만으로 외국선박에 대하여 **선적국**의 법률에 따라 **저당권**을 설정하고 등기(공시절차)를 갖춘 적법한 저당권자를 법 88조 1항에서 규정하고 있는 법률상 우선변제권이 있는 채권자(배당요구채권자)와 동일시할 수는 없으므로, 외국선박에 대한 집행절차에서 경매개시결정 전에 선적국의 법률에 따라 저당권을 설정하고 등기(공시절차)를 갖춘 저당권자가 **배당표확정 이전**에 이러한 사실을 **증명**했다면 이러한 외국선박의 저당권자도 등기부에 기입된 선박 위의 권리자로서 배당요구와 상관없이 배당을 받을 수 있다.[4]

7. 선박집행절차의 취소

선박집행절차를 취소할 원인 가운데 원칙적으로 부동산집행에서와 같은 취소할 사유를 제외한 선박집행에 **특유한 취소원인**으로는 다음과 같다.

---

1) 대판 2011. 10. 13. 2009다96625.

2) 법원실무제요 민사집행(3), 558쪽.

3) 대판 2011. 9. 8. 2009다49896.

4) 대판 2004. 10. 28. 2002다25693; 문영화, "외국선박의 저당권자가 등기부에 기입된 선박 위의 권리자로서 배당요구와 상관없이 배당을 받기 위한 요건," 대법원판례해설 51호(2004년 하반기), 561쪽 이하. 이에 대하여, 외국선박저당권자는 이해관계인이 아니며, 외국선박저당권자는 배당요구를 필요로 하는 채권자라고 보는 견해로는, 이정일, "외국선박에 대한 집행절차에 있어서 저당권자의 지위," 판례연구(부산판례연구회) 17집(2006. 2.), 735쪽 이하.

(1) 압류 당시 선박이 그 법원의 관할 안에 없었음이 판명된 때에는 그 절차를 취소해야 한다(법 180조). 선박집행의 관할법원은 앞서 본 바와 같이 압류 당시에 그 선박이 있는 곳을 관할하는 지방법원인데, 여기서 '압류 당시'란 경매개시결정시를 말하므로, 경매개시결정시에 선박이 그 법원의 관할구역 안에 있지 않으면 법원은 경매신청을 각하해야 한다. 다만 경매개시결정 당시에는 관할구역 안에 없었더라도 그 취소의 결정 전에 선박이 관할구역 안에 들어왔다면, 관할위반의 흠은 치유되어 경매절차를 취소해서는 안 된다.

(2) 채무자가 법 49조 2호 또는 4호의 집행정지서류를 제출하고 압류채권자 및 배당요구채권자의 채권과 집행비용에 해당하는 보증을 매수신고 전에 제공한 때에는 법원의 신청에 따라 배당절차 외의 절차를 취소해야 한다(법 181조 1항). 이는 가압류에서 해방금액의 공탁에 의한 가압류집행의 취소(법 299조 1항)와 유사하나, 보증액수가 단순히 청구금액에 한정되지 않고 배당요구한 채권자의 채권과 집행비용에 해당하는 금액까지 포함한다는 점이 다르다. 채무자의 취소신청을 기각한 재판에 대해서는 채무자는 즉시항고를 할 수 있으며(법 181조 3항), 채무자의 신청에 따라 강제집행절차를 취소하는 결정에 대해서는 압류채권자 또는 배당요구채권자가 즉시항고를 할 수 있다(법 17조 1항).

(3) 경매개시결정이 있은 날부터 2월이 지나기까지 집행관이 선박국적증서 등을 넘겨받지 못하고, 선박이 있는 곳이 분명하지 않은 때에는 법원은 강제경매절차를 취소할 수 있다(법 183조). 집행관이 선박국적증서 등을 수취하지 못하더라도 선박이 있는 곳이 분명하다면 경매절차를 취소할 수 없고, 그때에는 사건을 선박이 있는 곳을 관할하는 법원으로 이송해야 한다(법 182조). 취소결정에 대해서는 즉시항고를 할 수 있고, 취소결정은 확정되어야 효력을 가진다(법 17조 1항 · 2항).

Ⅲ. 항공기 · 자동차 · 건설기계 · 소형선박에 대한 집행

1. 항공기에 대한 강제집행

항공안전법에 따라 등록된 **항공기** 및 경량항공기에 대한 강제집행은 원칙적으로 **선박**에 대한 강제집행의 예에 따라 실시한다.[1] 다만 매각물건명세서와 현황

1) 법 187조 및 규칙 106조 · 107조에 따라 강제집행의 대상이 되는 항공기는 항공안전법(7조, 121조 1항)에 따라 등록이 가능한 항공안전법 2조 1호의 '항공기'와 같은 조 2호의 '경량항공

조사보고서를 작성하지 않는다(법 187조, 규칙 106조).

2. 자동차에 대한 강제집행

(1) 자동차관리법에 따라 등록된 **자동차**에 대한 강제집행은 민사집행규칙에 특별한 규정이 없으면 **부동산**에 대한 강제집행의 규정에 따른다(법 187조, 규칙 108조). 자동차에 대한 강제집행은 **사법보좌관**의 업무이다(사보규 2조 1항 7호). 간이·신속하게 매각하기 위하여 **집행관**이 적절한 매각방법으로 매각실시하도록 할 수 있다. 압류채권자의 매수신청에 따라 그에게 매각실시할 수도 있다(양도명령). 자동차에 대한 강제집행에 대해서는 규칙 108조부터 129조까지에서 상세히 규정하고 있다.[1)]

(2) 자동차에 대한 강제집행의 **집행법원**은 **원칙적**으로 자동차등록원부에 기재된 사용본거지를 관할하는 지방법원이다(**사용본거지주의**, 규칙 109조 1항). 사용본거지란 자동차의 소유자가 자동차를 주로 보관·관리 또는 이용하는 곳으로 자동차소유자가 개인인 경우에는 그 소유자의 주민등록지, 자동차소유자가 법인, 또는 법인 아닌 사단이나 재단인 경우에는 그 법인 등의 주사무소 소재지를 말한다(자동차등록령 2조 2호, 자동차등록규칙 3조 1항). 한편 자동차집행에 관하여 사용본거지주의의 원칙을 일관하면 사용본거지와 자동차의 소재지가 일치하지 않을 경우 자동차에 대한 신속한 점유의 확보가 곤란하게 될 우려가 있으므로, **예외적**으로(**소재지주의**) ① 집행법원은 다른 법원 소속 집행관이 자동차를 점유하고 있는 경우에 자동차를 집행법원 관할구역 안으로 이동하는 것이 매우 곤란하거나 지나치게 많은 비용이 든다고 인정하는 때에는 사건을 그 법원으로 이송할 수 있는데(규칙

기'이다. 따라서 등록능력이 없는 초경량 비행장치(항공안전법 2조 3호)에 대해서는 유체동산 집행의 방법에 따라 한다. 한편 외국항공기와 항공안전법 10조의 규정에 따라 등록의 대상에서 제외되어 있는 항공기에 대한 강제집행은 특별한 규정이 없는 한 유체동산집행의 방법에 따라 한다. 법원실무제요 민사집행(3), 582, 583쪽.

1) 자동차등록원부상 **소유권이전 미등록 자동차**에 대한 강제집행 또는 담보권실행을 위한 경매에서 집행관의 집행확보가 곤란한 경우가 많다. 소유권이전 미등록 차량의 현재 점유자의 파악이 곤란하고, 파악하더라도 점유권을 주장하면서 인도를 거부하는 경우에 집행불능이 예상된다. 이에 따라 자동차등록원부상 소유자인 채무자를 상대로 경매개시결정을 하되 **자동차 인도명령**의 집행력의 주관적 범위를 확장하여 집행관이 해당 자동차를 발견하면 인도명령을 즉시 집행할 수 있도록 해야 한다는 견해로는, 권혁재, "자동차에 대한 민사집행절차에 있어서 효율적 점유확보방안: 소위 '대포차'를 중심으로", 사법(사법발전재단) 38호(2016년), 169쪽 이하.

119조 1항), 이때에는 이송을 받은 법원이 관할권으로 가지며(규칙 109조 1항 단서), ② 뒤에서 보는 바와 같이 강제경매신청 전의 인도명령에 따라 집행관이 자동차를 인도받은 때에는 자동차가 있는 곳을 관할하는 법원도 관할권을 가지도록 하였다(규칙 109조 2항).

(3) 자동차에 대한 경매개시결정에는 채권자를 위하여 압류한다는 것을 선언하는 외에 **채무자**에 대하여 자동차를 집행관에게 인도할 것을 명해야 한다(**규칙 111조 1항 본문의 인도명령**, 법 83조 1항, 규칙 111조 1항 본문). 다만 그 자동차에 대하여 뒤에서 보는 바와 같이 규칙 114조 1항의 규정에 따른 신고가 있는 때에는 채무자에 대하여 인도명령을 할 필요가 없다. 경매개시결정에 대해서는 **즉시항고**를 할 수 있고(규칙 111조 4항. 이 점은 부동산강제집행에서 경매개시결정에 대해서는 이의신청을 할 수 있는 것과 대비된다. 자동차집행의 개시결정은 채무자로부터 자동차의 사용·수익권능을 빼앗기 때문이다), 자동차집행신청을 기각·각하하는 재판에 대해서도 즉시항고를 할 수 있다(규칙 108조, 법 83조 5항).

(4) 경매개시결정에서 하는 앞서의 규칙 111조 1항 본문의 인도명령은 채무자에 대해서만 할 수 있으므로 자동차를 점유하고 있는 제 3 자가 있는 때에는 그가 집행관에게 자동차를 임의로 제출하지 않으면 강제경매절차는 취소된다(규칙 116조). 이 경우 채권자로서는 채무자가 제 3 자에 대하여 가지는 유체동산에 관한 청구권의 집행(법 243조)의 절차를 밟아 강제경매를 해야 한다.

집행관이 인도받은 자동차를 제 3 자가 점유하게 된 경우 또는 집행관이 자동차를 점유하기 전에 압류등록이 되거나, 경매개시결정이 채무자에게 송달되어 압류의 효력이 생긴 후(규칙 111조, 법 83조 4항) 자동차의 점유가 채무자로부터 제 3 자에게 이전된 경우에는 채권자의 신청에 따라 그 제 3 자에게 자동차를 집행관에게 인도할 것을 명할 수 있다(**제 3 자에 대한 인도명령**, 규칙 112조, 법 193조). 제 3 자에 대한 인도명령은 제 3 자에게 송달되기 전에도 집행할 수 있고(법 193조 3항), 신청인(채권자)에게 고지된 날부터 2주가 지난 때에는 집행할 수 없다(법 193조 4항).

한편 강제경매신청 전에 자동차를 집행관에게 인도하지 않으면 강제집행이 매우 곤란할 염려가 있는 때에는 그 자동차가 있는 곳을 관할하는 지방법원은 채권자의 신청에 따라 채무자에게 자동차를 집행관에게 인도할 것을 명할 수 있다

(**강제경매신청 전의 인도명령**, 규칙 113조 1항). 이는 선박집행에서 선박집행신청 전의 선박국적증서 등의 인도명령제도(법 175조)에 상응한다. 강제경매신청 전의 인도명령은 채무자에게 송달해야 하나(법 39조, 57조), 채무자에게 송달하기 전에도 할 수 있다(규칙 113조 5항, 법 292조 3항). 위 인도명령은 채권자에게 재판을 고지한 날부터 **2주**를 넘긴 때에는 집행하지 못한다(**집행기간**, 규칙 113조 5항, 법 292조 2항). 위 인도명령은 집행을 위한 일종의 보전처분으로서 잠정적인 것이므로, 집행관은 자동차를 인도받은 날부터 **10일 안**에 채권자가 강제경매신청을 했음을 증명하는 문서를 제출하지 않은 때에는 자동차를 채무자에게 돌려주어야 한다(규칙 113조 3항). 10일이 지난 후 집행관이 채무자에게 자동차를 돌려주기 전에 채권자가 채무자에게 인도할 것을 명하는 경매개시결정의 정본을 집행관에게 제출한 때에는 집행관은 이 결정정본에 기하여 새로 자동차를 인도받은 것이 되고, 바로 그 취지 · 보관장소 · 보관방법 및 예상되는 보관비용을 **법원에 신고**해야 한다(규칙 114조 1항).

(5) 강제경매개시결정이 있은 날부터 **2월**이 지나기까지 집행관이 자동차를 인도받지 못한 때(**인도집행불능**)에는 집행법원은 집행절차를 취소해야 한다(규칙 116조). 즉 경매개시결정을 취소하고, 경매신청을 기각해야 한다. 위 기간이 지난 뒤에도 현실적으로 취소결정이 있기 전에 인도가 된 때에는 취소할 수 없다고 보아야 한다.[1)]

3. 건설기계 · 소형선박에 대한 강제집행

건설기계관리법에 따라 등록된 **건설기계** 및 '자동차 등 특정동산 저당법' 3조 2호에 따른 **소형선박**(선박등기법이 적용되지 않는 소형선박)에 대한 강제집행에 관해서는 민사집행규칙상 **자동차**에 대한 강제집행에 관한 규정을 준용한다(법 187조, 규칙 130조 1항).

1) 법원실무제요 민사집행(3), 603쪽.

제 4 절 동산집행

제 1 관 유체동산에 대한 강제집행

Ⅰ. 의 의

(1) 민법상 동산은 부동산을 제외한 물건을 말하는 데 반하여(민 99조), 강제집행에서의 동산의 개념에는 물건 외에 채권 그 밖의 재산권을 포함한다. 여기서 부동산을 제외한 물건을 **유체동산**이라고 부른다(법 189조 이하). 유체동산의 압류는 법원으로부터 별도의 압류명령 없이 집행권원을 가진 채권자의 위임으로 집행한다. 유체동산에 대한 강제집행은 채무자의 생활영역 내의 동산을 압류함으로써 채무자에 대한 심리적 강제효과를 달성할 수 있다는 점에서 실익이 있다.

(2) 유체동산의 범위는 민법상 동산과 일치한다. 다만 ① 등기할 수 없는 토지의 정착물로서 독립하여 거래의 객체가 될 수 있는 것[독립하여 거래의 객체가 될 수 있는 것인지 여부는 그 물건의 경제적 가치 및 일반적인 거래의 실정이나 관념에 비추어 판단해야 한다],[1][2] ② 토지에서 분리하기 전의 과실(果實)로서 1월 내에 수확할 수 있는 것, ③ 유가증권으로서 배서가 금지되지 않는 것(채권집행으로는 당장 압류할 수 없기 때문이다) 등은 유체동산으로 본다(법 189조 2항).[3]

완성된 건물이나 무허가 건물인 경우, 또는 적법하게 건설 중인 건물로서 부동산집행절차에 의할 수 없는 경우 등은 독립하여 거래의 객체가 될 수 없으므로 유체동산의 집행방법으로 강제집행을 할 수 없다.

---

1) 토지에의 정착성은 있으나 현금화한 후 토지로부터 분리하는 것을 전제로 하여 거래의 대상으로서의 가치를 가지는 것을 말한다. 대판 2003. 9. 26. 2001다52773.

2) 독립한 부동산의 상태에 이르렀으나 아직 미완성단계에 있는 부분적 미완성 건물의 상태(등기적격이 있는 상태)에 이르지 않은 경우, 즉 **골조공사 중의 건물**에 대하여 판례는, 이러한 상태에서는 현금화하여 토지로부터 분리하는 것을 전제로 하여 거래의 대상으로서의 가치를 가지는 것으로 볼 수 없다고 보고 있다(대결 1995. 11. 27. 95마820). 이에 대해서는 미등기 건물에 대한 강제집행에서 본 바와 같다.

3) 주권은 이에 해당할 여지가 있으나 주권이 표창하는 주식은 이에 해당하지 않는다. 주식에 대한 집행은 '그 밖의 재산권에 대한 집행'(법 251조)의 방법으로 한다. 대결 2011. 5. 6. 2011그37.

Ⅱ. 압 류

1. 유체동산집행의 신청과 집행관의 권한

유체동산에 대한 강제집행은 집행관에게 이를 위임한다(**집행신청**). 집행신청 시 강제집행의 목적물인 유체동산이 있는 장소를 지정해야 하나(규칙 131조 3호), 압류할 목적물을 특정할 필요가 없다. 집행관이 **집행대상**을 **선택**한다. 집행관이 압류할 유체동산을 선택하는 때에는 채권자의 이익을 해치지 않는 범위 안에서 채무자의 이익을 고려해야 한다(규칙 132조). 집행관은 변제수령권을 갖는다(법 42조 1항).

2. 압류의 범위

(1) 유체동산에 대한 강제집행은 압류에 의하여 개시된다(법 188조 1항). 압류는 집행력 있는 정본에 적은 **청구금액**의 변제와 **집행비용**의 변상에 필요한 한도 안에서 해야 한다(**초과압류의 금지**, 법 188조 2항). '청구금액'이란 집행력 있는 정본에 적은 원금, 이자, 지연손해금의 합계액을 의미하며, 압류의 경합(법 215조)이나 우선변제청구권자의 배당요구(법 217조)가 있는 때에는 이중압류채권자 또는 배당요구채권자의 청구금액도 이에 포함한다. '집행비용'이란 강제집행에 필요한 것으로서 강제집행에 의하여 우선적으로 변상받을 수 있는 비용 전액을 말한다(법 53조 1항).[1)]

집행관은 압류 후 그 압류가 법 188조 2항의 한도를 넘는 사실이 분명하게 된 때에는 넘는 **한도**에서 **압류를 취소**해야 한다(규칙 140조 1항).

(2) 압류물을 현금화해도 집행비용 외에 남을 것이 없는 경우에는 집행하지 못한다(**무잉여압류의 금지**, 법 188조 3항). 집행관은 압류 후에 압류물의 매각대금으로 압류채권자의 채권에 우선하는 채권과 집행비용을 변제하면 남을 것이 없겠다고 인정하는 때에는 압류를 취소해야 한다(규칙 140조 2항).

---

1) 원래 초과압류인지 여부는 현금화하여 보지 않으면 알 수 없으나, 집행관은 압류물을 평가하여 대체적인 견적이 청구금액과 집행비용의 합계액을 초과하지 않는 범위 내에서 압류해야 한다. 법원실무제요 민사집행(4), 17쪽.

3. 압류금지물건

(1) 압류금지물건에 대해서는 법 195조가 정하고 있다. 그 가운데 채무자 등의 1개월간의 생계비(법 195조 3호)는 시행령(**2019. 3. 5. 개정, 2019. 4. 1. 시행**) 2조에 따라 **185만원**이다. 공장저당의 목적인 유체동산은 법 195조의 압류금지물건에는 속하지 않지만 공장 및 광업재단 저당법 8조 2항에 의한 압류금지물에 해당하므로 집행관은 동산압류의 대상물을 압류해서는 안 된다.[1)]

(2) 집행법원은 당사자의 신청에 따라 법정압류금지물건의 범위를 감축시키거나 확장시킬 수 있다. 즉 당사자가 신청하면 채권자와 채무자의 생활형편, 그 밖의 사정을 고려하여 유체동산의 전부 또는 일부에 대한 **압류**를 **취소**하도록 명하거나(**채무자의 신청**에 의하여 **압류금지물건의 범위**를 **확장**하는 재판을 하는 경우), **압류금지물건**을 **압류**하도록 명할 수 있다(**채권자의 신청**에 의하여 압류금지를 해제하여 **압류금지물건의 범위**를 **축소**하는 재판을 하는 경우)(법 196조 1항). 압류금지물건의 범위를 정하는 재판은 **판사**의 업무이며, 사법보좌관의 업무가 아니다(사보규 2조 1항 9호 참조). 압류금지물건의 범위를 정하는 결정이 있은 뒤에 그 **이유가 소멸**되거나 **사정이 바뀐 때**에는 법원은 직권으로 또는 당사자의 신청에 따라 그 결정을 취소하거나 바꿀 수 있다(법 196조 2항). 한편 법원은 **법 196조 1항 · 2항**의 경우(압류금지물건을 정하는 재판 또는 그 취소 · 변경의 재판을 할 경우)에 **법 16조 2항**(**잠정처분**)**에 준하는 결정**을 할 수 있다(법 196조 3항). 법 196조 1항 · 2항의 결정에 대해서는 즉시항고를 할 수 있으나, 법 196조 3항의 결정에 대해서는 불복할 수 없다(법 196조 4항 · 5항).

(3) 집행관은 압류금지물건을 압류해서는 안 된다. 집행관이 압류금지물건을 압류한 경우에 집행관은 집행에 관한 이의신청(법 16조)에 의한 법원의 결정이나 채권자의 신청에 의하지 않고는 스스로 압류를 해제할 수 없다.

판례는, 집행관이 압류를 부당하게 해제한 경우 집행관의 처분에 대한 이의신청으로서 구제받을 것을 예정하고 있다고 하더라도, 채권자가 그러한 구제절차를 취했더라면 부당한 압류해제로 인한 손해를 방지할 수 있었다고 단정할 수 없는 이상 채권자가 구제절차를 취하지 않았다는 사유만으로 부당한 압류해제로 인

1) 대판 2003. 9. 26. 2001다52773.

한 손해발생을 부정할 수는 없다고 본다.[1)]

4. 압류의 시행

(1) 압류의 대상은 원칙적으로 **채무자가 점유**하고 있는 유체동산이다(법 189조 1항). 여기서 점유는 민법상의 점유를 말하는 것이 아니라 순수한 사실상의 직접 지배, 즉 소지를 말하며 간접점유는 해당되지 않는다.[2)] 반대로 **타주점유**인 수임인, 수탁자, 운송인, 위탁매매인, 사무관리자의 경우에는 사실의 지배력을 가지므로 집행법상의 점유자이다. 그러나 피용인과 같이 외관상 명백히 다른 사람의 지시를 받아 물건에 대한 사실상의 지배를 하는 **점유보조자**는 원칙적으로 점유자라고 볼 수 없다.[3)]

(2) **채권자가 점유**하는 경우라도 '채무자 소유'의 물건이면 법 189조를 준용하여 압류할 수 있다(법 191조, 사보규 2조 1항 8호).

(3) **제 3 자**(집행권원에 기재된 채권자나 채무자가 아닌 제 3 자)**가 점유**하는 경우에는 제 3 자가 물건의 제출을 **거부하지 않는 때**에 한하여 법 189조를 준용하여 압류할 수 있다(법 191조). 채무자와 제 3 자가 **공동으로** 점유하고 있는 유체동산도 제 3 자가 거부하지 않는 때에 한하여 압류할 수 있다. 다만 부부가 공동으로 점유하고 있는 부부공유의 유체동산인 경우에는 이를 압류하기 위하여 배우자의 승낙이나, 제출을 거부하지 않는 의사표시가 필요치 않다(법 190조). 제 3 자가 압류를 승낙하여 유체동산을 제출했는데도 집행관이 압류를 거절하는 때에는 채권자는 집행에 관한 이의신청(법 16조)을 할 수 있다.

한편 제 3 자가 제출을 **거부하면** 채무자가 제 3 자에 대하여 가지는 목적물의 인도청구권 또는 반환청구권에 대한 채권집행의 방법으로 실시한다(법 242조 · 243조).

제 3 자인 점유자의 의사에 반하여 압류했을 때에 그 압류는 당연무효가 아니고 취소할 수 있을 뿐이다. 이때 제 3 자는 집행에 관한 이의신청을 할 수 있으며, 나아가 그 유체동산에 대한 실체법상의 권리를 주장하여 **제 3 자이의의 소**를 제기할 수 있다. 다만 집행종료 후에 제 3 자이의의 소를 제기하는 경우 소의 이익이

---

1) 대판 2003. 9. 26. 2001다52773; 이우재, "유체동산집행에 관한 집행기관인 집행관의 주의의무," 대법원판례해설 46호(2003년 하반기), 481쪽 이하.

2) 대결 1996. 6. 7. 96마27.

3) 법원실무제요 민사집행(4), 13쪽.

없다(이때 부당이득반환청구를 할 수 있을 따름이다).

(4) 집행관이 유체동산을 압류한 때에는 **압류조서**를 작성해야 한다(법 10조 1항). 압류조서에는 집행한 날짜와 장소, 집행의 목적물과 그 중요한 사정의 개요, 집행참여자의 표시와 서명날인, 집행참여자에게 조서를 읽어 주거나 보여 주고, 그가 이를 승인하고 서명날인한 사실 및 집행관의 기명날인 또는 서명이 포함되어야 한다(법 10조 2항). 집행참여자가 서명날인을 할 수 없는 때에는 그 이유를 적어야 한다(법 10조 3항).

5. 부부공유 등 유체동산의 압류

(1) 채무자와 그 배우자의 공유로서 채무자가 점유하거나 그 배우자와 공동으로 점유하고 있는 유체동산은 법 189조의 규정에 따라 압류할 수 있다(법 190조). 민법은 부부별산제를 원칙으로 하고 귀속불명재산에 대해서는 부부의 공유로 추정하고 있으므로(민 830조 2항), 배우자의 특유재산에 대해서는 배우자에 대한 집행권원으로써 집행할 수 있을 뿐이다. 법 190조는 채무자가 부부 한쪽인 경우(채권자가 부부 한쪽에 대하여 집행권원을 가지고 강제집행을 하는 경우)에 적용되며, 채무자가 부부 양쪽인 경우에는 부부의 특유재산이든 공유재산이든 불문하고 모두 강제집행의 대상이 되므로 법 190조가 적용될 여지가 없다.

(2) 부부공유 유체동산의 압류는 법 189조에 따라 하며 그 효과도 동일하나, 법 189조의 규정에 의할 때에는 채무자와 제 3 자의 공동점유에 속하는 물건에 대한 압류는 제 3 자의 승낙이 없는 한 압류할 수 없는 데(법 191조) 반하여 부부공유일 경우에는 그러한 제약을 받지 않는다(법 190조).[1]

(3) 부부공유의 유체동산의 압류는 혼인관계가 유지되고 있는 부부를 전제로 한다.[2] 부부공동생활의 실체를 갖추고 있으면서 혼인신고만을 하지 않은 **사실상 혼인관계**에 있는 부부의 공유 유체동산에 대해서도 유추적용된다.[3] 부부공유물이 아닌 유체동산의 공유지분은 '그 밖의 재산권'에 대한 강제집행(법 251조)으로 한다.[4]

---

1) 법 190조의 규정은 체납처분의 경우에 유추적용을 배제할 만한 특수성이 없으므로 이를 체납처분의 경우에도 유추적용할 수 있다. 대판 2006. 4. 13. 2005두15151.

2) 협의이혼에도 불구하고 사실상의 부부관계가 여전히 유지되고 있다면 이에 해당한다. 대판 2013. 7. 11. 2013다201233.

3) 대판 1997. 11. 11. 97다34273.

4) 법원실무제요 민사집행(4), 11쪽; 남기정, "부부공유 유체동산집행절차," 법조 40권 4호(1991.

6. 압류의 방법

(1) 압류의 시행은 원칙적으로 채무자가 점유하고 있는 물건이나 채권자 또는 물건의 제출을 거부하지 않는 제 3 자가 점유하고 있는 물건을 **집행관**이 점유함으로써 한다(**집행관의 목적물 점유 · 보관**, 법 189조 1항 본문, 191조). 여기서 말하는 집행관의 점유는 물건에 대한 채무자 또는 채무자 외의 사람의 점유를 전면적으로 배제하고 집행관이 **직접점유**하는 것을 말하고, 집행관이 물건을 직접점유하지 않고 단순히 압류선언만 하는 것은 유효한 압류라고 할 수 없다.[1] 집행관의 직접점유 하에 두지 않으면 채무자의 처분으로 다른 사람이 선의취득할 수 있어 압류의 실효성을 상실하게 될 염려가 있기 때문이다.

(2) 채권자의 승낙이 있거나 운반이 곤란한 때에는 봉인, 그 밖의 방법으로 압류물임을 명확히 하여 **채무자**에게 보관시킬 수 있다(**위임에 의한 채무자 보관**, 법 189조 1항 단서). 이 경우에도 보관에 앞서 먼저 집행관이 물건에 대한 직접적인 지배를 취득한 다음 이러한 조치를 취해야 한다.[2] 압류물임을 명확히 하는 것은 압류의 **효력발생요건**이다. 따라서 압류표시가 명확하지 않은 경우 압류의 효력이 없으며, 추후 보정시에도 그 흠이 치유되지 않는다.

(3) **판례**는, ① 집행관이 압류조서를 작성하고 압류동산을 채무자에게 보관시켰다 하더라도 봉인, 그 밖의 방법으로 압류재산임을 명확히 하지 않는 이상 압류의 효력이 없으며,[3] ② 집행관이 창고 안에 저장되어 있는 동종의 물건 가운데 일부만을 압류하여 이를 채무자에게 보관시키면서 압류한 부분을 유형적으로 구별하여 놓지 않고 일괄공시의 방법으로 품목과 수량을 기재한 데 그친 공시서를 창고벽에 붙여서 한 압류는 무효이고, 이를 기초로 하여 진행된 경매절차 역시 무효라고 보고 있다.[4]

(4) 집행관은 제출을 거부하지 않는 제 3 자가 점유하고 있는 유체동산을 압류하는 경우 압류물을 자신이 점유 · 보관하지 않고 그 제 3 자에게 보관하게 할

4.), 118쪽 이하.

1) 대판 2020. 1. 30. 2019다265475.

2) 대판 2020. 1. 30. 2019다265475.

3) 대판 1982. 9. 14. 82누18.

4) 대판 1991. 10. 11. 91다8951.

수 있다(**위임에 의한 제 3 자 보관**, 법 191조 · 189조).

7. 채무자에 대한 압류사유의 통지 및 담보권자에 대한 배당참가의 고지

(1) 집행관이 유체동산을 압류한 때에는 그 사유를 채무자에게 통지해야 한다(법 189조 3항). 이는 채무자에게 적절한 대응조치를 취할 기회를 보장하기 위한 것이다. 그러나 채무자에 대한 통지가 압류의 효력발생요건이 아니다. 채무자가 압류에 참여한 때에는 말로 통지하고 압류조서에 적으면 된다(법 11조 1항). 채무자가 외국에 있거나 있는 곳이 분명하지 않으면 통지할 필요가 없다(법 12조).

(2) **2014. 7. 1. 개정 · 시행**된 **민사집행규칙 132조의2**(신설)는 **집행관**이 유체동산 압류시에 채무자에 대한 담보등기부를 통해 담보등기, 즉 동산담보권 존재 여부를 확인하고(1항),[1] **담보권의 존재**를 **확인**한 경우 **담보권자**에게 매각기일에 이르기까지 집행을 신청하거나(**이중압류**), 민사집행법 220조에서 정한 시기까지 **배당요구**를 하여 매각대금의 배당절차에 참여할 수 있음을 **고지**해야 한다고 정하고 있다. 이는 유체동산 집행절차상 동산 · 채권 등의 담보에 관한 법률에 따른 **동산담보권자의 절차적 보호방안**으로 마련된 것으로 원칙적으로 동산담보권자가 이중압류나 배당요구를 해야만 배당받을 수 있음을 전제로 한 것으로 이해된다.[2]

그러나 뒤에서 보는 바와 같이 최근 선고된 **대판 2022. 3. 31. 2017다263901**은 집행관의 압류 전에 등기된 동산담보권을 가진 채권자는 다른 채권자의 신청에 의한 유체동산 강제집행절차에서 **배당요구를 하지 않아도** 당연히 배당에 참가할 수 있다(**민사집행법 148조 4호 유추적용**)고 보고 있어, 위 민사집행규칙 신설 조문에 따른 집행관의 동산담보권자에 대한 **고지의무**는 이제는 별다른 제도적 효용을 갖지 못하게 되었다.

---

1) **담보등기가 있는 경우**에는 등기사항전부증명서(말소사항 포함)를, **담보등기가 없는 경우**에는 등기사항개요증명서(다만 등기기록미개설증명서를 발급받을 수 없는 경우에는 이를 확인할 수 있는 자료)를 집행기록에 편철해야 한다. **2022. 2. 25. 개정, 2022. 4. 1. 시행** 규칙 132조의2 1항.

2) 뒤에서 볼 **대판 2022. 3. 31. 2017다263901**도, 위 규정(2항)을 근거로 동산담보권자가 이중압류 또는 배당요구를 해야만 동산담보권자에게 배당을 하는 경우가 많았던 것으로 보인다고 평가하고 있다.

8. 압류의 효력

(1) 압류의 효력은 **개별상대효**이다. 따라서 채무자가 압류물에 관하여 처분행위(담보권설정, 소유권양도 등)를 하더라도 압류채권자에 대해서만 대항할 수 없을 따름이다. 한편 압류는 집행채권에 대한 **소멸시효중단의 효력**이 있다(민 168조 2호).

(2) 압류물의 보관을 맡은 채무자가 이를 제 3 자에게 **양도**한 경우 사법보좌관의 **인도명령**을 받아 이를 집행권원으로 하여 집행관이 제 3 자로부터 압류물을 회수할 수 있다(법 193조 1항, 사보규 2조 1항 8호). 인도명령의 신청은 제 3 자가 점유하는 것을 안 날부터 **1주** 이내에 해야 한다(법 193조 2항). 인도명령은 상대방에게 송달되기 전에도 집행할 수 있다(법 193조 3항). 한편 신청인에게 인도명령이 고지된 날부터 **2주**가 지나면 집행할 수 없다(법 193조 4항). 유체동산의 인도명령의 집행에는 집행문을 요하지 않는다.

인도명령의 신청에 대한 재판에 대해서는 **즉시항고**를 할 수 있다(법 193조 5항). 즉시항고의 대상이 되는 **사법보좌관의 처분**에 대하여 먼저 **이의신청**을 해야 한다(사보규 4조 1항). 항고이유는 절차상의 흠에 한한다. **제 3 자가 선의취득한 경우**에도 이를 들어 항고이유로 삼을 수 없고, 제 3 자는 **제 3 자이의의 소**에 의하여 다투어야 한다.

Ⅲ. 집행의 경합

1. 채권자의 경합

(1) 유체동산을 압류하거나 가압류한 뒤 **매각기일에 이르기 전**에 다른 강제집행이 신청(**이중압류의 신청**)된 때에는 집행관은 **집행신청서**를 먼저 압류한 집행관에게 교부해야 한다(법 215조 1항 전문).

▣ 유체동산에 대한 이중압류의 종기로서, 법 215조 1항에 정한 '매각기일에 이르기 전'의 의미

법 215조 1항 전문은 "유체동산을 압류하거나 가압류한 뒤 매각기일에 이르기 전에 다른 강제집행이 신청된 때에는 집행관은 집행신청서를 먼저 압류한 집행관에게 교부하여야 한다"고 규정하고 있는데, 부동산과 채권에 대한 이중압류는 배당요

구의 종기와 관계없이 매각대금의 완납, 제 3 채무자의 공탁 또는 지급 등 집행대상 재산이 채무자의 책임재산에서 벗어날 때까지 가능한 것으로 폭넓게 인정되고 있고,[1] 유체동산의 매각절차에서는 매각기일 또는 입찰기일에 매수허가 및 매각대금 지급까지 아울러 행해짐이 원칙인 점(규칙 149조 1항, 151조)에 비추어 볼 때, 법 215조 1항 전문에서 '매각기일에 이르기 전'이란 **'실제로 매각이 된 매각기일에 이르기 전'**을 의미하는 것으로서 그때까지의 이중압류는 허용된다고 봄이 상당하다.

더 나아가 동산집행절차에서 이중압류는 우선변제청구권이 없는 일반채권자가 배당에 참가할 수 있는 유일한 방법인 점, 우선변제청구권이 있는 채권자의 배당요구의 종기가 집행관이 매각대금을 영수한 때 등으로 정해져 있는 점(법 220조 1항) 등에 비추어 보더라도, 법 215조 1항 전문의 '매각기일'을 '첫 매각기일'로 해석하여 이중압류의 종기를 앞당기는 것은 바람직하지 않다.[2]

(2) 이중압류의 신청시 더 압류할 물건이 있으면 이를 압류한 뒤에 **추가압류조서**를 작성하여 **집행신청서**와 함께 먼저 압류한 집행관에게 교부해야 한다(법 215조 1항 후문). 더 압류할 물건을 발견하지 못한 경우 또는 더 압류할 필요가 없는 경우에는 집행신청서만 먼저 압류한 집행관에게 교부한다.

이 경우 집행에 관한 채권자의 위임은 먼저 압류한 집행관에게 법률상 이전되며(법 215조 2항), 각 압류한 물건은 강제집행을 신청한 모든 채권자를 위하여 압류한 것으로 본다(법 215조 3항). 즉 이중압류 뒤에는 압류채권자 모두를 위한 공동집행이 된다. 먼저 압류한 집행관은 뒤에 강제집행을 신청한 채권자를 위하여 다시 압류한다는 취지를 덧붙여 그 압류조서를 적어야 한다(법 215조 4항).

(3) **이중압류의 효력**은 뒤의 집행신청서가 먼저 압류한 집행관에게 교부된 때에 생긴다. 따라서 먼저 압류한 집행관이 적는 이중압류의 취지의 부기는 이중압류의 효력발생요건이 아니고 단순히 이중압류사실의 공시를 위한 것에 불과하다.

2. 배당요구

(1) 배당요구채권자

1) 유체동산집행에서 배당요구를 할 수 있는 채권자는 민법·상법, 그 밖의 법률에 따라 **우선변제청구권**이 인정된 사람에 한한다(법 217조, 예컨대 질권자, 3개월분의 임

1) 대결 1972. 6. 21. 72마507, 1978. 11. 15. 78마285 등.
2) 대판 2011. 1. 27. 2010다83939.

금채권자, 상법상의 우선특권자 등).

2) 집행력 있는 정본을 가진 채권자라 하여 배당요구를 할 수 없다. 따라서 **집행력 있는 정본을 가진 채권자**의 경우는 **이중압류 · 추가압류**의 절차에 의해야 한다. **양도담보권자**의 경우에도 이중압류에 의하든지, 제 3 자이의의 소를 제기할 수 있다.[1)]

▣ 집행증서를 가진 동산양도담보권자의 권리행사방법

채권자와 채무자가 채무자 소유의 동산에 대하여 양도담보설정계약을 체결함과 동시에 채무불이행시 강제집행을 승낙하는 집행증서를 작성한 경우 집행증서를 가진 동산양도담보권자는 다음과 같이 권리행사를 할 수 있다.

(1) 양도담보설정자의 일반채권자의 강제집행에 대한 권리행사방법

양도담보권자는 특별한 사정이 없는 한 양도담보권자인 지위에 기초하여 **제3자이의의 소**에 의하여 목적물건에 대한 양도담보설정자의 일반채권자가 한 강제집행의 배제를 구할 수 있다.[2)]

(2) 집행증서를 가진 양도담보권자로서의 권리실행방법

집행증서가 유효한 경우 채무자가 그 피담보채무를 불이행한 때에 양도담보권자이기도 한 채권자가 권리를 실행하여 담보목적물을 **현금화하는 방법**은 다음과 같다.

1) 집행증서에 기하지 않고 양도담보의 약정 내용에 따라 이를 **사적으로** 타에 **처분**하거나 스스로 취득한 후 **정산하는 방법**으로 현금화할 수 있다.

2) 집행증서에 기하여 목적물을 **압류(이중압류)**하고 **강제경매를 실시하는 방법으로** 현금화할 수도 있다.[3)] 이와 같은 방법에 의한 경매절차는 **형식상**은 강제경매절차에 따르지만 그 **실질은** 일반채권자의 강제집행절차가 아니라 **양도담보권실행**을 위한 현금화절차로서 그 압류절차에 압류를 경합한 양도담보설정자의 **다른 채권자**는 양도담보권자인 채권자에 대한 관계에서는 압류경합채권자나 배당요구채권자로 인정

1) **판례**는, 동산에 대하여 양도담보설정계약이 이루어진 경우에 양도담보권자는 양도담보설정자를 제외한 제 3 자에 대한 관계에서는 자신이 그 동산의 소유자임을 주장하여 권리를 행사할 수 있다는 입장이다. 대판 1999. 9. 7. 98다47283 등. 판례의 입장은 '가등기담보 등에 관한 법률'의 시행에도 불구하고 적어도 위 법률의 적용대상이 아닌 '동산'의 경우에는 여전히 '신탁적 소유권이전설'을 취하고 있다고 이해된다. 정한익, "점유개정에 의하여 이중으로 양도담보설정계약을 체결한 후 양도담보설정자가 목적물인 동산을 임의로 처분한 경우, 2차로 설정계약을 체결한 채권자에 대한 관계에서도 배임죄를 구성하는지 여부," 대법원판례해설 50호(2004년 상반기), 689쪽 이하.

2) 대판 1994. 8. 26. 93다44739 등; 손흥수, "매각절차는 종료하고 배당절차만 남은 상태에서 제 3 자이의의 소에서 승소한 유체동산 양도담보권자에 대한 매득금반환절차," 법조 55권 10호(2006. 10.), 203쪽 이하.

3) 양도담보권자가 담보목적물에 대하여 강제경매를 실시한다고 하더라도 이를 들어 자기 소유물에 대한 강제집행이라고 볼 수 없다. 따라서 양도담보권실행을 위한 경매를 허용해도 동산양도담보의 법리와 모순된다고 할 수 없다. 대판 1994. 5. 13. 93다21910.

될 수 없다. 따라서 현금화로 인한 매각대금에서 현금화비용을 공제한 잔액은 양도담보권자인 채권자의 채권변제에 전액 충당함이 당연하고, 양도담보권자인 채권자와 압류경합자인 다른 채권자 사이에 각 채권액에 따라 안분비례로 배당해서는 안 된다.[1)]

3) 집행증서에 의한 담보목적물에 대한 **이중압류의 방법**으로 배당절차에 참가하여 선행한 동산압류에 의하여 압류가 경합된 양도담보설정자의 일반채권자(압류채권자)에 우선하여 배당을 받을 수도 있다.[2)]

(2) 배당요구의 방법

배당요구는 채권(이자, 비용, 그 밖의 부대채권을 포함한다)의 원인과 액수를 적은 서면으로 집행관에게 해야 한다(법 218조, 규칙 158조 · 48조).

(3) 배당요구의 종기

1) 배당요구의 종기는 압류물건을 매각 · 현금화하는 경우에는 집행관이 매각대금을 영수한 때까지이다. 금전압류의 경우에는 압류를 한 때까지이다(법 220조 1항 1호). 어음 · 수표 그 밖의 금전의 지급을 목적으로 한 유가증권의 경우에는 집행관이 그 금전을 지급받은 때이다(법 220조 1항 2호).

2) 유체동산의 **압류시** 집행관이 그 물건을 매각하여 매각대금을 공탁해야 할 경우(법 198조 3항 · 4항)에는 동산집행을 계속하여 진행할 수 있게 된 때까지이며, 유체동산의 **가압류시** 집행관이 그 물건을 매각하여 매각대금을 공탁해야 할 경우(법 296조 5항 단서)에는 압류신청을 하여 본압류집행이 개시된 때까지이다(법 220조 2항).

(4) 배당요구를 하지 않아도 당연히 배당에 참가하는 채권자

1) 동산담보권이 설정된 유체동산에 대하여 다른 채권자의 신청에 의한 강제집행절차가 진행되는 경우 **집행관의 압류 전**에 **등기된 동산담보권**을 가진 채권자가 배당요구를 하지 않아도 당연히 배당에 참가할 수 있는지 여부가 문제가 된다.

동산 · 채권 등의 담보에 관한 법률이 제정 · 시행(2010. 10. 6. 10. 제정, 2012. 6. 11. 시행)되기 전에는 유체동산에 관하여 등기에 의하여 공시되는 담보권이 존재

1) 대판 1999. 9. 7. 98다47283, 2004. 12. 24. 2004다45943, 2005. 2. 18. 2004다37430; 이균용, "집행증서를 소지한 동산양도담보권자가 양도담보권설정자의 일반채권자가 신청한 강제집행의 배제를 구하지 아니하고 이중 압류의 방법으로 배당절차에 참가하여 양도담보권설정자의 일반채권자에 우선하여 배당을 받을 수 있는지 여부," 대법원판례해설 51호(2004년 하반기), 130쪽 이하.

2) 대판 2004. 12. 24. 2004다45943.

하지 않았기 때문에, 민사집행법은 앞서 본 바와 같이 유체동산의 강제집행절차에 우선변제청구권이 있는 채권자는 배당요구를 할 수 있다고 정할 뿐(법 217조 · 218조 · 220조) **민사집행법 148조**를 준용하지 않았으며, 위 동산 · 채권 등의 담보에 관한 법률은 22조 이하에서 동산담보권의 실행방법을 정하고 있지만, 담보목적물에 대한 **강제집행절차**에서 **동산담보권자**가 **어떤 지위**에 있는지에 관해서는 아무런 규정을 두고 있지 않았기 때문이다.

2) 이에 대하여 **판례**는, 동산 · 채권 등의 담보에 관한 법률에 따라 동산을 담보로 제공하기로 하는 담보약정을 하고 담보등기를 마치면 동산담보권이 성립하며(7조), 동산담보권자는 담보목적물에 대하여 다른 채권자보다 자기채권을 우선변제를 받을 권리가 있는데(8조), 등기를 통해 공시되는 동산담보권을 창설한 위 법률의 입법취지, 부동산집행절차에서 등기된 담보권자를 당연히 배당받을 채권자로 정하는 민사집행법 148조 4호의 취지, 동산담보권자와 경매채권자 사이의 이익형량 등을 고려하면, 동산담보권이 설정된 유체동산에 대하여 다른 채권자의 신청에 의한 강제집행절차가 진행되는 경우 **민사집행법 148조 4호**를 **유추적용**하여 집행관의 압류 전에 등기된 동산담보권을 가진 채권자는 **배당요구를 하지 않아도** 당연히 배당에 참가할 수 있다고 보고 있다.[1)2)]

---

1) 대판 2022. 3. 31. 2017다263901. 이미 앞서 언급한 **집행관의 동산담보권리자**에 대한 **고지의무**에 관한 **민사집행규칙 132조의2**의 규정과 관련하여 위 판결은 이에 대해, 강제집행절차에서 동산담보권자의 지위에 관해서는 동산담보권의 효력과 공시방법, 집행절차에 담보권자의 지위에 관한 동산 · 채권 등의 담보에 관한 법률과 민사집행법 규정을 종합적으로 고려해 판단해야 한다는 입장에서, 집행기관이 동산담보권자의 배당요구 없이는 당연히 배당을 할 수 없다는 취지의 법률 규정은 존재하지 않고, 위 민사집행규칙 규정은 집행관의 고지의무에 관하여 정한 것일뿐더러 집행관이 고지하지 않은 경우 배당이 무효가 된다고 보기도 어려워 이것만으로는 동산담보권의 보호에 충분하다고 할 수 없으므로, 위 규정의 신설로 앞서와 같은 해석이 불가능해진다고 할 수도 없다는 논리를 제시하고 있다. 이에 대하여, 민사집행법이 우선변제권 있는 담보물권에 관하여 소멸주의를 원칙으로 하고 있고, 인수주의를 취할 경우 매각이 어려워지고 복잡한 문제가 발생하며 동산담보권자의 보호에도 충분하지 않은 점을 고려하면 유체동산의 매각시 동산담보권은 소멸한다고 보아야 하는데, 동산담보권이 매각으로 소멸하는 이상 당연히 피담보채권의 우선적 만족을 얻도록 해주어야 하므로, 압류 전 등기를 마친 동산담보권자에게는 당연히 배당을 해야 한다는 입장에서 위 판결에 찬성하는 견해로는, 이지영, "유체동산의 강제집행절차에서 동산담보권자의 지위 : 소멸주의 및 배당요구 필요성을 중심으로 — 대법원 2022. 3. 31. 선고 2017다263901 판결 —," 저스티스 통권 198호(2023. 10.), 464쪽 이하.

2) 동산 · 채권 등의 담보에 관한 법률을 제정하면서 동산담보권이 설정된 유체동산에 대하여 다른 채권자의 신청에 따라 강제집행절차가 진행되는 경우 동산담보권자의 지위에 관해서는 민사집행법 등에서 정할 필요가 있는데도 이를 하지 않은 것은 **입법공백**으로 보고, 대판 2022. 3. 31. 2017다263901의 판결 취지를 반영하여 유체동산에 대한 강제집행 부분에 관련

3. 매각대금지급요구

(1) 부부공유물인 경우 공유지분을 주장하는 배우자가 배당요구에 준하여 매각대금에서 자기의 지분 상당액을 지급하여 줄 것을 요구할 수 있다(**매각대금지급요구**, 법 221조 1항). 부부공유물인 경우에도 채무자의 단독소유인 것과 같이 압류를 할 수 있도록 하되(법 190조), 배우자의 지급요구를 통하여 원래의 법률관계에 따르도록 한 것이다.

(2) 배우자의 지급요구의 절차에는 **배당요구에 관한 규정**이 준용된다(법 221조 2항). 따라서 지급요구는 이유를 밝혀 집행관에게 해야 한다(법 221조 2항, 218조). 다만 배당요구는 반드시 서면에 의해야 하나(규칙 158조 · 48조), 지급요구는 매각기일에 매각장소에 출석해서 하는 경우에는 말로도 할 수 있다(규칙 153조). 지급요구의 시기는 배당요구의 시기와 마찬가지이다(법 220조).

(3) 배우자의 지급요구의 통지를 받은 **채권자**가 배우자의 공유주장에 대하여 이의가 있는 경우 배우자를 상대로 **공유관계부인의 소**를 제기해야 한다(법 221조 3항). 공유관계부인의 소에는 **배당이의의 소**에 관한 일부 규정이 준용된다(법 221조 4항). 공유관계부인의 소는 '공유가 아니라는 것을 확정'하는 소로서 성질상 **확인의 소**이다. 다수의 채권자가 공동소송인이 되어 소를 제기한 때에는 합일확정의 필요가 요구되므로 **유사필수적 공동소송**이 된다.[1] 소송의 결과 집행관이 배우자에게 매각대금을 지급하거나 지급하지 않게 되는 것은 판결의 부수적 효과이다.[2]

Ⅳ. 현금화절차

1. 매각절차

(1) 최저매각가격제도의 존부와 적정가격의 매각

유체동산에 대한 강제집행절차에서는 최저매각가격제도가 없고, 집행관이 적정한 가격으로 매각하면 된다. 집행관은 필요하다고 인정할 때에는 적당한 감정

규정을 추가하는 민사집행법 개정이 필요하다고 보는 견해로는, 서울고등법원, 민사판례해설 Ⅲ-하, 1004쪽.

1) 법원실무제요 민사집행(4), 144쪽.

2) 법원실무제요 민사집행(4), 142쪽.

인을 선임하여 감정인의 평가를 참고할 수 있다(규칙 144조 1항). 다만 매각할 물건 가운데 귀금속, 서화, 골동품 등 값비싼 물건이 있는 때에는 집행관은 적당한 감정인에게 이를 평가하게 해야 한다(법 200조). 감정인의 평가서는 집행관 사무실 등에 비치하여 누구든지 볼 수 있도록 해야 한다(규칙 144조 3항).

(2) 압류물 보존상 필요한 조치

1) 집행관은 압류물을 **보존**하기 위하여 필요한 때에는 **적당한 처분**을 해야 한다(법 198조 1항). 압류물의 보관상 특히 필요하다고 인정하는 때에는 집행관은 **관할구역 밖**에 있는 사람을 **보관인**으로 선임할 수 있고(규칙 135조), 이때에는 집행법원의 허가를 받아 그 보관장소에서 압류물을 경매할 수 있다(규칙 145조 2항, 151조 3항). 압류물을 보관하는 채무자가 집행관의 관할구역 밖으로 이주한 경우와 같이 압류한 물건이 관할구역 밖에 있게 된 때에는 집행관은 관할구역 밖에서 그 압류물을 회수할 수 있다(규칙 138조 1항). 이 경우 압류물을 회수하기 위하여 지나치게 많은 비용이 든다고 인정하는 때에는 압류채권자의 의견을 들어 압류물이 있는 곳을 관할하는 법원 소속 집행관에게 사건을 이송할 수 있다(규칙 138조 2항).

2) 법 49조 2호 또는 4호의 집행정지문서가 제출된 경우에 압류물을 즉시 매각하지 않으면 값이 크게 내릴 염려가 있거나, 보관에 지나치게 많은 비용이 드는 때에는 압류물의 가치보전을 위하여 집행관은 그 물건을 **긴급매각**할 수 있다. 이 경우 집행관은 그 대금을 공탁해야 한다(법 198조 3항·4항).

(3) 우선매수권의 행사

부부공유물인 경우 배우자는 부동산 공유자의 경우(법 140조)처럼 매각기일에 출석하여 최고매수신고가격과 같은 가격으로 배우자의 지분을 우선매수하겠다는 **우선매수권**을 행사할 수 있다(법 206조 1항). 우선매수신고는 매각기일의 종료시까지 해야 한다(법 206조 2항, 140조 1항).

(4) 매각방법

1) 집행관은 압류를 실시한 뒤 입찰 또는 호가경매의 방법으로 압류물을 매각해야 한다(법 199조).[1] 기간입찰의 방법은 허용되지 않는다. 대부분의 경우 **호가경매**에 의하며, 입찰은 예외적이다.

---

1) 구법에서는 오로지 경매방법에 의하도록 했다(구 민소 535조).

법원은 필요하다고 인정하면 직권으로 또는 압류채권자, 배당을 요구한 채권자 또는 채무자의 신청에 따라 일반적인 현금화의 규정에 의하지 않고 수의(隨意)계약 등 **다른 방법**이나 **다른 장소**에서 압류물을 매각하게 할 수 있고, 집행관에게 위임하지 않고 다른 사람으로 하여금 위탁매각하게 하도록 명할 수도 있다(**특별현금화방법**, 법 214조 1항). 이 경우 집행법원의 사무는 **사법보좌관**의 업무이다(사보규 2조 1항 8호). 이러한 특별현금화명령에 대해서는 불복할 수 없다(법 214조 2항).

2) **압류일**과 **매각일** 사이에는 **1주** 이상 기간을 두어야 한다(법 202조 본문). 다만 압류물을 보관하는 데 지나치게 많은 비용이 들거나, 시일이 지나면 그 물건의 값이 크게 내릴 염려가 있는 때에는 그렇지 않다(**조기매각**, 법 202조 단서). 매각기일의 지정은 집행관의 재량이나 일단 매각기일을 정한 이상 특별한 사정이 없는 한 매각기일을 변경 또는 연기할 수 없다.[1)]

호가경매의 경우 경매기일은 부득이한 사정이 없는 한 압류일부터 **1월** 안의 날로 정해야 한다(규칙 145조 1항 후문). 호가경매의 경우 집행관은 호가경매기일의 **3일** 전까지 일정한 사항을 공고하고, 경매의 일시와 장소를 각 채권자·채무자 및 압류물 보관자에게 통지해야 한다(규칙 146조 1항, 2항 전문).

법 202조 본문이 압류일과 매각일 사이에 일정한 기간을 두도록 한 것은 집행당사자의 이익보호에 그 목적이 있으므로 이중압류채권자, 채무자, 우선변제청구권에 기한 배당요구채권자 등 이해관계인 전원의 합의가 있을 때에는 압류일부터 **1주의 법정기간 전에 호가경매**를 할 수 있다.[2)] 한편 이해관계인의 합의가 있을 때에는 호가경매기일을 변경·연기할 수도 있다.

3) 상당한 기간이 지나도 집행관이 매각하지 않는 때에는 **압류채권자**는 집행관에 일정한 기간 이내에 매각하도록 **최고**(**매각최고**)할 수 있다(법 216조 1항). 집행관이 매각최고에 따르지 않는 때에는 압류채권자는 법원에 **필요한 명령**(**매각실시명령**)을 신청할 수 있다(법 216조 2항). 매각실시명령은 **사법보좌관**의 업무이다(2016. 6. 1. 개정, 2016. 7. 1. 시행 사보규 2조 1항 8호).

4) 법 190조의 규정에 따라 부부공유 유체동산을 압류하여 경매하는 경우에

---

1) 매각목적물이 적정한 가격에 매각되는 것은 이해관계인 모두에게 이익이 되는 것이므로 재감정의 필요성에 합리적 이유가 있다면 매각기일을 연기할 수 있다. 다만 이 경우에도 그 연기기간은 합리적인 범위로 제한되어야 한다. 대판 2003. 9. 26. 2001다52773.

2) 실무상 이 경우 이해관계인으로 하여금 연명(連名)으로 호가경매기일 단축신청서를 제출하도록 하고 있다. 법원실무제요 민사집행(4), 74쪽.

는 집행기록상 주소를 알 수 있는 배우자에게도 같은 사항을 통지해야 한다(규칙 146조 2항 후문). 실무상 채무자의 집에서 하는데, 비공개 밀매(密賣)의 우려가 있다.

5) 집행관은 압류물에 관하여 상당한 방법으로 매각을 실시했음에도 불구하고 매각의 가망이 없는 때에는 그 압류물의 **압류를 취소**할 수 있다(규칙 141조).

2. 대금지급절차

집행관은 최고가매수신고인의 성명과 가격을 말한 뒤 매각을 허가한다(법 205조 1항). 매각대금은 일반적으로 매각기일의 마감 전에 지급한다(법 205조 2항, 3항 후문, 규칙 149조 1항 본문). 매각가격이 고액으로 예상되는 경우 호가경매기일부터 1주 안의 날을 대금지급일로 정할 수 있고(규칙 149조 2항), 이 경우 집행관은 매수신고의 보증금액과 그 제공방법 및 대금지급일을 공고해야 한다(규칙 146조 1항 6호).

Ⅴ. 변제절차

1. 매각대금 등으로 전부변제할 수 있는 경우

집행관은 채권자가 한 사람인 때 또는 채권자가 두 사람 이상으로서 매각대금 또는 압류금전으로 각 채권자의 채권과 집행비용의 전부를 변제할 수 있는 때에는 채권자에게 채권액을 교부하고, 나머지가 있으면 채무자에게 교부해야 한다(규칙 155조 1항).

2. 매각대금 등으로 전부변제할 수 없는 경우

(1) 배당협의기일의 지정

집행관은 매각대금이나 압류금전으로 각 채권자의 채권과 집행비용의 전부를 변제할 수 없는 때에는 매각허가된 날부터 2주의 기간 안의 날을 **배당협의기일**로 지정하고 각 채권자에게 그 일시와 장소를 서면으로 통지해야 한다. 이 통지에는 매각대금 또는 압류금전, 집행비용, 각 채권자의 채권액 비율에 따라 배당될 것으로 예상되는 금액을 적은 **배당계산서**를 붙여야 한다(규칙 155조 2항).

(2) 배당협의기일의 실시

집행관은 배당협의기일까지 채권자 사이에 **배당협의가 이루어진 때**에는 그 협의에 따라 배당을 실시해야 한다. 집행관은 배당계산서와 다른 협의가 이루어진 때에는 그 협의에 따라 배당계산서를 다시 작성해야 한다(규칙 155조 3항). 집행관은 **배당협의가 이루어지지 않은 때**에는 바로 매각대금을 공탁하고 집행절차에 관한 서류를 붙여 그 사유를 **법원에 신고**해야 한다(법 222조, 규칙 155조 4항). 이 경우 **집행법원**(사법보좌관)이 그 즉시 배당을 실시한다(사보규 2조 1항 10호).[1]

3. 배당 등 금액의 공탁

(1) 불확정채권 등에 대한 공탁

집행관이 앞서와 같이 채권액의 배당 등을 실시하는 경우 배당 등을 받을 채권자의 채권에 관하여, ① 그 채권에 정지조건 또는 불확정기한이 붙어 있는 때, ② 가압류채권자의 채권인 때, ③ 법 49조 2호(담보권실행을 위한 경매절차에서는 법 272조에서 준용하는 법 266조 1항 5호에 적은 문서가 제출되어 있는 때) 가운데 어느 하나의 사유가 있는 때에는 집행관은 그 배당 등의 액에 상당하는 금액을 공탁하고 그 사유를 법원에 신고해야 한다(규칙 156조 1항).[2] 이러한 사유에 의한 공탁의 경우 그 공탁사유가 소멸된 때에 집행법원(사법보좌관)이 배당기일을 정하여 배당을 실시한다(법 256조 · 161조).

(2) 불출석 채권자 · 채무자에 대한 공탁

집행관은 배당 등을 수령하기 위한 출석을 하지 않은 채권자 또는 채무자에 대한 배당 등의 액에 상당하는 금액을 공탁해야 한다(규칙 156조 2항). 채권자 또는 채무자가 위 배당금을 지급받기 위해서는 집행관으로부터 지급위탁서를 교부받아 공탁관에게 지급을 청구하면 된다. 이 경우 집행관이 집행법원에 사유서를 제출할 필요가 없다.[3]

---

1) 유체동산집행에서는 배당절차개시요건이 갖추어지면 종전의 집행절차와는 별도의 독립한 배당절차가 개시되므로 그 절차에 독립한 사건번호를 부여하고 기록도 따로 편성한다. 법원실무제요 민사집행(3), 3쪽.

2) 유체동산에 대한 집행절차에서 집행관이 매각대금이나 배당액을 공탁한 후 법원에 사유신고서를 제출하는 경우에 접수담당 법원사무관 등은 사유신고서에 구체적으로 어느 사유에 따른 사유신고인지가 명확히 기재되어 있는지 확인해야 한다. 재판예규 제1835호 '집행사건에 있어서 배당액등의 공탁 및 공탁배당액등의 관리절차에 관한 예규'(재민 92-2, 2022. 12. 26. 개정 · 시행) 3조 1항.

3) 법원행정처, 민사집행규칙해설, 422쪽.

4. 채무자 아닌 사람의 소유에 속하는 유체동산의 매각의 경우

(1) 매수인의 선의취득과 배당받은 채권자의 부당이득반환의무

채무자 아닌 사람의 소유에 속하는 유체동산을 경매한 매각절차에서 그 동산을 매수하여 매각대금을 납부하고 이를 인도받은 매수인이 동산의 소유권을 선의취득한 경우 그 동산의 매각대금은 채무자의 것이 아니므로 채권자가 이를 배당을 받았다고 하더라도 채권은 소멸하지 않고 계속 존속한다. 따라서 배당을 받은 채권자는 이로 인하여 법률상 원인 없는 이득을 얻고 소유자는 매각에 의하여 소유권을 상실하는 손해를 입게 되므로 그 동산의 소유자는 배당을 받은 채권자에 대하여 부당이득으로서 배당받은 금원의 반환을 청구할 수 있다.[1)]

(2) 선의취득한 매수인과 배당받은 채권자가 동일한 경우 부당이득반환의 대상

채무자 아닌 사람의 소유에 속하는 유체동산을 경매하여 그 매각대금을 배당받은 채권자가 매수인으로서 선의취득자의 지위를 겸하고 있는 경우, 배당받은 채권자가 법률상 원인 없이 이득을 한 것은 배당액이지 선의취득한 동산이 아니다. 따라서 유체동산의 전소유자가 임의로 그 동산을 반환받아 가지 않는 이상 동산 자체를 반환받아 갈 것을 요구할 수는 없고 단지 배당금을 부당이득으로 반환할 수밖에 없다.[2)]

제 2 관 채권집행

채권집행은 동산집행의 일부로서 채권 및 그 밖의 재산권에 대한 강제집행을 말한다. **채권에 대한 강제집행**은 금전채권에 대한 집행, 유가증권·그 밖의 유체물의 권리이전·인도청구권에 대한 집행을 포함한다. **그 밖의 재산권에 대한 강제집행**이란 부동산·유체동산, 채권 이외의 재산권에 대한 집행을 말한다. 채권집행은 일반적으로 사법보좌관의 업무이다(사보규 2조 1항 9호).

---

1) 대판 2003. 7. 25. 2002다39616 등.

2) 대판 1998. 6. 12. 98다6800; 제철웅, "집행채무자 아닌 제 3 자 소유 동산의 경매와 부당이득반환의무," 인권과 정의 279호(1999. 11.), 159쪽 이하.

제 1 목 금전채권에 대한 강제집행

Ⅰ. 압 류

1. 압류명령의 신청

(1) 신청의 방식

1) 압류명령의 신청은 현금화를 위한 추심명령 또는 전부명령의 신청과 함께 하는 것이 보통이다. 집행권원에 표시된 청구권의 **일부**에 관해서만 압류명령을 신청하거나, 압류할 목적채권의 **일부**에 대해서만 압류명령을 신청하는 때에는 그 범위를 압류명령신청서에 적어야 한다. 집행권원에 표시된 청구권의 일부에 관해서만 압류명령을 신청한 때에는 그 뒤에 집행채권을 확장할 수 없다. 나머지 채권에 대하여 만족을 얻으려면 새로운 압류절차나 배당요구를 해야 한다.[1) 집행비용도 동시에 청구할 수 있으며,[2) 이미 가압류를 해 둔 경우 가압류집행비용도 이에 포함하여 청구할 수 있다.[3) 이러한 집행비용 역시 신청서에 그 내역을 분명히 하여 그 금액을 적어야 한다. 압류명령신청서에는 집행력 있는 정본을 붙여야 한다(규칙 159조 1항).

2) 가압류가 이미 이루어진 경우 **본압류로의 이전**(移轉)**명령신청**과 함께 한다. 이 경우 가압류결정서사본과 가압류송달증명을 붙여야 한다(규칙 159조 2항). 가압류로부터 이전하는 압류명령의 집행법원은 가압류를 명한 법원이 있는 곳을 관할하는 지방법원이다(법 224조 3항).

판례는, 가압류한 지명채권에 대하여 가압류에서 본압류로 이전하는 내용의 **주문이 누락된 채** 압류 및 추심명령이 발령되었다 하더라도, 가압류 및 압류·추심명령의 **당사자** 사이에 서로 **동일성**이 인정되고, 가압류의 피보전채권과 압류·추심명령의 집행채권 사이 및 가압류의 대상채권과 압류·추심명령의 **대상채권** 사이에 서로 **동일성**이 인정되는 때에는 해당 가압류는 특별한 사정이 없는 한 당연히 본압류로 이전되는 효력이 생긴다고 본다.[4) 따라서 압류 및 추심명령에 가

---

1) 법원실무제요 민사집행(4), 225쪽.
2) 대결 2002. 1. 21. 2001마5293.
3) 대판 2006. 11. 24. 2006다35223.
4) 대판 2010. 10. 14. 2010다48455.

압류에서 본압류로 이전한다는 취지의 주문이 없더라도 그 처분금지적 효력은 가압류결정이 제 3 채무자에게 송달된 이후부터 발생하므로 제 3 채무자가 가압류결정정본을 송달받은 뒤 채무자에게 가압류된 채무를 변제했다면 이를 (가압류)압류·추심채권자에게 대항할 수 없다.[1] 한편 형식상 별개의 압류이지만 **실질적**으로는 가압류에서 이전하는 본압류로 볼 수 있는 경우에는 그 압류명령과 함께 발령된 추심명령은 물론 전부명령 역시 유효하다.

(2) 압류할 채권의 특정

1) 압류명령신청시 압류할 채권의 특정을 위하여 압류할 채권의 종류와 액수를 밝혀야 한다(법 225조). 특히 압류할 채권 중 **일부**에 대해서만 압류명령을 신청하는 때에는 그 **범위**를 밝혀 적어야 한다(규칙 159조 1항 3호). **압류금지채권**에 대해서는 압류가 허용되는 한도 안에서 그 범위를 특정해야 한다. 압류의 범위를 집행채권과 집행비용의 범위로 **한정하여 신청**하는 등의 특별한 제한이 없는 한 **(액수의 표시가 없으면)** 압류할 시점에 존재하는 압류의 대상인 **채권 전부**를 피압류채권으로 한 것으로 본다(다만 압류의 효력이 발생한 뒤에 새로 발생한 채권에 대해서는 그 채권이 계속적 수입채권이 아닌 한 압류의 효력이 미치지 않는다).[2] 즉 압류의 대상인 채권보다 집행채권의 액수가 적다고 하여 집행채권의 범위로 제한되지 않는다(압류할 채권이 하나일 때에는 피압류채권액이 집행채권액과 집행비용의 합계액을 초과해도 무방하다). 따라서 이러한 제한이 없는 때에는 **소액의 집행채권**으로 **다액의 금전채권 전부**를 압류하는 것도 가능하다. 다만 실무상 압류할 채권을 표시할 때 '… 중 위 청구금액에 이를 때까지의 금액'이라고 특정하여 **집행채권의 청구금액 범위**로 **한정**하여 압류명령을 신청하는 것이 일반적이다.[3]

---

1) 법원실무제요 민사집행(4), 257쪽.

2) 대판 1989. 2. 28. 88다카13394, 2001. 12. 24. 2001다62640.

3) 채권자가 **1개의 채권 중 일부**에 대하여 압류를 하는 취지는 1개의 채권 가운데 어느 특정 부분을 지정하여 압류하는 등의 특별한 사정이 없는 한 압류대상채권 가운데 유효한 부분을 압류함으로써 향후 청구금액만큼 만족을 얻겠다는 것이므로 1개의 채권의 일부에 대한 압류는 **유효한 채권부분**을 대상으로 한 것이고, 유효한 채권부분이 남아 있는 한 거기에 압류의 효력이 계속 미친다고 봄이 타당하다. 따라서 1개의 채권 가운데 일부에 대하여 압류를 했는데, 위 채권의 일부에 대해서만 소멸시효가 중단되고 나머지 부분은 이미 시효로 소멸한 경우 압류의 효력은 시효로 소멸되지 않고 잔존하는 채권부분에 계속 미친다고 보아야 한다. 대판 2016. 3. 24. 2014다13280,13297. 같은 취지에서 압류할 채권 가운데 일부에 관하여 질권 등 우선변제권이 있는 다른 권리가 존재하는 경우에는 그 나머지 부분에 대하여 압류명령을 신청한 것으로 보아야 한다. 법원실무제요 민사집행(4), 253쪽.

예금채권의 경우 제 3 채무자인 은행에 예입한 예금주인 채무자의 예금의 종류 및 계좌 등을 특정하고,[1] 여러 종류・계좌의 예금이 있는 것을 상정하여 압류의 순서를 지정하면 된다. **예금의 액수**는 적지 않아도 된다. 다만 이를 적은 경우에 실제의 예금액이 적힌 예금액보다 적을 때에는 실제의 예금액 전액에 압류의 효력이 미치고, 그 반대이면 적힌 예금액에 한하여 압류의 효력이 미친다. 한편 특정 계좌에 현재 입금되어 있는 예금채권뿐만 아니라 장래에 입금될 예금도 압류가 가능한데, **장래에 입금될 예금**도 압류하고자 한다면 압류할 채권의 표시에 '장래에 입금될 채권'을 분명하게 기재해야 한다.[2]

2) 압류명령신청시 **압류할 채권의 표시**는 이해관계인 특히 제 3 채무자로 하여금 다른 채권과 구별할 수 있을 정도로 기재되어 동일성의 인식을 저해할 정도에 이르지 않아야 한다.[3] 피압류채권은 '압류할 채권의 표시'에 기재된 문언에 따라 객관적으로 엄격하게 해석해야 한다. 이는 타의에 의하여 다른 사람들 사이의 법률분쟁에 편입되어 압류 등 결정에서 정한 의무를 부담해야 하는 제 3 채무자를 보호하기 위한 것이기 때문이다.[4][5]

▣ 채무자가 제 3 채무자에 대해 여러 개의 채권을 가지고 있는 경우 또는 채무자나 제 3 채무자가 여러 사람인 경우의 압류할 채권의 특정

1) 채무자가 제 3 채무자에 대하여 여러 개의 채권을 가지고 있고, 채권자가 그

---

1) 예입된 은행의 해당 지점을 적지 않고 본점만 표시하더라도 무방하다. 따라서 지점의 예금에 대하여 본점을 제 3 채무자로 하여 압류명령이 본점에 송달되더라도 유효하다. 본점과 지점은 동일한 법인격을 갖고 있고, 모든 금융기관은 예금계좌를 전산화하여 통일적으로 관리하고 있기 때문이다. 법원실무제요 민사집행(4), 224쪽; 유형웅, 주석서(4), 106쪽. 다만 은행이 많은 지점을 둔 관계로 압류된 예금의 지급정지조치를 취하기 위하여 불가피하게 시간이 소요되는 경우 해당 지점에서 예금채권의 압류사실을 알지 못하고, 또 과실도 없이 그 시간 내에 예금을 지급했다면 채권의 준점유자에 대한 민법 470조를 유추적용하여 제 3 채무자인 은행의 면책을 인정할 여지는 있다. 한경환, "예금에 대한 강제집행," 민사집행법 실무연구(Ⅱ)(재판자료 117집, 2009년), 652쪽.

2) 법원실무제요 민사집행(4), 225쪽.

3) 대판 2011. 4. 28. 2010다89036.

4) 대판 2011. 2. 10. 2008다9952, 2013. 12. 26. 2013다26296, 2018. 6. 28. 2016다203056.

5) 현행 민사집행실무에서는 금전채권에 대한 압류명령신청서에 기재해야 하는 청구채권 중 **부대채권**의 범위를 신청일까지의 **확정금액**으로 기재하도록 요구하고 있다. **판례**는, 이러한 실무가 법령상 근거가 있는 것은 아니나 제 3 채무자가 압류범위를 파악하는 데 과도한 부담을 가지지 않도록 압류채권자에게 협조를 구하는 한도에서 합리적 측면이 있다고 보고 있다. 대판 2022. 8. 11. 2017다256668.

각 채권 전부를 대상으로 하여 집행채권액의 범위에서 압류신청을 할 경우, 채권자는 여러 개의 채권 가운데에 어느 채권에 대하여 어느 범위에서 압류를 신청하는지 **신청취지 자체로 명확**하게 인식할 수 있도록 특정해야 한다. 다만 압류의 대상인 여러 채권의 합계액이 **집행채권액보다 오히려 적다**거나 복수의 채권이 **모두 하나의 계약에 기하여 발생**했거나 제 3 채무자가 채무자에게 그 채무를 **일괄이행하기로 약정했다**는 등 **특별한 사정**이 있는 경우에는 압류할 대상인 채권별로 압류될 부분을 따로 특정하지 않았더라도 그 압류 등 결정은 유효한 것으로 볼 수 있다.[1]

2) 채무자가 여럿이거나 제 3 채무자가 여럿인 경우에는 집행채권액을 한도로 하여 압류로써 각 채무자나 각 제 3 채무자별로 어느 범위에서 지급이나 처분의 금지를 명하는 것인지를 압류할 채권의 표시 자체로 명확하게 인식할 수 있도록 특정해야 한다. 이를 특정하지 않은 때에는 집행의 범위가 명확하지 않아 특별한 사정이 없는 한 그 압류명령은 무효라고 보아야 한다. 그리고 압류의 대상인 여러 채무자들의 **채권 합계액**이나 여러 제 3 채무자들에 대한 **채권 합계액**이 **집행채권을 초과하지 않더라도**, 각 채무자 및 각 제 3 채무자로서는 자신을 제외한 다른 모든 채무자들의 **채권액**이나 모든 제 3 채무자들의 **채무액**을 **구체적으로 알고 있는 특별한 경우**가 아니라면 자신에 대한 집행의 범위를 알 수 없음은 마찬가지이므로 달리 볼 것은 아니다.[2]

3) 판결결과에 따라 제 3 채무자가 채무자에게 지급해야 하는 금액을 피압류채권으로 표시한 경우 해당 소송의 소송물인 실체법상의 채권이 채권압류 및 추심명령의 대상이 되므로, 결국 채권자가 받은 채권압류 및 추심명령의 효력은 거기에서 지시하는 소송의 소송물인 청구원인 채권에 미친다.[3]

4) 피압류채권의 특정은 압류명령의 효력발생요건이다. 따라서 피압류채권을 특정하지 않은 압류명령신청은 부적법하므로 집행법원은 이를 각하해야 한다. 집행법원이 이를 간과하여 압류명령에서도 피압류채권이 특정되지 않은 때에는 그 압류명령은 효력이 발생하지 않는다. 피압류채권의 불특정을 나중에 채권자가 보완하더라도 압류명령이 소급하여 유효로 되는 것은 아니다.[4]

압류할 채권이 특정되지 않아 압류명령에 따른 압류의 효력이 발생하지 않는 때에는 그에 따른 **추심명령**도 효력이 없다. 채권의 추심명령은 압류한 채권을 대

---

1) 대판 2012. 11. 15. 2011다38394, 2013. 12. 26. 2013다26296.
2) 대판 2014. 5. 16. 2013다52547.
3) 대판 2012. 10. 11. 2011다82995, 2018. 6. 28. 2016다203056, 2018. 12. 27. 2018다268385.
4) 대판 1973. 1. 30. 72다2151.

위절차 없이 추심할 수 있게 해주는 것으로서 유효한 압류명령이 있음을 전제로 하기 때문이다. 그와 같은 경우 채무자는 즉시항고로써 압류 및 추심명령의 효력을 다툴 수 있고, 제 3 채무자도 추심금청구소송에서 추심명령의 무효를 주장하여 다툴 수 있다.[1] **전부명령**은 압류채권자가 압류된 채권을 지급을 갈음하여 채무자로부터 이전받는 것이므로 피압류채권의 불특정으로 압류의 효력이 발생할 수 없다면 전부명령도 마찬가지이다.

(3) 압류적격채권

1) 채권에 대한 압류명령을 하기 위해서는 그 채권이 일정한 요건을 갖추어야 한다. 즉 채권이라고 하더라도 집행의 대상으로서의 적격, 즉 **압류적격**을 가져야 한다. 압류적격을 가진 채권을 **압류적격채권**(압류될 적격이 있는 채권)이라고 한다. 압류적격채권은, ① 그 채권이 채무자의 집행재산에 속해야 하며, ② 그 채권이 독립된 재산으로서 재산적 가치가 있어야 하며, ③ 그 채권이 양도될 수 있어야 하므로, 법률의 규정상 또는 성질상 양도가 금지된 채권이 아니어야 하며, ⑤ 법률상 또는 성질상 압류금지채권이 아니어야 한다.

2) 채권이 채무자에게 귀속되어 **채무자의 책임재산**의 일부이어야 압류의 대상이 될 수 있다. 채권이 채무자의 책임재산에 속하는지 여부를 판정하는 시점은 압류명령의 효력이 발생하는 시점, 즉 압류명령이 제 3 자에게 송달된 때(법 227조 3항)이다.[2] 채권자가 압류할 당시에 그 피압류채권이 이미 채무자로부터 제 3 자에게 양도되어 대항요건을 갖추었다면, 그 채권양도가 처음부터 무효라는 등의 사정이 없는 한 채권자의 압류명령은 채무자의 책임재산에 속하지 않은 채권에 대한 것으로서 무효이다. 그 후 채권양도인인 채무자가 채권양수인의 동의를 얻어 피압류채권에 대한 채권양도계약을 취소 또는 철회하더라도 그러한 사정만으로는 무효인 압류명령이 유효하게 된다고 볼 수 없다.[3]

다만 집행법원은 이러한 요건을 실질적으로 심사할 수는 없고 일단 집행채권자의 주장 자체에 의하더라도 채무자의 책임재산에 속하지 않는 것이 **분명한 경우가 아닌 한** 압류명령을 하여야 한다. 그러나 피압류채권이 실제로 채무자의 책임재산에 속하지 않는 경우에는 압류명령의 실체적 효력은 발생하지 않는다. 채

1) 대판 2012. 11. 15. 2011다38394.

2) 대판 1980. 2. 12. 79다1615, 2007. 4. 12. 2005다1407.

3) 대판 2010. 10. 28. 2010다57213,57220.

무자의 책임재산에 속하지 않는 재산에 관하여 압류명령이 있으면 진정한 채권자는 자신의 채권의 행사에 관하여 위 압류로 인하여 사실상 장애를 받게 되므로, 그 채권이 자기에게 귀속한다고 주장하여 집행채권자에 대하여 **제 3 자이의의 소**(법 48조)를 제기할 수 있다.[1]

3) 금전채권의 경우 기한부 채권, 조건부 채권, 그 밖의 **장래의 채권**도 그 기초관계가 성립되어 있으면 압류적격이 있다. 이 경우 그 권리의 특정이 가능하고 가까운 장래에 발생할 것임이 상당한 정도로 기대되어야 한다.

4) 사립학교법 28조 1항에서 정한 기본재산(**수익용 기본재산**)인 채권에 대하여 관할청의 허가가 없어도 압류적격이 있다. 그러나 압류명령이 발해진 때에도 피압류채권이 사립학교의 기본재산임이 밝혀지고, 나아가 관할청의 허가를 받을 수 없는 사정이 확실하다고 인정되거나 관할청의 불허가가 있는 경우에는 그 채권은 사실상 압류적격을 상실하게 된다.[2]

5) **추심명령에 의한 추심권능**은 그 자체로서 독립적으로 처분하여 현금화할 수 있는 것이 아니므로 추심명령에 따른 추심금청구소송의 승소확정판결에 기하여 지급받을 채권은 압류적격이 없다.[3]

대위채권자의 제 3 채무자에 대한 **추심권능**(제 3 채무자로 하여금 직접 대위채권자 자신에게 지급하도록 청구할 수 있는 권능) 및 **변제수령권**(제 3 채무자로부터 변제를 수령할 수 있는 권능) 역시 마찬가지로 그 자체로서 독립적으로 처분하여 현금화할 수 있는 것이 아니므로,[4] 채권자대위소송의 확정판결에 기하여 지급받을 채권은 압류적격이 없다. 따라서 채권자대위소송에서 제 3 채무자(피고)로 하여금 직접 대

---

1) 대판 1997. 8. 26. 97다4401, 1999. 6. 11. 98다52995.

2) 이 경우 채무자는 그 압류명령에 대하여 **즉시항고**(사법보좌관의 처분에 대한 이의신청)를 하여 압류명령의 취소를 구하거나, **법 246조 3항**에 따라 위와 같은 이유를 들어(**법 196조 2항의 준용**에 따라 압류명령이 있는 뒤에 그 이유가 소멸되거나 사정이 바뀌었다는 이유를 들어) 압류명령의 전부 또는 일부의 취소를 신청할 수 있다. 대결 2002. 9. 30. 2002마2209.

3) 금전채권에 대하여 압류 및 추심명령이 있었다고 하더라도 이는 강제집행절차에서 압류채권자에게 채무자의 제 3 채무자에 대한 **채권을 추심할 권능**만을 부여하는 것으로서 강제집행절차상의 현금화처분의 실현행위에 지나지 않는 것이며, 이로 인하여 채무자가 제 3 채무자에 대하여 가지는 **채권**이 압류채권자에게 이전되거나 귀속되는 것이 아니기 때문이다. 대판 1997. 3. 14. 96다54300, 2019. 1. 31. 2015다26009, 2019. 12. 12. 2019다256471.

4) 대위채권자는 채무자를 대위하여 피대위채권에 대한 변제를 수령하게 될 뿐 자신의 채권에 대한 변제로서 수령하게 되는 것이 아니다. 대판 2015. 7. 23. 2013다30301, 대결 2017. 8. 21. 2017마499. 따라서 채권자대위소송에서 확정된 판결에 따라 대위채권자가 제 3 채무자로부터 지급받을 채권에 대한 압류명령 등은 무효이다. 대판 1997. 3. 14. 96다54300.

위채권자(원고)에게 금전의 지급을 명하는 판결이 확정되더라도, 대위의 목적인 권리, 즉 채무자의 제 3 채무자에 대한 **피대위채권**(채권자대위소송의 소송물)이 판결의 **집행채권**으로서 존재하고, 대위채권자는 채무자를 대위하여 **피대위채권에 대한 변제**를 **수령**하게 될 뿐 자신의 채권에 대한 변제로서 수령하게 되는 것이 아니므로 그 피대위채권이 변제 등으로 소멸하기 전이라면 **채무자의 다른 채권자**는 이를 **압류 · 가압류**할 수 있다.[1)] 즉 채권자대위권을 행사했다는 사정은 대위채권자에게 집행절차에서 어떠한 우월적 지위도 보장하지 못하며, 채권자대위권의 행사는 피대위채권의 피압류적격에 영향을 주지 않는다(**피압류적격유지설**).[2)]

6) 채권자가 채무자의 제 3 채무자에 대한 채권을 압류하는 경우 **제 3 채무자가 채권자 자신**이라고 하더라도 이를 압류하는 것이 금지되지 않으므로, 단지 채권자와 제 3 채무자가 같다고 하여 채권압류 및 전부명령이 위법하다고 볼 수 없다.

판례는, 채권자취소소송에서 취소채권자의 수익자 · 전득자에 대한 가액배상채권은 압류의 대상이 되고, 나아가 가액배상의무자인 수익자 · 전득자가 취소채권자에 대한 반대채권을 집행채권으로 하여 위 가액배상채권에 대하여 **자신**을 **제 3 채무자**로 한 압류 및 전부명령을 받는 것도 가능하다고 보고 있으나,[3)] **대판 2022. 8. 11. 2018다202774**는, "사해행위취소소송에서의 취소채권자는 수익자로부터 책임재산 가액을 수령할 **권능**만을 가질 뿐"이라고 명시적으로 판시하고 있어, 종래의 판례의 입장이 그대로 유지될 것인지 주목된다. 이에 관해서는 전부명령의 요건에서 상세히 보기로 한다.

2. 압류명령

(1) 압류명령신청에 대한 재판

1) 압류명령신청에 대한 재판은 **사법보좌관**의 업무이다(사보규 2조 1항 9호). 압류명령신청이 있는 경우에는 채무자와 제 3 채무자를 심문하지 않는다(**심문의**

---

1) 대판 2016. 8. 29. 2015다236547.

2) 결국 다른 채권자들의 강제집행이 경합할 때 대위소송의 확정판결을 받은 대위채권자는 피대위채권을 현실적으로 수령하기 전까지 **다른 채권자**들의 **압류 등이 없는 경우**에만 대위소송의 확정판결에 따라 온전히 자신의 채권을 추심할 수 있기 때문에 그 지위가 취약하다. 범선윤, "채권자대위소송의 집행법적 쟁점 — 대법원 2016. 8. 29. 선고 2015다236547 판결, 대법원 2016. 9. 28. 선고 2016다205915 판결을 중심으로 —," 민사집행법 실무연구(Ⅴ)(재판자료 141집, 2021년), 296쪽.

3) 대결 2017. 8. 21. 2017마499.

생략, 법 226조). 압류명령신청에 대한 재판에 대해서는 즉시항고를 할 수 있다(법 227조 4항).

2) 압류명령은 제 3 채무자에게는 채무자에 대한 지급을 금지시키고, 채무자에게는 채권의 처분과 영수를 금지시킨다(법 227조 1항). 압류명령은 채무자와 제 3 채무자에게 송달해야 한다(법 227조 2항). 압류 당시에 압류할 채권이 **부존재**하는 경우 압류명령은 **무효**이다. 따라서 이에 기한 추심명령도 무효이므로, 해당 압류채권자는 압류 등에 따른 집행절차에 참여할 수 없다.[1)][2)]

(2) 압류의 효력의 발생 여부 및 채권양도와의 경합

1) 압류명령이 제 3 채무자에게 **송달된 때** 압류의 효력이 발생한다(법 227조 3항). 제 3 채무자에 대한 송달이 제 3 채무자의 소재불명으로 **송달불능**이 되는 경우에는 채권자의 신청에 따라 **공시송달**로 한다.[3)] 압류할 채무가 연대채무나 분할채무인 경우에는 제 3 채무자들에게 각 송달된 때에 개별적으로 압류의 효력이 생긴다. 반면 조합재산에 기한 조합채무와 같은 **합유채무**인 경우에는 마지막으로 제 3 채무자에게 송달된 때에 모든 제 3 채무자에 대한 관계에서 압류의 효력이 생긴다. 저당권 있는 채권을 압류하는 경우에 **저당권**에 대한 **압류의 효력**은 제 3 채무자에게 송달된 때에 발생하지만, 이를 공시하려면 등기기록상 **채권압류의 등기**(법 228조)가 되어야 한다.[4)]

2) 압류명령의 송달과 채권양도의 통지(확정일자 있는 증서에 의한 통지)가 경합되는 경우 제 3 채무자에게 압류명령이 **도달**한 시기와 채권양도의 통지가 **도달**한 **시기**

---

1) 대판 2022. 12. 1. 2022다247521, 2023. 7. 27. 2023다228107.

2) 채권압류명령 등 당시 피압류채권이 이미 제 3 자에 대한 대항요건을 갖추어 양도되어 그 명령이 효력이 없는 것으로 되었다면, 그 후의 사해행위취소소송에서 위 채권양도계약이 취소되고 그 채권의 복귀를 명하는 판결이 확정되어 궁극적으로는 그 채권이 원채권자에게 복귀했다고 하더라도 이미 무효로 된 채권압류명령 등이 다시 유효로 되는 것은 아니다(채권자가 사해행위의 취소와 함께 수익자 또는 전득자로부터 책임재산의 회복을 명하는 판결을 받은 경우 그 취소의 효과는 채권자와 수익자 또는 전득자 사이에만 미치므로, 수익자 또는 전득자가 채권자에 대하여 사해행위의 취소로 인한 원상회복의무를 부담하게 될 뿐 채무자 사이에서 그 취소로 인한 법률관계가 형성되거나 취소의 효력이 소급하여 채무자의 책임재산으로 회복되는 것은 아니기 때문이다). 대판 2001. 5. 29. 99다9011, 2006. 8. 24. 2004다23110, 2022. 12. 1. 2022다247521.

3) 다만 실무상 제 3 채무자에게 송달되지 않은 경우 신청채권자에게 주소보정을 명하고, 신청채권자가 주소보정명령에 따르지 않으면 압류명령을 취소하고 신청을 각하한다. 법원실무제요 민사집행(4), 249쪽.

4) 법원실무제요 민사집행(4), 250쪽.

의 선후에 의하여 **압류명령의 효력 여부**가 결정된다.[1] 확정일자 있는 증서에 의한 채권양도통지와 압류명령이 같은 날 제 3 채무자에게 도달했는데 그 선후관계에 대하여 달리 증명이 없으면 **동시에 도달**한 것으로 **추정**한다.[2]

3) 압류명령의 송달 후에 채권이 양도되었거나 확정일자 있는 증서에 의한 대항요건을 갖추었다면(**압류명령이 먼저 송달된 경우**) 채권양수인은 압류에 의하여 권리가 제한된 상태에서 채권을 양수받게 된다.[3]

한편 채무자가 압류의 대상인 **채권을 양도**하고 확정일자 있는 증서에 의한 **채권양도통지** 등에 의한 채권양도의 대항요건을 갖추었다면(채권양도통지가 먼저 도달된 경우),[4] 그 후 채무자의 다른 채권자가 그 채권에 대하여 압류를 하더라도 압류 당시에 피압류채권은 이미 존재하지 않는 것과 같으므로 압류로서의 효력이 없다. 이 경우 채권양도가 처음부터 무효라는 등의 사정이 없는 한 **그 후 채권양도가 실효**되거나 **채무자에 대한 재양도 등**의 이유로 피압류채권이 **채무자에게 복귀**되더라도 그러한 사정만으로 **무효인 압류**가 유효하게 된다고 볼 수 없다.[5]

4) 이들 둘 사이의 **선후**가 **불분명시** 또는 **동시**인 경우 집행채권액과 양수채권액의 비율로 **안분하여 배당**해야 한다. 예컨대 채권양도통지, 가압류 또는 압류명령(및 추심명령 또는 전부명령) 등이 제 3 채무자에 **동시에 송달**되어 그들 상호 간에 우열이 없는 경우에도 그 채권양수인, 가압류 또는 압류채권자는 모두 제 3 채무자에 대하여 완전한 대항력을 갖추었으므로, 그 전액에 대하여 채권양수금, 추심금 또는 전부금의 이행청구를 하고 적법하게 이를 변제받을 수 있다. 제 3 채무자로서는 이들 중 누구에게라도 그 채무 전액을 변제하면 다른 채권자에 대한 관계에서도 유효하게 면책된다. 만약 양수채권액과 가압류 또는 압류된 채권액의 합계액이 채무자의 제 3 채무자에 대한 채권액을 초과할 때에는 그들 상호 간에는 법률상의 지위가 대등하므로 공평의 원칙상 각 채권액에 안분하여 이를 **내부적**으로

1) 대판(전) 1994. 4. 26. 93다24223, 대판 2019. 7. 24. 2016다1557, 2019. 8. 14. 2016다1502.

2) 대판(전) 1994. 4. 26. 93다24223.

3) 대판 2000. 4. 11. 99다23888 등.

4) 전세기간 만료로 본래의 용익물권적 권능이 소멸하고 담보물권적 권능만 남은 전세권에 대해서도 그 피담보채권인 전세금반환채권과 함께 제 3 자에게 양도할 수 있는데, 이 경우 전세권양도계약 및 전세권이전의 **부기등기**가 **이루어진 것만으로는** 전세금반환채권의 양도에 관하여 확정일자 있는 증서에 의한 통지나 승낙이 있었다고 볼 수 없어 이로써 제 3 자인 전세금반환채권의 압류·전부채권자에게 대항할 수 없다. 대판 2005. 3. 25. 2003다35659.

5) 대판 2010. 10. 28. 2010다57213,57220, 대결 2019. 12. 6. 2019마6043.

다시 **정산**할 의무가 있다.[1)]

동일한 채권에 관하여 가압류 또는 압류명령과 확정일자 있는 채권양도통지가 **동시에** 제 3 채무자에게 **도달**한 경우 그 후에 다른 채권압류 · 가압류가 이루어졌다 하더라도 앞서 본 바와 같이 그 후행압류 · 가압류 당시에 피압류채권은 이미 존재하지 않는 것과 같아 압류 · 가압류로서의 효력이 없으므로, 그러한 후행압류권자 등은 더 이상 그 채권에 관한 집행절차에 참가할 수 없고, 채권양수인과 선행(가)압류채권자 사이에서만 채권액에 안분하여 배당해야 한다.[2)]

5) 채권(가)압류명령과 채권양도통지가 동시에 제 3 채무자에게 송달된 경우 제 3 채무자는 민법 487조 후단의 채권자불확지를 원인으로 한 변제공탁을 할 수 있고,[3)] 압류의 경우는 법 248조 1항의, 가압류의 경우는 법 291조, 248조 1항의 공탁사유 또한 생긴 것이 되므로 채권자불확지 변제공탁과 집행공탁의 **혼합공탁**을 할 수 있다.[4)]

6) 채권자의 신청에 따라 채권압류 및 전부명령이 **발령**되어 강제집행이 개시되고 그 채권압류 및 전부명령이 제 3 채무자에게 **발송**되었는데, 이후 채무자에 대한 회생절차에서 있은 **포괄적 금지명령**(채무회생 45조)의 **효력**이 발생했다면(포괄적 금지명령은 채무자에게 결정서가 송달된 때부터 효력이 발생한다[채무회생 46조 2항. 한편 채권압류명령은 제 3 채무자에게 송달된 때에 그 효력이 발생하고(법 277조 3항), 전부명령은 확정되어야 효력이 발생한다(법 229조 7항)], 그 이전에 있은 채권압류 및 전부명령의 발령 자체를 무효라고 볼 수는 없으나, 채무자의 재산에 대하여 이미 행해진 회생채권 등에 기한 **강제집행**은 **바로 중지**되게 되므로, 채무자에 대한 회

---

1) 대판(전) 1994. 4. 26. 93다24223. 확정일자 있는 채권양도통지와 채권가압류명령이 **동시에 도달됨으로써** 제 3 채무자가 변제공탁을 하고, 그 후에 다른 채권압류 또는 가압류가 이루어졌다 하더라도 채권양수인과 선행가압류채권자 사이에서만 채권액에 안분하여 배당해야 한다. 대판 2004. 9. 3. 2003다22561. 동일한 채권에 관하여 확정일자 있는 채권양도통지와 두 개 이상의 채권압류 및 전부명령정본이 **동시에 송달된 경우** 채권의 양도는 채권에 대한 압류명령과는 그 성질이 다르므로, 해당 **전부명령이** 채권의 압류가 경합된 상태에서 발령된 것으로서 **무효인지 여부를 판단할 때**에는 압류액에 채권양도의 대상이 된 금액을 합산하여 피압류채권액과 비교하거나, 피압류채권액에서 채권양도의 대상이 된 금액 부분을 공제하고 나머지 부분만을 압류액의 합계와 비교할 것은 아니다. 대판 2002. 7. 26. 2001다68839; 강용현, "채권양도통지와 가압류결정이 동시에 도달된 경우에 양수인이 채무자에 대하여 양수금을 청구할 수 있는가?," 대법원판례해설 21호(1994년 상반기), 85쪽 이하.

2) 대판 2004. 9. 3. 2003다22561, 2013. 4. 26. 2009다89436.

3) 대판(전) 1994. 4. 26. 93다24223.

4) 대판 2005. 5. 26. 2003다12311, 2013. 4. 26. 2009다89436.

생절차에서 있은 포괄적 금지명령의 효력이 발생한 이후 제 3 채무자에게 채권압류 및 전부명령이 **송달**되었다고 하더라도 그 송달은 강제집행이 중지된 상태에서, 즉 포괄적 금지명령에 반하여 이루어진 것이어서 무효이므로 채권압류 등의 효력이 발생한다고 볼 수 없다.[1] 이와 같은 무효인 강제집행은 사후적으로 회생절차폐지결정이 확정되더라도 여전히 무효이다.[2] 회생절차폐지결정에 소급효가 없기 때문이다.

7) 압류의 효력은 압류채권자가 압류명령의 **신청을 취하**하거나 압류명령이 즉시항고에 의하여 **취소**되는 경우, 또는 채권압류의 목적인 **현금화절차가 종료**할 때(추심채권자가 추심을 완료한 때)까지 **존속**한다. 압류의 목적인 현금화절차가 종료하므로, ① 제 3 채무자가 공탁을 한 때(법 248조), ② 추심채권자가 추심을 완료한 때, 또는 ③ 전부명령이 확정된 때(법 231조) 압류의 효력은 목적달성으로 **소멸**하게 된다.

피압류채권이 법률상 압류금지채권에 해당하더라도 이에 대한 압류명령은 당연무효가 아니므로 즉시항고에 의하여 취소되기 전까지는 압류의 효력이 계속된다.[3] 한편 뒤에서 보는 바와 같이 기본계약관계의 해지·실효 또는 소멸시효완성 등으로 인하여 소멸함으로써 압류의 대상이 존재하지 않게 된 때에도 압류의 효

---

1) 대판 2023. 5. 18. 2022다202740. 위 판결의 사안은 다음과 같다. ① 원고(채권자)는 **2019. 3. 7.** 집행법원으로부터 소외인(채무자)의 피고(제 3 채무자)에 대한 물품대금채권에 관하여 **채권압류 및 전부명령**을 받았다. ② 위 채권압류 및 전부명령은 2019. 3. 7. 피고에게 발송되어 **2019. 3. 11. 송달**되었고, 이후 소외인에게도 송달되었으며, 소외인은 이에 대하여 즉시항고를 하였다. ③ 소외인은 2019. 2.경 회생법원에 회생절차개시신청을 하였고, 회생법원은 2019. 3. 7. 포괄적 금지명령을 하여, 그 명령이 **2019. 3. 8.** 소외인에게 송달되어 위 **포괄적 금지명령이 확정**되었다. ④ 소외인은 2019. 5. 22. 회생절차개시결정을 받았으나, 2019. 8. 8. 회생계획인가결정이 내려지지 않은 상황에서 **회생절차폐지결정**을 받아 위 결정이 확정되었다. ⑤ 위 채권압류 및 전부명령에 대한 항고법원은 2020. 3. 9. 소외인의 항고를 기각하는 결정을 하여 위 결정이 확정되었다. ⑥ 원고는 피고를 상대로 위 채권압류 및 전부명령에 따라 물품대금의 지급을 구하는 소를 제기했다. 원심법원은 위 포괄적 금지명령의 효력이 발생하기 전에 있었던 위 채권압류 및 전부명령 인용결정과 그 송달의 실시(발송)가 유효하고 더 이상의 절차만이 중단된다는 등 이유로, 위 채권압류 및 전부명령 중 압류명령부분은 제 3 채무자인 피고에게 송달된 날 효력이 발생했고, 전부명령부분은 회생절차폐지결정 등이 확정됨에 따라 제 3 채무자인 피고에게 송달된 날로 소급하여 피압류채권의 이전 등의 효력이 발생했으므로, 피고는 원고에게 전부금을 지급할 의무가 있다고 판단했다. 이에 대하여, 대법원은 원심이 앞서와 같은 사정만을 내세워 위 채권압류 및 전부명령의 효력을 인정한 것은 포괄적 금지명령과 채권압류 및 전부명령의 효력에 관한 법리를 오해한 잘못이 있다는 이유로 원심판결을 파기했다.

2) 대판 2014. 12. 11. 2014다210159, 대결 2016. 6. 21. 2016마5082, 대판 2023. 5. 18. 2022다202740.

3) 대결 2023. 2. 23. 2021모3227.

력이 **실효**된다.

(3) 저당권 있는 채권의 압류와 기입등기

1) 저당권 있는 채권을 압류한 경우 저당권의 부종성으로 인하여 저당권에도 압류의 효력이 미치게 된다. **근저당권**의 경우 **피담보채권이 확정되기 전**이라도 기본계약에서 발생한 개별 채권을 압류하는 데 아무런 제약이 없으며,[1] 그 경우 압류의 효력이 근저당권에 미친다.[2]

2) 저당권 있는 채권을 압류할 경우 이를 공시하기 위하여 채권자는 법원사무관 등에 대하여 **채권압류사실**을 **등기부**에 **기입**(**압류기입등기**)해 줄 것을 **신청**할 수 있다. 이 경우 채무자의 승낙을 요하지 않는다. 이러한 신청은 법원에 대한 압류명령의 신청과 함께 할 수 있다(법 228조 1항).[3] 그러나 집행절차가 종료한 후, 예컨대 압류명령에 기한 전부명령이 확정된 뒤에는 신청할 수 없고 이 경우에는 법 230조에 따라 저당권이전등기의 촉탁을 신청해야 한다. 압류기입등기의 신청 여부는 신청채권자의 의사에 달려있지만 신청을 하지 않음으로 인한 불이익은 압류채권자가 부담해야 한다.[4] 압류기입등기의 신청에 따라 법원사무관 등이 기입등기의 촉탁을 하는 경우 (근)저당권설정등기에 부기등기의 방법으로 그 피담보채권의 압류사실이 기입된다.[5] 압류기입등기의 신청이 적법함에도 법원사무관 등이 촉탁을 하지 않거나 신청을 각하하는 경우에는 법원사무관 등의 처분에 대한 이의신청(법 23조 1항, 민소 223조)을 할 수 있고, 그 이의신청을 각하한 재판에 대해서는 통상항고를 할 수 있다(법 23조 1항, 민소 439조).[6]

3) 법원사무관 등은 의무를 지는 부동산소유자에게 압류명령이 송달된 뒤에

---

1) 실무에서도 피담보채권이 확정되었는지 여부를 가리지 않고 근저당권 있는 채권에 대한 압류를 허용하고 있다. 법원실무제요 민사집행(4), 289쪽; 유형웅, 주석서(4), 208쪽.

2) 박영호 · 양진수 · 이동기, 198쪽; 손진홍, 253쪽; 유형웅, 주석서(4), 218쪽.

3) 법 228조는 저당권이 '등기'된 경우에 관해서만 규정하고 있으나 특별법에 의하여 저당권이 '등록'된 경우, 예컨대 광업권의 저당(광업법 38조 1항 2호), 자동차 · 건설기계 등 저당에도 준용되고(자동차 등 특정동산 저당법 3조 1호 · 3호, 5조 1항 1호 · 5호, 12조), 나아가 '저당권 외의 담보권' 예컨대 전세권, 가등기담보권이 있는 채권을 압류하는 경우에도 유추적용된다.

4) 압류의 부기등기가 없는 상태에서 진행된 부동산에 대한 경매절차에서 저당권 있는 채권에 대한 압류채권자가 압류명령 등을 제출하지도 않는 때에는 경매절차상 그 압류채권자의 존재는 무시될 수 있다는 점에서 압류채권자가 불이익을 부담하게 된다. 손진홍, 261쪽.

5) 대판 2009. 12. 24. 2009다72070, 2011. 4. 28. 2010다107408.

6) 압류된 채권과 등기기록에 표시된 피담보채권 사이에 그 표시에서 분명하게 동일성이 없다고 인정되는 데도 촉탁에 의한 등기가 된 때에는 집행채무자나 소유자도 그 처분에 대하여 이의신청을 할 수 있다. 법원실무제요 민사집행(4), 290쪽; 유형웅, 주석서(4), 210쪽.

위 신청에 따른 **압류등기**를 **촉탁**해야 한다(법 228조 2항).[1] 저당권 있는 채권에 대한 압류명령의 신청이 취하된 때에는 법원사무관 등은 신청에 의하여 먼저 한 압류등기의 말소등기를 촉탁해야 한다(규칙 167조 4항 후문). 그 신청권자는 저당권(집행채무자) 또는 압류채권자이다.

4) 저당권 있는 채권에 관하여 전부명령이나, 특별현금화방법으로 양도명령이 있는 경우에는 채권자와 함께 저당권이 이전되므로 저당권이전의 부기등기에 관하여 법 228조가 준용된다(법 230조, 241조 6항). 다만 저당권 있는 채권에 관하여 추심명령이 있는 때에는 채권 및 저당권의 귀속에는 영향이 없고, 추심채권자는 법 228조에 따라 저당권에 대한 압류기입등기를 하는 것만으로도 추심권을 행사하는 데 지장이 없다. 저당권 있는 채권에 대한 압류채권자가 추심명령이나 전부명령을 얻은 때에는 추심명령 정본이나 저당권이 이전된 등기사항증명서를 제출하여 부동산에 관한 담보권실행을 위한 경매신청을 할 수 있다.

5) **저당권 있는 채권이 압류된 경우**에도 저당권자인 집행채무자가 저당권을 실행하여 경매를 신청할 수 있다. 다만 저당권자가 배당에 의하여 현실적으로 만족을 얻는 것은 저지된다. 집행채권자의 채권자가 집행채권을 압류한 경우에도 집행채권자가 강제집행을 할 수 있되 집행채권의 현금화나 만족적 단계에 이르는 것은 저지된다는 입장[2]과 같은 맥락이다.[3] **저당권 있는 채권이 압류되기 전**에 저당권자인 집행채무자에 의하여 **이미** 담보권실행을 위한 **경매절차가 진행되고 있는 경우**에는 압류채권자는 전부명령이나 추심명령을 받아 집행채무자를 **승계하여** 경매절차를 진행할 수 있다. 다만 압류채권자의 **승계가 없는 상태에서도** 이미 개시된 경매절차를 속행하되 집행채무자인 저당권자에게 배당이 되는 것만 저지하면 된다고 본다.[4]

---

1) 만일 근저당권의 피담보채권이 존재하지 않는다면 그 압류명령은 무효이다. 근저당권을 말소하는 경우에 압류권자는 등기상 이해관계 있는 제 3 자로서 근저당권의 말소에 대한 승낙의 의사표시를 해야 할 의무가 있다. 대판 2004. 5. 28. 2003다70041, 2009. 12. 24. 2009다72070.

2) 대결 2000. 10. 2. 2000마5221, 대판 2016. 9. 28. 2016다205915, 2022. 9. 29. 2019다278785.

3) 법원실무제요 민사집행(4), 294쪽; 유형웅, 주석서(4), 214쪽. 한편 저당권 있는 채권에 대하여 질권이 설정된 경우 질권설정자가 경매신청을 할 수 없다고 보는 견해로는, 배형원, 주석민법 물권(4)(5판, 2019년), 105쪽; 손흥수, 285쪽.

4) 손진홍, 262쪽; 유형웅, 주석서(4), 215쪽. 다만 이 경우에도 압류채권자가 추심명령이나 전부명령을 얻어 경매절차를 승계할 때까지는 가급적 경매절차를 사실상 정지하는 것이 바람직하다는 견해로는, 박영호 · 양진수 · 이동기, 196쪽.

(4) 압류채권자의 진술최고의 신청

1) 압류채권자는 제 3 채무자로 하여금 압류명령을 송달받은 날부터 **1주** 이내에 서면으로 채권의 인정 여부 및 그 한도, 지급의사의 존부 및 그 한도, 다른 채권자의 청구 여부 및 그 종류, 다른 채권자의 압류 여부 및 그 청구의 종류 등 일정한 사항을 진술하도록 집행법원(사법보좌관)에 신청할 수 있다(**진술최고의 신청**, 법 237조 1항). 신청은 서면으로 해야 하고(법 4조), 최고서의 송달료 및 제 3 채무자의 진술서 제출용 우편료를 예납해야 한다.[1] 이는 압류채권자로 하여금 피압류채권에 대한 정보자료를 제공받아 채권의 만족을 달성할 수 있는지 여부를 판단하기 위한 것이다.

2) 집행법원은 진술최고의 신청이 있는 경우 제 3 채무자에게 그 진술을 명하는 서면(**진술최고서**)을 송달해야 한다(법 237조 2항). 제 3 채무자는 진술최고를 받으면 집행법원에 이에 관한 사항을 진술할 의무(**제 3 자의 진술의무**)가 있다. 이러한 의무는 제 3 채무자가 압류채권자에 대한 사법상 의무가 아니라 집행법원에 대하여 부담하는 **절차법상 의무**이다.[2] 따라서 제 3 채무자가 채무를 인정하는 취지의 진술서를 제출하더라도 이는 집행법원에 대한 사실의 보고라는 성질을 가지는 데 불과하므로 이로써 소멸시효중단사유인 채무의 승인이 되지 않는다.[3] 제 3 채무자가 진술서를 제출하는 경우 법원은 진술서가 제출되었다는 취지 또는 그 내용을 통지할 의무가 없다. 채권자 등 이해관계인은 법원 전자소송시스템을 통하여 열람 등을 하거나,[4] 민원우편으로 그 사본의 교부를 청구할 수 있다.[5] 제 3 채무자가 진술최고를 받고도 진술을 게을리한 때에는 법원은 직권으로 제 3 채무자를 불러

---

1) 법원실무제요 민사집행(4), 313쪽. 한편 **금융기관**인 제 3 채무자에 대한 **금융거래정보 등**의 제출을 요구하는 진술최고의 신청을 할 때에는 압류명령시까지 **통보비용**도 예납해야 한다. 진술최고 신청인이 압류명령시까지 통보비용을 납부하지 않는 때에는 그 신청을 각하해야 한다. 재판예규 제1882호 '금융거래정보 · 과세정보 제출명령에 관한 예규'(재일 2005-1, 2024. 10. 30. 개정 · 시행) 2조 5호, 4조 1항.

2) 법원실무제요 민사집행(4), 315쪽.

3) 법원실무제요 민사집행(4), 317쪽.

4) 2015. 3. 23.부터 제 3 채무자의 진술서가 종이 형태로 제출된 때에는 전자화작업을 한 다음 전자소송시스템에 전산등재하고, 채권자 등 이해관계인이 전자소송시스템을 통하여 제 3 채무자의 진술서를 전자적 방법으로 열람 · 복제 · 출력을 할 수 있다. 재판예규 제1893호 '민사소송 등에서의 전자문서 이용 등에 관한 업무처리지침'(재일 2012-1. 2025. 1. 21. 개정, 2025. 1. 31. 시행) 28조 1항 6호, 6항, 95조.

5) 재판예규 제1441호 '민원우편제도에 관한 예규'(2013. 6. 4. 개정, 2013. 6. 5. 시행) 2조 1항 5호.

심문할 수 있다(법 237조 3항).[1] 제 3 채무자가 진술을 하지 않거나(심문에 응하지 않는 경우도 포함) 부실진술을 하는 경우 제 3 채무자에게 배상책임을 물을 수 있다.[2]

3. 압류의 효력

(1) 압류의 효력이 미치는 범위

1) 채권에 대한 압류명령은 그 대상이 된 채권과 동일성이 있는 한도에서 효력이 발생한다. 압류명령의 대상이 되는 채권의 구체적 범위는 압류명령의 '주문'의 내용과 '압류할 채권의 표시' 등 압류명령에 적힌 **문언의 해석**에 따라 결정된다. 예컨대 ① 공사대금채권에 대한 압류 및 전부명령은 그 송달 후 체결된 추가 공사계약으로 인한 공사대금채권에는 그 효력이 미치지 않으며,[3] ② 압류 및 추심명령에 압류할 채권이 '용역대금'이라고 표시된 경우 '계약의 무효로 인한 부당이득반환채권'에는 그 효력이 미치지 않는다.[4]

2) 장래의 채권에 대한 압류가 허용되는 경우라도 피압류채권과 동일성이 없는 새로운 원인에 의하여 발생한 채권에는 압류의 효력이 미치지 않는다.[5] 앞서 본 바와 같이 예금채권이 피압류채권인 경우 장래 채무자의 계좌에 입금될 예금채권도 피압류채권의 범위에 포함되는지 여부는 압류명령에서 정한 '압류할 채권'에 그 예금채권도 포함되었는지 여부에 따라 결정되며, 이는 곧 압류명령에 적힌 문언의 해석에 따라 결정된다. 예금채권을 피압류채권으로 하는 경우 압류명령의 문언의 해석 원칙에 대해서는 이미 살펴본 바와 같다.

3) 급료채권이나 차임채권과 같이 **계속적 수입채권**의 경우 **1회의 압류의 효력**은 압류채권자가 압류의 범위를 **집행채권과 집행비용의 범위**로 **한정하여 신청**하는 등의 특별한 제한이 없는 한 **장래에 계속적**으로 발생하는 **채권 전부**에 미친

---

1) 압류채권자가 심문을 신청하는 경우 심문할지 여부는 집행법원의 재량이다. 집행법원이 심문을 하더라도 반드시 심문기일을 열어야 하는 것도 아니고 서면에 의한 심문도 가능하다. 실무에서는 주로 제 3 채무자에게 **심문서**를 발송하는 방법을 취하고 있다. 법원실무제요 민사집행(4), 318쪽.

2) 일본은 제 3 채무자의 손해배상책임 규정을 두고 있다. 즉 제 3 채무자가 위 진술의 최고에 대하여 고의 · 과실로 진술을 하지 않거나, 부실진술을 한 때에는 이로써 생긴 손해를 배상해야 한다는 규정이 있다(일본 민사집행법 147조 2항).

3) 대판 2001. 12. 24. 2001다62640.

4) 대판 2016. 6. 23. 2013다58613.

5) 대판 2012. 10. 25. 2010다32214.

다.[1] 즉 **계속적 수입채권** 역시 전체적으로 **하나의 채권**이므로 보통의 금전채권에 대한 압류의 경우와 마찬가지로 압류의 대상이 계속적 수입채권 전부에 미친다(**무제한설**). 이에 대하여, 각 지급기마다 발생하는 채권을 **별개의 채권**으로 보는 입장에서, 각 지급기마다 압류절차를 되풀이하는 것이 번거로워 1회의 압류의 효력을 그 뒤에 발생한 채권에 확장시키는 것일 뿐이므로 **집행채권 및 집행비용의 액을 한도**로 해서만 압류의 효력이 장래에 발생하는 채권에 미친다고 보는 견해(**제한설**)도 있다.[2]

실무상 장래의 계속적 수입채권에 대한 압류는 피압류채권액을 **집행채권과 집행비용액을 한도로 하여 신청**되는 경우가 일반적이므로 **논의의 실익**이 그다지 크지는 않다.[3][4] 일본의 경우 명문으로 "급료 그 밖의 계속적 급부에 관계된 채

---

1) 계속적 수입채권은 그 수입이 어느 정도의 주기성 및 규칙성을 가지고 있어야 하고, 계속적 수입의 원인이 되는 법률관계가 계속되고 있어야 하며, 동질의 계속적 수입채권이 되기 위해서는 계속적 수입의 원인이 되는 기본적 법률관계가 동일성을 유지한 채 계속되고 있어야 한다. 고재민, "계속적 수입채권의 압류," 판례연구(부산판례연구회) 16집(2005. 2.), 671쪽 이하. 이러한 **계속적 수입채권**에 대하여 여러 건의 압류가 **각 집행시기를 달리하여 경합된 경우**에 해당 압류 이전에 **다른 채권자의 압류**로 인하여 **지급되지 않고 있는 부분**에까지 후행 압류의 효력이 미치는지에 관해서는, 실무상 ① 압류명령에서 피압류채권의 발생시기를 특정했는지 여부를 불문하고, 모두 기존 발생분에도 효력이 미친다고 보고, 모든 채권자에게 안분배당하는 입장, ② 각 압류의 효력발생 이후의 발생분에만 효력이 미친다고 보고, 피압류채권을 발생시기별로 나누어 그 당시에 유효한 압류채권자 사이에서만 안분배당하는 입장이 있으나, ③ 당사자가 피압류채권의 발생시기를 **명시한 경우**에는 그 명시된 시기의 발생분부터 압류의 효력을 인정할 것이나, 그러한 **명시가 없는 경우**에는 **기존 발생분**에도 그 효력이 미친다고 봄이 타당하다. 이우재, "계속적 수입채권에 대하여 다수의 압류 및 추심명령이 발령된 경우의 법률관계 및 다수의 채권자가 선정당사자를 선정하여 압류 및 추심명령을 신청한 경우 선정당사자의 권한," 대법원판례해설 44호(2003년 상반기), 859쪽 이하; 고재민, "계속적 수입채권의 압류," 판례연구(부산판례연구회) 16집(2005년), 685쪽; 이계정, "장래 채권의 전부명령에 관한 일고찰," 인권과 정의(2008. 12.), 16쪽; 손진홍, 750쪽; 유형웅, 주석서(4), 147쪽.

2) 이시윤・조관행, 433쪽; 전병서, 421쪽; 김상수, 327쪽; 이계정, "장래 채권의 전부명령에 관한 일고찰," 인권과 정의 388호(2008. 12.), 18쪽.

3) 계속적 수입채권의 압류에 있어서, 압류의 대상인 장래의 채권을 기간을 특정하여 압류하는 방법 외에도 집행채권의 금액으로 피압류채권을 특정하는 방법('…중 청구금액에 이를 때까지의 금액')과 같은 방식이 널리 이루어지고 있다. 법원실무제요 민사집행(4), 459쪽.

4) 유형웅, 주석서(4), 149쪽. 한편 제한설의 입장에 서면서도, 장래의 계속적 수입채권에 관하여 피압류채권액을 한정하지 않은 압류명령이 신청되었다면 금액을 한정하도록 보정을 명하고, 보정에 응하지 않을 경우 피압류채권의 표시에 압류의 효력을 청구채권액 상당으로 한정하는 취지를 기재하고 나머지 신청을 기각해야 할 것이라는 견해로는, 고재민, "계속적 수입채권의 압류," 판례연구(부산판례연구회) 16집(2005년), 687쪽. 이러한 견해는 오히려 무제한설의 입장에서 실무상 고려할 사항으로 보인다. 제한설에 따르면 법원이 이와 같은 조치를 취하지 않더라도 피압류채권을 금액으로 한정하지 않은 장래의 계속적 수입채권에 대한 압류명령은 당연히 집행채권과 집행비용액을 한도로 하여 그 효력이 미친다고 해석한다. 유형웅, 주석서(4), 149쪽.

권에 대한 압류의 효력은, 압류채권자의 채권 및 집행비용액을 한도로 하여, 압류 후에 받아야 할 급부에 미친다."고 명문화하여(일 민사집행법 151조), 입법적으로 해결하고 있다. 한편 급료채권이나 차임채권의 경우 기본계약에 따른 고용관계나 임대차관계를 소멸시킬 수 있고 이 경우 그 후 압류의 효력은 상실한다.

판례는, 채권의 일부가 압류된 후에 그 나머지 부분을 초과하여 다시 압류명령이 발해진 때에는 **압류경합의 상태**가 되어 각 압류의 효력은 그 채권의 전부에 미치며, 이는 피압류채권이 계속적 수입채권인 경우에도 마찬가지이므로 **계속적 수입채권**에 대하여 여러 건의 압류가 시기를 달리하여 이루어져 압류경합이 된 경우에 각 압류에서 그 압류의 효력이 미치는 **채권의 발생시기**를 특별히 제한하여 **명시**하지 않았다면 각 압류의 효력은 그 **압류 뒤에 발생한** 계속적 수입채권 **전부**에 미치며 다른 압류보다 **뒤에 발해진 압류라도** 그 압류 전에 다른 사유로 압류의 효력이 배제된 경우를 제외하고는 원칙적으로 해당 **압류 전에 발생한 채권** 전부에 대하여 그 효력이 미친다는 입장이다.[1] 판례는 계속적 수입채권에 대하여 압류의 시기를 달리하여 압류가 이루어져 **압류의 경합**이 이루어졌다면 달리 채권의 발생시기에 관하여 특별히 제한하여 명시하지 않는 한 **그 압류 뒤에 발생한 계속적 수입채권 전부**에 미친다고 하여, 압류신청시 집행채권과 집행비용 범위로 한정하지 않는 한 **보통의 채권압류의 경우**에 압류의 효력이 원칙적으로 압류의 대상인 채권 전부에 미친다고 보는 논리와 같은 맥락으로 이해할 수 있어 **무제한설**을 취한 것으로 보인다. 판례의 사안에서는 압류 후에 생긴 계속적 수입채권에 대하여 압류의 효력이 미치는지 쟁점이 되지 않았으며, 압류 전에 발생한 채권은 제한설에 의하더라도 압류의 효력이 그 전부에 미친다(압류의 확장)는 결론을 도출할 수 있으므로, 판례의 입장이 명확한 것만은 아니다. 다만 제한설은 계속적 수입채권에 대하여 비록 압류가 '…중 청구금액에 이를 때까지의 금액'과 같은 방식으로 특정하여 중복하여 압류된 경우에도 앞서 본 바와 같이 각 지급기마다 발생하는 채권을 각각 별개로 파악하고 압류의 경합이 생기는 것이 아니라 단지 압류금액의 합계만큼 압류의 효력이 확장된다고 보는 입장이나, 판례(대판 2003. 5. 30. 2001다10748)는 계속적 수입채권에 대하여 '…중 청구금액에 이를 때까지의 금액'으로 특정한 경우에도 계속적 수입채권 전체를 하나의

1) 대판 2003. 5. 30. 2001다10748, 2011. 1. 27. 2010다78050.

채권으로 보고 **압류의 경합을 인정하고 있으므로**[1] 판례가 무제한설을 취한 것으로 볼 여지가 충분히 있다.[2]

4) 압류의 효력은 **종된 권리**(예컨대 이자 · 지연손해금채권, 또는 담보권부채권의 경우 담보권)에도 미친다. 따라서 원본채권을 압류한 경우 압류의 효력이 발생한 뒤에 생기는 이자나 지연손해금에도 당연히 미치지만, 그 효력 발생 전에 이미 생긴 이자나 지연손해금에는 미치지 않는다.[3] 저당권의 수반성에 따라 저당권이 있는 채권에 대한 압류의 효력은 압류기입등기 유무와 상관없이 저당권에 미치고, 이러한 법리는 다른 담보권의 경우도 같다. 그러나 원인채권과 어음채권은 별개의 채권이고 압류의 효력이 미치는 관계가 아니다(어음채권을 압류했다고 해서 원인채권에 그 압류의 효력이 미치지 않는다). 주채무자에 대한 압류의 효력은 **보증인**에게도 미친다(보증채무의 수반성). 따라서 주채무자에 대한 압류명령을 보증인에게 송달하지 않더라도 주채무자에 대한 압류명령의 송달로써 보증인에게도 압류명령의 효력이 미친다. 압류명령이 제 3 채무자에게 송달되면 피압류채권의 **소멸시효 중단사유**인 **최고**(민 174조)로서의 효력을 가진다.[4]

(2) 채권자에 대한 효력

1) 압류채권자가 피압류채권을 행사하려면 추심명령 또는 전부명령을 받아야 한다. 채권압류로 인한 **집행채권**에 관한 **시효중단의 효력**(민 168조 2호)은 **압류명령 신청시**에 발생한다.[5] 시효중단의 효력이 발생하기 위하여 집행행위를 종료하거나

---

1) 실무에서도 이 경우 압류의 경합을 인정하고 있다. 법원실무제요 민사집행(4), 459쪽.

2) 이에 대하여, 판례가 계속적 수입채권을 전체로서 하나의 채권으로 보고 압류의 경합을 인정한 것으로 보이기도 하나, 반드시 분명하지 않다는 견해로는, 범선윤, 주석서(4), 389쪽. 한편 판례가 무제한설을 따르고 있다고 단정하기 어렵다는 견해로는, 유형웅, 주석서(4), 148쪽; 법원실무제요 민사집행(4), 255쪽. 더 나아가 판례를 해설하는 사람마다 무제한설 또는 제한설의 판례라고 달리 해석하고 있다는 견해로는, 이시윤 · 조관행, 434쪽.

3) 대판 2015. 5. 28. 2013다1587.

4) 소멸시효중단사유의 하나로서 민법 174조가 규정하고 있는 **최고**는 채무자에 대하여 채무이행을 구한다는 채권자의 의사통지(준법률행위)로서, 최고에는 특별한 형식이 요구되지 않을 뿐 아니라 행위 당시 당사자가 시효중단의 효력을 발생시킨다는 점을 알거나 의욕하지 않았다 하더라도 이로써 권리행사의 주장을 하는 취지임이 명백하다면 **최고**에 해당하는 것으로 보아야 하기 때문이다. 대판 2003. 5. 13. 2003다16238; 박순성, "채권의 압류 및 추심명령과 시효중단," 대법원판례해설 44호(2003년 상반기), 661쪽 이하.

5) 시효중단의 효력이 발생하기 위하여 집행행위를 종료하거나 성공할 필요는 없으므로 채무자의 재산이라고 추정된 채권에 대하여 압류명령신청을 한 이상 피압류채권이 존재하지 않거나 피압류채권을 현금화해도 집행비용 외에 남을 가망이 없다는 이유로 집행불능이 되었다고 하더라도 이미 발생한 시효중단의 효력은 소멸하지 않는다. 대결 2009. 6. 25. 2008모1396,

성공할 필요가 없다. 따라서 채무자의 재산이라고 추정된 채권에 대하여 압류명령신청을 한 이상 피압류채권이 이미 소멸했다는 등으로 **부존재**한 때에도 특별한 사정이 없는 한 압류집행을 함으로써 그 집행채권의 소멸시효는 중단된다.[1] 이 경우에는 압류의 효력이 발생하지 않으므로 곧바로 소멸시효가 새롭게 진행한다.[2] 한편 피압류채권을 현금화해도 집행비용 외에 남을 가망이 없다는 이유로 **집행불능**이 되었다고 하더라도 이미 발생한 시효중단의 효력은 소멸하지 않는다.[3] 나아가 피압류채권이 법률상 압류금지채권에 해당하더라도 재판으로서의 압류명령이 당연무효는 아니므로 즉시항고에 의하여 취소되기 전까지는 압류된 채권의 집행이 계속되고 있는 것으로 보아야 한다.[4] 그러나 압류명령신청 당시 이미 사망한 사람을 상대로 한 압류명령신청은 부적법하고 그 신청에 따른 압류명령이 있었다 하더라도 이는 당연무효이므로(재판으로서 압류명령이 무효인 경우) 그 효력이 상속인에게 미치지 않으며, 이러한 당연무효의 압류는 민법 168조가 정한 소멸시효의 중단사유인 압류에 해당하지 않는다.[5]

2) 채권압류로 인하여 집행채권의 시효가 중단된 경우에 그 압류에 의한 집행절차가 피압류채권의 **추심의 완료 등으로 종료**된 때(현금화절차가 종료된 때)에는 시효중단사유가 종료한 것으로 본다.[6] 뿐만 아니라 피압류채권이 그 **기본계약의 해지 · 실효** 또는 **소멸시효완성** 등으로 인하여 소멸함으로써 압류의 대상이 존재하지 않게 되어 **압류 자체가 실효**된 경우에도 집행절차는 더 이상 진행될 수 없으므로 시효중단사유가 종료한 것으로 본다.[7]

3) 압류채권자가 압류명령의 신청을 취하하거나 압류명령이 즉시항고에 의하여 취소된 때에는 시효중단의 효력이 소급적으로 상실된다(민 175조). 그러나 압류 및 추심명령을 얻은 채권자가 **추심권을 포기**하더라도 압류명령신청까지 취하한 것으로 볼 수 없다.[8] **압류해제신청**을 한 것은 압류명령신청을 취하한 경우에 해

2023. 2. 23. 2021모3227.

1) 대판 2014. 1. 29. 2013다47330.

2) 대판 2017. 4. 28. 2016다239840.

3) 대결 2009. 6. 25. 2008모1396, 2023. 2. 23. 2021모3227.

4) 대결 2023. 2. 23. 2021모3227.

5) 대판 2006. 8. 24. 2004다26287,26294.

6) 대결 2023. 2. 23. 2021모3227.

7) 대판 2017. 4. 28. 2016다239840.

8) 대판 2014. 11. 13. 2010다63591.

당한다.[1)]

4) 압류명령은 제 3 채무자에게 송달되어야 그 효력이 생기고(법 227조 3항), 압류명령의 **신청이 취하**된 때에는 법원사무관 등은 압류명령을 송달받은 제 3 채무자에게 그 사실을 통지해야 하는데(규칙 160조 1항), **압류명령**이 제 3 채무자에게 **이미 송달된 경우**에는 압류명령의 신청취하통지서가 제 3 채무자에게 송달되었을 때 비로소 압류명령의 효력이 장래를 향하여 소멸된다.[2)]

(3) 채무자에 대한 효력

1) 압류의 채무자에 대한 효력은 채무자에 대하여 압류된 채권(피압류채권)에 관하여 처분과 영수를 금지시키는 것이다. 채무자는 변제를 영수할 권한이 없으며, 채권을 양도하거나 채무를 면제할 수 없다. 즉 채무자의 제 3 채무자에 대한 채권에 압류가 행해지면 그 효력으로 인하여 채무자가 압류된 채권을 처분하더라도 채권자에게 대항할 수 없게 된다.

2) 채무자는 압류된 뒤에도 여전히 압류된 채권의 채권자이므로 추심명령이나 전부명령이 있기까지는 압류채권자를 해하지 않는 한도에서 채권을 행사할 수 있다. 즉 일반적으로 채권에 대한 압류가 있더라도 이는 채무자가 제 3 채무자로부터 현실로 급부를 추심하는 것만을 금지하는 것일 뿐이므로 채무자는 제 3 채무자에 대하여 압류된 채권에 관하여 이행의 소를 제기할 수는 있다. 채무자로서는 제 3 채무자에 대한 채권이 압류되어 있다 하더라도 그 채권에 관하여 집행권원을 취득할 필요가 있거나 시효를 중단할 필요가 있는 경우도 있기 때문이다.[3)] 다만 채무자가 제 3 채무자를 상대로 압류된 채권에 관한 이행의 소를 제기하여 승소판결을 받더라도 강제집행을 실시하여 만족을 얻을 수는 없다.

3) 압류명령에는 압류된 채권의 발생원인인 **기본적 계약관계**에 대한 채무자나 제 3 채무자의 처분까지도 구속하는 효력은 없다.[4)] 채무자나 제 3 채무자는 기

---

1) 대판 2017. 7. 18. 2017다9671.

2) 대판 2001. 10. 12. 2000다19373 등. 이러한 법리는 그 취하통지서가 제 3 채무자에게 송달되기 전에 제 3 채무자가 법원사무관 등의 통지에 의하지 않는 다른 방법으로 압류명령의 취하사실을 알게 된 경우에도 마찬가지이다. 대판 2008. 1. 17. 2007다73826.

3) 채권가압류의 경우로는, 대판(전) 1992. 11. 10. 92다4680 등; 이규백, "압류된 채권양수인의 이행청구와 추심명령," 민사판례연구(민사판례연구회) 24권(2002. 1.), 479쪽 이하; 김성엽, "압류된 채권의 채권양수인의 이행소송 가부," 재판과 판례(대구판례연구회) 9집(2000. 12.), 318쪽.

4) 대판 2015. 5. 14. 2012다41359, 2024. 6. 27. 2021다261704. 일반적으로 피압류채권이 어떠한 기초적 계약관계 또는 법률관계로부터 발생한 권리인 경우에 압류가 있었다고 하여 그 기

본적 계약관계 자체를 **해제 · 해지**할 수 있고, 채무자와 제 3 채무자 사이의 기본적 계약관계가 해제 · 해지된 이상 그 계약에 의하여 발생한 채권은 소멸하게 되므로 이를 대상으로 한 압류명령 또한 실효될 수밖에 없다.[1] 다만 채무자와 제 3 채무자가 아무런 합리적 이유 없이 채권의 소멸만을 목적으로 계약관계를 합의해제(해지)한다는 등의 특별한 경우는 그렇지 않다.[2]

4) 압류된 채권의 발생원인인 법률관계의 계약당사자의 지위를 이전하는 **계약인수**가 있는 경우 양수인은 압류에 의하여 **권리가 제한된** 상태의 **채권을 이전** 받게 되므로 제 3 채무자는 계약인수에 의하여 그와 양도인 사이의 계약관계가 소멸하였음을 내세워 압류채권자에 대항할 수 없다.[3]

5) **압류의 처분금지적 효력**은 절대적인 것이 아니고, 채무자의 처분행위 또는 제 3 채무자의 변제로써 **압류채권자**와 그 처분 또는 변제 전에 집행절차에 참가한 **배당요구채권자**에게 대항하지 못한다는 의미에서의 **상대적 효력**(**개별상대효설**)만을 가진다. 따라서 압류의 효력발생 전에 채무자가 처분했거나 제 3 채무자가 변제한 경우에는 **그보다 먼저** 압류한 채권자가 있어 그 채권자에게는 대항할 수

초적 법률관계 자체를 전혀 어떻게 할 수 없다고 하는 것은 채무자의 자유에 대한 지나친 제약이 될 수 있다는 견해로는, 양창수, "채권가압류 후 채무자와 제 3 채무자 간의 계약관계 소멸에 관한 합의의 효력," 민법연구 5권(1999. 6.), 451; 노재호, "임대주택의 보증금반환채권에 대하여 압류 및 추심명령이 있는 경우 임대차계약의 갱신에 관한 문제," 민사집행법 실무연구(V)(재판자료 141집, 2021년), 628쪽.

1) 대판 2000. 4. 11. 99다51685, 2013. 7. 12. 2012다105161, 2017. 4. 28. 2016다239840 등. 다만 기본적 계약관계가 해지되기 전에 피압류채권에 대한 전부명령이 내려지고 그 전부명령이 확정되었더라도 전부명령의 효력은 피압류채권의 기초가 된 기본적 계약관계가 해지되기 전에 발생한 채권에 미칠 뿐 그 계약이 해지된 후 제 3 채무자와 제 3 자 사이에 새로 체결된 계약에서 발생한 채권에는 미칠 수 없다. 대판 2006. 1. 26. 2003다29456.

2) 대판 2001. 6. 1. 98다17930; 김동훈, "채권압류 후 기초적 계약관계의 처분의 효력," 법률신문 제4076호(2012. 11. 1.), 13쪽. 한편 **판례**는, 채권자대위권 행사의 통지를 받은 채무자가 채무를 불이행하여 제 3 채무자와의 계약이 해제되게 한 것은 민법 405조 2항의 '처분'에 해당하지 않는다고 보되, 다만 **형식적**으로는 채무자의 채무불이행을 이유로 한 계약해제인 것처럼 보이지만 **실질적**으로는 채무자와 제 3 채무자 사이의 합의에 따라 계약을 해제한 것으로 볼 수 있거나, 채무자와 제 3 채무자가 단지 대위채권자에게 대항할 수 있도록 채무자의 채무불이행을 이유로 하는 계약해제인 것처럼 외관을 갖춘 것이라는 등의 **특별한 사정**이 있는 경우에는 채무자가 그 피대위채권을 처분한 것으로 보아 제 3 채무자는 그 계약해제로써 대위권을 행사하는 채권자에게 대항할 수 없다고 본다. 대판(전) 2012. 5. 17. 2011다87235.

3) 계약당사자로서의 지위승계를 목적으로 하는 **계약인수**의 경우에는 양도인이 계약관계에서 탈퇴하는 까닭에 양도인과 상대방 당사자 사이의 계약관계가 소멸하지만, 양도인이 계약관계에 기하여 가지던 권리의무가 동일성을 유지한 채 양수인에게 그대로 승계된다. 대판 2015. 5. 14. 2012다41359.

없는 사정이 있더라도, 그 **처분 또는 변제 후에** 압류명령을 얻은 채권자에 대해서는 유효한 처분 또는 변제가 된다.[1)]

선행압류가 이루어진 피압류채권에 대하여 채무자가 피압류채권액 중 일부 채권액에 대하여 이를 제 3 자에게 채권양도한 후 다른 채권자가 피압류채권액에 대하여 후행압류를 한 경우 채무자가 압류의 처분금지적 효력에 반하여 한 **채권양도한 부분의 금액**에 대해서는 후행압류의 효력이 미치지 않아서 결국 채무자가 그 처분행위로 대항할 수 없는 선행압류채권자가 그 전액을 지급 내지 배당받을 수 있다. 피압류채권 중 채무자가 **채권양도하지 않은 부분에 상당하는 금액**은 선행압류채권자와 후행압류채권자가 각자의 채권액에 따라 안분하여 지급·배당받게 된다.[2)]

6) 압류된 채권에 대한 채권증서(예컨대 차용증서, 계약서, 예금통장 등)가 있는 경우 압류채권자에게 인도해야 한다(법 234조 1항).

(4) 제 3 채무자에 대한 효력

1) 압류의 효력으로 인하여 제 3 채무자의 채무자에 대한 **지급**이 **금지**된다(법 227조 1항). 제 3 채무자가 채무를 면하려면 집행공탁(법 248조)을 하거나 추심명령을 얻은 압류채권자의 추심권행사에 응하여 지급해야 한다. 이는 채권압류의 **본질적 효력**으로서 제 3 채무자는 채무자에게 피압류채권에 따른 급부를 제공하더라도 이로써 압류채권자에게 대항할 수 없고, 압류채권자가 추심권을 취득하면 그에게 다시 지급해야 하는 **이중변제의 위험**을 부담한다.[3)] 압류명령이 제 3 채무자에게 적법하게 송달되었으나 특별한 사정이 있어 제 3 채무자가 압류명령사실을 알지 못하고 또 과실도 없이 피압류채권을 채무자에게 지급했다면, **채권의 준점유자에 대한 변제**에 관한 민법 470조를 유추적용하여 제 3 채무자의 면책을 인정할 수 있다.[4)]

---

1) 대판 2003. 5. 30. 2001다10748, 2022. 1. 27. 2017다256378, 2024. 6. 27. 2021다261704 등.

2) 대판 2024. 6. 27. 2021다261704. 이 판결의 사안은 채무자가 위탁자인 부동산담보신탁에서 수탁자(신탁회사)가 담보신탁된 부동산을 처분한 다음 그 처분대금에서 1순위 우선수익자에게 지급한 뒤 남은 (잔여)대금채권에 대하여 선행압류가 있는 상태에서 채무자(위탁자)가 잔여대금채권 가운데 **일부 금액**에 대하여 2순위 우선수익자를 추가로 지정하는 처분행위를 했는데, 그 후 잔여대금채권에 대하여 후행압류가 있었던 경우이다. 이 경우 채무자가 **피압류채권의 일부**에 대하여 2순위 우선수익자를 추가로 지정하는 행위는 피압류채권의 일부를 **채권양도**하는 것과 같은 논리적 구조를 가진다.

3) 대판 2021. 3. 11. 2017다278729.

4) 대판 2002. 8. 27. 2002다31858, 2016. 3. 24. 2015다68911.

한편 채무자의 원인채권에 대한 압류의 효력이 발생하기 전에 제 3 채무자가 원인채권의 지급을 위하여 약속어음을 발행하거나 배서 · 양도하고 그것이 다시 제 3 자에게 양도된 경우에는 그 어음의 소지인에 대한 제 3 채무자의 어음금의 지급이 원인채권에 대한 압류의 효력이 발생한 후에 이루어졌다 하더라도 그 어음을 발행하거나 배서 · 양도한 제 3 채무자는 그 어음금의 지급에 의하여 압류된 원인채권이 소멸했다는 것을 들어 압류채권자에게 대항할 수 있다.[1)]

2) 제 3 채무자는 채무자에 대한 지급이 아니라도 채무자의 채권을 소멸시키는 효과를 가진 행위, 예컨대 **경개 · 면제** 등의 행위를 할 수 없을 뿐만 아니라, **압류 뒤에 취득**한 채무자에 대한 (**반대**)**채권**으로 **상계**해도 압류채권자에게 대항할 수 없다(민 498조).[2)]

판례는, 제 3 채무자의 압류채무자에 대한 자동채권이 수동채권인 피압류채권과 **동시이행의 관계**에 있는 경우에는, 비록 압류명령이 제 3 채무자에게 송달되어 압류의 효력이 생긴 후에 비로소 자동채권이 발생했다고 하더라도 동시이행의 항변권을 주장할 수 있는 제 3 채무자로서는 그 채권에 의한 상계로써 압류채권자에게 대항할 수 있는 것으로서, 이 경우 **자동채권**이 발생한 **기초가 되는 원인**은 수동채권이 압류되기 전에 이미 성립하여 존재하고 있었던 것이므로 그 자동채권은 민법 498조에 규정된 '지급을 금지하는 명령을 받은 제 3 채무자가 그 후에 취득한 채권'에 해당하지 않는다고 한다.[3)]

그러나 앞서 본 바와 같이, 제 3 채무자가 채무자와의 채권관계의 발생원인인 **기본적 법률관계**를 변경 또는 소멸시키는 행위를 하는 것은 자유이다.

3) 제 3 채무자는 압류효력 발생시 **채권이 압류되기 전**에 압류채무자에 대하

---

1) 대판 2000. 3. 24. 99다1154.

2) **판례**는, 민법 498조의 규정에 의하면 지급을 금지하는 명령을 받은 제 3 채무자는 그 후에 취득한 채권에 의한 상계로 그 명령을 신청한 채권자에게 대항하지 못한다고 되어 있으므로, 과세관청이 체납처분으로 체납자의 채권을 압류하고 제 3 채무자에게 압류통지를 한 경우에 제 3 채무자가 압류통지 후에 취득한 체납자에 대한 채권을 가지고 압류된 채권과 상계하는 것은 허용되지 않는다고 한다. 대판 1989. 9. 13. 85다카2539; 김시수, "피압류채권을 수동채권으로 한 제 3 채무자의 상계," 대법원판례해설 10호(1988년 하반기), 7쪽 이하.

3) 대판 1993. 9. 28. 92다55794, 2005. 11. 10. 2004다37676, 2010. 3. 25. 2007다35152. 원래 동시이행의 항변권이 부착되어 있는 채권을 자동채권으로 한 상계를 허용하는 것은 상대방이 근거 없이 항변권을 상실하는 결과가 되어 부당하게 되기 때문이나, 상대방이 동시이행의 항변권을 행사할 기회를 부당하게 박탈하는 것이 아닐 뿐만 아니라, 이로써 당사자 사이의 채무결제를 용이하게 처리할 수 있는 경우에는 이를 허용해야 한다. 양창수, 민법연구 3권(1995년), 496쪽.

여 가지는 모든 **항변사유**로 압류채권자에게 대항할 수 있다.[1] 피압류채권의 기초가 되는 법률행위 자체가 존재하지 않는 때에는 채권압류가 실체법적으로 무효이므로 제 3 채무자는 이로써 압류채권자에게 대항할 수 있고, 이 경우 피압류채권이 존재한다는 점은 압류채권자가 증명해야 한다.[2]

채권압류 전에 압류된 채권에 관하여 채무자(압류된 채권의 채권자)가 제 3 자에게 질권을 설정했거나 또는 확정일자 있는 증서에 의하여 채권양도를 한 때에는 제 3 채무자로서는 압류명령에도 불구하고 제 3 자인 질권자나 채권양수인의 청구에 따라야 하고, 이러한 사유를 가지고 압류채권자에게 대항할 수 있다. 그러나 통정한 허위표시에 의하여 외형상 형성된 법률관계로 생긴 채권을 압류한 경우 그 압류채권자는 허위표시에 기초하여 새로이 법률상 이해관계를 가지게 된 제 3 자에 해당하므로, 그가 선의인 이상 위 통정허위표시의 무효를 그에 대하여 주장할 수 없다(민 108조 2항).[3]

한편 원인채권에 대한 **압류의 효력이 발생하기 전**에 원인채권의 지급을 위하여 **약속어음을 발행**하거나 배서 · 양도하고 그것이 다시 제 3 자에게 양도된 경우에는 그 어음을 발행하거나 배서 · 양도한 원인채권의 채무자(제 3 채무자)는 (압류의 효력이 발생한 후에) 그 **어음금의 지급**에 의하여 원인채권이 소멸했다는 것을 압류채권자에게 대항할 수 있다.[4]

▣ 제 3 채무자의 자동채권(반대채권)의 변제기와 압류채무자의 수동채권(피압류채권)의 변제기와의 관계

(1) 견해의 대립

이에 대하여, ① 압류 당시 수동채권인 피압류채권과 제 3 채무자의 압류채무자에 대한 자동채권의 변제기가 모두 도래한 경우, 즉 양 채권이 상계적상에 있었던

1) 대판 2017. 9. 21. 2015다256442, 2023. 4. 13. 2022다293272, 2023. 5. 28. 2022다265987 등.
2) 대판 2011. 4. 28. 2010다107408.
3) 대판 2009. 7. 23. 2006다45855, 2010. 3. 25. 2009다35743.
4) 대판 1984. 7. 24. 83다카2062, 1994. 3. 25. 94다2374, 2000. 3. 24. 99다1154. **판례**는, 원인채권인 물품대금채권에 대한 **가압류나 압류의 효력이 발생하기 전**에 물품대금의 지급을 위하여 **신용장이 발행**된 경우에는 그 가압류나 압류의 효력이 발생한 후에 신용장대금의 지급이 이루어졌다 하더라도 수입업자는 그 신용장대금의 지급으로 물품대금채권이 소멸했다는 것을 가압류채권자나 압류채권자에게 대항할 수 있다고 한다. 대판 2022. 11. 17. 2017다235036.

경우에 한하여 제 3 채무자는 상계로써 압류채권자에 대하여 대항할 수 있다고 보는 견해(**상계적상설**), ② 압류 당시 제 3 채무자의 압류채무자에 대한 자동채권의 변제기가 도래한 경우에는, 비록 수동채권인 피압류채권이 아직 변제기에 이르지 않았더라도 상계로써 압류채권자에 대하여 대항할 수 있다고 보는 견해(**완화된 상계적상설**), ③ 상계의 허용 여부를 상계의 담보적 기능에 비추어 제 3 채무자의 상계에 대한 합리적 기대이익의 존부에 두는 입장에서, 양 채권의 변제기의 선후를 기준으로 하여, 압류 당시 양 채권이 이미 상계적상에 있는 경우는 물론이고 그렇지 않은 경우에도 자동채권의 변제기가 수동채권의 변제기보다 먼저 도래하는 때에는 상계로써 압류채권자에게 대항할 수 있다고 보는 견해(합리적 기대이익설 중 **변제기기준설**(**제한설**)),[1] ④ 압류 당시 자동채권이 성립 또는 취득되어 있기만 하면 압류 당시에 양 채권의 변제기가 모두 도래하지 않았고, 제 3 채무자의 자동채권의 변제기가 피압류채권의 변제기보다 후에 도래하는 경우에도 결국 양 채권의 변제기가 도래하여 상계적상이 된 때에는 그 상계가 허용된다고 보는 견해(**무제한설**)[2]가 대립되어 있다. **변제기기준설**이 다수설이다.[3]

(2) 판례의 태도

1) 판례는, ① 한때 압류 당시에 피압류채권과 반대채권의 양 채권이 상계적상에 있었던 경우에도 압류 이전에 상계의 의사표시를 하지 않는 한, 압류 후의 상계의 의사표시로써 압류채권자에게 대항할 수 없다는 태도를 취했으나,[4] ② 그 후 위 판례는 변경이 되어, 압류명령이 송달되기 전에 양 채권이 이미 상계적상에 있었던 경우에는 압류명령의 송달 후에 상계의 의사표시를 하는 경우에도 제 3 채무자는 상

---

1) 제 3 채무자의 합리적 기대이익의 존부를 판단하면서, 단지 변제기의 선후라는 형식적 기준뿐만 아니라 양 채권 사이의 상호의존성이나 견련성의 유무와 강도 등 거래의 객관적 실질관계를 종합적으로 고려하여 양 채권 사이에 사실상 강한 담보적 기대관계가 있어 상계에 의한 채권회수의 강한 이익 또는 기대가 있다고 판단되는 경우 그러한 기대이익은 보호되어야 하고 이러한 것이 합리적이라고 보는 견해도 있다. 이범주, "전부명령과 상계항변 — 압류 후에 발생한 자동채권이 동시이행의 관계에 있는 경우 —," 재판의 한길(김용준헌법재판소장화갑기념, 1998. 11.), 651쪽 이하.

2) 김병재, "제 3 채무자가 가압류채무자에 대한 반대채권으로써 상계할 수 있는 요건," 민사판례연구(민사판례연구회) 10권(1988. 3.), 75쪽 이하.

3) 다수설인 변제기기준설은 압류 당시 양 채권이 이미 상계적상에 있는 경우는 물론이고 그렇지 않은 경우에도 자동채권의 변제기가 수동채권의 변제기보다 먼저 도래하는 때에는 제 3 채무자로서는 자기의 자동채권으로써 장래 상계할 기대이익을 갖게 되고 그러한 기대이익은 정당하고 합리적이어서 당연히 보호되어야 하는 반면, 자동채권의 변제기가 수동채권의 그것보다 나중에 도래하는 경우에는 제 3 채무자의 상계에 대한 기대는 비합리적인 것으로 보는 입장으로 이해된다. 박관근, "수급인의 공사대금채권이 발생한 다음 이른바 하자 확대손해로 인한 손해배상채무 등도 발생한 경우, 도급인이 위 공사대금채권에 관하여 압류 및 전부명령을 받은 전부채권자에 대하여 위 손해배상채권을 자동채권으로 내세워 상계로써 대항할 수 있는지 여부," 대법원판례해설 57호(2005년 하반기), 272쪽 이하.

4) 대판 1972. 12. 26. 72다2117.

계로써 압류채권자에게 대항할 수 있다는 입장을 취했다(**상계적상설**).[1] ③ 그러다가 판례는 엄격한 상계적상설을 완화하여, 압류 당시 양 채권이 상계적상에 있었던 경우는 물론이고 압류 당시 자동채권이 변제기에 이르렀으나 수동채권의 변제기가 아직 도래하지 않은 경우에도 그 수동채권에 관한 기한의 이익을 포기할 수 있는 때에는 상계로써 압류채권자에게 대항할 수 있는 것으로 보았다(**완화된 상계적상설**).[2] 위 완화된 상계적상설의 입장에서도 자동채권의 변제기가 압류명령의 송달 이전에 도래하지 않은 경우에는 상계적상에 있는 것이 아님을 분명히 했다.[3] ④ 판례의 태도는 **더 완화되어** 압류의 효력발생 당시 양 채권이 상계적상에 있거나, 반대채권(자동채권)이 압류 당시 변제기에 이르지 않은 경우(압류 당시 양 채권의 변제기가 모두 도래하지 않은 경우)에도 피압류채권인 수동채권의 변제기와 동시에 또는 보다 먼저 변제기에 이른 경우이어야 한다는 입장(**변제기준설**)을 취하기에 이르렀다.[4]

2) 따라서 현재 판례는 **변제기기준설**의 입장이다. **대판(전) 2012. 2. 16. 2011다45521**은 이러한 입장을 재확인한 바 있다.

▣ 은행거래약관상 상계예약과 제 3 자에 대한 효력 유무

(1) 문제 상황

은행거래의 실제에서 거래상대방에게 신용불안의 상태가 생긴 경우 은행이 거래상대방에 대하여 가지는 대출금채권 등(자동채권)의 변제기가 도래한 것으로 보아 거래상대방이 은행에 대하여 가지는 예금채권 등(수동채권)의 변제기 도래 여하에 불구하고 즉시 상계할 수 있다는 취지의 은행거래약관상의 특약, 즉 **상계예약**의 효력이 제 3 자, 특히 **압류채권자**에 대하여 효력을 가지는지 문제된다.

(2) 견해의 대립

1) 이에 대하여, 이러한 상계예약을 내용으로 하는 약관의 공시방법이 없고, 채권자평등주의에 반한다는 등의 이유로 그 효력을 부정해야 한다는 견해가 있다.[5]

그러나 상계예약은 은행의 거래상대방 또는 그 보증인에게 신용을 악화시키는 일정한 객관적 사정이 발생한 경우에 은행이 거래상대방에 대한 대여금채권에 관하여 거래상대방을 위해 있는 **기한의 이익을 상실**시키고 상대방의 은행에 대한 예금채권에 대하여 은행이 **기한의 이익을 포기**하여 즉시 상계적상이 생기게 한다는 뜻

1) 대판(전) 1973. 11. 13. 73다518.
2) 대판 1979. 6. 12. 79다662.
3) 대판 1980. 9. 9. 80다939.
4) 대판 1982. 6. 22. 82다카200, 1987. 7. 7. 86다카2762, 1989. 9. 12. 88다카25120, 2003. 6. 27. 2003다7623; 김병재, "제 3 채무자가 가압류채무자에 대한 반대채권으로써 상계할 수 있는 요건," 민사판례연구(민사판례연구회) 10권(1988. 3.), 75쪽 이하.
5) 이시윤 · 조관행, 439쪽.

의 합의로서 계약자유의 원칙상 유효하다고 본다.[1)]

2) **판례**도 금융기관의 은행거래약정서상 **상계예약조항**(상계권유보조항)의 효력을 인정하고 있다.[2)]

4. 압류금지채권

(1) 의 의

압류금지채권에 관해서는 **법 246조 1항**에서 정하고 있다.

1) **급료 등**(급료 · 연금 · 봉급 · 상여금 · 퇴직연금, 그 밖에 이와 비슷한 성질을 가진 급여채권)의 경우 그 **급여채권의 1/2**에 해당하는 금액은 압류하지 못하는데(**4호 본문**), 다만 그 금액이 국민기초생활보장법에 의한 최저생계비를 고려하여 대통령령이 정하는 금액에 미치지 못하는 경우, 또는 표준적인 가구의 생계비를 고려하여 대통령령이 정하는 금액을 초과하는 경우에는 각각 해당 대통령령이 정하는 금액으로 한다(**4호 단서**). 2005. 1. 27. 이전에는 일률적으로 2분의 1로 제한했는데, 2005. 1. 27. 법을 개정(2005. 7. 28. 시행)하여 **4호의 단서 규정**을 **신설**함으로써 **임금의 액수 등**에 따라 **제한의 범위가 달라지게** 되었다.

따라서 그 금액이, ① 대통령령(**2019. 3. 5. 개정, 2019. 4. 1. 시행** 시행령 3조)이 정하는 **최저생계비**인 월 **185만원**(압류금지 최저금액)에 미치지 못하는 경우(**압류금지최저금액제**), ② 대통령령(시행령 4조)이 정하는 **표준적인 가구의 생계비**인 **월 300만원** 이상으로서 급여채권의 1/2에 해당하는 금액(월액으로 계산한 금액을 말한다)에서 월 300만원을 뺀 금액의 1/2 금액에 300만원을 합산한 금액(**압류금지 최고금액**)을 초과하는 경우(**압류금지최고금액제**)를 기준으로, 다음과 같은 방법에 의하여 **압류금지금액**(**압류가능금액**)을 정한다.[3)4)]

---

1) 일본의 경우 한때 상계예약의 효력을 인정하는 것은 사인간의 특약만으로 압류의 효력을 배제하는 것으로서 계약자유의 원칙에 의하더라도 허용되지 않는다고 보았다가(최고재 1964. 12. 23. 판결), 그 후 최고재 1970. 6. 24. 판결로써 그 효력을 인정했다. 신성철, "은행거래와 상계," 은행거래 · 임대차거래사건의 제문제(재판자료 32집, 1986. 11.), 129쪽 이하.

2) 대판 2015. 4. 23. 2012다79750, 2018. 1. 24. 2015다69990.

3) 계속적으로 일정한 일을 하면서 그 대가로 정기적으로 얻는 경제적 수입에 의존하여 생활하는 채무자의 경우에 그러한 경제적 수입은 채무자 본인은 물론 그 가족의 생계를 유지하는 기초가 되므로, 이와 관련된 채권자의 권리 행사를 일정 부분 제한함으로써 채무자와 그 가족의 기본적인 생활(생계)을 보장함과 아울러 근로 또는 직무수행의 의욕을 유지시켜 인간다운 삶을 가능하게 하려는 사회적 · 정책적 고려에 따른 것이다. 대판 2018. 5. 30. 2015다51968.

4) 위 압류금지금액이 민사집행법 시행령 제정 이래 2011년, 2019년 단 2차례 조정되어 현재

즉, ① 우선 월급여가 **185만원 이하**인 경우 월급여 전액 압류할 수 없다. ② 월급여가 **185만원을 초과**하고 **370만원 이하**인 경우에는 월급여에서 185만원을 제외한 나머지 금액을 압류할 수 있다. ③ 월급여가 **370만원을 초과**하고 **600만원 이하**인 경우에는 월급여의 1/2을 초과하는 금액을 압류할 수 있다. ④ 월급여가 **600만원을 넘는** 경우에는 월급여에서 '300만원 + [{(급여/2) − 300만원}/2]'을 제외한 나머지 금액을 압류할 수 있다. 따라서 채무자의 급여가 고액일수록 채권자가 급여채권의 더 많은 부분을 압류할 수 있도록 하고 있다. 그리고 민사집행법 시행령 5조는, 위와 같이 **압류금지 최고금액**을 계산할 때 채무자가 다수의 직장으로부터 급여를 받거나 여러 종류의 급여를 받는 경우에는 이를 **합산한 금액**을 급여채권으로 한다고 규정함으로써, 합산하지 않을 경우의 불합리함을 피할 수 있도록 하고 있다.[1)]

▣ 임금채권에 기한 배당금채권의 압류시 압류금지 부분

(1) 임금을 직접 근로자에게 그 전액을 지급해야 하는 임금직접지급원칙은 임금채권 가운데 압류가 금지되지 않은 부분이 **근로자의 채권자**에 의해 압류된 경우에는 적용되지 않는다. 따라서 근로자의 임금우선변제권에 기한 배당요구에 따라 우선 지급할 **배당금채권**에 대하여 **근로자의 다른 채권자**가 압류가 금지되지 않은 부분에 관하여 (국가를 제 3 채무자로 하여) 추심명령이나 전부명령을 얻은 경우에는 그 추심채권자나 전부채권자에게 지급해야 한다.[2)]

(2) 근로자의 임금우선변제권에 기한 배당요구에 따라 우선 지급할 배당금채권은 임금채권이 그 형태만 변경된 것이고 임금채권과 동일한 법적 성격을 갖는다. 임금채권자가 배당받을 배당금채권은 임금채권으로서의 성격을 그대로 유지하므로,

---

까지 월 185만원 등으로 적용하고 있는데, 이러한 현제도는 소비자물가, 표준생계비 등이 가파르게 상승하는 경제상황에서 채무자를 충분히 보호하지 못하여, 채무자가 국민으로서 최소한의 건강하고 문화적인 생활을 유지할 수 있도록 하는 제도의 취지 역시 제대로 달성하지 못하고 있다는 지적을 반영하여, 생계비, 급여채권, 예금, 보험금 등의 구체적인 압류금지금액의 범위를 매년 산정 및 공표하도록 하고, 금액 산정시에는 최저생계비, 최저임금, 표준생계비, 소비자물가상승률 등 현재의 경제상황을 반영하도록 하는 내용의 민사집행법 일부개정안(제안자 홍성국 의원 등 14인, 제안일자 2023. 4. 20., 의안번호 2121485)이 국회에 계류 중이었으나 제21대 국회의 임기종료(2024. 5. 29.)로 자동폐기되었다.

1) 대판 2018. 5. 30. 2015다51968.

2) 압류가 금지되지 않은 범위로 제한하지 않고 임금채권 전액에 대하여 압류가 있는 경우 압류는 전부무효가 아니고, 압류금지에 해당되는 부분에 대해서는 압류가 무효이며, 나머지 부분에 대해서는 유효한 것으로 보아야 한다. 대판 2007. 9. 6. 2007다29591, 2008. 6. 12. 2008다11702.

배당금채권(예컨대 월급여가 370만원을 초과하고 600만원 이하인 경우) 중 **2분의 1**에 해당하는 금액은 압류금지채권에 해당한다. 압류가 가능한 임금채권의 2분의 1에 해당하는 금액은 임금채권자가 **실제로 배당받게 될 금액**(**배당액**)을 **기준**으로 판단되어야 하며, 임금채권자가 배당요구를 신청한 미지급임금채권액을 기준으로 판단되어서는 안 된다. 배당금채권을 임금채권으로 본다면 비록 배당금이 임금채권자가 배당요구한 미지급임금채권의 전액에 미치지 못한다고 하더라도 그 **배당금의 2분의 1만이 압류**가 가능하다.

(3) 한편 임금채권자의 채권자들 가운데 임금채권자가 배당받을 금액의 전액을 압류한 채권자와 그 2분의 1만 압류한 채권자를 동일하게 취급해야 한다. 임금채권의 변형물인 배당금채권에 대한 압류는 배당금의 2분의 1에 한해서만 그 효력이 미치므로 설사 배당금 전액에 대한 압류가 있더라도 그 압류의 법적 효력은 앞서 본 바와 같이 2분의 1의 범위 내에서 효력이 있기 때문이다.[1)]

2) **퇴직금 등**(퇴직금, 그 밖에 이와 비슷한 성질을 가진 급여채권)의 경우 그 **급여채권의 1/2**에 해당하는 금액은 압류하지 못한다(**5호**).

3) **주택임대차보호법** 8조, 같은 법 시행령 10조 1항에 따라 **우선변제를 받을 수 있는** (**최우선변제 순위**의) **임대차보증금**의 경우 그 **금액**도 압류하지 못한다(**6호**).[2)3)] 6호를 적용할 소액임차인인지 여부는 압류의 효력이 발생할 때인 압류명령의 **제 3 채무자에게 송달 당시** 임대차계약의 **총 보증금액**을 기준으로 한다.[4)]

4) 생명, 상해, 질병, 사고 등을 원인으로 채무자가 지급받는 **보장성보험의 보험금**[5)](해약보험금 및 만기환급금을 포함한다) 중 생계유지, 치료 및 장애회복에 소요

1) 임금채권자의 채권자들의 각 압류명령상 압류할 임금채권에 대한 이러한 기재상의 차이를 무시하고 동일하게 배당해야 하므로, 궁극적으로는 각 채권자의 청구금액의 비율로 안분배당을 받게 된다. 법원실무제요 민사집행(3), 105쪽.

2) 소액보증금반환채권에 대한 압류를 금지하는 법 246조 1항 6호가 채권자의 재산권을 침해하지 않는다는 헌법재판소 결정으로는, 헌재 2019. 12. 27. 2018헌마825.

3) 비교적 소액(특히 국민임대주택의 최초의 임대보증금은 국토교통부장관이 정하여 고시하는 표준임대보증금을 초과할 수 없어 비교적 소액에 해당한다)인 임대차보증금반환채권의 전부 또는 상당 부분이 압류금지채권에 해당할 경우가 적지 않을 것이어서 그러한 경우에는 압류 및 추심명령의 효력이 인정될 수도 없다고 본 판결로는, 대판 2020. 5. 28. 2020다202371.

4) 압류의 효력발생시 소액보증금에 해당하지 않았다면 이후 연체차임 등 발생으로 인하여 총보증금액에서 이를 공제한 금액이 소액보증금의 범위에 속하게 된다고 하더라도 압류된 금액이 압류금지채권으로 변하는 것은 아니다. 박준의, 신채권집행실무(2015년), 95쪽; 양진수, 주석서(4), 566쪽.

5) 법에서는 압류가 금지되는 **보장성보험**에 대한 정의를 하지 않고 있다. 이에 대하여, **대판 2018. 12. 27. 2015다50286**은 법 246조 1항 7호에서 **보장성보험**의 보험금채권을 압류금지채권으로 규정하는 **입법취지**가 무엇인지, 그리고 하나의 보험계약에 보장성보험과 저축성보험

될 것으로 예상되는 비용 등을 고려하여 대통령령으로 압류금지의 범위를 정하는데(7호), 민사집행법 시행령 6조는 **압류하지 못하는 보장성보험의 보험금, 해약환급금** 및 **만기환급금**에 관하여, ① 보장성보험의 **보험금**에 대해서는, 사망보험금의 경우 1,000만원 이하의 보험금, 상해 · 질병 · 사고 등을 원인으로 채무자가 지급받는 보장성보험의 보험금의 경우 진료비 · 치료비 · 수술비 · 입원비 · 약제비 등 치료 및 장애회복을 위하여 실제 지출되는 비용을 보장하기 위한 보험금(다만 치료 및 장애회복을 위한 보험금 중 이에 해당하는 보험금을 제외한 보험금의 경우는 그 2분의 1에 해당하는 금액), ② 보장성보험의 **해약환급금** 중 민법 404조에 따라 채권자가 채무자의 보험계약 해지권을 대위행사하거나 추심명령 또는 전부명령을 받은 채권자가 해지권을 행사하여 발생하는 해약환급금(다만 이러한 해약사유 외의 사유로 발생하는 해약환급금의 경우 그 중 150만원 이하의 금액), ③ 보장성보험의 **만기환**

의 성격이 모두 있는 경우 저축성보험의 성격을 갖는 계약 부분만을 분리하여 이를 해지하고 압류할 수 있는지 여부 및 그 경우 해당 보험이 법 246조 1항 7호에서 규정하는 보장성보험에 해당하는지 **판단기준** 등에 대하여 상세하게 판시하고 있다. ① 민사집행법이 보장성보험의 보험금채권을 압류금지채권으로 규정하는 입법취지는 생계유지나 치료 및 장애 회복 등 보험계약자의 기본적인 생활을 보장하기 위한 최소한의 수단을 마련하기 위함이다. 여기서 **보장성보험**이란 생명, 상해, 질병, 사고 등 피보험자의 생명 · 신체와 관련하여 발생할 수 있는 경제적 위험에 대비하여 보험사고가 발생했을 경우 피보험자에게 약속된 보험금을 지급하는 것을 주된 목적으로 한 보험으로, 일반적으로는 **만기가 되었을 때 보험회사가 지급하는 돈이 납입 받은 보험료 총액을 초과하지 않는 보험**을 말한다. 반면 **저축성보험**은 목돈이나 노후생활자금을 마련하는 것을 주된 목적으로 한 보험으로 피보험자가 생존하여 만기가 되었을 때 지급되는 보험금이 납입보험료에 일정한 이율에 따른 돈이 가산되어 납입보험료의 총액보다 많은 보험이다. ② 한편 보험계약 중에는 보장성보험과 저축성보험의 성격을 함께 가지는 것도 많이 있다. 만일 **보장성보험계약과 저축성보험계약이라는 독립된 두 개의 보험계약이 결합된 경우**라면 저축성보험계약 부분만을 분리하여 이를 해지하고 압류할 수 있다. 이와 달리 **하나의 보험계약에 보장성보험과 저축성보험의 성격이 모두 있는 경우**에는 그 가운데 저축성보험의 성격을 갖는 계약 부분만을 분리하여 이를 해지하고 압류할 수 있는지가 문제되나, 민사집행법에서 보장성보험이 가지는 사회보장적 성격을 고려하여 압류금지채권으로 규정한 입법취지를 고려할 때 하나의 보험계약이 보장성보험과 더불어 저축성보험의 성격을 함께 가지고 있다 하더라도 **저축성보험 부분만을 분리하여 해지할 수는 없다**고 보아야 한다. ③ 이처럼 하나의 보험계약에 보장성보험과 저축성보험의 성격이 모두 있는 경우에 저축성보험의 성격을 갖는 계약 부분만을 분리하여 해지할 수 없다면, 해당 보험 전체를 두고 법 246조 1항 7호에서 규정하는 '보장성보험'에 해당하는지 여부를 결정해야 한다. 원칙적으로 **보험가입 당시 예정된 해당 보험의 만기환급금이 보험계약자의 납입보험료 총액을 초과하는지를 기준**으로 하여, 만기환급금이 납입보험료 총액을 초과하지 않으면 법 246조 1항 7호에서 규정하는 '보장성보험'에 해당한다고 보아야 한다. 그러나 **만기환급금이 납입보험료 총액을 초과하더라도**, 해당 보험이 예정하는 보험사고의 성질과 보험가입 목적, 납입보험료의 규모와 보험료의 구성, 지급받는 보험료의 내용 등을 종합적으로 고려했을 때 보장성보험도 해당 보험의 주된 성격과 목적으로 인정할 수 있다면 이를 민사집행법이 압류금지채권으로 규정하고 있는 보장성보험으로 보아야 한다.

급금 중 150만원 이하의 금액으로 정하고 있다.[1)]

5) 채무자의 **1월간 생계유지에 필요한 예금**(적금 · 부금 · 예탁금과 우편대체를 포함한다) 중 '국민기초생활 보장법'에 따른 최저생계비, 법 195조 3호에서 정한 금액 등을 고려하여 대통령령으로 압류금지의 범위를 정하는데(**8호**), 민사집행법 시행령 7조는 법 246조 1항 8호에 따라 **압류하지 못하는 예금 등의 금액**을 **개인별 잔액**이 **185만원 이하인 예금** 등으로 하되, 법 195조 3호에 따라 압류하지 못하는 금전이 있으면 185만원에서 그 금액을 뺀 금액으로 정하고 있다.[2)]

위 규정에 따라 압류가 금지되는 '채무자의 1월간 생계유지에 필요한 예금'은 채무자 명의의 어느 한 계좌에 예치되어 있는 금액이 아니라 **개인별 잔액**, 즉 각 금융기관에 예치되어 있는 채무자 명의의 예금을 **합산한 금액 중 일정 금액**을 의미한다. 채무자의 제 3 채무자에 대한 예금채권에 대하여 채권압류 및 추심명령이 있음에도 채무자가 제 3 채무자인 금융기관을 상대로 해당 예금이 위 규정에서 정한 채무자의 1월간 생계유지에 필요한 예금으로서 압류금지채권에 해당한다고 주장하며 예금의 반환을 구하는 경우,[3)] 해당 소송에서 지급을 구하는 예금이 압류 당시 채무자의 개인별 예금 잔액 중 위 규정에서 정한 금액 이하로서 압류금

---

1) 위 시행령 6조 2항은 채무자가 보장성보험의 보험금, 해약환급금 또는 만기환급금 채권을 취득하는 보험계약이 둘 이상인 경우 일정한 구분에 따라 각 해당 금액을 계산하는 방법을 규정하고 있다.

2) 그런데 법원은 예금채권의 압류시 결정서에 '185만원 초과 예금채권'이 압류대상임을 명시하고 있을 뿐, 압류금지가 되는 '**계좌, 계좌별 예금액**'을 특정하지 않고 있다. 따라서 통상 은행은 '**개인별 잔액 확인 곤란**'을 이유로 압류된 예금채권 전부에 대하여 압류의 효력이 미치는 것으로 운용하고 있는 것으로 알려지고 있다. 이는 법원이 압류명령 발령 전에 직권으로 채무자의 예금채권 현황을 확인할 수 있는 법률상 제도가 없을 뿐만 아니라 은행 자체로도 다른 금융기관에 대하여 채무자의 예금 현황을 확인할 수 있는 제도적 장치가 마련되어 있지 않기 때문이다(가사 185만원 초과가 확인되더라도 압류금지범위인 185만원에 포함되는 은행별 계좌를 결정하기 위한 기준도 없는 상황이다).

3) 예금채권의 범위를 '개인별 잔액 185만원'이라고 정하고 있고, 이는 '모든 금융기관에 예치된 채무자 명의 예금채권 합산액 중 185만원'을 의미하는 것으로 보더라도 외견상 압류가 금지되는 예금채권의 범위를 명확하게 규정한 것 같지만, 금융기관 입장에는 전혀 그렇지 않다고 한다. 왜냐하면 자사 계좌의 예금이 압류금지예금채권인지 판단하려면 무엇보다도 다른 금융기관 계좌의 예금 유무 및 금액을 알아야 하는데 현실적으로 이를 알 방법이 없기 때문이다. 금융기관 입장에서 보면 자사 계좌의 예금 중 185만원을 초과하는 부분은 압류금지채권이 아님이 명백하므로 이에 대해서는 압류명령에 따라 압류하고 추심명령이 있으면 채권자의 추심에 응하나, 자사 계좌의 예금 중 185만원 이하 부분은 압류가 금지되는 예금채권에 해당하는지 여부를 알 수 없다는 이유로 채권자 · 채무자 모두에게 지급을 거절한다고 한다. 신재호, "압류금지채권의 범위변경 사건의 쟁점과 입법론 — 예금채권을 중심으로 —," 사법(사법발전재단) 71호(2025년), 212쪽.

지채권에 해당한다는 사실은 예금주인 **채무자가 증명**해야 한다.[1)]

한편 **2025. 1. 31. 민사집행법**을 **개정(2026. 2. 1. 시행)**하여 **246조의2의 신설조문**을 두어, 대통령령으로 정하는 금융기관은 자연인인 예금자의 요청에 따라 예금자에게 필요한 1월간의 생계비로서 대통령령으로 정하는 금액(**압류금지생계비**)을 초과하여 예치할 수 없는 계좌(**생계비계좌**)를 개설할 수 있도록 하였다(1항). 해당 금융기관은 생계비계좌를 개설하기 전에 예금자의 동의를 얻어 대통령령으로 정하는 바에 따라 예금자가 다른 금융기관에 생계비계좌를 개설했는지를 조회해야 하며 예금자가 다른 금융기관에 생계비계좌를 개설하지 않은 경우에 한정하여 예금자를 위하여 하나의 생계비계좌를 개설할 수 있다(2항). 생계비계좌가 개설된 금융기관은 생계비계좌에 예치된 금액, 생계비계좌에 1월간 입금된 금액이 압류금지생계비를 초과하지 않도록 대통령령이 정하는 바에 따라 관리해야 한다(3항).[2)]

6) **법 246조 1항 1호부터 7호까지**에 규정된 종류의 금원이 금융기관에 개설된 **채무자의 계좌에 이체되는 경우 채무자의 신청**에 따라 그에 해당하는 부분의 **압류명령을 취소해야** 한다(**법 246조 2항**). 이는 **판사**의 업무이며, 사법보좌관의 업무가 아니다(사보규 2조 1항 9호 다목).

이러한 압류금지채권이 **금융기관**에 개설된 **채무자의 계좌**에 **이체**되는 경우 더 이상 압류금지의 효력이 미치지 않으므로 그 예금에 대한 압류명령은 유효하지만,[3)4)] 원래의 압류금지의 취지는 참작되어야 하므로 **채무자의 신청**에 의하여

---

1) 이때 채무자가 금융결제원 등 관련기관이 제공하는 계좌정보통합조회 내역과 압류 및 추심명령의 대상이 된 각 예금계좌에 대한 입출금내역 등 상당한 방법으로 해당 소송에서 지급을 구하는 예금이 압류 당시 자신이 보유하고 있는 각 예금계좌의 예금잔액 중 위 규정에서 정한 금액 이하임을 알 수 있는 자료를 제출했다면, 특별한 사정이 없는 한 해당 소송에서 지급을 구하는 예금채권이 압류금지채권에 해당한다는 사실이 증명되었다고 볼 수 있고, 이에 관하여 반드시 사전에 채무자가 법 246조 3항에서 정한 압류금지채권 범위변경신청에 따른 압류명령취소결정을 받아야만 하는 것은 아니다. 대판 2024. 2. 8. 2021다206356.

2) 실무상 압류 단계에서 특정 예금채권의 최저생계비 해당 여부를 확정하기 곤란하다는 이유로, 일단 압류가 행해지고 그 이후 해당 예금채권의 최저생계비 여부에 관한 다툼이 이어지는 경우가 일반적인데, 전국민 대부분의 경제활동이 예금계좌를 기초로 이루어지기 때문에, 일단 압류가 이루어지면 그 효력이 계속되는 동안 채무자의 신용카드대금, 월차임, 전기·수도·가스요금 납부 등 기본적 생계유지를 위한 활동이 사실상 어려워지게 되는 현실을 고려하여, 채무자의 생계비를 보호하기 위하여 2025. 1. 31. 개정 민사집행법은 **생계비계좌개설제도**를 도입했다.

3) 압류금지채권의 목적물이 채무자의 예금계좌에 입금된 때에는 그 채권은 채무자의 해당 금융기관에 대한 예금채권으로 변하여 종전의 채권과의 동일성을 상실하고, 압류명령은 채무와 제 3 채무자의 심문 없이 하도록 되어 있어 압류명령 발령 당시 해당 예금으로 입금된 금원의 성격이 압류금지채권의 목적물인지, 또는 그에 해당하지 않는 금원인지, 두 가지의 금원이 혼

취소하도록 한 것으로 뒤에서 보는 **법 246조 3항**의 **압류금지채권의 범위의 변경**에 해당한다. 다만 이에 따라 압류명령이 취소되었다 하더라도 압류명령은 **장래에 대해서만** 효력이 상실할 뿐 이미 완결된 집행행위에는 영향이 없고, 채권자가 집행행위로 취득한 금전을 채무자에게 부당이득으로 반환해야 하는 것도 아니다.[1]

법 246조 2항에 따른 압류금지채권 범위변경신청사건의 경우 법 246조 3항의 사건과 달리 압류명령의 취소를 구하는 계좌에 법 246조 1항 1호부터 7호까지에 규정된 압류금지채권의 목적물이 입금되었으면 '채권자와 채무자의 생활형편, 그 밖의 사정을 고려할 필요 없이' **반드시** 그에 해당하는 부분의 압류명령을 취소해야 한다(**필수적 취소**).[2]

7) **특별법**에서 **사회정책적으로 압류를 원칙적으로 금지시킨 경우**, 예컨대 공무원연금[공무원연금법(2023. 6. 30. 개정·시행) 39조]·군인연금[군인연금법(2023. 7. 11. 개정·시행) 18조]·국민연금[국민연금법(2021. 12. 21. 개정, 2022. 6. 22. 시행) 58조]상의 급여를 받을 권리, 학교법인의 수업료 그 밖의 납부금을 받을 권리 등[사립학교법(2022. 12. 13. 개정, 2023. 6. 14. 시행) 28조 3항]도 압류할 수 없다. 한편 건설사업자가 도급받은 건설공사의 도급금액 중 그 공사(하도급공사를 포함한다)의 근로자에게 지급해야 할 임금에 상당한 금액[건설산업기본법(2024. 1. 9. 개정·시행) 88조, 같은 법 시행령(2025. 1. 21. 개정, 2025. 1. 31. 시행) 84조]에 관한 채권도 압류할 수 없다.[3][4]

입되어 있다면 예금액 가운데 압류금지채권액이 얼마인지를 가려낼 수 없으므로, 신속한 채권집행을 실현하기 위해서는 압류 단계에서는 피압류채권을 형식적·획일적으로 판단해야 하기 때문이다. 대결 1996. 12. 24. 96마1302,1303.

4) 대결 1999. 10. 6. 99마4857, 대판 2014. 7. 10. 2013다25552 등. 따라서 압류금지채권의 목적물이 채권자의 **예금계좌**에 **입금되기 전까지**는 여전히 강제집행 및 보전처분의 대상이 될 수 없다. 대판 2017. 8. 18. 2017도6229.

1) 대판 2014. 7. 10. 2013다25552.

2) 따라서 신청인(채무자)이 제출한 자료에 의하여 그 사실이 확인되면 절차가 지연되지 않도록 채권자를 심문하지 않고 신속하게 취소결정을 함이 바람직하다. 법원실무제요 민사집행(4), 207쪽.

3) 위 시행령상에는 ① 건설산업기본법 88조 2항에 따른 임금에 상당하는 금액은 해당 건설공사의 도급금액 중 산출내역서에 적힌 임금을 합산하여 산정하며, ② 건설공사의 발주자(하도급의 경우에는 수급인을 포함한다)는 이에 따른 임금을 도급계약서 또는 하도급계약서에 분명하게 적어야 한다고 규정하고 있다. 그러나 실제 공사현장에서 그와 같은 서식에 의해 공사계약이 이뤄지지 않는 경우가 많고, 제3채무자인 발주자가 원사업자에게 압류 또는 가압류의 정본이 송달되기 전에 근로자들의 임금이 이미 지급되는 등 압류금지대상인 임금채권의 존부나 구체적인 금액 산정이 어려운 실정이라고 한다. 이동기, "공사대금채권과 관련된 배당절차상 쟁점," 사법논집 71집(2020년), 114쪽.

4) **판례**는, 이와 같이 해당 공사의 근로자에게 지급해야 할 임금에 상당하는 금액에 대하여

이러한 특별법에 의한 압류금지채권의 목적물이 채무자의 계좌에 입금된 경우에는 법 246조 2항이 적용되지 않으므로 채무자는 **법 246조 3항에 따라** 압류명령의 취소를 신청할 수 있을 뿐이다.[1)]

8) **성질상 압류금지채권**도 물론 압류할 수 없다. **판례**는, 국가나 지방자치단체가 특정한 사업을 육성하거나 재정상의 원조를 하기 위하여 지급하는 **보조금**으로서 그 금원의 목적이나 성질, 용도 외 사용의 금지 및 감독 여부, 위반시의 제재조치 등 그 근거 법령의 취지와 규정 등에 비추어 국가 또는 지방자치단체와 특정의 보조사업자 사이에서만 수수·결제되어야 하는 것으로 봄이 상당하다고 인정되는 **보조금채권**은 그 양도가 금지된 것으로 보아야 하고, 따라서 강제집행의 대상이 될 수 없다고 한다.[2)]

(2) 재판에 의한 압류금지채권 범위의 변경

1) 압류금지채권의 범위에 대하여 그 범위를 **확장**하거나 **신축**할 수 있다. 법원은 당사자가 신청하면 채권자와 채무자의 **생활형편**, **그 밖의 사정**을 고려하여[3)] **압류명령**의 **전부** 또는 **일부**를 취소하거나 **법 246조 1항**의 **압류금지채권**에 대하여 **압류명령**을 할 수 있다(**법 246조 3항**). 이는 채권자와 채무자의 이해관계를 적정한 수준으로 조화시키고 그에 따른 **탄력적인 잠정조치**를 취할 수 있도록 함으로써 **집행의 적정화**를 도모하는 데에 그 취지가 있다.[4)5)]

압류를 금지한 것은 근로자의 생존권을 최소한도로 보장하려는 헌법상의 사회보장적 요구에서 비롯된 것으로서, 근로자의 임금 등 채권에 대한 우선변제권을 인정하고 있는 근로기준법 규정과 함께 근로자의 생활안정을 실질적으로 보장하기 위한 또 다른 규정이므로, 이와 같은 압류가 금지된 채권에 대한 압류명령은 강행법규에 위반되어 무효이며, 추심명령의 전제가 되는 압류가 무효인 경우 그 압류에 기한 추심명령은 **절차법상**으로는 당연무효라고 할 수 없다 하더라도 **실체법상**으로는 그 효력이 발생하지 않는 의미의 무효라고 보고 있다(따라서 제3채무자는 압류채권자의 추심금청구소송에서 위와 같은 실체법상의 무효를 들어 항변할 수 있다.). 대판 2007. 9. 6. 2007다29591.

1) 실무상 이러한 경우에도 법 246조 2항에 해당하는 사건과 마찬가지로 신청인(채무자)이 제출한 자료에 의하여 위 사실이 확인되면 채권자를 심문하지 않고 신속하게 취소결정을 하는 경우가 많다. 법원실무제요 민사집행(4), 207쪽.

2) 대결 1996. 12. 24. 96마1302,1303, 대판 2008. 4. 24. 2006다33586, 2009. 3. 12. 2008다77719.

3) '**채권자와 채무자의 생활형편**'이란 채권자가 채무자로부터 그 채권을 변제받지 못함으로써 받고 있는 경제적 곤궁의 정도와 채무자의 경제적 곤궁의 정도를 말한다. '**그 밖의 사정**'이란 압류명령을 취소하거나 압류금지물에 대하여 압류명령을 함으로써 채권자와 채무자가 받게 되는 경제적 영향, 채무자가 채무를 성실히 이행할 의사가 있는지 여부 및 이러한 재판의 신청에 이르게 된 경위나 동기 등을 말한다. 법원실무제요 민사집행(4), 204쪽; 양진수, 주석서(4), 584쪽.

4) 대결 1999. 10. 6. 99마4857.

5) 법원에 매년 2만 건 이상의 압류금지채권의 범위변경 사건이 접수되고 있다고 한다. 이에

2) 압류금지채권의 범위의 확장 또는 신축은 **판사**의 업무이며, 사법보좌관의 업무가 아니다(사보규 2조 1항 9호 다목). 일반적으로 제 3 채무자에게는 신청권이 없다. **채무자는 압류금지채권 범위확장신청**(**채권압류명령의 전부 · 일부취소신청**)을 압류명령이 내려진 이후에 할 수 있다. **채권자는 압류금지채권 범위축소신청**(**압류금지채권에 대한 압류명령신청**)을 압류명령신청과 동시에 할 수 있다.

채무자의 **압류금지채권 범위확장신청**은 법 246조 1항 각호의 압류금지채권에 대한 압류명령에 국한하지 않고 일반채권에 대한 압류명령에 대해서도 할 수 있다.[1] 채권자의 **압류금지채권 범위축소신청**은 법 246조 1항 각호의 압류금지채권에 대해서만 가능하며, 특별법에 의한 압류금지채권에 대해서는 허용되지 않는다.

3) 압류금지채권의 범위의 확장과 신축에 관한 결정 등에 관해서는 유체동산에 대한 강제집행에서 압류금지물건을 정하는 재판에 관한 규정을 준용한다(법 246조 4항). 압류금지채권 범위변경의 재판이 있은 뒤에 그 이유가 소멸되거나 사정이 바뀐 때에는 법원은 **직권으로** 또는 **당사자의 신청에 따라** 그 결정을 취소하거나 바꿀 수 있다(**사정변경에 의한 압류금지채권 범위변경재판의 취소 · 변경**, 법 246조 4항, 196조 2항).[2] 즉 법 246조 3항의 재판에 의하여 압류명령이 취소된 채권을 다시 압류하거나, 압류의 범위를 확장하여 발령된 압류명령의 전부 또는 일부를 취소할 수 있다.

4) 압류금지채권 범위확장재판은 **해당 채권**에 관하여 **해당 압류명령**에 관해서만 그 효력이 생긴다(**상대적 효력설**). 재판은 특별한 사정이 없는 한 원칙적으로 상대적 효력만이 인정되며(법 23조 1항, 민소 224조 1항, 218조 1항), 법 246조 3항이 압류금지범위 확대를 신청하는 채무자의 상황과 아울러 채권자의 상황을 고려하도록 하고 있으므로 상대방 채권자의 상황에 따라 결론을 달리할 가능성이 있기 때문이다. 따라서 어떤 압류채권자와의 관계에서 압류금지가 확대되더라도 다른

대하여, 입법이 정교했다면 그 가운데 대부분은 애초에 접수되지 않았을 수도 있다고 보고, 압류금지채권에 관한 법체계 전반을 정교하게 재정비할 필요가 있다는 점을 특히 강조하는 견해로는, 신재호, "압류금지채권의 범위변경 사건의 쟁점과 입법론 — 예금채권을 중심으로 —," 사법(사법발전재단) 71호(2025년), 252쪽.

1) 법원실무제요 민사집행(4), 203쪽; 양진수, 주석서(4), 584쪽.

2) 법 246조 4항(196조 2항)은 '직권으로'도 결정을 취소하거나 바꿀 수 있다고 규정하고 있는데 이는 압류금지채권 범위변경절차의 경우와는 다르다. 이에 대하여, 사정변경 등이 있었음을 증명하는 것과의 균형상 집행법원이 직권으로 위 재판을 취소할 여지는 거의 없기 때문에 당사자의 신청에 의해서만 이를 인정하면 족하다는 견해로는, 손진홍, 243쪽.

채권자가 해당 채권을 이중으로 압류한 경우 다른 채권자와의 관계에서는 압류금지변경의 효력은 미치지 않고, 채무자로서는 다른 채권자에 대하여 따로 신청을 해야 한다.[1)]

5) 법원은 압류금지채권 범위변경재판 또는 그 결정의 취소·변경의 재판에 앞서 **채무자**에게 담보를 제공하게 하거나 담보를 제공하게 하지 않고 강제집행을 일시정지하도록 명하거나, **채권자**에게 담보를 제공하게 하고 그 집행을 명하는 등의 **잠정처분**을 할 수 있다(법 246조 4항, 196조 3항, 16조 2항).[2)] 이 잠정처분의 재판에 대해서는 불복할 수 없다(법 246조 4항, 196조 5항). 압류명령의 전부 또는 일부를 취소하는 결정은 확정되어야 효력을 가진다(법 17조 2항). 압류명령을 취소하는 결정이 확정된 때에는 법원사무관 등은 압류명령을 송달받은 제 3 채무자에게 그 사실을 통지해야 한다(규칙 160조 1항). 압류금지채권의 범위변경신청을 **인용한 결정**에 대해서는 즉시항고를 할 수 있다(법 246조 4항, 196조 2항). 신청을 **기각한 결정**에 대해서는 즉시항고를 할 수 있다는 법률상 명문의 규정을 두고 있지 않으므로 즉시항고를 할 수 없고, 집행에 관한 이의신청(법 16조)에 의하여 이를 다툴 수 있다.

(3) 집행계약의 허용 여부

1) 압류금지채권의 범위에 관하여 집행당사자가 합의로 이를 확장하거나 축소할 수 있는지 문제가 된다. 이러한 합의를 **집행계약**이라고 한다. 집행계약에는 일반적으로 채권자에게 유리하게 집행의 대상과 범위를 확대하는 **집행확장계약**과 채무자에게 유리하게 집행의 대상과 범위를 제한하는 **집행제한계약**이 있다.

2) 일반적으로 집행확장계약은 집행법원이 집행의 대상과 범위를 확장하지 않는 한 그 목적을 달성할 수 없고, 채무자에게 부여된 최소한도의 보장을 침해

---

1) 손흥수, 82쪽·83쪽; 양진수, 주석서(4), 587쪽·588쪽. 이에 대하여, 압류금지채권 범위확장재판은 **해당 채권**에 관한 한 모든 집행채권자와의 사이에서 그 효력이 생긴다는 견해(**절대적 효력설**)가 있다. 이러한 견해에 의하면, 어떤 채권자와의 관계에서 압류금지범위가 확대된 경우 집행법원은 그 후 압류명령을 신청한 다른 채권자에 대해서도 압류금지범위가 확대된 부분에 대해서는 다시 압류명령을 발령할 수 없게 되고, 그 다른 채권자로서는 사정변경을 이유로 압류금지부분에 관한 압류를 신청할 수 있을 뿐(법 246조 4항, 196조 2항)이라고 본다. 또한 압류금지채권에 관하여 압류가 경합한 경우 채무자가 압류금지범위 확대를 신청하는 때에는 경합된 채권자 전원을 상대로 해야 하고, 이 경우 필수적 공동소송과 동일한 관계에 있다고 해석한다. 손진홍, 240쪽·241쪽.

2) 대판 2018. 5. 30. 2015다51968.

할 수 있기 때문에 원칙적으로 허용되지 않으나(민법 103조 위반으로 무효로 본다), 집행제한계약은 집행법상 처분권주의가 허용되고, 채권자 스스로 불리한 약정을 체결하는 것이 사회질서에 위배된다고 볼 수 없기 때문에 허용된다고 본다. 이에 관해서는 민사집행상 처분권주의에서 이미 살펴보았다.

(4) 압류금지위반의 효과

1) 법률의 규정에 의하여 압류가 금지된 채권에 대한 압류명령은 그러한 법률의 규정이 강행법규에 해당하는 이상 강행법규에 위반되어 무효인데, 압류명령 및 그에 기초한 추심명령 또는 전부명령도 하나의 재판인 이상 이를 당연무효라고 할 수 없고, 다만 '**실체법상 효력이 발생하지 않는다는 의미에서 무효**'이다.[1) 피압류채권에 압류금지부분과 그렇지 않은 부분이 혼재되어 있음에도 압류명령에서 별지 목록 등에서 **압류금지범위를 명시하지 않은 경우**에도 압류명령 전체를 무효라고 보지 않고, 압류금지되지 않은 나머지 채권에 대한 압류명령으로서는 유효하다고 본다.[2)]

2) 집행법원이 압류금지채권에 대하여 압류명령을 하는 경우 압류명령이 실체법상 무효라고 하더라도 그 외관을 제거하기 위하여 취소를 구할 이익이 있으므로, 집행채무자는 압류명령에 대하여 법 227조 4항에 따른 **즉시항고**를 할 수 있다. 압류명령신청이 압류금지규정을 위반한 것이라고 인정되는 때에는 압류명령의 전부 또는 일부를 취소하고, 필요한 경우에는 압류명령신청을 각하한다.

3) 한편 압류금지채권을 청구채권으로 하는 추심금청구소송 또는 전부금청구소송에서 제 3 채무자는 압류금지채권에 대한 압류명령이 실체법상 무효라는 항변을 할 수 있다.[3)]

---

1) 대판 2007. 9. 6. 2007다29591, 2008. 6. 12. 2008다11702, 2014. 1. 23. 2013다71180 등. 압류금지채권에 대한 압류명령이 무효라는 견해와 실질적으로 거의 같다. 양진수, 주석서(4), 548쪽. 이에 대하여, 민사집행법상 압류금지채권 범위변경신청절차가 마련되어 있고, 재3채무자로 하여금 독자적으로 유·무효의 판단을 하도록 부담을 지우는 것도 적절하지 않으며, 재판의 일종인 압류명령을 무효라고 하기 곤란하다는 입장에서 적어도 실무운용상으로는 유효하다고 볼 수밖에 없다는 견해로는, 손흥수, 74쪽.

2) 이우재, 부동산 및 채권집행에서의 배당의 제문제(2012년), 710쪽; 양진수, 주석서(4), 549쪽.

3) 대판 2007. 9. 6. 2007다29591, 2008. 6. 12. 2008다11702, 2014. 1. 23. 2013다71180 등.

5. 채권자의 경합

(1) 의 의

채권자가 경합하는 경우의 압류에는, 공동압류와 이중압류(중복압류)가 있다. **공동압류**는 여러 채권자가 때를 같이하여 하는 압류로서, 하나의 압류명령을 발한다. **이중압류**는 여러 채권자가 때를 달리하여 하는 압류로서, 압류와 압류, 또는 압류와 가압류가 중복되는 경우이다.

(2) 이중압류

1) 채권의 일부가 압류·가압류(**선행압류명령**)된 뒤에 그 나머지 부분을 초과하여 다시 압류·가압류명령(**후행압류명령**)이 내려진 때에는 각 압류·가압류의 효력은 그 채권 전부에 미친다(법 235조 1항, 291조 본문). 채권 전부가 압류된 뒤에 그 채권 일부에 대하여 다시 압류·가압류명령이 내려진 때 그 압류·가압류의 효력도 마찬가지이다(법 235조 2항, 291조 본문).

2) 여기서 후행압류명령도 압류의 일반적인 효력발생요건과 같이 제 3 채무자에게 **송달**되어야 그 효력이 발생한다(법 227조 3항).

후행압류명령이 제 3 채무자에게 송달되기 전에 뒤에서 보는 바와 같이 제 3 채무자가 선행압류와 관련된 금전채권 전액에 대한 공탁절차를 마쳐(제 3 채무자가 **공탁사유신고**를 하여) **배당요구의 종기**가 도래한 경우(법 248조 1항·4항, 247조 1항 1호)[제 3 채무자의 공탁으로 **피압류채권이 소멸**되어 **후행압류명령**은 **효력이 생기지 않는다**][1] 위 **배당요구의 종기가 도래하기 전**에 한 **후행압류명령신청**에 선행압류절차에 대한 배당요구의 효력을 인정할 것인지에 관하여 논의가 있다[배당요구의 효력은 배당요구신청서를 법원에 제출한 때 발생한다].

이에 대하여, ① 집행법원이 후행압류사실을 알게 된 때에 후행압류명령신청에 배당요구의 신청도 포함된다고 보아 배당요구의 효력을 인정하는 것이 타당하다는 견해, ② 배당요구신청서와 압류명령신청서에 적을 사항이 다르며, 선행압류신청자의 이해관계에 중대한 영향을 준다는 이유로 부정적으로 보는 견해가 대립하고 있다.[2]

판례는, 다른 채권자의 신청(**후행압류명령신청**)에 의하여 발령된 압류명령(**후행**

1) 대판 2008. 11. 27. 2008다59391, 2021. 12. 16. 2018다226428.

2) 법원실무제요 민사집행(4), 482쪽.

압류명령)이 제 3 채무자의 (**선행압류명령**에 따른) **집행공탁** 후(따라서 이로써 **피압류채권이 소멸된 후**)에야 제 3 채무자에게 송달되었더라도, ① 제 3 채무자의 **공탁사유신고서**에 **후행압류명령에 관한 내용까지** 기재되는 등으로 **집행법원**이 배당요구의 종기인 공탁사유신고시까지 이와 같은 사실을 **알 수 있었고**, 또한 그 채권자가 법률에 의하여 우선변제권이 있거나 집행력 있는 정본을 가진 채권자(배당요구를 하여야 배당받을 수 있는 채권자)인 경우라면 배당요구의 효력은 인정되며, 이러한 법리는 **후행압류명령**이 제 3 채무자의 **공탁사유신고(배당요구의 종기) 후**에 제 3 채무자에게 **송달**되었다고 하더라도 마찬가지이나,[1] ② 집행법원이 공탁사유신고시까지 이와 같은 사실을 **알 수 없었던** 경우라면 설령 이러한 후행압류명령이 (위 **집행공탁 후**) **공탁사유신고 전**에 제 3 채무자에게 송달되었더라도 배당요구의 효력은 인정될 수 없다고 보고 있다.[2]

(3) 배당요구

(a) 배당요구채권자

배당요구는 우선변제청구권자 및 집행력 있는 정본을 가진 채권자가 한다(법 247조 1항). 우선변제청구권자 및 집행력 있는 정본을 가진 채권자 중 어느 것에도 해당하지 않은 채권자는 법 247조 1항 각호의 사유 발생 전에 미리 가압류를 하여 이른바 경합압류채권자로서 배당에 참가하게 되는 것은 별론으로 하고, 별도의 배당요구를 할 자격이 없다.[3] 채권질권자는 독자적인 추심권이 인정되어 자기 채권

---

1) 대판 2015. 7. 23. 2014다87502, 2021. 12. 16. 2018다226428. 위 **판례**는, 배당을 실시하는 집행법원은 가장 먼저 송달된 압류명령을 발령한 법원이지만 후행압류명령은 다른 법원에서 발령될 수도 있으므로(법 224조) 집행법원이 후행압류명령 사실을 바로 알기는 어렵다. 집행법원은 배당요구의 종기까지 배당요구채권자가 배당요구서를 제출해야 배당요구의 의사표시 있음을 알게 되는데, **배당요구서는 아니지만 제 3 채무자의 공탁사유신고서**에 후행압류명령의 존재 등이 표시됨으로써 집행법원이 배당요구의 종기까지 그러한 사실을 알 수 있었으며, 그 채권자가 배당요구채권자(법 247조 1항)의 자격을 갖춘 경우에는 **예외적**으로 **배당요구의 효력**을 인정할 수 있는 것으로 보았다. 특히 대판 2021. 12. 16. 2018다226428은 이러한 배당요구의 효력을 인정할 경우 후행압류명령이 배당요구의 종기인 **공탁사유신고시 이후**에 **송달**되었다는 사정은 영향을 주지 않음을 명확히 하고 있다. 서울고등법원, 민사판례해설 Ⅲ-하, 632쪽. 한편 판례의 태도에 대하여, 압류와 배당은 서로 다른 별개의 제도로서 무효인 압류를 배당요구로 전환된다고 쉽게 인정할 수 있는지 의문을 표하면서, 판례는 법문상의 해석에 반하는 것은 물론 이로 인하여 집행사건의 절차적 안정성과 다른 채권자와의 형평성을 해할 수 있다는 견해로는, 장재형, "실체법상 무효인 금전채권 압류와 배당요구효 — 집행공탁 및 추심을 중심으로 —," 인권과 정의 512호(2023. 3.) 181쪽 이하.

2) 이러한 법리는 민사집행법의 규정에 의한 집행공탁과 민법의 규정에 의한 변제공탁이 혼합되어 공탁된 이른바 **혼합공탁**의 경우에도 그대로 적용된다. 대판 2015. 7. 23. 2014다87502.

3) 대판 2003. 12. 11. 2003다47638. 가압류채권자는 이중압류채권자로 취급되므로 배당요구의

의 한도에서 직접 청구할 수 있으므로(민 353조 1항), 배당요구채권자에 포함되지 않는다.

(b) 배당요구의 종기

1) 배당요구의 종기는, ① 제 3 채무자가 법 248조에 따라 채무액을 공탁할 권리나 의무가 있는 경우에는 제 3 채무자가 공탁을 하고 그 사유를 신고한 때(법 247조 1항 1호), ② 압류채권자가 추심명령을 받은 경우에는 추심을 하여 법 236조에 따라 추심의 신고를 한 때(법 247조 1항 2호), ③ 압류채권자가 법 241조 1항(특별현금화방법)의 매각명령을 얻은 경우에는 집행관이 피압류채권을 매각하여 현금화한 금전을 법원에 제출한 때(법 247조 1항 3호), ④ 전부명령이 제 3 채무자에 대하여 송달된 때(법 247조 2항)이다.

2) **판례**는, 법 247조 1항 1호가 압류채권자 외의 채권자가 배당요구의 방법으로 채권에 대한 강제집행절차에 참가하여 압류채권자와 평등하게 자신의 채권의 변제를 받는 것을 허용하면서도, 다른 한편으로 그 **배당요구의 종기**를 **제 3 채무자의 공탁사유신고시**까지로 제한하고 있는 이유는 제 3 채무자가 채무액을 공탁하고 그 사유신고를 마치면 배당할 금액이 판명되어 배당절차를 개시할 수 있는 만큼 늦어도 그때까지는 배당요구가 마쳐져야 배당절차의 혼란과 지연을 막을 수 있기 때문이라고 한다.[1)]

3) 법 247조 1항 1호에 의한 **배당가입차단효**는 배당을 전제로 한 **집행공탁**에 대해서만 발생하므로, 집행공탁을 할 수 없음에도 집행공탁이 이루어지고 법원에 공탁사유를 신고한 때에는 배당가입차단효가 발생한다고 할 수 없다.[2)]

4) 한편 집행공탁과 변제공탁이 하나의 공탁으로 이루어진 **일괄공탁**(이른바 넓

필요도 없고, 권한도 없다. 법원실무제요 민사집행(4), 469쪽.

1) 대판 1999. 5. 14. 98다62688.

2) 국세징수법상의 **체납처분에 의한 압류**만을 이유로 하여 사업시행자가 '공익사업을 위한 토지 등의 취득 및 보상에 관한 법률' 40조 2항 4호(압류나 가압류에 의하여 보상금의 지급이 금지되었을 때) 또는 민사집행법 248조 1항에 의한 집행공탁을 할 수는 없으므로, 체납처분에 의한 압류만을 이유로 집행공탁이 이루어지고 사업시행자가 민사집행법 248조 4항에 따라 법원에 공탁사유를 신고했다고 하더라도, 이러한 공탁사유의 신고로 인하여 민사집행법 247조 1항 1호에 따른 배당요구의 종기가 도래하고 그 후의 배당요구를 차단하는 효력이 발생한다고 할 수는 없다. 대판 2007. 4. 12. 2004다20326, 2008. 4. 10. 2006다60557; 지영난, "국세징수법에 의한 채권의 압류만을 이유로 민사집행법 제248조 제 1 항 또는 공익사업을 위한 토지 등의 취득 및 보상에 관한 법률 제40조 제 2 항 제 4 호에 의한 집행공탁을 할 수 있는지 여부," 대법원판례해설 68호(2007년 상반기), 11쪽 이하.

은 의미의 혼합공탁)의 경우 **변제공탁**에 해당하는 부분에 대해서는 제 3 채무자의 공탁사유신고에 의한 배당가입차단효가 발생할 여지가 없다. 이에 관해서는 제 3 채무자의 공탁(권리공탁, 부분공탁)에서 상세히 살펴보기로 한다.

(c) 배당요구의 방식

배당요구는 배당요구의 이유를 밝혀 서면으로 집행법원에 한다(법 247조 3항, 218조). 배당요구를 받은 경우 법원은 압류채권자, 제 3 채무자, 채무자에게 통지해야 한다(법 247조 3항, 219조).

Ⅱ. 제 3 채무자의 공탁

1. 의 의

(1) 집행공탁이란 민사집행법상 강제집행절차 또는 보전집행절차의 어느 단계에서 **집행기관**이나 **집행당사자**(집행채권자 · 집행채무자), 또는 **제 3 채무자**가 민사집행법상의 권리 · 의무로서 집행의 목적물인 금전을 공탁소에 맡겨 그 목적물의 관리와 집행법원의 지급위탁에 의한 집행당사자에의 교부를 공탁절차에 따라 행하도록 하기 위한 공탁을 말한다. 집행공탁은 변제공탁 등의 다른 공탁과는 달리 집행절차의 일환으로 집행절차를 보조하여 집행절차를 원활하게 하는 기능을 수행한다.[1] 집행공탁 가운데 **제 3 채무자가 하는 공탁**에는 **권리공탁**(법 248조 1항)과 **의무공탁**(법 248조 2항 · 3항)이 있다.[2]

(2) 제 3 자에 의한 집행공탁에 의하여 채무자와의 관계에서 피압류채권에 대한 변제의 효과가 생기고, 제 3 자는 그 효과를 압류채권자 등에 대항할 수 있게 된다.[3] 즉 채권이 압류(가압류)된 경우 제 3 채무자는 집행공탁에 의하여 채무를 면한다(**면책**된다). 이로써 공탁한 금액은 확정적으로 공탁자인 제 3 채무자의 재산으로부터 분리되어 배당재단을 형성하므로 제 3 채무자는 이를 회수할 수 없다.

(3) 제 3 채무자에 의한 집행공탁은 채무자의 제 3 채무자에 대한 금전채권의 전부 또는 일부가 압류 등이 된 때에 허용되므로[**가압류**의 경우에도 집행공탁에 관한

1) 전휴재, "가집행선고부 판결에 기한 가지급금 공탁의 문제점과 개선방안," 민사집행법연구 21권(송천이시윤박사 추모기념, 2025. 2.), 331쪽; 법원행정처, 공탁실무(2022년), 415쪽.

2) 법원실무제요 민사집행(4), 323쪽.

3) 대판 2003. 5. 30. 2001다10748, 2015. 4. 23. 2013다207774, 2015. 7. 23. 2014다87502.

규정이 **준용**된다(법 291조 본문)], 집행공탁에 의한 **면책의 효과** 역시 압류나 가압류의 대상에 포함된 채권에 대해서만 발생한다.[1] 한편 **압류가 경합**되면 각 압류의 효력은 피압류채권 전부에 미치므로(법 235조), 집행공탁에 따른 **피압류채권 변제의 효력**은 압류경합관계에 있는 모든 채권자에게 미친다. 따라서 압류경합관계에 있는 다른 채권자가 또다시 제 3 채무자에 대하여 변제의 청구를 할 수 없게 된다.[2]

(4) 제 3 채무자에 의한 집행공탁이 이루어지면 피압류채권이 소멸하고, **압류명령**은 그 목적을 달성하여 **효력을 상실**하며, 이러한 집행공탁으로 채권집행 가운데 **압류명령 부분이 종료**되므로, 채권자는 더 이상 압류명령의 신청을 취하할 수 없다.[3]

▣ 변제공탁 · 집행공탁 및 혼합공탁의 문제

(1) 공탁 일반의 법적 성질

공탁은 그것이 유효한 공탁인 한 변제공탁이든, 집행공탁, 나아가 혼합공탁이든 채무자의 **면책사유**이다. 그러나 그것이 이후에 집행절차의 여지를 남기고 있는 집행공탁 또는 혼합공탁의 경우라면, 그 공탁이 적절하게 행해졌는지 여부에 따라 그 뒤의 집행절차의 진행에 대해 많은 영향을 미치게 된다. 예컨대 법률전문가가 아닌 제 3 채무자가 공탁을 하면서 혼합공탁을 해야 함에도 집행공탁을 하거나, 또는 혼합공탁을 할 수 없음에도 혼합공탁하는 경우가 있다. 전자의 경우에는 제 3 채무자로서는 변제공탁의 대상인 채권자에게 면책되지 못하는 불이익을 받을 수 있고, 후자의 경우에는 집행법원이 아무런 이유도 없이 집행절차를 진행할 수 없게 된다.[4]

---

1) 대판 2018. 5. 30. 2015다51968. 예컨대 채무자가 제 3 채무자에 대하여 갖고 있는 A, B, C 채권 가운데 C 채권에 대해서만 (가)압류가 있어(또는 이들이 경합이 되어) 제 3 채무자가 이를 원인으로 집행공탁을 했다 하더라도 A, B 채권은 소멸하지 않는다. 법원실무제요 민사집행(4), 329쪽.

2) 대판 2003. 5. 30. 2001다10748, 2011. 1. 27. 2010다78050, 2015. 4. 23. 2013다207774.

3) 설령 압류명령을 취하한다고 하더라도 이는 단지 그 후에 진행되는 배당절차에서의 **배당금 수령권**을 **포기**하는 의사라고 해석될 뿐 배당절차의 진행에는 영향이 없다. 법원실무제요 민사집행(4), 330쪽.

4) 손진홍, "채권집행에서의 혼합공탁," 민사집행법실무연구(재판자료 109집, 2006. 2.), 565쪽 이하. 한편 제 3 채무자가 공탁을 할 때에 요건과 형식에 대하여 당연히 기울여야 할 최소한의 주의도 기울이지 않고 한 공탁에 대하여 그동안 법원은 폭넓게 공탁자를 면책시킴으로써 반사적으로 채권자는 상대적인 불이익을 받아 왔고, 법원의 공탁실무나 집행실무에서는 공탁자가 혼합공탁이라고 명시하지 않았음에도 불구하고 즉시 배당절차에 들어가지 않는다는 이유로 끊임없이 민원이 제기되었음을 지적하고, 공탁은 공탁자가 자기의 책임으로 하는 것으로, 공탁의 요건과 형식에 대해서도 조금만 주의를 기울이면 그 정확성을 기할 수 있으므로, 제 3 채무자가 공탁으로 자신을 보호하려면 자신이 하려는 공탁의 성질과 요건 및 형식에 대

(2) 집행공탁의 법적 성질과 판단기준

1) **집행공탁**의 경우에는 배당절차에서 배당이 완결되어야 피공탁자가 비로소 확정되고, 공탁 당시에는 피공탁자의 개념이 관념적으로만 존재할 뿐이므로, 공탁 당시에 피공탁자를 지정하지 않았더라도 공탁이 무효라고 볼 수 없으나, **변제공탁**은 집행법원의 집행절차를 거치지 않고 피공탁자의 동일성에 관한 공탁관의 형식적 심사에 의하여 공탁금이 출급되므로 피공탁자가 반드시 지정되어야 한다.[1)]

2) 변제공탁이나 집행공탁은 공탁근거조문이나 공탁사유, 나아가 공탁사유신고의 유무에서도 차이가 있으므로, 제 3 채무자가 채권양도 등과 압류경합 등을 이유로 공탁한 경우에 제 3 채무자가 변제공탁을 한 것인지, 집행공탁을 한 것인지는 피공탁자의 지정 여부, 공탁의 근거조문, 공탁사유, 공탁사유신고 등을 종합적·합리적으로 고려하여 판단해야 한다.[2)]

(3) 혼합공탁의 법적 성질과 집행법원의 조치

1) **혼합공탁**이란 넓게는 공탁원인사실 및 공탁근거법령이 다른 실질상 두 개 이상의 공탁을 공탁자의 이익보호를 위하여 하나의 공탁절차에 의해 하는 공탁을 말하지만,[3)] 실무에서는 **채권자불확지**(不確知) **변제공탁**과 **집행공탁**이 결합된 공탁을 말한다.[4)] 예컨대 채권자가 A인지 B인지 알 수 없고, 한편 A의 채권자들(또는 B의 채권자들)이 그 채권을 압류하여 경합한 경우이다. 이 경우 채무자로서는 그 채무를 누구에게 변제해야 하는지 알 수 없고, 한편 변제받을 채권자가 밝혀지더라도 그 채권자를 집행채무자로 한 배당절차개시사유가 있을 수 있다.

2) 민법 487조 후단의 '변제자가 과실 없이 채권자를 알 수 없는 경우'란 객관적으로 채권자 또는 변제수령권자가 존재하고 있으나 채무자가 선량한 관리자의 주의를 다해도 채권자가 누구인지 알 수 없는 경우를 말하므로, 채권이 양도되었다는

하여 최소한의 주의를 기울여 정확성을 기할 필요가 있음을 강조하는 견해로는, 이우재, "변제공탁과 집행공탁 및 혼합공탁의 판단기준," 대법원판례해설 54호(2005년 상반기), 472쪽 이하.

1) 채무자가 **선행의 채권양도의 효력에 의문**이 있고, 그 후 압류경합이 발생하였다는 것을 공탁원인사실로 하여 채무액을 공탁하면서 공탁서에 법 248조 1항만을 근거법령으로 기재했다 하더라도, 변제공탁으로서의 효력이 발생하지 않음이 확정되지 않는 이상 이로써 바로 법 248조 1항에 의한 집행공탁으로서의 효력이 발생한다고 할 수 없으므로, 집행법원은 집행공탁으로서의 공탁사유신고를 불수리하는 결정을 하거나 채무자로 하여금 민법 487조 후단을 근거법령으로 추가하도록 공탁서를 정정하게 하고, 채권양도인과 양수인 사이에 **채권양도의 효력에 관한 다툼이 확정된 후** 공탁금을 출급하도록 하거나 배당절차를 실시할 수 있을 뿐, 바로 배당절차를 실시할 수는 없다. 대판 2001. 2. 9. 2000다10079.

2) 대판 2012. 1. 12. 2011다84076, 2013. 4. 26. 2009다89436, 2015. 2. 12. 2013다75830.

3) 행정예규 제1400호 '금전채권의 혼합공탁에 관한 사무처리지침'(2024. 6. 27. 제정, 2024. 8. 1. 시행) 2조 1호.

4) 혼합공탁의 개념·효력 및 그 처리절차에 대한 통일된 기준을 마련하기 위하여 혼합공탁을 조건형, 병존형, 결합형의 3가지 유형으로 나누어 그 유형별 처리방안과 그와 관련하여 발생할 수 있는 공탁관계인의 권리침해 및 그 구제절차에 관한 설명으로는, 허부열, "혼합공탁," 사법논집 32집(2001. 12.), 659쪽 이하.

등의 사유로 제 3 채무자가 종전의 채권자와 새로운 채권자 가운데 누구에게 변제해야 하는지 과실 없이 알 수 없는 경우 제 3 채무자로서는 민법 487조 후단의 채권자 불확지를 원인으로 한 변제공탁사유가 생긴다.[1)]

그런데 종전의 채권자를 가압류채무자 또는 집행채무자로 한 다수의 채권가압류 또는 압류결정이 순차 내려짐으로써 그 채권이 종전 채권자에게 변제되어야 한다면 압류경합으로 인하여 법 248조 1항 소정의 집행공탁의 사유가 생기는 경우에, 채무자는 민법 487조 후단 및 법 248조 1항을 근거로 채권자불확지를 원인으로 하는 변제공탁과 압류경합 등을 이유로 하는 집행공탁을 하는 이른바 **혼합공탁**을 할 수 있다.[2)3)]

3) 이러한 혼합공탁은 변제공탁에 관련된 **새로운 채권자**에 대해서는 변제공탁으로서의 효력이 있고, 집행공탁에 관련된 **압류채권자 등**에 대해서는 집행공탁으로서의 효력이 있다.[4)] 다만 채권양도 등과 종전 채권자에 대한 압류가 경합되었다고 하여 항상 채권이 누구에게 변제되어야 하는지 과실 없이 알 수 없는 경우에 해당하는 것은 아니고, 비록 그렇게 볼 사정이 있다고 하더라도 공탁은 공탁자가 자기의 책임과 판단하에 하는 것으로서, 채권양도 등과 압류가 경합된 경우에 공탁자는 나름대로 누구에게 변제를 해야 할 것인지를 판단하여 그에 따라 변제공탁이나 집행공탁 또는 혼합공탁을 **선택**하여 할 수 있다.[5)]

---

1) 집행공탁은 공탁 이후 행해질 배당 등 절차의 진행을 전제로 한 것인데, **처분금지가처분**은 그것이 설령 금전채권을 목적으로 하더라도(예컨대 채권의 추심 및 처분금지가처분) 이러한 배당 등 절차와는 관계가 없으므로 제 3 채무자로서는 처분금지가처분을 이유로 집행공탁을 할 수는 없고, 다만 채권자불확지를 원인으로 하는 변제공탁을 할 수 있다. 대판 2008. 5. 15. 2006다74693.

2) 양도금지 또는 제한의 특약이 있는 채권에 관하여 채권양도통지가 있었으나 그 후 양도통지의 철회나 무효의 주장이 있는 경우 제 3 채무자로서는 ① 그 채권양도의 효력에 관하여 의문이 있어 민법 487조 후단의 채권자불확지를 원인으로 한 **변제공탁사유**가 생기고, ② 그 채권양도 후에 그 채권에 관하여 다수의 채권가압류 또는 압류결정이 순차 내려짐으로써 그 채권양도의 대항력이 발생하지 않는다면 압류경합으로 인하여 법 248조 1항의 **집행공탁사유**가 생기는 경우에도 **혼합공탁**을 할 수 있다. 대판 2001. 2. 9. 2000다10079.

3) 채권자불확지 변제공탁과 집행공탁을 원인으로 혼합공탁을 하려는 경우 특별한 사정이 없는 한 피공탁자 주소지 관할공탁소에 공탁해야 한다(이 경우 피공탁자들 가운데 어느 한 사람의 주소지 관할공탁소에 공탁할 수 있다). 이 경우 공탁서의 피공탁자란에는 '양도인(집행채무자) 또는 양수인'을 피공탁자로 기재하고, 집행채권자 등(가압류나 압류채권자들)은 공탁서에 피공탁자로 기재하지 않는다. 한편 공탁원인사실란에는 채권자불확지 등 변제공탁사유와 가압류나 압류명령 및 그 송달일자, 채권양도와 그 통지일자 등을 구체적으로 기재해야 한다. 행정예규 제1400호 '금전채권의 혼합공탁에 관한 사무처리지침'(**2024. 6. 27. 제정, 2024. 8. 1. 시행**) 3조 · 5조; 법원실무제요 민사집행(4), 341쪽.

4) 대판 2008. 1. 17. 2006다56015, 2015. 2. 12. 2013다75830, 2018. 10. 12. 2017다221501.

5) 대판 2005. 5. 26. 2003다12311. 채권가압류명령과 확정일자 있는 채권양도통지가 동시에 제 3 채무자에게 송달된 경우, 제 3 채무자는 송달의 선후가 불명한 경우에 준하여 채권자를 알 수 없다는 이유로 **변제공탁**을 할 수 있다. 대판(전) 1994. 4. 26. 93다24223, 대판 2004.

4) 혼합공탁을 전제로 하는 공탁사유신고를 받은 집행법원은 채권양도의 유·무효 등의 확정을 통하여 공탁된 금액을 수령할 본래의 채권자가 확정되지 않는 이상 그 후의 절차를 진행할 수 없고, 따라서 확정될 때까지는 사실상 절차를 정지해야 한다. 집행법원이 배당절차를 진행하기 위해서는(즉 집행채권자가 위 공탁금에서 그 채권액을 배당받기 위해서는) **(가)압류의 대상이 된 채권**이 **집행채무자에게 귀속**하는 것을 **증명하는 문서**를 공탁사유신고가 이루어진 집행법원 및 공탁소에 제출해야 한다.[1]

이러한 **혼합해소문서**로서는, 예컨대 집행채무자에게 공탁금출급청구권이 있다는 것을 증명하는 확인판결의 정본과 그 판결의 확정증명서나 그와 동일한 내용의 화해조서 정본, 집행채무자에게 공탁금출급청구권이 있다는 것을 증명하는 동의서(인감증명서 또는 본인서명사실확인서나 전자본인서명확인서 첨부) 등이 있다.[2]

5) 혼합공탁 해소문서에 의하여 공탁된 금액의 귀속자가 밝혀지면 그에 따라 **배당절차**를 진행하거나(**집행공탁**으로 밝혀진 경우) **공탁사유신고불수리결정**을 한다(**변제공탁**으로 밝혀진 경우).[3]

6) 혼합공탁의 경우에 **어떠한 사유로 배당이 실시되었다면** 공탁금에서 지급 또는 변제받을 권리가 있음에도 불구하고 지급 또는 변제받지 못했음을 주장하는 사람은 배당표에 배당받는 것으로 기재된 다른 채권자들을 상대로 **배당이의의 소**를 제기할 수 있다[이 경우 그 배당표상의 지급 또는 변제받을 채권자의 금액에 대하여 다툼이 있다면 이를 **배당이의의 소**라는 단일한 절차에 의하여 한꺼번에 해결함이 상당하기 때문이다]. 따라서 공탁금에서 적법하게 변제받을 지위에 있는 채권자는 배당이의의 소를 통하여 집행채권자들에 대한 배당액 중 **변제공탁에 해당하는 부분**으로서 **배당재단이 될 수 없는 부분**을 경정하여 이를 자신에게 배당할 것을 청구할 수 있다.[4] 다만 이 경우에 집행공탁에 의한 정당한 배당재단 부분에 대해서는 다른 배당이의의 사유가 없는 한 종전의 배당표에서 정한 배당순위에 영향이 없으므로

---

9. 3. 2003다22561. 이 경우에는 변제공탁 외에도 법 291조, 248조 1항에 의하여 가압류에 관련된 금전채권에 대한 **집행공탁**을 할 수도 있으며, 위와 같은 사유를 들어 채권자불확지 변제공탁과 집행공탁을 합한 **혼합공탁**도 할 수 있다. 대판 2013. 4. 26. 2009다89436.

1) 행정예규 제1400호 '금전채권의 혼합공탁에 관한 사무처리지침'(2024. 6. 27. 제정, 2024. 8. 1. 시행) 8조 3항.; 법원실무제요 민사집행(4), 343쪽.

2) 대판 2008. 1. 17. 2006다56015; 재판예규 제1632호 '본인서명사실 확인 등에 관한 법률에 따른 재판사무 등 처리지침'(재일 2012-2, 2016. 12. 23. 개정, 2017. 1. 1. 시행) 2조.

3) 양진수, 주석서(5), 1059쪽. 혼합공탁의 경우 집행공탁의 측면에서 보면 공탁자는 피공탁자들에 대해서는 물론이고 가압류채권자를 포함하여 그 집행채권자에 대해서도 채무로부터의 해방을 인정받고자 공탁하는 것이다. 따라서 피공탁자가 공탁물의 출급을 청구할 때에 **다른 피공탁자**에 대한 관계에서만 공탁물출급청구권이 있음을 증명하는 서면을 갖추는 것으로는 부족하고, 위와 같은 **집행채권자**에 대한 관계에서도 공탁물출급청구권이 있음을 증명하는 서면을 구비·제출해야 한다. 대판 2012. 1. 12. 2011다84076.

4) 대판 2006. 2. 9. 2005다28747, 2008. 5. 15. 2006다74693, 2014. 11. 13. 2012다117461 등

집행채권자의 채권이 배당표상의 다른 집행채권자의 채권보다 앞서거나 또는 적어도 같은 순위이기 때문에 그 배당이 잘못되지 않았더라도 여전히 배당을 받을 수 있었던 범위에서는 배당액이 유지되어야 하며, 결국 그 배당액을 넘는 범위에 한하여 배당표의 경정이 허용된다.[1)]

2. 권리공탁

(1) 의 의

1) 금전채권에 대하여 압류(가압류)가 있는 경우 제 3 채무자는 압류채권자가 경합된 경우뿐만 아니라, 경합되지 않은 경우에도 공탁할 수 있다(법 248조 1항). 이는 어디까지나 제 3 채무자의 **권리**로서 인정되는 것으로,[2)] 이를 **권리공탁**이라 한다. 권리공탁은 압류채권자가 추심하지 않고 있는 경우 또는 집행정지에 의하여 추심권의 행사가 제한된 경우 제 3 채무자가 이행지체의 책임을 면하기 위하여 자발적으로 하는 공탁이다.

2) **현행법**은 제 3 채무자의 권리공탁의 요건으로 **압류경합을 요구하지 않고** 있다. **구법**하에서는 기본적으로 압류경합(압류 · 압류 또는 압류 · 가압류)을 그 요건으로 함으로써 하나의 또는 여러 개의 가압류만 있는 경우에는 집행공탁을 허용하지 않았다.[3)] 다만 구법하에서도 가압류의 경우라도 민법 487조의 '채권자가 변제를 받을 수 없는 때'를 원인으로 하여 변제공탁을 할 수 있다는 대판(전) 1994. 12. 13. 93다951의 취지에 따라[4)] **관련 예규**가 **제정**되어[5)] 이러한 경우에도 민법

1) 대판 2014. 11. 13. 2012다117461.

2) 대판 2018. 10. 25. 2016다223067.

3) 구법[구 민소 581조 1항(금전채권에 관하여 배당요구의 송달을 받은 경우 제 3 채무자는 그 채무액을 공탁할 권리가 있다)]하에서 제 3 채무자에게 집행공탁을 할 수 있는 권리를 인정한 이유는, 채권에 대한 강제집행절차에서 피압류채권에 대하여 권리를 주장하는 사람이 여럿 있고 위 채권액이 모든 사람에게 만족을 줄 수 없는 경우에 제 3 채무자에게 배당요구 또는 이중압류의 유무 및 각 압류의 적부를 심사하게 하고 그 진실한 권리자 또는 우선권자에게 적정한 배당을 하게 하는 것이 제 3 채무자에게 부담을 주고 강제집행절차의 적정을 해할 우려가 있기 때문이다. 대판 2004. 4. 9. 2002다10691.

4) 위 전원합의체 판결은 "민법상의 변제공탁은 채무를 변제할 의사와 능력이 있는 채무자로 하여금 채권자의 사정으로 채무관계에서 벗어나지 못하는 경우를 대비할 수 있도록 마련된 제도로서 그 제487조 소정의 변제공탁의 요건인 '채권자가 변제를 받을 수 없는 때'의 변제라 함은 채무자로 하여금 종국적으로 채무를 면하게 하는 효과를 가져다주는 변제를 의미하는 것이므로 채권이 가압류된 경우와 같이 형식적으로는 채권자가 변제를 받을 수 있다고 하더라도 채무자에게 여전히 이중변제의 위험부담이 남는 경우에는 마찬가지로 '채권자가 변제를 받을 수 없는 때'에 해당한다고 보아야 할 것이기 때문이다."라고 판시했다.

5) 행정예규 제232호 '채권 가압류시 제 3 채무자의 공탁방법 및 처리절차'(1994. 12. 27. 제정)

487조에 따른 변제공탁을 허용했었다.[1)]

따라서 **가압류채권자**만 있는 경우에도 권리공탁할 수 있다(법 291조 본문, 248조 1항). 한편 **가압류집행**을 원인으로 하는 법 291조, 248조 1항의 공탁(**가압류 집행공탁**)은 원래의 채권자인 가압류채무자를 피공탁자로 하는 **일종의 변제공탁**이다. 민사집행법의 제정·시행 전 판례가 이 경우에 변제공탁으로 허용한 바 있음은 앞서 본 바와 같다.[2)] 가압류의 효력은 그 청구채권액에 해당하는 공탁금액에 대한 가압류채무자의 **공탁금출급청구권**에 존속한다(법 297조). 즉 가압류 집행공탁은 가압류채무자를 피공탁자로 기재하고 제 3 채무자가 공탁관으로 바뀌게 되는 **변제공탁의 실질**을 가지고 있으므로 종전의 제 3 채무자에 대한 채권상 부담은 **새로운 제 3 채무자**(**공탁관**)에 대한 **채권**(**공탁금출급청구권**)에 그대로 유지된다. 따라서 가압류집행을 원인으로 하는 공탁은 채권압류를 원인으로 하는 **법 248조에 의한 집행공탁과는 그 성질이 다르다**. 즉 법 291조에 의하여 법 248조가 준용된다고 하더라도 이는 단지 **공탁의 근거를 부여**하는 데 불과하며, 법 248조의 집행공탁과는 같은 성질의 공탁이 이루어지는 것을 뜻하는 것은 아니다.[3)]

3) **체납처분에 의한 압류**는 그 자체만을 이유로 집행공탁을 할 수 있는 법 248조 1항의 '압류'에는 포함되지 않는다.[4)] 따라서 제 3 채무자는 하나 또는 여럿의 체납처분에 의한 채권압류가 있다는 사유만으로는 체납자를 피공탁자로 한 변

는 채권이 가압류된 경우뿐만 아니라 복수의 가압류, 단일 압류, 압류의 경합이 없는 복수의 압류 등 구 민사소송법 581조에 의한 집행공탁이 불가능한 경우에도 제 3 채무자는 민법 487조 소정의 변제공탁요건인 '채권자가 변제를 받을 수 없는 때'를 원인으로 하는 변제공탁을 할 수 있다고 규정했었다(위 행정예규는 민사집행법이 제정·시행됨에 따라 행정예규 제481호로 폐지되었다). 전휴재, "가집행선고부 판결에 기한 가지급금 공탁의 문제점과 개선방안," 민사집행법연구 21권(송천이시윤박사 추모기념, 2025. 2.), 337쪽.

1) 위 전원합의체 판결에 대하여 법리적 논란이 있어 이를 입법적으로 해결하기 위하여 2002년 민사집행법 제정시 법 248조 1항을 둠으로써 압류경합 발생 여부와 관계없이 제 3 채무자가 압류에 관련된 채권 전액을 공탁할 수 있는 이른바 권리공탁을 인정하기에 이르렀다. 전휴재, "가집행선고부 판결에 기한 가지급금 공탁의 문제점과 개선방안," 민사집행법연구 21권(송천이시윤박사 추모기념, 2025. 2.), 338쪽.

2) 금전채권에 가압류가 있는 때에 하는 공탁은 변제공탁과 마찬가지로 피공탁자란에 가압류채무자를 적고, 가압류채무자에게 공탁통지서를 발송한다. 행정예규 제1018호 '제 3 채무자의 권리공탁에 관한 업무처리절차'(2014. 5. 16. 개정, 2014. 5. 19. 시행) 4.가.(2),(4).

3) 이우재, 부동산 및 채권집행에서의 배당의 제문제(2판, 2012년), 1354쪽·1355쪽; 지은희, "체납처분에 의한 압류와 민사집행법상 압류 또는 가압류가 경합하는 경우 집행공탁 허용 여부," 사법논집 63집(2017년), 413쪽; 법원실무제요 민사집행(4), 331쪽·614쪽; 법원공무원교육원, 공탁실무(2023년), 251쪽.

4) 대판 2007. 4. 12. 2004다20326, 2015. 8. 27. 2013다203833.

제공탁(민 487조)이나 법 248조 1항에 의한 집행공탁을 할 수 없다.[1)]

다만 민사집행법에 따른 **압류**와 **체납처분에 의한 압류**가 **경합**하는 경우에는 그 선후를 불문하고 제 3 채무자는 법 248조 1항에 따른 집행공탁을 하여 면책될 수 있다. 따라서 제 3 채무자는 체납처분에 의한 압류와 민사집행법에 따른 압류가 있다는 사유만으로는 체납자(압류채무자)를 피공탁자로 하여 변제공탁을 할 수 없으나, 법 248조 1항에 근거하여 압류와 관련된 **금전채권액 전액**을 공탁할 수 있다.[2)3)]

한편 민사집행법에 따른 **가압류**와 **체납처분에 의한 압류**가 **경합**하는 경우, **판례**는, 채무자의 금전채권에 대한 가압류가 있다고 하더라도 이러한 가압류 전에 그 채권에 대하여 체납처분에 의한 압류가 있는 때에는 제 3 채무자가 체납처분에 의한 압류채권자의 추심권행사에 응해야 하므로, 변제공탁이나 집행공탁이 허용되지 않고, 따라서 제 3 채무자가 공탁했다고 하더라도 체납처분에 의한 압류채권자는 여전히 제 3 채무자를 상대로 직접 피압류채권을 추심할 수 있다고 보았다.[4)5)]

---

1) 행정예규 제1060호 '금전채권에 대하여 민사집행법에 따른 압류와 체납처분에 의한 압류가 있는 경우의 공탁절차 등에 관한 업무처리지침'(2015. 12. 9. 제정, 2016. 1. 1. 시행).

2) 공탁선례 제201512-1호 '금전채권에 대하여 민사집행법에 따른 압류와 체납처분에 의한 압류가 있는 경우 제 3 채무자가 공탁할 수 있는지 여부'(2015. 12. 31. 제정 · 시행); 대판 2007. 9. 6. 2007다29591, 2015. 7. 9. 2013다60982, 2015. 8. 27. 2013다203833. 판례가 이 경우 집행공탁을 허용함으로써 제 3 채무자로 하여금 쉽게 채무를 면할 수 있도록 그 보호를 강화하는 한편, 체납처분권자가 추심한 경우와 압류채권자가 추심한 경우 및 제 3 채무자의 공탁으로 배당절차가 진행되는 경우에 모두 동일한 결론에 이를 수 있도록 법률관계를 정리했다고 보는 견해로는, 지은희, "체납처분에 의한 압류와 민사집행법상 압류 또는 가압류가 경합하는 경우 집행공탁 허용 여부," 사법논집(법원도서관) 63집(2017년), 428쪽.

3) 이 경우 공탁을 한 후 즉시 공탁서를 첨부하여 그 내용을 서면으로 압류명령을 발령한 집행법원에 사유신고를 해야 한다. 한편 민사집행법에 따른 압류가 둘 이상 경합하는 경우의 사유신고는 **먼저 송달된 압류명령**의 **발령법원**에 해야 한다. 행정예규 제1060호 '금전채권에 대하여 민사집행법에 따른 압류와 체납처분에 의한 압류가 있는 경우의 공탁절차 등에 관한 업무처리지침'(2015. 12. 9. 제정, 2016. 1. 1. 시행).

4) 대판 1999. 5. 14. 99다3686, 2008. 11. 13. 2007다33842, 2012. 5. 24. 2009다88112. 한편 가압류가 있은 후에 그 채권에 대하여 체납처분에 의한 압류가 있는 때에는 제 3 채무자가 집행공탁을 할 수 있다고 보았다. 대판 2007. 9. 6. 2007다29591.

5) 이러한 판례의 입장에 대하여, 체납처분에 의한 압류와 민사집행법에 따른 압류가 경합하는 경우 제 3 채무자의 집행공탁을 인정한 판례의 취지에 비추어 볼 때, 체납처분압류와 가압류가 경합하는 때에도 그 선후와 관계없이 민사집행법 규정에 의한 집행공탁이 허용되어야 하므로, 체납처분압류와 가압류가 경합할 경우 제 3 채무자의 집행공탁을 부정한 종전의 판례와 실무는 차후 변경되어야 할 것으로 보인다는 지적으로는, 손진홍, 채권집행의 이론과 실무(하)(2판, 2016년), 110쪽; 지은희, "체납처분에 의한 압류와 민사집행법상 압류 또는 가압류가 경합하는 경우 집행공탁 허용 여부," 사법논집 63집(2017년), 419쪽.

그러나 **대법원**은 **2023. 11. 29.** 이에 관한 **공탁선례**[공탁선례 제202311호 '금전채권에 대하여 민사집행법에 따른 가압류와 체납처분에 의한 압류가 경합하는 경우 제 3 채무자는 민사집행법 제291조, 제248조 제 1 항의 공탁을 할 수 있는지 여부'(**2023. 11. 29. 제정**)]를 **제정**하여, 금전채권에 대하여 압류와 체납처분압류가 경합하는 경우에 **그 선후**를 **불문하고** 법 248조 1항에 따른 집행공탁이 허용되는 이상 **가압류와 체납처분압류가 경합하는 경우에도** 그 **선후**를 **불문하고** 제 3 채무자는 **법 291조, 248조 1항의 공탁**(가압류 집행공탁)을 함으로써 강제집행(징수)과 이중지급의 위험으로부터 벗어날 수 있으며, 이는 **가압류와 관련된 금전채권 전액을 공탁하는 경우에도** 같다는 입장을 취하고 있어,[1] **2023. 11. 29.** 제정된 **공탁선례**에 저촉되는 범위에서 **판례의 변경**이 예상된다. 이러한 공탁선례의 입장에 의하면, 만약 제 3 채무자가 가압류와 체납처분압류의 경합을 원인으로 공탁하는 경우 제 3 채무자는 가압류채권자뿐만 아니라 체납처분권자에 대해서도 면책되고 가압류의 효력이 공탁금출급청구권에 존속하는 것과 마찬가지로 체납처분압류의 효력도 공탁금출급청구권에 대하여 존속한다고 본다. 이 경우 체납처분권자는 배당절차가 개시[공탁금출급청구권에 대한 압류가 이루어져 (가)압류금액 및 체납처분압류금액의 총액이 공탁금을 초과하거나 가압류를 본압류로 이전하는 압류명령이 국가(공탁관)에 송달된 경우]되기 전에는 공탁관에게 체납처분압류의 효력이 미치는 부분에 대한 공탁금의 출급을 청구할 수 있다.

4) 제 3 채무자가 압류나 가압류를 이유로 집행공탁(법 248조 1항, 291조 본문)을 하면 제 3 채무자에 대한 피압류채권은 소멸하고, 한편 채권에 대한 압류·가압류명령은 그 명령이 제 3 채무자에게 송달됨으로써 효력이 생기므로(법 227조 3항, 291조 본문), 제 3 채무자의 **집행공탁 전**에 동일한 피압류채권에 대하여 다른 채권자의 신청에 의하여 압류·가압류명령이 **발령**되었더라도, 제 3 채무자의 **집행공탁 후**에야 그에게 **송달**되었다면, 그 압류·가압류명령은 집행공탁으로 인하여

---

1) 위 공탁선례는 그 근거로, ① 가압류를 원인으로 한 법 291조, 248조 1항에 따른 공탁은 (가)압류의 경합 없이 단일의 가압류로도 가능하므로 민사집행법에 따른 가압류와 체납처분에 의한 압류(체납처분압류)가 경합하는 경우에 가압류의 존재만으로 공탁의 요건을 충족한다는 점, ② 민사집행법에 따른 압류와 체납처분압류가 경합하는 경우와 마찬가지로 가압류와 체납처분압류가 경합하는 경우에 사인(私人)인 제 3 채무자가 위 각 (가)압류와 체납처분압류의 법률상 차이점, 우선순위 등을 잘 알지 못하므로 공탁을 통하여 제 3 채무자를 면책시킬 필요성이 있다는 점, ③ 그 이후의 배당절차에서 체납처분권자가 참여하는 문제도 압류와 체납처분압류가 경합하는 경우와 동일하다는 점 등을 들고 있다.

이미 소멸한 피압류채권에 대한 것이어서 압류·가압류의 효력이 생기지 않는다.[1)]

5) 제 3 채무자가 공탁한 경우 그 공탁 후 공탁금의 **출급청구권** 또는 **회수청구권**에 대한 **압류 등의 경합** 등으로 **사유신고를 할 사정**이 발생한 때에는 **공탁관**은 지체 없이 그 공탁사실을 **집행법원에 신고**해야 한다(공탁규칙 58조 1항).[2)3)]

(2) 부분공탁·전액공탁

1) 제 3 채무자로서는 압류된 부분만 **부분공탁**을 하든지, **전액공탁**을 할 수 있다(법 248조 1항).[4)] 즉 채권자의 공탁청구, 추심청구, 경합 여부 등을 따질 필요 없이 해당 압류에 관련된 채권 전액을 공탁할 수 있다.

이에 따라 금전채권의 **일부**만이 **압류**되었음에도 그 채권 **전액**을 **공탁**한 경우(**일괄공탁**)에는 그 공탁금 중 압류의 효력이 미치는 금전채권액은 그 성질상 당연히 **집행공탁**으로 보아야 하나, 압류금액을 초과하는 부분은 압류의 효력이 미치지 않으므로 집행공탁이 아닌 **변제공탁**으로 보아야 한다.[5)] 따라서 채무자는 그 부분에 한하여 출급받을 수 있다.[6)7)]

---

1) 대판 2008. 11. 27. 2008다59391, 2015. 7. 23. 2014다87502.

2) 공탁규칙 58조 1항의 규정은 공탁관이 사유신고를 할 경우의 세부절차만을 정한 규정이 아니라 공탁금출급·회수청구권에 대한 압류 등의 경합 등의 사정이 있는 경우 공탁관으로서는 반드시 집행법원에 그 사유를 **신고해야 한다**는 직무상의 의무를 정한 규정이다. 대판 2002. 8. 27. 2001다73107.

3) 공탁금출급·회수청구권에 대하여 압류 또는 가압류가 되었으나 **압류의 경합이 성립하지 않는 경우** 공탁관은 법 248조 1항·4항에 의한 공탁 및 사유신고를 하지 않는다. 행정예규 제1018호 '제 3 채무자의 권리공탁에 관한 업무처리절차'(2014. 5. 16. 개정, 2014. 5. 19. 시행). 다만 공탁금지급청구권에 대하여 복수의 압류명령 등이 있더라도 각 압류의 법률적 성질상 압류액의 총액이 피압류채권액을 초과하지 않아 본래의 의미의 압류경합이라고 볼 수 없는 경우(**압류경합이 없는 복수의 압류**)에도, 공탁관의 입장에서 보아 그 우선순위에 대하여 문제가 있는 **등 압류경합**이 있는지 **여부**에 대한 **판단**이 **곤란**하다고 보이는 객관적 사정이 있는 때에는 공탁관은 **사유신고**를 할 수 있다. 행정예규 제1225호 '공탁관의 사유신고에 관한 업무처리지침'(2020. 5. 27. 개정, 2020. 7. 1. 시행) 1.나.(4).

4) 행정예규 제1018호 '제 3 채무자의 권리공탁에 관한 업무처리절차'(2014. 5. 16. 개정, 2014. 5. 19. 시행).

5) 대판 2008. 5. 15. 2006다74693, 2020. 10. 15. 2019다235702. 일괄공탁에서 압류금액을 초과하는 부분에 대한 공탁을 변제공탁으로 보는 한 이러한 변제공탁에는 공탁근거법령인 민법 487조에 따른 이행의 제공이나 수령거부, 수령거절 등을 요건으로 하지 않는 변제공탁을 인정하는 셈이 된다. 법원행정처, 공탁실무(2022년), 426쪽. 이에 대하여, 이러한 변제공탁을 허용함으로써 민법 487조의 변제공탁의 예외를 설정하고 있다는 견해로는, 전휴재, "가집행선고부 판결에 기한 가지급금 공탁의 문제점과 개선방안," 민사집행법연구 21권(2025. 2.), 329쪽.

6) 뒤에서 보는 바와 같이 공탁자의 공탁사유신고에 의해 배당절차를 진행하는 집행법원으로서는 법 248조 1항에 의한 공탁의 경우에는 항상 그 공탁금 전액이 집행공탁의 성질을 갖는다고 단정할 수 없으므로, 변제공탁의 성질을 갖는 부분까지 배당을 실시하지 않도록 주의해

2) 이러한 **일괄공탁**의 경우(**서로 다른 별개의 공탁**을 공탁자 및 절차의 편의상 한꺼번에 **일괄**하여 공탁하는 경우)[1)2)] 뒤에서 볼 법 247조 1항에 의한 **배당가입차단효**는 배당을 전제로 한 **집행공탁**에 대해서만 발생하므로, 변제공탁에 해당하는 부분에 대해서는 제 3 채무자의 공탁사유신고에 의한 배당가입차단효가 발생할 여지가 없다. 또한 제 3 채무자가 일괄공탁을 하고 그 **공탁사유신고**를 **한 뒤에** 채무자의 **공탁금출급청구권**에 대하여 압류 및 추심명령을 받은 채권자의 경우, **집행공탁**에 해당하는 부분에 대해서는 **배당가입차단효**로 인하여 적법한 배당요구를 했다고 할 수 없지만, **변제공탁**에 해당하는 부분에 대해서는 적법한 배당요구를 했다고 본다.[3)4)]

3) **압류경합상태**에 있는 **피압류채권 중 일부**에 관하여 압류채권자가 추심명령에 기해 추심금 승소확정판결을 받은 경우 제 3 채무자가 위 확정판결에 기한 강제집행을 저지하기 위하여 **집행공탁**을 할 때 공탁해야 할 금액은 **채무 전액**이다.[5)] 이에 반하여 제 3 채무자가 **변제공탁**을 할 때 공탁해야 할 금액은 **위 판결의**

야 한다. 이원, "민사집행법 제248조 제 1 항의 권리공탁에 관한 몇 가지 논의," 청연논총(사법연수원 교수논문집) 7집(2010. 1.), 246쪽.

7) 공탁자가 **일괄공탁**을 하는 경우 공탁금 가운데 압류의 효력이 미치지 않는 부분은 변제공탁으로서 공탁서상 피공탁자란에 '압류채무자'라고 적고, 공탁통지서를 첨부하며, 우편료를 납부해야 한다(공탁규칙 23조 1항·2항). 공탁관은 피공탁자인 압류채무자에게 위 공탁통지서를 발송해야 한다(공탁규칙 29조 1항). 행정예규 제1018호 '제 3 채무자의 권리공탁에 의한 업무처리지침'(2014. 5. 16. 개정, 2014. 5. 19. 시행) 2.다.(1),(2).

1) 이원, "민사집행법 제248조 제 1 항의 권리공탁에 관한 몇 가지 논의," 청연논총(사법연수원) 박국수 사법연수원장퇴임기념(2010년), 220-222쪽; 손진홍, "채권집행과 혼합공탁, 그리고 배당이의," 청연논총(사법연수원) 9집(2012년), 154-155쪽.

2) 실무상 또는 판례상 이 경우도 혼합공탁이라는 용어를 **혼용**하기도 하나, 이 경우 집행공탁의 부분과 변제공탁의 부분에 대한 **배당재원이 나누어져** 있고, 당초부터 '**혼합의 해소'가 될 여지가 없는** 것이므로, 이는 엄밀한 의미의 혼합공탁이라고 볼 수 없다. 따라서 집행법원으로서는 **혼합해소문서의 제출을 기다릴 필요 없이** 집행공탁에 해당하는 부분과 변제공탁에 해당하는 부분의 배당재원을 구분·확정하여, **집행공탁 부분에 대한 배당절차**는 곧바로 개시할 필요가 있다. 지은희, "채권양도계약이 취소된 경우 후행채권압류 및 추심명령 등의 효력과 혼합공탁(또는 일괄공탁)에서 배당가입차단효의 범위," 민사집행법 실무연구(Ⅴ)(재판자료 제141집, 2021년), 704쪽.

3) 대판 2020. 10. 15. 2019다235702.

4) 이 경우 **제 3 채무자**의 **공탁사유신고** 후 채무자의 공탁금출급청구권에 대하여 압류 및 추심명령을 받은 채권자는 집행공탁에 해당하는 부분으로부터 배당받은 사람에 대해서는 배당이의의 소를 제기할 적격이 없고, 변제공탁에 해당하는 부분으로부터 배당받은 사람에 대해서는 배당이의의 소를 제기할 적격이 있다. 대판 2008. 5. 15. 2006다74693.

5) 대판 2004. 7. 22. 2002다22700. 압류경합을 초래한 압류채권자 중 1인에 불과한 사람의 압류채권만을 고려할 것이 아니라 압류경합을 초래한 다른 압류채권자들의 청구금액도 고려해야 하며 압류경합 이후에 추심명령이 발령된 사실은 공탁에 영향을 줄 수 없고, 또한 압류경합상태의 피압류채권의 일부에 대해서만 추심금판결이 있더라도, 압류경합을 이유로 집행공탁하는

원리금만이다.[1]

4) 압류가 경합된 경우 압류 및 추심명령의 제 3 채무자가 공탁해야 할 금원은 채무전액이나 제 3 채무자가 채무 전액을 공탁하지 않아 집행공탁의 효력이 인정되지 않는다고 해도[2] 그 **공탁이 수리**된 후 공탁된 금원에 대하여 배당이 실시되어 **배당절차가 종결**되었다면 그 공탁되어 배당된 금원에 대해서는 **변제의 효력**이 있다.[3]

3. 의무공탁

(1) 의 의

1) 금전채권에 대하여 압류 등 경합하는 다른 채권자의 **공탁청구**가 있는 경우[4] 제 3 채무자는 의무적으로 공탁해야 한다(법 248조 2항 · 3항). 이를 **의무공탁**이라고 한다. 압류된 채권에 대하여 배당요구 또는 이중압류 · 가압류가 있다고 하여 곧바로 제 3 채무자의 공탁의무가 인정되는 것이 아니라, 이러한 **경합채권자**(배당요구채권자, 압류채권자 · 가압류채권자)의 공탁청구가 있는 때에만 **공탁의무**가 인정된다. 따라서 경합채권자로부터 공탁청구가 없는 한 제 3 채무자로서는 추심명령을 얻은 압류채권자에게 변제하면 그 변제의 효력은 다른 채권자에게 미치므로 이로써 다른 채권자에게 대항할 수 있다.[5][6]

이상 그 공탁이 압류경합 상태의 피압류채권의 전액이 아니라 일부인 경우에는 비록 그 공탁액이 추심금판결상의 원리금과 일치하더라도 그 공탁으로 피압류채권의 일부에 대한 추심금판결상의 원리금에 대한 직접 지급의 효력이 생긴다고 보아야 할 근거가 없기 때문이다.

1) 이우재, "구 민사소송법하에서 압류경합 상태에서 추심명령을 얻은 추심채권자가 피압류채권의 일부에 대하여 추심금판결을 얻은 경우, 그 추심판결의 집행력을 배제하기 위하여 제 3 채무자가 집행공탁을 할 경우 공탁하여야 할 금액," 대법원판례해설 51호(2004년 하반기), 543쪽 이하.

2) 압류경합상태의 피압류채권의 일부에 대해서만 추심금판결이 있더라도, 압류경합을 이유로 집행공탁을 하는 이상 그 공탁이 압류경합상태의 피압류채권의 전액이 아니라 일부인 경우에는 설령 그 공탁액이 추심금판결상의 원리금과 일치하더라도 그 공탁으로 피압류채권의 일부에 대한 추심금판결상의 원리금에 대한 직접 지급의 효력이 생긴다고 보아야 할 근거가 없다. 대판 2004. 7. 22. 2002다22700.

3) 대판 2005. 11. 10. 2005다41443, 2014. 7. 24. 2012다91385.

4) 이러한 공탁청구는 일종의 최고로서 집행법원에 대하여 하는 것이 아니며 특별한 형식을 필요로 하지 않지만 뒤에 증명을 쉽게 하기 위해서 내용증명우편 등을 이용함이 바람직하다. 법원실무제요 민사집행(4), 328쪽.

5) 대판 1970. 3. 24. 70다129, 2001. 3. 27. 2000다43819.

6) 현실적으로는 공탁청구가 이루어지는 사례가 드물다. 따라서 사실상 우선청구를 하는 채권자만이 변제받게 된다는 문제점이 생긴다. 이에 압류가 경합하거나 배당요구가 있는 경우에는

2) 제 3 채무자에게 **공탁의무**가 있는 경우 제 3 채무자는 **공탁의 방법**에 의하지 않고는 면책을 받을 수 없다. 따라서 제 3 채무자가 추심채권자 중 한 사람에게 임의로 변제하거나 일부 채권자가 강제집행절차 등에 의하여 추심한 경우, 제 3 채무자는 이로써 **공탁청구한 채권자**에게 채무의 소멸을 주장할 수 없고 이중지급의 위험을 부담한다. 다만 이 경우에도 제 3 채무자는 **공탁청구한 채권자 외의 다른 채권자**에게는 여전히 채무의 소멸을 주장할 수 있다. 공탁의무는 민사집행절차에서 발생하는 제 3 채무자의 **절차협력의무**로서 제 3 채무자의 실체법상 지위를 변경하는 것은 아니기 때문이다.[1)]

3) 제 3 채무자에게 공탁의무가 있는 경우라도 채무자는 제 3 채무자에게 공탁할 것을 청구하는 것이 허용되지 않는다. 공탁은 반드시 법령에 근거해야 하고 당사자가 임의로 할 수 없는 것이기 때문이다.[2)]

제 3 채무자가 배당요구채권자 등 배당절차에 참가한 채권자의 공탁청구에도 불구하고 공탁의무를 이행하지 않을 때에는 **추심명령을 받은** 채권자(추심채권자)가 **법 249조 1항**에 따라 공탁을 명하는 취지의 **추심금청구소송을 제기**하여 그 판결에 기초한 강제집행으로 공탁을 강제하여 공탁이 이루어진 때에 비로소 제 3 채무자는 채무를 면하게 된다.[3)] 즉 제 3 채무자가 이러한 공탁의무를 이행하지 않을 때에도 추심명령을 받지 않은 상태에서는 이를 제기할 원고적격이 없다.[4)]

제 3 채무자가 의무적으로 공탁을 하게 하여 채권자평등의 원칙을 실현해야 한다는 입장에서 관련규정을 개정해야 한다는 견해로는, 손진홍, "2009년 민사집행법 개정논의에 대한 검토," 민사집행법연구 6권(2010. 2.), 13쪽 이하. 한편 일본의 경우 1980년 민사집행법을 제정하면서 압류경합이 있는 경우 그 가운데 일부 채권자의 추심권행사를 제한하고, 제 3 채무자로서는 (채권자의 **공탁청구가 없어도**) 공탁해야만 채무를 면할 수 있도록 하는 등[일본 민사집행법 156조(제 3 채무자의 공탁) 2항] 채권집행절차를 대폭 개선했다.

1) 공탁청구한 채권자라고 하더라도, 공탁이 되었더라면 후속 배당절차에서 배당받을 수 있었던 금액을 초과하여 제 3 채무자에게 추심할 수 있다고 하면 **공탁청구 당시** 기대할 수 있었던 정당한 범위를 넘어서 추심권을 행사할 수 있도록 허용하는 것이 되어 부당하다. 따라서 **공탁청구한 채권자**가 제 3 채무자를 상대로 추심할 수 있는 금액은, 제 3 채무자가 공탁청구에 따라 해당 금액을 공탁했더라면 공탁청구한 채권자에게 배당될 수 있었던 금액 범위에 한정된다. 그리고 제 3 채무자가 해당 금액을 공탁했더라면 배당받을 수 있었던 금액은 공탁청구 시점까지 배당요구한 채권자 및 배당요구의 효력을 가진 채권자에게 배당할 경우를 전제로 산정할 수 있고, 이때 배당받을 채권자, 채권액, 우선순위에 대해서는 제 3 채무자가 주장·증명해야 한다. 대판 2012. 2. 9. 2009다88129; 조용현, "민사집행법 제248조 제 3 항이 규정한 제 3 채무자의 공탁의무 위반의 효과," 민사집행법실무연구(4)(재판자료 131집, 2016년), 1쪽 이하.

2) 대판 2014. 11. 13. 2012다52526.

3) 법원실무제요 민사집행(4), 329쪽.

4) 대판 1979. 7. 24. 79다1023.

(2) 의무공탁의 사유 및 범위

금전채권에 관하여, ① 배당요구서를 송달받은 제 3 채무자는 **배당에 참가한 채권자의 청구**가 있으면 압류부분에 해당하는 금액을 공탁해야 하며(**부분공탁**, 법 248조 2항), ② 압류되지 않은 부분을 초과하여 거듭 이중압류명령 또는 가압류명령이 내려진 경우에 그 명령을 송달받은 제 3 채무자가 **압류 또는 가압류채권자의 청구**가 있으면 그 채권의 전액에 해당하는 금액을 공탁해야 한다(**전액공탁**, 법 248조 3항).

4. 공탁사유신고

(1) 의 의

1) 집행절차에서 공탁사실만으로는 집행법원이 배당절차가 진행되어야 한다는 사실을 알 수가 없으므로, **공탁한 당사자**나 공탁금을 보관하고 있는 **공탁관**으로부터 배당절차를 통하여 배당되어야 할 돈이 공탁되어 있으므로 집행법원이 배당절차를 진행하라는 **사유신고가 있어야만** 집행법원으로서는 **배당절차**를 **개시**할 수 있게 된다. 이와 같이 집행법원에 배당되어야 할 돈이 공탁되었다는 사실을 알리는 것이 **공탁사유신고**이다.

2) **제 3 채무자**가 채무액을 공탁한 때에는 그 사유를 **집행법원에 신고**해야 한다(법 248조 4항 본문). 제 3 채무자가 공탁만 하고 상당한 기간 내에 그 **사유를 신고하지 않은 때**에는 절차의 촉진을 위하여 압류채권자, 가압류채권자, 배당에 참가한 채권자, 채무자, 그 밖의 **이해관계인**이 사유신고를 할 수 있다(법 248조 4항 단서).

3) **채권가압류**에 기한 법 291조, 248조 1항에 의한 공탁은 **사유신고대상이 아니고**, 뒤에서 보는 바와 같이 새로운 권리자의 **배당가입을 차단하는 효력**도 발생하지 않는다. 채권가압류로 인한 공탁을 한 후 신고를 한다고 하더라도 그 신고는 채권압류로 인한 공탁을 한 후에 하는 사유신고와는 그 의미가 달라서 단순히 가압류발령법원에 공탁사실을 알려주는 의미밖에 없으므로 그 신고는 집행법원이 아닌 **가압류발령법원**에 해야 한다.[1)2)]

---

1) 법원실무제요 민사집행(4), 339쪽.

2) 다만 행정예규 제1018호 '제 3 채무자의 권리공탁에 관한 업무처리절차'(2014. 5. 16. 개정, 2014. 5. 19. 시행) 4.가.(1)은 "제 3 채무자는 가압류된 채권액 또는 가압류와 관련된 금전채권

4) 공탁사유신고 등의 **방식**에 대해서는 **규칙 172조**에서 규정하고 있다. 이러한 공탁사유신고는 사건의 표시, 채권자·채무자 및 제 3 채무자의 이름, 공탁사유와 공탁한 금액을 적은 서면으로 해야 하며(규칙 172조 1항. 제 3 채무자가 하는 집행공탁에 따른 공탁사유신고서에는 **공탁서**를 붙여야 한다. 규칙 172조 2항), 압류된 채권에 관하여 다시 압류명령 또는 가압류명령이 송달된 경우에는 **먼저 송달된 압류명령**을 발령한 법원에 해야 한다(규칙 172조 3항).

5) **제 3 채무자**의 이러한 **공탁사유의 신고시**가 **배당요구의 종기**가 된다(법 247조 1항 1호). 즉 **배당가입차단효**가 발생한다(다만 뒤에서 보는 바와 같이 집행법원이 공탁사유신고에 대하여 **불수리결정**을 할 경우에는 배당요구의 종기는 도래하지 않는다). 민사집행법이 압류채권자 이외의 채권자에게 배당요구의 방법으로 채권에 대한 강제집행절차에 참가하여 압류채권자와 평등하게 자기채권의 변제를 받는 것을 허용하면서도, 다른 한편으로는 배당요구의 종기를 제 3 채무자의 공탁사유의 신고시까지로 제한하고 있는 이유는 제 3 채무자가 채무액을 공탁하고 그 사유신고를 마치면 배당할 금액이 판명되어 배당절차를 개시할 수 있는 만큼 늦어도 그 때까지는 배당요구가 마쳐져야 배당절차의 혼란과 지연을 막을 수 있기 때문이다.[1)]

(2) 배당절차의 개시

1) 제 3 채무자가 공탁한 때에는 배당절차가 개시된다(법 252조 2호). 채무액을 공탁한 제 3 채무자가 그 사유를 법원에 신고하면 배당절차가 개시되는 것이 원칙이지만 법원이 사유신고서를 접수한 결과 배당절차에 의할 것이 아니라고 판단될 경우 즉 **불수리사유**가 발견된 경우(착오 또는 오류에 의하여 집행공탁을 하고 사유신고를 했다는 등)에는 **공탁사유신고불수리결정**을 할 수 있다. 이 경우에는 배당절차가 개시되는 것이 아니므로 그 사유신고에는 새로운 권리자의 배당가입을 차단하는 법 247조 1항 1호 소정의 효력(**배당가입차단효**)이 인정되지 않는다.[2)]

액 전액을 공탁할 수 있고, 공탁을 한 후 즉시 공탁서를 첨부하여 그 **내용**을 서면으로 **가압류발령법원에 신고**하여야 한다."라고 규정하고 있다.

1) 대판 1999. 5. 14. 98다62688, 2008. 5. 15. 2006다74693.

2) 대판 2005. 5. 13. 2005다1766.

▣ **집행채권에 대하여 압류 등이 된 후 집행채권자가 채무자의 채권에 대하여 압류를 하는 경우와 제 3 채무자의 공탁에 따른 공탁사유신고시 법원의 조치**

집행채권에 대한 압류 등이 있은 후에 집행채권자가 그 채무자의 채권에 대하여 압류명령을 받은 경우에 그 채권압류명령의 제 3 채무자는 민사집행법에 따른 공탁을 함으로써 채무를 면할 수 있다. 그러나 이러한 채권압류명령은 보전적 처분으로서 유효한 것이며 추심명령이나 전부명령과 같이 현금화나 만족적 단계로 나아가는 데에는 **집행장애사유**가 존재하므로, 이를 원인으로 한 공탁에는 **가압류를 원인으로 한 공탁**과 마찬가지의 효력만이 인정된다. 따라서 위와 같은 공탁에 따른 사유신고는 부적법하고, 이로 인하여 채권배당절차가 실시될 수는 없다. 만약 그 채권배당절차가 개시되었더라도 배당금이 지급되기 전이라면 집행법원은 **공탁사유신고를 불수리**하는 결정을 해야 한다.[1]

2) **압류가 경합**되면 각 압류의 효력은 피압류채권 전부에 미치므로(법 235조), 압류가 경합된 상태에서 제 3 채무자가 **집행공탁**을 하여 피압류채권을 소멸시키면 그 효력은 압류경합관계에 있는 모든 채권자에게 미친다.[2] 이때 압류경합관계에 있는 모든 채권자의 압류명령은 그 목적을 달성하여 효력을 상실하고 압류채권자의 지위는 **집행공탁금에 대하여 배당을 받을 채권자**의 지위로 전환된다.[3] 따라서 **압류채권자**는 제 3 채무자의 공탁사유신고시까지 법 247조에 의한 배당요구를 하지 않더라도 그 배당절차에 참가할 수 있다.[4] 한편 이러한 법리는 **민사집행법에 따른 압류**와 **체납처분에 따른 압류**가 경합한 후 제 3 채무자가 집행공탁을 하는 경우에도 마찬가지로 적용된다.[5]

3) **판례**는, 집행공탁이 요건을 갖추지 못한 경우라 하더라도 채권자가 **집행**

---

1) 대판 2016. 9. 28. 2016다205915.

2) 대판 2003. 5. 30. 2001다10748, 2015. 4. 23. 2013다207774.

3) 대판 2015. 4. 23. 2013다207774, 2019. 1. 31. 2015다26009.

4) 이러한 법리는 압류가 경합된 상태에서 제 3 채무자가 집행공탁을 하여 사유를 신고하면서 경합된 **압류 중 일부에 관한 기재를 누락한 때**에도 마찬가지로 적용된다. 따라서 그 후 이루어진 공탁금에 대한 배당절차에서 기재가 누락된 압류의 집행채권이 배당에서 제외된 경우에 그 압류채권자는 과다배당을 받게 된 다른 압류채권자 등을 상대로 **배당이의의 소**를 제기하여 배당표의 경정을 구할 수 있다. 대판 2004. 11. 26. 2003다58959, 2015. 4. 23. 2013다207774. 앞서의 기재가 누락된 압류의 집행채권이 배당에서 제외된 경우 그 압류채권자가 배당기일에 배당이의를 한 후 배당이의의 소를 제기하지 못했다고 하더라도 과다배당을 받은 다른 압류채권자 등을 상대로 자신이 배당받을 수 있었던 금액만큼 **부당이득반환청구의 소**를 제기할 수 있다. 대판 2022. 9. 29. 2019다278785.

5) 대판 2015. 4. 23. 2013다207774, 2015. 8. 27. 2013다203833.

공탁의 흠을 추인하며 그 집행공탁에 기초하여 진행된 배당절차에 참여하여 배당요구를 함에 따라 해당 채권에 관계된 채권자들에게 우선순위에 따라 배당이 이루어졌다면, 집행공탁의 흠은 치유되고 채무변제의 효력이 발생한다고 한다.[1)]

▣ **채권가압류를 원인으로 제 3 채무자가 채무액을 공탁하고 그 사유를 신고한 경우 배당가입차단효가 인정되는지 여부**

채권가압류를 원인으로 제 3 채무자가 채무액을 **공탁**하고 그 사유를 신고를 했다고 하더라도(법 291조, 248조 1항 · 4항) 이로써 그 공탁금으로부터 배당 등을 받을 수 있는 채권자의 범위를 확정하는 배당가입차단효가 인정되는 것이 아니고 배당절차를 개시하는 사유도 되지 않는다.[2)] 제 3 채무자가 채권가압류를 원인으로 공탁한 후 그 내용을 서면으로 **가압류발령법원**에 신고하는 경우 이러한 서면신고는 단순히 가압류발령법원에 공탁사실을 알려주는 의미밖에 없으므로,[3)] 채권압류나 압류경합을 원인으로 하는 공탁 및 그 사유신고와는 그 법적 성질이 다르다.

4) 금전채권에 대한 **가압류**를 원인으로 제 3 채무자가 **법 291조, 248조 1항에 따른 공탁**을 하면 공탁에 따른 채무변제의 효과로 당초의 **피압류채권인 채무자의 제 3 채무자에 대한 금전채권**은 소멸하고, 대신 채무자는 **공탁금출급청구권을 취득**한다. 이 경우 **가압류의 효력**은 그 청구채권액에 해당하는 공탁금액에 대한 채무자의 **공탁금출급청구권**에 대하여 존속한다(법 297조).

그 후 채무자의 공탁금출급청구권에 대한 압류가 이루어져 **압류의 경합**이 성립하거나 **가압류를 본압류로 이전하는 압류명령**이 국가(공탁관)에게 송달되면 가압류에 따른 앞서의 공탁은 **법 248조에 따른 집행공탁**으로 바뀌어 공탁관은 즉시

1) 대판 2008. 4. 10. 2006다60557.

2) 채권에 대한 가압류를 이유로 한 제 3 채무자의 공탁은 압류를 이유로 한 제 3 채무자의 공탁과 달리 그 공탁금으로부터 배당을 받을 수 있는 채권자의 범위를 확정하는 효력이 없고, 가압류의 제 3 채무자가 공탁을 하고 공탁사유를 법원에 신고하더라도 배당절차를 실시할 수 없다. 이 경우 공탁금에 대한 **채무자의 출급청구권**에 대하여 (가압류를 본압류로 이전하는 압류명령에 따른) 압류 및 (공탁관의) 공탁사유신고가 있을 때 비로소 배당절차를 실시할 수 있다. 대판 2006. 3. 10. 2005다15765.

3) 제 3 채무자가 채권가압류를 원인으로 한 공탁을 한 후 그 신고서를 가압류발령법원에 제출한 경우 사건번호를 부여할 필요가 없고, 단지 신고서를 문건으로 전산입력한 다음 해당 가압류사건기록에 **편철하여 보관하다가**, 나중에 배당법원으로부터 기록송부촉탁이 있으면 가압류발령법원은 공탁신고서 등본을 포함한 가압류사건기록의 등본을 조제하여 배당법원에 송부한다. 재판예규 제950호 '채권가압류를 원인으로 한 제 3 채무자의 권리공탁에 따른 공탁신고서의 접수 및 기록송부절차 등에 관한 처리지침'(재민 2004-1, 2004. 1. 29. 제정, 2004. 2. 1. 시행).

압류명령의 발령법원에 그 **사유를 신고**해야 한다.[1)2)] 이로써 가압류의 효력이 미치는 부분에 대한 채무자의 **공탁금출급청구권은 소멸**하고, 그 부분 **공탁금은 배당재단**이 되어 집행법원의 배당절차에 따른 지급위탁에 의해서만 출급이 이루어질 수 있게 된다.[3)]

법 248조에 따라 집행공탁이 이루어지면 앞서 본 바와 같이 **피압류채권**인 **공탁금출급청구권**이 소멸하고, 압류명령은 그 목적을 달성하여 효력을 상실하며, 압류채권자의 지위는 **집행공탁금**에 대하여 배당을 받을 채권자의 지위로 전환되는데, 이러한 법리는 법 291조, 248조 1항에 따른 공탁이 법 248조에 따른 집행공탁으로 바뀌는 경우에도 적용된다. 따라서 금전채권에 대한 가압류를 원인으로 한 제 3 채무자의 공탁에 의해 채무자가 취득한 공탁금출급청구권에 대하여 압류·추심명령을 받은 채권자는 법 248조에 따른 집행공탁으로 바뀌는 경우 더 이상 추심권능이 아닌 구체적으로 **배당액을 수령할 권리**, 즉 **배당금지급청구권**(**배당금채권**)을 가지게 된다.[4)]

---

1) 공탁관은 공탁사유인 가압류를 본압류로 이전하는 압류명령이 있는 때에는 **압류경합이 성립하지 않더라도** 즉시 사유신고를 해야 한다. 행정예규 제1225호 '공탁관의 사유신고에 관한 업무처리지침'(2020. 5. 27. 개정, 2020. 7. 1. 시행) 1.나.(1)후단.

2) 이러한 입장은, ① 민사집행법은 채권압류로 원인으로 하는 집행공탁의 경우 배당요구의 종기를 사유신고한 때로 규정하고 있기 때문에 채권가압류로 인한 공탁이 성립한 후 그 가압류가 본압류로 이전된 경우에도 배당요구의 종기를 명백히 하고 배당법원에 배당절차 개시사유 및 공탁 후 다른 채권자의 (가)압류 등이 있는지 여부를 알려 주기 위해서 공탁관의 사유신고가 필요하며, ② 가압류를 원인으로 하는 집행공탁은 압류를 원인으로 하는 집행공탁을 예정하고 있고, 가압류가 본압류로 이전하게 되면 가압류를 원인으로 하는 공탁은 압류를 원인으로 하는 공탁으로 전환하게 되는데, 이때 압류를 원인으로 하는 공탁의 경우 단일의 압류만 있더라도 지급위탁절차에 의하여 공탁금이 지급되기 때문에 가압류가 본압류로 이전하는 경우에도 위와 같이 단일의 압류를 원인으로 공탁을 하는 경우와의 형평을 맞추기 위하여 공탁관의 사유신고가 필요함을 논거로 하고 있다. 이에 대하여, 가압류로부터 본압류로 이전하는 압류 및 추심명령이 공탁관에 도달한 후 본압류로 이전한 가압류채권자는 (공탁금출급청구권에 대하여 압류경합이 발생한 상황이 아니면 집행법원에 사유신고를 하여 배당절차로 넘길 것이 아니라) 공탁관에게 직접 출급청구를 할 수 있도록 하되, 그 권리행사를 하기 전에는 다른 채권자들이 공탁금출급청구권에 대하여 압류를 할 수 있고, 압류경합이 발생하면 공탁관의 사유신고를 통하여 평등하게 배당절차에 참가시키는 것이 타당하므로, 가압류를 원인으로 하는 집행공탁절차에서 본압류가 있음을 이유로 공탁관이 사유신고를 하는 것은 이론적인 면에서나 실무적인 면에서 재고의 여지가 있다는 견해로는, 이동기, "공탁사유신고와 채권배당절차의 실무상 쟁점," 사법논집 67집(2018년), 117쪽·119쪽·121쪽.

3) 대판 2014. 12. 24. 2012다118785, 2019. 1. 31. 2015다26009.

4) 대판 2019. 1. 31. 2015다26009.

▣ 집행채권이 압류 또는 가압류된 상태에서 집행채권자가 취득한 배당금지급청구권에 대하여 압류경합이 발생한 경우의 문제점

(1) **집행채권자의 채권자**가 집행권원에 표시된 집행채권을 압류 또는 가압류한 경우 그 효력으로 집행채무자의 변제가 금지되고 이에 위반되는 행위는 집행채권자의 채권자에게 대항할 수 없다(집행채권이 압류 또는 가압류되었다는 사정은 **집행장애사유**에 해당한다). 다만 이 경우에도 **집행채권을 압류 또는 가압류**한 **채권자를 해하는 것이 아닌 집행절차**는 집행채권에 대한 압류 또는 가압류의 효력에 반하는 것이 아니므로 허용된다(이에 관해서는 강제집행개시와 집행장애의 설명에서 이미 살펴보았다).[1]

(2) 집행채권이 압류 또는 가압류된 상태에서 **집행채무자에 대한 강제집행절차**가 진행되어 집행채권자에게 적법하게 배당이 이루어진 경우(**1차 배당절차**) **집행채권에 대한 압류 또는 가압류의 효력**은 집행채권자의 **배당금지급청구권**(법 160조 1항 각호의 배당유보공탁사유로 인해 공탁이 이루어진 경우에는 공탁사유가 소멸되어 집행채권자에게 발생할 **공탁금출급청구권**도 포함)에 미친다(**효력설**).

(3) 한편 집행채권자의 다른 채권자들은 집행채권자의 **배당금지급청구권을 압류 또는 가압류**할 수 있는데, 이러한 압류 등으로 인하여 집행채권자의 배당금지급청구권에 대하여 법 235조의 **압류경합**이 발생하고(배당금지급청구권에 대한 관계에서) 채무자에 해당하는 **집행법원 등**이 압류경합을 이유로 법 248조 1항에 따라 **집행공탁**을 했다면(예컨대 해방공탁금회수청구권에 관한 배당절차에서 배당금지급청구권에 대한 압류경합이 있는 경우 집행법원이 그 압류경합을 이유로 사유신고를 했다면 법 248조 1항에 따른 집행공탁을 한 것으로 본다), 그 집행공탁으로써 배당금지급의무는 소멸하고 특별한 사정이 없는 한 집행채무자는 집행채권을 압류 또는 가압류한 채권자에 대하여 집행채권의 소멸의 효력을 대항할 수 있다.

(4) 위와 같이 배당금지급청구권에 관한 압류경합에 따른 적법한 공탁사유신고에 의하여 **채권배당절차**가 개시되면 **집행채권을 압류 또는 가압류했던 채권자**는 그 채권배당절차에서 배당금지급청구권에 대한 압류채권자 또는 가압류채권자의 지위에서 배당받아야 하므로, 집행법원 등이 배당금지급청구권에 대한 압류의 경합을 이유로 사유신고를 할 때 **사유신고서**에 **집행채권자**(의 배당금지급청구권)에 대한 **압류 또는 가압류명령**도 **기재**해야 한다.

(5) 만약 이 경우 **집행채권자**(의 배당금지급청구권)에 대한 압류 또는 가압류명령이 사유신고서에 **기재되지 않는 등**의 이유로 그 후에 이루어진 공탁금에 대한 배당절차에서(**2차 배당절차**) **기재**가 **누락**된 **집행채권자의 채권자**가 **배당에서 제외**되어 배당을 받지 못한 때에는 과다배당을 받은 다른 압류채권자 등을 상대로 배당기일에 배당이의를 하고 **배당이의의 소**를 제기하여 배당표의 경정을 구할 수 있으

1) 대결 2000. 10. 2. 2000마5221, 대판 2016. 9. 28. 2016다205915.

며,[1] 앞서 본 바와 같이 배당이의의 소를 제기하지 못했다고 하더라도 과다배당을 받은 다른 압류채권자 등을 상대로 자신이 배당받을 수 있었던 금액만큼 **부당이득반환청구의 소**를 제기할 수 있다.[2]

Ⅲ. 현금화절차

현금화는 이부(移付)명령에 의해 한다. 이부명령에는 추심명령, 전부명령, 특별현금화명령의 3가지가 있다. 이들 업무는 사법보좌관의 업무이다(사보규 2조 1항 9호 본문). **특별현금화명령**은 판사의 업무이었다가 2020. 5. 1. 사법보좌관규칙의 개정으로 **2020. 7. 1.**부터 **사법보좌관**의 업무가 되었다(이에 관해서는 뒤에서 다시 보기로 한다).

1. 추심명령

(1) 의 의

1) 추심명령은 압류채권자에게 피압류채권을 추심할 수 있는 권능을 수여하는 집행법원의 이부(移付)명령이다.[3] 채권 자체는 압류채무자에게 그대로 둔 채 채권의 추심권한만을 부여한다는 점에서 채권의 귀속 자체가 변경되는 전부명령과 다르다.[4]

2) 금전채권뿐만 아니라 유체물인도・권리이전청구권도 추심명령의 대상이 되며, 압류가 경합된 경우도 추심명령을 할 수 있다. 이에 반하여 전부명령은 금전채권만이 그 대상이 되며, 압류경합시 전부명령은 무효이다.

3) 다만 압류적격이 있는 채권이라고 하더라도 예컨대 사립학교법 28조 1항의 기본재산이 속한 채권과 같이 관할청의 허가가 없는 이상 현금화를 명하는 추

1) 대판 2004. 11. 26. 2003다58959, 2015. 4. 23. 2013다207774.

2) 대판 2022. 9. 29. 2019다278785. 위 판결의 사안과 쟁점, 판결의 논리 등에 관해서는, 신동일, "집행채권이 압류 또는 가압류된 경우 집행절차의 허용 범위 — 대법원 2022. 9. 29. 선고 2019다278785 판결을 중심으로 —," 사법(사법발전재단) 70호(2024년), 284쪽 이하.

3) **일본**도 과거 추심명령제도를 두고 있었으나, 1980년에 민사집행법을 제정하면서 **추심명령제도**를 **폐지**하고, 155조 1항에 "금전채권을 압류한 채권자는 채무자에게 압류명령이 송달된 날로부터 1주가 경과한 때에는 그 채권을 추심할 수 있다"고 규정하여 일정한 기간이 경과하면 **압류의 효력**으로부터 **당연히** 추심의 권능이 생기는 것으로(별도로 추심을 위한 명령, 즉 추심명령은 필요하지 않는 것으로) 제도를 바꾸었다. 이백규, "압류된 채권양수인의 이행청구와 추심명령," 민사판례연구(민사판례연구회) 24권(2002. 1.), 479쪽 이하.

4) 금전채권에 대한 압류 및 추심명령이 있는 경우, 이는 강제집행절차에서 추심채권자에게 채무자의 제 3 채무자에 대한 채권을 추심할 권능만을 부여하는 것이므로, 이로 인하여 채무자가 제 3 채무자에 대하여 가지는 채권이 추심채권자에게 이전되거나 귀속되는 것은 아니다. 대판 2001. 3. 9. 2000다73490, 2019. 12. 12. 2019다256471.

심명령을 발할 수 없는 경우가 있다.[1)]

(2) 추심명령신청의 재판

1) 추심명령신청은 일반적으로는 압류명령신청과 동시에 한다. 압류명령신청과 추심명령신청을 동시에 하더라도 압류명령과 추심명령은 **별개**로서 그 적부를 각각 판단해야 하고, 그 신청의 취하 역시 별도로 판단해야 한다.[2)]

2) 추심명령은 채무자와 제3채무자에게 **송달**해야 한다. 제3채무자에게 송달시 효력이 발생한다(법 229조 4항, 227조 3항).[3)] 채무자에 대한 송달은 추심명령의 효력발생요건이 아니다. 채무자에 대한 송달이 전부명령의 효력발생요건(법 229조 4항, 227조 2항, 229조 7항)인 점과 다르다. 추심명령이 제3채무자에게 송달된 경우 피압류채권에 대하여 **시효중단사유**인 **최고**의 효력이 발생한다. 이에 관해서는 압류명령에서 이미 살펴보았다.

3) 추심명령을 한 때에는 채권자에게도 적당한 방법으로 **고지**해야 한다. 추심명령신청을 각하 또는 기각한 때에는 그 결정을 신청채권자에게만 고지하면 된다(규칙 7조 2항, 1항 2호 단서).

---

1) 사립학교법 28조 1항에서 정한 기본재산이 관할청의 허가 없이 양도된 경우 그것이 학교법인의 의사에 기한 것이든 강제집행절차에 의한 것이든 무효가 되는 점, 비록 추심명령으로 인하여 곧바로 채권 자체가 추심채권자에게 이전하는 것은 아니지만 추심이 완료되면 추심채권자로부터 이를 반환받는 것이 불가능한 경우가 많아 사실상 채권의 양도와 다를 바 없는 결과를 초래하여 사립학교의 재정 충실을 기하려는 사립학교법의 취지가 몰각될 위험이 있는 점, 그리고 위 법조항에 따르면 관할청의 허가가 없는 한 채권자가 사립학교의 기본재산인 채권으로 최종적인 만족을 얻는 것은 금지될 수밖에 없는데, 추심명령을 금지하지 않는다면 채권자로서는 추심금청구소송을 제기하여 승소하고서도 관할청의 허가를 받지 못하여 그동안의 소송절차를 무위로 돌려야만 하는 결과가 될 수 있어 사회 전체적으로 보아도 소송경제에 반하는 점 등에 비추어 그렇다. 대결 2002. 9. 30. 2002마2209.

2) 대판 2014. 11. 13. 2010다63591.

3) **판례**는, 채권압류명령의 **경정결정**이 확정된 경우에는 처음부터 경정된 내용의 압류명령이 있었던 것과 같은 효력이 있으므로 당초의 결정정본이 제3채무자에게 송달된 때로 소급하여 경정된 내용의 압류결정의 효력이 발생하는 것이 원칙이나, ① 경정결정이 그 허용한계 내의 적법한 것인 경우에서도 **제3채무자의 입장**에서 볼 때에 객관적으로 경정결정이 당초 결정의 동일성에 실질적으로 변경을 가하는 것이라고 인정되는 경우에는 경정결정이 제3채무자에게 송달된 때에 비로소 경정된 내용의 결정의 효력이 발생한다고 보는 것이 제3채무자 보호의 면에서 타당하며, ② 경정결정이 재판의 내용을 실질적으로 변경하여 위법하나 당연무효로 볼 수 없는 경우에는 더욱 그 소급효를 제한할 필요성이 크므로, **채권압류명령의 채무자를 변경하는 경정결정**은 그 결정정본이 제3채무자에게 송달된 때에 비로소 경정된 내용의 결정의 효력이 발생한다고 본다. 대판 2001. 7. 10. 2000다72589, 2001. 9. 25. 2001다48583, 2017. 1. 12. 2016다38658. **판례**는, 이러한 채권압류명령의 효력 및 경정에 관한 법리는 채권가압류의 경우에도 마찬가지로 적용된다고 한다. 대판 2005. 1. 13. 2003다29937.

4) 추심명령신청의 재판에 대해서는 **즉시항고**를 할 수 있다(법 229조 6항). 추심명령은 **사법보좌관**의 업무이므로, 먼저 **사법보좌관의 처분**에 대한 **이의신청**을 해야 한다(사보규 4조 1항). 이의신청은 집행정지의 효력이 없다(사보규 4조 10항, 법 15조 6항). 추심명령은 확정되지 않아도 효력이 발생한다. 이에 반하여 **전부명령**은 확정되어야 효력이 발생한다(법 229조 7항).

5) 추심명령신청의 재판에 대한 즉시항고의 사유는 압류명령과 추심명령의 **요건불비**에 한한다. 즉 압류명령과 추심명령에 대한 즉시항고는 집행력 있는 정본의 유무와 그 송달 여부, 집행개시요건의 존부, 집행장애사유의 존부 등과 같이 채권압류 및 추심명령을 할 때 집행법원이 조사하여 준수할 사항에 관한 흠을 이유로 할 수 있을 뿐이다.[1] 따라서 **피압류채권**의 부존재・소멸의 경우에는 추심의 소에서 다투어야 한다.

6) **집행채권**의 부존재・소멸의 경우에는 **청구이의의 소**로 다투어야 한다. 따라서 채권압류 및 추심명령의 신청에 관한 재판에 대하여 집행채권이 변제나 시효완성 등에 의하여 소멸되었다거나 존재하지 않는다는 등의 **실체상의 사유**는 특별한 사정이 없는 한 적법한 항고이유가 되지 않는다.[2)3)] 다만 채권압류 및 추심

1) 대결 2013. 9. 16. 2013마1438, 2021. 4. 2. 2020마7789.

2) 대결 1994. 11. 10. 94마1681,1682, 1998. 8. 31. 98마1535,1536 등.

3) 채무자 회생 및 파산에 관한 법률에 의한 **면책결정이 확정**되어 채무자가 그 채무를 변제할 책임이 면제되었다고 하더라도, 이는 면책된 채무에 관한 집행권원의 효력을 당연히 상실시키는 사유는 되지 않고 다만 **청구이의의 소**를 통하여 그 집행권원의 집행력을 배제시킬 수 있는 **실체상의 사유**에 불과하다. 한편 면책결정의 확정은 면책된 채무에 관한 집행력 있는 집행권원 정본에 기하여 그 확정 후 비로소 개시된 강제집행의 **집행장애사유**가 **되지 않는다**. 따라서 채무자 회생 및 파산에 관한 법률에 의한 면책결정이 확정되어 채무자의 채무를 변제할 책임이 면제되었다는 것은 면책된 채무에 관한 집행력 있는 집행권원 정본에 기하여 그 확정 후 신청되어 발령된 채권압류 및 추심명령에 대한 적법한 항고이유가 되지 않는다. 대결 2013. 9. 16. 2013마1438. 채무자에 대한 파산의 선고로 포괄적 집행절차인 파산절차가 개시되면 더 이상의 개별적인 강제집행은 불필요할 뿐만 아니라 파산절차의 취지상 허용될 수도 없으나, **면책결정의 확정**으로 파산 및 면책절차가 모두 종료되면 채무자는 면책 및 당연복권(채무회생 574조 1항)되어 전체적인 의미에서의 **집행장애**는 **소멸**하여 더 이상 채권자들의 개별적인 집행을 금지할 이유도 없게 되므로, 채무자가 일단 유효하게 성립한 집행권원에 대하여 집행력을 배제하는 절차를 거치지 않았다면, 면책된 채권에 기한 채권압류 및 추심명령이라고 하더라도 적법하므로 이러한 사정을 적법한 즉시항고이유로 볼 수 없다는 입장에서 판례의 태도가 타당하다는 견해로는, 지은희, "파산절차에서 면책결정의 확정이 채권압류 및 추심명령에 대한 적법한 항고이유가 되는지 여부," 사법논집 61집(2016), 455쪽 이하. 같은 입장에서 채무자 회생 및 파산에 관한 법률상 비면책채권이 존재하기 때문에 실무상 면책된 채권인지 여부는 명백하다고 할 수 없고, 비면책채권인지 여부에 다툼이 있을 경우 이행소송의 판결확정 전 단계에서는 채무자가 면책결정의 확정사실을 항변으로 주장하고 채권자는 비면책채권임을 재항변으로 주장하여 비면책채권 여부가 심리・확정되므로, 이미 이행판결이 확정

명령의 기초가 된 **가집행선고 있는 판결**을 취소한 상소심판결의 정본은 법 49조 1호, 50조 1항 전문의 집행취소서류에 해당하므로, 채권압류 및 추심명령의 기초가 된 가집행선고 있는 판결이 상소심에서 취소되었다는 사실은 적법한 항고이유가 될 수 있다.[1]

추심명령신청이 취하되거나 추심명령을 취소하는 결정이 확정된 때에는 법원사무관 등은 압류명령을 송달받은 제 3 채무자에게 그 사실을 통지해야 한다(규칙 160조 2항). 추심명령이 있은 후 법 49조 2호 또는 4호의 서류가 제출된 때에는 법원사무관 등은 채권자 및 제 3 채무자에 대하여 그 서류가 제출되었다는 사실과 서류의 요지 및 위 서류의 제출에 따른 집행권원의 효력이 상실되기 전까지는 압류채권자는 채권의 추심을 해서는 안 되고, 제 3 채무자는 채권의 지급을 해서는 안 된다는 취지를 통지해야 한다(규칙 161조 1항).

(3) 추심명령의 효과

(a) 추심채권자의 지위

1) 추심채권자는 채무자를 갈음하여 추심권을 가진다(법 229조 2항). 추심채권자는 집행법원의 수권에 따라 일종의 추심기관으로서 압류나 배당에 참가한 모든 채권자를 위하여 제 3 채무자로부터 피압류채권을 추심하는 것일 뿐 자신의 집행채권을 변제받는 것이 아니다.[2]

2) 추심채권자는 **법정소송담당자**로서 당사자적격을 가진다. 채권에 대한 압류 및 추심명령이 있으면 제 3 채무자에 대한 이행의 소는 추심채권자만이 제기할 수 있고 채무자는 피압류채권에 대한 이행소송을 제기할 당사자적격을 상실한다.[3] 그러나 추심채권자는 **현금화절차가 끝나기 전**까지 **압류명령의 신청을 취**

된 이후에도 청구이의의 소를 제기한 다음 그 소송에서 비면책채권 여부를 심리 · 확정하도록 하는 것이 타당하다는 이유로 면책결정의 확정을 집행장애사유로 보지 않는 견해로는, 황진희, "개인파산, 개인회생절차가 집행절차 및 소송절차에 미치는 영향," 재판실무연구 2010(광주지방법원)(2011년), 30쪽. 이에 대하여, 면책된 채권에 기한 집행이라는 점이 명백한 때에는 확정된 면책결정의 정본 등을 민사집행법 49조 1호의 서류(강제집행을 허가하지 아니하는 취지를 적은 집행력 있는 재판의 정본)에 해당한다고 보아 이것이 제출되면 집행법원은 강제집행을 취소하거나 중지해야 하고, 그렇지 않더라도 집행장애사유가 된다고 보는 견해로는, 김정만, "파산면책의 효력," 사법논집 30집(1999년), 238쪽 이하; 김유환, "개인파산과 금전채권 집행," 사법논집 60집(2016년), 75쪽.

1) 대결 2007. 3. 15. 2006마75.

2) 2021. 3. 11. 2017다278729.

3) 대판 2000. 4. 11. 99다23888, 2010. 8. 19. 2009다70067, 2021. 3. 25. 2020다286041,286058 등. 위와 같은 당사자적격에 관한 사항은 소송요건에 관한 것으로서 사실심 변론종결시를 기

하할 수 있고, 이 경우 추심채권자의 추심권도 당연히 소멸하게 된다. 추심금청구소송을 제기하여 확정판결을 받은 경우라도 그 집행에 의한 변제를 받기 전에 압류명령의 신청을 취하하여 추심권이 소멸하면 추심권능과 소송수행권이 모두 채무자에게 복귀하므로,[1] 채무자는 당사자적격을 회복한다.[2]

▣ 추심채권자만이 추심금청구소송의 당사자적격을 가지는지 여부

(1) 추심명령을 받은 추심채권자가 제기하는 추심금청구소송이 **법정소송담당(갈음형)**에 속한다고 보는 견해가 통설이다. 즉 추심금청구소송은 추심채권자만이 당사자적격을 가진다고 본다.[3] 이에 대하여, 추심금청구소송을 추심채권자가 실체법적으로 가지는 권리(추심권)에 기한 것으로 보고, 추심채권자는 자신의 고유한 당사자적격을 가지는 것으로 권리관계의 주체를 위한 제 3 자 소송담당자로서의 당사자적격을 가지는 것이 아니라고 보는 견해(**고유적격설**)가 제기되고 있다.[4] 고유적격설은 추심명령이 있다고 하더라도 채무자의 소송수행권이 유지되고, 추심금청구소송의 판결의 기판력이 채무자에게 미치지 않는다고 본다. 한편 추심채권자를 법정소송담당으로 보되 채무자가 당사자적격을 상실하지 않는다(**병행형**)고 보는 견해(**적격유지설**)도 있다.[5]

(2) 최근 **대판(전) 2022. 11. 24. 2018두67**은, 토지소유자 등의 사업시행자에 대한 손실보상금채권에 관하여 압류 및 추심명령이 있는 경우 추심채권자가 아닌 채무자(토지소유자 등)가 **보상금증액청구의 소**(**행정소송**으로 **당사자소송**)를 제기할 당사자적격을 갖는다고 판단하고, 이와 반대로 추심채권자만이 당사자적격을 갖는다(채무자는 당사자적격을 상실한다)는 대판 2013. 11. 14. 2013두9526을 **폐기했다**.[6] 이를

준으로 법원이 이를 직권으로 조사하여 판단해야 하고, 비록 당사자가 사실심 변론종결시까지 이에 관하여 주장하지 않았더라도 상고심에서 새로이 이를 주장·증명할 수 있다. 대판 2008. 9. 25. 2007다60417, 2010. 2. 25. 2009다85717, 2021. 3. 25. 2020다286041, 286058.

1) 대판 2009. 11. 12. 2009다48879.

2) 대판 2010. 11. 25. 2010다64877.

3) 양진수, "추심의 소와 채무자의 당사자적격, 중복된 소제기의 금지," 민사판례연구(민사판례연구회) 37권(2015년), 811호.

4) 강구욱, "금전채권에 대한 추심소송에 관한 제고 — 법정소송담당론에 대한 비판을 중심으로 —," 민사집행법연구 16권(2020년), 214쪽; 전병서, "추심의 소에 있어서 몇 가지 쟁점에 관한 검토 — 대법원 2020. 10. 29. 선고 2016다35390 판결을 계기로 —," 민사집행법연구 17권(2021년), 196쪽.

5) 태기정, "추심의 소의 법적 성격과 중복제소 — 대판 2013. 12. 18. 2013다202120과 관련하여 —," 민사법학(한국민사법학회) 83호(2018. 6.), 167쪽 이하; 이봉민, "추심명령이 당사자적격에 미치는 영향에 관한 재검토 필요성 — 대법원 2022. 11. 24. 선고 2018두67 전원합의체 판결을 계기로 —," 민사재판의 제문제 30권(안철상대법관 퇴임기념, 2023. 12.), 892쪽.

6) 보상금증감에 관한 소송은 형식에서는 민사소송과 비슷한 당사자소송에 속하나 실질적으로

계기로, 채무자의 금전채권에 대하여 압류 및 추심명령이 있는 경우 **민사소송**으로 채무자가 금전채권의 이행 자체를 구할 당사자적격을 상실하는지 재검토를 요한다고 보는 견해들이 힘을 얻고 있다.[1)]

(3) 법정소송담당설과 고유적격설 가운데 어떠한 입장을 취하는 것이 채무자, 추심채권자, 제 3 채무자 사이에서 민사소송절차 및 민사집행절차상 발생하는 여러 복합적인 이해관계를 합리적으로 규율하고, 구체적 타당성을 도모할 수 있는지는 철저한 검토를 요한다.[2)]

3) 추심채권자는 추심권의 행사로서, 피압류채권에 관한 담보권을 실행할 수 있으며 피압류채권에 관한 기초적 법률관계에서 발생한 최고권 · 해제권 · 해지권 · 취소권 등도 행사할 수 있다. 그러나 추심채권자는 **추심 목적을 넘는 행위**, 예컨대 피압류채권의 면제, 포기, 기한유예, 채권양도 등의 행위는 할 수 없다.[3)] 추심채권자가 채무자의 제 3 채무자에 대한 채권에 대하여 압류 및 추심명령을 받은 경우 그 채권은 추심채권자가 제 3 채무자에 대하여 가지는 채권이 아니므로, 추심채권자는 이를 자동채권으로 하여 제 3 채무자의 추심채권자에 대한 채권과 상계할 수 없고, 이는 피압류채권에 대하여 이중압류 · 배분요구 등이 없다고 하더라도 달리 볼 것은 아니다.[4)] 추심금청구소송에서 추심채권자와 제 3 채무자 사이에 그러한 내용의 조정이나 소송상 화해도 할 수 없다. 만약 압류한 채권 자체에 관하여 이러한 내용의 조정이나 소송상 화해를 하려면 채무자를 추심금청구소송에 참가시켜야 한다.[5)]

는 항고소송의 법적 성질을 가지므로, 위 전원합의체 판결은 보상금증감에 관한 소송의 이러한 법적 성질에 주목하여 공법관계의 특수성을 고려할 때 민사소송의 법리를 그대로 적용하는 것이 타당하지 않다고 본 것이라는 견해로는, 강지웅, "보상금 증감에 관한 소송의 법적 성질 — 대법원 2022. 11. 24. 선고 2018두67 전원합의체 판결 —," 사법(사법발전재단) 65호(2023년), 473쪽 이하.

1) 이러한 비판적 견해들은, 추심명령으로 채무자의 소송수행권을 박탈하고, 추심금청구소송의 기판력을 채무자에게 획일적으로 적용하는 것은 절차적으로 간명할 수 있지만 채무자의 소송수행권을 부당하게 제약하는 문제와 함께 다양한 구체적 사례에서 여러 가지 비합리적인 결과를 가져오고 있다는 문제의식에서 출발한다는 견해로는, 박진수, "추심명령에 따른 압류채무자의 소송수행권 상실 여부 재검토 — 대법원 2022. 11. 24. 선고 2018두 67 전원합의체 판결을 계기로 —," 민사재판의 제문제 30권(안철상대법관 퇴임기념, 2023. 12.), 764쪽.

2) 김홍엽(민사소송), 168쪽.

3) 대판 2020. 10. 29. 2016다35390.

4) 대판 2022. 12. 16. 2022다218271.

5) 법원실무제요 민사집행(4), 372쪽.

4) 추심채권자는 추심명령에 따라 얻은 권리(**추심권**)를 **포기**할 수 있다. 추심권의 포기는 추심채권자가 제기한 추심금청구소송에서도 할 수 있다. 예컨대 추심금청구소송에서 추심채권자가 제 3 채무자와의 '피압류채권 중 일부 금액을 지급하고 나머지 청구를 포기한다.'는 내용의 소송상 화해를 한 경우 '나머지 청구의 포기부분'은 추심채권자가 적법하게 포기할 수 있는 자신의 '추심권'에 관한 것으로 제 3 채무자에게 더 이상 추심권을 행사하지 않고 소송을 종료하겠다는 의미로 본다.[1] 다만 이 경우에도 뒤에서 보는 바와 같이 법 240조 2항에 따라 집행법원에 서면으로 신고해야 한다.[2]

추심명령은 추심권의 포기로 인하여 당연히 효력을 상실하고 별도의 집행법원의 취소결정을 필요로 하지 않는다. 추심금청구소송을 제기한 후에 추심권의 포기가 있으면 추심권능과 소송수행권이 모두 채무자에게 복귀한다.[3] 다만 추심권을 포기하더라도 기본채권에는 영향이 없다(법 240조 1항). 따라서 집행채권이나 피압류채권에는 아무런 영향이 없다.[4] **추심권의 포기**는 압류의 효력에는 영향을 미치지 않으므로,[5] 추심권의 포기만으로는 압류로 인한 소멸시효중단의 효력은 상실되지 않고 압류명령의 신청을 취하하면 비로소 소멸시효중단의 효력이 소급하여 상실된다.[6] 추심권 뿐만 아니라 압류에 의한 권리 그 자체를 포기하기 위해서는 압류명령의 신청을 취하해야 한다. 이때에는 추심권도 당연히 소멸된다.[7]

추심권을 포기하더라도 집행채권에 관한 청구이의사유가 되지 않으며, 다만 집행에 관한 이의신청사유가 될 수 있을 뿐이다.[8] 제 3 채무자는 추심권의 포기는

---

1) 대판 2020. 10. 29. 2016다35390.

2) 채권자가 이를 게을리하는 경우 채무자에게 손해배상책임을 지게 될 수도 있다. 이지영, "추심금 소송에서 청구를 일부 포기하는 내용의 화해권고결정이 확정된 경우 그 의미와 기판력," 대법원판례해설 125호(2021년), 322쪽.

3) 대판 2018. 8. 30. 2018다24356, 2021. 7. 27. 2021다204466 등.

4) 대판 2020. 10. 29. 2016다35390.

5) 추심권을 포기하고 전부명령 그 밖의 다른 현금화방법을 택하거나, 당사자 사이에 타협을 위하여 일시 추심을 중지할 의사로 추심권을 포기하는 경우도 있으므로, 추심권의 포기만으로는 당연히 압류의 효력이 소멸한다는 보기는 어렵다. 법원실무제요 민사집행(4), 390쪽.

6) 대판 2014. 11. 13. 2010다63591.

7) 실무에서는 '압류취하 및 추심포기서'를 내는 경우가 많다. 한편 채권압류 및 추심명령을 받은 채권자가 추심권을 포기하고 집행력 있는 정본의 반환을 구할 때에는 추심권포기서 및 채권압류해제신청서(또는 취하서)를 제출해야 한다. 재판예규 제239호 '추심권 포기로 인한 집행력 있는 정본의 반환'(재민 84-13, 1984. 12. 21. 제정).

8) 손진홍, 채권집행실무, 523쪽; 범선윤, 주석서(4), 477쪽.

항변으로 주장할 수 있다.

추심권의 포기를 위해서는 집행법원에 **서면**(**포기신고서**)으로 신고해야 한다(법 240조 2항 전문). **법원사무관 등**은 그 **등본**을 **제 3 채무자**와 **채무자**에게 **송달**해야 한다(법 240조 2항 후문).[1] 추심권의 포기의 효력은 포기신고서가 집행법원에 제출된 때가 아니라, 포기신고서 등본이 제 3 채무자에게 송달된 때에 발생한다. 추심명령은 제 3 채무자에게 송달되어야 효력이 발생하고(법 229조 4항, 227조 3항), 앞서 본 바와 같이 포기신고서 등본을 제 3 채무자에게 송달해야 하기 때문이다.[2]

5) 채권자가 압류한 채권을 자동채권으로 하여 제 3 채무자에 대한 자신의 채무를 **상계**할 수 있으나 다른 채권자가 이중압류 또는 배당요구를 하기 전까지만(즉 채권자경합이 없는 경우에만) 가능하다.[3]

6) 추심채권자에게는 추심의 권능과 동시에 **추심의 의무**가 있다. 추심명령을 얻은 추심채권자는 집행법원의 수권에 기하여 일종의 추심기관으로서 채무자를 대신하여 추심의 목적에 맞도록 채권을 행사해야 하고, 특히 압류 등의 경합이 있는 경우에는 압류 또는 배당에 참가한 모든 채권자를 위하여 제 3 채무자로부터 채권을 추심해야 한다. 따라서 추심채권자는 피압류채권의 행사에 제약을 받게 되는 채무자를 위하여 선량한 관리자의 주의의무를 가지고 채권을 행사하고, 나아가 제 3 채무자로부터 추심금을 지급받으면 지체 없이 공탁 및 사유신고를 함으로써 압류 또는 배당에 참가한 모든 채권자들이 배당절차에 의한 채권의 만족을 얻도록 해야 할 의무를 부담한다.[4] 추심의무를 게을리한 경우 이로써 생긴 채무자의 손해에 대하여 **손해배상책임**이 발생한다(법 239조).

한편 **다른 배당요구채권자**는 **추심**할 것을 **최고**할 수 있다. 추심채권자가 추

1) **판례** 가운데에는, (추심금청구소송의 계속 중 청구금액을 감축한 사안에서) 소송상 청구금액을 감축한다는 것은 소의 일부취하를 뜻하는 것이므로 취하된 부분의 청구를 포기했다고 볼 수 없고, 더욱이 법 240조 2항에 의하면 채권자는 추심명령에 따라 얻은 권리를 포기하려면 법원에 서면으로 신고해야 하고 법원사무관 등은 그 등본을 제 3 채무자와 채무자에게 송달하도록 규정하고 있는데, 기록상 이런 절차를 밟았다고 볼 자료가 없다고 한 판결이 있다. 대판 1983. 8. 23. 83다카450.

2) 법원실무제요 민사집행(4), 390쪽; 범선윤, 주석서(4), 477쪽. 이에 대하여, 집행법원에 제출된 때라고 보는 견해로는, 손진홍, 522쪽.

3) **판례**도, 강제집행절차에 의하여 채권압류 및 추심명령을 받은 채권자는 피압류채권에 대하여 이중압류가 되어 있거나 배당요구가 있는 경우에는 추심의 방법으로 피압류채권을 자동채권으로 하여 채권자가 제 3 채무자에 대하여 부담하고 있던 다른 채무를 상계할 수 없다고 보고 있다. 대판 1994. 6. 24. 94다2886.

4) 대판 2005. 7. 28. 2004다8753, 2007. 11. 15. 2007다62963.

심절차를 게을리한 때에는 집행력 있는 정본으로 배당을 요구한 채권자는 일정한 기간 내에 추심하도록 최고하고, 최고에 따르지 않은 때에는 법원의 허가를 얻어 직접 추심할 수 있다(법 250조).

7) 추심명령이 있은 후 **신청채권자**가 **승계**된 경우 승계인이 자기를 위하여 집행의 속행을 신청하면서 **승계집행문이 붙은 집행권원의 정본**이 제출된 때에는 법원사무관 등은 **제 3 채무자에게** 그 서류가 제출되었다는 사실과 추심권이 승계인에게 이전된다는 취지를 **통지**해야 한다[**2020. 12. 28. 개정 · 시행 규칙 161조의2** (신설)].[1]

(b) 집행채무자의 지위

1) 집행채무자는 압류된 채권의 귀속 주체이다. 따라서 추심채권자의 권리를 침해하지 않는 범위 내에서 피압류채권에 관하여 면제, 화해, 기한유예, 양도 등 권리를 행사할 수 있다. 집행채무자로서는 제 3 채무자에 대하여 피압류채권에 기하여 그 동시이행을 구하는 항변권을 상실하지 않는다.[2]

2) 채권에 대한 압류 및 추심명령이 있으면 채무자는 피압류채권에 대한 이행소송을 제기할 당사자적격을 상실한다. 제 3 채무자가 무자력인 경우 그 손실은 채무자가 부담한다. 집행채권자는 채무자의 다른 재산에 다시 집행할 수 있다.

3) **2인 이상**의 **불가분채무자** 또는 **연대채무자**가 있는 금전채권에 대하여 그 불가분채무자 등 가운데 한 사람을 제 3 채무자로 한 압류 및 추심명령이 이루어진 경우 **집행채무자**는 그 압류 및 추심명령의 제 3 채무자가 아닌 **나머지 불가분채무자** 등에 대해서는 여전히 채권자로서 추심권한을 가지므로 나머지 불가분채무자 등을 상대로 이행을 청구할 수 있다.[3]

(c) 제 3 채무자의 지위

1) 제 3 채무자는 **압류 전에** 채무자에 대하여 주장할 수 있는 실체상의 모든 항변으로 추심채권자에게 대항할 수 있다.[4][5]

---

1) 추심명령이 있은 후 집행채권자가 승계된 경우 제 3 채무자는 승계사실을 알 수 없으므로 종전 채권자의 추심 요구에 응할 염려가 있고, 또한 집행공탁과 사유신고절차에서 변경된 집행채권자의 특정을 위해서 제 3 채무자에 대한 통지가 필요하다.

2) 대판 2001. 3. 9. 2000다73490.

3) 이러한 법리는 위 금전채권 중 일부에 대해서만 압류 및 추심명령이 이루어진 경우에도 마찬가지이다. 대판 2013. 10. 31. 2011다98426.

4) 다만 **판례**는, 동업 외의 특정 목적을 위하여 공동명의로 예금한 경우 공동명의 예금채권자 가운데 한 사람에 대한 채권자로서는 그 한 사람의 지분에 상응하는 예금채권에 대한 압류 및 추심명령 등을 얻어 이를 집행할 수 있고, 한편 이러한 압류 등을 송달받은 은행으로서

2) 제 3 채무자가 추심채권자에 대한 반대채권으로 상계할 수 없다. 제 3 채무자는 추심명령의 유・무효를 다툴 수 있다.

3) 제 3 채무자가 정당한 추심채권자에게 지급하면 피압류채권은 소멸한다.[1)] **판례**는, 제 3 채무자의 지급으로 인하여 피압류채권이 소멸한 이상 설령 다른 채권자가 그 변제 전에 동일한 피압류채권에 대하여 압류・가압류명령을 신청하고 나아가 압류・가압류명령을 얻었다고 하더라도 제 3 채무자가 추심채권자에게 **지급한 후**에 그 압류・가압류명령이 제 3 채무자에게 **송달**된 경우에는 추심채권자가 추심한 금원에 그 압류・가압류의 효력이 미친다고 볼 수 없으며,[2)] 추심채권자가 추심의 신고를 하기 전에 다른 채권자가 동일한 피압류채권에 대하여 압류・가압류명령을 **신청**했다고 하더라도 이를 해당 채권추심사건에 관한 적법한 배당요구로 볼 수도 없다고 한다.[3)]

4) 제 3 채무자가 정당한 추심채권자에게 **변제**하면 그 효력은 압류경합관계에 있는 모든 채권자에게 미치고,[4)] 제 3 채무자가 **집행공탁**을 하거나 **상계** 그 밖의 사유로 **피압류채권**을 **소멸**시키면 그 효력도 압류경합관계에 있는 모든 채권자에게 미친다.[5)]

는 압류채권자의 압류명령 등에 기초한 단독 예금반환청구에 대하여, "공동명의 예금채권자가 공동으로 그 반환을 청구하는 절차를 밟아야만 예금청구에 응할 수 있다"는 공동명의 예금채권자들과 사이의 공동반환특약을 들어 그 지급을 거절할 수는 없다고 본다. 왜냐하면, 위와 같이 해석하지 않을 경우 공동명의 예금채권자들로서는 각자의 은행에 대한 예금채권의 행사를 불가능하게 하거나 제한하는 내용의 공동반환특약을 체결하는 방법에 의하여, 그들의 예금채권에 대한 강제집행의 가능성을 사실상 박탈하거나 제한함으로써 그들에 대한 압류채권자의 권리행사를 부당하게 제한하는 결과가 되기 때문이다. 대판 2003. 12. 11. 2001다3771, 2005. 9. 9. 2003다7319. 한편 공동명의 예금채권자 가운데 한 사람의 채권이 압류된 경우에도 은행이 압류채권자에 대하여 공동반환특약을 주장할 수 있다는 견해가 있다. 윤진수, "공동명의의 예금채권자 중 1인의 예금채권이 압류 및 가압류된 경우의 법률관계," BFL(서울대학교 금융법센터) 15호(2006. 1.), 78쪽 이하.

5) 금전채권에 대하여 가압류로부터 본압류로 이전하는 압류 및 추심명령이 있는 때에는 제 3 채무자는 채권이 가압류되기 전에 압류채무자에게 대항할 수 있는 사유로써 압류채권자에게 대항할 수 있다. 대판 2001. 3. 27. 2000다43819, 2017. 9. 21. 2015다256442, 2023. 5. 18. 2022다265987 등.

1) 대판 2003. 5. 30. 2001다10748, 2005. 1. 13. 2003다29937.

2) 대판 2005. 1. 13. 2003다29937 등.

3) 대판 2008. 11. 27. 2008다59391; 박재혁, "추심신고전 제 3 채무자에게 송달된 가압류결정의 효력," 법률신문 3744호(2009. 5.), 15쪽.

4) 대판 1986. 9. 9. 86다카988, 2001. 3. 27. 2000다43819 등.

5) 대판 2003. 5. 30. 2001다10748, 2005. 11. 10. 2005다41443. 따라서 제 3 채무자로서도 정당한 추심채권자에게 변제하면 그 효력은 모든 채권자에게 미치므로 피압류채권을 경합된 채권

판례는, 압류가 경합된 경우 제 3 채무자는 법 248조 2항에 의하여 공탁을 해야 하는 때(의무공탁)를 제외하고는 정당한 추심채권자에게 변제하거나 집행법원에 공탁을 할 수 있고, 제 3 채무자가 추심채권자에게 변제한 때에는 추심채권자는 집행법원에 공탁 및 사유신고를 해야 하고, 추심채권자가 그 배당절차에서 실제로 배당받은 금액의 범위 내에서만 추심채권자의 집행채권이 소멸하게 된다고 한다.[1)]

(d) 추심채권자의 추심권의 범위

1) 추심명령에 의하여 채권자가 취득하는 추심권의 범위는 추심명령에 특별한 제한이 없는 한 압류된 채권의 전액에 미친다(법 232조 1항 본문). 즉 추심권의 범위는 집행채권의 범위로 한정되는 것은 아니다. 법문상 '그 채권전액'이란 **압류의 효력이 미치는 채권 전액**을 말한다. 따라서 압류의 대상인 채권 가운데 일부만 압류한 경우에는 압류금액을 한도로 추심할 수 있다. 압류금액이 집행채권 및 집행비용의 합계액보다 많은 경우에도 **추심권의 범위**는 **압류금액 전액**에 미친다. 이 점에서 집행채권과 집행비용의 합계액의 범위에서만 피압류채권 이전의 효력이 발생하는 전부명령과 다르다.[2)]

추심권의 범위가 집행채권의 범위를 초과할 수 있으므로 추심한 채권액 가운데 집행채권의 변제 및 집행비용에 충당하고도 남은 금액이 있으면 이를 채무자에게 지급해야 한다. 다만 채권자 스스로 압류된 채권의 일부에 한해서만 추심명령을 신청하는 것은 무방하다. 한편 '압류 및 추심명령상의 청구금액'은 원칙적으로 집행채권을 표시하는 것이지 추심권의 범위를 나타내는 것은 아니나, **압류 및 추심할 채권의 표시**를 '채무자의 제 3 채무자에 대한 채권 중 청구금액'의 형식으로 특정할 경우에는 청구금액과 추심권의 범위가 일치하게 된다.

2) 채권의 일부가 압류된 후에 다른 채권자가 그 나머지 범위를 초과하여 다

자 및 또 다른 추심채권자의 집행채권액에 안분하여 변제해야 하는 것은 아니다. 대판 2001. 3. 27. 2000다43819.

1) 대판 2006. 3. 9. 2005다65180.

2) 이처럼 집행채권의 범위를 넘어서도 추심할 수 있도록 한 것은, 만일 추심권의 범위를 항상 집행채권액과 집행비용을 합산한 액수로 한정한다면 ① 제 3 채무자에게 분할지급을 강요하는 것이 되며, ② 다른 채권자가 압류된 채권에 대하여 배당요구를 하는 경우에는 집행채권자가 현실적으로 변제받을 수 있는 액수가 집행채권액보다도 작아질 가능성이 있고, ③ 채권의 실제 가치는 제 3 채무자의 자력 여하에 따라 명목상 액수에 미치지 못할 우려도 있기 때문이다. 법원실무제요 민사집행(4), 367쪽.

시 압류한 때에는 해당 채권의 전액에 대하여 압류의 효력이 미치는데(법 235조 1항), 이 경우 일부압류에 기초한 추심권의 범위도 확장되는지에 관해서는, 추심명령의 주문을 초과하여 추심권을 인정하는 문제가 있기는 하나 압류의 효력이 확장되기 때문에 추심명령에서 특히 한정하지 않는 한 추심권의 범위도 확장된다고 봄이 타당하다.[1)]

(e) 채무자의 신청에 의한 압류액수의 제한

1) 압류된 채권이 채권자의 **요구액수**(**집행채권과 집행비용의 합계액**)보다 많을 때에는 채무자는 집행법원에 대하여 압류액수를 요구액수로 제한하여 줄 것을 신청할 수 있고, 집행법원은 압류채권자를 심문한 다음 압류액수를 그 채권자의 요구액수로 제한하고, 채무자에게 그 초과된 액수의 처분과 영수를 허가하는 결정을 할 수 있다(**압류액수제한허가결정**, 법 232조 1항 단서). 추심권의 범위는 압류금액을 한도로 하므로, 법원이 압류액수제한허가결정을 한 경우에는 추심권의 범위가 채권자의 요구액수로 제한된다. 한편 그 **제한부분**에 대하여 다른 채권자는 배당요구를 할 수 없다(법 232조 2항). 따라서 그 한도 내에서 추심명령을 받은 집행채권자가 우선변제를 받을 수 있게 된다. 그렇다고 하더라도 압류된 채권 중 압류 및 추심권의 효력이 남는 제한부분은 추심 전까지 여전히 채무자에게 귀속되고, 그 추심불능의 경우의 위험도 채무자가 부담해야 하므로 전부명령의 경우와 다르다.

2) 이 신청에 대한 재판은 **판사의 업무**이며, 사법보좌관의 업무가 아니다(사보규 2조 1항 9호 단서 가목). 집행법원은 압류액수제한결정을 하기 전에 반드시 압류채권자를 심문해야 하는데 그 심문의 주된 내용은 제 3 채무자로부터 채권액을 확실히 추심할 수 있는 전망이 있는지 여부이다. 압류액수를 제한하는 범위를 결정할 때 **다른 채권자**의 **배당요구**가 있다면 이것도 채권자의 **요구액수**에 포함시켜야 한다. 그렇지 않으면 추심채권자가 집행채권의 만족을 얻기에 부족할 수 있기 때문이다. 압류액수제한허가결정을 **제 3 채무자**와 **채권자**에게 **통지**해야 하고(법 232조 3항), 그때 효력이 생긴다. 그 결정은 **채무자**에게 **고지**해야 한다(규칙 7조 2

1) 다만 일부압류의 부분에 대해서만 추심명령이 내려진 후에 압류의 경합이 생긴 때에는 제 3 채무자가 그 사실을 진술하지 않는 한 추심채권자로서는 압류경합사실을 알기 어렵기 때문에 실제로 이전의 추심명령에서 정한 범위 이상으로 추심권을 행사하기는 어려울 수 있다. 법원실무제요 민사집행(4), 368쪽.

항). 이러한 허가가 있는 때에는 추심명령은 전부명령과 거의 같은 기능을 하게 되므로, 허가의 통지가 도달하기 전에 다른 채권자로부터 새로운 배당요구가 있으면 위 허가의 효력은 생기지 않는다. 압류액수제한을 허가하는 결정 또는 그 신청을 각하·기각하는 결정에 대해서는 즉시항고를 할 수 있다는 특별한 규정이 없으므로 즉시항고로 불복할 수 없고(법 15조 1항), 특별항고로만 불복할 수 있다(법 23조 1항, 민소 449조).[1)]

(4) 추심 후의 절차

추심채권자가 추심금을 지급받았을 때 바로 그 사실을 집행법원에 **신고**해야 한다(법 236조 1항).[2)] 추심명령에 따른 채권의 추심은 추심채권자에 의하여 이루어지기 때문에 집행법원은 추심이 제대로 되었는지 알 수 없기 때문이다.[3)] 추심신고는 사건의 표시, 채권자·채무자 및 제 3 채무자의 표시, 제 3 채무자로부터 지급받은 금액과 날짜를 적은 서면으로 해야 한다(규칙 162조 1항). 다만 추심신고 전에 다른 압류·가압류 또는 배당요구가 있었을 때 하는 신고는 앞서의 내용 외에 공탁사유 및 공탁한 금액을 적은 서면에 공탁서를 붙여서 해야 한다(규칙 162조 2항). 추심채권자가 법 236조에 따른 신고를 하지 않으면 배당요구의 종기를 확정할 수 없게 되어 배당절차를 진행될 수 없게 된다.[4)]

(a) 배당참가한 다른 채권자가 없는 경우

1) 배당에 참가한 다른 채권자가 없는 경우에는 추심채권자는 추심한 금액 중에서 자기의 집행채권액에 충당하고 나머지가 있으면 채무자에게 돌려준다.[5)]

---

1) 대결 2014. 3. 19. 2014그50.

2) 현행법상 추심신고를 강제할 방법이 없다. 따라서 뒤에서 보는 바와 같이 추심채권자로서는 추심신고를 하는 것이 유리하지만, 실제 추심채권자가 추심을 하고서도 추심신고를 하는 경우가 드물다. 법원실무제요 민사집행(4), 393쪽; 조관행, "추심명령에 의한 추심에 관한 제문제," 강제집행·임의경매에 관한 제문제(상)(재판자료 35집, 1987. 7.), 530쪽. 이 경우 다른 채권자들이 추심사실을 모르는 경우 추심채권자가 사실상 우선변제를 받게 되는 셈이 되며, 만약 다른 채권자들이 아는 경우라 하더라도 안분비례에 따른 부당이득반환의무를 부담할 따름이므로 채권자평등주의에 반하는 결과가 된다.

3) 법원실무제요 민사집행(4), 392쪽.

4) 추심신고서가 제출될 때까지는 추심명령신청사건은 강제집행이 종료되었다고 볼 수 없으나(추심채권자가 법 236조에 따른 신고를 하지 않으면 배당요구의 종기를 확정할 수 없고, 따라서 배당절차도 진행할 수 없게 된다), 실무상으로는 추심명령사건이 완결되면 추심신고 여부와 관계없이 바로 보존절차에 들어가 3년간 보존했다가 사건기록을 폐기한다. 법원실무제요 민사집행(4), 393쪽.

5) 대판 2004. 12. 10. 2004다54725.

추심신고를 한 때 피압류채권이 소멸한다.

판례는, 채권압류 및 추심명령을 받은 채권자가 제3채무자로부터 피압류채권을 추심한 다음 법 236조 1항에 따른 **추심신고**를 한 때에는 그때까지 다른 압류·가압류 또는 배당요구가 없으면 그 추심한 범위 내에서 피압류채권은 소멸하고, **집행법원**은 **추심금의 충당관계 등**을 **조사**하여 집행채권이 **전액변제**되었다면 집행력 있는 정본을 채무자에게 교부하며, **일부변제**되었다면 그 취지를 집행력 있는 정본 등에 적은 다음 채권자에게 돌려주는 등의 조치를 취함으로써 채권집행이 종료하게 된다고 본다.[1)]

2) 추심신고시가 **배당요구의 종기**이므로(법 247조 1항 2호) 추심채권자로서는 다른 채권자들의 배당요구를 차단하기 위하여 가능한 한 빨리 추심신고를 할 필요가 있다.

(b) 배당참가한 다른 채권자가 있는 경우

1) **추심신고 전**, 즉 배당요구의 종기 전에 다른 압류(**체납처분에 의한 압류**도 포함한다)[2)]·가압류 또는 배당요구가 있었을 때에는 추심채권자는 추심한 금액을 바로 **공탁하고** 압류·추심명령의 집행법원에 **그 사유를 신고**해야 한다(**공탁 및 사유신고**, 법 236조 2항). 이러한 압류·가압류는 추심채권자의 **추심의 완료 전**까지 이루어져야 한다. 추심이 완료되면 피압류채권이 소멸되므로 그 후에 다른 압류·가압류명령이 제3채무자에게 송달되더라도 이는 효력이 없기 때문이다(따라서 추심완료 후라면 다른 채권자로서는 추심신고 전까지 배당요구를 할 수 있을 뿐이다). 따라서 **공탁 및 사유신고의무**는 추심할 당시 이미 압류·가압류 또는 배당요구가 있었거나, 추심한 후에라도 추심신고 전에 배당요구가 있는 경우에 발생하게 된다.[3)] 한편 각 채권자 사이에 배당협의가 있었는지 여부를 묻지 않는다. 위와 같이 공탁 및 사유신고가 있으면 배당요구의 종기가 도래하여 **배당절차가 실시**된다(법 252조 2호). 추심채권자는 그 공탁금에서 배당받는다.

판례는, **압류가 경합된 상태**에서 발령된 압류 및 추심명령의 추심채권자가 이러한 추심명령에 따른 추심금청구의 소를 제기하여 얻어낸 집행권원에 기하여 제3채무자의 금전채권에 대하여 **다시 압류 및 추심명령**을 받아 추심금을 지급받

---

1) 대판 2004. 12. 10. 2004다54725.
2) 대판 2015. 8. 27. 2013다203833.
3) 법원실무제요 민사집행(4), 395쪽.

은 경우에도 지체 없이 압류가 경합된 상태에서의 압류 및 추심명령의 발령법원에 추심금을 공탁하고 그 사유를 신고해야 한다고 본다.[1)]

한편 **판례**는, **최초 추심명령**의 발령 당시 압류가 경합된 상태가 아니었다 하더라도 **추심신고를 하지 않은 사이**에 **압류의 경합**이 있게 된 경우에도 마찬가지로 추심채권자는 추심금을 **최초 추심명령의 발령법원**에 공탁하고 그 사유를 신고할 의무가 있다고 본다.[2)]

2) 추심채권자가 압류 등의 경합 상태에서 추심을 마쳤음에도 지체 없이 공탁 및 사유신고를 하지 않는 경우에는 그로 인한 **손해배상**으로서, 추심채권자는 제 3 채무자로부터 추심금을 지급받은 후 공탁 및 사유신고에 필요한 **상당한 기간을 경과한 때**부터 **실제 추심금을 공탁할 때까지의 기간** 동안 금전채무의 이행을 지체한 경우에 관한 **법정지연손해금** 상당의 금원도 공탁해야 할 의무가 있다.[3)]

3) 한편 추심채권자가 압류 등의 경합 상태에서 추심을 마쳤음에도 공탁 및 사유신고의무를 이행하지 않는 경우에는 **다른 경합채권자**는 **추심채권자를 상대로** 추심한 금원을 법원에 공탁하고, 그 사유를 신고할 것을 구하는 **소를 제기**할 수 있다. 이러한 소에서의 청구인용판결의 주문은 "피고(추심채권자)는 원고(다른 경합채권자)에게 추심한 돈을 지급하라. 위 돈은 공탁의 방법으로 지급해야 하고, 그 사유를 신고하라."의 방식으로 이루어진다. 이러한 공탁판결에 기하여 원고는 강제집행을 하여 집행기관으로부터 배당 등을 받아 그것을 공탁하고 신고해야 한다.[4)]

---

1) 대판 2007. 11. 15. 2007다62963, 2022. 4. 14. 2017다266177.

2) 대판 2022. 4. 14. 2019다249381.

3) 대판 2005. 7. 28. 2004다8753. 추심채권자가 추심신고를 함이 없이 추심금을 사실상 독점하는 경우 이는 우리 민사집행법상의 추심명령제도가 당초부터 예상한 것은 아니고 법을 제대로 지키지 않거나 악용하여(제 3 채무자와 경합된 압류채권자 가운데 한 사람인 추심채권자 사이의 담합에 의하여 추심채권자에게 변제한 경우) 빚어지는 병폐적 현상으로, 위 판결은 제 3 채무자가 추심채권자에게 변제하면 그 효력은 압류경합관계에 있는 모든 채권자에게 미치는 것으로 보는 우리 민사집행법 체제하에서 추심채권자가 공탁의무이행을 지체하는 경우 추심원금 이외에 법정지연손해금 상당의 금액을 추가하여 공탁해야 함을 밝힌 최초의 판결이라고 평가하는 견해로는, 박형준, "추심채권자가 공탁 및 사유신고를 해태한 경우 추심금 이외에 지연손해금의 추가공탁 요부," 판례연구(부산판례연구회) 18집(2007. 2.), 627쪽 이하. 한편 추심원금에 부가하여 공탁해야 하는 지연손해금은 일반 채무불이행에 따른 손해배상과 같이 통상의 경우에는 민법 일반의 지연손해금 규정에 의한 연 5%라고 보는 것이 논리적이라는 견해로는, 이우재, "추심채권자가 추심금 공탁 및 사유신고의무를 해태한 경우 추심금 이외에 지연손해금을 추가 공탁하여야 하는지 여부," 대법원판례해설 57호(2005년 하반기), 508쪽 이하.

4) 다만 "피고(추심채권자)는 원고(다른 경합채권자)에는 추심한 돈을 법원에 공탁하고 그 사유를 신고하라."는 방식의 판결주문을 내야 하며, 이 경우 간접강제(법 261조)의 방식으로 집행할 수 있다는 견해도 있다. 법원실무제요 민사집행(4), 396쪽.

(5) 추심의 소

(a) 의 의

1) 제 3 채무자가 추심명령에 따른 이행을 하지 않거나, 추심절차상 의무를 이행하지 않는 경우(법 248조 2항 · 3항에 의한 피압류채권액의 공탁의무를 이행하지 않는 경우) 채권자는 제 3 채무자를 상대로 **추심의 소**를 제기할 수 있다(법 238조 본문, 249조 1항). **법 238조 본문**은 추심의 소에 관한 **일반규정**이며, **법 249조 1항**은 제 3 채무자가 공탁의무를 이행하지 않는 경우의 추심의 소에 관한 **특칙규정**이다.[1] 이를 **추심의 소**(**추심소송**)라고 한다. 피압류채권이 **금전채권**인 경우 추심소송을 **추심금청구소송** 또는 **추심금소송**이라 한다(아래에서는 **추심금청구소송**이라 한다). 이를 **추심금청구소송**(**추심금소송**)이라고 한다. 추심금청구소송은 **일반 민사소송**으로 제기한다.

2) 채무자가 제 3 채무자를 상대로 제기한 이행의 소가 법원에 계속되어 있는 상태에서 압류채권자가 제 3 채무자를 상대로 추심금청구소송을 제기해도 민사소송법 259조에서 금지하는 **중복소송**에 해당하지 않는다.[2]

---

1) 법 249조는 배당요구채권자 또는 압류 · 가압류채권자의 공탁청구에 따른 제 3 채무자의 공탁의무 등에 관하여 규정하고 있는 법 248조 바로 다음에 위치하고 있으며, 법 249조 2항 내지 4항은 집행력 있는 정본을 가진 다른 채권자의 소송참가에 관하여 규정하고 있고 집행력 있는 정본을 가진 채권자가 추심금청구소송의 원고 쪽에 공동소송인으로 참가하는 경우 추심명령을 얻지 않는 한 제 3 채무자에게 공탁의무이행청구 외에 다른 청구는 할 수 없기 때문이다. 손진홍, "채권집행의 이론과 실무(상)(2판, 2016년), 611쪽. 이와 같은 일반적 해석과 달리, 법 249조 1항의 문언이 '제 3 채무자가 전조 제 2 항 및 제 3 항의 의무를 이행하지 아니하는 때에는'과 같이 한정적으로 정하지 않고 단지 '제 3 채무자가 추심절차에 대하여 의무를 이행하지 아니하는 때에는'이라고 정하고 있는 점, 참가명령제도는 복수의 채권자가 경합하는 경우 판결의 모순 · 저촉을 방지하고 분쟁을 일회적 · 통일적으로 해결하여 제 3 채무자의 응소부담을 덜어주기 위한 취지이므로 **채권자가 경합**하는 **일반 추심금청구소송**에도 적용할 필요가 크다는 점 등을 들어, 법 249조가 공탁의무이행소송에만 적용되는 것으로 해석할 필요가 없고 채권자가 경합하는 경우의 추심금청구소송에 관한 특칙으로 보아 추심금청구소송 일반에 참가명령제도를 (유추)적용할 수 있다는 견해로는, 임정윤, "복수의 추심채권자가 관여한 추심금소송에서 인용판결 주문의 형식과 그 집행 등에 관한 문제," 민사집행법연구 16권(2020년), 257쪽 이하; 황진구, "추심의 소제기가 채무자가 제기한 이행의 소에 대한 관계에서 중복된 소제기에 해당하는지," 민사재판의 제문제 23권(2015년), 663쪽. 한편 일본과 같이 입법적으로 개선하는 것이 바람직하나, 현재에도 제 3 채무자의 응소부담을 완화하고 채권을 둘러싼 분쟁의 통일적인 해결을 위해 추심금소송 일반에 참가명령신청이 가능하다고 해석하는 것이 좋은 방안이라는 견해로는, 이지영, "추심금소송에서 청구를 일부 포기하는 내용의 화해권고결정이 확정된 경우 그 의미와 기판력," 대법원판례해설 125호(2020년 하), 304쪽. 일본의 경우 1980년 민사집행법을 제정하기 전에는 우리나라 민사집행법 249조와 같은 규정을 두었으나(구 일본 민사소송법 623조) 민사집행법을 제정하면서 참가명령제도를 모든 추심금청구소송으로 확대했다.

2) 대판(전) 2013. 12. 18. 2013다202120. 이에 관한 상세한 이론적 검토로는, 김홍엽(민사소송),

한편 채무자가 제 3 채무자를 상대로 제기한 금전채권에 관한 이행의 소가 그 금전채권에 대한 압류 및 추심명령으로 인한 당사자적격의 상실로 각하됨으로써 민법 170조 1항에 의하여 **시효중단의 효력**이 소멸된다고 하더라도, 위 이행소송의 계속 중에 피압류채권에 대하여 채무자를 갈음하여 당사자적격을 취득한 추심채권자가 위 각하판결이 확정된 날부터 6월 내에 제 3 채무자를 상대로 추심금청구소송을 제기했다면 민법 170조 2항에 의하여 채무자가 제기한 재판상 청구로 인하여 발생한 시효중단의 효력은 추심채권자의 추심금청구소송에서도 그대로 유지된다.[1)]

3) 추심금청구소송과 **채권자대위소송**과의 관계에서, 추심권에 기한 추심금청구소송을 우선시켜 추심금청구소송의 계속 중일 때에는 채권자대위소송은 부적법하다고 본다. 추심금청구소송에 의하여 채권자는 채무자의 권리를 대위절차 없이 추심할 수 있고(법 229조 2항), 이후 추심에 따른 집행절차(배당절차)를 예정하고 있기 때문이다.

4) 추심금청구소송의 **청구취지**에서는, ① 압류 · 가압류채권자나 배당요구채권자 등의 **경합채권자가 없거나**, 경합채권자가 있다고 하더라도 **경합채권자의 공탁청구가 없어** 제 3 채무자에게 **공탁의무가 발생하지 않는 경우**에는 '제 3 채무자인 피고가 추심채권자인 원고에게 금원을 지급하라'는 청구를,[2)] ② 앞서의 경합채권자의 **공탁청구**가 있어 제 3 채무자에게 **공탁의무가 발생한 경우**에는 '제 3 채무자인 피고가 추심채권자인 원고에게 금원을 지급하라. 그 금원의 지급은 **공탁의 방법**으로 해야 한다'는 청구를 해야 한다.[3)] 추심채권자는 이 공탁판결에 의하

356쪽 이하.

1) 채무자가 권리관계의 주체의 지위에서 한 시효중단의 효력은 집행법원의 수권에 따라 피압류채권에 대한 추심권능을 부여받아 일종의 추심기관으로서 그 채권을 추심하는 추심채권자에게 미치기 때문이다. 대판 2019. 7. 15. 2019다212945.

2) 법원은 ①의 경우 예컨대 경합채권자(집행력 있는 정본을 가진 채권자)가 공동소송참가를 한 때에는 '피고(제 3 채무자)는 원고(추심채권자)와 원고 공동소송참가인에게 금 ○○○원[**압류와 관련된 채권 전액(피압류채권)**]을 지급하라'는 형식의 주문으로 판결한다. 여러 사람의 추심채권자가 공동원고가 되어 추심금청구의 소를 제기한 경우에도 마찬가지이다. 즉 원고와 원고 공동소송참가인의 각 청구금액, 또는 원고들의 각 청구금액의 합계액이 피압류채권 전액을 초과하는 경우에도 피압류채권 전액의 지급을 명한다. 이 경우 여러 가지 상정 가능한 판결주문에 대한 상세한 검토로는, 임정윤, "복수의 추심채권자가 관여한 추심소송에서 인용판결 주문의 형식과 그 집행 등에 관한 문제," 민사집행법 실무연구(Ⅴ)(재판자료 141집, 2021년), 497쪽 이하.

3) 법원은 ②의 경우 예컨대 경합채권자(집행력 있는 정본을 가진 채권자)가 공동소송참가를 한 때에는 '피고(제 3 채무자)는 원고(추심채권자)와 원고 공동소송참가인에게 금 ○○○원[**압류**

여 강제집행을 하여 집행기관으로부터 배당 등을 받아 그것을 공탁하고 그 사유신고(추심신고)를 하게 되면(법 236조 2항) 배당요구의 종기가 도래하여(법 247조 1항 2호) 배당을 실시하게 된다(법 252조 2호).

판례는, 채권자는 법 248조 3항에 의하여 채무액의 공탁의무를 지는 제 3 채무자를 상대로, 추심명령을 받은 압류채권자의 지위에서 법 249조 1항에 따라 **그 채무액의 공탁을 구하는 추심금청구소송**을 제기하여 확정판결['피고는 원고에게 금 ○○○원을 지급하라, 위 금원의 지급은 **공탁의 방법**으로 해야 한다']을 받은 사안에서, 채권자가 제기한 위 추심금청구소송은 공탁의 방법에 의하여 채무액의 추심을 구하는 이행청구의 소이고 이를 인용한 위 판결은 공탁의 방법에 의한 추심금 지급을 명하는 **이행판결**이므로, 채권자는 위 **확정판결을 집행권원**으로 한 강제집행으로서 **제 3 채무자가 가진 금전채권**을 **압류 · 추심**할 수 있다고 본다.[1]

(b) 관할법원

추심금청구소송을 제기하는 경우 이는 집행법원의 관할에 속하는 것이 아니라, '일반규정에 의한 관할법원'에 소를 제기해야 한다(법 238조 본문). 여기서 '일반규정에 의한 관할법원'이라는 채무자가 제 3 채무자를 상대로 소를 제기하는 경우에 관한 민사소송법의 일반규정에 의한 관할법원을 말한다. 따라서 피고가 되는 제 3 채무자의 보통재판적이 있는 곳의 법원(민소 2조) 또는 **압류된 채권의 의무이행지**의 특별재판적이 있는 곳의 법원(민소 8조)이 관할법원이 된다. 예컨대 압류된 채권이 **지참채무**일 때, 추심명령을 얻은 경우에는 그 권리귀속주체(권리관계의 주체)가 여전히 집행채무자이므로 **추심금청구소송**에서는 **집행채무자의 주소지**가 의무이행지이고,[2] 전부명령을 얻은 경우에는 압류된 채권이 전부채권자에게

와 관련된 채권 전액(피압류채권 전액)]을 지급하라. 위 금원의 지급은 **공탁의 방법**으로 해야 한다'는 형식의 주문으로 판결한다. 법원실무제요 민사집행(4), 385쪽.

1) 대결 2009. 5. 28. 2007마767(그런데도 추심금청구소송의 판결에 표시된 청구권이 금전채권이 아니어서 이를 집행권원으로 한 채권압류 및 추심명령은 허용되지 않는다고 판단한 원심결정에는, **제 3 채무자에 대한 공탁판결을 집행권원**으로 하는 강제집행에 관하여 법리를 오해한 위법이 있다고 판시하고 있다).

2) 압류채권자가 추심권능을 취득할 따름으로 제 3 채무자에게 새로운 부담을 주는 내용의 권리는 포함되어 있지 않으므로, 추심권에 의하여 급부를 구하는 권리의 의무이행지도 피압류채권의 의무이행지에 의하여 결정된다고 보아야 한다. 손진홍, 544쪽; 범선윤, 주석서(4), 445쪽. 이에 대하여, 추심명령이 내려진 경우에 압류된 채권의 추심권능은 추심채권자에게 이전되고 채무자는 추심권능을 상실하게 되므로 제 3 채무자는 추심채권자의 주소지에 가서 채무를 이행해야 하는 지참채무를 부담한다고 볼 수 있으며, 채권자대위권의 경우에도 채권자 주소지의 관할을 인정하고 있는 점 등을 들어 추심채권자의 주소를 의무이행지로 보아야 한다는 반대

이전되므로 **전부금청구소송**에서는 **전부채권자의 주소지**가 의무이행지가 된다.

(c) 소송고지의무

1) 추심금청구소송을 제기한 경우 채무자에게 그 소를 고지해야 한다(법 238조 본문). 즉 채권자는 채무자에 대하여 **소송고지의무**가 있다. 다만 채무자가 외국에 있거나 있는 곳이 분명하지 않는 때에는 고지할 필요가 없다(법 238조 단서).

채권자의 소송고지의무가 인정된다고 하더라도 소송고지가 소제기 자체에 대한 필수적 요건(소송요건)도 아니고, 직권조사사항이라고도 볼 수 없다.[1] 소송고지를 받은 채무자는 추심금청구소송에서 **공동소송적 보조참가**(민소 78조)를 수 있다. 추심명령에 의하여 채무자는 추심권 및 소송수행권을 상실하므로 당사자로서 참가할 수 없고(**법정소송담당**, **갈음형**), 채무자가 권리관계의 주체로서 소송에 보조참가를 할 수 있을 따름인데 추심금청구소송의 확정판결의 효력(기판력)이 원칙적으로 채무자에게 미치므로 채무자가 하는 보조참가는 합일확정의 필요상 공동소송적 보조참가가 된다.[2] 소송고지를 받은 채무자가 추심금청구소송에 참가하지 않더라도 채무자는 채권자가 받은 판결의 참가적 효력(민소 86조 · 77조)을 받는다.

2) 채권자가 소송고지의무가 있음에도 소송고지의무를 이행하지 않는 경우 채무자가 추심금청구소송에 참가하지 못한 결과 제 3 채무자에 대한 소송에서 패소함으로써 채무자에게 손해가 발생한 때에는 채무자는 채권자에게 대하여 손해배상청구를 할 수 있다.[3]

3) 채권자가 소송고지의무를 이행하지 않았는데도 추심금청구소송에서의 확정판결의 효력이 채무자에게 미치는지 여부에 관해서는 논의가 있을 수 있으나, 앞서 본 바와 같이 채권자에게 실체법상 손해배상의무가 있을 수 있는 것과는 별도로 소송법상 판결의 효력(기판력)이 고지의무의 상대방으로 피고지자인 채무자에게 미치지 않는 것으로 보아야 한다.[4]

견해도 있을 수 있다. 이러한 반대견해에 관한 소개로는, 손흥수, 363쪽. 한편 하급심 재판례에 의하면, 추심금청구소송에서 원고가 되는 추심채권자의 주소지가 있는 곳의 법원은 관할권이 없는 것으로 보고 있다고 한다. 범선윤, 주석서(4), 444쪽.

1) 대판 1976. 9. 28. 76다1145,1146.

2) 김홍엽(민사소송), 169쪽 · 1107쪽.

3) 이 경우 채권자는 소송고지의무를 이행했더라도 패소했을 것이라는 점을 항변으로 주장 · 증명하여 손해배상책임을 면할 수 있다. 법원실무제요 민사집행(4), 380쪽; 범선윤, 주석서(4), 452쪽.

4) 소송고지가 의무로 되어 있는 경우는 피고지자가 권리귀속자 또는 진정한 실체적 이해관계

(d) 공동소송참가

1) 경합채권자의 공탁청구에 따라 **공탁의무가 있는 제 3 채무자**가 공탁의무를 이행하지 않는 경우에 추심채권자가 제기하는 추심금청구소송(이를 **공탁이행청구의 소**라고도 부른다)에서 **집행력 있는 정본을 가진 모든 채권자**는 공동소송인으로 원고 쪽에 공동소송참가할 권리가 있다(**자발참가**, 법 249조 2항, 민소 83조). 이러한 소송참가는 **공동소송참가**에 해당한다. 법 249조 1항에 따른 추심금청구소송에서 집행력 있는 정본을 가진 모든 채권자가 원고 쪽에 참가할 권리가 있음을 법 249조 2항에서 인정하고 있고, 이 경우 다른 채권자의 소송참가는 원고의 소송목적과 합일적으로 확정되어야 하므로 공동소송참가로 보아야 한다.[1] 원고 쪽에 공동소송참가를 할 수 있는 사람은 **집행력 있는 정본**을 가진 **모든 채권자**인데, 그 채권자가 압류 및 추심명령을 받지 않았거나 배당요구를 하지 않았다 하더라도 무방하고, 그 채권에 대하여 집행정지사유가 있더라도 참가가 가능하다. 다만 **집행력 있는 정본을 가지지 않은 배당요구채권자**나 **가압류채권자**는 이에 해당하지 않는다.[2] 한편 공동소송참가를 할 수 있는 집행력 있는 정본을 가진 채권자는 추심채권자와 **진정으로 경합**해야 하므로, 예컨대 채무자의 제 3 채무자에 대한 1,000만원의 채권 중 500만원에 대하여 압류 및 추심명령이 있어 추심금청구소송이 계속되어 있는 경우, 300만원의 압류 및 추심채권자는 위 추심금청구소송에 참가할 수 없고, 별소를 제기해야 한다.[3]

2) 법 249조 1항에 따라 소를 제기당한 제 3 채무자는 집행력 있는 정본을 가진 모든 채권자가 원고 쪽에 공동소송인으로 참가하도록 **첫 변론기일**까지 **참가명령**을 신청할 수 있다(**강제참가**, 법 249조 3항). 제 3 채무자에게 **공탁의무가 발생하지 않는 경우**에는 법 249조가 적용되지 않으므로 다른 추심채권자나 체납처분에

인이라는 점을 공통된 특질로 하며, 이러한 이해관계인의 절차보장을 주목적으로 하므로, '고지자를 위한 고지'라기보다는 '피고지자를 위한 고지'라는 면이 있다. 김홍엽(민사소송), 1114쪽.

1) 김홍엽(민사소송), 1150쪽. 이에 대하여, 추심금청구소송에서 다른 채권자는 참가명령을 받지 않는 한 판결의 효력이 미치지 않는다는 대판 2020. 10. 29. 2016다35390의 취지에 의하면 다른 채권자는 추심금청구소송에 공동소송참가를 할 수 없다는 견해로는, 전병서, "추심의 소에 있어서 몇 가지 쟁점에 관한 검토," 민사집행법연구 17권(2021년), 202쪽.

2) 법원실무제요 민사집행(4), 383쪽. 한편 입법론적으로 집행력 있는 정본을 가진 모든 채권자에게까지 공동소송참가권을 확장하는 것이 옳은지는 의문이라는 견해로는, 이시윤·조관행, 464쪽.

3) 법원실무제요 민사집행(4), 383쪽.

의한 압류채권자가 자신에게 직접 채무액을 지급할 것을 청구하고 있을 뿐 제 3 채무자에게 공탁을 청구하지 않고 있는 때에는 참가명령의 대상이 될 수 없다.[1] 참가명령을 받은 다른 채권자는 참가 여부에 관계없이 추심금청구소송의 **판결의 효력**을 받는다(법 249조 4항). 추심채권자들이 제기하는 추심금청구소송의 소송물이 채무자의 제 3 채무자에 대한 피압류채권의 존부로서 서로 같더라도 소송당사자가 다른 이상 그 확정판결의 기판력이 서로에게 미친다고 할 수 없고, 따라서 법 249조 3항 · 4항의 규정 역시 참가명령을 받지 않은 채권자에게는 추심금청구소송의 확정판결의 효력이 미치지 않음을 전제로 참가명령을 통해 판결의 효력이 미치는 범위를 확장할 수 있도록 한 것이다.[2]

3) 법 249조 1항에 따른 추심금청구소송에서 집행력 있는 정본을 가진 다른 채권자가 원고 쪽에 소송참가하는 경우 그 참가는 **공동소송참가**에 해당하므로 이때 참가인과 원고는 **유사필수적 공동소송관계**에 있게 된다.[3] 마찬가지로 애당초 여럿이 공동하여 법 249조 1항에 따른 추심금청구소송을 제기한 **원고들** 사이에서도 역시 **유사필수적 공동소송관계**에 있다.[4]

---

1) 법원실무제요 민사집행(4), 384쪽.

2) 대판 2020. 10. 29. 2016다35390. 이에 관한 상세한 설명은, 김홍엽(민사소송), 922쪽.

3) 김홍엽(민사소송), 1042쪽. 이에 대하여, 앞서 본 바와 같이 추심금청구소송에서 다른 채권자는 참가명령을 받지 않는 한 판결의 효력이 미치지 않는다는 대판 2020. 10. 29. 2016다35390의 취지에 의하면 다른 채권자는 추심금청구소송에 공동소송참가를 할 수 없다고 보는 입장에서, 다른 채권자가 참가를 한다고 하더라도 원고와 참가인 사이에는 통상공동소송관계에 있다고 보는 견해로는, 전병서, "추심의 소에 있어서 몇 가지 쟁점에 관한 검토," 민사집행법연구 17권(2021년), 204쪽. 한편 추심금채권자가 법정소송담당이 아니라 고유적격에 기하여 추심금청구소송을 제기하는 것이라는 입장(고유적격설)에서 통상공동소송관계라고 보는 견해로는, 강구욱, "금전채권에 대한 추심소송에 대한 재고 — 법정소송담당론에 대한 비판을 중심으로 —," 민사집행법연구 16권(2020년), 232쪽 · 233쪽.

4) 한편 애당초 공동원고들 사이에 유사필수적 공동소송관계에 있다고 보는 입장은 같으나, 그 논리적 근거를 이들 공동원고들 상호 간에도 판결의 효력이 확장되어 합일확정이 요구되기 때문이라고 보는 견해로는, 전휴재, "추심소송과 기판력의 주관적 범위 — 추심소송과 채권자대위소송의 비교를 중심으로 —," 민사판례연구 45권(2023년), 617쪽 이하; 범선윤, 주석서(4), 723쪽. 이러한 입론에서는 확장되는 판결의 효력이 판결의 본래적 효력이 아닌 반사적 효력으로 보고 있다. 그러나 반사적 효력의 인정 여부에 관한 논의는 별론으로 하고(판례는 반사적 효력을 인정하지 않고 있다), 판례가 법 249조 1항의 추심금청구소송에서 참가명령을 받지 않은 추심채권자에 대해서는 판결의 효력이 미치지 않음을 명백히 하고 있으므로 법 249조 2항과의 관계에서 참가명령을 받지 않은 추심채권자의 소송참가가 공동소송참가로 된다고 보는 전제에서 공동원고들 상호 간의 관계를 파악해야 한다. 따라서 소송참가로 인하여 원고 쪽 당사자의 지위에 있는 참가인과 마찬가지로 애당초 공동원고의 지위에 있는 원고들 상호 간에도 합일확정의 재판이 필요하므로 유사필수적 공동소송관계에 있다고 보는 것이 타당하다고 본다.

(e) 추심금청구소송에서 추심권 일부 포기와 재판상 화해

추심금청구소송에서 추심채권자(원고)가 제 3 채무자(피고)와 '피압류채권 중 일부 금액을 지급하고 나머지 청구를 포기한다.'는 내용의 **재판상 화해**를 한 경우 '나머지 청구 포기 부분'은 추심채권자가 적법하게 포기할 수 있는 자신의 **'추심권'**에 관한 것으로서 제 3 채무자에게 더 이상 **추심권을 행사하지 않고 소송을 종료하겠다**는 의미로 보아야 한다. 따라서 이와 같은 재판상 화해의 효력은 별도의 추심명령을 기초로 추심권을 행사하는 다른 채권자에게 미치지 않는다. 재판상 화해와 같은 효력을 가지는 **확정된 화해권고결정**(민소 231조)의 경우도 마찬가지이다.[1]

(f) 증명책임

추심금청구소송에서 **채권자**는 **피압류채권의 존재**를 증명해야 한다.[2] 한편 제 3 채무자인 피고는 **피압류채권의 소멸, 기한유예 등**을 **항변사유**로 할 수 있다. 그러나 **집행채권의 부존재 · 소멸**은 항변사유가 아니며, 이러한 사유는 집행채무자가 **청구이의의 소**로써 주장할 사유이다.

(g) 집행권원에 대하여 집행정지결정이 있는 경우

가집행선고가 붙은 제 1 심판결을 집행권원으로 한 채권압류 및 추심명령을 받은 추심채권자가 제 3 채무자를 상대로 추심금청구의 소를 제기한 후 그 집행권원인 제 1 심판결에 대하여 강제집행정지결정이 있을 경우, 위 결정의 효력에 의하여 집행절차가 중지되어 추심채권자는 피압류채권을 실제로 추심하는 행위에 더 이상 나아갈 수는 없게 된다[물론 위 결정정본을 집행법원에 제출해야 한다(법 49조 2호, 50조)].[3] 그러나 이와 같은 사정만으로 (이미 제기된) 제 3 채무자를 피고로 한

---

1) 추심채권자가 나머지 청구를 포기한다는 표현을 사용했다고 하더라도 이를 애초에 자신에게 처분 권한이 없는 '피압류채권' 자체를 포기한 것으로 볼 수 없기 때문이다. 대판 2020. 10. 29. 2016다35390; 이지영, "추심금소송에서 청구를 일부 포기하는 내용의 화해권고결정이 확정된 경우 그 의미와 기판력," 대법원판례해설 125호(2021년), 296쪽 이하.

2) 대판 2007. 1. 11. 2005다47175, 2015. 6. 11. 2013다40476, 2023. 4. 13. 2022다279733.

3) 대판 2018. 10. 25. 2016다223067. 추심명령이 있은 후 법 49조 2호 또는 4호의 **집행정지서류**가 제출된 때에는 **법원사무관 등**은 **추심채권자와 제 3 채무자에 대하여** 그 서류가 제출되었다는 사실과 서류의 요지 및 위 서류의 제출에 따른 집행정지가 효력을 잃기 전에는 추심채권자는 채권을 추심해서는 안 되며, 제 3 채무자는 채권의 지급을 해서는 안 된다는 취지를 **통지(집행정지통지)**해야 한다(규칙 161조 1항). 집행신청 전의 단계에서부터 압류명령 및 추심명령 송달 후 제 3 채무자의 공탁 및 사유신고 이후의 단계에 이르기까지 각 단계별로 집행정지서류가 제출된 경우 집행법원의 조치에 관해서는 민동근, "금전채권에 대한 집행절차와 집행정지," 민사집행법연구 10권(2014. 2.), 332쪽 이하.

추심금청구에 관한 소송절차가 중단된다고 볼 수는 없을 뿐 아니라 이로 인해 제 3 채무자가 압류에 관련된 금전채권의 전액을 공탁함으로써 면책받을 수 있는 권리가 방해받는 것도 아니다(법 248조 1항).[1] 따라서 피고인 제 3 채무자가 이러한 강제집행정지결정이 있음을 이유로 추심금청구에 응할 수 없다고 다투는 것은 허용되지 않는다.

(h) 추심금청구소송과 기판력의 주관적 범위

1) 추심채권자가 제 3 자 소송담당자(**법정소송담당, 갈음형**)로 한 소송수행의 결과인 판결의 효력은 권리의 귀속주체인 **채무자**에게 미친다(민소 218조 3항).[2)3)]

2) 동일한 채권(피압류채권)에 대하여 여러 사람의 채권자가 압류·추심명령을 받은 경우 어느 한 채권자가 제기한 추심금청구소송에서 확정된 판결의 기판력은 그 **소송의 변론종결 전**에 **압류·추심명령을 받았던 다른 추심채권자**에게 미치지 않는다. 채무자의 같은 채권에 대하여 압류·추심명령을 받은 다른 채권자(집행력 있는 정본을 가진 채권자)들이 있다고 하더라도 이들이 앞서와 같이 법원으로부터 **참가명령을 받지 않는 한** 추심금청구소송의 판결의 효력이 이들에 미치지 않기 때문이다. 이러한 법리는 추심채권자가 제 3 채무자를 상대로 제기한 추심금청구소송에서 **화해권고결정**이 **확정**된 경우에도 마찬가지로 적용된다. 따라서 어느 한 채권자가 제기한 추심금청구소송에서 법원이 한 화해권고결정이 확정되었더라도 화해권고결정의 기판력은 화해권고결정 확정일 전에 압류·추심명령을 받았던 다른 추심채권자에게 미치지 않는다.[4]

---

1) 대판 2010. 8. 19. 2009다70067.

2) 대판(전) 1975. 5. 13. 74다1664, 대판 1988. 2. 23. 87다카1108; 김홍엽(민사소송), 915쪽.

3) 채권자의 소송고지의무 이행 여부와 관계없이 추심금청구소송의 확정판결의 기판력이 아무런 제한 없이, 즉 판결의 승패나 채무자의 지·부지와 관계없이 채무자에게 미친다고 보는 견해로는, 양진수, "추심의 소와 채무자의 당사자적격, 중복된 소제기의 금지," 민사판례연구 37권(2015년), 842쪽·843쪽; 이지영, "추심금 소송에서 청구를 일부 포기하는 내용의 화해권고결정이 확정된 경우 그 의미와 기판력," 대법원판례해설 125호(2021년), 314쪽; 범선윤, 주석서(4), 466쪽. 한편 이와 달리, ① 추심금청구소송은 추심채권자의 고유한 권리를 소로써 행사하는 것이라는 이유로 그 소송의 승패와 상관없이 채무자에게 기판력이 미치지 않는다고 보는 견해, ② 추심금청구소송의 확정판결의 기판력은 채권자가 승소한 경우에만 채무자에게 미친다고 보는 견해, ③ 추심금청구소송도 채권자대위소송의 경우와 마찬가지로 소송고지 등으로 채무자가 추심금청구소송의 계속사실을 알았을 경우에만 확정판결의 기판력이 채무자에게 미친다고 보는 견해 등도 있다. 이에 관한 소개로는, 손진홍, 539쪽 이하·583쪽 이하; 범선윤, 주석서(4), 465쪽·466쪽.

4) 제 3 채무자로서는 다른 압류채권자에 대하여 **참가명령신청**을 하여 그 압류채권자에게 기판력을 미치게 하거나, 패소한 부분에 대하여 **변제공탁**을 하여 그 채무를 소멸시킬 수 있으

2. 전부명령

(1) 의 의

1) 전부명령은 압류된 금전채권을 집행채권의 지급을 갈음하여 압류채권자에게 이전시키는 집행법원의 명령이다(법 229조 3항). 전부명령이 **확정**되면, **제 3 채무자에게 송달**된 때에 채무자가 채무를 변제한 것으로 본다(법 231조 본문). 전부채권자로서는 제 3 채무자가 자력이 없어서 현실적으로 변제받지 못하더라도 집행채권 소멸의 효력에는 영향이 없으므로, 전부명령의 경우에는 추심명령의 경우와 달리 제 3 채무자의 무자력 위험은 전부채권자가 부담하게 된다.

2) 전부명령은 확정되어야 효력이 있고(법 229조 7항), 즉시항고권자인 채무자에게 송달되지 않으면 확정될 수 없으므로, **채무자에 대한 송달**도 전부명령의 효력발생요건이다. 이 점이 추심명령의 경우와 다르다.

3) 전부명령의 확정시 집행절차가 종료된다. 따라서 채권자의 이중압류 또는 배당요구의 여지가 없다. 전부명령이 제 3 자에게 송달된 후에도 확정되기 전에는 제 3 채무자는 법 248조에 따라 공탁(**집행공탁**)을 할 권리(권리공탁의 경우) 또는 의무(의무공탁의 경우)가 있다. 압류의 효력은 압류명령이 제 3 채무자에게 송달된 시점에 이미 발생했기 때문이다.

(2) 전부명령의 요건

(a) 압류된 채권이 원칙적으로 권면액을 가지는 금전채권일 것

1) 전부명령이 유효하려면 먼저 압류된 채권은 금전채권이어야 한다. 유체물의 인도나 권리이전의 청구권에 대해서는 전부명령을 할 수 없다(법 245조). 금전채권이라면 비록 **상계가 금지된 채권**이라고 하더라도 압류금지채권에 해당하지 않는 한 전부명령의 대상이 될 수 있다.[1] 한편 **판례**는 사해행위취소소송에

며, **집행공탁**(민집 248조)을 하여 면책될 수 있으므로 이로써 다른 압류채권자가 계속 자신을 상대로 소를 제기하는 것을 피할 수 있다. 대판 2020. 10. 29. 2016다35390.

1) 대결 1994. 3. 16. 93마1822,1823, 2017. 8. 21. 2017마499. 판례가 집행채권자는 자기를 채무자로 하는 채권에 대한 전부명령(자기채권에 대한 전부명령)을 신청할 수 있다고 보고, 상계금지채권도 압류금지채권이 아닌 한 전부명령의 대상이 된다고 보는 데 대하여, 상계금지의 취지와 입법목적이 다양하며, 특히 고의에 의한 불법행위에 기한 채권을 대상으로 하는 자기에 대한 채권의 전부명령은 그러한 상계를 금지한 민법 496조의 입법취지(고의에 의한 불법행위 유발방지)를 고려할 때 허용되어서는 안 되므로, 자기에 대한 채권의 전부명령에 관해서는 (압류금지채권을 제외하더라도) 그 허용범위에 제한을 두어야 한다는 견해(**제한설**)로는,

서 수익자가 원상회복으로서 채권자취소권을 행사하는 채권자(취소채권자)에게 가액배상을 할 경우 수익자가 취소채권자에 대해 가지는 별개의 다른 채권을 집행하기 위하여 그에 대한 집행권원을 가지고 위 채권자의 수익자에 대한 가액배상채권을 압류하고 전부명령을 받는 것은 허용된다고 보고 있다.[1] 이는 취소채권자가 수익자에 대해 행사할 수 있는 가액배상청구가 채권자에게 귀속하는 권리임을 전제로 한 것으로(**채권자귀속설**의 입장),[2] 이러한 가액배상청구권이 채무자에게 귀속되든지, 공동담보의 권리임을 전제로 취소채권자는 가액배상청구를 할 권능을 가지는 데 불과함을 전제(**채무자귀속설**의 입장)[3]로 한 것이 아니다. 그런데 **대판 2022. 8. 11. 2018다202774**는, "사해행위취소소송에서의 취소채권자는 수익자로부터 책임재산 가액을 수령할 권능만을 가질 뿐"이라고 명시적으로 판시하고 있고, 이러한 판시를 그대로 따를 경우 앞서 본 추심채권자의 추심권능, 대위채권자의 변제수령권능과 마찬가지로 취소채권자가 수익자에 대하여 가지는 가액배상수령권능에 대해서는 압류 및 전부명령을 받는 것이 허용되지 않는 결과가 된다.[4]

2) 전부명령의 대상이 되는 채권은 원칙적으로 채권의 목적으로 표시된 일정

전원열, "채권자를 제 3 채무자로 하는 전부명령," 법조 67권 2호(2018. 4.), 286쪽 이하.

1) 대결 1971. 8. 21. 2017마499.

2) **채권자귀속설**을 지지하는 견해로는, 전원열, "채권자를 제 3 채무자로 하는 전부명령," 법조 통권 67권 2호(2018. 4.), 319쪽; 황용경, "사해행위 취소에서 가액배상과 전부명령," 홍익법학 20권 4호(2019년), 481쪽; 송방아, "취소채권자의 가액배상청구권에 대한 압류 및 전부명령," 한국민사집행법학회 2025년 하계학술대회 자료집(2025. 6.), 25쪽.

3) **채무자귀속설**을 지지하는 견해로는, 조경임, "취소채권자의 가액배상청구권은 책임재산이 될 수 있는가," 비교사법 26권 1호(통권 84호), 154쪽; 김창희, "가액배상을 명하는 사해행위 취소판결과 민법 제407조," 법학논집 45권 4호(2021년), 217쪽. 한편 취소채권자는 가액배상의무를 부담하는 수익자에게 모든 채권자를 위하여 가액배상금을 공탁할 것을 청구할 수 있을 뿐 취소채권자나 채무자에게 직접 가액배상을 지급하라고 청구할 수 없다는 견해(**공탁설**)로는, 이우재, "사해행위취소의 효력을 받는 '모든 채권자'의 범위와 관련된 문제," 민사집행법 실무연구 Ⅱ(재판자료 117집, 2009년), 195면 이하.

4) 취소채권자는 수익자에 대하여 '가액배상채권'을 가지는 것이 아니라, '가액배상을 받을 권능'만 있을 뿐이므로, 위 권능은 확립된 판례에 따라서 압류할 수 없다고 보고, 이에 모순되는 대결 2017. 8. 21. 2017마499는 변경되어야 한다는 견해로는, 서울고등법원, 민사판례해설 Ⅳ-상, 405쪽 이하. 이에 대하여, 위 판결이 '가액을 수령할 권능만을 가질 뿐'이라고 한 것은 취소채권자가 자신의 가액배상청구권이 아닌 다른 취소채권자의 가액배상청구권을 포기할 수 없다는 취지를 설명하기 위한 것일 뿐 취소채권자가 자신의 가액배상청구권을 포기할 수 없음을 선언한 것이 아니라고 보는 견해로는, 송방아, "취소채권자의 가액배상청구권에 대한 압류 및 전부명령," 한국민사집행법학회 2025년 하계학술대회 자료집(2025. 6.), 24쪽.

한 금액(**권면액**, 券面額)을 가진 것이어야 한다.[1] 즉 일반적으로 피압류채권의 권면액으로 집행채권이 변제된 것으로 볼 수 있어야 하기 때문이다.

(b) 미확정의 또는 장래 발생할 채권도 피전부채권이 될 수 있는지 여부

1) 현행법은 권면액을 가질 것을 명문으로 요구하고 있지는 않으나, 전부될 채권은 원칙적으로 권면액을 가진 것이어야 한다. 채권의 존부 및 범위가 확정되지 않거나 불확실한 금전채권(**장래의 불확정채권**),[2][3] 즉 기한부・조건부 금전채권 등 장래에 발생하거나 확정될 채권도 경우에 따라서는 일정한 권면액을 갖는 것으로 보아 전부명령의 대상적격이 인정된다. 즉 압류명령 및 전부명령이 제 3 채무자에게 송달될 당시에 반드시 피압류채권이 현실적으로 존재하고 있어야 하는 것은 아니다. 따라서 장래의 불확정채권이라도 ① 채권발생의 기초가 성립・확정되어 있어 **특정이 가능**하고, ② **가까운 장래**에 채권의 발생・확정이 **상당한** 정도로 기대되는 경우에는 전부명령의 대상적격이 된다.[4] 예컨대 ① 퇴직 전의 퇴직금청구권,[5] ② 공탁원인소멸 전의 공탁금회수청구권,[6] ③ 공사완성 전

---

1) 채권의 권면액은 채권에 대한 거래의 실제가격과는 다른 개념으로, 제 3 채무자의 자력이 부족한 때에는 채권의 실제가격은 권면액보다 낮아져서 채권 전액이 변제되지 못하는 결과가 되나, 한편 금전채권의 성질상 채권의 실제가격이 권면액보다 높아지는 경우는 생각할 수 없다. 유승정, "장래의 채권등에 대한 전부명령 그 허부 및 효력," 민사재판의 제문제 6권(1991. 11.), 151쪽 이하.

2) 판례상 '**장래의 채권**'이란 피압류채권이 그 존부 및 범위를 불확실하게 하는 요소를 내포하고 있는 경우를 말한다. 대판 2000. 4. 21. 99다70716, 2001. 9. 25. 99다15177, 2004. 9. 23. 2004다29354.

3) 채권의 존부 및 범위가 불확실하거나 불확정한 채권을, ① 채권의 발생 여부조차 아직 미정인 채권(예컨대 반대급부의 이행 여부에 따라 발생 여부가 결정되는 공사완성 전의 공사대금채권, 근로의 제공이 있어야 발생되는 임금채권 등), ② 채권이 존재하기는 하나 발생시기가 미정인 채권(예컨대 골프클럽 탈회시 반환받을 수 있는 예치금반환채권 등), ③ 채권의 발생이 예정되어 있고 발생시기도 정해져 있으나 그 액수가 아직 확정되어 있지 않은 채권(예컨대 임대차기간 만료 전의 임대차보증금반환채권 등)으로 일응 분류한 다음, 이행기나 채권의 범위가 일정한 조건(기한의 도래, 해지 등)의 성취에 의하여 결정되는 점에 착안하면 널리 '조건부채권'이라고 부를 수도 있다는 견해가 있다. 조해근, "장래의 채권을 전부받은 전부채권자의 전부금청구," 사법연수원논문집 5집(2008. 1.), 211쪽 이하.

4) 대판 1982. 10. 26. 82다카508, 2010. 2. 25. 2009다76799, 대결 2024. 11. 28. 2023마6248.

5) 본질적으로 후불적 임금의 성질을 지닌 근로자의 퇴직금에 대한 청구권도 그 금액은 불확실하나 근로자퇴직급여 보장법 및 취업규칙 등에서 그 지급조건이 명확히 되어 있어 그 권리성이 부여되었고 근로자의 사망 또는 퇴직시에 지급될 것이 확실시되는 것이므로 피전부적격이 있다. 대판 1975. 7. 22. 74다1840, 대판(전) 1977. 9. 28. 77다1137; 김길중, "퇴직금급여청구권의 피전부적격 여부," 대법원판례해설 5호(1986년 상반기), 125쪽 이하.

6) 대결 1973. 12. 22. 73마360, 대판 1981. 2. 10. 80다77, 대결 1984. 6. 26. 84마13. **공탁규칙**도 공탁금회수청구권에 대한 강제집행이나 체납처분이 가능함을 전제로 한 규정을 두고 있

의 공사대금채권,[1] ④ 매매계약 해제시에 발생할 매매대금반환채권,[2] ⑤ 물품공급계약상 물품공급 전의 물품대금채권,[3] ⑥ 골프클럽의 회원탈퇴 전의 예치금반환청구권,[4] ⑦ 임차인의 임차목적물 반환 전의 임차보증금반환청구권,[5] ⑧ 토지수용시 사업인정 고시후 수용재결 이전 단계에서의 피수용자의 사업시행자에 대한 손실보상금채권,[6] ⑨ 장래 경매취하를 조건으로 한 경매보증금반환청구권,[7] ⑩ 지방자치단체 발주의 공사도급계약의 입찰에서 낙찰자가 결정된 후 아직 낙찰자와 지방자치단체 사이에 공사도급계약이 체결되기 전의 공사대금채권[8] 등도 전부명령의 대상이 된다.

▣ 전부명령의 대상되는 채권의 권면액 요부에 관한 판례의 태도와 문제점

(1) 금전채권 중 장래의 불확정채권, 조건부 채권 등 장래의 채권 등과 같이 채권의 확정적 실현이 의문시되어 권면액의 존재를 인정하기 어려운 채권에 대해서도 **판례**는 대부분의 경우 권면액에 대한 언급 없이 전부명령을 허용하고 있다.[9] 이러한 판례의 태도는, ① 기본적으로 전부명령이 확정된 후에 피전부채권이 소멸하거나 부존재한 것으로 판명되어 전부명령이 무효가 되더라도 그로 인한 위험을 집행

다. 공탁규칙(2024. 12. 31. 개정, 2025. 1. 17. 시행) 34조 1호 단서 다목.

1) 도급계약에 의한 공사대금채권은 전부명령의 대상이 될 수 있으나 공사가 완료되기 전에 전부명령이 있었을 경우에는 그 효력은 그 **결산**에 의하여 **구체적**으로 확정되었을 때의 금액을 표준으로 하여 확정된다. 대판 1962. 4. 4. 62다63. 같은 입장에서 공사대금채권을 장래의 채권액의 구체적인 **확정**에 불확실한 요소가 내포되어 있는 것으로 본 것으로는, 대판 1995. 9. 26. 95다4681. 한편 공사대금채권은 공사를 완공해야 **취득**한다고 본 것으로는, 대판 2011. 10. 13. 2011다55214.

2) 매매계약이 해제되는 경우 발생하는 매수인의 매도인에 대한 이미 지급한 매매대금의 반환채권은 매매계약이 해제되기 전까지는 채권 발생의 기초가 있을 뿐 아직 권리로서 발생하는 것은 아니지만 일정한 권면액을 갖는 금전채권이므로 전부명령의 대상이 될 수 있다. 대판 2000. 10. 6. 2000다31526.

3) 대판 1996. 4. 23. 96다402.

4) 대판 1989. 11. 10. 88다카19606.

5) 대판 1981. 11. 10. 81다378.

6) 대판 1998. 3. 13. 97다47514.

7) 대판 1976. 2. 24. 75다1596.

8) 대판 2002. 11. 8. 2002다7527.

9) 판례가 전부명령의 요건으로 금전채권의 권면액을 요구하는 것으로 이해되는 판시를 하고 있는 것("장래의 채권이라도 채권 발생의 기초가 확정되어 있어 특정이 가능할 뿐 아니라 **권면액이 있고**, 가까운 장래에 발생할 것이 상당한 정도로 기대되는 경우에는 채권압류 및 전부명령의 대상이 될 수 있다.")으로는, 대판 2000. 4. 21. 99다70716, 2000. 10. 6. 2000다31526, 2002. 11. 8. 2002다7527, 2010. 4. 29. 2007다24930 등이 있다.

채권자가 감수하고서 전부명령을 신청하는 것이며, ② 채권자평등주의를 취하는 우리 법제에서는 가장채권에 의한 배당요구 등으로 진정한 채권자의 만족을 얻지 못하게 될 수 있는데, 전부명령을 넓게 허용함으로써 이러한 채권자평등주의의 단점을 보완할 필요가 있는 점도 고려된 것으로 볼 수 있다.[1)]

(2) 이러한 판례의 태도에 대하여, 앞서와 같은 점들을 적극적으로 고려하여 장래의 채권에 관한 전부명령을 폭넓게 허용하는 것이 타당하다고 보는 입장에서 이를 긍정하는 견해가 있으나,[2)] 판례와 같이 조건부 채권 등 장래의 채권에 관하여 거의 무제한적으로 전부명령을 허용함으로써 사실상 권면액의 요건을 불필요한 것으로 취급하고 있는 것은 전부명령제도의 본래의 취지에 부합하지 않는 것으로 볼 여지가 많다. 전부명령제도는 압류된 채권이 지급을 갈음하여 압류채권자에게 이전됨으로써 간편한 방법으로 집행채권을 소멸시키는 제도인데, 장래의 불확정채권은 그 채권의 존부나 범위가 불투명할 뿐만 아니라 집행채권자가 제 3 채무자를 상대로 전부금청구소송을 제기하는 경우 제 3 채무자는 조건불성취 · 기한미도래 · 반대의무불이행 등의 권리저지적 항변을 하는 등으로 이를 다툴 수 있으므로 그로 인한 분쟁만 증가시키는 결과를 가져올 수 있기 때문이다.[3)]

2) 한편 불확실하거나 추심이 곤란한 채권에 대하여 특별현금화명령 가운데 하나인 **양도명령**을 할 수 있다(법 241조 1항 1호).

(c) 압류된 채권이 양도성이 있을 것

전부명령의 대상이 되는 채권은 양도성이 있어야 한다. 법률상 양도가 금지된 채권에 대해서는 전부명령을 할 수 없다. 당사자 사이에 양도금지의 특약이 있는 채권이라도 압류 및 전부명령에 따라 이전될 수 있고, 양도금지의 특약이 있는 사실에 관하여 압류채권자가 선의인지 악의인지 여부는 전부명령의 효력에 영

---

1) 이시윤 · 조관행, 468쪽; 법원실무제요 민사집행(4), 403쪽; 범선윤, 주석서(4), 289쪽.

2) 이기중, "장래의 채권 등에 대한 전부명령에 있어서 압류경합의 판단기준시기," 판례연구(부산판례연구회) 7집(1997년), 554쪽; 이계정, "장래 채권의 전부명령에 관한 일고찰," 인권과 정의 388호(2008. 12.), 14쪽. 한편 판례의 입장을 받아들이고 불확실한 채권에 대한 전부명령의 뒷수습을 적절히 하는 것이 바람직한 해결책이라고 보는 견해로는, 이시윤 · 조관행, 469쪽.

3) 윤진수, "전부명령의 요건과 효과," 부동산법학의 제문제(석하김기수교수화갑기념, 1992. 6.), 1031쪽 이하; 범선윤, 주석서(4), 289쪽. 한편 금전채권이라고 하더라도 학설과 판례상으로 대립되고 있는 급료채권 등 장래의 채권, 반대급부의 동시이행관계에 있는 채권, 조건부 채권, 다른 사람의 우선권 행사로 가치가 감소될 가능성이 있는 채권 등은 전부명령의 대상으로 할 수 없도록 규정하거나, 현행 민사집행법의 해석을 보다 간명하게 할 수 있도록 명문으로 규정함이 상당하다고 보는 견해로는, 김창구, "장래채권 등에 대한 전부명령의 허부와 효력에 관한 판례의 경향," 재산법연구 28권 4호(2012년), 219쪽 이하.

향이 없다.[1)]

(d) 압류된 채권에 압류 · 가압류의 경합이 없을 것

1) 전부명령은 전부채권자에게 독점적인 만족을 주는 것이므로, 압류(체납처분에 의한 압류도 포함한다)[2)]나 가압류의 경합 또는 배당요구가 없어야 한다. **압류 경합이나 배당요구가 있는 채권**에 대한 **전부명령**은 **무효**이다(법 229조 5항). 압류 등의 경합이 있었는지 여부를 결정하는 기준시점은 전부명령이 **제 3 채무자에 송달된 때**이다.

한편 **판례**는, **채권자대위소송**이 제기되고 대위채권자가 채무자에게 대위권 행사사실을 **통지**하거나 채무자가 이를 **알게 된** 이후에는 **법 229조 5항이 유추적용되어 피대위채권에 대한 전부명령**은, 우선권이 있는 채권에 기초한 것이라는 등의 **특별한 사정**이 없는 한, **무효**로 본다(**피전부적격상실설**).[3)4)]

---

1) 대판 1976. 10. 29. 76다1623, 2002. 8. 27. 2001다71699; 이재성, "채권양도금지의 특약과 전부명령의 효력," 민사재판의 이론과 실제 3권(1978. 10.), 330쪽 이하; 손진홍, "개정된 압류금지채권의 범위," 법조 54권 11호(2005. 11.), 107쪽 이하. **판례**는, 양도금지의 특약과 관련하여, 민법 449조 2항이 채권양도금지의 특약은 선의의 제 3 자에게 대항할 수 없다고만 규정하고 있어서 그 문언상 제 3 자의 과실의 유무를 문제삼고 있지는 않지만, 제 3 자의 중대한 과실은 악의와 같이 취급되어야 하므로, 양도금지의 특약의 존재를 알지 못하고 채권을 양수한 경우에 그 알지 못함에 중대한 과실이 있는 때에는 악의의 양수인과 같이 양도에 의한 채권을 취득할 수 없다고 해석하는 것이 상당하다는 입장이다. 대판 1996. 6. 28. 96다18281.

2) 대판 2015. 8. 27. 2013다203833.

3) 채권자대위소송이 제기되고 대위채권자가 채무자에게 대위권 행사사실을 통지하거나 채무자가 이를 알게 되면 민법 405조 2항에 따라 채무자는 피대위채권을 양도하거나 포기하는 등 채권자의 대위권 행사를 방해하는 처분행위를 할 수 없게 되고, 이러한 효력은 제 3 채무자에게도 그대로 미친다. 그럼에도 그 이후 대위채권자와 평등한 지위를 가지는 채무자의 다른 채권자가 피대위채권에 대하여 전부명령을 받는 것도 가능하다고 하면, **채권자대위소송**의 제기가 채권자의 적법한 권리행사방법 중 하나이고 채무자에게 속한 채권을 추심한다는 점에서 **추심소송과 공통점**도 있음에도 그것이 무익한 절차에 불과하게 될 뿐만 아니라, 대위채권자가 압류 · 가압류나 배당요구의 방법을 통하여 채권배당절차에 참여할 기회조차 가지지 못하게 한 채 전부명령을 받은 채권자가 대위채권자를 배제하고 전속적인 만족을 얻는 결과가 되어, **채권자대위권**의 **실질적 효과**를 확보하고자 하는 민법 405조 2항의 취지에 반하게 되기 때문이다. 대판 2016. 8. 29. 2015다236547. 대위채권자가 채권자대위소송을 통하여 집행권원을 취득하여 강제집행을 할 수 있는 절차는 채권자가 채권압류명령을 얻는 절차와 유사하므로 법 229조 5항의 해석에 있어 채권자대위소송에서의 (대위채권자의 통지 등에 의한) 처분금지적 효력과 압류의 처분금지적 효력이 같은 성질의 것으로 취급될 수 있다는 견해로는, 범선윤, "채권자대위소송의 집행법적 쟁점 — 대법원 2016. 8. 29. 선고 2015다236547 판결, 대법원 2016. 9. 28. 선고 2016다205915 판결을 중심으로 —," 민사집행법 실무연구(Ⅴ)(재판재료 141집, 2021년), 302쪽.

4) 이러한 판례의 태도에 대하여, 다수 채권자들 사이의 평등을 구현하고 채권자대위제도와 민사집행제도의 조화로운 공존을 모색한 방안으로 긍정적으로 평가하고 있는 견해로는, 이원, "채권자대위소송과 금전채권에 대한 집행의 경합," 법학평론(서울대학교 법학평론 편집위원

2) 채권가압류와 채권압류의 집행이 경합된 상태에서 발령된 전부명령은 무효이고, 한번 **무효로 된** 전부명령은 **그 후** 채권가압류의 집행취소(집행해제)로 경합상태에서 벗어났다고 하여 유효하게 되는 것은 아니다.[1] 전부명령이 압류의 경합 등으로 인하여 무효가 되는 때에도 그 전부명령의 기초가 되었던 **압류명령**의 효력은 유효히 지속되므로, 무효인 전부명령을 얻었던 압류채권자는 압류명령에 기초하여 **추심명령**을 얻을 수 있다.[2] 한편 추심명령을 얻은 채권에 대하여 경합하는 다른 채권자가 없다면 압류채권자로서는 다시 **전부명령**을 받을 수 있다. 이 경우 전부명령이 확정되어 효력이 발생하면 추심대상인 채권은 전부채권자에게 이전되어 집행목적이 달성되므로 추심명령은 실효하게 된다.[3]

한편 가압류결정이 집행된 상태(제 3 채무자에게 가압류결정정본이 송달된 상태)에서 가압류채권자가 가압류신청을 취하한 경우에도 취하통지서가 법원에 의하여 제 3 채무자에게 송달되거나 제 3 채무자 스스로 취하사실을 알게 되는 등으로 가압류집행의 효력이 장래를 향하여 소멸되기 전에[4] 전부명령이 제 3 채무자에게 먼저 송달되었다면 위 전부명령은 다른 채권자의 가압류가 경합한 상태에서 송달된 것이 된다.

3) 전부명령이 제 3 채무자에게 송달된 때에 채무자는 채무를 변제한 것으로 간주되고(법 231조 본문), 전부명령이 **제 3 채무자에게 송달**될 때까지 압류 등이 경합되면 전부명령은 무효지만, 압류 등의 경합이 전부명령의 송달 뒤에 발생했다면 비록 전부명령이 **확정**되기 전이었다고 하더라도 이는 전부명령의 효력에 영향을 미치지 않는다.[5]

회) 8권(2018년), 122쪽 이하. 한편 판례의 태도에 대하여, 채권자대위권 행사는 집행법상 의미를 가지는 권리행사라고 보기 어려우므로 채권자대위권 행사에 관한 압류의 경합에 관한 법 229조 5항을 유추적용하는 것은 타당하지 않으며, 집행절차의 안정성을 도모하기 위해서는 전부명령의 무효 여부를 객관적인 기준에 의하여 판단해야 하는데 채무자의 주관적 인식을 기준으로 전부명령의 무효 여부를 판단하는 것은 절차의 안정을 해하는 해석이라는 근거 등으로 비판하는 견해로는, 문영화, "채권자대위권의 행사에 의한 처분제한과 피대위채권에 대한 전부명령의 효력," 민사소송 21권 1호(2017년), 339쪽 이하; 이계정, "채권자대위권의 행사와 전부명령의 효력 — 대법원 2016. 8. 29. 선고 2015 다 236547 판결 —," 법조 통권 728호(2018. 4.), 581쪽 이하.

1) 대판 2001. 10. 12. 2000다19373, 2008. 1. 17. 2007다73826.

2) 대판 1976. 9. 28. 76다1145,1146.

3) 손흥수, 386쪽; 범선윤, 주석서(4), 236쪽.

4) 대판 2001. 10. 12. 2000다19373, 2008. 1. 17. 2007다73826, 2022. 7. 28. 2022다203033.

5) 대판 1995. 9. 26. 95다4681, 2000. 10. 6. 2000다31526.

4) **장래의 불확정채권**에 대하여 압류 및 전부명령이 확정되면 그 부분 피압류채권은 이미 전부채권자에게 이전된 것이므로, 그 이후 동일한 장래의 채권에 대하여 다시 압류 및 전부명령이 발해졌다고 하더라도 압류의 경합은 생기지 않는다. 이 경우 장래의 불확정채권 중 선행 전부채권자에게 이전된 부본을 제외한 나머지 가운데 해당 부분의 피압류채권이 후행 전부채권자에게 이전될 뿐이다.[1]

5) **장래의 불확정채권**에 대하여 압류가 중복된 상태에서(여러 개의 압류명령이 있는 상태에서) 전부명령이 있는 경우 그 압류의 경합으로 인하여 전부명령이 무효가 되는지 여부는 나중에 확정된 피압류채권액을 기준으로 판단하는 것이 아니라 전부명령이 **제 3 채무자에게 송달된 당시**의 **피압류채권액**을 기준으로 판단해야 한다.[2]

장래의 불확정채권에 대한 전부명령을 허용하는 것은 가까운 장래에 채권이 발생할 것이 상당한 정도로 기대되기 때문이므로, 전부명령 송달 당시 피압류채권의 발생원인이 되는 계약에는 그 채권액이 정해지지 않아 그 **채권액을 알 수 없는 경우**에는 그 계약의 체결경위와 내용 및 그 이행경과, 그 계약에 기하여 가까운 장래에 채권이 발생할 가능성 및 그 채권의 성격과 내용 등 모든 사정을 종합하여 그 계약에 의하여 장래 발생할 것이 **상당히 기대되는 채권액**을 산정한 후 이를 그 계약상의 피압류채권액으로 보아야 한다.[3]

한편 여러 개의 전부명령이 존재하고, 그 후 확정된 피압류채권액이 각 전부금액의 합계액에 미달하는 경우에도 각 전부명령이 그 송달 당시 압류의 경합이 없어 유효한 이상 각 전부채권자는 확정된 피압류채권액의 범위 안에서 자신의 전부금액 전액의 지급을 제 3 채무자에 대하여 구할 수 있다. 이 경우 제 3 채무자로서는 전부채권자 중 누구에게라도 그 채무를 변제하면 다른 채권자에 대한 관계에서도 유효하게 면책된다. 한편 제 3 채무자는 이중지급의 위험이 있을 수 있으므로 민법 487조 후단을 유추적용하여 채권자를 알 수 없다는 이유로 변제공탁

1) 대판 2004. 9. 23. 2004다29354, 대결 2019. 8. 21. 2018마804.

2) 대판 1998. 8. 21. 98다15439, 2010. 5. 13. 2009다98980, 대결 2024. 11. 28. 2023마6248 등; 이기중, "장래의 채권 등에 대한 전부명령에 있어서 압류경합의 판단기준시기," 판례연구(부산판례연구회) 7집(1997. 1.), 546쪽 이하. 한편 부동산담보신탁계약에 기하여 신탁부동산을 매각할 경우 위탁자가 신탁회사에 대하여 가지는 배당금교부채권에 대한 전부명령이 압류의 경합으로 무효가 되는지 여부는 전부명령 송달 당시 예상되는 배당금교부채권액을 기준으로 판단해야 한다는 판결로는, 대판 2010. 5. 13. 2009다98980.

3) 대판 2010. 5. 13. 2009다98980, 대결 2024. 11. 28. 2023마6248; 손흥수, "장래 불확정채권에 대한 압류경합의 판단기준," 민사집행법연구(Ⅰ)(2012년), 430쪽 이하.

을 함으로써 법률관계의 불안으로부터 벗어날 수 있다.[1)]

6) 전부명령이 압류 등의 경합으로 인하여 무효임에도 **제 3 채무자**가 무효인 전부명령에 의한 전부채권자에게 그 **전부금을 변제**했다면 제 3 채무자가 선의·무과실인 때에는 **채권의 준점유자**에 대한 변제로서 유효하다.[2)3)]

(3) 전부명령의 신청

1) 채권자는 압류명령과 병합하여 전부명령을 신청할 수도 있다. 여러 채권자가 공동하여 채무자의 제 3 채무자에 대한 동일한 채권을 압류한 경우(**공동압류**) 피압류채권이 각 채권자의 집행채권을 모두 만족시켜 줄 수 있는 때에는 각 그 일부에 관하여 전부명령을 얻을 수 있고, 나아가 집행채권의 총액이 피압류채권액을 초과하더라도 각 채권자에 대한 분할비율을 명시하는 방법에 의하여 공동으로 전부명령을 얻을 수 있다.[4)]

2) 채무자가 여러 명이거나 제 3 채무자가 여러 명인 경우 또는 채무자가 제 3 채무자에 대하여 여러 채권을 가지고 있는 경우에는 집행채권액을 한도로 하여 **각 채무자별**로, 또는 **각 제 3 채무자별**로 얼마씩의 전부를 명하는 것인지, 또는 채무자의 **어느 채권**에 대하여 얼마씩의 전부를 명하는 것인지를 **특정**해야 한다. 이를 특정하지 않은 경우에는 집행의 범위가 명확하지 않으므로 그 전부명령은 무효이다.[5)]

---

1) 대판 1998. 8. 21. 98다15439.

2) 대판 1988. 8. 23. 87다카546, 1995. 4. 7. 94다59868(제 3 채무자인 병이, 갑의 전부명령을 송달받기 이전에 이미 을의 가압류결정을 송달받았을 뿐만 아니라, 을이 제기한 전부금청구소송에서 을의 전부명령은 압류 또는 가압류가 경합된 상태에서 발해진 것으로서 무효라는 주장을 스스로 제기한 바 있음에도, 그 후 갑이 제기한 전부금청구소송에서 을의 압류가 경합되어 있다는 주장을 내세우지도 않음으로써 패소판결을 받고 바로 그 전부금을 변제해 버렸다면, 제 3 채무자인 병으로서는 을의 전부명령은 물론 갑의 전부명령 또한 을의 가압류와 경합된 상태에서 발해진 것으로서 무효라는 것을 알았거나 알 수 있었다는 이유로, 제 3 채무자인 병이 한 변제의 효력을 부인한 사안이다).

3) 실무상 법원의 전부명령결정서에는 **주의사항**으로, "전부명령이 제 3 채무자에게 송달될 때까지 다른 채권자가 압류, 가압류 또는 배당요구를 한 때에는 전부명령은 효력이 없습니다(민사집행법 제229조 제 5 항)."라는 문구를 기재하고 있다. 법원실무제요 민사집행(4), 416쪽·417쪽·418쪽. 이에 대하여, 앞서 본 바와 같이 채권자대위소송이 제기되고 대위채권자가 채무자에게 대위권 행사사실을 통지하거나 채무자가 이를 알게 된 이후에는 법 229조 5항이 유추적용된다는 대판 2016. 8. 29. 2015다236547을 들어 위 판결 이후에는 위 안내문구에 '채권자대위소송이 제기되고 채무자가 그 통지를 받거나 채권자대위소송 계속사실을 알았을 경우'를 추가해야 할 것이라는 견해로는, 범선윤, "채권자대위소송의 집행법적 쟁점 — 대법원 2016. 8. 29. 선고 2015다236547 판결, 대법원 2016. 9. 28. 선고 2016다205915 판결을 중심으로 —," 민사집행법 실무연구(V)(재판자료 141집, 2021년), 304쪽.

4) 법원실무제요 민사집행(4), 412쪽.

5) 대판 2004. 6. 25. 2002다8346(제 3 채무자가 두 사람이고, 그 가운데 A에 대해서는 이미 발

3) 채권자는 전부명령이 **확정될 때까지** 전부명령의 신청을 **취하**할 수 있다. 따라서 전부명령이 채무자나 제 3 채무자에게 송달된 이후라도 즉시항고기간(사법보좌관의 처분에 대한 이의신청기간)이 지나 전부명령이 확정되기 전에는 전부명령의 신청을 취하할 수 있다.

(4) 전부명령신청의 재판

1) 법원은 압류 및 전부명령의 결정시 집행권원의 송달, 선행하는 압류명령의 존부, 피전부적격의 유무 등의 요건을 심리하면 된다. 실제로 채무자가 제 3 채무자에게 압류 및 전부명령의 대상이 되는 채권을 가지고 있는지 여부는 따질 필요가 없는 것이 원칙이다. 만일 채무자의 제 3 채무자에 대한 그와 같은 채권이 존재하지 않는 경우에는 전부명령이 확정되더라도 변제의 효력이 없다(법 231조 단서).[1)]

2) 전부명령도 압류명령 또는 추심명령과 마찬가지로 제 3 채무자와 채무자에게 송달해야 한다(법 229조 4항, 227조 2항).

3) 전부명령은 확정되어야 효력을 가진다(법 229조 7항). **전부명령**에 대해서는 채무자나 제 3 채무자가 전부명령신청을 **각하**하거나 **기각**하는 결정에 대해서는 채권자가 즉시항고할 수 있다(법 229조 6항).[2)] 전부명령은 **사법보좌관**의 업무이므로, 즉시항고를 하기 위해서는 먼저 사법보좌관의 처분에 대하여 **이의신청**을 해야 한다(사보규 4조 1항). 이의신청은 그 처분을 고지받은 날(전부명령을 송달받은 날)부터 **7일 이내**에 해야 한다(**불변기간**이다. 사보규 4조 3항).

(5) 전부명령신청의 재판에 대한 불복과 항고법원의 조치

1) 전부명령신청의 재판에 대한 즉시항고사유는 집행법원이 전부명령의 발령시 조사·준수할 사항의 흠이다. 집행채권의 부존재·소멸은 항고사유가 되지 않

생한 이자채권과 원금채권이 따로 존재하는 데도 불구하고 제 3 채무자에 대한 채권이 얼마씩 전부되는 것인지, 그리고 A에 대한 채권은 원금과 이미 발생한 이자채권 가운데 어느 부분이 얼마씩 전부되는 것인지 그 범위가 특정되지 않아 무효라고 보았다), 대판 2010. 6. 24. 2007다63997; 이우재, "전부명령상의 제 3 채무자가 수인인 경우 제 3 채무자별로 전부되는 범위를 특정하지 아니한 전부명령의 효력," 대법원판례해설 49호(2004년 상반기), 366쪽 이하.

1) 채무자로서는 제 3 채무자에게 그와 같은 채권을 가지고 있지 않다고 하더라도 특별한 사정이 없는 한 이로 인하여 어떠한 불이익이 있는 것이 아니므로, 이를 불복의 사유로 삼을 수 없다. 대결 2004. 1. 5. 2003마1667.

2) 전부명령신청을 각하하거나 기각하는 결정을 하는 경우 신청채권자에게 **고지**해야 한다(규칙 7조 2항).

는다.

2) 채무자는 **전부명령 확정 전까지 집행정지서류**를 제출할 수 있다.[1] 전부명령이 있은 후에 채무자가 법 49조 2호 또는 4호(집행의 일시정지를 명하는 재판의 정본, 변제수령증서 · 변제유예증서 등)의 서류를 제출하고 이를 이유로 전부명령에 대하여 **즉시항고**를 한 경우 **항고법원**은 다른 이유로 전부명령을 취소하는 경우를 제외하고는 항고에 관한 **재판을 정지**해야 한다(법 229조 8항).[2] 그 후 잠정적인 집행정지가 종국적인 집행취소나 집행속행으로 결말이 나는 것을 기다려, ① **집행취소**로 결말이 난 때에는 항고를 인용하여 전부명령을 취소하고 전부명령신청을 기각해야 하고, ② **집행속행**으로 결말이 난 때에는 항고를 기각해야 한다.[3][4] 전부명령이 확정되기 전에는 **재항고심**에서 집행정지서류를 제출하여 강제집행이 정지되었음을 주장할 수 있으므로, 이 경우 **재항고법원**(대법원)은 재항고에 관한 재판을 정지했다가 앞서 본 바와 같이 종국적인 집행취소 여부에 따라 재항고 인용 여부를 결정해야 한다. 재항고법원이 재항고를 인용하여 원심결정을 파기하는 경우 자판하여 스스로 전부명령을 취소하고 전부명령신청을 기각할 수 있다.[5]

---

1) 대결 1999. 8. 27. 99마117,118, 2020. 1. 17. 2017마986.

2) 사법보좌관이 전부명령을 한 후 채무자가 강제집행정지를 이유로 즉시항고를 하기 위하여 이의신청을 한 때에는, ① 이의신청사건을 송부받은 제 1 심판사가 일단 사법보좌관의 처분을 인가한 후 사건을 항고법원에 송부하면 항고법원에서 항고에 관한 재판을 정지하는 방법과, ② 제 1 심판사가 사법보좌관의 처분 자체를 인가하지 않고 사법보좌관의 처분에 대한 이의신청의 재판 자체를 정지하는 방법으로 실무례가 나뉜다. 법원실무제요 민사집행(4), 423쪽.

3) 대결 2004. 7. 9. 2003마1806, 2008. 8. 11. 2008마1048, 2008. 11. 13. 2008마1140 등. 한편 **판례**는, 전부명령은 확정되어야 효력을 가지므로(법 229조 7항), 채권자목록에 기재된 개인회생채권에 기하여 **개인회생재단에 속하는 채권**에 관하여 내려진 전부명령이 확정되지 않아 아직 효력이 없는 상태에서, 채무자에 대하여 **개인회생절차**가 **개시**되고 이를 이유로 위 전부명령에 대하여 **즉시항고**가 제기되었다면, 항고법원은 다른 이유로 전부명령을 취소하는 경우를 제외하고는 **항고에 관한 재판**을 **정지**했다가(법 229조 8항) **변제계획이 인가**된 경우 전부명령의 효력이 발생하지 않게 되었음을 이유로 전부명령을 취소하고 전부명령신청을 기각해야 한다는 입장이다. 대결 2008. 1. 31. 2007마1679, 2011. 4. 20. 2011마3. 이는 신청한 개인회생절차가 채무자의 개인회생신청취하 등을 이유로 폐지(개인회생절차폐지결정)되었다고 하더라도, 그 압류 및 전부명령에 대한 항고재판 진행 중에 채무자가 새로이 신청한 개인회생절차가 다시 개시된 경우도 마찬가지이다. 대결 2009. 9. 24. 2009마1300.

4) 앞서 본 바와 같이 채무자는 전부명령 확정 전까지 법 49조 2호 서류를 제출할 수 있으므로, 재항고심 계속 중 위 서류가 제출된 경우에도 재항고법원은 마찬가지로 재항고에 관한 재판을 정지했다가, 종국적인 집행취소 여하에 따라 재항고의 인용 여부를 결정한다. 재항고법원이 재항고를 인용하여 원심결정을 파기하는 경우 사건이 직접 재판하기에 충분한 때에 해당한다고 보아야 하므로 스스로 전부명령을 취소하고 전부명령신청을 기각할 수 있다. 대결 1999. 8. 27. 99마117,118, 2020. 1. 17. 2017마986.

5) 대결 1999. 8. 27. 99마117,118, 2011. 4. 20. 2011마3 등.

▣ 전부명령 발령 후 집행정지서류의 제출과 법원의 조치

(1) 항고인(예컨대 채무자)이 **즉시항고를 제기하면서** 채권자 작성의 영수증을 첨부한 때에는, 항고이유 중에 명시된 바 없더라도 이를 변제수령증서(법 49조 4호)로 주장하여 그 서유를 제출했음을 항고이유로 삼는 취지가 포함되어 있다고 볼 수 있다.[1]

(2) 전부명령을 발령한 뒤에 **즉시항고를 제기함이 없이** 위와 같은 집행정지서류만이 제출된 때에는, ① 전부명령이 **제 3 채무자나 채무자**에게 **송달되기 전이면** 법원이 각 그 송달을 중지함으로써 확정이 차단되므로 집행정지의 목적을 달성할 수 있다. ② 전부명령이 제 3 채무자와 채무자에게 송달된 뒤이면 집행정지서류가 제출되었다 하여 항고기간의 진행이 정지되지 않아,[2] 전부명령의 확정을 차단할 수 없어 집행정지의 목적을 달성할 수 없게 된다. 따라서 법원으로서는 이러한 서류를 제출한 사람에게 즉시항고를 함께 제기하도록 유도함이 타당하다.[3]

3) 채권압류 및 전부명령에 대한 항고심에서 항고인이 가집행선고 있는 판결을 취소한 항소심판결의 **사본**을 제출했다면 항고심으로서는 항고인으로 하여금 항소심판결의 **정본**(법 49조 1호의 집행취소서류)을 제출하도록 한 후, 즉시항고를 받아들여 채권압류 및 전부명령을 취소해야 한다.[4]

(6) 전부명령의 효과

(a) 집행채무의 변제효와 피압류채권의 이전효

1) 전부명령이 **제 3 채무자**에게 송달된 때에 **소급하여** 채무자가 집행채무를 변제한 것으로 본다(법 231조 본문). 이 경우 **집행채권**이 **소멸**되며, 권면액으로 압류된 채권은 압류채권자에게 이전된다. 이는 집행채권자가 전부명령에 의하여 피전부채권에 대하여 독점적인 권리를 취득하는 것에 상응하여 전부명령으로 집행

---

1) 대결 1997. 4. 28. 97마360,361.

2) 대판 1993. 6. 25. 93다12305.

3) 법원실무제요 민사집행(4), 423쪽.

4) 대결 2004. 7. 9. 2003마1806, 2005. 10. 27. 2005마231 등. 별도의 집행권원 없이 법 273조 1항에서 정한 저당권의 존재를 증명하는 서류의 제출로써 저당물을 갈음하는 채권의 압류 및 전부명령을 발령받는 **저당권**에 기한 **물상대위권의 행사절차**는 저당권의 실행과 마찬가지로 채권 그 밖의 재산권에 대한 강제집행에 준하여 절차가 진행되는 관계로(법 273조·275조, 민 370조·342조) **법 49조 1호**, **50조의 규정**이 **준용**될 뿐만 아니라 **법 266조 1항 3호**, **2항**에서 정한 담보권실행절차 취소규정의 **적용**도 받게 되므로, 실질상 위 각 규정에서 정한 취소서류에 준하는 채권압류 및 전부명령의 기초가 된 저당권의 **피담보채권의 부존재를 확인하는** 취지의 확정판결의 정본이 채권압류 및 전부명령에 대한 항고심 또는 재항고심 계속 중 제출된 때에도 마찬가지로 처리해야 한다. 대결 2008. 10. 9. 2006마914.

채권이 변제되는 것과 동일한 효과가 발생한다는 취지이다.[1]

2) 전부명령에 의한 채무소멸의 효과는 채권자가 **압류명령신청시 명시한 집행채권**의 변제를 위해서만 생긴다. 따라서, ① 채권자가 청구금액을 '대여금 중 일부금'으로 표시하여 채권의 압류 및 전부명령을 신청한 경우, 집행권원에 표시된 대여금채권만이 집행채권으로 되었을 뿐 그 이자나 지연손해금은 집행채권으로 되었다고 할 수 없으므로 원금과 이자 사이의 변제충당에 관한 문제가 발생할 여지가 없다.[2] ② 압류명령신청서에 기재된 **집행채권이 여러 개인 경우**에 전부명령에 의한 채무변제의 효과가 어느 채무에 대하여 생기는지는 법정변제충당의 법리가 적용되기에 앞서 집행채권의 확정에 의하여 결정되고, 구체적으로는 집행권원과 청구금원 등 채권자가 **압류명령신청서**에 기재한 내용에 의하여 정해진다. 즉 이는 채권자의 의사에 기하여 전부명령에 의해 소멸할 집행채권의 종류와 범위를 확정하는 문제이지 민법 476조에서 정한 지정변제충당의 문제가 아니다.[3]

3) 집행력 있는 집행권원에 기하여 채권압류 및 전부명령이 적법하게 이루어진 이상 피압류채권은 집행채권의 범위 내에서 당연히 집행채권자에게 이전하므로 그 집행권원에 표시된 **집행채권**이 **이미 소멸**했거나 **실제 채무액**을 **초과**하더라도 그 채권압류 및 전부명령에는 아무런 영향이 없고, 제 3 채무자로서는 채무자에 대하여 부담하고 있는 채무액의 한도 내에서 집행채권자에게 변제하면 완전히 면책된다.[4]

4) **판례**는, 채권자가 어음금채권을 집행채권으로 하여 어음채무자가 제 3 채무자에 대하여 가지는 채권의 압류 및 전부명령을 받아 확정되었다면 위 전부명령이 제 3 채무자에게 송달된 때에 소급하여 피전부채권이 채권자에게 이전하고, 이는 집행채무자가 채무의 이행을 갈음하여 현실적인 출연을 한 것과 법률상 동일하게 취급되어 집행채권인 **어음금채권**은 변제된 것으로 보아 소멸하며, 그 시점에 어음금채권에 의하여 담보되는 **원인채권**인 대여금채권도 같은 액수만큼 변제로 인하여 확정적으로 소멸한다고 보고 있다.[5]

5) **2인 이상의 채권자**에게 금전채권이 **불가분적**으로 귀속된 경우에 **불가분채**

1) 대판 2009. 2. 12. 2006다88234.
2) 대판 1996. 4. 12. 95다55047.
3) 대판 2021. 11. 11. 2018다250087.
4) 대판 2004. 5. 28. 2004다6542.
5) 대판 2009. 2. 12. 2006다88234.

권자들 가운데 한 사람을 **집행채무자**로 한 압류 및 전부명령이 이루어지면 그 불가분채권자의 채권은 전부채권자에게 이전되지만, 그 압류 및 전부명령은 집행채무자가 아닌 다른 불가분채권자에게는 효력이 없으므로, 다른 불가분채권자의 채권의 귀속에 변경이 생기는 것은 아니다. 따라서 **다른 불가분채권자**가 모든 채권자를 위하여 채무자에게 불가분채권 **전부**의 이행을 청구할 수 있고, 채무자는 모든 채권자를 위하여 다른 불가분채권자에게 전부를 이행할 수 있다. **불가분채권**의 목적이 금전채권인 경우 그 **일부**에 대해서만 압류 및 전부명령이 이루어진 때에도 앞서의 법리가 마찬가지로 적용된다.1)

▣ 전부명령이 확정된 후 그 집행권원상 집행채권이 소멸한 것으로 판명된 경우의 법률관계

(1) 집행채권의 소멸과 확정된 전부명령의 효력

집행권원에 기한 금전채권에 대한 강제집행절차에서, 그 집행권원에 표시된 집행채권이 소멸했다고 하더라도 그 강제집행절차가 **청구이의의 소 등**을 통하여 적법하게 취소·정지되지 않은 채 계속 진행되어 채권압류 및 전부명령이 적법하게 확정되었다면 특별한 사정이 없는 한, 단지 집행채권의 소멸을 이유만으로 확정된 전부명령에 따라 전부채권자에게 피전부채권이 이전되는 효력 자체를 부정할 수는 없다.2)

(2) 집행채권의 소멸과 집행채권자에 대한 부당이득반환청구

1) 비록 위와 같이 **전부명령이 확정된 후** 그 집행권원상의 집행채권이 소멸한 것으로 **판명된 경우**(전부명령이 확정된 후 그 집행권원의 기초가 된 법률행위 중 전부 또는 일부에 무효사유가 있는 것으로 판명된 경우도 마찬가지이다)3)에는 그 소멸된 부분에 관해서는 집행채권자가 집행채무자에 대한 관계에서 **부당이득**을 한 셈이 된다.

따라서 그 집행채무자는 집행채권자에 대하여 집행채권자가 위 전부명령에 따라 전부받은 채권 가운데 ① 실제로 **추심한 부분**에 관해서는 그 상당액으로 부당이득의 반환을 구할 수 있으며, ② **추심하지 않은 부분**에 관해서는 그 채권 자체를 집행채무자에게 양도하는 방법에 의하여 부당이득의 반환을 구할 수 있다.4)

1) 대판 2023. 3. 30. 2021다264253; 박진수, "수인의 채권자에게 금전채권이 불가분적으로 귀속되는 경우, 불가분채권자들 중 1인을 집행채무자로 한 압류 및 전부명령의 효력이 집행채무자가 아닌 다른 불가분채권자에게 미치는지 여부," 서울고등법원, 민사판례해설 IV-하, 1051쪽 이하.

2) 대판 1996. 6. 28. 95다45460, 2005. 4. 15. 2004다70024 등.

3) 대판 2005. 4. 15. 2004다70024.

4) 대판 1996. 6. 28. 95다45460, 2005. 4. 15. 2004다70024 등. 이러한 **부당이득반환청구**에서 집행채무자가 집행채권의 소멸원인으로 주장할 수 있는 사유가 여러 가지인 경우 이들은 법

2) 한편 앞서 **②의 경우**에 부당이득의 반환으로 집행채무자에게 피전부채권의 채권양도가 이루어지기 이전이라면 집행채권자인 전부채권자로서는 피전부채권의 채무자에 대한 관계에서 정당한 채권자로서 적법하게 피전부채권을 행사할 수 있으며, 그러한 권한행사가 신의칙에 반한다고 할 수도 없다.[1)]

6) 전부명령에 의하여 압류된 채권은 그 동일성을 유지한 채로 전부채권자에게 이전된다. 압류된 채권이 집행채권과 집행비용의 합계액보다 적으면 압류된 채권이 전부(全部) 이전되지만, 압류된 채권이 위 합계액보다 많으면 위 합계액을 한도로 이전한다. 다만 집행비용이 위 합계액이 포함되기 위해서는 채권압류 및 전부명령에 집행비용까지 명시적으로 표시되어야 한다. 그렇지 않은 경우에는 전부채권자로서는 집행비용액확정결정(규칙 24조)을 받아 집행비용을 추심해야 한다.

7) 전부명령의 효과로서 전부채권자에게 **종된 권리**인 전부 뒤의 이자·지연손해금, **인적·물적 담보**도 이전한다. **저당권 있는 채권**에 대해서는 전부명령이 확정된 경우 **전부채권자**(또는 그 **일반승계인**)의 **신청에 의하여** 법원사무관 등은 등기관에게 **저당권의 이전등기촉탁**과 (압류명령에 따라 기입된) 종전의 **저당권에 대한 압류등기**(법 230조·228조)의 **말소등기촉탁**을 해야 한다(규칙 167조). 법원사무관 등은 그 전부명령이 제 3 채무자에게 송달되기까지 다른 압류나 가압류의 집행이 또는 배당요구가 없었다는 사실을 확인해야 하고, 이전등기의 촉탁을 신청하는 전부채권자는 기록상 분명한 경우가 아니면 압류된 채권에 관하여 전부명령이 제 3 채무자에게 송달될 때까지 다른 압류 또는 가압류의 집행이 없다는 사실을 증명하는 문서를 제출해야 한다(규칙 168조 1항). 이러한 증명문서를 제출하기 어려운 사정이 있는 때에는 제 3 채무자로 하여금 다른 압류 또는 가압류의 집행이 있었는지 여부에 관하여 진술하도록 법원에 신청할 수 있고, 제 3 채무자가 진술을 게을리하는 때에는 법원이 제 3 자를 심문할 수 있다(규칙 168조 2항·3항). 저당권 있는 채권에 대하여 전부명령을 얻은 때에는 저당권이 전부채권자에게 이전되므로 전부채권자가 저당권자로서 저당권을 실행할 수 있다.

률상 원인 없는 사유에 관하여 **공격방법**이 다른 데 지나지 않으므로 그 가운데 어느 사유를 주장하여 패소확정판결을 받은 경우에 다른 사유를 주장하여 다시 청구하는 것은 **기판력에 저촉**되어 허용될 수 없다. 대판 2008. 2. 29. 2007다49960.

1) 대판 2007. 8. 23. 2005다43081,43098.

▣ 저당권 있는 채권에 대한 전부명령의 확정에 따른 저당권이전등기의 촉탁시 압류기입등기에 저촉되는 다른 등기가 있는 경우 법원의 조치

(1) 저당권 있는 채권에 대한 압류명령에 따라 압류기입등기가 이루어진 후 전부명령의 확정에 따라 전부채권자 앞으로 저당권이전등기를 촉탁할 때 그 압류기입등기에 저촉되는 다른 등기, 예컨대 채무자가 제 3 자 앞으로 채권양도를 하고 저당권이전의 부기등기가 되어 있는 경우 법원은 어떠한 조치를 취해야 하는지 문제가 된다. 압류기입등기가 선행되었다는 것만으로는 채권양수에 따라 저당권을 이전받은 제 3 자에 대하여 전부채권자가 우선된다고 볼 수 없고, **압류채권자와 채권양수인의 우열관계**는 등기의 선후가 아니라 **압류명령의 송달**과 **확정일자 있는 증서에 의한 통지 · 승낙**의 선후에 의하여 결정된다.

(2) 실무는 압류기입등기가 선행되었다는 것만으로 압류채권자가 위와 같은 제 3 자에게 항상 우선한다고 할 수 없고 그 우선 여부는 본안소송에서 다루어지는 것이 바람직하다는 이유로 전부채권자의 제 3 자에 대한 본안소송(저당권이전등기말소청구의 소)의 결과에 따라 제 3 자 명의의 저당권설정등기가 말소된 후에 전부채권자가 법 230조에 따라 전부명령을 원인으로 한 저당권이전등기의 촉탁을 신청하면 그때에 이르러 저당권이전등기의 촉탁을 하고 있다.[1)]

8) 채무자에 대한 **개인회생절차**가 개시되기 전에 확정되어 효력이 발생한 전부명령은 그 후 변제계획이 인가되더라도 그 효력을 잃지 않는 것이 원칙이나, 다만 급여로 생활하면서 이를 주된 개인회생재단으로 하여 변제계획을 이행해야 하는 개인채무자의 효율적인 회생을 도모하기 위하여, 채무자 회생 및 파산에 관한 법률 616조 1항은 **전부명령에 대한 특칙**을 두어 채무자의 급료 · 연금 · 봉급 · 상여금, 그 밖에 이와 비슷한 성질을 가진 급여채권에 관한 전부명령은 **개인회생절차가 개시되기 전**에 전부명령이 확정되었더라도 변제계획이 인가된 경우 **변제계획인가결정 후**에 **제공한 노무**로 인한 부분에 대해서는 그 효력이 상실되는 것으로 규정하고 있다.[2)]

---

1) 만약 그렇지 않고 제 3 자 앞으로 저당권이전등기가 되어 있는 상태에서 압류채권자가 전부명령의 확정만을 이유로 곧바로 저당권이전등기의 촉탁을 하게 되면 **등기관**은 등기의무자가 애당초 저당권등기명의인인 채무자인지, 그렇지 않으면 채권양수에 따라 저당권을 이전받은 현재의 저당권등기명의인인 제 3 자인지 알 수 없으므로, '등기의무자의 불일치'를 이유로 **촉탁을 각하**할 수밖에 없게 된다. 법원실무제요 민사집행(4), 439쪽.

2) 대결 2008. 1. 31. 2007마1679.

(b) 전부명령의 효력발생시기

1) 전부명령의 이러한 효력은 **전부명령**의 **확정시**에 발생한다(법 229조 7항). 따라서 즉시항고(사법보좌관의 처분시 이의신청)가 제기되지 않은 경우에는 1주의 즉시항고기간(이의신청기간)이 지난 때, 즉시항고(이의신청)가 제기된 경우에는 즉시항고가 기각 또는 각하결정이 확정된 때에 발생한다. 다만 그 확정에 따라 발생하는 효력은 전부명령이 **제 3 채무자**에게 **송달된 때**로 **소급**한다(법 231조 본문).

2) 전부명령의 확정시 집행채권의 변제를 갈음하여 피전부채권이 집행채권자에게 이전됨으로써 집행채권자는 압류→현금화→변제라는 일련의 집행행위를 마치게 되고 이로써 집행의 목적이 달성되므로 **집행절차는 종료**한다. 따라서 집행정지·취소, 배당요구, 청구이의의 소 또는 제 3 자이의의 소 제기 등의 여지가 없게 된다.

(c) 전부채권자의 피전부채권의 처분권한

1) 전부채권자는 피전부채권에 대하여 면제, 화해, 상계, 양도 등 처분행위를 할 수 있다.

2) **판례**는, 골프클럽회원의 회원가입계약 해지권이 일신전속적인 권리가 아니고 그 해지(탈퇴)에 특별한 제약이 없는 것인 이상, 입회금반환청구권은 비록 입회금반환사유가 발생할 것을 정지조건으로 하는 채권이라 할지라도 그에 대한 압류 및 전부명령이 제 3 자인 골프장운영회사에게 송달된 때에 채권자가 집행법원을 통하여 제 3 자에게 채무자를 **대위하여** 회원가입계약의 **해지권을 행사**한 것이라고 볼 수 있으므로 입회금반환사유는 그 송달시에 이미 발생했다고 보고 있다.[1)]

(d) 피전부채권이 불성립·부존재한 경우 등과 전부명령의 효과

1) 피전부채권이 불성립하거나 부존재하는 경우 전부명령은 무효이다(법 231조 단서). 피전부채권이 처음부터 **존재하지 않는** 경우 및 제 3 채무자가 집행채무자에게 이미 변제·상계 등을 함으로써 피전부채권이 **소멸한** 뒤에 전부명령이 도달한 경우도 그 전부명령은 무효이다. 전부명령이 제 3 채무자에게 송달되기 전에 이전된 채권이 이미 다른 사람에 양도되고 확정일자 있는 양도통지가 제 3

1) 대판 1989. 11. 10. 88다카19606; 조해근, "장래의 채권을 전부받은 전부채권자의 전부금청구," 사법연수원논문집 5집(2008. 1.), 211쪽 이하.

채무자에게 도달했다면 그 전부명령은 **이미 양도된** 채권에 대한 것이어서 효력이 없다.[1] 전부명령이 송달될 당시에는 피전부채권이 유효하게 존재하고 있었으나 그 후 제 3 채무자의 취소나 해제 등에 의하여 소급하여 소멸한 때에도 전부명령이 무효가 된다.

2) 압류의 효력 발생 당시에 제 3 채무자의 자동채권과 채무자의 수동채권이 상계적상에 있거나 자동채권이 압류 당시 변제기에 이르지 않은 때에는 피압류채권인 수동채권의 변제기와 동시에 또는 그보다 먼저 변제기에 이른 경우라면 전부명령 **송달 이후**에도 **상계**할 수 있는데, 이러한 상계로 인하여 상계할 수 있는 때에 대등액에서 소멸한 것으로 보므로(민 493조 2항), 전부명령은 무효가 된다.[2]

3) 압류된 금전채권에 대한 전부명령이 절차상 적법하게 발부되어 확정되었다고 하더라도, 전부명령이 제 3 채무자에게 송달될 때에 피압류채권이 존재하지 않으면 전부명령은 무효이므로, 피압류채권이 전부채권자에게 이전되거나 집행채권이 변제되어 소멸하는 효과는 발생할 수 없다(법 231조 단서).[3] 앞서 본 바와 같이 전부명령이 제 3 채무자에게 피압류채권이 존재했으나 그 후 제 3 채무자의 취소·해제·상계 등으로, 또는 뒤에서 보는 장래의 채권을 피전부채권으로 하는 경우 피전부채권의 전부나 일부가 존재하지 않는 것으로 밝혀지는 등으로, 피전부채권이 소급적으로 소멸하여 전부명령이 무효로 된 때에도 일단 소멸했던 집행채권은 소급적으로 부활한다. 피전부채권이 존재하지 않아 집행채권이 소멸하지 않거나, 피전부채권이 소급적으로 소멸하여 집행채권이 소급적으로 부활한 경우 전부채권자는 이를 증명하여 집행력 있는 정본을 부여받아 강제집행을 할 수

---

1) 대판 2007. 4. 12. 2005다1407, 2010. 10. 28. 2010다57213,57220.

2) 가분적인 금전채권의 일부에 대한 전부명령이 확정되면 특별한 사정이 없는 한 전부명령이 제 3 채무자에 송달된 때에 소급하여 **전부된 채권부분**과 **전부되지 않은 채권부분**에 대하여 각기 독립한 분할채권이 성립하게 되므로, 그 채권에 대하여 압류채무자에 대한 반대채권으로 상계하고자 하는 제 3 채무자로서는 전부채권자 또는 압류채무자 가운데 어느 누구도 **상계의 상대방**으로 **지정**하여 상계하거나 상계로 대항할 수 있고, 그러한 제 3 채무자의 상계의사표시를 수령한 전부채권자는 압류채무자에 잔존한 채권부분이 먼저 상계되어야 한다거나 각 분할채권액의 채권 총액에 대한 비율에 따라 상계되어야 한다는 이의를 할 수 없다. 대판 2002. 2. 8. 2000다50596, 2010. 3. 25. 2007다35152.

3) 대판 2007. 4. 12. 2005다1407, 2022. 12. 1. 2022다247521, 2023. 7. 27. 2023다228107 등. 한편 공탁자가 착오로 공탁한 때 또는 공탁의 원인이 소멸한 때에는 공탁자가 공탁물을 회수할 수 있을 뿐이며(공탁법 9조 2항) 피공탁자의 공탁물출급청구권은 존재하지 않으므로, 이러한 경우 공탁자가 공탁물을 회수하기 전에 공탁물출급청구권에 대한 전부명령을 받아 공탁물을 수령한 자는 법률상 원인 없이 공탁물을 수령한 것이 되어 공탁자에 대하여 부당이득반환의무를 부담한다. 대판 2008. 9. 25. 2008다34668.

있다.[1]

(e) 불확정채권인 피전부채권이 장래 확정되지 않은 경우와 전부명령의 효과

1) 기한부 · 조건부 채권 그 밖의 장래 발생할 채권 등 불확정채권을 피전부채권으로 하는 경우 그 뒤 조건의 미성취, 기한의 미도래, 장래의 미발생 등으로 장래에 전부가 부존재 또는 일부만 존재하는 것으로 확정되었다면 전부명령은 그 한도에서 무효(소급하여 실효)로 되므로 채권자는 채무자의 다른 재산에 대한 강제집행이 가능하다(**전부명령무효설**). 한편 일본은 이 경우에 유효한 것으로 보아 전부채권자가 집행채무자에 대하여 부당이득반환청구를 할 수 있다는 입장을 취하고 있다(**부당이득반환설**).

2) **전부명령무효설**에 의하면 집행채권이 소멸된 것이 아니므로 집행문을 다시 부여받아 재집행을 할 수 있는 반면에,[2] **부당이득반환설**에 의하면 집행채권이 소멸된 것으로 보아야 하므로 별도의 소송을 제기해야 한다.[3]

3) **판례**는, 장래의 채권에 대한 전부명령이 확정된 후에 그 피전부채권의 전부 또는 일부가 존재하지 않는 것으로 밝혀졌다면 법 231조 단서에 의하여 그 부분에 대한 전부명령의 **실체적 효력**은 **소급하여 실효**된다고 봄이 상당하다는 입장으로 **전부명령무효설**을 취하고 있다.[4]

(f) 전부금청구소송

1) 제 3 채무자가 전부명령에 따른 이행을 하지 않은 경우 전부채권자는 제 3 채무자를 상대로 전부금청구소송을 제기할 수 있다.

2) 제 3 채무자는 압류 및 전부명령이 **실체법상 무효**라고 항변할 수 있다.

---

1) 강제집행절차가 유효하게 종료되었으므로 집행권원을 반환받을 수 없다. 재판예규 제866-3호 '강제집행이 불능된 경우 집행력 있는 집행권원의 반환'(재민 62-9, 2002. 6. 26. 개정, 2002. 7. 1. 시행). 피전부채권이 존재하지 않는다는 증명방법으로는, 실무상 전부금청구소송에서의 전부채권자의 패소판결을 제출하는 것이 보통이다. 범선윤, 주석서(4), 328쪽.

2) 채권자가 가집행선고 있는 판결에 기한 집행문을 부여받아 채무자가 장래에 받게 될 봉급 등의 채권에 대하여 압류 및 전부명령을 받았다면 위 전부명령이 무효가 되지 않는 한 가집행선고 있는 판결에 기한 강제집행은 이미 종료되었으므로, 채무자의 봉급 등의 장래의 채권이 발생하지 않는다거나 채권자가 변제받아야 할 채권액의 일부만에 한정하여 압류 및 전부명령을 받았다는 등의 사정이 주장 · 소명되지 않는 한, 같은 내용의 집행력 있는 판결 정본을 채권자에게 다시 부여한 것은 위법하다. 대결 1999. 4. 28. 99그21; 정대홍, "집행력 있는 판결정본에 터잡아 장래 채권에 대한 압류 및 전부명령이 적법하게 이루어진 경우, 집행력 있는 판결정본을 재도부여할 수 있는지 여부," 대법원판례해설 32호(1999년 상반기), 339쪽 이하.

3) 윤경, "2004년 분야별 중요판례분석, (7) 민사집행," 법률신문 3356호(2005. 4.), 8쪽 이하.

4) 대판 2001. 9. 25. 99다15177, 2002. 7. 12. 99다68652, 2004. 8. 20. 2004다24168.

판례는, ① 채무자의 제 3 채무자에 대한 채권(피전부채권)이 존재하지 않는 경우 비록 그 전부명령이 형식적으로 확정되더라도 변제의 효력이 없어 그 전부명령은 실체법상 무효이고, 채무자나 제 3 채무자로서는 특별한 사정이 없는 한 이로 인하여 어떠한 불이익을 당하는 것도 아니어서 이러한 사유를 내세워 전부명령에 대하여 불복할 수도 없으므로, 그 전부명령에 전혀 불복하지 않았다가 전부금청구소송에서 새삼스럽게 이러한 사유를 내세워 그 전부명령이 무효라고 항변한다고 하여 이를 가리켜 금반언 및 신의칙에 위배된다고 볼 수 없으며,[1] ② 압류금지채권에 대한 압류명령은 강행법규에 위반되어 **무효**이며, 전부명령은 집행채권의 지급을 갈음하여 피전부채권이 채무자로부터 전부채권자에 이전하는 효력을 갖는 것이므로 전부명령의 전제가 되는 압류 자체가 무효라면 이에 기한 전부명령 역시 **무효**이나, 이와 같은 무효는 압류 및 전부명령도 하나의 재판인 이상 이를 당연무효라고는 할 수 없으므로 다만 **실체법상 효력**을 발생하지 않는 뜻의 무효라고 보아 제 3 채무자는 전부채권자의 전부금청구에 대하여 이러한 실체법상 무효를 들어 항변할 수 있으며,[2] ③ 무권대리인의 촉탁에 의하여 작성된 집행증서에 기초하여 압류 및 전부명령이 발령되어 확정되었다고 하더라도 그 채권압류 및 전부명령은 **무효인 집행권원**에 기초한 것으로서 강제집행의 요건을 갖추지 못하여 **실체법상 효력**이 없으므로, 제 3 채무자는 전부채권자의 전부금청구에 대하여 이러한 실체법상 무효를 들어 항변할 수 있다고 본다.[3]

3) 제 3 채무자는 **채권압류 전** 채무자(피전부채권자)에 대하여 가지고 있던 **항변사유**로 전부채권자에게 대항할 수 있다. 금전채권에 대하여 채권압류 및 전부명령이 있는 때에는 피전부채권이 동일성을 유지한 채로 집행채무자로부터 집행채권자에게 이전되기 때문이다.[4]

---

1) 대판 2005. 5. 27. 2004다72044.

2) 압류금지채권에 대하여 압류 및 전부명령이 내려지고 그것이 제 3 채무자와 채무자에게 송달되면 집행절차를 종료시키는 효과를 갖게 되어 집행에 관한 이의신청 등으로는 그 효력을 다툴 수 없다. 대결 1980. 6. 30. 80마131 등. 따라서 이러한 압류금지채권에 대한 채권압류 및 전부명령이 강행법규에 위반되어 무효임에도 불구하고 집행법상 불복할 수 없어 언제나 유효하게 되는 불합리한 결과를 초래할 우려가 있으므로, 제 3 채무자는 실체법상 무효의 항변을 할 수 있다고 해야 한다. 대판 1987. 3. 24. 86다카1588, 1988. 2. 9. 87다카25240, 2000. 7. 4. 2000다21048; 강종쾌, "압류금지채권에 대한 채권압류 및 전부명령의 효력," 대법원판례해설 7호(1987년 상반기), 263쪽 이하; 이영화, "압류금지채권에 대한 압류 및 전부명령의 효력," 재판과 판례(대구판례연구회) 10집(2001. 12.), 468쪽 이하.

3) 대판 2016. 12. 29. 2016다22837.

4) 대판 2022. 6. 9. 2021다270494, 2023. 4. 13. 2022다293272 등.

판례는, 건물임대차에서의 임차보증금은 임대차존속 중의 차임뿐만 아니라 건물인도의무이행에 이르기까지 발생한 손해배상채권 등 임대차계약에 의하여 임대인이 임차인에 대하여 갖는 일체의 채권을 담보하는 것으로서 임대차종료 후에 임차건물을 임대인에게 인도할 때 연체차임 등 모든 피담보채무를 공제한 잔액이 있을 것을 조건으로 하여 그 잔액에 관한 임차인의 보증금반환청구권이 발생하고 이와 같은 임차보증금을 피전부채권으로 하여 전부명령이 있은 경우에도 제 3 채무자인 임대인은 임차인에게 대항할 수 있는 사유로써 전부채권자에게 대항할 수 있다고 한다.[1)]

3. 특별현금화명령 — 양도명령, 매각명령, 관리명령, 그 밖의 적당한 방법에 따른 현금화명령

(1) 의 의

1) 압류된 채권이 조건 또는 기한이 있거나, 반대의무의 이행과 관련되어 있거나 그 밖의 이유로 추심하기 곤란할 때에는 법원은 채권자의 신청에 따라 **양도명령 · 매각명령 · 관리명령, 그 밖에 적당한 방법에 따른 현금화명령** 등을 할 수 있다(법 241조 1항). 이러한 현금화명령을 **특별현금화명령**이라 한다. 여기서 **'그 밖의 이유로 추심하기 곤란할 때'**란 제 3 채무자의 무자력, 파산, 거소불명, 외국거주, 국내재판권 불복종의 경우 등을 비롯하여, 일반적인 집행절차를 통하여 채권자가 압류된 채권을 추심하기 어려운 사정이 있는 경우를 말한다.

채권자가 신청한 특별현금화명령을 할 것인지 여부는 집행법원이 해당 사건에 나타난 여러 사정을 종합적으로 고려하여 그 재량에 의하여 결정할 수 있다.[2)]

2) 특별현금화명령은 **판사**의 업무이었다가 **2020. 7. 1.**부터 **사법보좌관**의 업무로 되었다(**2020. 5. 1. 개정, 2020. 7. 1. 시행 사법보좌관규칙**은 개정 전 2조 1항 9호 나목을 삭제했다). 특별현금화명령은 **채권자의 신청**이 있을 때에 한하여 할 수 있다. 법원은 채권자의 신청을 허가하는 결정을 하기 전에 **채무자**를 심문해야 한다(**필수적 심문**). 다만 채무자가 외국에 있거나 있는 곳이 분명하지 않은 때에는 심문할 필요가 없다(법 241조 2항). 적정한 현금화를 위하여 필요가 있다고 인정하는 때에는 **감정인**에게 채권의 가액을 평가하게 할 수 있다(규칙 163조 1항).

---

1) 대판 1988. 1. 19. 87다카1315, 2004. 12. 23. 2004다56554 등.

2) 대결 2009. 2. 2. 2007마1027.

3) 법원의 **특별현금화명령**에 대해서는 **즉시항고**를 할 수 있다(법 241조 3항). 특별현금화명령은 앞서 본 바와 같이 판사의 업무이었다가 **사법보좌관**의 업무로 되었으므로 즉시항고의 경우 사법보좌관의 처분에 대한 **이의신청**을 해야 한다. 이러한 명령은 당사자에게 중대한 영향을 미치는 결정이므로, **확정되어야 효력**이 있다(법 241조 4항).

4) 특별현금화명령신청에 대한 법원의 **기각결정**에 대해서도 채권자는 즉시항고로써 다툴 수 있다고 본다. 채권자의 특별현금화명령신청에 대하여 특별현금화를 명할 것인지 여부나 그 방법의 선택은 법원의 재량에 맡겨져 있으므로 법 241조 3항에서 즉시항고의 대상으로 규정하고 있는 '제 1 항의 결정'에는 특별현금화명령신청을 받아들이는 결정뿐만 아니라 그 신청을 기각하는 결정도 포함된다고 볼 수 있기 때문이다.[1]

(2) 양도명령

1) 양도명령은 압류채권자의 신청에 따라 집행법원이 정한 값으로 집행채권의 지급을 갈음하여 **압류채권자에게 양도**하는 명령이다(법 241조 1항 1호). 금전채권 외의 채권에 대한 강제집행을 포함하여 모든 채권집행에 적용된다. 양도명령을 하는 경우에 법원이 정한 양도가액이 압류채권자의 채권과 집행비용의 액을 넘는 때에는 법원은 양도명령을 하기 전에 채권자에게 그 차액을 납부시켜야 한다(규칙 164조 1항). 법원은 양도명령이 확정된 때에는 이 납부금액을 채무자에게 교부해야 한다(규칙 164조 2항).

2) 양도명령에 대해서는 **전부명령**에 관한 규정이 준용된다(법 241조 6항). 따라서 압류의 경합, 질권의 설정, 배당요구의 신청이 없는 경우에만 양도명령을 할 수 있다(법 241조 6항, 229조 5항). 양도명령이 확정되면 제 3 채무자에게 송달된 때 변제된 것으로 본다. 다만 양도명령의 송달시점에 피압류채권이 존재하지 않은 때에는 집행채권 소멸의 효과가 발생하지 않는다(법 241조 6항, 231조 단서).

---

1) 또한 추심명령 또는 전부명령의 신청을 기각한 결정에 대해서는 법 229조 6항에 따라 즉시항고를 할 수 있는데, 추심명령이나 전부명령과 특별현금화명령은 압류된 채권의 종류 및 성질에 따라 그 적용 범위와 대상, 그리고 현금화의 구체적 방법을 달리할 뿐 압류된 채권에 대한 강제집행이라는 제도의 취지는 같고, 그 신청이 기각됨으로 인한 당사자의 이해관계 등도 본질적으로 다르지 않기 때문에, 특별현금화명령 신청에 대한 법원의 기각결정에 대해서도 채권자는 법 241조 3항에 의하여 즉시항고로써 다툴 수 있다고 보는 것이 타당하다. 대결 2012. 3. 15. 2011그224; 김상훈, "특별현금화명령신청 기각결정에 대한 불복방법," 대법원판례해설 91호(2012년 상반기), 408쪽 이하.

(3) 매각명령

1) 매각명령은 압류채권자의 신청에 따라 채권의 추심을 갈음하여 집행법원이 정한 방법으로 압류채권을 매각하도록 집행관에게 명하는 재판이다(법 241조 1항 2호).[1] 매각명령은 채권자의 경합이 있더라도 가능하고, 매수희망자의 경쟁에 의하여 가격이 형성된다는 점이 양도명령과 다르다. 집행법원은 압류된 채권의 매각대금으로 압류채권자의 채권에 우선하는 채권과 절차비용을 변제하면 남을 것이 없겠다고 인정한 때에는 매각명령을 해서는 안 된다(규칙 165조 1항). 남을 가망이 있다고 보아 매각명령을 한 경우에도, 집행관은 압류채권자의 채권에 우선하는 채권과 절차비용을 변제하고 남을 것이 있는 가액이 아니면 채권을 매각해서는 안 된다(규칙 165조 2항).

2) 매각명령은 경매, 그 밖의 방법으로 채권을 매각하여 그 대금으로 집행법원이 변제에 충당하는 방법이고, 매각명령에 특별한 방법의 지시가 없으면 집행관이 유체동산집행에 준하여 채권을 매각하게 된다.[2] 매각명령에 의한 집행관의 매각에는 법 108조가 준용된다(법 241조 6항). 압류된 채권을 매각한 때에는 집행관은 채무자를 대신하여 제 3 채무자에게 서면으로 양도의 통지를 하여야 한다(법 241조 5항). 집행관은 대금을 지급받은 후가 아니면 매수인에게 채권증서를 인도하거나 제 3 채무자에게 위 통지를 해서는 안 된다(규칙 165조 3항). 집행관은 매각절차를 마친 때에는 스스로 배당할 수 없고, 바로 매각대금과 매각에 관한 조서를 집행법원에 제출해야 한다(규칙 165조 4항). 매각대금이 제출된 때에는 집행법원에 의한 배당절차가 개시되고(법 252조 3호), 집행법원의 사법보좌관이 채권 등 배당절차로 진행한다.

(4) 관리명령

관리명령은 집행법원이 관리인을 선임하여 채권의 관리를 명하는 재판이다(법 241조 1항 3호). 그 관리수익을 갖고 집행채권의 변제에 충당한다. 이에 대해서는 부동산의 강제관리에 관한 일부 규정을 준용한다(법 241조 6항).

---

1) 판례 가운데에는, 채권자가 채권최고액 195억원의 근저당권이 부착된 채권 중 10억원에 대해서만 압류 및 추심명령을 받았는데, 위 채권에 대해서는 그 채권액이 131억여 원에 이르는 조세채권뿐만 아니라 피보전채권의 합계액이 1,200억원을 상회하는 채권가압류 및 압류가 되어 있어, 현실적으로 채권자가 스스로 추심권을 행사하여 강제집행하기 어려운 여러 사정이 있다고 인정한 사안에서 매각명령을 한 사례가 있다. 대결 2009. 2. 2. 2007마1027.

2) 법원실무제요 민사집행(4), 450쪽.

(5) 그 밖의 적당한 방법에 따른 현금화명령

1) 집행법원은 앞서의 세 가지 방법에 의하지 않고, 그 밖의 적당한 방법으로 현금화하도록 명령할 수 있다(법 241조 1항 4호). 예컨대 특정의 제 3 자에게 피압류채권을 매각하거나 압류채권자 또는 제 3 자로 하여금 매각하게 하는 명령, 압류채권자에게 특수한 추심권능(제 3 채무자와 지급조건 등을 합의하는 등)을 주는 명령 등이 있다. 그 밖의 적당한 방법에 따른 현금화명령은 집행관을 통하지 않는다는 점에서 매각명령과 다르며, 압류채권자 외의 사람에게 양도한다는 점에서 양도명령과 다르다.

2) 그 밖의 적당한 방법에 따른 현금화명령에 대해서는 양도명령·매각명령에 관한 민사집행규칙의 각 해당 규정을 준용한다(규칙 166조).

Ⅳ. 배당절차

1. 배당절차를 개시할 경우

배당절차를 개시할 경우에 관해서는 법 252조가 정하고 있다. 여기에는, ① 경합하는 다른 채권자의 집행참가로 추심채권자가 추심금을 공탁한 경우,[1] ② 제 3 채무자가 권리공탁 또는 의무공탁한 경우, ③ 매각명령에 의하여 현금화된 금전을 법원에 제출한 경우 등이 있다.

2. 배당받을 채권자와 배당절차

배당받을 채권자는 압류·가압류채권자 또는 배당요구한 채권자이다. 법원은 배당을 실시할 기일을 지정하고 채권자와 채무자에게 이를 통지해야 한다. 다만 채무자가 외국에 있거나 있는 곳이 분명하지 않는 때에는 통지하지 않는다(법 255조).

배당절차에 대해서는 부동산강제경매의 배당절차에 관한 규정을 널리 준용하고 있다(법 256조). 이러한 집행법원의 사무는 **사법보좌관**이 담당한다(사보규 2조 1항 10호).

---

1) 박영호, "공탁 및 공탁사유신고와 관련한 실무상 문제점," 사법논집 45집(2007년), 260쪽 이하.

제 2 목 유체물인도청구권 등에 대한 강제집행

Ⅰ. 의 의

(1) 유체물인도청구권 등에 대한 강제집행은 채권자가 채무자의 제 3 채무자에 대한 유체물인도청구권이나 권리이전청구권에 대하여 강제집행의 대상으로 하는 경우이다(법 242조). **1단계**로 채권집행의 방법으로 이들 권리에 대하여 압류명령을 받아 인도·권리이전을 받고(2단계의 준비적·선행적 성격을 지닌다), **2단계**로 그 물건의 내용에 따라 부동산·선박 등·유체동산의 집행방법으로 현금화 및 배당을 실시한다.

(2) 유체물인도청구권 등에 대한 전부명령은 허용되지 않는다. 유체물인도청구권 등을 추심하기 곤란한 사정이 있다고 하더라도 법 241조를 유추적용하여 특별현금화방법(양도명령, 매각명령, 관리명령 등)으로 현금화할 수 없다.[1)]

판례는, 법 242조 이하에서 부동산권리이전청구권에 대한 강제집행은 금전채권에 관한 강제집행의 선행적 절차에 해당하는 것으로서, 그 절차 내에 현금화절차가 예정되어 있지 않아 그 청구권 자체를 현금화·처분하여 그 대금으로 채권자를 만족시키는 방법은 인정되지 않고, 채무자 명의의 권리이전절차를 보관인에게 이행하게 하는 등으로 청구권의 내용을 실현시킴으로써 그 절차가 종료되며, 그 집행채권의 만족은 위와 같이 권리이전절차가 실현된 채무자 명의의 목적부동산에 대하여 강제경매신청 등 별도의 신청에 의한 강제집행을 함으로써 이루어지는 것이므로, 부동산권리이전청구권을 집행의 대상으로 하는 강제집행에 관하여 법 241조를 유추적용해서도 안 된다고 한다.[2)]

Ⅱ. 유체동산인도청구권 등에 대한 강제집행

(1) 유체물인도청구권 등에 대한 강제집행에서 그 유체물이 유체동산인 경우, 유체동산의 인도청구권 등에 대한 압류절차는 원칙적으로 금전채권의 압류에 준

---

1) 이시윤·조관행, 483쪽; 강대성, 278쪽; 법원행정처, 민사집행법 해설(2002년), 224쪽. 특별현금화방법으로 현금화할 수 있다는 견해로는, 박두환, 587쪽.

2) 대결 1978. 12. 18. 76마381, 1999. 12. 9. 98마2934.

하여 집행법원이 **압류명령**을 발하여 행한다. 압류명령에는 제 3 채무자에 대하여 그 동산을 채권자의 위임을 받은 집행관에게 유체동산을 인도하라는 명령도 포함한다(법 243조 1항). **인도명령**은 압류명령의 본질적 부분이 아니므로, 인도명령의 기재가 없는 압류명령도 유효하다. 이러한 집행법원의 사무는 **사법보좌관**이 담당한다(사보규 2조 1항 9호).

압류명령에 인도명령이 있는 경우 채권자의 위임을 받은 집행관은 제 3 채무자에 대하여 목적물인 유체동산의 인도를 구할 수 있고, 제 3 채무자가 이에 따라 임의로 집행관에게 인도한 때에는 그 유체동산에 대하여 압류의 효력이 발생하여 집행관은 유체동산의 현금화에 관한 규정(법 199조 내지 214조)에 따라 현금화를 하게 된다(법 243조 3항).

(2) 인도명령이 있음에도 불구하고 제 3 채무자가 임의로 목적물을 인도하지 않는 때에는 채권자는 집행법원에게 **추심명령**을 신청하여 발령받을 수 있고(법 243조 2항), 채권자로부터 추심명령 정본에 기초하여 위임을 받은 집행관은 제 3 채무자에 대하여 목적물의 인도를 최고할 수 있으며 제 3 채무자가 임의로 목적물을 인도할 경우 이를 수령할 수 있으나, 그 이행을 거부하면 집행불능이 된다.[1)]

(3) 추심명령이 있음에도 불구하고 제 3 채무자가 그 이행을 거부하는 경우 채권자는 **추심의 소**를 제기하여 강제인도받는다(법 257조). 추심의 소는 채권자가 위임한 또는 위임할 집행관에게 인도하라는 취지로 제기해야 한다.[2)] 그 뒤에는 유체동산의 강제집행의 방법과 같이 현금화한다(법 243조 3항).

Ⅲ. 부동산인도청구권 등에 대한 강제집행

(1) 유체물인도청구권 등에 관한 강제집행에서 그 유체물이 **부동산**인 경우, 부동산인도청구권·권리이전청구권 등에 대한 집행은 **압류명령**을 받아 채무자의 **책임재산**으로 돌려놓고, 통상의 부동산의 강제집행의 경우처럼 현금화하여 배당절차를 밟는다. 압류명령은 **사법보좌관**의 업무이다(사보규 2조 1항 9호).

(2) 부동산에 관한 청구권의 집행절차에는 유체동산에 관한 청구권의 경우

1) 대판 2020. 1. 30. 2019다265475.

2) 대판 1961. 12. 28. 4292민상667,668.

(집행절차에 집행관이 관여한다)와 달리 **보관인**이 선임되어야 한다. 부동산에 관한 청구권의 경우에는 **채권자 또는 제 3 채무자의 신청**이 있어야 채무자의 책임재산으로 돌려놓기 위한 인도명령·권리이전명령을 발령할 수 있고[제 3 채무자는 채권자가 그 신청을 지체하는 경우 면책을 위하여 이를 신청할 수 있다], 직권으로 이를 발령할 수 없다. 이러한 보관인선임과 인도·권리이전명령의 신청은 부동산 소재지의 지방법원에 해야 한다(법 244조 1항·2항). 따라서 압류명령을 내린 법원(채무자의 보통재판적이 있는 곳의 지방법원)의 관할구역 내에 해당 부동산이 존재하지 않는 경우에는 **압류명령을 내린 법원**과 **인도·권리이전명령을 내린 법원**이 다를 수 있다.[1)]

(3) 부동산에 관한 **인도청구권**의 경우에는 제 3 채무자에 대하여 보관인에게 그 부동산을 인도할 것을 명해야 한다(법 244조 1항). 부동산에 관한 **권리이전청구권**의 경우에는 제 3 채무자에 대하여 보관인에게 채무자 명의의 권리이전등기절차를 이행할 것을 명해야 한다(법 244조 2항).

제 3 채무자가 임의로 이전등기절차를 이행하면 보관인은 채무자의 법정대리인으로 이를 수령하거나 채무자 이름으로 소유권이전등기를 마친다(법 244조 3항). 제 3 채무자가 이에 응하지 않으면 **추심명령**을 받을 수 있다(법 244조 4항). 제 3 채무자가 추심명령에 응하지 않으면 **추심의 소**를 제기하여 인도나 등기이전을 한다(법 258조 1항, 263조). 그 뒤에는 부동산의 강제집행의 방법과 같이 **현금화**한다(규칙 170조).[2)]

---

1) 부동산에 관한 청구권의 압류법원과 부동산이 있는 곳의 법원이 같은 경우에는 압류명령 중에 보관인선임과 인도·권리이전명령을 적어도 무방하나, 보관인선임과 인도·권리이전명령은 압류명령 그 자체의 효력과는 관계가 없고, 압류명령의 본질적 부분을 구성하는 것도 아니다. 법원실무제요 민사집행(4), 507쪽.

2) 채권자가 채무자의 제 3 채무자에 대한 부동산소유권이전등기청구권을 압류하고, 그 부동산에 대하여 제 3 채무자는 채무자 명의의 소유권이전등기절차를 보관인에게 이행하라는 보관인 선임 및 등기이행명령을 받은 후, 보관인이 등기권리자인 채무자의 대리인으로서 등기의무자인 제 3 채무자와 공동으로, 또는 제 3 채무자를 피고로 하여 보관인에게 채무자 명의의 소유권이전등기절차를 이행하라는 추심의 소를 제기하여 승소의 확정판결을 받아 단독으로 채무자 명의로의 가등기에 기한 소유권이전등기의 본등기를 신청하는 경우에도, **농지**에 대해서는 법령에 다른 규정이 없는 한 농지취득자격증명을 첨부해야 한다. 등기선례 제8-351호 '소유권이전등기청구권의 압류·이전명령에 따른 소유권이전등기신청시 농지취득자격증명 첨부 요부'(2006. 11. 15. 제정).

제 3 목 그 밖의 재산권에 대한 강제집행

Ⅰ. 의 의

(1) 법 251조 1항은 '앞의 여러 조문에 규정된 재산권 외에 부동산을 목적으로 하지 아니하는 재산권에 대한 강제집행'은 채권집행에 관한 규정을 준용한다고 규정하고 있다. 여기서 **'앞의 여러 조문에 규정된 재산권'**이란 유체동산 및 금전채권과 유체물인도·권리이전청구권을 말하며, **'부동산을 목적으로 하지 아니한 재산권'**이란 민사집행법 중 부동산에 대한 강제집행규정이 적용되지 않는 재산권을 말한다. 결국 부동산·선박·항공기·자동차·건설기계·유체동산·채권 등의 집행절차에 의할 수 없는 재산권은 '그 밖의 재산권에 대한 강제집행'의 방법에 의한다.

(2) 그 밖의 재산권에 관한 강제집행에는 그 성질에 어긋나지 않는 범위 안에서 **금전채권** 및 **유체물인도청구권** 등의 집행에 관한 규정(규칙 159조 내지 173조)을 준용한다(법 251조 1항, 규칙 174조). 제 3 채무자가 없는 경우에 압류는 채무자에게 권리처분을 금지하는 명령을 송달한 때에 효력이 생긴다(법 251조 2항).

Ⅱ. 그 밖의 재산권에 대한 집행방법에 의하는 경우

(1) 구체적으로 그 밖의 재산권에 대한 강제집행은, 가입전화사용권, 유체동산에 대한 공유지분권, 특허권·실용신안권·상표권[1]·디자인권·저작권 등의 지식재산권, 합명회사·합자회사의 사원권(상 223조·269조),[2] 조합원의 지분

1) 상표권에 대한 집행절차에서 상표권 압류의 효력은 등록원부에 압류등록이 된 때에 발생하고(규칙 175조 1항·3항), 압류등록 당시 상표권이 집행채무자의 책임재산에 속했고 독립된 재산으로서의 가치가 있었던 이상 상표권에 대한 압류명령은 유효하다. 다만 상표권이 소멸하는 등으로 권리를 이전할 수 없는 사정이 명백하게 된 때에는 경매절차의 취소사유에 해당하는데(규칙 175조 5항, 법 96조 1항), 경매절차의 취소사유는 매각대금을 다 내기 전에 발생한 것이어야 한다. 한편 상표권에 대한 집행절차가 종료된 후 상표등록무효심결이 확정되었더라도 상표권에 대한 압류명령이나 매각명령이 무효로 된다고 할 수 없으므로, 배당절차에서 배당참가자가 각 배당받은 배당금을 법률상 원인 없이 얻은 이익이라고 볼 수는 없다. 대판 2023. 12. 28. 2022다209079.

2) 사원의 채권자는 사원의 지분을 압류하더라도 상법 197조·269조의 규정에 따라 다른 사원의 동의를 얻어야만 이를 현금화할 수 있는 점 등을 고려하여 상법 224조·269조는 사원의 지분을 압류한 채권자에게 퇴사청구권을 인정하고 지분환급에 의하여 채권의 변제를 받을 수

권,[1)] 골프회원권과 같은 설비이용권, 주권발행 전의 주식이나 신주인수권, 예탁유가증권, 전세권 등을 그 대상으로 한다.[2)]

(2) 임차권은 임대인의 동의가 있는 경우에 한하여 집행의 대상이 되며(민 629조), 고용계약상 사용자가 노무제공을 받을 권리도 근로자의 동의가 있어야 집행의 대상이 된다.

(3) 한편 **광업권 · 어업권**은 법률상 물권으로 되어 있고, 해당 법률에서 따로 정한 경우 외에는 민법과 그 밖의 법령에서의 **부동산**에 관한 규정(광업권의 경우, 광업법 10조 1항) 또는 **토지**에 관한 규정(어업권의 경우, 수산업법 16조 2항)이 준용되므로 부동산집행절차에 따른다.

판례는, 공유수면점용허가권('공유수면 관리 및 매립에 관한 법률' 8조 1항)은 공법상의 권리라고 하더라도 허가를 받은 사람이 관할청의 허가 없이 그 점용허가권을 자유로이 양도할 수 있으므로 독립한 재산적 가치를 가지고 있고, 법률상 압류가 금지된 권리도 아니어서 법 251조 소정의 '그 밖의 재산권'에 대한 집행방법에 의하여 강제집행을 할 수 있다고 한다.[3)]

(4) **미등기 · 무허가 건물**에 대한 권리도 법률상 · 사실상 처분할 수 있는 법적 지위로 보아 그 밖의 재산권으로 볼 여지가 있다.

(5) **미발행**(**주권발행 전**) **주식**의 경우에는 회사성립 후 또는 신주납입기일 후 6개월이 지나기 전과 후에 따라 주식양도의 효력이 달라지므로 강제집행의 방법도 달라진다.

있도록 규정하고 있다. 이러한 **퇴사청구권**은 사원 지분의 압류채권자가 직접 일방적인 의사표시로 사원을 퇴사시킬 수 있도록 한 형성권이다. 대판 2014. 5. 29. 2013다212295.

1) 민법 714조는 "조합원의 지분에 대한 압류는 그 조합원의 장래의 이익배당 및 지분의 반환을 받을 권리에 대하여 효력이 있다"고 규정하여 조합원의 지분에 대한 압류를 허용하고 있으나, 여기서 **조합원의 지분**이란 **전체로서의 조합재산**에 대한 조합원 지분을 의미하는 것이므로, 이와 달리 조합재산을 구성하는 개개의 재산에 대한 합유지분에 대해서는 압류 그 밖의 강제집행의 대상으로 삼을 수 없다. 대결 2007. 11. 30. 2005마1130.

2) 홍광식, "각종 회원권, 면허권 등 기타재산권에 대한 강제집행," 민사집행에 관한 제문제(하)(재판자료 72집, 1996. 6.), 277쪽 이하; 도두형, "특허출원권에 대한 강제집행," 법률신문 3477호(2006. 7.), 15쪽.

3) 대판 2005. 11. 10. 2004다7873. 그러나 **판례**는, 인가를 받아 건설업의 양도가 적법하게 이루어지면 건설업면허는 당연히 양수인에게 이전되는 것일 뿐, 건설업을 떠난 건설업면허 자체는 건설업을 합법적으로 영위할 수 있는 자격에 불과한 것으로서 양도가 허용되지 않으므로, 결국 **건설업자의 건설업면허**는 법원이 강제집행의 방법으로 이를 압류하여 현금화하기에는 적합하지 않는 것으로 보고 있다. 대결 1994. 12. 15. 94마1802,1803.

1) 회사성립 후 또는 신주납입기일 후 **6개월이 지나기 전**에는 주권발행 전의 주식의 양도는 회사에 대하여 효력이 없으므로(상 335조 3항), 주식 자체를 압류·현금화하는 것은 불가능하다. 따라서 **유체동산인도청구권에 관한 규정을 준용**하여(법 251조 1항, 243조) 채권자가 **주권교부청구권**에 대하여 집행법원의 **압류명령**을 받은 뒤 ① 회사가 **주권을 발행하면** 그 압류명령에 포함하거나 따로 발령된 **인도명령**(법 243조 1항)에 따라 주주인 채무자의 주권을 회사로부터 채권자가 위임하는 집행관이 인도받아 유체동산 현금화의 방법으로 현금화하여 그 매각대금을 집행법원에 제출하면 이로써 만족을 얻게 된다.[1] ② 회사가 **주권을 발행하지 않으면** 채권자는 추심명령을 얻어(법 243조 2항) 추심의 소를 제기할 수 있으나 주권을 발행하라는 취지의 확정판결을 받아야 하는데, 주권의 발행은 부대체적 작위채무로서 이러한 판결은 직접강제 또는 대체집행을 할 수 없는 성질의 것이므로 회사가 그 발행을 거부하면 법 261조에 의하여 간접강제를 할 수밖에 없다.[2]

2) 회사성립 후 또는 신주납입기일 후 **6개월이 넘어서도** 회사가 주권을 발행하지 않을 경우에는 주권 없이 주식을 양도할 수 있고, 주식의 양수인은 회사에 대하여 양수인 명의로 명의개서를 한 후 주권의 발행을 청구할 수 있으므로, 법 251조(그 밖의 재산권에 대한 집행)에 따라 주식 자체를 압류목적물로 하여 집행법원으로부터 **압류명령**을 받고 그에 대한 양도명령, 매각명령 등 **특별현금화방법**의 결정을 받아 현금화하면 된다.[3]

제 4 목 예탁유가증권 등에 대한 강제집행

Ⅰ. 의 의

(1) **2019. 9. 16. '주식·사채 등의 전자등록에 관한 법률'**(2016. 3. 22. 제정, **'전자증권법'**)이 시행된 이후에 **상장주식** 등은 모두 전자등록이 된다(**전자등록주식**

---

1) 대결 1974. 12. 28. 73마332. 주권교부청구권 자체를 현금화하는 방법은 없다. 법 245조가 명시적으로 유체물인도청구권에 대하여 전부명령을 허용하지 않고 있으며, 법 242조가 유체물 인도청구권의 현금화방법으로 법 241조의 특별현금화방법을 준용하지 않고 있기 때문이다. 이원, "그 밖의 재산권에 대한 강제집행," 민사집행소송(2008년), 611쪽; 양진수, 주석서(4), 749쪽.

2) 박재윤, "주식에 대한 강제집행과 그 경합," 민사판례연구 12집(1990. 4.), 322쪽 이하; 권광중, "주식에 대한 강제집행," 회사법상의 제문제(상)(재판자료 37집, 1987. 2.), 231쪽 이하.

3) 대결 2011. 5. 6. 2011그37.

등의 경우). **비상장주식** 등은 ① 전자증권법에 따라 전자등록이 되는 경우(**전자등록주식 등**의 경우), ② '자본시장과 금융투자업에 관한 법률'에 따라 한국예탁결제원에 예탁되는 경우(**예탁유가증권 등**의 경우), ③ 전자등록이나 예탁 중 어느 것도 되지 않고 실물유가증권으로 존재하는 경우로 분류될 수 있다.[1)]

전자증권법 시행 후 한국예탁결제원에 예탁된 유가증권 중 **비상장 예탁유가증권**으로서 발행자가 **등록신청을 하여** 전자증권으로 전환되는 때에는 전자주식 등에 대한 집행방법으로 집행한다. 그러나 한국예탁결제원에 예탁된 유가증권 중 비상장 예탁유가증권으로서 발행자가 **등록신청을 하지 않아** 전자증권으로 전환되지 않은 때에는 계속 종래와 동일한 예탁유가증권으로 잔존하여 예탁유가증권에 대한 집행방법으로 집행한다(2019. 9. 17. 민사집행규칙 개정시 이에 관한 종전 규정은 그대로 존치되었다).[2)]

(2) 이들에 대한 강제집행절차가 각각 다르다. 채권자는 채무자가 보유하고 있는 주식 등이 어느 것에 해당하는지 고려하여 그에 적합한 강제집행방식(뒤에서 보는 민사집행규칙상 각 해당 규정이 별도로 적용됨)에 따라 압류명령을 신청해야 한다.

Ⅱ. 예탁유가증권에 대한 강제집행

(1) 자본시장과 금융투자업에 관한 법률 317조는 "예탁증권등에 관한 강제집행·가압류 및 가처분의 집행 또는 경매에 관하여 필요한 사항은 대법원규칙으로 정한다"고 규정하고 있다. 이에 따라 **규칙 176조에서 182조**까지는 위 법률의 위임에 따라 예탁유가증권에 대한 강제집행절차에 관하여 규정하고 있다.

(2) 주식 등의 유가증권을 한국예탁결제원에 집중보관하고, 매매·담보 등의 거래시 증권을 현실로 인도하지 않고 장부상의 대체로 대신하는 **증권대체결제제도상 한국예탁결제원**에 예탁된 유가증권(**예탁유가증권**)에 대한 강제집행은 예탁유가증권에 관한 **공유지분**(**예탁유가증권지분**)에 대한 법원의 **압류명령**에 따라 개시한다(규칙 176조).[3)] 압류명령의 효력은 제 3 채무자에 해당하는 **한국예탁결제원**(채무

---

1) 비상장회사의 주식이 전자등록이나 예탁이 되지 않은 상태에서 주권이 발행된 경우에 그 양도나 입질은 주권의 교부에 의해 이루어진다(상 336조 1항, 338조 1항).

2) 양진수, 주석서(4), 773쪽.

3) 증권대체결제제도에서는 일반투자자인 고객이 그 소유의 유가증권을 투자매매업자나 투자중개업자 등의 예탁자에게 **예탁**하고, 예탁자는 이를 다시 모아서 한국예탁결제원에 **재예탁**하

자가 예탁자인 경우) 또는 **예탁자**(채무자가 투자자인 경우)에게 송달된 때에 생긴다(규칙 182조 1항, 법 227조 3항).[1)]

(3) 예탁유가증권에 대한 강제집행에서 현금화방법으로는, 압류채권자의 신청에 따라 ① 채권집행에서의 양도명령(규칙 241조 1항 1호)에 대응하는 **예탁유가증권 지분양도명령**, ② 집행관에 명하는 매각명령(규칙 241조 1항 2호, 251조 1항)에 대응하는 **예탁유가증권 지분매각명령**, ③ **그 밖에 적당한 방법에 의한 현금화명령**의 3가지 방법에 의한다(규칙 182조의5 1항). 이는 **사법보좌관**의 업무이다(사보규 2조 1항 9호).

Ⅲ. 전자등록주식 등에 대한 강제집행

(1) **전자증권법**의 시행에 따라 **2019. 9. 17. 개정 · 시행된 민사집행규칙**은 182의2에서 182의9까지 전자등록주식 등에 대한 강제집행절차에 관하여 규정하고 있다. **전자등록주식 등**이란 **전자등록계좌부**에 전자등록된 주식 등을 말한다(전자증권법 2조 4호).[2)]

(2) 전자등록주식 등에 대한 강제집행은 전자등록주식 등에 대한 법원의 **압류명령**에 따라 개시된다(규칙 182조의2). 전자등록주식 등에 대한 추심명령과 전부

게 된다. 이러한 예탁유가증권에 대한 강제집행은 증권 자체가 아닌 **예탁유가증권에 대한 공유지분**을 대상으로 하므로(규칙 176조, 재예탁된 유가증권들은 한국예탁결제원에 혼장임치된 상태로 존재하므로 그 공유지분이 강제집행의 목적물이 된다), 예탁유가증권에 대한 강제집행은 그 밖의 재산권에 대한 강제집행에 해당한다. 법원실무제요 민사집행(5), 334쪽; 양진수, 주석서(4), 755쪽 · 756쪽.

1) 압류명령이 한국예탁결제원 또는 예탁자에게 송달되면 실무상 예탁자계좌부나 투자자계좌부에 압류의 표시 및 압류명령의 송달일을 기재한다. 법원실무제요 민사집행(4), 533쪽.

2) '**전자등록계좌부**'란 주식 등에 관한 권리의 발생 · 변경 · 소멸에 대한 정보를 전자적 방식으로 편성한 장부로서, '**고객계좌부**'와 '**계좌관리기관등 자기계좌부**'가 있다. **전자등록주식 제도**에서는 일반투자자인 고객이 그 소유의 주식을 **계좌관리기관**(**증권회사 등**)에게 **고객계좌부**를 개설하여 관리하도록 하고, 계좌관리기관은 다시 **전자등록기관**(**한국예탁결제원**)에게 **고객계좌부**를 개설하여 관리하도록 한다. 또한 일반투자자가 아닌 계좌관리기관, 법률에 따라 설립된 기금, 그 밖에 전자증권법 23조 1항에 규정된 자가 전자등록주식의 권리자가 되려는 경우에는 전자등록기관에 **계좌관리기관등 자기계좌부**를 개설하여 관리한다. **주식의 전자등록**은 발행인이나 권리자의 **신청** 또는 관공서의 **촉탁**에 따라 함이 원칙이나, 전자증권법에 다른 규정이 있는 경우에는 전자등록기관 또는 계좌관리기관이 **직권으로** 등록할 수 있다(전자증권법 24조 1항). **상장주식** 중 예탁수량 전부는 전자증권법 시행과 더불어 직권으로 **전자등록**이 되었다[전자증권법 부칙(제14096호, 2016. 3. 22.) 3조 1항].

명령은 허용되지 않는다. 압류명령의 효력은 제 3 채무자로 취급되는 **전자등록기관**(채무자가 계좌관리기관 등인 경우) 또는 **계좌관리기관**(채무자가 고객인 경우)에게 **송달**된 때에 생긴다(규칙 182의9 1항, 법 227조 3항).[1)]

(3) 전자등록주식 등에 대한 강제집행에서 현금화방법으로는, 압류채권자의 신청에 따라 ① **전자등록주식 등 양도명령**, ② **전자등록주식 등 매각명령**, ③ **그 밖에 적당한 방법에 의한 현금화명령**의 3가지 방법에 의한다(규칙 182조의5 1항). 이는 **사법보좌관**의 업무이다(사보규 2조 1항 9호).

---

1) 압류명령이 전자등록기관 또는 계좌관리기관에게 송달되면 계좌관리기관 등은 자기계좌부나 고객계좌부에 **처분제한의 등록**을 하게 된다. 전자증권법 22조 2항 6호, 23조 2항 2호.

제 5 장 비금전집행

비금전집행은 채권자가 금전채권 외의 채권을 가지고 있을 때의 강제집행이다. 비금전집행은 압류·현금화·만족의 3단계 절차를 거치지 않는다. 비금전집행의 대상이 되는 채권은 유체물의 인도를 목적으로 하는 것과 채무자에게 일정한 작위·부작위·의사표시를 구하는 것이다. 여기서 채무자의 일신(一身)에 전속하지 않는 행위를 목적으로 하는 대체적 작위채무는 **대체집행**의 방법으로, 채무자의 일신에 전속하는 행위를 목적으로 하는 부작위채무나 부대체적 작위채무는 **간접강제**의 방법으로 한다. 의사표시채무는 조서의 성립이나 판결의 확정 즉시 의사를 진술한 것으로 보므로 달리 강제집행의 여지가 없다.[1)]

제 1 절 물건의 인도집행

Ⅰ. 동산인도의 강제집행

(1) 동산인도의 강제집행은 채권자가 집행권원이 된 동산인도청구권을 가지고 있는 경우의 강제집행이다. 여기서 동산이란 특정동산 또는 대체물의 일정한 수량을 말한다(법 257조 1항).

(2) 가사소송법상 **유아인도**(마류 가사비송, 가소 2조 1항 2호 나목)를 명하는 재판의 집행방법이 문제가 된다. 유아인도를 명하는 재판이 있는 경우 유아가 의사능력이 있어 유아 자신이 **인도를 거부하는지 여부를 불문**하고 집행관은 유체동산인도청구권의 집행절차(법 257조)에 준하여 인도집행을 한다.[2)3)] 그러나 **원칙적**으

1) 박해성, "작위·부작위 채권의 강제집행," 재판자료 36집(1987. 7.), 607쪽 이하.

2) 재판예규 제1894호 '유아인도를 명하는 재판의 집행에 관한 예규'(재특 82-1, **2025. 1. 15. 개정, 2025. 2. 1. 시행**) 2조. 위 **재판예규가 개정되기 전**에는 유아가 의사능력이 있는 경우 유아 자신이 인도를 거부하는 때에는 집행을 할 수 없었다. 이때에는 채무자에 대하여 채권자의 인수를 방해하지 않을 부작위채무의 집행(간접강제)만이 인정되었다. 다만 이러한 경우에도 채무자가 채권자의 유아인수를 방해하지 않는 등 그가 할 수 있는 능력을 다했음에도 유아가 협력을 거부할 때에는 간접강제가 배제되었다. 법원실무제요 민사집행(4), 687쪽. 이에

로 가사소송법상 **간접강제**의 방법에 의해서 하고[가정법원이 명하는 **이행명령**(가소 64조 1항 2호)을 불이행하는 경우에 1천만 원 이하의 과태료에 처하고, 과태료처분을 받고도 불이행하는 경우 30일 이내의 감치에 처할 수 있다(가소 67조 1항, 68조 1항 2호)], 이러한 간접강제의 방법이 실효성이 없거나 긴급한 사정이 있는 경우에 한하여 **예외적**으로 **직접강제**의 방법에 의해서 하는 것이 상당하다.[1)2)]

(3) 동산인도의 강제집행의 집행기관은 **집행관**이다. 부동산의 인도집행의 경우와 같이 법 258조 3항부터 6항까지가 준용된다(규칙 186조).

Ⅱ. 부동산 등 인도의 강제집행

1. 의 의

(1) 부동산 등 인도의 강제집행에서 집행목적물은 부동산(토지 및 건물, 등기된 입목 등)·선박이며(법 258조 1항), 부동산의 공유지분, 등기된 지상권이나 그 권리의 공유지분은 이에 해당되지 않는다.

대하여, 아동의 의사에 대한 판단은 이미 재판절차 내에서 항변사유로서 적극적으로 판단이 이루어지고, 집행의 단계에서는 추상적인 아동복리에 관한 심사는 가급적 자제되어야 하므로 아동의 의사는 우선 집행의 실현이라는 측면에서 소극적으로 고려되어야 하며, 일정한 예외적인 경우에만 집행단계에서도 아동의 의사 확인이 문제될 수 있는데, 아동의 심신에 심각한 영향을 미치는 예외적인 경우에만 아동의 거부의사가 집행방해·집행불능사유로 인정될 수 있을 것이라는 비판이 제기되었다. 곽민희, "자녀인도의 강제집행과 실무 — 일본 민사집행법 개정으로부터의 시사 —," 민사법의 이론과 실무 27권 1호(2023. 12.), 41쪽 이하.

3) 이 경우 집행관 및 집행보조자는 유아의 인도를 집행할 때 유아의 연령, 발달정도 그 밖의 사정을 고려하여 인도집행이 유아의 심신에 유해한 영향을 미치지 않도록 배려해야 하고, 유아의 복리를 위하여 세심한 주의를 기울이며, 유아의 자유와 안전에 유의해야 한다. 재판예규 제1894호 '유아인도를 명하는 재판의 집행에 관한 예규'(재특 82-1, 2025. 1. 15. 개정, 2025. 2. 1. 시행) 3조 1항.

1) 법원실무제요 민사집행(4), 687쪽.

2) **일본**의 경우 **2019년 민사집행법**을 **개정**하여 '자(子)의 인도의 강제집행'에 관한 규정(제174조 내지 제176조)을 **신설**하고 2020. 4. 1.부터 시행하고 있다. 위 규정에 의하면, 자의 인도의 강제집행은 직접강제나 간접강제 중 어느 하나의 방법으로 실시하되 그 실시를 위해서는 **집행법원의 결정**에 의하도록 하고 있다. **원칙적으로** 채권자는 **간접강제**를 실시해도 인도가 실현되지 않을 때(간접강제결정이 확정된 날부터 2주가 지난 때, 다만 해당 결정에서 정한 채무를 이행해야 할 일정한 기간이 이보다 늦은 경우에는 그 기간이 지난 때)에 **직접강제**를 신청할 수 있으며, **다만 일정한 경우**[① 간접강제를 실시해도 채무자의 자의 감호를 풀 전망이 있을 것으로 인정되지 않거나, ② 자의 급박한 위험을 방지하기 위해 즉시 강제집행을 해야 할 필요가 있는 때]에는 간접강제를 거치지 않고도 **직접강제**를 신청할 수 있도록 했다. 이재석, "유아 인도집행에 관한 규정의 신설 제안," 법률신문 4935호(2021. 11. 4.), 12쪽.

(2) **인도**에는 부동산의 **점유이전**의 의미로 실무상 쓰이는 **명도**로 포함된다.[1] **퇴거**는 **점유를 해제**하는 것일 뿐, 더 나아가 채권자에게 그 점유를 이전할 것까지 의미하지 않는다.[2] 건물철거와 함께 건물 내 거주하는 사람에게 그 건물로부터 **퇴거**를 명하는 것도 명도의 한 사례이다. 다만 건물의 점유자가 철거의무자인 경우에는 건물철거의무에 퇴거의무도 포함되어 있으므로 별도로 퇴거를 명하는 집행권원을 필요로 하지 않는다. 실무적으로 집행관이 **인도의 유예기간**을 주면서 그때까지 **임의이행**을 권고하는 **인도최고**(**집행예고, 사전최고제도**)를 한다.[3][4]

(3) 집행관은 부동산 등의 인도집행시 집행현장에서 채무자 등의 **인권을 존중**해야 하고,[5] 특히 아동 등(노약자 · 장애인 · 임산부 · 중환자 등 포함) 인도집행으로 인하여 인권침해를 받을 가능성이 큰 사람에 대하여 그 특성에 따라 세심한 배려를 해야 한다.[6]

---

1) 법 258조 1항은 구 민사소송법 690조 1항에서 '명도'를 '인도'와 나란히 규정하고 있던 것을 단순히 '인도'라고 표현을 수정했다. '인도'는 '명도'를 포함하는 개념임에도 일본식 법률용어인 '명도'를 '인도'와 나란히 규정하는 것은 적절하지 않다는 이유에서이다. 법원행정처, 민사집행법해설(2003년), 232쪽 · 233쪽.

2) 대판 2024. 6. 13. 2024다213157; 나수경, "집행관제도 개선방안 연구 — 부동산 등 인도집행을 중심으로 —," 사법정책연구원(2021년), 32쪽.

3) 부동산의 인도집행에서 채권자가 바로 단행하도록 요구하는 경우는 별도로 하고, 제 1 회 기일에는 채무자에 대한 인도를 최고하는 것에 그치고, 당사자의 사정을 고려하여 인도의 유예기간을 주는 취지로 다음 기일을 정하는 방법이다. 실무상 **집행예고**를 실시하고 있다. 집행과 관련한 **사전협의절차**를 거침으로써 집행사건의 80% 정도가 강제집행이 아닌 **임의이행**으로 끝나고 있다고 한다. 법원실무제요 민사집행(4), 697쪽.

4) 한편 **집행전 최고제도**를 도입하여 집행관이 부동산 등의 인도기한을 정하여 채무자에게 최고를 하면 채무자는 그 기한 내에 채권자에게 임의로 인도할 수 있도록 하고, 최고가 있은 후에 채무자는 집행의 대상인 부동산 등의 점유이전을 할 수 없으며 이를 위반하여 제 3 자에게 점유이전을 하는 때에는 집행관은 채무자에 대한 집행문으로 제 3 자에 대하여 바로 집행할 수 있도록 하는 내용의 민사집행법 일부개정안(제안자 조응천 의원 등 11인, 제안일자 2021. 2. 25., 의안번호 2108315)이 국회에 계류되었으나 제21대 국회의 임기종료(2024. 5. 29.)로 자동폐기되었다. 이러한 입법안과 같은 입장으로는, 손흥수, "집행관 제도의 문제점과 해결방안," 대한변호사협회 자료집(2018. 4. 10.), 43쪽.

5) 집행관이 부동산인도의 강제집행을 할 때 저항을 받는 경우에는 반드시 공무원을 입회할 수 있도록 하고, 한파 또는 폭염 등 기상이 열악한 때에는 부동산에 대한 강제집행을 할 수 없도록 하는 내용의 민사집행법 일부개정안(제안자 조응천 의원 등 10인, 제안일자 2021. 9. 8., 의안번호 2112472)과 부동산인도의 강제집행에서 해당 부동산이 주거용 부동산인 경우 사전통지가 이루어지도록 근거를 마련함과 동시에 중대한 재해발생이 예상되는 때에는 해당 주거용에 대한 인도집행을 할 수 없도록 하는 내용의 민사집행법 일부개정안(제안자 서영석 의원 등 11인, 제안일자 2022. 11. 22., 의안번호 2118373)이 국회에 각 계류되었으나 제21대 국회의 임기종료(2024. 5. 29.)로 자동폐기되었다.

6) 재판예규 제1773호 '부동산 등의 인도집행절차 등에 있어서 업무처리지침'(재민 2021-1,

2. 건물인도의 집행방법

(1) 집행목적물인 건물에 집행권원에 표시되지 않은 증축 또는 부속부분이 있는 경우

1) 집행관이 집행권원 및 그에 따른 대체집행 수권결정에 따라 집행행위를 하는 경우 집행권원 및 수권결정에 구체적·개별적으로 특정된 목적물을 조사하여 현황이 동일하고 집행하는 데 특별한 장애사유가 없는 때에는 집행에 나아가야 하다. 집행목적물인 건물에 집행권원에 표시되지 않은 **증축** 또는 **부속부분**이 있는 경우 목적물에 **부합**되어 있거나 주물과 밀접한 관계에 있는 **종물**로 인정되는 때에는 집행권원에 표시된 해당 건물과 함께 집행의 대상이 된다. 반면 증축부분이나 부속부분이 해당 건물의 부합물이나 종물로 인정되지 않는 경우에는 해당 건물만이 집행의 대상이 된다.

2) 한편 **목적물의 일부**에 대해서만 집행이 가능한 경우에는, 채권자가 그 일부 목적물에 대해서만 집행하기를 원하지 않는다는 **특별한 사정이 없는 한** 집행관은 **집행이 가능한 목적물**에 대하여 집행해야 하고, 목적물 전체에 대하여 집행위임을 거부할 수는 없다.[1] 즉 목적물의 일부가 집행불능이라고 하더라도 전부 집행불능으로 처리해서는 안 된다.

(2) 집행목적물인 건물에 집행목적물이 아닌 동산이 있는 경우

1) 건물인도의 강제집행은 해당 건물에 대한 채무자의 점유를 배제하고 채권자에게 그 점유를 취득케 함으로써 **종료**하는 것이며, 해당 건물 내에 있는 **집행목적물이 아닌 동산**(**목적 외 동산**)의 처리는 종료된 강제집행에서 파생된 사무적인 **부수처분**에 불과한 것으로서 채권자를 위한 집행행위가 아니다. 따라서 채권자가 비록 피고가 건물 부분의 인도집행 당시 그곳에 남아 있었다는 공구 등이 집행채무자의 소유가 아니라 **제 3 자의 소유**임을 알면서도 집행관에게 인도집행을 위임

2021. 3. 22. 제정, 2021. 4. 1. 시행). 위 재판예규상 인권존중 등에 관한 3조 내지 5조의 규정은 동산인도청구의 집행절차, 부동산점유이전금지가처분의 집행절차 등 집행관이 실시하는 다른 집행절차에도 준용된다(6조).

1) 대결 2020. 4. 7. 2018그692, 2021. 1. 12. 2020그752. 위 결정들 이후에도 실무에서는 집행관이 목적물의 일부라도 집행불능인 경우에는 전부 집행불능으로 처리하는 경우가 있다는 보고로는, 이재석, "'토지 일부의 인도·집행의 장애에 대한 실무적 검토'에 대한 토론문," 한국민사집행법학회 2025년 하계학술대회 자료집(2025. 6.), 12쪽.

하여 시행케 했더라도, 이러한 사유만으로는 위 인도집행이 위법한 것은 아니다.[1)]

2) 건물의 인도집행에서 강제집행의 목적물이 아닌 동산이 있는 경우에 집행관에게는 강제집행의 목적물이 아닌 동산을 제거하여 인도집행을 할 책무가 있다. 따라서 이를 제거하여 보관 또는 매각하는 것이 **다소 곤란하다는 사유**만으로는 목적물의 인도집행을 불능으로 처리할 수는 없다.[2)]

3) **집행목적물이 아닌 동산**은 **집행관**이 제거하여 **채무자**에게 인도해야 한다(법 258조 3항). 다만 채무자가 없는 경우 채무자와 같이 사는 사리를 분별할 지능이 있는 **친족** 또는 채무자의 **대리인**이나 **고용인**에게 그 동산을 인도해야 한다.(법 258조 4항).

채무자 등이 없어 앞서와 같은 방법으로 인도할 수 없는 경우 집행관이 **채무자의 비용**으로 **보관**해야 한다(법 258조 5항). 이 경우 집행관은 동산을 **스스로** 보관할 수도 있고, 채권자나 제 3 자를 **보관인**으로 선임하여 보관하게 할 수도 있다. 이때 집행관이나 채권자 등은 **보관비용**이 생긴 경우 동산의 수취를 청구하는 채무자 등에게 보관비용을 변제받을 때까지 **유치권**을 행사할 수 있다.[3)4)]

4) 채무자가 **집행목적물이 아닌 동산**의 **수취를 게을리한 때**에는 집행관은 집행법원의 **허가**를 받아 동산에 대한 강제집행의 매각절차에 관한 규정에 따라 그 **동산을 매각**하고 비용을 뺀 뒤에 **나머지 대금**을 **공탁**해야 한다(법 258조 6항). 법

---

1) 대판 1996. 12. 20. 95다19843.

2) **판례**는, 건물 내에 있는 동산의 특수성에 비추어 채무자나 그 대리인 등에 인도할 수 없고 집행관 스스로도 이를 계속하여 보관하기 곤란한 사정이 있다면, 신청인이 현상을 그대로 유지하는 조건으로 이를 보관할 의사가 있는지, 또는 그 밖에 다른 적정한 방법으로 이를 보관할 수는 없는지를 추가로 확인해야 하고, 그와 같은 조치를 취하지 않은 채 건물의 인도집행 자체를 거부할 수는 없다고 본다. 대결 2022. 4. 14. 2021그796.

3) 대판 2020. 9. 3. 2018다288044.

4) 일본의 경우 2003년 민사집행법을 개정하여 부동산의 인도집행 후 그 부동산에 남아 있는 집행목적물이 아닌 동산을 채무자에게 인도할 수 없으면 즉시 매각할 수 있는 제도를 마련했다(일본 민사집행법 168조 5항 내지 8항). 실무상 집행절차에서 목적 외의 동산의 운반 및 보관에 많은 비용과 노력이 요구되고, 채무자가 그 동산을 조속하게 수거해 가지 않으면 종국적으로 채권자의 부담으로 되는 경우가 많으므로, 위 개정법은 이러한 동산에 대하여 일본 최고재판소규칙으로 정하는 바에 따라 매각할 수 있는 것으로 명시적으로 규정하고(일본 민사집행법 168조 5항 후단, 6항), 즉시 매각할 수 없는 경우에는 이를 폐기할 수 있도록 운용하고 있다고 한다. 목적부동산 내에 목적 외 동산이 많으면 그 동산의 처리가 번잡해서 집행관이 부동산의 인도집행에 착수하는 것을 부담스러워 하므로 이러한 장애요소를 없애려는 조치이다. 나수경, "집행관제도 개선방안 연구 — 부동산 등 인도집행을 중심으로 —," 사법정책연구원(2021년), 121쪽; 이충상, "부동산 인도집행의 실효성 제고 방안," 경희법학 52권 3호(2017. 9.), 360쪽.

258조 6항은 매각허가의 대상이 되는 동산을 집행관이 집행목적물에서 제거하여 보관하는 동산으로 한정하고 있지 않으므로, 그 적용 여부는 채무자가 그 수취를 게을리했는지 여부에 따라 달라지며, 집행관이 위와 같은 동산을 보관하고 있는지 여부와는 상관없다. 따라서 부동산의 인도집행에서 집행관은 집행목적물에서 집행목적물이 아닌 동산을 **제거하여 보관하는 경우**는 물론 그 동산을 **제거하여 보관하는 것이 불가능**하거나 **현저히 곤란**하여 집행목적물에 그대로 남아있는 경우에도 채무자가 그 동산의 수취를 게을리하면 집행법원의 허가를 받아 그 동산을 매각할 수 있다.[1)]

법 258조 6항에 따른 부동산이나 선박의 인도집행에서 **집행목적물이 아닌 동산**의 **매각허가**는 **사법보좌관**의 업무이다(2016. 6. 1. 개정, 2016. 7. 1. 시행 사보규 10조의2).

5) **판례**는, 집행관이 법 258조에 의한 건물인도의 집행시 집행목적물인 건물 내에 있는 채무자 또는 제 3 자 소유의 **집행목적물이 아닌 동산**을 스스로 보관하지 않고 채권자의 승낙을 얻어 **채권자에게 보관하게 한 경우**, 채권자의 그 보관에 관한 권리나 의무는 원칙적으로 집행관과의 사이에 체결된 임치계약 등 사법상의 계약에 의하여 정해지므로, 채권자가 집행관과의 약정에 따라 그 동산을 보관하던 중 이를 분실하는 등 채권자가 그 보관상의 주의의무를 제대로 이행하지 않은 때에는 손해배상책임은 물론 불법행위로 인한 손해배상책임까지도 부담한다고 본다.[2)]

(3) 집행목적물을 채무자 아닌 사람이 점유 · 소지하는 경우

1) 부동산인도청구권의 집행은 직접 부동산에 대한 채무자의 점유를 빼앗아 채권자에게 그 점유를 취득하게 하는 직접강제의 방법에 의해 진행하므로(법 258조 1항), 집행의 대상자는 집행권원에 표시된 채무자 본인이고, 목적물을 제 3 자가 점유하고 있는 경우에는 법 258조에 의한 인도집행을 할 수 없다. 따라서 집행관은 부동산인도집행을 개시할 때에는 집행권원에 표시된 채무자가 목적물을 점유하는지를 스스로 조사 · 판단해야 한다. 이때 집행관은 그 개연성을 인정할 수 있는 **외관**과 **징표**에 의해서만 판단할 수 있을 뿐이고, 실질적 조사권은 없더라도 집행관이 집행권원 등 관련자료를 조사하면 쉽게 그 점유관계를 판단할 수 있는

---

1) 대결 2018. 10. 15. 2018그612.

2) 대판 1996. 12. 20. 95다19843, 2008. 9. 25. 2007다1722.

경우 이를 조사 · 판단해야 한다.[1)]

2) 집행권원상 채무자의 가족이나 동거인, 또는 피고용인이 건물을 점유하고 있다면 사회통념상 이들이 채무자와 별개의 독립한 점유를 가진다고 인정되는 등 **특별한 사정이 없는 한** 채무자의 점유보조자(민 195조)로 보고, 별도의 집행권원이 없어도 채무자와 동시에 퇴거시켜서 집행할 수 있다.[2)] 집행권원상 채무자가 **법인**인 경우 그 대표자가 법인이 소유하는 건물을 점유하고 있다면 이는 법인의 기관으로 소지하고 있음에 불과하므로 별도의 집행권원이 없어도 퇴거시킬 수 있다.[3)]

3) 집행권원상 집행채무자 아닌 사람이 **임차인 · 전차인** 등 독립한 지위를 갖는 경우 이들에 대해서는 집행력이 미치지 않으므로, 승계집행문을 부여받을 수 없다. 이들에 대하여 집행을 하기 위해서는 **별도의 집행권원**이 필요하다. 그러나 채무자가 이들에 대하여 **인도청구권**을 갖고 있는 경우에는 그 인도청구권(채권적 또는 물권적 청구권)을 금전채권에 관한 규정에 따라 압류하여 채권자에게 넘겨주는 **이부명령**을 할 수 있다(법 259조, 규칙 190조). 법 259조의 이부명령은 성질상 **추심명령**과 유사하고 전부명령과 다르다.[4)] 이부명령에 따라 채권자는 제 3 자에 대하여 인도청구권을 행사할 수 있다. 제 3 자가 이에 응하여 임의로 채권자에게 목적물을 인도하면 이로써 강제집행이 종료한다. 제 3 자가 이에 불응하면 채권자는 제 3 자를 상대로 목적물인도청구소송을 제기할 수 있다. 이러한 인도청구소송은 성질상 **추심의 소**에 해당하므로 채무자의 제 3 채무자에 대하여 소를 제기하는 경우의 관할법원에 제소해야 하고, 채무자에게 소송고지를 해야 한다(규칙 190조, 법 238조).[5)] 채무자가 채권자에게 인도해야 할 목적물에 대하여 이미 다른 채권자

---

1) 대결 2014. 6. 3. 2013그336, 2022. 4. 5. 2018그758, 2022. 6. 30. 2022그505. **점유사실**을 인정하거나 **점유자**가 누구인지 판단하는 데에 주민등록표 등본이나 사업자등록증은 중요한 자료이지만 유일한 자료가 아니므로, 집행관은 이러한 자료뿐만 아니라 실제의 점유상황과 그 밖의 사정 등을 종합적으로 살펴서 점유사실과 점유자를 특정해야 한다. **판례**는, 특히 영업장 등의 점유자를 판단하기 위해서는 사업자등록증, 간판, 상호, 영수증, 그 밖의 영업장 내의 부착물이나 집기, 각종 우편물, 납세고지서 등으로 점유자를 확인하고, 이를 통해서도 채무자의 점유를 확인할 수 없는 경우에 이르러야 집행불능을 처리할 수 있다고 본다. 대결 2022. 6. 30. 2022그505.

2) 법원실무제요 민사집행(4), 698쪽; 김홍엽(민사소송), 913쪽.

3) 김홍엽(민사소송), 913쪽. 그러나 집행권원상 채무자가 법인의 대표자 개인인 경우 건물의 일부가 그가 대표자로 있는 법인이 점유하고 있는 것으로 판명되었다면 그 법인이 비록 이른바 1인 회사라고 보이는 때에도 법인이 점유하는 부분에 대해서는 인도집행을 할 수 없다. 법원실무제요 민사집행(4), 699쪽.

4) 법원실무제요 민사집행(4), 716쪽; 황진구, 주석서(4), 1036쪽.

5) 법원행정처, 민사집행규칙해설(2002년), 517쪽; 황진구, 주석서(4), 1037쪽.

에 의하여 집행관보관의 점유이전금지가처분의 집행이 이루어져 있다면 법 259조의 이부명령에 의하여 종국적인 인도집행을 할 수 없다.[1)]

법 259조에 따른 제 3 자가 점유하는 물건에 대한 **인도청구권**의 **이부명령**은 **사법보좌관**의 업무이다(2016. 6. 1. 개정, 2016. 7. 1. 시행 사보규 2조 1항 10호의2).

4) 한편 **수치인 · 운송인 · 관리인** 등 채무자를 위하여 목적물을 소지하는 경우 이들에 대해서는 집행력이 미치므로(민소 218조 1항), **승계집행문**을 부여받아 이들에 대하여 집행한다.

제 2 절 작위 · 부작위 · 의사표시의 집행

Ⅰ. 의 의

'하는 채무'는 직접강제를 할 수 없다. **작위채무** 중 **대체적 작위채무**는 대체집행의 방법으로, **부대체적 작위채무**는 간접강제의 방법으로 집행한다. **부작위채무**에서 의무위반의 억제는 간접강제의 방법으로, 의무위반에 의한 물적 상태의 **제거**[제각(除却)] 및 장래에 대한 적당한 처분(반복적 · 계속적 부작위채무에서 그 위반이 행해진 이후의 부작위의 이행을 확보하기 위한 처분을 말한다)은 대체집행의 방법으로 한다(민 389조 3항). **의사표시채무**는 특별한 집행방법을 규정하고 있다. 작위 · 부작위채무의 집행기관은 제 1 심법원으로, 판결기관과 집행기관이 분리되어 있지 않다.

Ⅱ. 대체집행

1. 의 의

대체집행은 채무자의 비용으로 채무자 이외의 사람으로 하여금 집행행위를 하도록 채권자에게 **수권결정**을 행하는 집행방법이다(법 260조). **대체적 작위채무의 위반**의 경우(민 389조 2항 후단)나 **부작위채무의 위반**에 의한 **대체성** 있는 **물적 상태의 제거** 등의 경우(민 389조 3항)에는 대체집행을 한다.[2)] 대체집행에 의한 부작

1) 황진구, 주석서(4), 1037쪽.

2) 민법 389조 2항 후단 및 3항은 대체집행이 채권의 강제이행임을 확인하면서 손해배상과의

위채무의 위반 결과에 따른 물적 상태의 제거는 그 위반의 결과가 남아 있어야 하며, 남아 있는 결과의 제거에 **대체성**이 있어야 한다. 한편 예컨대 **1회적 부작위 채무**와 같이 부작위채무 자체가 소멸되어 더 이상 집행의 여지가 없으면 그 위반의 결과도 부작위채무를 침해하는 것이 되지 않으므로 대체집행이 불가능하다. 따라서 부작위채무의 위반에 따른 물적 상태의 제거는 **반복적 · 계속적 부작위채무**의 경우 그 위반의 결과 생긴 물적 상태를 **그 이후의 장래의 부작위채무**에 대한 예방적 차원에서 대체집행이 가능하다.[1] 사죄광고의 경우는 위헌이라는 판례가 있다.[2]

2. 재 판

(1) 대체집행은 집행력 있는 집행권원의 정본과 그 송달증명서를 갖춘 채권자가 제 1 심법원(제 1 심 수소법원)에 대체집행을 할 수 있는 **수권결정**의 신청(강제집행신청)을 해야 한다.

(2) 수권결정은 **판사**의 업무이다(사법보좌관의 업무가 아니다). 수권결정에서 지정된 사람만이 집행을 실시할 수 있다.[3] 대체집행의 결정을 하기 위해서는 채무자를 **심문**해야 한다(법 262조).

(3) 대체집행의 신청에 관한 재판에 대해서는 **즉시항고**를 할 수 있다(법 260조 3항). 대체집행을 명하는 결정에 대한 항고는 단순히 그 집행방법으로서 흠이 있음을 이유로 하는 경우에 한하며, 실체상의 청구권 존부에 관한 주장이나 집행권원의 당부를 다투는 사유들로써는 적법한 항고이유로 삼을 수 없다.[4] 대체집행의 실시시 채무자가 반항할 때에는 집행관에게 원조를 요청할 수 있다(법 7조 2항).

관계를 조정하는 규정으로, 대체집행은 집행법적 성질과 실체법적 성질을 동시에 가지고 있다는 견해로는, 김형석, "강제이행 — 특히 간접강제의 보충성을 중심으로 —," 법학(서울대학교 법학연구소) 46권 4호(2005. 12.), 242쪽 이하.

1) 한편 대체집행은 집행권원의 내용인 부작위채무의 범위를 초과하여 할 수 없으므로, 민법 389조 3항에 의하여 대체집행의 대상이 되는 위반 결과는 부작위를 명하는 **집행권원의 성립 후**에 생긴 것이어야 하고, 그 전에 생긴 것에 대해서는 별도로 제거를 명하는 집행권원을 얻어야 한다. 법원실무제요 민사집행(4), 746쪽.

2) 헌재 1991. 4. 1. 89헌마160 결정.

3) 실무에서는 주로 채무자의 저항을 배제하기 위한 현실적인 필요에서 **집행관**을 실시자로 지정하는 것이 보통이다. 법원실무제요 민사집행(4), 730쪽.

4) 대결 1990. 12. 27. 90마858, 1992. 6. 24. 92마214.

Ⅲ. 간접강제

1. 의 의

(1) 간접강제란 채무자가 임의로 이행하지 않는 경우 채무자에게 배상금의 지급을 명하는 등의 수단을 사용하여 채무자에게 심리적 압박을 가함으로써 채무자로 하여금 그 채권의 내용을 실현하도록 하는 방법으로, 채무의 성질상 직접강제나 대체집행을 할 수 없는 경우 보충적으로 인정되는 집행방법이다(법 261조).[1)]

(2) **판례**는 판결절차에서도 **본안소송**과 **간접강제**의 **병합**을 인정하고 있다. 즉 판례는, ① 변론종결 당시로 보아 집행권원이 성립하더라도 채무자가 이를 단기간 위반할 개연성이 있거나(**부작위채무**의 경우), 채무자가 임의로 이행할 가능성이 없음이 명백하고(**부대체적 작위채무**의 경우), ② 판결절차에서 채무자에게 간접강제결정의 당부에 관하여 충분히 변론할 기회가 부여되었으며, ③ 법 261조에 의하여 명할 적정한 배상액을 산정할 수 있는 경우에는 판결절차에서도 간접강제를 명할 수 있다고 본다.[2)3)]

---

1) 대판 2003. 10. 24. 2003다36331.

2) 대판 2013. 11. 28. 2013다50367, 2014. 5. 29. 2011다31225, **대판(전) 2021. 7. 22. 2020다248124** 등. **판례**는, 그 **근거**로 ① 이를 명시적으로 금지하는 법규정이 없고(즉 입법자는 판결절차에서는 어떠한 경우에도 간접강제를 명할 수 없도록 법률을 제정했다고 볼 수 없고), ② 부작위채무와 부대체적 작위채무를 이행하지 않는 경우에는 집행의 실효성을 확보하고 집행공백을 막으려는 데 있으며, ③ 채권자의 청구가 있어야 하며, 변론 과정에서 채무자인 피고가 간접강제에 관하여 충분히 의견을 진술할 수 있는 등 채무자에게 크게 불리하다고 볼 수 없으며, ④ 판결절차는 필수적 변론을 거치므로 법 262조 단서에 의한 심문을 거치지 않아도 채무자에게 불이익이 없으며, 이러한 판결의 배상명령 부분에 대하여 상소할 수도 있으므로 별도로 법 261조 2항에 의한 즉시항고가 인정되지 않는다고 하여 채무자에게 아무런 불이익도 없으며, ⑤ 판례가 제시하는 요건에 따라 판결절차에서 간접강제를 명하는 것은 분쟁의 종국적 해결에도 이바지함을 들고 있다. **이에 대하여**, 판결절차와 강제집행절차는 준별되며, 민사집행법이 정한 절차규정이 강행규정으로 강제집행은 반드시 법률에 근거가 있어야 한다는 등의 이유를 들어 판결절차에서는 간접강제를 명할 수 없다는 입장의 **반대의견**이 있다.

3) 이러한 판례의 태도에 대하여, 판결절차와 강제집행절차는 분리되어 있어 한 절차에서 혼합될 수 없다는 법률가들의 고정관념에 대하여 그것이 필요·적절하고 다른 부작용이 없는 예외적인 경우에는 한 절차 내에서 혼합될 수 있다는 새로운 시사를 주는 판결로서 양 절차의 엄격하고 형식논리적인 철저한 분리가 초래되는 비효율성, 절차의 복잡성을 극복할 수 있는 새로운 접근방법이 될 수 있다는 점에서 타당하다는 견해로는, 강용현, "비방광고를 한 자에 대하여 사전에 광고금지를 명하는 판결 및 그 판결절차에서 명하는 간접강제," 대법원판례해설 25호(1996년 상반기), 69쪽 이하. 한편 본안소송과 간접강제의 병합제도는 부작위채무를 명하는 판결의 실효성 있는 집행을 위해 앞으로 크게 활성화될 필요가 있다는 견해로는, 이시

다만 본안판결에서 채무의 이행을 명함과 동시에 간접강제를 명하더라도, **가집행선고**를 붙이지 않을 경우에는 채권자가 판결확정 전 강제집행에 나아갈 방법이 없는데, 실무례로는 가집행선고를 붙이지 않고 있다.[1][2]

2. 요　　건

(1) 간접강제는 대체집행이 허용되지 않는 부작위채무나 부대체적 작위채무의 집행방법이다(이를 **간접강제의 보충성**이라 한다).[3] 의사표시를 할 채무는 부대체적 작위채무에 속하나 이에 관해서는 특별한 집행방법이 인정되고 있으므로(법 263조), 간접강제가 허용되지 않는다.

(2) 간접강제를 명하기 위해서는 부작위채무의 경우 의무위반이나 위반의 개연성을 그 요건으로 한다. 채무위반행위의 존재를 반드시 요구하는 것은 아니나, 위반행위가 행해질 **고도의 개연성**이나 위반행위의 **위험이 중대하고 명백**해야 하며 그 위반이 물적 상태를 남기지 않고 계속되고 있어야 한다. 한편 부작위채무의 위반으로 물적 상태가 새로 형성되었을 때에는 대체집행으로 해야 한다.

윤 · 조관행, 525쪽.

1) 판결의 경우와 달리, 부작위채무나 부대체적 작위채무의 이행을 명하는 가처분결정에는 가집행선고를 붙일 여지가 없고, 간접강제결정은 그 자체가 독립한 집행권원이다(법 56조 1호). 따라서 이러한 가처분결정과 동시에 간접강제결정이 함께 내려진 경우(**동시결정형**) 채무자는 그 즉시 가처분결정에서 명한 의무를 부담하고, 채권자로서는 채무자가 그 의무를 위반한다면 곧바로 간접강제결정의 집행(간접강제배상금 집행)을 위하여 집행문부여를 신청할 수 있다.

2) 판례가 제시하고 있는 요건에 따라 '채무자가 변론종결 당시에 보아 채무를 임의로 이행할 가능성이 없음이 명백하다'고 판단하여 간접강제를 명한 이상 그 집행력 발생시점을 무조건 판결이 확정될 때까지로 미룰 이유는 없다는 견해로는, 김시원, "본안판결에서의 간접강제결정에 관한 검토," 사법논집 68집(2019년), 195쪽. 이러한 입장에서는 가집행선고를 붙임으로써 즉시 집행력이 발생할 경우 채권자의 보호에는 문제가 없는 반면, 채무자는 판결선고와 동시에 의무를 부담하고 이에 따른 강제집행의 위험까지 떠안게 되므로, 집행력의 발생시점을 일률적으로 결정할 것이 아니라 채권자와 채무자의 이익을 비교형량하여 결정할 문제이며, 이는 채무의 성질에 따라 달리 파악할 수 있다고 본다.

3) 효율적인 권리구제를 위해 간접강제의 보충성을 완화하여 부작위채무와 부대체적 작위채무 외의 채무 유형에 대해서도 간접강제의 적용을 확대해야 한다는 견해로는, 전휴재, "간접강제에 관한 법리적 논점과 향후의 과제 — 법적성질, 보충성, 적용범위를 중심으로 —," 민사재판의 제문제 29권(2022년), 446쪽 · 447쪽; 김형석, "강제이행 — 특히 간접강제의 보충성을 중심으로 —," 법학(서울대학교 법학연구소) 46권 4호(2005.12), 277쪽 이하; 조병구, "간접강제 배상금의 법적 성질과 실무상 제문제," 민사집행법 실무연구(Ⅳ)(재판자료 131집, 2015년), 332쪽 이하.

3. 재 판

(1) 간접강제신청은 **제 1 심법원**(제 1 심 수소법원)에 한다. 법원은 간접강제결정을 하기 위하여 **채무자**를 **심문**해야 한다(**필수적 심문**, 법 262조 단서).

(2) 간접강제의 내용은 채무자의 이행의무 및 상당한 이행기간을 밝히고, 채무자가 그 기간 이내에 이행을 하지 않는 때에는 늦어진 기간에 따라 일정한 배상을 하도록 명하거나 즉시 손해배상을 명하는 것이어야 한다(법 261조 1항). 간접강제에서 명하는 배상금은 채무자에 대한 심리적인 강제수단뿐만 아니라 채무자의 채무불이행에 대한 법정 제재금이라는 성격도 가진다.[1] 이러한 배상금은 실손해의 유무나 금액과는 무관하게 법원이 재량으로 정한다.[2][3]

(3) 간접강제결정에 대해서는 **즉시항고**를 할 수 있다(법 261조 2항)[즉시항고를 하더라도 집행정지의 효력이 없다(법 15조 6항)]. 간접강제신청에 대한 재판은 집행절차에 관한 집행법원의 재판이므로, 재항고의 경우에도 즉시항고에 관한 법 15조의 규정이 준용된다(규칙 14조의2).[4]

(4) 채무자가 간접강제결정을 고지받고도 채무를 이행하지 않으면 간접강제결정을 **집행권원**으로 하여 **집행문**을 부여받아 금전집행의 방법에 따라 배상금을 추심한다. 간접강제배상금은 채무자로부터 추심된 후 (국고로 귀속되는 것이 아니라) **채권자**에게 지급하여 채무자의 채무불이행으로 인한 **손해의 전보**에 **충당**된다.[5][6]

---

1) 따라서 채무자가 간접강제결정에서 명한 의무이행기간이 지난 후에 채무를 이행했다면, 채권자는 특별한 사정이 없는 한 채무의 이행이 지연된 기간에 상응하는 배상금의 추심을 위한 강제집행을 할 수 있다. 대판 2013. 2. 14. 2012다26398; 오홍록, "간접강제에 대한 몇가지 검토," 민사판례연구(민사판례연구회) 37권(2015년), 917쪽 이하.

2) **배상금의 상한**을 정하고 있는 입법례도 있다. 독일 민사소송법상 부대체적 작위의무의 경우 상한을 25,000유로로 제한하고(독일 민소 880조), 부작위의무의 경우 1회 위반시마다 5유로 이상 250,000유로로 제한하고 있다(독일 민소 890조).

3) 우리나라 각급 법원의 간접강제 결정례를 분석하여, 현재 실무에서 명해지는 간접강제 금액의 분포도 여하, 간접강제금 산정에 관한 기준의 존재 여부 등에 관한 검토를 통하여 간접강제금 산정 실무의 문제점을 지적하고 있는 견해로는, 임정윤, "실효적이고 합리적인 간접강제금 산정기준의 정립과 바람직한 심리방안," 사법(사법발전재단) 35호(2016. 3.), 301쪽 이하.

4) 대결 2020. 1. 17. 2019마6305.

5) 대판 2014. 7. 24. 2012다49933, 2022. 11. 10. 2022다255607.

6) 채무자로 하여금 채권자에 대한 작위·부작위채무 불이행으로 인한 손해배상을 명하는 **판결**이 **확정**되는 경우에도, 이미 동일한 작위·부작위채무에 대한 간접강제배상금이 지급되었다면 그 확정판결에서 정한 손해가 간접강제 배상금을 **초과하는 부분이 아닌 이상**, 채권자가 지급받은 간접강제배상금과 별도로 위 확정판결에 따른 손해배상금을 추심할 수는 없다. 대판

(5) 간접강제결정을 한 **제 1 심법원**은 **사정의 변경**이 있는 때에는 **채권자** 또는 **채무자**의 **신청**에 따라 그 결정의 내용을 **변경**할 수 있다(규칙 191조 1항). 이 경우 **신청의 상대방**을 **심문**해야 한다(규칙 191조 2항). 위 **변경결정**에 대해서는 **즉시항고**를 할 수 있다(규칙 191조 3항).[1] 간접강제결정에서 명하는 간접강제금은 실제 손해의 유무나 금액과는 무관하게 법원이 재량으로 정하는 것이므로, 사정의 변경이 있을 때에는 그 변경을 인정하는 것이 상당하기 때문이다. 이러한 '사정의 변경'에는 간접강제결정을 발령한 후에 생긴 것과 발령하기 전에 이미 생겼으나 그 후에 판명된 사정 모두를 포함한다.[2]

(6) 강제집행의 일시정지를 명한 취지를 기재한 재판의 정본이 제출된 경우 집행법원은 이미 실시한 집행처분을 일시유지해야 한다는 취지를 규정하고 있는 법 50조 1항의 규정은 간접강제에는 적용되지 않으므로, 본래의 집행권원에 대한 **강제집행정지결정 정본**이 **제출**되었다는 사유는 **간접강제결정**의 **취소사유**에 해당하는 것으로 보아야 하며, 위와 같은 사유는 간접강제결정에 대한 즉시항고이유로도 주장할 수 있다.[3]

4. 집　　행

(1) 채무자의 **부작위채무의 위반**은 부작위채무의 이행을 강제하기 위한 간접강제결정을 위한 **조건**에 해당하므로, 법 30조 2항에 의하여 채권자가 그 조건의 성취를 증명해야 **(조건성취)집행문**을 부여받을 수 있다.[4] 한편 **부대체적 작위채무**의 경우에 관해서는, 간접강제결정의 **주문의 형식**과 **내용**에 비추어 **배상금 지급의무의 발생 여부**나 **발생시기** 및 **범위**를 확정할 수 있는지에 따라 이를 **확정할 수 있다면 (통상)집행문**을 받아 집행할 수 있으나, 이를 **확정할 수 없다면**(즉 **불확정적이라면**) 간접강제결정을 집행하는 데 **조건**이 붙어 있는 것으로 보아 법 30조에 따

2022. 11. 10. 2022다255607.

1) 일본의 경우 우리나라가 민사집행규칙에서 이에 관한 규정을 두고 있는 것과 달리 민사집행법에 해당 규정을 두고 있다. 일본 민사집행법 172조 2항.

2) 황진구, 주석서(6), 114쪽; 이무상. "간접강제결정의 집행에 있어 집행문부여절차," 민사집행법연구 21권(송천이시윤박사 추모기념, 2025. 2.), 149쪽.

3) 대결 1997. 1. 16. 96마774; 신성기, "작위의무에 대한 가집행선고가 있고, 이 가집행에 대한 간접강제결정이 있었는데, 다시 위 가집행에 대한 강제집행정지결정이 있는 경우 등," 대법원판례해설 28호(1997년 상반기), 300쪽 이하.

4) 대판 2012. 4. 13. 2011다92916.

라 그 조건의 성취를 증명하여 (**조건성취**)**집행문**을 받아야만 집행할 수 있다.[1] (이에 관해서는 **작위 또는 부작위가처분의 집행**과 **간접강제**에서 다시 상세히 살펴보기로 한다).

(2) 채무자는 위와 같은 조건이 성취되지 않았음을 다투는 **집행문부여에 대한 이의의 소**를 통해 간접강제결정에 기초한 배상금채권의 집행을 저지할 수 있으며, 아울러 채무자는 그 채무를 이행했음을 내세워 **본래의 집행권원인 판결 등**에 대하여 그 집행력 자체의 배제를 구하는 **청구이의의 소**를 제기할 수 있으며, 또한 그 판결 등을 집행권원으로 하여 발령된 **간접강제결정**에 대해서도 **청구이의의 소**를 제기할 수 있다.[2][3]

Ⅳ. 의사표시채무의 집행

1. 의 의

(1) 의사표시를 목적으로 하는 채무도 작위채무의 일종이나 채권자는 채무자의 의사표시를 갈음할 재판을 청구할 수 있고(민 389조 2항 전단) 채무자가 권리관계의 성립을 인낙한 때에는 그 **조서**(인낙조서, 화해조서, 조정조서 등)로, 의사의 진술을 명한 판결이 확정된 때에는 그 **판결**로 의사의 진술이 있는 것으로 본다(법 263조 1항). 판결은 **확정판결**만을 말한다. 의사진술을 명하는 판결에는 가집행선고를 붙일 수 없다.

(2) 의사진술을 명하는 판결이 확정되면 **집행이 종료**된다. 따라서 집행기관

1) 대판 2021. 6. 24. 2016다268695, 2022. 2. 11. 2020다229987.

2) 대판 2023. 2. 23. 2022다277874. 위 판례는, 부대체적 작위채무는 채무자의 의무이행으로 소멸하므로 이 경우 채무자는 판결 등 본래의 집행권원에 기한 강제집행을 당할 위험에서 종국적으로 벗어날 수 있어야 하고, 또한 **간접강제결정**은 부대체적 작위채무의 집행방법이면서 그 자체로 배상금의 지급을 명하는 **독립한 집행권원**이기도 하므로, 본래의 집행권원에 따른 의무를 이행한 채무자는 그 의무이행 시점 이후로는 간접강제결정을 집행권원으로 한 금전의 강제집행을 당하는 것까지 면할 수 있어야 함을 그 이유로 들고 있다.

3) **판례**는, 예컨대 간접강제결정에서 부대체적 작위채무를 위반한 때부터 의무이행 완료시까지 위반일수에 비례하여 배상금 지급을 명한 경우, 그에 대한 청구이의의 소에서 채무자는 간접강제의 대상인 작위채무를 이행했음을 증명하여 **의무이행일 이후 발생할 배상금**에 관한 집행력 배제를 구할 수 있지만, 이미 **작위채무를 위반한 기간에 해당하는 배상금**의 지급의무는 소멸하지 않으므로 그 범위 내에서 간접강제결정의 집행을 소멸하지 않는다고 본다. 대판 2013. 2. 14. 2012다26398, 2023. 2. 23. 2022다277874. 이 점에서 본래의 집행권원에 대한 청구이의의 소에서 채무의 이행에 따라 청구이의의 소가 인용될 경우 집행권원의 집행력을 단순 배제하는 결과가 되는 것과 대비된다. 전휴재 · 김유성, "2023년 민사집행법 · 도산법 중요판례평석," 인권과 정의 252호(2024년), 255쪽.

이 관여할 여지가 없으며, 집행정지규정의 적용이 없다. 의사진술을 명하는 집행권원은 채무자가 임의로 채무를 이행하면 그 효력을 상실한다.[1)]

2. 적용범위

등기청구의 확정판결 등의 경우 단독으로 등기신청을 할 수 있다(넓은 의미의 집행, 부등 23조 4항). 채권양도통지, 최고 등의 준법률행위에도 법 263조가 적용된다. 그러나 소취하합의에 기한 소취하청구의 경우에는 법 263조의 적용이 없다. 판례는 소취하를 소로써 청구하는 것을 허용하지 않는다.[2)]

3. 의사표시의 간주시기

(1) 단순한 의사표시채무의 경우

1) 단순한 의사표시채무의 경우에는 그 권리관계의 성립을 인낙한 인낙조서·화해조서·조정조서가 성립된 때 또는 의시표시를 명하는 확정판결을 받은 때 그러한 인낙 및 의사를 진술한 것으로 본다(법 263조 1항). 현실의 집행의 문제가 없으며, 집행문을 부여받을 필요가 없다.

2) 의사표시간주의 효과가 **생긴 뒤**에 권리자의 지위가 승계된 경우에는 의사표시간주로 집행이 종료되어 더 이상 승계집행문이 부여될 수 없으므로, 예컨대 그 권리가 등기상 권리인 때에는 부동산등기법의 규정에 따라 등기절차를 이행할

---

1) 등기의무와 같은 의사의 진술을 명하는 집행권원은 채무자가 임의로 그 등기의무를 이행하여 등기가 경료되면 그 효력을 상실한다. 따라서 그 후 다른 사정에 의하여 다시금 그 집행권원에 기하여 동일한 등기가 마쳐졌다 하더라도 이는 실효된 집행권원에 기한 것으로서 무효의 등기이다. 왜냐하면 위와 같은 경우 채권자는 집행권원에 기한 등기의사와 채무자의 임의이행에 의한 등기의사의 2개의 의사표시를 함께 가지고 있는 셈이 되어 채권자가 그 가운데 1개의 등기의사에 기하여 등기절차를 경료하면 나머지 1개의 등기의사는 그 목적을 달성하여 소멸한다고 봄이 상당하기 때문이다. 대판 1989. 10. 24. 89다카10552; 박성철, "등기의무를 명하는 채무명의상의 채무자가 임의로 등기의무를 이행한 후에 다시 그 채무명의에 기하여 경료된 등기의 효력," 대법원판례해설 12호(1989년 하반기), 55쪽 이하.

2) 강제집행 당사자 사이에 강제집행신청을 취하하기로 하는 약정(**집행신청취하합의**)은 사법상으로는 유효하다 할지라도 이를 위배했다 하여 직접 소송으로써 그 **취하를 청구**하는 것은 공법상의 권리의 처분을 구하는 것이어서 할 수 없다. 대판 1966. 5. 31. 66다564. **판례**는, 부재자재산관리인의 권한초과행위에 대한 허가신청절차의 이행약정이 있는 경우, 비록 그 허가신청이 소송행위로서 공법상의 청구권에 해당하더라도 부재자재산관리인이 권한초과행위에 대하여 허가신청절차를 이행하기로 약정하고도 그 이행을 게을리한 때에는 상대방은 위 약정에 기하여 그 절차의 이행을 소구할 수 있고, 이러한 의사진술을 명하는 판결이 확정되면 법 263조에 의하여 허가신청의 진술이 있는 것으로 간주된다고 한다. 대결 1979. 5. 22. 77마427.

수 있을 따름이다.[1)]

(2) 의사표시채무가 조건 등에 걸려 있는 경우

1) 의사표시채무가 조건에 걸린 경우, 즉 채무자의 의사표시가 채권자의 반대의무의 선이행, 불확정기한의 도래, 정지조건의 성취에 걸려 있는 경우에는 사법보좌관의 명령에 의하여 **조건성취집행문**을 부여받았을 때이다(법 263조 2항).[2)] 이러한 경우는 현실적인 강제집행절차가 개시될 수 없다.[3)] 따라서 집행기관이 반대의무의 이행을 심사할 수 없으므로 집행개시요건이 아니다.

2) 채무자의 의사표시가 반대의무와 **동시이행관계**에 있는 경우에도 **조건성취집행문**을 부여받았을 때이다.[4)]

3) 제 3 자에 대한 의사표시인 경우(예컨대 부당이득반환을 원인으로 한 채권양도 및 채권양도통지의 경우)에는 그 제 3 채무자에게 승소판결과 확정증명이 제시 또는 통지된 때이다.

---

1) 대결 2017. 12. 28. 2017그100.

2) 대결 1979. 5. 22. 77마427.

3) 따라서 강제집행의 정지도 인정될 여지가 없으므로, 등기관으로서는 강제집행정지결정이 제출되었더라도 이에 구애됨이 없이 등기신청을 받아들여 등기기입을 해야 한다. 대결 1979. 5. 22. 77마427.

4) 대판 2024. 10. 31. 2024다232523.

PART 3

담보권실행 등을 위한 경매

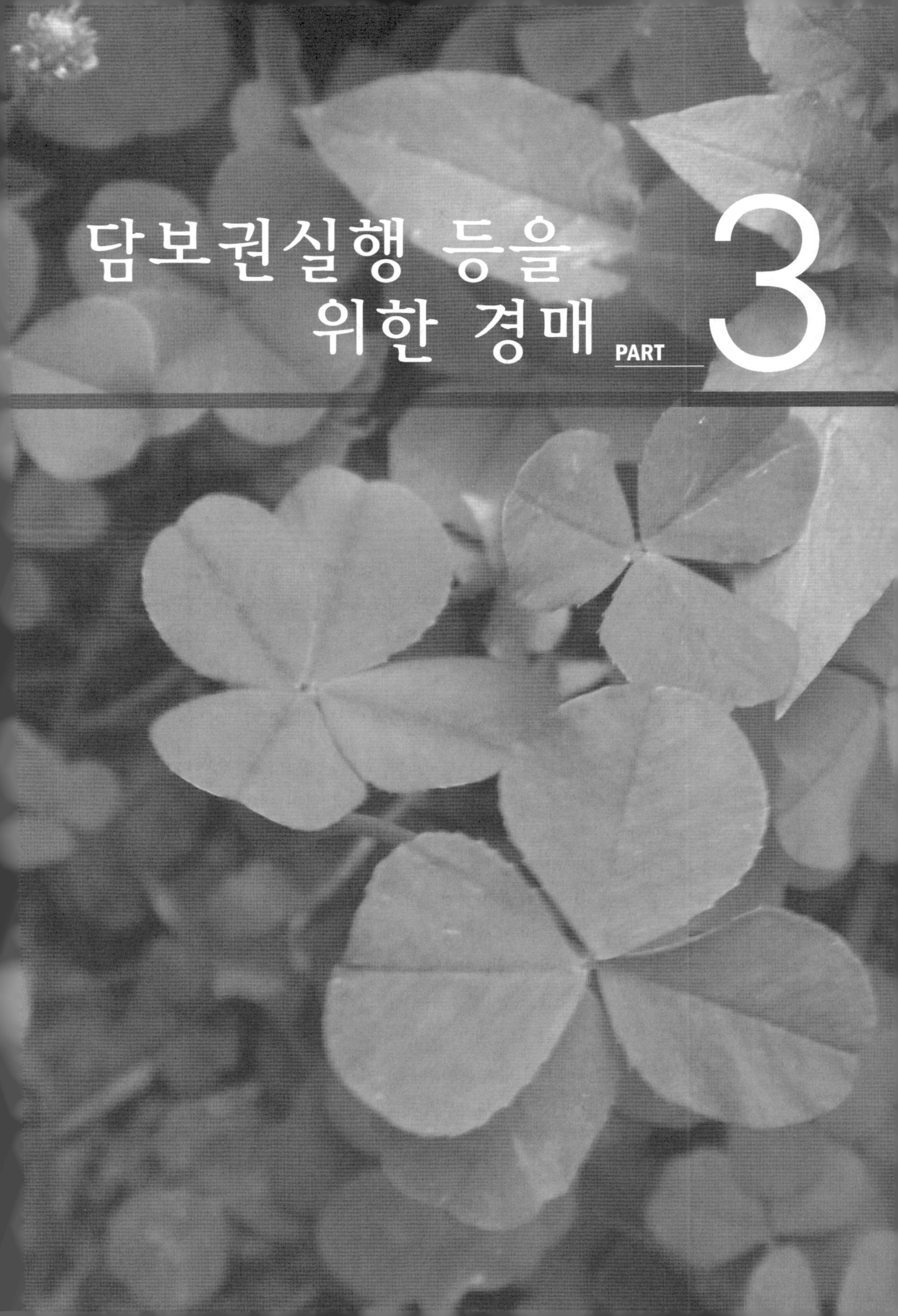

제1절 총　설

Ⅰ. 의　의

(1) 담보권실행 등을 위한 경매는 임의경매라고도 하는데, 1990. 9. 1. 전까지는 경매법에서 규정했다. 담보권실행 등을 위한 경매에는 **담보권실행을 위한 경매**와 **유치권 등에 의한 경매**가 있다. 담보권실행 등을 위한 경매에는 집행권원과 집행문이 필요하지 않다. 따라서 집행문부여에 대한 이의신청이나 그 이의의 소를 제기할 수 없다. 한편 이러한 경매에는 청구이의의 소를 제기할 수 없다. 다만 **담보권의 효력을 다투는 소**를 제기하는 때에는 청구이의의 소에 관한 규정이 준용된다(법 275조 · 44조).

(2) 담보권실행 등을 위한 경매에서 **집행방해**, 예컨대 매각물건의 가격손상행위, 임차권 · 유치권 등의 조작, 집행정지제도의 남용, 경매개시결정에 대한 이의신청권과 즉시항고권의 남발, 송달의 지연 등에 대한 대책이 필요하다.

Ⅱ. 담보권의 부존재 · 소멸 등의 경우와 경매의 효력

(1) 채무자 등은 담보권의 부존재 · 소멸, 피담보채권의 불발생 · 소멸 또는 변제기의 연기 등 실체법상의 사유로 경매개시결정에 대하여 이의신청을 할 수 있다(법 265조). 한편 담보권의 부존재 · 소멸 등의 경우 매각허가에 대한 이의신청(법 120조 2항) 및 매각허가결정에 대한 즉시항고(법 129조)를 할 수 있다. 따라서 부동산에 대한 담보권실행을 위한 경매에서는 강제경매의 경우와는 달리 경매의 기본이 되는 저당권이 존재하는지 여부는 경매개시결정에 대한 이의사유가 되고, 그 부동산의 소유자가 매각허가결정에 대하여 저당권의 부존재를 주장하여 (사법보좌관의 처분에 대한 이의신청을 통하여) 즉시항고를 한 경우에는 항고법원은 그 **권리의 부존재 여부**를 심리하여 항고이유의 유무를 판단해야 한다.[1)]

(2) 법 267조는 매수인의 부동산취득은 담보권 소멸로 영향을 받지 않는다고 규정하고 있다. **담보권**의 **부존재 · 무효** 등의 경우 매수인은 소유권을 취득할 수

1) 대결 1991. 1. 21. 90마946, 2008. 9. 11. 2008마696(판시상 '경매개시결정에 대하여 저당권의 부존재를 주장하며 즉시항고를 한 경우'에서 '경매개시결정'은 '매각허가결정'의 오기이다).

없으나, **경매개시결정 뒤**에 **담보권**의 **소멸**(예컨대 저당권설정계약의 해지 등의 경우)[1]이나 **피담보채권**의 **소멸**(예컨대 변제 등의 경우)의 경우에는 매수인은 소유권을 취득한다.

집행력 있는 정본이 있는 경우에 한하여 국가의 강제집행권의 실행으로서 실시되는 **강제경매**에서는 **공신적 효과**가 인정되는 데 반하여(따라서 실체상 청구권의 부존재·무효 또는 경매절차 완결시까지 변제 등에 의한 소멸 등의 경우에도 매수인이 소유권을 취득한다), **담보권실행을 위한 경매**에서는 **부분적 공신력**만이 인정된다. **판례**도 같은 입장이다. **판례**는, 담보권의 소멸은 그 소멸시기가 경매개시결정 전인지 후인지에 따라 그 법률적 의미가 본질적으로 다르다고 할 수 있으므로 법 267조가 담보권의 소멸시기를 언급하지 않고 있더라도 위 조항은 경매개시결정이 있은 뒤에 담보권이 소멸했음에도 경매가 계속 진행되어 매각된 경우에만 적용되는 것으로 해석하는 것이 타당하다는 입장에서, 경매개시결정이 있기 전에 담보권이 소멸한 경우에도 **경매**의 **공신력**을 인정하면, 결국 소멸한 **담보권등기**에 **공신력**을 인정하는 것과 같은 결과를 가져오게 되어, 등기의 공신력을 인정하지 않는 우리의 법체계와도 조화된다고 볼 수 없다고 한다.[2]

판례는, **경매개시결정 이전**에 피담보채권이 소멸됨에 따라 근저당권이 소멸된 경우 그 소멸된 근저당권을 바탕으로 하여 이루어진 경매개시결정을 비롯한 일련의 절차 및 매각허가결정은 모두 **무효**이며 따라서 매수인은 매각부동산의 소유권을 취득할 수 없으나,[3] 채무자가 **경매개시결정 뒤** 매수인의 **대금완납 이전**에 채무를 변제하여 담보권을 소멸시켰다 하더라도 이를 근거로 하는 이의신청을 하고 나아가 **경매절차**를 **정지**시키고 이를 **취소**시키지 않아 매수인이 매각대금을 납

---

1) 다만 채무자와 수익자 사이의 저당권설정행위가 사해행위로 인정되어 저당권설정계약이 취소되는 경우에도 해당 부동산이 이미 경매절차에 의하여 매수되어 대금이 완납되었을 때에는 매수인의 소유권취득에는 영향을 미칠 수 없으므로, 채권자취소권의 행사에 따르는 원상회복의 방법으로 매수인의 소유권이전등기를 말소할 수는 없고, 수익자가 받은 배당금을 반환해야 한다. 대판 2001. 2. 27. 2000다44348.

2) 대판(전) 2022. 8. 25. 2018다205209.

3) 담보권실행을 위한 경매의 정당성은 실체적으로 유효한 담보권의 존재에 근거하므로, 담보권에 실체적 흠이 있다면 그에 기초한 경매는 원칙적으로 무효이며, 특히 채권자가 경매를 신청할 당시 실행하고자 하는 담보권이 이미 소멸했다면, 그 경매개시결정은 아무런 처분권한이 없는 사람이 국가에 처분권을 부여한 데에 따라 이루어진 것으로서 위법하다. 대판(전) 2022. 8. 25. 2018다205209. 한편 경매가 무효인 경우 매수인은 경매채권자 등 배당금을 수령한 사람을 상대로 그가 배당받은 금액에 대하여 부당이득반환을 청구할 수 있다. 대판 1991. 10. 11. 91다21640, 1993. 5. 25. 92다15574, 대판(전) 2022. 8. 25. 2018다205209.

부하기에 이르렀다면 이로써 매수인은 매각부동산의 소유권을 유효히 취득하는 것으로 본다.[1]

한편 **판례**는 구체적 사안에서 소유자가 경매가 유효하다고 신뢰를 부여했거나 경매를 저지하지 않은 데 귀책사유가 있는 등 소유자가 매수인의 소유권 취득을 다투는 것이 부당하고 그를 보호할 필요성이 크지 않다고 판단되는 경우에는 금반언의 원칙 또는 **신의칙**을 적용할 수 있음을 인정하고 있다.[2]

이에 대하여, 경매개시결정을 기준으로 담보권의 소멸시기가 그 전인지 후인지에 따라 위 조항의 적용 여부를 달리 볼 만한 근거가 없으며, 경매제도에 대한 신뢰와 법적 안정성, 거래안전과 이해관계인의 이익형량을 고려하더라도, 경매개시결정 당시 담보권이 이미 소멸한 경우에도 경매의 공신력을 인정할 필요가 있다는 견해가 있다.[3]

Ⅲ. 경매절차상 특례가 적용되는 경우

한국자산관리공사가 대출금의 회수를 위임받아 담보권실행을 위한 경매를 신청하는 경우에는 **'한국자산관리공사 설립 등에 관한 법률'(2019. 11. 26. 개정 · 시행**, 개정 전 법의 제명을 '금융회사부실자산 등의 효율적 처리 및 한국자산관리공사의 설립에 관한 법률'에서 '한국자산관리공사 설립 등에 관한 법률'로 개정했다)에 의하여 담보제공

---

1) 대판 1999. 2. 9. 98다51855, 2012. 1. 12. 2011다68012, 대판(전) 2022. 8. 25. 2018다205209.

2) 대판 1993. 12. 24. 93다42603, 2006. 9. 22. 2004다51627, 대판(전) 2022. 8. 25. 2018다205209 등.

3) 대판(전) 2022. 8. 25. 2018다205209의 **보충의견**의 입장이다. 법률은 가능한 한 법률에 사용된 문언의 통상적인 의미에 충실하게 해석해야 하고, 법 267조의 '담보권 소멸'은 담보권이 유효하게 성립한 후 나중에 소멸한 경우를 가리키는 것으로 그 문언의 객관적 의미와 내용이 명확하므로, 다수의견과 같은 해석은 법규정의 가능한 범위를 넘는 목적론적 축소라고 본다. 이러한 견해는, 담보권이 소멸된 경우 소유자나 채무자는 매각대금이 지급될 때까지 경매개시결정에 대하여 이의신청을 하거나(법 268조 · 86조 · 265조), 담보권등기가 말소된 등기사항증명서 또는 담보권 존재를 다투는 소를 제기하고 담보권실행을 일시정지하도록 명한 재판의 정본을 받아 이를 경매법원에 제출하는 등으로 경매절차를 취소시킬 수 있는 등(법 266조 1항 · 2항) 소유자는 다양한 방법으로 어렵지 않게 경매를 저지할 수 있으므로, 소유자가 이러한 조치를 취하지 않은 채 경매절차가 종료되었다면 소유자보다 귀책사유 없는 매수인의 신뢰를 보호할 필요성이 훨씬 크다고 할 수 있다는 점도 그 이유로 들고 있다. 보충의견에 동조하는 견해로는, 김상수, "임의경매의 공신력 — 대판(전) 2022. 8. 25. 2018다205209 —," 민사집행법연구 19권 1호(2023. 2.), 187쪽 이하; 강지웅, "담보권실행경매의 공신력 규정에 관한 해석의 한계 — 대법원 2022. 8. 25. 선고 2018다205209 전원합의체 판결 —," 법조 72권 6호(2023년), 434쪽 이하.

의 특례, 발송송달, 통지 등에 관한 **특례**가 적용된다.[1]

1. 경매를 위한 담보제공에 관한 특례

한국자산관리공사가 민사집행법에 의한 경매절차에서 채권자로서 매수신고인이 되려거나 채권의 회수를 위탁한 금융회사 등을 대리하여 매수신고인이 되려는 경우에는 법 113조의 규정에도 불구하고 한국자산관리공사의 지급확약서를 담보로 제공할 수 있다(위 법률 45조).

2. 경매절차상 통지 또는 송달 등의 특례

(1) 담보권실행을 위한 경매절차에서의 통지 또는 송달은 ① 경매신청 당시 해당 부동산의 등기부에 기재되어 있는 주소[주민등록법에 의한 주민등록표에 기재된 주소와 다른 경우에는 주민등록표에 기재된 주소를 포함하며,[2] 주소를 법원에 신고한 때에는 그 주소로 한다]에 **발송**함으로써 송달된 것으로 보며, ② 등기부 및 주민등록표에 주소가 기재되어 있지 않고 주소를 법원에 신고하지 않은 때에는 **공시송달**의 방법에 의한다(위 법률 45조의2 1항). 한편 경매신청 전에 **경매실행 예정사실**을 해당 채무자 및 소유자에게 부동산의 등기부에 기재되어 있는 주소로 통지해야 하는데, 이 경우 발송함으로써 송달된 것으로 본다(위 법률 45조의2 2항).

(2) 이러한 특례는, 한국자산관리공사 외에도 특별법에서 일정한 기관에 대해서도 이를 허용하고 있다. 예컨대 예금보험공사는 예금자보호법 38조의6 1항에서, 농업협동조합자산관리회사는 '농업협동조합의 구조개선에 관한 법률' 32조에서, 신용협동조합은 신용협동조합법 6조 4항에서, 새마을금고나 새마을금고중앙회는 새마을금고법 6조 3항에서 이에 관한 각 규정을 두고 있다.

---

1) 이러한 송달특례가 한국자산관리공사 외 일반 시중은행 등 금융기관에는 그 적용이 배제되어 송달지연 때문에 융자금의 회수가 지연되고 있으므로 법개정이 요구된다는 견해로는, 이시윤·조관행, 550쪽; 김갑수, "경매절차에 있어서의 송달에 관한 고찰 — 경매개시결정 송달과 매각기일·매각결정기일 통지를 중심으로 —," 민사집행법연구 6권(2010년), 325쪽 이하.

2) 법인의 경우에는 주민등록법에 의한 주민등록표에 기재된 주소가 없으므로, 법인등기사항전부증명서상의 주소지를 주민등록표에 기재된 주소로 보아야 한다. 법원실무제요 민사집행(3), 353쪽.

Ⅳ. 도산절차와의 관계

(1) 채무자에 대한 파산이나 회생 등 도산절차가 개시되면 강제집행은 더 이상 허용되지 않고 기존의 강제집행절차는 중지되거나 실효된다(채무회생 58조, 348조 1항). 이는 강제집행에 의하여 채무자의 재건을 위한 중요한 재산이 낮은 가격으로 경매되어 사라질 염려가 있기 때문이다. 그러나 ① **파산절차**에서는 유치권, 질권, 저당권, 동산·채권 등의 담보에 관한 법률에 따른 담보권 또는 전세권 등 담보권자는 그 목적재산에 별제권을 갖고, 담보권실행을 위한 경매신청을 할 수 있으므로 파산선고는 경매개시의 장애사유가 되지 않는다(채무회생 412조). ② **회생절차개시결정**이 있는 때에는 회생담보권에 기한 담보권실행을 위한 경매를 신청할 수 없으므로(채무회생 58조 1항 2호), 회생절차개시결정은 경매개시의 장애사유가 된다.[1][2]

---

1) 채무자 회생 및 파산에 관한 법률 250조 2항 2호는, 회생계획은 채무자 외의 자가 회생채권자 또는 회생담보권자를 위하여 제공한 담보에 영향을 미치지 않는다고 정하고 있다. 이는 회생계획에 따라 채무자의 채무가 면책되거나 변경되더라도 물상보증인 등의 의무는 면책되거나 변경되지 않는다는 취지를 정한 것이다. 여기서 '채무자 외의 자가 회생채권자 또는 회생담보권자를 위하여 제공한 담보'란 회생채권자 등이 채무자에 대한 채권을 피담보채권으로 하여 제 3 자의 재산상에 가지고 있는 담보권을 말한다. 위 규정의 취지에 비추어 보면 같은 법 251조, 252조 1항에 따라 채권자의 권리가 실권되거나 변경된 경우에도 같은 법 250조 2항 2호가 적용되어 실권되거나 변경된 채권의 권리자의 **물상보증인**에 대한 권리에는 영향을 미치지 않는다. 이는 회생절차개시 전에 채권자가 채무자에 대한 채권을 피담보채권으로 하여 저당권을 설정받은 저당부동산에 대한 소유권을 채무자로부터 취득한 제 3 취득자가 있는 경우에도 마찬가지이다. 따라서 그 후 채무자에 대하여 회생절차가 개시된 경우 채권자가 제 3 취득한 부동산에 대하여 갖는 저당권은 같은 법 250조 2항 2호의 '채무자 외의 자가 회생채권자 또는 회생담보권자를 위하여 제공한 담보'에 해당하여 회생계획이 여기에 영향을 미치지 않는다. 또한 회생절차에서 채권자의 권리가 실권되거나 변경된 경우에도 실권되거나 변경된 채권의 권리자의 **제 3 취득자**에 대한 권리에는 영향을 미치지 않는다. 대판 2007. 4. 26. 2005다38300, 2017. 11. 23. 2015다47327.

2) 한편 신탁자가 그 소유의 부동산에 채권자를 위하여 저당권을 설정하고 저당권설정등기를 마친 다음, 그 부동산에 대하여 수탁자와 부동산신탁계약을 체결하고 수탁자 앞으로 신탁을 원인으로 한 소유권이전등기를 해 주어 대내외적으로 신탁부동산의 소유권이 수탁자에게 이전했다면, 수탁자는 저당부동산의 제 3 취득자와 같은 지위를 가진다. 따라서 그 후 신탁자에 대한 회생절차가 개시된 경우 채권자가 신탁부동산에 대하여 갖는 저당권은 채무자 회생 및 파산에 관한 법률 250조 2항 2호의 '채무자 외의 자가 회생채권자 또는 회생담보권자를 위하여 제공한 담보'에 해당하여 회생계획이 여기에 영향을 미치지 않는다. 또한 회생절차에서 채권자의 권리가 실권되거나 변경되더라도 이로써 실권되거나 변경되는 권리는 채권자가 신탁자에 대하여 가지는 회생채권 또는 회생담보권에 한하고, 수탁자에 대하여 가지는 신탁부동산에 관한 담보권과 그 피담보채권에는 영향이 없다. 대판 2003. 5. 30. 2003다18685, 2017. 5. 30. 2015다47327; 이정현, "회생계획의 효력이 미치는 범위 — 신탁부동산에 설정된 근저당권을 중심으로 —," 재판과 판례(대구판례연구회) 27집(2019년), 151쪽 이하.

(2) 한편 **개인회생절차**에서는 별제권자는 담보권실행을 위한 경매신청을 할 수 있지만(채무회생 586조) 변제계획의 인가결정일 또는 개인회생절차폐지결정의 확정일 가운데 먼저 도래하는 날까지는 담보권실행을 위한 경매를 신청할 수 없다(채무회생 600조 2항). 따라서 개인회생절차개시결정이 있은 후 변제계획의 인가결정일 또는 개인회생절차폐지결정의 확정일 가운데 어느 하나가 **도래하기 이전**에 담보권실행을 위한 경매신청을 했다면 개인회생절차개시결정이 **경매개시의 장애사유**가 되므로 경매신청을 각하해야 하며, 변제계획의 인가결정일 또는 개인회생절차폐지결정의 확정일 가운데 어느 하나가 **도래한 이후**에 담보권실행을 위한 경매신청을 했다면 경매절차의 개시에 방해받지 않는다.

제 2 절 부동산에 대한 담보권실행

Ⅰ. 경매절차

부동산을 목적으로 하는 담보권실행을 위한 경매절차에서는 강제경매에 관한 규정이 많이 준용된다(법 268조). 부동산담보권실행을 위한 경매는 사법보좌관의 업무이다(사보규 2조 1항 11호).

1. 경매신청

(1) 경매신청의 방식

1) 경매신청은 서면으로 해야 한다(법 4조). 신청서에는 채권자 · 채무자 및 소유자, 담보권과 피담보채권의 표시, 담보권실행의 대상인 재산의 표시, 피담보채권의 일부에 대하여 담보권을 실행하는 때에는 그 취지 및 범위를 적어야 한다(규칙 192조).[1] 채권자대위권에 의한 대위경매신청도 허용된다.

담보권이 근저당권인 경우 **경매신청시**에 근저당채무액이 확정된다.[2] 근저당

---

1) 담보권실행을 위한 경매를 신청하면서 경매신청서의 표지에는 대여금 원금만을 표시하고, 그 내용의 청구금액란에 원금과 연체손해금을 기재한 경우, 경매신청서에 기재한 채권액에는 대여금 원금뿐만 아니라 그 연체손해금도 포함된다고 보아야 한다. 대판 1999. 3. 23. 98다46938.

2) 그 이후부터 근저당권은 부종성을 가지게 되어 보통의 저당권과 같은 취급을 받게 된다. 대판 1993. 3. 12. 92다48567, 1997. 12. 9. 97다25521, 1998. 10. 27. 97다26104,26111 등. 이 경우 경매개시결정이 있은 뒤에 경매신청이 취하되었다고 하더라도 채무확정의 효과가 뒤집히지

권의 피담보채권이 확정되면 그 이후에 발생하는 원금채권은 그 근저당권에 의하여 담보되지 않는다.[1] 이 경우 근저당권자가 경매신청을 하면서 경매신청서의 청구금액 등에 장래 발생될 것이 예상되는 원금채권을 기재했거나 그 구체적인 금액을 밝혔다는 사정만으로 경매신청 당시에 발생하지 않은 **장래의 원금채권**까지 피담보채권액에 **추가**될 수 없으며, 나아가 경매절차상 청구금액이 뒤에서 보는 바와 같이 **확장**될 수 있는 것도 아니다.[2]

2) 저당권으로 담보한 채권(**저당권 있는 채권**)을 질권의 목적으로 하고 그 저당권등기에 질권의 부기등기를 한 때에는 그 효력이 저당권에도 미치므로, **질권자**의 동의가 없는 한(민 352조) 저당권자는 경매신청을 할 수 없다.

3) 경매신청시 **첨부서류**로 **담보권증명서류**(담보권원)를 제출해야 한다(법 264조 1항).[3] 경매법원은 **담보권의 존재**에 관하여 앞서의 신청서 및 담보권증명서류의 한도 내에서 심사를 한다. 담보권의 존재를 증명하는 서류의 첨부는 경매신청의 **형식적 요건**이므로 이를 흠결한 신청은 보정명령을 발한 후 이에 응하지 않으면 경매신청은 부적법한 것으로 법원은 이를 각하한다. 채권자는 **피담보채권의 존재**를 증명할 필요가 없다.[4]

▣ 담보권실행을 위한 경매에서 피담보채권의 존재 및 이행기 도래에 관한 주장·증명책임

(1) 경매신청서에는 피담보채권을 표시하되(규칙 192조 2호), 피담보채권의 일부에 대하여 담보권실행을 하는 때에는 그 취지와 범위를 기재해야 하나(규칙 192조 4호), **경매신청시 필요한 첨부서류**에 피담보채권의 존재를 증명하는 서류를 포함하고 있지 않다(법 264조 1항은 경매신청시 필요한 첨부서류로 담보권의 존재를 증명하는 서류만을 규정하고 있다). 따라서 **경매신청단계에서는** 경매법원으로서는 담보

않는다. 대판 1989. 11. 28. 89다카15601, 2002. 11. 26. 2001다73022; 민형기, "경매의 신청과 근저당권의 확정," 법조 39권 9호(1990. 9.), 121쪽 이하.

1) 대판 1988. 10. 11. 87다카545, 1989. 11. 28. 89다카15601, 1998. 10. 27. 97다26104,26111 등.

2) 대판 2023. 6. 29. 2022다300248.

3) **선박우선특권**과 같이 등기를 요하지 않는 담보권의 경우 채권자는 집행권원이 없더라도 선박우선특권의 존재를 증명하는 서류(예컨대 선원의 임금대장사본 또는 급여지급담당자의 임금미지급증명서 등)를 담보권의 존재를 증명하는 서류로 제출함으로써 경매청구권을 행사할 수 있다. 대결 1994. 6. 28. 93마1474.

4) 대결 2000. 10. 25. 2000마5110; 이균용, "담보권실행개시의 요건과 피담보채권의 입증 요부," 대법원판례해설 35호(2000년 하반기), 216쪽 이하.

권의 존재를 증명하는 서류만 첨부되어 있으면 피담보채권의 존재에 관한 판단함이 없이 **일단 경매개시결정**을 하여 매각절차를 진행하고, 이해관계인이 경매개시결정에 대한 이의신청을 하거나 매각허가결정에 대한 즉시항고로 다툴 때 그 존부에 관한 판단을 하면 된다.

즉 실체법상으로는 담보권실행에는 피담보채권이 현실로 존재함을 요하지만 담보권실행을 위한 경매신청에서는 신청인이 경매신청서에 피담보채권에 관하여 기재하여 이를 **주장**하고 **소명**하는 정도로 충분하다. 즉 신청인은 피담보채권의 존재를 **증명**할 필요가 없다.[1] 따라서 경매법원은 경매신청서에 첨부된 서류 등에 의해 채권이 존재하지 않거나 변제기가 도래하지 않은 것이 **명백한 경우**에는 경매신청을 각하해야 하므로 경매개시결정을 할 수 없지만, **그렇지 않은 경우**까지 경매신청인으로 하여금 피담보채권의 존재를 증명하도록 요구해서는 안 된다.[2]

(2) 담보권을 실행하기 위해서는 피담보채권이 이행지체 상태에 있어야 한다. 그런데 담보권과 피담보채권에 관해서는 **경매신청서**에 이를 표시하도록 명문의 규정을 두고 있지만(규칙 192조 2호), 피담보채권이 이행지체에 빠져 있다는 사실에 관해서는 그 기재를 요구하는 명문의 규정이 없다. 피담보채권을 특정하기 위해서는 당연히 이행기가 언제라는 것을 기재하게 되고, 지연손해금의 시기를 명백히 하기 위해서도 이를 적어야 하지만 **피담보채권의 존재**에 관한 증명이 요구되지 않은 이상 **이행지체사실**에 관한 증명도 요구되지 않는다. 그러나 피담보채권의 **변제기 도래사실**의 증명은 필요 없지만,[3] 경매신청서에 변제기의 도래사실에 관한 **주장**은 필요하다고 보아야 한다. 이행기 도래 전에 한 경매신청은 부적법하므로 제출된 자료에 의해 이행기 도래 전임이 밝혀진 경우에는 경매신청을 각하해야 한다.[4]

경매법원이 이행기 미도래사실을 간과하여 경매개시결정을 하고 매각허가결정을 한 때에는 채무자나 소유자가 경매개시결정에 대한 이의신청 또는 매각허가결정에 대한 즉시항고로써 다툴 수 있으나 이러한 이의신청 또는 즉시항고의 재판이 있을 때까지 이행기가 도래한 경우에는 그 흠은 치유된다. 다만 채무자 등이 경매개시결정에 대한 이의신청 등으로 **경매절차의 진행을 저지하는 조치**를 취하지 않아서 경매절차가 진행되고 매각허가결정에 따라 매각대금이 납입되었다면 이로써 매수인은 유효하게 매각부동산의 소유권을 취득하고 신청채권자의 담보권은 소멸한다.[5]

---

1) 대결 2000. 10. 25. 2000마5110; 이균용, "담보권실행개시의 요건과 피담보채권의 입증 요부," 대법원판례해설 35호(2000년 하반기), 216쪽 이하.

2) 대결 2000. 10. 25. 2000마5110, 대판 2002. 1. 25. 2000다26388, 대결 2004. 7. 28. 2004마158 등.

3) 대결 2000. 10. 25. 2000마5110, 대판 2002. 1. 25. 2000다26395 등.

4) 대결 1968. 4. 10. 68마301, 1968. 4. 24. 68마300.

5) 대판 2002. 1. 25. 2000다26388.

4) 담보권의 승계가 있는 경우에는 **승계증명서류**를 제출해야 한다(승계집행문 제도가 없다). 부동산소유자에게 경매개시결정을 송달할 때에는 부동산소유자가 담보권의 승계사실을 알지 못하는 경우를 대비하여 방어의 기회를 주기 위하여 승계증명서류도 같이 송달해야 한다(법 264조 3항).

5) 저당권 있는 채권을 채권집행의 방법으로 압류(법 228조 1항)한 것만으로는 압류채권자가 저당권을 실행할 수 없지만, 압류채권자가 추심명령을 받은 때에는 추심채권자로서 자기의 이름으로 저당권을 실행할 수 있으며, 전부명령을 받은 때에는 저당권이 압류채권자에게 이전되므로 전부채권자가 저당권을 실행할 수 있다. ① 저당권에 **압류나 이전의 부기등기가 마쳐진 경우**에는 **추심채권자**는 피담보채권에 대한 추심명령 정본(법 264조 2항의 '담보권의 승계를 증명하는 서류'로 볼 수 있다)을, **전부채권자**는 저당권이 이전된 등기사항증명서(법 264조 1항의 '담보권이 있다는 것을 증명하는 서류'에 해당한다)를 제출하여 담보권실행을 위한 경매를 신청할 수 있다. ② 저당권에 **압류나 이전의 부기등기가 마쳐지지 않은 경우**에도 압류명령이 효력을 발생하거나 전부명령이 확정되면 법률상 당연히 저당권에 대하여 압류나 전부의 효력이 미치므로, **추심채권자**는 저당권에 대하여 압류의 효력이 미치는 것을 등기사항증명서 및 그 저당권 있는 채권에 관한 압류명령 및 추심명령 정본과 제 3 채무자에의 송달증명서를 제출하는 것에 의하여 증명할 수 있으면 경매신청이 가능하고, **전부채권자**는 전부명령 정본과 그 확정증명을 첨부하여 경매신청을 할 수 있다.[1]

▣ 저당권 있는 채권의 양도·이전 및 이에 대한 담보권설정과 경매신청

(1) 저당권설정계약만을 체결하고 아직 저당권설정등기를 마치지 않은 사람은 경매신청을 할 수 없고, 저당권 있는 채권을 양수했으나 아직 저당권이전의 부기등기를 마치지 않은 사람도 비록 채권양도의 대항요건(민 450조)을 갖추었다고 하더라도 저당권을 취득한 것은 아니므로 경매신청을 할 수 없다.

다만 ① 저당권 있는 채권이 법률의 규정(자산유동화에 관한 법률 8조 1항, 한국주택금융공사법 28조 1항, 기업구조조정투자회사법 19조 4항 등)에 의하여 이전하는 때에는 저당권도 이에 따라 등기 없이도 이전되므로, 이 경우에 저당권을 취

---

1) 법원실무제요 민사집행(3), 305쪽; 법원실무제요 민사집행(4), 294쪽 · 295쪽. 실무상 전부채권자의 경매신청의 경우 저당권이전의 부기등기를 요구하고 있다. 민사집행(4), 294쪽; 유형웅, 주석서(4), 214쪽 · 215쪽.

득한 사람은 등기기록상 저당권자로 등기되지 않더라도 경매신청을 할 수 있다. ② 또한 저당권 있는 채권이 상속·포괄유증·회사의 합병 등에 의하여 **포괄승계**된 경우나 저당권 있는 채권이 **전부명령**에 의하여 전부된 때에는 포괄승계인 또는 전부채권자는 저당권이전의 부기등기 없이도 경매신청을 할 수 있다. 다만 이러한 경우에는 신청서에 가족관계증명서, 전부명령 등 포괄승계나 전부(轉付)사실을 증명하는 서면을 붙여야 한다.[1)]

(2) 한편 저당권과 함께 피담보채권을 양수한 사람은 저당권이전의 부기등기를 마치고 저당권실행의 요건을 갖추고 있는 한 채권양도의 대항요건을 갖추고 있지 않더라도 경매신청을 할 수 있고, 이 경우 경매개시결정을 할 때 피담보채권의 양수인이 채권양도의 대항요건을 갖추었다는 점을 증명할 필요는 없다. 이 경우 채무자는 경매절차의 이해관계인으로서 채권양도의 대항요건을 갖추지 못했다는 사유를 들어 경매개시결정에 대하여 이의신청을 하거나, 매각허가결정에 대하여 즉시항고를 할 수 있고, 신청채권자는 이에 따른 절차에서 대항요건을 갖추었다는 사실을 증명해야 한다.[2)]

(3) 저당권 있는 채권이 **질권의 목적**으로 된 때에는 질권자는 질권의 행사로서 저당권의 실행을 위하여 경매신청을 할 수 있다.[3)] 다만 이러한 경우 그 저당권등기에 **질권의 부기등기**가 마쳐져 있어야 한다(민 348조, 부등 76조 1항). 동산·채권 등의 담보에 관한 법률 37조는 채권담보권에 관하여 그 성질에 반하지 않는 범위에서 민법 348조를 준용하도록 하고 있으므로, 저당권 있는 채권을 **채권담보권의 목적**으로 했을 때에 그 효력이 저당권에 미치도록 하기 위해서는 그 저당권등기에 **채권담보권의 부기등기**를 해야 한다

6) **판례**는, **경매의 대상이 아닌 부동산**이 경매절차에서 경매신청된 다른 부동산과 함께 감정평가되어 매각기일에 공고되고 경매된 결과 매수인이 매수하고

1) 실무상으로는 저당권이전의 부기등기를 하여 등기사항증명서를 제출함이 통례이다. 법원실무제요 민사집행(3), 304쪽.

2) 대결 2014. 12. 2. 2014마1412, 2022. 1. 14. 2019마71, 2024. 8. 19. 2024마6339 등; 이현종, "채권양도의 대항요건을 갖추지 못한 저당권부 채권양수인의 저당권실행," 민사판례연구 29권 (2007. 3.), 199쪽 이하; 이우재, "근저당권의 피담보채권과 함께 근저당권을 양수하였으나 채권양도의 대항요건을 갖추지 못한 양수인의 저당권실행의 가부 등," 대법원판례해설 54호 (2005년 상반기), 158쪽 이하.

3) 질권설정자의 권리처분제한에 관한 민법 352조는 강행규정으로서 같은 규정에 위반한 질권설정자의 행위는 질권자에 대한 관계에서 무효이다. 대판 1997. 11. 11. 97다35375. 다만 질권자의 동의가 있으면 다시 유효하게 된다. 따라서 근저당권 있는 채권이 질권의 목적이 된 경우에는 질권설정자인 근저당권자는 질권자의 동의서를 첨부하여 담보권실행을 위한 경매를 신청할 수 있다. 이러한 동의서의 누락을 간과하고 경매개시결정을 한 경우라도 사후적으로 질권자의 동의서를 보정하면 그 흠이 치유된다. 법원실무제요 민사집행(3), 305쪽.

그 뒤 매수인에 대한 매각허가결정이 확정되었다고 하더라도 채권자에 의하여 경매신청되지도 않았고 경매법원으로부터 경매개시결정을 받은 바도 없는 독립된 부동산에 대한 매각은 당연무효이므로 매수인은 그 부동산에 대한 소유권을 취득할 수 없다고 한다.[1)]

(2) 경매절차상 일부청구

(a) 신청채권자의 경우

1) 담보권실행을 위한 경매절차에서 경매신청서 기재의 청구금액을 청구금액 확장신청서나 채권계산서를 제출하는 방법 등에 의하여 청구금액을 확장할 수 없다(**확장불가능설, 제한설**).[2)3)] 경매신청서에 청구채권으로 이자 등 부대채권을 표시하지 않은 경우에도 마찬가지이다.[4)]

2) 신청채권자는 **배당요구의 종기까지** 확장할 부분에 대하여 **담보권**에 기하여(담보권실행을 위한 경매신청으로써) **이중경매신청**을 하여 **이중압류채권자**로서 배당을 받을 수 있다.[5)] 이 경우 확장할 부분에 해당하는 나머지 채권은 담보권의

---

1) 대판 1991. 12. 10. 91다20722; 이교림, "경매의 대상이 아닌 부동산이 경매절차에서 다른 부동산과 함께 경매된 결과 경락인에게 경락되고 경락인에 대한 경락허가결정도 확정된 경우 경락인은 그 부동산의 소유권을 취득하는가?," 대법원판례해설 16호(1991년 하반기), 287쪽 이하.

2) 이에 대하여, **확장가능설(비제한설)**을 주장하는 견해도 있다. 확장불가능설의 근거로 들고 있는, 입법취지가 청구채권액의 상한을 확정하려는 취지의 규정이라는 점, 청구금액의 확장이 절차의 불안정을 초래한다는 점, 신의칙이나 금반언의 원칙에 반한다는 점, 채권계산서의 부제출에 실권효가 인정된다는 점, 청구금액의 확장허용이 등록세 잠탈의 수단으로 된다는 점, 이중경매신청이나 배당요구 등의 권리구제의 수단이 있다는 점 등에 대하여 각 비판을 하면서 확장가능설의 타당성을 제시하고 있는 견해로는, 김능환, "근저당권실행을 위한 경매절차에서의 청구금액확장의 허부," 민사재판의 제문제(하)(송천이시윤박사화갑기념, 1995. 10.), 542쪽 이하; 김주현, "임의경매신청후의 청구금액의 확장의 가부," 재판과 판례(대구판례연구회) 5집(1996. 12.), 408쪽 이하; 김신, "경매신청 후의 청구채권액 확장의 가부," 판례연구(부산판례연구회) 5집(1995. 1.), 399쪽 이하.

3) 법 268조에 의하여 담보권실행을 위한 경매절차에 준용되는 법 80조 3호, 규칙 192조 2호 및 4호의 각 규정의 취지는 경매신청의 단계에서 신청채권자에게 경매신청의 원인이 되는 피담보채권을 특정시키기 위한 것일 뿐만 아니라, 신청채권자의 청구채권액을 그 신청서에 표시된 금액을 한도로 하여 확정시키기 위한 것이므로 신청채권자가 **경매신청서**에 피담보채권의 일부만을 청구금액으로 하여 경매를 신청했을 경우에는 다른 특별한 사정이 없는 한 신청채권자의 청구금액은 그 **기재된 채권액**을 한도로 확정된다. 대판 1998. 7. 10. 96다39479, 2001. 3. 23. 99다11526, 2008. 6. 26. 2008다19966. 판례의 태도가 정당하며, 판례에 따라 실무가 통일된다면 경매절차가 좀 더 단순하고 간명하게 되어 절차의 안정에도 기여할 수 있다는 견해로는, 서명수, "청구금액의 확장과 배당 후 부당이득반환청구의 허부 — 담보권실행경매신청채권자의 청구금액 확장의 허용 여부 —," 판례실무연구 1권(1997. 9.), 564쪽.

4) 대판 2005. 6. 23. 2004다29279.

5) 대판 1997. 2. 28. 96다495, 1998. 7. 10. 96다39479, 2004. 2. 27. 2003다51583.

피담보채권의 범위 내에 있다고 보아야 하므로, 신청채권자는 담보권에 기한 이중경매를 신청함으로써 해당 경매절차에 참가할 수 있다고 보아야 하기 때문이다.[1) 다만 **경매신청 이후에 발생한 채권**에 대해서는 이중경매신청의 방식으로 이를 피담보채권액에 포함시킬 수 없다. 근저당권자가 그 피담보채무의 불이행을 이유로 경매신청을 한 때에는 그때까지 기본계약에 의하여 발생한 채권으로 그 피담보채권액이 확정되고(**피담보채권의 확정시기**) 그 이후에 발생한 원금채권은 그 근저당권에 의하여 담보되지 않기 때문이다.[2) 따라서 **선행경매신청 당시 이미 발생한 채권** 중 누락된 부분만으로 이중경매신청을 할 수 있을 뿐이다.[3)

나아가 신청채권자가 확장할 부분(특히 근저당권의 채권최고액을 초과하는 범위에 속하는 채권에 관하여 확장할 경우)에 대하여 별도로 **집행력 있는 정본**을 가지거나 (**첫 경매개시결정등기 뒤에**) **가압류집행**(**가압류등기**)을 한 경우, 또는 그 채권이 우선변제권을 가진 임금채권 등의 경우에는 **배당요구의 종기**까지 확장할 부분에 대하여 **배당요구**를 하여 (담보권자가 아닌) **일반채권자**로서 배당받을 수 있으므로 (근저당권의 채권최고액을 초과하는 부분으로서 우선변제의 효력이 미치지 않는 채권에 관해서는 다른 일반채권자와의 사이에 같은 순위로 안분비례하여 배당한다),[4) 그 **확장신청**이 배당요구의 종기까지 이루어졌다면 이를 **배당요구**로 볼 수 있다.[5)

3) 담보권실행을 위한 경매에서는 경매신청시 피담보채권 가운데 **일부만 청구한 경우**(앞서와 같이 이중압류 또는 배당요구로 청구금액을 확장하지 않은 경우) 매수인의 대금납부로 담보권 전부가 소멸되므로 그 후 잔액에 관하여 경매 등의 신청을 할 수 없게 된다(이 점에서 강제경매에서는 잔액에 관하여 동일한 집행권원에 의하여 강제집행을 할 수 있는 것과 대비된다). 이 경우 경매신청인은 잔액을 지급받기 위해서는 법 268조, 159조 3항에 따라 일부지급의 부기문(付記文)이 적힌 채권증서를 돌려받은 후 잔액에 대하여 집행권원을 취득하여 강제경매신청을 해야 한다. 마찬가지로 담보권실행을 위한 경매에서 피담보채권 전부를 경매신청서상 청구금액으로 기재했으나 그 **일부만 배당받은 경우**에도 앞서와 같이 담보권 전부가 소멸되

1) 김주현, "임의경매신청후의 청구금액의 확장의 가부," 재판과 판례(대구판례연구회) 5집 (1996. 12.), 424쪽.

2) 대판 1988. 10. 11. 87다카545, 1993. 3. 12. 92다48567, 2005. 7. 8. 2005다6235 등.

3) 법원실무제요 민사집행(3), 342쪽.

4) 대판 1998. 4. 10. 97다28216, 1998. 10. 13. 97다27794.

5) 대판 1997. 2. 28. 95다22788.

므로 배당을 받지 못한 잔액에 대하여 더 이상 담보권을 행사할 수 없게 된다.[1)]

▣ 담보권실행을 위한 경매절차에서 청구금액을 확장할 수 있는 예외적 경우

(1) 신청채권자가 경매신청서에 청구채권으로 **이자, 지연손해금 등 부대채권**을 **확정적**으로 **표시**한 경우에는 나중에 **배당요구의 종기까지 채권계산서**에 의하여 부대채권을 **증액**하는 방법으로 **청구금액**을 **확장**하는 것은 허용한다.[2)] 여기서 **배당요구의 종기**는 **법 84조 4항**에 의한 담보권자에 대한 **채권신고**의 **신고기한**(**채권계산서**를 제출하는 경우 그 **제출기한**)이다.

(2) 이와 달리 신청채권자가 경매신청서에 청구채권으로 채권 원금 외에 지연손해금 등의 부대채권을 **개괄적**으로나마 **표시**했다가 나중에 **법원사무관 등의 계산서 제출**의 **최고**에 따라(**규칙 81조**) 채권계산서를 제출하여 그 부대채권의 배당기일까지의 **구체적인 금액**을 특정하는 것은 경매신청서에 개괄적으로 기재했던 청구금액의 산출근거와 범위를 밝히는 것에 지나지 않아 허용되며(엄밀히는 확장이라고 보기보다는 개괄적 기재를 **특정**하는 의미라고 본다), 이를 청구금액의 확장에 해당하여 허용되지 않는 것으로 볼 것은 아니다.[3)]

(b) 신청채권자에 우선하는 근저당권자의 경우

1) 담보권실행을 위한 경매절차에서 신청채권자에 우선하는 **선순위 근저당권자**는 배당요구를 하지 않더라도 당연히 등기부상 채권최고액의 범위 내에서 배당받을 수 있으므로, 그러한 근저당권자가 배당요구의 종기까지 채권계산서를 제출

---

1) 담보권실행을 위한 경매절차에서 신청채권자(1순위 근저당권자)가 **경매신청서상의 청구금액**은 제대로 기재했으나 그 후 **채권계산서**를 제출하면서 **착오로** 경매법원에 실제 피담보채권**보다 적은 금액**을 기재하여 그 신고된 채권계산서상의 채권액 전부를 배당하는 것으로 배당표가 작성·확정되고, 그 확정된 배당표에 따라 배당이 실시된 이후, 실제 채권액으로 채권계산서를 작성·제출했더라면 더 배당받을 수 있었던 금원을 2순위 근저당권자에게 배당되었다고 하더라도 배당기일 전에 신청채권자가 경매법원에 작성·제출한 채권계산서에 따라 배당표가 작성되어 확정되고 그 확정된 배당표에 의하여 배당이 실시된 이상, 이를 법률상 원인이 없는 부당이득이라고 볼 수는 없다. 대판 2000. 9. 8. 99다24911, 2002. 10. 11. 2001 다3054; 윤경, "임의경매절차에서 착오로 축소신고된 채권계산서를 제출한 신청채권자의 부당이득반환청구," 인권과 정의 317호(2003. 1.), 149쪽 이하.

2) 대판 2001. 3. 23. 99다11526, 2001. 6. 12. 2000다51209, 2022. 8. 11. 2017다225619(근저당권자의 담보권실행을 위한 경매의 신청시 '신청시까지의 지연손해금'을 확정금액으로 기재한 사안에서, 이후 근저당권 있는 채권을 양수한 원고가 **배당요구의 종기 이후에** 배당기일까지의 지연손해금을 포함하는 채권계산서를 제출한 경우 부대채권을 증액하여 청구금액을 확정하는 것은 허용되지 않으므로, 해당 부분에 관해서 원고가 배당을 받을 수 없다고 본 원심의 결론이 타당하다고 하였다).

3) 대판 2007. 5. 11. 2007다14933, 2011. 12. 13. 2011다59377, 2022. 8. 11. 2017다225619.

하지 않았다고 하더라도 배당에서 제외할 수 없고, 또한 배당요구의 종기까지 일응 피담보채권액을 기재한 채권계산서를 제출했다고 하더라도[1] 그 후 **배당표가 작성될 때까지** 피담보채권액을 보정하는 채권계산서를 다시 제출하여 배당받을 채권액을 확장할 수 있다.[2][3]

2) 근저당권설정계약에 다른 담보권자나 일반채권자로부터 **경매신청**이 있으면 당연히 그 기본적 거래계약이 종료되어 결산기가 도래한다는 **특약이 있는 경우**에는 이 특약에 의하여 기본적 거래계약이 종료된 때를 기준으로 하여 피담보채권이 확정되나, 이와 같은 **특약이 없는 경우**에는 후순위 근저당권자가 근저당권을 실행하기 위하여 경매를 신청한 경우 선순위 근저당권의 피담보채권은 그 근저당권이 소멸하는 때, 즉 매수인이 매각대금을 완납한 때에 확정되므로(**피담보채권의 확정시기**),[4] 그 채권이 **매각대금 지급시까지** 발생한 것이기만 하면 채권최고액 범위 내에서는 배당요구의 종기 이후라도 **배당표작성 당시까지** 채권계산서의 제출에 의하여 채권액을 확장할 수 있다.[5]

---

1) 신청채권자 외의 담보권자의 청구금액 확장 가부에 관하여, 담보권실행을 위한 경매절차에서 신청채권자 아닌 담보권자도 신청채권자와의 형평상 채권신고를 한 후에는 채권신고액의 확장을 불허해야 한다는 견해가 있으나, 사건에 관하여 주도권을 쥐고 있는 신청채권자와 그 절차를 이용하여 자기의 권리를 실현하려고 하는 다른 담보권자를 달리 취급해야 한다고 하여 형평에 반한다고 할 수 없으므로 채권신고액의 확장을 허용해야 한다고 본다. 법원실무제요 민사집행(3), 343쪽.

2) 배당법원으로서는 특별한 사정이 없는 한 **배당표작성 당시까지** 제출된 **채권계산서와 증빙** 등에 의하여 그 근저당권자가 채권최고액의 범위 내에서 배당받을 채권액을 산정해야 한다. 대판 1999. 1. 26. 98다21946, 2000. 9. 8. 99다24911 등.

3) 그러나 근저당권자가 **채권계산서**를 **제출하거나 이를 보정함으로써** 그에 따라 배당표가 확정되고, 그 확정된 배당표에 의하여 배당이 실시되었다면, 채권계산서를 **전혀 제출하지 않아** 등기부상 채권최고액을 기준으로 하여 배당해야 할 경우와는 달리, 제출 또는 보정된 채권계산서상의 채권액을 기준으로 하여 배당할 수밖에 없고, 신고된 채권액을 초과하여 배당할 수는 없는 만큼, 배당할 금액에서 선순위 근저당권자가 미처 청구하지 못함으로 인하여 그에게 배당되지 않은 피담보채권 중 일부에 해당하는 금액이 후순위 저당권자 등에게 배당되었다 하더라도, 이를 법률상 원인이 없는 부당이득이라고 볼 수는 없다. 대판 2000. 9. 8. 99다24911. 위 판결의 해설로는, 안기환, 대법원판례해설 35호(2000년 하반기), 198쪽 이하. 이에 대하여, 근저당권자가 채권계산서를 전혀 제출하지 않은 경우와 착오에 의해 채권액의 일부만을 기재한 채권계산서를 제출한 경우를 차별하여 다룰 필요는 없고, 후자의 경우 부당이득반환청구권을 인정한다고 하여 채권계산서를 전혀 제출하지 않은 근저당권자의 경우보다 더 경매절차의 안정과 이해관계인의 이익을 침해했다고 볼 수도 없다는 이유로 판례의 태도에 의문을 제기하는 견해로는, 서규영, "경매신청권자에 우선하는 근저당권자가 착오에 기해 실체관계와 다른 내용의 채권계산서를 제출한 경우, 배당절차 종료 후의 부당이득반환청구의 가부," 판례연구(서울지방변호사회) 15집(상)(2001. 8.), 57쪽 이하.

4) 대판 1999. 9. 21. 99다26085.

5) 대판 1999. 1. 26. 98다21946, 2002. 7. 12. 2002다21868, 2002. 11. 26. 2001다36696.

(3) 피담보채권의 변경

신청채권자는 원래의 **청구금액의 범위 안에서** 피담보채권을 변경할 수 있다. 즉 근저당권의 실행을 위한 경매절차에서 신청채권자는 일단 경매신청서에 특정의 피담보채권을 기재함으로써 이를 청구채권으로 표시했다고 하더라도 해당 근저당권의 **피담보채권으로서 다른 채권**이 있는 경우에는 그 다른 채권을 청구채권에 추가(**추가적 변경**)하거나 당초의 청구채권을 그 다른 채권으로 교환(**교환적 변경**)하는 등 청구채권을 변경할 수 있는데, 이 경우 변경 후의 피담보채권액이 경매신청서에 기재되어 있는 **청구채권액을 초과하는 때**에는 그 초과하는 금액에 대해서는 배당을 받을 수 없다.[1]

(4) 부동산의 일부에 대한 전세권과 경매신청권

1) 부동산의 일부에 대하여 전세권이 설정되어 있는 경우 그 전세권자는 민법 303조 1항의 규정에 의하여 그 **부동산 전부**에 대하여 후순위 권리자 그 밖의 채권자보다 전세금의 **우선변제를 받을 권리**가 있고, 민법 318조의 규정에 의하여 전세권설정자가 전세금의 반환을 지체한 때에는 전세권의 목적물의 경매를 청구할 수 있다. 그러나 전세권의 목적물이 아닌 **나머지 부동산 부분**에 대해서는 우선변제권은 별론으로 하고 **경매신청권**은 없다.[2] 즉 전세권의 목적물이 된 부분을 초과하여 부동산 전부에 대한 경매신청은 허용되지 않는다.

2) 부동산의 일부에 대하여 전세권이 설정되어 있는 경우 전세권자는 먼저 부동산 중 전세권의 목적된 부분을 분할하여 **분할등기**를 한 후 그 부분에 한하여 경매신청을 해야 한다. 전세권설정자가 분할등기를 하지 않는 경우 전세권자가 전세권설정자를 대위하여 분할등기를 신청할 수 있다(부등 28조 1항).

3) **건물의 일부**에 대하여 전세권이 설정되어 있는 경우 그 일부가 구분소유권으로 구분될 수 있다든지 구조상 또는 이용상 독립성이 있어 독립한 소유권의 객체로 분할할 수 있다면 앞서와 같이 분할등기를 한 후 그 부분에 대하여 경매신청을 할 수 있으나, 만약 전세권의 목적으로 된 건물의 일부가 구조상 또는 이용상 독립성이 없어 독립한 소유권의 객체로 분할할 수 없고, 따라서 그 부분만의 경매신청이 불가능하다고 하더라도 건물 전부에 대하여 경매신청을 할

1) 이때 청구채권의 변경이 추가적 변경인지 교환적 변경인지는 신청채권자가 경매법원에 표시한 의사를 객관적·합리적으로 해석하여 판단해야 한다. 대판 1998. 7. 10. 96다39479.

2) 대결 1992. 3. 10. 91마256,257 등.

수 없다.[1] 따라서 건물의 일부에 대한 경매신청이 불가능한 경우에는 전세금반환채권에 관하여 집행권원을 얻은 다음 건물 전체에 대한 강제집행을 신청할 수밖에 없다.[2]

(5) 구분건물에 대하여 저당권이 설정된 뒤에 그 구분건물이 다른 구분건물들과 합체된 경우와 경매신청권

1) 1동의 건물 중 구조상 구분된 여러 개의 부분이 독립한 건물로 사용될 수 있어 그 각 부분이 소유권의 목적이 되었으나 그 구분건물들 사이의 격벽이 제거되는 등의 방법으로 합체하여 각 구분건물이 독립성을 상실하여 일체화되고 이러한 일체화 후의 **구획**을 전유부분으로 하는 1개의 건물이 되는 경우 종전의 구분건물에 대한 저당권자로서는 그 저당권을 구분건물들의 합체로 생긴 새로운 건물 중에서 위 경매대상 **구분건물**이 차지하는 합체 당시의 **가액 비율**에 상응하는 공유지분에 관한 것으로 등기기록의 기재를 고쳐 이에 대하여 경매를 신청하는 것이 원칙이다.[3]

2) 그러나 합체되기 전의 **구분건물들 전부**와 합체로 생긴 **새로운 건물** 사이에는 특별한 사정이 없는 한 사회통념상 동일성이 있으므로, 합체되기 전의 구분건물들 전부에 대한 저당권자가 그 전부를 경매의 대상으로 삼아 경매를 신청한 경우라면 이는 합체로 생긴 새로운 건물에 대하여 경매를 신청한 것이라고 볼 수 있다. 따라서 위와 같은 경우 비록 합체되기 전의 각 구분건물에 관한 저당권을 합체로 생긴 새로운 건물의 공유지분에 관한 것으로 등기기록의 기재를 고치기 전이라고 하더라도, 합체되기 전의 구분건물들 전부를 경매의 대상으로 삼은 경매

1) 대결 2001. 7. 2. 2001마212. 이에 대하여, 부동산의 일부에 대한 전세권자는 그 부동산 전부에 대한 경매를 청구할 수 없다고 보는 다수설의 입장에서는 위와 같이 전세권의 목적이 된 건물 부분의 분할이 불가능한 경우에는 담보물권의 불가분성에 비추어 건물 전부에 대한 경매청구가 가능하다고 보고 있다. 민일영, "부동산의 일부에 대한 전세권자의 부동산 전부에 대한 경매청구의 가부," 민사판례연구(민사판례연구회) 15권(1993. 5.), 100쪽 이하. 한편 한 개 부동산의 일부에 대한 전세권자도 그 부동산 전부에 대하여 경매청구를 할 수 있다는 입장에서, 일부 전세권자는 그 부동산 일부의 분할이 가능하든 불가능하든 언제나 부동산 전부에 대하여 경매청구를 할 수 있고, 그 부동산 일부의 분할이 가능한 경우에는 전세권설정자가 경매개시결정에 대한 이의신청을 통하여 나머지 부분에 대한 경매절차의 취소를 구할 수 있다고 새기는 것이 타당하다는 견해도 있다. 박순성, "전세권에 관한 판례의 동향과 전망 — 전세권의 담보물권성을 중심으로 —," 21세기한국민사법학의 과제와 전망(심당송상현선생화갑기념, 2002. 1.), 76쪽 이하.

2) 손진홍, 부동산집행의 이론과 실무(2015년), 1379쪽.

3) 대결 2010. 3. 22. 2009마1385, 2011. 9. 5. 2011마605 등.

신청을 합체로 생긴 새로운 건물에 대한 경매신청으로 보아 일괄매각을 허용해야 한다(경매법원은 위와 같은 사정을 매각물건명세서에 적어 매각절차를 진행한다).[1]

2. 경매개시결정

(1) 경매신청에 대하여 사법보좌관이 심사를 하여 경매개시결정을 한다(사보규 2조 1항 11호).[2] 경매개시결정은 **소유자**에게 송달해야 한다. 법 268조에 의하여 준용되는 법 83조 4항에 의하면 채무자에게 송달해야 할 것으로 볼 수 있지만, 채무자와 소유자가 일치하지 아니하는 경우(물상보증의 경우)가 있으므로 원칙적으로 소유자에게 송달해야 한다.[3]

(2) 압류의 효력발생시기는 경매개시결정이 소유자에게 송달된 때[4] 또는 경매개시결정등기가 된 때 가운데 먼저 된 때에 생긴다(법 268조, 83조 4항). 실무상 경매개시결정등기가 먼저 이루어지므로 이러한 경매개시결정등기를 **압류등기**라고 부른다. 경매개시결정 후 압류채권자가 승계되었음을 증명하는 문서가 제출된 때에는 법원사무관 등 또는 집행관은 채무자와 소유자에게 그 사실을 통지해야 한다(규칙 193조).

3. 현금화와 배당

(1) 담보권실행을 위한 경매에도 강제집행의 경우와 마찬가지로 배당요구제도가 있다(법 268조 · 88조).[5]

(2) 법에 따라 당연히 **일괄매각**을 해야 할 경우가 있다. ① 민법 365조(저당지

---

1) 대결 2016. 3. 15. 2014마343.

2) 근저당권설정자 겸 채무자가 경매신청 전에 이미 사망하고 그 상속인들이 근저당권으로 담보된 채무내용 등을 알지 못했다 하여 사망한 사람을 채무자 겸 소유자로 표시한 경매개시결정이나 그 절차를 속행하여 한 매각허가결정이 위법한 것은 아니다. 대결 1988. 3. 2. 88마45.

3) 따라서 채무자에게 '송달'할 필요가 없으며, 채무자나 채권자에게는 상당하다고 인정하는 방법으로 고지하면 된다. 그러나 실무상으로는 채무자 · 채권자 등에게도 이를 송달하고 있다. 법원실무제요 민사집행(3), 351쪽.

4) 앞서 본 바와 같이 경매개시결정을 채무자에게 송달해야 한다고 해석하는 입장에서는 이를 채무자에게 송달된 때로 보고 있다. 이시윤 · 조관행, 557쪽; 김일룡, 510쪽.

5) 상속부동산에 관하여 법 274조 1항에 따른 형식적 경매절차가 진행된 것이 아니라 담보권실행을 위한 경매절차가 진행된 경우에는 비록 한정승인절차에서 상속채권자로 신고한 사람이라고 하더라도 집행권원을 얻어 그 경매절차에서 배당요구를 함으로써 일반채권자로서 배당받을 수 있다. 대판 2010. 6. 24. 2010다14599.

상의 건물에 대한 경매청구)에 의한 토지와 건물, ② 집합건물의 소유 및 관리에 관한 법률 20조에 의한 집합건물의 전유부분과 대지사용권(전유부분과 대지사용권의 일체성), ③ 공장 및 광업재단 저당법 3조·4조에 의한 공장 토지 또는 공장 건물의 저당의 경우 공장저당물건인 토지 또는 건물과 그에 설치된 기계, 기구 그 밖의 공장의 공용물 등은 집행법원의 일괄매각결정이 없어도 반드시 일괄매각해야 한다.[1)2)]

▣ 저당권이 설정된 토지 위에 건물이 축조된 경우와 저당권자의 건물에 대한 일괄경매청구권

민법 365조는 토지를 목적으로 한 저당권을 설정한 후 그 **저당권설정자**가 그 토지에 건물을 축조한 때에는 저당권자가 토지와 건물을 일괄하여 경매를 청구할 수 있도록 규정하고 있다. 이러한 규정의 취지는 저당권이 담보물의 교환가치의 취득을 목적으로 할 뿐 담보물의 이용을 제한하지 않아 저당권설정자로서는 저당권설정 후에도 그 지상에 건물을 신축할 수 있는데, 후에 그 저당권의 실행으로 토지가 제 3 자에게 매각될 경우에 건물을 철거해야 한다면 사회경제적으로 현저한 불이익이 생기게 되어 이를 방지할 필요가 있으므로 이러한 이해관계를 조절하고, 저당권자에게도 저당토지상의 건물의 존재로 인하여 생기게 되는 경매의 어려움을 해소하여 저당권의 실행을 쉽게 할 수 있도록 한 데에 있다.[3)]

따라서 **저당지상의 건물**에 대한 **일괄경매청구권**의 행사에서 **저당권설정자**가 건물을 축조한 경우뿐만 아니라 저당권설정자로부터 저당토지에 대한 **용익권을 설정받은 사람**이 그 토지에 건물을 축조한 경우라도 그 후 저당권설정자가 그 건물의 **소유권**을 **취득**한 경우에는 저당권자는 토지와 함께 그 건물에 대하여 경매를 청구할

1) 대결 1969. 12. 9. 69마920, 1992. 8. 29. 92마576, 2003. 2. 19. 2001마785. 법원의 경매절차에서 공장저당권의 목적인 토지 또는 건물에 대한 경매개시결정이 내려져 토지 또는 건물이 압류된 경우에는 특별한 사정이 없는 한 공장저당권의 목적인 토지 또는 건물과 함께 그 공장공용물도 법률상 당연히 일괄경매되어 매각허가결정도 일괄하여 이루어지며, 집행법원이 경매개시결정에서 공장공용물을 경매목적물로 명시하지 않거나 경매목적물의 감정평가와 매각물건명세서에서 이를 누락했다고 해도 이를 달리 볼 것은 아니다. 한편 집행법원이 매각허가결정에서 그 목적물을 표시할 때 공장공용물을 누락했다고 하더라도 특별한 사정이 없는 한 이는 잘못된 기재, 그 밖에 이와 비슷한 잘못이 있음에 불과한 것으로서 집행법원은 이를 보충하는 **경정결정**을 할 수 있다. 대결 2000. 4. 14. 99마2273.

2) 공장부지가 아닌 다른 토지들이 공장저당의 목적물이 되기만 하면 이를 분할하여 매각할 수 없는 것이 아니라, 그 전제인 '공장에 속한다'는 요건을 충족해야 하는 것이므로, 사실상 공장을 위하여 사용되고 있는 것인지 여부가 일괄매각의 전제조건이 된다. 그러므로 **농지**가 공장에 속하는 토지 또는 건물 및 공장의 공용물 등과 함께 공장저당의 목적물이 된 경우에 그 농지 위에 공장에 속하는 건물이나 공장의 공용물 등이 설치되어 있지 않으면(공장부지로 상용되고 있지 않다면) 단순히 공장저당의 목적물이 되었다는 이유만으로 그 농지에 대하여 일괄매각을 할 수 없다. 대결 2004. 11. 30. 2004마796.

3) 대결 1994. 1. 24. 93마1736, 1999. 4. 20. 99마146 등.

수 있다고 보아야 한다.[1]

이에 대하여, 민법 365조의 적용에서, 토지에 대한 저당권설정후 그 지상에 건물을 축조한 경우 건물의 소유자가 저당권설정자가 아닌 때에도 그 건물의 소유자가 저당권자에게 대항할 수 있는 권리를 가지는 경우가 아닌 한 일괄경매를 허용해야 한다는 견해도 있다.[2] 즉 민법 365조의 일괄경매의 요건 가운데 건물을 건축한 자가 토지의 소유자인지 여부, 경매신청시에 토지·건물의 소유자가 동일인인지 여부의 요건 등은 고려할 필요가 없는 것으로 완화하여 해석함으로써 일괄경매의 범위를 확대함이 바람직하다는 입장이다.[3]

(3) **배당절차**도 강제집행절차에 준하여 이루어진다(법 145조 준용). 담보권실행을 위한 경매절차에서 **근저당권설정자와 채무자가 동일**한 경우에 근저당권의 **채권최고액**은 법 148조에 따라 배당받을 채권자나 저당목적부동산의 제 3 취득자에 대한 **우선변제권의 한도로서의 의미**를 갖는 것에 불과하고 그 부동산으로서는 그 최고액 범위 내의 채권에 한해서만 변제를 받을 수 있다는 이른바 책임의 한도라고까지는 볼 수 없으므로, 법 148조에 따라 배당받을 채권자나 제 3 취득자가

---

1) 대판 2003. 4. 11. 2003다3850.

2) 김종혁, "민법 제365조의 일괄경매의 요건," 재판실무연구(광주지방법원) 2004년(2005. 1.), 49쪽 이하. 이를 더욱 세분하여, 제 3 자가 건축한 건물에 대하여 모든 경우에 원칙적으로 일괄경매를 인정할 것은 아니라고 하더라도, 저당권이 설정된 토지의 제 3 취득자가 건물을 건축한 경우나 저당권설정자로부터 저당토지의 용익권을 설정받거나 설정자의 동의를 받아 건물을 축조한 사람이 저당토지를 양수한 경우 또는 제 3 자가 축조한 건물을 저당권설정자가 취득한 경우 등 경매신청시 저당토지소유자와 건물소유자가 동일한 경우에는 그 건물에 대하여도 일괄경매를 인정해야 한다는 견해도 있다. 문용선, "저당권설정자가 취득한 용익권자가 축조한 건물에 대한 일괄경매청구," 대법원판례해설 44호(2003년 상반기), 606쪽 이하. 특히 공동저당권의 목적인 토지와 건물 중 건물의 재건축과 일괄경매의 가부에 관해서 토지에 대한 저당권설정 당시에 그 토지에 건물이 존재해도 그 건물이 멸실되어 그 후에 저당권설정자가 그 토지에 새로운 건물을 건축한 경우에는 신건물의 소유자가 토지소유자가 동일하고, 신건물에 관해 토지의 저당권과 동순위의 공동저당권을 설정받는 등의 특별한 사정이 없는 한 신건물을 위해 법정지상권은 성립하지 않고, 또 그러한 요건을 갖춘 경우에도 신건물에 관해 저당권의 피담보채권에 우선하는 조세채권에 관한 교부청구가 있는 때에는 신건물을 위해 법정지상권은 성립하지 않으므로 이와 같이 신건물을 위해 법정지상권이 성립하지 않는 경우에는 토지저당권자는 민법 365조에 의해 그 신건물을 일괄경매할 수 있다고 해석해야 한다는 견해도 같은 입장이다. 이균용, "민법 제365조의 일괄경매를 둘러싼 실무상의 문제," 민사집행법 실무연구(재판자료 109집, 2006. 2.), 263쪽 이하.

3) 일본의 경우 2003. 8. 1. 민법 389조를 개정하여, "① 저당권설정 후 저당토지에 건물을 축조한 때에는 저당권자는 토지와 함께 그 건물을 경매할 수 있다. 그러나 우선권은 토지의 대가에 대해서만 이를 행사할 수 있다. ② 전항의 규정은 그 건물소유자가 저당토지를 점유하는 것에 대하여 저당권자에게 대항할 수 있는 권리를 가지는 경우에는 이를 적용하지 아니한다"라고 규정했다.

없는 한 근저당권자의 채권액이 근저당권의 채권최고액을 초과하는 경우에 매각대금 중 그 최고액을 초과하는 금액이 있더라도 이는 근저당권설정자에게 반환할 것은 아니고 근저당권자의 채권최고액을 초과하는 **채무의 변제에 충당**해야 한다. 원래 저당권은 원본, 이자, 위약금, 채무불이행으로 인한 손해배상 및 저당권의 실행비용을 담보하는 것이며(민 360조), 채권최고액의 정함이 있는 근저당권에서는 이러한 채권의 총액이 그 최고액을 초과하는 경우, 적어도 근저당권자와 채무자 겸 근저당권설정자와의 관계에서는 위 채권 전액의 변제가 있을 때까지 근저당권의 효력은 채권최고액과는 관계없이 잔존채무에 여전히 미치기 때문이다.[1)]

(4) 매각대금으로 저당권자가 가지는 원금, 이자, 위약금, 손해배상, 실행비용 등을 전부 만족시킬 수 없는 때에는 비용, 손해배상금, 위약금, 이자, 원금의 순서로 충당한다(민 479조 1항). 담보권실행을 위한 경매절차에서 배당된 배당금이 담보권자가 가지는 피담보채권 전부를 소멸시키기에 부족한 때에는 지정변제충당이나 합의변제충당은 허용될 수 없고 획일적으로 가장 공평타당한 충당방법인 민법 477조 · 479조의 규정에 의한 **법정변제충당**의 방법에 따라 충당해야 한다.[2)]

▣ 근저당권 일부이전의 부기등기가 있는 경우 집행법원의 배당방법

(1) 여러 사람이 시기를 달리하여 채권의 일부씩을 **대위변제**하고 근저당권 **일부이전의 부기등기**를 마친 경우 그들은 각 일부대위자로서 그 변제한 가액에 비례하여 **근저당권을 준공유**하고 있다고 보아야 한다. 따라서 그 근저당권을 실행하여 배당할 때에는 다른 특별한 사정이 없는 한 각 **변제채권액에 비례하여** 안분배당을 해야 하고 부기등기의 순서에 따라 배당해서는 안 된다.[3)] 한편 변제자대위에 의한 저당권 일부이전이 아닌 당사자 사이의 **약정에 의한 저당권 일부이전**의 경우 당사자 사이에 별도의 약정이 없으면 각 근저당권자의 채권최고액 범위 내에서 실제채권액의 비율로 안분배당한다.[4)]

(2) **채권의 일부**에 대하여 대위변제가 있는 때에는 대위자는 그 변제한 가액에 비례하여 채권자와 함께 그 권리를 행사한다(민 483조 1항).[5)] 이 경우 그 권리의

1) 대판 1992. 5. 26. 92다1896, 2009. 2. 26. 2008다4001.

2) 대판 1996. 5. 10. 95다55504, 2000. 12. 8. 2000다51339 등.

3) 대판 2001. 1. 19. 2000다37319, 2011. 6. 10. 2011다9013.

4) 법원실무제요 민사집행(3), 40쪽.

5) 변제할 정당한 이익이 있는 사람이 채무자를 위하여 근저당권의 피담보채무의 일부를 대위변제한 경우 대위변제자는 근저당권 일부이전의 부기등기를 마쳤는지 여부에 관계없이 변제한 가액의 범위에서 채권자가 가지고 있던 채권 및 담보에 관한 권리를 법률상 당연히 취득

행사방법에 관해서는 채권자와 대위변제자 사이에 저당권단독실행 여부 및 우선순위에 대한 **별도의 약정이 있는 경우**에는 그에 따른다.[1] 그러나 **이러한 약정이 없는 경우**에는 대위변제자는 단독으로 대위한 권리를 행사할 수 없고 **채권자**가 그 **권리를 행사하는 경우에만** 채권자와 함께 그 권리를 행사할 수 있으며,[2] 변제순위에 관해서도 **본래의 채권자**가 대위변제자에 대하여 **우선변제권**을 가지고 있다. 즉 변제할 정당한 이익이 있는 사람이 채무자를 위하여 근저당권의 피담보채무의 일부를 대위변제한 경우에 채권자는 대위변제자보다 우선변제권을 가지고 있다.[3] 한편 피담보채권의 일부가 **'채권양도'**된 경우(**전부명령**에 의하여 전부된 경우를 포함한다)에는 '대위변제'의 경우와 달리 그 채권 상호 간에 우선순위를 부여할 수 없으므로, 그 채권액의 비율에 따라 평등배당을 받는다.[4]

■ 저당권자가 민법 360조의 제한범위를 초과하는 금액을 청구하거나 근저당권자가 채권최고액을 초과하는 금액을 청구하는 경우 집행법원의 배당방법

(1) 저당권의 경우

1) 저당권자가 경매신청서 또는 채권계산서로써 민법 360조의 제한범위를 초과하여 지연손해금을 청구한 경우(지연배상은 원본의 이행기일을 경과한 후의 1년분에 한한다) ① 목적부동산에 **후순위 권리자**(후순위 담보권자 예컨대 2번 저당권자, 전세권자, 또는 후순위 조세채권자 등)**나 배당요구한 일반채권자가 없는 경우**에는 저당권자는 매각대금으로부터 위 초과액까지 변제받을 수 있다. ② 목적부동산에 **후순위 권리자가 있는 경우**에는 매각대금에서 선순위 저당권자에게 위 제한범위에서 우선배당하고 잔액이 있으면 이를 후순위 권리자에게 배당한 후, 다시 잔액이 있으면 선순위 저당권자의 민법 360조의 제한을 초과하는 채권의 변제에 충당한다. ③ 목적부동산에 **후순위 권리자와 일반채권자가 있는 경우**에는 매각대금에서 선순위 저당권자에게 위 제한범위에서 우선배당하고 잔액이 있으면 이를 후순위 권리자에게 배당한 후, 다시 잔액이 있으면 그 잔액에 관하여 선순위 저당권자의 위 제한범위 초과채권과 일반채권자의 채권을 같은 순위로 안분비례하여 배당을 한다. ④

한다. 대판 2011. 6. 10. 2011다9013 등.

1) 담보물권의 불가분성 규정(민 370조 · 321조)은 임의규정이고, 위와 같은 복수명의자가 저당권을 준공유하는 경우 동일한 근저당권에 대하여 피담보채권이 가분인 한 각자 단독으로 경매신청을 할 수 있기 때문이다. 법원실무제요 민사집행(3), 307쪽. 한편 채권자와 일부변제자 사이의 변제순위에 관한 **별도의 약정**(**우선회수특약**)이 허용된다는 것으로는, 대판 2010. 4. 8. 2009다80460.

2) 실무에서도 일부 대위변제자가 단독으로 경매신청을 하는 경우 이를 받아들이지 않고 있다. 법원실무제요 민사집행(3), 307쪽.

3) 대판 1988. 9. 27. 88다카1797, 1995. 3. 3. 94다33514, 2004. 6. 25. 2001다2426.

4) 법원실무제요 민사집행(3), 41쪽.

한편 **일반채권자만 있는 경우**에는 저당권자의 위 초과채권과 일반채권자의 채권은 같은 순위로 안분비례하여 배당을 한다. 앞서와 같이 저당권자가 일반채권자와 같이 안분비례하여 배당받기 위해서는 초과채권에 관하여 별도로 법 268조 · 88조의 규정에 의한 적법한 배당요구를 했거나 그 밖에 달리 배당을 받을 수 있는 채권으로서의 필요한 요건을 갖추고 있어야 한다.[1)]

2) 앞서와 같이 선순위 저당권자에게 배당을 하고 그 잔액에 관하여 후순위 권리자나 일반채권자에게 배당을 하는 때에는 선순위 저당권자의 민법 360조의 제한범위 내의 채권과 제한범위 초과채권은 배당순위가 다르므로 배당표상에 채권금액을 적을 때는 위 제한범위 내의 채권액과 제한범위 초과채권액을 별개의 란에 따로 적어야 한다.[2)]

(2) 근저당권의 경우

1) 근저당권의 경우 채권최고액은 당사자 사이의 계속적 거래관계에 생긴 채권 가운데 담보할 한도액을 말한다. 근저당권의 피담보채무액 중 지연이자는 근저당권의 채권최고액의 한도 내에서는 그 전액이 담보되며, 민법 360조 단서에 의하여 1년분으로 제한되는 것은 아니다.[3)] 근저당권설정계약에서 정한 존속기간 또는 근저당권으로 담보되는 기본적인 거래계약에서 정한 결산기가 도래하여 이미 발생한 채권이 그 채권최고액을 초과하고 있고 근저당권자가 경매신청서 또는 채권계산서에 의하여 그 초과액까지도 청구하고 있는 경우에 목적부동산의 매각대금에서 그 최고액을 변제하고도 잔액이 있는 경우 원칙적으로 앞서 본 저당권에서와 같은 방식으로 배당한다. 다만 후순위 근저당권자들이 있고, 그 후순위 근저당권자들 모두 각자의 채권최고액을 초과하는 부분에 대하여 법 268조 · 88조에 의한 적법한 배당요구를 하고 있는 경우에는 각 채권최고액 범위에서 배당을 하고 잔액이 있다면 이들 각 근저당권의 각 초과액에 대하여 안분배당을 한다.[4)]

2) 후순위 권리자나 일반채권자가 없이 채권최고액을 배당하고 잔액이 있거나, 1)과 같은 방식에 의한 배당을 하고 남은 잔액이 있는 경우 근저당권설정자가 물상보증인이거나 또는 목적부동산에 관한 **제 3 취득자가 있는 때**에는 위 잔액은 근저당권설정자(물상보증인)나 제 3 취득자에게 교부해야 한다.[5)] 그러나 근저당권설정자와 채무자가 동일하고, **제 3 취득자가 없는 때**에는 매각대금 중 그 채권최고액을 초과하는 금액이 있더라도 이미 살펴본 바와 같이 이는 근저당권설정자(채무자)에게 반환할 것이 아니라 근저당권자의 채권최고액을 초과하는 채무의 변제에 충당해야 한다.[6)]

1) 대판 1998. 4. 10. 97다28216, 1998. 10. 13. 97다27794.
2) 법원실무제요 민사집행(3), 34쪽.
3) 대판 1999. 9. 3. 99다19377.
4) 법원실무제요 민사집행(3), 39쪽.
5) 대결 1971. 5. 15. 71마251, 대판 1974. 12. 10. 74다998.
6) 대판 1992. 5. 26. 92다1896, 2009. 2. 26. 2008다4001 등.

(5) 저당권(근저당권)은 물권이므로 **불법말소**되었다고 하더라도 권리가 소멸되는 것은 아니다.[1] 따라서 첫 경매개시결정등기 전에 등기되어 있던 저당권자는 **회복등기**가 되지 않았더라도 배당요구가 없이 당연히 배당을 받을 수 있는 사람에 해당하므로 배당요구의 종기 이후라도 저당권의 불법말소된 사실을 증명하여 배당받을 수 있다.[2] (근)저당권설정등기가 위법하게 **말소**되어 아직 회복등기를 마치지 못한 탓에 그 부동산에 대한 경매절차의 배당기일에서 피담보채권액에 해당하는 금액을 전혀 배당받지 못한 근저당권자는 원칙적으로 **배당기일에 출석하여** 이의를 하고 **배당이의의 소**를 제기하여 구제를 받을 수 있다.[3] 만약 **배당기일에 출석하지 않음으로써** 배당표가 확정되었다고 하더라도, 확정된 배당표에 의하여 배당을 실시하는 것은 실체법상의 권리를 확정하는 것이 아니기 때문에 경매절차에서 실제로 배당받은 사람에 대하여 **부당이득반환청구**로서 그 배당금의 한도 내에서 그 근저당권설정등기가 말소되지 않았더라면 배당받았을 금액의 지급을 구할 수 있다.[4]

(6) 피담보채권과 근저당권을 함께 양도하는 경우에 **채권양도**는 당사자 사이의 의사표시만으로 양도의 효력이 발생하지만 **근저당권이전**은 이전등기를 해야 하므로 채권양도와 근저당권이전등기 사이에 어느 정도 시차가 불가피한 이상 피담보채권이 먼저 양도되어 **일시적으로** 피담보채권과 근저당권의 귀속이 달라진다고 하여 근저당권이 무효로 된다고 볼 수는 없으나, 위 근저당권은 그 피담보채권의 양수인에게 이전되어야 할 것에 불과하고, **근저당권의 명의인**(**양도인**)은 피담보채권을 양도하여 결국 **피담보채권을 상실**한 셈이므로 집행채무자로부터 변제를 받기 위하여 배당표에 자신에게 배당하는 것으로 배당표의 경정을 구할 수 있는 지위에 있다고 볼 수 없다고 한다.[5]

---

1) 대판 1998. 1. 23. 97다43406, 2010. 2. 11. 2009다68408. 등기는 물권의 효력발생요건이고 존속요건이 아니어서 등기가 원인 없이 말소된 때에는 그 물권의 효력에 아무런 영향이 없고, 그 회복등기가 마쳐지기 전이라도 말소된 등기의 등기명의인은 적법한 권리자로 추정된다. 대판 2002. 10. 22. 2000다59678, 2019. 8. 30. 2019다206742.

2) 대판 1998. 10. 2. 98다27197, 2002. 10. 22. 2000다59678.

3) 불법말소된 저당권의 권리자가 배당이의의 소를 제기할 수 있는지에 관하여 실무상 긍정설과 부정설이 대립하고 있었으나, 판례는 앞서 본 바와 같이 **긍정설**을 취했다. 윤경, "불법말소된 저당권의 권리자와 배당이의의 소," 민사소송(한국민사소송법학회) 6권(2002. 8.), 237쪽 이하.

4) 대판 1998. 10. 2. 98다27197, 2002. 10. 22. 2000다59678.

5) 대판 2003. 10. 10. 2001다77888; 노만경, "근저당권부 채권이 양도되었으나 근저당권의 이

(7) **판례**는, 질권설정자(근저당권자)의 채무자(근저당권설정자)에 대한 근저당권 있는 채권 범위를 초과하여 질권자의 질권설정자에 대한 피담보채권 범위 내에서 질권자에게 배당금이 직접 지급됨으로써 질권자가 피담보채권의 만족을 얻은 경우, 실체법적으로 볼 때 배당을 통하여 법률상 원인 없이 이득을 얻은 사람은 피담보채권이라는 법률상 원인에 기하여 배당금을 수령한 질권자가 아니라 근저당권 있는 채권이라는 법률상 원인의 범위를 초과하여 질권자에게 배당금이 지급되게 함으로써 자신의 질권자에 대한 피담보채무가 소멸하는 이익을 얻은 **질권설정자**라고 본다(부당이득반환의무를 부담하는 '배당금을 수령한 다른 채권자'는 실체법적으로 볼 때 배당을 통하여 법률상 원인 없이 이득을 얻은 사람을 의미하고, 그가 부동산에 관한 담보권실행을 위한 경매절차에서 현실적으로 배당금을 수령한 사람과 언제나 일치해야 하는 것은 아니다). 금전채권의 질권자가 민법 353조 1항·2항에 의하여 **자기채권**의 범위 내에서 직접청구권을 행사하는 경우 질권자는 질권설정자의 대리인과 같은 지위에서 **입질채권**을 추심하여 자기채권의 변제에 충당하고 그 한도에서 **질권설정자에 의한 변제가 있었던 것**으로 보므로, 위 범위 내에서는 제 3 채무자의 질권자에 대한 금전지급으로써 제 3 채무자의 질권설정자에 대한 급부가 이루어질 뿐만 아니라 질권설정자의 질권자에 대한 급부도 이루어진다고 보아야 하는데,[1] 이러한 법리는 근저당권 있는 채권의 질권자가 부동산에 관한 담보권실행을 위한 경매절차에서 집행법원으로부터 배당금을 직접 수령하는 경우에도 적용되기 때문이다.[2]

전등기가 경료되지 않은 상태에서 실시된 배당절차에서 근저당권의 명의인이 배당이의를 할 수 있는지 여부," 대법원판례해설 46호(2003년 하반기), 460쪽 이하. 부동산에 관한 담보권실행을 위한 경매실무에서 근저당권자가 그 피담보채권을 양도하는 사례의 대부분은 금융기관의 부실채권 처리를 위하여 한국자산관리공사나 유동화전문회사에 양도하는 것이다. 박형준, "피담보채권을 양도한 저당권등기명의인의 배당이의," 판례연구(부산판례연구회) 16집(2005. 2.), 209쪽 이하.

1) 대판 2015. 5. 29. 2012다92258, 2024. 4. 12. 2023다315155.

2) 대판 2024. 4. 12. 2023다315155. 박진수, "부동산 임의경매절차에서 채권자의 질권자가 직접청구권을 행사하여 배당금을 수령하였는데 배당이 잘못된 경우 부당이득반환의무자가 누구인지," 서울고등법원, 민사판례해설 V-하, 1105쪽 이하. 이에 대하여, 질권설정자(저당권자)의 채권질권자는 민법 353조의 직접청구권을 행사하여 배당금을 직접 수령했으나 질권자로서는 입질채권액을 초과하는 부분에 관한 한(비록 질권의 피담보채권의 범위 내라 하더라도) 배당금을 수령할 권능도, 자기채권의 우선변제에 충당할 권능도 없고, 따라서 질권자는 여전히 배당부분에 관한 채권을 보유하고 있으며, 질권설정자는 피담보채무를 소멸하는 이익을 얻지 못했으므로 부당이득반환의무를 부담해야 할 당사자는 질권설정자가 아니라 배당금을 직접 수령한 **질권자**로 보아야 한다는 견해로는, 조경임, "2024년 채권법 중요판례평석," 인권과 정의

4. 공동저당의 실행과 동시배당 및 이시배당

(1) 공동저당의 실행과 동시배당

1) 공동저당[1]의 목적부동산을 전부 경매하여 그 경매대가를 **동시배당**하는 때에는 각 부동산의 경매대가에 비례하여 그 채권의 분담을 정한다(민 368조 1항).

공동저당권의 목적인 여러 개의 부동산이 동시에 경매된 경우 공동저당권자로서는 어느 부동산의 경매대가로부터 배당받든 우선변제권이 충족되기만 하면 되지만, 각 부동산의 소유자나 차순위 담보권자 그 밖의 채권자에게는 어느 부동산의 경매대가가 공동저당권자에게 배당되는지에 관하여 중대한 이해관계를 갖게 된다. 민법 368조 1항은 공동저당권의 목적물의 전체를 현금화한 대금을 동시에 배당하는 이른바 동시배당의 경우에 공동저당권자의 실행선택권과 우선변제권을 침해하지 않는 범위 내에서 각 부동산의 책임을 안분시킴으로써 각 부동산상의 소유자와 차순위 저당권자 그 밖의 채권자의 이해관계를 조절한다.[2]

2) 민법 368조 1항에서 말하는 **'각 부동산의 경매대가'**란 매각대금에서 해당 부동산이 부담할 경매비용과 선순위 채권을 공제한 잔액을 말한다.[3] 즉 공동저당 목적부동산에 공동저당권보다 선순위의 저당권이 있는 경우에는 각 부동산의 매각대금에서 각 부동산의 경매비용을 빼고 다시 선순위 저당권자의 채권을 뺀 나머지 금액이 경매대가가 된다.[4] 다만 공동저당권설정등기 전에 **가압류등기**가 마쳐진 경우처럼 **공동저당권과 동순위로 배당받는 채권**이 있는 경우에는 매각대금에서 해당 부동산이 부담할 경매비용과 선순위채권뿐만 아니라 **동순위채권에 안**

528호(2025. 3. 1.), 47쪽. 부당이득반환의무자는 채권질권자로 보는 다른 견해로는, 박동진, "저당권부 채권질권 초과배당과 부당이득 — 대법원 2024. 4. 12 선고 2023다315155 판결 —," 저스티스 통권 205호(2024. 12.), 617쪽 이하.

1) **공동저당**이란 동일한 채권의 담보로 여러 개의 부동산에 설정된 저당권을 말한다(민 368조). 공동저당은 동시에 설정될 수 있으나, 때를 달리하여 설정할 수도 있다. 공동저당의 각 목적물의 저당권의 순위가 동일할 필요가 없으며, 각 목적물의 소유자가 동일할 필요도 없다. 공동저당의 목적물은 부동산이 원칙적이나, 1개의 부동산으로 취급되는 공장·광업재단도 가능하다. 다만 선박 등은 경매절차가 다르므로 공동저당의 객체가 될 수 없다. 공동저당의 등기시 등기관은 각 부동산의 등기기록에 그 부동산에 관한 권리가 다른 부동산에 관한 권리와 함께 저당권의 목적으로 제공된 뜻을 기록해야 하며, 그 부동산이 5개 이상일 때에는 **공동담보목록**을 작성해야 한다(부등 78조 1항·2항).

2) 대판 2006. 10. 27. 2005다14502.

3) 대판 2003. 9. 5. 2001다66291.

4) 대판 2003. 9. 5. 2001다66291.

분되어야 할 금액까지 공제한 잔액을 말한다. 해당 부동산에서 동순위채권에 안분되는 금액은 공동저당권의 우선변제권이 미치지 않아 담보가치에서 제외되고 이는 선순위채권의 경우와 다를 바 없기 때문이다.[1)]

3) 공동저당권이 설정되어 있는 여러 개의 부동산 중 **일부는 채무자 소유**이고 **일부는 물상보증인 소유**인 경우 위 각 부동산의 경매대가를 동시에 배당하는 때에는, 물상보증인이 민법 481조 · 482조의 규정에 의한 변제자대위에 의하여 채무자 소유 부동산에 대하여 담보권을 행사할 수 있는 지위에 있는 점 등을 고려하면 민법 368조 1항은 적용되지 않는다고 봄이 상당하다.[2)] 따라서 이러한 경우 경매법원으로서는 채무자 소유 부동산의 경매대가에서 공동저당권자에게 우선적으로 배당을 하고, 부족분이 있는 경우에 한하여 물상보증인 소유 부동산의 경매대가에서 추가로 배당을 해야 한다.[3)]

(2) 공동저당의 실행과 이시배당

1) 저당부동산 중 일부의 경매대가를 먼저 배당하는 **이시**(異時)**배당**의 경우에는 그 대가에서 그 채권 전부의 변제를 받을 수 있다. 이 경우 그 경매한 부동산의 **차순위 저당권자**는 선순위 저당권자가 동시배당에 의하여 다른 부동산의 경매대가에서 변제받을 수 있는 금액의 한도에서 선순위자를 대위하여 저당권을 행사할 수 있다(민 368조 2항)[부동산등기법은 이를 등기할 수 있도록 공동대위에 관한 규정

1) 따라서 공동저당권과 동순위로 배당받는 채권이 있는 경우 동시배당을 하는 때 민법 368조 1항에 따른 채권의 분담은, 먼저 공동저당권과 동순위로 배당받을 채권자가 존재하는 부동산의 매각대금에서 경매비용과 선순위채권을 공제한 잔여금액을 공동저당권의 피담보채권액과 동순위채권액에 비례하여 안분한 다음, 공동저당권의 피담보채권에 안분된 금액을 경매대가로 삼아 다른 부동산들과 사이에서 각 경매대가에 안분하여 채권의 분담을 정하는 방법으로 이루어진다. 이는 **공동근저당**의 경우에도 마찬가지이다. 대판 2024. 6. 13. 2020다258893. 법원실무 역시 모두 **경매대가 산정 단계**에서 **동순위채권과의 안분금액**을 **미리 공제**하는 방식을 취하고 있다. 즉 ① 경매대가 산정시 부동산 매각대금에서 '동순위채권 안분금액'을 선순위채권과 마찬가지로 공제한다. ② 동순위채권 안분기준은 공동저당채권 '전액'과 동순위 가압류채권 '전액'이다. ③ 이 경매대가에 비례하여 민법 368조 1항에 따라 공동저당채권의 분담을 정한다(이미 **①번 단계**에서 동순위채권 안분이 고려되므로, 이후 민법 368조 1항이 적용되는 국면에서는 동순위채권이 문제 되지 않는다). 위 판례로, 민법 368조 1항의 경매대가 산정단계에서 동순위채권에 안분되어야 할 금액을 미리 고려하지 않을 경우 발생할 수 있는 채권자 평등주의 위반 등의 문제를 해결하고 배당실무의 혼란을 방지할 수 있게 되었다는 평가로는, 조재헌, "공동저당권과 동순위로 배당받는 채권이 있는 경우 민법 제368조 제1항 '각 부동산 경매대가'의 의미 및 구체적인 배당액 산정방법," 대법원판례해설 139호(2024년 상), 125쪽 이하.

2) 대판 1994. 5. 10. 93다25417, 2008. 4. 10. 2007다78234 등.

3) 대판 2010. 4. 15. 2008다41475.

(부등 80조)을 두고 있다]. 이는 공동저당권의 목적부동산 중 일부의 경매대가를 먼저 배당하는 이시배당의 경우에도 최종적인 배당의 결과가 동시배당의 경우와 같게 함으로써 공동저당권자의 실행선택권 행사로 인하여 불이익을 입은 차순위 저당권자를 보호하기 위함이다.[1)]

2) 여기서 **차순위 저당권자**란 후순위 저당권 모두에 해당한다. 후순위 저당권의 대위는 공동저당권자가 **경매된 부동산**의 경매대가로부터 자신의 채권을 전부변제받은 경우뿐만 아니라 일부만을 변제받은 경우에도 인정된다. 다만 후순위 저당권자의 대위권은 **공동저당권자의 채권**이 **전부변제**된 때에 발생한다. 공동저당권자가 먼저 경매된 부동산의 경매대가로부터 채권의 일부만을 변제받은 경우에는, 그 후 **경매될 다른 부동산**의 경매대가로부터 나머지 채권액을 완전히 변제받아 공동저당권이 소멸하는 때에 비로소 대위권이 발생한다.

판례는, 후순위 저당권자의 **대위권**은 공동저당권자에게 우선하여 배당하는 것으로 배당표가 작성되고 그에 따라 배당기일에 그 배당표에 따라 배당이 실시되어 배당기일이 종료되었을 때 **발생**하는 것이지 배당이의소송의 확정 등 그 배당표가 확정되는 것을 기다려 그때에 비로소 발생하는 것은 아니라고 한다.[2)]

3) 이시배당에서 공동담보의 나머지 목적부동산에 대하여 공동근저당권자로서 행사할 수 있는 우선변제권의 범위는 피담보채권의 확정 여부와 상관없이 **최초의 채권최고액**에서 위와 같이 우선변제받은 금액을 공제한 나머지 채권최고액으로 제한된다. 이러한 법리는 채권최고액을 넘는 피담보채권이 원금이 아니라 이자・지연손해금인 경우에도 마찬가지로 적용된다.[3)]

(3) 민법 368조가 유추적용되는 경우

민법 368조는 저당권 외에 우선변제권이 있는 다른 권리가 행사되는 경우에 유추적용되기도 한다.

---

1) 대판 2006. 10. 27. 2005다14502.

2) 대판 2006. 5. 26. 2003다18401; 이우재, "공동근저당권의 이시배당방법과 그 법리의 조세채권에의 확장," 민사재판의 제문제 16권(2007. 12.), 211쪽 이하.

3) 공동근저당권이 설정된 목적부동산에 대하여 동시배당이 이루어지는 경우에 공동근저당권자는 채권최고액 범위 내에서 피담보채권을 민법 368조 1항에 따라 부동산별로 나누어 각 현금화대금에 비례한 액수로 배당받으며, 공동근저당권의 각 목적부동산에 대하여 채권최고액만큼 반복하여, 이른바 누적적으로 배당받지 않는다. 이시배당이 이루어지는 경우에도 동시배당의 경우와 마찬가지로 공동근저당권자가 공동근저당권 목적부동산의 각 현금화대금으로부터 채권최고액만큼 반복하여 배당받을 수 없다고 해석하는 것이 민법 368조 1항・2항의 취지에 부합하기 때문이다. 대판(전) 2017. 12. 21. 2013다16992.

1) 주택임대차보호법 8조에 규정된 **소액보증금반환청구권**은 임차목적 주택에 대하여 저당권에 의하여 담보된 채권, 조세 등에 우선하여 변제받을 수 있는 이른바 법정담보물권으로서, 주택임차인이 대지와 건물 모두로부터 배당을 받는 경우에는 마치 그 대지와 건물 전부에 대한 공동저당권자와 유사한 지위에 서게 되므로 대지와 건물이 동시에 매각되어 주택임차인에게 그 경매대가를 동시에 배당하는 때에는 **민법 368조 1항을 유추적용**하여 대지와 건물의 경매대가에 비례하여 그 채권의 분담을 정해야 한다.[1)]

2) **임금채권**의 우선특권은 사용자의 총재산에 대하여 저당권 등에 의하여 담보된 채권, 조세 등에 우선하여 변제받을 수 있는 이른바 법정담보물권으로서, 사용자 소유의 여러 개의 부동산 중 일부가 먼저 경매되어 그 경매대가에서 임금채권자가 우선특권에 따라 우선변제받은 결과 그 경매한 부동산의 저당권자가 민법 368조 1항에 의하여 여러 개의 부동산으로부터 임금채권이 동시배당되는 경우보다 불이익을 받은 때에는, **같은 조 2항 후문을 유추적용**하여 위와 같이 불이익을 받은 저당권자로서는 임금채권자가 여러 개의 부동산으로부터 동시에 배당받았다면 다른 부동산의 경매대가에서 변제를 받을 수 있었던 금액의 한도 안에서 선순위자인 임금채권자를 대위하여 다른 부동산의 경매절차에서 우선하여 배당받을 수 있다.[2)]

3) 납세의무자 소유의 여러 개의 부동산 중 일부가 먼저 경매되어 그 경매대가에서 과세관청이 **조세우선특권**에 의하여 조세를 우선변제받은 결과 그 경매부동산의 저당권자가 민법 368조 1항에 의하여 여러 개의 부동산으로부터 조세채권이 동시배당되는 경우보다 불이익을 받은 때에도 **같은 조 2항 후문을 유추적용**한다.[3)]

---

1) 대판 2001. 11. 27. 99다22311, 2003. 9. 5. 2001다66291 등.

2) 대판 2002. 12. 10. 2002다48399, 2007. 9. 7. 2005다70816, 2009. 11. 12. 2009다53107, 53024 등.

3) 조세우선변제권은 일정한 범위 내에서는 조세채무자의 총재산에 대하여 우선변제권이 인정된다는 점에서 이른바 법정담보물권으로서의 성격을 갖고 있으며, 따라서 조세채무자의 부동산이 여럿인 경우에는 마치 그 부동산 전부에 대한 공동저당권자와 유사한 지위에 서게 된다. 대판 2001. 11. 27. 99다22311, 2006. 5. 26. 2003다18401, 2015. 4. 23. 2011다47534 등. 한편 조세채권자들 사이의 우선순위를 정하는 데 적용하는 **압류선착주의**로 말미암아 저당권자의 선순위 조세채권자에 대한 **대위권**이 **침해**될 수는 없다. 따라서 납세의무자 소유의 일부 부동산에 관한 **선행공매절차**의 매각대금 배분과정에서 저당권자에 우선하는 조세채권자에 대하여 저당권자에 우선하여 배분절차를 진행한 이상, 비록 그 조세채권자에게 배분된 금액이 압류선착주의에 따라 압류일이 빠른 다른 조세채권에 흡수됨으로써 실제로는 그 금액을 배분받지

(4) 민법 368조가 유추적용되지 않는 경우

동일한 채권의 담보로 부동산과 선박에 대한 저당권이 설정된 경우에는 민법 368조 2항 후문의 규정이 적용 또는 유추적용되지 않는다. 따라서 동일한 채권을 담보하기 위하여 부동산과 선박에 선순위 저당권이 설정된 후 선박에 대해서는 후순위 저당권이 설정된 경우, 먼저 선박에 대하여 담보권실행절차가 진행되어 선순위 저당권자가 선박에 대한 경매대가에서 피담보채권 전액을 배당받음으로써 선박에 대한 후순위 저당권자가 부동산과 선박에 대한 담보권실행절차가 함께 진행되어 동시에 배당을 했더라면 받을 수 있었던 금액보다 적은 금액만을 배당받게 되었더라도, 선박에 대한 후순위 저당권자로서는 민법 368조 2항 후문의 규정에 따라 부동산에 대한 선순위 저당권자의 저당권을 대위할 수 없다.[1)]

▣ **근저당권자의 피담보채무에 대한 변제와 경매개시결정에 대한 이의신청**

(1) 피담보채권을 변제한 경우 이를 이유로 경매개시결정에 대한 이의신청이 가능하다. 다만 경매법원이 변제 여부에 관한 실체적 사유를 심리하는 데 시간이 소요되므로, 통상 피담보채권의 변제자는 변제를 한 후 경매개시결정에 대한 이의신청을 하기보다는 경매신청채권자의 근저당권을 말소한 다음 근저당권이 말소된 등기사항증명서를 경매취소서류(법 266조 1항 1호, 2항)로 제출하고 있다. **피담보채권의 변제자**가 누구인가에 따라 다음과 같이 **변제의 범위**가 달라진다.

(2) **채무자 겸 근저당권설정자**가 변제를 하는 경우 채무자의 채무액이 근저당권의 채권최고액을 초과하는 때에는 채무의 일부인 최고액과 지연이자 및 집행비용을 변제하더라도 채무 전액을 변제할 때까지 근저당권의 효력이 잔존채무에 미치므로 위 일부변제만으로는 근저당권의 말소를 구할 수 없다.[2)] 따라서 위와 같은 경우 채권최고액의 변제만으로는 경매개시결정에 대한 이의신청을 할 수 없다.

(3) **채무자 아닌 근저당권설정자**(물상보증인)가 변제를 하는 경우 근저당권에 의하여 부담하는 채무액의 범위는 청산기에 이르러 확정된 채권 중 채권최고액을 한도로 하는 것이므로, 근저당권설정자는 채권최고액을 변제함으로써 근저당권의 말소를 구할 수 있다.[3)] 따라서 채권최고액의 변제만으로 경매개시결정에 대한 이의

못하는 결과가 되었다 하더라도 실질적으로는 선순위 조세채권자의 우선변제권 행사에 의한 배분이 이루어진 것으로 보아야 하고, 납세의무자 소유의 다른 부동산에 관한 **후행경매절차** 등에서 저당권자에 대하여 선순위 조세채권자에게 그와 같은 배분이 이루어지지 않았다고 주장할 수 없다. 대판 2015. 4. 23. 2011다47534.

1) 대판 2002. 7. 12. 2001다53264, 2002. 10. 8. 2002다34901.

2) 대판 1981. 11. 10. 80다2712.

3) 대판 1974. 12. 10. 74다998. 실무상 이 경우 채권자가 예납하여 실제로 지출된 **집행비용**도

신청을 할 수 있다.

(4) **제 3 취득자**가 변제를 하는 경우 채권최고액과 집행비용을 변제하고[1] 경매개시결정에 대한 이의신청을 할 수 있다.

Ⅱ. 담보권실행을 위한 경매에서의 구제방법

1. 경매개시결정에 대한 이의신청

(1) 이의사유

이해관계인은 경매개시결정에 대하여 이의신청을 할 수 있다(법 268조, 86조 1항). 경매개시결정에 대한 이의신청의 사유에는 경매신청의 형식적 요건과 경매개시결정 자체의 효력에서의 흠 등 **절차상 이의사유** 뿐만이 아니라 담보권의 부존재 또는 소멸(변제·변제공탁, 변제기의 미도래·연기 등) 등 **실체상 이의사유**도 포함된다(법 265조). **담보권의 소멸시기**가 **경매개시결정 전·후**인지 불문한다.

다만 경매신청 채권액이 실제보다 많다는 것은 배당이의사유로 주장할 수 있다. 담보권실행을 위한 경매개시결정은 준재심의 대상이 되지 않는다.[2]

(2) 이의신청의 시기

경매개시결정에 대한 이의신청은 **대금완납시**까지 할 수 있다(법 268조, 86조 1항).[3] 따라서 이해관계인은 매각허가결정이 확정된 후이거나 한번 신청했던 경매개시결정에 대한 이의신청을 기각한 결정이 확정된 후라고 하더라도 매수인이 매각대금

변제하도록 유도한 후 비로소 경매개시결정을 취소하고 경매신청을 기각한다. 법원실무제요 민사집행(3), 360쪽.

1) 대결 1971. 5. 15. 71마251.

2) 민사소송법 461조는 준재심의 대상을 '(민사소송법) 220조의 조서' 외에 '즉시항고로 불복할 수 있는 결정이나 명령'으로 한정하고 있으나, 이는 대표적인 사례를 든 것에 불과하고, 따라서 종국적 재판의 성질을 가진 결정이나 명령 또는 종국적 재판과 관계없이 독립하여 확정되는 결정이나 명령에 해당하는 경우라면 독립하여 준재심을 신청할 수 있다. 그러나 담보권실행을 위한 경매개시결정에 대해서는 즉시항고를 할 수 있다는 취지의 규정도 없고, 경매개시결정에 대해서는 즉시항고에 의하여 상급심의 판단을 받지 않더라도 매각허가결정에 대한 즉시항고로써 다툴 수 있으므로, 이와 같은 경매개시결정은 종국적 재판의 성질을 가진 결정이나 명령, 또는 종국적 재판과 관계없이 독립하여 확정되는 결정이나 명령에 해당하지 않는다. 대결 2004. 9. 13. 2004마660.

3) 대결 1990. 12. 7. 90마701 등. **판례**는, 매각대금의 완납시까지는 신청채권자로부터 변제유예를 받았음을 원인으로 경매개시결정에 대하여 이의신청을 할 수 있으므로, 법원으로서는 만일 변제유예사실이 인정된다면 이러한 이의신청이 신의칙에 반하거나 권리남용에 해당하는 경우와 같은 특별한 사정이 없는 한 이를 인용해야 한다고 보고 있다. 대결 2000. 6. 28. 99마7385.

을 다 낼 때까지는 피담보채무와 집행비용을 변제하고 그 경매개시결정에 대하여 이의신청을 할 수 있다.[1]

피담보채무의 변제를 이유로 이의신청을 하는 경우 **물상보증인**이나 **제 3 취득자**는 채권최고액과 집행비용을 변제하면 된다.[2] 이에 반하여 **채무자 겸 설정자**는 채무액이 근저당권의 채권최고액을 초과하는 경우에 채무액 자체를 변제해야 한다.

(3) 이의신청에 따른 잠정처분

경매개시결정에 대한 이의신청은 집행정지의 효력이 없으므로, 부동산을 목적으로 하는 담보권실행을 위한 경매절차를 정지하기 위해서는 법 268조, 86조 2항에 따라 **법 16조 2항에 준하는** 경매절차의 **일시정지**를 명하는 **잠정처분**의 결정을 받아야 한다.

경매법원이 이러한 경매절차정지결정을 하여 그 결정이 성립되었다면 그 결정이 아직 당사자에게 고지되지 않았더라도 경매법원은 매각대금을 받을 수 없으므로 이미 대금납부기한이 정해진 경우라면 경매법원의 이러한 경매절차정지결정에는 매각대금의 납부기한을 변경한다는 의사가 포함되어 있는 것으로 본다.[3] 다만 경매절차정지가 이루어지지 않아 경매절차가 진행되어 매수인이 매각부동산을 매수했더라도 **경매개시결정 전 피담보채권의 소멸**로 저당권이 소멸된 경우 앞서 본 바와 같이 매수인의 소유권취득에 대항할 수 있으나, 경매개시결정에 대한 이의신청은 매각대금 납부 전까지만 할 수 있으므로(법 268조, 86조 1항), 이미 매수인이 **매각대금**을 **납부한 이후**에는 경매개시결정에 대한 이의신청에 기해 경매개시결정을 취소할 수 없고, 따라서 매수인의 소유권취득을 다투려면 매수인을 상대로 소유권에 관한 별소를 제기하여 구제를 받을 수밖에 없다.[4]

---

1) 대결 1985. 4. 19. 85마169; 이윤승, "피담보채무의 변제를 사유로 하여 임의경매 개시결정에 대한 이의신청을 할 수 있는 시기," 대법원판례해설 19-1호(1993년 상반기), 368쪽 이하.

2) 근저당권의 물상보증인 또는 근저당부동산에 대하여 민법 364조의 규정에 의한 제 3 취득자는 피담보채무가 확정된 이후에 채권최고액의 범위 내에서 그 확정된 피담보채무를 변제하고 그 근저당권의 말소를 청구할 수 있다. 대판 2002. 5. 24. 2002다7176, 2006. 4. 28. 2005다74108 등. 따라서 이들의 경우는 채무자의 채무 전액이 민법 357조의 채권최고액을 초과하는 때에도 채권최고액만을 변제하면 근저당권설정등기의 말소청구를 할 수 있고, 채권최고액을 초과하는 부분의 채권액까지 변제할 의무가 있는 것은 아니다. 대판 1974. 12. 10. 74다998.

3) 대결 1971. 5. 27. 70마4.

4) 법원실무제요 민사집행(3), 362쪽.

(4) 이의신청에 대한 재판

경매개시결정에 대한 이의신청의 재판은 사법보좌관의 업무가 아니라 **판사**의 업무이다(사보규 2조 1항 7호 가목). 담보권실행을 위한 경매절차에서 경매개시결정에 대한 이의신청은 강제경매의 경우와는 달리 실체상의 사유를 이의사유로 주장할 수 있으나, 이를 심리할 때에는 달리 변론을 열지 않고 심문 등 간이한 방식에 의하여 한다. 이러한 방식에 따른 심리결과 이의사유의 존재가 증명된 때에는 경매개시결정에 대한 이의신청을 받아들여 그 결정을 취소해야 하나, 이의사유의 존부가 불분명한 때에는 실체요건의 존부가 명백하지 않더라도 법 264조 1항에서 정한 담보권의 존재를 증명하는 서류가 첨부되어 있는 이상 이의신청을 기각하고 경매절차를 진행한다. 경매개시결정에 대한 이의사유를 실체상의 사유를 원인으로 하더라도 이에 관한 재판에는 담보권의 소멸 등 실체관계를 확정하는 기판력이 없다.

2. 부동산경매절차의 취소 · 정지

(1) 부동산경매절차에서 경매절차정지(취소)서류의 제출에 의한 취소 · 정지사유에 관해서는 **법 266조 1항**에서 규정하고 있다. ① 담보권등기가 말소된 등기사항증명서(1호), ② 담보권등기를 말소하도록 명한 확정판결의 정본(2호), ③ 담보권이 부존재하거나 소멸되었다는 취지의 확정판결의 정본(3호), ④ 담보권불실행 또는 경매신청취하 취지의 서류(법 49조 6호의 경우와 달리 그 서류가 **화해조서의 정본 또는 공정증서의 정본일 필요가 없으며**, 사문서라도 무방하다), 또는 피담보채권의 변제수령증서 · 변제유예증서(4호), ⑤ 담보권실행을 일시정지하는 재판의 정본(5호) 등이다.

(2) 위 ①, ②, ③의 각 경우 및 ④의 경우 가운데 그 서류가 **화해조서의 정본 또는 공정증서의 정본인 경우**에는 경매법원은 경매절차를 **취소**해야 한다. ⑤의 경우에는 그 재판에 따라 경매절차를 취소하지 않는 때에만 이미 실시한 경매절차를 **일시적**으로 **유지**하게 해야 한다(법 266조 2항).

다만 앞서의 ④의 경우 가운데 피담보채권의 변제수령증서 · 변제유예증서가 화해조서의 정본 또는 공정증서의 정본이 아닌 경우에는 법 51조가 준용되어 **정지기간의 제한**을 받게 된다(법 275조).[1)]

---

1) 법원실무제요 민사집행(3), 370쪽; 강대성, 302쪽; 박두환, 657쪽; 김일룡, 525쪽.

(3) 경매절차취소서류의 제출에 따른 경매절차를 취소하는 결정에 대해서는 즉시항고를 할 수 없다(법 266조 3항). 경매절차를 취소하는 경우 경매신청인과 상대방(채무자와 소유자)에게 고지해야 한다(규칙 7조 1항 3호). 경매절차를 취소하는 결정이 있으면 법원사무관 등은 즉시 경매개시결정등기의 말소를 등기관에게 촉탁해야 한다(법 268조 · 141조).

(4) 담보권실행을 위한 **경매절차의 정지 · 취소**는 사법보좌관의 업무이다(사보규 2조 1항 14호 다목).

3. 채무부존재확인의 소 등의 제기 및 이에 따른 잠정처분

(1) 채무자는 **담보권의 효력을 다투는 소**로서 **채무부존재확인의 소** 또는 **저당권설정등기말소청구의 소**를 제기할 수 있다. 이는 **청구이의의 소**에 **준**한다(법 275조 · 44조). 따라서 채무자는 담보권실행을 위한 경매절차를 저지하기 위하여 앞서의 소를 제기하여 법 275조, 46조 2항에 의한 **잠정처분**으로 **경매절차정지결정**을 받아 경매법원에 제출해야 한다.[1] 담보권실행을 위한 경매절차를 정지시키기 위하여 법 275조에 따라 민사집행법 46조에 준하는 경매절차정지를 신청하려면 담보권의 효력을 다투는 본안의 소가 **먼저 제기**되어 있어야 하며,[2] 이때 본안의 소는 경매절차정지를 구하는 **신청자가 제기**한 것을 말한다.[3] 그러나 별개의 소로써 경매불허를 구하는 소는 허용되지 않는다.[4] 한편 경매절차정지결정에 대해서는 민사소송법 500조 3항을 유추적용하여 불복할 수 없으므로 그 결정에 대해서는 **특별항고**(민소 449조)만이 허용된다.[5]

판례는, 담보권실행을 위한 경매를 신청할 수 있는 권리의 존부를 다투어 법 275조에 의한 법 44조의 준용에 의해 **채무에 관한 이의의 소**를 제기한 경우에도

---

1) 대결 1977. 12. 21. 77그6, 1993. 10. 8. 93그40, 2012. 8. 14. 2012그173(갑 소유 건물에 을 명의로 설정된 근저당권을 계약양도를 원인으로 이전받은 병이 건물에 관하여 근저당권실행을 위한 경매신청을 하여 경매개시결정을 받았는데, 갑이 을을 상대로 채무부존재확인소송을 제기한 다음 병에 대하여 경매절차정지를 신청했고, 이에 원심법원이 피신청인을 을로 하여 경매절차정지결정을 했다가 나중에 병으로 경정하는 결정을 한 사안에서, 갑이 병을 상대로 담보권의 효력을 다투는 소를 제기한 바 없는데도 병의 경매절차를 정지하는 잠정처분을 한 것은 헌법 위반에 해당한다는 이유로 병의 특별항고를 받아들여 원심결정을 파기한 사례이다).

2) 대결 2012. 8. 14. 2012그173, 2024. 5. 9.2024그528.

3) 대결 2024. 5. 9. 2024그528.

4) 대판 1987. 3. 10. 86다152, 2002. 9. 24. 2002다43684, 2018. 11. 15. 2018다38591.

5) 대결 2004. 6. 30. 2004그62.

법 46조 2항의 준용에 의한 경매절차정지결정을 받아 정지시킬 수 있을 뿐이고, 일반적인 가처분절차에 의하여 그 절차를 정지시킬 수 없다고 한다.[1] 다만 잠정처분으로 경매절차정지를 받은 후 본안소송에서 패소한 경우 경매절차정지로 인한 채권자의 손해에 대하여 채무자의 고의·과실이 추정된다.[2]

(2) 담보권실행을 위한 경매절차에서 목적부동산에 관하여 소유권 그 밖에 목적물의 양도나 인도를 막을 수 있는 권리가 있다고 주장하는 제 3 자는 담보권실행의 불허를 구하기 위하여 **제 3 자이의의 소**를 제기할 수 있다(법 275조·48조).

제 3 절 유체동산에 대한 담보권실행

Ⅰ. 압 류

(1) 유체동산을 목적으로 하는 담보권실행을 위한 경매는 채권자가 그 목적물을 제출하거나 그 목적물의 점유자가 압류를 승낙한 때에 개시한다(법 271조). 여기에는 유체동산에 대한 강제집행의 규정과 부동산에 대한 담보권실행에 관한 법 265조·266조의 규정이 준용된다(법 272조). 그러나 담보권실행을 위한 경매가 특정의 목적물에 설정된 담보권의 실행을 위한 것이므로, ① 초과압류금지에 관한 규정(법 188조 2항, 규칙 140조 1항), ② 매각의 한도에 관한 규정(법 207조), ③ 압류금지물건 또는 그 범위의 변경에 관한 규정(법 195조·196조), ④ 압류물의 선택에 관한 규정(규칙 132조) 등은 준용되지 않는다(규칙 199조 2항).

(2) 유체동산의 담보권실행을 위한 경매에서는 매수인은 선의취득에 의하여 보호되므로, 매수인의 부동산 취득은 담보권의 소멸로 영향을 받지 않는다는 법 267조는 준용되지 않는다.

(3) **동산·채권 등의 담보에 관한 법률(2020. 10. 20. 개정, 2022. 4. 21. 시행)**이 시행됨으로써, 법인 또는 부가가치세법에 따라 사업자등록을 한 사람이[3] 담보약

---

1) 대결 1993. 1. 20. 92그35, 2003. 9. 8. 2003그74, 2004. 8. 17. 2004카기93.

2) 대판 2001. 2. 23. 98다26484.

3) 위 개정 법률이 **시행되기 전**에는 담보권설정자의 **인적 범위**는 '법인 또는 상업등기법에 따라 상호등기를 한 사람'으로 **한정**되었다. 그러나 전체 등록 개인사업자 중 상업등기 사업자 비중이 매우 낮아 사실상 중소기업·자영업자 대부분은 위 법률에 따른 동산담보제도를 이용하기 어려운 실정이었으므로, 위 개정 법률을 통해 담보권설정자의 인적 범위를 **확대**했다.

정에 따라 **유체동산**을 담보로 제공하여 담보등기를 한 경우 담보권자(**동산담보권자**)는 자기의 채권을 변제받기 위하여 담보목적물의 경매를 청구할 수 있다(위 법률 3조 1항, 21조). 이 경우 민사집행법 264조 · 271조 · 272조 규정 등이 준용된다(위 법률 22조 1항).[1)]

한편 동산담보권이 설정된 담보목적물에 대하여 다른 채권자의 신청에 의한 강제집행절차가 진행되는 경우 **집행관의 압류 전**에 **등기된 동산담보권**을 가진 채권자는 배당요구의 종기까지(집행관이 매각대금을 교부받을 때까지) 별도로 배당요구를 하지 않더라도 당연히 배당에 참가하여 배당받을 수 있음에 대해서는 이미 유체동산에 대한 강제집행에서 살펴본 바와 같다.

Ⅱ. 현금화와 배당

압류 후 유체동산의 강제집행에 준하여 유체동산경매가 행해진다(법 272조). 채무자나 소유자는 담보권의 부존재 · 소멸을 이유로 **집행에 관한 이의신청**(법 16조)을 할 수 있다. 이중압류를 하거나, 우선변제청구권에 기하여 배당요구를 할 수 있다. 배당절차는 유체동산의 강제집행과 동일하게 취급한다(법 272조).

제 4 절 채권 그 밖의 재산권에 대한 담보권실행 등

Ⅰ. 의 의

(1) 채권 그 밖의 재산권을 목적으로 하는 담보권실행은 담보권을 증명하는 서류가 제출된 때에 개시된다. 다만 권리이전에 등기 · 등록을 필요로 하는 재산권을 목적으로 하는 담보권의 행사인 경우에는 그 등기사항증명서 또는 등록원부의 등본을 제출해야 한다(법 273조 1항). 채권에 대한 질권(채권질)의 실행은 민법 353조에 의하여 직접 청구할 수도 있으므로, 법 273조의 활용가치는 크지 않다. 그러나 채권질이 아닌 그 밖의 재산권(예컨대 특허권, 저작권, 사원의 지분권, 예탁유

---

1) 동산 · 채권 담보등기의 현황 및 동산 · 채권담보권 실행상의 문제점과 개선방안에 관해서는, 김효석, "동산 · 채권 담보등기의 현황과 담보권 실행상의 문제점," 민사집행법연구 10권(2014. 2.), 465쪽 이하.

가증권 등)에 대한 질권의 경우에는 법 273조에 의해야 한다.

(2) '동산·채권 등의 담보에 관한 법률'이 시행됨으로써, 법인 또는 부가가치세법에 따라 사업자등록을 한 사람이 담보약정에 따라 금전의 지급을 목적으로 하는 **지명채권**을 담보로 제공하여 담보등기를 한 경우 담보권자는 자기의 채권을 변제받기 위하여 민사집행법에서 정한 집행방법으로 채권담보권을 실행할 수 있다(동산·채권 등의 담보에 관한 법률 36조 3항).

(3) 담보권의 우선변제권의 실현방법은 해당 목적물의 경매이나, 그 목적물이 매각·멸실, 공용징수 등에 의하여 금전 등으로 바뀐 경우에는 그 변형물에도 담보권의 우선변제권의 효력이 미친다. 이를 **물상대위**라고 한다(민 342조·370조). 예컨대 ① 토지의 저당권자는 그 토지가 수용당한 경우 소유자가 갖는 저당목적물의 변형물인 수용보상금지급청구권에 대하여 물상대위를 할 수 있으며,[1] ② 저당목적물이 소실되어 저당권설정자가 보험회사에 대하여 화재보험계약에 따른 보험금청구권을 취득한 경우 그 보험금청구권은 저당목적물이 가지는 가치의 변형물이므로 저당권자는 저당권설정자의 보험회사에 대한 보험금청구권에 대하여 물상대위를 할 수 있다.[2][3]

다만 이는 담보목적물 자체에 대한 담보권실행이 아니고, **담보목적물의 변형물**에 대한 **담보권에 기한 권리실행**이다. 민법 342조·370조에서는 물상대위를 행사하기 전에 압류해야 한다는 규정을 두고 있고, 법 273조 2항은 민법 342조에 따라 담보권설정자가 받을 금전, 그 밖의 물건에 대하여 권리를 행사하는 경우에도 채권담보권의 실행과 마찬가지의 절차에 의한다고 규정하고 있다.

---

1) 대판 1998. 9. 22. 98다12812, 2010. 10. 28. 2010다46756 등.

2) 대판 2004. 12. 24. 2004다52798, 2009. 11. 26. 2006다37106. 보험의 목적물에 관하여 저당권이 설정되어 있고, 채무자가 자기를 위한 손해보험계약을 체결했는데 보험사고로 목적물이 멸실·훼손된 경우 채무자 즉, 피보험자가 받을 보험청구권에 대해서도 저당권자가 물상대위권을 가지는지 여부에 관하여 민법이나 상법에 명문의 규정이 없어 학설이 대립하고 있다. 저당목적물이 소실됨으로 인하여 발생한 보험금청구권은 실질적으로는 그 저당목적물의 변형물이라고 볼 수 있으며, 보험청구권이 실제 발생한 이상 이에 저당권자의 물상대위를 인정한다고 하여 하등 불합리하거나 불공평하다고 할 수 없다. 김승균, "저당목적물이 소실됨으로써 저당권설정자가 취득한 화재보험금청구권에 대하여 저당권자가 물상대위할 수 있는지 여부," 대법원판례해설 51호(2004년 하반기), 122쪽 이하; 이근윤, "보험금채권상의 질권과 저당권에 기한 물상대위," 해상·보험법에 관한 제문제(하)(재판자료 53집, 1991. 9.), 613쪽 이하. 이를 부정하는 견해로는, 강동세, "저당권의 물상대위," 법조 49권 9호(2000. 9.), 65쪽 이하.

3) 동산양도담보권도 물상대위권이 인정된다. 대판 2009. 11. 26. 2006다37106; 이헌숙, "동산 양도담보권에 기한 물상대위가 인정되는지 여부," 대법원판례해설 81호(2009년 하반기), 146쪽 이하.

(4) 채권 등 담보권실행은 채권 등에 대한 강제집행에 준한다(법 273조 3항). 채권 등 담보권실행은 **사법보좌관**의 업무이다(사보규 2조 1항 12호).

(5) 담보권실행 또는 민법 342조·370조의 물상대위에 기한 권리행사에 대한 즉시항고에서는 집행권원에 의한 강제집행절차의 경우와는 달리 담보권이나 피담보채권의 부존재·소멸 등의 실체상의 사유를 항고이유로 주장할 수 있다(규칙 200조 2항, 법 265조).[1]

Ⅱ. 물상대위권에 기한 담보권행사

1. 채권 등의 압류

(1) 질권자·저당권자에게 물상대위권이 생겼을 때에는 담보권에 기한 권리실행을 할 수 있다(법 273조 2항). 이 경우 담보권의 존재를 증명하는 서류를 제출함으로써 족하며, 일반채권자로서 강제집행을 하는 것이 아니므로 집행권원은 필요하지 않다.

(2) 저당권자는 물상대위권을 행사하기 위하여 저당권설정자가 받을 금전 그 밖의 물건의 지급 또는 인도 전에 **압류**해야 한다(민 370조, 342조 단서). 이는 물상대위의 목적인 **채권의 특정성**을 유지하여 그 효력을 보전하고, 평등배당을 기대한 다른 일반채권자의 신뢰를 보호하는 등 제 3 자에게 불측의 손해를 입히지 않음과 동시에 집행절차의 안정과 신속을 꾀하고자 함에 있다. 따라서 적법한 기간 내에 적법한 방법으로 물상대위권을 행사한 저당권자는 저당권설정자에 대한 일반채권자보다 우선변제를 받을 수 있다.[2] 예컨대 보상금 등이 소유자의 일반재산에 혼입(混入)되기 전까지 압류로 그 특정성을 유지·보전되고 있는 한도 안에서 저당권자의 우선변제권이 인정된다.[3]

이 경우 이미 제 3 자가 압류를 하여 그 금전 또는 물건이 특정된 이상 저당권자가 이를 압류하지 않고서도 물상대위권을 행사하여 일반채권자보다 우선변제

---

1) 대결 2008. 8. 12. 2008마807.

2) 대판 2000. 7. 4. 98다62909, 2003. 3. 28. 2002다13539, 2008. 3. 13. 2006다29372,29389.

3) 따라서 근저당권자가 물상대위할 금전이나 물건의 인도청구권을 압류하기 전에 근저당권을 설정한 소유자가 그 인도청구권에 기하여 금전 등을 수령한 경우 근저당권자는 더 이상 물상대위권을 행사할 수 없다. 대판 2009. 5. 14. 2008다17656, 2015. 9. 10. 2013다216273.

받을 수 있다.[1)]

(3) 법원은 해당 채권에 관한 물상대위권이 있음을 증명하는 서류가 제출되면 그 채권이 금전지급청구권인 때에는 압류명령을 발한다(법 273조 3항). 금전 아닌 물건인도청구권인 때에는 유체물인도청구권의 압류방법으로 한다. 물상대위권자는 압류명령과 동시에 또는 그 뒤에 추심명령·전부명령을 구할 수 있다.[2)]

(4) **판례**는, 물상대위권을 갖는 채권자가 **동시에** 집행권원을 가지고 있으면서 **집행권원에 의한 강제집행**의 방법을 선택하여 채권의 압류 및 추심명령을 얻은 경우에는 비록 그가 물상대위권을 갖는 실체법상의 우선권자라 하더라도 원래 일반 집행권원에 의한 강제집행절차와 담보권실행절차는 그 개시요건이 다를 뿐만 아니라 다수의 이해관계인이 관여하는 집행절차의 안정과 평등배당을 기대한 다른 일반채권자의 신뢰를 보호할 필요가 있는 점에 비추어 일반 집행권원에 의한 채권압류를 물상대위권의 행사로 볼 수 없다고 한다.[3)]

(5) 저당권자가 이러한 물상대위권의 행사에 나아가지 않은 채 단지 수용대상 토지에 대하여 담보물권의 등기가 된 것만으로는 그 보상금으로부터 우선변제를 받을 수 없고,[4)] 저당권자가 물상대위권의 행사에 나아가지 않아 우선변제권을

1) 대판 2002. 10. 11. 2002다33137. 이에 대하여, 민법 342조 단서의 '압류'는 같은 조 본문에 의하여 물상대위권이 인정됨에 따라 이중변제의 위험에 놓이게 된 제 3 채무자를 보호하기 위한 것으로 물상대위권의 본질론과는 직접적인 관련이 없다고 보아야 하고, 위 '압류'는 제 3 채무자에게 물상대위권의 존재를 알리는 것이므로 물상대위권자 자신에 의한 압류이어야 한다는 견해로는, 이한승, "물상대위에 있어서의 '지급 또는 인도전 압류'에 관하여," 민사판례연구(민사판례연구회) 22집(2000. 2.), 89쪽 이하.

2) **판례**는, 저당권자가 물상대위권을 행사하여 채권압류명령 등을 신청하면서 그 청구채권 중 이자·지연손해금 등 부대채권의 범위를 **신청일 무렵까지**의 **확정금액**으로 **기재한** 경우, 신청의 취지와 원인 및 집행실무 등에 비추어 저당권자가 부대채권에 관해서는 신청일까지의 액수만 배당받겠다는 의사를 명확하게 표시했다고 볼 수 있는 등의 **특별한 사정**이 없는 한, 그 **배당절차**에서는 **채권계산서를 제출했는지 여부**에 **관계없이 배당기일까지의 부대채권**을 **포함**하여 원래 우선변제권을 행사할 수 있는 범위에서 **우선배당**을 받을 수 있다고 봄이 타당하다고 한다. 대판 2022. 8. 11. 2017다256668. **위 판결 이전 실무례**는, 압류단계에서 청구금액 중 부대채권은 신청일까지의 금액으로 특정하도록 요구하므로, 배당단계에서도 부대채권의 종기를 배당기일까지 확장하는 것을 허용하지 않고, 다만 배당요구의 경우에는 배당요구시까지의 지연손해금만 산정하여 청구금액에 포함시켜야 한다는 입장이었다. 위 판결은 이러한 종래 배당실무에 많은 변화를 일으킬 수 있음을 지적하는 견해로는, 이봉민, "저당권자가 물상대위권을 행사하여 채권압류 및 추심 또는 전부명령을 받은 경우 배당기일까지의 이자를 배당받을 수 있는지 여부," 대법원판례해설 제133호(2023년), 109쪽·122쪽.

3) 대판 1990. 12. 26. 90다카24816, 2009. 1. 30. 2008다73311.

4) 대판 1998. 9. 22. 98다12812, 2002. 10. 11. 2002다33137, 2010. 10. 28. 2010다46756. 저당권에 의하여 담보된 채권이었으나 그 저당목적물의 변형물인 금전에 대하여 물상대위권의 행

상실한 이상 다른 채권자가 그 보상금 또는 이에 관한 변제공탁금으로부터 이득을 얻었다고 하더라도 저당권자는 이를 부당이득으로서 반환청구할 수 없다.[1]

▣ 전세권에 설정된 저당권(전세권저당권)과 물상대위

(1) 전세권저당권상 전세권의 존속기간 만료에 따른 물상대위권의 발생

전세권에 설정된 저당권의 경우 전세권의 존속기간이 만료되면 전세권의 용익물권적 권능이 소멸되고 담보물권적 권능만 남게 되므로,[2] 더 이상 전세권 자체에 대하여 저당권을 실행할 수 없게 된다. 이러한 경우에는 **저당권의 목적물**인 **전세권**을 갈음하여 존속하는 것으로 볼 수 있는 **전세금반환채권**에 **물상대위권**이 생기고(민 371조 1항, 370조·342조, 법 273조), 이에 대하여 집행권원 없이 권리행사를 할 수 있다(이 경우 저당권의 존재를 증명하는 등기사항증명서를 집행법원에 제출하면 된다).

(2) 물상대위권에 기한 권리행사방법

1) 이 경우 전세금반환채권에 대하여 **압류** 및 **추심명령** 또는 **전부명령**을 받는 등의 방법으로 권리를 행사하여 전세권설정자에 대해 전세금의 지급을 구할 수 있다.[3]

저당목적물의 변형물인 금전 그 밖의 물건에 대하여 일반채권자가 물상대위권을 행사하려는 저당채권자보다 단순히 먼저 압류나 가압류의 집행을 함에 지나지 않은 경우에는, 저당권자는 그 전은 물론 그 후에도 목적채권에 대하여 물상대위권을 행사하여 일반채권자보다 **우선변제**를 받을 수가 있으며,[4] 위와 같이 전세권저당권자가 우선권 있는 채권에 기하여 **전부명령을** 받은 때에는 형식상 **압류가 경합**되었다 하더라도 그 전부명령은 **유효**하다.[5] 따라서 민법 370조, 342조 단서에 따라 적법한

사에 나아가지 않은 이상, 그 채권을 국세징수법 81조 1항 3호에 규정된 '압류재산과 관계되는 저당권에 의하여 담보된 채권'으로 볼 수는 없다. 대판 2010. 10. 28. 2010다46756.

1) 대판 1994. 11. 22. 94다25728, 2002. 10. 11. 2002다33137.

2) 전세권설정등기를 마친 민법상 전세권은 그 성질상 용익물권적 성격과 담보물권적 성격을 겸비한 것으로서, **전세권의 존속기간이 만료**되면 전세권의 용익물권적 권능은 전세권설정등기의 말소 없이도 당연히 소멸하고, 단지 전세금반환채권을 담보하는 **담보물권적 권능**의 범위 내에서 전세금의 반환시까지 그 **전세권설정등기의 효력**이 존속한다. 대판 2005. 3. 25. 2003다35659 등. 원래 전세권에서 전세권설정자가 부담하는 전세금반환의무는 전세금반환채권에 대한 제 3 자의 압류 등이 없는 한 전세권자에 대해 전세금을 지급함으로써 그 의무이행을 다할 뿐이므로, 전세권에 대하여 저당권이 설정된 경우에도 전세권이 기간만료로 소멸되면 전세권설정자는 전세금반환채권에 대한 제 3 자의 압류 등이 없는 한 전세권자에 대해서만 전세금반환의무를 부담한다. 대판 1999. 9. 17. 98다31301; 이원일, "전세권에 대하여 저당권이 설정되어 있는데 전세권이 기간만료로 종료된 경우, 전세금반환채권에 대한 제 3 자의 압류 등이 없는 한 전세권설정자는 전세권자에 대하여만 전세금반환의무를 부담하는지 여부 및 그 저당권의 실행방법," 대법원판례해설 33호(1999년 하반기), 89쪽 이하.

3) 대판 1999. 9. 17. 98다31301, 2014. 10. 27. 2013다91672, 2021. 12. 30. 2018다268538 등.

4) 대판 1994. 11. 22. 94다25728 등.

5) 대판 2008. 12. 24. 2008다65396; 오경미, "채권담보전세권과 그 저당권의 법률관계," 민사

기간 내에 적법한 방법으로 물상대위권을 행사한 저당권자는 전세권자에 대한 일반 채권자보다 우선변제를 받을 수 있다.[1]

2) **제 3 자**가 **전세금반환채권**에 대하여 실시한 **강제집행절차**에서 **배당요구**를 하는 등의 방법으로 자신의 권리를 행사할 수 있다(법 273조 2항 · 3항, 247조).[2] 이러한 방법에 의한 물상대위권의 행사는 **배당요구의 종기**(예컨대 추심채권자가 추심명령에 따라 추심한 경우 **추심신고시**)까지 해야 우선변제권을 행사할 수 있다.[3]

3) 전세권저당권자가 물상대위권을 행사하여 전세금반환채권에 대하여 압류 및 추심명령 또는 전부명령을 받고 이에 기하여 추심금 또는 전부금을 청구하는 경우 제 3 채무자인 전세권설정자는 일반적인 채권집행의 법리에 따라 압류 및 추심명령 또는 전부명령이 **송달된 때**를 기준으로 하여 그 이전에 채무자와 사이에 발생한 모든 항변사유로 압류채권자에게 **대항**할 수 있다.[4]

4) 전세금은 그 성격에 비추어 민법 315조 소정의 전세권설정자의 전세권자에 대한 손해배상채권 외의 다른 채권까지 담보한다고 볼 수 없으므로, 전세권설정자가 전세권자에 대하여 위 손해배상채권 외의 다른 채권을 가지고 있더라도 다른 특별한 사정이 없는 한 이를 가지고 전세금반환채권에 대하여 물상대위권을 행사한 전세권저당권자에게 **상계** 등으로 대항할 수 없다.[5]

그러나 전세금반환채권은 전세권이 성립했을 때부터 이미 그 발생이 예정되어 있다고 볼 수 있으므로, **전세권저당권이 설정된 때**에 이미 전세권설정자가 전세권자에 대하여 **반대채권**을 가지고 있고 그 반대채권의 변제기가 장래 발생할 전세금반환채권의 변제기와 동시에 또는 그보다 먼저 도래하는 경우와 같이 전세권설정자에게 **합리적 기대이익**을 인정할 수 있는 때에는 특별한 사정이 없는 한 전세권설정

재판의 제문제 19권(2010. 12.), 107쪽 이하.

1) 대판 1994. 11. 22. 94다25728, 대결 1995. 9. 18. 95마684, 대판 2008. 3. 13. 2006다29372, 29389 등.

2) 대판 2008. 3. 13. 2006다29372, 2014. 10. 27. 2013다91672, 2021. 12. 30. 2018다268538 등.

3) 요건을 흠결한 집행공탁에 기한 공탁사유신고로 인하여 법 247조 1항에 따른 배당요구의 종기가 도래하고 그 후의 배당요구를 차단하는 효력이 발생한다고 할 수는 없다. 따라서 '공익사업을 위한 토지 등의 취득 및 보상에 관한 법률'상 보상금채권에 관하여 요건을 흠결한 집행공탁이 이루어지고 이에 기하여 배당절차가 진행되는 경우, 수용되는 부동산의 근저당권자가 사업시행자의 공탁사유신고 이후 배당금이 지급되기 전에 공탁금출급청구권에 관한 압류 및 추심명령을 받아 위 배당절차에서 배당요구를 했다면 이는 적법하게 물상대위권을 행사한 것으로 볼 수 있다. 대판 2008. 4. 10. 2006다60557.

4) 대판 2004. 6. 25 2003다46260,53879, 2021. 12. 30. 2018다268538. 예컨대 임대차계약에 따른 임대차보증금채권을 담보할 목적으로 유효한 전세권설정등기가 마쳐진 때에는 전세권저당권자가 저당권설정 당시 그 전세권설정등기가 임대차보증금반환채권을 담보할 목적으로 마쳐진 것임을 알고 있었다면, 제 3 채무자인 전세권설정자는 전세권저당권자에게 그 전세권설정계약이 임대차계약과 양립할 수 없는 범위에서 무효임을 주장할 수 있으므로, 그 임대차계약에 따른 연체차임 등의 공제 주장으로 대항할 수 있다. 대판 2021. 12. 30. 2018다268538.

5) 대판 2008. 3. 13. 2006다29372,29389.

자는 그 반대채권을 자동채권으로 하여 전세금반환채권과 상계함으로써 전세권저당권자에게 대항할 수 있다.[1)]

2. 압류 후의 절차

물상대위에 의한 압류채권자 상호간의 우선순위는 실체법상의 우선순위에 따른다. 즉 저당권의 설정순위에 따르며, 압류의 순서에 따르는 것이 아니다. 동일 채권에 대한 담보권실행이 경합할 경우에는 이중압류명령을 할 수도 있다. 이 경우 압류명령을 송달받은 제 3 채무자는 압류채권자의 청구가 있으면 공탁의무가 있다(법 273조 3항, 248조 2항).

제 5 절 형식적 경매

Ⅰ. 의 의

(1) **형식적 경매**는 재산의 가격보존 또는 정리를 위한 경매로서 청구권의 만족·보전을 목적으로 하지 않지만, **담보권실행으로서의 경매의 예**에 의하는 현금화 절차이다(법 274조 1항). 이에 반하여, 강제경매와 담보권실행을 위한 경매는 채권자가 자기채권의 만족을 얻기 위하여 실행한다는 의미에서 **실질적 경매**라고 부른다. 법 274조(유치권 등에 의한 경매)는 **유치권에 의한 경매**(민 322조 1항)와 **민법·상법, 그 밖의 법률이 규정하는 바에 따른 경매**를 규정하고 있는데, 후자만을 가리킬 때는 **좁은 의미의 형식적 경매**라고 한다.

▣ 좁은 의미의 형식적 경매의 의의

(1) 좁은 의미의 형식적 경매의 종류

좁은 의미의 형식적 경매에는, ① 공유분할을 위한 경매로서, 공유물분할경매(민 269조 2항), 부부공유재산분할경매(민 829조 3항, 가소규칙 98조), 상속재산분할경매(민 1013조 2항) 등, ② 특정물의 인도의무를 부담하는 사람이 그 인도의무를 면하기 위하여 물건을 현금화하는 것을 목적으로 하는 이른바 '자조매각'(自助賣却)을 위한 경매로서, 변제자의 변제공탁을 위한 경매(민 490조), 상사매매에서 목적물의

1) 대판 2014. 10. 27. 2013다91672.

경매(상 67조 · 70조 · 71조), 위탁매수인의 매수물건의 처리를 위한 경매(상 109조) 등, ③ 단주(端株)를 매각하여 그 대금을 주주에게 교부하기 위한 경매 등(상 443조 1항), ④ 어떤 물건에 대한 타인의 권리를 상실시키는 것 자체를 직접적인 목적으로 하여 이루어지는 경매로서, 집합건물의 구분소유자의 의무위반시 그 전유부분 및 대지사용권의 박탈방법('집합건물의 소유 및 관리에 관한 법률' 45조) 등, ⑤ 어떤 재산을 채권액에 비례하여 채권자들에게 일괄변제하기 위한 청산을 목적으로 하는 경매로서, 한정승인 · 상속재산분리에서 상속채권자 등에 대한 변제방법(민 1037조, 1051조 3항) 등이 있다.

(2) 좁은 의미의 형식적 경매의 성질

형식적 경매에서는 현금화의 완료로 끝나고 별도로 청구권의 만족이나 실현의 단계로 나아가지 않는다. 좁은 의미의 경매 가운데, ①에서 ④까지의 경우를 **현금화형 형식적 경매**라고 하며, ⑤의 경우를 **청산형 형식적 경매**라 한다.

(2) 형식적 경매절차는 담보권실행을 위한 경매의 예에 따라 실시하는데(법 274조 1항), 담보권실행을 위한 경매는 목적재산의 종류에 따라 그 절차를 달리하므로 형식적 경매절차도 목적재산의 종류에 따라 달라진다. 여기서 '예에 따라 실시한다.'는 것은 담보권실행을 위한 경매에 관한 규정을 모두 그대로 적용하는 것이 아니라 **형식적 경매의 취지 · 목적 · 성질 등**에 비추어 담보권실행을 위한 경매에 관한 규정들 가운데 적용할 것은 적용하고 적용해서는 안 될 것은 적용하지 않는다는 것을 뜻한다.[1)]

(3) 형식적 경매에 대하여, ① 부동산상의 담보권은 매각에 의하여 소멸하지 않고, 매수인이 그 부담을 인수하고 배당요구는 허용되지 않으며, 따라서 배당절차도 실시되지 않고, 매각대금은 경매신청인에게 교부된다고 보는 견해(즉 형식적 경매에는 인수주의를 취한 것으로 본다. **인수설**).[2)] ② 형식적 경매에 담보권실행을 위한 경매의 예에 따라 실시한다는 규정(법 274조 1항) 등을 근거로 모든 형식적 경매에는 소멸주의가 적용되며, 배당절차가 필요하다고 보는 견해(**소멸설**),[3)] ③ 형식적 경매를 현금화형 형식적 경매와 청산형 형식적 경매로 나누어, 현금화형 형식적 경

1) 전휴재, 주석서(5), 184쪽. 따라서 형식적 경매에서 담보권실행을 위한 경매절차에 관한 규정을 적용함에 있어서 어느 한도에서 이를 이용할 수 있는지 문제된다. 법원실무제요 민사집행(3), 412쪽.

2) 법원행정처, 민사집행법해설, 237쪽.

3) 문정일, "공유물분할을 위한 경매에 있어서 몇 가지 문제점에 관하여," 민사집행법실무연구(재판자료 109집, 2006. 2.), 251쪽.

매에는 인수주의가 적용되어 배당절차가 필요 없지만, 청산형 형식적 경매에는 소멸주의가 적용되어 배당절차를 실시해야 한다는 견해, 또는 청산형 형식적 경매에는 소멸주의가 적용되지만 이 경우에는 경매절차 밖에 따로 마련된 별도의 청산을 위한 절차 내에 매각대금에 대한 별도의 변제절차가 있어서 그 매각대금으로 채권자들에 대하여 일괄적으로 변제해야 하므로 따로 배당절차를 실시할 필요가 없다고 보는 견해(**절충설**)[1] 등이 있다.

판례는, ① **현금화형 형식적 경매**인 **공유물분할을 위한 경매**(민 269조 2항)도 강제경매나 담보권실행을 위한 경매와 마찬가지로 목적부동산 위의 부담을 소멸시키는 것을 법정매각조건으로 하여 실시된다고 봄이 상당하나, 집행법원은 필요한 경우 위와 같은 법정매각조건과는 달리 목적부동산 위의 부담을 소멸시키지 않고 매수인으로 하여금 인수하도록 할 수 있으며, 이때에는 매각조건변경결정을 하여 이를 고지해야 하며,[2] ② **청산형 형식적 경매**인 한정승인의 경우 상속재산의 경매(민 1037조)는 제도의 취지와 목적, 관련 민법 규정의 내용, 한정승인자와 상속채권자 등 관련자들의 이해관계 등을 고려할 때 일반채권자인 상속채권자로서는 민사집행법이 아닌 민법 1034조에서 1036조까지의 규정에 따라 변제받아야 하며, 따라서 그 경매에서는 일반채권자의 배당요구가 허용되지 않는다[3]는 입장이다.

(4) **형식적 경매절차**는 목적물에 대하여 강제경매 또는 담보권실행을 위한 경매절차가 개시된 때에는 이를 **정지**하고, 채권자 또는 담보권자를 위하여 그 절차를 계속하여 진행한다(법 274조 2항).[4] 이 경우 강제경매 또는 담보권실행을 위한 경매가 **취소되면** 형식적 경매절차를 계속하여 진행해야 한다(법 274조 3항).

예컨대 강제경매절차 또는 담보권실행을 위한 경매절차가 진행 중인 **목적물**에 대하여 나중에 **공유물분할경매**(민 269조 2항)가 개시되더라도 강제경매절차 등

1) 강대성, 310쪽; 김상수, 413쪽; 오시영, 727쪽; 손진홍, "유치권자의 신청에 의한 경매절차," 민사집행법실무연구(재판자료 109집, 2006. 2.), 415쪽.

2) 대판 2009. 10. 29. 2006다37908; 문정일, "공유물분할을 위한 경매에서의 법정매각조건," 대법원판례해설 81호(2009년 하반기), 424쪽 이하.

3) 대판 2013. 9. 12. 2012다33709.

4) 2002. 1. 26. 민사집행법이 제정되기 이전에 시행되던 구 민사소송법 734조 2항에서는 **유치권실행을 위한 경매절차**가 진행되던 중 담보권실행을 위한 경매절차가 개시된 경우에는 유치권실행을 위한 형식적 경매를 정지한다고 규정했을 뿐 **그 밖의 형식적 경매**에 관해서는 그와 같은 규정이 없었다.

을 계속 진행해야 하고 공유물분할경매에 의하여 절차를 진행해서는 안 된다. 다만 **목적물의 지분 일부**에 대하여 강제경매절차 등이 진행되던 중 목적물 전체에 대하여 공유물분할경매가 개시된 경우에는 강제경매절차 등과 공유물분할경매절차를 병합하여 목적물 전체를 한꺼번에 매각하되, 이중경매의 대상인 지분 매각은 강제경매절차 등에 따라 진행하고 나머지 지분 매각은 공유물분할경매절차에 따라 진행한다[이 경우는 결과적으로 공유물 전체를 매각하는 것이므로, 법 140조 소정의 공유자의 우선매수권은 그 적용이 배제된다].[1)]

Ⅱ. 유치권에 의한 경매

(1) 유치권에 의한 경매의 신청은 유치권의 존재를 증명하는 서류를 경매기관에 제출해야 한다. 유치권에 의한 경매는 **사법보좌관**의 업무로 되었다(사보규 2조 1항 13호).

(2) 유치권에 의한 경매도 강제경매나 담보권실행을 위한 경매와 마찬가지로 목적부동산 위에 설정된 제한물권 등의 부담을 **소멸**시키는 것을 **법정매각조건**으로 하여 실시되고, 우선채권자뿐만 아니라 **일반채권자**의 배당요구도 허용되며, **유치권자**는 일반채권자와 동일한 순위로 배당을 받을 수 있다.[2)] 다만 집행법원은 부동산 위의 이해관계를 살펴 위와 같은 법정매각조건과는 달리 **매각조건변경결정**을 통하여 목적부동산 위의 부담을 소멸시키지 않고 매수인으로 하여금 인수하

1) 경매법원이 목적물 전체를 공유물분할경매절차에 따라서만 매각함으로써 강제경매절차 등에서 배당요구를 할 수 있는 종기를 새로 정하는 결과가 초래되었다고 하더라도, 목적물의 지분 일부에 대한 선행강제경매 등 절차에서 정했던 배당요구의 종기를 그대로 유지했을 경우와 비교하여 채권자의 배당에 관한 권리에 영향이 없다면 그와 같은 경매법원의 조치가 위법하다고 할 수는 없다. 대결 2014. 2. 14. 2013그305.

2) 이에 대하여, 유치권에 의한 경매절차에서도 일반채권자의 배당요구 등이 허용된다고 보는 것은 유치권자의 지위가 단지 경매신청권을 가진 일반채권자가 되는데 그칠 수 있어 유치권에 의한 경매절차의 진행동력을 잃게 되는 문제가 생길 것이라고 보는 견해로는, 이시윤·조관행, 580쪽. 한편 같은 입장에서, 유치권자에게 경매신청권을 부여하고 있는 것은 목적물의 유치가 현실적으로 채권의 변제를 재촉하기에 실효성이 없다고 보이는 경우 유치권자로 하여금 목적물을 현금화할 수 있는 권리를 인정한 것으로, 이는 실질적 의미에서는 목적물에 대한 진정한 현금화의 권리를 실현하는 것이라고 할 수 없으므로, 유치권자의 신청에 의해 개시된 경매절차에서 다른 우선채권자들이 배당요구를 할 수 있도록 하는 것은 법이 유치권자에게 현금화의 권리를 인정한 목적 자체를 몰각시켜버릴 염려가 있어 허용되지 않는다고 보는 견해로는, 손진홍, "유치권자의 신청에 의한 경매절차," 민사집행법실무연구(재판자료 109집, 2006. 2.), 430쪽.

도록 정할 수 있다.[1)]

(3) 유치권에 의한 경매가 소멸주의를 원칙으로 하여 진행되는 이상 유치권에 의한 경매에도 압류채권자에 우선하는 채권자나 압류채권자의 보호를 위하여 법 91조 1항이 정한 잉여주의가 준용되고, 따라서 남을 가망이 없는 경우의 경매절차 취소규정인 법 102조도 준용된다.[2)]

(4) 유치권에 의한 경매는 신청인인 유치권자에게 실체상 청구권이 있고, 채무자가 존재하므로 담보권실행을 위한 경매의 예(규칙 158조, 59조 1호)에 따라 채무자는 매수신청을 할 수 없다. 이에 반하여, 좁은 의미의 형식적 경매는 신청인의 실체적 청구권을 만족시켜 주는 것을 절차의 목적으로 하는 것이 아니라, 채무자가 별도로 존재하지 않는 것이 통례이므로 채무자의 매수신청금지에 관한 이러한 규정이 적용될 여지가 없다.[3)]

(5) 부동산에 관한 강제경매절차 또는 담보권실행을 위한 경매절차에서의 매수인은 유치권자에게 그 유치권으로 담보하는 채권을 변제할 책임이 있고(법 91조 5항, 268조), **유치권에 의한 경매절차**는 앞서 본 바와 같이 목적물에 대하여 강제경매절차 또는 담보권실행을 위한 경매절차가 개시된 경우에는 **정지**되도록 되어 있으므로(법 274조 2항),[4)] 유치권에 의한 경매절차가 정지된 상태에서 그 목적물

1) 대결 2011. 6. 15. 2010마1059, 대판 2011. 8. 18. 2011다35593. 위 판례의 태도는 위에서 본 대판 2009. 10. 29. 2006다37908과 그 맥을 같이 한다. 조용현, "유치권에 의한 경매에서 인수주의와 소멸주의," 자유와 책임 그리고 동행(안대희대법관재임기념, 2012년), 239쪽 이하; 김수정, "유치권에 의한 경매절차에서 소멸주의 또는 인수주의의 적용 여부," 재판과 판례(대구판례연구회) 20집(2011. 2.), 309쪽 이하; 현의선, "유치권에 의한 경매에서의 법정매각조건 및 배당," 재판실무연구(수원지방법원) 4권(2011. 12.), 195쪽 이하. **유치권에 의한 경매**가 **소멸주의**를 원칙으로 하여 진행되는 이상 강제경매나 담보권실행을 위한 경매의 경우와 같이 그 목적부동산 위의 부담을 소멸시키는 것이므로 경매법원이 달리 매각조건변경결정을 통하여 목적부동산 위의 부담을 소멸시키지 않고 매수인으로 하여금 **인수하도록 정하지 않은 이상** 경매법원으로서는 매각기일의 공고나 매각물건명세서에 목적부동산 위의 부담이 소멸하지 않고 매수인이 이를 인수하게 된다는 취지를 기재할 필요가 없다. 대결 2011. 6. 15. 2010마1059.

2) 대결 2011. 6. 17. 2009마2063. 유치권에 의한 경매에서는 소멸주의를 원칙으로 진행되어 신청인인 유치권자가 일반채권자와 같은 순위로 배당을 받게 됨으로써 유치권이 소멸되어 사실상 우선변제권을 상실하게 된다. 따라서 유치물의 매각대금에 비하여 일반채권이 많은 경우 유치권자로서는 소액만을 배당받을 수밖에 없게 된다. 그 결과 유치권자가 유치권에 의한 경매신청을 하지 않고 다른 채권자가 강제경매 또는 담보권실행을 위한 경매를 신청하는 것을 기다려 매수인에게 유치권을 주장하는 것보다 더 불리하게 되지만 이는 유치권에 우선변제권이 없음으로 인하여 생기는 문제에 불과하다. 전휴재, 주석서(5), 211쪽.

3) 법원실무제요 민사집행(3), 420쪽.

4) 법 274조 2항을 인수주의를 취하는 형식적 경매에서 그 절차조정을 위한 규정으로 보아,

에 대한 강제경매절차 또는 담보권실행을 위한 경매절차가 진행되어 매각이 이루어진 경우에는 유치권에 의한 경매절차가 소멸주의를 원칙으로 하여 진행되는 경우와는 달리 그 유치권은 소멸하지 않는다.[1)]

(6) 유치권자가 법 274조 1항, 271조에 따라 **유체동산**에 대한 유치권에 의한 경매를 신청하고 집행관에게 그 목적물을 제출하여 **유치권에 의한 경매절차가 개시된 때**에도 그 목적물에 대한 **유치권자의 유치권능**은 **유지**되고 있으므로, 유치권자에 의한 경매절차가 개시된 유체동산에 대하여 다른 채권자가 법 215조에 정한 **이중압류의 방법**으로 **강제집행**을 하기 위해서는 채권자의 압류에 대한 **유치권자의 승낙**이 있어야 한다.[2)] 그런데도 유치권에 의한 경매절차가 개시된 유체동산에 대하여 **유치권자의 승낙 없이** 법 215조에 따른 다른 채권자의 강제집행을 위하여 압류를 한 다음 법 274조 2항에 따라 유치권에 의한 경매절차를 정지하고 채권자를 위한 **강제경매절차**를 **진행**했다면, 그 강제경매절차에서 목적물이 매각되었더라도 유치권자의 지위에는 영향을 미칠 수 없고 유치권자는 그 목적물을 계속하여 유치할 권리가 있다.[3)]

소멸주의를 취하는 유치권에 기한 경매의 경우에는 일반의 경매절차와 동일하게 이중경매에 관한 법 87조가 적용되어야 한다는 견해로는, 문정일, "공유물분할을 위한 경매에서의 법정매각조건," 대법원판례해설 81호(2009년 하반기), 445쪽.

1) 대판 2011. 8. 18. 2011다35593; 이정민, "강제경매 또는 담보권 실행을 위한 경매와 유치권에 의한 경매가 경합하는 경우 유치권의 소멸 여부," 특별법연구 10권(전수안대법관퇴임기념, 2012년), 1024쪽 이하.

2) 유체동산에 대한 형식적 경매의 경우에는 유체동산에 대한 담보권실행을 위한 경매절차의 예에 따라 실시하게 되므로(법 274조 1항), 법 271조에 따라 신청인이 집행관에게 유체동산을 제출하거나 그 목적물의 점유자가 압류를 승낙했음을 증명하는 서류를 제출한 때에 한하여 개시되기 때문이다.

3) 대결 2012. 9. 13. 2011그213.

PART 4 보전처분

제 1 장 일 반 론

Ⅰ. 보전처분의 의의

(1) **좁은 의미의 보전처분**은 민사집행법상의 가압류와 가처분의 재판과 그 집행절차를 말한다. 한편 **넓은 의미의 보전처분**은 특수보전처분 특히 특수가처분을 포함한다. 보전처분에 관하여 민사집행법에서 규율하고 있다.[1] 일본의 경우는 별도로 민사보전법을 두고 있다.

(2) 보전처분에서 가처분 가운데 다툼의 대상에 관한 가처분(처분금지가처분, 점유이전금지가처분)은 소송승계주의를 채택하고 있는 우리나라에서 당사자항정(恒定)의 의미를 지닌다. 임시의 지위를 정하기 위한 가처분은 현대형 권리관계 분쟁과 관련하여 중요한 역할을 한다. 법규정상으로는 가처분 조문보다 가압류 조문이 많다.

Ⅱ. 보전처분의 특성

1. 잠 정 성

보전처분은 권리관계를 잠정적으로 확보하거나 임시적인 규율을 한다.

2. 신 속 성

보전처분 가운데 임시의 지위를 정하기 위한 가처분의 요건으로 급박성을 요구하고(법 300조 2항), 보전처분의 재판은 급박한 경우 재판장이 할 수 있도록 하며(법 312조), 보전처분의 재판시 필수적 변론을 요구하지 않고, 재판의 방식을 **결정**으로 하도록 하며[2005. 1. 27. 민사집행법 개정(2005. 7. 28. 시행)으로, 보전처분의 재판은 모두 결정의 형식으로 한다. 이를 **전면적 결정주의** 또는 **all 결정주의**라고 한다], 증명 대신 소명을 요구한다. 한편 보전처분의 집행에서는 원칙적으로 집행문을 요

---

1) 민사집행법상의 가처분으로써 행정청의 어떠한 행정행위의 금지를 구하는 것은 허용될 수 없다. 대결 1992. 7. 6. 92마54, 2011. 4. 18. 2010마1576.

구하지 않으며, **집행기간제도**를 두고 있다.

3. 밀 행 성

보전처분의 재판은 서면심리할 수 있으며, 보전처분의 송달 전에도 집행이 가능하다(법 292조 3항).[1] 다만 채무자에 대한 절차보장을 고려하여 임시의 지위를 정하기 위한 가처분의 경우에는 변론기일 또는 채무자가 참석할 수 있는 심문기일을 원칙적으로 열도록 하고 있다(법 304조).

4. 부 수 성

보전처분의 절차에서 본안소송의 전제를 예정한 부수적 절차인, 채무자의 제소명령신청제도(법 287조 1항), 본안제소기간(3년)의 도과에 따른 보전처분취소제도(법 288조 1항·4항), 관할법원 중 본안관할법원(법 278조·303조), 가압류이의신청사건의 본안법원으로의 재량이송제도(법 284조), 사정변경(본안패소판결)에 따른 보전처분의 취소(법 288조) 등의 제도를 두고 있다.

5. 자유재량성

보전처분의 재판에서 변론을 열 것인지 여부는 임의적이며, 담보제공 여부와 그 제공의 방법 및 액수에서 재량이 인정된다. 가처분의 경우 법원은 신청의 목적을 이루는 데 필요한 처분을 직권으로 정할 수 있는 등(법 305조) 비송적 성질도 가미되어 있다.

Ⅲ. 특수보전처분

민사집행법상 가압류·가처분 외에 **다른 법률**에서 일정한 보전처분을 허용하는 경우가 있다. 이러한 특수보전처분이 인정되는 경우 민사집행법상의 보전처분은 허용되지 않는다.

---

1) 밀행성을 지나치게 강조하여 채무자의 헌법상 기본권인 법적 심문권을 침해하는 비밀재판을 하는 것은 헌법의 정신에 반하는 점 등을 들어 밀행성(기습성)을 보전소송의 특성으로 볼 수 없다는 견해로는, 권창영·박영호·구태회, 72쪽.

1. 도산절차상 특수보전처분

특수보전처분으로 '채무자 회생 및 파산에 관한 법률'상 재산동결조치로서 가압류・가처분 그 밖에 필요한 보전처분, 다른 절차의 중지・금지명령, 회생채권과 회생담보권에 기한 강제집행 등의 포괄적 금지명령(채무회생 43조・44조・45조), 파산선고 전의 보전처분(채무회생 323조) 등이 있다.

2. 그 밖의 특수보전처분

(1) 그 밖의 특수보전처분으로 가사소송법상의 사전처분(가소 62조), 민사조정법상 조정 전의 처분(민조 21조), 중재법상의 보전처분(중재 10조) 및 임시적 처분(잠정적 처분, 중재 18조・18조의2), 부동산등기법상 가등기가처분(부등 90조), 민사소송법상 잠정처분(민소 500조・501조) 등이 있다.

(2) 상법상 규정을 두고 있는 **주식회사 이사 등의 직무집행정지가처분・직무대행자선임가처분**도 민사집행법상 임시의 지위를 정하기 위한 가처분으로, 이를 상법이 특히 인정한 특수한 가처분으로 보지 않는다. **판례**도 마찬가지이다.[1] 상법 407조 1항 등은 주의적 규정으로서 단지 직무대행자의 권한의 범위 및 공시방법 등을 보충한 것에 불과하다고 본다. 따라서 주식회사의 이사에 대한 직무집행정지가처분 등은 관할의 결정, 재판의 진행, 재판의 집행과 효력, 집행의 취소 등에서 민사집행법의 규정이 적용되고, 통상의 가처분절차에 따르게 된다.[2]

▣ 가등기가처분(가등기를 명하는 가처분)제도

(1) 가등기가처분의 의의

가등기원인은 존재하고 있으나 가등기의무자가 등기신청에 협력하지 않는 경우에 가등기권리자가 가등기원인을 소명한 신청을 하면 법원은 가등기원인이 소명된 때에는 가처분명령을 해야 한다(부등 90조). 가처분명령이 있으면 가등기권리자는 이 명령정본을 첨부하여 단독으로 가등기를 신청할 수 있다(부등 89조).[3]

(2) 가등기가처분의 심판

가등기가처분은 비송사건절차법을 준용하여 심판되므로(부등 90조 3항) 비송사

1) 대판 1989. 5. 23. 88다카9883 등.

2) 법원실무제요 민사집행(5), 465쪽.

3) 김정수, "가등기 가처분," 토지법학(한국토지법학회) 16호(2000. 12.), 55쪽 이하.

건절차법 11조에 의하여 법원은 직권으로 사실의 탐지와 필요하다고 인정하는 증거의 조사를 할 수 있고, 그 밖에도 비송사건절차법 10조, 민사소송법 299조 2항에 의하여 소명의 대용(代用)으로서의 보증이나 선서로 인정시킬 수도 있으므로 관할법원이 그 가운데에서 사안에 따라 선택한 조치는 특별한 사정이 없는 한 부당하다고 할 수는 없다.[1]

(3) 민사집행법상 가처분에 관한 규정의 준용 여부

1) 이러한 가등기가처분은 당사자의 이해관계의 대립이 있음을 요건으로 하지 않는 보전처분으로서, 그것도 본등기의 순위보전의 효력밖에 없어 민사집행법상 통상의 보전처분과는 그 성질을 달리하므로 민사집행법상의 가처분에 관한 규정을 준용할 여지가 없다.

2) 가등기가처분은 가등기의무자의 승낙서(부등 89조)와 같은 등기신청에서의 첨부서류에 지나지 않으므로 이러한 가처분이 있어서 법원이 직권으로 가등기를 촉탁하는 것이 아니라 가등기권리자가 그 가처분결정의 정본을 가등기신청서에 첨부하여 가등기를 **신청해야** 비로소 가등기가 기입된다. 또한 이 **가처분결정**에 대해서는 불복이 허용되지 않고, 민사집행법상 통상의 가처분에 대하여 인정되는 이의신청·취소신청의 절차도 인정되지 않으며, 다만 가등기 그 자체의 효력을 다투어 그 말소를 구할 수 있을 뿐이다. 한편 **가등기가처분신청을 각하하는 결정**에 대해서는 즉시항고를 할 수 있고, 그 즉시항고절차에는 비송사건절차법을 준용한다(부등 90조 2항·3항).

3) 이러한 가등기가처분은 민법 168조 2호에서 말하는 소멸시효의 중단사유의 하나인 가처분에 해당한다고 할 수 없으므로, 가등기가처분명령에 따라 그 가등기를 마쳤다고 하더라도 그 가등기에 기한 본등기청구권에 관한 소멸시효가 중단되는 것은 아니다.[2]

---

1) 대결 1990. 3. 24. 90마155.

2) 대판 1993. 9. 14. 93다16758.

제 2 장 가압류절차

제 1 절 일 반 론

Ⅰ. 의 의

(1) 가압류는 금전채권이나 금전으로 환산할 수 있는 채권에 대하여 동산(유체동산, 채권 그 밖의 재산권) 또는 부동산에 대한 강제집행을 보전하기 위하여 할 수 있다(법 276조 1항). 이러한 채권이 조건이 붙어 있거나 기한이 도래하지 않은 경우에도 가압류를 할 수 있다(법 276조 2항).

(2) 가압류는 채권자의 금전채권을 보전하기 위하여 채무자의 책임재산을 동결하기 위한 것이다. 가압류는 피보전권리 및 보전의 필요가 있는 경우에 허용된다. 즉 가압류는 미리 보전할 권리가 존재하고, 가압류를 하지 않으면 집행권원에 기하여 집행할 수 없거나 집행하는 것이 매우 곤란할 염려가 있는 경우에 할 수 있다(법 277조).

(3) 가압류는 **가압류처분절차**(재판절차)와 **가압류집행절차**(엄밀한 의미의 집행행위절차)로 이루어진다.

Ⅱ. 가압류의 요건

1. 피보전권리

(1) 의 의

1) 피보전권리는 금전채권이나 적어도 금전으로 환산할 수 있는 채권이어야 한다. 특정물인도청구권인 경우에도 이행불능·집행불능에 의한 손해배상을 예상하여 그 손해배상청구권을 보전하기 위한 가압류를 할 수 있다. 피보전권리는 기한부·조건부 채권, 그 밖의 장래의 청구권도 포함한다. 다만 그 권리가 특정되고

가까운 장래에 발생할 것임이 상당 정도 기대되어야 한다.[1)]

2) 강제집행을 할 수 있는 청구권이어야 하므로, 자연채무라든가 부집행합의 있는 채권은 피보전권리가 될 수 없다.

3) 본안소송은 이행의 소이다. 비금전채권의 경우에는 다툼의 대상에 관한 가처분으로 대응해야 한다.

(2) 본안소송의 소송물과의 관계

1) 가압류의 피보전권리와 본안소송의 소송물인 권리는 엄격하게 일치할 필요가 없고, **청구의 기초가 동일한 경우**(동일한 생활사실 또는 경제적 이익에 관한 분쟁에 관하여 그 해결방법을 달리하는 경우)에는 가압류의 효력은 본안소송의 권리에 미친다.[2)] 다만 가압류는 금전채권이나 금전으로 환산할 수 있는 채권에 의한 강제집행을 보전하기 위한 것이므로, 가압류의 피보전채권과 본안소송의 권리 사이에 청구의 기초의 동일성이 인정된다 하더라도 본안소송의 권리가 금전채권이 아닌 경우에는 가압류의 효력이 그 본안소송의 권리에 미친다고 할 수 없다.[3)]

2) 가압류신청은 긴급한 필요에 따른 것으로서 피보전권리의 법률적 구성과 증거관계를 충분하게 검토·확정할 만한 시간적 여유가 없이 이루어지므로, 당사자가 권리 없음이 명백한 피보전권리를 내세워 가압류를 신청한 것이라는 등의 특별한 사정이 없는 한 청구의 기초에 변경이 없는 범위 내에서는 **가압류결정에 대한 이의절차**에서도 신청이유의 피보전권리를 변경할 수 있다.[4)]

(3) 피보전적격이 문제되는 경우

1) 체납처분에 의하여 징수될 조세채권은 집행법상의 강제집행이 인정되지 않기 때문에 피보전적격이 없다. 중재합의가 있거나 외국법원의 전속적 관할합의가 있는 등 우리나라 법원에 제소할 수 없는 경우라도 장래의 집행가능성이 있는 경우에는 피보전적격이 있다고 본다.

---

1) 대판 1982. 10. 26. 82다카508, 2009. 6. 11. 2008다7109.

2) 대판 1982. 3. 9. 81다1223,81다카991, 2006. 11. 24. 2006다35223, 2013. 7. 11. 2013다18011. 본안소송에서 피보전채권 중 일부의 존재가 인정되지 않는 때에는, 특별한 사정이 없는 한 가압류결정에 피보전채권액으로 기재된 금액의 범위 내에서는 피보전채권 중 그 존재가 인정되는 나머지 부분 뿐만 아니라 그와 청구기초의 동일성이 인정되는 채권에도 그 존재가 인정되는 한 보전처분의 보전의 효력이 미친다. 대판 1997. 2. 28. 95다22788, 2008. 3. 27. 2006다24568.

3) 대결 2013. 4. 26. 2009마1932.

4) 대판 1994. 4. 29. 93다60434, 1996. 2. 27. 95다45224, 대결 2009. 3. 13. 2008마1984.

2) 다류 가사소송사건(예컨대 이혼시의 위자료청구권) 또는 마류 가사비송사건(예컨대 부양료청구권, 재산분할청구권)의 경우 관할은 가정법원이나, 민사집행법상의 가압류 · 가처분 규정이 전적으로 준용된다(가소 63조 1항).[1]

2. 보전의 필요성

(1) 의 의

가압류를 하지 않으면 집행권원의 집행불능 · 집행곤란에 이를 경우이어야 한다. 보전의 필요성은 피보전권리의 금액, 채무자의 신분 · 직업 · 자산상태 등 여러 사정을 종합적으로 고려하여 객관적으로 판단해야 한다. 채무자의 이행거절 · 무자력, 다른 채권자에 의한 집행의 우려 등은 보전의 이유가 되지 않는다.

(2) 보전의 필요성 유무가 문제되는 경우

1) 채권자가 피보전권리에 관하여 이미 확정판결이나 가집행할 수 있는 판결 또는 그 밖의 집행권원(조정 · 화해 등의 조서 또는 집행증서)을 가지고 있는 때에는 **즉시 집행할 수 있는 상태**에 있으므로(가압류가 아닌 본압류를 선택할 수 있으므로) **원칙적**으로 보전의 필요성이 인정되지 않는다.[2]

판례는, 선박우선특권이 있는 채권자는 선박소유자의 변동에 관계없이 그 선박에 대하여 집행권원 없이도 경매청구권을 행사할 수 있으므로(상 777조 2항) 채권자는 채권을 보전하기 위하여 그 선박에 대한 가압류를 하여 둘 필요가 없다고 보고 있다.[3]

---

1) 가사소송법이 비송적인 재산분할청구사건에 관하여 권리관계의 존부에 대한 판단을 목적으로 하는 민사소송법상의 보전처분에 준하는 가압류 · 가처분을 인정한 결과 생기는 문제점이 지적되고 있다. 예컨대 부부의 일방이 이혼에 따른 재산분할청구권을 보전한다는 명목으로 상대방의 재산 전부에 대하여 가압류 또는 가처분을 신청하거나 본안사건에서 인용될 가능성이 희박한 과도한 액수의 가압류를 신청함으로써 상대방에게 심각한 타격을 주는 수가 있고, 집행법원으로서는 보전처분 단계에서 본안의 결과를 예측하기 어려우므로 보전처분 발령 여부에 대한 판단이 쉽지 않은 경우가 많다. 따라서 현행법하에서는 재산분할청구 등과 같이 마류 가사비송사건을 본안으로 한 보전처분에서는 법원이 본안심판 인용의 개연성 및 보전의 필요성에 대하여 보다 엄격한 심사를 할 필요가 있고, 이를 위해서는 신청인에게 본안사건의 소장 사본 등을 제출하게 하거나 피신청인의 재산보유현황에 대한 구체적인 자료의 제출을 요구하는 등 법원의 적극적인 태도가 요망된다는 견해로는, 이제정, "가사소송법상의 보전처분과 사전처분의 실무상 문제점 — 재산분할청구사건을 본안으로 하는 보전처분 및 사전처분을 중심으로 —," 실무연구(법관가사재판실무연구모임자료집) 8집(2002. 10.), 22쪽 이하.

2) 대판 2005. 5. 26. 2005다7672.

3) 대판 1982. 7. 13. 80다2318, 1988. 11. 22. 87다카1671.

2) 가압류의 이유가 인정되는 경우에도 국내에 충분한 재산을 보유한 경우라든지, 채권자가 피보전권리에 대하여 충분한 물적담보를 확보하고 있는 경우[1]에는 보전의 필요성이 인정되지 않는다.[2]

제 2 절 가압류명령절차

Ⅰ. 관 할

(1) 토지관할

1) 가압류는 **가압류할 물건이 있는 곳**을 관할하는 지방법원이나 **본안의 관할법원**이 관할한다(법 278조). 본안소송이 제기되기 전이면 본안의 관할법원의 경합이 있을 수 있다.

2) 가압류할 물건이 있는 곳을 관할하는 법원인지 여부를 정하는 **가압류할 물건이 있는 곳**이란, 가압류할 대상목적물이 ① 부동산이나 유체동산인 경우에는 그 부동산이나 유체동산이 있는 곳,[3] ② 물건의 인도를 목적으로 하는 채권과 물적 담보권 있는 채권인 경우에는 그 물건이 있는 곳(법 224조 2항 단서), ③ 어음과 같이 증권으로 화체된 채권인 경우에는 그 증권이 있는 곳, ④ 권리이전에 등기 또는 등록이 필요한 그 밖의 재산권인 경우에는 등기 또는 등록을 하는 곳(규칙 213조 1항)을 말한다.

3) **본안소송이 제기**되어 계속된 경우에 **본안의 관할법원**이란 본안소송이 **제 1 심법원**에 계속 중이면 그 제 1 심법원이고, 본안소송이 **항소심**에 계속 중이면 그 항소법원을 말한다. 다만 본안소송이 **상고심**에 계속 중이면 제 1 심법원이 본안의 관할법원이 된다(법 311조). 상고심은 사실심리를 하기에 적당하지 않고 집행법원

---

1) 따라서 채권을 담보하기 위하여 대지와 그 지상건물에 대하여 근저당권을 설정한 경우 채권의 집행보전을 위한 가압류의 필요 유무를 판단할 때에는 위 부동산의 현금화가치를 확정하여 그 가격으로 채권만족을 얻을 수 있는지 여부를 먼저 판단해야 한다. 대판 1967. 12. 29. 67다2289.

2) 채무자 소유의 일부 부동산에 대한 가압류만으로 채권자의 공사대금채권을 보전할 수 있다고 보아, 채무자 소유의 다른 부동산에 대해서도 추가로 가압류를 인가한 원심결정을 파기한 사례로는, 대결 2009. 5. 15. 2009마136.

3) 한편 자동차가압류사건에서는 실무상 자동차가 있는 곳을 기준으로 하되, 자동차가 있는 곳이 불확실한 때에는 자동차등록원부에 등록된 사용본거지(차고지)를 자동차소재지로 추정하여 처리하고 있다. 법원실무제요 민사집행(5), 31쪽.

으로서도 적합하지 않기 때문이다.[1]

본안사건에 대하여 해당 법원에서 판결이 선고된 후 항소 또는 상고로 인하여 기록이 송부되기 전이면 기록이 있는 해당 법원이 본안의 관할법원이 된다.[2]

4) 소액사건심판법의 적용대상인 소송목적의 값이 **3,000만원 이하**의 **소액사건**(소심 2조 1항, 소심규칙 1조의2)을 본안으로 하는 가압류신청에 대해서는 시 · 군법원이 있는 경우 시 · 군법원의 관할이다(법 22조 4호).

5) 보전처분사건의 관할은 **전속관할**이므로(법 21조) 민사소송법 25조에서 정하는 관련재판적이 준용되지 않는다(민소 31조).

(2) 사물관할

1) 원칙적으로 **본안사건**이 **합의사건**인 경우[소송목적의 값을 기준으로 하는 합의사건에서는, ① 소송목적의 값이 **5억원**을 **초과**하는 사건, 또는 ② 소송목적의 값이 **2억 원 초과 5억원 이하**의 사건으로 당사자의 합의로 합의부에서 심판받기를 신청하여 재정합의부의 결정에 따라 합의부 사건이 된 사건[3]] 가압류신청사건 및 이에 부수하는 신청사건은 지방법원 또는 지방법원 지원 합의부의 관할이다(민사 및 가사소송의 사물관할에 관한 규칙 2조).

2) **본안사건**이 **단독사건**인 **가압류신청사건**의 경우 **항고심**은 지방법원 또는 지방법원 지원(춘천지방법원 강릉지원) 합의부의 관할이다. 본안사건이 소송목적의 값을 기준으로 하는 단독사건에서 소송목적의 값이 2억원 초과 5억원 이하인 경우 **항소심**은 고등법원이지만, 이를 본안으로 하는 **가압류신청사건**의 **항고심**은 지방법원 합의부 또는 지방법원 지원 합의부(춘천지방법원 강릉지원)이다(법원조직법 32조 2항, 민사 및 가사소송의 사물관할에 관한 규칙 4조 1항 2호).

(3) 재판장의 긴급처분권

급박한 경우에는 재판장이 가압류신청에 대한 재판을 할 수 있다(법 312조). 여기서 급박한 경우란 합의신청사건에서 법원에 재판부가 1개밖에 없는데 재판부를

---

1) 대결 2002. 4. 24. 2002즈합4.

2) 대판 1960. 6. 30. 4293민항115, 대판 1971. 9. 28. 71다1532; 박두환, 697쪽; 이시윤 · 조관행, 607쪽; 김상수, 443쪽; 김일룡, 558쪽; 법원실무제요 민사집행(5), 28쪽. 이에 대하여, 항소가 제기된 때에는 기록의 송부와 관계없이 항소법원이 본안의 관할법원이라고 보는 견해로는, 강대성, 320쪽; 오시영, 742쪽.

3) 재판예규 제1891호 '법관등의 사무분담 및 사건배당에 관한 예규'(재일 2003-4, 2025. 1. 15. 개정 · 시행) 13조 4항 3호.

구성할 수 없는 등(법관의 일부가 출장 중이거나 제척되는 등) 법원의 사정이 생긴 때를 말한다(따라서 단순히 급속을 요한다는 이유만으로 이에 해당하지 않는다).[1]

Ⅱ. 가압류신청

1. 당사자능력

(1) 가압류의 당사자는 당사자능력이 있어야 한다. 가압류신청 당시 채무자가 사망한 경우 이에 대한 가압류결정은 무효이다.[2] 다만 가압류결정 전까지는 당사자표시정정이 가능하다. 한편 가압류신청시 생존했다가 가압류결정 당시 사망한 경우에는 가압류결정은 유효하다.[3]

(2) **채무자**가 **사망**한 경우 채무자의 **상속인**은 아직 상속의 승인·포기 등으로 **상속관계가 확정되지 않은 동안**에도 잠정적으로나마 피상속인의 재산을 당연 취득하고, 고유재산에 대하는 것과 동일한 주의로 상속재산을 관리할 의무가 있으므로(민 1022조) **상속채권자**는 **그 기간 동안**[4] 상속인을 상대로 상속재산에 관한 **가압류결정**을 받아 이를 **집행**할 수 있다. 그 후 상속인이 상속포기로 인하여 상속인의 지위를 소급하여 상실한다고 하더라도 **이미 발생한 가압류의 효력**에 영향을 미치지 않는다. 결국 상속포기의 소급효에도 불구하고 상속포기 전에 가압류집행을 마친 상속채권자에게는 상속포기로 인하여 정당한 상속인으로 확정된 차순위 상속인이 대항할 수 없다.[5] 따라서 상속채권자는 **종국적으로** 상속인이 된

1) 법원실무제요 민사집행(5), 34쪽.

2) 이미 사망한 사람을 채무자로 한 가압류신청은 부적법하고 그 신청에 따른 가압류결정이 있었다고 해도 그 결정은 당연무효로서 그 효력이 상속인에게 미치지 않는다. 대판 1982. 10. 26. 82다카884, 대결 1991. 3. 29. 89그9, 대판 2002. 4. 26. 2000다30578. 이러한 당연무효의 가압류는 민법 168조가 정한 소멸시효 중단사유인 가압류에 해당하지 않는다. 대판 2006. 8. 24. 2004다26287,26294.

3) 대판 1993. 7. 27. 92다48017; 송진현, "사망자를 채무자로 한 가압류결정의 효력과 이를 상속인으로 경정함의 가부," 대법원판례해설 15호(1991년 상반기), 89쪽 이하; 박영식, "사망한 채무자 명의의 가압류결정과 시효중단," 민사판례연구 1권(1979. 4.), 279쪽 이하.

4) 상속포기는 가정법원이 상속인의 포기신고를 수리하는 심판을 하여 이를 당사자에게 고지한 때에 효력이 발생한다. 대판 2004. 6. 25. 2004다20401, 2016. 12. 29. 2013다73520 등. 따라서 상속인은 가정법원의 상속포기신고 수리심판을 고지받을 때까지 민법 1022조에 따른 상속재산 관리의무를 부담한다.

5) 상속재산분할의 소급효를 규정하고 있는 민법 1015조(단서에서, '그러나 제 3 자의 권리를 해하지 못한다.'고 규정하고 있다)와 달리 상속포기의 소급효에 관한 민법 1042조는 이와 같은 제 3 자 보호규정을 명문으로는 두지 않고 있다.

사람 또는 민법 1053조에 따라 선임된 상속재산관리인을 채무자로 한 **상속재산**에 대한 **경매절차**에서 가압류채권자로 적법하게 배당을 받을 수 있다.[1)]

2. 가압류신청의 방식

(1) 가압류신청은 서면으로 한다(규칙 203조 1항). 신청서에 붙일 인지액은 **1만원**이다(민인 9조 2항 본문).[2)] 가압류의 경우 일반적으로 신청시에 부본을 제출할 필요가 없다.[3)]

(2) **유체동산**에 대한 가압류신청 외에 **부동산**이나 **채권** 등에 대한 가압류신청에서는 가압류신청서에 가압류할 대상인 **목적물**을 **표시**해야 한다. **유체동산**에 대한 가압류의 경우 가압류신청시 유체동산이 있는 장소를 지정해야 하나, 집행관이 가압류할 목적물을 선택한다(규칙 218조, 131조 3호, 132조).

▣ 가압류신청시 가압류목적물의 특정 요부

(1) **법** 279조 1항에는 가압류신청의 기재사항으로 가압류목적물의 표시가 빠져 있다. 실무상 가압류목적물이 **유체동산**인 경우 앞서와 같은 이유로 가압류신청서에

---

1) 대판 2021. 9. 15. 2021다224446. 위 판결의 **사안**에서는, 가압류의 신청 당시는 상속포기의 신고 자체가 이미 행해졌으나 가정법원에서 아직 수리되지는 않은 상태였었다. 위 판결에서는, 가압류의 신청과 상속인의 포기신고의 선후에 관계없이 가압류결정을 받아 집행을 마친 후 상속포기신고가 수리되는 경우에는, 가압류결정에 의한 채권자의 지위가 그 이후에 효력이 발생한 상속포기에 의하여 동요될 수 있으므로, 이러한 채권자의 이해관계를 어떻게 보호할 것인지 **쟁점**이 되었다. 원심은, 상속의 포기는 상속개시시에 소급하여 효력이 있으므로, 상속포기를 할 수 있는 3개월의 숙려기간 종료 전에 상속채권자가 망인의 상속인들을 상대로 가압류를 신청하고 가압류결정을 받았다 하더라도, 이후 상속인들의 상속포기가 수리된 이상 이들이 소급하여 집행채무자적격을 상실하므로, 상속채권자가 받은 가압류결정은 무효이고, 따라서 상속채권자가 가압류채권자로 받은 잉여금채권을 (압류 및 전부명령에 따라) 전부받은 다른 상속채권자에 대한 관계에서 부당이득에 해당한다고 판단했었으나, 대법원은 원심판결을 파기환송했다. 위 판결에 대하여, 상속포기의 소급효에 대하여 별다른 제한이 없음을 전제로 전개되어 온 종래의 실무에 비추어 다소 이례적으로 보이기는 하나, 가압류명령을 신청하는 상속채권자의 입장에서는 신청 당시 파악된 상속인을 상대로 가압류명령을 받아 집행을 마치는 수밖에 없고, 추후 그 상속인이 상속포기를 할 때에는 가압류소송절차 내에서 대처할 수 있는 방법이 사실상 없는 점 등을 고려하면, 현실적으로 이와 같은 가압류의 유효성을 인정할 필요성이 있고, 나아가 민법 1022조의 규정취지에 비추어 보더라도 위 판결이 적어도 결과에 있어서는 타당하다는 견해로는, 유형웅, "상속포기와 상속채권자의 가압류 — 대법원 2021. 9. 15. 선고 2021다224446 판결에 관하여 —," 사법(사법발전재단) 60호(2022년), 281쪽 이하.

2) 가압류결정에 대한 이의신청이나 취소신청시에도 마찬가지이다(민인 9조 2항 본문). 민사소송 등 인지법을 개정(2011. 7. 18. 개정, 2011. 10. 19. 시행)하여 종전의 2,000원에서 1만원으로 인상했다.

3) 법원실무제요 민사집행(5), 84쪽.

단순히 '채무자의 유체동산'이라고만 표시하고 달리 그 목적물을 특정하여 표시하지 않으나, 가압류목적물이 **부동산이나 채권 등**인 경우에는 가압류목적물을 특정하여 표시한다.

이에 대하여, ① 가압류목적물의 특정은 가압류결정단계가 아니라 가압류집행단계에서 필요한 것이므로 가압류신청단계에서는 가압류목적물의 특정이 반드시 필요한 것이 아니라는 견해(**불특정설**),[1] ② 가압류신청시 가압류목적물의 특정은 그 재산에 대해서만 집행하려는 한정적인 보전권원을 구하기 위한 것으로 이러한 가압류결정으로는 그 밖의 다른 재산에 대하여 가압류집행을 할 수 없다는 견해(**특정설**)[2]가 대립하고 있다.

(2) 논리적으로는 불특정설이 타당할 수 있으나, 뒤에서 보는 바와 같이 유체동산의 경우와 달리 부동산 및 채권 등 가압류의 경우에는 발령법원이 집행법원이 되므로 가압류신청의 인용시 **별도의 가압류집행신청 없이** 발령법원이 가압류집행을 하게 되는데(즉 가압류신청에는 가압류신청이 인용될 경우를 대비한 **가압류집행신청도 포함**된 것으로 본다), 불특정설 입장에서는 가압류집행단계에서 별도의 가압류집행신청이 필요하고, 가압류집행신청시 집행목적물로서 가압류목적물을 특정해야 한다는 것으로, 이러한 입장은 가압류의 신속성에 반하는 결과를 초래하므로 실무와 같이 부동산 및 채권 등 **가압류신청시 가압류목적물**을 **특정**하여 표시하도록 하는 것이 타당하다.

1) **부동산**에 대한 가압류에서 미등기 부동산의 경우에는 법 81조 1항 2호의 요건을 갖추어야 한다.[3]

2) **채권**에 대한 가압류의 경우 신청서에 채권의 종류와 액수를 밝혀야 하고(법 291조 · 225조), 가압류할 채권의 일부에 대해서만 가압류신청을 하는 때에는 신청서에 그 범위를 밝혀 적어야 한다(규칙 218조, 159조 1항 3호).

예금채권의 **특정방법**에서, 가압류의 대상을 별단예금이라고 표현한 경우 그 표현 속에 유가증권청약증거금 계좌까지 포함된 것으로 볼 수는 없다.[4] 그러나 예

1) 김연, "가압류와 목적물의 표시," 민사소송(한국민사소송법학회) 18권 1호(2014. 5.), 247쪽 이하; 전병서, 623쪽.

2) 방순원 · 김광년, 489쪽.

3) 집행법원이 미등기 부동산에 대한 가압류등기를 촉탁(촉탁서에는 채무자 명의의 소유권보존등기에 필요한 서면이 첨부되어야 한다)하는 경우에는 등기관이 직권으로 해당 부동산에 대한 소유권보존등기를 경료하게 되므로, 채권자가 가압류집행을 위한 전제로서 채무자 명의의 소유권보존등기를 대위신청할 필요는 없다. 등기선례 제5-648호 '미등기 부동산에 대한 가압류등기 절차'(1998. 12. 11. 제정).

4) 대판 2011. 9. 8. 2010다36483.

금주에게 하나의 예금계좌만 있을 때에는 반드시 예금의 종류와 계좌를 밝히지 않더라도 가압류 또는 압류의 대상이 특정된 것으로 볼 수 있으므로, 가압류결정 등에서 그 대상 예금채권으로 예컨대 자유저축예금, 보통예금 등은 명시되고 해당 예금계좌인 기업자유예금은 명시되어 있지 않아도 가압류 등의 효력이 미친다.[1]

채권자가 가압류를 신청하면서 가압류할 채권의 대상과 범위를 특정하지 않아 가압류결정에서도 가압류할 채권이 특정되지 않은 경우 그 가압류결정에 의하여 가압류의 효력이 발생하지 않는다.[2]

▣ 가압류명령의 송달 이후에 채무자의 계좌에 입금될 예금채권도 가압류의 대상이 되는지 여부

(1) 장래의 채권으로 가압류의 대상이 되는 경우

1) 가압류명령의 송달 이후에 채무자의 계좌에 입금될 예금채권도 그 **발생의 기초가 되는 법률관계**가 존재하여 현재 그 권리의 특정이 가능하고 **가까운 장래에 예금채권이 발생**할 것이 상당한 정도로 기대된다고 볼 만한 **예금계좌가 개설**되어 있는 경우 등에는 가압류의 대상이 될 수 있다.[3] 이에 반하여, 장래의 채권에 있어 그 발생의 **기초가 되는 법률관계**가 존재하지 않는 경우, 예컨대 예금계좌 자체가 존재하지 않는 경우 이에 대한 채권가압류는 실체법적으로 무효이다. 실체법적으로 무효인 가압류결정은 집행보전의 효력이 계속되고 있다고 할 수 없다. 그러한 가압류집행은 집행불능 상태라고 보아야 한다.[4]

2) 채권자가 채무자의 제 3 채무자에 대한 채권을 가압류할 당시 그 **피압류채권이 부존재하는 경우**에도 집행채권에 대한 권리행사로 볼 수 있어 특별한 사정이 없는 한 가압류집행으로써 (**가압류신청시에**) 그 집행채권의 소멸시효는 중단된다.[5] 즉 압류명령의 효력과 시효중단의 효력은 별개이다. 다만 **장래의 예금채권**에 대한 가압류결정 정본이 제 3 채무자에게 송달될 당시 채무자의 제 3 채무자에 대한 예금계좌가 **개설되어 있지 않는 등** 피압류채권 발생의 **기초가 되는 법률관계가 없어** 가압류의 대상이 되는 **피압류채권이 존재하지 않는 경우**에는 가압류의 **집행보전의 효**

1) 대판 2007. 11. 15. 2007다56425.

2) 이러한 법리는 채무자가 제 3 채무자에 대하여 여러 개의 채권을 가지고 있고, 채권자가 그 채권 전부를 대상으로 하여 가압류를 신청할 때에도 마찬가지로 적용된다. 따라서 채권자는 여러 개의 채권 가운데 어느 채권에 대하여 어느 범위에서 가압류신청을 하는지 신청취지 자체로 명확하게 인식할 수 있도록 특정해야 한다. 대판 2012. 11. 15. 2011다38394.

3) 대판 2009. 6. 11. 2008다7109, 2011. 2. 10. 2008다9952, 2023. 12. 14. 2022다210093 등.

4) 임정윤, "장래의 예금채권에 대한 채권가압류의 집행보전 효력과 집행채권의 소멸시효 중단," 대법원판례해설 137호(2023년 하), 463쪽.

5) 대판 2014. 1. 29. 2013다47330, 2020. 11. 26. 2020다239601, 2023. 12. 14. 2022다210093.

력이 없으므로, 특별한 사정이 없는 한 **가압류결정의 송달로써** 개시된 집행절차는 곧바로 종료되고, 이로써 시효중단사유도 종료되어 집행채권의 소멸시효는 **그때부터 새로이** 진행한다.[1]

(2) 가압류할 채권에 장래의 채권이 포함되는지 여부에 관한 판단기준

1) 채권가압류에서 가압류될 채권에 장래에 채무자의 계좌에 입금될 예금채권도 포함되는지 여부는 가압류명령에서 정한 가압류할 채권에 그 예금채권도 포함되었는지 여부에 따라 결정된다. 이 경우 가압류명령상의 **'가압류할 채권의 표시'**에 적힌 문언의 해석에 따라 결정되는 것이 원칙이다.

2) 그런데 제 3 채무자는 순전히 타의에 의하여 다른 사람들 사이의 법률분쟁에 편입되어 가압류명령에서 정한 의무를 부담하는 것이므로 이러한 제 3 채무자가 가압류된 채권이나 그 범위를 파악하는 데 과도한 부담을 가지지 않도록 보호할 필요가 있다. 따라서 '가압류할 채권의 표시'에 기재된 문언은 그 문언 자체의 내용에 따라 객관적으로 엄격하게 해석해야 하고, 그 문언의 의미가 불명확한 경우 그로 인한 불이익은 가압류신청채권자에게 부담시키는 것이 타당하므로, 제 3 채무자가 통상의 주의력을 가진 사회평균인을 기준으로 그 문언을 이해할 때 포함 여부에 의문을 가질 수 있는 채권은 특별한 사정이 없는 한 가압류의 대상에 포함될 수 있다고 보아서는 안 된다.[2]

(3) 가압류신청서에 **청구채권**을 표시하고 **청구금액**을 적어야 한다.[3] 청구채권이 일정한 금액이 아닌 때에는 금전으로 환산한 금액을 적어야 한다(법 279조 1항 1호). 실무상은 청구채권에 대한 **원금** 및 신청일까지의 **지연손해금**을 표

---

1) 대판 2023. 12. 14. 2022다210093. 이에 대하여, 채무자 명의의 예금계좌가 개설되어 있기는 하나 개설시부터 가압류결정 송달시까지 상당 기간 별다른 거래내역이 없었던 경우와 채무자 명의의 예금계좌 자체가 개설되지 않은 경우를 구별하여, 전자의 경우에는 가압류로 인한 시효중단의 효력이 계속된다고 보고, 후자의 경우에는 가압류결정 송달시부터 시효가 재진행한다고 보는 판례법리에 의한 구분이 과연 합리적이고 형평에 부합하는 것인지 의문을 제기하는 견해로는, 전휴재·김유성, "2023년 민사집행법·도산법 중요판례평석," 인권과 정의 250호(2024년), 264쪽.

2) 대판 2011. 2. 10. 2008다9952(가압류명령의 가압류할 채권의 표시에 '채무자가 각 제 3 채무자들에 대하여 가지는 다음의 예금채권 중 다음에서 기재한 순서에 따라 위 청구금액에 이를 때까지의 금액'이라고 기재된 사안에서, 위 문언의 기재로써 가압류명령의 송달 이후에 새로 입금되는 예금채권까지 포함하여 가압류되었다고 보는 것은 통상의 주의력을 가진 사회평균인을 기준으로 할 때 의문을 품을 여지가 충분하므로, 이 부분 예금채권까지 가압류의 대상이 되었다고 해석할 수는 없다고 한 사례이다), 대판 2011. 9. 8. 2010다36483, 2013. 12. 26. 2013다26296; 한경환, "예금 가압류에 있어서 가압류할 채권의 표시와 관련하여 가압류결정의 효력이 미치는 범위," 대법원판례해설 89호(2011년 하반기), 344쪽 이하.

3) **선정당사자**가 신청하는 때에는 **선정자별 청구금액**을 적어야 한다. 법원실무제요 민사집행 (5), 79쪽.

시한다.[1] 채권자가 가분채권의 일부분을 피보전권리인 청구채권으로 주장하며 채무자 소유의 재산에 대하여 가압류를 한 때에는 그 청구부분에만 시효중단의 효력이 있고, 나머지 채권에 대해서는 **시효중단의 효력**이 발생하지 않는다.[2] 가압류신청서에 가압류 청구금액으로 채권의 원금만이 적혀 있다면 가압류채권자가 가압류채무자에 대하여 원본채권 외에 그에 부대하는 이자와 지연손해금 채권을 가지고 있다고 하더라도 **청구금액에 포함되지 않은 부대채권**에 대해서는 시효중단의 효력이 발생하지 않는다.[3]

(4) 가압류신청은 피보전권리가 복수인 경우 **예비적 · 선택적**으로도 할 수 있다. 신청인은 피보전권리와 보전의 필요성에 관하여 소명해야 하므로, **소명방법**을 제출해야 한다(법 279조 2항, 규칙 203조 2항).

▣ 가압류신청진술서제도

(1) **재판예규**인 **보전처분 신청사건의 사무처리요령**에 의하면 가압류신청시 일정한 양식의 **가압류신청진술서**에 필요한 사항을 기재하여 제출하도록 하고 있다(이러한 진술서 양식은 법원창구에 비치되어 있다).[4] 이는 가압류처분의 심리를 용이하게 하고 가압류신청의 남용을 억제하기 위한 것으로 보인다.

(2) 위 재판예규는 이러한 가압류신청진술서를 첨부하지 않거나, 또는 고의로 진술 사항을 누락하거나 허위로 진술한 내용이 발견된 경우에는 특별한 사정이 없는 한 보정명령 없이 신청을 기각할 수 있도록 하고 있다. 법규범성을 가지지 않은 실무지침에 불과한 **재판예규**로서 당사자의 신청권을 제한하는 것은 규범체계상 문제가 있다.

---

1) 가압류집행법원의 **가압류기입등기촉탁**으로 그 등기를 하는 경우에는 **가압류청구금액**을 적는다. 한편 가압류촉탁서에 청구금액과 관련한 이자 또는 다른 조건 등이 있다고 하더라도 이는 적지 않는다. 등기예규 제1023호 '가압류기입등기시 청구금액 기재에 관한 사무처리지침' (2001. 6. 14. 전부개정).

2) 대판 1969. 3. 4. 69다3, 2024. 10. 25. 2024다233212.

3) 대판 2024. 10. 25. 2024다233212(원심은, 가압류에 의한 시효중단의 효력은 종된 권리에도 미치므로, 가압류신청서에 가압류 청구금액으로 채권의 원금만이 적혀 있다고 하더라도 원본채권에 부대하는 이자 또는 지연손해금 채권 부분에 대해서도 가압류에 의한 시효중단의 효력이 미친다고 보아 피고의 소멸시효완성의 항변을 배척했는데, 대법원은 이러한 원심판단에는 가압류 청구금액으로 채권의 원금만 적혀 있는 경우 부대채권에 대한 시효중단의 효력에 관한 법리를 오해한 위법이 있다고 하여 원심이 인용한 원금부분에 대한 지연손해금부분을 파기했다).

4) 재판예규 제1229호 '보전처분 신청사건의 사무처리요령'(재민 2003-4, 2008. 6. 12. 개정, 2008. 7. 1. 시행) 2조 5호, 3조.

3. 중복신청의 금지

(1) 가압류사건에서 피보전권리와 보전의 필요성이 모두 동일한 내용의 신청은 **중복신청**으로 허용되지 않는다.[1] 가압류신청사건에서도 중복소송금지에 관한 민사소송법 259조의 규정이 준용되기 때문이다(법 23조 1항). 피보전권리와 보전의 필요성이 모두 같아야 하므로 피보전권리가 같다고 하더라도 보전의 필요성이 다른 가압류신청은 서로 동일하다고 볼 수 없으므로 중복신청에 해당하지 않는다. 가압류신청이 중복신청에 해당하는지 여부는 **후행가압류신청의 심리종결시**를 기준으로 판단해야 하고, 가압류결정에 대하여 이의신청이 제기된 때에는 **이의신청재판의 심리종결시**가 기준이 된다.[2]

판례는, 가압류가 뒤에서 보는 법 288조 1항 3호(3년간 본안의 소의 부제기에 의한 취소)의 취소사유가 발생한 이후 채권자가 다시 동일한 내용으로 가압류신청을 한 경우, 그 보전의 필요성 유무는 최초의 가압류신청과 동일한 기준으로 판단해서는 안 되고, 채권자와 채무자와의 관계, 선행가압류의 집행 후 발생한 사정의 변경, 그 밖의 모든 사정을 종합하여 채권자가 선행가압류의 집행 후 3년이 지나도록 본안소송을 제기하지 않았음에도 불구하고 채권자가 **보전의사**를 **포기** 또는 **상실**했다고 볼 수 없는 **특별한 사정**이 인정되는 경우에 한하여 그 보전의 필요성을 인정할 수 있다고 한다.[3]

(2) 가압류목적물을 **특정하여 신청**해야 하는 **가압류사건**에서는 가압류목적물이 다르면 중복신청이 아니다. 가압류목적물을 **특정하지 않고** 가압류목적물이 있는 장소만 특정하여 **신청**하는 유체동산가압류의 경우(규칙 212조 1항 3호) 가압류목적물이 있는 장소가 다르면 중복신청이 아니다[가압류목적물이 있는 장소에서 어떠한 유체동산을 압류하는지는 집행관의 재량으로 정한다(규칙 212조 2항, 132조)].

4. 가압류신청의 대위 · 대리

(1) 채권자대위권에 기한 **대위신청**도 가능하다. 본안소송에서 **소송대리권**을 갖는 경우 가압류절차에서 당연히 대리권을 갖는다(민소 90조 1항). 따라서 본안소

1) 이시윤 · 조관행, 613쪽; 방순원 · 김광년, 490쪽; 박두환, 699쪽.
2) 대결 2018. 10. 4. 2017마6308(가처분의 경우).
3) 대결 2018. 10. 4. 2017마6308(가처분의 경우).

송의 위임장사본을 제출하고, 본안소송의 소장사본 등을 첨부하여 소송대리권 또는 위임관계를 소명한다면 별도의 소송위임장을 제출하지 않아도 된다.[1)]

(2) 본안소송을 수임한 변호사가 그 소송의 수행시 보전처분에 관한 소송대리권을 가진다고 하여 의뢰인에 대한 관계에서 당연히 그 권한에 상응한 위임계약상의 의무를 부담한다고 할 수는 없고, 변호사가 처리의무를 부담하는 사무의 범위는 변호사와 의뢰인 사이의 위임계약의 내용에 의하여 정해진다.[2)]

5. 가압류와 시효중단의 효력

(1) **가압류**(**집행**)는 **시효중단의 효력**이 있다(민 168조 2호). 가압류의 시효중단의 효력은 가압류의 효력으로서, 가압류의 효력은 가압류집행의 효력이므로 가압류의 시효중단의 효력의 **발생시기**는 **가압류집행**과 관련하여 판단되어야 한다.

1) 가압류집행에 따른 시효중단의 효력과 관련하여 **부동산** 및 **채권 등**에 대한 가압류의 경우 **가압류신청시**에 시효중단의 효력이 발생한다. 원칙적으로 가압류집행의 착수시인 **가압류집행신청시**에 시효중단의 효력이 발생하나, **부동산 및 채권 등**에 대한 가압류의 경우 가압류신청에는 (가압류신청의 인용을 대비한) 가압류집행신청이 포함되어 있다고 보기 때문이다(가압류발령법원과 가압류집행법원이 동일하다). 한편 **유체동산**에 대한 가압류의 경우 집행관에 **가압류집행신청시**(집행위임시)에 시효중단의 효력이 발생한다(가압류집행기관이 집행관이다).[3)]

2) **판례**는, **재판상 청구**와 시효중단에 관한 규정(민 186조 1호, 민소 265조)을 **유추적용**하여 재판상 청구와 **유사하게** 가압류신청을 한 때에 시효중단의 효력이

---

1) 그러나 보전소송과 본안소송은 사건기록이 별개이고, 담당재판부도 다른 경우가 많으므로 보전소송에 별도의 소송위임장을 제출하고 있는 것이 다수의 실무이다. 법원실무제요 민사집행(5), 16쪽.

2) 대판 1997. 12. 12. 95다20775.

3) 유체동산에 대한 가압류의 경우 시효중단의 효력발생시기를 가압류집행신청시로 보는 견해로는 한충수, "(가)압류에 따른 시효중단 효력발생시기," 법조 67권 6호(2018년), 803쪽 이하. 이에 대하여, 유체동산가압류의 경우에도 시효중단의 효력발생시기를 가압류신청시로 통일되게 보아야 한다는 견해로는, 김광년, "가압류와 시효중단의 효력발생시기," 변호사(서울지방변호사회) 45집(2014년), 80쪽 이하; 민선찬, "가압류와 소멸시효의 중단시기," 부동산법학(한국부동산학회) 57집(2014년), 16쪽; 최춘식, "유체동산 가압류와 시효중단," 법학연구(인하대학교 법학연구소) 23집 1호(2020년), 151쪽. 한편 유체동산가압류에서도 가압류결정과 가압류집행은 시간적 · 기능적으로 서로 밀접하게 연관되어 있어 일체를 이루므로 시효중단의 효력발생시기를 가압류신청시라고 해석함이 타당하다는 견해로는, 노재호, "민사집행절차와 소멸시효중단 — 현행 민법의 해석론을 중심으로 —," 사법논집 70집(2020년), 372쪽.

생긴다고 보고 있다.[1] 그러나 판례가 **가압류법원**과 **집행기관**이 동일한지 여부를 구별함이 없이, 즉 가압류목적물이 부동산 또는 채권인지, 유체동산인지를 구별함이 없이 일반적으로 가압류의 시효중단의 효력의 발생시기를 가압류신청시라고 보는 것은 부당하다. 한편 **판례**는, 유체동산에 대한 가압류에서 **집행절차에 착수하지 않은 경우**에는 시효중단의 효력이 없고, 집행절차를 개시했으나 가압류할 유체동산이 없기 때문에 **집행불능이 된 경우**에는 집행절차가 종료된 때부터 시효가 새로이 진행된다고 본다.[2]

(2) 민법 168조 2호에서 가압류를 시효중단사유로 정하고 있는 것은 가압류에 의하여 채권자가 권리를 행사했다고 할 수 있기 때문이다. 따라서 가압류에 의한 집행보전의 효력이 존속하는 동안은 가압류채권자에 의한 권리행사가 계속되고 있다고 보아야 하므로 가압류에 의한 **시효중단의 효력**은 가압류의 **집행보전의 효력**이 존속하는 동안 계속된다(**계속설**).[3] 즉 채권자가 가압류결정에 의하여 권리행사를 계속하고 있다고 볼 수 있는 **가압류등기가 말소**된 때에 그 중단사유가 종료되어, 그때부터 새로 소멸시효가 진행한다.[4][5]

---

1) 대판 2017. 4. 7. 2016다35451.

2) 대판 2011. 5. 13. 2011다10044.

3) 대판 2008. 3. 27. 2006다24568; 2013. 11. 14. 2013다18622,18639, 2020. 1. 16. 2018다222587; 이균용, "가압류와 시효중단효력의 계속여부," 대법원판례해설 34호(2000년 상반기), 43쪽 이하; 김진수, "가압류와 시효중단의 계속," 판례연구(부산판례연구회) 12집(2001. 6.), 569쪽 이하; 양창수, "부동산가압류의 시효중단효의 종료시기," 민사판례연구(민사판례연구회) 24권(2002. 1.), 1쪽 이하.

4) 매각대금의 지급 후의 배당절차에서 가압류채권자의 채권에 대하여 배당이 이루어지고 배당액이 공탁되었다고 하여 가압류채권자가 그 공탁금에 대하여 채권자로서 권리행사를 계속하고 있다고 볼 수는 없으므로 그로 인하여 가압류에 의한 시효중단의 효력이 계속된다고 할 수 없다. 대판 2013. 11. 14. 2013다18622,18639.

5) 판례의 타당성의 근거를, ① 가압류의 집행보전의 효력이 존속하는 동안은 채권자에 의한 권리행사가 계속되고 있다고 볼 수 있으며, 압류의 경우 압류가 집행된 후에도 압류의 효력이 실질적으로 존속하는 것과 마찬가지로 보아야 하며, ② 가압류집행 후 채권자가 즉시 집행을 하기 곤란한 사정이 있는 경우까지 재차의 시효중단을 위하여 채권자로 하여금 다른 시효중단조치를 취하도록 하는 것은 채권자에게 가혹하며, ③ 채권자가 본안의 소를 제기하지 않고 가압류 · 가처분을 방치하고 있는 경우 채무자는 본안의 제소명령, 본안의 제소기간 도과를 이유로 한 취소신청, 또는 보전의 필요성 소멸을 이유로 한 취소신청도 할 수 있고, 이로써 가압류 · 가처분이 취소되면 시효중단의 효력이 종료되므로 채무자에게 가혹하지 않으며, ④ 단기소멸시효에 걸리는 채권의 경우 채권자에 비해 채무자를 과도하게 보호하는 결과를 야기할 수 있는 등에서 찾는 견해로는, 이균용, "가압류와 시효중단효력의 계속여부," 대법원판례해설 34호(2000년), 43쪽 이하. 이러한 판례의 태도에 대하여, 채권자의 권리행사는 가압류결정이 집행된 때 종료한다고 하여야 하고, 그 집행기간만큼 시효중단의 효력이 계속된다고 해석해야 하며, 가압류결정이 집행된 후에는 민사집행법상 어떠한 절차도 남아 있지 않으므로 더 이상

(3) **원인채권**의 지급을 확보하기 위하여 어음이 수수된 경우 채권자가 **어음채권**을 피보전권리로 하여 채무자의 재산을 가압류했다면 원인채권의 소멸시효를 중단시키는 효력이 있다[이와 반대로 채권자가 원인채권으로 피보전권리로 하여 채무자의 재산을 가압류한 때에는 어음채권의 소멸시효를 중단시키는 효력이 없다].[1] 다만 가압류결정 이전에 이미 피보전권리인 어음채권의 시효가 완성되어 소멸된 경우에는 그 가압류결정에 의하여 그 원인채권의 소멸시효를 중단시키는 효력이 인정되지 않는다.[2]

6. 가압류신청의 취하

(1) 가압류신청은 취하할 수 있다. 가압류결정이 있은 후에도 가압류결정 자체가 취소되지 않는 한 그 집행 여부와 관계없이 어느 단계에서든 신청의 취하가 가능하다. 가압류결정이 있는 후의 가압류신청의 취하에도 상대방의 동의가 필요 없다고 본다.[3]

(2) 가압류신청의 취하는 절차의 안정과 명확성을 위하여 서면으로 해야 한다(규칙 203조의2 1항 본문). 다만 변론기일 또는 심문기일에서는 말로 할 수 있다(규칙 203조의2 1항 단서). 한편 가압류신청의 취하가 있는 때에는 당사자의 무익한 준비를 방지하기 위하여 변론기일 또는 심문기일의 통지를 받은 **채권자 또는 채**

가압류절차를 통한 채권자의 권리행사가 있다고 할 수 없다는 등 논거를 들어 비판하는 견해로는, 양창수, "부동산가압류의 시효중단효의 종료시기," 민사판례연구 24권(2002년), 1쪽 이하; 노재호, "민사집행절차와 소멸시효중단 — 현행 민법의 해석론을 중심으로 —," 사법논집 70집(2020년), 345쪽 이하.

1) 원인채권의 지급을 확보하기 위한 방법으로 어음이 수수된 경우 이러한 어음은 경제적으로 동일한 급부를 위하여 원인채권의 지급수단으로 수수된 것으로서 그 어음채권의 행사는 원인채권을 실현하기 위한 것일 뿐만 아니라, 원인채권의 소멸시효는 어음금청구소송에서 채무자의 인적항변사유에 해당하는 관계로 채권자가 어음채권의 소멸시효를 중단하여 두어도 채무자의 인적항변에 따라 그 권리를 실현할 수 없게 되는 불합리한 결과가 발생하기 때문이다. 대판 1999. 6. 11. 99다16378; 고해진, "담보조의 어음채권을 피보전권리로 가압류한 경우 원인채권의 소멸시효," 경영법무 66호(1999. 9. 1.), 31쪽 이하.

2) 어음채권이 이미 소멸시효가 완성된 후에는 어음채권이 소멸되어 시효중단을 인정할 여지가 없으므로, 이미 시효로 소멸된 어음채권을 피보전권리로 하여 가압류결정을 받는다고 하더라도 이를 어음채권이나 원인채권을 실현하기 위한 적법한 권리행사로 볼 수 없을 뿐 아니라, 더 이상 원인채권에 관한 시효중단 여부가 어음채권의 권리실현에 영향을 주지 못하여 어떠한 불합리한 결과도 발생하지 않기 때문이다. 대판 2007. 9. 20. 2006다68902; 장상균, "시효소멸한 어음채권을 피보전권리로 한 가압류 결정과 원인채권의 시효," 대법원판례해설 71호(2007년 하반기), 101쪽 이하.

3) 법원실무제요 민사집행(5), 89쪽.

무자에게 그 취지를 통지해야 한다(규칙 203조의2 2항). 채권가압류신청이 취하된 경우 법원사무관 등은 가압류명령을 송달받은 **제 3 채무자**에게 그 사실을 통지해야 한다(규칙 213조, 160조 1항).

(3) 가압류신청의 취하에 의하여 가압류로 인한 소멸시효중단의 효력이 소급적으로 상실된다.[1]

Ⅲ. 심 리

1. 심리방식

(1) 가압류신청에 대한 재판은 원칙적으로 서면심리로 한다. 심문을 거칠 수도 있으며, 경우에 따라서는 변론을 열 수도 있다(법 280조 1항, **임의적 변론**. 다만 변론을 여는 경우가 매우 드물다).[2] 임의적 변론이므로 당사자의 기일불출석에 대하여 민사소송법 148조 · 150조 · 268조가 준용되지 않는다.

(2) 가압류절차에서는 민사집행법에 특별한 규정이 없고, 성질에 반하지 않는 한 민사소송법이 준용되므로(법 23조 1항), 심문기일 또는 변론기일에서 **가압류신청**에 관하여 **조정**[3] 또는 **재판상 화해**가 가능하다.[4] 한편 보전처분절차에서 **본안의 소송물**에 관한 화해는 제소전 화해의 성질을 지닌다.[5] 보전처분절차에서 화

---

1) 대판 2014. 11. 13. 2010다63591.

2) 가압류제도의 남용방지를 위하여 심문을 활성화하고, 필요한 경우에는 채권자 한쪽의 심문뿐만 아니라, 채권자와 채무자 쌍방심문을 적극활용할 필요가 있다는 견해로는, 김일룡, 512쪽; 이창민, 주석서(5), 362쪽.

3) 피보전권리의 존부를 확인한다든지 채무자로부터 일정 금원을 지급받고 가압류신청을 취하하기로 하는 등의 합의를 포함하는 조항으로 조정을 성립시킬 수 있다. 다만 조정은 쌍방의 양보를 전제로 분쟁을 해결하는 것이어서 조정내용은 당사자가 **자유로이 처분**할 수 있는 권리에 관한 것이어야 하는데, 보전집행을 허용하지 않는다든가 기존의 보전집행을 취소 또는 인가하는 등의 권한은 법원에게 있고 당사자에게 있는 것이 아니므로 보전처분절차의 결정주문과 같은 내용의 조정을 하는 것은 불가능하다. 재판예규 제1525호 '민사조정절차에 관련된 여러 의문점에 대한 검토의견'(재민 95-1, 2015. 4. 8. 개정 · 시행).

4) 가압류재판절차에서 조정 · 화해가 성립되면 가압류소송절차는 종료되나 가압류집행까지 당연히 실효되는 것은 아니다. 따라서 **채무자**는 집행기관에 조정 · 화해조서 등본을 제출하고 비용을 지급하면, **집행기관**은 이러한 조서를 법 49조 5호 · 6호의 서류로 보아 별도의 집행취소결정 없이 **집행취소절차에 착수**해야 한다. 법원실무제요 민사집행(5), 139쪽.

5) 따라서 말로써라도 반드시 본안의 소송물에 관한 신청이 있어야 하고, 이에 대한 인지를 붙여야 한다. 조정의 경우에는 그 밖에 조정에 회부하는 결정이 있어야 한다. 법원실무제요 민사집행(5), 138쪽.

해권고결정이 확정된 경우도 마찬가지이다.[1]

(3) 가압류신청에 대한 재판은 대립당사자 구조를 지니므로 심문기일 또는 변론기일에서는 보조참가 · 당사자참가도 허용된다.[2]

2. 심리사항

피보전권리와 보전의 필요성의 존재는 서로 별개의 독립된 요건이기 때문에 그 심리에서도 상호 관계없이 독립적으로 심리되어야 한다.[3] 실무상 피보전권리의 존부에 관하여 먼저 심리하여 일응 그 존재가 소명되면 다음에 보전의 필요성에 관하여 심리한다. 다만 보전의 필요성이 없음이 명백한 때에는 별도로 피보전권리에 관한 심리 · 판단을 생략한 채 보전의 필요성이 없음을 이유로 신청을 기각한다.[4]

3. 원칙적 소명

가압류절차에서는 판결절차에서 요구되는 증명이 아니라 **소명**으로 족하다. 다만 관할, 당사자능력, 대리권 등 신청요건은 **증명**이 필요하다. 소명은 즉시 조사할 수 있는 증거에 의해야 하므로(법 23조 1항, 민소 299조 1항), 원칙적으로는 증거신청한 해당 기일에 조사를 마칠 수 있는 증거방법에 한한다. 따라서 증인, 문서제출명령, 문서송부촉탁, 감정 등은 허용되지 않는다.

Ⅳ. 재 판

1. 가압류신청에 대한 결정

(1) 가압류신청에 대한 재판은 결정으로 한다. 변론을 거친 때에도 결정으로

1) 대결 2022. 9. 29. 2022마5873.

2) 보전처분절차에서 당사자대립주의는 통상의 판결절차에서와 같이 전면적이고 완전한 형태로 나타나지 않다가 보전처분에 대한 이의신청이나 불복신청의 절차에서 비로소 분명한 형태로 나타나게 된다고 하더라도 보전처분절차도 민사소송절차의 일환으로서 대립당사자의 존재를 전제로 하는 것이다. 대판 2004. 12. 10. 2004다38921,38938. 한편 보전처분 신청사건에서 변론이나 심문 없이 진행된 경우에는 소송이 대립당사자 구조를 지니지 않는다고 본 판례로는, 대결 2010. 5. 25. 2010마181, 2015. 9. 3. 2015마1043.

3) 대결 2005. 8. 19. 2003마482, 2007. 7. 26. 2005마972. 우리나라 실무에서의 가압류남용의 문제는 피보전권리와 보전의 필요성에 관한 소명을 각기 독립적으로 보다 엄격히 요구하는 것에서 그 해결책을 찾아야 한다는 견해로는, 김경욱, "가압류 요건의 소명," 민사집행법연구 10권(2014. 2.), 497쪽 이하.

4) 법원실무제요 민사집행(5), 478쪽.

한다. 가압류결정은 **판사**의 업무이다(사법보좌관의 업무가 아니다). **신청요건**에 흠이 있는 경우 가압류신청을 **각하**한다. **가압류요건**이 소명되지 않은 경우 가압류신청을 **기각**한다. 그러나 각하나 기각이나 둘 다 기판력이 없으므로, 각하와 기각을 구별할 실익은 없다.

(2) **채권가압류결정**에는 제 3 채무자에 대하여 채무자에게 지급해서는 안 된다는 명령만을 해야 한다(법 296조 3항). 채권의 압류와 달리 채무자에게 채권의 처분과 영수를 금지하는 명령을 해서는 안 된다.

2. 담보제공명령 등

(1) 가압류는 간이한 절차에 의하여 채권자에게 채권보전수단을 마련해 주는 대신 나중에 그 가압류가 부적절한 것이었다는 것이 밝혀질 경우 채무자가 그 손해를 쉽게 회복할 수 있도록 담보를 마련해 두는 것이 형평에 적합하다. 따라서 청구채권이나 가압류의 이유를 **소명하지 않는 때**에도 가압류로 생길 수 있는 채무자의 손해에 대하여 법원이 정한 담보를 제공한 때에는 법원은 가압류를 명할 수 있으며(법 280조 2항),[1] 청구채권과 가압류의 이유를 **소명한 때**에도 법원은 담보를 제공하게 하고 가압류를 명할 수 있다(법 280조 3항).

종래 실무상 대한민국 · 공공기관 · 금융기관 등의 경우 무공탁을 허용했으나, 현재에는 무공탁 허용기관을 축소하여 **대한민국**만으로 한정하고 있다.[2] 다만 실무례에서는 근로자가 임금채권을 가압류의 피보전권리로 하여 사용자를 상대로

1) 입법론적으로 법 280조 2항의 폐지를 주장하는 견해로는, 김경욱, "가압류 요건의 소명," 민사집행법연구 10권(2014. 2.), 521쪽 이하; 권창영, 민사보전법(제 2 판, 2012년), 370쪽. 이러한 견해는, ① 가압류요건의 소명이 없음에도 채권자에게 소명대용으로 담보제공의 특혜를 주어야 할 아무런 이유가 없으며, ② 특히 가압류명령만으로도 발생이 가능한 손해, 예컨대 신용의 상실, 거래의 단절 등과 같은 손해는 담보제공을 통하여 보전되는 것도 아니며, ③ 소명이 충분하지 않은 경우와 소명이 전혀 없는 경우를 구분하는 것도 쉽지 않으며, ④ 가압류결정에 대한 이의신청사건에서 가압류요건이 없음을 이유로 취소되어야 할 사건이 담보제공이 있다고 하여 가압류를 발령한다는 것은 채무자에게 매우 불리함을 그 이유로 들고 있다.

2) 인지 첩부 · 첨부 및 공탁 제공에 관한 특례법 3조는 국가를 당사자로 하는 소송 및 행정소송에서는 민사소송법에 따른 공탁을 하지 않는다는 특례를 인정하고 있다. 따라서 국가를 당사자로 하는 소송 및 행정소송에 한하여 국가가 채권자인 경우에는 담보제공명령을 하지 않는다. 국가를 당사자로 하는 소송의 경우이므로, 국가사무와 관련한 모든 소송에 인정되는 것은 아니다. 따라서 지방자치단체 또는 공법인 등이 국가로부터 위탁받은 사무를 처리하는 과정에서 발생하는 소송에 관해서는 위와 같은 공탁제공에 관한 특례가 인정되지 않는다. 대결 2004. 10. 6. 2004마467.

가압류신청을 하는 경우에는 임금이 근로자의 생계유지에 직결되는 점을 고려하여 청구채권이나 가압류의 이유에 대한 소명이 있는 때에는 담보제공을 명하지 않기도 하며, 면제해 주지 않더라도 소액의 담보제공만을 명하기도 한다.[1)]

(2) 법원은 통상 가압류를 발령하기에 앞서 일정한 기간(보통 7일)을 정하여 채권자로 하여금 일정액의 담보를 제공하라는 결정(**담보제공명령**)을 독립한 결정으로 발령한다. 물론 담보제공을 조건으로 이를 가압류재판에 포함시켜 가압류결정을 발령하는 경우도 있다.

담보의 제공은 ① 금전 또는 법원이 정하는 유가증권을 **공탁**하거나, ② 대법원규칙이 정하는 바에 따라 지급을 보증하겠다는 위탁계약을 맺은 문서(**지급보증위탁계약체결문서**)를 **제출**하는 방법으로 한다(법 19조 3항, 민소 122조 본문). 다만 지급보증위탁계약체결문서를 제출하는 방법으로 담보를 제공하려면 **미리 법원의 허가**를 받아야 한다(민소규칙 22조 1항).[2)3)]

(3) **부동산 · 자동차 · 건설기계 · 소형선박** 또는 **금전채권**에 대한 가압류신청사건에서의 담보제공방식으로, 법원의 **담보제공명령이 없더라도 미리** 다음의 금액, 즉 ① 부동산 · 자동차 · 건설기계 · 소형선박에 대한 가압류신청사건은 청구금액(원금만을 기준으로 하고 이자 · 지연손해금 등은 포함하지 않는다)의 **1/10**(10,000원 미만은 버린다), ② 금전채권에 대한 가압류신청사건은 청구금액의 **2/5**(다만 법원이 지역 사정 등을 고려하여 별도의 기준을 정한 경우에는 그 금액)를 보증금액으로 하여 미리 은행 등과 지급보증위탁계약을 맺은 문서인 **지급보증위탁계약체결문서**(**공탁보증보험증권**)

---

1) 법원실무제요 민사집행(5), 110쪽; 이창민, 주석서(5), 370쪽.

2) 지급보증위탁계약체결문서(보증서) 제출에 의한 담보제공을 하는 경우에 통상 ① 채권자가 가압류신청을 한 후 법원으로부터 담보제공명령을 받고, 채권자가 보증서 제출에 의한 담보제공허가신청을 하여 법원이 보증서 제출에 의한 담보제공허가결정을 함에 따라 채권자가 보증서를 제출하여 법원으로부터 가압류결정을 받는 방법, ② 채권자가 가압류신청시 보증서 제출에 의한 담보제공허가신청을 하여 법원이 담보제공명령과 동시에 보증서 제출에 의한 담보제공허가결정을 함에 따라 채권자가 보증서를 제출하여 법원으로부터 가압류결정을 받는 방법이 있다.

3) '민사소송 등에서의 전자문서 이용 등에 관한 법률'과 그 규칙이 2013. 9. 16.부터 보전처분 등 신청사건에 적용됨에 따라, 보전처분 신청사건이나 그 부수사건에서 **금전 또는 유가증권을 담보로 제공**한 사람은 재판사무시스템으로 전송된 **공탁관리시스템**의 공탁정보로써 공탁서원본 제출을 갈음할 수 있고, 보전처분 신청사건에서 채권자가 법원의 허가결정에 따라 **보증서를 제출하는 방법**으로 **담보를 제공**하는 경우 채권자는 **은행 등의 전산시스템**을 통해 법원의 전산시스템에 적법한 보증보험계약체결사실을 확인할 수 있는 정보를 전송하는 방법으로 보증서원본 제출을 갈음할 수 있게 되었다. 재판예규 제1893호 '민사소송 등에서의 전자문서 이용 등에 관한 업무처리지침'(재일 2012-1. 2025. 1. 21. 개정, 2025. 1. 31. 시행) 110조 1항 · 2항.

인 **보증서 원본**을 제출하는 방법으로 **담보제공의 허가신청**을 할 수 있다(규칙 204조).[1][2] **다만 급여채권 · 영업자예금채권**에 대한 가압류신청을 하는 때에는 그렇지 않다. 즉 급여채권 · 영업자예금채권에 대한 가압류의 경우 현금공탁을 명하는 담보제공명령을 발한다. 담보제공의 허가신청은 가압류신청서에 허가신청의 의사표시를 기재함으로써 한다. 이는 부동산, 자동차 등, 또는 금전채권에 대한 가압류 신청사건이 보전처분사건 가운데 차지하는 비율이 가장 높을 뿐만 아니라, 전국 법원의 담보제공기준도 통일되어 있어 그 담보제공방식에 특례를 둠으로써 당사자의 편의와 법원의 업무처리의 간소화를 도모하기 위한 것이다.[3]

(4) 담보제공명령을 받은 채권자가 그 결정에서 정한 기일 안에 담보를 제공하지 않으면 법원은 가압류신청을 각하한다. 다만 위 기간이 지난 뒤라도 재판 전에 담보가 제공되면 원칙적으로 소정기간 내에 담보를 제공하지 않았다는 이유로 신청을 각하해서는 안 된다(법 23조 1항, 민소 127조, 124조 단서). 담보제공명령은 채권자에게만 고지하면 된다(법 281조 3항). 담보제공명령은 가압류재판에 대한 **중간적 재판**에 해당하므로 독립적으로 불복할 수 없다.[4] 채권자가 무담보의 가압류신청을 했는데 법원이 **담보제공명령을 한 경우**이거나 법원이 정한 **담보액이 지나치게 많다**고 생각될 경우에는 채권자로서는 담보제공명령을 이행하지 않고, 담보제공명령의 불이행을 이유로 가압류신청이 각하되면 그 각하결정에 대하여 즉시항고를 할 수 있다(법 281조 2항). 다만 **담보제공을 조건으로 가압류명령을 발령한 경우** 담보제공명령은 가압류의 내용을 이루므로 가압류결정에 대한 **이의사유**가 된다.[5]

---

1) 위 허가신청시 채권자 · 채무자 중 한쪽 또는 양쪽이 **여럿인 경우**에는 각 채권자가 각 채무자를 위하여 위 보증금액에 해당하는 보증서 원본을 **개별적으로** 제출해야 한다. 채권자는 위 허가신청을 하는 경우에 가압류신청서에 허가신청의 의사표시를 적어야 한다. 재판예규 제1787호 '지급보증위탁계약체결문서의 제출에 의한 담보제공과 관련한 사무처리요령'(재민 2003-5, 2021. 11. 26. 개정 · 시행) 6조.

2) 채권자가 가압류명령 이전에 보증서를 제공하게 하는 선담보제도를 폐기하고, 적정한 담보에 관한 심리를 실시함으로써 담보 본래의 기능을 확보해야 한다는 견해로는, 이동연, "가압류제도의 적정한 운영방안 — 남용방지방안을 중심으로 —," 법조 652호(2011. 1.), 191쪽 이하.

3) 법원행정처, 민사집행규칙해설(2002년), 552쪽; 법원실무제요 민사집행(5), 113쪽.

4) 대결 2001. 9. 3. 2001그85.

5) 실무상 이의신청 대신에 담보액의 감축이나 지급보증위탁계약체결문서에 의한 담보제공의 허가를 요청하는 담보변경신청서를 제출하는 경우 다수 실무례는 법원이 신청서에 첨부된 채권자의 재산상황 등에 대한 소명자료를 심사한 후 신청이 이유 있다고 판단되면 재도(再度)의 고안(考案)의 형식으로(법 23조 1항, 민소 446조) 종래의 담보제공명령을 취소하고, 새로이 현금담보액을 감축하거나 전액 지급보증위탁계약체결문서에 의한 담보를 제공하도록 하는 내용을 담은 담보제공명령을 발령해 주고 있다. 법원실무제요 민사집행(5), 165쪽.

(5) 담보제공명령을 받은 채권자가 담보를 제공한 때에는 그 담보의 제공과 담보제공의 방법을 가압류명령에 적어야 한다(법 280조 4항).

(6) 가압류신청시 법원의 담보제공명령으로 제공된 공탁금은 **부당한 가압류**로 인하여 **채무자**가 입은 **손해**를 **담보**한다. 가압류가 부당한 경우 채무자는 그 가압류로 인하여 입은 손해의 배상청구권에 관하여 질권자로서 권리를 가진다(법 23조 1항, 민소 123조). 가압류의 취소에 관한 소송비용은 가압류로 인하여 제공된 공탁금이 담보하는 손해의 범위에 포함된다.[1)]

3. 해방금액의 공탁

(1) 가압류명령에는 가압류의 집행을 정지시키거나 집행한 가압류를 취소시키기 위하여 채무자가 공탁할 금액을 적어야 한다(법 282조). 이를 **해방금액**이라고 한다. 채무자는 뒤에서 보는 바와 같이 해방금액을 공탁하고 집행취소(정지)신청을 하여 집행취소(정지)결정을 받을 수 있다(법 299조 1항).

(2) 해방금액은 실무상 통상 **청구금액**(청구채권의 금액)과 같은 금액으로 정한다. 그러나 가압류할 목적물의 가액이 청구금액보다 적은 때에는 목적물의 가액 상당 금액으로 정할 수 있으며, 청구채권에 대하여 다른 방법에 의하여 그 일부 금액의 범위 내에서 보전되어 있는 때에는 이를 고려하여 그 금액을 정할 수 있다.[2)]

(3) 해방금액의 공탁은 **금전에 의한 공탁**만이 가능하다. 실질적 효용가치가 있는 유가증권이라도 허용되지 않는다. 해방금액의 공탁은 담보공탁(민소 502조)과 그 성질이 다를 뿐만 아니라 현행법상 형식적 심사권만을 가지고 있는 공탁관이 유가증권의 실질적 통용가치를 평가해야 하는 실무상 어려운 문제점이 제기되고 있으므로, 해방금액의 공탁은 **금전**에 의한 공탁만 가능하다고 본다. 따라서 보증서 제출에 의한 담보제공도 허용되지 않는다.[3)]

(4) 집행이 취소되면 해방공탁금은 가압류목적물을 갈음한다. 즉 가압류채권자가 본안에서 승소확정판결을 받게 될 경우 집행의 목적물이 된다.[4)]

---

1) 대결 2013. 2. 7. 2012마2061, 대판 2019. 12. 12. 2019다256471.

2) 법원실무제요 민사집행(5), 124쪽.

3) 재판예규 제1787호 '지급보증위탁계약체결문서의 제출에 의한 담보제공과 관련한 사무처리요령'(재민 2003-5, 2021. 11. 26. 개정 · 시행) 5조의2 3호.

4) 서승렬, "보전처분에 관한 해방공탁금," 재판실무연구(3) 보전소송(2008년), 163쪽 이하.

제 3 절 가압류재판에 대한 불복절차

Ⅰ. 즉시항고

1. 의 의

(1) 가압류신청을 **각하 · 기각하는 결정**에 대해서는 즉시항고할 수 있다(법 281조 2항). 무담보의 가압류결정을 구하는 신청에 대하여 **담보부** 가압류결정을 하는 경우 또는 **담보액**이 지나치게 많은 경우에도 즉시항고를 할 수 있다.[1] 무담보의 가압류결정을 구하는 신청에 대하여 법원이 일정한 액수의 담보를 제공하는 것을 조건으로 가압류를 명하는 경우 이는 실질적으로 가압류신청에 대한 일부기각의 재판과 같은 성격을 가지는 것이기 때문이다.

(2) 채권자의 가압류신청이 **일부만 인용**된 경우 채권자는 **배척된 부분**에 대하여 즉시항고를, 채무자는 **인용된 부분**에 대하여 뒤에서 보는 이의신청이나 취소신청을 할 수 있다. 양 사건이 심급을 달리하여 별도로 진행되는 경우 재판의 모순 · 저촉의 우려가 있을 수 있음을 고려하여 실무상 양 절차를 별개사건으로 처리하되 당사자의 양해를 얻어 **항고사건**의 절차를 **사실상 정지**하고 이의사건의 결과를 기다리는 방식으로 운영하고 있다.[2]

2. 준용규정

이러한 즉시항고는 집행절차에 관한 것이 아니므로 법 15조의 '집행절차에 관한 집행법원의 재판'에 해당한다고 볼 수는 없다. 따라서 이에 대한 즉시항고에 관해서는 법 15조가 아니라 **민사소송법상 즉시항고**에 관한 규정이 적용된다.[3] **재항고**에 관해서는 **'상고심절차에 관한 특례법'**상 특례규정(7조, 4조 2항 · 1항)이 있다.[4] 따라서 **재항고사유**는 헌법위반 또는 헌법의 부당해석, 명령 · 규칙 · 처분

---

1) 대결 2000. 8. 28. 99그30; 노태악, "담보제공 조건부 가압류명령 중 담보제공명령에 대한 불복의 방법," 대법원판례해설 35호(2000년 하반기), 171쪽 이하.

2) 법원실무제요 민사집행(5), 143쪽.

3) 대결 2005. 8. 2. 2005마201, 2006. 5. 22. 2006마313, 2006. 9. 28. 2006마829.

4) 상고심절차에 관한 특례법 4조 2항은 "가압류 및 가처분에 관한 **판결**에 대하여는 상고이유에 관한 주장이 제 1 항 제 1 호부터 제 3 호까지에 규정된 사유를 포함하지 아니한다고 인정되는 경우 제 1 항의 예에 따른다"고 규정하고 있는데, 2005. 1. 27. 개정(2005. 7. 28. 시행) 민

의 법률위반 여부의 부당판단, 대법원 판례와 상반되는 판단 등으로 **제한**되며, 이러한 사유에 해당되지 않는 한 **중대한 법령위반**(위 특례법 4조 1항 5호)이 있다는 이유만으로는 재항고사유가 되지 않는다.[1)]

Ⅱ. 이의신청

1. 의 의

(1) 가압류결정에 대해서는 이의신청(**가압류이의신청**)을 할 수 있다(법 283조 1항).[2)] 이의신청의 대상은 **가압류신청의 당부** 및 **가압류결정의 당부**이다.[3)] **판례**도, 가압류이의신청은 **가압류신청과 가압류명령의 당부**에 관하여 **재심사**해 줄 것을 요구하는 신청이고, 법원은 심리종결시까지의 모든 사정을 참작하여 가압류요건이 갖추어졌는지 여부를 재심사하여 이미 발해진 가압류명령을 유지하는 방법으로 가압류신청을 받아들일 것인지, 아니면 가압류신청을 기각하고 이미 발해진 가압류명령을 취소할 것인지 등을 결정하게 되는 것으로, **가압류신청의 당부**에 관한 판단과 **가압류명령의 당부**에 관한 판단은 **서로 표리관계**에 있으므로 분리될 수 있는 성질의 것이 아니라고 보고 있다.[4)5)]

사집행법은 가압류 및 가처분에 관하여 모든 재판의 형식을 **결정**으로 통일하여 가압류 및 가처분에 관하여 판결로 하는 경우가 없게 되었으므로 위 조문을 삭제하고, 그 7조에서 "가압류 및 가처분에 관한 **결정**에 대해서는 재항고이유에 관한 주장이 제 4 조 제 1 항 제 1 호부터 제 3 호까지에 규정된 사유를 포함하지 아니한다고 인정되는 경우에는 제 4 조 제 1 항의 예에 따른다"는 내용을 포함하는 개정이 이루어져야 마땅하다.

1) 그런데도 대법원이 실무상 **판결**에 대한 상고심의 심리속행사유와 별다른 차이 없이 법률심으로 심리하고 있음을 지적하면서, 이는 명백히 위 특례법을 위반하는 것이라는 견해로는, 이시윤·조관행, 630쪽.

2) 가압류결정이 항고법원에 의하여 행해진 경우라고 하더라도 이에 대하여 민사소송법 442조에 의한 재항고나 같은 법 444조의 즉시항고로는 다툴 수 없다. 대결 2008. 12. 22. 2008마1752, 2024. 2. 29. 2023마8214.

3) 김연, 140쪽.

4) **판례**는, 이러한 입장에서 **가압류명령을 취소**하는 제 1 심법원의 판단에는 **가압류신청을 기각**하는 취지도 포함되어 있는 것이라고 보지 않을 수 없으므로, 제 1 심법원이 가압류명령을 취소하는 주문을 내면서 동시에 신청인의 가압류신청을 기각하는 주문을 내지 않았다고 하더라도 이는 제 1 심이 당사자에게 오해를 불러일으킬 수 있는 정도의 불명확한 결정주문을 낸 것에 불과하고, 이를 가리켜 결정이 누락된 것이라고 볼 수 없다고 한다. 대판 1994. 12. 27. 94다38366.

5) 한편 법원실무제요 민사집행(5), 154쪽에서는, 가압류이의신청은 지급명령에 대한 이의신청과 같이 같은 심급에서의 불복신청으로서 당사자 쌍방이 참여할 수 있는 심문 또는 임의적 변론을 거쳐 다시 **가압류신청의 당부**를 심리·판단하여 달라는 신청으로 보는 것이 통설 및

(2) 이의신청은 서면으로 한다. 이의신청에는 가압류의 취소나 변경을 신청하는 이유를 밝혀야 한다(법 283조 2항).

(3) 이의신청이 있어도 이심이나 집행을 정지시키는 효력이 없다. 가압류결정의 집행력은 정지되지 않는다(법 283조 3항).

2. 이의신청권자

(1) 이의신청을 할 수 있는 사람은 **채무자**와 채무자의 **일반승계인**이다. 채무자의 특정승계인은 직접 자기의 이름으로 이의신청을 할 수 없다. 채무자의 **특정승계인**은 **참가승계**(법 23조, 민소 81조)의 절차를 거쳐 승계인으로서 이의신청을 할 수 있을 뿐이다.[1] **제 3 자**는 이의신청을 할 수 없다. 원래 가압류이의신청은 가압류결정에 대한 불복방법으로 이미 개시된 가압류재판절차에서 그 소송을 수행하기 위한 절차상의 권리에 지나지 않으므로 제 3 자는 채권자대위권에 의해서도 이의신청할 수 없다.[2] 다만 **보조참가**와 동시에 이의신청할 수 있다(법 23조 1항, 민소 72조 3항).

(2) 가압류신청의 소송대리인은 이의신청절차에서도 소송대리인의 지위를 유지한다.[3]

3. 이의신청의 이익

(1) **채권가압류**의 경우 **제 3 채무자**는 당사자가 아니며 채무자가 제 3 채무자에 대한 채권이 없다면 채권가압류결정에 의하여 법률상 불이익을 받을 지위에 있다고 할 수 없으므로 가압류에 대하여 이의를 신청할 아무런 이익이 없다.[4]

(2) 가압류신청시 **이미 죽은 사람**을 채무자로 한 가압류결정은 무효이므로 그 효력이 상속인에게 미치지 않는다.[5] 이러한 **당연무효의 가압류**는 민법 168조

실무례라고 소개하고 있으나, 의문이다.

1) 보전처분에 대한 이의신청절차는 아직 확정되지 않은 보전처분에 대한 당부를 심리하는 재판절차의 한 단계에 불과하기 때문이다. 심상철, "보전소송의 당사자에 관한 제문제," 보전소송에 관한 제문제(상)(재판자료 45집, 1989. 9.), 77쪽 이하.

2) 대판 1967. 5. 2. 67다267, 1970. 4. 28. 69다2108, 대결 2011. 9. 21. 2011마1258.

3) 대결 2003. 8. 22. 2003마1209.

4) 대판 1967. 5. 2. 67다267; 법원실무제요 민사집행(5), 158쪽.

5) 대판 2004. 12. 10. 2004다38921,38938 등.

2호에서 정한 소멸시효의 중단사유에도 해당하지 않는다.[1] 이 경우 원칙적으로 이의신청의 대상이 되지 않으나 **가압류결정으로 생길 외관**(등기 · 등록)을 제거하기 위한 방편으로 가압류이의신청으로써 그 취소를 구할 수 있다.[2]

4. 이의신청사건의 관할법원과 이송

(1) 가압류이의신청사건은 **가압류를 명한 법원**의 전속관할이다(법 21조). 가압류신청에 대한 기각결정에 대하여 즉시항고를 한 결과 **항고법원**이 **가압류결정**을 한 경우 이에 대한 이의신청은 항고법원에 해야 한다.[3]

(2) 법원은 가압류이의신청사건에 관하여 현저한 손해나 지연을 피하기 위한 필요가 있는 때에는 직권으로 또는 당사자의 신청에 따라 결정으로써 그 가압류사건의 관할권이 있는 다른 법원에 사건을 **이송**할 수 있다. 다만 그 법원이 심급을 달리하는 경우에는 그렇지 않다(법 284조). **가압류이의신청사건**의 관할법원과 **본안사건**의 관할법원이 반드시 일치하는 것은 아니어서 두 사건을 같은 법원에서 함께 심리할 필요가 있다고 판단되는 경우 법원의 재량으로 가압류이의신청사건을 이송할 수 있도록 한 것이다.

이송받을 법원인 '그 가압류사건의 관할권이 있는 다른 법원'이란 반드시 본안이 계속되어 있는 법원 뿐만 아니라, 아직 본안이 계속되기 전에는 장차 본안소송이 제기된다면 관할을 가지는 법원도 해당한다. 한편 이송의 필요성 판단기준인 '현저한 손해 또는 지연을 피하기 위한 필요가 있는 때'에 해당하는지 여부는 가압류채권자와 가압류채무자의 소송수행상 부담의 증감관계, 심리의 대상과 방법 및 그에 따른 법원의 심리상 편의 등 여러 사정을 종합적으로 비교교량하여 결정해야 한다.[4][5] 특히 가압류의 특성인 신속성과 관련하여, 가압류이의사건을 본안사건과 분리하여 신속하게 심리할 필요가 있으므로 본안사건의 관할법원으로 이송에 신중해야 한다.[6]

---

1) 대판 2006. 8. 24. 2004다26287,26294.

2) 대판 2002. 4. 26. 2000다30578.

3) 대판 1987. 10. 28. 87다카645; 대결 1991. 3. 29. 90마819, 1999. 4. 20. 99마865.

4) 박영호, 주석서(5), 543쪽.

5) 민사소송법 35조 본문의 '현저한 손해 또는 지연을 피하기 위하여 필요하면'의 판단기준과 관련한 논의로는, 김홍엽(민사소송), 108쪽 · 109쪽.

6) 이에 대하여, 실무상 2005년 민사집행법이 개정되어 가압류이의신청 · 취소신청에 대한 재판이 판결절차에서 결정절차로 변경된 뒤에는 특별한 사정이 없는 한 이의신청사건을 재배당

5. 이의신청의 사유

(1) 이의사유의 제한 여부

1) 이의사유에 관해서는 원칙적으로 아무런 제한이 없다. 이는 뒤에서 보는 보전처분의 취소의 경우 그 취소사유를 사정변경, 특별사정(가처분의 경우), 제소기간의 도과 등으로 제한하고 있는 것과 다르다. 채무자는 피보전권리 및 보전의 필요 등 **실체적 요건**에 관하여 그 심리종결시까지 발생한 일체의 사유를 그 이의사유로 주장할 수 있다.

2) 당사자능력, 소송능력, 소송대리권 등의 흠이나 관할위반 등 **절차상의 위법사유**도 이의사유로 주장할 수 있다. 가압류의 **집행기간**(법 292조 2항)을 넘기는 것도 이의사유가 된다. 집행기간을 넘기면 채권자는 집행에 착수할 수 없으므로, 집행이 허용되지 않는 보전처분의 신청은 신청의 이익이 없기 때문이다.[1]

3) 가압류결정 이후에 발생한 가압류의 **취소사유**라고 하더라도 이의사유로 삼을 수 있다.[2] 가압류이의절차는 가압류결정의 취소·변경을 구하는 절차라는 면에서 가압류취소절차와 다를 바 없고, 소송경제적 측면과 보전처분재판의 긴급성의 요청에서 그렇다. 이의신청사건과 사정변경이나 특별사정에 의한 취소신청사건의 병합심리 여부 및 심리방법 등에 관해서는 가압류결정에 대한 취소신청에서 살펴보기로 한다.

4) 채권자가 가압류집행취소신청을 한 후 가압류결정에 대한 채무자의 이의신청이 있는 경우 통상 가압류집행취소신청에 가압류신청취하의 의사가 포함된 것으로 보아,[3] 가압류신청취하를 이유로 사건을 종국처리하나, 예외적으로 가압류집행취소의 의사만이 있음이 명백한 때에는 이의사유가 있는 것으로 보아 가압류결정을 취소한다.[4]

이나 본안법원으로 이송·재배당 등을 하지 않고 원래 가압류결정을 한 재판부에서 심리하는 것이 더 타당하다는 취지에서, 실무상 본안소송 종국시까지 이의신청사건의 재판을 심리를 하지 않고 기일을 추후지정하거나, 또는 법 284조에 근거하여 이의신청사건을 본안법원으로 이송하는 일은 거의 없다는 보고로는, 박영호, 주석서(5), 544쪽·545쪽.

1) 법원실무제요 민사집행(5), 165쪽.

2) 사정변경에 의한 가압류취소를 이의사유로 삼을 수 있다고 한 것으로는, 대판 1981. 9. 22. 81다638. 특별사정의 존재(가처분의 경우) 및 제소기간의 넘김을 이의사유로 삼을 수 있다고 한 것으로는, 대판 2000. 2. 11. 99다50064.

3) 대판 2010. 10. 14. 2010다53273.

4) 법원실무제요 민사집행(5), 166쪽.

5) 가압류의 목적재산이 채무자의 소유에 속하지 않는 경우 등과 같이 집행의 흠은 집행권원으로서의 보전처분의 효력과는 아무런 관계가 없으므로 이의사유가 될 수 없다.[1] 위와 같은 사유는 제 3 자이의의 소(법 291조 · 48조)나 집행에 관한 이의신청(법 291조 · 16조)으로써 다투어야 한다[이 경우 제 3 자이의의 소를 제기하거나 집행에 관한 이의신청을 하여 집행법원으로부터 **잠정처분**(제 3 자이의의 소에 관해서는 법 48조 3항, 46조 2항, 집행에 관한 이의신청에 관해서는 법 16조 2항)을 받아 가압류집행을 정지시킬 수 있다].

(2) 이의사유의 주장방법

1) 이의사유가 여러 개 있을 경우 채무자는 이의신청 재판에서 이를 **동시에 주장**해야 한다. 이의사유는 채권자의 가압류요건의 주장에 대한 **채무자의 방어방법**에 불과하기 때문이다.[2] 이의사유별로 이의신청을 하는 것은 허용되지 않는다. 채무자는 이의신청서에 명시하지 않은 사유도 심리에서 주장할 수 있다.

2) 가압류인가결정이 확정되어 자기구속력과 형식적 확정력이 발생한 후에는 동일한 선행절차에서 주장한 이의사유와 동일하든 아니든(별도의 이의사유) 불문하고 다시 이의신청할 수 없다.[3]

---

1) 대판 1966. 2. 15. 65다2365.

2) 강현안, "보전처분에 대한 이의절차의 실무상 문제점," 보전소송에 관한 제문제(하)(재판자료 46집, 1989. 9.), 427쪽 이하.

3) 그 경우 채무자의 재이의신청은 **신청의 이익**이 없으므로 법원으로서는 재이의신청을 각하해야 한다는 견해로는, 권창영 · 박영호 · 구태회, 594쪽. 한편 같은 결론이나 그 근거를 달리 보는 입장에서, 채무자는 가압류인가결정이 확정된 후 동일한 가압류결정에 대한 **이의신청권**을 **상실**하므로 법원으로서는 재이의신청을 각하해야 한다는 견해로는, 김성준, "보전처분에 대한 인가결정이 확정된 이후 동일한 보전처분에 재이의신청이 제기된 경우의 처리 방안," 사법(사법발전재단) 67호(2024년), 169쪽. 이러한 입장에서의 하급심결정례로는, 서울고등법원 2014. 11. 7.자 2013라1814 결정, 서울고등법원 2015. 3. 25.자 2014라1355 결정, 서울고등법원 2015. 8. 19.자 2015라662 결정, 서울고등법원 2016. 6. 15.자 2015카합87 결정 등이 있다. 한편 선행이의절차에서 심리된 이의사유로는 재이의신청에 따른 후행이의절차의 개시가 불가하나, 심리되지 않은 이의사유로는 재이의신청에 따른 후행 이의절차의 개시가 가능하다고 보는 입장에서, 채무자가 이미 심리된 이의사유를 주장하면 법원으로서는 재이의신청을 곧바로 각하하고, 채무자가 새로운 이의사유를 주장하면 법원으로서는 심리를 마친 후 실질적인 판단에 나아가야 한다는 하급심결정례로는, 서울고등법원 2022. 5. 24.자 2022라20301 결정, 서울고등법원 2023. 8. 30.자 2023라20725 결정, 서울고등법원 2024. 1. 10.자 2023라21320 결정 등이 있다. 이러한 각 입장에서의 하급심결정례의 상세한 분석으로는, 김성준, 위 논문, 159쪽 이하.

6. 이의신청의 취하

(1) 취하의 방식

채무자는 가압류이의신청에 대한 재판이 있기 전까지 가압류이의신청을 취하할 수 있다(법 285조 1항). 취하는 서면으로 해야 한다. 다만 변론기일 또는 심문기일에서는 말로 할 수 있다(법 285조 3항). 이의신청의 취하에는 채권자의 동의를 필요로 하지 않는다(법 285조 2항). 채무자는 이의신청을 취하한 후 다시 이의신청을 할 수 있다.[1)]

(2) 취하서의 송달 등

가압류이의신청서를 송달한 뒤에는 취하의 서면을 채권자에게 송달해야 한다(법 285조 4항). 변론기일 또는 심문기일에서 말로 취하를 하는 경우에 채권자가 그 기일에 출석하지 않은 때에는 그 기일의 조서등본을 송달해야 한다(법 285조 5항).

7. 이의신청의 재판

(1) 심리방식

1) 이의신청으로 보전신청에 대한 심리절차가 속행된다고 보므로, 채무자가 이의신청을 한 경우에도 여전히 **채권자**가 **적극적 당사자**의 지위에 있다. 따라서 채권자는 이의신청의 기각을 구하는 것이 아니라, 피보전권리와 보전의 필요성을 주장·소명해야 한다. 이에 대하여 이의신청을 한 **채무자**는 가압류결정의 취소·변경과 가압류신청의 기각을 구하고 이의사유를 주장·소명해야 한다.[2)]

2) 가압류결정에 대한 이의신청이 있는 경우 변론기일 또는 당사자 쌍방이 참여할 수 있는 심문기일을 정하고(**필수적 심문**), 당사자에게 그 기일을 통지해야 한다(법 286조 1항). 이의신청사건에서도 그 심리방법은 소명에 의한다.[3)]

---

1) 이에 대하여, 이의신청의 남용을 막기 위하여 이의신청을 취하한 날부터 일정한 기간 내에만 다시 이의신청을 할 수 있도록 그 기간을 제한해야 한다는 견해로는, 김광년, "민사보전처분에 관한 몇 가지 의견," 민사집행법연구 1권(2005년), 251쪽. 2001년 민사집행법 제정 당시에 이의신청의 취하 후에는 다시 이의신청을 할 수 없도록 하는 방안이 제시되었으나 채택되지 않았다. 권창영·박영호·구태회, 604쪽; 박영호, 주석서(5), 548쪽. 법원실무제요 민사집행(V), 168쪽.

2) 강현안, 위 논문, 443쪽.

3) 대결(전) 2010. 5. 20. 2009마1073.

(2) 심리대상

1) 가압류이의절차에서 법원의 심리대상이 되는 것은 가압류신청의 당부로서 그 변론 또는 심문의 종결시점을 기준으로 하여 가압류신청이 이유 있다고 판단하는 경우에 가압류결정을 유지한다.[1)]

2) 당사자는 변론종결시 또는 심문종결시까지 신청 또는 불복의 범위를 변경할 수 있고, 새로운 주장·소명방법을 제출할 수 있다. 청구의 기초에 변경이 없으면 피보전권리를 교환적으로 바꾸거나 예비적으로 추가할 수 있다.[2)]

(3) 심리종결기일제도

1) 법원은 심리를 종결하고자 하는 경우에는 상당한 유예기간을 두고 **심리를 종결할 기일**(**심리종결일**)을 정하여 이를 당사자에게 고지해야 한다(**심리종결일지정**, 법 286조 2항 본문). 다만 변론기일 또는 당사자 쌍방이 참여할 수 있는 심문기일에는 **즉시** 심리를 종결할 수 있다(**심리종결선언**, 법 286조 2항 단서). 이를 **심리종결기일제도**라고 한다. 2005. 1. 27. 개정법에서 이의신청절차가 판결절차에서 결정절차로 변경되어 1회의 임의적 변론, 또는 심문만이 필수적일 뿐 나머지 절차는 법원의 재량에 맡겨진 상태이므로 **심리종결의 시기**가 반드시 명확한 것은 아니어서, 심리종결이 당사자가 예상하지 않는 시기에 이루어지는 것을 방지하고, 종결기일까지 유예기간을 두어 당사자에게 충분한 공격방어방법의 제출기회를 주기 위함이다.

2) 심리종결일지정이 **원칙**이고, 심리종결선언은 주장·소명을 다했는지를 당사자에게 확인할 수 있고, 그 확인이 된 경우에 한하여 **예외적**으로 할 수 있다(법 286조 2항 본문과 단서의 관계). 다만 실무상으로는 심문기일에서 심리종결을 선언하는 것을 원칙으로 하되, 당사자가 추가로 주장·소명방법의 제출을 원하는 때에 한하여 예외적으로 상당한 유예기간을 두고 심리종결일을 지정하고 있다.[3)]

---

1) 대판 2006. 5. 26. 2004다62597. 다만 판례 중에는 심리의 대상이 된 보전처분재판의 당부라고 한 것도 있다. 대판 1978. 2. 14. 77다938.

2) 가압류이의절차에서 변경에 의하여 피보전권리로 추가되는 권리가 가압류결정 당시 아직 발생하지 않은 권리라고 하더라도 이를 피보전권리로 변경할 수 있다. 대판 1996. 2. 27. 95다45224. 그러나 보전소송에서도 처분권주의·변론주의가 적용되므로 선행매매계약의 매매대금지급청구권을 피보전채권으로 하는 가압류결정을 후행매매계약에 기한 잔대금 및 그 지연배상금의 범위 내에서 그 초과부분을 취소하는 것은 허용되지 않는다. 대판 2009. 11. 26. 2008다23224.

3) 법원실무제요 민사집행(5), 179쪽.

3) 심리종결일 뒤에 제출된 자료는 법원이 이를 판단자료로 삼을 수 없으므로 이를 판단자료로 삼기 위해서는 심리를 재개해야 한다.[1)]

(4) 재판방식

1) 가압류이의신청의 재판은 **결정**으로 한다(법 286조 3항). 2005. 1. 27. 개정법(2005. 7. 28. 시행)으로 종래 판결절차에서 결정절차로 바뀌었다.[2)] 종래 가압류이의신청사건은 본안소송과 동시에 진행되고(병행심리), 본안소송이 제기되지 않은 때에는 제소명령 등을 통하여 본안소송의 제기를 유도하는 것이 일반적인 실무례라고 볼 수 있을 정도로 이의신청사건의 심리와 본안소송의 심리가 함께 진행되는 것이 일반적이라고 볼 수 있어,[3)] 이의신청사건이나 뒤에서 보는 취소신청사건을 판결절차로 진행함에 따라 부당하게 발령된 가압류로부터 신속한 구제를 구하는 채무자의 권리를 침해하는 결과를 가져왔고, 이에 대한 반성적 차원에서 위와 같이 법개정이 이루어졌다.[4)] 이의신청에 대한 재판의 결정에는 이유를 적어야 하나, 변론을 거치지 않은 때에는 **이유의 요지**만을 적을 수 있다(법 286조 4항).

2) 가압류명령의 전부나 일부의 인가 · 변경 · 취소를 결정할 수 있다. 이 경우 법원은 적당한 **담보를 제공**하도록 명할 수 있다(법 286조 5항).[5)] 채무자가 이의신청을 한 경우 채권자가 **추가로** 담보를 제공하는 것을 **조건**으로 가압류를 인가하는 것을 **추가담보제공조건부 인가결정**이라 한다. 이러한 추가담보제공을 조건으로 한 인가결정에 대해서는 채권자와 채무자 모두 즉시항고를 할 수 있는데(이는 실질적으로 가압류를 한 채권자에게 불리하게 변경한 것이고, 채무자의 이의신청을 전

---

1) 서승렬 · 박영호 · 손홍수 · 오흥록, "보전처분 불복사건의 처리에 관한 실무 개선방안," 민사재판의 제문제 20권(2011. 12.), 411쪽.

2) 민사집행법 제정 이전부터 전면적 결정주의를 주장한 견해로는, 김연, "가처분절차와 결정주의," 토지법학 11호(경암김용욱교수정년기념, 1995. 12.), 91쪽 이하.

3) 개정법 이전에는 이의신청사건과 본안소송이 같은 재판부에서 심리되는 때에는 병행심리를 통하여 동시에 종결하여 판결을 선고하는 사례가 많았으며, 이의신청사건과 본안소송이 다른 재판부에서 심리되는 때에는 이의신청사건을 본안소송의 재판부로 재배당을 하든지(같은 법원에 계속된 경우), 이의신청사건을 추정하고 본안소송의 결과에 따라 이의신청사건을 진행하기도 했다.

4) 문준필, "개정 민사집행법의 내용 및 사법보좌관의 역할분담," 전문분야 법관연수자료집(중)(재판자료 112집, 2007년), 346쪽 이하.

5) 강제집행의 목적물이 될 수 없어 장차의 강제집행을 보전하기 위한 보전처분인 가압류의 대상도 될 수 없는 목적물에 대한 가압류신청은 부적법하고, 가압류이의신청에 대한 재판에서 이러한 이유로 가압류결정을 취소하는 경우에는 가압류취소의 조건으로 채무자에게 담보제공을 명할 수 없다. 대결 2012. 11. 29. 2012마1647.

부 받아들이지 않은 것이다) 즉시항고를 하더라도 뒤에서 보는 바와 같이 **집행정지의 효력**이 없으므로(법 286조 7항 후문), 채권자로서는 즉시항고를 하면서 별도로 **효력정지결정**을 받지 않는 한 법원이 정한 기간 내에 추가담보를 제공하지 않으면 가압류의 효력이 상실된다.[1] 이 경우 채무자는 추가담보제공조건부 인가결정 정본을 법 49조 1호의 '집행처분의 취소를 명한 취지를 적은 집행력 있는 재판의 정본'으로 가압류집행법원에 제출하여 법 291조 본문, 50조에 의한 가압류집행취소를 구할 수 있다.[2]

3) 가압류명령을 취소·변경하는 결정은 즉시 집행력이 생기므로, 2005년 민사집행법 개정 전과는 달리 가집행선고를 붙일 필요가 없다.

(5) 효력발생유예제도

1) 법원은 가압류를 취소하는 결정을 하는 경우에 채권자가 그 고지를 받은 날부터 **2주**를 넘지 않는 범위 안에서 상당하다고 인정하는 기간이 지나야 그 결정의 효력이 생긴다는 뜻을 선언할 수 있다(**효력유예선언**, 법 286조 6항). 이를 **효력발생유예제도**라고 한다.

2) 가압류를 취소하는 결정은 판결절차와 달리 결정의 고지에 의하여 바로 효력이 생기므로, 채무자로서는 취소결정에 따라 바로 집행의 취소를 구할 수 있다(채무자의 집행취소신청에 의하여 집행취소절차가 취해진다). 그런데 채권자는 이 결정에 대하여 즉시항고를 할 수 있지만 **집행정지의 효력이 없으므로**(법 286조 7항 후문), 채무자에 의한 집행취소절차가 완료된다면 즉시항고가 인용되어도 보전의 목적을 달성할 수 없게 되는 경우가 발생한다. 이러한 사태를 피하기 위해 채권자는 즉시항고를 제기함과 동시에 가압류를 취소하는 결정의 효력정지를 신청해야 하는데(법 289조), 이러한 **효력정지신청의 기회**만이라도 보장하기 위해 가압류취소결정을 한 법원이 2주를 넘지 않는 범위 내에서 효력을 유예하는 선언을 할 수 있도록 했다.[3]

---

1) 법원실무제요 민사집행(5), 185쪽.

2) 법원실무제요 민사집행(5), 197쪽.

3) 2005년 개정전 가압류결정에 대한 재판을 판결절차로 하는 경우, 가압류결정을 취소하는 경우 가집행선고를 붙여야만 효력이 발생한 것과 비교할 때 원칙과 예외가 바뀌었다고 볼 수 있는데, 이에 대하여 보전처분을 취소하는 결정은 바로 효력이 생기는 것이 원칙이고, 종래 보전처분을 취소하는 판결을 하는 경우에도 가집행선고를 붙이는 것이 원칙적인 운영의 모습이었으므로, 새로 도입된 효력유예선언은 특별한 사정이 있는 경우에 한하여 예외적으로 활용하는 것이 바람직하다는 견해가 있다. 법원실무제요 민사집행(5), 184쪽.

8. 이의신청의 재판에 대한 불복절차

(1) 즉시항고와 준용규정

1) 가압류이의신청에 대한 재판에 대해서는 **즉시항고**를 할 수 있다(법 286조 7항 전문). 이의신청에 대한 재판에서 한 가압류취소결정에 따라 **가압류등기가 말소된 경우**에도 가압류취소결정에 대한 **항고의 이익**이 있다.[1)]

2) 이의신청에 대한 재판은 집행절차에 관한 집행법원의 재판에 해당하지 않으므로 그에 대한 즉시항고에는 법 15조가 적용될 수 없고, **민사소송법의 즉시항고에 관한 규정**이 적용된다. 한편 민사소송법상 항고법원의 소송절차에는 항소에 관한 규정이 준용되는데(민소 443조 1항), 민사소송법은 항소이유서 제출강제주의에 관한 규정을 두고 있지 않으므로, 항고인이 항고이유서를 제출하지 않았다거나 그 이유를 적어내지 않았다는 이유로 그 즉시항고를 각하할 수는 없다.[2)]

3) 민사집행법은 이의신청에 대한 재판에서 가압류결정을 취소하는 결정에 대한 즉시항고에 관해서는 일반적으로 즉시항고에 대하여 집행정지의 효력을 부여하고 있는 **민사소송법 447조**의 **준용**을 **배제**했다(**집행부정지의 원칙**, 법 286조 7항 후문).[3)] 한편 뒤에서 볼 **가압류취소신청**에 따른 가압류결정의 취소결정에 대해서도 마찬가지이다(법 287조 5항, 288조 3항).

(2) 효력정지제도

1) 가압류결정에 대한 채무자의 이의신청(취소신청)에 따라 가압류취소결정이 내려지면 채무자는 즉시 가압류집행을 취소시킬 수 있게 되었으므로, 민사집행법은 채권자 보호를 위하여 **가압류취소결정**의 **효력정지**를 규정하고 있다(법 289조). 즉 가압류취소결정에 대하여 채권자의 **즉시항고**가 제기된 경우에, 불복의 이유로 주장한 사유가 법률상 정당한 이유가 있다고 인정되고 사실에 대한 소명이 있으

---

1) **판례**는 그 이유로, ① **가압류결정절차**와 **가압류집행절차**는 명백히 구별되는 것으로서, 가압류취소결정에 따른 집행취소로 가압류등기가 말소되고 이를 회복할 수 없는 것이라 하더라도 이는 집행절차의 문제에 불과하고, ② 이 경우 항고심의 심판대상은 가압류이의대상의 존부이므로 항고법원은 이를 심리하여 가압류결정에 대한 **인가결정**을 할 수 있고, 뒤에서 보는 바와 같이 법 298조 1항에 따라 **직권**으로 **가압류집행**을 할 수 있음을 들고 있다. 대결 2022. 4. 28. 2021마7088.

2) 대결 2008. 2. 29. 2008마145.

3) 이는 증가하는 채권자의 위험을 감수하더라도 보전재판의 신속한 절차진행이 더 중요하다고 본 **입법자의 결단**이라고 할 수 있다. 대판 2022. 3. 17. 2019다226975.

며, 그 가압류결정을 취소함으로 인하여 채권자에게 회복할 수 없는 손해가 생길 위험이 있다는 사정에 대한 소명이 있는 때에는, 법원은 **당사자의 신청**에 따라 가압류취소결정의 효력을 정지시킬 수 있다. 이러한 효력정지제도는 법원의 잘못된 보전처분취소결정으로 생길 수 있는 손해를 방지하기 위해 법률에 규정된 긴급 구제절차라고 할 수 있다.[1)]

2) 효력정지의 재판은 항고법원이 하는 것이 원칙이나 재판기록이 원심법원에 있는 때에는 원심법원이 관할법원이 된다(법 289조 3항). 담보제공 여부는 법원의 재량사항으로 법원은 담보를 제공하게 하거나 담보를 제공하지 않게 하고 가압류취소결정의 효력을 정지시킬 수 있다(법 289조 1항).

3) 항고법원은 항고에 대한 재판에서 위 정지재판을 인가·변경 또는 취소해야 한다(법 289조 4항). 가압류취소결정의 효력을 정지하는 재판이나 위 정지재판의 인가·변경 또는 취소재판에 대해서는 불복할 수 없다(법 289조 5항).

(3) 항고법원의 재판 등

1) 항고법원의 심리에 관해서는 법 286조 1항·2항과 같은 규정(필수적 심문)을 두고 있지 않으므로 민사소송법의 규정이 준용된다(법 23조 1항). 따라서 항고법원은 변론을 열 것인지, 또는 변론을 열지 않을 때에 당사자와 이해관계인, 그 밖의 참고인을 심문할 것인지를 정할 수 있다(법 23조 1항, 민소 134조 2항).[2)]

2) (원심법원의) 가압류이의신청(취소신청)의 재판에서 **가압류결정**을 **취소**한 **원심법원**의 **결정**(**가압류취소결정**)을 **상소법원**(항고법원 또는 재항고법원)이 **취소·변경하는 결정**(**가압류취소결정**의 **취소·변경결정**)을 한 경우 **원래**의 **가압류결정**에 대해서는 **새로운 집행**(**재집행**)이 필요하다. 상소법원의 가압류취소결정의 취소결정은 **소급효가 없기** 때문이다.

법원이 **가압류의 집행기관**이 되는 경우(부동산·채권 등에 대한 가압류의 경우)에는 **그 취소의 재판을 한 상소법원**(**항고법원**)이 **직권으로**(채권자가 제 1 심법원에 가압류집행신청을 한 것은 여전히 유효하므로 채권자는 다시 가압류집행신청을 할 필요가 없다) 가압류를 집행한다(법 298조 1항). 다만 그 취소의 재판을 한 상소법원이 **대법원**인 때에는 **채권자의 신청**에 따라 **제 1 심법원**이 가압류를 집행한다(법 298조 2항). 한편 **집행관**이 **가압류의 집행기관**이 되는 경우(유체동산에 대한 가압류의 경우)

1) 대판 2022. 3. 17. 2019다226975.

2) 대결 2012. 5. 31. 2012마300.

에는 **채권자**가 다시 집행관에게 **집행신청**을 해야 한다.

따라서 상소법원이 가압류결정을 취소 · 변경을 하는 결정을 하는 경우 **법원**(부동산 · 채권 등에 대한 가압류의 경우로서 상소법원이 **항고법원**인 때), 또는 **채권자**(부동산 · 채권 등에 대한 가압류의 경우로서 상소법원이 **재항고법원**인 대법원인 때, 또는 유체동산에 대한 가압류의 경우)가 **집행기간**인 **2주 이내**(채권자에게 이러한 결정이 송달된 다음 날부터 2주 이내. 법 292조 2항)에 **집행에 착수**해야 한다.

즉 앞서와 같이 **항고법원이 집행법원**이 되는 경우에는 항고법원은 가압류취소결정을 취소 · 변경하는 결정을 함과 동시에 가압류집행에 착수해야 하고, 위 결정이 채권자에게 송달된 날의 다음 날부터 2주가 지나면 가압류집행을 할 수 없으며, **제 1 심법원이 집행법원**이 되거나 **집행관이 집행기관**이 되는 경우에는 **대법원**에서 가압류취소결정을 취소 · 변경하는 결정을 함에 따라 제 1 심으로 기록을 송부하기 전이라도 **채권자의 신청에 따라** 집행에 착수해야 하고, 위 결정이 채권자에게 송달된 날의 다음 날부터 2주가 지나면 가압류집행을 할 수 없다.

3) 결국 상소법원 등에서 이러한 가압류집행을 **다시 집행하기 전**에 **채무자가 가압류목적물을 처분한 때**에는 채권자가 상소법원에서 **가압류취소결정의 취소결정**을 받았다고 하더라도 그 목적을 달성할 수 없기 때문에 채권자로서는 [가압류 이의신청(취소신청)에 대한 재판을 한] **원심법원의 가압류취소결정**에 대하여 일정한 요건을 갖추어 **효력정지신청**을 하여 미리 **효력정지결정**(법 289조 1항)을 받아두어야 한다.[1)]

Ⅲ. 취소신청

1. 의 의

(1) 가압류결정에 대한 취소신청(**가압류취소신청**)은 유효하게 이루어진 가압류결정에 대하여 그 뒤 생긴 사정을 이유로 실효시키기 위한 것이다. 취소절차는 일단 유효하게 발령된 보전처분을 보전처분신청절차와는 별개의 절차에 의하여 실효시키는 제도라는 점에서, 해당 보전처분신청절차 내에서 보전처분신청의 당부를 재심사하는 이의신청제도와 구별된다. 따라서 취소신청의 재판절차에서 취소신청을 이의신청으로 변경하는 것이 허용되지 않는다. 민사집행법상 양 절차가 별개

1) 대판 2022. 3. 17. 2019다226975.

로 되어 있을 뿐만 아니라 당사자의 지위가 서로 반대인 점 등을 고려하면 그렇다.[1] 가압류취소신청은 가압류이의신청과 마찬가지로 가압류취소신청에 대한 재판에 있기까지 **취하**할 수 있다(법 290조·285조).

(2) 가압류취소신청은 보전처분의 발령요건의 존부(피보전권리의 존부, 보전의 필요성의 유무)를 다투는 것이 아니라, 현재 보전처분을 **유지할 수 없는 사유**(취소사유)가 존재함을 그 이유로 한다.[2]

(3) 가압류취소신청은 가압류이의신청과 달리 가압류신청에 기한 절차와는 별개의 **독립된 절차**를 개시하는 권리에 기한 것이므로 채무자의 채권자가 채무자를 **대위하여** 할 수 있다고 본다.[3]

(4) 가압류신청의 소송대리인은 취소신청절차에서는 소송대리인의 지위에 있지 않으므로 취소신청서 및 기일통지서 등은 **채권자 본인**에게 송달해야 한다.[4]

2. 취소신청사건의 관할법원과 이송

(1) 가압류취소신청사건은 가압류를 명한 법원의 전속관할이다(법 288조 2항 본문). 다만 **사정변경 등에 따른 가압류취소사건**의 본안이 **이미 계속되어** 있는 경우에는 그 본안의 관할법원의 전속관할이다(법 288조 2항 **단서**). 이때 본안의 관할법원은 원칙적으로 제 1 심법원이지만 가압류취소신청 당시에 본안이 **항소심에 계속된** 때에는 항소심의 전속관할이다(법 311조). 가압류취소신청 당시 본안이 계속되어 있으면 그 취소신청의 심리종결시까지 본안이 계속됨을 요하지 않는다.

(2) 가압류취소신청을 한 법원과 본안소송을 제기한 법원이 다른 경우 이의신청사건의 이송에 관한 규정을 준용하여 가압류취소신청사건을 관할권이 있는 다른 법원으로 이송할 수 있다. 다만 이송받는 법원이 심급을 달리하는 경우에는 이송하지 못한다(법 290조 1항, 284조). 이는 **현저한 손해를 피하기 위한 이송**으로 직권으로 또는 당사자의 신청에 따라 하는 재량이송이다. 이송받는 법원이 심급

---

1) 한편 실무상 이의신청 사건기록은 보전처분신청 사건기록에 합철(合綴)하지만 취소신청 사건기록은 첨철(添綴)하는 하는 등하여 신청의 변경을 불허하고 이의신청을 새로이 내도록 하고 있다. 법원실무제요 민사집행(5), 143쪽.

2) 법원실무제요 민사집행(5), 189쪽.

3) 대결 1993. 12. 27. 93마1655, 2011. 9. 21. 2011마1258; 심상철, "보전소송의 당사자에 관한 제문제," 보전소송에 관한 제문제(상)(재판자료 45집, 1989. 9.), 77쪽 이하.

4) 법원실무제요 민사집행(5), 189쪽.

을 달리하는 경우에는 취소사건을 본안법원으로 재량이송을 할 수 없지만, **사정변경 등에 따른 취소신청**의 관할법원은 본안소송이 앞서 본 바와 같이 항소심에 계속되어 있는 경우에는 항소법원의 전속관할에 속하므로 이러한 취소신청을 제1심법원에 잘못 이송했다면 비록 이송받은 법원이 심급을 달리하더라도 **관할위반에 의한 이송**으로 반드시 직권으로 항소법원으로 이송해야 한다(법 23조 1항, 민소 34조 1항).

3. 제소명령에 따른 본안의 소의 부제기에 의한 취소

(1) 의 의

1) 가압류법원은 채무자의 신청에 따라 변론 없이 채권자에게 상당한 기간 이내에 본안의 **소를 제기하여 이를 증명하는 서류**를 제출하거나 이미 소를 제기했으면 **소송계속의 사실을 증명하는 서류**를 제출하도록 명해야 한다(법 287조 1항).[1] 제소명령은 **사법보좌관**의 업무이다(사보규 2조 1항 15호). 제소명령에서의 기간은 **2주 이상**으로 정해야 한다(법 287조 2항).

2) 채권자가 위 기간 이내에 앞서의 서류를 제출하지 않은 경우에 채무자는 가압류취소신청을 할 수 있다(법 287조 3항). 위 서류를 제출한 뒤에 본안의 소가 **취하**되거나 **각하**된 때에는 그 서류를 제출하지 않은 것으로 본다(법 287조 4항).[2] 당사자의 불출석으로 **취하간주**되거나, **소송종료선언**되는 경우도 마찬가지이다.[3]

(2) 본안의 소 제기시기

(a) 구법하에서의 논의

구법에서는[4] 채권자가 언제까지 본안의 소를 제기하면 족한지에 관하여 견해가 나뉘었다. 다수설과 판례의 입장은, 제소명령 부준수에 따른 가압류취소신청이

---

1) 가처분취소신청에 관한 것이기는 하나, **판례**는, 처분금지가처분결정이 소외인이 소유하던 13필지의 토지를 대상으로 한 것이었고, 상대방의 신청에 의한 제소명령이 그 가운데 어느 부분에 대한 것인지가 특정되지 않았다고 하더라도, 상대방이 그 가운데 2필지의 토지에 대해서만 위 가처분 후에 소유권을 취득했음을 이유로 위 제소명령 불응을 이유로 한 가처분취소를 신청한 이상, 위 제소명령은 위 2필지의 토지에 대해서만 효력이 있다고 한다. 대결 2008. 5. 9. 2007마696.

2) 대결 2008. 7. 10. 2008마332.

3) 대판 2000. 2. 11. 99다50064.

4) 구법(구 민소 705조)에서는, 본안이 계속하지 않은 때에는 가압류법원은 채무자의 신청에 의하여 변론 없이 상당한 기간 내에 소를 제기할 것을 채권자에게 명해야 하며, 위 기간을 넘기면 채무자의 신청에 의하여 종국판결로 가압류를 취소해야 한다고 규정했다.

있는 경우 본안의 소가 제소명령에 정해진 기간을 넘긴 뒤에 제기된 것이라고 하더라도 이를 원인으로 하는 가압류취소재판의 사실심 변론종결 당시까지(구법하에서는 판결절차이었다) 제기된 때에는 그 보전처분을 취소할 수 없다는 입장이었다.[1)]

(b) 현행법 및 판례의 태도

1) 구법하에서의 다수설과 판례의 입장은 본안의 소제기를 게을리한 채권자를 일방적으로 보호하는 것으로, 특히 제소명령에서 정한 제소기간을 사실상 무의미하게 하여 재판의 신뢰와 권위에도 부정적인 효과를 초래하는 문제가 있었다. **현행법**은 그 요건 및 위반시 효과를 엄격히 규정함으로써 입법적으로 이를 해결했다.

2) 이에 따라 현행법하의 **판례**는, 법 287조에 규정된 본안의 소의 부제기 등에 의한 가압류취소는 채권자에게 본안의 소를 제기할 것을 명하고 채권자가 본안의 소를 제기했다는 등을 증명하는 서류를 일정한 기간 이내에 제출하지 않은 때에 가압류명령을 취소하는 제도로서, 제소명령에 정해진 기간 이내에 본안의 소를 제기하지 않거나 본안의 소가 계속되고 있지 않은 때는 물론이고 정해진 기간 이내에 본안의 소가 제기되었거나 이미 소를 제기하여 계속되고 있었음에도 불구하고 채권자가 그러한 사실을 **증명하는 서류**를 기간 이내에 법원에 제출하지 않은 경우에도 법원은 가압류명령을 취소해야 하고, 그 기간이 지난 뒤에 증명서류를 제출했다고 하더라도 마찬가지라고 보고 있다.[2)]

그리고 이러한 법리는, ① 정해진 기간 이내에 본안의 소를 제기했다가 그 기간이 지난 뒤에 이를 **취하**하면서 그에 앞서 그 청구기초의 동일성이 인정되는 별소를 제기한 사실이 있다 하여 달리 볼 것은 아니며,[3)] ② 제소명령에 정해진 기간이 지난 뒤에 청구취지 변경의 방법으로 본안의 소를 추가로 제기한 때(청구의

---

1) 대판 2001. 4. 10. 99다49170 등.

2) 대결 2003. 6. 18. 2003마793(원심이, 피신청인이 2002. 12. 18. 결정이 송달된 날부터 30일 이내에 본안의 소를 제기하여 이를 증명하는 서류를 제출하거나 이미 소를 제기했으면 소송계속사실을 증명하는 서류를 제출하라는 내용의 제소명령을 송달받고 제소기간이 지난 2003. 1. 20.에 본안의 소를 제기하고, 가압류명령이 취소된 다음에 그에 불복하여 항고를 제기하면서 항고장에 본안의 소를 제기한 증명서류를 붙여서 제출했다는 이유로 가압류명령을 취소한 제 1 심결정을 유지한 것은 옳다고 한 사례이다); 대결 2003. 8. 22. 2003마1209.

3) 대결 2008. 7. 10. 2008마332(채권자의 입장에서는 본안의 소를 취하하는 대신 그 청구의 기초의 동일성이 인정되는 범위 내에서 청구취지나 청구원인을 변경하는 방법으로 가압류결정의 피보전권리와 본안의 소의 소송물 사이의 불일치를 해결할 수도 있으므로, 위와 같은 결론이 채권자인 피신청인의 권리를 부당하게 제한하거나 특히 불합리하다고 볼 수도 없다).

추가적 변경)에도 마찬가지이므로,[1] 이들 경우 역시 가압류결정을 취소해야 한다.

한편 이러한 법리는 가압류의 피보전채권 중 **일부 채권액**에 대해서만 정해진 기간 이내에 본안의 소를 제기하고 **나머지 채권액**에 대해서는 그 기간이 지난 뒤에 청구취지확장의 방법으로 본안의 소를 추가로 제기한 경우에도 나머지 채권액에 대해서는 제소명령을 이행하지 않은 것이어서 그 부분에 한하여 가압류결정을 취소해야 한다.[2]

(3) 본안의 소에 해당하는 경우

1) 본안의 소는 이행·확인·형성의 소를 불문한다. 독촉절차, 중재절차도[3] 해당한다. **제소전 화해신청** 또는 **조정신청**에 관해서는 논의가 있다. 제소전 화해 또는 조정의 성립시 확정판결과 동일한 효력이 있고(민소 386조·220조, 민조 29조), 제소전 화해가 불성립하는 경우 적법한 소제기신청이 있으면 화해신청을 한 때에 소가 제기된 것으로 보게 되고(민소 388조 2항), 조정신청사건에서 조정이 불성립하여 사건이 종결된 경우 조정신청을 한 때에 소가 제기된 것으로 보게 되므로(민조 36조 1항 2호), 제소전 화해신청이나 조정신청도 피보전권리를 종국적으로 확정하는 절차를 개시하는 것으로서 본안의 소에 준하는 것으로 보는 것이 타당하다.[4]

외국법원에서의 본안소송도 우리나라에서 승인을 받을 수 있으면 이에 해당한다(**승인예측설**. **2022. 1. 4. 전부개정, 2022. 7. 5. 시행** 국제사법 11조 1항 참조).[5]

2) 제소명령 후 가압류결정의 청구채권을 양도한 때에는 채권양도의 대항요건을 갖추지 못했더라도 채권양수인이 채권양도인의 제소명령상의 지위를 승계하고, 제소명령에서 정한 기간 내에 채권양수인이 본안의 소를 제기하고 소장접수증명서를 첨부한 제소신고서를 제출한 이상 제소명령을 지켰다고 본다.[6]

---

1) 대결 2008. 7. 10. 2008마260, 2024. 4. 18. 2023마7931.

2) 대결 2008. 7. 10. 2008마260.

3) 대판 2000. 2. 11. 99다50064.

4) 우성만, "제소명령과 본안소송," 보전소송에 관한 제문제(하)(재판자료 46집, 1989. 9.), 477쪽; 강대성, 597쪽; 김연, 175쪽. 이에 대하여, 제소전 화해나 조정의 경우 불성립시 피보전권리의 종국적 확정이 확보되지 않는다는 이유로 부정하는 견해로는, 방순원·김광년, 501쪽; 박두환, 722쪽.

5) 제소명령에 따라 외국법원에 제기된 본안의 소에 대하여 그 본안소송의 적격성 인정 여부를 판단하는 데 외국판결의 승인 및 집행요건의 구비 또는 구비가능성 여부를 조건으로 해야 한다고 해석할 필요는 없다고 본 하급심결정으로는, 서울가정법원 2004. 8. 16.자 2004즈단419 결정.

6) 대결 2014. 10. 10. 2014마1284(제소명령 후 가압류결정의 청구채권을 갑에게 양도한 을이 채무자 병에게 채권양도사실을 내용증명우편으로 통지했으나 병이 이를 수령하지 못했는데, 양

3) 제기한 본안의 소의 소송물과 가압류신청의 피보전권리가 다르더라도 청구의 기초가 동일하면 무방하다.[1)]

(4) 재 판

1) 제소명령에 따른 본안의 소의 부제기에 의한 취소신청이 있는 경우 법원(**판사**)은 심문 또는 서면심리를 거쳐(**임의적 심문**) 결정으로 가압류를 취소해야 한다(법 287조 3항). 뒤에서 볼 사정변경 등에 따른 취소신청에 대한 재판의 경우 필수적 심문절차에 의하는 것과 다르다.

2) 이러한 결정에 대해서는 즉시항고를 할 수 있다. 이러한 즉시항고는 민사집행법상 이에 관한 규정을 두고 있지만 그 성질상 민사소송법상 즉시항고에 속한다. 제소명령에 따른 본안의 소 부제기로 인한 가압류취소결정은 민사집행법 15조의 '집행절차에 관한 집행법원의 재판'에 해당한다고 볼 수 없기 때문이다.[2)] 따라서 이러한 즉시항고에는 민사소송법의 규정이 준용된다(법 23조 1항).[3)] 다만 이러한 즉시항고를 하더라도 **민사소송법 447조**의 **준용을 배제**하고 있으므로 **집행정지의 효력**은 **없다**(법 287조 5항).

4. 사정변경 등에 따른 취소

(1) 가압류이유가 소멸되거나 그 밖에 사정이 바뀐 경우의 취소

(a) 의 의

1) 가압류이유가 소멸되거나 그 밖에 사정이 바뀐 때에는 채무자는 가압류취소신청을 할 수 있다(법 288조 1항 1호). **가압류이유가 소멸된 때**란 보전의 필요성이 소멸된 때를 말하며, **그 밖에 사정이 바뀐 때**란 피보전권리의 변제·상계 등으로 인한 사후적 소멸 또는 당초부터 그 부존재를 인정할 만한 유력한 사실이나 증거가 출현한 때를 말한다.[4)]

수인인 갑이 제소기간 내에 병을 상대로 본안의 소를 제기하고 제소신고서를 제출한 사안이다).

1) 대판 1982. 3. 9. 81다1221,1222.

2) 대결 2005. 8. 2. 2005마201, 2006. 5. 22. 2006마313.

3) 대결 2006. 9. 28. 2006마829.

4) 현행법은 가압류 발령 이후 발생한 사정변경으로 더 이상 가압류를 유지할 수 없는 경우에 채무자로 하여금 가압류취소신청을 할 수 있도록 하고 있다. 한편 사정변경에 대해서는 이의신청으로만 다툴 수 있도록 하기 위하여, 법 288조 1항의 가압류취소사유에서 '가압류의 이유가 소멸되거나 그 밖에 사정이 바뀐 때'(1호)를 삭제하는 **민사집행법 개정안**이 2013. 10. 8. 정부 제안으로 국회에 제출되었으나 제19대 국회의 임기종료(2016. 5. 29.)로 자동폐기되었다.

2) **판례**는, 가압류채권자가 본안소송에서 승소하고 집행권원을 획득하여 즉시 **본집행을 할 수 있는 요건**을 갖추었음에도 그 집행을 하지 않고 있는 경우에는 본집행을 하지 못할 장애가 있다는 등의 다른 사정이 없는 한, 피보전권리에 대한 **보전의 필요성**은 **소멸**되었다고 할 것이고, 이와 같이 가압류결정 후에 보전의 필요성이 소멸된 때에는 그 가압류를 그대로 존속시켜 놓을 수 없는 사유인 사정변경이 있다고 보아야 한다는 입장이다.[1)]

(b) 사정변경에 해당하는 본안판결의 의미

1) 채권자가 본안소송이나 채무자가 제기한 피보전권리의 부존재확인소송에서 **실체법상의 이유**로 **패소확정판결**을 받은 때에는 사정변경에 해당한다. 채권자가 위 확정판결에 대하여 **재심의 소**를 제기하더라도 사정변경에 영향을 미칠 수 없다.[2)] 다만 재심의 소에 의하여 확정판결이 취소되었다면 그 재심소송의 본안판결의 내용을 심리하여 가압류 후에 사정변경이 있었는지 여부를 판단해야 한다.[3)]

채권자가 본안소송에서 소송법상의 이유로 **각하판결**을 받은 때에는 일반적으로 사정변경이 있다고 할 수는 없다.[4)] 다만 예컨대 채권자가 법 288조 1항 3호에서 정한 제소기간(가압류가 집행된 뒤 3년) 내에 피보전권리에 관한 본안의 소를 다시 제기하여 그 소송절차에서 소송요건의 흠을 보완하는 것이 불가능하거나 현저히 곤란하다고 볼 만한 **특별한 사정**이 있는 때에는 사정변경이 있다고 볼 수 있다.[5)]

한편 실체법상의 이유로 패소판결을 받는 경우라도 기한의 미도래, 정지조건의 미성취를 이유로 한 때에는 이에 해당하지 않는다.[6)] 원고의 패소가 기한미도래 또는 조건불성취를 이유로 한 때에는 아직 피보전권리가 부정된 것이 아니기 때문에 반드시 사정변경이 생겼다고 말할 수 없기 때문이다.[7)] 다만 기한도래 또

---

1) 대판 1984. 10. 23. 84다카935, 대결 2007. 7. 26. 2007마340, 대판 2008. 3. 27. 2006다24568; 이재성, "가처분채권자의 본집행천연과 사정변경," 법조 34권 5호(1985. 5.), 90쪽 이하.

2) 대판 1991. 1. 11. 90다8770 등.

3) 대판 1968. 5. 21. 68다504.

4) 대판 1995. 8. 25. 94다42211, 2004. 12. 24. 2004다53715. 판례의 태도에 대하여, 판례의 결론에는 동의하나, 본안소송이 기각된 경우와 달리 각하된 경우에는 일반적으로 사정변경이 인정되지 않는다고 하기보다는 구체적인 사례에서 새로운 소의 제기가능성 여부를 검토하여 사정변경에 대한 판단을 내리는 것이 바람직하다는 견해가 있다. 정선주, "사정변경으로 인한 가처분의 취소," 법률신문 2514호(1996. 6.), 14쪽.

5) 대결 2018. 2. 9. 2017마5829.

6) 대판 2003. 6. 24. 2003다18005.

7) 대판 2003. 6. 24. 2003다18005.

는 조건성취를 전제로 한 가압류결정인 경우에는 그 점에서 사정변경이 발생한 것으로 본다.[1]

2) 채권자가 **제 1 심**이나 **항소심**에서 패소의 본안판결을 받은 것만으로는 그 판결이 확정되지 않은 한 **원칙적**으로 사정변경이 있다고 할 수 없다. 다만 이로써 사정변경이 있다고 하기 위해서는 제 1 심 · 항소심판결이 청구 자체에 관한 것으로 원고의 청구권이 부정되고 그 판결이 판결이유 · 증거 등에 비추어 상소심에서 **취소 · 파기될 염려가 없다**고 볼 수 있는 경우이어야 한다.

판례도, 가압류결정후 그 본안소송에서 가압류채권자가 패소하고 그 판결이 상급심에서 변경될 염려가 없다고 인정되는 경우 그 가압류결정은 사정변경을 이유로 취소될 수 있으므로, 본안소송에서의 가압류채권자의 패소판결이 상소심에서 **변경될 가능성**이 있는지 여부는 사정변경을 이유로 한 가압류취소신청사건의 **사실심 심리종결시**를 기준으로 하여 그때까지 제출된 당사자의 주장과 증거방법을 기초로 판단해야 한다는 입장이다.[2]

(c) 본안소송에서의 재판상 화해의 경우

1) 재판상 화해가 성립되어 화해조서에 그 내용이 적혀 있는 경우에는 화해의 내용상 집행이 **조건**에 걸린 경우를 제외하고는 화해조서에 집행력이 있으므로 보전의 필요성은 소멸되어 사정변경이 있다고 본다. 재판상 화해에 의하여 아예 피보전권리가 소멸 · 변경되는 때에도 피보전권리에 관한 사정변경에 해당한다.

2) 다만 재판상 화해가 성립하더라도 화해의 내용상 집행이 **조건**에 걸린 경우와 같이 피보전권리와 보전의 필요성이 그대로 존속하는 경우로서, ① **보전의 의사를 포기**했다고 볼 만한 사정이 화해의 내용상 명백히 인정되는 때에는 사정변경에 해당한다고 볼 것이나, ② 그렇지 않은 때에는 모든 사정을 고려하여 개별적으로 당사자가 보전의 의사를 포기했는지 여부를 결정하여 사정변경의 유무를 판단해야 한다.[3]

(d) 본안소송의 취하 · 취하간주의 경우

1) 채권자가 본안소송을 **취하**한 경우 그 **보전의 의사**를 **포기**했다고 볼 만한

---

1) 법원실무제요 민사집행(5), 209쪽.

2) 대결 2008. 11. 27. 2007마1470, 2018. 2. 9. 2017마5829 등.

3) 김기동, "사정변경과 보전명령의 취소," 보전소송에 관한 제문제(하)(재판자료 46집, 1989. 9.), 516쪽.

사정이 있는 경우에만 사정변경에 해당한다. 본안소송이 **취하간주**(민소 268조)되었다는 사실만으로는 보전처분의 취소사유인 사정변경에 해당하지 않는다. 통상의 소취하의 경우와 마찬가지로 본안에 대한 종국판결이 있기 전이라면 피보전권리에 영향을 주는 것이 아니어서 다시 같은 소송을 제기할 수도 있으므로, 그 취하간주의 원인·동기, 그 뒤의 사정 등에 비추어 채권자가 보전의 의사를 포기했다고 인정되지 않는 이상 사정변경에 해당하지 않기 때문이다.[1]

2) 채권자가 본안에서 패소판결을 받고 항소심에서 소취하를 하여 재소금지의 원칙을 적용받게 되는 때(민소 267조 2항)에는 사정변경에 해당한다.[2]

(2) 법원이 정한 담보제공에 의한 취소

1) 법원이 정한 담보를 제공한 경우에는 채무자는 가압류취소신청을 할 수 있다(법 288조 1항 2호). 법원이 정한 담보의 제공을 이유로 하는 가압류취소를 통상 '**담보제공으로 인한 가압류취소**'라고 한다.

2) 가압류취소를 받기 위해 제공된 담보는 뒤에서 보는 가압류의 목적물이 되는 가압류해방공탁금과 달리 가압류명령 기재 청구채권을 직접 담보하고 있으므로,[3] 채권자는 이에 대하여 질권자와 동일한 권리를 취득하게 되어 우선권을 갖는다(법 19조 3항, 민소 123조). 이는 뒤에서 보는 바와 같이 가압류채무자는 해방금액의 공탁을 이유로 가압류집행취소를 시킬 수 있으나(법 299조 1항), 가압류채권자에게 해방공탁금에 대한 우선변제권이 인정되지 않는 것과 대비된다.[4]

3) 채권자가 동일한 채권을 피보전권리로 하여 여러 건의 가압류결정을 받은

---

1) 대판(전) 1998. 5. 21. 97다47637; 서기석, "소의 취하간주와 보전명령의 취소사유," 국민과 사법(윤관대법원장퇴임기념, 1999. 1.), 668쪽 이하.

2) 대판 1999. 3. 9. 98다12287.

3) 대결 2008. 7. 1. 2008마711.

4) 일본에서는 채무자가 해방금제도를 선택하거나 담보제공에 의한 가압류취소제도를 선택하는지 여부에 따라 채권자의 지위에 커다란 차이가 발생하는 것은 균형을 상실한 것이며, 실무상 이 제도가 거의 이용되지 않아 독립적인 제도로서 존치시킬 필요성이 없다는 등의 이유로, 일본 민사보전법 제정시 구 민사소송법상 이 제도를 폐지했다. 박영호, 주석서(5), 634쪽. 우리나라에서 이 제도를 폐지해야 한다는 견해로는, 김연, 200쪽. 이에 대하여, 채권자가 동일한 채권을 피보전권리로 하여 여러 재산에 대하여 여러 건의 가압류를 받은 경우처럼 경우에 따라 채무자 보호를 위하여 유용하게 활용할 수 있는 제도인 점 등을 들어 제도의 존치를 주장하는 견해로는, 이동연, "가압류제도의 적정한 운영방안," 법조 통권 652호(2011. 1.), 202쪽 이하; 황병하·서승렬·박영호·손홍수·오흥록·임정윤, "보전처분 불복사건의 처리에 관한 실무 개선방안," 21세기 민사집행의 현황과 과제(김능환대법관 화갑기념), 민사집행법 실무연구 Ⅲ(통권 5권, 2011년), 37쪽; 박영호, 주석서(5), 635쪽.

경우 채무자가 각 가압류사건마다 청구금액 상당의 해방금액공탁을 해야 가압류에서 해방되는 것은 불합리하므로, 실무례로는 법원이 청구금액 상당을 담보로 정하고 채무자가 그 담보를 제공하면 이 담보가 질권을 갖게 되는 점을 고려하여 여러 건의 가압류결정을 모두 취소할 수 있다고 본다.[1)]

4) 법원이 정한 담보를 채무자가 제공하면 법원은 가압류를 취소한다. 가압류해방금액의 공탁은 현금으로만 가능한 데 반하여, 담보제공에 의한 취소의 경우는 유가증권도 허용된다.

판례는, 가압류취소를 받기 위해 제공된 담보는 가압류명령 기재 **청구채권**을 직접 **담보**하고 있으므로, 가압류채권자가 해당 가압류 청구채권인 손해배상청구채권 중 일부만에 관하여 본안소송을 제기했다고 하여 그 사실만으로 본안 청구금액을 초과한 부분에 대한 담보사유가 소멸되었다고 할 수 없다고 한다.[2)]

(3) 3년간 본안의 소의 부제기에 의한 취소

(a) 의 의

1) 가압류가 집행된 뒤에 3년간 본안의 소를 제기하지 않은 경우 **채무자** 또는 **이해관계인**의 신청에 의하여 가압류결정을 취소할 수 있다(법 288조 1항 3호, 288조 1항 후문). 채권자가 가압류결정이 있은 후 보전의사를 포기했거나 상실했다고 볼 만한 사정이 있는 경우에는 법 288조 1항 1호 사유인 '사정이 바뀐 때'에 해당하여 가압류를 취소할 수 있는데, 3호 사유는 채권자가 보전의사를 포기 또는 상실했다고 볼 수 있는 전형적인 경우로 보아 이를 가압류취소사유로 규정한 것이다.[3)] 이는 가압류가 권리관계가 최종적으로 실현될 때까지 긴급하고 잠정적으로 권리를 보전하는 조치에 불과하므로, 채권자로 하여금 채권의 보전에만 머물러 있지 말고 채권의 회수·만족이라는 절차까지 진행하여 법률관계를 신속히

1) 법원실무제요 민사집행(5), 216쪽. 실무례에 의하면, 담보제공가압류취소제도를 활용하여, 기록과 심문 전체의 취지에 나타난 사정들을 고려하여 적당한 담보액을 공탁하게 한 다음 가압류를 취소하고 있다고 한다. 박영호, 주석서(5), 640쪽. 한편 서울중앙지방법원에서는 동일한 피보전채권으로 여러 건의 중복가압류가 이루어진 사안에서 1건의 가압류에 대한 해방금액공탁만을 이유로 가압류취소신청을 하는 경우 제공된 담보금에 대하여 채권자에게 질권과 동일한 우선권이 부여되는 경우인 담보제공가압류취소의 신청으로 신청취지를 추가하거나 신청취지를 변경하도록 권유한 다음 적절한 금액을 담보하도록 한 다음 가압류취소를 하는 방향으로 실무를 운영하고 있다고 한다. 박영호, 주석서(5), 502쪽.

2) 대결 2008. 7. 1. 2008마711.

3) 대결 2018. 10. 4. 2017마6308(가처분의 경우), 대결 2023. 10. 20. 2020마7039(가압류의 경우).

마무리짓도록 하고, 채권자가 이를 게을리한 때에는 채무자가 가압류로 인한 제약으로부터 벗어날 수 있도록 하려는 데에 그 **취지**가 있다.[1)]

2) 종래 가압류가 집행된 뒤에 10년간에서, 신법에서는 5년간, 그리고 개정법(2005. 1. 27. 개정, 2005. 7. 28. 시행)에서는 **3년간**으로 단축했다.[2)] 3년이 지난 뒤에 본안소송이 제기되어도 취소할 수 있다.[3)4)]

3) 소송과정에서 확정판결과 같은 효력이 있는 **조정**이나 **재판상 화해**가 성립하는 경우뿐만 아니라, **집행증서**와 같이 소송절차 밖에서 채무자의 협력을 얻어 **집행권원**을 취득하는 때에도 가압류채권자가 채권의 실현 및 회수의사를 가졌음이 명백하다면 가압류집행 후 3년 내에 본안의 소를 따로 제기하지 않았더라도 이에(3호 사유에) 해당한다고 할 수 없다. 다만 이 경우 집행권원은 가압류의 본안에 관한 것이어야 하므로, 집행권원에 표시된 권리는 가압류의 피보전권리와 청구기초의 동일성이 인정되어야 한다.[5)]

4) 3년간 본안의 소를 제기하지 않았음을 이유로 한 가압류취소는 가압류가 집행되기 전까지 본안의 소가 제기되지 않은 때에 한하여 적용되므로, 가압류채권자가 **가압류집행 전**에 이미 본안의 소에 관한 확정판결을 받은 경우에는 비록 가압류가 집행된 뒤에 3년간 다시 본안의 소를 제기하지 않았다고 하더라도, 가압류채무자에 의하여 가압류채권자의 보전의사가 포기 또는 상실되었다는 점이 주장·소명되는 등 특별한 사정이 있지 않는 한 이에 해당한다고 볼 수 없다.[6)]

5) 부동산에 대한 가압류결정이 있고 그에 기한 가압류등기가 마쳐진 후, 해당

---

1) 대결 2016. 3. 24. 2013마1412, 2018. 10. 4. 2017마6308(가처분의 경우).

2) 보전처분에 대한 이의신청 또는 취소신청 사건에서 위 개정법이 시행되기 전 진행되기 시작한 법정기간에 관하여 적용할 법률은 개정 전 법이며, 개정법이 시행된 후 진행되기 시작한 법정기간에 관하여 적용할 법률은 개정법이다. 대결 2012. 1. 27. 2010마1987.

3) 보전처분신청 즉시 본안의 소를 제기할 것을 요구하기는 어렵다고 하더라도 일정한 기간 내에는 본안의 소가 제기될 필요가 있고, 이를 위하여 위 규정에서 정한 3년이 결코 짧은 기간이라고 할 수 없다. 헌재 2025. 2. 27. 2021헌바200,2024헌바116(병합) 결정.

4) 한편 3년의 기간도 보전처분의 잠정성·긴급성, 우리나라 법률문화의 특수성 등에 비추어 여전히 길다고 보고, 6개월로 단축하는 것이 바람직하다는 입법론적 견해의 제시로는, 권창영, 민사보전법(2판, 2012년), 643쪽.

5) 대결 2016. 3. 24. 2013마1412(3호 사유를 반드시 본안의 소를 제기하여 확정판결이라는 집행권원을 취득하는 경우로 한정할 이유가 없고, 이와 더불어 집행력이 있는 집행권원에 집행문을 부여받으면 가압류가 본압류로 이행될 수 있고, 또한 이를 가지고 가압류의 목적이 된 부동산이 매각되는 등의 절차에 따라 공탁된 가압류채권자에 대한 배당금에 대하여 지급위탁을 받아 그 배당금을 출급할 수 있기 때문이다).

6) 대결 2023. 10. 20. 2020마7039.

가압류에 기한 (본압류로 이전하여 한) 집행절차가 아닌 경매절차에서 부동산이 매각되어 가압류등기가 직권으로 말소되더라도, 가압류결정의 효력은 그대로 남아 있으므로, 채무자나 이해관계인은 가압류집행의 존속 여부에 관계없이 **가압류결정이 유효하게 존재**하고 그 **신청의 이익이 있는 한** 법 288조 1항 3호에 의한 가압류취소신청을 할 수 있다.[1)]

6) **판례**는 보전처분이 집행된 후에 보전처분의 대항을 받는 물권을 취득한 보전처분목적물의 양수인에 대한 채권자도 가압류집행 후 3년간 본안의 소가 제기되지 않은 경우 취소신청을 할 수 있는 법 288조 1항 후문의 **이해관계인**에 해당한다고 보고 있다.[2)]

7) 3년간 본안의 소를 제기하지 않았음을 이유로 한 가압류취소는 시효중단의 효력이 소급하여 없어지는 민법 175조에서 정한 가압류취소의 경우에 해당하지 않는다.[3)]

(b) 가압류결정의 효력의 소멸시기

3년간 본안의 소를 제기하지 않았더라도 가압류결정을 취소해야만 그 효력이 소멸하며, 3년이 지남으로써 당연히 소멸하는 것은 아니다.

판례는, 법 288조 1항 3호는 가압류를 집행한 때부터 3년이 지날 때까지 채권자가 본안의 소를 제기하지 않은 경우에는 채무자가 가압류취소신청을 하여 그 취소를 구할 수 있다는 것에 불과하고, 가압류집행 후 3년간 본안소송이 제기되지 않았다고 하여 가압류취소결정 없이도 가압류의 효력이 당연히 소멸되거나, 가압류취소결정이 확정된 때에 가압류집행시부터 3년이 경과된 시점에 소급하여 가압류의 효력을 소멸하게 하는 것으로 볼 수 없다고 한다.[4)]

1) 대결 2019. 5. 17. 2018마1006(부동산에 관한 경매절차에서 가압류채권자 명의로 배당된 배당금이 여전히 공탁되어 있는 이상 가압류결정이 취소되는 경우 그 배당금에 대해 추가배당이 실시될 수 있으므로, 후순위 근저당권자인 이해관계인으로서 가압류결정의 취소를 구할 이익이 있다).

2) 대결 2014. 10. 16. 2014마1413.

3) 대판 2008. 2. 14. 2007다17222, 2009. 5. 28. 2009다20.

4) 한편 가처분의 경우에도, 가처분의 피보전권리가 소멸되었음에도 불구하고 가처분이 취소되지 않고 있음을 이용하여 다른 동종의 권리로 그 가처분을 유용했다는 등의 특별한 사정이 없는 한 그 가처분에 반하는 권리를 취득한 제 3 자는 가처분채권자에게 대항할 수가 없게 된다고 해석할 수밖에 없다. 이러한 법리는 본안소송이 제기된 시점이나 소유권이전등기가 된 시점이 가처분집행 후 3년이 경과한 후라고 하여 달리 볼 것도 아니다. 대판 2004. 4. 9. 2002다58389; 이우재, “부동산에 대한 처분금지가처분 집행 후 10년이 지난 후에 가처분채권자가 본안소송을 제기하여 승소판결을 받은 경우, 가처분집행 후 가처분결정취소판결 전에 이

(4) 신청권자

(a) 특정승계인의 경우

1) 가압류취소의 신청권자는 원칙적으로 채무자이며, 그 일반승계인도 이에 해당함은 달리 문제가 없다. 다만 **특정승계인**이 이에 해당하는지에 관해서는 논의가 있다. 먼저 여기서 특정승계인이라고 할 때에는 두 가지의 경우가 있다. 가압류의 피보전권리관계의 양수인의 경우와 가압류목적물의 양수인의 경우가 그것이다.

가압류의 피보전권리관계의 양수인은 가압류취소를 신청할 수 있다. **가압류목적물의 양수인**이 가압류취소를 신청할 수 있는지의 문제는 가압류목적물의 양수인이 가압류채무자의 지위를 승계하는 것으로 볼 것인지에 달려 있다.

이에 대하여, 당사자항정(恒定)주의를 채택하지 않고 있는 현행법상 가압류결정 후 가압류목적물의 특정승계인은 가압류절차에서 채무자의 지위를 승계하는 것으로 보아 채권자대위권에 의하지 않고 직접 채무자의 지위에서 취소신청을 할 수 있다고 보는 견해가 있다(**적극설**).[1] 그러나 사정변경 등에 의한 취소신청권은 채무자의 이익을 위하여 인정되는 것이며, 가압류목적물의 특정승계인은 제 3 자이의의 소에 의하여 권리주장을 할 수 있을 뿐만 아니라 가압류목적물의 이전에 의하여 가압류채무자의 지위가 이전되는 것으로 보기도 어려우므로 가압류목적물의 특정승계인에게는 **취소신청권이 없고** 다만 **채권자대위권**에 의하여 동일한 결과를 얻을 수 있다고 봄이 타당하다(**소극설**).[2]

2) **판례**는 가압류목적물의 양수인의 경우를 뒤에서 보는 **가처분목적물의 양수인의 경우와 구별함이 없이** 보전처분이 집행된 후에 보전처분의 대항을 받는 물권을 취득한 보전처분목적물의 양수인은 법 288조에 의하여 사정변경으로 인한 보전처분의 취소신청을 구할 수 있는 **신청인적격이 있다**고 보고 있다.[3]

루어진 타인 명의의 소유권이전등기에 대하여 가처분채권자가 가처분의 효력을 주장할 수 있는지 여부," 대법원판례해설 49호(2004년 상반기), 410쪽 이하.

1) 심상철, "보전소송의 당사자에 관한 제문제," 보전소송에 관한 제문제(상)(재판자료 45집, 1989. 9.), 102쪽; 김기동, "사정변경과 보전명령의 취소," 보전소송에 관한 제문제(하)(재판자료 46집, 1989. 9.), 522쪽; 임채홍, "보전명령에 대한 이의 및 사정변경에 의한 취소에 있어서 신청권자의 범위," 사법논집 1집(1970. 12), 420쪽.

2) 방순원 · 김광년, 505쪽; 박두환, 727쪽; 김연, 193쪽.

3) 대결 2014. 10. 16. 2014마1413, 2019. 4. 5. 2018마1075.

(b) 제 3 자의 경우

1) 특정승계인이 아닌 제 3 자이지만 채권자대위권을 행사할 수 있는 사람은 가압류채무자를 **대위**하여 사정변경에 의한 취소신청을 할 수 있다.[1] 채권가압류에서 제 3 채무자에게는 취소신청권이 인정되지 않는다.

2) 가압류결정이 있은 후 채무자가 취소신청을 했을 경우 제 3 자가 참가요건을 갖춘 때에는 이에 **참가**할 수 있다. 채무자가 취소신청을 하지 않고 있는 경우에도 제 3 자가 참가요건을 갖춘 때에는 **참가와 동시에** 취소신청을 할 수 있다(법 23조 1항, 민소 72조 3항).[2]

(5) 재 판

1) 본안이 이미 계속된 경우에 관할법원은 본안법원이다. 본안이 계속되지 않은 경우에는 가압류를 명한 법원이다(법 288조 2항). 가압류취소신청사건에 관해서는 가압류이의신청사건에 관한 이송의 규정이 준용된다(법 290조 1항, 284조).

2) 가압류취소신청사건에서는 가압류이의신청사건에서와 달리 채무자가 **적극적 당사자**가 되고, 채권자가 **소극적 당사자**가 된다. 가압류취소신청이 있는 경우 법원은 변론기일 또는 당사자 쌍방이 참여할 수 있는 심문기일을 정하고(**필수적 심문**), 당사자에게 그 기일을 통지해야 한다(법 288조 3항, 286조 1항).

3) 가압류의 목적이 달성된 후에 사정변경이 있음을 주장하여 그 가압류결정 자체의 취소를 신청하는 것은 아무런 이익이 없어 부적법하다.[3] 사정변경 등에 따른 가압류취소절차에서는 피보전권리나 보전의 필요성 유무에 관하여 판단할 필요가 없으며, 오로지 가압류취소의 사정변경의 유무만을 판단해야 하고, 이로써 족하다.[4]

4) 취소신청에 대한 재판은 결정으로 한다. 제소명령에 따른 본안의 소의 부제기로 인한 가압류취소를 제외한 **나머지 가압류취소**에 대해서는 가압류취소결정을 한 법원이 2주를 넘지 않는 범위 내에서 그 결정의 효력을 유예하는 결정을 할 수 있다(**효력발생유예제도**, 법 288조 3항). 취소신청에 대한 결정에 대해서는, **즉시항고**를 할 수 있다. 즉시항고를 하더라도 민사소송법 447조의 준용을 배제하고

---

1) 대결 1993. 12. 27. 93마1655.
2) 반대견해로는, 심상철, 앞의 논문, 104쪽.
3) 대판 2004. 10. 15. 2004다34738, 2005. 5. 27. 2005다14779.
4) 대판 1982. 3. 23. 81다1041.

있으므로 **집행정지**의 효력은 없다(**집행부정지의 원칙**, 법 288조 3항, 286조 7항 후문). 다만 가압류취소결정에 대해서는 즉시항고를 하면서 그 **효력을 정지**시킬 수 있다(**효력정지제도**, 법 289조). 나머지는 이의신청에 대한 재판의 경우와 같다.

▣ 이의신청재판과 사정변경 등에 따른 취소신청재판의 관계

(1) 양 절차의 경합

1) 이의신청과 사정변경 등에 따른 취소신청은 그 사유와 심리절차가 서로 다르므로 **경합이 인정**된다. 사정변경 등에 따른 취소신청은 가압류가 인가된 뒤에도 할 수 있다는 법 288조 1항의 규정은 당연히 가압류의 인가 전에 할 수 있음을 전제로 한 것으로 본다. 따라서 이의신청재판 중 별개의 취소신청을 하더라도 중복소송의 금지규정(법 23조 1항, 민소 259조)이 준용되지 않는다.

2) 다만 양 절차가 별도로 진행됨으로 인한 재판의 저촉 및 심리의 중복 등을 피할 필요가 있다. 실무례는 양 절차의 병합을 허용하지 않고 취소신청을 취하하도록 한 후 취소사유도 이의절차에서의 이의사유로 함께 심리하거나, 처리가 용이한 사건부터 먼저 처리하는 방식으로 재판의 모순·저촉을 방지하고 있다.[1)]

(2) 양 절차상 결정의 상호관계

이의신청사건과 취소신청사건에서의 결정의 상호관계는 다음과 같다. ① 이의신청사건에서나 취소신청사건에서 **가압류취소결정이 난 경우** 다른 신청사건은 그 대상을 잃게 되므로 각하된다. ② 이의신청사건에서나 취소신청사건에서 **가압류인가결정**이 난 경우 이의신청사유와 취소사유는 서로 다르므로 다른 신청사건은 그대로 재판을 한다.[2)]

Ⅳ. 가압류의 유용

(1) 제 1 의 본안소송을 전제로 발령된 가압류의 경우 가압류채권자가 그 소송에서 패소확정되었다면 이를 제 2 의 본안소송의 피보전권리로 유용(流用)할 수

1) 법원실무제요 민사집행(5), 142쪽·143쪽. 일본의 실무례는, 이의사유를 검토하여, ① 이의사유가 사정변경 등의 취소사유와 다르지 않으면 채무자의 희망에 의하여 또는 채무자에게 촉구하여 이의신청사건을 채권자의 동의를 얻어 연기하고 사정변경 등의 취소신청사건만을 우선적으로 진행하고, ② 이의사유가 취소사유 이상의 것을 포함하거나 취소사유와 전혀 별개의 것인 경우에는 취소신청의 취하를 촉구하고 이의신청사건에서 취소신청사유를 함께 주장하게 하는 등 운용의 면에서 심리의 단순화를 도모하고 있다고 한다. 강현안, "보전처분에 대한 이의절차의 실무상 문제점," 보전소송에 관한 제문제(하)(재판자료 46집, 1989년), 427쪽 이하.

2) 강현안, "보전처분에 대한 이의절차의 실무상 문제점," 보전소송에 관한 제문제(하)(재판자료 46집, 1989. 9.), 458쪽 이하; 김연, 137쪽.

없다. 이러한 보전처분의 유용 금지는 채무자를 보호하기 위해서 인정된다.

본안에 대한 패소판결의 확정 이외에도 본안에 대한 종국판결이 있은 뒤의 소 취하(민소 267조 2항), 제척기간을 넘기는 등으로 **본안소송**의 제기가 **불가능**하거나 소를 제기해도 **패소**를 면할 수 없음이 명백한 때에도 마찬가지이다.[1] 즉 일단 어떤 청구권을 피보전권리로 하여 가압류를 받은 경우 앞서의 사유가 발생한 뒤에는 이러한 가압류를 다른 청구권을 보전하는 가압류로 유용할 수 없다. 두 소송의 청구의 기초가 동일한 때에도 마찬가지이다.[2] 다만 본안소송의 진행 중 청구의 변경을 통하여 피보전권리를 변경했을 때에는 청구의 기초가 동일한 이상 가압류의 효력은 변경된 청구권에 미치므로 가압류의 유용의 문제는 생기지 않는다.[3]

(2) **판례**도, 가압류의 피보전권리가 소멸되었거나 또는 존재하지 않음이 본안소송에서 확정된 때에는 사정변경에 따른 가압류취소사유(법 288조 1항 1호)가 되며, 이 경우 그 가압류를 그 피보전권리와 다른 권리의 보전을 위하여 유용할 수 없다는 입장이다.[4] 예컨대 ① 이혼을 원인으로 한 위자료청구채권을 피보전권리로 하는 가압류를 재산분할로 인한 금전지급청구권에까지 유용할 수 없으며,[5] ② 갑이 을에 대하여 직접 가지는 손해배상채권을 피보전권리로 한 가압류를 병이 을에 대하여 가지는 손해배상채권을 보전하기 위한 것으로 유용할 수 없다.[6]

제 4 절 가압류집행절차

Ⅰ. 의 의

(1) 가압류결정의 효력은 원칙적으로 그 재판이 고지된 때에 발생한다. 가압류결정이 채무자에게 송달되기 전에 집행을 하게 되면 채무자는 그 집행에 의하

1) 다만 **종국판결 전**의 소취하 또는 취하간주의 경우에는 다시 소송을 제기할 수 있으므로 취하의 원인·동기, 그 후의 사정 등에 비추어 채권자가 보전의사를 포기한 것으로 인정되지 않는 한 보전처분의 효력을 유지시켜야 한다. 대판(전) 1998. 5. 21. 97다47637.

2) 대판 2016. 3. 24. 2014다13280,13297.

3) 대판 1982. 3. 9. 81다1223.

4) 대판 1963. 9. 12. 63다354, 1976. 4. 27. 74다2151, 2004. 12. 24. 2004다53715.

5) 대판 1994. 8. 12. 93므1259. 한편 가처분에서도, 가장매매를 원인으로 한 소유권이전등기말소청구권을 피보전권리로 하는 가처분결정은 신탁해지를 원인으로 한 소유권이전등기청구권을 소송물로 하는 소송에는 유용될 수 없다. 대판 1970. 4. 28. 69다1311.

6) 대판 2004. 12. 24. 2004다53715.

여 가압류결정의 내용을 알게 되므로 그때에 효력이 생긴다고 본다. 다만 채권자에게 고지되면 채무자에게 고지되기 전에도 즉시 집행력이 생긴다(법 292조 3항).

(2) 가압류집행에는 예외가 없는 한 강제집행의 규정을 준용한다(법 291조). 그러나 가압류집행에 청구이의의 소, 집행문부여에 대한 이의의 소는 준용이 되지 않는다(다만 승계집행문의 경우는 그렇지 않다).

(3) 유체동산의 가압류집행은 **집행관**의 업무이다. 부동산 및 채권 그 밖의 재산권에 대한 가압류집행은 발령법원의 업무로서, **판사**가 이를 담당한다. 다만 **집행취소**는 **사법보좌관**도 할 수 있다(사보규 2조 1항 16호).

Ⅱ. 집행요건에 관한 특칙

1. 집행문 등 필요 여부

(1) 가압류결정은 명령 즉시 집행력이 생기는 집행권원으로, 가집행선고를 붙일 수 없다.

(2) 집행문은 원칙적으로 불필요하나, **승계집행문**은 필요하다(법 292조 1항). 예컨대 가압류를 승계받은 채권양수인은 **가압류집행이 되기 전**이라면 승계집행문을 부여받아 가압류집행을 할 수 있고, **가압류집행이 된 뒤**에는 승계집행문을 부여받지 않더라도 가압류에 의한 보전의 이익을 자신을 위하여 주장할 수 있다.[1] 부동산가압류의 경우 가압류가 집행된 후에도 승계집행문을 부여받아 채권자 명의를 양수인으로 하는 가압류등기상 채권자표시의 변경등기를 할 수 있다.

2. 집행절차

(1) **보전처분의 집행신청**은 등기나 등록의 방법 또는 제 3 채무자나 이에 준하는 사람에게 송달하는 방법으로 집행하는 경우를 **제외하고는**, **서면**으로 해야 한다(규칙 203조 1항 6호).

(2) 가압류집행은 집행권원(가압류결정), 승계집행문, 담보제공증명서류 등본 등을 사전에 채무자에게 송달하지 않아도 할 수 있다(법 292조 3항). 실무상 보전

---

1) 대판 1993. 7. 13. 92다33251; 권광중, "피보전권리의 이전과 가압류절차의 승계," 재판실무연구(광주지방법원) 1998년(1999. 1.), 298쪽 이하.

처분의 집행은 그 **재판정본**을 채무자에게 송달하기 전에도 할 수 있으므로, 채무자가 미리 보전처분의 내용을 알고 그 집행을 피하는 수단을 강구하는 것을 막기 위하여 **집행착수 후**에 **채무자**에게 **송달**한다.[1)]

3. 집행기간

(1) 가압류에 대한 재판의 집행은 채권자에게 재판을 고지한 날부터 2주를 넘기지 못한다. 즉 채권자에게 결정을 고지한 날부터 2주 내에 **집행에 착수**해야 한다(법 292조 2항).[2)] 위 기간을 **집행기간**이라고 한다. 위 기간은 불변기간이 아니므로 추후보완할 수 없다. 집행기간은 공익적 성질을 가지는 것으로 법원이 임의로 산정할 수 없고, 채무자도 그 기간도과의 이익을 포기할 수 없다.

(2) 집행기간이 지난 뒤 집행착수는 **집행에 관한 이의신청**(법 291조 · 16조)으로 취소할 수 있다. 집행기간이 지났다고 하여 가압류결정 자체의 효력이 상실되는 것은 아니므로 가압류명령을 실효케 하기 위해서는 **사정변경 등에 따른 취소신청**(법 288조 1항 1호)에 의해야 한다.

Ⅲ. 가압류집행의 방법

1. 부동산 등에 대한 가압류집행

(1) 법원이 집행법원이 되는 부동산에 대한 가압류집행은 가압류신청시 그 인용재판에 대한 집행신청도 함께 한 것으로 보아[부동산가압류법원이 집행법원이다(법 293조 2항)], 별도의 **집행신청 없이**(규칙 203조 1항 6호) 가압류명령과 동시에 집행에 착수한다.[3)] **부동산에 대한 가압류집행**은 촉탁에 의한 **가압류기입등기**로 한다(법 293조 1항). 부동산가압류의 집행법원은 가압류재판을 한 법원이 되나 가압

---

1) 예컨대 집행법원이 집행기관인 경우(부동산 또는 채권 등에 대한 집행의 경우)에는 부동산에 대한 **등기완료통지정보**, 제 3 채무자에 대한 **송달결과정보** 등에 의하여 집행되었음을 확인한 후에 채무자에게 송달한다. 법원실무제요 민사집행(5), 240쪽.

2) 보전처분절차에서 화해나 조정, 또는 확정된 화해권고결정이나 조정을 갈음하는 결정 등은 법 23조 1항, 민소 220조 · 231조에 따라 확정판결과 같은 효력을 가지므로 보전처분에 대한 재판과 달리 법 57조 · 28조에 따라 화해(조정)조서정본 또는 확정된 화해권고결정(조정을 갈음하는 결정)정본에 집행문을 부여받아 집행할 수 있고, 법 292조 2항, 301조가 정하는 집행기간의 제한을 받지 않는다. 대결 2022. 9. 29. 2022마5873.

3) 법원실무제요 민사집행(5), 239쪽; 박영호, 주석서(5), 713쪽.

류등기는 법원사무관 등이 촉탁한다(법 293조 2항 · 3항). 한편 가압류의 집행을 **강제관리의 방법**에 의해 할 수 있다(법 78조 4항).[1] 가압류기입등기의 방법으로 하는 경우에는 채무자는 부동산의 처분이 금지됨에 그치고 사용수익권을 상실하는 것이 아니나, 강제관리의 방법으로 하는 경우에는 채무자는 사용수익권이 박탈당하고 관리인으로 하여금 그 수익을 공탁하도록 하여 청구채권의 집행을 보전할 수 있다(법 294조).

(2) **미등기 부동산**의 경우에는 법 291조, 81조 1항 2호, 규칙 218조에 의하여, 즉시 채무자 명의로 등기할 수 있다는 것을 증명할 서류, 즉 채무자의 소유임을 증명하는 서류(부등 65조)를 첨부해야 한다. 특히 미등기 부동산이 건물인 경우에는 이와 아울러 그 건물의 지번 · 구조 · 면적을 증명할 서류 및 그 건물에 관한 건축허가 또는 건축신고를 증명할 서류를 첨부해야 한다. 만일 위 서면을 제출하지 못하는 때에는 가압류대상이 될 수 없으므로 가압류신청을 각하해야 한다.

여기서 **미등기 건물**이란 완공되지 않아 보존등기가 경료되지 않았거나 사용승인되지 아니한 건물이라고 하더라도 채무자의 소유로서 건물로서의 실질과 외관을 갖추고 그의 지번 · 구조 · 면적 등이 건축허가 또는 건축신고의 내용과 사회통념상 동일하다고 인정되는 경우를 말하며, 그에 이르지 못한 때에는 이에 해당되지 않는다.[2] 등기관은 직권으로 채무자 명의의 소유권보존등기를 한 후 가압류등기의 기입을 한다.

2. 선박에 대한 가압류집행

(1) 선박에 대한 가압류집행은 **가압류등기**를 하는 방법이나 **집행관**에게 선박국적증서 그 밖에 선박운행에 필요한 문서(**선박국적증서 등**)를 선장으로부터 받아 **법원에 제출**하도록 명하는 방법으로 한다. 이들 방법은 함께 사용할 수 있다(법 295조 1항). **외국선박**에 대해서는 등기의 방법(등기부에 기입하는 방법)으로 집행할 수 없으므로 선박국적증서 등을 제출받는 방법으로 집행한다(법 291조 · 186조 · 174

1) 가압류집행을 위한 강제관리신청에 따른 강제관리개시결정이 있어 강제관리가 개시된 후 그 가압류채권자가 집행권원을 취득하여 본집행으로의 강제관리를 신청한 경우에는 법 87조의 압류의 경합과의 균형상 본압류의 효력이 언제 생겼는지를 절차상 명확히 하기 위하여 다시 강제관리개시결정을 하고 그 신청이 있었다는 취지를 등기기록에 기입해야 한다. 법원실무제요 민사집행(3), 450쪽.

2) 대결 2011. 6. 2. 2011마224, 2005. 9. 9. 2004마696, 2005. 9. 9. 2004마696.

조). 가압류등기를 하는 방법에 의한 가압류집행은 가압류명령을 한 법원이, 선박국적증서 등을 받아 제출하도록 명하는 방법에 의한 가압류집행은 선박이 정박되어 있는 곳을 관할하는 지방법원이 집행법원으로서 관할한다(법 295조 2항). 가압류등기를 하는 방법으로 선박가압류집행을 하는 때에는 법원사무관 등은 그 기입등기의 촉탁을 해야 한다(법 295조 3항, 293조 3항).

(2) 선박에 대한 감수 · 보전이 이루어지지 않으면 가압류집행의 실효성이 상실되는 경우 등 특별한 사정이 있어 선박에 대한 감수 · 보전의 필요가 있는 경우, 집행법원은 채권자의 신청에 따라 선박을 **감수 · 보전**하기 위하여 **필요한 처분**을 할 수 있다(법 291조, 178조 1항). 이러한 처분은 필요에 따라 **가압류명령 전**에도 할 수 있다(규칙 218조 · 102조). **외국선박에 대한 가압류채권자**는 배당요구의 종기 전에 **가압류집행**을 마쳐야 **배당요구**를 할 수 있으므로, 가압류대상이 외국선박인 경우 이에 대하여 이미 경매신청권자 등에 의하여 선행 감수 · 보존처분이 되어 있다고 하더라도 별도로 가압류집행을 하지 않은 채 선행 감수 · 보전처분을 원용하거나 가압류결정만으로 적법한 배당요구가 있었다고 볼 수 없다.[1)]

(3) 가압류의 효력은 원칙적으로 채무자에게 가압류명령이 송달된 때 또는 가압류등기가 된 때에 생기나(법 291조 · 172조, 83조 4항, 94조), 그 외에 집행관이 선박국적증서 등을 받은 때(법 291조, 174조 2항) 또는 감수 · 보전처분을 했을 때에도(법 291조, 178조 2항) 생긴다. 따라서 위 각 시기 가운데 **가장 빠른 때**에 가압류의 효력이 발생한다. 선박가압류집행에 관한 그 밖의 사항에 관해서는 선박에 관한 강제집행의 규정이 준용되나(법 291조). 선박에 관한 강제집행의 규정 가운데 선박집행신청 전의 선박국적증서 등의 인도명령(법 175조), 압류선박의 정박(법 176조), 관할위반으로 말미암은 절차의 취소(법 180조), 보증제공에 의한 강제경매절차의 취소(법 181조), 사건의 이송(법 182조), 선박국적증서 등을 넘겨받지 못한 경우의 강제경매절차의 취소(183조) 등의 규정은 성질상 준용하기 곤란하거나 당사자 한쪽에 지나치게 유리하므로 그 준용이 배제된다고 본다.[2)]

3. 유체동산에 대한 가압류집행

(1) 유체동산의 가압류집행은 별도로 **집행관**에게 집행위임을 해야 한다[유체

1) 대판 2011. 9. 8. 2009다49896.

2) 법원실무제요 민사집행(5), 291쪽.

동산가압류법원과 집행기관(집행관)이 다르다]. 유체동산에 대한 가압류집행은 압류와 같은 원칙에 따라 한다(법 296조 1항, 189조 1항).

(2) 집행기간 내에 일부 유체동산에 대해 집행하고, 이와 별도로 다른 유체동산에 대해 다시 집행을 할 때에는 이러한 집행 역시 애당초 집행기간 내에 착수되어야 한다.[1)]

4. 채권 그 밖의 재산권에 대한 가압류집행

(1) 채권 그 밖의 재산권의 가압류집행은 가압류신청시 집행신청도 함께 한 것으로 보아[채권가압류법원이 집행법원이다(법 296조 2항)] 별도의 **집행신청 없이**(규칙 203조 1항 6호)[2)] 가압류명령과 동시에 집행에 착수한다. 본압류와 달리 채무자에 대한 처분 및 영수금지명령을 하지 않고 제 3 채무자에 대한 지급금지명령만을 한다(법 296조 3항).

(2) 가압류의 경합이 없어도 제 3 채무자는 권리공탁을 할 수 있다(법 291조, 248조 1항). 이 경우 채권가압류의 효력은 공탁금액에 대한 채무자의 출급청구권에 대하여 존속한다(법 297조).

판례는, **근저당권이 있는 채권**이 가압류되는 경우 근저당권설정등기에 부기등기의 방법으로 그 피담보채권의 가압류사실을 기입등기하는 목적은 근저당권의 피담보채권이 가압류되면 담보물권의 수반성에 의하여 종된 권리인 근저당권에도 가압류의 효력이 미치게 되어 피담보채권의 가압류를 공시하기 위한 것이므로, 만일 근저당권의 피담보채권이 존재하지 않는다면 그 가압류명령은 무효이며, 근저당권을 말소하는 경우에 가압류권자는 등기상 이해관계 있는 제 3 자로서 근저당권의 말소에 대한 승낙의 의사표시를 해야 할 의무가 있다고 한다.[3)]

(3) **소유권이전등기청구권**에 대한 가압류(나 압류)는 채권에 대한 것이지 등기청구권의 목적물인 부동산에 대한 것이 아니고, 채무자와 제 3 채무자에게 그 결정을 송달하는 외에 현행법상 등기부에 이를 공시하는 방법이 없다. 즉 소유권

---

1) 법원실무제요 민사집행(4), 245쪽.

2) 2014. 7. 1. 개정 · 시행 규칙 203조 1항 6호는 보전처분의 집행신청에서 제 3 채무자나 이에 준하는 사람에게 송달하는 방법으로 집행하는 경우에는 서면에 의한 보전처분의 집행신청을 제외하는 것으로 규정했다.

3) 대판 2004. 5. 28. 2003다70041.

이전등기청구권에 대한 가압류의 경우 부동산압류에 준하여 가압류촉탁을 할 수 없다. 다만 등기이전청구권이 **가등기**된 때(부동산등기법 88조의 규정에 의하여 그 청구권이 가등기된 때)에 한하여 **부기등기**의 방법에 의하여 가압류등기를 할 수 있다.[1] 한편 가압류채권자는 가압류채무자의 제 3 자에 대한 소유권이전등기청구권에 대하여 가압류채무자를 대위하여 **가등기가처분**(부등 89조 · 90조)을 한 다음 가등기상의 권리를 가압류하는 방법이 있다.[2]

(4) 소유권이전등기청구권에 대한 가압류(나 압류)는 그 가압류와 관계가 없는 제 3 자에 대해서는 가압류의 처분금지적 효력을 주장할 수 없으므로, 소유권이전등기청구권의 가압류에는 청구권의 목적물인 부동산 자체의 처분을 금지하는 대물적 효력은 없다.[3] 따라서 가압류 뒤에 제 3 채무자나 채무자로부터 소유권이전등기를 넘겨받은 제 3 자의 등기도 원인무효가 아니다. 제 3 채무자나 채무자로부터 소유권이전등기를 넘겨받은 제 3 자에 대해서는 그 취득한 등기가 원인무효라고 주장하여 그 말소를 청구할 수 없다.[4] 다만 제 3 채무자가 가압류결정의 효력을 무시하고 채무자에게 소유권이전등기를 이행하고, 채무자가 다시 제 3 자에게 소유권이전등기를 경료해 준 결과 채권자에게 손해를 입힌 때에는 **불법행위**를 구성하고 그에 따른 배상책임을 지게 된다.[5]

1) 등기예규 제1344호 '등기이전청구권에 대한 가압류등기 촉탁'(2011. 10. 11. 개정, 2011. 10. 13. 시행).

2) 곽종석, "소유권이전등기청구권에 대한 가압류의 효력," 판례연구(부산판례연구회) 11집(2000. 1.), 611쪽 이하.

3) 대판 1999. 2. 9. 98다42615 등.

4) 대판(전) 1992. 11. 10. 92다4680, 대판 2002. 10. 25. 2002다39371, 2019. 7. 10. 2016다261250. 위 전원합의체 판결로 종전의 "소유권이전등기청구권에 대한 압류나 가압류가 있으면 그에 위반되는 등기는 제 3 채무자의 채무자에 대한 이행행위인 해당 소유권이전등기뿐만 아니라 그 후에 이루어진 모든 등기도 압류나 가압류채권자에 대한 관계에서 무효이다"의 판례(대판 1990. 6. 22. 89다카19108)를 폐기했다. 폐기 전 판례에 대한 비판으로는, 김상철, "소유권이전등기청구권에 대한 압류 및 가압류의 효력," 민사판례연구(민사판례연구회) 13권(1991. 3.), 269쪽 이하. 위 **전원합의체 판결에 대하여**, 소유권이전등기청구권에 대한 압류 또는 가압류는 법률의 규정에 의하여 해당 청구권에 대한 처분금지적 효력이 발생되는 것이므로 이에 위배되는 소유권이전등기는 압류채권자에 대한 관계에서 그 효력을 부정해야 한다는 입장에서 비판하고 있는 견해로는, 김광년, "부동산권리이전청구권에 대한 압류의 효력," 민사재판의 제문제 7권(1993. 6.), 370쪽 이하. 마찬가지로 **위 전원합의체 판결에 대하여**, 등기청구권에 대한 압류 또는 가압류에 대해서도 처분금지적 효력을 인정하되, 등기의 면에서 이를 공시하는 방법이 없는 현재 상황에서는 제 3 자에 대한 관계에서 해당 제 3 자의 선의의 유무로 압류의 효력이 미치는지 여부를 판단해야 한다는 견해로는, 김상수, "소유권이전등기청구권에 대한 가압류의 효력," 사법행정 34권 4호(1993. 4.), 52쪽 이하.

5) 대판 2002. 10. 25. 2002다39371, 2019. 7. 10. 2016다261250.

Ⅳ. 가압류집행의 효력

1. 의 의

(1) 가압류가 **집행**되면 채무자는 가압류목적물을 처분해서는 안 된다(**처분금지적 효력**). 여기서 처분행위란 해당 부동산을 양도하거나 이에 대해 용익물권, 담보물권 등을 설정하는 행위를 말한다. 특별한 사정이 없는 한 점유의 이전과 같은 사실행위는 이에 해당하지 않는다.

판례는, 부동산에 **가압류등기**가 경료되어 있을 뿐 현실적인 매각절차가 이루어지지 않고 있는 상황하에서는 채무자의 점유이전으로 인하여 제 3 자가 유치권을 취득하게 된다고 하더라도 이를 처분행위로 볼 수는 없다고 본다.[1)]

(2) **채권**에 대한 가압류에서, 일반적으로 채권에 대한 가압류가 있더라도 이는 채무자가 제 3 채무자로부터 현실로 급부를 추심하는 것만을 금지하는 것일 뿐 채무자는 제 3 채무자를 상대로 그 이행을 구하는 소송을 제기할 수 있고 법원은 가압류가 되어 있음을 이유로 이를 배척할 수는 없다. 채무자로서는 제 3 채무자에 대한 그의 채권이 가압류되어 있다 하더라도 집행권원을 취득할 필요가 있거나 시효를 중단할 필요가 있을 수도 있으며 또한 소송계속 중에 가압류가 행해진 때에 이를 이유로 청구가 배척된다면 장차 가압류가 취소된 후 다시 소를 제기해야 하는 불편함이 있는 데 반하여, 제 3 채무자로서는 이행을 명하는 판결이 있더라도 집행단계에서 이를 저지하면 되기 때문이다.[2)]

채권가압류결정이 제 3 채무자에게 송달된 뒤에 채무자로부터 제 3 채무자에 대한 채권을 양도받은 사람(양수인)도 제 3 채무자를 상대로 이행의 소를 제기할 수 있다.[3)]

---

1) 대판 2011. 11. 24. 2009다19246; 하상혁, "가압류 후에 성립한 유치권으로 가압류채권자에게 대항할 수 있는지 가부," 특별법연구(사법발전재단) 10권(전수안대법관퇴임기념, 2012년), 986쪽 이하. 한편 **판례**는, 이와 달리 부동산에 경매개시결정등기가 마쳐져 압류의 효력이 발생한 후에 채무자가 제 3 자에게 해당 부동산의 점유를 이전함으로써 그로 하여금 유치권을 취득하게 하는 경우 그와 같은 점유의 이전은 **처분행위**에 해당한다고 보고 있음(대판 2005. 8. 19. 2005다22688, 2006. 8. 25. 2006다22050 등)은 경매개시결정등기의 효력에서 이미 언급했다.

2) 대판(전) 1992. 11. 10. 92다4680; 김홍엽(민사소송), 284쪽; 전봉진, "가압류된 채권의 이행청구의 가부," 민사재판의 제문제 6권(1991. 11.), 288쪽.

3) 대판 2000. 4. 11. 99다23888.

(3) **소유권이전등기청구권**에 대한 **가압류**의 경우에는 채무자는 제 3 채무자를 상대로 **가압류의 해제**(집행취소)**를 조건**으로 하여 이전등기청구를 할 수 있다. 소유권이전등기를 명하는 판결은 의사의 진술을 명하는 판결로서 이것이 확정되면 채무자는 일방적으로 이전등기를 신청할 수 있고 제 3 채무자는 이를 저지할 방법이 없게 되므로, 가압류의 해제를 조건으로 하지 않는 한 법원은 이를 인용해서는 안 되기 때문이다.[1] **판례**는, 체비지에 대한 소유권이전등기청구권이 가압류되어 있는 상태에서 가압류채무자가 체비지대장상 소유자명의변경절차의 이행을 구하는 경우에도 마찬가지로 본다.[2]

2. 가압류집행의 효력에 반하는 처분행위를 한 경우의 효력

(1) 가압류의 상대적 효력

1) 가압류채무자가 가압류의 처분금지적 효력에 반하여 일정한 처분을 하는 경우에는 그 처분행위가 절대적으로 무효가 되는 것은 아니며, 가압류채권자에 대해서만 상대적으로 무효가 된다(**가압류의 상대적 효력**).[3] 이는 압류의 경우와 마찬가지이다. 가압류의 목적이 장차 목적물을 현금화하여 그로부터 금전적 만족을 얻고자 하는 데 있는 것이므로, 그러한 목적달성에 필요한 범위를 넘어서까지 채무자의 처분행위를 막을 필요는 없기 때문이다.[4]

따라서 처분행위의 당사자인 채무자와 제 3 취득자(소유권 또는 담보권 등을 취득한 자) 사이에서는 그 거래행위가 전적으로 유효하고, 다만 가압류채권자 및 처분행위 전에 집행에 참가한 자에 대한 관계에서만 이를 주장할 수 없을 따름이다. 채무자의 처분행위 후 가압류가 취소 · 해제되거나, 피보전권리가 변제 등으로 소멸하거나, 가압류가 무효인 것으로 판명된 경우에는 채무자와 제 3 취득자 사이의 거래행위는 완전히 유효한 것으로 된다.

---

1) 대판(전) 1992. 11. 10. 92다4680, 대판 1999. 2. 9. 98다42615, 2001. 7. 27. 2001다27784, 27791 등; 정연욱, "가압류된 채권의 이행청구와 소유권이전등기청구권에 대한 압류나 가압류에 위반되는 등기의 효력," 법조 42권 2호(1993. 2.), 81쪽 이하. 가처분이 있는 경우도 이와 마찬가지로 그 가처분의 해제를 조건으로 해야만 소유권이전등기절차의 이행을 명할 수 있다. 대판 1998. 2. 27. 97다45532, 1999. 2. 9. 98다42615.

2) 대판 2011. 8. 18. 2009다60077.

3) 대판 1987. 6. 9. 86다카2570 등.

4) 송인권, "가압류의 처분금지 효력에 관한 몇 가지 문제," 법조 55권 12호(2006. 12.), 91쪽 · 92쪽.

2) **채권가압류**의 처분금지적 효력은 본안소송에서 가압류채권자가 승소하여 집행권원을 얻는 등으로 피보전권리의 존재가 **확정**되는 것을 조건으로 하여 발생한다. 따라서 예컨대 채권가압류결정의 채권자가 본안소송에서 승소하는 등으로 집행권원을 취득하는 경우에는 가압류에 의하여 권리가 제한된 상태의 채권을 양수받은 양수인에 대한 채권양도는 무효가 된다.[1)]

3) 제 3 채무자에 대하여 명의개서를 금지하는 내용이 포함된 주식가압류가 있더라도, 이는 가압류채무자로부터 주식을 양수한 양수인이 제 3 채무자에게서 현실로 명의개서절차를 이행받는 것만을 금지하는 것이므로 양수인은 제 3 채무자를 상대로 명의개서절차의 이행을 구하는 소를 제기할 수 있고, 법원은 가압류가 되어 있음을 이유로 양수인의 청구를 배척할 수 없다.[2)]

(2) 절차상대효와 개별상대효

(a) 의 의

1) 가압류의 효력이 상대적이라고 할 때 그 상대적 효력을 주장할 수 있는 자의 범위에 대하여 절차상대효설과 개별상대효설의 견해의 대립이 있음은 이미 압류의 효력에 살펴본 바와 같다.

절차상대효설은 가압류에 반하는 처분행위는 해당 가압류채권자뿐만 아니라 그 집행절차에 참가한 다른 모든 채권자에 대한 관계에서도 그 효력을 주장할 수 없다는 입장이다. 이에 대하여, **개별상대효설**은 가압류에 반하는 처분행위는 해당 가압류채권자 및 처분행위 전에 집행에 참가한 자에 대한 관계에서만 무효일 뿐 처분행위 후에 집행에 참가한 채권자에 대해서는 그 처분의 유효

1) 대판 1998. 11. 13. 96다25692, 2002. 4. 26. 2001다59033; 노만경, "가압류된 채권이 양도되어 양수금소송에서 승소판결이 내려진 이후 가압류에 기하여 본압류 및 추심명령에 의한 강제집행이 완료된 경우의 법률문제," 대법원판례해설 40호(2002년 상반기), 160쪽 이하.

2) 주권발행 전이라도 회사성립 후 또는 신주납입기일 후 6개월이 지난 주식은 당사자의 의사표시만으로 양도되고, 그러한 주식양도에 의하여 주식은 그 동일성을 잃지 않고 양도인으로부터 양수인에게 이전된다. 가압류된 주식도 이를 양도하는 데 아무런 제한이 없으나, 다만 가압류된 주식의 양수인은 가압류로 권리가 제한된 상태의 주식을 양수하게 된다. 대판 2022. 3. 17. 2021다238711. 즉 이러한 주식양수인에게 주식가압류의 효력이 미치나, 제 3 채무자는 주식양수인에게 현실적 명의개서만을 금지당할 뿐이므로 주식양수인은 제 3 채무자를 상대로 명의개서절차이행청구를 할 수 있고, 법원은 무조건의 인용판결을 해야 한다(의사진술을 명하는 판결이 아니고 부대체적 작위채무의 이행을 명하는 판결이므로, 가압류해제를 조건으로 하는 인용판결을 할 것은 아니다). 심홍걸, "가압류의 효력이 미치는 목적물의 범위와 명의개서가 금지된 내용이 포함된 주식가압류가 있는 경우 주식양수인이 제 3 채무자를 상대로 명의개서절차이행 소송을 제기할 수 있는지 여부가 문제 된 사건," 대법원판례해설 131호(2022년 상), 355쪽 이하.

를 주장할 수 있다는 입장이다. **판례**는 **개별상대효설**을 취하고 있다.

2) 가압류채무자가 가압류에 반하는 처분행위를 한 경우 그 처분의 유효를 가압류채권자에게 주장할 수 없는 것이지만, 이러한 가압류의 처분제한의 효력은 가압류채권자의 이익보호를 위하여 인정되는 것이므로 가압류채권자는 그 처분행위의 효력을 긍정할 수도 있다.[1]

(b) 가압류집행 후 가압류목적물에 대한 저당권의 취득과 개별상대효

1) 가압류집행 후 가압류목적물에 대하여 저당권을 취득한 사람은 가압류채권자와 같은 순위로 배당을 받는다.[2] 가압류의 처분금지적 효력에 반하는 담보권의 경우 담보권자는 가압류채권자에 대하여 우선변제권을 주장할 수 없다(**약정담보물권포함설**). 저당권자보다 후순위 일반채권자도 배당요구를 하였을 경우에는 위 세 사람에게 안분배당을 한 후 담보물권자가 후순위 일반채권자의 배당을 흡수한다(**안분후흡수설**).[3]

2) 이에 대하여, 담보권설정은 채무자의 처분으로 인한 것으로, 가압류의 처분금지적 효력에 반하는 처분행위로서 소유권처분이 가압류의 처분금지적 효력에 반한다고 보는 경우와 다를 바 없으며, 오히려 가압류 후 소유권이 이전되는 경우에 비교하여 담보권만이 설정된 경우 완전하게 보호받게 되어 균형이 맞지 않는다고 보는 입장도 있다(**약정담보물권배제설**). 이러한 견해에 의하면 배당할 금액(배당재단)에서 가압류채권자에게 청구금액의 범위 내에서 우선 배당하고 잔액이 있으면 이를 저당권자에게 배당해야 한다고 본다.

(c) 가압류집행 후 가압류목적물의 양도와 개별상대효

1) 가압류집행 후 가압류목적물의 소유권이 제 3 자에게 양도된 경우 가압류채권자는 집행권원을 얻어 제 3 취득자(신소유자)가 아닌 가압류채무자(전소유자)를

---

1) 대판 2006. 11. 24. 2006다35223, 2007. 1. 11. 2005다47175.

2) 채권자가 이미 가압류를 해 둔 상태에서 채무자가 같은 부동산에 관하여 다른 사람을 위해 근저당권을 설정함으로써 물상보증인이 되는 행위는 채권자에 대하여 사해행위가 될 수 있다. 즉 채무자가 아무 채무도 없이 다른 사람을 위해 자신의 부동산에 관하여 근저당권을 설정함으로써 물상보증인이 되는 행위는 그 부동산의 담보가치만큼 채무자의 총재산에 감소를 가져오는 것이므로, 그 근저당권이 채권자의 가압류와 같은 순위의 효력밖에 없다 해도 그 자체로 다른 채권자를 해하는 행위가 된다. 대판 2010. 6. 24. 2010다20617,20624.

3) 대판 1992. 3. 27. 91다44407, 대결 1994. 11. 29. 94마417; 김주형, "가압류등기후에 이루어진 담보가등기의 효력," 대법원판례해설 18호(1987년 하반기), 237쪽 이하; 안영문, "가압류채권자와 담보가등기권자의 배당우선순위," 대법원판례해설 17호(1992년 상반기), 219쪽 이하.

집행채무자로 하여 그 가압류를 본압류로 이전하는 강제집행을 실행할 수 있다. 이 경우 가압류의 처분금지적 효력이 미치는 **객관적 범위**(**물적 범위**)인 가압류결정 당시의 **청구금액의 한도** 안에서만 집행채무자인 가압류채무자의 책임재산에 대한 강제집행절차이며, **나머지 부분**은 제 3 취득자(신소유자)의 재산에 대한 매각절차이다.[1] 따라서 그 양도 전에 목적물을 압류 또는 가압류한 채권자들에게 먼저 배당하여 이들이 모두 만족을 받고 난 나머지가 있으면 제 3 취득자에게 교부한다.[2]

한편 **제 3 취득자에 대한 채권자**는 그 매각절차에서 배당요구를 통하여 제 3 취득자가 배당받을 금액의 범위 내에서 제 3 취득자의 재산매각대금 부분으로부터 배당을 받을 수 있다.[3]

2) 가압류집행 후 가압류목적물의 소유권이 제 3 자에게 양도된 경우 그 제 3 자의 소유권취득은 가압류에 의한 처분금지적 효력 때문에 그 집행보전의 목적을 달성하는 데 필요한 범위 안에서 가압류채권자에 대한 관계에서만 상대적으로 무효일 뿐이고 가압류채무자의 다른 채권자 등에 대한 관계에서는 유효하다. 따라서 집행권원을 얻은 가압류채권자의 신청에 의하여 제 3 자의 소유권취득 후 해당 부동산에 대하여 개시된 강제경매절차에서 전소유자인 **가압류채무자에 대한 다른 채권자**는 해당 부동산의 매각대금의 배당에 참가할 수 없다(양도된 뒤에는 가

---

1) 대판 2005. 7. 29. 2003다40637, 2021. 11. 11. 2020다278170.

2) 대판 1997. 8. 26. 97다8410, 1998. 11. 10. 98다43441, 2005. 7. 29. 2003다40637. 가압류의 처분금지적 효력은 가압류채권자 개인의 집행보전이라고 하는 목적을 달성하기에 필요한 한도 내에서 인정됨으로써 충분하고 가압류채권자를 위하여 채무자의 이익 및 일반거래의 안전이 희생되어서는 안 된다고 하는 **개별상대효설**의 입장을 취하는 이상, 가압류의 처분금지적 효력은 그 피보전채권액에 상당하는 목적물의 교환가치의 범위 내로 한정된다고 보는 것이 타당하기 때문이다. 황진효, "가압류가 본압류로 이전되기까지 사이에 가압류부동산의 소유권이 이전된 경우의 배당참가권자," 판례연구(부산판례연구회) 11집(2000. 1.), 549쪽 이하.

3) 대판 2005. 7. 29. 2003다40637. 한편 가압류 후의 **제 3 취득자의 채권자들**의 **배당요구**가 허용되는지에 관하여 논의가 있다. 그러나 제 3 취득자의 채권자들에게 배당요구를 불허하는 경우 제 3 취득자의 채권자는 새로 경매신청을 하여 경매개시결정을 받거나 제 3 취득자의 잉여금채권에 대한 채권집행절차를 통하여 배당을 받아야 하는데, 굳이 제 3 취득자의 채권자들에게 배당요구를 허용하지 않고 새로이 경매개시결정을 받도록 하는 것은 무익한 절차를 요구하는 것이 된다(**긍정설**). 이우재, "부동산 가압류가 집행된 부동산의 소유권이 신소유자에게 이전된 후 가압류권자가 구소유자에 대하여 부동산강제경매를 개시한 경우 신소유자에 대한 채권자가 그 집행절차에서 배당에 참가할 수 있는지(적극)," 대법원판례해설 57호(2005년 하반기), 523쪽 이하; 이범균, "가압류된 부동산의 소유권 이전 후 가압류채권자에 의한 강제경매절차에서 제 3 취득자에 대한 채권자가 배당에 참가할 수 있는지 여부," 민사집행법연구 3권(2007. 2.), 100쪽 이하.

압류채무자의 소유가 아니기 때문이다).[1)]

3) 가압류집행 후 가압류목적물의 소유권이 제 3 자에게 양도된 경우 **제 3 취득자**(**신소유자**)가 **완전한 소유권**을 취득하기 위해서는 소유권을 취득하기 전까지 집행이 완료된 **가압류의 피보전채권액**(청구금액)만 변제하면 되며(가압류집행의 처분금지적 효력은 목적물의 교환가치 중 **피보전채권액에 대응**하는 **목적물의 교환가치 부분**에 대해서만 미친다), 그 후에 가압류채권자가 채무자에 대하여 취득한 채권이 있더라도 이를 변제할 필요가 없다.[2)] 한편 가압류집행만 되어 있을 뿐 아직 본압류로 이전되지 않은 단계에서는 가압류채권자가 그 가압류의 집행비용을 변상받을 수 없고, 제 3 취득자로서는 **가압류의 집행비용을 고려함이 없이** 앞서와 같이 가압류집행의 처분금지적 효력이 미치는 범위에 속하는 청구금액만을 변제함으로써 가압류의 집행배제를 제 3 자이의의 소(법 291조 · 48조)를 통하여 할 수 있다.[3)]

다만 **가압류에서 본압류로 이전된 경우** 법 53조 1항에 의하여 가압류 뒤 본압류의 이전 전에 가압류목적물의 소유권을 취득한 제 3 취득자로서는 가압류의 청구금액 외에 **가압류의 집행비용**[4)] 및 **가압류의 본압류의 이전**에 대응하는 **집행비용**까지 아울러 변제해야만 가압류에서 이전된 **본압류의 집행배제**(**제 3 자이의의 소**)를 구할 수 있다.[5)]

Ⅴ. 가압류집행의 정지 · 취소

1. 의 의

(1) 가압류집행의 정지란 집행에 관한 이의신청(법 16조 2항) 또는 제 3 자이의의 소(법 48조 3항, 46조 2항)에 의하여 가압류집행을 정지시키는 경우를 말한다.

---

1) 대판 1998. 11. 13. 97다57337, 2008. 2. 28. 2007다77446; 유남석, "가압류의 처분금지적 효력," 대법원판례해설 31호(1998년 하반기), 338쪽 이하.

2) 이와 달리 **절차상대효설**에 의하면 가압류의 처분금지적 효력은 피보전채권의 금액 여하에 불구하고 목적물의 교환가치 전체에 미치고, 제 3 취득자가 완전한 소유권을 취득하기 위해서는 소유권 취득 뒤에 추가 또는 확장된 채권액 및 배당요구채권액까지 변제해야 한다. 권창영, 707쪽.

3) 대판 2006. 11. 24. 2006다35223.

4) 법 53조 1항에 의하여 우선적으로 변상받는 '강제집행에 필요한 비용'에는 가압류의 집행비용이 당연히 포함된다. 대결 2011. 6. 28. 2011마267.

5) 대판 2006. 11. 24. 2006다35223; 이우재, "압류 · 가압류의 처분금지효와 개별상대효의 이해," 민사집행소송(2008년), 339쪽.

다만 집행착수 전이어야 하며, 집행완료 뒤에는 정지할 수 없다.

(2) 가압류집행의 취소란 이미 실시한 집행처분의 전부 또는 일부의 효력을 상실시키는 집행기관의 행위를 말한다. 집행취소는 채권자 또는 채무자의 신청에 의하거나 집행법원이 직권으로 한다. 가압류집행취소절차는 **사법보좌관**의 업무이다(사보규 2조 1항 16호).

2. 채권자의 가압류집행취소신청

(1) 채권자는 보전처분의 집행상태가 계속되고 있는 한 언제든지 그 집행취소를 신청할 수 있다. 채권자의 **집행취소신청**이라는 용어 외에 채권자의 **집행해제신청** 또는 채권자의 **집행신청의 취하**라고도 하나, 같은 뜻이다.

(2) 집행취소는 채무자에게는 불이익할 것이 전혀 없으므로 채권자의 집행취소신청에는 채무자의 동의가 필요 없다. 또한 그 신청에 기한 집행취소결정에 대하여 채무자는 항고할 이익도 없다.[1)]

(3) 채권자의 집행취소신청은 집행기관에 대하여 한다. 즉 채권·부동산가압류와 같이 법원(판사)이 집행한 보전처분에 대해서는 법원(사법보좌관)에, 유체동산가압류와 같이 집행관이 집행한 보전처분에 대해서는 집행관에게 각각 취소신청서를 제출한다.[2)] 집행법원에 대한 집행취소신청에 대하여 제 3 채무자에게 취소되었음을 명백히 고지할 필요가 있다는 이유로 집행취소결정을 하는 예도 있으나 실무상 집행취소결정을 하지 않고 바로 집행취소의 절차를 밟는다.[3)4)]

(4) 채권자의 신청에 의하여 가압류집행이 취소되었다면, 다른 특별한 사정

---

1) 대결 1980. 2. 15. 79마351.

2) 집행취소신청시 그 취소절차에 필요한 비용(송달료, 등록면허세 등)을 예납해야 하나, 인지를 붙일 필요는 없다. 법원실무제요 민사집행(4), 225쪽.

3) 법원실무제요 민사집행(5), 256쪽; 박영호, 주석서(5), 842쪽.

4) **집행취소신청서가 위조**된 경우는 보전처분기입등기의 말소촉탁에 대한 집행에 관한 이의사유가 된다. 즉 집행법원에 대한 **집행에 관한 이의신청**을 통하여 말소회복을 구할 수 있다. 이 경우 집행에 관한 이의신청이 이유 있다면 집행법원이 보전처분기입등기의 말소회복등기를 **촉탁**해야 하므로, 채권자가 말소된 보전처분기입등기의 회복등기절차의 이행을 소구할 이익은 없다. 대판 2000. 3. 24. 99다27149. 다만 가처분기입등기가 말소될 당시 그 부동산에 관하여 소유권이전등기를 경료하고 있는 사람과 같이 **등기상 이해관계가 있는 제 3 자**가 있는 때에는 그의 승낙서를 집행법원에 제출해야 하므로 승낙을 하지 않는다면 그 이해관계인을 상대로 가압류기입등기의 **회복절차에 대한 승낙청구의 소**를 제기할 수 있다. 대판 1997. 2. 14. 95다13951, 2000. 3. 24. 99다27149, 2002. 4. 12. 2001다84367.

이 없는 한 가압류에 의한 **소멸시효중단의 효력**은 소급적으로 소멸된다. 민법 175조는 가압류가 '권리자의 청구에 의하여 취소된 때에는' 소멸시효중단의 효력이 없다고 정하고 있는데, 가압류집행 후에 행해진 채권자의 **집행취소** 또는 **집행해제**의 **신청**은 실질적으로 **집행신청**의 **취하**에 해당하고, 이는 다른 특별한 사정이 없는 한 **가압류 자체**의 **신청**을 **취하**하는 것과 마찬가지로 그에게 권리행사의 의사가 없음을 객관적으로 표명하는 행위로서 위 법 규정에 의하여 소멸시효중단의 효력이 소멸한다고 봄이 상당하다. 이러한 점은 위와 같은 집행취소의 경우 그 취소의 효력이 단지 장래에 대해서만 발생한다는 것에 의하여 달라지지 않는다.[1)]

3. 채무자의 해방금액의 공탁을 이유로 한 가압류집행취소신청

(1) 채무자가 가압류명령에서 정한 해방금액을 공탁한 때에는 법원은 결정으로 집행한 가압류를 취소해야 한다(법 299조 1항). 해방공탁금은 가압류목적물을 갈음하는 것으로서, 소송상의 담보와는 다르다. 따라서 가압류채권자에게 해방공탁금에 대한 우선변제권이 인정되지 않는다. **채무자의 다른 채권자**가 (채무자가 가지는) 공탁금회수청구권에 대하여 압류명령을 받은 경우에는 **가압류채권자의 가압류**와 **다른 채권자의 압류**는 그 집행대상이 같아 서로 경합하게 된다. 공탁금회수청구권에 대한 **압류의 경합** 등으로 사유신고를 할 사정이 발생한 때에는 공탁관은 공탁규칙 58조 1항에 따라 지체 없이 집행법원에 사유신고를 하고,[2)] 집행법원은 배당절차를 개시하게 된다. 이러한 사유신고로 인하여 배당요구의 종기가 도래하고 그 후의 배당요구를 차단하는 효력이 있다.[3)]

가압류채권자는 채무자가 가지는 **해방공탁금회수청구권**을 가압류한 채권자와 같은 지위에 있게 된다. 가압류채권자는 해방공탁금을 지급받기 위해서는 본안에 관한 승소확정판결 등을 집행권원으로 하여 공탁금회수청구권에 대한 별도의 현금화명령(추심명령 또는 전부명령 등)을 받아야 한다. 이 경우 공탁관은 사유신고를 하는 것이 아니라 가압류채권자의 회수청구에 응해야 한다. 이는 법 291조, 248조 1항의 공탁의 경우 공탁이 성립한 후 가압류로부터 본압류로 이전하는 압류명령에 의하여 법 248조의 공탁으로 전환되어 배당절차가 개시되는 점과 다르다.[4)]

1) 대판 2010. 10. 14. 2010다53273.
2) 대판 2002. 8. 27. 2001다73107 등.
3) 대판 2012. 5. 24. 2009다88112.
4) 법원실무제요 민사집행(4), 615쪽.

가압류의 효력이 소멸된 경우 공탁자인 가압류채무자는 공탁금회수청구권을 행사할 수 있다. 이 경우 공탁금회수청구권에 대하여 가압류채권자의 채권자가 가압류결정을 받았다고 하더라도 아무런 영향이 없다.[1)]

(2) 가압류해방금액은 금전에 의한 공탁만이 허용되고, 유가증권에 의한 공탁은 그 유가증권이 실질적 통용가치가 있는 것이라고 하더라도 허용되지 않는다.[2)] 해방금액의 일부만을 공탁하고 가압류집행의 일부만을 취소신청하는 것도 허용되지 않는다.[3)]

(3) 해방금액을 공탁한 채무자는 그 공탁서를 붙여 집행법원 또는 가압류명령을 발한 법원에 가압류집행취소를 신청하면, 법원(사법보좌관)이 집행취소결정을 한다. 이 결정에 대해서는 즉시항고를 할 수 있다(법 299조 3항). 사법보좌관의 처분에 대해서는 이의신청으로 한다(사보규 4조 1항). 취소결정은 확정되지 않아도 고지와 동시에 효력이 생긴다(법 299조 4항).

(4) **판례**는, 해방금액의 공탁에 의한 가압류집행취소제도의 취지에 비추어 볼 때, 가압류채권자의 가압류에 의하여 누릴 수 있는 이익이 가압류집행취소에 의하여 침해되어서는 안 되므로, 가압류채무자에게 해방공탁금의 용도로 금원을 대여하여 가압류집행을 취소할 수 있도록 한 사람은 비록 가압류채무자에 대한 채권자라 할지라도 특별한 사정이 없는 한 가압류채권자에 대한 관계에서 해방공탁금회수청구권에 대하여 위 대여금채권에 의한 압류 또는 가압류의 효력을 주장할 수는 없다고 보고 있다.[4)]

---

1) 공탁선례 제1-225호 '가압류해방공탁이 있은 후 그 가압류채권자의 채권자가 가압류채권자의 가압류채무자에 대한 본안판결 확정 후 제 3 채무자인 국가에 대하여 회수청구할 공탁금채권을 피압류채권으로 하여 채권가압류를 받은 경우, 공탁자인 가압류채무자가 그 가압류의 효력이 소멸되었음을 증명하는 서면을 첨부하여 공탁금을 회수청구할 수 있는지 여부'(2003. 8. 30. 제정).

2) 대결(전) 1996. 10. 1. 96마162; 박해성, "가압류해방금을 유가증권으로 공탁할 수 있는가," 국민과 사법(윤관대법원장퇴임기념, 1999. 1.), 670쪽 이하.

3) 집행한 가압류를 취소시키기 위하여 해방공탁을 했으나 공탁금액이 가압류명령에 정한 해방금액 전부가 아니라 그 **일부**에 불과했다면, 그 공탁은 가압류의 집행을 취소시킬 수 있는 해방공탁으로서의 효력이 없어 공탁법 9조 2항 2호가 정한 '착오로 공탁을 한 경우'에 해당한다. 따라서 공탁자는 공탁금을 회수할 수 있다. 대결 2013. 9. 13. 2013마949.

4) 대판 1998. 6. 26. 97다30820. 이에 대하여, 해방금액의 공탁에 의한 가압류집행취소제도의 취지는 가압류채권자의 지위를 위태롭게 하지 않는 범위 내에서 가압류집행으로부터 겪게 되는 채무자의 고통을 덜어 주기 위한 것으로서, 채무자가 청구금액에 상응하는 금전을 공탁하면 일응 가압류채권자의 지위가 보전되었다고 보고 가압류집행을 취소하고 있으므로, 이와 같

4. 채무자가 하는 채권자의 가압류신청취하 등을 이유로 한 가압류집행취소신청

(1) 가압류신청의 취하 또는 취하간주가 되었을 때 **채무자**가 이를 이유로 집행취소신청을 할 수 있는지에 관하여 논의가 있으나, 실무상으로는 가압류신청의 취하서 또는 취하증명서를 법 49조의 서류에 준하는 것으로 보아 법 50조에 의하여 집행을 취소하고 있다.[1)]

(2) 채무자가 채권자의 가압류신청의 취하를 이유로 가압류집행취소신청을 하는 경우에 가압류신청의 취하에 따른 가압류결정의 효력이 소멸하는 시점과 가압류집행의 효력이 소멸하는 시점이 일치하는 것은 아니다. 채권가압류에서 채권자가 가압류신청을 취하하면 가압류결정은 그로써 효력이 소멸되지만, 채권가압류결정정본이 제 3 채무자에게 이미 송달되어 가압류결정이 집행되었다면 그 **취하통지서**가 제 3 채무자에게 송달되었을 때 비로소 가압류집행의 효력이 **장래를 향하여** 소멸된다(**장래효**).[2)] 이러한 법리는 그 취하통지서가 제 3 채무자에게 송달되기 전에 제 3 채무자가 집행법원 법원사무관 등의 통지에 의하지 않는 다른 방법으로 가압류신청의 취하사실을 알게 된 경우에도 마찬가지이다.[3)]

5. 채무자의 그 밖의 이유로 한 가압류집행취소신청

(1) 가압류결정에 대한 이의신청 · 취소신청사건 등에서 **가압류결정을 취소하는 결정**이 있다고 하더라도 이로써 이미 행한 보전처분 집행의 효과가 상실되는

이 해방금액을 공탁하여 가압류집행취소를 받았다는 것만으로는 가압류채권자의 지위를 위태롭게 했다고 볼 수는 없다는 등의 근거로 판례를 비판하는 견해가 있다. 정용달, "가압류해방공탁금에 대한 압류경합시 배당에 대하여(해방공탁금의 용도로 금원을 대여한 채권자와 가압류채권자의 배당순서)," 재판과 판례(대구판례연구회) 8집(1999. 12.), 76쪽 이하.

1) 법원실무제요 민사집행(5), 260쪽; 김현식, "집행취소의 의의," 실무연구(서울남부지방법원) 4집(2005. 12.), 451쪽 이하.

2) 대판 2001. 10. 12. 2000다19373 등.

3) 채권가압류는 가압류명령이 제 3 채무자에게 송달되어야 그 효력이 생기고(법 291조, 227조 3항), 가압류명령의 신청이 취하된 때에는 법원사무관 등은 가압류명령을 송달받은 제 3 채무자에게 그 사실을 통지해야 하는데(규칙 213조 2항, 160조 1항), 만약 제 3 채무자의 주관적 인식이나 가압류당사자들의 특수한 사정에 따라 채권가압류집행의 효력소멸 여부를 달리 판단한다면 이해관계 있는 제 3 자의 이익을 보호하고 법적 안정성을 도모할 수 없기 때문이다. 대판 2008. 1. 17. 2007다73826.

것은 아니다. 실무상 법 291조 · 49조 · 50조에 의해 **채무자**가 그 재판서 정본을 집행기관에 제출하여 집행취소를 신청하면 **집행취소절차**를 밟는다. 이러한 집행취소절차를 밟기에 이르지 않은 이상 가압류집행의 효력은 여전히 유지된다. 따라서 이러한 절차가 취해지지 않은 채 집행법원(가압류결정의 집행법원)이 아닌 가압류이의신청사건의 제 1 심법원이 소송당사자 아닌 제 3 채무자에게 취소결정정본을 송달했다 하더라도 그것만으로 위 가압류집행이 당연히 취소되었다고 할 수 없다.[1)]

(2) 채권가압류에 대한 이의신청사건 · 취소신청사건에서 채권가압류를 취소하는 결정이 있는 때에는 결정서에 제 3 채무자의 표시가 있다고 하더라도 결정서 정본을 제 3 채무자에게 송달해서는 안 되며,[2)] 채무자의 집행취소신청을 기다려야 한다.

6. 법원의 직권에 의한 집행취소

집행을 신청하는 데 필요한 비용으로서 법원이 정한 금액은 미리 내야 하는데, 그 비용을 미리 내지 않는 경우에는 법원은 결정으로 집행절차를 취소할 수 있다(법 18조 2항). 이러한 결정에 대해서는 즉시항고를 할 수 있다(법 18조 3항). 채권자가 즉시항고를 하면서 법원에 이러한 비용을 낸 경우에도 그 흠이 치유되지 않는다.[3)]

Ⅵ. 본집행으로의 이행

1. 의　　의

(1) 가압류채권자가 본안에서 승소하여 집행권원을 취득하거나 조건 · 기한을

---

1) 이 경우 제 3 채무자가 채무자에게 가압류된 금원을 지급하더라도 유효한 변제로 볼 수 없다. 다만 가압류로 인하여 채권의 추심 그 밖의 처분행위에 제한을 받다가 가압류를 취소하는 결정을 고지받아 다시 채권을 제한 없이 행사할 수 있을 듯한 **외관**을 가지게 된 채권자는 **채권의 준점유자**로 볼 수 있다. 대판 2003. 7. 22. 2003다24598.

2) 재판예규 제1229호 '보전처분 신청사건의 사무처리요령'(재민 2003-4, 2008. 6. 12. 개정, 2008. 7. 1. 시행) 13조.

3) 소장각하명령에 대하여 즉시항고를 하고 항소심의 계속 중에 부족한 인지를 내더라도 그 흠이 치유되는 것이 아니라고 본 것으로는, 대결(전) 1968. 7. 30. 68마756, 대결 1996. 1. 12. 95두61, 2013. 7. 31. 2013마670 등.

갖춘 때에 가압류는 본집행으로 이행한다. **본집행으로의 이행시점**(가압류집행이 본집행으로 이전되는 시점, 즉 가압류의 집행상태가 종료되는 시점)은 가압류집행이 본집행으로 이전할 때 별도의 본집행절차를 처음부터 이행하고 있는 등 절차의 명확성을 고려하여 **본집행이 개시(착수)된 때**로 본다(**본집행개시시설**).[1] **판례**도, 가압류가 본압류로 이행되어 **강제집행이 이루어진 때**에 가압류집행이 본집행에 포섭되어 당초부터 본집행이 있었던 것과 같은 효력이 있게 된다고 보고 있다.[2]

(2) 본집행으로 이행하기 위해서는 **부동산**의 경우 별도로 경매개시결정을 받아야 한다. **유체동산**의 경우 그대로 현금화 단계로 진행한다. **채권과 그 밖의 재산권**의 경우 별도의 압류명령을 받아야 한다. 채권이 가압류된 다음 본압류로 이전되는 경우 그 관할법원은 가압류를 명한 법원이 있는 곳을 관할하는 지방법원의 전속관할이다(법 224조 3항). 채권을 가압류에서 본압류로 이전하는 경우 신청서에는 **가압류의 본압류 이전**이라는 것을 밝히고 가압류결정서 사본과 가압류 송달증명을 붙여야 한다(규칙 159조 2항).

2. 효 력

(1) 부동산에 대한 가압류집행이 있은 후 그 가압류가 강제경매개시결정으로 인하여 본압류(본집행)로 이행된 경우, 가압류집행의 결과가 본압류에 포섭되므로 **처음부터 본집행이 있었던 것**과 같은 효력이 생긴다.[3]

(2) **본집행의 효력**이 **유효하게 존속**하는 경우에는 가압류는 장래에 향하여 소멸한다.[4] 따라서 본집행으로 이행되어 강제집행이 이루어진 경우 ① **채권자**는

1) 이우재, "압류·가압류의 처분금지효와 개별상대효의 이해," 민사집행소송(2008년), 334쪽. 이에 대하여 본집행이 신청된 때로 보는 견해로는, 방순원·김광년, 514쪽; 박두환, 742쪽.

2) 대판 2004. 12. 10. 2004다54725. **실무**도 본집행이 개시되면서 보전처분의 집행상태가 종료하고 그 이후는 본집행이 되는 것으로 보아 본집행개시시설의 입장을 취하고 있다. 법원실무제요 민사집행(5), 249쪽.

3) 대판 2004. 12. 10. 2004다54725, 2010. 10. 14. 2010다48455 등.

4) 이에 대하여, ① 본압류가 되어도 가압류집행의 효력이 완전히 소멸된 것은 아니고, 본압류에 흡수되어 잠재화되어 있다고 보아야 하며, 다만 청구권의 만족이나 만족 불능을 이유로 하여 본압류가 실효되는 경우에는 가압류집행의 효력도 소멸된다는 견해[윤경, "가압류에서 이전한 본압류의 효력," JURIST 381호(2002. 6.), 41쪽 이하], ② 본압류의 효력이 생긴 후의 채무자의 처분행위에 대해서는 본압류가 유효하게 존속하는 한 가압류의 처분금지적 효력을 주장할 필요가 없고 그런 의미에서는 가압류의 효력은 이른바 '잠재화'하지만(잠재화하지만 소멸하지는 않는다는 의미에서는 본집행과 병존하는 것이라고도 말할 수 있다) 본압류가 무효가 되거나 본집행의 신청취하 또는 취소 등으로 실효된 때에는 가압류의 처분금지적 효력이

가압류명령이나 가압류집행의 신청을 취하할 수 없고,[1] ② **채무자**도 이의신청 · 취소신청에 의하여 가압류명령의 취소를 구할 이익이 없을 뿐만 아니라,[2] 가압류 집행취소도 구할 수 없다.[3] 채무자로서는 오로지 본집행의 효력에 대해서만 다투어야 한다.[4]

본집행이 **취소 · 실효**되지 않는 한 가압류집행이 취소되었다고 해도 이미 그 효력이 발생한 본집행에는 아무런 영향을 미치지 않는다.[5]

(3) **본집행**의 **효력이 없는 경우**에는 가압류집행의 효력이 그대로 살아나서 가압류집행의 상태가 유지된다. **판례**는, 본압류의 신청만을 취하한 경우에는 특별한 사정이 없는 한 그 가압류집행에 의한 보전목적이 달성된 것이라거나 그 목적

그 기능을 발휘하게 된다고 보는 견해[김창종, "보전집행으로부터 본집행으로의 이행," 보전소송에 관한 제문제(하)(재판자료 46집, 1989. 9.), 159쪽 이하], ③ 본압류로 이행된 후에는 가압류의 효력을 아무런 유보 없이 다툴 수 없다고 하는 것은 문제라고 지적하는 견해[최인석, "본압류로 이행된 가압류의 효력," 판례연구(부산판례연구회) 14집(2003. 2.), 649쪽 이하], ④ 가압류절차와 본압류절차는 서로 연속된 관계에 있는 것이 아니라 서로 다른 목적을 가진 별개의 독립한 절차로서 병존이 가능한 관계라고 보고, 본압류가 되어도 가압류의 효력은 소멸되지 않는다고 보는 견해[권성, "가압류와 본압류의 관계 — 가압류의 본압류이행 부정론," 민사재판의 제문제 8권(1994. 10.), 916쪽 이하] 등이 있다.

1) 가압류가 본압류로 이전된 경우에는 가압류가 본압류에 포섭됨으로써 당초부터 본압류가 있었던 것과 같은 효력이 있고 본압류가 유효하게 존속하는 한 상대방은 가압류의 효력을 다툴 수 없고 본압류의 효력만을 다투어야 하므로, 가압류에서 본압류로 이전하는 채권압류 및 전부명령의 확정으로 채권집행절차가 이미 종료된 이후에 가압류채무자의 이의신청으로 가압류사건이 취하간주되었다 하더라도 전부채권자는 공탁금회수청구권을 행사할 수 있다. 담보공탁의 피공탁자가 공탁자의 공탁금회수청구권을 가압류한 후 공탁자에 대한 집행권원에 기초하여 일반 강제집행절차에 따라 공탁금회수청구권에 대하여 가압류에서 본압류로 이전하는 채권압류 및 전부명령을 얻어 그 전부명령이 확정되고 담보취소까지 이루어졌다면 전부채권자(피공탁자)는 공탁금회수청구권을 행사할 수 있다. 공탁선례 제2-346호 '공탁금 지급청구권에 대하여 가압류가 이루어지고 그 가압류가 본집행으로 이전된 이후에야 비로소 가압류채무자의 이의신청으로 가압류사건이 취하간주된 경우 이미 이루어진 본집행의 효력에 영향을 미치는지 여부'(2004. 11. 1. 제정).

2) 대판 2004. 12. 10. 2004다54725, 대결 2010. 11. 30. 2008마950, 2016. 3. 24. 2013마1412; 임성근, "가압류가 본압류로 이행되어 강제집행이 이루어진 경우, 채무자가 가압류에 대한 이의신청이나 취소신청 등을 구할 이익이 있는지 여부," 대법원판례해설 51호(2004년 하반기), 582쪽 이하.

3) 예컨대 채무자가 가압류집행 후 해방금액공탁을 해도 가압류등기를 말소할 수 없다. 등기예규 제592호 '가압류권자가 채무명의를 얻어 강제경매신청을 한 경우 채무자가 해방공탁을 하여 가압류만을 말소할 수 있는지 여부'(1985. 10. 16. 개정).

4) 가압류가 본압류로 이행된 후 보전처분의 취소 또는 보전처분의 집행취소결정이 있고, 이에 따라 집행법원의 가압류등기 말소촉탁이 있다고 하더라도 그 말소촉탁은 그 취지 자체로 보아 법률상 허용할 수 없음이 명백한 경우에 해당하므로, 등기관으로서는 부동산등기법 29조 2호에 의하여 가압류등기 말소촉탁을 각하해야 한다. 대결 2012. 5. 10. 2012마180.

5) 대결 2002. 3. 15. 2001마6620.

달성이 불가능하게 된 것이라고는 볼 수 없으므로, 그 가압류집행의 효력이 본집행과 함께 당연히 소멸되는 것은 아니라고 본다.[1)]

(4) **본집행**이 **목적 달성의 불능**으로 **종료된 경우**, 예컨대 강제경매개시결정이 법 102조에 따라 남을 가망이 없어 취소된 때에는 선행한 가압류집행의 효력도 상실한다. 가압류와 강제집행의 효력은 연속하여 일체를 이루게 되는데, 가압류는 장차의 본집행을 위한 채권보전의 목적을 가지는 것이므로 본집행인 강제집행절차의 집행목적 달성이 불가능하게 되면 그에 선행한 가압류집행도 본집행과 그 운명을 같이 한다고 보아야 하기 때문이다.[2)]

(5) 부동산에 대한 가압류가 집행된 후 그 가압류가 강제경매개시결정으로 인하여 본압류로 이행되었으나, 그 강제경매개시결정이 이미 경매절차를 개시하는 결정을 한 부동산에 대한 것이고 배당요구의 종기 뒤의 경매신청에 의한 것인 때에는(**후행절차**의 경매개시결정이 **선행절차**의 배당요구의 종기 뒤의 **신청**에 의한 것인 때에는),[3)] 먼저 경매개시결정을 한 경매신청이 취하되거나 그 절차가 취소되었다는 등의 특별한 사정이 없는 한 가압류집행이 본집행에 포섭된다고 볼 수 없으므로, 채무자나 이해관계인은 가압류에 대한 취소를 구할 이익이 있다.[4)]

---

1) 대판 2000. 6. 9. 97다34594.

2) 대결 1980. 6. 26. 80마146.

3) 경매절차를 개시하는 결정을 한 부동산에 대하여 다른 강제경매신청이 있는 때에는 법원은 다시 경매개시결정을 해야 하는데, 이러한 경우에는 먼저 경매개시결정을 한 집행절차에 따라 경매하게 되므로(법 87조 1항), 배당요구의 종기 이후에 이중경매신청을 한 압류채권자는 그 압류에 기해서는 배당을 받지 못한다(법 148조 1호).

4) 대결 2016. 3. 24. 2013마1412.

제 3 장 가처분절차

제 1 절 일 반 론

(1) 가처분은 금전채권 이외의 특정급여청구권을 보전하거나 다툼이 있는 권리관계에 대하여 하는 보전처분이다. 가처분에는 크게 **다툼의 대상에 관한 가처분**과 **임시의 지위를 정하기 위한 가처분**이 있다. 가처분절차는 가처분명령절차와 가처분집행절차로 이루어진다.

가처분, 특히 임시의 지위를 정하기 위한 가처분에서는 보전처분의 성격 가운데, ① **잠정성**에서 본안소송을 대체화하는 경향을, ② **부수성**에서 본안소송을 생략하는 경향을, ③ **신속성**에서 가처분심리의 장기화의 경향을 지적할 수 있다. 이와 같이 가처분의 본래의 목적을 넘어서 본안소송을 대신하여 통상의 권리구제수단이 되고 있는 경향을 **가처분의 본안화 경향**이라 한다.[1]

(2) 가처분의 **법적 성질**에 관하여, 다툼의 대상에 관한 가처분은 소송사건이고, 임시의 지위를 정하기 위한 가처분은 비송사건으로 보는 견해도 있으나,[2] 모두 대립당사자 구조를 이루고 당사자 사이의 공격방어 속에서 신청의 당부를 가리는 절차이므로 **소송사건**으로 봄이 상당하다.[3] 다만 **임시의 지위를 정하기 위한 가처분**의 경우 이미 본 바와 같이 법원이 신청의 목적을 이루는 데 필요한 처분을 직권으로 정할 수 있으므로 그 범위 내에서는 **비송사건적 성격**도 지닌다.

(3) 행정소송법상 **당사자소송**에는 같은 법 23조 2항의 집행정지에 관한 규정이 준용되지 않으므로(당사자소송에 관하여 준용되는 행정소송법 규정에서 위 집행정지에 관한 규정이 빠져 있다. 행소 44조 1항), 이를 본안으로 하는 가처분에 대해서는

1) 이시윤 · 조관행, 667쪽; 강대성, 345쪽; 김연, "보전소송의 본안화 경향에 관한 비판적 연구," 경성대학교논문집 12집 1권(1991. 3.), 205쪽 이하.

2) 방순원 · 김광년, 481쪽; 강대성, 345쪽. 기처분의 비송적 성질에 관해서는, 김연, "가처분의 비송사건성에 관한 일고찰," 경성대학교논문집 11집 1권(1990. 3.), 277쪽 이하.

3) 이시윤 · 조관행, 671쪽.

같은 법 8조 2항에 따라 민사집행법상 가처분에 관한 규정이 준용된다.[1)]

제 2 절 가처분명령절차

Ⅰ. 가처분의 기본유형

1. 다툼의 대상에 관한 가처분

다툼의 대상에 관한 가처분은 현상이 바뀌면 당사자가 권리를 실행하지 못하거나 이를 실행하는 것이 매우 곤란할 염려가 있을 경우에 발령하는 가처분이다(법 300조 1항). **금전채권 외의 특정급여청구권**(**특정물**에 대한 **이행청구권**, 예컨대 물건인도, 소유권이전등기, 특정물에 관한 작위·부작위, 의사의 진술 등의 청구)의 장래 집행을 보전하기 위하여 현상유지를 명하는 가처분이다. 여기에는 소송승계주의하에서 물건의 인도청구권의 집행보전을 위하여 하는 **점유이전금지가처분**,[2)] 목적물의 이행청구권의 집행확보를 목적으로 하는 **처분금지가처분**이 있다.

(1) 점유이전금지가처분

1) 점유이전금지가처분의 **피보전권리**는 목적물의 **인도청구권**이다. 따라서 본안소송은 인도청구소송이다. 저당부동산의 경우 그 사용수익권은 저당권설정자에게 있으므로 저당권은 원칙적으로 점유이전금지가처분의 피보전권리가 될 수 없다. 그러나 ① 저당부동산의 점유자가 저당부동산을 물리적으로 멸실·훼손하거나 저당부동산에 대한 점유가 저당부동산의 본래의 용법에 따른 사용·수익의 범

1) 대결 2015. 8. 21. 2015무26, 대판 2019. 9. 9. 2016다262550. 다만 해당 가처분사건을 민사사건으로 취급해야 하는지, 아니면 행정소송법 8조 2항에 따라 민사집행법 규정을 준용하는 행정사건으로 취급해야 하는지에 관해서는 실무가 명확하게 정립된 것은 아니다. 법원실무제요 민사집행(5), 523쪽. 한편 행정소송에서 민사집행법상 가처분 규정을 준용할 수 있는지 여부, 특히 항고소송을 본안으로 하는 경우에도 민사집행법상 가처분에 관한 규정이 준용될 수 있는지 여부에 관한 논의로는, 하명호, "행정소송에서 가처분 규정의 준용 — 대상결정: 대법원 1980. 12. 22.자 80두5 결정, 대법원 2015. 8. 21.자 2015무26 결정 —," 행정판례연구(행정판례연구회) 22권 2호(2017년), 169쪽 이하.

2) 민사소송법은 소송승계주의를 취하고 있어 변론종결 전의 승계인에게는 판결의 효력이 미치지 않는다. 따라서 인도청구의 본안소송 중 목적물의 점유가 이전되면 원고로서는 본안소송에서 패소될 수밖에 없게 된다. 이 경우 원고가 제 3 자를 상대로 별도의 소송을 제기하든지, 민사소송법 82조 등에 의하여 제 3 자를 인수승계시키는 방법을 강구할 수 있으나, 점유이전금지가처분을 받아 두면 그 이후에 점유를 이전받은 사람은 가처분채권자에게 대항할 수 없게 되어 **당사자항정**의 **효과**가 있게 된다. 김홍엽(민사소송), 1186쪽.

위를 초과하여 그 교환가치를 감소시키는 경우, ② 점유자에게 저당권의 실현을 방해하기 위하여 점유를 개시했다는 점이 인정되는 경우 등에 있어서 그 점유로 인하여 정상적인 점유가 있는 경우의 매수가격과 비교하여 그 가격이 하락하거나 경매절차가 진행되지 않는 등 저당권의 실현이 곤란하게 될 사정으로 인하여 저당권자의 우선변제권의 행사가 방해되는 결과가 발생한다면 저당권자는 저당권에 기한 방해배제청구권에 기하여, 또는 소유자의 방해배제청구권을 대위하여 점유자를 상대로 저당부동산에 대한 인도청구를 할 수 있고,[1] 이러한 인도청구권을 피보전권리로 하여 점유이전금지가처분을 신청할 수도 있다.[2]

2) 한편 실무상 **영업용 건물의 임대차**에서, ① **임대인이 소유자가 아닌 경우**에는 임차인이 점유를 이전할 경우 새로운 점유자에 대하여 인도를 구할 권원이 없을 때가 많으므로 보전의 필요성을 쉽게 인정하는 반면, ② **임대인이 소유자인 경우**에는 보전의 필요성을 쉽게 인정하지 않는다. 임대인은 소유자로서 언제든지 인도청구소송을 제기할 수 있으며, 가처분이 공시되는 경우(가처분집행에 의하여 집행관이 건물에 공시서를 부착한다) 임차인의 정상적인 영업에 지장을 초래하기 때문이다.[3]

3) 점유이전금지가처분이 집행된 이후에 채무자가 제 3 자에게 **점유를 이전한 경우** 점유를 이전받은 제 3 자(**점유승계인**)는 가처분채권자에게 대항할 수 없다. 뒤에서 보는 바와 같이 가처분채권자는 채무자를 상대로 한 본안소송에서 승소한 후 이를 집행권원으로 하여 제 3 자에 대하여 **승계집행문**을 받아 제 3 자에 대하여 인도집행할 수 있다.

4) 채권자가 일단 **점유이전금지가처분**을 한 후에 동일 목적물에 대하여 다시 **인도단행가처분**(**임시의 지위를 정하기 위한 가처분**으로 **이행적 가처분**에 속한다)을 하

---

1) 대판 2005. 4. 29. 2005다3243, 2006. 1. 27. 2003다58454.

2) 대판 2005. 4. 29. 2005다3243, 2006. 1. 27. 2003다58454(대지의 소유자가 나대지 상태에서 저당권을 설정한 다음 대지상에 건물을 신축하기 시작했으나 피담보채무를 변제하지 못함으로써 저당권이 실행에 이르렀거나 실행이 예상되는 상황인데도 소유자 또는 제 3 자가 신축공사를 계속한다면 신축건물을 위한 법정지상권이 성립하지 않는다고 할지라도 경매절차에 의한 매수인으로서는 신축건물의 소유자로 하여금 이를 철거하게 하고 대지를 인도받기까지 별도의 비용과 시간을 들여야 하므로, 저당목적대지상에 건물신축공사가 진행되고 있다면 이는 경매절차에서 매수희망자를 감소시키거나 매각가격을 저감시켜 결국 저당권자가 지배하는 교환가치의 실현을 방해하거나 방해할 염려가 있는 사정에 해당한다). 대판 2007. 10. 25. 2007다47896.

3) 김연학, "점유이전금지가처분," 보전소송(2008년), 재판실무연구(3), 256쪽 이하.

더라도 1차 점유이전금지가처분을 폐지 · 변경하는 것이 아니므로 1차 가처분 후에 생긴 **사정의 변경**으로 단행가처분의 필요가 생겼다면, 점유이전금지가처분이 된 목적물에 대하여 재차 **인도단행가처분**을 발령할 수 있다.[1)]

(2) 처분금지가처분

1) 처분금지가처분에는 부동산이나 유체동산에 대한 처분금지가처분, 채권의 추심 및 처분금지가처분, 건축허가명의 처분금지가처분 등이 있다. 처분금지가처분의 피보전권리는 목적물에 대한 이행청구권이다.

2) **부동산**에 대한 처분금지가처분의 피보전권리는 일반적으로 목적물의 등기청구권이다. 본안소송은 등기청구소송이다. 이러한 처분금지가처분은 목적물에 대한 채무자의 소유권이전, 저당권 · 전세권 · 임차권의 설정 그 밖에 일체의 처분행위를 금지하고자 하는 가처분이다.

3) **미등기 부동산**이라도 **보존등기가 가능한 경우**(법 81조 1항 2호의 요건을 갖춘 경우)에는 가처분이 가능하다.[2)] 이 경우에는 가처분 발령법원에서 보존등기와 동시에 가처분의 기입촉탁을 하는 방법으로 집행하므로 심리단계에서 보존등기가 가능한지 여부를 심사해야 한다. 미등기 부동산의 경우는 **부동산등기법 66조**(미등기 부동산의 처분제한의 등기와 직권보존)에서 등기절차를 규정하고 있다.

4) 처분금지가처분 후 채무자로부터 목적물을 양수한 사람은 가처분채권자에게 대항할 수 없게 되어 본안소송 및 집행절차에서 **당사자**를 **항정**(恒定)하는 효과가 있다. **유체동산**의 경우는 처분금지가처분의 실익이 적다. 선의취득(민 249조)이 인정되기 때문이다.

▣ 다른 사람 소유의 토지 위에 무단건축된 건물의 소유자를 상대로 한 다툼의 대상에 관한 가처분

(1) 토지소유자는 그 토지 위에 무단으로 건축된 건물의 소유권자 또는 그 건물을 매수하여 법률상 · 사실상 처분할 수 있는 사람(등기된 건물을 매수하여 이전등기를 마치지 못하거나, 미등기 건물을 매수한 경우)을 상대로[3)] 그 건물의 철거와

---

1) 법원실무제요 민사집행(5), 410쪽.

2) 하태헌, "보전처분 집행에서 나타나는 실무상 쟁점에 관한 고찰 — 미등기 부동산의 보전처분, 간접강제, 점유이전금지가처분을 중심으로 —," 민사집행법연구 5권(2009. 2.), 275쪽 이하.

3) 건물철거는 그 소유권의 종국적 처분에 해당하는 사실행위이므로 원칙적으로는 그 소유자에게만 그 철거처분권이 있으며, 예외적으로 건물을 전소유자로부터 매수하여 점유하고 있는 등

그 대지 부분의 인도를 청구할 수 있다. 이 경우 자신의 건물을 점유하고 있는 사람에게는 그 건물에서 퇴거할 것을 청구할 수 없으므로[1] 토지소유자가 건물에 대한 **퇴거청구권**을 피보전권리로 하여 건물소유자를 상대로 점유이전금지가처분을 하는 것은 허용되지 않는다.

(2) 한편 토지소유자가 건물에 대한 **철거청구권**을 피보전권리로 하여 건물소유자로 상대로 점유이전금지가처분을 하는 것으로는 그 목적을 달성할 수 없다. 점유이전금지가처분은 그 목적물의 **점유이전**을 금지하는 것이고, 그럼에도 불구하고 점유가 이전되었을 때에는 가처분채무자는 가처분채권자에 대한 관계에서 여전히 그 점유자의 지위에 있는 것일 뿐 목적물의 처분을 **금지** 또는 **제한**하는 것이 아니기 때문이다.[2] 따라서 이 경우 건물철거권 및 토지인도청구권을 보전하기 위해서는 **건물**에 대한 **처분금지가처분**이 필요하게 된다.[3] 가처분채무자 소유 건물에 대한 철거청구권을 피보전권리로 한 가처분에도 불구하고 가처분채무자가 건물을 처분했을 때에는 이를 가처분채권자에게 대항할 수 없으므로 채권자에 대한 관계에서는 채무자가 여전히 그 건물을 처분할 수 있는 지위에 있기 때문이다.[4] 결국 토지소유자로서는 건물에 대한 처분금지가처분과 함께 건물의 대지에 대한 인도청구권을 보전하기 위하여 그 대지에 대한 점유이전금지가처분을 해두어야 한다.

2. 임시의 지위를 정하기 위한 가처분

(1) 의 의

1) 임시의 지위를 정하기 위한 가처분은 현재의 다툼 있는 권리관계에 관하여 특히 계속하는 권리관계에 대하여[5] 채권자에게 끼칠 **현저한 손해**를 피하거나

그 권리의 범위 내에서 그 점유 중인 건물에 대하여 법률상 또는 사실상 처분을 할 수 있는 지위에 있는 사람에게도 그 철거처분권이 있다. 대판 2003. 1. 24. 2002다61521. 따라서 건물을 전소유자로부터 매수하여 등기하지 않고 있는 건물점유자에 대해서도 그 건물에 의하여 불법점유를 당하고 있는 대지소유자는 그 건물의 철거를 청구할 수 있다. 대판 1967. 2. 28. 66다2228.

1) 대판 1999. 7. 9. 98다57457,57464.

2) 대판 1987. 11. 24. 87다카257,258.

3) 법원실무제요 민사집행(5), 364쪽; 박동규, 주석서(5), 871쪽.

4) 부동산처분금지가처분은 앞서 본 바와 같이 부동산에 대한 채무자의 소유권이전, 저당권·전세권·임차권의 설정, 그 밖의 일체의 처분행위를 금지하는 가처분이지만, 채권자 소유 토지 위에 채무자 소유 건물에 대한 **철거청구권**, 즉 **방해배제청구권**의 보전을 위해서도 할 수 있다. 대판 2022. 3. 31. 2017다9121,9138.

5) 법 300조 2항 후문이 '특히 계속하는 권리관계'라고 규정하고 있으나, 이는 하나의 예시에 불과할 뿐 1회에 의하여 소멸하는 권리관계(예컨대 치료비, 보험금, 퇴직금 등)도 포함된다. 다만 일반적으로 1회의 이행으로 소멸하는 권리관계는 임시의 지위를 정하기 위한 가처분에 적합하지 않는 경우가 많기 때문에 임시로 형성해야 할 지위·상태가 있어야 허용된다. 박동규, 주석서(5), 923쪽.

급박한 위험을 막기 위하여, 그 밖의 필요한 이유가 있을 때 발령하는 가처분이다(법 300조 2항). 장래의 집행불능 · 곤란이 아니라 본안판결까지의 지연으로 인한 위험을 막기 위하여 하는 것이다(**잠정성 · 임시성**).[1] 금전채권이나 특정급여청구권에 한하지 않고 강제집행과 친하지 않는 청구권도 피보전권리가 될 수 있다.

2) 임시의 지위를 정하기 위한 가처분에는 그 가처분의 성질, 피보전권리와의 관계, 집행력 유무, 실체법상 형성력 유무 등에 따라 **확인적 가처분 · 이행적 가처분 · 형성적 가처분**으로 그 종류를 달리한다.

(2) 성 질

1) 임시의 지위를 정하기 위한 가처분도 가처분의 일종으로, 가처분이 가지는 임시성 · 부수성 · 신속성 등이 요구된다. 그러나 임시의 지위를 정하기 위한 가처분의 경우 보전소송이 본안소송을 대신하여 통상의 권리구제수단이 되고 있는 현상인 앞서 본 '가처분의 본안화 경향'이 더욱 심각하므로 이러한 기본적 성질에 입각한 신중한 실무운용이 요구된다.

2) 특히 ① 보전처분의 부수성(종속성)과 관련하여, 예컨대 회사가처분 가운데 신주발행무효소송을 본안으로 하는 **의결권행사금지가처분**에 그치지 않고, **신주발행효력정지가처분**을 구하는 경우에는, 본안소송에서의 신주발행무효판결은 확정되면 장래에 향해서만 효력을 가지는 것(상 431조 1항)과 달리 신주발행효력정지가처분은 신주발행무효소송의 판결이 확정되기 전에 본안판결을 통하여 얻고자 하는 내용과 실질적으로 동일한 내용의 권리관계를 형성하는 뒤에서 볼 만족적 가처분이므로, 이와 같은 가처분은 본안소송에 의하여 얻을 수 있는 것보다 더 큰 권리의 만족을 주는 것이어서 보전처분의 부수성에 반한다고 보며,[2] ② 보전

---

1) 임시의 지위를 정하기 위한 가처분은 권리관계에 다툼이 있는 경우에 권리자가 당하는 위험을 제거하거나 방지하기 위한 잠정적이고 임시적인 조치로서 그 분쟁의 종국적인 판단을 받을 때까지 잠정적으로 법적 평화를 유지하기 위한 비상수단에 불과하다. 대판 1995. 4. 14. 94다12371, 2000. 1. 28. 98두16996, 2000. 2. 11. 99두2949 등. 따라서 판결이 확정됨에 따라 채무자가 의무를 이행한 때에 비로소 법률상 실현되는 것이어서, 민사집행법상 다툼이 있는 권리관계에 대하여 임시의 지위를 정하기 위한 가처분의 집행에 의하여 피보전권리가 실현된 것과 마찬가지의 상태가 사실상 달성되었다 하더라도 그것은 어디까지나 임시적인 것에 지나지 않는다. 대판 2011. 2. 24. 2010다757.

2) 법원실무제요(5), 507쪽. 실무상 신주발행무효의 소로써 그 주식의 효력을 장래에 향하여 소멸시킴은 별론으로 하고, 가처분으로써 발행회사를 상대로 주식발행의 효력을 전면적으로 정지할 것을 구하는 신주발행효력정지가처분은 적어도 보전의 필요성을 인정하기 어렵다는 인식이 어느 정도 정착되었음이 분명하다는 견해로는, 이종문, "상사가처분 사건의 현황과 실무적 쟁점 — 회사와 관련된 '임시의 지위를 정하기 위한 가처분'을 중심으로 —," BFL(서울대

처분의 신속성과 관련하여, **의결권행사금지가처분**이나 **의안상정가처분** 등 회사가처분이나 **특허권침해금지가처분** 등 임시의 지위를 정하기 위한 가처분에서는 가처분재판이 당사자에게 결정적인 영향을 미치기 때문에 모든 공격방어방법이 제출되고 심리가 장기화되는 등 보전소송의 신속성에 반하는 경우를 경계해야 한다.[1]

(3) 직무집행정지 · 직무대행자선임가처분

1) 직무집행정지 · 직무대행자선임가처분은 다툼 있는 권리관계의 존재를 필요로 한다. 직무대행자 선임에서 법원의 자유재량이 허용된다. 법원은 일단 선임한 직무대행자가 부적당하다고 인정한 때에는 직권으로 언제든지 이를 개임(改任)할 수 있다.[2]

2) **판례**는, **상법 386조 1항**은 법률 또는 정관에 정한 이사의 원수(員數)를 결한 경우에는 임기의 만료 또는 사임으로 인하여 퇴임한 이사로 하여금 새로 선임된 이사가 취임할 때까지 이사의 권리의무를 행하도록 규정하고 있는데, 위 규정에 따라 이사의 권리의무를 행사하고 있는 퇴임이사로 하여금 이사로서의 권리의무를 가지게 하는 것이 불가능하거나 부적당한 경우 등 필요한 경우에는 **상법 386조 2항**에 정한 **일시**(一時) **이사**의 직무를 행할 사람의 선임을 법원에 청구할 수 있으므로,[3] 이와는 별도로 상법 386조 1항에 정한 바에 따라 이사의 권리의무를 행하고 있는 퇴임이사를 상대로 해임사유의 존재나 임기만료 · 사임 등을 이유로 그 직무집행의 정지를 구하는 가처분신청은 허용되지 않는다고 보고 있다.[4]

3) 법인을 대표하는 사람 그 밖에 법인의 이사 등을 상대로 하여 그 직무집행을 정지하고 직무대행자를 선임하는 가처분을 하거나 또는 이미 발령된 가처분을 취소 · 변경하는 결정을 하는 경우에 법원사무관 등은 가처분결정에서 직무대행자로 선임된 사람에 대하여 결정등본의 송달 그 밖의 상당한 방법으로 위 결정사실을 고지해야 한다.[5]

학교 금융법센터) 54호(2012년), 68쪽.

1) 이러한 가처분의 경우에는 본안소송이 점차 실무상의 의미를 상실하게 되는데, 심리의 장기화 등 보전소송의 본안화는 보전소송의 본질에 어긋나고, 본안과 가처분의 역할분담을 제대로 이해하지 못한 데서 유래하는 현상이므로, 이를 극복하기 위한 적극적인 노력이 요청된다. 법원실무제요 민사집행(5), 6쪽.

2) 법원실무제요 민사집행(5), 478쪽. 그러나 당사자에게는 개임신청권이 없으므로 개임신청을 법원이 받아들이지 않았다 하더라도 불복할 수 없다. 대결 1979. 7. 19. 79마198.

3) 대결 2000. 11. 17. 2000마5632 등.

4) 대결 2009. 10. 29. 2009마1311.

5) 재판예규 제1229호 '보전처분 신청사건의 사무처리요령'(재민 2003-4, 2008. 6. 12. 개정, 2008. 7. 1. 시행).

(4) 임의의 이행을 기대하는 가처분

1) 임의의 이행을 기대하는 가처분(**임의의 이행을 구하는 가처분**)은 원칙적으로는 집행가능한 것을 전제로 하나, 집행이 가능하지 않다 해도 가처분의 목적이 달성되는 경우, 즉 집행을 예정하지 않고 채무자의 **임의의 이행을 기대**하는 경우도 허용된다. 임의의 이행을 기대하는 가처분은 가처분의 주문만으로는 집행을 예상할 수 없고, 가처분을 위반한 때에도 특별한 법률적 효과도 없으며, 그 실현은 오로지 가처분채무자의 임의의 이행에 달린 가처분을 말한다. 임의의 이행을 기대하는 가처분은 이행적 가처분·확인적 가처분·형성적 가처분과 별도의 독립된 가처분이 아니라, 이들 가처분의 효력과 관련하여 상대적으로 그 효력이 약하다고 볼 수 있는 경우, 즉 이들 가처분을 위반했다고 하여 바로 그 직접적인 효력이 발생한다고 보기 어려운 경우 등을 상정하여 가능한 한 채무자가 임의로 이행할 것을 기대할 수 있고 이로써 가처분의 목적을 달성할 수 있는 때에 할 수 있는 가처분으로 이해할 수 있다.[1]

2) 특히 **노동가처분** 가운데 **근로자 측 가처분**인 **근로자지위보전가처분**은 가지위(假地位)를 정하는 가처분(**확인적 가처분**으로, 본안소송은 보통 **해고무효확인소송**이다)으로 채무자가 법원의 공권적 판단을 존중하여 채무를 임의로 이행한다는 사실상 효과를 기대하여 발령하는 것이며, 이로써 직접적인 법적 효과가 따르는 것은 아니다.[2)3)] 즉 이러한 가처분은 집행력이 없더라도 확인소송을 본안으로 하는 **잠**

1) 김효정, "회사가처분의 효력론에 관한 재검토," 기업법연구 38권 1호(통권 96호)(2024. 3.), 210쪽. 한편 현재로서는 강제집행이나 그 위반에 대한 제재가 불가능한 임의의 이행을 기대하는 가처분은 허용되지 않는다고 보는 견해로는, 김연학, "임시의 지위를 정하기 위한 가처분의 심리에 관한 몇 가지 모색적 시도," 민사집행법연구 4권(2008년), 187쪽. 이에 반하여, 임의의 이행을 기대하는 가처분에 해당한다고 보여지는 가처분의 경우 그 가처분신청을 기각하는 것보다 임의의 이행을 기대하는 정도의 잠정적 법규제가 문제해결에 적당하고, 이러한 형태의 가처분이 실제 분쟁해결의 실효성을 높이는 것이 현실이기 때문에 굳이 부정할 필요가 없다는 견해로는, 손창완, "주주권에 관한 가처분의 실무상 쟁점," 기업법연구 33권 3호(통권 78호)(2019년), 95쪽; 이동명, "임시의 지위를 정하는 가처분에 있어서의 보전의 필요성," 보전소송에 관한 제문제(상)(재판자료 45집, 1989년), 63쪽; 이시윤·조관행, 717쪽.

2) 권창영, "개정된 부당해고구제제도가 임금지급·근로자지위보전 가처분에 미치는 영향," 민사집행법실무연구(2)(재판자료 117집, 2009. 3.), 1020쪽. 근로자지위보전가처분을 임시로 종전과 같은 고용계약관계를 '형성 또는 창설'하기 위한 가처분이라고 보는 견해가 있으나(오정후, "계약의 효력정지가처분의 민사소송법적 문제," 비교사법 20권 1호(2013년), 173쪽), 임의의 이행을 기대하는 가처분은 형성적인 효력이 있는 것이 아니라, 채무자의 현실적인 임의의 이행을 기대하는 것이다. 이봉민, "임시의 지위를 정하기 위한 가처분의 구체적 방법 및 주문에 관한 고찰," 민사집행법연구 10권(2014. 2.), 555쪽.

3) 유원석, "노동사건에 있어서의 근로자 측 가처분," 근로관계소송상의 제문제(하)(재판자료 40집, 1987. 12.), 611쪽 이하. 한편 사용자 측 가처분에 대해서는, 박은수, "근로관계소송과

정적 확인재판으로서 임의의 이행을 기대하는 가처분으로 허용된다.[1] 이 경우 뒤에서 보는 바와 같이 **이행적 가처분**으로서 **금전의 지급을 구하는 가처분**인 **임금지급가처분**을 **병합하여** 신청하기도 한다.[2] 근로자지위보전가처분신청과 임금지급가처분신청이 병합된 경우 임금지급가처분신청이 인용되는 때에도 이로써 근로자지위보전가처분신청의 보전의 필요성이 인정되지 않는 것은 아니다.[3][4]

한편 **근로자지위보전가처분만의 신청**에 따라 근로자지위보전가처분이 이루어졌으나 사용자가 이러한 가처분에도 불구하고 임금지급을 거부하는 때에는 집행권원의 확보를 위하여 위해 **다시 임금지급가처분의 신청**을 해야 한다. 근로자지위보전가처분 후 임금지급가처분을 신청하는 경우 종전에 근로자지위보전가처분이 인용되었던 사정만으로 후행 임금지급가처분사건에서 당연히 보전의 필요성이 인정된다고 볼 수 없다.[5]

(5) 금전의 지급을 구하는 가처분

1) 금전의 지급을 구하는 가처분은 금전지급의무의 존부, 또는 금전지급의무를 수반하는 기본적 법률관계(고용, 부양 등)의 존부에 관한 다툼이 있고 소송을 통한 법률관계의 확정 전에 금전채무의 일부 또는 전부를 지급받지 못하면 채권

사용자측 가처분," 근로관계소송상의 제문제(하)(재판자료 40집, 1987. 12.), 573쪽 이하.

1) 법원실무제요 민사집행(5), 519쪽.

2) **임금지급가처분의 실무례**는 **지급을 명하는 금액**에서 생계유지를 위하여 필요한 액수로서 근로자가 종전부터 받아온 평균임금 상당액을 **상한**으로 하여 근로자가 거주하는 지역의 가족수에 따른 표준생계비를 일응의 기준으로 하고(종전에는 평균임금 상당액으로 하였다), 기간은 채권자가 필요한 노력을 하면 생계자금을 얻을 수 있는 시기까지로 한다. 통상 1년을 넘지 않는다(종전에는 본안판결 선고시 또는 본안판결 확정시까지로 했다). 법원실무제요 민사집행(5), 525쪽. **판례**는, 해고조치가 일응 부당노동행위에 해당하여 무효라고 보여지는 이상 가처분으로서 본안판결 확정시까지 잠정적으로 임금에 해당하는 금원지급을 명하는 것은 피보전권리의 범위를 초과하지 않는다고 보고 있다. 대판 1978. 2. 14. 77다1648.

3) 근로자는 근로계약상 임금채권 외에 사택 등 복리후생시설이용권, 취업규칙이나 단체협약에서 정하는 여러 가지 권리 뿐만 아니라 근로자로서 취업하고 있음으로 인한 사실상의 이익을 향유한다. 따라서 임금지급가처분에 의하여 임시로 정한 일정 금액의 지급을 받는 것만으로 근로자지위보전의 필요가 없다고 할 수 없다. 법원실무제요 민사집행(5), 527쪽; 박동규, 주석서(5), 994쪽.

4) 근로자지위보전가처분이 발령되면 가처분채무자가 임의로 임금을 지급할 가능성이 담보되어 있다고 볼 수 있는 경우에는 임금지급가처분신청에 대해서는 보전의 필요성이 없다는 이유로 기각할 수도 있다는 견해로는, 이봉민, "임시의 지위를 정하기 위한 가처분의 구체적 방법 및 주문에 관한 고찰," 민사집행법연구 10권(2014. 2.), 560쪽.

5) 법원실무제요 민사집행(5), 527쪽; 박동규, 주석서(5), 994쪽. 이에 대하여, 근로자지위보전가처분 후 임금지급가처분이 신청되는 경우 종전에 한 근로자지위보전가처분의 내용이 뒤의 임금지급가처분명령에 선결관계로서 구속력을 가진다고 보는 견해로는, 이시윤·조관행, 751쪽.

자에게 현저한 손해가 발생할 염려가 있는 경우 발하는 **임시의 지위를 정하기 위한 가처분**으로 뒤에서 볼 만족적 가처분 가운데 **단행적 가처분**에 속한다. 예컨대 교통사건 등으로 인한 손해배상청구권이 있을 때 우선 치료비의 지급이 필요하다든가, 해고가 무효이고 근로자의 생계유지에 필요한 생활비의 지급이 요구되는 경우 등에 많이 이용된다.[1)]

2) 금전의 지급을 구하는 가처분은 임시의 지급을 명하는 **이행적 가처분**으로, 금전의 지급단행을 명하는 가처분을 신청할 때에는 그 금전채권의 존재와 함께 급박하게 지급해야 할 필요가 있는 **금액**의 **산출근거**도 소명해야 한다. 이러한 가처분은 금전이 실제로 지급되고 지급된 금전은 소비되어 버린다는 점에서 채무자에게 회복할 수 없는 손해를 입힐 수 있으므로, 신중한 심리가 필요하다.

3) 채무자가 이러한 가처분결정 정본을 송달받고서도 가처분결정에서 정한 기간 내에 임의지급을 하지 않으면 가처분결정을 집행권원으로 하여 집행기간(2주) 내에 금전채권의 강제집행의 방법에 의하여 집행할 수 있다.[2)]

4) 이러한 가처분이 집행되어도 본안소송에서는 이를 참작함이 없이 원고 청구의 당부를 판단하여 원고승소판결을 해야 하며, 집행대상이 금전으로 이중지급의 우려가 있는 때에는 본안판결이 선고되면 단행가처분에 의한 집행결과를 본안청구의 만족으로 간주하게 되므로 청구이의의 소를 제기할 수 있다.[3)]

(6) 만족적 가처분

1) 만족적 가처분은 본안소송의 판결확정 전 또는 그 집행 전에 가처분신청인에게 피보전권리인 권리 또는 법률관계의 내용의 전부 또는 일부가 실현된 것과 같은 결과(즉 만족)를 주는 가처분이다. **법 305조 2항**은 "급여를 지급하도록 명할 수 있다"고 규정하고 있으며, 한편 **법 308조**는 만족적 가처분이 취소된 경우의 원상회복신청을 규정하고 있다.

2) **만족적 가처분**은 이행소송을 본안으로 하는 **이행적 가처분**에 한하지 않고, 널리 형성소송 등을 본안으로 하는 **형성적 가처분**도 포함한다.

만족적 가처분에는, ① **이행적 가처분**으로서 부동산인도단행가처분, 철거단

---

1) 법원실무제요 민사집행(5), 421쪽. 이러한 면에서 보전의 필요가 급박한 위험이라기보다 생존의 위협이라고 보는 견해로는, 이시윤 · 조관행, 714쪽.

2) 정액지급형과 달리 정기지급형인 경우 집행기간은 매 지급일부터 2주이므로, 집행기간을 넘긴 부분은 집행하지 못한다. 법원실무제요 민사집행(5), 423쪽.

3) 법원실무제요 민사집행(5), 423쪽.

행가처분 및 금전지급가처분(부양료지급가처분(가소 63조), 치료비 등 손해금지급가처분, 임금지급가처분 등이 있다), 회계장부열람등사가처분 등이 있으며[이러한 이행적 가처분을 **단행적 가처분**(**단행가처분**)이라고도 한다], ② **형성적 가처분**으로서 경업금지가처분, 통행방해금지가처분, 직무집행정지가처분 등 권리침해중지가처분이 있다.[1]

▣ 만족적 가처분과 단행적 가처분의 관계

(1) 만족적 가처분과 단행적 가처분의 개념상 구별

단행적 가처분을 만족적 가처분과 같은 의미로 이해하는 견해도 있으나,[2] 만족적 가처분은 앞서와 같이 단행적 가처분(이행적 가처분)과 형성적 가처분을 포함하는 것으로 단행적 가처분보다 넓은 의미로 본다. 즉 단행적 가처분은 만족적 가처분 가운데 이행청구권이 잠정적으로 실현된 상태와 같은 만족을 주는 **이행적 가처분**을 말하는 것으로 본다.

(2) 단행적 가처분에만 적용되는 민사집행법 규정

만족적 가처분 가운데 단행적 가처분이 아닌 경우에는 가처분명령의 취소에 의하여 가처분집행으로 형성된 효과가 자동적으로 소멸되는 것이 원칙이나, 단행적 가처분의 경우에는 가처분명령의 취소만으로는 취소 후 별개의 절차가 없는 한 가처분명령 전의 원상으로 회복되지 않는다. 따라서 **법 308조의 원상회복재판**이나 **법 309조의 집행정지재판**은 원칙적으로 만족적 가처분 가운데 **단행적 가처분**에 한하여 그 적용이 있다.

3) 만족적 가처분은 집행될 수 있어야 하므로, 피보전권리로서 조건부 청구권이나 기한부 청구권과 같은 장래의 청구권은 허용되지 않는다. 이를 허용하면 조건성취 전 또는 기한도래 전에 미리 청구권이 만족을 얻게 되는 결과가 되기 때문이다. 또한 채무자에게 회복할 수 없는 손해가 발생할 경우에는 허용해서는 안 된다. 만족적 가처분의 결정은 신중해야 한다. 다만 적극적으로 활용할 필요도 있다. 피보전권리와 보전의 필요성은 증명에 가까운 정도의 엄격한 **고도의 소명**

---

1) 임시의 지위를 정하기 위한 가처분은 모두 만족적 기능을 가지나, 이에 의한 만족의 정도는 가처분의 필요성에 따라 정해진다. 경우에 따라서는 피보전권리의 내용을 전면적으로 실현하는 것과 같은 완전한 만족을 주지 않으면 보전의 목적을 달성할 수 없는 경우도 있지만 통상의 경우는 오히려 양적 또는 질적 일부의 불완전한 만족을 주는 것에 그치는 것이 적당한 것이라는 견해로는, 강용현, "만족적 가처분," 보전소송에 관한 제문제(하)(재판자료 46집, 1989. 9.), 79쪽 이하.

2) 강용현, 위 논문, 88쪽. 같은 입장으로는, 정영환, "임시의 지위를 정하기 위한 가처분의 법적 규율," 민사재판의 제문제 20권(2011. 12.), 431쪽.

이 요구된다.

4) 만족적 가처분의 재판에는 변론기일 또는 채무자가 참석할 수 있는 심문기일을 열어야 한다(법 304조 본문). 만족적 가처분 가운데 단행적 가처분의 경우 채무자는 원상회복제도(법 308조), 집행정지제도(법 309조)에 의하여 보호된다.

5) 만족적 가처분은 확정적이 아니고 해제조건부이므로 만족적 가처분의 집행에 의한 이행상태는 본안소송에서 참작할 성질의 것은 아니다.

판례도, 가처분의 피보전권리는 채무자가 소송과 관계없이 스스로 의무를 이행하거나 본안소송에서 피보전권리가 존재하는 것으로 판결이 확정됨에 따라 채무자가 의무를 이행한 때에 비로소 법률상 실현되는 것이어서, 민사집행법상 다툼이 있는 권리관계에 대하여 임시의 지위를 정하기 위한 가처분의 집행에 의하여 피보전권리가 실현된 것과 마찬가지의 상태가 사실상 달성되었다 하더라도 그것은 어디까지나 **임시적인 것**에 지나지 않으므로, 가처분집행에 의하여 임시의 이행상태가 작출되었다고 하더라도 본안소송의 심리에서는 그와 같은 임시적·잠정적 이행상태를 고려함이 없이 본안소송의 당부를 판단해야 한다는 입장이다.[1]

판례는, 다만 그와 같은 임시적·잠정적 이행상태가 계속되는 동안 피보전권리에 관하여 가처분집행과는 **별개의 새로운 사태가 발생**한 경우에는 이를 본안소송의 심리에서 고려해야 하나, 그러한 사태가 해당 가처분결정 당시부터 예정되어 있었던 것으로 사실상 가처분의 목적에 해당하여 이미 그 필요성에 대한 법원의 심리를 거쳤을 뿐만 아니라 해당 가처분집행의 결과로 발생한 것이어서 실질적으로 가처분집행의 일부를 이룬다고 볼 만한 특별한 사정이 있는 때에는 그와 같은 새로운 사태를 고려함이 없이 본안청구의 당부를 판단해야 한다고 보고 있다.[2]

▣ 회계장부 및 회계서류 열람·등사가처분과 만족적 가처분(단행적 가처분)

(1) 주주의 회계장부 및 회계서류 열람·등사청구권(상 466조 1항, 542조의6 4항)을[3] 피보전권리로 하여 해당 장부 및 서류의 열람·등사를 명하는 가처분이 실질

---

1) 대판 1996. 12. 23. 95다25770(인도단행가처분의 경우), 2007. 10. 25. 2007다29515(인도단행가처분의 경우), 2011. 2. 24. 2010다75754(업무방해금지가처분의 경우); 엄상필, "인도단행가처분 집행 후 목적물 멸실이 본안소송에 미치는 영향," 대법원판례해설 71호(2007년 하반기), 711쪽 이하.

2) 대판 2011. 2. 24. 2010다75754.

3) **회계장부**는 회사의 거래에 관한 사항을 기재한 장부이며, **회계서류**는 회계장부 기입의 재

적으로 본안소송의 목적을 달성하여 버리는 면이 있다고 할지라도, 나중에 본안소송에서 패소가 확정되면 손해배상청구권이 인정되는 등으로 법률적으로는 여전히 잠정적인 면을 가지고 있기 때문에 임시적인 조치로서 이러한 회계장부 등 열람·등사청구권을 피보전권리로 하는 가처분도 허용된다.

(2) 이러한 **부대체적 작위채무의 이행**의 가처분을 허용하는 경우 채무자인 회사에 대하여 직접 열람·등사를 허용하라는 명령을 내리는 방법(**의무부과형**)뿐만 아니라, 열람·등사의 대상 장부 등에 관하여 훼손·폐기·은닉·개찬(改撰)이 행해질 위험이 있는 때에는 이를 방지하기 위하여 그 장부 등을 집행관에게 이전·보관시키는 방법(**집행관보관형**)의 가처분을 허용할 수도 있다.[1)]

(3) 부대체적 작위채무로서 채무자에게 장부 또는 서류의 열람·등사를 허용할 것을 명하는 가처분의 신청과 함께 채무자가 열람·등사 허용의무를 위반하는 경우 법 261조 2항의 배상금의 지급을 명하는 **간접강제**를 명하는 신청할 수 있다.[2)]

료로 된 서류로서 회계장부의 내용을 실질적으로 보충하는 서류이다. **회계장부 및 회계서류 열람·등사청구권**은 상법상 발행주식 총수의 100분의 3 이상의 주식을 가진 주주가 회사를 상대로 회계장부 및 회계서류의 열람·등사를 청구할 수 있는 권리이다. **상장회사**의 경우 6개월 전부터 계속하여 상장회사 발행주식 총수의 1만분의 10(상법 542조의6 4항. 다만 최근 사업연도말 현재의 **자본금이 1천억원 이상**인 **상장회사**의 경우에는 발행주식 총수의 1만분의 1, 상법 시행령 32조) 가진 주주에게 인정된다(**상장회사**의 경우 **정관**에서 이보다 단기의 주식보유기간을 정하거나 낮은 주식보유비율을 정할 수 있다. 상법 542조의6 8항). 한편 금융회사의 지배구조에 관한 법률 33조 6항은 상법의 지분요건을 완화하고 있다.

1) 대판 1999. 12. 21. 99다137. 회계장부 등 열람·등사청구권을 피보전권리로 하는 가처분은 주주가 주주총회에서 의결권행사를 통하여 회사의 중요사항의 결정에 참가하든가, 이사의 위법행위에 대한 유지청구권(상 402조, 542조의6 5항)과 주주대표소송제기권(상 403조, 542조의6 6항), 이사해임청구권(상 385조, 542조의6 3항) 등에 의한 이사의 업무집행을 직접 감독·시정하고 이들의 권리행사를 통하여 자기의 이익을 보호하기 위하여 회사의 업무 및 재산상태에 대한 정확한 지식을 얻을 수 있는 전제 또는 수단이 되는 **절차법상** 중요한 **의미**가 있다. 최성호, "주주의 회계장부 열람등사 청구권에 대한 가처분의 허용여부 및 방법," 판례월보 355호(2000. 4.), 20쪽 이하; 이태종, "회계장부열람·등사청구권의 행사방법과 가처분성," 상사판례연구 4권(2000. 4.), 285쪽 이하. 회계장부 등 열람·등사신청사건의 주문례에 관해서는, 전휴재, "단체의 회계장부 등 서류의 열람등사 가처분에 관한 실무상의 논점," 민사집행법 실무연구(재판자료 109집, 2006. 2.), 720쪽 이하. 회계장부 등 열람·등사가처분은 일반적인 회사가처분과는 그 성질을 달리 하는 상사비송청구에 불과하다는 견해로는, 신필종, "회사가처분의 실무적 고찰," 민사재판의 제문제(2011. 12.), 473쪽.

2) 이러한 가처분결정의 **주문의 예시**로는 다음과 같다. "1. 채권자에게 영업시간 내인 09:00부터 18:00까지에 한하여, 채무자의 본점에서 별지 목록 기재 첨부의 서류를 열람 및 등사(사진촬영 및 컴퓨터 저장장치의 복사를 포함)하는 것을 허용해야 한다. 2. 채무자가 일정한 기간(30일) 위반행위 1일당 1,000,000원을 지급하라[또는, 일정한 기간(30일) 완료된 다음 날부터 그 이행완료시까지 1일 1,000,000원이 비율로 계산한 돈을 지급하라].

▣ 인도 · 철거 · 수거 등 단행가처분

(1) **인도단행가처분**은 부동산의 인도, 즉 **현상 그대로**의 점유이전청구권을 보전하기 위하여 그 점유를 채무자로부터 **채권자에게로 이전**할 것을 명하는 만족적 가처분이다. **철가 · 수거 등 단행가처분**은 **현상의 변경을 수반하여** 건물, 또는 입목 · 수목 등 토지의 정착물에 대한 철거 등 청구권을 보전하기 위하여 채무자에게 그 철거 등을 명하는 만족적 가처분이다. 철거 · 수거 등 단행가처분의 경우 가처분이 집행되면 원상회복이 불가능하거나 현저히 곤란하므로 실무상 이를 인용하는 예가 많지 않다.[1)]

(2) 이러한 유형의 가처분을 인용하기 위해서는 피보전권리는 물론 보전의 필요성에 관하여 고도의 소명이 있어야 하므로 채무자의 항변(동시이행의 항변, 유치권의 항변 등)이 인정되지 않는 **무조건적인 피보전권리의 존재가 명백**하여, 이러한 단행가처분의 집행으로 인하여 채무자의 정당한 권리가 침해될 가능성이 없고, 본안판결을 기다려 그에 기하여 강제집행을 하도록 할 경우 채권자에게 회복하기 어려운 손해가 발생할 위험이 있거나 채권자에게 가혹한 부담을 지우는 결과에 이르게 된다는 사정이 존재해야 한다.[2)] 따라서 피보전권리나 보전의 필요성의 어느 하나라도 인정되지 않거나 채무자가 주장하는 반대사실이 적극적으로 소명되는 때에는 담보제공의 조건으로 신청을 인용할 것이 아니라, 신청을 기각해야 한다.

(3) **인도단행가처분의 집행**은 부동산인도청구권의 강제집행방법에 의한다. **철거 · 수거단행가처분의 집행**은 그에 대한 대체집행의 수권이 가처분명령에 포함되어 있으면 달리 수권을 받을 필요 없이 할 수 있으나, 대체집행의 수권이 없으면 대체집행의 신청을 하여 대체집행의 수권을 받아서 한다.[3)]

(7) 부작위를 명하는 가처분

1) 부작위를 명하는 가처분이란 채무자의 일정한 행위를 금지시키는 것을 내용으로 하는 가처분을 말한다. 여기서 금지되는 행위에는, ① 신주발행금지가처분, 판매금지가처분, 특허권 등 지식재산권의 침해금지가처분에서와 같은 **법률행**

---

1) 법원실무제요 민사집행(5), 396쪽.

2) 이시윤 · 조관행, 714쪽. 인도단행가처분의 보전의 필요성이 인정된 예로는, ① 이미 인도의 강제집행이 마쳐진 건물에 채무자가 침입하여 다시 점유를 개시하여 불법적인 점유침탈이 이루어진 직후인 경우, ② 인도를 둘러싼 분쟁 중에 합의가 이루어져 합의금이 지급되었음에도 인도를 거부하는 경우, ③ 채권자가 장래의 건물이용계획을 세워두고 채무자에게 한시적으로 건물의 사용을 허락했는데 채무자가 당초의 건물이용계획에 따른 인도요구에 불응하는 경우, ④ 임대차보증금이 미지급 차임으로 모두 공제되고 임차인이 비용상환청구권 등 항변사유가 존재하지 않음이 명백한 경우 등이다. 박동규, 주석서(5), 947쪽.

3) 법원실무제요 민사집행(5), 399쪽.

위, ② 출입금지가처분, 공사금지가처분, 점유방해금지가처분에서와 같은 **사실행위**가 있다. 실무상 후자의 가처분이 주를 이룬다. 법 305조 2항은 부작위를 명하는 가처분이 가능함을 규정하고 있다.

2) 대부분의 부작위가처분은 임시의 지위를 정하기 위한 가처분에 해당하고, 앞서 본 만족적 가처분인 경우가 일반적이다. 예컨대 소유권에 기한 방해배제청구권을 피보전권리로 하는 건축금지가처분, 점유방해금지가처분 등을 들 수 있다. 그러나 건물인도청구권을 피보전권리로 하는 공사금지가처분과 같은 다툼의 대상에 관한 가처분의 성질을 갖는 부작위가처분도 있다.[1)]

(8) 의사의 진술을 명하는 가처분

1) 채무자에게 일정한 의사표시(의사의 진술)를 할 것을 명하는 가처분은 허용되지 않는다. 의사표시를 명하는 재판이 확정된 때에 비로소 의사표시를 한 것으로 간주되기 때문에 판결확정 전에 가처분에 의하여 의사의 진술을 명하는 것은 불가능하다.[2)]

2) 따라서 ① 등기·등록 이전·말소청구권에 대해서는, 그 이전·말소를 명하는 판결이 확정되어야 (넓은 의미의) 집행이 가능할 뿐만 아니라(의사표시를 명하는 판결에 가집행선고도 붙일 수 없다)[3)] 처분금지가처분만으로 충분히 권리를 보전할 수 있기 때문에 임시의 지위를 정하기 위한 가처분으로서 등기·등록의 이전·말소를 명하는 것은 허용되지 않으며, ② 채권양도의 의사표시와 그 통지를

---

1) 장성원, "부작위를 명하는 가처분," 법조 49권 3호(2000. 3.), 86쪽 이하.

2) 이시윤·조관행, 692쪽; 강용현, "만족적가처분," 보전소송에 관한 제문제(하)(재판자료 46집, 1989년), 98쪽; 이동명, "임시의 지위를 정하는 가처분에 있어서의 보전의 필요성," 보전소송에 관한 제문제(상)(재판자료 45집, 1989년), 72쪽; 양석완, "의사표시를 구하는 소송과 보전처분의 한계," 비교사법 14권 3호(상)(2007. 9.), 688쪽. 한편 의사표시를 명하는 가처분도 허용되지만 의사표시를 명하는 가처분은 본안소송의 승소확정판결과 동일한 효과를 주는 것으로서 원상회복이 용이하지 않을 것이므로, 그 보전의 필요성을 인정하는 데 매우 신중해야 한다는 견해로는, 김용담, "보전처분의 주문에 관한 실무상 문제점," 보전소송에 관한 제문제(상)(재판자료 45집, 1989년), 272쪽; 이봉민, "임시의 지위를 정하기 위한 가처분의 구체적 방법 및 주문에 관한 고찰," 민사집행법연구 10권(2014. 2.), 562쪽 이하. 한편 의사의 진술을 명하는 가처분은 만족적 가처분으로 허용되어야 되고, 그 집행은 간접강제의 방법에 의해야 한다고 한다는 견해(다만 이러한 입장에서도 의사의 진술을 명하는 만족적 가처분이 나중에 취소되면 법적 안정성을 해하고 채무자에게 불이익을 가져올 수 있기 때문에, 그러한 가처분을 발령함에 있어서는 의사표시의무의 존재에 관한 엄격한 심사가 요구된다고 본다)로는, 곽희경, "의사표시를 목적으로 하는 채무의 강제이행 — 가처분 절차를 중심으로 —," 법조 66권 5호(2017. 10.), 341쪽 이하.

3) 김홍엽(민사소송), 941쪽.

구하는 청구에 관해서도, 해당 채권에 대한 추심 및 처분금지가처분결정과 그 가처분결정의 제 3 채무자에 대한 송달로써 권리의 보전이 가능하므로 역시 임시의 지위를 정하기 위한 가처분으로서 채권양도의 의사표시와 그 통지를 명할 필요가 없다.[1)]

Ⅱ. 가처분의 신청요건

1. 다툼의 대상에 관한 가처분

(1) 피보전권리

1) 다툼의 대상이 되는 가처분의 피보전권리는 금전채권 외의 특정급여청구권이다.[2)] 본안소송은 주로 금전지급 이외의 이행의 소이다. 조건부·기한부 청구권 등 **장래의 청구권**도 이미 그 발생의 기초가 존재하고 그 내용이나 주체 등을 특정할 수 있는 정도의 요건만 갖추어져 있으면 그 피보전권리가 될 수 있다.[3)] 예컨대 부동산의 공유자는 공유물분할청구의 소를 본안으로 제기하기에 앞서 장래에 그 판결이 확정됨으로써 취득할 부동산의 전부 또는 특정 부분에 대한 소유권 등의 권리를 피보전권리로 하여 다른 공유자의 공유지분에 대한 처분금지가처분도 할 수 있다.[4)]

2) 피보전권리는 강제집행에 친한 것이어야 한다. **부집행합의**가 있는 청구권은 허용되지 않는다.

3) 피보전권리 없이 한 가처분은 무효이다. **판례**는, 어느 부동산의 전부에 관하여 가처분이 되어 있다 하더라도 가처분 당시 그 부동산의 일부에 대해서만 피보전권리가 인정된다면 그 피보전권리 없는 부분의 가처분은 무효이지만, 피보전권리가 인정되는 부분의 가처분은 유효하다고 한다.[5)]

(2) 보전의 필요성

1) 보전의 필요성은 대상물의 현상을 바꾸면 장래에 집행불능 또는 집행곤란

1) 이시윤·조관행, 691쪽; 법원실무제요 민사집행(5), 575쪽.

2) 따라서 다툼의 대상에 관한 가처분의 피보전권리는 특정물에 관한 이행청구권이므로, 가처분의 피보전권리와 본안소송의 소송물인 권리 사이에 청구의 기초의 동일성이 인정되더라도 본안소송의 권리가 금전채권인 경우에는 가처분의 효력이 본안소송의 권리에 미치지 않는다. 대결 2024. 4. 18. 2023마7931.

3) 대판 2002. 8. 23. 2002다1567.

4) 대결 2002. 9. 27. 2000마6135, 2013. 6. 14. 2013마396.

5) 대판 1994. 3. 11. 93다52044, 2007. 8. 24. 2007다26882.

의 염려가 있는 경우에 인정된다. 여기서 대상물의 변경은 **물리적 상태의 변경**과 **법률적 상태의 변경**을 포함한다. 가처분의 필요성이 일응 인정되어도 **다른 사정으로 그 필요성이 없어지게 될 경우**, 예컨대 즉시 집행가능한 집행권원을 확보한 경우, 법률상 다른 구제수단이 있는 경우, 부작위채권자가 자기의 권리침해를 장기간 방치했을 경우,[1] 가처분신청이 권리남용으로 인정되는 경우 등은 보전의 필요성이 인정되지 않는다.

2) **다툼의 대상이 되는 가처분**의 경우 피보전권리에 관한 **소명**이 인정된다면 보전의 필요성도 인정되는지 여부에 관하여, **판례**는 이른바 **만족적 가처분**의 경우와 달리 보전처분의 잠정성 · 신속성 등에 비추어 **피보전권리**에 관한 소명이 인정된다면 다른 특별한 사정이 없는 한 **보전의 필요성**도 인정되는 것으로 보아야 한다는 입장이다.[2]

2. 임시의 지위를 정하기 위한 가처분

(1) 당사자적격

임시의 지위를 정하기 위한 가처분은 그 성질상 그 주장 자체에 의하여 다툼이 있는 권리관계에 관한 **정당한 이익**이 있는 사람이 그 가처분의 신청을 할 수 있으며, 그 경우 그 주장 자체에 의하여 **신청인과 저촉되는 지위**에 있는 사람을 채무자로 해야 한다.[3][4]

---

1) 가처분에 의하여 제거되어야 할 상태가 채권자에 의하여 오랫동안 방임되어 온 경우 그동안 본안소송을 제기하는 데 어떤 장애가 있지도 않을 뿐만 아니라, 가처분신청시 별다른 사정변경이 있지도 않다면 새삼 가처분을 구할 필요성이 인정되기 어렵다. 대결 2005. 8. 19. 2003마482.

2) **판례**는, 비록 동일한 피보전권리에 관하여 다른 채권자에 의하여 동종의 가처분집행이 이미 마쳐졌다거나, 이미 행해진 선행가처분에 따른 본안소송에 공동피고로 관여할 수 있다거나, 또는 나아가 해당 가처분신청인 후행가처분신청에 따른 본안소송이 장차 중복소송에 해당될 여지가 있다는 등의 사정이 있다고 하더라도 그러한 사정만으로 곧바로 보전의 필요성이 없다고 섣불리 단정해서는 안 된다고 본다. 왜냐하면 이러한 경우 후행가처분신청을 배척하게 되면, 장차 후행가처분신청채권자가 모르는 사이에 **선행가처분신청이 취하**되고 그 사이에 채무자에 의하여 처분행위가 이루어지게 되는 경우 후행가처분신청채권자에게 **예측 못한 손해**를 입게 할 염려가 있는 등 매우 **부당한 결과**가 초래될 수 있기 때문이다. 대결 2005. 10. 17. 2005마814.

3) 대판 1982. 2. 9. 80다2424, 1997. 7. 25. 96다15916, 대결 2011. 4. 18. 2010마1576 등. **판례**는, 대세적 효력이 없는 민법상 법인의 이사회결의무효확인소송을 본안으로 하는 경우는 별론으로 하고, **대세효가 있는** 주식회사의 이사등 선임의 주주총회결의취소 · 무효 및 부존재확인의 소를 본안으로 하는 경우에는 그 대세적 효력에 관한 규정(상 190조 본문, 376조 · 380조)이 준용되므로 **이사**만을 채무자로 하는 가처분의 효력이 **회사**에 미친다고 본다. 대판 1992. 5. 12. 92다5638.

4) **판례**는, 주주명부 열람 · 등사청구권이라는 권리관계에 관하여 임시의 지위를 정하기 위한

▣ 회사가처분에서의 채무자적격

(1) 회사와 관련한 임시의 지위를 정하기 위한 가처분(**회사가처분**)에서 가처분의 효력 및 실효성 확보를 이유로 가처분의 채무자를 누구로 할 것인지는 본안소송의 피고와 관련하여 문제가 된다. 예컨대 이사직무집행정지가처분 및 직무대행자선임가처분의 본안소송이 이사선임의 주주총회결의의 무효·취소를 구하는 경우 회사가 피고가 되어야 하고,[1] 그 본안소송이 이사해임의 소인 경우에는 회사와 이사가 피고가 되나,[2] 가처분에서는 해당 이사만 채무자가 되며, 회사는 채무자적격이 없다.[3] 다만 이사직무집행정지가처분과 별도로 직무대행자선임가처분을 신청하는 경우에는 회사를 채무자로 해야 한다.[4]

(2) 회사가처분 가운데 의결권행사금지가처분에서는 주주권의 귀속에 다툼이 있는 경우에는 반대의 지위에서 의결권을 행사하겠다고 주장하는 사람이 본안소송(주주권확인의 소 등)의 피고가 되어야 하나, 가처분에서는 반대의 지위에서 의결권을 행사하겠다고 주장하는 사람과 회사 모두 채무자가 된다.[5] 다만 회사가 가처분신청인과 마찬가지로 피신청인의 의결권 행사에 반대하는 입장인 경우에는 주주만이 채

가처분신청사건에서 신청인인 주주와 저촉되는 지위에 있는 자는 주주명부 열람·등사를 허용할 것인지를 결정하는 이사를 기관으로 하는 **회사**이고, 회사의 요청에 따라 필요한 조치를 취할 뿐인 **명의개서대리인**(한국예탁결제원)은 그 주장 자체로 주주와 저촉되는 지위에 있는 자라고 할 수 없다고 본다. 따라서 주주는 회사를 채무자로 하여 회사 본점 또는 명의개서대리인의 영업소에 비치된 주주명부의 열람·등사가처분을 신청할 수 있을 뿐이고, 직접 명의개서대리인을 채무자로 하여 그 가처분을 신청할 수 없다고 한다. 대결 2023. 5. 23. 2022마6500. 위 주주명부 열람·등사가처분에서 명의개서대리인이 채무자에 포함될 수 있는지 여부에 관하여 위 대법원결정 전 하급심에서는 이를 긍정한 사례와 부정한 사례가 팽팽하게 대립하고 있었다고 한다. 손태원, "명의개서대리인을 상대로 주주명부 열람·등사 가처분신청을 할 수 있는지 여부," 대법원판례해설 135호(2023년 상), 186쪽.

1) 대판(전) 1982. 9. 14. 80다2425.

2) 김홍엽(민사소송), 1027쪽. 이사해임의 소는 판결의 효력이 회사에도 미쳐야 하는데 상법상 이사해임판결의 대세적 효력에 관한 명문의 규정이 없으므로 회사도 피고로 할 필요가 있다. 임재연·남궁주현, 회사소송(4판, 2021년), 226쪽. 한편 일본 회사법 855조는 이를 입법화하고 있다.

3) 대판 1972. 1. 31. 71다2351, 1982. 2. 9. 80다2424; 김홍엽(민사소송), 160쪽. 이에 대하여, 본안소송에서 단체에게 피고적격이 있다고 보는 것과 같이 회사에게 채무자적격이 있다고 보는 견해로는, 이시윤·조관행, 704쪽. 한편 단체와 회사의 이사 모두에게 채무자적격이 있다고 보는 견해로는, 강봉수, "이사 등의 직무집행정지, 직무대행자선임의 가처분," 회사법상의 제문제(하)(재판자료 38집, 1987. 12.), 205쪽 이하.

4) 통상 직무집행정지가처분과 직무대행자선임가처분을 함께 신청하지만 직무집행정지가처분을 먼저 신청하여 이에 대한 가처분이 있은 후 직무대행자선임가처분을 신청하기도 한다. 임재연·남궁주현, 회사소송(4판, 2021년), 787쪽; 김효정, "회사가처분의 효력론에 관한 재검토," 기업법연구 38권 1호(통권 96호), 206쪽.

5) 노혁준, "회사가처분에 관한 연구 ― 기본구조와 주요가처분의 당사자 및 효력을 중심으로 ―," 민사판례연구 32권(2010년), 1013쪽; 김효정, "회사가처분의 효력론에 관한 재검토," 기업법연구 38권 1호(통권 96호), 206쪽.

무자가 된다. 한편 의결권행사허용가처분은 회사가 채무자가 된다.[1)]

(3) 회사가처분 가운데 주주총회개최금지가처분에서 주주총회결의취소권이나 결의무효·부존재확인청구권을 피보전권리로 하는 때에는 회사가 채무자가 되나, 소집권한 없는 사람에 의한 총회소집에 대하여 본래의 소집권자의 방해배제청구권을 피보전권리로 하는 때에는 총회를 개최하려는 사람이 채무자가 되며, 소집권자에 의한 총회소집에 대하여 위법행위유지청구권을 피보전권리로 하는 때에는 대표이사가 채무자가 된다.[2)]

(2) 피보전권리

1) 임시의 지위를 정하기 위한 가처분의 피보전권리는 그 권리관계가 현존하는 것이어야 한다. 제기할 **법적 근거**가 없는 형성의 소를 본안소송으로 하는 경우에는 허용되지 않는다. 예컨대 조합의 이사장 및 이사의 위법 또는 정관위반 등을 이유로 한 이사장 및 이사의 직무집행정지가처분은 허용되지 않는다. 조합의 이사장 및 이사의 위법 또는 정관위반 등을 이유로 그 해임을 구하는 소송은 형성의 소인데 이를 제기할 법적 근거가 없기 때문이다.[3)]

판례도, 법률관계의 변경·형성을 목적으로 하는 형성의 소는 법률상 명문의 규정이 있는 경우에 한하여 제기할 수 있으므로, 민법상 법인의 이사, 법인 아닌 사단의 대표자, 합명회사 및 합자회사의 대표자 등의 위법행위 또는 정관위반행위를 이유로 이를 해임하는 소를 제기하고, 해임청구권을 피보전권리로 하는 직무집행정지가처분 등은 허용되지 않는다고 본다.[4)]

---

1) 법원실무제요 민사집행(5), 507쪽.

2) 김효정, "회사가처분의 효력론에 관한 재검토," 기업법연구 38권 1호(통권 96호), 206쪽. 한편 소집권자에 의한 총회소집에 대하여 위법행위유지청구권을 피보전권리로 하는 때에는 이사와 회사를 채무자로 해야 한다는 견해, 회사만이 채무자가 된다는 견해도 있다. 법원실무제요 민사집행(5), 495쪽; 손태원, "명의개서대리인을 상대로 주주명부 열람·등사 가처분신청을 할 수 있는지 여부," 대법원판례해설 135호(2023년 상), 181쪽.

3) 대결 1997. 10. 27. 97마2269, 대판 2001. 1. 16. 2000다45020; 박성수, "민법상 법인의 임원에 대한 해임청구의 소를 본안으로 하는 직무집행정지가처분," 실무논단(서울지방법원), 1998년도(1998. 12.), 243쪽 이하.

4) 대결 1997. 10. 27. 97마2269, 대판 2001. 1. 16. 2000다45020, 대결 2020. 4. 24. 2019마6918. 민법상 법인의 청산인(민 84조), 주식회사의 이사·감사(상 385조 2항, 407조·415조), 주식회사의 청산인(상 539조, 542조), 유한회사의 이사·청산인(상 567조·613조)의 경우에는 해임청구권이 명문으로 규정되어 있으므로, 해임청구권을 보전하기 위한 직무집행정지가처분이 허용된다. 그러나 **민법상 법인의 이사, 법인 아닌 사단의 대표자, 합명회사 및 합자회사의 대표자** 등의 경우에는 해임청구권에 대한 법률상 명문의 규정이 없다. 따라서 해임청구권에 관한 법률상 명문의 규정이 없다고 하더라도 대표자 등이 부정행위를 하여 그 단체의 존

2) 임시의 지위를 정하기 위한 가처분의 피보전권리는 개개의 **청구권**도 포함되지만 널리 채권자·채무자 사이의 **권리관계**이어야 한다. 재산권, 인격권,[1)] 신분권 등도 해당한다. 이미 발생한 권리관계에 한하지 않고 조건부·기한부 권리관계도 허용된다.

(3) 보전의 필요성

1) 보전의 필요성이 있다고 하기 위해서는 다툼 있는 권리관계에 대하여 채권자에게 생길 **현저한 손해** 또는 **급박한 위험**을 피하기 위한 것이어야 한다(법 300조 2항). **현저한 손해**는 본안판결의 확정까지 기다리는 것이 가혹하다고 생각될 정도의 불이익이나 고통을 말한다. 여기에는 직접 및 간접의 재산적 손해뿐만 아니라 명예·신용, 그 밖의 정신적인 손해와 공익적인 손해를 포함한다.[2)] **급박한 위험**은 현저한 손해의 한 예시이다.

2) 임시의 지위를 정하기 위한 가처분은 **응급적·잠정적**인 처분으로서, 본안판결 전에 채권자에게 만족을 주는 경우도 있어 채무자의 고통이 크다고 볼 수 있으므로 그 필요성의 인정에는 신중을 기해야 한다.[3)] 임시의 지위를 정하기 위한 가처분은 다툼의 대상에 관한 가처분의 경우와 달리 **보전의 필요성**에 관하여 **고도의 소명**이 필요하다.[4)]

립을 위태롭게 할 만한 특수한 사정이 있는 경우에는 위와 같은 가처분이 허용되는지 여부에 관하여 논의가 있다. **판례**는 이와 같은 경우에도 이러한 가처분을 허용하지 않고 있다. 이에 대하여, 회사 아닌 단체의 정관에 이러한 경우 법원에 해임청구를 할 수 있다는 규정을 두고 있다면 이를 근거로 하여, 이러한 규정을 두고 있지 않은 경우에는 대표자나 임원의 부정과 비리가 중대하거나 유죄의 판결을 받은 때에 한하여 해임청구권을 인정하여 이를 근거로 하여 위와 같은 가처분을 허용해야 한다고 보는 견해로는, 이우재, "단체의 임원에 대한 직무집행정지가처분," 민사집행법실무연구(2)(재판자료 117집, 2009. 3.), 914쪽; 조상희, "민법상 사단법인·비법인사단의 임원의 해임청구권을 피보전권리로 하는 가처분," 일감법학(건국대학교 법학연구소) 10권(2005. 12.), 51쪽 이하. 한편 상법상의 회사 이외의 단체에 대하여 상법 규정을 유추적용함으로써 이러한 가처분을 허용해야 한다는 견해로는, 권성·장성원, "조합장해임청구권을 피보전권리로 하는 직무집행정지가처분," 인권과 정의 195호(1992. 11.), 131쪽 이하.

1) 인격권은 그 성질상 일단 침해된 후의 구제수단(금전배상이나 명예회복처분 등)만으로는 그 피해의 완전한 회복이 어렵고 손해전보의 실효성을 기대하기 어려우므로, 인격권 침해에 대해서는 사전적·예방적 구제수단으로 침해정지·방지 등의 금지청구권이 인정된다. 대판 1996. 4. 12. 93다40614, 대결 2005. 1. 17. 2003마1477 등.

2) 대결 1967. 7. 4. 67마424.

3) 대결 1997. 10. 14. 97마1473, 2005. 8. 19. 2003마482, 2006. 7. 4. 2006마164,165.

4) 임시의 지위를 정하기 위한 가처분의 신청요건에 대해서는 소명의 정도가 아니라, 본안소송에서의 증명도와 동등하게 고도의 개연성에 의한 '증명'이 요구되며, 단지 소명이 뜻하는 다른 의미, 즉 즉시 조사할 수 있는 증거방법으로 제한된다는 점은 그대로 유지된다는 견해로

이러한 가처분이 필요한지 여부는 해당 가처분의 인용 여부에 따른 당사자 쌍방의 이해득실관계, 본안소송에 대한 승패의 예상, 그 밖의 모든 사정을 고려하여 법원의 재량에 따라 합목적적으로 결정해야 한다(**비례의 원칙**).[1] 특히 가처분 채무자에 대하여 본안판결에서 명하는 것과 같은 내용의 이른바 **만족적 가처분**일 경우에는 그에 대한 보전의 필요성 유무를 판단할 때에 앞서 본 모든 사정을 참작하여 보다 **더욱 신중하게** 결정해야 한다.[2]

3) 채권자와 채무자 사이의 계속적 계약관계 종료 여부에 대해 다툼이 있고 계약관계를 좀 더 유지시킨다고 하여 채무자에게 별다른 손해가 발생할 우려가 없는 경우와 계약이 거의 진행되지 않은 상태에서 해제의 의사표시가 있었고 채무자에게 새로운 계약을 통해 사업 등을 빨리 진행해야 하는 사정이 있는 경우가 있을 수 있는데, 후자의 경우에 보전의 필요성 판단에 좀 더 엄격한 기준이 적용된다.[3] 예컨대 **계약해제 · 해지의 효력정지가처분**에서 계약해제 등의 효력이 없음이 본안에 관한 판결에 의하여 확정된다고 하더라도 채권자는 손해배상의 방법으로 구제받을 수 있기 때문에 그 효력정지가처분에 대한 **보전의 필요성** 판단에 신중을 기해야 한다.

판례는, 특히 계약위반으로 인하여 채권자가 입은 손해가 **금전에 의한 손해배상**으로 **전보**될 수 있고, 달리 금전적 손해배상의 방법으로는 그 손해를 회복하기 어려운 특별한 사정이 없는 반면, 상대방의 협력 없이 그 계약의 이행 자체를

는, 전원열, "임시지위 가처분에서 입증의 정도," 비교사법 29권 4호(2022년), 287쪽 이하.

1) 대판 2007. 1. 25. 2005다11626, 대결 2010. 8. 25. 2008마1541, 2022. 2. 8. 2021마6668. 보전의 필요성을 소극적 요건으로 심리할 경우에는 보전의 필요성도 피보전권리와 함께 채권자가 소명책임을 부담하는 적극적 요건으로 규정하고 있는 법 300조 2항에 들어맞지 않는 측면이 있고, 보전의 필요성이 충분하지 않은 상황에서 가처분이 발령될 우려가 있으며, 보전소송의 심리가 피보전권리 위주로 이루어져 가처분재판이 본안소송과 유사하게 진행될 가능성이 커지는 등 문제점을 지적하고, 임시의 지위를 정하기 위한 가처분의 재판에서 보전의 필요성을 적극적 요건으로서 심리하여 채권자로 하여금 그에 관하여 구체적인 소명을 하도록 할 필요가 있으며, 보전의 필요성을 인정하는 경우 그 실질적인 근거를 결정서에 구체적으로 적시할 필요가 있다는 견해로는, 장두영, "임시의 지위를 정하기 위한 가처분에 있어서 보전의 필요성에 관한 실무적 고찰," 민사집행법연구 12권(2016년), 396쪽 이하.

2) **판례**는, 특허권침해금지가처분에서, 만일 가처분신청 당시 특허청에 별도로 제기된 등록무효심판절차에서 그 특허권이 무효라고 하는 취지의 심결이 있은 경우나, 등록무효심판이 청구되고 그 청구의 이유나 증거관계로부터 장래 그 특허가 무효로 될 개연성이 높다고 인정되는 등의 특별한 사정이 있는 경우에는 당사자 사이의 형평을 고려하여 그 가처분신청은 보전의 필요성에 대한 소명이 없거나 부족한 것으로 보아 이를 기각함이 상당하다고 한다. 대판 1993. 2. 12. 92다40563, 2003. 11. 28. 2003다30265, 대결 2007. 6. 4. 2006마907.

3) 법원실무제요 민사집행(5), 563쪽; 박동규, 주석서(5), 1005쪽.

강제적으로 관철하기 어려운 성질의 계약인 경우에는 그 계약위반 및 이로 인한 손해를 주장·증명하여 손해배상의 권리구제를 받는 것은 별론으로 하고, 계약의 이행을 전제로 하는 가처분에 대한 보전의 필요성을 인정함에는 한층 신중을 기할 필요가 있다고 본다.[1)]

4) 채무자가 가처분신청 이전에 이미 권리의 침해행위를 중단한 때에는 보전의 필요성이 부정될 수 있으나, **가처분결정을 피하기 위한 방편**으로 임시적으로 중단한 것에 불과하여 이후 다시 침해행위를 재개할 염려가 있는 때에는 보전의 필요성이 인정될 수 있다. 한편 가처분신청을 인용하는 결정에 따라 권리의 침해가 중단되었다고 하더라도 가처분채무자가 그 **가처분의 적법 여부**에 대하여 **다투고 있는 이상** 권리침해의 중단이라는 사정만으로 종래의 가처분이 보전의 필요성을 잃게 되는 것이라고는 할 수 없다.[2)]

5) 하급심결정 중에는, 대표자선임결의의 흠을 이유로 하여 단체를 상대로 제기한 **결의효력정지가처분**은 동일한 사유에 기한 직무집행정지가처분에서 단체는 당사자적격을 갖지 못하는 점, 직무집행정지가처분과 다르게 직무대행자의 선임이 불가능하여 법원의 관여하에 적법하게 새로운 대표자를 선임하는 것이 용이하지 않고, 등기에 의해 대표자의 권한 정지사실을 외부에 공시할 수 없는 점 등을 고려할 때 허용할 만한 보전의 필요성을 인정하기 어렵다는 결정이 있다.[3)]

---

1) **대결 2022. 2. 8. 2021마6668**(당초 채권자가 채무자에 대하여, 이 사건 약정에 관한 채무자의 해지통보의 효력정지를 구하는 가처분 외에 이 사건 공동주택사업에 관하여 채무자의 제 3 자와의 공사도급계약 체결 또는 도급계약상 의무의 이행을 금지하는 가처분도 함께 신청한 사안에서, 제 3 자와의 새로운 공사도급계약 체결 등의 금지를 구하는 가처분신청부분은 기각하면서 이 사건 해지통보의 효력정지를 구할 피보전권리와 보전의 필요성을 인정한 원심에 대하여, 이 사건 해지통보의 효력이 정지되더라도 제 3 자와 새롭게 체결한 공사도급계약의 효력을 부정할 수 있는 지위가 채권자에게 인정되지 않고, 이 사건 약정의 불이행에 대비하여 금전적 손해배상 이외에 그 의무의 이행을 강제할 방법이 없으며, 원심이 들고 있는 사정들도 금전적 손해배상을 전제로 하는 점 등을 본문에서 언급한 법리에 비추어 보면 이 사건 해지통보의 효력정지 부분에 관하여 그 보전의 필요성에 대한 충분한 소명이 있다고 보기 어렵다는 이유로 이 부분 원심결정을 파기했다). 판례가 위 사안에서 계약해제·해지의 효력정지가처분의 보전의 필요성이 인정되지 않는다는 취지의 판단은 정당하나, 판단이유에서 계약해제·해지의 효력정지가처분을 '계약의 이행을 전제로 하는 가처분'이라고 본 것은 타당하지 않다고 보면서, 계약해제·해지의 효력정지가처분은 대부분의 경우 보전의 필요성이 흠결되어 발령될 수 없지만, 예외적으로 보전의 필요성이 인정되는 경우 그 주문은 "계약해지의 효력을 정지한다"가 아니라 "계약해지는 무효임을 확인한다"가 되어야 한다는 견해로는, 곽희경, "계약해지 효력정지 가처분의 효력과 발령요건 — 대법원 2022. 2. 8.자 2021마6668 결정에 관하여 —," 저스티스 197호(2023. 8.), 307쪽 이하.

2) 대판 2007. 1. 25. 2005다11626.

3) 서울고등법원 2010. 6. 21.자 2009라2534 결정(확정); 대한변호사협회, 대한변협신문 311호

Ⅲ. 가처분의 신청 및 재판

1. 관 할

(1) 토지관할

1) 가처분은 본안의 관할법원 또는 **다툼의 대상**이 있는 곳을 관할하는 지방법원이 관할한다(법 303조). 시·군법원은 가처분의 본안사건이 시·군법원의 관할에 속하는 소액사건인 경우 관할권이 있다(법 22조 4호).

2) 여기서 '**다툼의 대상**'이란 법 300조 1항의 다툼의 대상에 관한 가처분에서의 다툼의 대상보다 넓은 의미로 같은 조 2항의 **다툼이 있는 권리관계**에 관하여 가처분을 해야 할 유체물·무체물을 포함한다.[1] 본안이 전속관할 사건에 해당하더라도 다툼의 대상이 있는 곳을 관할하는 지방법원이 별도로 있다면 다툼의 대상이 있는 곳을 관할하는 지방법원에도 가처분신청을 할 수 있다.[2]

(2) 사물관할

1) 원칙적으로 본안사건이 합의사건인 경우[① 소송목적의 값을 기준으로 하는 합의사건으로, i) 소송목적의 값이 5억원을 초과하는 사건, ii) 소송목적의 값이 2억원 초과 5억원 이하의 사건으로 당사자의 합의로 합의부에서 심판받기를 신청하여 재정합의부의 결정에 따라 합의부 사건이 된 사건,[3] ② 재산권에 관한 소로서 그 소송목적의 값을 계산할 수 없는 사건과 비재산권을 목적으로 하는 사건] 가처분신청사건 및 이에 부수하는 신청사건은 지방법원 또는 지방법원 지원 합의부의 관할이다(민사 및 가사소송의 사물관할에 관한 규칙 2조).

2) **본안사건이 단독사건**인 가처분신청사건의 경우 **다툼의 대상에 관한 가처분의 항고심**은 지방법원 또는 지방법원 지원(춘천지방법원 강릉지원)이다. 그러나 본안사건이 단독사건인 가처분신청사건의 경우라고 하더라도 **임시의 지위를 정하기 위한 가처분신청사건**의 **항고심**은 본안사건의 소송목적의 값을 기준으로 하여 ① **소송목적의 값**이 **2억원 이하**의 사건은 지방법원 또는 지방법원 지원이지만, ②

(2010. 7. 5.), 10쪽.

1) 법원실무제요 민사집행(5), 32쪽; 박동규, 주석서(5), 1069쪽.

2) 법원실무제요 민사집행(5), 434쪽.

3) 재판예규 제1891호 '법관등의 사무분담 및 사건배당에 관한 예규'(재일 2003-4, 2025. 1. 15. 개정·시행) 13조 4항 3호.

소송목적의 값이 **2억원 초과 5억원 이하**의 사건은 고등법원이다(법원조직법 32조 2항, 민사 및 가사소송의 사물관할에 관한 규칙 4조 1항 2호).

(3) 재판장의 긴급처분권

급박한 사정이 있는 경우 재판장이 가처분명령을 할 수 있다(법 312조).

2. 가처분신청의 방식

(1) 가처분신청은 신청서의 제출로 한다. 신청서에는 신청의 취지, 신청의 이유 및 사실상의 주장을 소명하기 위한 증거방법을 적어야 한다(규칙 293조). **신청취지**는 가처분의 취지와 목적에 부합하는 범위 내에서 목적・대상・범위 등을 특정해야 한다. 임시의 지위를 정하기 위한 가처분의 경우에는 신청목적을 달성하는 범위 내에서 이를 특정할 수 있다.[1] 신청취지는 가처분신청이 인용되는 경우 집행이 가능할 수 있도록 명확해야 한다.[2] **신청이유**에는 보전할 권리나 권리관계의 특정, 보전의 필요성을 기재한다. 변론을 열거나 채무자가 참석할 수 있는 심문을 열어 심리를 해야 하는 임시의 지위를 정하기 위한 가처분의 신청의 경우에는 신청서부본을 제출해야 한다.[3]

(2) 가처분신청도 가압류신청의 경우와 마찬가지로 피보전권리가 복수인 때에는 예비적・선택적으로도 할 수 있다.[4] 다만 가처분신청의 경우 본안소송의 경우와 달리 주관적으로 예비적・선택적으로 하는 것(예비적・선택적 공동신청)은 허용되지 않는다.[5]

---

1) 임시의 지위를 정하기 위한 가처분의 경우에는 일반적으로 신청취지에 다툼이 있는 법률관계가 특정되므로 별도로 목적물을 표시할 필요가 없다. 법원실무제요 민사집행(5), 82쪽.

2) 임시의 지위를 정하기 위한 가처분 가운데 부작위를 명하는 가처분의 경우 신청취지의 특정을 지나치게 강조하면 적기에 권리구제를 받을 수 없게 되는 측면이 있고, 신청취지가 구체화될수록 채무자가 가처분결정의 취지를 용이하게 잠탈할 수 있는 부작용도 있으므로, 신청취지의 특정이 채권자에게 과도하게 부담이 되지 않도록 할 필요가 있다. 법원실무제요 민사집행(5), 441쪽. **판례**는, 영업비밀침해행위의 금지를 구하는 경우 법원의 심리와 상대방의 방어권 행사에 지장이 없도록 그 비밀성을 잃지 않는 한도에서 가능한 한 영업비밀을 구체적으로 특정해야 하고, 어느 정도로 영업비밀을 특정해야 하는지는 영업비밀로 주장된 개별 정보의 내용과 성질, 관련 분야에서 공지된 정보의 내용, 영업비밀침해행위의 구체적 태양과 금지청구의 내용, 영업비밀 보유자와 상대방 사이의 관계 등 여러 사정을 고려하여 판단해야 한다고 본다. 대결 2013. 8. 22. 2011마1624.

3) 법원실무제요 민사집행(5), 84쪽.

4) 대판 1982. 3. 9. 81다1221.

5) 이를 허용할 경우 추후 본안소송에서 채무가 있다고 확정된 당사자와 집행이 보전된 당사

(3) 일반적으로 신청서에 붙일 인지액은 **1만원**이다(가처분결정에 대한 이의신청 · 취소신청의 경우에도 마찬가지이다. 민인 9조 2항 본문). 다만 **임시의 지위를 정하기 위한 가처분**의 신청(이에 대한 이의신청 · 취소신청)은 그 본안의 소에 따른 인지액의 **1/2**에 해당하는 인지를 붙여야 한다. 이 경우 인지액의 상한액은 **50만원**으로 한다(민인 9조 2항 단서).

3. 담보제공명령

법원은 통상 다툼의 대상에 관한 가처분을 발령하기에 앞서 일정한 기간(7일)을 정하여 일정액의 담보를 제공하라는 결정(**담보제공명령**)을 발령하고, 임시의 지위를 정하기 위한 가처분 등 변론 또는 심문절차에 채무자가 출석한 사건 등에서 통상 채권자가 담보를 제공할 것을 조건으로 가처분을 발령하고 있다.[1] 가처분의 경우는 가압류와 달리 미리 지급보증위탁계약체결문서(보증서)를 제출하고 법원의 허가를 받는 방법의 담보제공방식에 관한 특례(규칙 204조)가 적용되지 않는다.

4. 가처분신청에 대한 심리

(1) 심리방식

1) 가처분신청에 대한 심리방식은 임의적 변론의 방식이다. 즉 서면심리, 심문을 거치는 심리 또는 변론심리로 할 수 있다. 다만 **임시의 지위를 정하기 위한 가처분**의 경우는 **원칙적**으로 변론기일 또는 채무자가 참석할 수 있는 심문기일을 열어야 한다(법 304조 본문). 다만 **예외적**으로 기일을 열어 심리하면 가처분의 목적을 달성할 수 없는 사정이 있는 때에는 심문 없이 한다(법 304조 단서).

2) 가처분신청사건과 본안소송이 같은 재판부에 계속된 경우에는 병행심리를 한다.

3) 가처분신청에 대한 재판은 대립당사자의 구조를 지니므로 심문기일 또는 변론기일에서 보조참가 · 당사자참가를 하는 것이 허용된다.

자가 다르게 될 염려가 있기 때문이다. 법원실무제요 민사집행(5), 86쪽. 실무상 주관적 예비적 · 선택적 병합으로 가처분신청이 제기된 경우 법원은 보정명령을 통하여 단순병합으로 변경하여 채무자 모두를 상대로 가처분신청을 하도록 하고 있다. 이창민, 주석서(5), 333쪽.

1) 법원실무제요 민사집행(5), 111쪽 · 451쪽.

(2) 심리내용

1) 심리의 순서는 원칙적으로 피보전권리를 심리한 다음 보전의 필요성을 심리한다. 소송물은 피보전권리와 보전의 필요성으로 구성된다. 가처분의 피보전권리와 보전의 필요성에 관하여 **소명**해야 한다.

2) 소명은 **즉시 조사할 수 있는 증거방법**이어야 한다(법 23조 1항, 민소 299조 1항). 원칙적으로 증인신문이나 검증·감정, 문서제출명령 등은 허용되지 않는다. 법원은 가처분신청관계를 분명하게 하기 위하여 직권에 의한 **석명처분**(법 23조 1항, 민소 140조 1항 4호)으로서 현장검증 또는 감정을 할 수 있다. 일조권침해를 원인으로 한 공사금지가처분신청사건, 인접 토지소유자의 공사금지가처분신청사건 등에서는 현장검증을 실시하는 것이 일반적이다. 한편 일조권침해를 원인으로 한 공사금지가처분신청사건의 경우는 통상 감정을 신청하기도 한다.

3) 정식의 증거조사절차를 거치지 않더라도 필요하다고 인정되면 증인신문을 갈음하여 참고인을 심문하거나, 검증을 갈음하여 임의제출이 가능한 목적물을 제출받아 법관이 이를 직접 확인할 수 있으며, 경우에 따라 (기술설명회를 열어) 전문심리위원·기술조사관 등의 기술설명을 들을 수 있다.[1]

(3) 가처분의 내용결정상 제약

(a) 신청의 목적에 의한 제한

1) 법원은 신청목적을 이루는 데 필요한 처분을 직권으로 정한다(법 305조 1항). 그러나 **처분권주의**가 적용되므로 법원이 가처분을 할 때 직권으로 신청목적을 이루는 데 필요한 처분을 한다고 하여 신청취지의 **양적·질적 범위**를 넘어설 수 없고, 여전히 본안청구의 범위와 가처분목적의 범위 내라는 내적 제약을 받는다. **판례**도, 법원이 발령하는 가처분은 신청범위 내에서 신청목적을 달성함에 필요해야 하며, 그 필요 여부는 피보전권리의 성격과 신청의 이유 등 모든 사정을 고려하여 법원이 정한다.[2]

2) 채권자는 가처분신청시 반드시 구체적인 처분방법을 특정하여 표시할 필요는 없지만 적어도 가처분에 의하여 얻으려는 실질적인 목적을 표시해야 한다.[3] 가처분법원은 가처분채권자가 **신청한 범위 내**에서 그 신청의 취지에 구애됨이 없

---

1) 법원실무제요 민사집행(5), 450쪽.
2) 대판 1962. 4. 26. 4294민상1436.
3) 법원실무제요 민사집행(5), 129쪽.

이 직권으로 목적달성에 필요하다고 인정되는 가처분의 방법을 선택하여 결정한다.[1] 따라서 법원은 신청서의 문언에 의하여 결정하는 것은 아니다. 특히 임시의 지위를 정하기 위한 가처분은 법원의 재량에 따라 합목적적으로 정한다.[2] 다만 재량에는 **제약사항**이 있다.[3] 피보전권리의 종류와 성질, 보전의 필요성, 강제집행과의 관련성 등에 의하여 일정한 제한을 받게 된다. 채권자와 채무자 사이의 이익교량 등 비례의 원칙이 적용된다.[4]

(b) 본안청구권에 의한 제약

가처분은 본안청구권에 의한 제약을 받는다. 가처분은 본안청구를 보전하기 위한 것이므로(부수성) 본안의 청구로서 채무자에게 요구할 수 있고 또 집행할 수 있는 범위를 벗어날 수 없다. 법률상 명문의 규정이 없는 형성의 소를 본안소송으로 한 가처분은 인정되지 않는다. 이에 관해서는 앞에서 살펴보았다. 한편 주식회사의 주주는 주주총회에서 이루어진 결의 자체의 집행 또는 효력정지를 구할 수 있을 뿐이다. 회사와 체결한 계약의 무효를 주장하며 그 계약상의 권리행사를 금지하는 가처분을 구할 수 없다.[5]

---

1) 대결 1965. 10. 14. 64마914. 실무상 법원이 가처분채무자의 방어권 보장을 위해서라도 적절히 석명권을 행사하여 가처분채권자의 신청목적을 확인할 필요가 있고, 경우에 따라 적절하게 신청취지의 변경을 촉구할 필요가 있다는 견해로는, 이봉민, "임시의 지위를 정하기 위한 가처분의 구체적 방법 및 주문에 관한 고찰 — 법원의 재량과 한계를 중심으로 —," 민사집행법연구 10권(2012년), 541쪽.

2) 따라서 피보전권리와 보전의 필요성 유무만을 심리할 것이 아니라, 가처분결정을 하더라도 본안에서 채무자가 승소할 경우에 대비하여 가처분목적도 어느 정도 달성하면서, 한편으로는 채무자의 피해를 최소화할 수 있는 적당한 처분이 무엇인지까지 고려하여 심리해야 한다. 법원실무제요 민사집행(5), 449쪽.

3) 가처분재판에서 법원은 가처분의 신속성을 저해하지 않는 범위 내에서 엄격히 가처분의 요건에 해당하는지를 심리하여 가처분 여부를 결정해야 함을 강조하는 견해로는, 김연, "가처분에 있어서 보전의 필요," 경성법학(경성대학교 법학연구소) 13집 2호(2004. 11.), 67쪽 이하.

4) 대결 2007. 7. 2. 2005마944; 박성수, "상표권침해금지 가처분의 피보전권리와 보전의 필요성," 대법원판례해설 74호(2008년 하반기), 11쪽 이하.

5) 주식회사의 주주는 주식의 소유자로서 회사의 경영에 이해관계를 가지고 있으나, 회사의 재산관계에 대해서는 단순히 사실상·경제상의 일반적·추상적인 이해관계만을 가질 뿐 구체적 또는 법률상의 이해관계를 가진다고 할 수 없고, 직접 회사의 경영에 참여하지 못하고 주주총회의 결의를 통해서 또는 주주의 감독권에 의하여 회사의 영업에 영향을 미칠 수 있을 뿐이므로 주주는 일정한 요건에 따라 이사를 상대로 그 이사의 행위에 대하여 유지(留止)청구권을 행사하여 그 행위를 유지시키거나(상 402조), 또는 주주대표소송에 의하여 그 책임을 추궁하는 소를 제기할 수 있을 뿐(상 403조) 직접 제 3 자와의 거래관계에 개입하여 회사가 체결한 계약의 무효를 주장할 수는 없기 때문이다. 대결 2001. 2. 28. 2000마7839; 노태악, "주주총회결의의 하자와 주주권에 기한 가처분," 민사재판의 제문제 15권(2006. 12.), 472쪽 이하.

(c) 가처분의 성질에 의한 제약

가처분은 가처분의 성질(**가처분의 잠정성**)에 의한 제약을 받는다. 채권자를 완전히 만족시키는 처분은 가처분의 목적을 벗어난 것으로 허용되지 않는다. 만족적 가처분의 경우에도 본안승소판결이 확정되어 집행된 경우에 이루어지는 종국적 상태와 완전히 동일한 내용으로서 원상회복이 불능한 내용으로 만족을 주는 것은 가처분의 목적에 반하여 허용되지 않는다.

5. 가처분신청에 대한 결정

심리결과 신청요건의 흠이나 담보제공의 불이행의 경우에는 신청을 **각하**한다. 피보전권리나 보전의 필요성의 불소명의 경우에는 신청을 **기각**한다.[1)] 가처분신청이 이유 있는 경우에는 이를 인용하는 **가처분결정**을 한다. 피보전권리의 **일부**가 이유 있는 경우와 가처분에서 채권자가 구하는 구체적 처분을 실질적으로 **일정한 한도**에서 제한하는 가처분결정을 발령하는 경우에는 가처분신청을 **일부기각하는 결정**을 한다.[2)] 결정은 결정서에 의한다(법 301조, 281조 1항). 결정서에는 이유를 적는 것을 생략할 수 있다(법 23조 1항, 민소 224조 1항 단서).

▣ 가처분과 해방금액의 공탁

(1) 가처분명령에서 해방금액의 공탁을 명할 수 있는지 여부

1) 금전채권이나 금전으로 환산할 수 있는 채권의 보전을 목적으로 하는 가압류와 달리 가처분은 금전채권을 제외한 특정물에 대한 이행청구권 또는 다툼이 있는 권리관계의 보전에 그 본래의 목적이 있다는 점과 법 307조에서 특별한 사정으로 인한 가처분의 취소를 별도로 규정한 취지 등에 비추어 볼 때 해방금액의 공탁금에

---

1) 가처분신청시 피보전권리나 가처분의 이유를 소명해야 하고, 그 소명이 없을 때에는 법원은 가처분으로 인한 채무자의 손해에 대하여 채권자에게 담보를 제공하게 하고 가처분을 명할 수 있으나(법 301조, 280조 2항), 단지 그 소명이 없을 뿐 아니라 **오히려 반대로** 피보전권리 또는 가처분의 이유 없음이 소명된 경우에는 법원으로서는 가처분을 명할 수 없다. 대판 1965. 7. 27. 65다1021, 대결 2010. 4. 8. 2009마1026.

2) 법원실무제요 민사집행(5), 108쪽. 임시의 지위를 정하기 위한 가처분에서 신청취지를 문언 그대로 모두 받아들이지 않는 경우에는, 설령 법원이 직권으로 적절한 처분을 정한 것에 불과하고 실질적으로 가처분채권자의 신청을 모두 받아들인 것으로 이해될 수 있더라도, 일부기각의 주문을 내어 가처분채권자에게 즉시항고의 이익을 보장하는 것이 타당하다는 견해로는, 이봉민, "임시의 지위를 정하기 위한 가처분의 구체적 방법 및 주문에 관한 고찰 — 법원의 재량과 한계를 중심으로 —," 민사집행법연구 10권(2012년), 582쪽.

관한 법 282조의 규정은 가처분에는 준용할 수 없다고 해석함이 타당하다. 따라서 해방금액의 공탁은 가처분명령에는 **원칙적**으로는 허용되지 않는다.[1]

2) 다만 일반적으로 가처분에 해방금액을 붙일 수 없으나 **예외적**으로 가처분의 목적이 궁극적으로 채권자의 금전채권을 보전하는 데 있는 경우, 예컨대 ① 사해행위취소에 의한 원물반환청구권을 보전하기 위한 처분금지가처분, ② 양도담보권실행을 위한 처분금지가처분과 같이 피보전권리가 금전을 지급받음으로써 그 행사 목적을 달성할 수 있는 경우에는 이를 부정할 필요가 없다.[2]

(2) 민사집행법 개정안

채권자취소권을 피보전권리로 하는 가처분에 한하여 해방금액의 공탁이 가능하도록 하고, 그에 따른 공탁금의 수령 요건 및 절차를 마련하는 **민사집행법 개정안**(법 305조 개정안)이 2013. 10. 8. 정부 제안으로 국회에 제출되었으나, 제19대 국회의 임기종료(2016. 5. 29.)로 자동폐기되었다.[3]

Ⅳ. 가처분재판에 대한 불복절차

1. 즉시항고

신청각하 · 기각 결정에 대해서는 즉시항고를 할 수 있다(법 301조 · 281조). 재항고의 경우는 상고심절차에 관한 특례법 7조, 4조 2항의 특례규정이 적용된다.

2. 이의신청

가처분결정에 대하여 이의신청을 할 수 있다(법 301조 · 283조).[4] 명시하는 한

---

1) 대결 2002. 9. 25. 2000마282; 김용덕, "보전처분에 관한 해방금액," 보전소송에 관한 제문제(하)(재판자료 46집, 1989. 9.), 205쪽 이하; 윤경, "가처분결정에 관한 해방공탁금 기재의 당부," 민사재판의 제문제(변재승 · 권광중선생화갑기념, 2002. 12.), 816쪽 이하.

2) 김광년, "민사보전처분에 관한 몇 가지 의견," 민사집행법연구 1권(2005. 2.), 257쪽; 이시윤 · 조관행, 696쪽; 김연, 128쪽.

3) 일본 민사보전법(25조)에서는 보전해야 할 권리가 금전의 지급을 받는 것으로서 그 행사의 목적을 달성할 수 있는 경우에 한하여 법원은 채권자의 의견을 듣고 가처분명령에서 해방금액의 공탁을 명할 수 있다는 규정을 두고 있다.

4) **임시의 지위를 정하기 위한 가처분신청사건**에서 법원이 변론기일이나 심문기일을 열어 심리를 한 경우(법 304조 본문의 경우)에는 채무자의 이의신청을 불허하고 **즉시항고**를 통해 다투도록 하는 **민사집행법 개정안**(법 304조 개정안)이 2013. 10. 8. 정부 제안으로 국회에 제출되었으나, 제19대 국회의 임기종료(2016. 5. 29.)로 자동폐기되었다. 위 입법안과 같은 입장으로는, 황병하 · 서승렬 · 박영호 · 손홍수 · 오흥록 · 임정윤, "보전처분 불복사건의 처리에 관한 실무 개선방안," 21세기 민사집행의 현황과 과제(김능환대법관 화갑기념), 민사집행법 실무연구 Ⅲ(통권 5권, 2011년), 23쪽; 조재헌, "임시의 지위를 정하기 위한 가처분에 관한 이의절차

일부이의신청도 가능하다.

(1) 신청권자

1) 이의신청을 할 수 있는 사람은 채무자와 채무자의 일반승계인이다. **채무자의 특정승계인**은 직접 이의신청을 할 수 없다. 채무자의 특정승계인은 참가승계(법 23조, 민소 81조)의 절차를 거쳐 이의신청을 해야 한다. **채무자의 채권자**도 대위하여 이의신청할 수 없다. 이 경우 이해관계인으로 보조참가신청과 동시에 이의신청을 해야 한다(법 23조 1항, 민소 72조 3항).

2) 직무집행정지가처분결정에 대하여 채무자적격이 없는 회사는 독자적으로 이의신청할 수 없으나, 보조참가신청과 동시에 이의신청할 수 있다.

(2) 신청의 이익

1) 가처분결정에 대한 이의신청은 그 가처분이 유효하게 존재하고 취소나 변경을 구할 이익이 있는 경우에 한하여 허용된다. 즉 **신청의 이익**이 있어야 한다. 예컨대 부동산소유권이전등기청구권을 피보전권리로 한 처분금지가처분의 본안소송에서 승소한 채권자가 그 확정판결에 기하여 소유권이전등기를 경료하게 되어, 가처분의 목적달성으로 그 가처분의 기입등기가 이해관계인의 신청에 따라 집행법원의 촉탁으로 말소될 운명에 있거나 그 가처분의 목적달성 등으로 이미 말소된 경우에는, 특별한 사정이 없는 한 가처분에 대한 이의신청으로 그 결정의 취소를 구할 이익이 없다.[1)]

2) 가처분결정에서 부대체적 작위채무나 부작위채무에 관하여 **의무이행기간**을 정한 경우, 예컨대 권리침해금지가처분 등에서 금지기간을 정한 경우이든지, 직무집행정지가처분에서 정지기간을 정한 경우 그 금지기간 또는 정지기간의 경과로 가처분결정의 효력이 상실되므로(이 경우 가처분의 효력이 소멸하여 그 가처분결정은 더 이상 집행권원으로서의 효력이 없다),[2)] 그 기간이 지난 뒤에는 가처분결정이 외형상 잔존함으로 인하여 어떠한 법률상 이익이 침해되었다고 볼 특별한 사정이 없는 한 채무자로서는 더 이상 이의신청으로 가처분의 취소나 변경을 구할 이익이 없다.[3)]

그러나 가처분결정과 함께 그 의무 위반에 대한 **간접강제결정**이 이루어진 경

의 문제점과 개선방안," 사법논집 65집(2017년), 521쪽 이하.

1) 대판 2002. 4. 26. 2000다30578, 2017. 9. 26. 2015다18466, 대결 2019. 4. 19. 2018마7510.

2) 대결 2016. 3. 15. 2015마1578, 대판 2017. 4. 7. 2013다80627, 2021. 6. 24. 2016다268695.

3) 대판 2004. 10. 28. 2004다31593, 대결 2013. 6. 27. 2013마568.

우 채무자는 위 금지기간 경과 후에도 간접강제결정에 기하여 집행당할 위험이 존재하므로 그 배제를 위하여 이의신청으로 가처분의 취소를 구할 이익이 있다.[1)]

3. 취소신청

(1) 의 의

1) **제소명령에 따른 본안의 소의 부제기**, 가처분이유의 소멸 또는 그 밖의 **사정의 변경**, **3년간 본안의 소의 부제기** 등에 기한 취소신청은 가압류의 경우와 같다(법 301조 · 287조, 288조 1항 1호 · 3호).

다만 가압류취소사유 가운데 **담보제공에 의한 가압류취소사유**(법 288조 1항 2호)는 가처분에는 그 준용이 없다. 금전채권의 보전을 목적으로 하지 않는 가처분에는 그 성질상 준용되지 않으며,[2)] 뒤에서 보는 바와 같이 같은 취지에서 특별사정에 따른 취소제도(법 307조)가 마련되어 있기 때문이다(법 301조 단서).

2) 피보전권리가 없음을 이유로 가처분결정에 대하여 이의신청을 할 수 있으나, 또한 피보전권리 없음이 분명히 되었음을 이유로 법 301조, 288조 1항 1호에 의한 사정변경으로 인한 가처분취소신청을 할 수 있다.[3)]

3) 가처분목적물의 양수인 또한 사정변경으로 인한 가처분취소신청을 할 수 있다.[4)]

4) 사정변경에 의한 가처분취소재판에서는 피보전권리나 보전의 필요성 유무에 관하여 판단할 필요가 없으며, 오로지 가처분취소의 사정변경의 유무만 판단하여야 하고, 이로써 족하다고 한다.[5)]

▣ **다툼의 대상에 관한 가처분의 목적물의 양수인에게 가처분결정의 취소신청권이 인정되는지 여부**

(1) 가압류목적물의 양수인에게 가압류결정의 취소신청권이 인정되지 않는 것과는 달리(**판례**는 이 경우도 취소신청권을 인정하고 있음은 앞서 본 바와 같다), **다툼의 대상에 관한 가처분**에서는 가처분목적물의 양수인에게 취소신청권이 인정된다고

1) 대결 2007. 6. 14. 2006마910.
2) 대판 1956. 5. 10. 4289민상26.
3) 대판 1967. 9. 19. 67다1057, 대결 2010. 8. 26. 2010마818.
4) 대판 2006. 9. 22. 2004다50235, 대결 2010. 8. 26. 2010마818.
5) 대판 1982. 3. 23. 81다1041.

본다. 가압류목적물을 양수했다고 하여 가압류채무자의 지위를 승계하는 것으로 볼 수 없는 것과는 달리, 다툼의 대상에 관한 가처분의 목적물을 양수하는 경우에는 가처분채무자의 지위를 승계했다고 볼 수 있기 때문이다.

(2) **판례**도, 처분금지가처분이 집행된 목적물은 그 임의처분이 금지되지만 그 처분 자체가 무효인 것은 아니고 다만 가처분의 목적범위에서 가처분채권자에게 대하여 대항할 수 없음에 그치는 것이므로 가처분이 집행된 이후에서도 가처분목적물에 대한 물권을 취득할 수 있음은 물론이나 그것은 가처분의 대항을 받는 이른바 가처분절차에서의 상태가 반영·부착된 물권을 취득하게 되는 것이므로, 그 목적물의 양수인은 사정변경에 인한 가처분결정의 취소신청을 할 수 있는 채무자의 지위에 있다고 해석함이 상당하다고 본다.[1]

즉 판례는, 예컨대 신탁해지로 신탁재산인 부동산의 소유권을 다시 이전받은 위탁자는 수탁자를 채무자로 한 가처분결정에 관하여 사정변경으로 인한 취소신청을 할 수 있는 신청인적격을 가지며, 위탁자로부터 순차로 목적부동산의 소유권을 전득한 자도 마찬가지로 위 가처분결정에 관하여 사정변경으로 인한 취소신청을 할 수 있다고 본다.[2]

(2) 특별사정에 의한 가처분의 취소신청

(a) 의 의

1) 특별한 사정이 있는 때에는 담보를 제공하게 하고 가처분을 취소할 수 있다(법 307조 1항). 가처분을 존속시키는 것이 공평의 관념상 부당하다고 생각되는 경우, 즉 가처분에 의하여 보전되는 권리가 금전적 보상으로써 그 종국의 목적을 달할 수 있다는 사정이 있거나 또는 가처분집행으로 가처분채무자가 특히 현저한 손해를 받고 있는 경우에 가처분채무자로 하여금 담보를 제공하게 하여 가처분의 집행뿐 아니라 가처분명령 자체를 취소하여 가처분채무자로 하여금 목적물을 처분할 수 있도록 하기 위함이다.[3]

2) 이러한 특별사정에 의한 취소는 가처분에만 있는 특유한 취소사유이다. **특별한 사정이 있는 때**란 가처분에 의하여 보전되는 권리가 금전적 보상으로써 그 종국의 목적을 달할 수 있다는 사정이 있거나(**금전보상의 가능성**), **또는** 가처분집행으로 가처분채무자가 특히 현저한 손해를 받고 있는 사정이 있는 경우(**이상**

1) 대판 1968. 1. 31. 66다842.
2) 대판 2006. 9. 22. 2004다50235, 대결 2010. 8. 26. 2010마818.
3) 대판 1997. 3. 14. 96다21188, 1998. 5. 15. 97다58316.

(異常)**의 손해**)를 말한다.[1)]

3) 특별사정에 의한 가처분의 취소는 다툼의 대상에 관한 가처분과 임시의 지위를 정하는 가처분 모두에 적용된다. 실무상 주위적으로 사정변경에 따른 가처분취소신청을, 예비적으로 특별사정에 의한 가처분취소신청을 하는 사례가 많다.[2)]

(b) 특별사정

1) 여기에서 **금전보상**이 가능한지 여부는 장래 본안소송상 청구의 내용, 해당 가처분의 목적 등 모든 사정을 참작하여 사회통념에 따라 객관적으로 판단해야 한다. 채무자가 특히 **현저한 손해**를 입게 될 사정이 있는지 여부는 가처분의 종류, 내용 등 모든 사정을 종합적으로 고려하여 채무자가 입을 손해가 **가처분 당시 예상된 것보다 훨씬 클 염려**가 있어 가처분을 유지하는 것이 채무자에게 가혹하고 공평의 이념에 반하는지 여부에 의하여 결정된다고 본다.[3)]

▣ 금전보상의 가능성의 구체적 예

금전보상의 가능성은 피보전권리의 기초나 배후에 금전채권이 있는 경우로서, 예컨대 사해행위취소에 의한 소유권이전등기말소등기청구권 보전을 위한 처분금지가처분(금전채권), 유치권 보전을 위한 출입금지등가처분(공사잔대금채권) 등이다.[4)] 그러나 예컨대 특허권, 디자인권 등 지식재산권을 피보전권리로 하는 가처분의 경우와 같이 본안소송에서 피보전권리의 손해액 산정과 증명이 불가능하거나 곤란한 경우는 이에 해당하지 않는다.[5)]

▣ 채무자의 현저한 손해의 구체적 예

판례가 채무자의 현저한 손해가 있다고 본 사례로서, ① 공사잔대금채권을 피담보채권으로 하는 유치권을 보전하기 위해 발해진 출입금지가처분으로 인하여 공원묘원의 설치·운영을 목적으로 하여 설립된 재단법인인 채무자가 공원묘원에 출입

1) 대판 1967. 1. 24. 66다2127, 1981. 1. 13. 80다1334 등. 특별한 사정을 인정한 판례는 대부분 금전적 보상의 가능성보다는 가처분으로 인하여 채무자가 현저한 손해를 입게 될 사정을 고려한 것으로 보인다. 김용상, "채권자취소권과 특별사정에 의한 가처분취소," 민사판례연구(민사판례연구회) 23권(2001. 2.), 505쪽 이하.

2) 법원실무제요 민사집행(5), 195쪽.

3) 대판 1992. 4. 14. 91다31210, 1997. 3. 14. 96다21188, 대결 2006. 7. 4. 2006마164,165.

4) 대판 1997. 3. 14. 96다21188; 임치용, "채권자취소권과 특별사정을 이유로 한 가처분취소," 대법원판례해설 30호(1998년 상반기), 77쪽 이하.

5) 대판 1987. 1. 20. 86다카1547. 반대견해로는, 권창영, 민사보전법(제 2 판, 2012년), 648쪽.

조차 할 수 없게 되어 그의 유일한 재산인 공원묘원의 보존관리상태가 악화되고 분양업무를 사실상 수행할 수 없는 등 공원묘원의 관리·유지라는 목적사업에 중대한 지장을 받아 온 경우,[1] ② 공사금지가처분 발령 후 채무자가 채권자에 대한 피해를 줄이기 위해 지하굴착공법과 굴착깊이 등에 대한 설계를 변경하여 그 허가를 받았으며, 공사가 금지된 해당 오피스텔이 50% 이상이 분양된 경우[2] 등이 있다.

2) 금전보상의 가능성과 이상의 손해는 병존할 필요가 없으며, 그 가운데 하나의 사유만 있으면 특별사정이 있다고 본다.[3] 따라서 먼저 금전보상의 가능성 여부를 심리하여 이를 긍정할 수 있으면 특별사정을 인정해야 하며, 금전보상의 가능성을 긍정하기 어려운 경우에는 더 나아가 이상의 손해 유무에 관하여 심리하여 특별사정의 존재 여부를 결정해야 한다.

3) 채무자가 금전보상의 가능성과 이상의 손해 가운데 어느 하나를 주장한 경우에도 법원은 이에 구애됨이 없이 나머지 다른 사유로 가처분을 취소할 수 있다.[4]

(c) 재 판

1) 법원은 특별사정을 심리한 후 그 사정이 인정되면 채무자가 제공할 담보의 종류와 금액을 정하여 미리 담보를 제공하게 하고 가처분을 취소하는 결정을 하거나 담보제공을 조건으로 가처분을 취소하는 결정을 한다.[5] 특별사정이 없는데 담보제공만으로 가처분을 취소하는 것은 허용되지 않는다.[6]

2) 특별사정이 인정되지 않거나 담보를 제공하지 않으면 취소신청을 기각하는 결정을 한다.

---

1) 대판 1997. 3. 14. 96다21188.
2) 대판 1992. 4. 14. 91다31210.
3) 대판 1992. 4. 14. 91다31210, 1997. 3. 14. 96다21188.
4) 법원실무제요 민사집행(5), 219쪽.
5) 법원실무제요 민사집행(5), 222쪽.
6) 대판 1966. 2. 28. 65다2560.

▣ 가처분결정에 대한 이의신청과 특별사정 또는 사정변경에 따른 가처분결정의 취소신청 등의 상호관계

(1) 이의신청재판과 특별사정에 의한 취소신청재판의 관계

가처분결정에 대한 이의신청의 재판에서 특별사정을 인정할 수 있는 경우에는 채무자가 담보를 제공하는 것을 조건으로 가처분결정을 취소·변경할 수 있다. 특별사정에 의한 가처분취소에 관한 법 307조는 가처분이의신청에 관한 법 301조·286조에 대한 특별규정이기 때문이다.[1)]

(2) 사정변경에 따른 취소신청재판과 특별사정에 의한 취소신청재판의 관계

사정변경에 따른 가처분취소의 재판에서 사정변경이 인정되는 이상 특별사정의 존재나 담보의 제공 등은 고려할 필요 없이 바로 가처분결정을 취소·변경할 수 있다.[2)] 법 307조는 사정변경에 따른 가처분취소에 관한 법 301조, 288조 1항 1호와 별개의 취소사유를 규정하고 있기 때문이다.

(d) 담보의 성질

가처분채무자가 제공하는 담보는 가처분채권자가 본안소송에서 승소했음에도 가처분의 취소로 말미암아 가처분목적물이 존재하지 않게 됨으로써 입는 손해를 담보하기 위한 것이므로, 가처분채권자는 가처분취소로 인하여 입은 손해배상청구소송의 승소판결을 얻은 후에 법 19조 3항, 민사소송법 123조에 의하여 그 담보에 대하여 질권자와 동일한 권리를 가지고 우선변제를 받을 수 있다.[3)]

4. 가처분이의·취소신청과 집행정지 등

(1) 가처분에 대하여 이의신청 또는 취소신청을 하더라도 이심의 효력이나 집행을 정지하는 효력이 없다(법 301조, 283조 3항). 만족적 가처분 가운데 **단행적 가처분**(**이행적 가처분**)에 한하여 이의신청 또는 취소신청이 있는 경우에 제한적으로 가처분의 **집행정지**가 허용된다(법 309조·310조). 따라서 형성적 가처분의 경우에는 집행정지가 허용되지 않는다.

(2) 가처분에 대한 이의신청 또는 취소신청시 가처분의 집행을 정지시키거나, 또는 집행한 처분을 취소시키기 위해서는 ① 주장사유가 법률상 정당한 이유

---

1) 최은수, "특별사정에 의한 가처분취소," 보전소송에 관한 제문제(하)(재판자료 46집, 1989. 9.), 532쪽.

2) 대판 1966. 2. 28. 65다2560.

3) 대판 1998. 5. 15. 97다58316, 대결 2010. 8. 24. 2010마459.

가 있다고 인정되고, ② 주장사실에 대한 소명이 있으며, ③ 그 집행에 의하여 채무자에게 회복할 수 없는 손해가 생길 위험이 있다는 사실에 대하여 소명이 있어야 한다(법 309조 1항, 310조). 이러한 소명은 보증금을 공탁하거나 주장이 진실됨을 선서하는 방법으로 대신할 수 없다(법 309조 2항, 310조). 재판기록이 원심법원에 있는 때에는 원심법원이 이러한 재판을 한다(법 309조 3항, 310조).

(3) 법원은 앞서의 경우 담보부 또는 무담보부로 가처분의 집행을 정지하도록 명할 수 있고, 담보부로 가처분을 집행한 처분을 취소하도록 명할 수 있다(법 309조 1항, 310조).

(4) 법원은 이의신청이나 취소신청에 대한 결정에서 집행정지명령 또는 집행처분취소명령을 인가・변경 또는 취소해야 한다(법 309조 4항, 310조).

5. 가처분이의・취소신청에 대한 재판

(1) 가압류의 경우와 마찬가지로, 가처분이의신청・취소신청사건의 경우 현저한 손해 또는 지연을 피하기 위하여 필요가 있는 때에는 직권으로 또는 당사자의 신청에 따라 결정으로 가처분사건의 관할권이 있는 다른 법원에 사건을 이송할 수 있다(다만 그 법원이 심급을 달리하는 경우에는 그렇지 않다. 법 301조・284조).

(2) 가처분이의신청의 재판과 사정변경 등에 따른 취소신청의 재판에서 청구의 기초에 변경이 없는 한 피보전권리를 변경할 수 있다.

▣ 가처분에 대한 이의신청절차에서 채권자가 가처분의 신청취지를 확장하거나 변경하는 것이 허용되는지 여부

판례는, 특별한 사정이 없는 한 가처분에 대한 이의절차에서 채권자가 신청취지를 확장하거나 변경하는 것은 허용될 수 없다는 입장이다.[1] 판례는 그 근거로서 다음의 각 점들을 들고 있다.

① 가처분에 대한 이의신청절차는 가처분이 이미 발령되어 재산의 처분 등이 제한된 채무자를 위하여 인정된 불복절차로서 그 발령에 의하여 즉시 집행력을 가지는 보전처분의 특성에 비추어 이러한 절차에서 채권자에 의한 신청취지의 변경을 허용하는 것은 그 집행내용에 따라서는 보전처분의 유용을 허용하는 결과가 될 수 있어 채권자에게 지나치게 유리하다. ② 현행 민사집행법은 가처분의 발령절차뿐만

1) 대결 2010. 5. 27. 2010마279.

아니라 그 이의신청절차도 심문기일에서 심리할 수 있게 하고 이의신청에 대한 재판을 결정으로 하며, 변론을 거치지 않은 경우에는 이유의 요지만을 적을 수 있도록 하는 등의 규정을 두어 신속한 절차진행을 도모하고 있는데(법 301조, 286조 1항·4항 등), 이의신청절차에서 가처분 신청취지의 변경에 관하여 민사소송법상 청구의 변경 제도를 준용할 경우에는 가처분신청의 기초에 관한 동일성 유무의 판단이 별도로 요구되고 나아가 이에 관한 당사자의 다툼이 계속되는 한 절차진행의 장애요소가 되어 위와 같은 이의신청절차의 기본적 성격과 조화되지 않는다. ③ 채권자가 이미 발령된 가처분 이상의 효력을 가지는 보전처분을 필요로 하는 경우에는 새로운 가처분신청에 의하여 충분히 그 목적을 달성할 수 있다. ④ 보전처분의 이의신청에 대한 재판에서는 원결정의 전부 또는 일부의 인가·변경·취소를 주문에서 표시해야 하고(법 286조 5항) 여기서의 변경은 원결정에서 명하는 금지 등의 내용이나 방법을 원결정보다 제한하는 경우 등과 같이 채무자에게 유리한 변경을 의미하는 것이므로 심리범위를 발령된 보전처분 그 자체에 한정하는 것이 상당하다.

(3) 이러한 재판에는 가압류의 경우와 마찬가지로, **심리종결기일제도**, 취소결정의 **효력발생유예제도**가 적용된다(법 301조, 286조 2항, 288조 3항).

(4) 가처분이의신청·취소신청사건의 재판은 결정으로써 한다(법 301조, 286조 3항, 287조 3항, 288조 3항). 변론을 거치지 않은 경우에는 이유의 요지만을 적을 수 있다(법 301조, 286조 4항, 288조 3항). 결정에 대해서는 즉시항고할 수 있다. 즉시항고로 인한 집행정지의 효력이 없다(법 301조, 286조 7항, 287조 5항, 288조 3항). 가처분취소결정은 즉시 집행력이 생긴다. 따라서 가압류의 경우와 마찬가지로, **효력정지제도**가 적용된다(법 301조·289조).

판례는, 가처분취소결정에 대하여 효력정지의 재판을 하기 전에 가처분취소결정의 집행이 마쳐진 경우에는 효력정지의 재판을 할 수 없고, 가처분취소결정의 집행이 마쳐진 후에 이를 간과하고 효력정지의 재판을 받았다고 하더라도 이미 집행된 가처분등기말소 및 그 이후에 이루어진 제 3 자 명의의 소유권이전등기의 효력에는 아무런 영향을 미치지 못한다고 보고 있다.[1]

(5) 가처분을 명한 재판에 기초하여 채권자가 물건을 인도받거나, 금전을 지급받거나 또는 물건을 사용·보관하고 있는 경우에는, 법원은 가처분을 취소하는 재판에서 채무자의 신청에 따라 채권자에 대하여 그 물건이나 금전을 반환하도록

1) 대결 2009. 3. 13. 2008마1963.

명할 수 있다(법 308조). 이러한 **원상회복재판**은 만족적 가처분 가운데 **단행적 가처분**(**이행적 가처분**)의 경우에 한하여 허용된다. 예컨대 단행적 가처분의 경우 가처분취소신청과 병합하여 가처분이 취소되면 채권자에게 그 물건이나 금전을 반환할 것을 신청할 수 있다. 원상회복재판신청은 가처분이의신청·취소신청에 부수하는 신청으로, 반드시 가처분이의신청·취소신청과 동시에 할 필요가 없으므로 심리종결(변론을 여는 경우에는 변론종결)에 이를 때까지 추가적으로 신청할 수 있으므로, 가처분이의신청·취소신청절차에서 이러한 원상회복재판신청을 하지 않은 때에는 항고심에서도 원상회복재판신청을 할 수 있다.[1] 그러나 손해배상까지 청구하는 것은 허용하지 않는다.

원상회복신청은 가처분취소의 재판에서 채무자의 **부수적 신청**이므로 가처분취소의 재판에 대한 불복절차에 의해야 하며, 원상회복재판에 대해서만 별도로 불복할 수 없다.[2] 한편 원상회복재판은 법 56조 1호의 '항고로만 불복할 수 있는 재판'에 해당하고, 집행문을 부여받을 필요 없이 즉시 집행력을 가지며, 집행기간도 2주 이내로 제한되지 않는다.[3]

제 3 절 가처분집행절차

I. 가처분의 집행

1. 의 의

(1) 가처분집행은 집행이 처음부터 문제가 되지 않는 경우를 제외하고 가압류의 경우와 마찬가지이다. 원칙적으로 가처분결정의 고지에 의하여 즉시 집행력이 생긴다. 이러한 집행을 하기 위하여 승계집행문 이외의 집행문은 필요하지 않다. 가처분결정의 송달 전에도 집행할 수 있다(법 301조, 292조 3항).

(2) 가처분결정이 집행된 경우, 채무자가 그 집행에 의하여 생긴 효과를 배제하기 위하여, 가처분결정에 대한 이의신청 등 법에 규정된 불복신청이나 취소

1) 권창영·박영호·구태회, 651쪽 이하; 법원실무제요 민사집행(5), 151쪽; 박동규, 주석서(5), 1152쪽.
2) 법원실무제요 민사집행(5), 151쪽 이하.
3) 법원실무제요 민사집행(5), 151쪽.

신청의 방법에 따라서 그 가처분결정이나 그 집행처분의 취소를 구하지 않고, 그 가처분결정과 내용이 서로 저촉되는 제 2 의 가처분결정을 받음으로써 사실상 선행 가처분결정을 폐지·변경하거나 그 집행을 배제하는 목적을 달성하는 것은 허용될 수 없다.[1)]

2. 집행기간

집행기간은 **2주**이다. 집행기간은 집행이 가능한 때부터 진행한다. **즉시 집행에 착수할 수 있는 보전처분**은 채권자에게 그 재판을 고지한 날부터 집행기간이 진행한다(법 301조, 292조 2항). 가처분결정 후 경정결정이 이루어진 때에도 통상적으로 집행기간이 새로 진행하지 않는다. 채권자가 임의로 가처분집행의 취소신청을 했더라도 집행기간이 지나기 전에는 다시 집행할 수 있다. 가처분에 대한 이의신청이 있다 하여 집행이 당연히 정지되는 것은 아니므로 이의신청사건의 재판에서 가처분이 인가되었다고 하여 다시 집행기간이 갱신되는 것이 아니라, 가처분집행 전에 집행정지의 결정이 있으면 다시 집행이 가능한 때, 즉 정지결정의 효력상실시에 다시 집행기간이 진행된다.[2)]

한편 가처분 가운데 재판의 고지와 동시에 **즉시 집행에 착수할 수 없는 경우** 집행기간의 기산점은 다음과 같다.

(1) 작위를 명하는 가처분의 경우

1) 채무자에게 일정한 작위를 명하는 가처분은 그 작위가 **대체적인** 경우에는 **대체집행**(법 301조·291조·260조)에 의하고, **부대체적인** 경우에는 **간접강제**(법 301조·291조·261조)에 의하게 되는데, 가처분재판의 **고지일**부터 2주의 집행기간 안에 대체집행 또는 간접강제의 신청이 있어야 한다(법 301조, 292조 2항).

2) 다만 가처분에서 명하는 **부대체적 작위채무**가 일정 기간 계속되는 경우라면, 채무자가 성실하게 그 작위채무를 이행함으로써 강제집행을 신청할 필요 자체가 없는 동안에는 위 집행기간이 진행하지 않고, 채무자의 태도에 비추어 작위채무의 불이행으로 인하여 **간접강제가 필요**한 것으로 인정되는 때에 그 시점부터 2주의 집행기간이 진행한다고 보아야 한다.[3)]

---

1) 대결 1992. 6. 26. 92마401.

2) 법원실무제요 민사집행(5), 242쪽.

3) 대결 2001. 1. 29. 99마6107, 2010. 12. 30. 2010마985.

(2) 부작위를 명하는 가처분의 경우

1) 채무자에 대하여 단순한 부작위를 명하는 가처분은 그 가처분재판이 채무자에게 고지됨으로써 효력이 발생하고, 집행을 따로 요하지 않으므로 원칙적으로 집행기간의 문제가 생기지 않는다. 그러나 채무자가 그 명령을 위반하는 행위를 한 때에는 **간접강제의 방법**에 의하여 부작위 상태를 실현시킬 필요가 생기므로(법 301조 · 291조 · 261조) 그때부터 2주 이내에 간접강제를 신청해야 한다.

다만 채무자가 가처분재판이 **고지되기 전부터** 가처분재판에서 명한 부작위에 위반되는 행위를 계속하고 있는 경우라면, 그 가처분결정이 채권자에게 고지된 날부터 2주 이내에 간접강제를 신청해야 하고(법 301조, 292조 2항), 그 집행기간이 지난 후의 간접강제 신청은 부적법하다.[1)]

2) 한편 부작위가처분에서 명한 의무를 위반하는 행위가 있고 그것이 위반의 결과를 남기는 경우 그 결과의 제거를 위한 대체집행의 신청은 의무위반을 한 때부터 집행기간이 개시된다.

(3) 정기이행을 명하는 가처분의 경우

정기이행을 명하는 가처분의 경우(매월 일정한 날에 금전의 지급을 명하는 가처분 등) 각 급부에 대하여 개별적으로 집행기간이 적용되므로, 매 이행기별로 집행기간이 진행한다.

(4) 직무집행정지가처분 등의 경우

법인의 대표자 그 밖의 임원으로 등기된 사람에 대하여 직무의 집행을 정지하거나 그 직무대행자를 선임하는 가처분의 경우 개별법상 등기기한에 관계없이 가처분결정의 고지일부터 집행기간이 진행한다.

Ⅱ. 개별적 집행방법

1. 물건의 인도 또는 금전지급가처분의 경우

물건의 인도 또는 금전지급을 명하는 가처분의 경우는 물건인도의 본집행방법 또는 금전집행의 방법에 의한다. 금전지급을 명하는 가처분의 경우에는 압류

1) 대결 1982. 7. 16. 82마카50, 2010. 12. 30. 2010마985; 손흥수, "부작위를 명하는 가처분결정의 집행기간," 민사집행법연구 1권(2012년), 396쪽 이하.

와 현금화단계까지 진행된다.

2. 작위 또는 부작위가처분의 경우

작위를 명하는 가처분 가운데 대체적 작위채무의 경우에는 대체집행에 의하고, 부대체적 작위채무에는 간접강제에 의해야 한다. **부작위를 명하는 가처분**을 위반한 경우에는 간접강제 또는 대체집행(위반으로 생긴 물적 상태의 제거의 경우)에 의한다.

▣ 작위 또는 부작위를 명하는 가처분결정과 동시에 한 간접강제결정에 대한 불복방법 등

(1) 가처분 가운데 채무자에게 **부대체적 작위**를 명하는 **가처분**과 **부작위**를 명하는 **가처분**의 경우 이와 동시에 **간접강제결정**(**동시결정형**)을 할 수 있다(법 301조 · 291조 · 261조).[1] 부대체적 작위 또는 부작위를 명하는 가처분의 실효성 있는 집행을 보장하기 위해서는, 부대체적 작위 또는 부작위를 명하는 가처분발령 당시에서 보아 가처분결정이 있더라도 채무자가 이를 **단기간** 내에 **위반할 개연성**이 있고, 또한 그 가처분재판절차에서 법 261조에 의하여 명할 **적정한 배상액**을 **산정**할 수 있는 경우에는, 이러한 **가처분재판절차에서도** 장차 채무자가 그 채무를 불이행할 경우에 일정한 배상을 할 것을 명할 수 있다.[2]

실무상으로는 가처분명령 당시 **간접강제의 필요성**이 **충분히 소명**되면 **가처분명령**과 함께 **간접강제결정**을 발령한다.[3]

(2) 부대체적 작위채무 또는 부작위채무의 이행을 명하는 가처분결정과 함께 그 채무위반에 대한 간접강제결정이 동시에 이루어진 경우(**동시결정형 가처분**)에는 간접강제결정 자체가 **독립된 집행권원**이 되고 간접강제결정에 기초하여 배상금을 현

---

1) 간접강제는 실무상 가처분명령과 함께 발령하지 않는 경우가 많으나, 채무자의 태도 등 모든 사정에 비추어 가처분에서 명한 내용을 위반할 개연성이 높은 때에는 가처분명령과 함께 간접강제를 명하기도 한다. 법원실무제요 민사집행(5), 553쪽.

2) 대판 1996. 4. 12. 93다40614,40621.

3) 간접강제결정을 하기 위해서는 배상액 산정을 위한 자료가 필요한데 법원이 이를 요구하면 가처분이 인용될 것이라는 선입견을 줄 염려가 있는 점, 가처분결정에 대한 불복방법은 이의신청과 취소신청인데 반하여 간접강제결정에 대한 불복방법은 즉시항고이므로 불복절차의 차이가 있는 점 등을 고려하여 실무상 동시결정형은 채무자가 가처분결정을 따르지 않을 우려가 있다는 점이 충분히 소명된 때를 제외하고는 드물다. 유아람, "간접강제의 법리와 실무상 문제," 민사집행법연구 7권(2011년), 219쪽. 한편 이러한 실무경향에 대하여, 실무와 같이 지나친 자제는 간접강제의 활성화를 위해서나 채권자에게 불필요한 추가절차를 강요하는 것이 되어 바람직하지 않다는 비판적 견해로는, 조관행, "대체집행과 간접강제의 대상 및 절차," 민사집행법연구 21권(송천이시윤박사 추모기념)(2025. 2.), 54쪽; 하태헌, "보전처분 집행에서 나타나는 실무상 쟁점에 관한 고찰 — 미등기부동산의 보전처분, 간접강제, 점유이전금지가처분을 중심으로 —," 민사집행법연구(2009년), 293쪽.

실적으로 집행하는 절차는 간접강제절차와 독립된 **별개의** 금전채권에 기초한 **집행 절차**이므로, 그 간접강제결정에 기한 강제집행을 반드시 가처분결정이 송달된 날부터 2주 이내에 할 필요는 없다.[1)]

(3) **동시결정형 가처분**에 관해서는 ① **본래의 집행권원**인 **가처분 자체**에 대하여 가처분결정에 대한 이의신청(법 301조 · 283조)이나 사정변경 등에 따른 취소신청(법 301조 · 288조)을 할 수 있으며, ② **간접강제결정**에 대하여 (동시결정형 간접강제결정인 경우에도) 별도로 가처분결정에 이의신청 · 취소신청을 함이 없이 **즉시항고**(법 301조 · 291조, 261조 2항)로 다툴 수 있다.[2)3)]

(4) 한편 **동시결정형 가처분**에서도 간접강제결정 자체가 독립한 집행권원이기도 하므로 본래의 집행권원인 **가처분에 따른 의무를 이행한 채무자는 간접강제결정**에 대하여 **청구이의의 소**를 제기할 수 있다.[4)] 다만 간접강제결정에 대한 집행력 배제를 구하는 청구이의의 소에서는 채무자에게 부작위채무나 부대체적 작위채무 자체의 **위반이 없었다는 주장**을 청구이의사유로 내세울 수 없다. 집행문부여의 요건인 **조건의 성취 여부**는 집행문부여와 관련된 **집행문부여의 소** 또는 **집행문부여에 대한 이의의 소**에서 주장 · 심리되어야 할 사항이므로 집행권원에 표시된 청구권에 관하여 생긴 이의를 내세워 집행권원이 가진 집행력의 배제를 구하는 청구이의의 소에서 심리되어야 할 사항이 아니기 때문이다.[5)]

---

1) 대결 2008. 12. 24. 2008마1608.

2) 대결 2005. 1. 31. 2004마1057, 2011. 4. 26. 2010마1982.

3) 가처분결정과 간접강제결정이 동시에 이루어지고 이에 대하여 가처분결정에 대한 이의신청이나 취소신청만이 있는 경우 이의신청이나 취소신청에 명시적으로 간접강제결정에 대한 불복의 취지가 포함되어 있는 때에는 가처분결정에 대한 이의신청 또는 취소신청으로써 간접강제결정에 대한 즉시항고를 한 것으로 보아 가처분결정에 대한 이의신청 또는 취소신청 사건과 **기록을 분리**하여 간접강제결정에 대한 항고사건으로서 항고법원에 사건을 송부해야 한다. 물론 즉시항고기간을 지키지 못했거나, 항고이유서 제출기간 내에 항고이유서를 제출하지 못한 때(법 301조 · 291조, 15조 2항 · 3항)에는 기록을 분리하여 송부할 필요 없이 법 15조 5항에 따라 간접강제결정에 대한 즉시항고부분을 각하하면 된다. 김연학, "보전처분에 관한 이의절차의 문제점," 보전소송, 재판실무연구(3)(2008년), 214쪽 · 215쪽. 한편 다수 실무례에 따르면 채무자로서는 가처분결정에 대해서만 다투다가 간접강제의 불복기간(즉시항고기간)을 놓칠 우려가 있어 채무자가 불복할 수 있는 기회를 보장하기 위하여 가처분결정에 대해서는 이의신청 또는 취소신청으로 다툴 수 있고, 간접강제결정에 대해서는 법 15조 2항에 따라 1주 내에 즉시항고를 제기할 수 있음을 안내하는 문구를 적어 송달하는 경우도 많다고 한다. 법원실무제요 민사집행(4), 769쪽. 이에 대하여, 채무자는 가처분결정에 대한 이의신청이나 취소신청에 의하여 간접강제결정에 불복할 수 있도록 하되 간접강제부분에 대한 즉시항고는 별도로 허용하지 않는 것이 절차적으로 간명하고 채무자 보호에도 문제가 없으므로 타당하다는 견해로는, 권창영, "민사보전상의 간접강제제도," 사법논집 50집(2011년), 42쪽; 황병하 · 서승렬 · 박영호 · 손흥수 · 오흥록 · 임정윤, "보전처분 불복사건의 처리에 관한 실무 개선방안," 21세기 민사집행의 현황과 과제(김능환대법관 화갑기념), 민사집행법 실무연구 Ⅲ(통권 5권, 2011년), 25쪽.

4) 대판 2013. 2. 14. 2012다26398, 대판 2023. 2. 23. 2022다277874 등.

5) 대판 2012. 4. 13. 2011다92916.

▣ 작위 또는 부작위를 명하는 가처분에 따른 간접강제결정의 집행과 집행문

채권자가 부대체적 작위채무 또는 부작위채무에 대한 간접강제결정을 집행권원으로 하여 강제집행을 하기 위해서는 **집행문**을 받아야 한다.

(1) 채무자의 **부작위채무에 대한 간접강제결정**의 경우 채무자의 부작위채무 위반은 부작위채무에 대한 간접강제결정의 집행을 위한 **조건**에 해당하므로, 법 30조 2항에 의하여 채권자가 그 조건의 성취를 증명해야 집행문(**조건성취집행문**)을 받을 수 있다.[1)]

(2) 채무자의 **부대체적 작위채무에 대한 간접강제결정**의 경우 그 결정 **주문의 형식과 내용**에 비추어 간접강제결정에서 명한 **배상금 지급의무의 발생 여부**나 **발생 시기 및 범위를 확정할 수 있다면** 간접강제결정을 집행하기 위한 조건이 붙어 있다고 볼 수 없으므로, 법 30조 2항에 따른 조건의 성취를 증명할 필요 없이 집행문(**통상집행문**)을 받을 수 있다.[2)]

반면 그러한 간접강제결정에서 명한 배상금 지급의무의 발생 여부나 시기 및 범위가 **불확정적인 것이라면** 간접강제결정을 집행하는 데에 법 30조 2항의 조건이 붙어 있다고 보아야 하므로, 법 30조 2항에 의하여 채권자가 그 조건의 성취를 증명해야 집행문(**조건성취집행문**)을 받을 수 있다.[3)4)5)]

---

1) 대판 2012. 4. 13. 2011다92916, **2021. 7. 22. 2020다248124**.

2) **대판 2022. 2. 11. 2020다229987**[원고가 피고를 상대로 교섭창구 단일화 절차이행을 구하는 가처분신청 사건에서, "피고는 원고의 교섭요구 사실을 피고의 사업장에 가처분결정 부본 송달일부터 7일간 공고하는 등 교섭창구 단일화 절차를 이행하고, 피고가 제 1 항을 위반할 경우 위반일수 1일당 2,000,000원을 원고에게 지급하라"는 가처분결정이 내려졌고, 피고가 가처분결정을 송달받은 이후에도 교섭창구 단일화 절차를 이행하지 않은 채 가처분결정에 이의신청을 하면서 집행정지결정(법 309조)을 받았는데, 이후 이의신청이 기각되어 그 결정이 확정되자, 원고가 간접강제결정에 대한 집행문부여를 신청하여 집행문을 받았고, 피고가 제기한 집행문부여에 대한 이의신청사건에서 그 집행문 중 집행정지기간 동안에 해당하는 배상금 부분이 취소되자, 원고는 간접강제결정을 집행하는 데 조건의 성취가 필요하다고 주장하면서 위와 같이 취소된 부분에 관한 집행문부여를 구하는 소(**집행문부여의 소**, 법 33조)를 제기한 사안에서, 대법원은, 이 사건 간접강제결정은 주문의 형식과 내용에 비추어 볼 때 그 배상금 지급의무의 발생 여부와 시기 및 범위를 확정할 수 있는 경우에 해당한다고 보아, 조건의 성취 여부를 다투는 집행문부여의 소를 제기할 수 없다고 판단했다].

3) 대판 2021. 6. 24. 2016다268695, 2022. 2. 11. 2020다229987. 예컨대 부대체적 작위채무로서 회계장부 또는 회계서류의 열람·등사를 허용할 것을 명하는 집행권원에 대한 **간접강제결정의 주문**에서 채무자가 열람·등사 허용의무를 위반하는 경우 법 261조 1항의 배상금을 지급하도록 명했다면, 그 문언상 채무자는 특정 장부 또는 서류의 열람·등사를 **요구할 경우**에 한하여 이를 허용할 의무를 부담하며, 채권자의 요구가 없어도 먼저 채권자에게 특정 장부 또는 서류를 제공할 의무를 부담하는 것이 아니므로, 그러한 간접강제결정에서 명한 배상금 지급의무는 그 **발생 여부나 시기 및 범위**가 **불확정적**이다. 따라서 그 간접강제결정은 이를 집행하는 데 법 30조 2항의 **조건**이 붙어 있다고 보아야 한다. 이 경우 채권자가 그 조건이 성취되었음을 증명하기 위해서는 ① 채무자에게 특정 장부 또는 서류의 열람·등사를 요구한 사실, ② 그 특정 장부 또는 서류가 본래의 집행권원에서 열람·등사의 허용을 명한 장부 또

(3) 앞서와 같이 조건성취집행문이 부여된 경우 채무자는 조건이 성취되지 않았음을 다투는 **집행문부여에 대한 이의의 소**를 통해 간접강제결정에 기초한 배상금채권의 집행을 저지할 수 있다.[1)]

3. 점유이전 또는 처분금지가처분의 경우

(1) 건물의 점유이전금지가처분의 집행은 부동산을 집행관이 보관 중임을 표시하는 공시서(公示書)를 게시해야 한다.

(2) 부동산처분금지가처분은 가압류의 예에 따른다(규칙 215조). 부동산처분금지가처분은 부동산가압류와 마찬가지로 가처분법원이 집행법원이 되어 등기부에 그 금지되는 사실을 기입하는 방법으로 집행한다. 다만 가처분등기의 촉탁은 집

는 서류에 해당한다는 사실 등을 증명해야 한다. 이에 따른 조건성취집행문은 법 32조 1항에 따라 재판장(사법보좌관)의 명령에 의하여 내어 주되 강제집행을 할 수 있는 범위를 집행문에 적어야 한다. **대판 2021. 6. 24. 2016다268695.**

4) 일부 견해는 부작위채무와 부대체적 작위채무를 구별하여 부대체적 작위채무의 간접강제의 경우 '작위채무 불이행'은 집행의 조건에 해당하지 않는다고 본다. 즉 부작위채무에서는 침해행위(채무불이행)를 채권자가 주장·증명해야 하므로 채권자가 침해행위가 있었던 사실을 증명하는 문서를 제출하거나 집행문부여의 소를 제기하여 조건성취를 이유로 한 집행문을 받아야 하지만, 부대체적 작위의무의 간접강제에서 작위채무를 불이행한 사실은 채권자가 적극적으로 증명해야 할 사항이 아니라, 이를 이행했다고 주장하는 채무자가 그 이행을 증명하여 청구이의의 소를 제기하는 등의 방법으로 다툴 수 있을 뿐이라고 한다. 양진수, "부대체적 작위의무에 관한 가처분결정이 정한 의무이행 기간 경과 후 그 가처분결정에 기초하여 발령된 간접강제결정의 효력과 채무자의 구제수단," 대법원판례해설 111호(2017년 상반기), 142쪽 이하. 이러한 **작위·부작위구분설**이 앞서의 대판 2021. 6. 24. 2016다268695 이전의 **통설**과 **실무**라고 소개하는 자료로는, 서울고등법원, 민사판례해설 Ⅲ-하, 829쪽. 한편 위 판결 이전에 발간된 법원실무제요, 민사집행(4), 776-777쪽도 이러한 **작위·부작위구분설**의 견해를 취하고 있다.

5) 이러한 **작위·부작위구분설**에 **대하여**, 간접강제결정상 부대체적 작위채무 또는 부작위채무 위반이 법 30조 2항의 집행문부여조건에 해당하는지 여부는 그 채무가 작위채무인지 부작위채무인지와 무관하게 증명책임의 분배 원칙에 기초하여 판단해야 하고, 부대체적 작위채무 또는 부작위채무 위반은 모두 간접강제금 발생의 정지조건으로서 간접강제결정의 집행문부여조건에 해당한다는 견해로는, 이민령, "간접강제결정의 집행문 부여절차에서 작위·부작위의무 위반사실의 집행문부여조건 해당 여부," 민사집행법연구 17권(2021. 2.), 209쪽 이하. 한편 작위채무와 부작위채무의 구별은 실체법에 관한 심리단계에서도 쉽지 않은데, 이를 집행단계에서 판단하도록 하는 것은 비효율적이라는 입장에서, 본래 채무의 성질 및 간접강제결정의 범위가 명확한지와 관계없이 조건성취집행문을 부여한다면, 채권자는 집행문 신청단계에서, 법원은 그 심사단계에서 불필요하게 이를 구별할 필요가 없으므로 채무자로서도 범위가 특정된 조건성취집행문을 송달받으면 그 집행범위를 예상할 수 있고, 자신이 취할 수 있는 구제절차가 일의적이어서 간명하다는 견해로는, 강윤희, "간접강제결정의 집행에 있어 작위채무와 부작위채무의 구별," 민사집행법연구 19권 1호(2023. 2.), 69쪽 이하.

1) 대판 2021. 6. 24. 2016다268695, 2023. 2. 23. 2022다277874.

행법원의 법원사무관 등이 한다(법 305조 3항, 293조). 가처분신청과 동시에 **집행신청**을 할 수 있다[통상 가처분신청시에 집행신청이 함께 있는 것으로 보아 따로 집행신청을 하지 않아도 된다]. 따라서 집행기간 2주를 지키지 못하는 경우는 사실상 없다.

(3) 1필지 토지 중 **특정 일부**에 대한 처분금지가처분을 하는 때에는 채권자가 가처분결정을 대위원인으로 하여 대위분할등기신청을 하여 분할등기를 한 다음 가처분의 기입등기를 할 수 있다.[1] 바로 분할등기가 될 수 없는 사정이 있는 때에는 1필지 토지의 특정 일부에 대한 소유권이전등기청구권을 보전하기 위하여 1필지 토지 전부에 대한 처분금지가처분결정을 받아 그에 기하여 처분금지가처분등기를 할 수 있다.[2]

4. 직무집행정지가처분 등의 경우

(1) 민·상법상의 이사·사원의 직무집행정지·직무대행자선임가처분(형성적 가처분)은 고지에 의하여 바로 형성적 효력이 발생하므로, 집행이 필요 없다. 등기는 본래의 집행이 아니라, 넓은 의미의 집행에 불과하다. ① **민법상 법인**의 이사에 대한 직무집행정지·직무대행자선임가처분은 민법 52조의2, 60조의2에서, ② **상법상 회사**의 이사에 대한 직무집행정지·직무대행자선임가처분은 주식회사의 경우 상법 407조·408조에서, 유한회사의 경우 상법 613조에서, 합명회사의 경우 상법 183조의2, 200조의2에서, 합자회사의 경우 상법 269조에서 각 그 집행방법을 정하고 있다.[3]

한편 민사집행법에서 법원사무관의 등기촉탁절차를 신설했다(법 306조).

(2) 법인 아닌 사단이나 재단의 이사에 대한 가처분은 등기되지 않으며, 가처분의 효력은 고지받은 당사자에게만 있다. 따라서 종전의 이사가 제 3 자에게 한 재산처분 등의 법률행위의 효력에는 영향을 미치지 않는다.[4]

---

1) 대판 1987. 10. 13. 87다카1093, 1994. 9. 27. 94다25032.

2) 대판 1975. 5. 27. 75다190; 최돈호, "1필지 토지의 특정일부에 대한 등기절차," 법무사 453호(2005. 3.), 4쪽 이하.

3) 가처분등기의 제 3 자에 대한 효력은 이에 관한 각 개별법에서 정하고 있다. 민법상 법인의 이사에 대한 직무집행정지 등 가처분은 등기 후가 아니면 제 3 자에게 대항하지 못한다(민 54조 1항). 반면에 상법에 의하여 등기할 사항인 회사의 이사, 사원, 감사, 청산인 등에 대한 직무집행정지 등 가처분은 등기하지 않으면 선의의 제 3 자에게 대항하지 못하고(상 37조 1항), 등기한 후라도 제 3 자가 정당한 사유로 인하여 이를 알지 못한 때에는 역시 대항하지 못한다(상 37조 2항).

4) 이시윤·조관행, 737쪽; 김일룡, 617쪽.

5. 지위보전가처분의 경우

근로자지위보전가처분은 임의의 이행을 기대하는 가처분으로, 형성재판인 임시의 지위를 정하기 위한 가처분으로서의 형성적 효과만 있다. 이를 공시할 방법도 없다. 채무자에게 가처분정본의 송달만 한다. 그 내용의 구체화를 위해서는 사용자의 임의이행이 있어야 하므로, 달리 집행의 문제는 생기지 않는다.

제 4 절 가처분의 효력

Ⅰ. 가처분과 기판력

(1) 가처분재판은 결정으로 하는데, 피보전권리를 종국적으로 확정하는 것을 목적으로 하는 것이 아니므로, 피보전권리의 존부에 대한 **기판력**이 생기지 않는다. 법원은 피보전권리의 존부인 본안에 대하여 판단하지 않고, 피보전권리와 보전의 필요성의 소명에 기한 보전처분의 신청에 대하여 판단하기 때문이다.[1]

다만 뒤의 보전처분에서 동일한 사항에 대하여 달리 판단할 수 없는 **기판력 유사의 구속력**은 인정된다고 본다. 따라서 동일한 사실관계에 기하여 동일한 권리를 피보전권리로 하는 그 뒤의 보전처분의 신청은 허용되지 않는다. 물론 채권자가 소명자료를 보강하여 다시 제출하는 경우 및 이전의 보전처분이 집행기간을 넘겨 실효된 경우에는 허용된다.[2]

(2) 가처분의 기판력의 문제와 관계없이 가처분의 집행방법으로 인하여 선·후 가처분이 저촉되는 경우 후의 가처분집행은 허용되지 않는다.

Ⅱ. 점유이전금지가처분의 효력

1. 객관적 현상변경에 대한 조치

건물의 멸실, 증·개축 특히 건물의 동일성이 상실되는 훼손 등의 객관적 현

1) 대판 1977. 12. 27. 77다1698, 대결 2008. 10. 27. 2007마944; 박우동, "보전소송에서의 피보전채권에 대한 기판력의 유무," 판례회고 6호(1979. 2.), 98쪽.

2) 이시윤·조관행, 739쪽.

상변경에 대한 조치로서, 대체집행의 규정을 준용하여 법원의 수권결정을 새로 얻어 원상회복의 집행을 해야 한다(**대체집행설, 집행명령설**). 다만 수권결정을 받는 데 너무 시간이 걸려 보전의 필요성이 있는 때에는 제 2 차 가처분의 신청도 허용된다고 본다[우리나라의 실무이다. 한편 일본의 최근 실무는 이러한 경우 원상회복 등을 명하는 새로운 가처분명령을 얻어 집행하도록 하고 있다].[1)]

2. 주관적 현상변경에 대한 조치

(1) 집행관보관·채무자사용형의 가처분이 집행된 경우 채무자가 가처분에 반하여 제 3 자에게 점유를 이전한 경우, 그 점유의 이전은 가처분채권자와의 관계에서 무효이나, 점유를 취득한 제 3 자에 대하여 가처분 자체의 효력으로 퇴거를 강제할 수 없다. 이 경우 채무자를 상대로 한 본안승소판결후 제 3 자에 대한 **승계집행문**을 부여받아 인도집행해야 한다(**승계집행문설**).

점유이전금지가처분은 그 목적물의 점유이전을 금지하나, 그럼에도 불구하고 점유가 이전되었을 때에는 가처분채무자는 가처분채권자에 대한 관계에서 여전히 그 점유자의 지위에 있다는 의미로서의 **당사자항정**의 효력이 인정될 뿐이다.[2)] 따라서 가처분채권자는 가처분채무자의 점유상실을 고려하지 않고 가처분채무자를 피고로 한 채로 본안소송을 계속할 수 있다.[3)] 다만 가처분 이후에 매매나 임대차 등에 기하여 가처분채무자로부터 점유를 이전받은 제 3 자에 대하여 가처분채권자가 가처분 자체의 효력으로 직접 퇴거를 강제할 수는 없고, 가처분채권자로서는 **본안판결의 집행단계**에서 **승계집행문**을 부여받아서 그 제 3 자의 점유를 배제할 수 있다.[4)]

(2) 앞서의 승계집행문설에 의하면, 채무자가 매도, 임대·전대 등으로 제 3 자에게 목적물의 전부 또는 일부의 점유를 이전한 경우에는 집행문을 부여받아 퇴거시킬 수 있으나, 제 3 자가 채무자의 의사와는 상관없이 **무단으로 점유**하는

---

1) 김건일, "점유이전금지가처분," 보전소송에 관한 제문제(재판자료 45집, 1989. 9.), 417쪽 이하.

2) 점유이전금지가처분이 있었음에도 점유가 이전되었을 때에는 **가처분채무자**는 **가처분채권자에 대한 관계**에서 여전히 점유자의 지위에 있고, 따라서 가처분채권자는 가처분채무자의 점유상실을 고려하지 않고 가처분채무자를 피고로 한 채로 본안소송을 계속할 수 있다. 그러나 **가처분채무자**가 가처분채권자가 아닌 **제 3 자에 대한 관계**에서도 점유자의 지위에 있다고는 볼 수 없다. 대판 1987. 11. 24. 87다카257,258, 대결 1996. 6. 7. 96마27.

3) 대판 1966. 7. 26. 66다1060, 1987. 11. 24. 87다카257,258.

4) 대판 1999. 3. 23. 98다59118.

경우에는 제 3 자를 상대로 **별소의 제기**가 필요하다는 입장을 취하게 된다.

판례도, 어떤 부동산에 대하여 점유이전금지가처분이 집행된 이후에 제 3 자가 가처분채무자의 **점유를 침탈하는 방법**으로 가처분채무자를 통하지 않고 그 부동산에 대한 점유를 획득한 것이라면, 설령 그 점유를 취득할 당시에 점유이전금지가처분이 집행된 사실을 알고 있었다고 하더라도 실제로는 가처분채무자로부터 점유를 승계받고도 점유이전금지가처분의 효력이 미치는 것을 회피하기 위하여 **채무자와 통모하여 점유를 침탈**한 것처럼 가장했다는 등의 **특별한 사정이 없는 한** 그 제 3 자를 법 31조 1항에 정한 '채무자의 승계인'이라고 할 수 없다고 본다.[1]

한편 제 3 자가 무단으로 점유하는 때에는 승계집행문과 수권결정(집행명령)을 받아 퇴거시킬 수 있다는 입장도 있다(**절충적 승계집행문설 · 집행명령설**).[2] **일본**의 경우 채무자가 계쟁물의 점유이전을 못하도록 현장공시가 있는 것을 근거로 가처분의 효력이 **악의**의 **비승계**(非承繼)점유자에게도 미치도록 하는 **'채무자불특정승계집행문제도'**를 두고 있으며(일본 민사집행법 27조 3항 1호),[3] 부동산의 점유자를 특정하기 곤란한 특별한 사정이 있는 경우 채무자를 특정하지 않아도 되는 **'채무자불특정점유이전금지가처분제도'**를 두고 있다(일본 민사보전법 25조의2).[4]

---

1) **판례**는, 점유이전금지가처분이 집행된 이후에 해당 부동산에 대한 점유를 취득한 제 3 자는 그 점유이전금지가처분의 집행사실을 알았을 가능성이 높고 가처분채권자로 하여금 별소를 제기하도록 하는 것이 번거로운 면은 있지만, 판결의 기판력과 집행력의 범위를 확장할 필요성이 있다는 이유만으로 법령의 근거 없이 채무자의 승계인 이외의 사람에게 승계집행문을 내어 줄 수는 없다고 본다. 다만 채무자와 제 3 자가 **통모**하여 **점유의 침탈을 가장**했다거나, 제 3 자가 점유이전금지가처분의 **집행사실을 알면서도** 아무런 **실체법상의 권원 없이** 해당 부동산의 점유를 침탈한 경우라면 채권자가 그러한 점들을 소명하여 제 3 자를 상대로 해당 부동산의 **인도단행가처분**을 구하는 등의 다른 구제절차로 보호받을 방법을 강구할 수 있다고 한다. 대판 2015. 1. 29. 2012다111630.

2) 김건일, "점유이전금지가처분," 보전소송에 관한 제문제(재판자료 45집, 1989. 9.), 417쪽 이하.

3) 채무자(승계인)를 특정하지 않고 부여된 승계집행문에 기한 인도집행은 부동산의 점유를 해제할 때에 그 점유자를 특정할 수 있는 경우에 한하여 가능하다(일본 민사집행법 27조 4항). 즉 인도집행이 이루어진 때에는 그 집행에 의하여 해당 부동산의 점유를 해제하는 자가 채무자로 된다(일본 민사집행법 27조 5항). 민사집행법상 승계집행문은 본래 집행권원에 표시된 당사자 이외의 사람을 채무자로 특정하여 내어 주지만, 부동산의 점유자를 잇달아 교체하는 방법에 의한 집행방해행위에 대한 대처방안으로서 채무자를 특정하지 않고 승계집행문을 내어 줄 수 있도록 한 것이다. 이충상, "부동산 인도집행의 실효성 제고 방안," 경희법학 52권 3호(2017. 9.), 352쪽.

4) 이 경우 채무자가 불특정한 상태에 놓여 있다가 집행관의 점유이전금지가처분의 집행을 당한 자가 채무자로 확정된다(일본 민사보전법 25조의2 2항). 점유이전금지가처분은 대상자를 특정하여 발령하는 것이 원칙이지만, 점유자를 악의적으로 계속 변경하거나, 가장임차인을 내세워 점유자가 변경된 척 하는 등 현재의 점유자를 특정하기 곤란하게 함으로써 부동산 점유이전금지가처분을 할 수 없도록 방해하는 행위에 대처하기 위한 제도이다. 이충상, "부동산

Ⅲ. 처분금지가처분의 효력

1. 상대적 효력

(1) 의 의

1) 처분금지가처분은 상대적 효력을 가진다. 부동산에 관하여 처분금지가처분의 등기가 마쳐진 후에 가처분권자가 본안소송에서 승소판결을 받아 확정되면 **그 피보전권리의 범위 내**에서 그 **가처분에 저촉되는** 처분행위의 효력을 부정할 수 있다. 이 경우 그 처분행위가 가처분에 **저촉**되는 것인지 여부는 그 **처분행위에 따른 등기**와 **가처분등기**의 **선후**에 의하여 정해진다.[1)]

다만 ① 가등기는 본등기 순위보전의 효력이 있으므로, **가처분등기보다 먼저 마쳐진 가등기**에 의하여 본등기가 마쳐진 경우에는 그 본등기가 설사 가처분등기 뒤에 마쳐졌더라도 채권자에게 대항할 수 없으며, ② 근저당권이 소멸되는 경매절차에서 부동산이 매각되는 경우에는 근저당권설정등기와 가처분등기의 선후에 따라 채무자가 채권자에게 대항할 수 있는지 여부가 정해지므로, **가처분등기보다 먼저 설정등기가 마쳐진 근저당권**이 소멸되는 경매절차에서의 매각으로 채무자가 건물 소유권을 상실한 경우에는 채권자로서도 가처분의 효력을 내세워 채무자가 여전히 그 건물을 철거할 수 있는 지위에 있다고 주장할 수 없다.[2)]

2) 처분금지가처분에 위반한 처분행위는 가처분채무자와 그 상대방 및 제 3 자 사이에는 완전히 유효하고 단지 가처분채권자에게만 대항할 수 없음에 그친다. 예컨대 채무자 소유의 부동산에 대하여 처분금지가처분결정이 된 경우에 가처분채무자는 그 부동산을 처분할 수 없는 것이 아니고 다만 그 처분을 가지고 가처분에 저촉하는 범위 내에서[3)] 가처분채권자에게 대항할 수 없는 것에 지나지 않

인도집행의 실효성 제고 방안," 경희법학 52권 3호(2017. 9.), 347쪽.

1) 대판 2003. 2. 28. 2000다65802,65819, 2009. 9. 24. 2009다32928, 2022. 6. 30. 2018다276218.

2) 대판 2022. 3. 31. 2017다9121,9138.

3) **판례**도 임차권은 목적물의 사용 · 수익을 내용으로 하는 권리로서 저당권의 존속이 임차권의 실현에 장애가 되지 않으며, 임차권설정등기청구권 보전을 위한 가처분등기후 설정된 저당권의 실행이 있다고 하더라도 선행된 가처분등기와 임차권설정등기청구를 인용한 본안판결에 기하여 제 3 자에게 대항할 수 있으므로, 근저당권의 설정으로 인하여 가처분에 의하여 보전된 임차권이 아무런 침해를 받지 않고, 따라서 임차권자는 그 가처분등기 후에 마쳐진 근저당권설정등기의 말소를 구할 수 없다고 했다. 대결 1984. 4. 16. 84마7, 대판 1988. 4. 25. 87다카458, 2006. 8. 24. 2004다23110.

는다.1)

3) 부동산에 관한 처분금지가처분결정을 받았다고 하더라도 그 가처분은 그 **집행**에 해당하는 등기에 의하여 비로소 가처분채무자 및 제 3 자에 대하여 구속력을 갖게 되므로[이러한 의미에서 처분금지가처분의 효력은 그 가처분결정 자체의 효력이라기보다는 그 집행의 효력이라고 할 수 있다], 그 **가처분등기가 경료되기 이전**에 가처분채무자가 그 가처분의 내용에 위반하여 처분행위를 함으로써 이에 따라 제 3 자 명의의 소유권이전등기가 마쳐진 경우, 그 소유권이전등기는 완전히 유효하다.2)3)

한편 **처분금지가처분결정의 취소결정**이 집행에 의하여 **처분금지가처분등기가 말소된 경우** 그 효력은 확정적이므로, 처분금지가처분결정에 따른 가처분등기가 마쳐져 있던 상태에서 그 부동산을 양수하여 소유권이전등기를 마친 제 3 자라 하더라도 위와 같이 **가처분등기가 말소된 이후**에는 더 이상 처분금지적 효력의 제한을 받지 않고 그 소유권취득의 효력을 가처분채권자에게 대항할 수 있게 된다.4)

4) **판례**는, 동산의 소유자가 동산을 이중으로 양도하고 각 점유개정의 방법으로 동산의 점유를 계속하는 경우 양수인들 사이에서는 먼저 현실의 인도를 받아 점유를 해온 사람이 소유권을 취득한다고 보아야 하나, 양수인 가운데 한 사람이 처분금지가처분을 받아 이를 집행한 후 그 동산의 인도를 명하는 판결을 받은 때에는 다른 양수인이 위 가처분집행 후에 양도인으로부터 동산을 현실로 인도받아 점유를 승계했더라도 그 동산을 선의취득한 것이 아닌 한 이와 같은 양수인은 가처분채권자가 본안소송에서의 승소판결에 따른 집행권원에 근거하여 강제집행을 한다면 이를 수인해야 하는 지위에 있으므로 가처분채권자와의 사이에서는 그 동산의 소유권을 취득했다고 주장할 수 없다고 한다.5)

---

1) 대판 1988. 9. 13. 86다카191; 민일영, "부동산처분금지가처분의 효력," 민사판례연구(민사판례연구회) 11권(1984. 4.), 446쪽 이하.

2) 대판 1997. 7. 11. 97다15012.

3) 예탁금제 골프회원권은 회원의 골프클럽 운영회사에 대한 회원가입계약상의 지위 및 회원가입계약에 의한 채권적 법률관계를 총체적으로 가리키는 것으로서 이에 대해서는 그 회원권 자체 또는 회원이 탈퇴할 때 행사할 수 있는 예치금반환청구권에 대하여 가압류 또는 가처분의 보전처분을 할 수 있다. 대판 1989. 11. 10. 88다카19606.

4) 대결 2010. 1. 19. 2009마1738, 2013. 12. 20. 2013마397, 2017. 10. 19. 2015마1383 등.

5) 대판 1989. 10. 24. 88다카26802.

■ 처분금지가처분의 효력에 저촉되는지 여부가 문제된 경우

(1) 가처분채권자가 피보전권리가 없는 경우

피보전권리가 없음에도 불구하고 그 권리보전이라는 구실 아래 처분금지가처분 결정을 받아 이를 집행한 때에는 그 가처분 후에 그 가처분에 반하여 한 행위라도 그 행위의 효력은 그 가처분에 의하여 무시될 수 없다.[1]

예컨대 ① 다툼의 대상인 부동산에 관하여 실체법상 아무런 권리가 없는 사람의 신청에 의한 처분금지가처분등기가 마쳐졌다 하더라도 그 가처분채권자는 가처분의 효력을 채무자나 제 3 자에게 주장할 수 없는 것이므로, 그 가처분등기 후에 부동산 소유권이전등기를 마친 사람은 가처분권리자에 대해서도 유효하게 소유권을 취득했음을 주장할 수 있다.[2] ② 어느 부동산의 일부에 대해서만 피보전권리가 인정된다면 그 **피보전권리 없는 부분**의 가처분은 무효이므로, 그 선행가처분 후에 그 부동산의 일부에 관하여 새로운 가처분을 받은 사람이라도 자신의 피보전권리가 선행가처분채권자의 피보전권리에 저촉되지 않는 한 자신의 가처분으로 선행가처분채권자에게 대항할 수 있고, 설사 선행가처분채권자가 후행가처분 후에 그 부동산에 관한 권리 전부를 취득했더라도 선행가처분 가운데 무효였던 부분이 유효한 것으로 될 수는 없다.[3]

(2) 사해행위취소에 따른 원상회복을 위한 처분금지가처분에서 수익자의 채무자에로의 목적물 반환의 경우

채권자가 수익자를 상대로 사해행위취소로 인한 원상회복을 위하여 소유권이전등기말소등기청구권을 피보전권리로 하여 그 목적부동산에 대한 처분금지가처분을 받은 경우, 그 후 수익자가 **계약의 해제 또는 해지 등**의 사유로 채무자에게 그 부동산을 반환하는 것은 가처분채권자의 피보전권리인 채권자취소권에 의한 원상회복청구권을 침해하는 것이 아니라 오히려 그 **피보전권리에 부합**하는 것이므로 위 가처분의 처분금지적 효력에 저촉된다고 할 수 없는 것이므로,[4] 수익자가 한 이전등기 원인이 된 계약의 해지에 따른 채무자에게로의 소유권이전이 위 가처분의 처분금지적 효력에 저촉되어 무효라고 할 수도 없다.[5]

(3) 가처분채무자 명의의 등기가 원인무효인 경우

부동산에 대한 처분금지가처분등기가 마쳐졌으나 그 가처분 당시의 가처분채무자 명의의 등기가 원인무효인 관계로 확정판결에 의해 말소되어 **전소유자의 소유 명의**로 **복귀**되는 경우에는 처분금지가처분에 의하여 처분이 금지되는 처분행위에

1) 대판 1994. 4. 29. 93다60434, 1995. 10. 13. 94다44996, 대결 2010. 8. 26. 2010마818.
2) 대판 1972. 10. 31. 72다1271, 1999. 7. 9. 98다6831, 1999. 10. 8. 98다38760.
3) 대판 1994. 3. 11. 93다52044.
4) 대판 2006. 8. 24. 2004다23110.
5) 대판 2008. 3. 27. 2007다85157; 차문호, "계약의 해지에 대한 채권자취소소송 가능 여부 등," 대법원판례해설 75호(2008년 상반기), 79쪽 이하.

해당한다고 볼 수 없다.[1)]

(4) 저당권설정등기청구권을 보전하기 위한 처분금지가처분의 등기 후 소유권 이전등기 등이 경료된 경우

저당권설정등기청구권을 보전하기 위한 처분금지가처분등기가 되어 있는 부동산에 관하여 그 후 소유권이전등기나 처분제한의 등기가 이루어지고 그 뒤 가처분채권자가 본안소송의 승소확정으로 피보전권리의 실현을 위한 저당권설정등기를 하는 경우에 가처분등기 후에 이루어진 소유권이전등기나 처분제한의 등기 등 자체가 가처분채권자의 저당권 취득에 장애가 되는 것은 아니어서 등기가 말소되지 않는다. 그러나 저당권 취득과 저촉되는 범위에서 가처분등기 후에 등기된 권리의 취득이나 처분의 제한으로 가처분채권자에 대항할 수 없다.[2)3)]

(2) 처분금지가처분의 위반과 가처분채권자의 구제방법

1) 가처분채권자는 가처분채권자의 지위만으로 가처분 이후 경료된 등기의 말소를 청구할 수 없고, 본안에서 승소판결을 받아 가처분 후의 등기를 가처분에 위반하는 한도에서 말소할 수 있다.

2) 가처분채권자의 권리가 본안에서 확정될 때까지는 가처분등기 후의 처분행위라도 등기가 허용된다. **제 3 취득자**는 비록 목적부동산에 관하여 처분금지가처분등기가 되어 있더라도, ① 그 부동산을 임대한 경우에는 임대인으로서 임차인에게 차임의 지급을 청구할 수 있으며, ② 가처분채무자에게 목적부동산의 인도를 구할 수 있고, ③ 가처분채무자를 상대방으로 하는 다른 사람의 강제집행에 대하여 제 3 자이의의 소를 제기할 수 있다. 한편 **제 3 취득자의 채권자**도 제 3 취득자

---

1) 다만 가처분채무자가 소유권을 제 3 자에게 처분하면서 이미 등기가 마쳐진 처분금지가처분의 효력을 배제시킬 의도로 자백간주에 의하여 원인무효라는 확정판결을 받아 가처분채무자 명의의 등기를 말소하고 그 제 3 자에게 등기를 이전했다는 등의 **특별한 사정**이 있는 때에는 그 처분금지가처분에 의하여 처분이 금지되는 처분행위에 포함된다. 대판 1996. 8. 20. 94다58988; 안철상, "처분금지가처분의 기초가 된 소유권이전등기가 가처분채권자의 승낙 없이 말소된 경우의 법률관계," 판례연구(부산판례연구회) 8집(1998. 1.), 655쪽 이하.

2) 대판 2015. 7. 9. 2015다202360, 2022. 6. 30. 2018다276218.

3) 이러한 법리는 **소유권이전등기청구권가등기 청구채권**을 보전하기 위한 처분금지가처분의 등기가 마쳐진 부동산에 관하여 그 피보전권리 실현을 위한 **가등기**와 그에 의한 소유권이전의 **본등기**가 마쳐진 때에도 마찬가지로 적용된다. 소유권이전의 본등기가 마쳐진 경우에는 그 **가처분에 기초한 가등기**에 대항할 수 없는 **가압류등기**는 가등기권자의 본등기 취득에 의한 등기순위 보전 및 물권의 배타성에 의하여 등기의 효력을 상실하게 되므로, 이 경우 가등기에 의한 소유권이전의 본등기를 마침으로써 가등기에 대항할 수 없는 가압류등기는 등기의 효력을 상실하게 된다. 대판 2022. 6. 30. 2018다276218.

를 채무자로 하여 목적부동산에 대하여 강제집행이나 보전처분을 할 수 있다.

3) **판례**도, 부동산처분금지가처분등기가 유효하게 기입된 이후에도 가처분채권자의 지위만으로는 가처분 이후에 마쳐진 처분등기의 말소청구권은 없으며, 나중에 가처분채권자가 본안 승소판결에 의한 등기의 기재를 청구할 수 있게 되면서 가처분등기 후에 마쳐진 가처분 내용에 위반된 위 등기의 말소를 청구할 수 있고, 또 등기관도 가처분 이후에 이루어진 가처분 위반등기를 직권으로 말소할 수도 없으므로 가처분 위반의 등기가 소유권이전등기시에 말소되지 않은 채 남아 있다면 이는 말소해야 할 등기상의 부담이라고 보아야 한다는 입장이다.[1)]

▣ 처분금지가처분채권자가 승소판결 등에 따라 소유권이전등기 또는 소유권말소등기를 신청할 경우 이미 마쳐진 해당 가처분등기 및 그 가처분등기 이후의 제 3 자 명의의 등기의 말소방법 및 절차

(1) 처분금지가처분등기 이후의 제 3 자 명의의 등기의 말소신청 등과 등기관의 조치

부동산등기법에는 가처분등기 이후의 등기의 말소에 관한 별도의 규정(부등 94조)을 두고 있다. 즉 민사집행법 305조 3항에 따라 권리의 이전·말소 또는 설정등기청구권을 보전하기 위한 처분금지가처분등기가 된 후 가처분채권자가 가처분채무자를 등기의무자로 하여 권리의 이전·말소 또는 설정의 등기를 신청하는 경우에는, 대법원규칙으로 정하는 바에 따라 그 **가처분등기 이후에 된 등기**로서 가처분채권자의 권리를 침해하는 등기의 말소를 단독으로 **신청**할 수 있는데(부등 94조 1항), 등기관이 위 신청에 따라 **가처분등기 이후의 등기**를 말소할 때에는 **직권**으로 그 **가처분등기**도 말소해야 하며(부등 94조 2항), 등기관이 위 신청에 따라 가처분등기 이후의 등기를 말소했을 때에는 지체 없이 그 사실을 말소된 권리의 등기명의인에게 통지하도록 하고 있다(부등 94조 3항).

예컨대 부동산의 처분금지가처분채권자가 본안사건에서 승소하여(재판상 화해 또는 청구의 인낙을 포함한다) 그 확정판결의 정본을 첨부하여 소유권이전등기를 신청하는 경우, 그 가처분등기 이후에 제 3 자 명의의 소유권이전등기가 경료되어 있을 때에는 반드시 위 **소유권이전등기신청**과 함께 단독으로 그 가처분등기 이후에 경료된 **제 3 자 명의의 소유권이전등기의 말소신청**도 동시에 하여 그 가처분등기 이후의 소유권이전등기를 말소하고 가처분채권자의 소유권이전등기를 해야 한다.[2)]

---

1) 대판 1992. 2. 14. 91다12349.

2) 이 경우 가처분에 의한 승소판결에 저촉되어 말소되어야 할 대상이 부동산 전부에 관한 등기 중 일부 지분인 때에는 특별한 사정이 없는 한 실질적으로는 말소이지만 등기형식은 경정등기의 방식을 취하는 일부말소 의미의 경정등기에 의해야 한다. 대결 2012. 2. 9. 2011마1892.

(2) 처분금지가처분등기 이후의 제 3 자 명의의 등기가 가처분등기에 우선하는 경우와 등기관의 조치

이 경우 가처분등기 이후에 경료된 제 3 자 명의의 **소유권이전등기가 가처분등기에 우선하는 저당권 또는 압류**에 기한 경매절차에 따른 매각을 원인으로 하여 이루어진 것인 때에는 가처분채권자의 말소신청이 있다 하더라도 이를 말소할 수 없으므로, 그러한 말소신청이 있으면 경매개시결정의 원인이 가처분등기에 우선하는 권리에 기한 것인지 여부를 조사(새로운 등기기록에 이기된 경우에는 폐쇄등기기록 및 수작업 폐쇄등기부까지 조사)하여, 그 소유권이전등기가 가처분채권자에 우선하는 경우에는 가처분채권자의 등기신청(가처분에 기한 소유권이전등기신청 포함)을 전부 수리해서는 안 된다.[1)]

2. 등기부상 공시할 수 없는 가처분의 효력

(1) 등기부상 공시할 수 없는 가처분, 예컨대 부동산 자체가 아닌 **부동산소유권이전등기청구권**에 대한 가처분(**소유권이전등기청구권 처분금지** 및 **소유권이전등기절차 이행금지가처분**)의 경우에는 공시방법이 없다. **판례**는, 이러한 가처분신청이 허용됨을 전제로 "채무자는 소유권이전등기청구권을 양도하거나 그 밖의 일체의 처분행위를 해서는 안 된다. 제 3 채무자는 채무자에게 소유권이전등기절차를 이행해서는 안 된다."라는 가처분결정이 집행된 후 채무자가 제 3 채무자를 상대로 소유권이전등기절차의 이행을 구하는 소를 제기한 경우에 법원은 **가처분의 해제를 조건**으로 해서만 소유권이전등기절차의 이행을 명할 수 있다고 본다.[2)] 다만 이러한 가처분결정은 채무자가 소유권이전등기청구권을 임의로 처분하는 것을 금지하는 효력만 있고 소유권이전등기청구권에 대한 **후행가압류나 후행압류**에 우선하는 효력은 없으므로, 후행가압류나 후행압류는 가처분채권자와의 관계에서도 유효하다.[3)] 따라서 후행압류권자가 추심명령을 얻어 제 3 채무자를 피고로 하여 채무자에게 소유권이전등기절차를 이행할 것을 구하는 추심의 소를 제기한 경우에는 법원은 가처분의 해제를 조건으로 하지 않고 소유권이전등기절차의 이행을 명해야 한다.

---

1) 등기예규 제1690호 '처분금지가처분채권자가 가처분채무자를 등기의무자로 하여 소유권이전등기 또는 소유권이전(보존)등기말소등기 신청 등을 하는 경우의 업무처리지침'(2020. 7. 21. 개정, 2020. 8. 5. 시행).

2) 대판 1999. 2. 9. 98다42615.

3) 대판 1998. 4. 14. 96다47104, 2001. 10. 9. 2000다51216.

(2) 이러한 가처분을 위반하여 경료한 등기의 효력을 부정할 수 없다.[1] 이에 대한 입법적 해결이 필요하다. 다만 부동산소유권이전등기청구권이 **가등기**된 경우에는 **부기등기**의 방법으로 가처분기입등기가 가능하다.

3. 대위가처분의 효력

(1) 갑 소유의 부동산에 관하여 을-병으로 순차 전매된 경우 병이 을을 **대위하여** 갑을 상대로 처분금지가처분(**대위가처분**)을 받아도[2] 그 효력은 갑이 **을 아닌 제 3 자**에 대한 소유권이전을 금지하는 효력밖에 없다. 따라서 갑이 **을에게** 소유권이전하고, 을이 병 아닌 제 3 자에게 소유권이전을 하더라도 가처분의 효력에 위배되지 않으므로, 원인무효의 등기가 아니다.[3] 이러한 경우 병이 을을 상대로 **소유권이전등기청구권**에 대한 처분금지가처분을 함께 해 두어야 하나 그 자체로는 등기할 방법이 없다.[4]

다만 이 경우 을의 이중매매를 막아 **병의 권리를 보전하는 방법**으로는, 병이

---

1) 대판 1989. 10. 10. 88다카3922, 1997. 5. 7. 97다1907, 2009. 1. 30. 2006다37465.

2) 소유권이전등기청구권에 대한 처분금지가처분은 전득자가 전매인을 채무자로, 원래의 양도인을 제 3 채무자로 하여, "채무자는 제 3 채무자에 대하여 가진 별지 목록 기재 부동산에 관한 소유권이전등기청구권을 양도하는 등 일체의 처분행위와 권리를 행사해서는 안 된다. 제 3 채무자는 채무자에게 위 부동산에 관한 소유권이전등기를 해서는 안 된다."는 형태의 부작위 가처분은 등기가 될 수 없다. 곽종석, "대위에 의한 부동산 처분금지가처분의 효력과 부대문제," 판례연구(부산판례연구회) 2집(1992. 2.), 413쪽 이하.

3) 이러한 가처분은 전득자가 자신의 양수인에 대한 소유권이전등기청구권을 보전하기 위하여 양도인이 양수인 이외의 사람에게 그 소유권의 이전 등 처분행위를 못하게 하는 데에 그 목적이 있는 것으로서 그 **피보전권리**는 양수인의 양도인에 대한 소유권이전등기청구권이고, 전득자의 양도인에 대한 소유권이전등기청구권까지 포함되는 것은 아닐 뿐만 아니라 그 가처분 결정에서 제 3 자에 대한 처분을 금지했다고 하여도 그 제 3 자 가운데에 양수인은 포함되지 않기 때문이다. 대판 1989. 10. 10. 88다카3922, 1994. 3. 8. 93다42665, 1998. 2. 13. 97다47897. 또한 채권자가 사해행위의 수익자를 상대로 사해행위취소에 따른 소유권이전등기 말소등기청구권을 피보전권리로 하여 처분금지가처분결정을 받고, 수익자로부터 채무자에게 소유권이전등기가 이루어진 경우에는 채무자로부터 다시 새로운 제 3 자에게 소유권이전등기가 이루어졌다고 하더라도 제 3 자로의 처분행위가 새로운 사해행위가 됨은 별론으로 하고, 채무자 명의의 소유권이전등기, 제 3 자 명의로의 소유권이전등기는 위 가처분의 효력에 위배되는 것이 아니어서 유효하다. 법원실무제요 민사집행(5), 357쪽.

4) 이에 대하여 근본적인 의문을 제시하는 견해도 있다. 즉 한편 병의 대위권행사로 피대위자인 을의 청구권이 실현되면 을은 등기명의자로서 병에 대한 등기의무자가 되는데, 이런 의미에서 을은 잠재적인 등기명의자 또는 조건부의 등기명의자로 불러도 좋은 것이므로, 병의 을에 대한 권리의 보전을 위한 가처분을 등기할 길이 없다고 단정하는 것은 속단이라는 입장이다. 김광년, "채권자대위권에 기한 처분금지가처분의 효력," 판례연구(서울지방변호사회) 3집(1990. 1.), 7쪽 이하.

을을 **대위하여 가등기가처분**을 받아 **을 명의로** 소유권이전등기청구권 보전의 **가등기**를 마침과 동시에, ① 그 가등기된 을의 소유권이전등기청구권에 관하여 병 명의로 별개의 처분금지가처분을 받아 **처분금지가처분등기**를 마치거나, ② 그 가등기에 대하여 병 명의로 그 청구권이전의 **부기등기**를 마치거나,[1] 또는 ③ 그 가등기에 대하여 병 명의로 그 청구권이전의 청구권을 보전하기 위한 **부기가등기**를 마치는 방법 등이 있다.[2][3]

(2) 한편 갑 소유 부동산에 관하여 을 → 병 → 정으로 순차 전매된 경우 정이 병, 을을 순차 **대위하여** 갑을 상대로 처분금지가처분(**대위가처분**)을 했는데 갑으로부터 병 앞으로 중간생략의 소유권이전등기가 마쳐졌다면 이 등기는 처분금지가처분에 위배되어 정에게 대항할 수 없다.[4]

4. 양도담보와 가처분의 효력

(1) **채무자**가 **양도담보권자**의 **담보권행사 아닌** 다른 처분행위를 방지하거나, 채무변제 후에도 부동산을 처분하는 것을 방지하기 위한 가처분은 허용된다.[5] 즉 채무자가 변제를 한 경우에는 채권자에 대하여 소유권이전등기청구권을 가지므

---

1) 가등기에 의하여 순위보전의 대상이 되는 물권을 양도한 경우 양도인(을)과 양수인(병)의 공동신청으로 그 가등기상 권리의 이전등기를 가등기에 대한 부기등기의 형식으로 할 수도 있다. 대판(전) 1998. 11. 19. 98다24105.

2) 최형기, "대위처분금지가처분의 효력 및 전득자권리의 보전방법," 대법원판례해설 10호 (1988년 하반기), 51쪽 이하.

3) 한편 전득자(병)의 권리보전방안으로, 소유권이전등기청구권 **이행금지가처분**의 이용가능성을 제시하는 견해가 있다. 즉 이행금지가처분은 현행법상 가능하고 이러한 가처분은 매도인(갑)에게 매수인(을)의 독자적인 이행청구에 응해서는 안 된다는 효력을 가지므로, 이행금지가처분을 매도인(갑) 명의의 소유권등기에 공시함으로써 이행금지가처분에 반하는 소유권이전행위의 효력을 대세적으로 부인할 수 있다는 입장이다. 이계정, "대위에 의한 처분금지가처분의 효력과 전득자의 권리보전방안에 관한 연구," 법조 52권 1호(2003. 1.), 183쪽 이하.

4) 대판 1998. 2. 13. 97다47897; 박이규, "부동산소유권이전등기청구권 처분금지가처분의 효력," 민사판례연구(민사판례연구회) 22권(2000년), 534쪽 이하.

5) 따라서 채무자의 차용금채무를 담보하기 위하여 부동산에 관하여 채권자 명의의 가등기 및 본등기가 경료된 경우에 채무자가 아직 그 차용금채무를 변제하지 않은 상태라 할지라도, 채무변제를 조건으로 한 말소등기청구권을 보전하기 위하여 그 목적부동산에 관하여 처분금지가처분을 신청할 수도 있다. 그 경우 채권자가 목적부동산에 대한 담보권행사가 아닌 다른 처분행위를 하거나, 피담보채무를 변제받고서도 목적부동산을 처분하는 것을 방지하는 목적 범위 내에서는 보전의 필요성도 있다. 다만 이러한 가처분을 허용한다고 해도 피담보채무가 변제되지 않은 경우에는 채권자가 담보권행사로서 목적부동산의 처분행위를 방지하는 효력이 없어 위 가처분으로서는 채권자의 처분행위의 효력을 다툴 수 없게 될 뿐이다. 대판 1979. 2. 27. 78다2295, 1991. 5. 14. 91다8678, 1993. 7. 13. 93다20870, 2002. 8. 23. 2002다1567.

로, 이러한 가처분이 있음에도 불구하고 변제를 받은 양도담보권자가 함부로 처분을 한 때에는 양수인의 선의·악의를 불문하고 그 처분행위는 가처분의 효력에 반하여 무효가 되며, 채권자가 변제기 전에 처분을 한 경우에는 그 처분행위는 피보전권리의 침해행위로서 가처분의 효력에 반하는 것이므로 무효로 된다. 결국 정당한 담보권실행이 아닌 다른 처분행위는 가처분에 의하여 금지되므로 이러한 가처분은 허용된다.[1]

(2) 그러나 **채무자**가 양도담보권자의 **담보권행사를 방지하는** 가처분은 허용되지 않는다. 즉 채무자가 변제를 하지 않아 채권자가 담보권행사로 처분행위를 해도 가처분에 의하여 그 효력에 영향을 받지 않는다.[2]

Ⅳ. 임시의 지위를 정하기 위한 가처분의 효력

1. 직무집행정지·직무대행자선임가처분의 효력

(1) 법인의 대표자 등에 대한 직무집행정지·직무대행자선임가처분결정은 채무자에게 송달함으로써 효력이 생긴다. 이러한 가처분결정에 관한 등기가 마쳐지지 않은 경우에도 당사자에게 여전히 그 효력이 미친다.[3]

(2) 주식회사의 이사 등에 대한 직무집행정지·직무대행자선임가처분결정은

---

1) 윤경, "양도담보채무의 변제를 조건으로 한 말소등기청구권을 보전하기 위한 처분금지가처분의 허부," 사법행정 44권 1호(2003. 1.), 6쪽 이하.

2) **판례**는, 원고(채무자)가 차용금의 변제를 지체하자 피고들(양도담보권자)이 그 청산의 방법으로 양도담보 제공의 부동산을 제 3 자에게 처분하여 그 등기를 마쳤다면 비록 그 처분 전에 위 부동산에 관하여 원고가 법원으로부터 처분금지가처분결정을 받아 그 기입등기를 했다 하더라도 그 처분금지가처분의 피보전권리가 될 (양도담보 목적의) 소유권이전등기의 말소등기청구권이 위 가처분결정 당시까지도 발생하지 않았음이 분명한 이상 그 가처분결정은 목적부동산에 대한 담보권행사로서의 처분행위를 방지할 효력이 없으므로(대판 1972. 10. 31. 72다1271,1272), 원고가 위 가처분결정 당시는 물론 사실심 변론종결시까지 피고에게 차용권리금을 변제하지 않았다면 위 가처분은 아무런 효력이 없고 따라서 위 부동산의 제 3 자에게 이전등기가 마쳐진 이상 원고로서는 피고들에게 위 부동산의 처분으로 인한 청산금의 지급을 구하는 것은 모르되 차용원리금의 변제를 조건으로 피고들 명의로 된 위 각 등기의 말소를 구하는 것은 이행불능상태에 빠졌다고 보았다. 대판 1991. 5. 14. 91다8678.

3) 대판 2014. 3. 27. 2013다39551. **종래** 실무상 가처분결정이 당사자에게 송달되는 것만으로는 직무집행정지의 효력이 발생하는 것이 아니라 가처분등기가 이루어지는 시점에서 그 효력이 발생하는 것으로 보고, 가처분등기를 효력발생요건으로 보았다. 법원실무제요(2003년판) 민사집행(4), 346쪽. 그러나 **현재** 실무에서는 위 판례의 취지대로 가처분결정의 효력발생시점을 **가처분결정의 송달시**로 보고 있다. 법원실무제요 민사집행(4), 429쪽.

성질상 당사자 사이뿐만 아니라 **제 3 자**에 대한 관계에서도 그 효력이 미친다.[1] 이 경우 본안소송(주주총회결의취소의 소, 주주총회결의부존재 · 무효확인의 소)의 청구인용확정판결은 제 3 자에 대하여 기판력이 확장(**대세적 효력, 편면적 대세효**)되기 때문이다(상 376조 · 380조 · 381조, 190조 본문).[2]

(3) 단체의 대표자에 대해 직무집행정지 · 직무대행자선임가처분이 발령되면, 그 가처분에 특별한 정함이 없는 한 그 대표자는 일체의 직무집행에서 배제되고 직무대행자로 선임된 사람이 대표자의 직무를 대행하게 된다. 직무집행이 정지된 이사가 행한 행위는 전적으로 무효이다.[3]

판례는, 법원의 직무집행정지가처분결정에 의해 회사를 대표할 권한이 정지된 대표이사가 그 정지기간 중에 체결한 계약은 절대적으로 무효이고, 그 후 가처분신청의 취하에 의하여 보전집행이 취소되었다 하더라도 집행의 효력은 장래를 향하여 소멸할 뿐 소급적으로 소멸하는 것은 아니므로, 가처분신청이 취하되었다 하여 무효인 계약이 유효하게 되지는 않는다고 한다.[4]

한편 직무대행자가 그 권한에 기하여 행한 행위는 가처분이 취소되어도 영향을 받지 않는다.

(4) 직무대행자는 법인의 통상업무(常務)에 속하는 행위를 할 수 있다. 통상업무에 속하지 않는 행위는 법원의 특별수권을 받아야 한다.[5] 직무대행자가 법원의 허가 없이 통상업무 외의 행위를 한 경우에는 법인은 선의의 제 3 자에 대하여 책임을 진다(민 60조의2 2항, 상 200조의2 2항, 408조 2항 등).

판례는, ① 가처분결정에 의하여 선임된 직무대행자는 그 가처분결정에 다

---

1) 대판 2014. 3. 27. 2013다39551, 2020. 8. 20. 2018다249148.

2) 김홍엽(민사소송), 925쪽. 한편 판례가 주식회사의 이사에 대한 직무집행정지 · 집행행자선임 가처분의 효력에 관하여 본안의 형성판결과 마찬가지로 '형성력'을 가지는 '형성가처분'의 허용성을 긍정한 것으로 보는 견해로는, 곽희경, "직무집행정지 및 직무대행자선임 가처분의 효력에 관한 판례 법리 검토," 법조 72권 2호(2023. 4.), 329쪽. 그러나 이러한 가처분이 형성적 가처분으로 대세적 효력을 가지나, 그 가처분의 본안소송 가운데 주주총회결의의 부존재나 무효확인의 소의 경우 **판례**는 이를 **확인소송**으로 보므로, **형성소송**으로 보는 주주총회결의취소의 소에서의 청구인용확정판결이 형성력을 가지는 것과 달리 형성력을 가지는 것은 아니다.

3) 채동헌, "가처분결정에 의하여 직무집행이 정지된 대표이사의 법률행위의 효력," 상장(한국상장회사협의회) 2008년 9월호, 150쪽 이하.

4) 대판 2008. 5. 29. 2008다4537.

5) 상무 외의 행위에 대한 **허가신청**은 직무대행자가 해야 한다. 허가신청을 인용한 재판에 대해서는 즉시항고를 할 수 있으며, 이러한 즉시항고에는 집행정지의 효력이 있다(비송 85조).

른 정함이 있는 경우 외에는 학교법인의 근간인 이사회의 구성 자체를 변경하는 것과 같은 학교법인의 통상업무에 속하지 않는 행위를 하는 것은 가처분의 본질에 반한다고 보며,[1] ② 가처분결정에 의하여 선임된 직무대행자가 그 가처분의 본안소송인 이사회결의무효확인의 제 1 심판결에 대하여 항소권을 포기하는 행위는 학교법인의 통상업무에 속하지 않는다고 보아야 하므로, 그 가처분결정에 다른 정함이 있거나 관할법원의 허가를 얻지 않고서는 이를 할 수 없다고 본다.[2]

(5) 등기할 사항인 직무집행정지 · 직무대행자선임가처분은 상법 37조 1항에 의하여 이를 **등기하지 않으면** 위 가처분으로 **선의**의 제 3 자에게 대항하지 못하지만 **악의**의 제 3 자에게는 대항할 수 있다.[3]

(6) 법인 등 대표자의 직무대행자가 가처분결정에 의하여 선임된 상태에서 피대행자의 후임자가 적법하게 소집된 총회의 결의에 따라 새로 선출되었다 해도 그 직무대행자의 권한은 위 총회의 결의에 의하여 당연히 소멸하는 것은 아니므로 사정변경 등을 이유로 가처분결정이 취소되지 않는 한 직무대행자만이 적법하게 위 법인 등을 대표할 수 있고, 총회에서 선임된 후임자는 그 선임결의의 적법 여부에 관계없이 대표권을 가지지 못한다.[4]

2. 신주발행금지가처분의 효력

(1) 신주발행금지가처분은 신주발행유지청구권(상 424조)을 피보전권리로 하는데, 그 본안소송은 부작위채무의 이행을 구하는 소송으로, 이를 피보전권리로 하는 신주발행금지가처분은 이행적 가처분이다. 한편 신주발행금지가처분을 위반하여 신주가 발행된 경우에 제기하는 신주발행무효의 소는 형성소송으로 본안판결이 형성력을 가지나 그 효력이 소급하여 발생하는 것이 아니라 장래를 향하여 발생하는 것이므로 먼저 이루어진 신주발행금지가처분에 위반하여 이루어진 신주

---

1) 대판 1997. 2. 11. 96누4657.
2) 대판 2006. 1. 26. 2003다36225.
3) 대판 2014. 3. 27. 2013다39551.
4) 대판 1992. 5. 12. 92다5638, 2010. 2. 11. 2009다70395; 천대엽, “직무대행자가 선임된 상태에서 총회의 결의에 따라 새로 선출된 피대행자의 후임자의 대표권 여부,” 대법원판례해설 83호(2010년 상반기), 350쪽 이하; 노재호, “가처분결정에 의해 선임된 단체 대표자 직무대행자의 권한 상실시기,” 재판실무연구(서울남부지방법원) 2010년도(II), 21쪽 이하.

발행이 당연히 무효가 되는 것은 아니다.[1] 신주발행금지가처분을 위반하여 신주발행이 이루어진 경우 신주발행무효의 소에서는 그 효력을 어떻게 볼 것인지에 관하여 논의가 있다. 신주발행금지가처분의 법적 성질을 회사에 대하여 단순히 신주발행금지의 부작위의무를 설정하는 것으로 보는지, 회사에 대하여 신주발행권한을 제한하는 것으로 보는지 여부에 그 위반의 효력을 달리 본다.

이에 관해서는, ① 신주발행금지가처분은 신주발행권한을 제한하는 것으로 이를 위반한 신주발행은 무효라고 보는 견해(**무효설**), ② 신주발행금지가처분은 신주발행금지의 부작위의무를 설정하는 데 불과하므로 이를 위반한 신주발행은 유효한 것으로 보는 견해(**유효설**), ③ 신주발행금지가처분을 위반한 자체가 신주발행의 무효원인이 되는 것은 아니지만 이는 현저하게 불공정한 발행행위로 무효원인이 된다고 보아야 한다는 견해,[2] 또는 신주발행금지가처분을 위반한 신주발행이라고 하더라도 그 위반행위를 한 이사에 대하여 책임을 물을 수 있을 따름이며 그 효력은 유효하다고 보아야 하나 예외적으로 가처분을 위반하여 발행된 신주가 선의의 제 3 자에게 양도되지 않은 경우에는 거래의 안정을 해치는 바가 없으므로 무효로 취급할 수 있다는 견해[3](**절충설**) 등이 있다.

(2) **신주발행무효의 소**를 규정하는 상법 429조에는 그 무효원인이 따로 규정되어 있지 않으므로 **신주발행유지**(留止)**청구권**의 요건으로 상법 424조에서 규정하는 '법령 또는 정관에 위반하거나 현저하게 불공정한 방법에 의하여 주식을 발행' 한 경우를 신주발행의 무효원인으로 일응 고려할 수 있다. 그러나 신주발행유지청구는 위법한 발행에 대한 **사전** 구제수단임에 반하여 신주발행무효의 소는 **사후**에 이를 무효로 함으로써 거래의 안전과 법적 안정성을 해칠 위험이 크므로, 그 무효원인은 가급적 엄격하게 해석해야 한다. 따라서 이행적 가처분에 해당하는 신주발행금지가처분을 위반한 행위 자체가 당연하게는 무효가 되지 않는다고 하

---

1) 김효정, "회사가처분의 효력론에 관한 재검토," 기업법연구 38권 1호(통권 96호)(2024. 3.), 231쪽 · 233쪽.

2) 일본에서의 논의에 관한 간략한 소개로서는, 이충상, "신주발행금지가처분 위반의 신주발행은 무효인가," 법률신문 3909호(2011. 2. 7.), 12쪽.

3) 김오수, "주주권에 기한 가처분," 회사법상의 제문제(재판자료 37집, 1987. 12.), 298쪽 이하. 한편 신주가 이미 인수되어 있는 경우에는 가처분의 효력이 인수인에게 미치지 않으나, 회사는 가처분을 이유로 인수인의 주금납입에 대하여 그 수령을 거부할 수 있으며, 주권이 발행되어 있는 경우에는 그 발행정지를 위하여 주권의 집행관보관조치를 명하는 것도 가능하다는 견해도 있다. 법원공무원교육원, 민사신청실무(2010. 2.), 243쪽 이하.

더라도 그 행위를 유효로 볼 것인가는 이행적 가처분의 피보전권리의 성격 및 신주발행무효의 소의 무효원인 등을 전체적으로 고려하여 판단해야 한다.[1)]

판례 역시, 법령이나 정관의 중대한 위반 또는 현저한 불공정이 있어 그것이 주식회사의 본질이나 회사법의 기본원칙에 반하거나 기존 주주들의 이익과 회사의 경영권이나 지배권에 중대한 영향을 미치는 경우로서 신주와 관련된 거래의 안전, 주주 그 밖의 이해관계인의 이익 등을 고려하더라도 도저히 묵과할 수 없는 정도라고 평가되는 경우에 한하여 신주의 발행을 무효로 할 수 있다는 입장이다.[2)] 즉 판례는, 신주발행금지가처분을 위반하여 신주를 발행했다고 하여 이를 곧 무효라고 보는 것이 아니라, **구체적 사안**에서 위와 같은 사정을 종합하여 신주발행유지청구권의 요건을 갖춘 것인지 여부에 따라 그 효력 유무를 판단하고 있는 것으로 이해된다.[3)]

(3) **판례**는, **의결권행사금지가처분**과 동일한 효력이 있는 확정된 조정을 갈음하는 결정에 위반하는 의결권행사로 주주총회결의에 의결정족수 미달의 흠이 있는지 여부가 문제된 사안에서, 가처분의 본안소송에서 **가처분의 피보전권리가 없음이 확정**됨으로써 그 가처분이 실질적으로 무효임이 밝혀진 이상 위 조정을 갈음하는 결정에 위반하는 의결권행사는 결국 가처분의 피보전권리를 침해한 것이 아니어서 유효하다고 보았다.[4)5)] 이러한 판례의 입장은 **주주총회개최금지가처분**을 위반하여 개최된 주주총회에서의 결의의 효력 여하에 관해서도 마찬가지일 것으로 보인다.[6)]

---

1) 김효정, "회사가처분의 효력론에 관한 재검토," 기업법연구 38권 1호(통권 96호)(2024. 3.), 232쪽.

2) 대판 2004. 6. 25. 2000다37326, 2009. 1. 30. 2008다50776, 2010. 4. 29. 2008다65860.

3) 곽병훈, "신주발행 무효원인 및 그 유무의 판단기준," 대법원판례해설 83호(2010년 상반기), 225쪽 이하.

4) 가처분결정, 또는 가처분사건에서 이와 동일한 효력이 있는 조정을 갈음하는 결정에 위반하는 행위가 무효로 되는 것은 형식적으로 그 가처분을 위반했기 때문이 아니라 가처분에 의하여 보전되는 피보전권리를 침해하기 때문이다. 대판 2010. 1. 28. 2009다3920; 채동헌, "강제조정결정에 반하는 주주총회에서의 의결권 행사와 피보전권리의 존부," 상장(한국상장회사협의회) 2010년 4월호, 125쪽 이하.

5) **판례**는, 주식 자체는 유효하게 발행되었지만 주식의 이전 등 관계로 당사자 사이에 주식의 귀속에 관하여 분쟁이 발생하여 진실의 주주라고 주장하는 사람이 명의상의 주주를 상대로 의결권의 행사를 금지하는 가처분의 결정을 받았을 경우에, 그 명의상의 주주는 주주총회에서 의결권을 행사할 수 없으나, 그가 가진 주식수는 주주총회의 결의요건을 규정한 상법 368조 1항 소정의 정족수 계산의 기초가 되는 '발행주식총수'에는 산입되는 것으로 해석함이 상당하다고 한다. 대판 1998. 4. 10. 97다50619.

6) 즉 주주총회개최금지가처분이 있었다고 하더라도 본안소송에서 피보전권리가 인정되지 않

제 5 절 가처분 등의 경합관계

Ⅰ. 가처분과 가처분의 경합의 경우 우열관계

가처분은 그 내용이 다양하므로 상호 모순・저촉되지 않는 범위 내에서만 경합이 허용된다. 수개의 가처분이 상호 모순・저촉되는지 여부는 당사자, 피보전권리, 보전의 필요성, 주문 또는 신청취지 등을 비교하여 판단한다. 즉 선행가처분과 내용이 서로 저촉되는 후행가처분을 받아 사실상 선행가처분을 폐지・변경하거나 그 집행을 배제하는 목적을 달성하도록 하는 것은 허용되지 않는다.

Ⅱ. 가처분과 가압류의 경합의 경우 우열관계

가압류와 가처분은 그 내용이 **상호 모순・저촉되지 않는 한 경합**이 가능하다. 가압류와 가처분의 내용이 **상호 모순・저촉되는 경우**의 효력의 **우열관계**는 다음과 같다.

1. 부동산 또는 유체동산에 대한 가압류와 가처분의 경합의 경우

(1) **부동산** 또는 **유체동산**에 대한 가압류와 가처분이 경합하는 경우 그 내용이 서로 모순・저촉되는 한 처분의 금지라는 점에서 양자의 효력이 양립할 수 없어 그 **효력의 순위**는 **집행의 선후**에 따라 결정한다.

(2) ① **부동산**에 대한 처분금지가처분이 유효하게 집행된 이후 가압류가 집행된 경우(**가처분선행형**) 가처분채권자가 그 본안소송에서 승소판결을 받아 확정되면 가처분채권자는 가처분등기 후에 경료된 그에 위반되는 가압류등기의 말소를 단독으로 신청할 수 있다.[1] ② 한편 부동산에 대한 가압류가 유효하게 집행된 이후 처분금지가처분이 집행된 경우(**가압류선행형**) 가압류채권자가 그 본안소송에서 승소판결을 받아 가압류에 기한 본압류로 이전하여 강제집행을 할 수 있고, 가압

는 한 이러한 가처분에 위반했다는 것만으로는 그 결의가 무효로 되는 것은 아니다. 법원실무제요 민사집행(5), 500쪽 이하.

1) 대판 2005. 1. 14. 2003다33004.

류등기 후에 경료된 가처분등기 및 이에 기한 본등기는 매수인이 인수하지 않은 부동산의 부담으로 말소의 대상이 된다.

(3) ① **유체동산**에 대한 점유이전금지가처분이 유효하게 집행된 이후 가압류가 집행된 경우(**가처분선행형**) 가처분채권자는 본안소송에서 승소판결을 받아 가압류집행에도 불구하고 가처분채무자에게 유체동산의 인도집행을 할 수 있고, 가압류는 당연히 그 효력을 상실한다. ② 한편 유체동산에 대한 가압류가 유효하게 집행된 이후 (채무자 보관의) 점유이전금지가처분이 집행된 경우(**가압류선행형**) 가압류채권자는 본안소송에서 승소판결을 받아 가압류에 기한 본압류로 이전하여 강제집행을 할 수 있으며, 가처분채권자는 본안소송에서 승소판결을 받더라도 이미 가압류된 유체동산에 대하여 인도집행을 할 수 없다.[1)]

(4) 동일한 부동산에 관하여 동일한 순위로 등기된 가압류와 처분금지가처분이 경합되는 경우 해당 채권자 사이에서는 처분금지적 효력을 서로 주장할 수 없다.[2)]

2. 채권에 대한 가압류와 가처분이 경합하는 경우

(1) **금전채권**에 대한 **가압류와 처분금지가처분이 경합된 경우** 집행의 선후에 관계없이 효력에 우열이 없다는 견해도 있으나, **판례**는 채권자가 채무자의 금전채권에 대하여 가처분결정을 받아 가처분결정이 제 3 채무자에게 송달되고 그 후 본안소송에서 승소하여 확정되었다면, 가처분결정의 송달 이후에 실시된 가압류 등의 보전처분 또는 그에 기한 강제집행은 가처분의 처분금지적 효력에 반하는 범위 내에서는 가처분채권자에게 대항할 수 없다고 봄으로써,[3)] 가처분과 가압류의 **집행의 선후**에 따라 **효력의 우열**이 정해진다는 입장(**선집행우선설**)을 취하고 있다. 이러한 판례의 태도는 채권양도와 가압류 사이의 우열을 제 3 채무자에 대한 송달의 선후에 의하여 결정하는 것과 마찬가지 입장인 것으로 이해된다.[4)]

---

1) 가압류된 유체동산은 집행관의 점유하에 있는 것이 보통이므로(법원실무제요 민사집행(5), 303쪽), 가압류명령에 따른 집행관의 점유를 해치는 인도의 강제집행은 불가능하다. 구태회, "가압류와 가처분의 경합," 재판자료 제131집 민사집행법 실무연구(Ⅳ)(법원도서관, 2016년), 401쪽.

2) 등기관이 동일한 부동산에 관한 가압류등기 촉탁서와 처분금지가처분등기 촉탁서를 동시에 받아 두 등기에 대하여 동일한 접수번호와 순위번호를 기재하여 처리한 경우이다. 대결 1998. 10. 30. 98마475.

3) 대판 2014. 6. 26. 2012다116260.

4) 구태회, "가압류와 가처분의 경합," 민사집행법 실무연구(Ⅳ)(재판자료 제131집, 2016년),

(2) 한편 채권 가운데 부동산에 관한 **소유권이전등기청구권**에 대한 **가압류와 처분금지가처분이 경합된 경우**, **판례**는 소유권이전등기청구권에 관하여 처분금지가처분이 가압류보다 먼저 이루어졌다고 하더라도 가압류보다 우선하는 효력이 인정되지 않는다는 이유로, 가압류채권자는 가처분의 해제를 조건으로 하지 않고 제 3 채무자를 상대로 제 3 채무자의 가압류채무자에 대하여 소유권이전등기의무를 소구할 수 있다는 입장을 취하고 있다(이는 소유권이전등기청구권에 대한 **압류**의 경우에도 마찬가지이다).[1] 판시상 소유권이전등기청구권에 관한 가압류보다 선행하는 가처분이 있다고 하더라도 가압류가 우선한다고 명시하지는 않고 있으나, 가압류채권자는 **가처분의 해제를 조건으로 하지 않고** 가압류의 효력에 기하여 그 권리를 행사할 수 있다는 점에서 가압류가 가처분에 우선한다는 입장(**가압류우선설**)을 취한 것으로 이해된다.

▣ 소유권이전등기청구권에 대한 가압류와 가처분이 경합하는 경우에 관한 판례의 태도

(1) 대판 2001. 10. 9. 2000다51216의 사안 및 판시내용의 분석

1) 위 사안의 내용은 다음과 같다. **가압류채권자**(A, 원고)가 B 회사에 대한 구상금채권을 보전하기 위하여 제 3 채무자(C, 피고)를 상대로 B의 C에 대한 분양계약상 소유권이전등기청구권에 대하여 **채권압류명령**을 받았고, 그 명령이 C에 송달되었는데, **이미** X 회사가 위 소유권이전등기청구권에 대하여 처분금지가처분신청을 하여 법원으로부터 **가처분결정**을 받고, 그 결정이 C에게 송달되었다. A는 C에 대하여 법원으로부터 부동산보관인선임 및 권리이전명령을 받은 다음 별도로 위 소유권이전등기청구권에 대한 **추심명령**(법 244조 4항)을 받았다. A는 위 추심명령에 따른 추심권의 행사로 C에 대하여 위 분양계약을 원인으로 하는 소유권이전등기청구의 소를 제기했다(구체적 사안의 내용은, 원심판결인 **서울고등법원 2000. 8. 18. 2000나15960** 참조). 피고는 위 소송에서 가처분과 압류의 효력에 관하여, 원고의 소유권이전등기청구권에 대한 압류가 있기 이전 X 회사의 신청에 따른 처분금지가처분결정이 피고에게 송달되었으므로 그 가처분의 해제를 조건으로 하지 않는 한 원고의 청구에 응할 수 없다고 주장했다. 원심법원은 이에 대하여, 위 소유권이전등기청구권 **처분금지가처분**은 B의 소유권이전등기청구권을 임의로 처분하는 것을 금지하는 효력만 있고, 원고의 위 **압류에 우선하는 효력**이 있다고 볼 수 없다는 이유로 피고의

404쪽.

1) 대판 2001. 10. 9. 2000다51216.

주장을 배척했고, 대법원은 원심판단이 정당하다고 보았다.

2) 앞서 본 바와 같이 위 판결은 소유권이전등기청구권에 대한 가압류와 처분금지가처분이 경합하는 경우 집행 선후를 묻지 않고 가압류가 우선한다는 판시를 명확히 한 바 없다. 위 판결은 위 판결이 인용한 **대판 1998. 4. 14. 96다47104**의 판시내용과 동일한데, 위 인용 판결은 부동산소유권이전등기청구권에 대한 가처분이 있다 하더라도 그 가처분이 뒤에 이루어진 가압류에 우선하는 효력이 없으므로, 그 가압류는 가처분채권자와의 관계에서도 유효하고, 따라서 가처분채권자가 채무자를 대위하여 제 3 채무자를 상대로 소유권이전등기를 구하는 경우 가압류해제를 조건으로 소유권이전등기를 구할 수밖에 없음을 명확히 한 바 있다.

그러나 위 인용판결에 의해서도 (대판 2001. 10. 9. 2000다51216의 사안처럼) 소유권이전등기청구권을 가압류한 채권자가 가압류를 **본압류로 이전한 다음** 현금화를 위하여 추심명령을 얻어 제 3 채무자를 상대로 소유권이전등기청구소송을 제기하는 경우에, 소유권이전등기청구권에 대한 가처분이 있다는 이유로 가처분에 대한 해제를 조건으로 판결을 할 것인지, 제 3 채무자는 가처분이 되어 있다고 해도 가압류채권자에게 이를 주장할 수 없을 것인지의 문제는 해결되지 않았다.[1)]

(2) 판례의 태도와 가압류우선설의 입장

1) 대판 2001. 10. 9. 2000다51216은 판시내용상 **가압류우선설**을 취한 것으로 이해되나, 가압류우선설을 취하는 이유에 대해서는 아무런 언급이 없다.[2)3)]

2) **학설상** 소유권이전등기청구권에 대한 가압류와 가처분의 경합시 금전채권의 경우와 마찬가지로 **선집행우선설**을 취하는 입장이 있다.[4)] 선집행우선설을 취하는 경우 소유권이전등기청구권에 대하여 가처분집행이 먼저 되었을 때(가처분선행형)에는 가압류채권자의 추심명령에 기한 소송(추심소송)에서는 가처분해제를 조건으

1) 김문석, "소유권이전등기청구권에 대한 가압류와 가처분의 경합," 대법원판례해설 30호(1998년 상반기), 362쪽.

2) 위 판례의 태도가 가압류우선설을 취하고 있음이 명백하다고 보는 견해로는, 윤경, "소유권이전등기청구권에 대한 가처분과 가압류의 경합시 우열관계," 민사집행법연구 2권(2006. 2.), 406쪽; 구태회, "가압류와 가처분의 경합," 재판자료 제131집 민사집행법 실무연구(Ⅳ)(법원도서관, 2016년), 418쪽. 한편 판례는 소유권이전등기청구권에 대한 처분금지가처분과 가압류의 효력을 일반적인 채권에 대한 처분금지가처분과 가압류의 효력과는 달리 취급하고 있는 것으로 보인다는 조심스런 견해로는, 법원실무제요 민사집행(5), 327쪽.

3) 판례는 가압류와 가처분의 경합시 우열관계에 관하여 가압류가 우선한다든지, 선집행한 가압류 또는 가처분이 우선한다든지 등을 명시적으로 언급하지 않고 있어 판례의 취지 해석상 어려움과 혼선을 야기하고 있다. 판례의 태도에 대한 이해를 달리할 수 있는 여지가 있는 것은 근본적으로 판례가 명확하게 그 근거를 제시하지 않는 데서 비롯한다. 이수철, "소유권이전등기청구권에 대한 처분금지가처분의 효력," 판례연구(부산판례연구회), 14집(2003. 2.), 3쪽 이하; 황용빈, "소유권이전등기청구권에 대한 가압류와 가처분의 관계," 재판실무(창원지방법원) 1집(1998. 8.), 323쪽.

4) 박이규, "부동산소유권이전등기청구권 처분금지가처분의 효력," 민사판례연구(민사판례연구회) 21권(2000. 2.), 560쪽.

로 한 판결을 해야 하고, 가처분채권자의 대위소송에서는 이러한 조건이 없는 판결을 해야 한다. 가압류집행이 먼저 되었을 때(가압류선행형)에는 가압류채권자의 추심소송에서는 조건 없는 판결을 해야 하고, 가처분채권자의 대위소송에서는 가압류 해제를 조건으로 한다.

3) 한편 **판례**는, 소유권이전등기청구권에 대한 가압류·가처분의 우열관계에서의 태도와 다르게, **골프회원권에 대한 가압류·가처분의 우열관계**에서는 금전채권에서와 마찬가지로 **선집행우선설**을 취하고 있다.

판례는, 골프회원권의 양수인이 양도인에 대하여 가지는 골프회원권 명의변경청구권 등에 기하여 하는 골프회원권 처분금지가처분결정이 제 3 채무자인 골프클럽 운영회사에 먼저 송달되고, 그 후 가처분채권자가 골프클럽 운용에 관한 회칙에서 정한 대로 회원권 양도·양수에 대한 골프클럽 운영회사의 승인을 얻었을 뿐만 아니라 본안소송에서도 승소하여 확정되었다면, 그 가처분결정의 송달 이후에 실시된 가압류 등의 보전처분 또는 그에 기한 강제집행은 그 가처분의 처분금지적 효력에 반하는 범위 내에서 가처분채권자에게 대항할 수 없다고 봄이 상당하다는 입장이다.[1)]

Ⅲ. 가압류·가처분과 강제집행의 경합의 경우 우열관계

1. 가압류와 강제집행의 경합의 경우

(1) 가압류목적물에 대하여 금전채권의 강제집행을 하는 것이 가능하다. 그 경우 가압류채권자는 배당요구의 필요 없이 당연히 배당받을 권리를 가진다(법 148조 3호). 가압류채권자에게 배당할 금액은 공탁해야 한다(법 160조 1항 2호). 다만 가압류목적물에 대한 비금전채권의 강제집행은 이를 허용하면 가압류의 목적이 달성될 수 없으므로 허용되지 않는다.

(2) 경매개시결정등기 후에 부동산을 가압류한 채권자는 배당요구를 할 수 있다(법 88조 1항).

---

1) 대판 2009. 12. 24. 2008다10884. 이에 대하여 이러한 결론이 소유권이전등기청구권에 관한 종래의 판결들의 태도와 배치되는 듯이 보일 수 있으나, 이는 소유권이전등기청구권에 대한 가처분이 갖는 특수성 때문이라는 견해로는, 안정호, "골프회원권에 대한 처분금지가처분결정과 그 송달 이후 실시된 가압류와 사이의 우열관계," 대법원판례해설 81호(2009년 하반기), 463쪽.

2. 가처분과 강제집행의 경합의 경우

(1) 처분금지가처분이 되어 있는 부동산에 한 다른 채권자의 강제집행은 유효하다. 가처분채권자가 후에 본안소송에서 승소확정판결을 얻는 때에 비로소 그 강제집행의 결과를 부인할 수 있음에 불과하다. 강제집행의 진행 중에 가처분의 존재만으로 제 3 자이의의 소(법 48조)를 제기할 수 있는지에 관하여 **판례**는 이를 부정하고 있다.[1] **실무상**으로는, 최선순위 처분금지가처분이 있는 부동산에 대해서는 경매개시결정을 하고 이를 등기한 다음 경매절차를 사실상 정지하여 가처분의 결과를 기다리는 것이 일반적이다.

(2) 경매개시결정 전의 가처분의 경우 중 그 가처분이 저당권 또는 가압류 이전의 최선순위인 때에는 매수인이 이를 인수한다. 즉 가처분채권자가 본안소송에서 승소확정판결을 받은 때에는 매수인은 대항할 수 없다. 다만 경매개시결정 전의 가처분의 경우 중 그 가처분이 저당권 또는 가압류 이후의 것인 때에는 목적부동산이 매각되면 소멸된다.

(3) 강제집행에 의하여 이미 압류된 부동산에 대해서도 처분금지가처분을 할 수 있으나, 가처분채권자는 매수인에게 대항할 수 없다.

Ⅳ. 가압류 · 가처분과 체납처분의 경합의 경우 우열관계

1. 가압류와 국세체납처분의 경합의 경우

(1) 2011. 4. 4. **국세징수법**의 **개정 전**에는, 가압류와 체납처분과의 경합의 경우 가압류집행이 선행되었다 하더라도 국세체납처분은 아무런 장애 없이 집행할 수 있고, 국세를 징수하고 남은 돈은 **체납자**에게 반환하고 가압류채권자를 위하여 공탁하지 않았으므로,[2] 가압류채권자는 채무자가 가지는 남은 돈에 대한 인도청구권을 가압류하는 등의 조치로 권리를 보전해야 했다.[3]

---

1) 대판 1992. 2. 14. 91다12349.

2) 대판 1974. 2. 12. 73다1905.

3) 유수열, "보전처분과 체납처분의 경합," 보전소송에 관한 제문제(하)(재판자료 46집, 1989. 9.), 301쪽. 즉 **동일한 채권**에 대하여 **체납처분절차에 의한 압류**와 **민사집행절차에 의한 압류**가 서로 **경합**하는 경우 체납처분에 의하여 압류한 채권을 추심하여 체납국세에 충당함으로써 청산(배분)절차가 종결되면 그 채권에 대한 민사집행절차에 의한 가압류나 압류의 효력이 상실됨을 전제로 체납처분에 의하여 피압류채권의 추심이 이루어진 후에 체납처분의 기초가

다만 **판례**는, 국세징수법상 공매대금의 배분에서 우선변제권 있는 담보권뿐만 아니라 그러한 담보권보다 **앞선** 가압류채권도 배분받을 수 있는 채권이 된다고 보았다.[1)]

(2) 그러나 2011. 4. 4. **국세징수법**의 **개정**으로, 압류재산에 관계되는 **가압류채권도 공매공고의 등기 또는 등록 전**까지 가압류의 등기·등록을 한 경우에는 별도의 배분요구를 할 필요가 없이, **그 뒤에** 가압류의 등기·등록을 한 경우에는 배분을 받을 수 있게 되었으며(현행 국세징수법 76조 1항 6호에 해당),[2)] 이 경우 매각대금이 체납액과 배분요구한 채권의 총액보다 적을 때에는 '민법'이나 그 밖의 법령에 따라 배분할 순위와 금액을 정하여 배분하게 되었다(현행 국세징수법 96조 4항 해당). 지방세의 경우도 마찬가지이다(지방세징수법 81조 1항 6호, 99조 1항 6호, 99조 4항).

2. 가처분과 체납처분의 경합의 경우

(1) 선행가처분과 체납처분과의 관계에 관해서는 체납처분우위설과 **가처분우**

된 조세부과처분이 취소되었다고 하더라도 그 **환급금**은 조세를 납부한 사람에게 귀속되어야 하고 민사집행절차에 의한 가압류·압류채권자는 그 환급금에 대하여 부당이득반환을 구할 수 있는 지위에 있지 않았다. 대판 2002. 12. 24. 2000다26036. 문영화, "가압류집행이 있는 금전채권에 대하여 세무서장이 체납처분에 의한 압류를 하여 피압류채권을 추심한 후 그 체납처분의 기초가 된 조세부과처분이 취소된 경우에 그 금전채권에 대한 가압류 채권자가 조세환급금에 대한 부당이득반환청구권을 행사할 수 있는지 여부," 대법원판례해설 42호(2002년 하반기), 340쪽 이하.

1) 2011. 4. 4. 국세징수법 **개정 전 판례**는, 국세체납처분에 의한 매각대금의 배분대상에는 구 국세징수법 81조 1항 3호에 규정된 담보권뿐만 아니라 법령의 규정이나 법리해석상 그 담보권보다 선순위 또는 동순위에 있는 채권도 포함된다고 봄이 상당하다고 보았다. 대판 2002. 3. 26. 2000두7971; 양승종, "가압류등기가 경료된 부동산의 공매시 가압류채권자의 지위," 조세판례백선(2005. 8.), 603쪽 이하. 이에 대하여, 위 판결이 구 국세징수법 81조 1항 3호의 배분받을 채권의 대상을 담보권보다 선순위 또는 동순위에 있는 모든 가압류채권까지 배분대상에 포함시킨 것은 해석론상 받아들이기 곤란할 뿐만 아니라 기존의 판례에 사실상 저촉될 여지가 있으므로 재검토되어야 한다는 견해가 있었다. 이러한 입장에서는, 위 판결은 가압류의 피보전채권이 담보권보다 선순위 또는 동순위일 경우에 한하여 적용될 수 있을 뿐이며, 가압류의 피보전채권이 담보권보다 선순위 또는 동순위가 아니어서 가압류채권자가 배분에서 제외됨으로써 입는 불이익은 부당이득반환을 통하여 구제받을 수밖에 없다고 보고, 궁극적으로는 구 **국세징수법** 81조 1항 3호를 **개정**하여 가압류채권을 배분대상에 포함시키거나, 일본과 같이 강제집행과 체납처분절차의 조정을 위한 특별법을 제정하여 해결할 수밖에 없다고 보았다. 김찬돈, "국세징수법상 가압류채권의 공매대금 분배대상 여부," 법조 54권 8호(2005. 8.), 212쪽 이하.

2) 관할 세무서장은 공매공고의 등기·등록 뒤에 가압류를 한 사람과 각 해당기관(행정안전부, 관세청, 국민건강보험공단, 국민연금공단, 근로복지공단)에 배당요구의 종기까지 배분요구를 해야 한다는 사실을 안내해야 한다. 국세징수법 76조 7항.

위설이 대립되어 있는데, 후자가 통설 · 판례이다.

국세징수법(**2020. 12. 29. 전부개정, 2021. 1. 1. 시행**) 26조에서 "관할 세무서장은 재판상의 가압류 또는 가처분 재산이 강제징수 대상인 경우에도 이 법에 따른 강제징수를 한다."고 규정하고, 지방세징수법 45조에서 "재판상의 가압류 또는 가처분 재산이 체납처분 대상인 경우에도 이 법에 따른 체납처분을 한다."고 규정하고 있으나, 이는 선행의 가압류 또는 가처분이 있다고 하더라도 체납처분의 진행에 영향을 미치지 않는다는 취지의 절차진행에 관한 규정일 뿐이고 체납처분의 효력이 가압류 · 가처분의 효력에 우선한다는 취지의 규정은 아니다.

그러므로 부동산에 관하여 처분금지가처분의 등기가 된 후에 가처분권자가 본안소송에서 승소판결을 받아 확정이 되면 피보전권리의 범위 내에서 가처분 위반행위의 효력을 부정할 수 있고 이와 같은 가처분의 우선적 효력은 그 위반행위가 체납처분에 기한 것이라 하여 달리 볼 수 없다.[1]

(2) 따라서 부동산의 양도금지의 가처분등기 후에 체납처분에 의한 권리이전이 있어도 가처분에 의하여 보전될 권리와 상용되지 않는 한 이로써 가처분권리자에게 대항할 수 없고, 체납처분의 공매에 의한 소유권이전등기가 마쳐진 경우에도 체납처분에 의한 압류등기 이전에 마쳐진 가처분등기를 직권말소할 수 없다.[2]

V. 가처분과 도산절차의 경합의 경우 우열관계

(1) **회생계획인가결정**이 있는 때에는 이미 중지한 파산절차, 강제집행, 가압류 · 가처분, 담보권실행 등을 위한 경매절차는 그 효력을 잃는다(채무회생 256조 1항).

(2) **파산선고**가 있는 때에는 파산채권에 기하여 파산재단에 속하는 재산에 대하여 행해진 강제집행, 가압류 · 가처분은 파산재단에 대하여 그 효력을 잃는다(채무회생 348조).

---

1) 대결(전) 1993. 2. 19. 92마903. **판례**는 가처분의 효력이 채무자의 임의처분 뿐만 아니라 제 3 자의 강제집행 및 국가의 체납처분까지도 이에 관계없이 일관되게 유지되는 것으로 명확한 입장을 취하고 있다. 신동기, "처분금지가처분과 체납처분의 경합," 판례연구(부산판례연구회) 4집(1994. 1.), 393쪽 이하.

2) 조재연, "강제집행과 체납처분의 경합," 강제집행 · 임의경매에 관한 제문제(하)(재판자료 36집, 1987. 7.), 109쪽 이하.

판례색인

대법원 판결·결정

기타

헌법재판소 결정

사항색인

[ㅊ]

저자약력

서울대학교 법과대학 법학과 졸업
미국 컬럼비아 로스쿨(Columbia School of Law) 졸업(LL.M.)
사법시험 20회 합격(사법연수원 10기 수료)
서울지방법원 등 판사, 서울고등법원 판사
헌법재판소 헌법연구관, 대법원 재판연구관
서울지방법원 등 부장판사
사법연수원 교수
대법원 송무제도개선위원회 위원
법무부 민사특별법제정자문위원회 위원
대법원 사법제도비교연구회 부회장
한국도산법학회 부회장
헌법재판소 헌법재판소법개정위원회 위원, 헌법소송규칙제정위원회 위원
법률신문 논설위원 · 편집위원
법무부 변호사제도개선위원회 분과위원장
법무부 민사집행법개정위원회 위원장
명지대학교 법과대학 교수
연세대학교 법과대학 교수
성균관대학교 법학전문대학원 교수
전국법학전문대학원 실무가교수협의회 회장
한국민사소송법학회 부회장
한국민사집행법학회 회장
법무부 집단소송제개선위원회 위원장
법무법인 법교 대표변호사
대법원 국민과 함께하는 사법발전위원회 위원
성균관대학교 법학전문대학원 초빙교수
서울북부지방법원 상임조정위원장
대한변호사협회 법제연구원장

제 9 판

민사집행법

초판발행 2011년 6월 10일
제 9 판발행 2025년 8월 20일

지은이 김홍엽
펴낸이 안종만 · 안상준

편 집 김선민
기획/마케팅 조성호
표지디자인 이수빈
제 작 고철민 · 김원표

펴낸곳 (주) 박영사
서울특별시 금천구 가산디지털2로 53, 210호(가산동, 한라시그마밸리)
등록 1959. 3. 11. 제300-1959-1호(倫)
전 화 02)733-6771
f a x 02)736-4818
e-mail pys@pybook.co.kr
homepage www.pybook.co.kr
ISBN 979-11-303-2466-1 93360

정 가 48,000원